碧海群狼

二战德国U艇全史（上册）

周明 著

图书在版编目(CIP)数据

碧海群狼:二战德国U艇全史(上、下册)/周明著.—武汉:武汉大学出版社,2009.5(2021.4重印)
经典战史回眸·二战系列
ISBN 978-7-307-06909-1

Ⅰ.碧…　Ⅱ.周…　Ⅲ.潜艇战—战争史—德国—1939~1945　Ⅳ.E516.9

中国版本图书馆CIP数据核字(2009)第033060号

责任编辑:朱凌云　　责任校对:黄添生　　版式设计:马　佳

出版发行:**武汉大学出版社**　(430072　武昌　珞珈山)
(电子邮箱:cbs22@whu.edu.cn　网址:www.wdp.com.cn)
印刷:武汉中科兴业印务有限公司
开本:720×1000　1/16　印张:79.5　字数:1344千字
版次:2009年5月第1版　2021年4月第4次印刷
ISBN 978-7-307-06909-1/E·19　定价:200.00元(上、下册)

前　言

在这场战争的全过程中，大西洋战役自始至终一直是整个战争的主导因素。我们一刻都不能忘记，不论在陆地、在海洋、在天空或其他任何地方发生的一切都最终取决于大西洋战役的结果。我们在关注所有其他事务的同时，总是怀着希望或担忧，密切注视着大西洋上变化万千的战争风云。那个可怕的、从不间断的苦难历程——我们经常处于极度的困境和挫折中而且总是面临着无形的危险，最终偶然和戏剧般地走上了光明的大道。

——英国战时内阁首相温斯顿·丘吉尔

战争中唯一真正让我害怕的是德国海军的潜艇！它不是以激烈的战争和显赫的战果形式出现，而是通过数字、图表证明自身的价值和作用。我们的海上交通线横跨辽阔的大西洋，就我个人来说，大西洋上的作战，要比英国本土的空中决战更令人担心。 对于我们来说，德国潜艇的攻击是最具毁灭性的灾难！

——英国战时内阁首相温斯顿·丘吉尔

我们，所有的英国人都应该知道，我们将面对的是一场比我们刚刚取得胜利的不列颠空战更加艰巨和漫长的战斗，我们不妨就把它叫作大西洋之战！

——英国战时内阁首相温斯顿·丘吉尔

在漫长的海战史上，没有任何一个战役能与这个战役相提并论。这个战役的战场是几千万平方英里的海洋，没有时间的限度，也没有空间的限度。

——史蒂芬·罗斯基尔（英国皇家海军上校，二战皇家海军历史学家，著有《海上战争》）

大西洋之战是时间最长、战斗最残酷、耗费人力物力最多的海上战役，它几乎贯穿了整个第二次世界大战。

——戴维斯·汤玛斯（英国历史学家，著有《大西洋之星》）

最合适的战斗武器，而且建造速度又快——与建立一支舰队相比——那就是潜艇。

——德国海军总司令兼潜艇部队司令卡尔·邓尼茨海军元帅

战争的关键在于切断英国的海上运输。这一斗争是潜艇的主要任务，而这是其他武装力量都不能取代的。英国政府和英国皇家海军都非常明白，（德国）潜艇的攻击对英国来说，意味着最大的危险。潜艇的攻击直接威胁着英国的生命线。不仅英国人民的生活，而且英国的经济、战争物资的生产和英国在这场战争中最终的生死存亡，都取决于这条生命线。

——德国海军总司令兼潜艇部队司令卡尔·邓尼茨海军元帅

序

提起“海狼”，提起“U艇”，恐怕连对二战历史和军事方面不很了解的人都知道，那是德国潜艇的别名。

“海狼”一词是如此形象生动，而德国潜艇在战争中最重要的战术就被称为“狼群战术”，那么很自然，每艘潜艇就是一条嗜血的海中之狼。

“U艇”，出自于德国海军自己对潜艇的称谓“Unterseeboot”——意为“水下舟艇”，英文缩写为U-boat，而且德国海军潜艇的舷号也都以U加上序列数字组成，如U-49号艇。因此德国潜艇在很多场合便被叫作U艇，但是这一很中性的名称，却因为德国潜艇在战争中令人生畏的表现，而被带上了一层异常惊畏的色彩。以至于英国首相丘吉尔专门把U艇和潜艇区分开来，他说：“敌人的潜艇叫‘U艇’，保留‘潜艇’这个名称来称呼盟军的水下潜艇。‘U艇’是那些击沉我们船只的卑鄙的恶魔，而‘潜艇’则是那些击沉敌人船只的勇敢而高贵的战舰。”

丘吉尔这番话里充满了他对德国潜艇的仇恨与愤慨，其爱憎分明的立场与感情倾向，溢于言表。他完全有理由这么说，第二次世界大战期间，在纳粹德国放弃登陆英国的“海狮”计划之后，德国潜艇一直是英国生存最主要的威胁。海上破交这一海军古老战术在二战中所达到的战略高度，也许只有中国的敌后游击战可与之媲美。与战争中的其他战场或战役相比，大西洋上的战斗似乎缺少了那份辉煌与阳刚之美，却始终弥漫着一股诡秘与阴郁之气。大西洋上不断出没的“狼群”，使潜艇破交战与反潜护航战贯穿整个战争始终。严格地说这不是一次海战，而是由无数次战役和战斗交会而成的一场旷日持久的海上战争。

使堂堂大英帝国感受到失败痛苦的，不是德国坦克那疾风烈火、摧枯拉朽的闪电突击，也不是德国飞机那铺天盖地、夜以继日的狂轰滥炸，而是德国潜艇对海上运输的破交作战，被称作“海狼”的德军潜艇活动最猖獗时几乎掐断了对于英国生死存亡至关重要的大西洋航线，牢牢扼住了大英帝国的咽喉！使英国真正体会到了失败的切肤之痛！

这场海上破交与保交的较量是一场真正全面综合的角力，这里既有双方将帅的运筹帷幄，也有基层官兵的斗智斗勇；这里既有武器装备的竞相发展，也有侦测设备的一争高低；这里既有军事思想与理念的碰撞，也有数学理论算计的应用；这里既有情报人员的殊死搏杀，也有密码破译的脑力角逐；这里既有国力资源的比较，也有工业生产技术的竞争；这里既是广大参战官兵战术素养的反映，也是作战意志的比拼。这是两大阵营最全面、最长期的对抗，无论是艰难曲折还是惊心动魄的程度，都是人类战争史上所罕见！

这场围绕海上交通线的殊死搏杀，从战争的第一天开始，直到战争的最后一刻，持续了五年八个月，贯穿整个战争，不仅对二战的最终结局，而且对战后海军的发展都产生了莫大的影响。

然而，即便是英国著名战史作家亨利·莫尔所撰写的被后人奉为介绍二战历史的经典之作《第二次世界大战的重大战役》一书中，都没将大西洋之战列入其中。在最权威的军事思想家、二战历史学家李德·哈特的传世之著《第二次世界大战战史》中，虽然专门辟有题为“大西洋之战”的一个章节，但其内容却不是单写德国潜艇的海上破交，而是把整个德国海军包括水面舰艇在内的海上破交都囊括在内。这两位著作等身的大家尚且如此，其他就更无需多言了。因此，虽然“海狼”和“U艇”几乎是妇孺皆知，但是对二战德国潜艇海上破交的过程能说出个究竟的人可不多， 这实在是很可惜的。由于1943年5月大西洋之战的胜利保障，迫使德国潜艇放弃潜艇集群攻击战术，并撤出大西洋，从而使同盟国能够从1943年下半年起，比较安全地将无数人员、装备和物资横渡大西洋，运到英国。正是这些人员、装备和物资为1944年6月盟军实施开辟第二战场的诺曼底登陆奠定了坚实的物质基础。要是无法保障这些运载人员、装备和物资的运输船队横渡大西洋时的航行安全，那么诺曼底战役的准备根本就无从谈起，而诺曼底战役如果推迟发动，德国就会利用这一喘息之机，加强抗登陆的防御准备，那么这一决定战争命运的登陆战役胜负就难以预料。可以毫不夸张地说，大西洋护航战的胜负，对于战争的胜负，是具有决定意义的。其对整个战争发展的重要意义，丝毫不亚于不列颠空战或斯大林格勒战役或中途岛战役！

本书对二战期间德国海军潜艇破交作战、各型潜艇技术性能、潜艇装备、艇员训练生活进行了细致翔实的介绍。或许本书百万字可能都无法真正全面描述这场浩大的战役，但是希望至少能向读者朋友展示这场战役的全景，能够让读者朋友对这场海上破交保交的作战的整个过程有一个清晰的了解，这也是我们最大的心愿。

在撰写、编著、出版本书过程中，得到了很多朋友的热心帮助，李钢先生、董旻杰先生、刘扬先生、查攸吟先生、孙存之先生、陈进先生、方懿先生、朱悦先生、马文俊先生等提出了很多富有建设性的意见，提供了大量的参考资料；王大伟先生认真仔细地翻译了大量德文资料；著名的二战德国潜艇专业网站“德国潜艇战”（http://uboats.51.net）、第二次世界大战专业网站“战争的艺术”（www.chinesewwii.net）及其所属的“二战论坛”（bbs.chinesewwii.net）的众多同好都给予了热忱而无私的帮助 。

当然，本书肯定还存在着一些错误，不足和疏漏也在所难免，请各位专家予以指正。

出版本书的意义在于告慰那些在60多年前，为了全人类的自由与未来而浴血战斗的人们，那些在大西洋的狂风恶浪中与德国潜艇生死相搏的勇士，那些在后方为了大西洋上的胜利夜以继日努力工作的人们，无论他们是男是女，是年老还是年轻，是穿军装还是不穿军装。当然，在大量的资料中，我们也能发现，德国潜艇部队的官兵，如果抛开意识形态的对错是非，作为军人，他们同样忠实地履行了自己的职责，U艇艇员的伤亡率是整个战争中任何国家任何兵种中最高的。特别是在战争后期，在盟军已经掌握了巨大反潜优势的情况下，每一次出航简直就是自杀，U艇艇员依然以高昂的士气驾艇出航，正如英国历史学家罗斯基尔在《海上战争》一书中所说：“无论人们如何看待U艇艇员，在任何时候，U艇艇员的军心和士气几乎没有动摇过，更不用说崩溃了。”对于他们，以往很少有文章或书籍描述，即便有也是带着贬义地把他们看作是魔鬼与纳粹的炮灰走卒。或许对他们而言，这场战争的悲剧色彩比对其他人更为凝重。

这也是出版本书的另一个意义：“战争中，所有的一切恶果，都要人类自己去承担。所以战争是如此可怕，因此我们才不会爱上它！”

目录

CONTENTS

第一章 潜艇的诞生和早期发展

最初的梦想

正如人类渴望能插上双翅飞上九重天一样，人类也一直试图闯入深不可测的海底世界。除了一探神奇的海底奥秘，更重要的是在军事领域赢得先机。在人类长达数千年的海（水）战历史上，各种船舶行驶在毫无遮蔽物的海面上，只要天气不算太糟，就可以在很远的地方发现敌人，当然同时也会被敌人发现。这时候军事家们就会自然而然地想到：潜入水下，就可以在敌人毫无觉察的情况下行动。而这种想法就催生了最早的水下作战——派遣水性好的人潜泳至敌船下方进行破坏活动。但是由于人类体能有限，只能在水下潜泳很短的时间，且严重受到水文条件的影响，这种作战方式受到诸多限制。由此人们就会进一步希望借助器械来实施这些行动。由于技术的限制，尽管经历了漫长的探索，进展依旧十分缓慢。

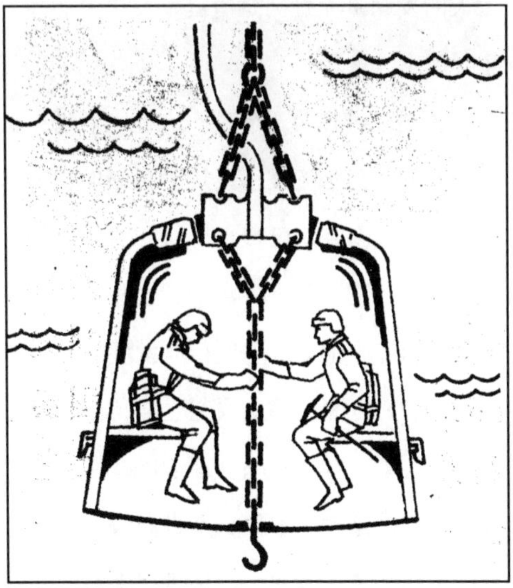

■ 传说公元前332年马其顿国王亚历山大大帝就曾乘坐玻璃桶潜入海中，饱览海底的美妙景色。

早在公元前4世纪，波斯帝国就出现了最早的职业潜水者，专事从沉船中打捞财宝。此后古希腊人也在海战中进行了潜水侦察行动。传说公元前332年马其顿国王亚历山大大帝就曾乘坐玻璃桶潜入海中，饱览海底的美妙景色，这可能就是最早的潜水机械了。

15世纪文艺复兴时期，意大利著名的艺术大师兼发明家达·芬奇（Da Vinci）最早提出了关于潜艇的设计。而最早见于文字记载的潜艇研究是意大利人伦纳德（Leonard）于公元1500年提出的“水下航行船体结构”理论。1578年，英国人威廉·伯恩（William Bourne）在其出版的著作《发明》中第一次明确阐述了潜艇的原理：“在水中的任何大小的物体，如果其重量不变而其体积可大可小。那么，你要它浮它就会浮，你要它沉它就会沉。”从原理上说，这是正确的，但是对于如何建造这么一个“可大可小”的机器，伯恩只是在书中描写了他自己想象的这么一艘“潜艇”，希望用皮革来建造需要伸缩的部位和连接处，不过他本人却没能将这些想法付诸实施。

1620年，荷兰人科尼利斯·范·德雷布尔（Cornelius Van Drebbel）在英国建成世界上第一艘人力潜艇，这是人类历史上第一艘能够潜入水下，并能在水下行进的“船”。它的船体像一个木柜，木质结构，外面覆盖着涂有油脂的牛皮，船内装有作为压载水舱使用的羊皮囊。下潜时向羊皮囊注水，上浮时将水从中挤出。这艘潜水船以多根木桨来驱动，可载12名船员，能够潜入水下3-5米。德雷布尔的“潜艇”被公认为现代潜艇的雏形，因此他被尊称为“潜艇之父”，这位荷兰人的发明毫无疑问是潜艇发展史上的一个里程碑。

■ 1620年，科尼利斯·范·德雷布尔建成世界上第一艘人力驱动潜艇。

■ 最早提出潜艇设计的意大利著名艺术大师兼发明家达·芬奇。

不过这纯属灵光乍现，在此之后近二百年的时间，是潜艇技术发展的黑暗时代。尽管有许多人围绕潜艇和水下航行的理论进行了大量的讨论，但成果甚微。这些人并不都是学者和有志推动水下航行器发展的人，其中不乏居心叵测、哗众取宠之徒，专以混淆视听为能事，全然不顾物理学以及材料学的基本原理。这种“假作真来真亦假”的情况延续了相当长的时间，或许是后来的谎言家们再也没办法编出有新意的“理论”，也可

■ 潜艇的鼻祖潜水钟。

能是公众已经厌倦了这些调调，后来的哗众取宠者就开始建造一些潜艇，不过严格的说这些大都只能算是模型。他们的行为本质上就和今人用假项目骗取贷款的行为差不多，只是为了吸引大众的注意以谋求个人利益，而根本不打算推动潜艇技术的进步或者建造一艘有实用价值的潜艇。例如在1653年，法国人德·桑就曾经在荷兰的鹿特丹建造了一艘大型潜艇并进行了公开的展出，这艘“潜艇”长约22米，宽约2.4米。此人大吹牛皮，声称该艇奔驰如飞，天下无敌。当然，这个大骗子并没有笨到拿自己设计制造的这艘“潜艇”去试航。诸如此类的东西如果以现代人或者专业人员的眼光来看，自然一眼就可以洞悉这不过是个骗局和笑话，但是这么一个“怪物”在那个时代的平民百姓看来确实也真假难辨。

新的曙光直到18世纪中叶才重新显现，这一阶段，对于水下航行技术，人们依旧处于摸索阶段。一位名叫纳撒内尔·西蒙斯的英国木匠严格按照伯恩的理论，自费建造了一艘颇具研究价值的潜艇。这艘潜艇较好地解决了水密性和在水中升降的问题，不过美中不足的是并没有解决其如何在水下移动的问题。这大概是因为西蒙斯已经没有足够的钱来继续他的研究了，这位运气不佳的木匠最后只得忍痛将自己的作品销毁。而另一个英国工匠戴则设法将一条渔船改装成潜艇（依旧是个只能潜水而不能航行的玩艺，称之为潜水器才更加合适）用于商业性表演，这条渔船在中部有一个水密舱，下沉的方式是使用重物压载。据这位工匠声称，他曾经用这个玩艺潜至约10米深的海中，并滞留了24小时。这肯定带有夸大的成分，如果真的用那种原始的潜艇潜入水下并滞留24小时之久，那他早已因为缺氧而被活活憋死了。不过估计他确实成功的使用这艘潜艇进行过一些浅水区域的下潜，因为他此后便要在普利茅斯外海进行一次公开的潜水表演，甚至扬言要潜至约30米的深度，滞留12个小时。倘若以正常人的逻辑思维来考量，想必不至于是毫无把握的撞大运，毕竟这事情攸关自己性命，一旦失败的话他本人势必葬身鱼腹，因此还有一些当地赌徒为此下注。不过这个冒失的工匠在表演中下潜之后就再也没浮上来，大概此人过度自信且缺乏物理知识，对于水压在不同深度的变化没什么概念，又不知道混水摸鱼（反正又没人可以确认他究竟潜了多深，就算他只潜到7、8米别人也不知道），下水之后直扑30米的深度，然后就被水压挤扁了。也可能是该艇的水密性出了问题造成进水沉没，不过真相如何已经是永远的谜了。那些投注赌他会成功的赌徒们自然是输了个精光。这些英国人的勇敢尝试并没有为潜艇技术的发展带来什么帮助，他们尽管取得了某种程度的成功，不过由于种种原因，这些成功的经验也没有被保留下来。但是总算使人相信，水下航行器并不是一种异想天开的东西，某种程度上也激发了后人研究的热情，未来的尝试也就不再局限于英国，而是在世界各地如同雨后春笋般出现。1724年，俄国人叶菲姆·尼科诺夫制造出了一艘潜水船，这艘船用橡木、松木板、皮革、粗麻布、树脂、铁条、铜皮等材料制成。此后，潜艇的发展又一次进入停滞期。

1776年，美国的水下航行理论爱好者大卫·布希内尔（David Bushnell）建成“海龟”（Turtle）号潜艇并尝试用于作战。这种潜艇与它的前辈们截然不同，完全是为了军事目的而研制的，制造者力求性能稳定可靠，简单实用，大量采用手工操作的装置，而不像以往那样堆迭一些新颖花俏但却不可靠的技术。潜艇的外形像两个拼起来的大龟壳（所谓“海龟”就是因此而得名），靠操作员手工摇动螺旋桨来前进，下潜的方式是向水舱里灌入海水，而上浮的时候则使用压力水泵来排水。由于没有氧气源，因此该艇只能在水下滞留约30分钟。为了安全起见，还在艇体下部带上了一些压载铅块，这样既可以保证潜艇的稳定性，又可以在紧急情况下将其丢掉来加速潜艇的上浮。该艇的攻击方式也很简单，在艇的顶部伸出一个钻子，用绳子将

■ 1776年，大卫·布希内尔建成“海龟”号潜艇是第一艘完全为了军事目的而研制的潜艇。

钻头和一个装满火药的木桶连在一起，潜艇设法靠近敌舰后潜至敌舰底部，操作员把钻子钻在敌船的船底上，然后赶紧丢下钻子逃跑，连在钻子上的炸药桶会在一段时间后起爆。麻烦的是，这艘需要进行大量手工操作的潜艇仅有一名乘员，如此纷繁的操作规程对于孤独的驾驶者来说实在是太过繁重。不过急不可耐的美国人还是很快就把这艘潜艇用于实战，攻击纽约港外的英国军舰“鹰”号，那是英国舰队的旗舰。

袭击当天，原计划是由布希内尔本人驾艇出击，可惜他当时患病，只好临阵换将。1776年9月6日夜，这艘“海龟”号拖上一桶炸药，由一位胆气过人的上士埃斯拉·李（Ezra Lee）驾驶发起偷袭。这位上士手忙脚乱地操作着潜艇，在费了一番周折之后终于成功地潜航至目标船底。此时攻击行动可以说已经成功了99%，不料这位李上士的运气实在是太背了，在安装炸药的过程中，可能是由于过分紧张或者是把钻头钻在了船底的金属部件上，总之费尽九牛二虎之力也没能把钻头钻入船底。本来时间还有些富余，他可以另外换个地方再进行一次尝试，不过不知道为什么他没有这么做，而是决定撤退。谁知上浮之后没跑多远就被英国巡逻艇发现，这时没能用掉的炸药桶派上了大用场，李上士迅速将炸药桶抛下并引爆，随后就把那个手摇螺旋桨摇得如同风车一般，在爆炸产生的烟雾掩护下逃之夭夭。尽管该艇的攻击功亏一篑，但是英国海军经历了这场虚惊之后再也不敢轻易地靠近海岸。因此公正的说，这艘结构如此简单的潜艇也算取得了一定程度的成功。然而布希内尔本人似乎因这次行动的功败垂成而大受打击，此后就放弃了对其产品进一步的研究与发展。但是必须承认的是，这艘简单的“海龟”号作为第一艘具备实战价值且被用于实战的潜艇，在潜艇的发展史上有着非常重要的地位，而正是在“海龟”号之后，几乎所有关于潜艇的研究活动都是围绕着军事目的而展开。

■ “海龟”号潜艇结构示意图。

艰难的探索

在18世纪末，又一位杰出的科学家投身于潜艇事业，当然此时他还只是一个无名小卒，他就是爱尔兰裔美国人罗伯特·富尔顿（Robert Fulton）。富尔顿研究潜艇的目的很简单，就是希望研制出一种能够挑战英国海上霸权的利器，这和后来许多政府和发明家发展潜艇的目的完全一样。富尔顿本人在年轻的时候十分同情法国大革命，因此他在完成了初步的设计之后就跑到法国去推销自己的创意，希望得到法国海军的支持。他声称自己设计的潜艇可以帮助法国打破英国的制海权，他本人也十分乐意为法国建立一支潜艇部队，当然也没忘记加上一些条件，如法国海军必须吸收其为正式成员，在获得战果后要领取奖金等。而法国人对富尔顿的构想则抱着非常矛盾的心态，一方面他们当然希望能够获得一种能够挑战英国海军的兵器，不过另一方面他们又怕使用这种兵器会带来道义上的麻烦，因为在当时使用这种兵器偷偷摸摸地去袭击他国的船舶，有可能被指责为犯罪。在这种矛盾的心态下，整件事情久拖不决。直至拿破仑掌权之后，新任法国海军部长才批准了富尔顿的请求，于是富尔顿得以将自己设计的潜艇建成，这就是“鹦鹉螺”（Nautilus）号潜艇，他自己也顺理成章地成为法国海军的成员。

和布希内尔那个寒酸的木制小“海龟”不同，富尔顿的这艘潜艇要气派多了，拥有铁制框架和铜制船体，水下攻击的方式基本上还是沿用了“海龟”号的老办法：潜艇将炸药桶送到目标舰船下面，在船底引爆——潜艇当然要在此之前逃走。“鹦鹉螺”号也充分考虑了机动问题，在艇体上装有可折迭的风帆，以便于在水面上可以借助风力来航行，当然下潜之前要把帆收起来。在水下则基本延续了老办法，靠手摇推进器来移动。最具有革命性的成果是它装有最早的水平舵。可惜由于技术水准的限制，在试验中发现，这艘潜艇的实战价值极为有限，甚至连机动性能都还问题重重，根本没有富尔顿本人吹嘘的那么强大。1800年，富尔顿声称自

■ 罗伯特·富尔顿。

已在诺曼底海岸攻击了两艘英国双桅帆船，不过由于机动性不足而没有成功。这些失败为富尔顿在法国的前途蒙上了阴影，海军上层很快就对潜艇失去了兴趣，并讽刺说这些玩艺只适合给海盗使用，而拿破仑在得知这些情况后也十分恼火，认为富尔顿根本不是要帮助法国，而是一个骗取钱财的骗子。不管富尔顿本人是否知道拿破仑对他的评价，但是他接下来的行动却是叫人跌破眼镜（当然，拿破仑除外）——他化名偷渡英吉利海峡，秘密的将其研究“成果”献给英国首相威廉·皮特。

无论是以其当时的身份，还是法国为其研究提供的种种支援，富尔顿的这一行为都显得寡廉鲜耻。昔日信誓旦旦要协助法国摧毁英国海权的热血青年，此时却出卖了法国。英国人在一开始对他的发明十分感兴趣，特别是在富尔顿成功地在一次带有表演性质的公开实验中证明了用水雷可以炸沉船舶之后，海军部门特地为此赏下大把钞票，

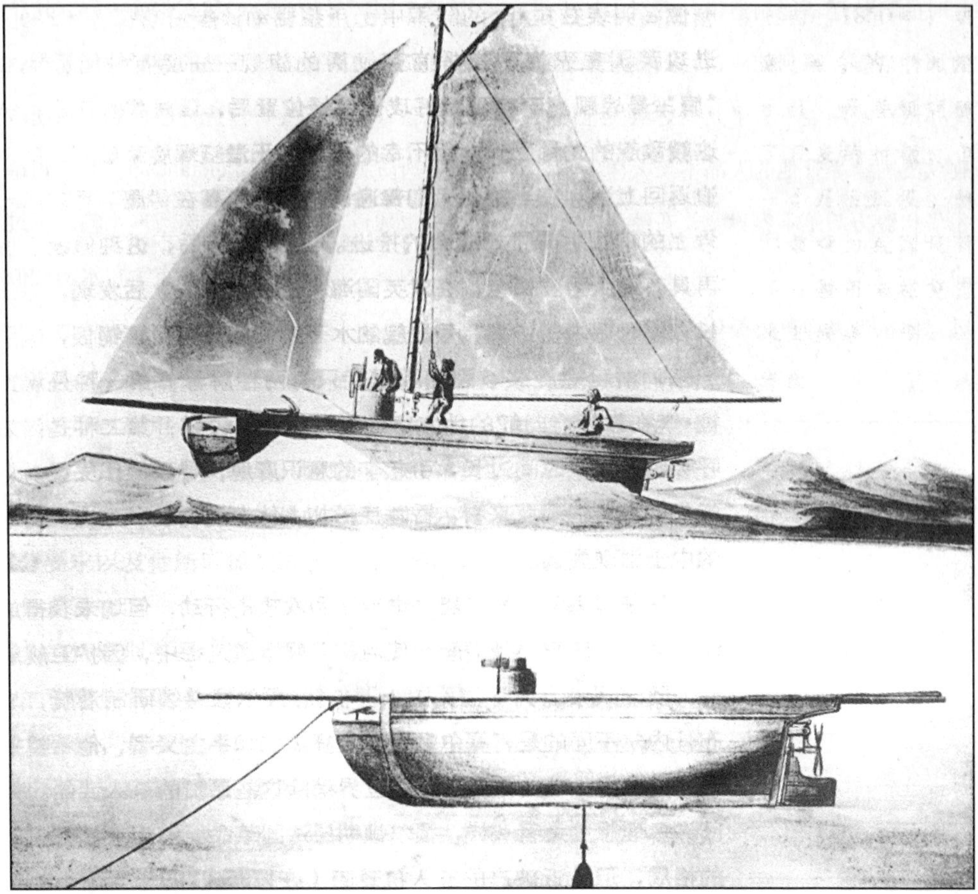

■ （上）水面航行中的“鹦鹉螺”号潜艇。（下）潜航的“鹦鹉螺”号潜艇。

支持他进行进一步的研究，为英国海军建造性能卓越的潜艇。富尔顿本人自然是来者不拒，趁机大发昧心财。在装满了腰包之后，富尔顿也差不多准备好，要为这支他曾经发誓要毁灭掉的海军效劳了。然而造化弄人，不久之后英国海军部重组，新的当权者对潜艇毫无兴趣，并且同样认为这种“卑鄙的”武器会带来道义上的麻烦。不久，英国的潜艇发展计划就顺理成章的告吹，实际上也就此免去了许多财力与物力的无端浪费，毕竟此时的科技还不能制造出一艘富尔顿所想象的那种潜艇。事到如今，富尔顿是无论如何没办法在欧洲混下去了，只好沮丧地回到了故乡美国。尽管他的人品不怎么样，不过其才华和毅力却是不容置疑，在经历如此之多的失败之后也没有意气消沉。在后半辈子里，他也没兴趣再捣鼓什么潜艇了，转而投身于蒸汽动力系统的研究，并以使用蒸汽动力驱动船舶的第一人而名垂千古，开启了一个水上航行的新时代。

到19世纪中叶，一个未来的潜艇大国姗姗登上潜艇研究的舞台，此时她的名字是德意志联邦。当时她正面临着美国在独立战争中一样的困境，在与丹麦的战争中，苦于没有像样的海军可以打破丹麦海军实施的封锁战而一筹莫展。此时又有人想到了潜艇，一位炮兵下士威廉·鲍尔（Wilhelm Bauer）向德国海军献上自己的设计。这艘潜艇明显带有仿造美国产品的痕迹，和富尔顿一样，这位炮兵下士也大肆吹嘘自己的潜艇性能超群，因此他很快就被允许建造一艘样艇。该艇取名“消防潜水员”（Brandtaucher）号，用单层铁板建造，外形像一个椭圆形水箱。不过倒霉的是，这艘潜艇的可操作性和水密性似乎欠佳，在1851年，鲍尔和另外两名助手在基尔港试航时，强大的水压竟然挤裂了部分

■ “消防潜水员”号潜艇结构示意图。

铁制艇壳。这是前所未见的紧急状况，从来没有任何人有处理这种事故的经验（也许一个世纪前的那位英国工匠戴是唯一见识过的人，不过显然他也没有什么好办法来对付这种意外）。幸亏这位下士的物理学基础十分扎实，喝令艇内另外两名成员不得妄动，静待舱内气压升高直至和外界压力相等，从而阻止了进水。艇上三人最终得以幸存，这算是人类历史上头一次成功从潜航状态的潜艇里逃生。非常好笑的是，丹麦人在得到了一些琐碎的消息之后反而谨慎起来，不敢轻举妄动，小心翼翼地和德国海岸保持一定的距离。由此，这艘不成功的潜艇还是取得了和布希内尔的“海龟”艇相类似的成果。不过这次失败还是断送了鲍尔在德国的前程，于是他只好转投他国，饱受颠沛流离之苦。在被英国拒之门外后，他在俄国又谋得一份类似的差事，虽然取得了一些成功，但终其一生也没有取得突破性的进展。唯有一件事情非常著名，那就是在沙皇亚历山大二世的登基典礼上，鲍尔驾艇潜入水下并在水下播放了“上帝保佑沙皇”（God Preserve the Tsar）的乐曲。此事在俄国上流社会轰动一时，“水中飘出的音乐”一下子成了人们的热门话题。但是，这种作为武器而开发的东西竟然堕落为典礼上的娱乐工具，也算是一种悲哀吧。德国人在潜艇的发展历程中的第一次表演就这么匆匆结束了，正所谓来得突兀，消失得迅速。

在19世纪60年代，法国人又开始了对潜艇的探索，他们于1863年建成了另一艘大型潜艇“潜水员”（Plongeur）号。这艘排水量高达420吨的潜艇（和后世的潜艇相比自然不算什么，不过以当时的技术水准来说，这个吨位是相当大的了）是由查尔斯·布兰（Charles Brun）设计，第一次使用一部功率为80马力的压缩空气发动机作动力，艇长42.67米，外形模仿海豚，速度2.4节，潜深12米，能在水下航行3小时，是20世纪以前建造的最大一艘潜艇。它的动力装置有了质的飞跃，也是最具创造性地使用压缩空气作为动力，这些压缩空气也可以用于清空压水舱里的海水，但由于潜艇在水下时需要的空气无法保障，并且稳定性很差，由此带来的麻烦是必须带上硕大的压缩空气瓶来储存“燃料”，而且续航能力非常差，最终以失败告终。其攻击方式则在“海龟”号的技术基础上有了一定程度的发展，改为使用一根长杆将炸药桶送到敌船附近（有时候这种带有长杆的炸药桶也被叫做长杆鱼雷），不过这依旧非常危险。再加上该艇的水下机动性也相当恶劣，因此法国人很快就放弃了这一个颇具新意的潜艇，也完全没有注意到使用压缩空气这一先进概念。尽管压缩空气并不适合用来驱动潜艇，但是未来将会证明压缩空气在潜艇上的价值。

在富尔顿成功地将蒸汽动力用于驱动船舶之后，越来越多的人自然也就想到：既然蒸汽动力可以驱动水面船舶，那么将其用于潜艇又有何不可呢？这一想法很快就被付诸实施。美国人再次对潜艇发生了兴趣，因为他们又遇到了另一场战争，不过这次是内战。在南北战争期间，海上力量居于劣势的南军遭到北军舰队的海上封锁，处于非常不利的局面。此时又有人想起了布希内尔的“海龟”号，于是南军就开始建造一些潜艇，意图以此打破海上封锁。我们可以发现，打破敌方海上封锁的目的再次成为潜艇发展的原动力。这些潜艇多被称为“大卫”艇，其意即希望这些潜艇能够以小搏大，像《圣经》里的大卫王用石块击毙巨人葛利亚那样，打败强大的北方海军。后来还出现了一些被称为“亨利”艇的改进型号。显然，南军更加关心潜艇的机动性而相对忽视其隐蔽性，他们在潜艇上使用了蒸汽机，结果就导致潜艇的成员必须在绝大多数时间里保持在很浅的深度，以便随时打开舱盖更新空气。但是这种航行方式很危险，如果艇体晃动稍微剧烈一点的话，海水就会不可避免地从舱口灌入艇内，从而造成潜艇进水沉没。而且这种潜艇在攻击的时候还是沿用将绑在长杆上的炸药包送到对方船体附近引爆的原始方法。因为上述种种缺陷，这种充满危险的潜艇的所有攻击都归于失败，并在试航与作战中造成了不小的人员损失。但是在1864年2月17日（也有资料称是27日），一艘南军潜艇改变了一切。

当晚，一群神经中枢极为坚强的南军士兵驾驶着一艘已经出过几次翻沉事故的潜艇晃晃悠悠地潜入查尔顿港，用缚在长杆上的炸药桶奇袭了北军巡洋舰“豪萨托尼克”（Housatonic）号，炸药的猛烈爆炸撕裂了“豪萨托尼克”号船体的水下部分，大量的进水使其迅速翻沉。这是人类历史上第一次潜艇在实战条件下成功击沉水面舰艇的战例，不过成功的“刺客”却也没有机会庆祝胜利。因为受害者在“倒下”的时候从“伤口”处吸入大量海水，结果潜艇由于距离攻击目标太近而不可避免地被强大的吸力带向船体破口，强劲的吸力将艇艏牢牢卡在破口处。就这样，两者最终一起沉入大海，同归于尽。当时的人并不知道这一情况，还以为那艘潜艇“老毛病又犯了”，在返航途中又一次进水沉没，直到战后打捞残骸的时候人们才惊讶的发现二者一同魂归大海的惨状。而在前前后后的试航与作战中，据说仅在这型潜艇上就有共计35名艇员身亡，这些使用者的狂热精神大概也只有后来日本的“神风特攻队”可以相比了。

而北方政府在这次战争中也曾尝试研制一些潜艇，可惜成果甚微，而且在完成之前战争就结束了，这些潜艇的进一步研制工作也就不了了之。不过不管怎么说，南军当时的成功证实了潜艇的军事价值，只要使用得当，这种小玩艺是可以对大型舰船构成威胁的。这也使越来越多的政府或者民间组织乐意向这方面的研究投注财力物力。但是人们在一次次的尝试中也逐步发现蒸汽机的“硬伤”，由于蒸汽机需要大量的氧气，以当时潜艇的技术水准，是很难供应这么多氧气的，因此在潜艇上使用蒸汽动力的尝试在此后虽然有所增加，但是在接下来的很长一段时间里又缓慢的减少，最终销声匿迹。不过蒸汽机发明之后开始的工业革命还是使潜艇技术的发展走上了快车道。

19世纪60年代，英国出现了一种真正具有实用价值的鱼雷。这是一位名叫罗伯特·怀特黑德（Robert Whitehead）的人发明的，

■ 白头鱼雷的发明者怀特黑德。

他的鱼雷使用压缩空气作为动力，口径356毫米，可装18磅炸药，速度6节，航程可达200码左右。这种鱼雷就以发明家的名字命名为“怀特黑德鱼雷”，在中国则被叫做“白头”鱼雷（英文中，White是白色的意思，head则是头，因此常常把Whitehead叫“白头”）。英国海军部得到消息后立即派人来视察，前来视察的官员们都对这一重大发明成果非常吃惊，立即向上级作了汇报，对这一新式武器给予了极高的评价。这使得鱼雷很快引起了高层的注意。1870年起，英国海军部向怀特黑德提供了很多支援，使其能够顺利地改进鱼雷的性能并且开办了一家鱼雷工厂。到1872年，改进过的鱼雷最高速度可达12节，射程600码。四年后又出现了另一种新式鱼雷，将最大速度提高到了18节。在英国积极推进鱼雷技术的驱动下，列强也闻风而动。这种威力巨大的武器很快就风靡欧洲，掀起了一场鱼雷热潮。各国争相购买这些鱼雷并且装备在自己的水面舰艇上，而拥有这种武器的军舰将立即具有可怕的火力，哪怕就是一艘小艇，只要能够安装上鱼雷发射管，也足以让大型战舰不敢掉以轻心。大多数人还没有立即把这种武器和潜艇联系在一起，不过很快就有人开始动脑子了。

1879年，利物浦的一位教士乔治·格莱特建造了一艘“我将再起”（Resurgam）号潜艇，该艇依旧使用蒸汽动力，在水面航行的

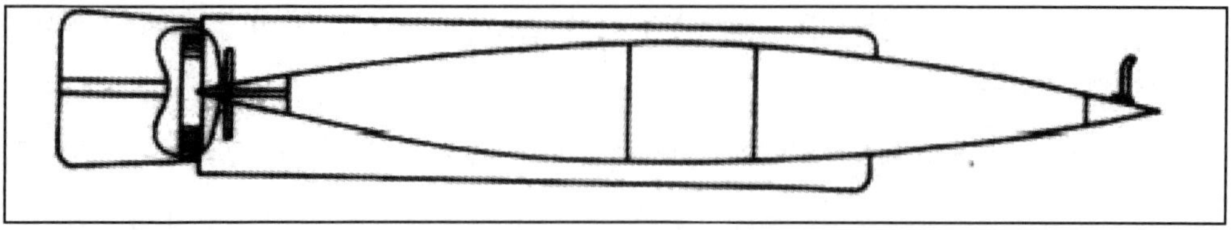

■ 鱼雷若和潜艇结合在一起就成为了一种可怕的武器平台，图为第一种具有实用价值的鱼雷“白头鱼雷”。

时候使用蒸汽机，在水下航行的时候则熄灭蒸汽机，使用储存在一个大锅炉里的蒸汽作为动力。谁知天有不测风云，这艘潜艇真是艇如其名，在威尔斯海岸进行试航的时候就失事了，有3名艇员在这次事故中身亡，这下只好等着“再起”了。

格莱特的发明虽然没有获得成功，但是这次尝试引起了瑞典人索尔斯坦·诺登菲尔特（Thorsten Nordenfelt）的注意。此人是个大工业家，家财万贯，同时也是一位发明家。他曾经制造了一种速射炮，并且以自己的姓氏来命名，他认为这种大炮可以对付当时十分流行的鱼雷艇。而此后，他又打算发明一种可以在水下航行的鱼雷艇，这样就可以避开速射炮的威胁。这位发明家脑袋中关于“水下航行的鱼雷艇”的概念，应该说是极为大胆且富于想像力的。他很快就邀请格莱特前来合作，这两人一个有钱且技术与想像力兼备，另一人则懂理论且有一定的实践经验。这对搭档于1881年开始合伙建造新的潜艇。

两人合作的第一艘潜艇于1885年建成，该艇排水量60吨，依旧使用蒸汽机作为动力系统，而且使用水平推进器来实现下潜并用平衡舵来保持水下的稳定性，上述设计后来都被证明是相当的失败。但在攻击力方面，该艇却相当强大，不仅在甲板上安装有一门“诺登菲尔特”速射炮，而且还可以用甲板上的发射管施放“白头鱼雷”，这种鱼雷加大炮的装备模式避免了此前以炸药爆破为攻击方式的潜艇必须冒险靠近敌船的麻烦，同时赋予潜艇可以攻击移动中的目标的能力，在后来更是成为潜艇的标准武备模式。该艇被命名为“诺登菲尔特Ⅰ”号，并于同年秋季开始试航，许多国家的贵宾都到场参观。尽管在试航中表明，该艇在水下的可操纵性能并不好，但是希腊政府显然还是很中意这件武器，于次年掏钱将其买下，不过其糟糕的水下航行性能使希腊人根本不敢将其用于潜航。以后土耳其、英国和俄国也曾有订货，德国人也在1892年掏钱买下了两艘。至此，那艘在威尔斯近海海底躺着的“我将再起”号大概可以瞑目了，这些在她的基础上新建的产品能够取得这样的销售业绩，确实可以算“再起”了。不过在水下适航性能上，由于蒸汽机的限制，后续各艇的性能都非常糟糕，比起首艇来也没有什么进展。由于这个原因，甚至很多人认为他们的产品根本就不算是潜艇，这些十分前卫的军舰也因此和“第一艘现代潜艇”的荣誉擦肩而过。

鲜为人知的是中国在现代潜艇发展史上也曾有过成功的尝试，1880年秋，天津机器局根据一个陈姓道员（居然连名字都没留下）设计的图纸建成一艘当时属世界先进水准的潜艇，并在海河试航。它“式如橄榄，上有水标及吸水机，可于水底暗送水雷置于敌船之下”。遗憾的是该船很快销声匿迹了，没留下任何实物和图纸资料。史学家们认为，这很可能是西方列强逼迫清政府将该研发项目下马，就此中国潜艇发展之路被扼杀于襁褓之中。

1885年，英国人坎贝尔（Campbell）和埃许（Ash）建成了一艘电动潜艇“鹦鹉螺Ⅱ”（Nautilus Ⅱ）号，该艇安装有一台西班牙生产的电动机作为动力装置。虽然并不怎么成功，但是却是第一次成功地尝试使用电动机作为动力装置，并在后来成为潜艇水下航行的标准方式。而西班牙本身对潜艇也有兴趣，一位西班牙海军军官黎特南特·皮埃尔（Lieutenant Peral）也在1886年为西班牙海军建造了一艘潜艇，这艘以建造者的名字来命名的潜艇也是以电力驱动。不过有意思的是，这艘潜艇十分特立独行，她并不是使用一些燃料发动机来发电，而是靠自己携带的电池来供电。船上携带了多达420块电池用于驱动2台30马力和3台5马力的发动机。2台30马力的发动机用于航行，3台5马力的发动机则用于清空压水舱。不过遗憾的是，这位军官在该艇上使用了和格莱特的设计类似的垂直操纵系统，结果导致水下操纵性能十分低劣。这一重大缺陷使其很快失去了官方支持，只好就此草草收场了。但是需要注意的是，此时轻型发动机和鱼雷这两种关键性的发明已经问世，潜艇发展的黄金时代即将到来。

法国著名的设计师戴普·德·龙（Dupuy de Lome）也于1885年开始设计潜艇。可惜不久他就死去，不过他的学生古斯塔夫·齐德（Gustave Zede）继承了他的遗志。在1886年，这位高徒设计出了一艘小型潜艇，使用55马力的电动机作为动力设备。同年这一设计就获得了法国海军的订单。1888年，这艘名为“吉姆诺特”（Gymnote）号（或直译为“电鳗”号）的潜艇下水，在最初的测试中她表现得并不太好，究其原因还是由于水下操纵性能的不足，试航并不十分成功。不过该艇还是显示出很大的潜力，因此法国海军的官员们很快允诺再订购一艘更大的改进型潜艇。这是一个正确的决定，法国潜艇的发展也因此避免被粗暴的打断。新潜艇在1893年下水，可惜运气不佳的古斯塔夫·齐德本人却在此前死于一次意外的爆炸事故，为了纪念他，这艘新的潜艇就被命名为“古斯塔夫·齐德”号。这一艘潜艇最初的几次试航依旧不太令人满意，但是此后经过长时间的改进，终于获得了比较令人满意的结果。后来在这些成功经验的基础上，法国人又建造了一艘“海象”（Morse）号，这就是法国人在这一阶段对潜艇的探索。应该说他们获得了令人满意的结果，开发出了具有实用价值的潜艇。可惜他们没有更进一步，如果他们对当时正在流行的鱼雷更加重视一些的话，也许就有机会摘得桂冠。

现代潜艇的诞生

与此同时，在大西洋彼岸的美国人也行动起来。1896年，工程师约翰·霍兰（John Holland）终于实现了潜艇发展史上一个重大的突破——将潜艇和鱼雷联系起来，这一创举终于使潜艇真正具备了可怕的实力。不过这一想法倒不是霍兰的原创，事实上之前格莱特和诺登菲尔特等有识之士就曾经尝试过这种想法，可惜的是他们造的潜艇质量实在太差，因此未能取得成功。而现在，这一构思在约翰·霍兰的手中变为现实。

霍兰早在1873年就开始设计潜艇，其目的再次与前人暗合——挑战英国的制海权。1875年，霍兰向美国海军部提交了自己的设计，不过却没有得到官方的支持。因为官方在此前已经支付了很多钱来研究潜艇，结果却一无所获，此时自然不会再对一个无名小卒的设计感兴趣。但是一个叫“芬尼亚社”的反英激进组织则对霍兰的设计抱以极大的希望，向他提供了六千美元的款项，委托他设计建造潜艇。3年之后霍兰就拿出了一件作品，这艘“霍兰-1”号虽然只是实验品，但在进行了测试和改进之后，霍兰已经可以确保这艘潜艇自如的上浮下沉了。“芬尼亚社”的人员对这次尝试表示满意，并再次提供了一笔钱作为经费。此后霍兰将第一件实验品拆解，并继续积极地进行深入的研究探索，开始着手建造新的潜艇。

■ 约翰·霍兰和他研制的潜艇。

转眼到了1883年，尽管霍兰也已经在设计和建造潜艇方面取得极大的成就，能够设计建造可操纵性相当好的潜艇，并开始尝试使用内燃机或电动机作为驱动潜艇的动力设备，但是对于如何使潜艇具备足够的攻击力则一筹莫展。他曾经尝试过传统的投放炸药爆破船底的方式，也曾打算用高压气炮来发射炸药包（这一概念和鱼雷颇有类似之处），不过都没有成功。还曾经有一种滑稽的想法：用一艘经过特殊改装的商船运载一艘潜艇开赴敌方港口，停泊之后潜艇从船底溜出来袭击停泊在港口中的船舶，在弹药用完之后返回母舰，趁乱溜走。这种不切实际的想法自然是源于潜艇缺少有效的武器，同样也不可避免地归于失败。由于长期无法造出有战斗力的潜艇，“芬尼亚社”的激进分子们终于对这个整日埋头苦干但却似乎成果甚微的发明家失去了耐心。在双方发生了几次很不友好的摩擦之后，“芬尼亚社”的成员偷走了霍兰的样艇，这位发明家就这样与昔日的资助者们一刀两断了。此后在朋友和同事的支持和帮助下，他继续进行深入的研究与设计。

除“霍兰-1”号以外，霍兰还建造过4艘潜艇，其中较为重要的是“霍兰-2”号。它全长10米，装一台功率15马力的内燃机，排水量19吨，其成功之处在于首次安装了使潜艇能在前进中下潜而保持纵向稳定的升降舵。当它下潜时，不是靠增加重量，而是用水平舵下潜和保持深度；当潜艇上浮时，又可提供少量贮备浮力上浮，这在当时是一个突破性的进展。1893年，在美国海军的资助下，霍兰建成了“潜水者”号潜艇，它使用了所谓的“双推进装置”，也就是在水面航行时使用蒸汽推进装置，在水下航行时使用电动推进装置。

很可能是从欧洲人的尝试中得到启发，或者是震惊于英国新发明的“白头鱼雷”的性能，霍兰决定也对此进行尝试。但是在其研究生涯之中，资金短缺始终是最大的问题，这很大程度上限制了他发挥自己的才华。海军部门对他的设计顾虑重重，迟迟不肯向他提供经费。直到1895年，美国海军的官僚们终于批给霍兰一笔钱，委托他设计制造潜艇，不过同时又丢给他一大堆难以达到的技术指标。指标中要求潜艇长25米，以便有足够的空间安装大功率蒸汽机。但是蒸汽机只能用于水面航行，还要安装电动机用于水下航行。这种要求未必是不合理的，但是确实超出了霍兰当时的能力。经过一段时间的艰苦工作之后，霍兰很快就明白，如果按要求的技术指标来设计建造，最终必将一事无成，因此他作出了一个相当大胆，也是他的研究生涯中最重要的决定。

霍兰决心撇开一切指标，只从技术角度出发，按他自己的设想来设计建造一艘潜

■ “霍兰”号潜艇。

艇。这艘后来被人们称为“霍兰”号的潜艇很快就完成了，全艇长约15米，成员5人，动力系统是一台55马力的汽油发动机（也有资料称45马力）和以蓄电池为动力的电动机，该艇采用双推进方式，在水面航行时用汽油机，时速7海里，续航力达到了1000海里；在水下潜航时用电动机，时速5海里，续航力50海里。上浮和下潜的速度都很快，水面和水下航行性能均良好。最重要的是，艇上装备有一个鱼雷发射管，可以在水下发射英国制造的“白头鱼雷”。由于这艘潜艇首次比较圆满地同时解决了水下机动性和攻击力的问题，因此被公认为是“现代潜艇的鼻祖”。尽管没有按照要求来设计建造，但是该艇在1896年进行试航之后还是引起了轰动，人们都津津乐道于这么一个厉害的“新玩艺”，只有美国海军部的官僚们还犹豫不决。在杜威将军等德高望重的人士支持之下，美国的官僚终于在1900年勉强接受了这一新式武器，并进一步进行投资，建造更多这样的潜艇。霍兰也因为发明了第一艘现代潜艇而被冠以“现代潜艇之父”的称号。不过这些潜艇后来不但没有用来摧毁英国的制海权，反而成为英国潜艇部队借鉴的对象。

同一时期，另一位美国潜艇爱好者西蒙·雷克（Simon Lake）建造了一艘拥有双层艇壳的潜艇。此前大多数的潜艇技术先驱者往往是出于军事目的而建造潜艇的，然而雷克却是例外。他喜爱潜艇原本完全出于个人兴趣而非军事目的，他早年建造的潜艇也仅仅是为了在浅海海底采集贝类而已。1894年，雷克制成了一艘名为“小阿格诺特”

■ 1894年建成的“小阿格诺特”号潜艇。

■ 西蒙·雷克。

（Argonaut Junior）号的潜艇，它的样子像一个特大的木柜子，长4.2米，高1.5米，艇体以松木板内衬帆布制成，底部安装有三个木制轮子（前一后二），能在海底滚动。这艘潜艇在外形上根本就不能说是一艘“潜艇”，它的上浮和下沉也很原始，是靠抛投艇内压载物来实现的。

为了解决“小阿格诺特”号上浮时艇体不稳的问题，雷克对该艇进行了改进，并在1897年完工。改装后的潜艇被称为“阿格诺特”（Argonaut）号，装有一台30马力的汽油机和一部电动机作动力，潜艇上有一个可以伸出水面吸气和排烟的管子为汽油机服务。

艇上安装了压载水箱来代替压载物。为了改善潜艇适航性，雷克在吸气管和排气管外面包上了一层外壳，使它的外形看起来像现代潜艇上层建筑（即指挥台）的第二层艇壳。这样，“阿格诺特”号的下潜和上浮都比较稳定，而且能在一个适当的深度上将内燃机水下工作时所用的通气管伸出水面，增加潜艇水下工作的时间。

此外，雷克还在潜艇上安装了四个翼形升降舵，两前两后，以使潜艇在慢速航行时也能保持一定深度，而无需改变艇上的压载。双艇壳、升降舵都是堪称先驱的创新，大大提高了潜艇在水下的机动性和安全性，后来更是成为世界各国争相效仿的对象，可以说美国人此时已经拥有了多项领先世界的潜艇技术，而这位业余爱好者也终于开始明白自己的这一创举在军事上的意义了。

“阿格诺特”号完工后，雷克曾想把它用于军事目的，例如运送潜水员、切割敌人海底电缆、消灭敌人水雷等。1898年，“阿格

■ 航行中的“阿格诺特”号潜艇，右边第一人为西蒙·雷克。

诺特”号依靠自身动力，从诺福克航行到纽约，成为历史上第一艘在海上远航的潜艇。可惜美国海军部门的官僚们对潜艇的巨大价值并没有足够的认识，在西蒙·雷克前来递交申请书的时候，这些官僚们又快又干脆地给他吃了闭门羹，因此雷克只好去欧洲发展。与富尔顿相比的话，雷克是要幸运多了，法国人很快就采用了他的技术。在十多年后，当雷克看到欧洲海军先进的潜艇在大洋上纵横驰骋的时候，这位自学成才的发明家回想起当年在美国的境遇，不禁怅然的感叹道“美国人的发明，欧洲人来发展”。这一千载难逢的良机就因为官僚们的短视行为而被葬送了，此后美国人对潜艇的兴趣逐步下降，到20世纪初，其潜艇技术已经落后于法国，这是后话。

蹒跚起步

在霍兰和雷克等人努力发展潜艇技术的同一时期，欧洲的状况却很复杂。掌握制海权的英国海军尽管一度对此很感兴趣，并曾经订购了诺登菲尔特的潜艇，但是此时他们却认为潜艇可能具有挑战英国海权的潜力，还是少接触为妙。由于潜艇对主力舰存在一定的威胁，而且会在某种程度上改变海战的形式，这显然对英国的制海权是有害的。英国装备精良、训练有素的水面舰队十分适应当前的海战模式，而如果这一模式受到动摇甚至颠覆，则有可能影响到英国海军目前所享有的优势。因此英国不乐意也不敢轻易地表示其介意潜艇的存在或者对其有兴趣，如果英国表现出对潜艇的忧虑的话，势必导致其他国家群起发展潜艇技术，那就大事不妙了。于是他们采取了一种掩耳盗铃的态度，装做无视潜艇的存在。英国海军的高级官僚们在公开场合更是对潜艇大加诋毁，一位名叫威尔逊的海军上将更是表示应当禁止在战争中使用潜艇这种“卑鄙的武器”，认为这种武器是“纯粹、无聊、可恶的”。而数百年前，当威力巨大的长弓被禁止用于基督教徒之间的战争的时候，英国人对此置若罔闻，如今却又说出禁止潜在对手在战争中使用某种武器的话来，真是令人哭笑不得。

1899年，海牙国际会议讨论了关于潜艇在国际法中地位的问题。在5月31日的议程中，俄国代表建议完全禁止建造潜艇。这一提议得到了大多数国家代表的响应，英国、丹麦、德国、意大利、日本等国的代表均表示，如果各国都接受这一禁令的话，那么他们也乐意接受。值得注意的是，上述各国当时的潜艇技术都比较落后，禁止建造潜艇对他们有益无害，当然乐得做顺水人情。而潜艇技术十分发达的法国当然不干，接受这一禁令意味着放弃他们的优势，而以前为研制潜艇花费的投入也将全部付诸东流，因此他们断然拒绝了这一提议。而情况类似的美国同样表示暂时不会考虑接受这一提议，至于潜艇技术不怎么样的奥匈帝国，出于某种原因也表示不打算接受这么一个会“限制在未来战争中的行动自由”的禁令，于是这一议题就此终止，什么协议都没有达成。英国人对此当然十分恼火，不过似乎也没有什么好办法，他们唯一能做的就是继续强硬地坚持自己原来的做法：故意忽视潜艇。一直到后来的1900年5月13日，英国海军大臣高森爵士（Lord Goschen）还是在英国海军部例会上强硬的表示：潜艇是一种“弱小海军的武器”。尽管如此，作为世界上最大的海军舰队与商业船队的拥有者，英国受潜艇威胁的程度实际上比其他任何国家都要大得多。假定一支海军由于大量装备了潜艇，而对海军实力首屈一指的英国产生了巨大的威胁的话，那这还是一支弱小的海军吗?

英国的这种态度当然没办法蒙混过关，差不多所有国家都或早或晚，或多或少的感觉到这其中有一些“此地无银三百两”的成分。更何况很多研究潜艇的人本来就是以挑战或者摧毁英国的制海权为目的，即使是那些早期的哗众取宠者都敢吹嘘说他们的发明将改变海上力量的对比，甚至将使海军的作战方式产生革命性的变化，而学者和技术人员们虽然说得没有这么夸张，但是也表示了类似的看法，当时潜艇技术的蓬勃发展也似乎证实这一观点并非胡言乱语。因此英国无论摆出什么样的姿态，讽刺其无用也好，抨击其无耻也罢，都不能改变潜艇迅速发展的趋势。此后欧洲各国陆续开始建设潜艇部队，在7年后（1907年）召开的第二次海牙国际会议上，由于潜艇技术的发展与普及已经是大势所趋，差不多所有一二流的海军国家都已经建立起了自己的潜艇部队，所以也没有哪个国家还会打算签订一个天真的协议来禁止在战争中使用这种尽管还很粗陋但却潜力巨大的武器了。这次会议也就没有再讨论任何与此有关的议题，因此直到第一次世界大战爆发的时候，国际上并没有达成任何关于潜艇作战的协议。

而在英国大肆抨击潜艇的同时，德国海军的当家人正是赫赫有名的提尔匹茨（Admirnl Alfred von Tirpitz），他是一位主力舰的狂热支持者，正宗的大舰巨炮党人。当时正努力推动德皇建立一支以大批主力舰为核心的公海舰队来挑战英国海军的霸主地位，其领导下的德国海军采取了紧跟英国海军脚步的发展策略。因而德国人对潜艇采取了和英国人一样的态度，仅仅将潜艇视为一种近海防御的武器，在19世纪末期也没有重视潜艇的作用。他们依旧只是在主力舰上亦步亦趋地紧随英国人的脚步，浑然不知另一种全新的海战兵器已经露出了獠牙。虽然他们也曾经购买过两艘格莱特和诺登菲尔特建造的潜艇，但是那更多的只是一种跟风行为。在大力发展海军的同时，德国人在威廉·鲍尔的设计失败之后就没有为研制潜艇再花过一分钱，这使其在潜艇技术上与美法等国的差距越来越大。

而实力或者说野心稍逊一筹的法国人对潜艇则相对要重视得多了（对于潜艇，法国人一贯如此），对于他们来说，这种廉价且能够对战舰构成一定威胁的武器自然是有相当大的吸引力的。而他们也确实获得了相当大的成就，当时法国潜艇技术超过了美国，占据世界领先的地位。法国海军于1896年举行了一次潜艇设计公开赛，法国著名设计师马克西姆·劳贝夫（Maxime Laubeuf）设计的“纳维尔”（Narval）号（或直译为“独角鲸”号）潜艇摘得桂冠，并于1899年在瑟堡（Cherbourg，法国西北部港口）建成。该艇长34米，宽3.8米，水面排水量117吨，水下排水量202吨，艇员30名，使用450毫米口径的鱼雷。其根本的概念仍然是延续了诺登菲尔特的想法——“可以潜水的鱼雷艇”，在未来45年里出现的潜艇事实上也都是遵循着这一概念。该艇的结构则十分前卫，拥有双层艇壳，在两层艇壳之间装有控制升潜的压载水柜，这使该艇比其他国家的潜艇更加安全和先进。双层艇壳日后也成为现代潜艇的标准艇壳模式，劳贝夫因此赢得了“双层艇壳之父”的美誉。

“纳维尔”号还首次采用了双推进系统，霍兰曾经在数年前尝试过这种方式，但是并没有成功，而现在法国人将其实现了。其安装的220马力蒸汽机是专门用于水面航行的，而水下航行时则由80马力的电动机来提供动力。这使其拥有以当时的标准看来很高的速度，在水面上的航速可达9.88节，在水下也有5.3节。而且这艘潜艇在水下可以用2.2节的速度航行58海里。当然，蒸汽机也给这艘潜艇带来很多麻烦，例如在下潜之前必须先将蒸汽机熄火，而这需要比较长的一段时间才能完成，而且会造成舱内温度上升，使乘员感到不适。

该艇在试航的时候从瑟堡出发，前往布勒斯特（Brest）港，途中在海上停留了48小时。其间进行了多次下潜测试，其中最长的一次竟达12小时之久。尽管还是有不少毛病，但是就整体而言，“纳维尔”号是相当成功的，这也大大激发了法国发展潜艇部队的热情。从1888年，法国建成了排水量30吨，但未装备武器的“电鳗”号潜艇，到1901年年底，法国已经有多达11艘潜艇服役或者在建，在建造潜艇的理论与实践两个方面都获得了长足的进步。而与此同时，大洋彼岸的美国却仅有1艘潜艇在役，另有7艘在建。截至1904年，法国建造了多种型号的潜艇42艘，排水量大至300吨，小至30吨；到1906年，包括设计中的在内，法国潜艇有18

个型号，90艘之多。

在20世纪的头几年里，英国人才逐步认识到了自己的错误。当时法国拥有的潜艇数量正在激增，这使对海权非常敏感的约翰牛（John Bull，英国人的谑称）意识到，如果固步自封，继续对他国大规模发展潜艇技术的行为视而不见的话，有可能在某种程度上动摇英国的海权。当然，那时候主力舰依然主宰着海洋，英国人对潜艇在战争中能够发挥的作用还没有充分的认识，他们在大多数时候只是把潜艇当作一种近海防御的武器。不过不管怎么说，他们还是很快行动起来，于1901年向维克斯公司订购了5艘荷兰设计的潜艇。此后又从美国订购潜艇并引进相关技术，在美国技术人员的指导下建造潜艇，将外国的先进技术与本国强大的造船工业结合起来，迅速建立起自己的潜艇部队。截至1905年，包括建造中的在内，英国拥有40艘左右的潜艇。1906年，英国开始研制D级潜艇，该级潜艇排水量500吨，双层壳体，适航性好，并且安装有试验用柴油机。1912年，更新型的E级潜艇服役，到1914年，共有11艘该级潜艇服役。E级潜艇水面排水量约700吨，并装有4具450毫米鱼雷发射管（首尾各两具），水面航速16节，水下航速10节，续航力为3000海里，这在当时已经称得上是相当优异的性能指标了。顺便一说，这件事情对英美双方都颇具讽刺意味。美国的布希内尔、富尔顿和霍兰等人都曾经以击败英国海军为目的来研制潜艇，而到头来霍兰的研究成果却为英国所用，可见愿望与现实之间往往是充满矛盾的。

英国的动作很快就引起了各国的注意，已经在潜艇研究上花了不少冤枉钱的俄国也再次行动起来，1901年建造了一艘水面排水量60吨，装有2枚鱼雷的潜艇。1902年德

■ 英国海军D4号潜艇。

■ 霍兰私人投资建造的“霍兰VI”号潜艇，被美国海军编入现役命名为“霍兰”（USS Holland）号潜艇，后更名为“霍兰”（Holland，SS-1）号潜艇，成为美国海军的第一艘潜艇。

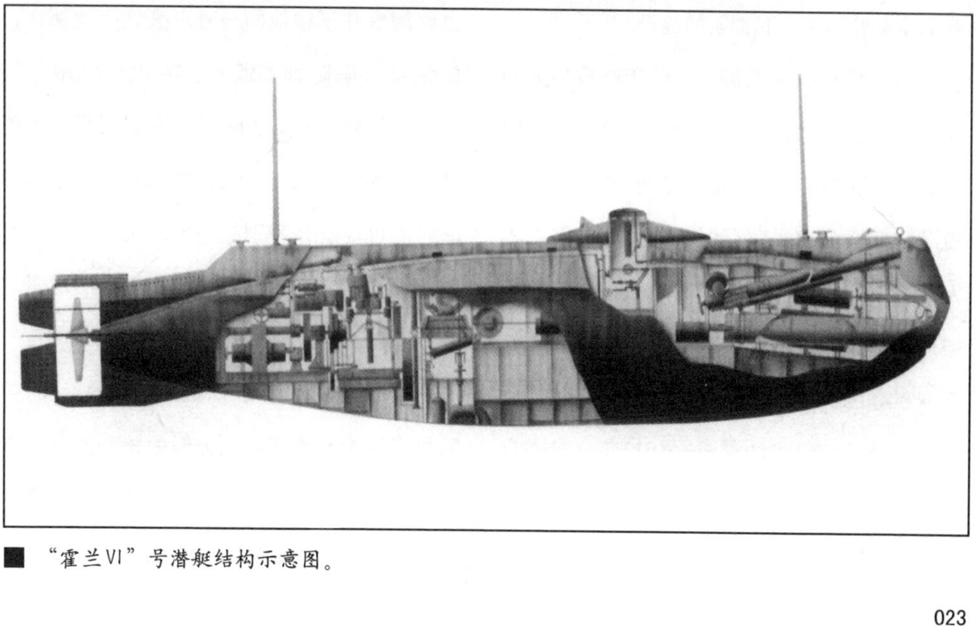

■ “霍兰VI”号潜艇结构示意图。

国克虏伯公司的日耳曼尼亚造船厂（Krupp Germania Shipyard）根据西班牙工程师德凯维利（Raimondo Lorenzo D'Equevilley）设计的图纸建造出“鳟鱼”（Forelle）号潜艇，该艇建成之后，在德国国内引起了轰动，1903年德国威廉二世皇帝和德国海军官员特地专程视察了“鳟鱼”号潜艇（不过“鳟鱼”号在1904年被卖给了俄国）。1903年，俄国“海豚”型潜艇下水，便订购了5艘“海豚”型潜艇，此后又建造了6艘该级改进型。1903年，意大利海军也订购了第一艘现代潜艇。日俄战争爆发之后，日本海军匆匆向美国递交了购买潜艇的订单，而俄国除了向美国订购之外，还在1904年向德国的军火巨头克虏伯公司下了订单，委托该公司以法国的先进设计与技术来建造3艘卡普（Karp）级潜艇（或称“鲤鱼”级）。至此，除了德国之外，海军列强们全部开始了潜艇部队的建设。

日本潜艇发展较晚，但善于吸取他人的经验，因而发展较快。1904年，日本向美国购买了5艘“霍兰”潜艇的专利，第二年这5艘潜艇在横滨完工。这时，失意中的霍兰本人又将他的设计图送给了日本人，神户船厂据此造出了两艘潜艇。其后，日本又从英、法、意等国购买了潜艇。1910年，川崎船厂着手设计日本自己的潜艇。1917年，日本自行设计的“海中”型潜艇在吴港船厂开工，并于1919年建成。

美国早期潜艇可谓是“墙里开花墙外香”，美国人建造了“霍兰”和“阿格诺特”这样先进的潜艇，但美国海军却迟迟不予采用。直到俄英等国都装备潜艇之后，美国才在1900年订购了第一艘“霍兰”潜艇，几年后又相继订购了6艘“霍兰A”和3艘“霍兰B”潜艇。

日本和俄国所订购的潜艇都没有来得及参加日俄战争，不过却间接造成了一个重大的结果：一直比较忽视潜艇的德国现在坐不住了。正在埋头大造主力舰的德国人惊讶地发现海军列强都在发展潜艇，俄国向克虏伯公司订购潜艇更是令德国人吃惊不已，法国的设计分明是考虑到远洋作战的。这种潜艇拥有双层艇壳，使用煤油机作为动力设备，航行性能良好，并具有较强的续航能力。这时候德国人开始醒过来了，从一方面来说，也许潜艇并不像他们一直以来认为的那样，仅仅是近海防御的武器，它也可以用于进攻；而从另一方面来说，“可以没用，不能没有”的意识也在作怪，列强都有的东西德国自然也要有，特别是连死对头英国人都有了，那德国人就更要有了。一旦想明白了这些，德国人就立即行动起来。

尽管在此之后，以提尔皮茨为首的德国海军并没有改变以主力舰为核心的发展方针，但是对潜艇的重视程度确实有大幅度的提高。由于他们在列强当中是最后一个开始建设潜艇部队的，这使他们损失了一些时间，但同时也得以避免了很多失败的尝试和无谓的投入。德国人吸取了其他国家的先进经验和失败教训，并结合自身的优势技术奋起直追，使德国与列强之间的潜艇技术差距迅速缩小。

虽然德国人在潜艇起步阶段并没有什么技术，但是承建的3艘法国设计的潜艇实际上正好为克虏伯公司在潜艇技术方面提供了一次免费而且全面的“补习”，使德国人的潜艇相关技术在短时间内全面飞跃。而在潜艇的作战策略方面，与很多国家刚开始发展潜艇时将其作为近海防御武器的观念不同，德国人打从一开始就将潜艇作为一种进攻性的武器来发展，克虏伯公司很快就得到了建造第一艘潜艇的订单。由于自身缺乏经验，因此这艘潜艇顺理成章的在很大程度上借鉴或者说模仿了克虏伯公司原来承建的那3艘法国产品。如在动力系统方面，德国人在研究之后，决定不再使用蒸汽机和危险性较大的汽油机。因为蒸汽机不适合水下航行，而汽油容易挥发引起爆炸，而且有毒。所以最后还是模仿法国的做法，采用煤油动力。而对双层艇壳等先进的结构，克虏伯也部分应用在新建的潜艇上。

这艘新潜艇很快就开工了，连建造的船台都特地选择在老地方。1906年初，克虏伯公司下属的日耳曼尼亚造船厂将这艘编号为

■ 德国海军第一艘潜艇U-1号，注意其艇首和艇尾的通风管。通风管在潜艇下潜之前必须收起，使得潜艇的下潜过程十分缓慢。

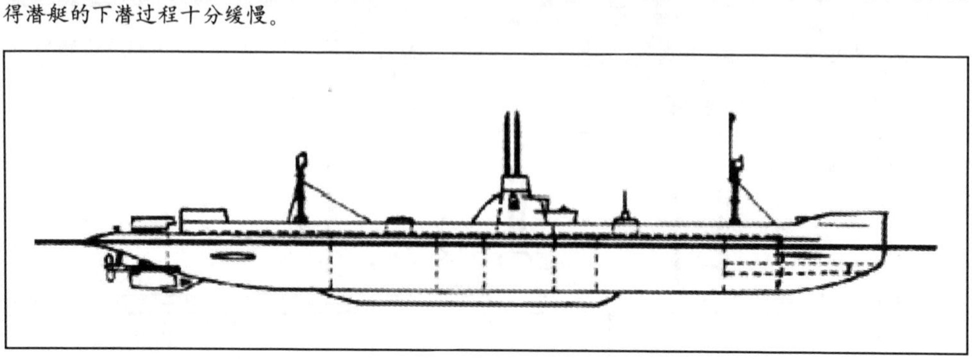

■ U-1号潜艇示意图。

"Unterseeboot1"（U-1）的潜艇交付德国海军使用。"Unterseeboot"，意为"水下舟艇"，英文缩写为U-boat，也就是"U艇"，日后令世界都为之惊畏的名称！U-1号的水面排水量为238吨，速度10.8节；水下排水量为283吨，速度8.7节，其试航也获得了成功，从此揭开了"海狼"传奇的序幕。位于但泽港的恺撒大帝（Kaiserliche）造船厂则在U-1号试航前的6个月就得到了U-2号潜艇的官方正式订单。该艇的吨位比U-1号要大上约50%，最重要的改进是大大加强了火力。U-1号仅在艇艏安装有1具450毫米鱼雷发射管，而U-2号则在艇艏和艇艉分别安装了2具450毫米鱼雷发射管。但是，由于U-1号和U-2号潜艇的性能难以满足需要，本来就对潜艇持怀疑态度的德国海军感到潜艇难以在未来海上斗争中发挥作用，于是，对潜艇刚刚涌起的一点热情很快便烟消云散了。但是发展的潜艇技术深深刺激了德国，德国海军对潜艇在未来战争中可能的作用重新进行了审视和评估，决定重新投入更大的财力和物力来发展潜艇。1909年初，德国制订了一项建造20艘U3级潜艇的庞大计划。为了保证把与时

停靠在德国基尔港的德国海军U-2号潜艇，该艇是第一艘专为德国海军设计的潜艇。

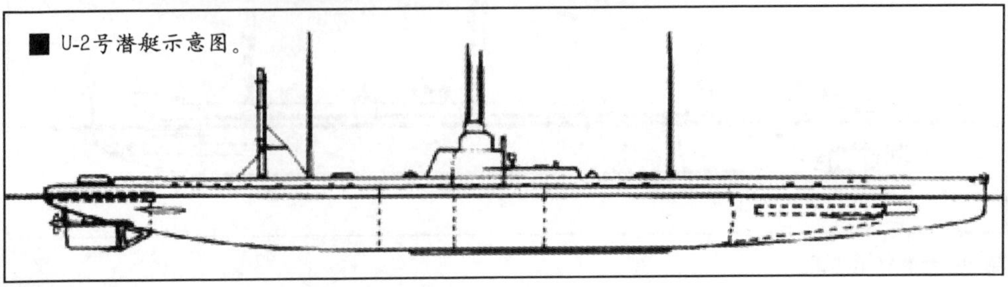
U-2号潜艇示意图。

■ U-3、U-4号潜艇示意图。

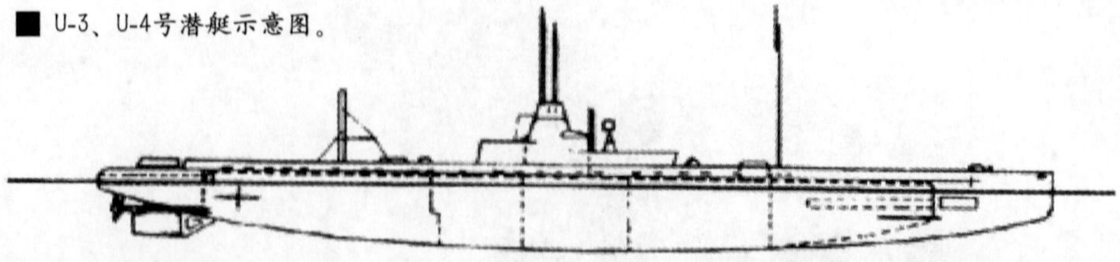

■ U-5-U-8号潜艇示意图。

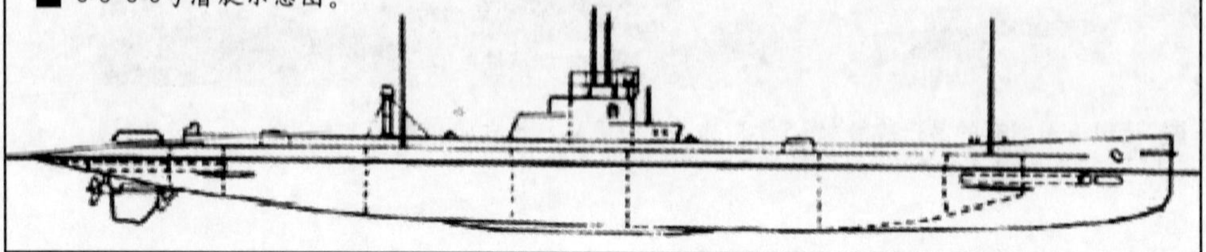

代同步发展的最先进技术及时地应用在U3级的20艘潜艇上，德国海军把建造这20艘U3级潜艇分为7组，在7年的时间内完成整个建造计划，力争在每年新开工的潜艇上做到使其总体性能逐年有所改进和提高。U3级第一组中的U-3号和U-4号潜艇是带有试验性质的原型艇，由但泽恺撒大帝造船厂承担其建造任务。U3级第二组的4艘潜艇由克虏伯公司的日耳曼尼亚造船厂建造。

此后，德国还逐步改进了鱼雷的性能以加强潜艇的攻击能力，并为潜艇配备精良的光学仪器。由这些事例来看，应该说德国在潜艇的技术改良上是比较积极的，唯一例外的是动力系统。汽油电力驱动潜艇虽然比较先进但却有一定危险，尽管做过许多努力，渗漏到船底的汽油还是会形成易爆的汽油蒸汽，再加上汽油发动机还会从排气管中泄漏出危害生命的一氧化碳。一些美国和英国的汽油电力驱动潜艇就因此而发生了爆炸事故。这种无法根除的危险促使潜艇设计者们去尝试另外两种更稳定且毒性小的燃料：石蜡油（Paraffin）（类似煤油）或者柴油。柴油机是德国科学家鲁道夫·迪泽尔（Dr. Rudolf Diesel）于1895年发明的，当时使用煤油的潜艇在水面航行的时候会冒出白烟，不利于隐蔽。而柴油机不但能克服这一缺点，还可以获得更大的续航能力。后来的实践也证明柴油机是一种非常适合潜艇使用的动力装置，即使在科学技术已经飞跃发展的今天，柴油机依然在现代潜艇上得到广泛的应用。然而很令人费解的是当时的德国海军根本不重视这一发明，不知道是他们依旧把眼睛死死盯在主力舰上而没有注意到这方面的变化呢，还是很难接受这么一种新的机械装置。反倒是法国人最先意识到柴油机对潜艇的用处，于1904年从德国购买了几套并安装到他

■ 德国海军拥有的第一艘潜艇U-1号，揭开了“海狼”传奇的序幕。

■ 1913年停泊在基尔港的德国潜艇，从左到右依次是U-12、U-7、U-10和U-6号。

们的新艇上，英俄两国也于随后几年间先后使用。德国人自己却对各国争相购买柴油机的事情视若无睹，他们自己的潜艇迟至1913年才开始使用柴油机作为动力设备，这对德国战前建成的大多数潜艇都造成了不良的影响。

这一阶段各国的潜艇也都形成了自己的风格和特色，但还是有很多共同点。例如大都装备了一大一小两具潜望镜，大的一具用于搜索，小的一具则在攻击敌船的时候作为制导使用。艇上的主要武器是鱼雷，而另外还安装一门小口径的大炮作为水面战斗时的辅助武器。潜艇上安装的这门大炮通常被认为没什么大用处，不过在后来的实战中发现倒也不是没有善于使用它的个中高手。还有一种有效的武器是水雷，最早的现代水雷是俄国在克里米亚战争中发明的，1912年他们率先订购了一艘布雷潜艇“克拉伯”（Krab）号（或称“海蟹”号），该艇可以在两层艇壳间携带多达60枚水雷。这艘潜艇直至1915年方才服役，并不是十分的成功，但是她的后续改进型号则有所进步，这类潜艇后来在实战中被证明非常适合在巴伦支海（Barents Sea）海域使用。而德国人则在“克拉伯”号服役前已经建成他们自己的布雷潜艇并投入现役。

尽管取得了这么多成就，但是严格的说，这一时期的潜艇依旧存在很多问题，并不是一种十分安全可靠的武器。在1904年到1914年的10年间，共有16艘潜艇由于碰撞事故、内部爆炸或者其他事故而失事。其中英国的损失最多，达7艘；其次为法国4艘；俄国则有3艘。另外两艘则分别属于德国和日本。上述损失中的一部分失事潜艇后来又被打捞修复并重新加入现役，但是水兵生命的损失却是无可挽回的。当时潜艇上几乎没有安装任何救生装置，唯有一个电话浮标可以让施救人员确定失事潜艇的位置并和潜艇人员联系，除此之外就没有任何可以帮助艇员逃生的设备了。而半个多世纪前的威廉·鲍尔能从失事的简陋潜艇中逃生实属万幸，不过显然并不是所有失事潜艇都有那样的运气。

相信从上面出现的几个年份和人名里，知晓历史的读者都已经明白，潜艇发展到这一阶段，已经进入了第一次世界大战的临战阶段。下面介绍一下这一阶段各国潜艇部队的备战状况。表一列出了部分参战国的潜艇数量，包括在役的数量和在建或者订购的数量。

从中可以看出，英国这个老牌海军强国依旧遥遥领先。其在役潜艇数量远远超过其他各国，在建或订购中的数量也是首屈一指。这些潜艇大致可以分为如下几类：在1903年到1905年间建成的A级和B级；1906年到1910年间建成的C级；1910年到1912年间建成的D级。其中吨位较小的A级、B级和C级占

■ 一战前夕停泊在港口的英国潜艇。

大多数，且比较老旧，只适合在近海作战。吨位较大的D级的性能虽然比较好，但是数量不多。英国人在1913年已经意识到他们的潜艇在质量上开始落后于德国，因此他们很快就向各大造船厂追加了庞大的订单，新锐的E级潜艇从1914年开始逐步加入现役。

法国也拥有一支相当庞大的潜艇舰队，其在役数量和在建或订购中的数量均仅次于英国，其潜艇的性能也不错。问题在于，在法国的老对头英国逐步变成其盟友之后，法国潜艇似乎一下子失去了用武之地。在此之后，法国人似乎就没再想出什么使用潜艇的好办法来。曾经有人考虑将潜艇和水面舰队混编，使之成为舰队的一部分，但是后来的实践证明潜艇并不适合这一角色。同时期英国人也进 行了类似的尝试，但是也得到了一样的结论。

而美国又是另一番情景，由于其国内孤立主义盛行，他们似乎对近海防御更感兴趣。其潜艇舰队主要是由小型的潜艇组成，十分适合近海海域的作战。而且其在役的潜艇数量虽然颇具规模，但是在建或者订购中的数量却很少，已经明显呈现停滞的趋势。

尽管德国人在潜艇技术和战术的探索上表现得比较积极，但是如果要说他们特别重视潜艇部队的发展，力图在这方面取得优势，那倒也未必。很显然的，他们对于潜艇数量上的差距并不怎么敏感，远远不及他们对主力舰和主力巡洋舰的关注程度。公允的说，他们发展潜艇部队更多的是一种从众心理。无可否认的是，尽管他们最晚开始建设潜艇部队，但是到战争爆发前德国新式潜艇的技术性能确实已经超过了大多数外国产品。不过其仅有29艘的在役潜艇数量，却是远远不能满足开战后的需要的。

俄国和意大利对潜艇的态度则是不冷不热，他们只是各自开发自己需要的潜艇。如俄国海军主要是在黑海和巴伦支海作战，他们就开发适合在这些海域作战的潜艇。而意大利自然是针对地中海的环境来设计制造自己的潜艇。

其他两个国家就没有什么值得一提的了，日本此时还处于潜艇部队发展的初级阶段，他们主要还是在模仿外国的产品。而奥匈帝国的潜艇部队则更是显得微不足道了。

1914年7月28日，奥匈帝国向塞尔维亚宣战。8月2日，德国军队攻入比利时，英法俄等国随后相继向德国宣战，而各国所属的潜艇自然也踏上了征程。当年在美国内战中，南军潜艇在查尔顿港获得了潜艇战的首次成功，而在50年之后，潜艇将再次面临实战的考验。而这次，德国人不会继续充当一个观众，他们将成为这幕血腥舞剧的主角。

■ 停在基尔港的德国潜艇，从左到右依次是U-1、U-2、U-3、U-4号。

表一：1914年部分国家的潜艇数量

国家	在役数量	建造中或者已订购的数量
英国	77	32
法国	45	25
美国	35	6
德国	29	19
俄国	28	2
意大利	18	2
日本	13	2
奥匈帝国	6	6

第二章 第一次世界大战中的德国潜艇

战争前夜的误区

在第一次世界大战前，潜艇在战争中的地位还不是十分明朗。因为毕竟潜艇还是一个新生事物，而且一开始潜艇排水量和作战半径都很小，只能用于沿海和港口防御。后来为了阻止和反击敌方的进攻和封锁，潜艇提高了性能，延长了续航力并增强了火力，开始成为进攻型的远洋作战工具。人们把它看作是在单独或集群作战中对付敌方大战舰的合适的武器平台。它也可以在战争中对敌方的海上运输线实施破袭，如果将这种作战方式认真而系统地落实下去，将可能发展成为一种新的海上封锁方式，这将使像英国这样的岛国蒙受巨大损失。

但是由潜艇发动一场海上破交战将会带来法律上、道德上的许多实际问题。一百多年来，西方文明国家在战争中逐渐建立起“捕获法则”，不过这只是关于对海上运输实施破袭的一些规章和准则。这些规则是人们在不同的国际协定中承诺要共同遵守的。例如不允许在未发出警告的情况下便击沉任何具有商业性质的船只。人们必须遵循特定的程序来实施拦截，拦截时要先发出信号让商船停航，只有在迫不得已时才可以“向船只前方的海面上射击”。另外，必须按照规定的（“审查”）方式对商船进行确认，查明被拦截船只悬挂的是友邦、敌方还是中立国家的旗帜。如果它属于友邦或是中立的，上面没有禁运和可疑物品，那么船只应该不受阻挠地继续航行。如果是敌方船只或伪装成中立国船只的敌方船只，或者携带有敌方货物（战略物资或其他违禁货物）的中立国船只，可以将其没收或击沉（如果是中立国船只则只能没收）。被没收的船只必须由“拦截司令部”送往友邦或者中立国海港，在那里转交给截获法庭，法官将决定中立国船只是否确实载有敌方战略物资，没收是否合法。法庭将相应宣判是否将船只和货物拍卖，拍卖所得赢利将属于实行截获的船只或它的政府。如果法庭确认为截获者违法，被截船只不载有敌方战略物资，那么截获者或

■1914年开战前夕停泊在基尔港的德国潜艇。

它的政府将受到控诉，并要求其赔偿损失并支付罚金。——这些相关的海上法律都很复杂并深受1856年由巴黎宣言废止的《海盗法》影响。

考虑到商船船员的利益，海上法律中还有一些规定是要求严格尊重人权的。在不同的国际协定——这些规则是在海牙（Haag）举行的第一次国际和平会议上由一些重要的海军强国以法律形式通过的，并在1907年第二次海牙会议上得以重申，从那时起，这些协定被命名为《海牙公约》（Haager Konferenz），公约规定：商船船员和乘客应作为非战斗人员进行处理。他们不可以受到伤害或被丢下不管。不管商船由于什么原因被击沉，袭击者必须对船员包括乘客实行紧急营救，将其送到岸上，或者送到安全的救援艇上，配备以足够的口粮、饮水还有航海工具，并告诉他们如何去下一个可停靠海岸或下一艘中立船的准确讯息。任何对以上规则的违背都将被视作不人道的残忍行为，并将受到严厉惩处。

对潜艇来说，在海上破交战中遵守这些复杂的规则是很困难且危险的。因为这必将失去潜艇最大的优势：突然性。如果遵守那些规则，对水面上的船只发出信号或射击船只前方水面让它停止，那潜艇也太冒险了。潜艇必须浮出水面并马上会被发现。许多商船将会马上全速逃离，那时最先进的潜艇航速也不过12节到15节，是根本追不上那些船只的，这还不说一些勇敢的船长甚至会命令船只撞向潜艇。

就算船只看到信号后停了下来，法规也给检查带来新的麻烦。潜艇上没有足够的人员和小船进行彻底的登船搜查。橡皮艇上的少数人会被商船上的人员俘虏，这时潜艇指挥官将面临艰难选择，要么眼睁睁看着装着自己人的船只远去，要么将其用鱼雷击沉。就算以上问题都解决了，也很难找到一个人指挥着被缴获的商船驶向友邦或中立国海港，在那里查清没收是否合法。如果出于某种原因将船只击沉，潜艇也不能装载它的船员，并将其带到岸上或者为其提供其他有意义的帮助。潜艇则需要一直等到所有人员离开船只，登上救援艇并远离鱼雷和火炮之后：整个过程费力而且极度危险，因为潜艇在此过程中将一直处在遭遇敌方海军突然袭击的危险之中。

海军圈子里和一些专业杂志对这种顾虑进行了广泛讨论。一些专业人员如约翰·费舍尔（John Fisher），英国潜艇最坚定的鼓吹者，他总结道，捕获法则使潜艇执行破交战成为不可能的任务，“就如它也喜欢暴露的其他一些不人道和残忍的事情一样”。他还在一篇颇具洞察力的文章中写道：“潜艇只能将它的猎物击沉别无选择。”英国海军大臣温斯顿·丘吉尔（Winston S. Churchill），在1911年对这个问题的回答代表了许多英国海军军官的观点，“我认为一个文明国家在任何时候都不会这么做”。——在第一次世界大战的前夜，许多人还抱有这样一个具有浓

■ 一战时英国海军大臣丘吉尔，他认为文明国家在任何时候都不会以击沉目标为唯一选择，但二战中的U艇彻底粉碎这种具有浓厚骑士风度但却非常幼稚的幻想。

厚骑士色彩却非常幼稚的幻想，潜艇将只对敌方作战舰艇发动攻击。

一箭三雕

1914年8月4日，第一次世界大战爆发，当时的德国远海舰队共有20艘可用的潜艇，另有16艘在建。8月6日，德国海军潜艇部队司令部迅速派出一支由U-5号、U-7号、U-8号、U-9号、U-13号、U-14号、U-15号、U-16号、U-17号以及U-18号潜艇组成的潜艇编队出海袭击英国海军位于斯卡帕湾（Scapa Flow）的海军基地。但是这次的作战行动并不成功，U-5和U-9号潜艇由于发动机故障被迫中途折返，U-13号潜艇失踪，U-15号潜艇则是在攻击过程中被英国皇家海军轻巡洋舰“伯明翰”（Birmingham）号击沉。U-19号、U-21号、U-22号、U-24号潜艇于8月底驶往北海海域作战，但一无所获。1914年11月23日，U-18号潜艇终于得以渗透进入斯卡帕湾，但不久便被发现并被撞沉。在这次作战行动中，德国海军潜艇损失了几乎是所有潜艇力量的五分之一却未能击沉一艘敌舰，大战中德国潜艇的首次亮相应该说是十分令人失望的。

1914年9月5日，一向为人所低估的德国潜艇终于展示了它可怕的实力，在福斯湾附近海域巡逻的德国海军U-21号潜艇发射的鱼雷击中了英国皇家海军“探险者”号轻巡洋舰，“探险者”号在几分钟内便宣告沉没并导致巨大的人员损失。U-21号潜艇艇长奥托·赫尔辛（Otto Hersing）是一战中德国海军最出色的王牌艇长，他指挥U-21号在3年作战生涯中完成了21次战斗巡逻任务，击沉包括两艘主力舰和两艘巡洋舰在内的各类敌舰共计36艘。

随后不久的一场海战更是使潜艇名闻遐迩。1914年9月中旬，德国海军潜艇U-8号、U-9号、U-24号等潜艇奉命出海，执行袭击英国海上运输线的任务。9月20日前后，各潜艇分别进入位于北海的预定阵位，U-9号由于导航罗盘故障而偏离了预定设伏海域，谁料想却因祸得福。9月22日拂晓，U-9号正在荷兰埃默登西南海域以水面航行姿态巡航，突然指挥塔上的副艇长约翰尼斯·斯皮思（Johannes Spiess）上尉在望远镜的镜头里发现水天交线处，飘着一缕黑烟，他立即报告了艇长奥托·韦迪根（Otto Weddigen）少校。韦迪根仔细看去，除了烟幕外，还有桅杆——来的是英国海军的“阿布基尔”（Aboukir）号、“霍格”（Hogue）号、“克雷西”（Cressy）号三艘装甲巡洋舰！韦迪根迅速下令下潜，一面以潜望镜严密监视，一面迅速向英舰接近。

此时三艘英舰“阿布基尔”号在最前方，左后方是“霍格”号，右后方是“克雷西”号，各舰相距2海里，以10节航速不疾

■“阿布基尔”号巡洋舰。

不慢地行驶着。韦迪根用潜望镜观测着英舰的航向、航速，然后迅速收下潜望镜，以免被英舰发现。作为公认的优秀艇长，韦迪根完全凭计算英舰与潜艇的相对距离和方位，不时下达口令，指挥潜艇占据有利的攻击位置，然后命令艇艏鱼雷舱准备。约40分钟后，韦迪根判断已经到达了理想攻击阵位，便又升起潜望镜确认目标。此时，英舰“阿布基尔”号正在镜头当中，距离只有460米。韦迪根迅速地计算出了攻击诸元，随即下令：“鱼雷发射!”潜艇微微地抖动一下，一枚鱼雷钻出了发射管。接着韦迪根命令潜艇迅速下潜，转向撤出。

7时22分鱼雷准确命中“阿布基尔”号辅机舱，鱼雷爆炸撕开了大口，海水汹涌而入，没有几分钟，“阿布基尔”号就已经丧失动力出现左倾，舰长德拉蒙德上校只得下令弃舰，同时向“霍格”号、“克雷西”号发出了求救信号。

由于无人看到鱼雷航迹，所有人都以为“阿布基尔”号是触雷沉没的，因此“霍格”号没有采取任何反潜措施，反而停车救助“阿布基尔”号的幸存者。韦迪根则指挥U-9号上浮到潜望镜深度，本来是打算看看战果的，却发现毫无防范的“霍格”号又成为了绝佳的靶子，韦迪根一面下令装填鱼雷准备再次攻击，一面悄悄调整航行，占领攻击阵位。7时55分，U-9号潜艇向距离350米外的

“霍格”号齐射两枚鱼雷，这次两雷全部命中。巨大的爆炸力把“霍格”号水线以下撕开了两个大洞，“霍格”号迅速开始右倾，渐渐下沉。而由于距离太近，鱼雷爆炸掀起的海浪波及到了U-9号，使它左右摇摆不停。当韦迪根控制住潜艇再次升起潜望镜进行观察时不禁使他吓出了一身冷汗，U-9号与正在下沉的“霍格”号几乎就要来个亲密接触了，“停车!”“倒退!”他急忙下达舵令，U-9号这才停止了前进，边后退边转向，从“霍格”号右舷擦过。

当“克雷西”号赶到出事水域时，“阿布基尔”号和“霍格”号都正在下沉，数以百计的水兵在水中挣扎。“克雷西”号舰长约翰逊海军上校已经明白，这肯定是德国潜艇所为，他立即下令严密戒备，一面进行Z字反潜航线曲折航行，一面放下救生器材救捞落水的水兵。突然，前桅上的瞭望员一声尖叫：“潜望镜！”当约翰逊循声望去，只看到U-9号潜入水中时留下的一条隐约可见的痕迹。约翰逊随即命令做好攻潜准备，一旦发现潜艇立即攻击。但是一番搜寻后，没有再找到潜艇。然而，海面上的惨景使约翰逊改变了主意，到处是急待救援的救生筏和小艇，还有众多在海上挣扎的水兵。约翰逊怜悯之情油然而生，他认为德国潜艇击沉了两艘巡洋舰，已经是空前辉煌的战果了，估计眼下一定是心满意足地离开了，于是他决定放弃追击敌潜艇，就地救助落水官兵。

和约翰逊的善良相反，韦迪根从潜望镜中看到“克雷西”号放弃追击转而救助落水官兵时，他感到有些糊涂：“这些英国佬为什么还这样呆呆地在这里等着挨打呢？”不过，由于“克雷西”号正在进行救助，又成为了第三个理想靶子，机不可失，时不再来！韦迪根下令将最后一枚备用鱼雷装入艇艏2号鱼雷管，同时调转航向，准备用艇艉鱼雷管进行攻击。就在U-9号转向时，“克雷

■ U-9号潜艇及艇长韦迪根。

■ 一次击沉3艘装甲巡洋舰的德国海军U-9号潜艇。

西”号发现了潜艇的踪迹，巡洋舰上的前后主炮和舷侧副炮同时开火，但都未命中，U-9号转过身去，在1000米距离上向“克雷西”号射出两枚鱼雷，“克雷西”号发现了鱼雷航迹，立即进行规避。但为时已晚，一枚鱼雷命中“克雷西”号舰体中部的锅炉舱，锅炉被毁，军舰顿时失去了动力。U-9号一不做二不休，再次转舵，射出了最后一枚鱼雷。此刻的“克雷西”号因丧失动力而无法闪避，尽管军舰上所有大炮拼命开火，还是难逃厄运，8时35分，鱼雷准确击中“克雷西”号，剧烈的爆炸几乎将其拦腰炸成两截，“克雷西”号迅即右倾开始下沉。

8时40分，U-9号志得意满地浮出海面，打量着一片狼藉的战场，此时海面上已经再也看不到三艘12000吨的巡洋舰了，三艘军舰上共有1459人阵亡，仅741人生还。

U-9号潜艇在一个小时之内连沉三舰的消息不胫而走，全世界为之震惊。德国人以最隆重的仪式欢迎凯旋的U-9号，德皇亲自授予韦迪根一级铁十字勋章，U-9号全体艇员则获得二级铁十字勋章。

U-9号的这次经典之战后，德国人并未满足，德国海军潜艇部队长久以来的一个梦想便是试图潜入英国海军最大基地斯卡帕湾，对英舰实施攻击。而在8月和9月，由于两次发现德国潜艇踪迹的报告，迫使英国海军主战舰队两度火急地从斯卡帕湾启航，转移到其他锚地。尽管只是两场虚惊，但却真切地反映出英国海军对于德国潜艇的畏惧，潜艇这个“小玩意”能够对一支庞大舰队构成相当威胁。

■U-9号潜艇全体官兵合影。

■ 从艇艉角度拍摄的U-9号潜艇，艇体采用流线型设计，但是指挥塔上高高的桅杆和后部的排气管道会对潜艇的下潜速度造成不良影响。

■ 德国邮政部门为纪念U-9号潜艇一举击沉三艘英国海军巡洋舰而发行的明信片，右下角是艇长韦迪根。正是从这次作战开始使得潜艇成为海战中一股令人生畏的力量。

■ 低速航行中的U-9号潜艇，照片中可见在指挥塔的后部仍然保留了笨重的排气管。

■正在基地停泊当中的U-9号潜艇，艇尾的两个鱼雷发射管清晰可见。

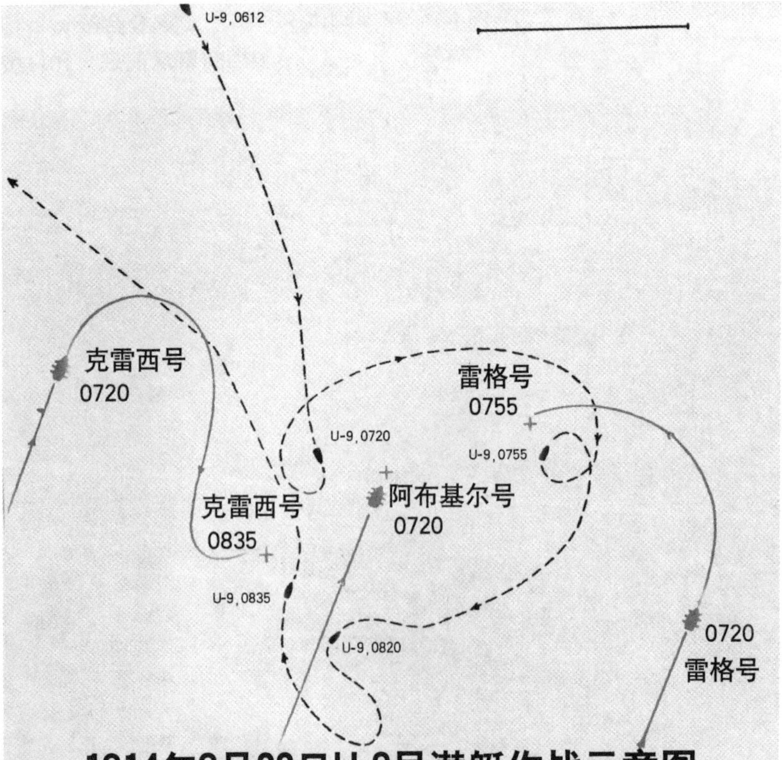

1914年9月22日U-9号潜艇作战示意图

11月23日，德国海军U-18号潜艇终于突入斯卡帕湾，但是却发现整个锚地一片空旷——英国舰队根本就不在！败兴而归的U -18号在返航途中却遇到了英国军舰，被撞成重伤，丧失动力后被海浪推入礁石区搁浅，最后不得不弃艇。

德国海军自己看来，开战以来潜艇的战果差强人意，虽然有一次击沉三艘巡洋舰的大捷，但是总体而言，潜艇击沉的英舰属于被淘汰舰艇，如果不是战争爆发根本不会继续服役，没有一艘是属于英国海军最具实力的本土舰队，皇家海军并未遭到实质性损失。而潜艇部队却付出了不小代价，有点得不偿失的滋味。

和德国海军的看法恰恰相反，英国海军却将潜艇视为一个巨大威胁，堂堂的本土舰队甚至两次因此而离港规避，严重挫伤了海军士气。而U-18号的成功突入斯卡帕湾，虽然没有造成损失，但却是毋庸置疑的严峻威胁！

德国潜艇部队尽管给英国舰队造成了相当的威胁，但毕竟还无法直接打击进而摧毁强大的英国舰队，依旧无法实现潜艇发明的初衷——挑战大英帝国的制海权。加上英国海军开始对德国实行海上封锁，作为报复迫使德国海军终于将潜艇攻击的目标从军舰转向了运输船，掀开了潜艇破交的“潘朵拉魔盒”！

■“无限制潜艇战”开始后停泊在基地中的U艇。

■德国潜艇正在拦截美国运输船。

走向无限制潜艇战

现在，一提到潜艇破交，人们脑海里往往就立即会产生这样一幅场景：潜艇从水下悄悄逼近运输船，突然发射鱼雷将其击沉，然后如来时那样悄然而去。实际上，至少在一战初期，潜艇破交完全可不是这样残忍，相反充满了人道主义和骑士风度。例如，1914年10月20日，英国运输船“格利特拉”（Glitra）号在挪威海岸附近被德国U-17号潜艇拦截，德国潜艇根据“捕获法则”派出登船组上船检查，然后将所有船员送上救生艇，这才打开运输船的通海阀将其自沉，为了确保船员的人身安全，U-17号甚至拖带救生艇直到海岸附近才离去。10月27日另外一艘德国潜艇在英吉利海峡没有预先警告就用鱼雷攻击了法国运输船“艾米尔·甘迪姆”（Amiral Ganteaume）号，因为他们认为船上载有部队，根据“捕获法则”这艘船是合法的攻击目标，事实上该船上乘坐的是2400名比利时的难民，其中很多是妇女和儿童，幸运的是，这艘船没有沉没——这两次德国潜艇对没有武装的运输船的攻击行动，对于英国产生了极大的震撼效应。这场由潜艇发起的海上破交作战，对英国来说就意味着毁灭。因此英国政府发表声明谴责这种攻击是非法的、卑鄙的、不人道的海盗行为。为了自己的利益，很快全世界的船主、商人和保险机构都加入到了谴责行列中。

直到1915年初，德国潜艇在严格遵守“捕获法则”的前提下击沉了10艘英国运输船，共计约20000吨，更使人难以置信的是，在这些攻击行动中总共也只有不超过10名船员丧生。而对运输船的攻击也很少使用鱼雷，因为当时德国鱼雷供应严重不足，加上又必须严格按照“捕获法则”，鱼雷攻击的隐蔽性也就毫无意义了，这些被击沉的船大部分是被潜艇上的火炮击沉或者自沉的。自然地潜艇在这些行动中是毫发无损的。按照“捕获法则”所规定的程序实施拦截，其实相当繁琐和麻烦，潜艇必须首先确认目标是可以攻击，这就要求潜艇浮出水面，并派出人员登船检查。只有在完全确认目标属于可攻击范畴，潜艇艇长才可以下令将运输船击沉，但是在击沉前还必须确保给予船员逃生的机会，并给予适当的帮助。——这简直有点秋毫无犯的味道了，可以想象在这样的规定下，潜艇还能有什么值得夸耀的战果吗？因此不少德国海军军官认为，只要不受“捕获法则”的束缚，派几艘潜艇去破坏英国的海上运输，就可以迫使英国屈服，至少取消对德国的封锁。然而德皇和德国总理都没有这么乐观，他们认为现在只因为击沉了10艘运输船就引来了各方面的强烈批评。如果放宽“捕获法则”的束缚，必然会招来更多的谴责，甚至会激怒像美国那样的中立国。况且德国也没有足够的潜艇来实施这样的海上封锁，与其先宣布封锁然后惨遭失败，还不如根本就不去尝试。但是支持潜艇破交作战的人指出，英国已经屡次违反“捕获法则”和一些保护海上贸易的传统，尤其是他们也禁止一些只载有生活用品的中立船只通行，德国已经没有必要再严格遵守“捕获法则”了。

帮助德国人下定决心彻底抛弃“捕获法则”的人还是英国人自己，1914年11月2日英国宣布整个北海都是战区，所有开往德国的运输船只都将遭到英国皇家海军的拦截，即便是中立国船只也不例外！英国此举就是想彻底切断德国的海上物资供应，尤其是粮食进口。德国自然对此做出了强烈反应，既然英国如此不择手段，那么德国也无需再恪守“捕获法则”的刻板规定。不过德国还是比较担心会激怒美国，因此一开始还是比较谨慎保守的。德皇威廉二世首先宣布，从1915年2月18日起，大不列颠岛附近海域将视为战争地区，“捕获法则”将不再被严格遵守，英国和法国的运输船将在没有警告的前提下被击沉，并且不对船员进行特殊的营救措施。但是在德国的声明中，对中立国还是网开一面的——不载有敌方武装的中立国运输船只将会视情况进行处理，任何中立国船只在此范围内逗留都会有一定的危险，而且如果有什么闪失，德国将概不负责。——这就是所谓的“无限制潜艇战”。

就这样人类历史上第一次系统的由潜艇

所实施的海上破交战开始了，但刚开始并没有让人留下深刻的印象。1915年2月，德国潜艇一共击沉了约6万吨位的运输船，3月击沉吨位上升到8万吨。德国潜艇战绩不高的根本原因在于可供使用的潜艇数量太少。潜艇从德国海港驶出到抵达作战巡航海域，以及维修都需要时间，因此实际上在同一时间里，在英国附近海域活动的德国潜艇最多不过6、7艘而已。根据德国海军的资料，1915年无限制潜艇时期，德国海军潜艇日出动数量最高为12艘，平均为7艘。但是对英国来说，这样的潜艇封锁已经带来了一些恐慌和混乱，尽管英国在1915年的货物进口量超过了1913年。换言之，德国潜艇此次的破交战实际上是失败的，那么英国自然拒绝了取消对德国的海上封锁。

除了潜艇数量上的先天不足，外交政治上的掣肘也是原因之一。德国实施“无限制潜艇战”立即引起了美国的强烈不满，美国立即展开了外交攻势，试图寻求解决海上封锁的更有效途径，这几乎使刚刚开始的“无限制潜艇战”夭折。德国高层出于对美国参战的担忧，向美国承诺不攻击能识别出的中立国船只。这一点遭到德国海军的强烈反对，因为本来英国进口物资的四分之一就是由中立国船只运输的，不攻击中立国船只就等于让英国有了四分之一货运的保底，何况此项承诺一出，很多英国船就会为了躲避攻击而改挂中立国旗帜，那么潜艇还能攻击谁？再者，要想通过潜望镜准确识别出中立国和协约国船只，在技术上也是相当困难的。在海军方面的激烈反对下，德国政府最终作了妥协，一面宣布不会攻击诚实守信的中立国船只和医疗船，一面又私下通知潜艇艇长，不会因为对目标判断和攻击错误而进行处分。这种含糊不清的决策，自然难以避免灾难的发生。

1915年5月7日，由沃尔特·施维格

■“卢西坦尼亚”号邮船。

（Walther Schwieger）中尉指挥的U-20号潜艇在北海西航道发现了一艘大型运输船，经过观察，认定是“卢西坦尼亚”（Lusitania）号或者是其姐妹船“茅利塔尼亚”号，而在权威的《1914年简氏舰船年鉴》上，这两艘船都属于武装商船，施维格还认为船上运载的一定是协约国部队，这自然是合法攻击目标。于是他指挥U-20号迅速接近到700米距离，发射一枚鱼雷准确命中， 该船起火爆炸，很快右倾翻转，20分钟后就沉入大海。——这艘船正是“卢西坦尼亚”号，不过该船是一艘完全没有武装的客轮，当时乘坐的全是平民，结果有1201名乘客罹难（也有资料说是1198人），其中128人是美国公民。

美国对“卢西坦尼亚”号的沉没做出了前所未有的强烈反应，威尔逊总统要求德国立即停止无限制潜艇战。英国舆论乘机大肆渲染“卢西坦尼亚”号乘客的悲惨遭遇，抨击德国不分青红皂白屠杀妇孺。

一波未平一波又起，8月19号，白星海运公司（White Star）的英国客轮“阿拉伯”（Arabic）号又被德国潜艇击沉，在44名遇难乘客中又有3名美国人。这一事件在美国再度引起轩然大波，在美国的巨大压力下，8月28日德国首相贝斯曼·霍尔威格向美国总统保证，德国潜艇将确保中立国运输船和客轮的安全。这一承诺遭到德国海军参谋长巴克曼的强烈反对，巴克曼认为如果这样做，就等于放弃了“无限制潜艇战”。霍尔威格随即解除了巴克曼的职务，由不赞成“无限制潜艇战”的冯·霍尔兹道夫（Von Holtzendorff）接任。

但是9月9号“赫斯百瑞”（Hes-perian）号客轮被德国潜艇击沉，32名平民丧生。在美国看来，这简直是对墨迹未干的霍尔威格保证的公然悔约，在美国的压力下霍尔兹道夫立即下令所有潜艇撤出英国附近海域，而在北海活动的潜艇则必须按照“捕获法则”进行破交作战。德国公海舰队司令冯·波尔（Von Pohl）认为与其这样束缚着手脚，还不如干脆撤出北海。于是，德国潜艇最终撤出了北海海域，这也标志着德国第一轮“无限制潜艇战”的失败。德国潜艇转至地中海，在那里对运输船的攻击照样富有成效，而且少有争议，更重要的是很少有美国船只从那里经过。

在1915年7月至9月的“无限制潜艇战”中，德国潜艇共击沉约360艘协约国和中立国船只，总吨位约76.2万吨，而自身损失了15艘潜艇。战果只能用平平来形容，而且由于外交政治上的约束，大量中立国船只仍然频繁进出英国，德国企图通过“无限制潜艇战”来达到打击英国海上运输，进而迫使英国取消对德国海上封锁的战略目的自然化为泡影。

U艇北方出击航线示意图

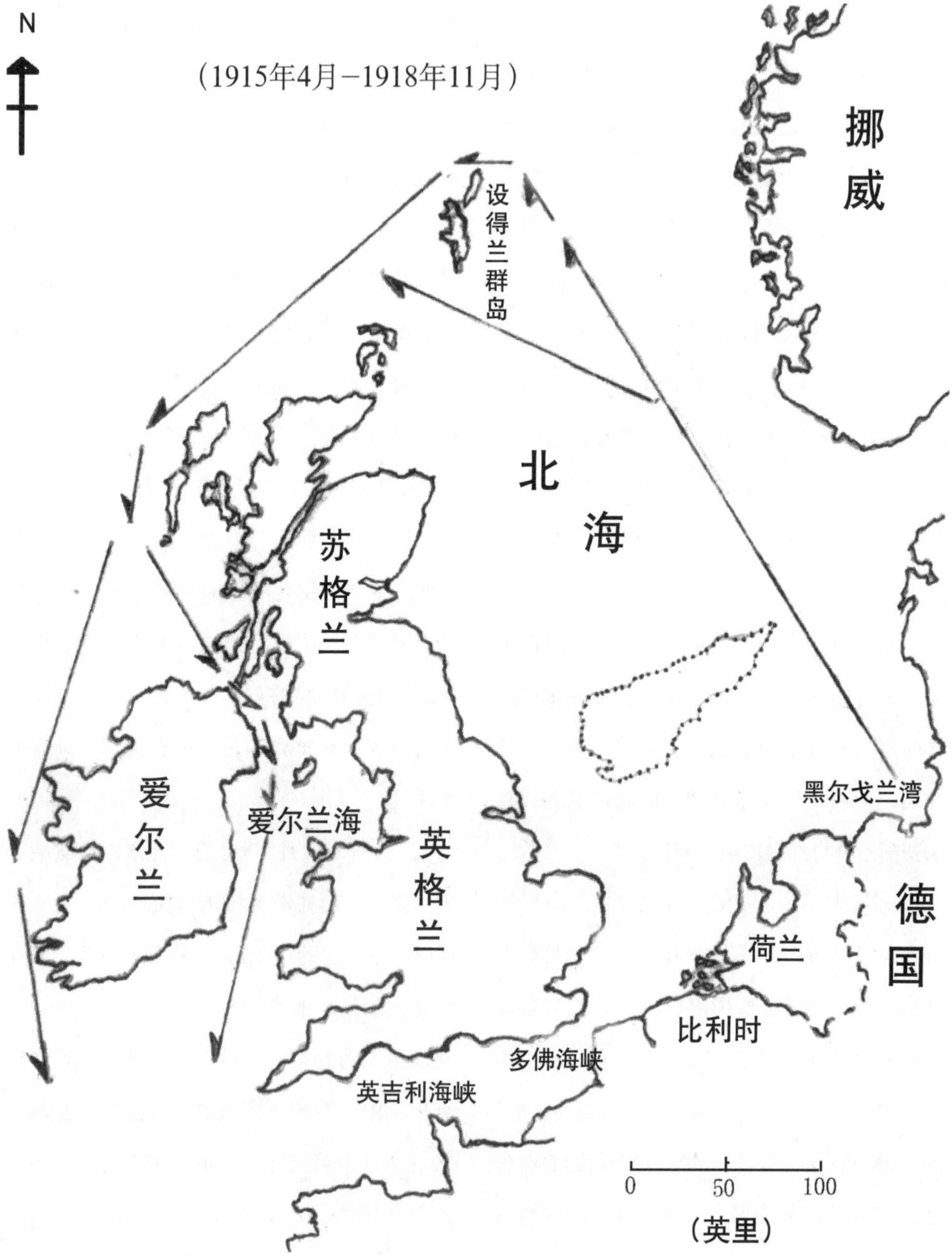

反潜措施

德国第一轮“无限制潜艇战”在美国的巨大压力下流产，对英国造成的损失也不大，并未能威胁到英国海运的根本，但毕竟引起了英国对于反潜护航的重视，开始采取了一些反潜措施。

从1915年初开始，协约国海军调派相当一部分的人力物力资源投入了反潜艇战（Anti-Submarine-Warfare，在英国简称为A/S，美国简称为ASW），同时邀请了很多科学家、工程师、学者和其他专业人士，共同研究对付潜艇的技术和方法。由于受当时技术手段的局限，无法准确发现、跟踪和定位在水下潜航的潜艇，因此攻击水下的潜艇根本无从谈起，只能攻击在水面状态的潜艇。英国海军一向遵循“进攻就是最好的防守”，在反潜战中也同样如此，投入了大量舰艇对潜艇进行进攻性巡逻，从起初的十几艘，最后发展到近千艘，其中既有驱逐舰、护卫舰，也有单桅帆船、拖网渔船，而其中最著名的要属伪装猎潜舰（Q-Ship，简称为Q船）了，所谓Q船就是在一些小型运输船上隐蔽安装火炮等武器。伪装成不定期航行的运输船。由于Q船都是一些吨位不大的小船，潜艇往往不

■U艇的“心脏”——动力舱。

想浪费宝贵的鱼雷，而通常会浮出水面用甲板炮来攻击，这就正好落进Q船的陷阱。1915年7月24日，Q船正式登台，德国海军U-36号潜艇成为第一个牺牲品，被英国海军“查尔斯王子”（Prince Charles）号Q船击沉。1915年8月19日，德国海军U-17号潜艇也以同样的方式被英国海军“巴拉隆”（Baralong）号击沉。但是德国潜艇因此也吸取了教训，从此很少再上当，甚至开始击沉Q船。一个富有戏剧性的战斗发生在1917年8月8日，UC-71号潜艇发现了伪装成运输船的英国海军“敦拉文”号Q船。在8小时里，双方使用火炮和鱼雷相互射击，最后UC-71号全身而退，而“敦拉文”号则被击沉。这次战斗充分反映了交战双方的勇气和高超的作战技巧，“敦拉文”号虽沉犹荣，两名船员还因此获得了最高荣誉维多利亚十字勋章。实战证明，Q船的使用并不成功。在150次与德国潜艇的接触中，只有11艘潜艇被击沉，而Q船被击沉27艘。

1916年英国海军开始装备一种新式反潜武器——深水炸弹（Wasserbomb，简称深弹）。是在炸弹上安装根据流体静力学原理研制的引爆装置，可以在12米到24米深水中爆炸，后来起爆深度又扩展到15米到60米深。不过因为一开始深水炸弹从船尾部的投放装置投放，起爆位置也不深，攻击者投放之后必须全速远离，才能避免自己受伤，所以使用起来也不方便。在1916年英国海军使用深水炸弹只击沉了两艘德国潜艇。只有在更深的引爆装置研制成功之后，航速较慢的舰艇才开始广泛使用深水炸弹。1917年和1918

■ Q船上的火炮。

年，由于深水炸弹的改进和完善以及数量上的增加，成功率才明显上升。

刚问世不过十多年的飞机也被用于反潜，英国海军购置了50架水上飞机和7艘飞艇用于反潜，但是由于此时飞机性能还很低，较慢的飞行速度，携带的燃油和弹药也十分有限，对于潜艇几乎没有什么效果。不过事实表明，潜艇一发现飞机就会马上下潜。因此英国海军可以通过空中巡逻迫使德国潜艇潜航，从而使运输船得以安全通过危险海域。1915年英国海军购买了性能有很大提高的美国制造的柯蒂斯水上飞机和大量飞艇，并配备45公斤或者235公斤触发引信炸弹和103公斤延迟引信炸弹，延迟引信炸弹可以在水中大约25米处爆炸。尽管英国在航空反潜方面投入了很大力量，却没有一艘德国潜艇被飞机击沉。

潜艇反潜也开始出现，英国海军针锋相对地派出了很多潜艇到德国海域，寻找并攻击德国潜艇，尽管第一次出征没有取得任何战果，但是英军潜艇出现在德国海域——如波罗的海，德国潜艇官兵训练的地方——是前所未有的，给德国带来了极具威慑性的影响。从1915年开始，英国潜艇开始大量使用鱼雷攻击对手，英国海军甚至专门为反潜作战研制并生产了小型R级潜艇。

飞机、潜艇反潜，这些战术思想在当时绝对是具有前瞻性的，但是受当时技术条件限制，战果微乎其微。一战中主要的反潜手段还是水雷（Mine），为阻止德国潜艇在英吉利海峡活动，英军把水雷从多佛（Dover）一直布到法国的格里斯—奈兹海角（Cap Gris-Nez）。不过在1915年到1916年间英国的水雷技术含量不高，对德国潜艇威胁还不大，直到英国消化了德国的水雷制造技术，并开始批量生产，这才有效阻止了德国潜艇的穿行。从那时起要想进入大西洋的德国潜艇就必须被迫北上，绕过苏格兰航行，增加了2500公里航程（约航行7天）。美国参战以后，就开始向英国提供更先进的磁性水雷，协约国也制订了一个庞大的计划，布置一个有20万枚水雷组成的雷区，从奥克尼群岛（Orkney Islands）经过北海一直到挪威。实际布设了约8万枚水雷，形成了所谓的北部防线（Northern Barrage），但其中的大多雷区都有破绽，对德国人来说，除了在通过时神经绷紧外，并没有多大损失。但总体来看，协约国的水雷在对付潜艇中还是相当成功的。

在反潜战中，密码破译也不可不提，当时德国还没意识到无线电通讯的重要性，所使用的无线电保密措施非常简陋，英国通过密码破译完全控制了德国海军的无线电通信。随着无线电定位系统（Radio Pirection Finding，简称RPF）的完善，到战争后期，英国海军能够准确判定陆上和海上无线电发射者的具体位置了，在这些宝贵讯息的帮助下，英国海军几乎能够在极大程度上跟踪德国潜艇的行动。

由于当时的技术所限，加上德国潜艇在战争前期对英国海运的威胁也不足以动摇其根基，英国海军在反潜领域甚至有些满足现状的沾沾自喜，其实反潜战的效果非常有限，1915年德国海军总共损失19艘潜艇，1916年损失22艘，1917年也不过25艘，而1917年德国潜艇年生产量则是90艘！

从有限制再到无限制

1915年12月30日，在德皇主持的御前会议上，面对由于英国海上封锁对德国物资供应所造成的严峻局面，德军总参谋长埃里克·冯·福尔肯海恩（Erich Von Falkenhayu）提出恢复“无限制潜艇战”以报复英国的海上封锁。此时连以前反对“无限制潜艇战”的海军参谋长冯·霍尔兹道夫也同意这一方案，而且他提出只要德国潜艇能完成每个月击沉英国16.25万吨运输船的指标，就能迫使英国因运输船无法弥补的损失而接受媾和。不过鉴于“无限制潜艇战”可能将美国也拖入战争，因此德国皇帝威廉二世最后的决策还是有限制的潜艇战——对于在战区内活动的敌国船只可以不予警告实施攻击；对于战区外活动的敌国船只则必须确认其属于可攻击目标才可按照“捕获法则”的规定予以攻击；为了安抚美国，德皇还特别规定任何国家的客轮都不会遭到德国潜艇的攻击。这种有限制的潜艇作战，无论是其实际操作性，还是作战的实际效果，必定是无法达到预期目的的，因此遭到海军方面的强烈反对，德国海军之父海军部长提尔匹茨为此愤而辞职。

■英国反潜侦察舰和侦察飞艇进行海空协同反潜。

尽管德国海军对有限制潜艇战怨声载道，尽管德国海军潜艇数量暂时还无法满足作战需要，但是德国潜艇还是从1916年2月起全力投入了新一轮的破交战中，而且开局也相当不错，虽然2月没能达到霍尔兹道夫每个月16.25万吨的指标，但是11.7万吨的战绩也称得上开门红了。3月份的战绩就升至16.7万吨，超过了16.25万吨的指标，眼看着就要把潜艇绞索套上大英帝国的脖子，却又出了状况——3月24日，UB 24号潜艇在法国第厄普（Dieppe）港外发现了一艘运输船，艇长判断是武装运兵船，立即毫不犹豫地发起攻击。遭到攻击的是英国客轮“萨塞克斯”（Sussex）号，不过不是运兵船而是搭乘平民的客轮，“萨塞克斯”号虽没有沉没，但是在爆炸中有80多人死亡，其中有25个美国人。这一事件再次激怒了美国，美国及国际舆论一片怒斥，美国威尔逊总统发表了措辞异常严厉的声明，以断绝外交关系相威胁。在美国空前强烈的警告下，德国只得再次屈服，德皇下令潜艇在破交行动中必须严格遵循“捕获法则”，严禁未经登船检查就发起攻击，严禁未经警告而发起攻击。这样的规定使潜艇破交作战中所具备的最重要的战术优势“突然性”几乎是荡然无存，因此在接下来的4个月中，最显而易见的就是被潜艇击沉的运输船吨位数明显减少。当莱因哈德·希尔（Reihard Scher）接替因健康原因辞职的波尔出任公海

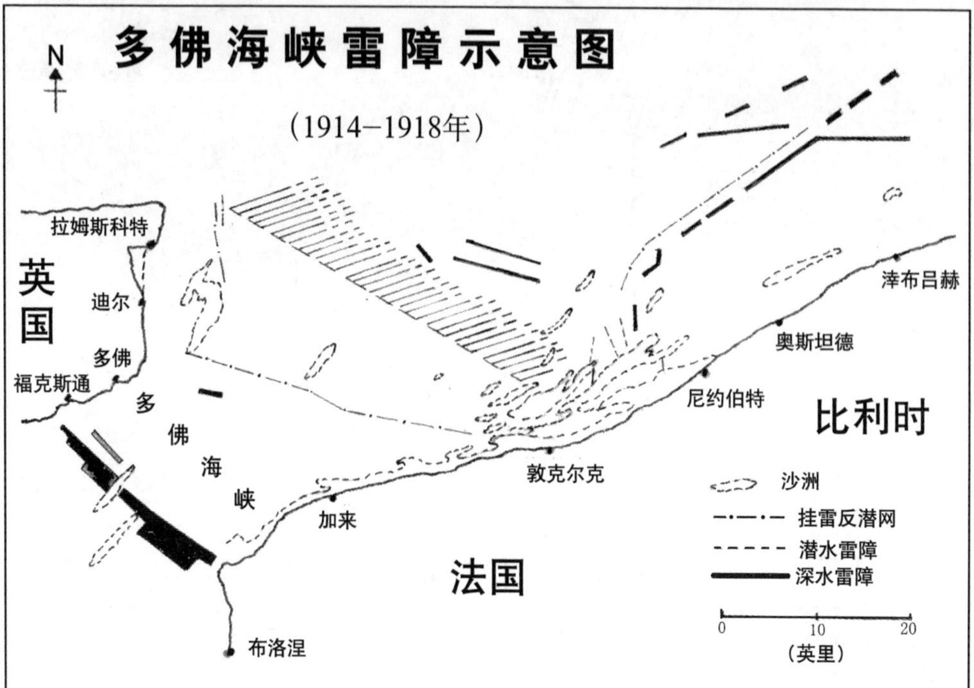

舰队司令后，就立即下令终止了徒有虚名的潜艇战。就这样，第二轮潜艇战——“有限制潜艇战”草草收场。

进入1916年后，战争局势对德国越来越不利，德国高层也终于达成了一致——德国要想赢得战争，唯一希望就是对英国实行“无限制潜艇战”，以彻底切断其赖以维系战争的海上运输线。不过出于“无限制潜艇战”的实行可能会把一些中立国推向敌对阵营的担忧，德国高层就恢复“无限制潜艇战”的时间还未达成共识。但是英国对德国海上封锁在1916年冬季产生了显著效果，因为海上封锁使德国粮食进口降至谷底，粮食供应出现了严重短缺，冬季德国家庭餐桌上唱主角的就是萝卜了，这就是历史上著名的“萝卜之冬”。

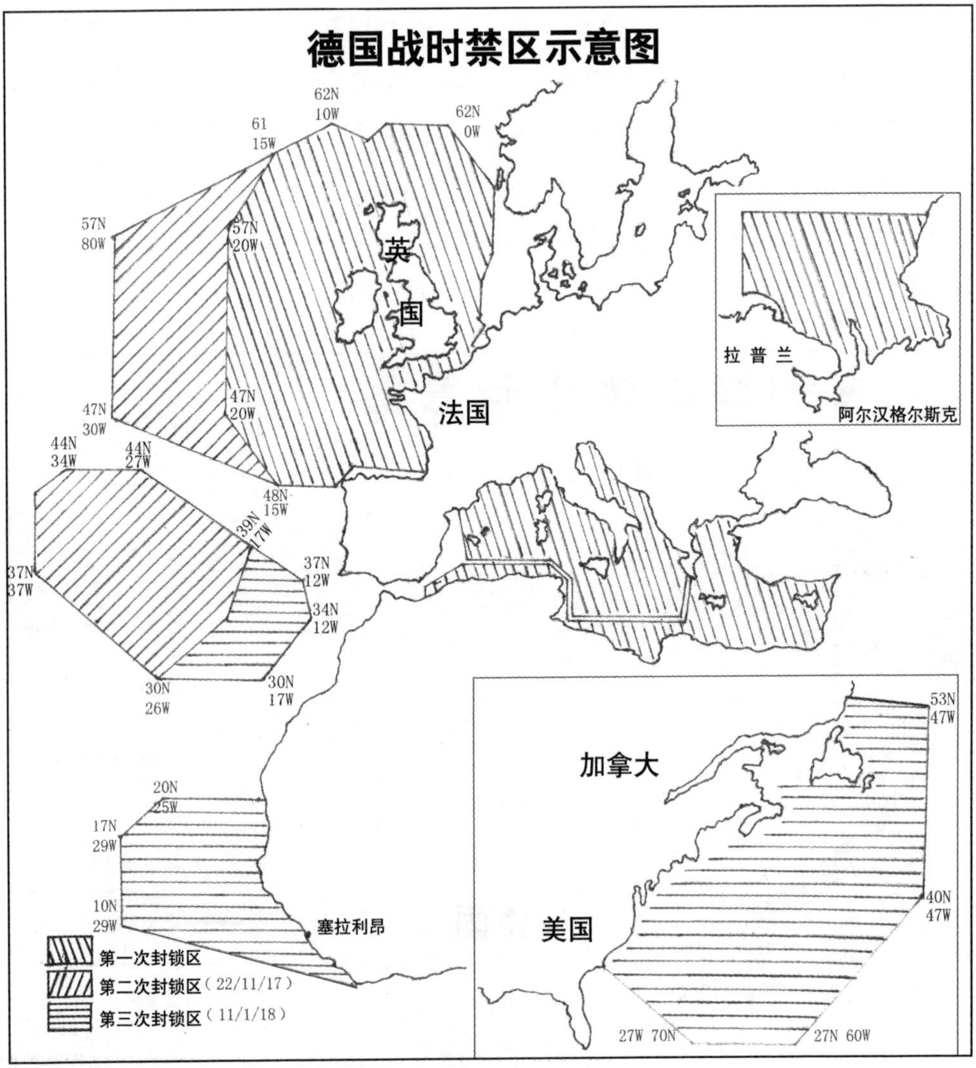

在如此严峻的压力下，德国最终于12月22日结束了长期的犹豫，决心进行全面“无限制潜艇战”，在1917年秋季以前彻底击败英国。在此情况下，威廉皇帝于1917年1月9日再次否决了首相贝斯曼·霍尔威格暂缓贸易战的建议，下令从2月1日开始，允许U艇在不经警告的情况下击沉武装商船，德国公海舰队的全部舰只——包括所有大型战舰——将全力支援U艇作战。自此，德国发动全面“无限制潜艇战”已是箭在弦上！

德国海军的U艇部队对即将到来的海上恶战也做好了准备。1916年12月又有15艘大型潜艇服役。U艇的在航率也从1916年开始的41艘增加到1917年1月的103艘。在1916年的战事中有22艘U艇损失，但随后几个月的补充数字达到了84艘。随着新潜艇的大量服役，操纵旧式潜艇经验丰富的艇长们都被调派到战斗力更强的新艇上，大大缩短了新艇形成战斗力的周期。

此外，在各海区巡航的U艇数目也明显增加。1月份，北海战区有49艘，佛兰德水域有33艘，地中海战区有27艘，波罗的海战区有两艘。新的U艇订单也不断发往德国各大船厂，15艘800吨级潜艇，80艘500吨级潜艇，35艘UC型布雷潜艇相继开工。

在数量增加的同时，U艇部队的编制也更加完善，公海舰队编制内，除了原来的四个支队又增加了第五支队，该支队的驻地在不来梅。位于基尔起初受海军参谋部直辖的千吨级大型远洋潜艇组成的远洋支队不久

■战争初期潜艇为被击沉的运输船船员提供帮助的现象到战争后期就很少看见了。

■完成袭击任务后，“凯旋”归国途中的U艇。

也转入公海舰队编制内。在比利时佛兰德（Vlaanderen）海区，已有两个潜艇支队进驻。在地中海战区的潜艇部队规模也达到两个支队。同时，潜艇的出战安排也更加周详，按照一艘游猎，一艘出航，一艘返航，一艘在基地检修的规律完全能够实现对战区的无间断巡航。

为了提高潜艇的作战效率，一度为大型潜艇所弃用的海峡航道也被再次启用。根据前一段时间小型潜艇对付英方雷场和反潜网经验，U艇完全可以采取深潜的方式突破这些障碍。虽然潜航使潜艇的航速放慢，但是航程的缩短可以节省大约一周的航程。

总之，德国海狼们已经磨锐了尖牙和利爪，即将在蔚蓝色的狩猎场上演一出群狼共舞的大戏!

2月份，也就是开战的头一个月，放开手脚的U艇部队果然表现不俗，86艘（256394吨）商船被送入海底，还有12艘（28423吨）触雷沉没。进入3月份后，英方共有103艘（283647吨）船只被潜艇摧毁，这一数字将近1月份的三倍，由此所导致的人员损失也在攀升，达到603人。还有12艘（26938吨）商船因触雷沉没。同时，德国海军的轻型水面舰只也开始加入这场狼群大餐，驱逐舰部队在英国东部海域击沉了2艘（1586吨）商船。截至3月底，击沉船只的总数为127艘（353478吨）。4月份，击沉数目再次走高，155艘（516394吨）各类船只沉入海底，人员损失也创纪录的超过了四位数，高达1125人。然而，对英方来说遭受的损失远不止这些沉入海底的船只，在本国的船坞内还有超过50万吨的船舶急待修理，短期内这些船只的运能不但无法发挥，而且对新船的建造产

■遭到潜艇攻击正在下沉的运输船。

生影响。面对德国潜艇的疯狂发威，丹麦、荷兰、挪威和瑞典这些中立国相继大幅度削减了和英国的海上贸易，这更使联合王国的处境雪上加霜。

这一段时间英国每100艘出港的船中就有25艘再也不能返航，同时损失的还有这些船只所装载的宝贵物资。为商船安装武备的进度也慢下来，因为所有的武器都要优先供应承担反潜巡逻任务的辅助船只。虽然征调船只的数目在增加，但是德国潜艇飘忽不定的行踪往往使反潜部队疲于奔命。每当他们收到遇险船只的求援信号并疾如星火的赶到之后，海面上漂浮的只有击沉船只的残骸和等待救援的海员，德国潜艇早已扬长而去。

全面“无限制潜艇战”开战三个月以后，英方的航运压力猛增，大量的船只被击沉、击伤。英国保有的有效载重吨位几乎只能满足本土食品输入量，军用物资、煤炭以及其他战略物资的运力严重不足，德国潜艇已经勒住了大英帝国的命脉!

面对危局，英方倾尽全力加以应对，A.L.德佛将军出掌新一任反潜部队司令，统一调配所有执行反潜任务的军舰、辅助船和飞行部队。鉴于英方以前的反潜措施过于被动的弱点，德佛将军决定抽调精干力量，由装备水下听音器和深弹的驱逐舰、驱潜快艇组成强有力的机动反潜部队，以朴次茅斯和戴文波特为基地，对U艇的攻击实施快速反击。并且在黑尔戈兰（Helgolander Bucht）水域大量布雷迟滞U艇出航。同时采用以潜制潜的方式，把英方的潜艇也派往挪威、荷兰水域沿线，增强对U艇动向监视，还大量扩充Q船部队实施诱饵反潜。

除此之外，英方反潜的技术手段也在不断增强，新发明的“霍维茨”反潜炮可以杀伤水下40至60英里的机动目标。在沿岸建立陆基和船载式水声监听站搜索潜艇踪迹。另外，针对英方原有的水雷场和反潜网布设深度不足的缺点，开始布设大深度反潜网和水雷阵，并增加水雷场纵深，此举在面积狭窄的海峡区域颇见成效。大型U艇不得不再次放弃海峡航道，改由北部航线出击。

这一段时间给U艇活动造成一定威胁的还是英国的Q船部队，这时的Q船在舱内绑上了大段圆木，以减缓船只受鱼雷攻击后的下沉速度，有的潜艇在对这类船只实施鱼雷攻击后就迫不及待的上浮确认战果。耐心的Q船炮手们这时仍然隐蔽在炮位上，只等U艇露出水面就予以迎头痛击。Q船部队的头号王牌柯敦·坎贝尔就击沉了11艘U艇。

但是总的来说，英方的这些应急措施终究只能扬汤止沸，如果不能立即获得来自外界的援助就无法从根本上扭转情况。不过，令英国人略感欣慰的是，作壁上观达三年之久的美国政府终于在4月5日对德宣战，美国的参战彻底改变了两个交战集团的力量对

■停泊在普拉港（Pula，位于今克罗埃西亚）的德国潜艇，最左侧的一艘就是大名鼎鼎的U-35号，这艘潜艇在战争中创造了击沉共约55万吨的战绩。

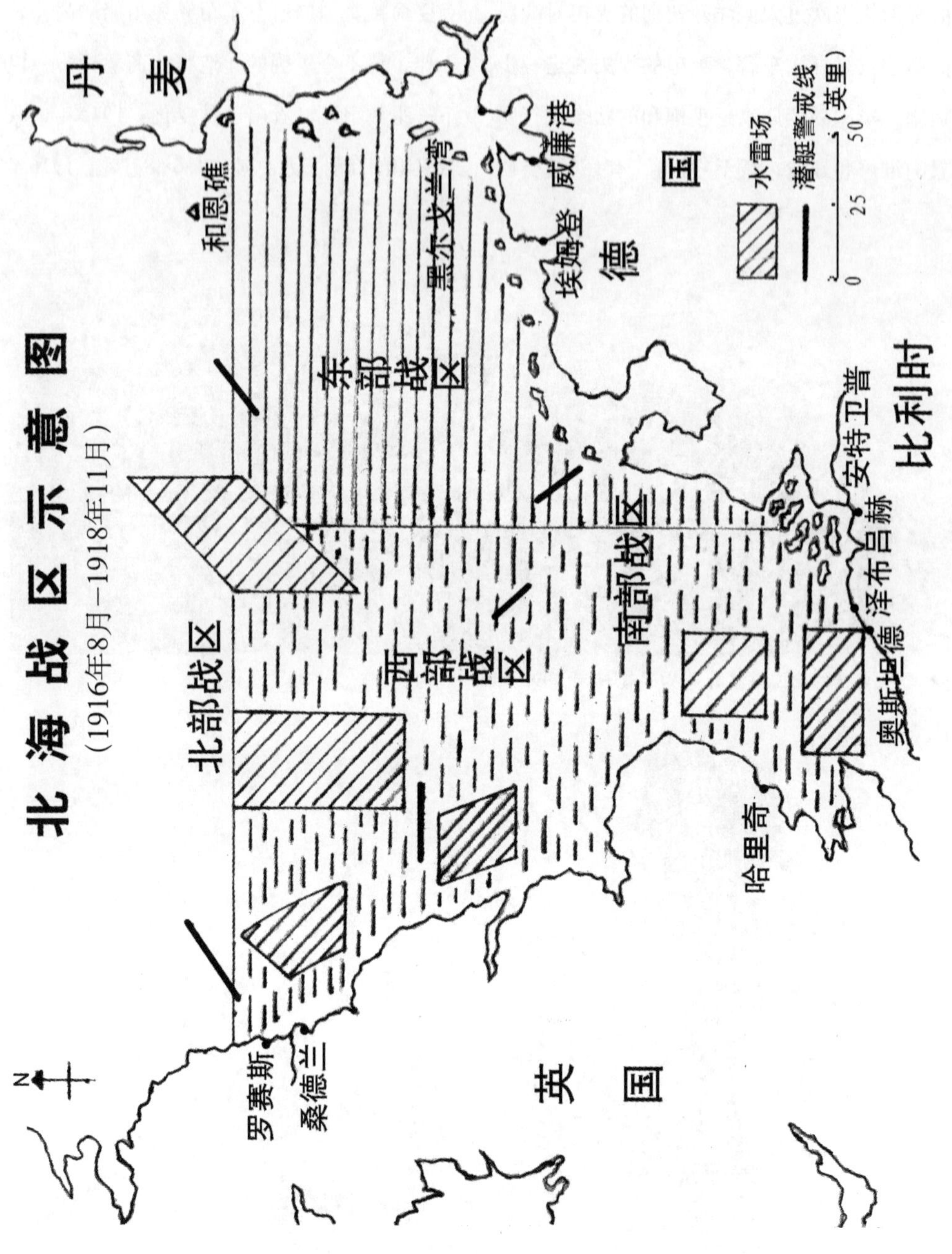
北海战区示意图
(1916年8月—1918年11月)
北部战区
西部战区
东部战区
南部战区
丹麦
德国
英国
比利时
和恩礁
黑尔戈兰湾
威廉港
埃姆登
安特卫普
泽布吕赫
奥斯坦德
哈里奇
罗赛斯
桑德兰
水雷场
潜艇警戒线
0
25
50
(英里)
N

比，也为筋疲力尽的协约国带来了赢得战争的希望。但是美国人毕竟不能一口气把自己的援助物资吹过大西洋。初期的支援对战局的影响只是杯水车薪。英国的损失在进一步加剧，英国的船厂以近乎饱和的状态进行船只的维修和建造，截至4月份，有150艘受创船只等待修理，累计吨位200万吨，将近英国1914年总运量的1/9。1917年4月，艾利克·格登受命接掌国内所有军用和民用船舶的修建工作，他下令军舰的建造将为商船让步。以下一组数字可以看出这种变化：1915年，联合王国的商船下水总吨位是68.8万吨；1916年

■ 令人生畏的德国海狼就是从这艘U-1号潜艇开始。

■ 德国海军UC-1号潜艇。

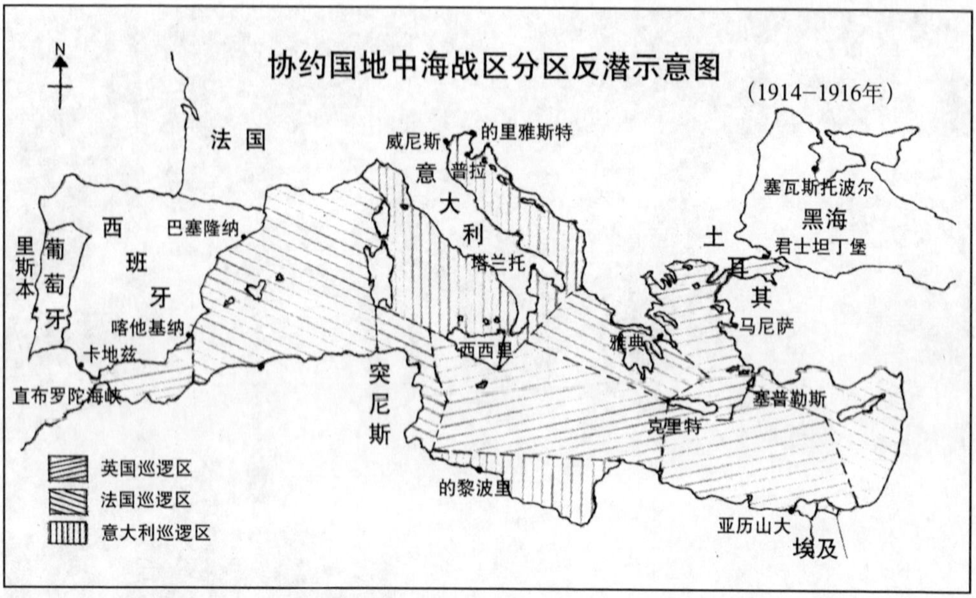

■ 一战时期鱼雷还是比较珍贵的，德国潜艇更多时候是用甲板炮攻击目标（图①、②、③）。

②

下降到53.8万吨；1917年上半年恢复到48.4万吨，到了下半年，这个数字增加到62万吨。为了弥补运量不足，许多废弃许久的平底船、拖船甚至帆船都被拉了出来，为大英帝国发挥余热！但即便如此，英国的运量缺口仍然巨大。显然，光靠英国造船工业本身已经无法取得吨位战的胜利！1917年10月，接替艾利克·格登（时已转任海务大臣）掌管国内船舶建造事务的乔森·麦卡拉向美国求援，“如果美方不能立即提供600万吨新船运量的话，其他的一切军事努力都将无效！”

就在大英帝国为了生存而苦苦挣扎的同时，德国潜艇对海上船只的攻击到达了肆无忌惮的程度，这种攻击甚至落到了执行人道主义救助任务的医院船头上。许多来往于

③

海峡区和地中海战区执行伤员救助的此类船只，虽然都涂有明显的十字标志，但是仍然成为德国潜艇的猎物。德国对此的解释是，由于协约国经常利用这种船只执行兵员运输而直接参与军事行动，因此这类船舶也无法获得豁免权。“无限制潜艇战”最凶险残酷

的一面暴露无疑！

1917年2至5月是德国潜艇战的巅峰时期，同时也使得全世界人们真正认识到潜艇这个水下恶鲨的真正面目，相比那些装备碗口巨炮的水面战舰，潜艇的威胁使每一个英国人——从自己的餐桌上、衣橱里、货架上——有了切身感受。

“饥饿—失败—投降”在这一刻似乎成为这场战争中大英帝国无法逃脱的宿命安排！

扭转乾坤

不过，经历了数百年海上风雨的英国人毕竟不是这么容易就被击败的。在挺过了“无限制潜艇战”初期的艰难岁月后，大英帝国终于在6月份迎来了转机，商船损失节节攀升的势头得到遏制，并出现明显回落，从5月份的超过500万吨降到400万吨以下，虽然还不能就此得出英方已经走出吨位战困境的结论，但是皇家海军所采取的诸多反潜措施毫无疑问的正在发挥效力，逐渐成为克制德国海狼的利器。

这些措施既包括技术上的进步也包括组织效能的提高。其中护航体制的应用则发挥着显而易见的效果。事实上将商船编队并为其提供护航的设想早就有人提出，并且有过

■U-25号潜艇正在装填鱼雷。

■在地中海战区，德国海军的一艘UB-I型潜艇和UC型潜艇会合的情景，两者之间的外形差别非常明显。

小规模的实践经验，在斯堪地纳维亚航线和穿越海峡的运兵船队上取得成效。但是为所有商船提供护航就完全是另外一回事。这需要大量的轻型舰只。而几乎所有负担反潜任务的单位都急需这样的装备，无论是临时抽调还是加紧建造都是远水难解近渴。而且那些商船船长们对数十艘大型商船编队航行的可能性表示怀疑，认为这样会增大潜艇的攻击概率，而且在规避水雷的时候会限制船只的回旋余地。大量的船舶同时抵港也会给已经不堪重负的港口卸载作业增加压力，而最终降低船只的使用效率。此外，对于出航船舶来说，编队就必须为他们找到一个安全的集结点，这样的地方在当时的情况下似乎很难找到。

当然，在所有困难中最大的问题还是没有足够数量的护航舰只。英方将整个护航过程分为两个阶段，当商船队在远洋航行的时候，由巡洋舰或者改装巡洋舰等大型舰只提供保护，这样需要大约60艘此类舰只。当船队抵达近海，U艇威胁加剧的时候，护航的任务将由机动性更强的小型舰只承担。此时需要的舰船总数为80艘。而皇家海军能够提供的前一类舰只最多只有18艘。所需要的小型舰只则是一艘也抽调不出来。因此，这一时期组建的护航队在U艇威胁最大的近岸水域反而无法得到有效防护，斯堪地纳维亚航线的成功是强行抽调特定区域反潜舰只的成果，这种拆东墙补西墙的做法终究只是权宜之计，护航体制此时总体表现并不理想。

不过，随着美国参战，这种情况终于得到缓解。首先，那些从美国进入中立国然后输入德国的物资从源头上被掐断，英方执行封锁任务的压力大大减轻。诸多辅助船只得以抽身为护航编队提供船只。此外驻泊北美和西印度的海外舰队也被招回。加装了6英寸火炮的武装商船也开始身兼数职，一方面运输货物，一方面扮演远洋护航的角色。

接着，英方在直布罗陀、塞拉利昂、达卡、汉普敦、纽约和哈利法克斯以及悉尼设置了海外船舶的编队集结点。每隔8天就有一支商船队在这些地方集合然后统一返航。接近英国近海后，编队尽量选择夜间或者天候不良的时候穿越德国禁区，同时实施严格的灯火管制，限定船只航速，以避免混乱和碰撞。当时的德国潜艇受续航力的限制，800吨潜艇只能深入大西洋中部，千吨级远洋潜艇要到1917年下半年才开始形成战斗力。对于近岸船只，由于英方的严密护航以及夜间搜索目标困难，U艇的攻击难度大大增加。另外，英国人在细节上也动足了脑筋，英军从5月份开始为自己的船只涂装断纹迷彩。这样可以造成U艇艇长对船只距离和航速误判，从而降低鱼雷攻击的命中率。在减少煤烟排放的同时，还为大量船只加装烟幕发射器来提高编队隐蔽性。

大量运输船被击沉，不仅使英国损失惨重，更使大量中立国船只因担心遭到攻击

■在海上相遇的U-55号和U-102号潜艇，虽然两者外形差异明显，但战术性能基本相同。

而滞留在英国港口，英国海上贸易额急剧下降，反潜课题再次变得异常沉重。当各种反潜措施都无法取得令人满意的效果后，1916年底到1917年初，在英吉利海峡对运煤船的护航开始引起了英国海军的注意——从1917年1月到4月，在军舰护航下，2600艘运煤船只损失了5艘——这样的成功令英国海军兴奋不已。为了应对德国潜艇而专门组建的反潜部队司令达夫少将根据英吉利海峡的护航经验，向英国海军部建议推广护航作战的成功经验。英国第一海军大臣约翰·杰利科（John Jellicoe）犹豫地接受了，因为在英国海军内部，不少人认为英国海军是一支进攻性的力量，将其投入纯防御性的护航作战，有悖于皇家海军的作战风格和传统。在他们眼中护航作战完全是无聊的防御性行动，而且这样做就等于是承认了英国海军在同一支弱于自己的海军作战中处于下风了。然而这些人显然忘记了从风帆时代开始，商船就已经开始组队并由军舰护航，就是在纳尔逊时代，护航作战还是皇家海军的第一使命！对于护航作战，英国海军历史学家约翰·威顿（John Winton）是这样认为：“（护航作战）就像对风的利用一样，这是一个自然而聪明的策略。”

■一战德国海军潜艇部队的海报。

5月10日，由16艘运输船组成的第一支护航运输船队从直布罗陀启航，在英国海军军舰的直接护航下，于20日平安抵达目的地。5月24日第二支由12艘船组成的护航运输船队从美国维吉尼亚州诺福克出发（Norfolk，准确地说出发港口是维吉尼亚汉普敦路港〔Hampton Roads〕，那是诺福克的一个锚地）。该船队由1艘英国巡洋舰和6艘美国驱逐舰护航，结果只有1艘航速较慢的船在掉队情况下被德国潜艇击沉。随后，英国逐渐加大了护航船队的尝试，截止7月，先后有21支护航船队穿越大西洋，而损失仅有两艘。有鉴于此，英国于1917年8月起决定开始全面采取护航体制。到10月已有1500多艘船加入到了100多个护航船队中，其中只有10艘船被击沉，损失率为1/150。而与之相比，单独航行的船只损失率为1/10。到1917年底几乎全部的远洋船只都加入了护航船队。对于护航船队，一位潜艇艇长这样分析："护航船队使海洋一下子变空了，单独行动的潜艇在很长时间内根本什么也找不到。突然间出现一支巨大的船队，30艘、50艘甚至更多，并由各种军舰所环绕掩护。单独行动的潜艇即使选择进攻，或许会击沉1、2艘，或者3、4艘，但总的数目来说还是微不足道的，只能眼看着护航船队驶向远方。"德国潜艇在1917年取得了击沉3000艘船，620万吨位的战果，但其中绝大部分都是单独航行的。护航船队的贡献正如威顿所说："护航船队体制没有在1917年带来胜利，但它却阻止了在1917年走向失败。"

1918年护航船队体制进一步得到发展，协约国专门组织了一个庞大的机构来负责指导护航船队的航行，除了投入军舰直接护航外，还出动飞机在沿岸海域活动，接应护航船队。再加上英国情报机关提供的关于德国潜艇位置的准确讯息，可以指导护航船队绕开危险海域。1918年与1917年相比，运输船损失减少了2/3：只有1133艘被击沉，而且其中999艘还是单独航行的。

面对英方的变化，德方也敏锐的察觉到了护航体制对潜艇作战的影响。虽然护航编队本身不能对潜艇的安全造成致命威胁，但是U艇的攻击效率却被大大降低。U艇部队军官施佩茨对英方来往于海峡的护航编队进行了专门的跟踪研究。他认为，单艇游猎的攻击方式很难对英方的护航队产生实质性威胁，就算U艇成功击沉数艘船只也无法阻挡整个编队的行进。只有一定规模的水面舰只编队才能对护航队产生威胁！但是这个建议最终未能付诸实施。

相比较护航体制对U艇攻击效力的影响，英国深水炸弹的日趋完善更是给德国潜艇部队的官兵们带来致命威胁。虽然在十个月前，深弹就已经投入实战，并相继击沉了UC-7、UB-44和UC-19号潜艇，但是德国方面没有意识到这种新式武器的出现。直到U-49号在海峡航道遭受对方的深弹袭击后幸运逃脱才给德方带回了确凿讯息，从此以后，深水炸弹就成为U艇最畏惧的武器，420磅装药深弹的近距离爆炸可以将潜艇内部所有玻璃器物震得粉碎，艇内将瞬时陷入一片漆黑，如果不幸将潜艇的耐压壳击穿，汹涌的海水顷刻间喷射而入把附近人员冲得东倒西歪，胆战心惊的潜艇成员们还要赶快手忙脚乱地摸黑堵漏，否则潜艇就成了他们的铁棺材，此时，水下就再也不是潜艇的避难场了。

不过，尤其值得一提的是，U艇部队的官兵在此时依然保持了严格的纪律和高昂的士气。这和公海舰队水面舰只的情况形成鲜明对比。由于长期无法出海作战，水面舰只官兵的关系日渐疏远，再加上供给情况的恶

■ 德国海军U-22号潜艇，甲板上可见高耸的无线电天线和88毫米甲板炮。

■德国海军U-79号潜艇，属于UE-1型布雷潜艇，艇首鱼雷发射管十分醒目，上面还有用来切割反潜网的大锯。

化。6月份，第三主力舰中队发生水兵小规模骚乱，虽然随即被镇压，8月份同样的事情又在其他的主力舰中队中出现。然而在整个U艇部队之中，直到大战结束也从来没有任何拒绝出战和违抗命令的事件出现。当然，一个不容忽略的事实是到了战争后期，随着潜艇部队地位的提高，U艇的官兵也获得了更好的物资供应，而且，相比水面舰艇的同行也有更多的优先权。这固然是对他们执行高危险任务的一种回报，但是这种区别待遇也在某种程度上加剧了水面舰艇部队士兵的不满情绪。

由于英方反潜的力度不断增强，5月份潜艇部队的战果为106艘商船（352200吨），比4月份减少了193000吨。但是这种回落并不意味着英国在这场战斗中实现了决定性转折。到了6月，由于大量新艇的服役，潜艇部队的攻击能力进一步增强。而且，对于英方的种种反潜措施，U艇部队也在积极寻找对策。例如，针对断纹迷彩的出现，德国海军立即在训练科目中增加了对涂装断纹迷彩船只航速、航向、吨位的辨识训练。在波罗的海的潜艇训练中由水面船只涂上相似的伪装，供己方潜艇模拟攻击。因此，到了6月，英方的损失数再次反弹到417000吨。双方的吨位战出现拉锯态势。

此时，英方进一步完善现有的反潜措

施、充实力量。航空反潜和建立岸基水声监测站成为扩展的重点。尤其是美国力量的投入，加快了这种势头，英军航空反潜的主力机型是“黑斑莺”型双引擎岸基飞机，载弹量为920磅，乘员2人。反潜飞机的巡逻区域一般为沿岸20英里以内海域，这一带正是小型UC和UB系列潜艇惯常活动区域。因此航空反潜的出现对这些潜艇的威胁最大。而且沿

■ 德国海军U-25号潜艇的前甲板细部，一门88毫米甲板炮引人注目，指挥塔前面还有一个小型的操舵平台。

■“德意志” 号潜艇结构图。

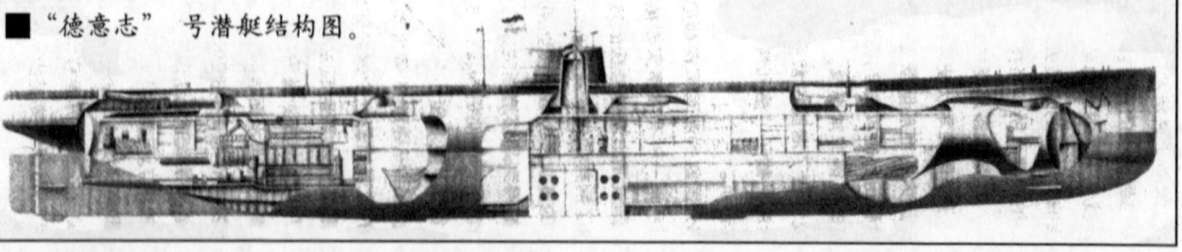

■ 开战后“德意志”号潜艇被军方征用，增加了武器装备，舷号改为U-155号，图为U-155号在水面航行的状态。

岸海域水深不足，透明度较高。即便下潜有时候也难以逃脱英方反潜机的搜索。飞机遏制了德国布雷潜艇的活动后，英国沿海水雷威胁有了明显下降。除此之外，大量岸基水声监测站的建立为反潜部队能够尽快发现潜艇踪迹发挥了巨大作用。还有英方情报机构通过不断破译U艇部队的通讯密码，为己方的反潜行动提供情报。这一切措施都使得U艇的破交作战难度不断增加。

另一个对当时甚至是今后的航运业产生重大影响的举措是，在美国、法国、意大利、日本的船坞中开始按照标准化的方式建造新型货轮，此举大大的提高了船厂的工作效率和船坞的利用率。这样在协约国方面，每天就有两到三艘新的标准化货船下水。由这些船只组成的护航队，效率更高，航速更快，对港口卸载作业也产生积极影响。这些变化经过不断的累计、放大将对大西洋的战争产生举足轻重的影响。

从1917年5月–9月的五个月内，虽然在许多方面都传来了对英国人利多的消息，但是在彻底击败德国潜艇之前毕竟还有很长的一段路要走，此时的德国海狼依然骁勇善战。从“无限制潜艇战”开战到8月底，总计736艘英国船只被送入海底。其中572艘上了德国U艇的功劳簿。残酷的大战仍然在继续，不过令联合王国欣慰的是，德国人六个月内扼杀对手的预言并没有成为现实，在经历初期的艰难困苦之后，倔强的盎格鲁撒克逊人越战越强，在以后的岁月中，皇家海军即将发起自己的帝国反击战！

大厦将倾

1917年9月，因为未能在六个月内击败英国，U艇部队司令鲍尔去职。梅彻尔森接替了这一位置，他上任后的第一道命令，即要求所有的大型潜艇第三次启用海峡区航道进入英格兰以南以及爱尔兰海域实施破交作战。梅彻尔森在英方反潜措施日益严密的情况下发布如此命令并非是不近人情的专断举动，而是“无限制潜艇战”发动六个月后，德国U艇部队所面临严峻形势之下的无奈之举。

这时的德国潜艇部队把希望寄托在远洋型千吨级潜艇的身上。这种潜艇的续航力达到6000多英里，携带鱼雷数量增加到20枚，可以抵达美国东海岸实施作战。那些在美国沿海港口设置的护航队集结点也将受到潜艇的威胁。而且这种潜艇还可以为其他的中小型U艇提供补给，增强它们的持续作战时间。德国人还一度设想在大吨位潜艇上加装大功率通讯设备，统一调度特定海区的U艇，对英国护航队实施集群作战。日后赫赫有名的“狼群战术”便发轫于此。但是在前一段时间，为了满足“无限制潜艇战”的需要，德国船厂集中建造中小型潜艇而放缓了这种施工周期长、技术难度较大的远洋型潜艇的建造步伐，因此这些提议也只能停留在纸面上。

梅彻尔森除了命令大型潜艇启用海峡通道外，同时加强了小型潜艇在英国近海布雷的力度。但是在英方海空一体的反潜措施下，收效甚微，在此后的一个月内，只有8艘英国商船触雷沉没。相反英国人水雷反潜效果却有了很大提高。随着新型H型水雷的服役，老式水雷引信的毛病被大大改进。美国人参战后，新型水雷的产量也成倍增长，英

■德国海军U-7号潜艇，采用白色涂装，背后是“石勒苏益格—荷尔施泰茵”号前无畏舰。

■ 德国海军U-139号大型远洋潜艇，装备有两门150毫米甲板炮，其火力完全可以与敌方轻型水面舰艇对抗，其续航力高达12630英里，可以直达美国东海岸。

■ UB-4号潜艇属于早期建造的UB-I型，图片可见潜艇指挥塔外壳采用了迷彩涂装。

方布设水雷的面积越来越大，针对以泽布吕赫和奥斯坦德为基地的德国艇群，英国和美国在比利时佛兰德地区沿岸布下长达18英里的水雷封锁线，阻滞U艇出航。英美还联合布置了从英格兰南部海岸到法国敦刻尔克横穿整个海峡的水雷屏障，这些水雷的布设深度大大增加，U艇无法采取深潜的方式突破而不得不从近岸浅水区偷越封锁线。但是面对英方的航空巡逻，这也同样危险。

由于协约国总体力量的优势，尤其是美国全面加入战争后，布雷大战中的德国海军逐渐处于下风。越来越多的英制、美制水雷被布设到德国海军家门口，德国潜艇在驶出基地的那一刻起就要冒极大风险。为此有的德国潜艇不得不从荷兰、挪威沿海北上，绕过英方的北海雷场进入战区。U艇的作战效率进一步下降。

时间进入1918年，英伦三岛的周围与前

几年比起来平静了许多。此时，虽然仍然有U艇在周边海域出没，但是它们所面临的危险却在成倍增加。在海峡区航道，越来越多的U艇艇长将此视为一条不归之路。尤其以泽布吕赫和奥斯坦德为主要基地的佛兰德潜艇支队损失最为严重，在随后的几个月中，所辖潜艇数量以每周一艘的速度持续减少，整个支队内没有任何一艘潜艇的出航记录能超过六次。高度紧张的战场环境也对U艇官兵的精神状态产生严重影响，相当数量的官兵即使在安全返回基地后，仍然无法从水雷、深弹以及反潜飞机所带来的紧张情绪中解脱出来参加下一次行动。不久以后，该支队的潜艇被不断抽调往其他战区，到大战结束的几个月前最终被解散。

随着美国的庞大工业制作能力被逐渐释放出来，越来越多的战争物资被投入欧洲战场。英国在北海、多佛、英吉利海峡乃至黑尔戈兰等处布置的水雷数量越来越多。在海峡雷场，德国潜艇由于英、美反潜机骚扰日益频繁，而越来越多地采取夜间水面航行的方式，小心翼翼地穿越英方的水雷屏障。对此英方在水雷场的航标船上安装了大功率探照灯，同时增加夜间反潜巡逻船只密度。这

■U-90号潜艇属于UB-Ⅲ型，最初安装的是两门88毫米甲板炮，后来改为两门105毫米甲板炮。照片拍摄时，艇艏的88毫米炮已改为105毫米炮，但艇艉还是88毫米炮。

样即使在黑夜，潜艇在海峡区的活动也同样危险。U-87号、U-84号、U-93号和U-95号潜艇在一个月内，相继因此被击沉。

一边是U艇损失的增加，另一边则是英方损失商船吨位的减少，1918年1月只有57艘（179900吨）各类船只被击沉，比1917年12月减少了19艘。为此德国则付出了7艘潜艇的代价。2月份，U艇的战果稍有增加，达到224501吨。在这个战果中还包括U艇击沉的第一艘美国跨大西洋运兵船“图斯卡尼亚”号（14348吨），该船从哈利法克斯出发前往英国的利物浦，载有2000名士兵。2月5日，该船行至瑞斯林岛以北七海里处被鱼雷击中，两个小时后沉没，造成166名士兵和44名船员死亡。该船是由于偏离前往护航交接点的航线而被潜艇发现。但是这个小小的战果无法阻止此后源源不断从新大陆渡海而来的美国陆军。而此时的U艇面前又出现了新的难题——是集中力量攻击美国的陆军援兵；还是继续对英国的货运航线施加压力？不过一个明白无误的事实是，无论前者还是后者对当时的德国潜艇来说几乎都是不可能完成的任务，更何况在自身损失不断增加的情况下也没有足够的力量来实现这样的双重目标。

在此后的3、4月份中，英方的商船吨位损失在20万吨左右波动，3月份为192400吨，4月份为215000吨。但是U艇战果下降的总体趋势不可避免。从4月份开始，德国人为“无限制潜艇战”作了最后一次努力，当月在大西洋战区游猎的大型潜艇数目到达22艘，一个月后又增加到27艘。不过德国人垂死挣扎行为所带来的效果却并不显著。4月份的战绩也是U艇的战果最后一次超过20万吨。从5月份开始直到大战结束的11月，就再没有超过20万吨的单月击沉量了！就在同一时期，由于以UC和UB系列小型潜艇组成的佛兰德支队实力不断削弱，德国水雷对英国沿海的威胁也基本上被消除，在整个1918年期间，英方只有8艘船只因触雷而沉没。1916年6月皇家海军也迎来了整个一战期间反潜战战绩最辉煌的一个月，当月有14艘各类U艇被击沉。

1918年上半年，毫无疑问地成为大西洋反潜战的转折时期，虽然此时的第二帝国潜艇部队仍然没有放弃努力，截至当年9月又有30艘新艇下水，德国境内数十家船厂还在为建造排水量更大的“兴登堡”型潜艇而昼夜开工。但是随着经验丰富的老兵在残酷的海战中逐渐消耗殆尽，现在的潜艇部队又到哪儿去找到足够数量的合格海员来操作这些潜艇呢？

1917年7月13日，始终对“无限制潜艇战”持反对态度的德意志第二帝国首相——贝斯曼·霍尔威格在U艇部队走向末路的同时黯然离职。半个月后，同盟国主要成员之一的奥匈帝国退出战争，哈布斯堡王朝随即宣告覆灭。

终结

护航船队体制的推广，不仅使运输船的损失大大减低，而且还使德国潜艇的损失急剧飙升，1917年下半年共有43艘德国潜艇被击沉，是1917年上半年被击沉20艘潜艇的两倍。1918年前10个月就损失了69艘，超过了1917年全年的损失。

德国数量众多的潜艇散布在海上，没有全面的协调和控制，也没有主管部门总结经验和教训，更没有提高效率和减少损失的建议。另外，每个潜艇艇长都有权向海军提出潜艇建造意见。结果德国造船厂就接到了太多的潜艇类型，鱼雷发射装置就有大、中、小各种尺寸，不同的建造要求，相互冲突的优先权，建造原料、煤、食品和工人的紧缺，不安定的国内政治环境，共同导致了无法完成潜艇的生产目标。

而潜艇还在继续战斗，在1918年的前8个月里潜艇平均每月击沉大约30万吨协约国船只，这些船只大都是单独航行的。

战争步入1918年10月，德国的战争机器和经济已经崩溃，整个国家被骚乱和暴动所撕裂，继续战斗的愿望已经消磨殆尽，超过100万陆军士兵逃跑。而潜艇部队则是罕有的例外之一（180艘可以投入使用，还有许多正在建造之中）。由于陆地上显而易见的不利局面，陆军已不存有任何希望，潜艇要想对盟军展开大决战，只能依靠自己。作为停战谈判的一个前提，德国在10月21日下令召回所有潜艇，返回基地的潜艇官兵们看到的是一支已被叛乱所瘫痪的德国海军（1918年11月

一战期间被潜艇击沉的协约国及中立国船只排水量(单位：吨)简表①

月份/年	1914	1915	1916	1917	1918
一		47981	81259	368521	306658
二		59921	117547	540006③	318957
三		80775	167097	593841	342597
四		55725	191667	881027	278719
五		120058	129175	596629	295520
六		132428	108855	687507	255587
七		109640	118215	557988	260967
八	62767②	185866	162744	511730	283815
九	98378	151884	230460	351748④	187881
十	87917	88534	353660	458558	118559
十一	19413	153043	311508	289221	17682⑤
十二	44197	44197	123141	399111	

注：①引自Fagle X. Wenwar,Seaborne Ttrade第三卷，465页表I[a]，伦敦1924。经过几十年的整理数据更加准确了，比如Tarrant（1989），他计算出总吨位按德国数据是12284757吨，按英国资料是12026324吨。

②一战开始。

③德军全面展开潜艇战。

④英国护航船队体制完全建成。

⑤战争结束。

3日，基尔军港的德国公海舰队水兵爆发兵变，在基尔水兵起义的影响下，德国各地起义风起云涌），具有辛辣讽刺意味的是，一些潜艇甚至接到命令将鱼雷对准德国海军军舰以镇压叛乱。

1918年11月11日停战协议生效后，协约国海军军方查阅德军潜艇作战档案：德军共有351艘不同类型的潜艇参战，击沉了超过5000艘各类舰船（其中包括10艘主力舰和18艘巡洋舰）。德军损失178艘潜艇，大约5000名潜艇官兵战死、受伤或被俘，在战争结束时尚有179艘潜艇可以投入战斗，224艘在建造中，另外还有200艘计划建造。

协约国为了对付德国潜艇投入了巨大力量：3330艘作战舰艇，500架飞机，75架飞艇，几十艘潜艇和数万枚水雷。

战争一结束，德国海军那些尚未损坏的潜艇就被瓜分：105艘归英国，46艘归法国，11艘归意大利，4艘归美国，7艘归日本。他们达成一致协议，德国可以保留10艘潜艇，其他所有潜艇都要被拆除，那些建造中的潜艇也要拆除，这就是潜艇战的最终结局。

而第一次世界大战的经验告诉我们，潜艇原先仅仅用于近海执行有限的防御任务，但最终应用到远洋的海上破交战中，这种发展对海战战略产生了深远影响。此后无论哪一个国家要想绝对控制海洋，不光需要一支强大的水上舰队，更需要加大对反潜的投入，以保卫他们的战舰和运输船。另外，经营一支攻击型潜艇力量，去攻击对方的海上舰队或商船，也将是一件非常重要的事情。

在整个一战期间，德国媒体及其他宣传机构共同编织了一个关于德国潜艇的神话。他们说德国潜艇在技术上创造了举世无双的奇迹，而潜艇艇员则是出色的水手，像古希腊英雄似的是不可战胜的超人。直到艰苦的战争末期，他们都坚信德国潜艇对德皇的忠诚，并将迫使英国屈服和最终战胜协约国。就连协约国方面一些受人尊敬的社会名流也参与了这个潜艇神话的编织。单纯为了让潜艇形象中立化，英国的海军史学家尤瑞安·科

一战德国潜艇力量

年份	1914	1915	1916	1917	1918
可用	24	29	54	133	142
待修	10	52	108	87	70
战火中损失	5	19	22	63	69
其他损失①	0	8	7	15	9
年末	29	54	133	142	134
总共可用的	351				
总共战火中损失的	178（50%）				
总共其他损失的	39（11%）				
停战后完成生产的	45				
转交给协约国的	179				

注：①包括被击沉的，被拘留的，被奥匈帝国制服的，被指控为有罪艇的等。

一战德国潜艇损失

被军舰击沉	55
水雷	48
被潜艇击沉	18
被Q船击沉	11
被运输船击沉	7(其中5艘撞沉)
被飞机击沉	1
事故损失	19
不明原因	19

伯特（Julian Corbott）写道：人们必须将其写为“历史上最伟大的海战”。前任海军第一大臣温斯顿·丘吉尔写道：“潜艇从根本上削弱了盟军的军事实力，并打击了英国民众的信心，1918年盟军就碰到了直接的、致命的、颠覆性的危险。”美国驻英国大使瓦尔特·赫斯·佩吉（Walter Hines Page）写道:“从1917年起潜艇造成的危险对我们来说逐渐变成了完全的彻底的灾难！潜艇是迄今为止战争中产生的最震憾人心的武器。”一位美国驻英国的高级军官，威廉姆·西姆斯(William S. Sims)写道：“如果德国人在1916年冬天或1917年春天在主要航线上有50艘潜艇，那么任何人也无法阻止其取得战争的胜利。”

潜艇在一战中之所以显现出如此优势，还要归功于英国海军的盲目和固执，在战争初期他们没有预见到潜艇进行破交战的可能，也没有认真地进行准备，战争开始后，潜艇战中所需技术的研发进展慢得让人无法忍受，对一些重要武器的投入也犹豫不决，这些武器包括巡逻飞机、护航驱逐舰、反潜潜艇、商船火炮、深水炸弹，还有可靠的鱼雷和水雷。

英国人没有尽早采取护航船队是最大错误。当1917年护航体制完全建成时，总共已有800万吨位的运输船被德国潜艇击沉了。如

英国商船月损失吨位曲线图

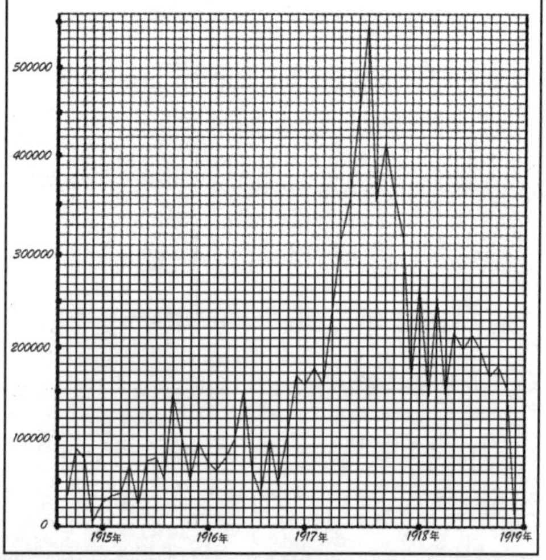

各国商船年损失明细表（艘）

国家/年份	1914	1915	1916	1917	1918	合计
英国	3	417	467	1227	560	2674
美国		5	5	70	49	129
丹麦		16	52	113	31	212
荷兰		12	26	53	12	103
法国		37	119	235	85	476
意大利		14	143	178	66	401
日本		3	5	16	4	28
挪威		65	192	413	95	765
俄国		23	25	61	18	127
西班牙		2	20	26	28	76
瑞典		28	52	56	29	165
南美国家		55	41	133	59	288
其余国家		1	1	14	3	19

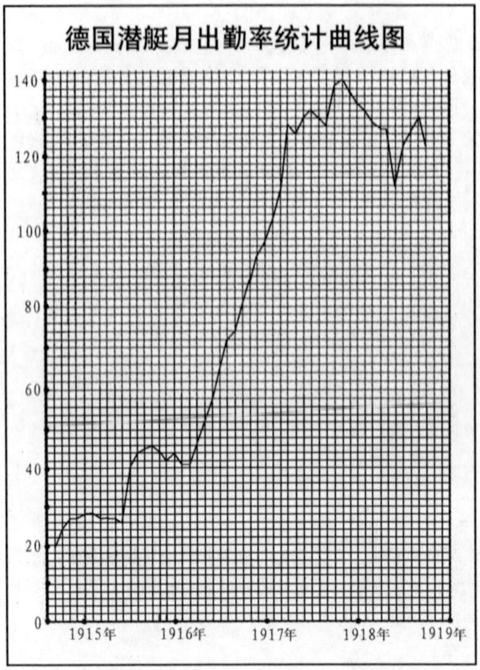

果早点建成护航船队，英国的密码破译机构和其他情报机构可以准确掌握潜艇的位置，进而避开潜艇，如此在1917年和1918年时他们已经是驾轻就熟的了。就算不这样，如果英军将编队中的大部分船只装上火炮，那么可能没有潜艇敢对具有强大自卫能力的船队发起进攻。协约国使用飞机反潜也是太过保守，潜艇一发现飞机就会立即下潜，就连一些简陋的甚至没有武装的飞机对于沿岸航行的船队来说也可以起到很好的掩护作用，但直到1918年才开始采用这种方法。

德国人也是盲目和固执的。从战略上说，美国之所以加入战争，很大一部分原因是来自于潜艇战，这样德国就避免不了失败的命运。另外，德国人在还没有足够潜艇的时候就过早地挑起了潜艇战，从此一发而不可收拾。从战术角度上讲德国人也不成功，他们没有及时对护航船队体制采取应对措施。德国的高级军官仅仅依赖于潜艇来堵截从法国大西洋沿岸海港涌来的大量美国生力军，而实际上潜艇的这项任务也是完全失败了。运到法国的美国大兵多达200万，而其中只有极少数人死于潜艇袭击，这是最震憾人心却又常被人忽略的胜利。

1914年到1918年潜艇战的结局是德国潜艇输了。潜艇给英国制造了许多困难和破坏，然而，如果它想成就那个“让英国人屈服”的神话，那还差得很远。当1917年潜艇危机达到高潮时，英国相应地加大了运输船的建造，并启动了护航船队体制。正如研究英国皇家海军的历史学家美国人阿瑟·马德（Arthur J. Marder）所说的：第一次世界大战中在任何时刻潜艇都没有能制造出“大范围危机”。

一战德国潜艇月损失统计表（艘）

月/年	1914年	1915年	1916年	1917年	1918年
一月		2	0	2	9
二月		0	0	4	4
三月		3	2	3	4
四月		1	4	2	7
五月		1	2	6	14
六月		2	0	4	3
七月		3	4	5	6
八月	2	3	1	4	7
九月	0	2	1	10	9
十月	0	1	0	7	5
十一月	1	1	4	9	1
十二月	2	0	4	7	0
合计	5	19	22	63	69

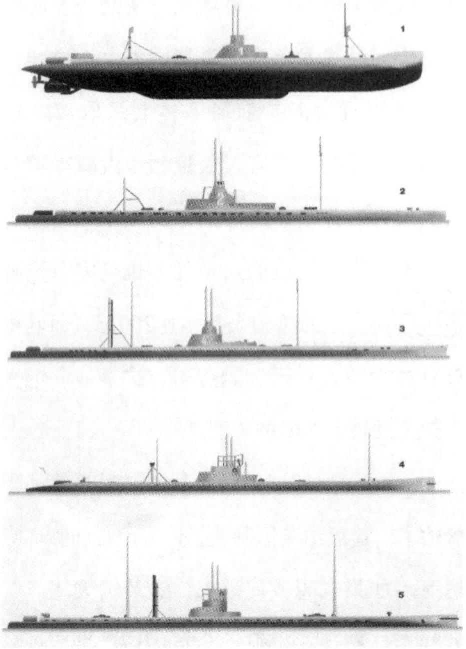

1：U 1

这张U-1号潜艇的侧视图显示了早期德国潜艇螺旋桨与尾舵的布置方式和涂装。战前，德国潜艇水线以上部分涂浅灰色，水线以下为黑色。在舰桥或艇首两侧涂有潜艇的战术编号。U 1号潜艇由于设计上的先天不足而从未上过战场，整个一战期间，作为训练艇的角色而安然度过了大战的风雨岁月。

2：U 2

U 2号潜艇比他的前辈U 1号稍大一些，外形上最显著的变化之一就是甲板上排气管的数量减少了一根，前甲板上是一个可收放式桅杆。

3：U 4

U 4号的总体布置和他的前辈类似，只是尺度更大一些。舰桥前后各有一根可收放的桅杆，后甲板上的排气管仍然保留。该型共建两艘（U-3—U-4）。

4：U 5

U 5在外形上与前几艘潜艇最大的区别在于两根桅杆都安置在潜艇的右舷，排气管则相应的安置在潜艇的左舷。值得注意的是该艇舰桥上也设有一操舵装置，可供潜艇在水面航行时使用。该型共建4艘（U-5—U-8）。

5：U 9

U 9号的首任艇长就是大名鼎鼎的奥托·韦迪根。老式煤油引擎潜艇的标志性设备——排气管依然挺立在后甲板之上。舰桥的最上面一层使用帆布临时围成的航海舰桥，以便于潜艇水面航行时，在上面安排瞭望人员观察敌情。该型共建4艘（U-9—U-12）。

6：UC 15

UC 15号属于早期小型近岸布雷潜艇。该艇的额定乘员只有12人，除了携带水雷以外，再没有其他的武备，因此在战术应用上大受限制。 该型共建15艘（UC-1—UC-15）。

7：UC34

该艇属于UC Ⅱ型布雷潜艇。比较它的前辈UC-Ⅰ型布雷潜艇，其排水量、携带水雷数量和续航力都有所增加，而且还在艇首安装了两具鱼雷发射管，部分后期艇型还加装了88毫米甲板炮，其作战能力有所增强。该型共建64艘（UC-16—UC-79）。

8：UC 98

UC 98号属于大型布雷潜艇的UC Ⅲ型，在潜艇中部舷侧安置一具外置式鱼雷发射管，艇首节省出来的空间用来装载水雷。该艇前甲板还安装了一门105毫米甲板炮。该型共建16艘（UC-90—UC-105）。

9：U 140

U 140号属于大型远洋潜艇，装备两门150毫米甲板炮，其强大的水面火力甚至可以直接和对方的轻型舰艇或者武装商船对抗，该型艇也是大西洋潜艇战的主力艇型之一。该型共建3艘（UC-139—UC-141）。

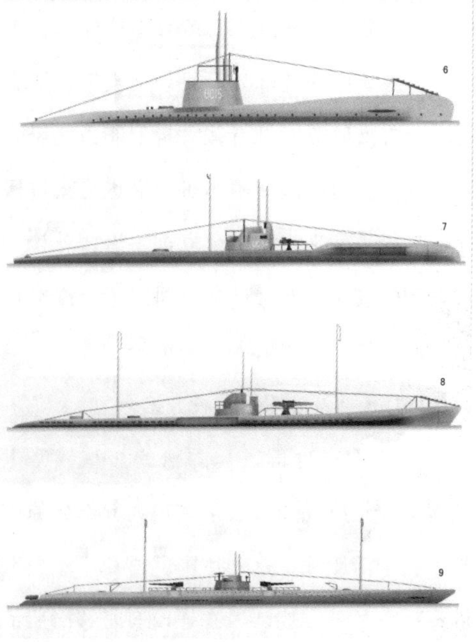

10：U 25

U 25号按排水量属于中型潜艇，亦可承担远海作战任务，是德国海军在战时大量制造的艇型之一，前后甲板上装备的两门88毫米炮也是一战期间德国潜艇部队装备数量最大的海军炮。该型共建4艘（U-23—U-26）。

11：UB 4

UB 4号属于UB Ⅰ型近岸潜艇，曾大量配属于驻扎在比利时沿海的佛兰德中队。可携带两枚鱼雷，前甲板安装一挺8毫米机枪，由于其武备配置过于薄弱，在战争后期损失很大。该型共建17艘（UB-1—UB-17）。

12：UB 39

UB 39号属于UB Ⅱ型，排水量比UB Ⅰ型有所增加，武备也相应增强，可携带4枚鱼雷，甲板上安装一门50毫米火炮或者8毫米防空机枪，但是这种火力配置明显无法满足大战后期的需要。该型共建30艘（UB-18—UB-47）。

13：U 161

属于大型远洋潜艇，流线型艇身使其具有较高的水面航速，装备有前4后2共六具鱼雷发射管，还可携带12枚备用鱼雷，所配备的一到两门105毫米甲板炮使其具有相当可观的水面火力。该型共建46艘（U-81—U-114，U-135—U-138，U-160—U-167）。

14：U 135

德国潜艇部队后期装备的主力艇型之一，配备前4后2共六具鱼雷发射管，还可携带14枚备用鱼雷，同型艇普遍装备有一到两门105毫米甲板炮，额定乘员46人，也是一战德国U艇部队所有主战艇型中配备人员最多的一级。该艇与U 161同型。

15

16

17

18

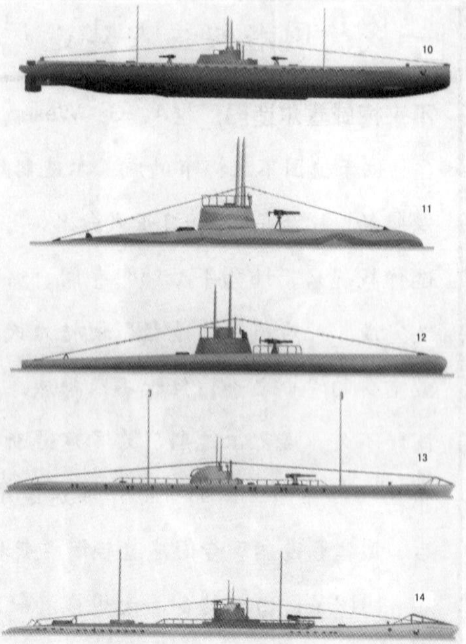

15：U 35

U 35号艇长之一洛塔·冯·阿诺·德·拉·佩里爱尔（Lothar von Arnauld de la Periere）是一战期间德国潜艇部队的头号王牌，以453716吨的击沉数高居战绩榜首位。该艇有前2后2共四具鱼雷发射管，一门88毫米甲板炮，也是地中海战区的主力艇型。该型共建11艘（U-31—U-41）。

16：UB 122

该艇属于UB Ⅲ型，也是德国海军U艇部队最成功的艇型之一，二战初期的Ⅶ型潜艇就是以这型艇为母型设计建造的。前后两具可收放的通讯天线是识别该型艇的标志之一。前4后1共五具鱼雷发射管，还有一门88毫米甲板炮。该型共建95艘（UB-48—UB-133，UB-136，UB-142—UB-145，UB-148—UB-150，UB-154）。

17：U 78

U 78号属于UE 1型，该艇在甲板炮位置的安排上与其他潜艇区别明显，炮位在后甲板上，鱼雷发射管只有两具，前后各一。该型共建10艘（U-71—U-80）。

18：U 122

U 122号属于UE 2级大型远洋潜艇，由于排水量的增加，该艇的武备明显增强，除了88毫米和50毫米甲板炮外，还可携带12枚鱼雷或者72枚水雷。从图中可以看出，其前甲板的88毫米炮位专门进行了加强。该型共建9艘（U-117—U-120，U-122—U-126）。

一战德国潜艇主要建造厂

不来梅威塞尔造船厂（A. G. Weser,Bremen）

位于德国不来梅市的威塞尔造船厂始建于1843年11月8日，1849年正式开始建造船舶。1873年3月26日正式命名为A.G.威塞尔造船厂并开始为德意志帝国海军建造作战舰只。1875年至1881年间，共有11艘“维斯佩”级炮艇在威塞尔造船厂建造完成。此后威塞尔造船厂便转为民用。到了19世纪末，不来梅港逐渐成为德国最重要的港口之一，位于不来梅威悉河上的威塞尔造船厂的地位也得以巩固和提高。不久，威塞尔造船厂为了建造新的大型船只建设了新的码头和厂房。在1905年至1914年间，新的造船厂共建造了40余艘客轮和货轮。第一次世界大战爆发后，威塞尔造船厂专门建造轻巡洋舰和潜艇。

1912年，由于具备了大规模潜艇建造能力，威塞尔造船厂奉命建造MS级新型潜艇。但首先在那里建造出来的却是UBⅠ级潜艇（UB-9至UB-15系列），后来UCⅠ级、UB级以及UCⅡ级艇也在威塞尔造船厂建造。到了1917年，造船厂的主要工作就是建造UBⅢ级潜艇，同年还得到了UCⅢ级艇的建造合同，但未能完工。1918年6月里还计划建造14艘UBⅢ级潜艇，但建造工作尚未开始战争便结束了。

值得一提的是，有3艘为奥匈帝国海军建造的潜艇——U-15、U-16、U-17号也在威塞尔造船厂建造，这3艘潜艇后来驻扎在普拉港。U-27至U-32号系列以及U-40号潜艇也在威塞尔造船厂建造。威塞尔造船厂甚至还为瑞典海军建造过3艘潜艇。

威塞尔造船厂在第一次世界大战期间总共建造了81艘潜艇。

基尔日耳曼尼亚造船厂（Germaniawerft,Kiel）

位于德国基尔港的日耳曼尼亚造船厂由罗德·弗斯特创办于1867年，该厂曾建造出第一艘皇家游轮——“霍亨索伦王室”号。1882年，重组后的新日耳曼尼亚造船厂成立。自此，日耳曼尼亚造船厂开始建造新的战舰，并在鱼雷艇的建造方面享誉世界。但是，日耳曼尼亚造船厂一直受到财务问题的困扰。1896年8月底，日耳曼尼亚造船厂被著名的克虏伯公司收购并在1898年至1902年间扩大了生产规模。1902年，日耳曼尼亚造船厂正式更名为弗里德里希—克虏伯—日耳曼尼亚造船厂。同年1月，在西班牙工程师的协助下，日耳曼尼亚造船厂开始建造潜艇。1903年6月，第一艘潜艇“弗雷利”（Forelle）号由起重机吊装下水。潜艇的试航非常成功，巴西政府立即订购了3艘这种潜艇。不久，日耳曼尼亚造船厂又开始新潜艇的建造工作。1904年4月，俄国政府向日耳曼尼亚造船厂订购了3艘新型潜艇，分别是“卡普”（Karp）号、“卡拉斯”（Karass）号和“坎巴拉”（Kambala）号。奥地利和挪威也对这种新型潜艇产生了浓厚兴趣，连德国政府也订购了一艘相同型号的潜艇（即U-1号）。

1907年7月1日，德国工程师汉斯·泰切尔奉命负责日耳曼尼亚造船厂的潜艇建造工作。1908年4月8日，日耳曼尼亚造船厂获得了U-5至U-8号潜艇的建造订单，1909年又建造了U-16号。

日耳曼尼亚造船厂还为意大利海军“安特洛普”（Antropo）号潜艇设计生产了柴油发动机，1911年，德国海军也向日耳曼尼亚造船厂订购了这种柴油机以用于德国潜艇。从此，日耳曼尼亚造船厂成为德国最重要的潜艇建造工厂，甚至在二战爆发前，日耳曼尼亚造船厂还在为奥地利和挪威建造潜艇。一战期间，日耳曼尼亚造船厂建造过U级、UB级和UC级潜艇，同时还包括民用的“德意志”号和“不来梅”号潜艇。

日耳曼尼亚造船厂在第一次世界大战期间总共建造了84艘潜艇。

汉堡弗尔肯造船厂（Vulcan,Hamburg）

位于德国汉堡的弗尔肯造船厂创办于1851年，是德国第一家具备铁壳船建造能力的造船厂。弗尔肯造船厂在创建之初也遇到财务问题，1856年，来自柏林等地的8名大企业家连手接管了这家造船厂并将其更名为斯德丁－弗尔肯造船厂。为了使造船厂走出困境，弗尔肯造船厂甚至还建造过火车头。1867年，弗尔肯造船厂开始建造战舰。1880年，弗尔肯造船厂拥有了自己的第一个浮动船坞，但在1883年毁于一场大火。1895年至1897年，弗尔肯造船厂进行了大规模扩建，到了19世纪末20世纪初，弗尔肯造船厂已经拥有超过7000名工人。1907年，为了建造大型船只的需要，弗尔肯造船厂的造船码头迁往汉堡。到了1910年，弗尔肯造船厂已经具备了建造50000吨以上大型船只的能力。

1912年，弗尔肯造船厂开始争取潜艇建造订单，但直到1914年11月23日才获得首批10艘UC级潜艇的建造合同。此后又有一些潜艇在这里建造。在弗尔肯造船厂建造的潜艇多为UB级和UC级。

弗尔肯造船厂在第一次世界大战期间总共建造了68艘潜艇。

但泽恺撒大帝造船厂（Kaiserliche Werft,Danzig）

位于但泽的恺撒大帝造船厂在1848年时属于普鲁士。1850年造船厂进行了扩建，到了19世纪70年代后期，造船厂在先前的基础上进行了更大规模的扩建，1906年的“埃姆登”（Emden）号轻巡洋舰便是在这里建造。恺撒大帝造船厂首次计划建造潜艇是在1865年，但未能实现。1906年3月4日，第一艘潜艇U-2号在这里建造完工，但这艘潜艇性能表现不如人意，U-2号的大部分时间都是在船坞内度过。后来建造的U-3、U-4和U-9至U-12号潜艇的设计则得到了较大改进。

1909年，恺撒大帝造船厂的潜艇建造码头进行了扩建，战前的大部分潜艇都在这里建造。1916年，恺撒大帝造船厂又建造了一批UC级潜艇，包括UC-55至UC-60号。第一次世界大战末期，恺撒大帝造船厂计划建造更多的UC级潜艇，但最终未能完工。恺撒大帝造船厂在第一次世界大战期间总共建造了46艘潜艇。

第一次世界大战期间为德国海军建造潜艇的造船厂还包括位于汉堡的布洛姆—福斯（Blohm & Voss,Hamburg）造船厂（总共建造了89艘潜艇）等。各造船厂在一战前后（1906—1918年）总共建造各类潜艇共计375艘。

一战期间德国潜艇的动力装置、武器装备与观测设备

一．动力装置

由于决定不再使用汽油发动机，科尔廷（Koerting）兄弟在用于水面快速游艇上的一种小型发动机的基础上发明了第一台用于潜艇的煤油发动机。后来又改进为一种250马力六缸发动机和350马力的八缸发动机。当安装在潜艇上时，每台这样的发动机带动一部螺旋桨，当采用水下航行时便使用一台200马力的电动机推进。为了提高马力以适应大型潜艇（U-17和U-18号）的需要，艇上采用了560马力的电动机。这种潜艇在水面航行时的航速可达15节。

不久，U-19和U-22号潜艇上相继安装了一种新型四冲程柴油发动机（MAN发动机），这种发动机可提供850马力的推进力，同时艇上还安装了两台600马力的电动机。随着不断加以改进，这种发动机的推进力由1000马力一直提升到1750马力，但是也随之带来了一些问题。MAN发动机的机轴由6个部件组成，机轴旋转产生的共振影响了转轴的平衡，于是不得不采用重量较大的机轴。而且发动机工作过程中发生故障的频率也很高，这样一来便增加了维修和保养时间。

MAN发动机并非第一种柴油机发动机，早在1911年，克虏伯公司便为意大利海军“安特洛普”号潜艇设计制造过350马力的二冲程柴油机。但MAN发动机却是第一种安装在德国海军潜艇上的发动机。

克虏伯公司其实早就致力于设计一种适应实战条件的二冲程柴油发动机。日耳曼尼亚造船厂就为U-23到U-26号潜艇设计制造过900马力的柴油机。后来，克虏伯公司将柴油机汽缸的内径稍稍加大，使得柴油机的推进力提升到了925马力并安装到了U-31到U-41号潜艇上。不久，柴油机的马力又提高到1150马力。美中不足的是，这种发动机耗油量太大，而且过于笨重。

众所周知，由于无法在水下使用柴油机，那个时代的潜艇处于水下航行时对动力装置的唯一选择便是电动机。早期潜艇上安装的电动机推进力仅为200马力，使得潜艇下潜后航速明显降低，随之而来的海水的阻力也极大的影响了潜艇的航速。后来，潜艇上的电动机经过不断改进，其推进力不断上升。在后期的远洋潜艇上，电动机的马力已达845马力。一战后期的潜艇还安装了为电池进行充电的装

置。这时的问题是显而易见的了，由于电动机的马力不断加大，所需的电池的体积也不断加大，占用了宝贵的艇内空间。潜艇的排水量也随之加大，提高了潜艇的建造成本。

由于对电池充电的重要性，电动机对空气的依赖性也就变得相当大，潜艇在水下停留的时间也极其有限。但这对于一战期间的潜艇而言并不是什么大问题，因为那时的反潜手段是相当落后的，即便是上浮进行充电对于潜艇的安全性也无大碍。不过，一旦潜艇发生严重海水渗漏，电池装置就是个巨大隐患。当海水浸没到电池装置上时，海水和酸液会立刻发生化学反应，产生大量致命的氯气。

二. 鱼雷

第一次世界大战期间，德国海军主要使用了三种鱼雷。其中之一是早就在鱼雷艇上大量采用的C35/91型鱼雷。这种鱼雷直径为355毫米，长4.75米，采用三缸发动机推进，最高航速为27节，战斗部为40公斤炸药。另一种鱼雷是C45/91型鱼雷。该型鱼雷的直径提高到450毫米，长度为5.1米。与先前和其他鱼雷一样，其航速为27节。但战斗部有三种可供选择使用：87.5公斤、129公斤和141公斤。还有一种型号为C/03D，与C45/91型鱼雷类似，但长度略有增加，达到了5.65米，战斗部也达到了148公斤。也有采用122公斤战斗部的鱼雷——C/06和C/06D，但性能都和C/03型基本一样。编号“D”的意义在于该鱼雷使用的是四缸发动机推进。

新型鱼雷被命名为“G”系列。“G”系列鱼雷的直径都在500毫米以上。G6和它的派生型——G6D长度都为6米。采用四缸发动机推进，战斗部重量为160公斤。最后一种鱼雷，也是最著名的便是G7型鱼雷。G7型鱼雷在所有型号的鱼雷中长度是最长的，达到了7米。鱼雷采用了更大的195公斤战斗部。G7型鱼雷的改进型G7e型鱼雷后来被德国海军广泛使用。

德国海军鱼雷编号的表现方式是，第一个字母表示型号，第二个数字表示鱼雷长度，第三个字母表示发动机或推进方式。如G6D，G表示型号，6表示长度，D表示四缸发动机。

三. 甲板炮

起初，潜艇上最有效的武器是88毫米甲板炮，一些较小型的潜艇安装的则是50毫米炮甚至7.9毫米口径机枪。但88毫米炮仍然是绝大多数潜艇的基本武器装备。随着潜艇排水量的逐步增大，德国潜艇上后来还安装了105毫米火炮，一些巡洋潜艇上甚至安装了150毫米火炮。这种火炮与中型水面舰艇如巡洋舰上使用的6英寸（152毫米）火炮十分类似。

后来的部分潜艇取消了甲板炮转而安装使用轻便的防空炮。但在鱼雷耗尽时，潜艇官兵们仍然十分乐意使用甲板炮攻击敌水面商船。而且105毫米和150毫米火炮可在很多敌水面商船的自卫火力射程外实施安全射击。

四. 观测设备

尽管和后来的潜艇相比，一战期间的潜望镜显得多少有些粗糙，但这是那时德国潜艇最重要的观测设备。这种潜望镜的管体长度仅有4.5米，这就意味着那时处于潜望镜深度航行的潜艇很可能有一部分艇体已暴露在海面之上。从U-43号潜艇开始，潜艇的潜望镜的长度增加到了7.5米，这样在潜望镜深度航行就安全多了。潜艇一般安装两部潜望镜，一部用来普通观察，一部用来指引实施攻击。

第一次世界大战期间的德国海军潜艇设计与建造情况

战争爆发时，U-1号到U-28号潜艇都已建成并服役，U-31号到U-41号潜艇也在1914年9月至1915年2月间相继交付德国海军。1914年8月，恺撒大帝造船厂又获得了一份5艘潜艇的建造合同——U-46号到U-50号。与此同时，日耳曼尼亚造船厂也获得了U-51到U-56号潜艇的建造合同。日耳曼尼亚造船厂本可以获得更多的合同份额，但是由于一直未能彻底解决潜艇上的二冲程柴油发动机的技术问题，使得订购量有所减少。上述计划投入建造的潜艇都是在U-41号潜艇的基础上作相应改进而来。1914年11月，威塞尔造船厂也获得了6艘潜艇的建造合同——U-57号到U-62号，这批潜艇则是依据U-27号的蓝本改进而来。这时，日耳曼尼亚造船厂再次获得3艘潜艇的建造合同——U-63号到U-65号，这批潜艇排水量为810吨，潜艇的艇首和艇尾各有2个鱼雷发射管，是在U-56号的基础上作的改进。当月，德国海军接收了5艘原本为奥地利海军建造的潜艇，并命名为U-66到U-70号，型号定为UD型。德国海军还在1915年1月相继向弗尔肯造船厂和恺撒大帝造船厂订购了U-71到U-80号潜艇。

海岸潜艇

随着德军入侵比利时，德国海军开始订购一种小吨位的新型海岸潜艇。这种潜艇排水量仅为127（水上）吨，采用单桨推进和仅有60马力的柴油发动机和120马力的电动机。最高航速为6.47节（水下5.51节），最大航程为1650英里（水上5节）。潜艇只有2具鱼雷发射管和一挺机枪。虽然性能有限，但这些性能对于英伦群岛海域的作战是足够的了。这种潜艇最终被命名为UB I型。

1914年10月，第一批8艘UB I型潜艇（UB-1到UB-8号）在日耳曼尼亚造船厂开始建造。其后的9艘（UB-9到UB-17号）在威塞尔造船厂建造。值得一提的是，日耳曼尼亚造船厂奇迹般地将这批UB I型潜艇的建造周期缩短到了短短的75天！因为潜艇体积小，所以能很方便的分成5个大的主要部件建造，并且能快速地通过铁路运输。

这一时期还有一种类似于UB型的小型海岸布雷艇问世，排水量为168（水上）吨，艇上有6个布雷管，每个可装填2枚水雷。布雷管采用湿装填方式，这就意味这型潜艇一旦出海，便无法进入布雷管进行水雷的测试和调整。这批潜艇被命名为UC I型。

1914年11月，弗尔康造船厂开始建造UC-1到UC-10号潜艇，威塞尔造船厂负责建造UC-11到UC-15号。德国海军另外还订购了一批排水量较大的布雷艇，这种潜艇排水量为755吨，除了具备布雷能力外还安装了2具鱼雷发射管，这就是UE I型。

由于采用单桨推进，UB型潜艇的缺点是显而易见的，而且在实际作战中表现也的确不佳。于是其改进型——UB II型潜艇应运而生。1915年4月，第一批UB II型潜艇开始建造，潜艇采用双桨推进，航速和航程因此得到了极大的提高。UB-8到UB-23号、UB-30到UB-41号潜艇在布洛姆-福斯造船厂建造，威塞尔造船厂则负责建造UB-24到UB-29号以及UB-42到UB-47号潜艇。

和UB型潜艇一样，UC型布雷艇也很快进行了改进。新的400吨级布雷潜艇的每个布雷管中将可携带3枚水雷，艇上还安装了88毫米甲板炮。这是德国海军第一种大批量建造的潜艇。

大型潜艇

1915年4月，由于迫切需要对英伦群岛海域实施封锁，曾于1913年提出的“31工程”——即大型远洋潜艇的建造被再次提上议程。这种潜艇将具备18.5节的水面航速，水下航速也将达到11节。潜艇由1500马力柴油发动机推进并安装有88毫米甲板炮。潜艇本来计划在恺撒大帝造船厂建造，但由于战争的爆发推迟了这一进程。1915年6月，原先的“31工程”改名为“42工程”，潜艇的排水量计划将在1200吨左右，航程将达到10000英里以上，潜艇还将安装2门火力更为强大的105毫米火炮。不久，U-127到U-130号潜艇在日耳曼尼亚造船厂开始建造，U-131到U-134号潜艇在威塞尔造船厂建造，U-135到U-138号则在恺撒大帝造船厂建造。到了1916年1月，共有186艘这种潜艇的龙骨完成了铺设。

1916年5月，为了扩大封锁战，一种排水量为500吨（水上）左右的UB型新改进型——UB III型潜艇开始设计建造，这是一种安装有5具鱼雷发射管和88毫米炮的中型潜艇。潜艇的建造工作正好在UB II和UC II型潜艇的建造工作完成后开始进行。

最终，共有95艘UB Ⅲ型潜艇完成建造，UB Ⅲ型潜艇后来被证明是所有德国潜艇中最成功的设计。

同样是在1916年5月，还有一种1600吨级的大型潜艇计划建造，这就是“45工程”。这种潜艇可携带14枚鱼雷和42枚水雷，并装备150毫米甲板炮，航程可达13900英里（水上8节）。最终，U-117到U-120号潜艇在弗尔肯造船厂完成建造，U-122到U-126号潜艇则在布洛姆—福斯造船厂建造。

巡洋潜艇

为了打破英国海军对德国的海上封锁，为德意志帝国提供重要的战略物资供应，德国海军提出了一种类似于水面货船的可运载大量货物的潜艇建造方案。第一种，也是最著名的巡洋潜艇便是“德意志”号。“德意志”号于1916年3月28日在弗伦斯堡的码头下水，虽然它的最初设计目的是运载军用物资，但最终却用于民用航运。由于具备了合法身份，“德意志”号得以往返于德国和美国之间运送大量物资补给。“德意志”号的首次航行是在1916年6月14日，始发地是在不来梅，7月9日顺利抵达位于美国东海岸的巴尔的摩。“德意志”号的绝大多数航行时间是在水面航行状态下进行的，此次航行共从大西洋对岸运回了350吨橡胶、340吨镍和93吨锡。德国人后来也一直为此自鸣得意。

第二艘1000吨级的巡洋潜艇“不来梅”号也在前往美国的航线上投入使用，但在航行途中失踪。有人怀疑是触雷沉没。

“德意志”号的第二次航行同样成功地运送了大量物资，但是在1916年11月与一艘拖船发生了相撞事故，造成拖船上5名船员丧生。这也成为“德意志”号的最后一次商业航行，1917年2月，“德意志”号被移交给德国海军并安装了6具鱼雷发射管，同时更名为U-155号成为一艘作战潜艇。

不久，又有6艘货运潜艇被订购建造。潜艇安装了105毫米火炮和鱼雷发射管，可携带18枚鱼雷。

更大型的巡洋潜艇紧接着开始建造。这种潜艇排水量达到了1930吨（水上），水面航速达到了15.8节，航程可达12630英里。艇上安装有2门150毫米甲板炮，计划用来拦截、俘获和击毁敌水面货船。潜艇强大的火力和突出的性能使得在遇到武装商船时也能展开有效对抗。1916年8月，首批3艘这种潜艇——U-139到U-141号在日耳曼尼亚造船厂开始建造。

不久，“46 (a) 工程”也随即展开。这种计划中的巡洋潜艇最大航速可达17.5节，武备也更为强大——2门150毫米火炮、2门88毫米火炮。U-142到U-144号潜艇在日耳曼尼亚造船厂建造，U-145到U-147号在弗尔肯造船厂建造，U-148到U-150号则在威塞尔造船厂建造。

德国人还计划展开名为“47工程”的巡洋潜艇建造，这种潜艇的排水量将达到了2500吨，最大航速可达21节。潜艇将安装4门105毫米火炮和6具鱼雷发射管，其中两个鱼雷发射管还可向侧面发射。但这种潜艇还只停留在纸面上而并未建造。

第一次世界大战期间的德国潜艇建造情况表

	1914年	1915年	1916年	1917年	1918年	统计
基本型	10	12	25	25	11	83
巡洋潜艇				7	4	11
UB I 型		17				17
UB II 型		6	24			30
UB III 型				41	47	88
UC I 型		15				15
UC II 型			51	13		64
UC III 型					16	16
UE 型		3	7		9	19

各国商船吨位损失统计表

国籍	吨位(单位：吨)	国籍	吨位(单位：吨)
阿根廷	4 275	比利时	85 758
巴西	25 464	丹麦	243 707
法国	899 358	英国	4 459 090
希腊	345 516	荷兰	211 969
意大利	872 341	日本	120 176
挪威	1 180 316	葡萄牙	94 946
俄国	183 083	西班牙	168 391
瑞典	201 276	美国	3 697 059
其他国家	12 177	合计	12 804 902

德国潜艇月服役数量曲线图

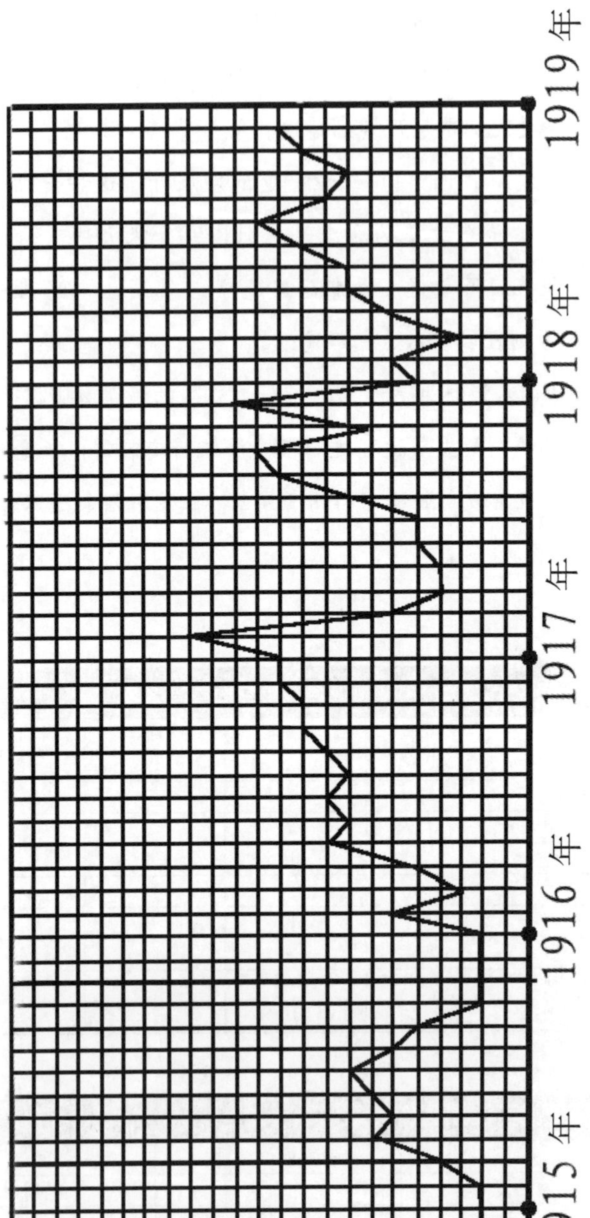

一战德国潜艇性能明细表

舷号和建造批次	排水量（水面／水下）(吨)	武备			续航力（英里／节）		最高航速（水面／水下）	乘员（军官／士兵）
		鱼雷发射管（前／后）	携带鱼雷数目(枚)	火炮（口径毫米／门）	水面	水下		
U-3—U-4	421/510	2/2	6	105/1	3000／9	55／4.5	11.8／9.4	4／31
U-5—U-8	505／636	2/2	6	105/1	3300／9	80／5	13.4／10.2	4／31
U-9—U-12	493／611	2/2	6	105/1	3300／9	80／5	14.2／8.1	4／31
U-13—U-15	516／644	2/2	6	105/1	4500／9	90／5	14.8／10.7	4／31
U-16	489／627	2/2	6	105/1	4500／9	90／5	15.6／10.7	4／31
U-17—U-18	564／691	2/2	6	105/1	6700／8	75／5	14.9／9.5	4／31
U-19—U-22	650／837	2/2	6	105/1	7600／8	80／5	15.4／9.5	4／31
U-23—U-26	685／878	2/2	6	105/1	8790／8	80／5	16.4／9.7	4／31
U-27—U-30	685／878	2/2	6	105/1	9770／8	85／5	16.4／9.8	4／31
U-31—U-41	685／878	2/2	6	105/1	8790／8	80／5	16.4／9.7	4／31
U-43—U-50	725／940	2/2	6	88/1	9400／8	55／5	17.1／9.1	4／32
U-51—U-56	715／902	2/2	6	88/1	9400／8	55／5	17.1／9.1	4／32
U-57—U-62	786／954	2/2	6	88/1	7730／8	55／5	14.7／8.4	4／32
U-63—U-65	810／927	2/2	6	88/1	9170／8	60／5	16.5／9.0	4／32
U-66—U-70	791／933	4/1	12	88/1	7370／8	115／5	16.8／10.3	4／32
U-71—U-80	755／832	1/1	4	105/1	7880／7	83／4	10.6／7.9	4／28
U-81—U-86	808／946	4/2	16	88/1,105/1	11220／8	56／5	16.8／9.1	4／35
U-87—U-92	808／946	4/2	16	88/1,105/1	11220／8	56／5	16.8／9.1	4／35
U-93—U-98	808／946	4/2	16	88/1,105/1	11220／8	56／5	16.8／9.1	4／35
U-99—U-104	808／946	4/2	16	88/1,105/1	11220／8	56／5	16.8／9.1	4／35
U-105—U-114	808／946	4/2	16	88/1,105/1	11220／8	56／5	16.8／9.1	4／35
U-117—U-120	1164／1512	4/0	14	150/1	13900／8	35／4.5	14.7／7.0	4／36
U-122—U-126	1164／1512	4/0	14	150/1	13900／8	35／4.5	14.7／7.0	4／36
U-135—U-138	808／946	4/2	16	88/1,105/1	11220／8	56／5	16.8／9.1	4／35

续表

舷号和建造批次	排水量（水面／水下）(吨)	武备			续航力（英里／节）		最高航速（水面／水下）	乘员（军官／士兵）
		鱼雷发射管（前／后）	携带鱼雷数目(枚)	火炮（口径毫米／门）	水面	水下		
U-139—U-141	1930／2483	4/2	24	150/2	12630／8	53／4.5	15.8／7.6	6／56
U-142	2158／2785	4/2	24	150/2	20000／6	70／4.5	17.5／8.5	6／56
U-151—U-157	1512／1875	2/0	18	105/2	25000／6	65／3	12.4／5.2	6／50
U-160—U-167	808／946	4/2	16	88/1,105/1	11220／8	56／5	16.8／9.1	4／35
UA	270／342	2/1	5	88/1	950／9	76／3	14.2／7.3	3／18
UB-1—U-17	127／142	2/0	2	MG/1	1650／5	45／4	6.5／5.5	1／13
UB-18—U-47	263／292	2/0	6	88/1	6650／5	45／5	9.2／5.8	2／21
UB-48—U-71	516／651	4/1	10	88/1	9040／6	55／4	13.6／8.0	3／31
UB-72—U-87	516／651	4/1	10	88/1	9040／6	55／4	13.6／8.0	3／31
UB-88—U-133	516／651	4/1	10	88/1	9040／6	55／4	13.6／8.0	3／31
UB-136	516／651	4/1	10	88/1	9040／6	55／4	13.6／8.0	3／31
UB-142—U-145	516／651	4/1	10	88/1	9040／6	55／4	13.6／8.0	3／31
UB-148—U-150	516／651	4/1	10	88/1	9040／6	55／4	13.6／8.0	3／31
UB-154	516／651	4/1	10	88/1	9040／6	55／4	13.6／8.0	3／31
UC-1—U-15	168／183	0/0	0	MG/1	750／5	50／4	6.2／5.2	1／13
UC-16—U-33	417／493	2/1	7	88/1	9430／7	55／4	11.6／7.0	1／13
UC-34—U-48	417／493	2/1	7	88/1	9430／7	55／4	11.6／7.0	1／13
UC-49—U-79	417／493	2/1	7	88/1	9430／7	55／4	11.6／7.0	1／13
UC-90—U-105	474／560	2/1	7	88/1	9850／7	40／4.5	11.5／6.6	3／29

说明：

1．U-42，U-115—U-116，U-121，U-127—U-134，U-143—U-150，U-158—U-159未建成。

2．UB-134—UB-135，UB-137—UB-141，UB-146—UB-147，UB-151—UB-153未建成。

3．UC-80—UC-89未建成。

第三章 在两次大战之间

化作彩虹

第一次世界大战中，德国建立起了全世界最行之有效的潜艇舰队，并在历时4年的世界大战中让协约国付出了惨重的代价。但所有的努力都随着德国的战败而付诸东流。在1918年凡尔赛和约签订期间，德国海军的绝大多数作战舰艇被押往英国北部的斯卡帕湾听候发落。但有些潜艇在前往扣留地的途中就被他们的艇长弄沉。高傲的德国艇长们并不屈从于押送的英国驱逐舰，他们决定不让使自己声名鹊起的潜艇落入英国人手中。在北海上，不少潜艇在押解途中报告说“船体突然进水”或者“主机发生故障”，在英方人员还没来得及做出反应时，艇长就带着手下登上救生艇，随后就在英国人的眼皮子底下，之前一切正常的潜艇，艇尾慢慢翘起，随即笔直地向下沉入大洋深处。英国人对这种行为很不满意，但多半听之任之。在他们看来最重要的是公海舰队的大型舰艇，潜艇这种看上去还有几分卑劣的小艇怎么着都是要销毁的。因此，部分德国潜艇在公海舰队主力舰化作“彩虹”（德国公海舰队的大型舰艇在“彩虹”暗语命令中自沉）之前，就已自行凿沉于北海。连同公海舰队主力一同前往斯卡帕的176艘潜艇，最后除了少量被五大战胜国瓜分外，全部都是凿沉的命运。战争结束后在建尚未完工的约200艘潜艇，也是就地解体的命运。德国最后只保留9艘潜艇，其中的U-1号潜艇作为德国现代潜艇的开山鼻祖，被送到慕尼黑博物馆。另外8艘潜艇均为老式潜艇，基本上没有战斗力，最多只能作为练习艇使用。

到了1918年，新成立的德国民主政府在内外交迫之下，被迫接受了极为苛刻的《凡尔赛和约》。其中对于海军的限制是：（1）1913年以后建造的新式军舰一律拆毁；（2）禁止建造和拥有潜艇；（3）德国海军只能拥有包括6艘老式主力舰、6艘巡洋舰、12艘驱逐舰和12艘鱼雷艇在内的小规模舰队，而且这些勉强可以拥有的舰艇必须在服役20年后才能开工建造新的替代舰艇；（4）德国海军官兵最多不能超过1.5万人，其中军官人数被限制在1500人以内，而且军官服役年限长达25年！但斯卡帕湾内负责指挥“人质舰队”的路德维希·冯·路特（Ludwig von.Reuter）海军少将，却以“和约过于苛刻”为由，在没有得到政府命令的情况下发出了代号为“彩虹”的自沉暗语。锚泊在斯卡帕湾内的公海舰队全数主力舰，遵从了这一命令，悉数炸开各自的通海阀就地自沉。这一行动在精神上振奋了因为战败而无比沮丧的德国军官阶层，但是却给国民带来了比较大的麻烦。

在胜利方看来，德国水兵的这一举动绝对是一种十足的抗争。恼怒的协约国当局以德方违反和约为理由，对其进行了严厉惩罚。德国境内几乎全部登记在册的船舶均被协约国没收。原本许可德方自行拆毁的8艘老式无畏舰（拿骚级、赫尔戈兰级）亦被迫上缴抵充斯卡帕湾自沉的舰艇。但上述的措施还不能使英法感到解恨，他们进一步将德国境内所有港口内的码头设备一股脑拆走，最后居然连一台码头起重机都没有留给德国人。海军的不明智妄动造成了战后一段时间里，德国国内因为缺乏运输船舶与港口设备，导致人民生活必需品无法进口与运输，进一步恶化了战后初期的德国国民生活状况，使魏玛共和国初期充斥了各种各样的社会动乱。

但人民的困苦，在那些自以为是又极端自负的容克军事贵族看来，并不那么至关重要。绝大多数军官并不认为德国是失败者，那么协约国以胜利者的姿态在军事上做出的严厉限制与强加给德国的耻辱，就成为了他们最无法容忍的事情。重振军备的念头自和约签订伊始，就已经在他们心中萌生。

随着德意志第二帝国的瓦解，在废墟上成立的魏玛共和国遭到了极其严厉的军事限制。而这一时期，已被一战后的经济崩溃和法国对鲁尔工业区的军事占领搅得困顿不堪的德国，也无力进行任何形式的军事重建，魏玛政府在战后最初几年正焦头烂额的忙于应付剧烈政治变革后的社会动荡，着手恢复国内秩序。在进行直接的军备限制的同

注：

U1与U-1是不同的两艘潜艇，U1是一战时德国潜艇的舷号表现方式，而U-1是二战时的表现方式。

时，和约中还以极其严格的技术限制对德国的军事工业做出严厉处罚。从19世纪中后期即享誉世界的克虏伯公司、莱茵金属制造公司，以及德国重要的船政设施，如伏尔甘造船厂、日尔曼尼亚造船厂、基尔海军造船厂等，被迫在和约监督委员会的监管下处理厂内的各种大型加工设备。在和约生效后的最初一年中，这些曾经风光一时的企业内，遍地是被解体的“可用来制造进攻武器的机器设备”，以及从原德国陆海军各部队回收上来的即将被拆解销毁的重型武器。

既然协约国打算彻底瓦解欧洲大陆上这个“战争最大的策源地”，那么有效的遏制其军工产业就是其中重要的一环。对于英国来说，抑制大洋舰队这种可以威胁到大英帝国海权的舰队的出现，则是军事限制的重中之重。而潜艇这种可以在主力舰队被封锁在狭小海域的时候，仍然保持对敌打击的武器，也被寄予了特别“关照”。绝不允许德国海军再行装备潜艇，甚至不允许德国为他国承建任何类型的潜艇。潜艇作为一种进攻性武器，特别是一种能危及到大英帝国存亡的武器，必须被彻底封杀。

可是严厉的惩罚和限制对有着深厚尚武传统的德国军官阶层，却是另一种形式的激励。尽管和约具备法律效应，但在那些傲慢的军官眼里不过是胜利者对于失败者的侮辱和践踏。二战中有狼群之父称号的卡尔·邓尼茨（Karl Donitz）回忆起他于1919年7月从战俘营获释后返回基尔海军基地司令部时的情景：

“你还打算干海军吗？”负责审核留用军官的奥托·舒尔兹海军上校问道。

■ 德国投降以后停泊在惠特利港的U-98号潜艇，请注意潜艇上的两门甲板炮口径并不一样，前面一门是105毫米，后面一门是88毫米。

■ 一战时的卡尔·邓尼茨。

邓尼茨反问："我们不久就会重新拥有潜艇，您信不信？"对于凡尔赛和约限制德国海军装备潜艇的事实，他们都很清楚。舒尔兹这样回答道："我当然相信，但并非大家都相信。"他顿了一下继续说道："我希望海军在两年内重新装备潜艇。"——就是这位舒尔兹上校给了邓尼茨继续在海军服役下去的信心。

因为德国将会东山再起。

阴魂不散

德国海军在一战中大量使用的潜艇，主要为近海型的UB III型，另有为数不多的UB I型大型潜艇，也曾执行过远征太平洋的远洋任务。这些在设计上并不成熟的老式潜艇，在破交战领域曾发挥过巨大的作用。

但从实际运用方式来说，当时的潜艇不过是另一种形式的海上袭击舰而已。在俘获敌舰以后，潜艇多半是采用甲板炮轰击敌舰水线部位的方式，来摧毁敌船，很少会使用鱼雷这种潜艇的招牌武器。在护航船队制度尚未确立的时期，没有武装的单独航行商船面对即使是只有一门不超过105毫米口径甲板炮的小潜艇，也只能任人宰割。德国的U型潜艇在战争后期走向没落，英国严密的护航船队制度使潜艇火力贫弱的甲板炮变得毫无用处。被驱赶到水下的潜艇由于当时存在的各种无法解决的技术问题变得几乎没有任何价值，使其战绩一落千丈。1917年底，残酷而壮绝的无限制潜艇战随着德国投降而终结。

在第一次世界大战中，皇家海军也努力与德国公海舰队竞争潜艇设计与制造技术。尽管他们也有不少新奇的创意，比如采用蒸汽轮机最大水面航速可达24节的K级，但总因为过于追求片面性能而存在各种缺憾。反观德国，在潜艇设计上就非常的务实，这使得他们的潜艇技术始终保持着世界领先的地位。

一战结束后，德国潜艇技术在世界领域仍处于领先地位。协约国阵营内的各国在分配战利品时，也没有忘记借助位居战胜国的契机利用已经全面对他们敞开的德国资料库，来提高本国的潜艇技术水准。经过协商，英、美、法、意和日本被允许获得原应在1922年解体的德国潜艇以供研究。位于协约国阵营的其他小国也想从中获益，但它们没有获得潜艇，只捞到了一些价值不大的技术资料。

在战争结束后不久，日本和阿根廷甚至直接联系德国船厂，试图购买潜艇设计图并雇佣前潜艇专家，以谋求建立本国潜艇舰队。战后的德国百废待兴，各大船厂内经验丰富的技师和专家们自然不会错过待遇优厚的海外工作机会，因协约国监管和处罚而变得萧条不已的船厂当局，也不会放过获得通过出售这些已经“无用”的资料，来获取周转和重建资金的机会。在1920年，日尔曼尼亚造船厂和伏尔甘造船厂向日本出售了手中的远洋潜艇设计，并派遣专家赴日进行技术指导。

在获得这些图纸之后，参考不久以前获取的潜艇样品，并结合德国专家的技术指导，日本于1921年夏开始仿制。最初他们只是按照布洛姆·福斯公司提供的全套图纸依葫芦画瓢，日本海军按照德方的图纸总共建造了8艘日本版的UB I型远洋潜艇。然后又以这8艘德国血统的潜艇为骨干，日本组建起了第一支具备完善战斗力的潜艇舰队。

日本潜艇的发展史和德国U艇有着非常深的渊源，甚至可以认为起源于德国设计，但这种渊源已经到此为止。在那8艘德国血统的潜艇完成之后，日本开始结合制造与运用这些潜艇得到的经验和心得，进入了真正的潜艇自建时代，并在以后的岁月里建设起了自己的潜艇部队。当然，这只局限于攻击型潜艇，对于当时正潜心制订“九段作战”为以后和美国摊牌做准备的日本，若是可以再获得潜艇布雷技术，那就能为己方更多的添上几张好牌。在1924年，为了这个目的，日本再次与布洛姆·福斯船厂合作，这次是为了得到大型布雷潜艇和关于潜艇布雷的全套技术。只要给钱，船厂方面当然乐于合作。同

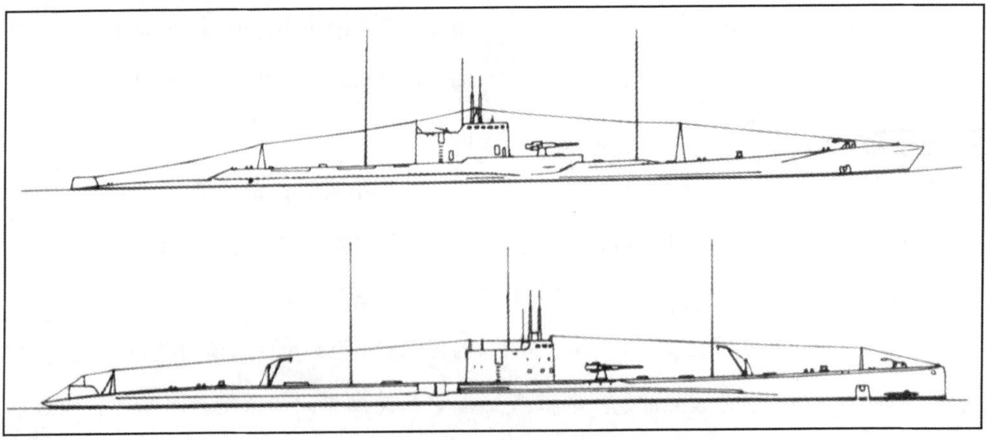

■ 日本海军按照德国海军提供的图纸在德国专家的指导下建成的潜艇线图。

上一次一样，除了出售全套技术资料外，还提供了技术人员前往神户造船厂，监督指导建造这些布雷潜艇。

紧随日本人而来的是阿根廷。阿根廷的潜艇计划在20世纪20年代初启动，其目的在于建立一支具有一定规模的潜艇舰队。阿根廷希望这样能确保本国在南美地区的海上力量，以制衡北面那个并不太友好的邻国。阿根廷的计划非常庞大，希望装备至少10艘潜艇，但这是当时的阿根廷无力完成的。怀着这个目的，阿根廷的代表于1922年先后来到伏尔甘造船厂、日尔曼尼亚造船厂、基尔海军造船厂以及克虏伯集团，阿根廷的代表向这些曾辉煌一时，现在却正深受经济不景气困扰的企业表明自己的合作意向。阿根廷希望的并非是日本那样的技术转让和专家指导，阿根廷国内并没有建造潜艇的能力，甚至没有太大的船厂。阿根廷的这一希望也意味着如果德方愿意，那么他们将会获得从图纸设计到施工建造的全部合同。

这是一笔大生意，足够让这些被战败与合约折腾得半死不活的单位走出困境。但要完成这样的订单，德国船厂之间的通力合作是免不了的。在克虏伯公司的发起下，几个重要的德国船厂共同组建了一个用来绕开凡尔赛和约监管委员会的“皮包公司”（即空头公司，没有固定的经营场地和经营品项，买空卖空，经常是走到哪里就将公司的印鉴、营业执照带在皮包里带到哪里，且这些公司大多有特殊背景，尽量避免暴露，故称皮包公司），当然，这也是为了能更好的整合各方的资源和优势技术。

■ 一战时期德国海军的UB-64号潜艇，属于UBIII型的改进型，是一战德国海军海岸潜艇中排水量最大、设计最成功的一种潜艇，后来演变成二战中德国海军的VII型潜艇。

船舶建造工程局（I.v.S）

凡尔赛和约禁止德国建造包括商业目的在内的任何种类的潜艇，而这些潜艇又不能不通过德国船厂的力量来建造。不单是阿根廷本国无力建造这些能潜水的铁皮罐子，承建这些潜艇还能让德方失业在家的船工们重新上岗就业，而且建造的利润也相当可观。这个问题通过在1922年7月于第三国建立一个公司（由几家著名德国造船公司共同出面，由克虏伯控股。但位于汉堡，一战中极为重要的潜艇生产厂商布洛姆·福斯船厂，并未参与这一计划）得到了解决。

这个公司就叫“Ingenieurskantoor voor Scheepsbouw”，简称I.v.S或者Inkavos，意为“船舶建造工程局”。公司办公地点在荷兰海牙，但是首席工程师汉斯·特歇尔（Hans Techel）博士以及他的设计团队的工作地点，仍在位于基尔克虏伯德意志造船厂的实验室内。这群技术人员在接下来的工作中，将会利用其业务上的便利在完成商业合同的同时，尽可能的保全与完善德国现有的潜艇技术。这些技术储备将会在严酷的军事限制松动以后，为德国重建潜艇部队发挥极其重要的作用。

I.v.S旗下的造船台分布在伏尔甘公司汉堡和斯德丁的两个船厂，以及克虏伯名下的两个船厂，基尔的日尔曼尼亚造船厂和不来梅的威塞尔船厂也各提供一个船台。在这一时期，汉堡的布洛姆·福斯船厂正忙于为日本帝国海军的潜艇舰队出谋划策，并没有参加I.v.S的组建。而且该公司独揽对日订单的做法引起其他那些“饿了很久”的德国船政企业的不满。不久之后，他们在1924–1925年西班牙海军潜艇招标中，甚至成为了彼此挤兑的商业竞争对手。

I.v.S公司的主要业务是利用德国人先进的技术设计、建造出口用的战舰（主要是潜艇）。最初的两笔大买卖是和阿根廷人、西班牙人做的。但和阿根廷的生意，在1924年底因为资金问题而夭折。在I.v.S提供了整个建造计划和两种潜艇的设计方案之后，严重的财政危机使阿根廷当局被迫取消了合同。失意之下，I.v.S只得把目标转向了雄心勃勃的西班牙海军。西班牙被英国和法国整治成二流国家以后，从没有忘记自己也曾发达过。在第一次世界大战结束后，西班牙的海军扩张计划也开始启动了。除了能够显示国家海上力量与威严的大炮巨舰外，轻型舰艇和新式武器也是必须的。潜艇在第一次世界大战中很是威风了一把，这也就激起了西班牙政府的兴趣。在他们的海军计划中，潜艇也占据了一块份额。但是I.v.S随后的商业运行并不成功，在西班牙海军的招标中，第一笔订单于1922年底给了美国的电动船舶公司（Electric Boat Co），随后1924年底又丢掉了另外一笔。

眼看着这个花了大手笔成立起来的联合“皮包公司”，几年运作下来居然颗粒无收，实在是令那些希望多拉些订单的后台老板们非常失望。但也就是随着I.v.S正规的商业经营的失败，一个令人意想不到的大主顾却开始对其产生了兴趣。

1925年初，德国海军开始通过一个为德国海军提供秘密资金服务的空头企业——结算咨询公司，加入到I.v.S公司的经营中。在这一年的早些时候，德国海军秘密启动了潜艇研制计划。作为计划的一部分，海军通过他们自己的“皮包公司”向I.v.S注资一百万德国马克。这笔钱相当于该公司全部股份的28%，德国海军的代表作为这个公司最大的股东，自然也就获得了公司董事长的职位。海军的条件很吸引人，军方代表许诺向I.v.S提供每年12万德国马克的资助，并在适当的时候给予一切需要的技术援助。而I.v.S需要付出的，就是借助一切可能，为海军复兴潜艇舰队的计划储备新的技术和完善各种设计。而这样规模的资金援助，已经可以使I.v.S不需要依赖外部订单就可以继续运作。这一时期，随着德

■ 一战结束后停泊在英国伦敦泰晤士河塔桥前的德国海军U-155号潜艇，就是原来的远洋货运潜艇“德意志”号，图片上指挥塔前的105毫米甲板炮非常醒目，指挥塔侧面的舷号清晰可见。正是德国潜艇在一战中的杰出表现使之成为战后各国海军争相觊觎的目标。

国经济的恢复，停战以后被凡尔赛和约波及且被整治得半死不活的德国重工业界，逐渐走出了困境。原本成立I.v.S时的需求，已经不复存在。这就使I.v.S演变成了完全听命于德国海军的秘密研究机构。而原来协约国方面成立的和约监督委员会，未能察觉德国企业和军方的这些小动作。这个机构在运行了七八年之后，对于自身所要担负的职责已日益疏忽。但这并不意味着海军内的“复兴派”可以放胆去做。因为此时的德国，可是一个真正的民主国家！一直为海军对外提供秘密资金的结算咨询公司，终于在1928年引来了共和国议会的灼灼目光。

在一些一直以来就反对重建武装力量的议员坚持之下，议会下令组成了专门委员会来调查此事。于是乎，这个服务于海军的秘密公司的全部老底，连同其成立至今的绝大多数勾当，都被连锅端出。相关责任者被议会传讯，被迫当着数百名议员的面来解释这一切。万幸的是，I.v.S公司尚未暴露。经过议会的调查，所谓结算咨询公司提供的资金，绝大多数是从海军所掌握的几笔公共积金中被挪用出来的。此事随后成了当时的社会丑闻之一，伴随而来的是繁琐的议会听证会，以及随之而来对于相关责任者的惩戒。事情闹得是如此之大，以至于议会中支持海军搞小动作的那些议员也不便干预。调查到最后，作为所谓结算咨询公司的炮制者——海军上校沃尔特·罗曼，被迫在议会上为自己以及军方的行为作了极其尴尬的陈述，随即他遭到多数议员的猛烈抨击。最后，他作为事件的第一责任人，在议会压力下提前退役。这是魏玛时期的著名丑闻之一，跟着罗曼上校倒霉的还有当时的德国海军总司令阿道夫·曾克尔，是他同意了这个结算咨询公司的成立，他的下场与罗曼前海军上校一样，也是被议会清理出海军。

海军在凡尔赛条约签订以后，为了绕过条约监督委员会的监管，一直委托民间企业进行秘密的武器研制工作。原来的结算咨询公司提供的资金，并非只用来维持I.v.S一家。同时期的重要研制工作还包括水雷、鱼雷磁触发引信，以及舰载机用液压弹射装置。在议会里这样一闹腾之后，这些项目和相关企业都面临严峻考验。尽管相关的民间企业未被牵连，但随着结算咨询公司的解散，相关专案研发企业的资金来源就成了棘手问题。由于议会的杀一儆百，最热诚的海军复兴派人物被清理出了海军，更导致海军方面暂时不敢在这些问题上轻举妄动。对一直谋求重建的德国海军，这是一个重大打击。所幸的是，另一个人的努力挽回了这一切。

阿道夫·曾克尔辞职之后，接替他掌管德国海军的是埃里希·雷德尔（Erich Raeder），一位参加过“日德兰”之战的老水兵。他很快控制了局面，亲自去找德国政府中的海军派成员，向他们陈述相关专案对于海军未来的重要性，并努力消除了之前因为海军背着政府搞发展导致的当局不满。结果，在并不太多的努力下，整个事件发生了根本性的变化。

政府当局承认了罗曼等人所从事工作的重要性，并允许让其中一些核心项目继续运作，其中就包括磁引信计划和潜艇开发工作。为了以后能继续从事这些计划，德国政府出面在同年组建了一家新公司——伊格维特公司（Ingenieurburo fur Wirtschaft und Technik)，意为“经济技术工程办公室”。其任务不外乎是当年结算咨询公司的那一套，

■ 接替阿道夫·曾克尔出任德国海军总司令的埃里希·雷德尔，雷德尔担任这一职务直到1941年。

所需资金由政府支配的隐秘预算给付，并受到政府监控，随时掌握其动向。成立新公司还有一个目的，那就是为了一旦得到命令便可迅速重建德国潜艇部队，新公司按德国海军规定的性能准备了详细的潜艇设计草图。对于这个结果，雷德尔和海军内的知情者都非常满意，他们称之为“争取一定的合法性”。

东山再起

虽然在商业竞争中很不顺利，但是1925年春天，I.v.S公司收到了土耳其海军建造两艘中型潜艇的订单。I.v.S公司对竟然有主顾上门表示惊讶，因为他们并没有积极主动地去向土耳其海军推销自己的买卖。他们以一战时期德国海军近海潜艇UB III型的技术规格为蓝本，在荷兰的威尔顿费吉诺(Fijenoord)船厂（已经被克虏伯买下）为土耳其人建造了这两艘潜艇。这两艘潜艇后来被土耳其人命名为“比林吉·依诺努”（Birindji-Inonu）号和“伊肯吉·依诺努”（Ikindji-Inoun）号。它们于1927年初完工，并由原德国海军潜艇官兵完成了试航。在这两艘潜艇建成之后，由I.v.S公司负责艇上人员的技术培训与操作教学工作。这样，德国人就掌握了他们所设计的潜艇在实际使用当中性能表现的第一手资料。

随后又于1926年开始了与芬兰人的

■ 1930年11月UA与U-30紧挨着停靠在威廉姆斯港，这两艘潜艇本来是为土耳其建造的。

合作，这一年，芬兰海军在德国工程师的督导下，在本国建造了“维特辛恩”（Vetehinen）级潜艇。这种型号的潜艇一共完成了3艘：“维特辛恩”（Vetehinen）号、“维西希斯”（Vesihiisi）号以及“伊库·特尔索”（Iku-Tursu）号。有趣的是，这种潜艇在设计时，大量运用了当时尚在设计中的VII型中型潜艇的构想，因此可以被看作是VII型潜艇的预演。这批潜艇的艇体虽然是在芬兰的船坞中建造，但德国人以专业技术需要为由将海试工作安排在德国，从中自然获得了宝贵的第一手资料。1929年，对这批潜艇性能相当满意的芬兰又订购了99吨（水下114吨）的“萨尔科”（Saukko）号潜艇。该艇在是年7月完工，于1930年2月7日加入芬兰海军服役。

I.v.S和芬兰人在1930年的另一次合作有点不一样，这次是I.v.S向芬兰人下了250吨潜艇的订单。而同期，I.v.S正在设计一种小型的近岸潜艇，也就是德国海军后来大量建造的IIA型潜艇的前身（IIA型几乎就是这艘潜艇的翻版，两者的主要差别在指挥塔，这艘潜艇采用铆接和焊接相结合，而IIA型潜艇仅用焊接）。这就为德国提供了一个试验并完善自身设计的机会。该艇以CV707的代号，在I.v.S下属位于土尔库的克赖顿·伏尔甘船厂建造完工，芬兰海军给它起名为“维西科”（Vesikko）号。但是在潜艇交付芬兰海军后不久的1933年，“维西科”号又被芬兰人转卖给了德国海军（当然是秘密进行的交易）。德国方面给予它的舰名为“水貂”（Einbauume）号。德方对其进行了大量的测试和试验，以便发现和改进设计中存在的问题。更重要的是，当时组建的德国潜艇学校，也利用这艘潜艇进行培训与教学任务。到了1936年，芬兰人又急切的将这艘潜艇买了回来。因为在这个时期，芬兰的国土安全正面临苏联的严重威胁，非常有必要加强自身的武装力量建设。回到了芬兰海军之后，艇名又被改回了“维西科”号。依照芬兰人使用的经验，这是芬兰海军中最棒的一艘潜艇，从尺寸与性能上，都非常适合于运用在芬兰海岸。但单从性能上来说，这并不算是芬兰“最好”的一艘潜艇，这艘芬兰潜艇一直保留至今。

I.v.S和西班牙的关系也并未因为20年代初商业竞争上的失败而终结。在演变为德国军方的研究机构以后，衣食问题已经不再是需要担心的难题，因此该企业一旦有意投入商业竞争，在价格上的优势将会是任何一家商业公司无法抗衡的。更何况，还有“德国潜艇”这块虽不能公开打出，但各方都心知肚明的金字招牌。和西班牙的第三次生意中，德国人终于如愿以偿的拿下了标书。1929年，I.v.S在西班牙卡地兹（Cadiz）的霍拉西奥·埃切瓦尔耶塔（Horacio Echevarrieta）船厂为西班牙海军建造了E-1号潜艇。该艇1930年下水，同样是源自UB III的技术，但是排水量放大到了750吨。该艇1935年出售给土耳其，改名“古尔”（Gur）号。E-1号的设计，后来成了德国海军IA型潜艇的前身。20世纪初的苏联，在击败了协约国多次颠覆企图之后，艰难的保住了自己的革命果实。但这一时期的苏联也成了国际社会的弃儿。在20世纪20年代末以及30年代初一而再的遭到敌对国家武装干涉，新兴的苏联仍然有被颠覆的危险。因此苏联政府急于重整，并尽可能地充实国防力量。

俄国曾是欧洲的海军强国，但内战和革命使其海军变得破败不堪。同德国一样百

■ 德国为芬兰海军建造的“维西科”（Vesikko）号潜艇，右上角小图片为鱼雷发射管特写。

废待兴的苏联虽无条约束缚，但一样无力重建帝俄时代的大舰队，却又有漫长的海疆需要守护。相对水面舰艇而言，潜艇似乎是一种高性价比的作战舰艇。它的建造并不太复杂，也不昂贵，但对于攻击一方来说，潜艇的威胁却往往会是致命的。苏联将渴求的目光转向了德国。两个国际社会的弃儿，为了一些比较接近的目的走到了一起。

1931年，在E-1号潜艇试航后，旁观已久的苏联政府向I.v.S下了同样的订单。苏联的要求有些不同，他们希望潜艇具备更高的航速——换句话说，就是要对E-1号的动力系统进行强化。修改之后的E级别被称为E-II型，

■ 芬兰海军认为“维西科”号潜艇非常适合在芬兰海岸使用，并将其陈列在赫尔辛基“维西科”号潜艇博物馆内一直保存至今。

水上/水下排水量分别为840/1070吨，由两台2000马力的柴油机和两台550马力的电动机驱动，水上最大航速可以达到19.5节，水下则超过9节。

1934年，N-1到N-3号潜艇在列宁格勒的奥尔忠尼启泽船厂开工。这些潜艇在1936年完工，命名为S-1－S-3。S就表示“srednaja”，意思是中型，而不是“Stalinetz”（斯大林）。红海军方面，将其称为IX型。在以后的XIV型出现之前，IX型曾是红海军航速最快的潜艇，而且因为其德国血统得到了“nemka”的昵称，意为“德国姑娘”。

在1927年至1934年间，也就是限制德国潜艇发展的年代里，德国先后为土耳其、芬兰和西班牙建造了8艘潜艇，短短六七年间建造了8艘潜艇，简直就像根本没有任何限制一样。正是从建造这8艘潜艇的过程中，德国不仅跟上了国际潜艇发展的脚步，积累了设计建造先进潜艇的经验，并为德国海军未来的潜艇军官争取到了宝贵的实践机会，进而为以后自行发展潜艇奠定了坚实的基础。毫不夸张地说，这8艘潜艇便是德国在1939年之前所建造各型潜艇的原型，进而成为德国在第二次大战中大量使用的各型主要潜艇的鼻祖：如为土耳其和芬兰建造的500吨级潜艇便是日后德国第一种在国内建造的潜艇II型的前身，德国的IA型潜艇则是由1932年为土耳其

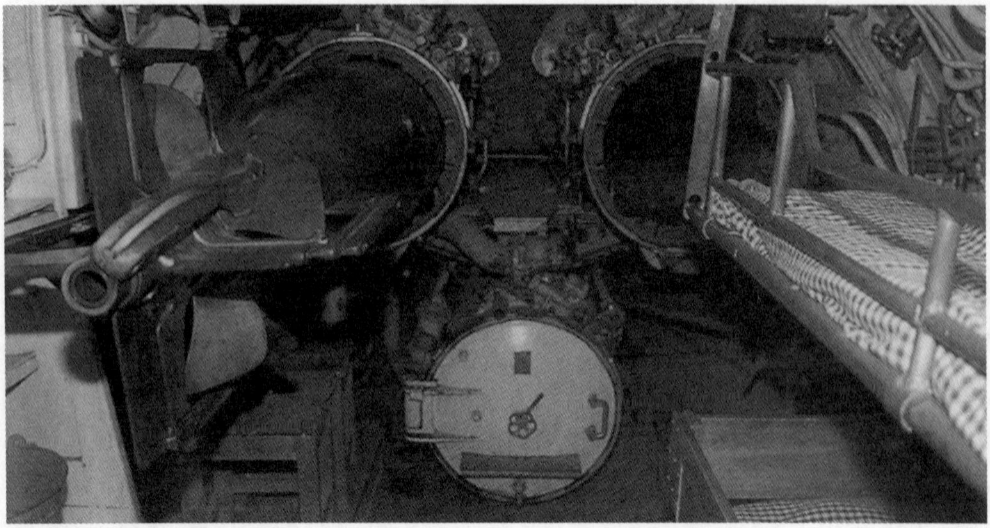

■ “维西科”号潜艇的鱼雷舱。

建造的潜艇发展而来，而在战争中德国潜艇建造数量最为庞大的VII型身上就分明可以看到与1930年为芬兰建造的远洋潜艇的血缘关系。同时从建造这8艘潜艇的经验中，德国海军还得以积累了日后大规模生产各型潜艇的设计思想与技术基础：如500/750吨级远洋潜艇、1000吨级远洋布雷潜艇、1500吨级“巡洋舰”潜艇、250吨近海潜艇、500吨级近海布雷潜艇等。

为明天做好准备

1925年秋天，德国海军一个叫作“海军专题学术评论组”的部门开始对一战中德国各型潜艇作出评价和对比，并选出最适合用在将来的战争中的艇型。1926年2月，这个评论组选中了270吨的UB II型近海潜艇、480吨的UC II型布雷潜艇和520吨的UB III型远洋潜艇。因此，德国海军的新潜艇，实际上是以一战的老潜艇和I.v.S公司设计的潜艇为技术蓝本的。到1934年德国重组潜艇部队时，I.v.S已经设计了8种潜艇。

1932年，德国通过了一项旨在重建一支现代化海军的计划，该计划中包括组建一支由8艘500吨级的中型潜艇组成的小规模潜艇部队，不久这一数字便增加到16艘。1933年10月，德国海军在基尔秘密建立了潜艇学校，以“反潜防御学校”之名，利用那些为土耳其、芬兰等国建造的潜艇进行试航和调试的机会，培训自己的学员。同时德国决心开展自己的潜艇设计。为掩人耳目，潜艇设计建造计划被命名为“MVB”或“试验艇”，由基尔的德意志造船厂承担了新型潜艇的建造工作，德意志造船厂随即秘密开始了对潜艇建造材料的收集工作，这一潜艇计划包括：

1934年，2艘800吨级艇和两艘250吨级艇

1935年，4艘250吨级艇

1936年，2艘800吨级艇和6艘250吨级艇

1937年，2艘800吨级艇和6艘250吨级艇

其中250吨级为MVBIA型艇，每艘造价100到150万德国马克；800吨级艇型为MVBIIA型，造价400到450万马克。

1931年英、法、美、意、日五国召开了伦敦海军会议，此时美国、法国和日本现役潜艇数量都比英国多，没有参加海军五强会议的苏联更是已经开始了规模宏大的海军建设计划，计划建造潜艇数量更是比任何国家都多！所以英国再次强烈要求禁止使用潜艇，该提议依旧没有被通过，但是为了安慰英国，伦敦海军协定规定了各国在潜艇吨位上不得超过英国的条款。

■ 在德国不来梅的海军造船厂紧张建造中的潜艇。

1933年1月纳粹党成为德国执政党，1935年3月16日纳粹德国正式宣布拒绝履行《凡尔赛条约》针对德国的一切条款，德国不得建造以及拥有潜艇的限制自然也就不复存在。同年6月18日英德两国签署英德海军协定，规定德国可以拥有海军，但其舰队总吨位不得超过英国舰队总数的35%，其中潜艇吨位数则不得超过英国潜艇吨位数的45%——英国以为凭借着护航船队体制和声呐技术这两大法宝，足以赢得未来反潜战的胜利，所以德国建造潜艇并不是什么心腹之患。这一协定从法律上确立了德国建立潜艇部队的合法性，德国海军终于可以名正言顺地开始发展潜艇，6月29日，海军协定签署之后仅仅11天，可以说签字的墨迹都还未干，德国一战后在本国境内建造的第一艘潜艇U-1号便在基尔船厂建造完工，这不仅反映了德国造船工业雄厚的工业能力和卓越的潜艇设计制造能力，更是从一个侧面说明德国早有违反《凡尔赛条约》发展潜艇部队的举动，因为谁都知道11天时间内是无论如何都造不出一艘潜艇的。

1934年英德海军协定中规定德国海军潜艇部队的总吨位数不得超过17500吨，也

就最多是20艘MVBIIA型潜艇和6艘MVBIA型潜艇的规模。当时海战理论认为，数量较多的小吨位艇比数量较少的大吨位艇作战效能更高。因此德国海军计划拥有一支由10艘MVBIIA型和18艘MVBIA型潜艇组成的潜艇部队，这仍然保持在协定允许的吨位限制之内。希特勒希望不要在英国人面前暴露自己野心勃勃的潜艇建造计划，所以这一时期并未批准大规模的潜艇建造计划。而德国海军对未来潜艇作战人员的培养一直没有停止，同时新型潜艇的设计工作也在陆续展开。在MVBII基础上改进而来的MVBIIB型潜艇不久便被设计出来，这种艇型加长以容纳更多的燃料，故而航程得到了很大的提高。德意志造船厂承担了3个不同艇型的建造工作，其建造速度已经无法满足需要。于是德国海军决定将建造任务同时分派给其他造船厂，位于基尔的德意志造船厂负责建造MVBIIA型艇，威塞尔船厂负责建造MVBIA型艇，日尔曼尼亚造船厂则负责建造MVBIIB型艇。到了1934年8月，建造潜艇所需的材料和零部件都已经到位，1935年2月，希特勒终于批准了这一潜艇建造计划。

德国海军还曾考虑进行其他型号潜艇的设计工作，包括MVBIII–MVBIA的后继型，该型艇可执行布雷任务或携带两条鱼雷艇；MVBIV型艇，可执行远洋潜艇海上补给和修理任务；MVBV型艇，该型潜艇曾计划安装使用著名的沃尔特博士的新型推进系统；最后是MVBVI型艇，该型艇计划采用蒸汽动力发动机。最终德国海军还是将兴趣集中到了MVBVII型艇上而取消了其他的设计计划，

■ 1935年6月，纳粹德国第一艘潜艇U-1号下水。

MVBVII由一战中最为成功的UBIII型艇发展而来，是一种500吨级的中型潜艇，这就是后来的VII型潜艇——纳粹德国海军潜艇部队的核心力量。尽管MVBII型潜艇后来发展成IIC和IID型艇，但它的发展潜力和改进余地也就仅限于此了。而MVBVII被视为MVBII型的放大版，体现出了极大的可扩展性，并在整个第二次世界大战期间派生出许多不同的型号，用途也很广泛。1935年1月，MVBVII型潜艇获得了第一笔定单。1935年3月16日随着希特勒公然撕毁《凡尔赛和约》并大规模扩充军备，潜艇计划的“MVB”前缀也正式取消。

■ 希特勒接见邓尼茨，此时希特勒还没能够认识到潜艇的巨大价值和作用。

1935年7月，德国公布了首个舰艇建造计划，其中关于潜艇建造是总共将要建造23艘250吨型、500吨型以及750吨潜艇。250吨级潜艇，后来被德国海军命名为U IIA级，从1934年到1935年，德国总共建造了6艘，其编号为U-1–U-6号。这是一种单壳体结构的小型近海潜艇，水下排水量为303吨，水面状态以12节速度航行时，其续航距离为1050海里。

■ 德国海军U-5号潜艇完成训练返回基地。

纳粹德国海军第一支潜艇部队韦迪根支队所属的UⅡ型潜艇。

■ 德国海军潜艇官兵在完成远洋训练返航时，簇拥在指挥塔台上悠闲的呼吸着大西洋上新鲜的空气，不久他们将投身到惨烈的大西洋之战中，成为令人恐惧的“海狼”。

U IIA级潜艇的建成和服役，标志着纳粹德国海军潜艇的复活，同时也是第二次世界大战之前的一个极其危险的信号。

纳粹德国打算建造的另一种型号的潜艇，后来被命名为U IA级的潜艇，排水量720吨，属于中型远洋作战潜艇。纳粹德国最初打算建造32艘，后来由于德国海军改变了最初制定的潜艇建造计划，把远洋型潜艇进一步划分为500吨级和1000吨级两种型号，因此，到1936年时只建造了两艘U IA级潜艇，其编号为U-25和U-26号。

按照纳粹德国海军的计划，打算利用6艘U IIA级潜艇作为沿海防御，利用两艘U IA级潜艇作为远洋攻击作战，然后在此基础上批量建造U IIA级和U IA级，逐步扩充潜艇力量。但是在后来讨论批量建造潜艇计划的时候，当时担任德国海军潜艇支队司令的邓尼茨认为，德国海军更需要具有中等排水量的潜艇。因此，在邓尼茨的强烈主张下，原来的潜艇建造计划作了修改，批量建造500吨级和750吨级的远洋型潜艇以及250吨级的近海小型潜艇。邓尼茨之所以强烈主张大量建造中型潜艇，是因为当时他已经初步形成了对敌运输船队进行攻击的狼群战术。为了实施狼群战术，德国海军需要大量的中等排水量潜艇，而且这些潜艇必须具有很强的攻击能力和良好的机动性。此时德国海军开始计划批量建造中型潜艇，实际上为其后德国海军潜艇实施狼群作战奠定了物质基础。

狼终于来了！

■ 邓尼茨和雷德尔在1939年波罗的海演习结束后检阅U-51号潜艇。

■ 1937年柏林展览会展出的德国海军U-9号潜艇模型。

■ 1937年停泊在基尔港的德国海军第一支潜艇部队韦迪根支队。

■ 接受检阅的德国海军潜艇部队。

■ 正在造船厂里舣装的U-5、U-6号潜艇。

第四章 二战初期（1939年9月至1940年5月）

战争爆发

1939年8月15日德国海军总司令雷德尔向潜艇部队司令卡尔·邓尼茨下达了战争动员令，命令潜艇司令部所有高级军官及潜艇艇长8月19日到达基尔，在潜艇部队旗舰潜艇供给船“海西特”（Hecht）号召开会议，讨论潜艇实行战争调动部署事宜。邓尼茨接到命令立即中断度假，急忙赶回基尔。其他有关人员也不敢怠慢，准时到会。会上邓尼茨简要介绍了当时复杂的政治局势以及接下来进行潜艇战的方法和计划。截止8月19日，德国海军只有20艘大中型潜艇和18艘小型潜艇完全或基本做好了战斗准备。根据德国海军的战争动员令，从8月19日到8月23日，潜艇部队按计划开始了秘密行动，8月24日夜18艘小型潜艇和3艘远洋潜艇进入待命状态，另外57艘已服役潜艇中的34艘完成了部署，16艘在大西洋，7艘在北海，11艘在波罗的海。

至8月28日，德国潜艇完成了战前部署，已有18艘潜艇进入大西洋的预定阵位，其中6

■ 邓尼茨（右1）和雷德尔（右3）1939年10月视察德国海军潜艇部队。

艘VIIA型潜艇沿英国大西洋海岸展开呈半圆形队列进行巡逻；6艘VIIB型潜艇在英国西、南海岸直至比斯开湾展开；5艘IX型潜艇向南直到伊比利 半岛和直布罗陀海峡。U-26号（IA型）则前往英吉利海峡的英国海军基地波特兰（Portland）布雷。为了避免被发现，18艘潜艇不通过英吉利海峡，绕过英伦各岛最北边，而且在白天要潜航并保持绝对的无线电寂静。因此所有的潜艇都没被发现而顺利抵达大西洋，并进入预定位置。

另有17艘II型潜艇和1艘远洋潜艇U-36号（VIIA型）前往北海，其中5艘II型潜艇前往英国和法国港口布雷，2艘II型潜艇前往苏格兰北部海域进行巡逻，剩下的10艘II型潜艇和U-36号在北海组织防线，报告并粉碎皇家海军可能的攻击。

在布置潜艇期间，雷德尔在基尔与邓尼茨见了面，邓尼茨认为同英国的海战将不可避免，并催促雷德尔立即停止奢华的大型战舰建设计划（即Z计划），转而尽快建造300艘潜艇。就像邓尼茨后来回忆的那样，雷德尔口头上称这个计划很好，并授权邓尼茨按程序向德军统帅部书面呈交建议。

9月1日德国进攻波兰。

9月3日上午，德国威廉港，德国海军潜艇部队司令部作战室。

■ 邓尼茨（右二）与潜艇部队的官兵交流有关潜艇战术。

■ 德国海军对潜艇艇员进行严格训练。

■ 这张照片摄于1937年的不来梅港，图左是“萨尔”号潜艇供应舰，从“萨尔”号往右依次是U-26、U-27、U-28、U-29和U-30号潜艇。

德国海军潜艇部队司令邓尼茨海军准将正在与部属一起一边研究着潜艇战术，一边焦虑地等待着英国对德最后通牒的期限一分一秒逼近。尽管希特勒一再表示任何情况下都要避免与英国开战，但是随着1939年9月1日德国入侵波兰，这份单相思的幻想就已经走到了尽头。波兰遭到侵略，终于使英国看清了纳粹德国的真面目，一改长期的绥靖妥协，向德国递交了排除一切谈判可能和商量余地的“哀的美敦书”（Ultimatum）：如果在9月3日11时前未收到德国停止对波兰的一切军事行动，并从波兰撤出德国军队的明确答复，那么英国就从11时起与德国处于战争状态。

在充满焦虑与期待中，时针终于跨过了11，随着一声“报告”，潜艇司令部的通讯参谋梅克尔上尉走进了作战室，递给邓尼茨一份刚刚截获的英国向所有海上军舰和商船发出的无线电报——“整个德国”，根据德国情报机关掌握的情报，“整个德国”是英国宣布进入战争状态的无线电密语！战争就此爆发！

根据当时在作战室里的潜艇司令部首席作战参谋厄尔恩海军少校的回忆，邓尼茨看

■ 开战前夕锚泊在军港的德国潜艇，不久它们就将在大西洋上掀起血雨腥风。

■ 开战前夕在基尔军港里备战的德国潜艇。

完这份电报的第一反应竟然是情不自禁地叫道："上帝！又要和英国佬开战了！"他拿着电报站起身，在作战室里心事重重地踱起步来，猛然间他意识到整个作战室里的所有人都在注视着他的那份失态。战争甫始，作为潜艇部队的司令在部属面前表现出这种失态是极不合适的，他幡然醒悟，突然快步走出作战室，砰地一声带上了门。房间里一屋子的人寂然无声，房间外邓尼茨正在竭力调整自己的情绪。

大约半小时后，邓尼茨推门走进作战室，此时他已经完全控制好了自己的情绪，神情与方才接到开战电报时已是截然不同，他落座后冷峻地扫视了一遍众人，异常严肃地开了口："我们，面对着第一次世界大战期间的同一个敌人，但是现在我们已经处在有利位置，那就是我们从四年的战争中已经充分认识到了这个敌人。大家都知道，我们现在拥有一种武器，这种武器本来可以使我们在第一次世界大战中就赢得胜利，这就是潜艇！今天我们能够用新型的潜艇更有效地攻击敌人，迫使敌人下跪，我们完全有理由

邓尼茨简介

■ 目光冷峻的邓尼茨在听到战争爆发的消息后，竭力掩饰自己的情绪，竭力鼓舞部属的战斗意志和信心，但是作为一个理智而清醒的军事家，在获悉战争爆发时就已经预料到了失败的结局。

滴答！滴答！毫无疑问，这是钟表上秒针走动的声音，但是你可知道在二战期间，在大西洋海战最激烈的时刻，就这样每滴答一下，同盟国就有一吨的物资被德国的潜艇送入海底！而一手缔造出如此辉煌战绩的德国潜艇部队的，正是被誉为“海狼之父”的潜艇部队司令卡尔·邓尼茨（Karl Doenitz），二战后期英国海军大臣坎宁安上将这样评价邓尼茨：“他是自荷兰德·路特（英荷战争中击败英国舰队的荷兰海军统帅）以来英国最危险的敌人！”

邓尼茨，德国海军元帅、军事家、纳粹德国潜艇部队奠基人和缔造者。1891年9月16日出生于柏林近郊的格林奈尔（Gruenau），他是查理斯工厂（Zeiss-Werken）工程师埃美尔·邓尼茨的次子，母亲安娜（Anna，原姓拜尔Beyer）在他四岁时就去世了，老邓尼茨此后没有再结婚，而是将两个儿子弗雷德里西（Friedrich）和卡尔抚养成人，并在私立学校里接受了德国最传统的基础教育。尽管邓尼茨家族没有航海传统，但是两个儿子却都和大海结缘，弗雷德里西参加了商业海军，卡尔于1910年4月1日（时年18岁）应征加入德皇海军。两年后老邓尼茨去世，而兄弟俩也因关山远隔，逐渐疏远，所以对卡尔来说，海军就是他的家。

邓尼茨进入海军后，先是在教练巡洋舰“海尔塔”（Hertha）号上作为军校学生义务服役了一年，然后在莫尔维克（Muerwick）的德皇海军弗伦斯堡·莫威克海军军官学校特别班经过一年学习后毕业，获得军官委任状。1912年他作为少尉被派到轻型巡洋舰“布雷斯劳”（Breslau）号任职。

1914年第一次世界大战爆发，德国将“布雷斯劳”号和“戈本”（Geben）号巡洋舰转交给土耳其，作为其加入到同盟国的交换条件。这两艘巡洋舰随即作为土耳其海军骨干力量而在地中海、黑海大显身手，“布雷斯劳”号和“戈本”号轰击了俄国油港诺沃罗西斯克的油库，参与击沉俄国战列舰“罗斯特拉夫”号和14艘运输船，并于1915年3月炮击费奥多西亚鱼雷制造厂，正是在这一期间邓尼茨获得了初步的实战经验。随后邓尼茨被派往驻加利波利的一个航空大队，在那里获得了飞机观察员的资格，担任观测员和机场导航员，在工作中成绩优良。1916年对邓尼茨来说，真是一个重要的年头，3月晋升中尉。两个月后与德国驻土耳其武官的女儿茵戈波·韦伯（Ingeborg Weber）结婚。9月志愿加入潜艇部队，从此与潜艇紧密联系在一起。在德国经过三个月的潜艇技术培训后，于1917年初回到地中海，作为值更军官（Wachoffizier）在U-39号潜艇上服役，这艘潜艇艇长是一战德国潜艇的第二号王牌瓦尔特·福斯特曼（Walter Forstmann），从1917年2月到10月邓尼茨参与了U-39号的四次巡航作战，这四次出征，福斯特曼共击沉了32艘运输船，邓尼茨也从中受益匪浅，并与这位德国最富攻击与冒险精神的艇长成为挚友，从后者那里学会了夜间水面攻击战术，而这一战术就是二战中德国潜艇“狼群战术”的精髓。1918年2月邓尼茨被提升为UC-25号艇长，他指挥这艘小而旧的潜艇两次出征地中海，布设了两个水雷区，并用鱼雷击沉5艘运输船，由此获得了霍恩索伦王朝（das Haus Hohenzollern）的十字勋章（Ritterkreuz）。1918年7月，邓尼茨改任UB-68号艇长，10月4日他第一次指挥UB-68号出航作战，在地中海袭击一支英国护航船队时，潜艇被英舰击伤而失去控制，被迫浮出水面，在护航军舰的猛烈炮火下，邓尼茨不得不将潜艇凿沉，他和其余29名船员遂成为英军战俘。此后10个月，他都在约克郡的战俘营中度过。这次失败的作战经历使他深刻认识到，对敌护航船队的攻击不能仅靠一两艘潜艇，而必须使用一个潜艇群实施协同攻击方能成功。1919年7月从英国的俘虏营被遣返德国之后，立即回到海军继续服役。——能继续在海军可不简单，根据《凡尔赛和约》的规定，德国海军只有1500名军官的名额，能留下来的都是佼佼者。

1920年到1924年他担任驻扎在波罗的海斯文慕德（Swinmuende）海军基地的T-157号鱼雷艇艇长。他的两个儿子克劳斯（Klaus）和彼得（Peter）就在这一时期

■ 被誉为“海狼之父”的邓尼茨海军元帅

出生于斯文慕德。1924年秋他晋升上尉，被调到柏林的海军总部，在海军教育总监雷德尔将军（即日后二战时期的德国海军总司令）的领导下工作。邓尼茨深得雷德尔的赏识，雷德尔在一份官方评价中写道，邓尼茨是一位“聪明、上进、有志向的军官。具有良好全面的专业知识，在海战领导问题上具有清晰的判断。另外还具有天生的军事与技术才能”。在雷德尔的大力提携下，从1928年起邓尼茨在他的海军职业生涯中步步高升。1928年晋升少校，任鱼雷艇第四支队司令；1930年至1934年任海军参谋部首席参谋和北海舰队司令部参谋处处长，其间于1933年获得德国总统每年只给予一名有突出贡献军官的国外旅行假期奖励；1934年9月出任轻巡洋舰“艾姆登”（Emden）号舰长，军衔也升至中校。1935年10月回到潜艇老本行，担任英德海军条约签署后德国海军成立的第一支潜艇部队——“韦迪根”支队司令，并晋升海军上校。

在德国海军潜艇部队的发展战略上，邓尼茨敏锐地发现了改变德国海军极其不利的海洋态势的捷径，即将潜艇的使用提高到战略高度，因为潜艇可以凭借其水下航行的优势，在英国海军掌握制海权的情况下依然能够安全往返于本土和大西洋，执行德国海军战时最根本的任务——破坏英国的海上运输。他还提出了“吨位战”的思想，即击沉尽可能多的英国运输船，使英国运输船的吨位损失超过其新建船舶的吨位，从而最有效地打击英国的战时经济。

在潜艇战术上，邓尼茨悉心研究了声呐、鱼雷等武器装备的性能，决定彻底摒弃传统的单艇昼间潜航状态下的远距离鱼雷攻击战术，采取多艇集群，夜间水面状态近距离鱼雷攻击。这是因为潜艇在夜间水面状态航行时，声呐是难以发现的，近距离攻击又能确保较高的命中率。邓尼茨的核心作战思想便是著名的“狼群”战术。在对方船队的可能航线上横向展开一队潜艇，假使有一艘潜艇发现了踪迹，就立即随之进行机动，同时通知其他的潜艇迅速集结，并在船队航线前方埋伏，以便在次夜发动攻击。具体作法是以数艘或十数艘，甚至数十艘潜艇组成艇群，以20至30海里间隔成一字横亘在敌方运输船队可能经过的航线上，一旦一艘潜艇发现目标，立即报告设在岸上的指挥部，指挥部再迅速通知其他潜艇，白天抢占有利攻击阵位，天黑后则以水面状态实施近距离鱼雷攻击，天亮前停止攻击，全速抢占下一个有利阵位，等待次日天黑后再次实施攻击，直至将运输船队消灭。这一战术的基本原则按照邓尼茨的解释就是在必要的地点、必要的时间尽可能集中最多数量的潜艇。邓尼茨为此积极组织部队在大西洋、波罗的海、北海等海域进行实践性演练，并亲自与技术人员一起研究技术难题，终于克服了诸多困难，在理论和实践中都得到了验证，使德国潜艇部队逐渐掌握了“狼群”战术。除了经常演习以求将“狼群”战术的威力发挥到极致外，邓尼茨还集中精力为这一目标设计了各种性能优异的潜艇。

1939年9月，第二次世界大战爆发，邓尼茨随即晋升海军少将，任德国潜艇部队司令。然而此时邓尼茨手中的潜艇总共不过57艘，而完成战备的只有42艘，其中又只有22艘Ⅶ型可以适应大西洋中的海战。这样的潜艇兵力对于组织“狼群”战术而言，显然是太少。直到1940年10月，邓尼茨才有足够的潜艇来使“狼群”战术真正发威，结果就在这一个月内，德国潜艇一共击沉了63艘商船，总吨位数达到35万吨之多。

1940年，邓尼茨晋升海军中将，1942年晋升海军上将。在1939年至1942年间，德国海军舰队司令伯姆上将、施尼温德上将、吕特晏斯上将均对邓尼茨作了很高的评价，“一个可授予最高领导职位的旗舰司令”，“一个可于日后担任舰队司令或海军总司令的军官”，“一个可提拔到最高领导职位的合适人选”。1943年元月30日，海军总司令雷德尔因与希特勒意见不合而获准辞职，邓尼茨即由雷德尔推荐继任海军总司令，并晋升海军元帅。1943年3月，邓尼茨的成功曾达到了最高潮。他的潜艇曾在20天内击沉敌舰船75万吨。但由于英美增强反潜兵力、改善反潜护航制度，再加上德国潜艇数量不足和缺乏空中支援，德国潜艇的损失开始剧增。1945年4月20日，邓尼茨被任命为德国北方部队与民防司令。5月1日根据希特勒遗嘱，任国家元首兼武装部队最高统帅。邓尼茨决定继续和东线的苏联作战，以免使德国军民陷入苏联人手中。为此，他还希望和西方同盟国达成单方面的停战，他以为西方国家将会利用他来对抗苏联并控制战后的德国。但这一希望破灭了，邓尼茨于5月23日被捕，被纽伦堡国际军事法庭指控犯有阴谋破坏和平罪、破坏和平罪、违反战时公法罪，审判过程中被告一方的辩护证明，邓尼茨并未参与发动战争的阴谋密议，因此第一条罪名被宣判无罪，但因第二、三条罪行成立而被判处有期徒刑10年。但是邓尼茨始终未接受这一审判，为了在出狱后还能继续工作，在监狱里坚持每天锻炼和读书，以保持强健的体魄与清醒的头脑，被看守呼为“狮子”，认为是施藩道监狱中最危险的人物。1956年刑满释放，定居于汉堡附近的奥米勒村直至1980年10月去世（享年89岁）。

邓尼茨的一生中有多部著作，包括《第二次世界大战中的德国潜艇》、《十年和二十天》、《我风云变幻的一生》、《第二次世界大战中的德国海军战略》等。

■ 邓尼茨将潜艇的使用提高到战略高度，潜艇才是对英国实施海上破交的最理想武器平台。

■ 1938年11月完成训练的U-48号潜艇返回基尔港。

相信我们自己和我们的潜艇。战争将是长期而且十分艰巨的，我们将面临着严峻的考验。”

尽管邓尼茨竭力掩饰自己的情绪，竭力鼓舞部属的战斗意志和信心，但是作为一个理智而清醒的军事家，在获悉战争爆发时就已经预料到了失败的结局，正如那刻情不自禁流露出来的失态，正如他自己在9月4日日记里所写的“战争将是长期的，可能要持续七年，如果战争能以平局告终，那我就已经心满意足了！”正如邓尼茨在1945年6月接受审判时所承认的：“早在战争爆发时，我们就已经被打败了，因为德国并没有在海上做好充分的战争准备。”因为此时的德国海军潜艇部队，全部实力只有57艘大小不一的潜艇，其中适宜远洋作战的仅有22艘，而对手却是当时世界第一的海军强国——大英帝国！

德国统帅部于12时56分向海军的所有舰艇和海岸基地发送了紧急密码电报“马上开始对英国的军事行动”。14时，统帅部又下达了一个指示：“潜艇破交作战暂时遵照OP命令。”这就意味着潜艇破交作战必须要严格遵守《潜艇议定书》和“捕获法则”。邓尼茨感到有责任做一下澄清，于15时50分用无线电通知所有潜艇，立即开始对英国的作战行动，不要等待对方首先攻击。

按照邓尼茨的1938年冬季演习中得出的结论，要彻底掐断英国的海上运输，至少需要300艘潜艇，其中100艘在海上活动，100艘在往返基地与作战海域之间，100艘在基地维护休整。而现在他手上的潜艇，已经开赴大西洋的有18艘，开赴北海的有6艘（其余潜艇中停泊在基地的有25艘，正在船坞进行日常维护的有3艘，正在进行试航的有4艘，用于实验的有1艘），如果再扣除往返于基地与作战海域途中的潜艇，在同一时间里能在海上进行作战的潜艇最多只有区区8艘！这点潜艇，根本不是一柄封喉的利剑，充其量只不过是根小针，最多刺痛一下英国而已。

“雅典娜”号迷雾

大西洋位于欧洲、南北美洲和非洲之间，形似S形，两头宽中间窄，东西最宽处约3700海里（约合6800公里），赤道附近海域最窄宽仅1500海里（约合2800公里）；南北长约8500海里（约合15700公里），总面积9336万平方公里，相当于太平洋面积的一半，是世界第二大海洋。大西洋东面经直布罗陀海峡和苏伊士运河连接印度洋，西面经巴拿马运河与太平洋相通，大西洋沿岸有50多个国家，西海岸主要有加拿大、美国、墨西哥、古巴、巴西、阿根廷和委内瑞拉等国，东海岸主要有英国、爱尔兰、冰岛、比利时、俄罗斯、德国、荷兰、法国、西班牙、葡萄牙、意大利、挪威、瑞典、摩洛哥、利比里亚、尼日利亚、安哥拉和南非等国。

大西洋对于欧洲而言战略地位极其重要，沿岸的欧美发达国家具有先进的科学技术和发达的经济力量，在世界经济中占有很大的比例，而且拥有强大的军事实力，对于国际政治局势具有极强的影响力。资源方面除了丰富的海洋资源之外，沿岸拉丁美洲、

■ 德国海军U-27号潜艇正在破浪前进，开战以后指挥塔台上的舷号就会被抹去。

非洲等国还拥有很多战略资源，历来是列强觊觎的目标。大西洋具有悠久的航海历史，可以说是世界海上航运的中心，20世纪初期，大西洋的海运货物量占世界海运货物量的75%。而二战爆发前夕，大西洋海运货物量仍占世界海运货物量的70%。当时大西洋上就有4条具有战略意义的海上运输航线，对于世界政治、经济、军事都具有非常深远的影响。

1939年9月，英国拥有一支登记总吨位约2100万吨的商船队，占世界商船总吨位的6600万吨的31.8%。英国海上交通线的总里程超过8万海里（约合14.8万公里），英国是个岛国，其经济完全依赖海上贸易和运输，英国每年消耗的物资中，石油的75%、铁矿石的88%、铜的95%、铅的99%、小麦的89%、肉类的84%和食油的93%都依赖进口，每年海上货物运输量达6800万吨，每天航行在海上的船只约有2500艘。英国与世界各国的海上交通线主要有两组，一组是北大西洋航线，连接欧洲、美洲，并经巴拿马运河通往太平洋；另一组是地中海—苏伊士运河—印度洋航线，联系着地中海各国、非洲和印度洋。尤其是北大西洋航线，对于英国而言是最重要的生命线，直接关系到英国的生死存亡，因此英国海军几乎是倾注全力确保这两组海上航线的安全。

德国海军自然非常清楚英国高度依赖海上运输的命门所在，因此其海军战略企图从一开始就是以破坏英国海上运输为主要目标。然而德国那先天不足的地理位置，使水面舰艇必须突破强大的英国海军和航空兵层层阻截才能进入大西洋，执行破交任务，一旦在作战中负伤受损，还必须经过漫长而危险的航程才能返回本土，可谓困难重重。因此德国海军要想使用水面舰艇实施破交作战，是很不现实与明智的。但在当时大多数人都没把潜艇放在眼里，只有邓尼茨敏锐地发现了潜艇对于德国的价值，将潜艇的使用提高到战略高度，因为他认为潜艇可以凭借其水下航行的优势，安全往返于本土基地和大西洋，即便英国海军掌握了大西洋的制海权，潜艇仍能发挥其作用，打击运输船队，所以潜艇才是对英国实施海上破交的最理想武器平台。只是在战争爆发之时，德国潜艇部队只有42艘完成战备，加上远洋潜艇数量又少，潜艇基地距离作战海域又远，潜艇要想发动大规模海上破交，实在是心有余而力不足，在以后战争中令英国胆战心惊的集群作战（也就是臭名昭著的“狼群战术”），根本无从进行，只能进行单艇破交作战和布雷。

其实，就邓尼茨来说，在他的条件允许范围内，战争准备早已开始，早在8月19日，邓尼茨就命令第7支队的5艘潜艇和第6支队的5艘潜艇分别从基尔港、威廉港出发前往大西洋，以便战争一爆发就可立即对海上的英国运输船实施攻击。

而他的潜艇也在英国对德宣战的9月3日当天，打响了第一炮，不过这开场锣响亮是响亮，只是赢来的却不是满堂彩。

9月3日傍晚，赫布里底群岛以西海域的德军U-30号潜艇正以潜望镜深度缓缓而行，艇长弗里茨·尤里乌斯·伦普（Fritz-Julius Lemp）上尉中午就收到了英德开战的消息，此刻正抖擞精神搜寻猎物，一心想要赢得在战争中击沉第一艘船只的荣誉。几个小时的努力终于没有白费，一个目标出现在潜望镜里，伦普一面指挥潜艇紧跟不放，一面通过潜望镜仔细观察，鉴于这艘船既不在正常的商船航线上，又走的是Z字反潜航线，还实行了灯火管制，而外形与经过改装的武装商船也有几分相似，于是认为是个可以攻击的目标，决心攻击。

出现在U-30号潜望镜里的是“雅典娜”（Athenia）号客轮，一艘13581吨级的往来于英国和北美洲之间的定期客轮，9月2日从英国启航，目的地是加拿大的魁北克和蒙特利尔。由于当时欧洲战云密布，战争大有一触即发之势，从欧洲开往北美的每艘客轮上都是人满为患。当时“雅典娜”号上共有1102名乘客和315名船员，望着渐渐远去的英伦三岛，乘客们都由衷地庆幸自己得已远离战火笼罩的欧洲。但是好景不常，“雅典娜”号驶出利物浦，进入爱尔兰海，绕过马恩岛（Isle of Man），穿过北海峡（North Channel），沿北爱尔兰海岸航行才刚刚一天，英国广播公司就广播了英德开战的消息，乘客们顿时从天堂坠入地狱，满心的庆幸顿时化为恐惧和不安，还有十几天的海上航程那可都是在满是狼烟的大洋上啊！他们没想到的是，危险和死亡远比他们担忧的更早降临

■ 图中最左侧的就是开战前的U-30号潜艇，指挥塔上的舷号清晰可见。

■ “雅典娜”号客轮。

了！船长詹姆斯·库克在收到战争爆发的消息后就立即命令值班人员加强瞭望，严密警惕德国潜艇，还特别指示船员在天黑后务必落实灯火管制措施，同时接受英国海军部的建议，改走一条罕有船只航行的偏僻航线，但是他没想到，灯火管制和偏僻航线非但没能确保“雅典娜”号的安全，反而适得其反促使其驶向不归路。

19时35分，U-30号距离“雅典娜”号1456米，5分钟后，距离缩短到1200米，而且占据了有利的攻击阵位，伦普下令艇首鱼雷管齐射3枚鱼雷，其中1枚卡在鱼雷管里没能射出，1枚失的，只有1枚鱼雷命中“雅典娜”号轮机舱，猛烈的爆炸几乎将“雅典娜”号拦腰折断，库克船长立即命令发出SOS求救讯号，并组织船上人员弃船逃生。

U-30号鱼雷攻击之后，浮出水面，以便更清楚地观察战果，但是当收到SOS求救讯号，伦普才明白这是一艘没有武装的客轮，他知道自己闯了大祸，顾不上救援就立即指挥潜艇驶离现场。也许是出于害怕由此带来的严厉惩罚，伦普没有发出任何无线电报告，直到9月14日才打破无线电静默，那已经是“雅典娜”号被击沉的11天以后，而且只是报告击沉了美国船“布雷尔罗吉”（Blairlogie）号和英国船“法纳德·海德”（Fanad Head）号，并请求在冰岛附近卸下一名急需救护的伤患，而对“雅典娜”号还是只字未提。那名被留在冰岛的伤患阿道夫·施密特在离开潜艇之前就已经向伦普发誓决不泄露此事。尽管他在1940年英军占领冰岛后成为英军的俘虏并接受了反复的审讯，但他仍然对此事保

1939年9月1日，德国海军现役潜艇简表（共57艘）

U艇IA 型	2艘	U-25号、U-26号	水面排水量862吨，水下排水量983吨	远洋潜艇
U艇IIA 型	6艘	U-1号至U-6号	水面排水量254吨，水下排水量303吨	近海潜艇
U艇IIB 型	18艘	U-7号至U-24号	水面排水量279吨，水下排水量328吨	近海潜艇
U艇IIC 型	6艘	U-56号至U-61号	水面排水量291吨，水下排水量341吨	近海潜艇
U艇VIIA型	10艘	U-27号至U-36号	水面排水量626吨，水下排水量745吨	远洋潜艇
U艇VIIB型	8艘	U-45号至U-49号、U-51号至U-53号	水面排水量753吨，水下排水量857吨	远洋潜艇
U艇IX 型	7艘	U-37号至U-43号	水面排水量1032吨，水下排水量1152吨	远洋潜艇

■（上）被挪威船救起的“雅典娜”号客轮的乘客。
■（下）豪华的“雅典娜”号客轮成为二战中第一艘被德军潜艇击沉的船只。

持沉默。直到战争结束以后，施密特认为当初的誓言不再有效了，才向纽伦堡法庭提供了证词。而U-30号的其他艇员则调至U-110号，在1941年5月9日因该艇被击沉而全部丧生。

9月4日11时许，“雅典娜”号沉入海底，这是第二次世界大战中第一艘被击沉的船舶，船上共有112人丧生，其中妇女儿童85人，死者中有28人是美国国籍。

“雅典娜”号的沉没引起了轩然大波，特别是使人们回忆起了1915年“卢西坦尼亚”号的沉没，英国立即通过新闻媒体发布消息，表示“雅典娜”号是被鱼雷击沉的，并且有一些乘客看到了潜艇。言下之意就是指摘德国违反了“捕获法则”，并在第二次世界大战中再次开始了残忍而毫无人性的“无限制潜艇战”。

邓尼茨和德国海军首脑通过广播得知了“雅典娜”号的沉没，他们都感到极度震惊。尽管在此之前他们曾下达口头和书面命令一再要求潜艇注意避免违反“捕获法则”，但是现在看来这艘英国船，还是艘客轮，确实是被非法击沉了！这次意外无疑使希特勒要和英国单独媾和的计划更加难以实现了，甚至极有可能完全失败，另外，还有可能让美国彻底站到德国的对面去。鉴于情况极其紧张，雷德尔于9月4日早上飞往威廉港会见邓尼茨，二人仔细检查了作战命令以及各个潜艇的作战区域，基本确定“雅典娜”号是由U-30号击沉的。尽管两人在公开场合都坚决否认，由于无线电寂静和伦普可以在他的巡航区域内自由行动，他们无法确定U-30号的准确位置，但是“雅典娜”号的确是在伦普的作战区域内被击沉的。

希特勒最担心“雅典娜”号的沉没将成为第二个“卢西坦尼亚事件”，英国人借此大肆渲染，煽风点火以将美国拉入战争。雷德尔还没回到柏林，希特勒就已经下了指示，否认德国潜艇击沉了“雅典娜”号，第三帝国宣传部于9月4日中午进行了官方正式辟谣。发言人称，“雅典娜”号根本不可能是由德国潜艇击沉的，因为其沉没地点距离最近的潜艇作战区域还有70海里。德国方面宣称，“雅典娜”号肯定是被英国潜艇或者是英国水雷击沉的。

雷德尔在“雅典娜”号沉没4天后公开宣传，英国人认为“雅典娜”号被德国潜艇击沉是一个无耻的谎言。因为距离那里最近的潜艇还有70海里，而且德国海军一直严格遵守国际法尤其是“捕获法则”。不久戈培尔

■ 死里逃生的“雅典娜”号客轮幸存者。

护航运输船队体制

自9月3日“雅典娜”号客轮被击沉后，英国认为德国已开始实施“无限制潜艇战”，立即消除了一切犹豫，从9月5日起开始实行在一次世界大战中颇有成效的护航运输船队体制，至10月英国同其他盟国的主要航线上都建立起护航运输船队体制。事实上希特勒在开战初期一直对英国抱有媾和的幻想，因此严禁邓尼茨实施“无限制潜艇战”，要求潜艇部队在破交行动中必须严格执行俘获商船的国际规则。

英国护航运输船队体制，源自数学概率论的原理，也是数学家在战争中的一大贡献，根据英国海军部邀请诺贝尔奖金获得者布莱克特教授及其研究小组运用概率论分析研究表明，船只在海上与潜艇相遇，完全是随机的，一定数量的船只，编队规模越小，批次就越多，批次一多，与潜艇遭遇的几率也就增加了；而且由于潜艇数量有限，每次与船队遭遇，因所携带弹药限制，只能攻击相同数量的船只，也就是说，船队规模越大，即使与潜艇遭遇，每艘船被击沉的几率就越小。综合上述两条规律，船队规模越大，每艘船被击沉的概率就越小，以100艘船为例，如果编为五队，每艘船被击沉的概率为25%；如果编为一队，每艘船被击沉的概率为1%，足足相差24倍！

护航运输船队体制由英国海军部领导，所有船只编为运送物资的慢速运输船队（航速在7.5节以下）、运送物资的快速运输船队（航速在9至10节）和运送军队的运输船队三种，固定航线的护航运输船队，通常使用起驶点的第一个英文字母为代号，如哈利法克斯开往英国的船队代号为HX，英国开往北美的船队代号为OA，各固定航线均有护航运输船队的航行日程表。

早期的护航运输船队通常由40至60艘船组成（后期甚至不乏有多达100艘船只组成的船队），排成9路或12路纵队，船与船之间距离约为550米，纵队之间间隔约为900米，形成正面宽约4至4.5海浬，侧翼宽约1.5至2海浬的长方形队形，这样一来可以减少运输船队侧翼遭到潜艇攻击的机会，二来可以避免队形过长，后尾船只忙于追赶前面船只，三来能减少船只相互碰撞的危险，而且这样的队形最有利于各船之间的目视通信。护航军舰以4艘配置于船队的四角，形成盒状警戒圈，其余军舰则位于船队正前方扇面。最初英军使用战列舰或巡洋舰担任护航军舰，当德军水面舰只的威胁消除后，便不再使用战列舰或巡洋舰护航了，因为在潜艇威胁面前，使用宝贵的战列舰或巡洋舰为运输船护航有些得不偿失。

护航船队中的运输船一旦被击中，只要时间许可，船长必须按照规定进行一系列弃船前的操作：关闭发动机，发出无线电警报，发射规定的信号弹，点亮警报灯光信号，销毁机密文件，最后才放下救生艇下令弃船。

有些人对护航船队体制持否定态度，认为大批船只在装完货物或卸完货物后，必须停留在港口，等待与其他船只编成护航船队，这样既浪费了时间又减低了船舶运载量。但事实胜于雄辩，护航运输船队体制的实行，大大降低了船只的损失，在战争爆发后的四个月中，编入护航运输船队的5756艘船只中，只有12艘被击沉，而且这12艘中还有5艘是在掉队的情况下被击沉的。而同一时间里单独航行的船只有102艘被击沉。这一阶段，英国共损失运输船114艘，计42.3万吨。1941年6月18日，英国海军部贸易处专门下达通告，所有航速在15节以下的运输船都必须加入慢速护航船队，只有航速超过15节的运输船才可以单独航行。1944年，护航船队根据航速更是被细分为快速、中速和慢速三种。因为研究显示，在都有护航的情况下，一支航速为9节的船队损失，只相当于航速6节船队损失的一半。

（Joseph Goebbels）领导下的臭名昭著的德国宣传部全力开动舆论机器，声称“雅典娜”号是英国故意炸沉的，目的就是为了栽赃德国，想将美国也拖入战争。

为了避免将来还会发生类似的事件，希特勒对潜艇做了更加严格的限制。德国统帅部于9月4日向所有在大西洋的舰艇部队下达命令：“遵照元首的命令，不得对客轮采取任何作战行动，即便它们有军舰或飞机保护。”

9月17日，U-30号回到基地威廉港，伦普立即向邓尼茨作了口头汇报，邓尼茨担心美国会以此为借口加入战争，命令销毁航海日志，严格保密。

就在U-30号返航途中，“雅典娜”号的沉没特别是85名无辜妇孺的丧生，激起了英美乃至世界舆论的一致谴责，但是由于伦普未及时报告，德国矢口否认，即使是在邓尼茨报告真相之后，纳粹德国也没有承认。一时间，“雅典娜”号的沉没成为悬案，直到战争结束，才真相大白。但是在德国潜艇部队内部为了避免类似事件的重演，邓尼茨下

1939年9月1日德国海军潜艇部队简况						
舷号	型别	排水量	类型	建制	基地	艇长
U-1	IIA型	水面254吨，水下303吨	近海潜艇	训练支队	基尔	Jurgen Deecke
U-2	IIA型	水面254吨，水下304吨	近海潜艇	训练支队	基尔	Helmut Rosenbaum
U-3	IIA型	水面254吨，水下305吨	近海潜艇	训练支队	基尔	Joachim Schepke
U-4	IIA型	水面254吨，水下306吨	近海潜艇	训练支队	基尔	Harro von Klot—Heydenfeldt
U-5	IIA型	水面254吨，水下307吨	近海潜艇	训练支队	基尔	Gunter Kutschmann
U-6	IIA型	水面254吨，水下308吨	近海潜艇	训练支队	基尔	Joachim Matz
U-7	IIB型	水面279吨，水下328吨	近海潜艇	训练支队	基尔	Werner Heidel
U-8	IIB型	水面279吨，水下329吨	近海潜艇	训练支队	基尔	Wolf—Harro Stiebler
U-9	IIB型	水面279吨，水下330吨	近海潜艇	第1支队	基尔	Ludwig Mathes
U-10	IIB型	水面279吨，水下331吨	近海潜艇	训练支队	基尔	Georg—Wilhelm Schulz
U-11	IIB型	水面279吨，水下332吨	近海潜艇	训练支队	基尔	Viktor Schutze
U-12	IIB型	水面279吨，水下333吨	近海潜艇	第3支队	基尔	Dietrich von der Ropp
U-13	IIB型	水面279吨，水下334吨	近海潜艇	第1支队	基尔	Karl Daublebsky von Eichhain
U-14	IIB型	水面279吨，水下335吨	近海潜艇	第3支队	基尔	Horst Wellner
U-15	IIB型	水面279吨，水下336吨	近海潜艇	第1支队	基尔	Heinz Buchholz
U-16	IIB型	水面279吨，水下337吨	近海潜艇	第3支队	基尔	Hannes Weingartner
U-17	IIB型	水面279吨，水下338吨	近海潜艇	第1支队	基尔	Heinz von Reiche
U-18	IIB型	水面279吨，水下339吨	近海潜艇	第3支队	基尔	Max—Hermann Bauer
U-19	IIB型	水面279吨，水下340吨	近海潜艇	第1支队	基尔	Hans Meckel
U-20	IIB型	水面279吨，水下341吨	近海潜艇	第3支队	基尔	Karl—Heinz Moehle
U-21	IIB型	水面279吨，水下342吨	近海潜艇	第1支队	基尔	Fritz Frauenheim
U-22	IIB型	水面279吨，水下343吨	近海潜艇	第3支队	基尔	Werner Winter
U-23	IIB型	水面279吨，水下344吨	近海潜艇	第1支队	基尔	Otto Kretschmer
U-24	IIB型	水面279吨，水下345吨	近海潜艇	第3支队	基尔	Udo Behrens
U-25	IA型	水面862吨，水下983吨	远洋潜艇	第2支队	威廉港	Georg—Heinz Michel
U-26	IA型	水面862吨，水下984吨	远洋潜艇	第2支队	威廉港	Klaus Ewerth
U-27	VIIA型	水面626吨，水下745吨	远洋潜艇	第2支队	威廉港	Johannes Franz
U-28	VIIA型	水面626吨，水下746吨	远洋潜艇	第2支队	威廉港	Gunter Kuhnke
U-29	VIIA型	水面626吨，水下747吨	远洋潜艇	第2支队	威廉港	Otto Schuhart
U-30	VIIA型	水面626吨，水下748吨	远洋潜艇	第2支队	威廉港	Fritz—Julius Lemp
U-31	VIIA型	水面626吨，水下749吨	远洋潜艇	第2支队	威廉港	Johannes Habekost
U-32	VIIA型	水面626吨，水下750吨	远洋潜艇	第2支队	威廉港	Paul Buchel
U-33	VIIA型	水面626吨，水下751吨	远洋潜艇	第2支队	威廉港	Hans—Wilhelm von Dresky
U-34	VIIA型	水面626吨，水下752吨	远洋潜艇	第2支队	威廉港	Wilhelm Rollmann
U-35	VIIA型	水面626吨，水下753吨	远洋潜艇	第2支队	威廉港	Werner Lott
U-36	VIIA型	水面626吨，水下754吨	远洋潜艇	第2支队	威廉港	Wilhelm Frohlich
U-37	IX型	水面1032吨，水下1152吨	远洋潜艇	第6支队	基尔	Heinrich Schuch

续表

舷号	型别	排水量	类型	建制	基地	艇长
U-38	IX型	水面1032吨，水下1153吨	远洋潜艇	第6支队	基尔	Heinrich Liebe
U-39	IX型	水面1032吨，水下1154吨	远洋潜艇	第6支队	基尔	Gerhard Glattes
U-40	IX型	水面1032吨，水下1155吨	远洋潜艇	第6支队	基尔	Werner von Schmidt
U-41	IX型	水面1032吨，水下1156吨	远洋潜艇	第6支队	基尔	Gustav—Adolf Mugler
U-42	IX型	水面1032吨，水下1157吨	远洋潜艇	第6支队	基尔	Rolf Dau
U-43	IX型	水面1032吨，水下1158吨	远洋潜艇	第6支队	基尔	Wilhelm Ambrosius
U-45	VIIB型	水面753吨，水下857吨	远洋潜艇	第7支队	基尔	Alexander Gelhaar
U-46	VIIB型	水面753吨，水下858吨	远洋潜艇	第7支队	基尔	Herbert Sohler
U-47	VIIB型	水面753吨，水下859吨	远洋潜艇	第7支队	基尔	Gunther Prien
U-48	VIIB型	水面753吨，水下860吨	远洋潜艇	第7支队	基尔	Herbert Schultze
U-49	VIIB型	水面753吨，水下861吨	远洋潜艇	第7支队	基尔	Kurt von Gossler
U-51	VIIB型	水面753吨，水下863吨	远洋潜艇	第7支队	基尔	Dietrich Knorr
U-52	VIIB型	水面753吨，水下864吨	远洋潜艇	第7支队	基尔	Wolfgang Barten
U-53	VIIB型	水面753吨，水下865吨	远洋潜艇	第7支队	基尔	Ernst—Gunter Heinicke
U-56	IIC型	水面291吨，水下341吨	近海潜艇	第5支队	基尔	Wilhelm Zahn
U-57	IIC型	水面291吨，水下342吨	近海潜艇	第5支队	基尔	Claus Korth
U-58	IIC型	水面291吨，水下343吨	近海潜艇	第5支队	基尔	Herbert Kuppisch
U-59	IIC型	水面291吨，水下344吨	近海潜艇	第5支队	基尔	Harald Jurst
U-60	IIC型	水面291吨，水下345吨	近海潜艇	第5支队	基尔	Georg Schewe
U-61	IIC型	水面291吨，水下346吨	近海潜艇	第5支队	基尔	Jurgen Oesten

注：U-1到U-6属于IIA型艇；U-7到U-24属于IIB型艇；U-25和U-26属于IA型艇；U-27到U-36属于VIIA型艇；U-37到U-43属于IX型艇；U-45到U-49、U-51到U-53属于VIIB型艇；U-56到U-61属于IIC型艇。

令除非有特别命令，不得攻击任何客轮，即便其有军舰护航。

第一轮较量

9月8日，邓尼茨调整部署，将在大西洋活动的18艘潜艇中的10艘（6艘VIIB型潜艇中的5艘和5艘IX型潜艇）召回德国，以准备第二轮进攻。此外U-26号因为故障也返回德国。这样在大西洋上就只剩下了7艘潜艇，全部都是VII型。

10艘返回的潜艇选择了一条远离英伦各岛西部的航线，这些返航的潜艇根本谈不上满载而归，总共只击沉了8艘运输船。其中U-38号，9月11日在返航途中击沉了9456吨的英国油轮“英弗利菲”（Inverliffey）号，艇长海因里希·里伯冒着潜艇有被油轮爆炸波及的危险，把船员救上了救生艇。同日，U-48

号击沉英国船“菲比”（Firby）号后艇长舒尔茨下令向受伤的船员提供了医务救助并给救生艇留下口粮，然后用明码电报通报英国该船的沉没地点并请求营救船员——这些看来最初的潜艇战还是充满着骑士时代的人道与文明，但很快，大西洋上的角逐就开始变得血腥残酷。

对于U-30号来说，第一次战斗巡航实在倒霉，自9月3日击沉“雅典娜”号后，就一直受到恶劣天气的影响，直到11日击沉“布雷尔罗吉”（Blairlogie）号，当然这次艇长伦普是严格按照“捕获法则”规定来进行的，还给幸存船员送上威士忌和香烟压惊，并一直等到中立国船只赶来救援才离去。9月14日伦普在罗卡尔浅滩（Rockall，位于苏格兰外赫布里底群岛以西220英里）附近发现“法纳德·海德”（Fanad Head）号，伦普用甲板炮迫使其停航，但“法纳德·海德”号已经发出了呼救信号并报告了自己的位置。等所有的船员都离船后，伦普派出跳帮组（舰上临时编组之武装人员，专司派往所俘获敌舰上负责接管舰只、战利品和俘虏等工作）乘橡皮艇去炸船，这样一来可以节约宝贵的鱼雷，二来还能从船上带回一些可以利用的战利品。“法纳德·海德”号发出的呼救信号被在以北180海里的英国海军航母“皇家方舟”（Ark Royal）号收到，当时它正在6艘驱逐舰的护卫下进行反潜巡逻，接到信号立

■ 海面上的护航船队，右方中央处的船舶正遭到德国潜艇的鱼雷攻击。

即派出3艘驱逐舰全速驶来，并起飞了3架海上大鸥（SkUa）反潜机。当这3架飞机到达时，炸船行动还在进行，伦普被迫放弃炸船行动，让跳帮组返回并立即下潜，但惊慌匆忙中艇员居然忘了砍断潜艇与橡皮艇之间的缆绳，U-30号就像拖着一个尾巴一样拖着橡皮艇。飞行员看到了一个“黑色物体”（橡皮艇）随即开始投弹，但是当时英国使用的炸弹性能不佳，投下后反而会被水面反弹到空中爆炸，弹片居然炸伤了2架海上大鸥飞机！这2架飞机不得不在海上紧急降落。这一幕使在“法纳德·海德”号上的跳帮组惊诧不已，他们立即救起了两名飞行员，其中一名已被严重烧伤。虽然空中还有1架飞机，但是为了让跳帮组和两个英国飞行员登上潜艇，也为了砍断缆绳，伦普还是浮出了水面。在营救中，第三架飞机用机枪向U-30号扫射（再不敢扔炸弹了）打伤了跳帮组成员阿道夫·施密特。在卫生兵救助施密特和英国飞行员的同时，伦普向“法纳德·海德”号发射了4枚鱼雷，但都出了毛病。直到用尾舱鱼雷管发射了第五枚鱼雷才将该船击沉，然后赶紧下潜。这时“皇家方舟”号起飞的第二批6架剑鱼（Swordfish）飞机赶来了，飞行员能够清晰地看到刚刚潜入水下的潜艇的影子，他们迅速投下11枚炸弹，其中有几枚就在离潜艇不远处爆炸，但U-30号还是成功逃脱了。很快驱逐舰也赶到了，用深水炸弹向潜艇发

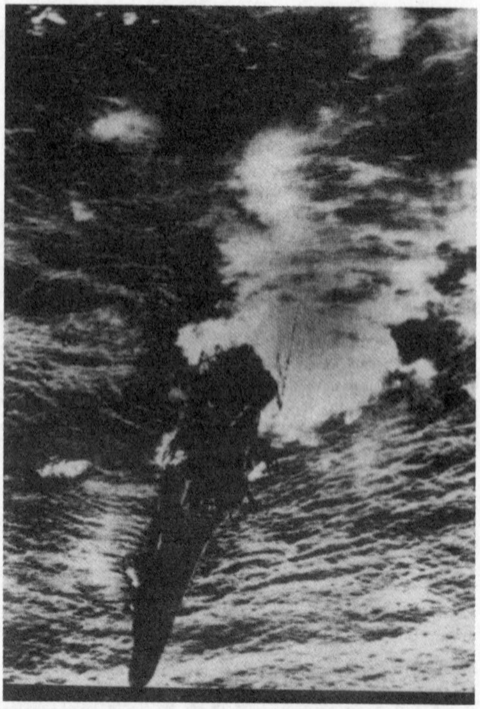

■ 飞机反潜在战争初期并没有取得令人满意的效果。

起了一轮又一轮攻击，剧烈的爆炸震碎了潜艇所有仪表上的玻璃，艇首两个鱼雷管的管口受到损伤，机器口也被炸裂了一个口，舱内开始进水。艇员一边堵漏，一边组织起来用水桶一个接一个将水递到总机室，再将水倒入总机室下面的船舭（Bilge）里，水可以在这里被排出去。这时潜艇下潜到了前所未有的深度：143米。伦普非常果断和冷静，始终控制着潜艇。6个小时之后他摆脱了追踪并浮出水面乘夜色逃离，随后打破无线电沉默报告了战况和损失情况，请求允许将施密特和两名飞行员带到中立国冰岛上接受医疗救助。邓尼茨回复同意并命令伦普放下伤患后

立即返回德国。

就在“皇家方舟”号的舰载机向U-30号发起攻击的同时，U-39号潜艇发现了“皇家方舟”号，当潜艇上的声呐兵报告发现目标时，年轻的艇长吉尔哈德·格拉特兹（Gerhard Glattes）上尉还以为是一艘大型货船，于是大大咧咧地下令上浮，升起潜望镜一看——镜头里赫然出现的景象是每一位艇长梦寐以求的：巨大的航母正在独自航行，而且是在转向以便飞机起飞，而保卫它的那些驱逐舰，“福克诺”（Faulknor）号、“猎狐犬”（Foxhound）号和“火龙”（Firedrake）号都在4海里之外。他立即下令做好战斗准备。U-39号上洋溢着无比的激动，在26天一无所获之后，居然遇到这样好的猎物和这样好的机会，艇长格拉特兹将十字准星对准了航母，下令艇首鱼雷管齐射，3枚鱼雷依次冲向航母。船员们紧张地等待着，终于听到了爆炸！U-30号顿时一片欢腾。但实际上德军潜艇上的鱼雷兵匆忙之中没来得及把引信装好，3枚鱼雷要么射偏要么提前爆炸，没有对航母造成任何损伤。而鱼雷的爆炸却惊醒了英军，3艘驱逐舰立即转向开始了猎杀行动，他们以1海里间隔，保持15节的相同速度朝潜艇驶来。声呐装置运转良好，而操作人员又是舰队当中最优秀的，所以“猎狐犬”号和“福克诺”号在18分钟后就确定了潜艇位置。“猎狐犬”号立即投掷2枚深水炸弹，

■ 在北海地区活动的德军VII型潜艇。

■ 深弹爆炸瞬间。

“福克诺”号紧接着投下5枚深弹，“火龙”号也确定了潜艇位置并投下了5枚深水炸弹。当时英军投放深弹主要有两种方式，一是通过舷侧的深弹发射炮发射，二是通过舰尾的投放架将深弹推下水，依靠其自身重量自然下沉，此时英军驱逐舰可是急红了眼，双管齐下，两种方式一起采用。英军装备的制式VII型深弹重250磅，依靠自身重量每秒下沉约50米，通过调节水压引信可在设定深度引爆，在水下爆炸时立即产生温度高达3000度的球状气泡，同时产生相当于5万个大气压的巨大冲击波，由于水对压力具有几乎不衰减的传递性，并以接近音速的高速向四周扩散，因此深弹在水中爆炸的威力要远远大于水上爆炸，在水下如果深弹爆炸距离潜艇在70米内，可以炸开潜艇艇壳，即便爆炸点距离150米也可足可使潜艇遭到损伤！——4艘驱逐舰在极短时间内一口气投下数十枚深弹！水面上不断出现深弹爆炸冲击波所造成的圆形涟漪，深弹水下爆炸所特有的羽毛状水柱接二连三窜出水面！可以想象水下必定已经炸开了锅，U-39号还来不及逃远，就被连续、密集而猛烈的爆炸炸伤，这12枚深水炸弹全都在距离U-39号不远处爆炸，使U-39严重受损。爆炸引起了电池短路，照明设备全部熄灭。虽然格拉特斯马上深潜到70米，但第二轮深水炸弹的爆炸深度正好在这里。阀门和轮缘被猛烈爆炸震裂，电池进水，产生有毒气体，然后电动机停转，潜艇失去控制。格拉特斯认为潜艇的损伤已经不可修复，命令上浮，15时46分，鱼雷攻击39分钟之后，U-39号浮出了水面，正好在3艘驱逐舰的中间，立刻招来了一顿炮火，不过当英军看到艇员从潜艇中跳下海时，便停止了射击。格拉特斯指挥艇员在艇首鱼雷管里放入炸药，当艇员全部离艇后引爆炸药，U-39随即开始下沉。这是二战中德国海军损失的第一艘潜艇，它没有击沉过一艘船，驱逐舰随即放下救生艇将43名艇员救上来。9月15日到17日，10艘被召回的潜艇有9艘回到了基地，总共击沉8艘运输船，10名艇长中有7名毫无战果，还有1艘被击沉了。这样的开端似乎看不出有什么诱人前景。

当时还在大西洋上的9艘德国潜艇中有7艘的作战区域紧邻在一起，都在英吉利海峡以西，英国人称这个区域为“西部大道”（Western Approaches），这里汇集了英伦诸岛的主要海上航线，各种船只往来频繁。德国潜艇在此海域造成了英国运输船的不小损失，至9月14日已先后击沉5艘运输船，总吨位约3万吨。

9月15日，U-31号在约翰内斯·哈伯考斯

■ 英国海军驱逐舰正在实施深弹攻击。

特（Jlhannes Habekost）的指挥下刚刚穿过危险的英吉利海峡，正好碰到了一支出航的护航船队。他立即向邓尼茨汇报了船队航线和速度，邓尼茨随即指挥在西部大道上的所有潜艇向护航船队发起攻击，U-31号于9月16日开始攻击，由于鱼雷故障，只击沉了4000吨的英国运输船“维莫”（Aviemore）号。U-53号则于9月17日也投入攻击，击沉5000吨的英国运输船“卡菲里斯坦”（Kafiristan）号，当潜艇忙于救助“卡菲里斯坦”号的幸存者时，遭到了2架剑鱼机的攻击，U-53号被迫紧急下潜，几个在甲板上操纵火炮的艇员无法及时回到潜艇中，淹死在了海里。

击沉“勇敢”号

这2架剑鱼就是从“勇敢”（Courageous）号航母上起飞的，自“雅典娜”号被击沉后，英国认为德国很可能已开始实施“无限制潜艇战”，为确保大西洋航线安全，英国决定派出海军航空兵执行反潜任务。此时英国海军航空兵，实力相当薄弱，总共只有7艘一次大战时留下来的“老爷舰”航母，232架老式作战飞机，绝大多数甚至是老掉牙的帆布蒙皮双翼机，如“剑鱼”、“海上斗士”等，以及700余名飞行员和地勤人员，即便实力如此不济，英国海军航空兵还是义无反顾地投入到了反潜护航这一艰巨使命中，其中“皇家方舟”号航母前往不列颠岛西北部海域，“勇敢”号和“竞技神”（Hermes）号航母则前往不列颠岛西南部海域。

9月14日击沉德国潜艇U-39号后，英军陶醉在胜利的喜悦中，全然忘却了“皇家方舟”号曾经在鬼门关口晃荡过一圈的险遇，“皇家方舟”号在反潜作战中暴露出的漏洞也被击沉U-39号的胜利所掩盖，没有得到丝毫重视，更别奢谈改进了，这就为“勇敢”号的沉没埋下了伏笔。

9月17日黄昏，“勇敢”号航母由4艘驱逐舰掩护，在爱尔兰以西海域进行反潜巡逻。“勇敢”号航母原是作为大型巡洋舰开工建造，于1915年3月29日开工，1916年2月5日下水，1916年11月4日完工。一战结束后，被封存编入后备舰队。在20年代建造航母的大潮中，英国决定将“勇敢”级大型巡洋舰改造为舰队航母。1924年开始改造工程，1928年2月21日改装完工并重新服役。改造工程中大胆采用了很多先进技术：将水上飞机弹射器改进成舰载机弹射器、宽敞的飞行甲板和机库、前部飞行甲板上建有小斜坡以辅助起飞，主飞行甲板水平布置，并具有常规的岛式上层建筑。1936年又进行了现代化改装，此时“勇敢”号航母主要性能为：舰长239.7米，宽27.6米，吃水8.5 米，标准排水量22500吨，主机采用蒸汽轮机，18台锅炉，

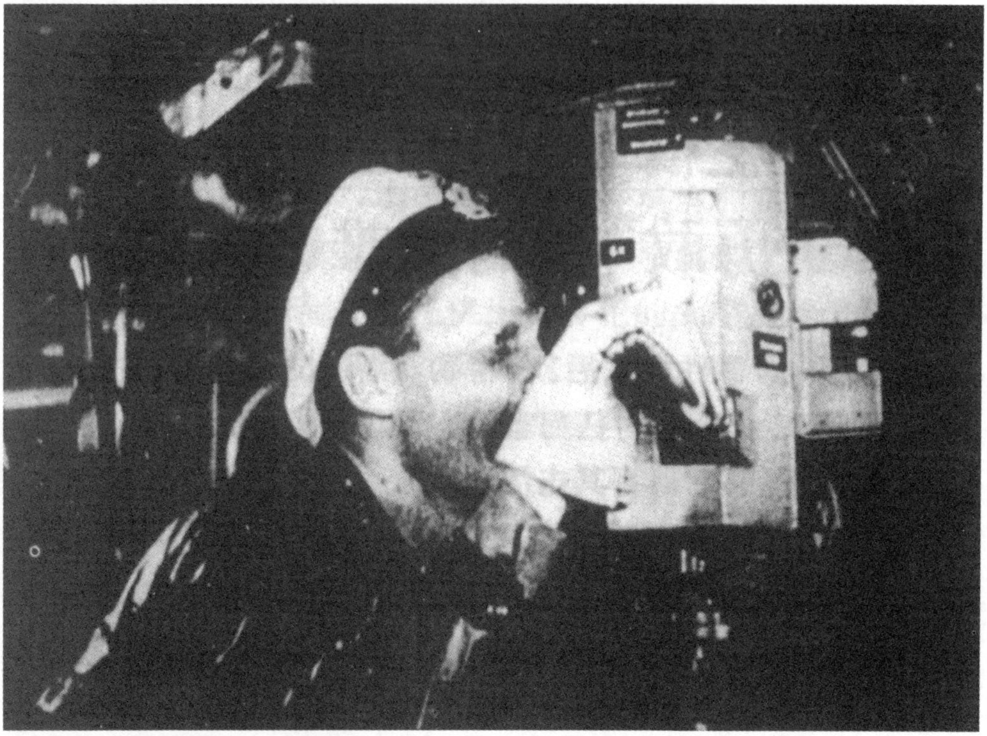

■ 德国海军潜艇艇长通过潜望镜搜索目标。

4轴推进，输出功率90000马力，最高航速30节，武备为16门单管120毫米高射炮和4门单管3磅炮，载机48架，编制舰员1216人。

此时附近海域的运输船突遭德军潜艇攻击，接到报告后，“勇敢”号立即起飞舰载机，并派出两艘驱逐舰前去协同搜索潜艇。而同一时刻里，U-29号潜艇突然发现天空中出现了剑鱼飞机，艇长奥托·舒哈特（Otto Schuhart）意识到在距离海岸300海里处发现飞机，肯定在附近就有航母，他立即指挥下潜，并命令瞭望通过潜望镜严密注意海面情况。18时许，瞭望终于发现了“勇敢”号航母，舒哈特一面指挥潜艇接近，一面命令艇员各就各位准备战斗，自己则从潜望镜里进行观察，只见航母上还有飞机盘旋，周围还有两艘驱逐舰。尽管舒哈特竭尽全力企图接近航母，但是一开始看起来似乎毫无希望，因为潜艇水下航速只有8节，而航母的航速高达20节！眼睁睁看着到手的猎物就要逃脱，舒哈特艇长只能无奈地长叹一声。谁知就在此关键时刻，“勇敢”号却开始减速了，随后转向，径直向U-29号驶来！原来航母正准备接受舰载机着舰。而为航母担任警戒的两艘驱逐舰又前去援救不远处一艘被潜艇击伤的运输船，“勇敢”号身边已无一艘掩护军舰，简直如同无人看守的幼儿。舒哈特见此千载难遇的良机，立即指挥U-29号乘虚而入，轻而易举占领了绝佳的攻击阵位。19时40分，在2700米距离，用艇首鱼雷管向“勇敢”号连射3枚鱼雷，其中两雷命中。此时“勇敢”号正在接受舰载机着舰，恰恰正是最为脆弱的时刻，即使发现潜艇踪迹的话也根本无法进行规避，何况又是在毫无准备的情况下，鱼雷猛烈的爆炸顿时将航母舰壳撕开两个大口子，海水就从破口汹涌而入！鱼雷爆炸的威力相当惊人，诺大的航母竟然被爆炸震动地摇晃起来，甲板上刚降落的飞机在剧烈摇晃中滑入海中。爆炸引起的大火从飞行甲板下面开始燃烧，很快蔓延开来。仅仅20分钟，这艘22500吨的舰队航母便沉入海中，全舰1202名官兵有514人包括舰长马凯格·琼斯海军上校阵亡。当时正在附近的荷兰客轮“维戴姆”（Veendam）号上的乘客亲眼看到了这悲惨的一幕，一朵硕大的白云从航母上翻腾而起，紧接着是两声巨大的爆炸，火花从烟云中冒出，钢片和飞机残骸四下飞溅，航母慢慢向左倾斜直到沉入水中。

从这一幕惨剧中回过神来的驱逐舰，意识到自己的失责，顾不上救援落海官兵，便冲了过来，朝着潜艇的位置猛投深水炸弹。U-29号潜艇受到深弹爆炸的剧烈震荡，直到23时40分，驱逐舰用完了深水炸弹，才放弃了攻击，U-29号熬过了整整4个小时，幸运的是没有受损，得已安然返航，途中U-29号浮出水面，喜滋滋地向邓尼茨报告：“我艇击沉了勇敢号航母，现正在返航。”邓尼茨和

■ 遭到德国潜艇袭击而沉没的英国海军“勇敢”号航母。

■ 雷德尔（左3）和邓尼茨（左1）视察U-29号潜艇，右为艇长舒哈特。

整个德国海军都深受鼓舞，邓尼茨甚至在日记里写下了“这是一次辉煌的胜利”。U-29号回到基地后，舒哈特获得一级铁十字勋章，其他艇员全部都获得二级铁十字勋章。

打狼不成反被狼伤，初战的失利使英国海军航空兵承受了巨大压力。在付出血的代价之后总结出舰队航母是不适合用于反潜的，同时改变了航母战术，加强航母的警戒，每艘航母周围，在任何时候必须保证要有两艘以上的驱逐舰护航，以此提高航母的战场生存力。但是海军航空兵并没有因此而退出反潜作战，英国海军从“勇敢”号的沉没中吸取了教训，逐渐采用由商船改造的护航航母来执行反潜护航任务，并取得了不小战绩，舰载航空兵终于成为打击潜艇的一支重要力量。

隐蔽战线的争斗

说起大西洋之战，人们往往看到的只是大洋上潜艇、护航军舰与运输船队之间的较量，而忽视了在隐蔽战线上的较量。其实隐蔽战线上的较量之激烈程度丝毫不逊色于大洋之上的生死之战，而且很多时候隐蔽战线的较量就决定着大洋上的胜负。9月11日，开战仅一周，德国海军代号为B机关的情报处密码科就成功破译出了第一份英国有关海上运输的无线电报，有英国OB-4护航船队在

布里斯托尔（Bristol）海峡集合的具体时间地点，根据这一情报，德军U-31号潜艇在该海域对护航船队实施了攻击，击沉了“阿维莫尔”号运输船。这也是德军潜艇对同盟国护航船队的首次攻击，惨烈的护航破交战从此全面开始了——德国海军破译无线电密码的历史由来已久，早在第一次世界大战中就开始了，一战结束后密码破译单位被解散。1919年4月28日开始恢复工作，不过规模很小，总共只有8名工作人员。1933年10月，该机构正式更名为德国海军通讯情报处密码科

■（上）1939年11月U-29号潜艇击沉“勇敢”号后返回威廉港。

■（下）希特勒检阅击沉“勇敢”号航母后归来的U-29号潜艇。

（Chiffrierstelle），代号B机关，办公地点也从基尔迁至柏林，专门负责破译敌国海军无线电密码和编制德国海军无线电密码。1935年7月，B机关负责英文密码翻译的威廉·特拉诺及其助手成功破译了英国海军使用最广泛的五位一组密码系统，从而掌握了英国海军最主要的密码系统秘密，可以轻而易举地获得英国海军军舰活动及部署情况。至1937年8月，B机关已建立14个无线电截听站，每天可截收无线电报约700份，并成功破译出英国5套密码系统。战争爆发后，B机关更是得到了极大发展，其破译的英国海军有关护航运输船队的电报，成为U艇海上破交作战可靠的情报保障。

在破译英国海军密码的同时，B机关也负责德国海军的无线电通讯密码编制，鉴于1923年出版的温斯顿·丘吉尔所著《世界危机》和同年英国海军发表的有关一次世界大战的官方报告都提到了在战争期间英国截获并破译德国无线电通讯所带来的压倒性优势，德国大力加强了无线电通讯领域的安全防护工作。而这些披露出来的仅仅是冰山一角，在一次大战中，英国情报机关可以说几乎完全掌握了德国的无线电通讯，即使在战后，英国仍保持着对德国无线电通讯的严密监控，并保持着很高的破译率。但是从1926年开始，英国情报机关开始面临困境，他们的无线电破译率越来越低——因为德国海军从1926年开始采用埃尼格码（ENIGMA，也有译作恩尼格玛或者根据字意译为“哑谜”）密码机，两年后德国陆军也开始采用埃尼格码密码机作为无线电通讯的制式装备。截止战前德国陆海空三军总共装备了约3万台埃尼格码密码机，战争中生产的埃尼格码密码机总数更是达到了10万台之巨。而在当时，埃尼格码密码机的安全性与先进性是最高水准，完全可以这么说，在第二次世界大战开始时，德军无线电通讯领域的安全性是在当时世界上无与伦比的，因此埃尼格码密码机在纳粹德国二战初期的胜利中所发挥的作用也是巨大的，但是在以后的岁月里，我们也将会看到，埃尼格码密码机在纳粹德国的失败中扮演了同样重要的角色。而在德国陆海空三军中，海军的无线电通讯密码系统是最严格的，这点B机关功不可没。

征战北海

战争开始前被派到北海的潜艇共有18艘，其中17艘是近海的II型。波兰沦陷之后，又有3艘II型被派到北海，加上还有一些从波罗的海陆续派往北海的II型潜艇，至9月底在北海的德国潜艇总数有24艘。其中5艘在英国东海岸和英吉利海峡的4个港口布雷，共布设了36枚水雷，其中布设在多佛（Dover）和哈特普（Hartlepool）的水雷毫无成效，只有

德军密码破译及编制机构

1937年9月，第二次世界大战爆发时，纳粹德国共有7个机构在从事对外国无线电密码的破译工作，它们分别是：最高统帅部密码处、陆军、海军、空军、帝国保安总局、研究局和外交部，7个机构的工作人员总数超过5000人。其中陆、海、空军的密码破译机构主要研究敌国陆、海、空军的密码，最高统帅部密码处、研究局和外交部主要破译敌国外交系统的密码，保安总局则主要破译外国间谍密码。这些机构几乎是各自完全独立，虽然知道其他机构也在从事相同的工作，却鲜有合作和协调，以至于很多时候都有重复破译同一封电报的情况，从而浪费了大量人力物力和时间。

而同时负责德国无线电密码编制的共有6个机构，它们分别是：最高统帅部密码处、陆军、海军、空军、谍报局和外交部，其中陆军、空军和谍报局都是只负责编制密码，而与密码破译完全脱节。只有最高统帅部密码处、海军和外交部是把密码的破译与编制结合起来。

1942年，最高统帅部密码处设立了“本国密码可靠性检验科”，对本国密码的安全保密进行检验。1944年1月，该处又与其他密码单位建立了联系，组成了一个跨部际的“本国密码可靠性特别检验委员会”。该委员会在同年8月至10月对埃尼格码密码机的安全性进行了检测，认为该系统并不能完全满足安全通讯的要求，因此建议在使用中增加三项变动以加强保密性，其中最重要的一项就是使用埃尼格码密码机在加密70至130个电码后应手工调整密码机的转子设置。——这说明，德国密码单位也意识到埃尼格码是可能被破译的，但是为时已晚。

1943年9月，最高统帅部密码处提议启用任何新的密码必须经该处审核批准。但是这一建议遭到了希特勒、戈林（Goering）和里宾特洛甫（Ribbentrop）的一致反对。同年10月，德国最高统帅部终于意识到密码统一管理的重要性，正式下令在德国国防军系统，任何新启用的新密码必须经最高统帅部密码处批准。1944年11月，希特勒下令，国防军、党卫军、纳粹党和第三帝国政府机构正在和即将使用的密码（包括无线电、书面密码和电话保密）的安全保密工作均由最高统帅部密码处国防通信条令室负责。

二战期间，德国密码机构的失败就在于各部门缺乏合作，分散了力量；对本国密码安全可靠性的科学审查工作进行得太晚。这两点最终导致没有及时发现并补救埃尼格码密码机被同盟国破译。

U-13号潜艇在奥德福尼斯（Ordforness）布下的雷区卓有成效，一举炸沉3艘计27200吨的船只。本来还计划在法国港口布雷，但是希特勒下令禁止任何针对法国船只的攻击行为后，布雷行动也被取消。

除了担负布雷任务之外的潜艇全部分散北至纳尔维克（Narvik）南至英吉利海峡的广阔海域进行巡逻，由于II型潜艇燃料携带量有限，其续航力也就相应较小，在海上活动最多不超过18天，因此在9月几乎没有能在北海巡航两次的II型。当时在北海有大量运输船航行，除了挂英国旗的以外，更多的是挂挪威、

■ 德国潜艇驶离港口开赴作战海域。

丹麦、芬兰等中立国旗帜的，这些船只上都运载着从武器、粮食到铁矿石、木材等各种战略物资。但是II型潜艇却无法进行拦截检查，因为它们太小了，武备也太弱，特别是速度太慢，最高航速只有13节。再加上希特勒出于政治考虑严禁拦截中立国船只，因此德国潜艇被缚住了手脚，只能攻击军舰、英国船只和有军舰护航的运输船。U-21、U-22和U-24号曾攻击过英国驱逐舰、潜艇，但未取得战果。整个9月在北海德国潜艇的战绩就只有2个：9月15日，U-36号拦截检查了974吨运输船“特鲁洛”（Truro）号，在全体船员离船后将其击沉；9月22日，U-7号拦截并击沉了2694吨的“阿肯赛德”（Akenside）号。

鉴于大量中立国船只满载禁运的战略物资频繁来往于北海，德国海军总司令雷德尔

■ 德国海军旗下的德国潜艇。

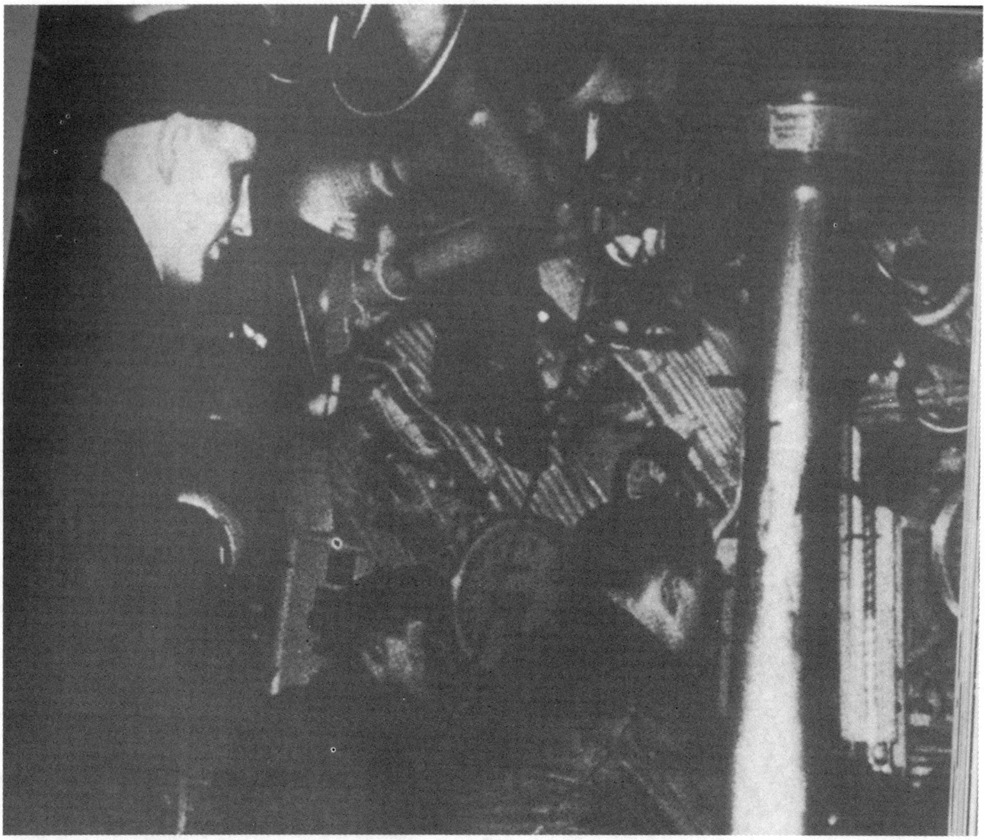

■ 在潜艇里工作的潜艇艇员。

于9月23日面见希特勒，要求放宽对潜艇破交作战的限制，允许拦截中立国船只并在符合“捕获法则”的情况下采取必要措施。希特勒预见到法国即将战败，此后的重点是迫使英国媾和，而放宽对潜艇破交的限制，此刻正好符合德国的战略企图，因此希特勒立即批准了这一请求。9月24日，德国最高统帅部正式电示潜艇部队：

1.解除攻击法国船只和在法国港口布雷的禁令；

2.允许潜艇对遭到拦截之后仍发送SSS（不同于SOS的无线电信号）紧急呼救信号的运输船实施攻击，可以予以击沉或俘获，但不能放弃对船员的营救措施；

3.对于以货运为主，且载客量少于120人的运输船，可以按照“捕获法则” 的有关规定将其击沉，但在任何情况下仍不得攻击载客量超过120人的客轮。

邓尼茨和潜艇部队自然对这些新规定非常欢迎，不过限制虽然松了一些，特别是可以击沉发送SSS信号的船只，大大减小了潜艇在攻击时的冒险，但判断船只载客人数是否在120人以上和必须对船员采取救助，还是使潜艇在攻击中要冒很大的风险。

新指示一经下达就立刻在北海产生了明显效果，一个星期里，德国潜艇在北海就击沉或俘获了10艘运输船，总吨位达1.3万吨。但是挪威、丹麦和瑞典立即提出了强烈抗议（因为被击沉的船只大都是这三国的），希特勒目前还不打算与北欧诸国摊牌，因此随即作出了让步。9月30日再次禁止潜艇攻击在北海的中立国船只。

英国海军自然不会坐视德国潜艇在北海肆虐，英国潜艇对德国潜艇进行了猎杀，“海马”（Seahorse）号向U-30号发射了3枚鱼雷，并报告将其击沉（实际U-30号并未被击沉），U-23号也曾报告在卡特加（Kattegat）海域遭到不明身份的潜艇攻击，还有几艘德国潜艇都曾遭遇到英国潜艇，都成功摆脱。

在北海活动的德国潜艇中只有U-12号沉没了，10月8日该艇在英吉利海峡触雷爆炸而沉没。英国和法国从9月11日起在英吉利海峡布设了3000枚漂雷和锚雷，9月25日后又加布了3600枚由海岸基地根据水下监听器的监测远程引爆的新式水雷。U-12号是二战中德国潜艇部队第一艘伴随全体艇员丧生的潜艇，邓尼茨始终不相信英国会在英吉利海峡布雷，将U-12号的损失错误归咎于被水面舰艇击沉。

24艘德国潜艇在北海的破交行动中，总共击沉或俘获了18艘运输船（32326吨），其中5艘是被潜艇布设的水雷炸沉。战果可以说是非常令人失望，当然其中对潜艇破交作战的种种限制是客观因素，以放宽限制的一周战果来推算，一个月的战果至少会在40艘以上。尽管北海破交的成果不值一提，但是其意义却相当深远，首先迫使英法感受到了潜艇的威胁，开始实行护航船队体制。其次给潜艇官兵提供了最好的实战机会，此次征战北海的II型（IIA、IIB及IIC型）艇长日后都成为远洋潜艇艇长，在大西洋一展身手，其中不乏王牌艇长。

奇袭斯卡帕湾（Scapa Flow）

二战初期德国潜艇开场锣鼓中，击沉“雅典娜”号是没有功劳只有麻烦，根本拿不上台面吹嘘。而击沉“勇敢”号则是靠着几分运气，在邓尼茨看来，以潜艇部队目前微不足道的力量要想赢得一场辉煌而体面的胜利，只有将这根小小的利刺狠狠地插进英国海军的心脏里！英国海军的心脏自然就是斯卡帕湾了。

斯卡帕湾位于苏格兰北部的奥克尼群岛（Orkney Islands），东连北海，西接大西洋，战略位置相当重要，南北长约24公里，宽约12.8公里，几乎可以容纳下整个庞大的英国本土舰队，是一处自然条件非常优越的深水良港，因此很久以来就成为英国皇家海军的重要基地，战争爆发后，这里几乎是英国本土舰队的大本营，停泊着包括多艘航母、战列舰等大家伙在内的众多军舰。对于德国海军而言，斯卡帕湾又是一个屈辱伤心之地，在第一次世界大战中失败投降的德国海军主战舰队就被扣留在这里，最后被迫随着一声“彩虹”暗语而一齐自沉。因此能杀进斯卡帕湾不仅是对英国海军的沉重打击，对德国海军来说，还另有一雪前耻的深层意义。

1939年10月1日，战争全面爆发后的第30天，德国基尔军港，“维斯杜拉”号潜艇供应舰。刚刚出海归来的U-47号潜艇艇长君特·普里恩（Gunther Prien）海军上尉奉召来到这里，他是德国海军潜艇部队中公认的技术最为全面出色的艇长——邓尼茨深知突破斯卡帕湾需要非凡的胆略和高超的技术，用邓尼茨自己的话来说，任何攻击者都“需要最为大胆与强烈的进取心”，而普里恩则是邓尼茨第一个想到能担当此重任的最合适人选——“报告！”普里恩站在军官舱门口时，刚刚挂上海军少将军衔的邓尼茨正伏身在大海图桌前细细查看海图，听到报告才抬起头来，招手让普里恩进舱，普里恩一眼就认出摊在桌上的正是斯卡帕湾的海图。

邓尼茨开门见山的说：“我想派你的潜艇潜入斯卡帕湾！我给你3天时间，你把这些海图仔细研究一下，给我一个明确回答，行或是不行，如果不行，我将再另外想办法，而你的前途也不受任何影响。但是有一点，必须严格保密，不得向任何人透露。”

“是！”普里恩干脆地回答。

一回到自己的潜艇，普里恩把自己关在

■ 英国海军最重要的基地——斯卡帕湾。

舱里结合海图和侦察机、袖珍潜艇的侦察报告（战争一开始德国海军就有了偷袭斯卡帕湾的打算，德国海军情报部门为此做了大量的准备工作，并通过德国空军和潜艇搜集到了一些关于斯卡帕湾的情报资料。1939年9月26日，德国空军的侦察机设法拍摄到了一些该基地的清晰照片；同年9月在斯卡帕湾附近海域巡逻的U-16号潜艇也冒险靠近斯卡帕湾带回了一些极有价值的报告），开始了仔细研究。斯卡帕湾共有7个出入口，其中6个出入口都有重兵守备戒备森严，还设有反潜网和水雷，潜艇根本不可能进入。只有柯克海峡（Kirk Sound），由于水流湍急，水道狭窄，加上水下礁石密布，几乎无法通航，因此英军没有布防，但是为了以防万一，英军也在海峡的关键航道上凿沉了3艘沉船作为障碍。普里恩对照海图经过仔细研究，认为其中2艘沉船之间有着约20米宽的空隙，如果导航精确，操纵准确，还是有穿越沉船封锁的可能。

10月2日，胸有成竹的普里恩就给了邓尼茨一个满意的答复，并建议在10月13日夜进行攻击，因为那天是新月，潜艇能得到夜色掩护，而且水流比较缓慢的时间正好是在夜间，有利于潜艇闯入。

10月8日上午10时，普里恩就指挥着U-47号潜艇从基尔军港秘密出航了，此次行动代号为“P行动”，航线制订是在高度机密的情况下完成的，然后由邓尼茨亲自向海军总司令雷德尔口头汇报，在潜艇离港出发的时

■ 德国海军U-47号潜艇艇长普里恩（左及右）。

君特·普里恩（Gunther Prien）

君特·普里恩（Gunther Prien）：1908年1月16日出生，1931年1月加入德国海军，先在轻巡洋舰上服役，1935年1月获得准尉军衔，同年4月晋升少尉。1935年10月进入潜艇部队服役。1937年1月晋升中尉。1938年西班牙内战期间，他在U-26号艇服役，在西班牙海域巡逻。1938年12月17日，出任U-47号潜艇艇长。1939年2月晋升上尉。1939年9月25日获二级铁十字勋章，1939年10月成功指挥U-47号艇闯入英国海军基地斯卡帕湾，击沉“皇家橡树”号战列舰，因此于1939年12月获得一级铁十字勋章和骑士十字勋章，1940年10月20日又因在破交作战中的战绩获得橡叶骑士十字勋章，1941年3月1日，晋升少校军衔。1941年3月8日，在北大西洋冰岛以南370公里海域攻击OB-293护航运输船队时，被英军“狼獾”（Wolverine）号驱逐舰发现并击沉（也有说是因鱼雷事故而沉没），普里恩和全艇官兵一起丧生。普里恩在二战中共击沉30艘船只，总吨位共计162769吨。

候，码头上甚至没有举行任何出海仪式。更令艇员们感到纳闷的是此次出航潜艇所携带的补给品远比正常巡航作战要少得多。接着连续5昼夜的航行，途中U-47号对运输船不屑一顾，只是埋头航行，这一出乎平常的举动更是令艇员们都感到分外疑惑。12日凌晨，U-47号到达奥克尼群岛，随即潜坐在90米海底。普里恩这才向全体艇员宣布：我们的任务是杀入斯卡帕湾！现在全体人员抓紧时间休息，养精蓄锐。

13日下午16时，炊事员端出了丰盛的战前美餐，艇员们饱餐一顿鸡蛋火腿牛排和热土豆汤，在随后的时间里就只有面包、牛油和巧克力等冷餐供应了。最后的晚餐一结束，普里恩就向全体艇员发布最后的战前命令：“从现在开始，全艇实行灯火管制，任何人不得随意走动，保持绝对肃静！”全体艇员各就各位，艇首鱼雷管都装上鱼雷，连万一被发现而炸艇用的炸药包也准备就绪，导航图和密码本就捆在炸药包上面，普里恩是准备破釜沉舟了。

19时，U-47号借着昏暗的天色浮出水面，更换一下艇内浑浊的空气，更重要的是给柴油发动机“充气”，以便在接下来的战斗中能提供足够的动力。

19时15分，U-47号取320度航向杀气腾腾扑向斯卡帕湾，指挥塔上同时站着4名瞭望，严密观察四周动静。只是夜空清朗，在极光照耀下更是“极其糟糕”地明亮！22时，奥克尼群岛上的灯标准时亮起，这使普里恩得以确定了自己的准确位置。23时零7分，瞭望报告发现一艘运输船，为了避免被发现，普里恩赶紧指挥潜艇下潜。但是由于受到极光的影响，潜望镜根本无法发挥作用，因此普里恩决定突入斯卡帕湾后放弃水下攻击而以水面状态实施攻击。23时30分，普里恩在不知不觉中走错了航线，进入了巴雷海峡（Burray Sound），好在普里恩及时发现重新回到正确航线。

随后，U-47号以半潜航状态闯入了柯克海峡，此时正值涨潮，普里恩感觉到潜艇似乎被一只看不见的大手推着向前走，潜艇操纵十分困难，不过普里恩可是德国海军公认的拔尖艇长，应付这点情况还是游刃有余的。为了防止噪音太大而被发现，普里恩下令关闭柴油主机，只使用比较安静的电动机。

不久，在夜色中隐约可见3艘沉船黑黝黝的轮廓，南面的“泰晤士”号位置偏右，靠近海岸，北面的“索里亚诺”号和“米尼奇”号一字排开，U-47号先是紧贴着“泰晤士”号沉船航行，接着普里恩神色严峻地下令：“航向270度！”准备从北面两艘沉船之间的狭小空隙中穿过去。忽然，普里恩发现在两艘沉船之间竟然横着几根15厘米粗的钢缆！到了这份上，他也只有“明知山有虎偏向虎山行”了，指挥潜艇进行高难度动作，硬着头皮从钢缆之间穿过去！就在这紧张关头，一股强有力的潮水将潜艇猛地向右推去，潜艇不由自主地撞向钢缆，普里恩赶紧下达一连串舵令：“左满舵！…… 左车停！……右车前进一！”潜艇终于擦着钢缆缓缓向前，还没等普里恩缓过神，一波未平一波又起，潜艇微微一震，接着就是潜艇与礁石碰擦的刺耳声音，普里恩心里一凉，如果潜

■ 1939年10月的U-47号潜艇。

U-47号

U-47号属于VIIB型，1937年2月在基尔造船厂下水，1938年12月建成服役，水面排水量753吨，水下排水量857吨，长66.5米，宽6.2米，吃水4.74米，动力为2台柴油主机和2台电动主机，最大功率水面3200马力，水下750马力，最大航速水面17.9节，水下8节，续航力水面10节时为8700英里，17节时为3850英里，水下4节时为90英里，武备为5具533毫米鱼雷发射管，4具在前，1具在后，携带鱼雷14枚，88毫米主炮1座，乘员44—48人，最大潜深220米，最大燃油装载量108吨，最快紧急下潜时间30秒。

在二战中总共执行10次巡航任务，击沉各类舰船30艘，总吨位162769吨，击伤8艘，总吨位62751吨。1941年3月7日在北大西洋冰岛以南海域（约在北纬60度，西经19度）沉没，艇上45人无一生还。

艇在这里搁浅，那就只有死路一条了，不及多想就下令吹除压载水舱，随着压载舱里水被迅速排出，潜艇身子一轻，倏然向上一纵摆脱了搁浅的危险。

“双车前进二！”U-47号终于穿越了沉船封锁线，成功闯入了斯卡帕湾，此时已是14日零时27分了。还没等普里恩抹去额头的汗水松一口气，海岸边的公路上一辆汽车疾驶而来，雪亮的车前灯如同利剑刺破了深夜的黑暗，U-47号此时距离岸边只有180米之遥，紧靠岸边的右舷已经被车灯照得透亮，所有人都被这突然发生的变化惊呆了，不知道如何应对。然而车上的人看来根本没注意到海面上近在咫尺的潜艇，依旧沿着公路疾驶而去。好一场虚惊，普里恩直到汽车远去，才长长地嘘了一口气，然后拿起话筒：“全体艇员注意，我们已经进入斯卡帕湾！”

接着U-47号在黑夜的掩护下，劈波斩浪向斯卡帕湾宽阔的腹地驶去。几经周折之后，终于有惊无险地驶入了英国海军的禁地斯卡帕湾，普里恩走上指挥塔，举起望远镜向四周观察，但是望远镜里，除了微风轻拂波涛不兴的平静海面，却并没有预料中的黑压压的大群军舰，只是一片空荡荡的海湾，英国本土舰队上哪去了？原来就在U-47号航行时，停泊在斯卡帕湾的英国海军本土舰队主力已经拔锚启航了。普里恩指挥着潜艇在港湾里以低速来回搜索，可是他心里却是焦急如焚，千万不要花费九牛二虎之力杀进斯卡帕湾，却是竹篮打水一场空啊！U-47号绕过梅恩兰岛（Mainland Island），横穿斯卡帕湾，终于在斯卡帕湾南部水域的水天之际发现了英国军舰特有的三脚桅杆，距离近了后才看清楚是两艘大型军舰和数艘驱逐舰。那两艘大舰是英国海军的“皇家橡树”号战列舰和“柏伽索斯”（Pegasus，也译作“飞马座”号）号水上飞机母舰，“皇家橡树”号虽然是一艘老舰，但是标准排水量29150吨，满载排水量33500吨，四座双联381毫米主炮，装甲防护更是高达330毫米，依旧是海上十足的巨无霸，原来也是随本土舰队主力出海，因为在出航时发生了点小故障，只得留下来修理，现在刚刚修复，正准备天亮后起锚——普里恩认为是“皇家橡树”号战列舰和“反击”（Repulse）号战列巡洋舰。零时55分，U-47号取340度航向，悄然逼近两艘英舰，很快就占领了有利的发射阵位，零时58分，“发射！”随着普里恩的口令，艇首4个鱼雷发射管一齐发射，其中2枚射向“皇家橡树”号，1枚射向“柏伽索斯”号，4号鱼雷管里的鱼雷则因发射失败而留在鱼雷管里。

1时零2分，轰隆一声巨响，1枚鱼雷击中了“皇家橡树”号的舰首，舰上的水兵们从梦乡中被惊醒，一阵忙碌，很快就扑灭了大火，控制住了舰首破损。舰长W.G.本上校认为首舱面积又小，水密性又好，加上损管得力，不会有什么问题，仅仅查看了一下破损情况却没有采取任何措施，便回到自己的舱室继续美梦。英军上至舰长，下至普通水兵都认为斯卡帕湾戒备森严，这次爆炸要么是德军飞机的空袭，要么是撞上了水雷，再不然就是发生了爆炸事故，加之U-47号发射的是最先进的电动鱼雷，没有普通鱼雷发射时的明显航迹，因此压根没有想到是遭到了德国潜艇的暗算，所以也根本没有采取任何反潜措施。

普里恩射出鱼雷后就迅速调头返航，

■ 英国海军“皇家橡树”号战列舰。

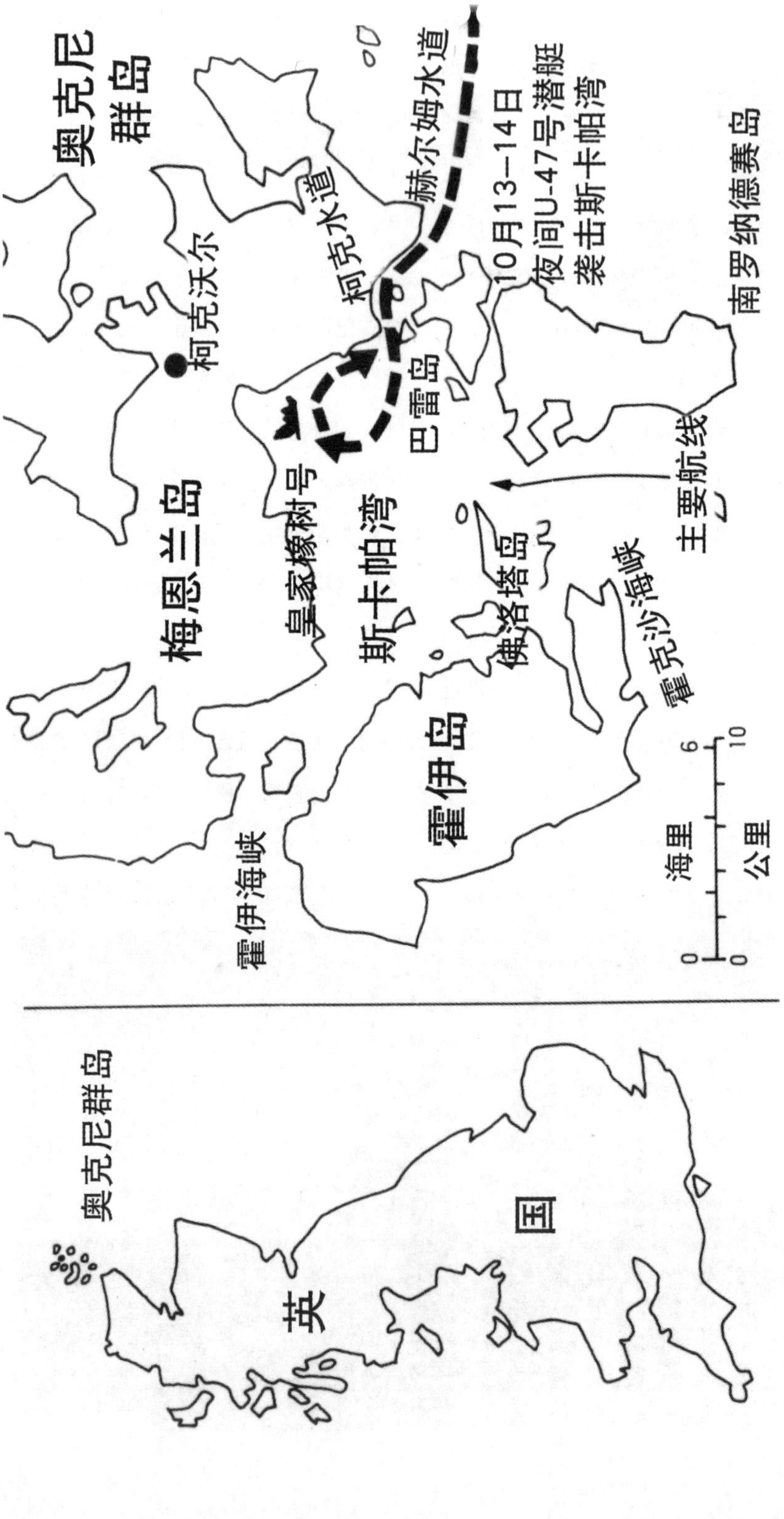

■（左）奥克尼群岛位置示意图。（右）U-47号奇袭斯帕卡湾示意图。

但是驶出一段距离后回头一看，英军除了几道探照灯在向空中搜寻外，竟然毫无反潜措施！他心头一阵狂喜，英军并没有发现他，于是大胆指挥潜艇再度折回，并乘机重新装填了艇首鱼雷。

1时22分，U-47号驶抵距离“皇家橡树”号1600码处，以艇首鱼雷管对准这艘稀里糊涂的战列舰实施第二次鱼雷攻击，又是3枚鱼雷的扇面齐射，由于距离较近，这次攻击3枚鱼雷全部命中。“皇家橡树”号中部、前部和餐厅下方舰体被依次击中，凶猛的大爆炸一次接一次，大火四起，弹药舱也很快被引爆，军舰迅速开始倾斜。1时33分，离第一次鱼雷攻击还不到30分钟，这艘战列舰就倾覆沉没了，有24名军官和809名士兵葬身大海，其中包括第二战列舰分舰队司令亨利·布莱格罗夫（Blagrovc）海军少将。其实这时普里恩还有机会再装填鱼雷，对“柏伽索斯”号实

■ 英国海军“皇家橡树”号战列舰。

“皇家橡树”号

“皇家橡树”（Royal Oak）号战列舰属于“君王”级，又称“R”级。1914年1月开工建造，1916年5月建成服役。基本性能为标准排水量29150吨，满载排水量33500吨，舰长189.1米，宽31米，吃水8.5米，动力装置为4台齿轮叶轮机，18台锅炉，总输出功率40000马力，四轴推进，最高航速22.5节，武备为4门双联381毫米主炮，8门单管152毫米副炮，4门双联102毫米高平两用炮，2门8联乒乓高炮，舰员1146人。

■ 貌似强大的战列舰居然被小小的潜艇击沉了。

施攻击，但普里恩却见好就收，溜之大吉。

直到此时，英军才醒悟过来，几艘驱逐舰紧急升火在港湾里四下搜寻，但U-47号已经从柯克海峡安然返航了。和进入斯卡帕湾一样，U-47号穿过柯克海峡后先是在奥克尼群岛海底潜坐，然后于1月15日傍晚才浮出水面借助夜色掩护返航，10月16日向邓尼茨发回了报告：击沉“皇家橡树”号，击伤“反击”号。其实英国海军在10月14日就宣布了“皇家橡树”号被击沉的消息，但邓尼茨不作任何评论，静候普里恩的报告。

返航途中，按照惯例潜艇要将击沉船只的名字写在指挥塔围壳上，但是副艇长英格尔伯特·恩德拉斯认为光一个名字不足以表现此次奇袭的辉煌成功，就画上了一头正在喘着粗气的愤怒公牛——“斯卡帕公牛”，这一图案来自一本漫

英国在斯卡帕湾的收获

德国海军U-47号潜艇奇袭斯卡帕湾时，英国海军“皇家橡树”号战列舰被击沉，800多名官兵丧生，但是也不能说英国就彻底一无所获。U-47号在第一次攻击时发射3枚鱼雷，只有1枚命中。这3枚全是德国最先进的，也是世界上第一种电动鱼雷——G7e鱼雷，发射时没有普通蒸汽鱼雷的明显航迹和噪音。所以事后英军也感到非常蹊跷，并特意在斯卡帕湾组织了潜水搜寻，终于发现了G7e鱼雷的残骸，结合其他管道获得的情报，英国海军确认这就是德国刚刚装备的最先进的电动鱼雷。但是此时英国由于战争条件所限，已无力投入力量深入研究，便将此鱼雷残骸转送给美国。美国此时在电动鱼雷的研制方面几乎已经陷入了停滞不前的困境，英国的这份礼物简直就是雪中送炭啊！加上1941年英国从德国U-570号潜艇上缴获的完整的G7e鱼雷，美国西屋电气公司终于在1943年仿制成功电动鱼雷，美军将其定名为MK18鱼雷，在二战后期广为应用。

画书，后来脾气暴躁的普里恩因为这次令人叹服的奇袭而被人称为“征服斯卡帕湾的雄牛”，这个图案就成为了普里恩、U-47号甚至第7潜艇支队的标记。

10月17日，U-47号平安回到德国威廉港，德国海军总司令雷德尔和潜艇部队司令邓尼茨都来到码头迎接。军乐队高奏凯歌，欢迎的人群将无数鲜花和欢呼送给了普里恩和他的艇员，邓尼茨紧锁的眉头终于舒展开，这是德国潜艇部队的骄傲，也是德国海军的骄傲。早在第一次世界大战时德国海军的冯·亨尼希和埃姆斯曼就曾经两次计划袭击斯卡帕湾，但是均以失败而告终，现在普里恩终于取得了成功，德国海军潜艇部队赢得

■ 航行中的U-47号潜艇。

■ 返回威廉港的U-47号潜艇受到热烈欢迎。

■ 邓尼茨在码头迎接普里恩。

■ U-47号潜艇艇员受到热烈欢迎。

空前辉煌的胜利，达到了潜艇部队组建以来最高的声望。雷德尔和邓尼茨登上U-47号，对全体艇员进行嘉奖，普里恩获得一级铁十字勋章，其他官兵则全部获得二级铁十字勋章。

10月18日，希特勒特意派自己专机接U-47号全体官兵前往柏林，当艇员到达柏林机场时受到了民众的热烈欢迎，根据希特勒的指示，德国宣传部长戈培尔开动全部舆论机器为U-47号奇袭斯卡帕湾进行了大肆吹嘘，在德国民众眼里，这些潜艇官兵不啻于英雄。随后还由希特勒的新闻处长奥托·迪特里希主持为U-47号全体官兵举行了盛大的记者招待会，会后希特勒接见全体官兵并共进晚餐，还向普里恩颁发了骑士十字勋章，使他成为潜艇部队中获得骑士十字勋章的第一人。

■ 希特勒接见普里恩。

U-47号奇袭斯卡帕湾给德国潜艇部队带来了一个非常有利的契机，使希特勒开始注目起潜艇，虽然还没有立即开始扩大潜艇的生产，但是毫无疑问，斯卡帕湾的胜利为潜艇部队提供了不可估量的巨大帮助，人们开

■ 布特勒接见并宴请U-47号潜艇全体艇员。

■ 乐队奏乐欢迎U-47号潜艇艇员返航。

始认识到一艘小小的潜艇可以击沉一艘庞大的有着坚固装甲和凶猛火力的战列舰，那么如果潜艇攻击的是没有装甲也没有武备的运输船，简直就是屠杀了。

1939年10月至12月

1939年10月，除了奇袭斯卡帕湾以外，德国潜艇部队还派出4艘潜艇进入大西洋，其中U-34号属于VIIA型，该型潜艇在结构设计上存在缺陷，但是德国海军还是认为可以投入到大西洋作战。因此U-34号单独出征，绕英伦诸岛北部前往西部大道，10月27日，遇到了OB-25船队，U-34号全力攻击，尽管发射的鱼雷一再出现状况，还是重创了5317吨的英国船“布伦特”（Bronte）号（后因伤势太重而被护航的英国驱逐舰击沉）；10月29日，攻击HX-5A船队，击沉了7976吨的英国船“马拉巴”（Malabar）号。经过这番战斗，U-34号油舱出现裂缝，不得不中断巡航返回德国，途中还顺手截获了挪威船“斯纳”（Snar）号。连同第一次出航，U-34号取得了击沉、俘获共8艘33600吨的战绩，艇长威廉·罗尔曼也跻身王牌艇长之列。鉴于VIIA型一再出现技术故障，德国海军终于意识到该型潜艇确实存在安全隐患，因此进行了全面检修，直到进行了彻底大修后才重新出海。

U-25、U-26和U-53号等3艘潜艇则是先前往直布罗陀海峡布雷，然后穿越海峡到地中海进行破交作战。布雷任务交给了曾在波特兰布雷的U-26号，但是由于恶劣天气和英军严密的反潜搜索，使U-26号不得不取消布

■ U-47号潜艇艇长普里恩声名大噪，成为德国妇孺皆知的英雄。

■英国一支护航船队正在驶离港口，等待它们的将是怎样的命运？

雷，甚至丧失了继续作战的勇气而直接返回德国（艇长克劳斯·艾维特回到德国后就被撤职）。U-25号在直布罗陀海峡发现了两艘运输船，立即展开攻击，当时各种条件都非常有利——缓慢航行的目标，平静的海面，近距离准确瞄准——但是鱼雷全部失效，艇长维克多·舒尔兹（Viktor Schutze，原U-11号艇长）只得浮出水面用甲板炮将其击沉，但是甲板炮的后坐力却震裂了鱼雷发射管，不得不结束使命打道回府。舒尔兹怒气冲冲地打破无线电沉默报告了鱼雷触发引信一再失效的问题，德国海军再次对鱼雷进行了调查，邓尼茨下令暂时只使用磁引信鱼雷，因为鱼雷专家保证，磁引信的可靠性已经有了很大改进。U-53号更是窝囊，艇长恩斯特·君特·海因尼克不敢穿越英军戒备森严的直布罗陀海峡，一直在海峡口徘徊。在地中海行动失败后，U-53号转至伊比利半岛海域，在此他发现了SL-7A船队，随即根据邓尼茨的指示报告了船队位置。附近的U-41和U-43号循声而至，就这样自发组成了一个艇群，对船队发起了攻击（但不是协同攻击）。U-53号首先被护航舰艇逐走，U-41号遭到了护航军舰的持续攻击，被迫在水下整整待了20小时——这一时间超过了潜艇在正常情况下的空气供应量，艇员除了戴上呼吸器外，所有不值更人员都被命令待在床上不得随意走动以节约空气，这才最终捱过了20小时！11月16日，U-43号击沉了SL-7A船队的1艘英国运输船，但随即被护航军舰重创，不过还是逃过被击沉的厄运。摆脱攻击后22日击沉了一艘法国船；25日再击沉1艘单独航行的2483吨英国船，但最终不得不因伤势太重而返航。

11月由于突入北大西洋进行破交作战的袭击舰“德意志”（Deutsche）号因故障返航，同时“格奈森诺”（Gneisenau）号和“沙恩霍斯特”（Scharnhorst）号战列舰则要突入大西洋，德国海军认为这些大型军舰的活动将调动英国海军，那么在北海活动的潜艇就有了伏击英舰的可能。为此邓尼茨派出了U-47号、U-48号、U-31号和U-35号前往设得兰（Shetland）群岛以东设伏。11月28日，U-35号在设得兰群岛以东约110公里处发现了英国“诺福克”（Norfolk）号重巡洋舰，马上向邓尼茨报告。在U-35号以东10公里的U-47号也同时接到了报告，立即计算出拦截航线，全速赶去。尽管海上狂风肆虐，但是U-47号艇长普里恩技术出众，接敌动作近乎完美，在远远看到“诺福克”号桅杆后就下潜，从水下慢慢靠近，到距离约1000米处发射了一枚鱼雷，正准备发射第二枚鱼雷时，风浪将潜艇推离了发射阵位，使普里恩与目标失去了接触，只有在86秒之后声呐中传来的一声爆炸，才使艇员们一片欢呼！为了确定战果，普里恩冒险浮出水面，他看到巡洋舰上甲板已经折弯，黑烟正从舷侧的破洞中

■在严寒的冬天，向潜艇补充鱼雷，可是一件苦差事。

■运输船被潜艇所发射的鱼雷命中的瞬间。

翻腾而出。普里恩本来还想继续跟踪，但风浪太大，只好放弃了。

就在U-47号攻击“诺福克”的第二天，英国驱逐舰“伊卡鲁斯”（Icarus）号发现了U-35号，由于“伊卡鲁斯”号处在太阳方向，U-35号的瞭望没能及时发现驱逐舰，当他发现驱逐舰气势汹汹地冲过来时，已经太晚了！艇长洛特赶紧下令紧急下潜，刚潜到70米深度，就被“伊卡鲁斯”号声呐发现了，“伊卡鲁斯”立即投下了深水炸弹。此时“金斯顿”（Kingston）号和“克什米尔”（Kashmir）号驱逐舰也闻讯赶来，3艘驱逐舰协同攻击，U-35号升降舵、油箱、尾部水平舵都被炸伤，艇尾下沉。洛特命令所有不值更人员全部到艇首，并全速行驶。但这些努力毫无成效，洛特只好下令吹除压缩空气上浮，潜艇浮出水面——正在3艘驱逐舰的包围中！洛特还是不甘心地组织潜艇甲板炮对抗，但毕竟火力相差悬殊，最后还是只好弃艇。43名艇员全部成为英军俘虏，U-35号也最后沉入海中。

由于抽调4艘潜艇在北海设伏，这样11月在大西洋上就只剩下U-41号、U-43号和U-49号3艘潜艇了。11月12日，U-41号在英国附近海域用甲板炮击沉了1艘英国拖网渔船，艇长古斯塔夫·阿道夫·穆格勒（Gustav-Adolf Mugler）出于人道主义，救起了一半船员。随后又发现了11019吨的挪威油轮“阿内科德”（Arne Kjode）号，根据最新的命令，所有前往或离开英法的油轮都是可以攻击的目标，而且不需要预先警告——U-41号随即使用1枚磁引信电动鱼雷将其击沉，不过这回他没有营救船员（有5名船员丧生)。当天晚些时候，U-41号还遇到了1艘拖网渔船，没有对其进行攻击，而是将所有救起的船员转交给这艘船（战后纽伦堡国际军事法庭以“阿内科德”号被击沉而指控德国潜艇部队犯有“战争罪行”，邓尼茨似乎没有想起那时已经将所有油轮列为攻击目标，他只是辩解道：如果以长达五年半的潜艇破交战中的一两个错误来定罪，那并不公平。而对拖网渔船船员的救援反过来成为对邓尼茨极为有利的辩护证据，最终使法庭放弃了对邓尼茨战争罪的指控）。

鉴于英国海域天气情况异常恶劣，邓尼茨命令这3艘潜艇南下至伊比利半岛海域，这3艘潜艇穿越西部大道时，都找到了目标。U-41号攻击了英国船“希望之星”号，但发射的3枚鱼雷全都失效。11月16日，U-43号击沉了SL-7A船队4915吨的英国船“阿灵顿法庭”（Arlington Court）号，U-49号向7000吨英国船“罗瑟西城堡”号连射4枚鱼雷，全都失效。这次不成功的攻击反而把英国驱逐舰“回声”（Echo）号和“漫步者”（Wanderer）号引了过来，为了躲避英国驱逐舰的猛烈深水炸弹攻击，U-49号下潜到了前所未有的深度——170米！最终躲过了英舰的攻击，随后艇长科特·冯·格斯拉（Curt Von Gossler）向邓尼茨报告：3枚经过改进的磁引信鱼雷失效，其中2枚刚发射出去200米就爆炸了，而另1枚则根本就没爆炸。接到这个糟糕报告的邓尼茨在日记里写道：“我们最大的希望（经过改进的鱼雷）再次破灭了。”U-49号鱼雷管和潜望镜都在深水炸弹攻击中受损，格斯拉只好返航。当残破的U-49号驶入威廉港时，他感到自己简直是捡了条命回来。对于德国潜艇来说，U-49号最大的贡献就是下潜到170米还能安然无恙，当时人们普遍认为在170米深度，潜艇将会无法承受水压而被压扁。170米安全下潜的宝贵经历证明了德国潜艇是可以潜到深水炸弹最大爆炸深度150米以下的，从而为躲避深水炸弹攻击提供了一种新的可能。

11月德国潜艇的战绩非常微小，总共击沉了8艘28900吨。鱼雷问题依然困扰着潜艇部队，U-41号发射11枚鱼雷，居然有9枚失效。U-43号和U-49号都受到重创，必须要进行大修后直到1940年3月才能再度出海。而U-49号和U-53号都是各交白卷空手而回。

12月的情况要比11月有所改观，原本可以有6艘潜艇在大西洋活动，但是U-25号、U-51号和U-52号的润滑油中都发现沙子（反纳粹者的破坏行为），U-25号在经过紧急处理后再次出海，但不久又因为漏油而不得不折回。U-51号和U-52号因为沙子污染而使动力系统受损严重，在12月根本出不了海。还有U-46号也因其他原因耽误了，直到下旬才出海。这样一来，12月初在大西洋上的潜艇就只剩下了两艘：U-47和U-48号，这2艘都是结束了北海伏击后转到大西洋的，所以燃料都所剩不多。U-47号在西部大道活动只有5天，战果相当不俗，共击沉了3艘23150吨，而在攻击第3艘运输船时遭到了英国军舰的反击，U-47号第一次尝到了深水炸弹的滋味，不过到底是普里恩，还是成功摆脱了攻击。 普里恩返回威廉港时，再次受到了热烈

■（上）U-48号潜艇的艇员给艇长舒尔兹戴上骑士十字勋章。（右）德国海军潜艇王牌艇长之一U-48号艇长舒尔兹。

欢迎，他三次出征，总共击沉72000吨位的船只，在众多艇长中名列前茅。但是他也饱受鱼雷困扰，发射12枚磁引信电动鱼雷有8枚失效。U-48号在西部大道活动7天，共击沉了3艘19100吨。12月19日U-48号返航后，在西部大道就再没有一艘德国潜艇活动了。U-48号回到威廉港时也同样受到了欢迎，三次出征累计击沉12艘77500吨，在吨位数上甚至超过了普里恩。在德国宣传部的组织下，所有新闻媒体都对U-48号的艇长哈伯特·舒尔兹（Herbert Schultze）和艇员进行了吹捧。

12月中真正从德国出发进入大西洋的只有U-46号，首先于12月21日在北海击沉了1艘924吨的挪威船，随后在西部大道遇到了很多运输船，简直是老鼠掉进了米缸，U-46号发起了凶猛的攻击，但是却没能击沉1艘！最终在两个星期后因主机故障而被迫返航。U-46号三次出征总共只击沉两艘8000吨，实在是少得可怜。邓尼茨认为该艇艇员技术生疏，所以将艇员全部送回潜艇学校回炉补课——对于U-46号上经验丰富而只是运气欠佳的艇

■1939年冬是20世纪最冷的一个冬天，U-10号潜艇停泊在威廉港，艇身上满是冰雪。

员来说，这简直就是侮辱。

从1939年10月到12月，在三个月中，邓尼茨一共向大西洋派遣了16艘潜艇，其中损失了4艘，另有U-51号和U-52号因为遭到破坏而修理，U-46号则回学校重新训练；共取得了击沉俘获35艘的战绩，平均每艘潜艇只有2.2艘，这样的战果自然很是令人失望。

英国海军部统计，截止12月31日，共有5756艘船只组成船队，其中只有4艘被潜艇击沉，似乎有点不足挂齿，但是潜艇破交的威胁却在逐渐上 升——根据德国潜艇战历史学家约尔根·罗维尔的研究，至1939年底，被德国潜艇击沉的船只共有123艘，其中14艘是在护航船队中被击沉的。

1940年1月至2月

1939年到1940年冬天是20世纪最冷的一个冬天，1月初波罗的海、通往北海的海峡、易北河都结了冰。刺骨的严寒和厚实的冰层严重阻碍了德国潜艇的建造、维修、训练和作战。虽然为保护潜艇的艇首鱼雷管而用木头将其包裹起来，还是无法避免大量潜艇在冰层中受损，而波罗的海港口也因冰冻而无法使用，邓尼茨只好将潜艇转移到没有冰冻的北海黑尔戈兰湾（Helgolander Bucht)。德国潜艇部队的官兵非常憎恶这个基地，因为这里不仅寒风凛冽，而且四周全是光秃秃的峭壁，了无生机。潜艇的维护设备也非常少，燃料和潜艇备件的运输也不方便。再加上英国潜艇在这一海域活动相当活跃，还有英国空军的飞机也不时光临，这一切都使潜艇部队感到厌烦。

1940年1月，邓尼茨派出U-25号、U-51号、U-55号、U-41号和U-44号5艘潜艇从黑尔戈兰湾出发进入大西洋。其中U-51号、U-55号由于受到严寒的影响，艇员都还没得到足够的训练，邓尼茨给这两艘菜鸟潜艇制订的巡航范围是在爱尔兰以西海域，那里英国海军力量比较薄弱，可以使潜艇在相对比较安全的情况下获得宝贵的实战经验。U-51号一进入大西洋就有了收获，一连击沉了两艘挪威船，但艇首鱼雷管发生故障，只好中断任务返航。U-55号在前往巡航区域的途中就击沉了1艘挪威船和1艘丹麦船。1月29日，邓尼茨通过B机关破译英国密码掌握了OA-80G护航船队的情况，电令距离其航线最近的U-55号迅速前往攻击。30日，U-55号找到了船队，并立即投入攻击，击沉了1艘英国油轮和1艘希腊船。船队中的护航军舰“福威”（Fowey）号单桅帆船用声呐确定了U-55号的位置，并施放深水炸弹进行了攻击，迫使U-55号下潜到了100米的深度。“福威”号投下的深水炸弹就在U-55号附近爆炸，巨大的爆炸使潜艇遭到严重损伤，开始进水，第一次出征的艇员顿时乱作一团，好在艇长维尔纳·海德尔（Werner Heidel）还算冷静，迅速稳定了部属的情绪，组织损管，控制住了进水，最后安全逃脱。但“福威”号并不罢休，一面继续搜寻，一面召唤其他护航舰艇前来助战。很快，两艘英国驱逐舰、1艘法国驱逐舰和1架“桑德兰”反潜飞机相继赶到，

■在大西洋上航行的护航船队。

拉开了一张围捕的大网。英军“维海德”（Whitshed）号驱逐舰声呐再次发现了U-55号，随即实施了深水炸弹攻击，这下刚刚修复的潜艇可再也经受不住了，刚刚堵住的破口再度进水，而且更为凶猛，海德尔见无法控制，只好下令上浮，企图借海面上大雾掩护逃脱。但是“福威”号很快就发现了浮出水面的潜艇，二话不说就开了炮。法国驱逐舰“凡米”（Valmy）号循声而来，加入了战斗。“桑德兰”飞机也俯冲下来，投下了炸弹。U-55号用甲板炮负隅顽抗，与驱逐舰展开炮战，直到火炮卡壳为止。现在等待U-55号的就只有死路一条了，海德尔下令弃艇，他自己留在舱里打开了通海阀，和潜艇一起沉入大海，U-55号上有41名艇员被英国军舰救起。U-55号被击沉，邓尼茨无疑要负一定的责任，因为是他命令毫无经验的U-55号去攻击一个有多艘军舰护航的船队，实在有些不妥。

另外U-25号、U-41号和U-44号3艘潜艇被派往伊比利半岛海域，邓尼茨为了给这3艘潜艇提供补给保障，还特意派出“塔利亚”（Thalia）号运输船进入卡地兹（Cadiz）港。U-25号在设得兰群岛海域击沉了3艘运输船（1.3万吨），U-44号在西部大道上也收获丰硕，击沉3艘运输船（1.4万吨），随后在预定作战海域又大开杀戒，10天里击沉5艘运输船（1.67万吨），用完了所有鱼雷。但是艇长路德维希·马特斯（Ludwig Mathes）不相信能在卡地兹港安全获得补给，就以鱼雷耗尽为由返回德国。但是为了测试海外补给的可行性，邓尼茨命令U-25号前去加油。1月30日晚，U-25号乘夜色进入卡地兹港，成功地从“塔利亚”号获得了燃料、食品补给后随即迅速离开，2月3日又击沉了一艘6805吨的英国船。

此时，在西班牙维果（Vigo）港的10艘德国船准备突破英国海军的封锁返回德国，德国最高统帅部命令潜艇部队派出潜艇护航，邓尼茨对此命令提出了激烈抗议，因为

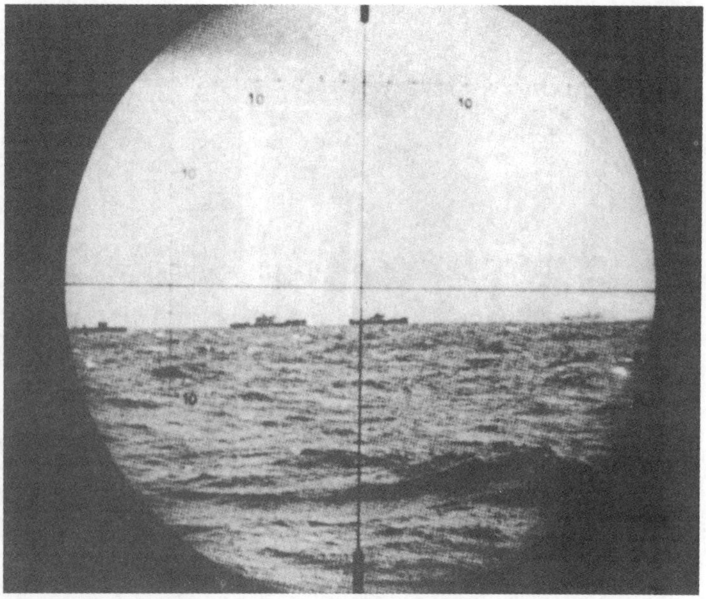

■ 在德国潜艇潜望镜中的运输船，这是德国潜艇艇长们梦寐以求的景象。

潜艇根本不适合进行护航作战，在水面上容易遭到敌方飞机和军舰攻击，在水下的话速度又太慢，跟不上运输船。但是最高统帅部坚持要求潜艇护航，邓尼茨只好命令U-25号前去。U-25号接到命令后不久因为机械故障而不得不返航，2月13日，在返航途中这艘潜艇居然击沉了5177吨的丹麦油轮“卡斯汀·马斯克”（Chastine Maersk）号。由于U-25号临时返航，邓尼茨转而命令U-41号前去护航。U-41号在前往维果途中，于2月5日遇上OA-84护航船队，随即投入攻击，击沉9874吨的英国船“比弗伯恩”（Beaverburn）号，重创8096吨荷兰油轮“塞隆尼亚”（Ceronia）号，但是遭到了英军“羚羊”（Antelope）号护卫舰的反击，“羚羊”号用声呐锁定U-41号后实施深水炸弹攻击，将其击沉。

在1月，邓尼茨还组织了第四次布雷行动，U-31号、U-34号和U-48号3艘潜艇各携带9枚TMC水雷出海，在这3艘潜艇中，U-34号、U-48号从未执行过布雷任务，而U-31号曾在洛克艾维（Loch Ewe）海域布雷，所布下的水雷炸伤了英国战列舰“尼尔森”（Nelson）号（不过德国人一直不知道这个战果）。U-31和U-34号分别在法尔茅斯（Falmouth）和洛克艾维海域布雷。1月20日，U-34号在法尔茅斯所布的雷炸沉了7807吨的英国油轮“卡洛尼河”（Caroni River）号。随后两艇就前往西部大道巡航，U-34号击沉了1艘5600吨的希腊船，而U-31号则一再遇到鱼雷问题，一无所获，最后在返航途中遇到了英国海军2艘战列舰和1艘重巡洋舰，正是绝好的目标，可是没鱼雷了！只好眼睁睁看着英舰大摇大摆而去。U-48号是1月24日出航的，比那2艘晚，它要去的是大英帝国的鼻子底下，英吉利海峡波特兰海域布雷。在执行布雷任务前，还有一项特殊任务，将2名间谍送到爱尔兰岛。2月8日晚U-48号在丁格湾（Dingle Bay）放下了2名间谍（这2人上岸后没几天就被察觉而遭逮捕）。在波特兰布完雷后，U-48号来到西部大道，2月10日击沉1艘6853吨的荷兰船。此后，B机关通过密码破译获悉英国海军“皇家方舟”号航空母舰和“声望”（Renown）号战列舰护送在拉普拉塔（La Plata，位于南美阿根廷）河口海战中受伤的“埃克塞特”（Exeter）号巡洋舰将要返回朴次茅斯（Portsmouth）港，邓尼茨遂命令U-48号、U-26号和U-37号前往英吉利海峡西口伏击。结果U-37号到达预定海域却没有发现英国舰队，U-26号则因受到风浪影响未能按时到达。U-48号则在途中遇到了一支非护航船队，艇长哈伯特·舒尔兹居然干脆将伏击任务抛在一边，一口气追杀了600公里，次日击沉1艘8971吨的荷兰油轮，于14日再击沉1艘12306吨的英国冷藏船，17日再击沉1艘3396吨的芬兰船，用完了所携带的全部鱼雷。就这样，U-48号此次出航一共击沉4艘运

■ 英国海军驱逐舰正对德国潜艇进行深水炸弹攻击。

输船，计31526吨，使舒尔兹的总战绩达到了16艘109200吨，成为潜艇部队中第一个击沉船只超过10万吨的艇长，因此舒尔兹成为继普里恩之后第二个荣获骑士十字勋章的艇长。——当然返航后，也因擅自放弃伏击任务而受到了邓尼茨的斥责。在伏击任务化为泡影后，U-26和U-37号继续前往预定巡航海域，在西部大道这两艘潜艇各击沉了两艘运输船，U-26号因机械故障而返航，途中击沉了第三艘船。

■德国潜艇艇员返航途中在三角旗上写下击沉运输船的战绩。

随后邓尼茨又派U-50号、U-53号和U-54号潜艇前往大西洋，其中U-50和U-54号是刚下水的新潜艇，其艇员也都是刚通过速成培训的新手。U-54号才出海不久就失踪了，全体艇员遇难，估计是撞上了水雷。U-53号则由赫拉德·格罗瑟（Harald Grosse）接替指挥不力的海因尼克担任艇长。U-50号出航后就击沉了2艘运输船，U-53号则击沉了4艘，还重创8022吨英国油轮“帝国运输”（Imperial Transport）号（格罗瑟以为将其击沉），格罗瑟急于挽回U-53号第一次出航怯战的羞辱，打破无线电静默向邓尼茨报功，宣称击沉5艘计3万吨（实际只有4艘11158吨）。

2月中旬，邓尼茨认为在大西洋上已经有6艘潜艇，足以对护航船队实施狼群战术了！便命令由资历最深的U-37号艇长哈特曼（Werner Hartmann）负责海上指挥，根据B机关提供的护航船队情报开始狼群攻击。实际上，当时在大西洋上只有3艘——U-37号、U-50号和U-53号，而U-41号和U-54号已被击沉，U-26号则因故障返航。最后只有U-37号和U-53号找到了护航船队，而且毫无协同地发起了攻击，U-37号击沉3艘，U-53号攻击了1艘法国油轮，却因鱼雷提前爆炸而无果，接着急于求功的格罗瑟击沉了中立国西班牙船“班德拉斯”（Banderas）号，这艘船不属于护航船队，却跟在后面而且闭灯航行，因此被格罗瑟认为是船队中的船只而进行了攻击，该船既是中立国船，又没有运载违禁品，将其击沉显然是违反“捕获法则”的，尽管是无意的，依然引起了风波。西班牙对此表示了强烈抗议，这一事件严重影响了德西关系（西班牙虽然宣布中立，但由于佛朗

■航行中的护航船队必须时刻提高警惕。

哥政权是在德国大力支持下才赢得内战胜利的，所以一直都是德国的亲密伙伴）。一心要挽回声誉的格罗瑟，反而又给德国海军添了麻烦，不过他已经不必为此负责了。2月23日凌晨，正在水面航行的U-53号被英国驱逐舰“古尔克哈”（Gurkha）号发现，“古尔克哈”号随即转向直朝潜艇冲去，U-53号也发现了驱逐舰，立即下潜。“古尔克哈”号先声夺人地发射了深水炸弹，以迫使潜艇待在水下，因为声呐只能发现在水下的潜艇。很快“古尔克哈”号的策略起了作用，潜艇不敢浮出水面，使声呐发现了潜艇的准确位置，“古尔克哈”号随即开始猛烈攻击，三次驶过潜艇所在位置，一连投下13枚深水炸弹！当准备实施第四次攻击时，声呐发现潜艇信号越来越弱，最后彻底消失了！——U-53号被击沉了，估计是深水炸弹造成了无法控制的进水而沉没的，艇员无一生还。3艘VIIB型潜艇U-53号、U-54号和U-55号在四周之内接连沉没，其中两艘是处女航，3艘的艇长是第一次指挥潜艇，这一情况不能不引起邓尼茨的重视。

这一狼群中的另一艘U-50号没有遇到通报的护航船队，却发现了另一支OGF-19船队，艇长赫尔曼·鲍尔（Max-Hermann Bauer）立即发起攻击，击沉1艘运输船，然后鲍尔继续追杀直至潜艇发动机故障，才被迫返航。

随后邓尼茨又派出5艘潜艇进行第五次布雷行动，U-28号在朴次茅斯港外布雷之后又在英国海域用鱼雷击沉了2艘运输船。U-29号完成了在布里斯托海峡（Bristol Channel）布雷任务后，返航途中击沉了3艘英国船（实际被击沉的是两艘）。U-32号在利物浦布雷后遇到了3艘运输船，发射了7枚鱼雷，5枚失效，2枚射偏，最后是用甲板炮才击沉了1艘瑞典船。U-34号也顺利完成了在法尔茅斯的布雷任务。只有U-33号遇上了麻烦，U-33号在克莱德湾（Firth of Clyde）布雷后被英军“收集者”（Gleaner）号扫雷舰发现，“收集者”号声呐锁定了潜艇，而U-33号通过潜望镜看到了扫雷舰的探照灯光，艇长德莱斯基（Hans-Wilhelm von Dresky）误以为是艘巡洋舰，还自以为聪明地判断“巡洋舰”正要出海，所以下令潜至55米等待，结果等来的却是深水炸弹，“收集者”号投下6枚深水炸弹，使U-33号受创开始进水，接着又是5枚深水炸弹，这次全部在潜艇附近爆炸，使潜艇遭到重创，德莱斯基只得下令上浮。不过他还算清醒，知道此处海水不深，潜艇即使被击沉也有可能被打捞，而潜艇上带着德国海军的高度机密——埃尼格码密码机，因此他命令将密码机分拆开，交给军官带到海水更深的地方扔掉。当潜艇浮出水 面后，“收集者”号一边冲上来，一边用主炮猛轰，直到艇员涌上甲板拼命挥手示意投降才停火。德莱斯基和潜艇工程师一起炸沉潜艇，艇员纷纷跳海逃生，由于寒冷，42人中只有17人被英军救起，其中3名军官手上还带着密码机的转子！——这些转子被送到英国的密码专家手里，虽然不能直接帮助破译密码，但却为密码专家了解德军密码机的结构提供了极大帮助。这次布雷行动效果并不显著，布下40枚水雷只炸沉了3艘船只，总吨位还不到6000吨。

1940年1月至2月，邓尼茨先后派出28艘潜艇执行破交和布雷，损失5艘（U-33号、U-41号、U-53号、U-54号和U-55号），另有3艘因故障而中断任务返航。尽管鱼雷问题多多，水雷也没发挥应有作用，这18艘潜艇还是取得了击沉58艘233500吨的战绩，平均每艘潜艇击沉3.2艘，比前几个月有了明显提高。截止3月1日，击沉吨位数排名前三位的潜艇艇长是：U-48号的舒尔兹，U-47号的普里恩和U-37号的哈特曼。

3月10日由于德军开始准备挪威战役，根据最高统帅部的命令，所有潜艇都被抽调去参加此次战役，因此潜艇在大西洋上的破交作战被暂时取消了。

让我们回顾一下开战以来至1940年4月的情况，总共击沉了227艘共97.4万吨，这些被击沉的船只大都是单独行驶或船队中掉队的，此外还俘虏了4艘运输船。其中在北海的小型潜艇击沉113艘23.8万吨，占击沉数的

49.7%，吨位数的24.4%。

在227艘被击沉船只中，英国船118艘（其中拖网船26艘），占52%。损失的92艘运输船（不计拖网船），约占英国3000艘远洋运输船的3%，而英国同期俘获、购买或包租99艘外国船只，再加上英国造船厂新建造的船只，整个英国远洋运输船队规模非但没有减小反而略有增加。不过，虽然英国的运输船数量增加了，但是货物进口量却减少了25%，这主要是由于采取了护航船队体制造成的。货物的减少虽然还不足以对英国的生存形成威胁，但已经使一些物资供应出现了短缺。

■ 美国总统富兰克林·罗斯福一手促成了《巴拿马宣言》，组成西大西洋的“安全区域”，以阻止在此区域的“战争行动”。罗斯福还预见到了未来随着战争的发展对运输船的需求将会不断增长，因此督促美国开始大力提高运输船和油轮的生产能力。

这一时期德国潜艇部队损失还是非常惨重的，有16艘潜艇因各种原因而沉没，损失数量几乎相当于整个潜艇部队的30%，新建成服役的潜艇有8艘，再加上原先为土耳其建造的UA号潜艇也加入服役，使大型远洋潜艇的数量达到了23艘。

英国和德国都宣称在这一阶段的破交保交作战中赢得了上风，但是不管怎么说，德国潜艇毕竟开始对英国的海上运输构成了严重威胁。特别要指出的是，这一时期德国潜艇还是基本遵守了“捕获法则”，对运输船的船员既不是冷漠无情，更谈不上血腥残忍，甚至某些时候德国潜艇还有几分绅士风度。当然，美国的态度也不可不说，美国站在支持英国反对德国的立场，不仅放宽了《中立法案》的限制，允许美国企业向英法出售武器，甚至对美国油轮悬挂巴拿马国旗向英国运送石油也不加阻止。美国总统富兰克林·罗斯福（Franklin Roosevelt）还一手促成了《巴拿马宣言》在1939年10月2日公布，南北美洲共有21个国家加入这个宣言，共同组成西大西洋的“安全区域”，以阻止在此区域的“战争行动”。根据这一宣言，美国海军在该区域开始了“中立巡逻”，罗斯福还预见到了未来随着战争的发展对运输船的需求将会不断增长，因此督促美国开始大力提高运输船和油轮的生产能力。

挪威战役

1940年3月，温斯顿·丘吉尔催促盟国政府尽快占领挪威，以阻止德国人把瑞典铁矿石经纳尔维克（Narvik）运到德国，并利用挪威的海空基地将德国海军封闭在北海。3月12日纳维尔·张伯伦（Neville Chamberlain）和新的法国总理保罗·雷诺（Paul Reynaud）终于同意了占领挪威的计划。

几乎同时，希特勒也完成了占领挪威的计划。德国人的计划惊险而复杂，以空降突击部队和海运登陆部队同时突袭并占领五个关键的挪威海港。德国海军的战舰要在夜色掩护之下突进挪威，运送登陆部队，然后在英国本土舰队和皇家空军反击之前，迅速返回德国。德国人得知了盟军占领挪威的计划，开始加快了进攻挪威的准备。由于波罗的海厚厚的冰层，而且雷德尔坚持要在新月发起进攻，行动日期被推迟到了4月9日，同时为阻止盟军在德军之前占领挪威，希特勒指示德国空军全力攻击在斯卡帕湾的本土舰队，潜艇则在北海巡逻。因此整个潜艇部队都被召集起来参与到挪威战役中，这在历史上还是第一次。潜艇部队的角色发生了根本而又危险的转变，以前潜艇只在遥远开阔的深海执行任务，自由度很大，潜艇在大多数情况下可以躲开护卫舰和猎潜舰，突袭独自航行的商船。在挪威 战役期间，潜艇部队则要在狭窄的北海和挪威海行动，在敌方潜艇和驱逐舰的威胁下袭击敌方战舰和运兵船。潜艇首先要阻止盟军从水上和陆上对挪威的

■ 斯卡帕湾的英雄U-47号潜艇也参加了挪威战役。

占领。B机关截获的情报显示，盟军的行动正在逼近，3月11日最高统帅部命令邓尼茨立即在挪威海域部署10艘远洋潜艇，在北海南部海域部署12艘小型潜艇以击退盟军的进攻行动。但在开始部署前，德国就损失了两艘远洋潜艇。3月11日，英国空军的布伦海姆轰炸机（Blenheim bomber）在威廉港附近海域发现了U-31号潜艇，飞行员米勒斯·威利尔斯·德莱普（Miles Villiers Delap）利用云层掩护向U-31号实施攻击，投下4枚炸弹，U-31号猝不及防被炸弹命中，当即被炸沉，艇员以及在潜艇上的10名技术人员全部丧生，这是第一艘被飞机击沉的潜艇，但随后被打捞了上来。3月13日，U-44号在黑尔戈兰湾（Helgolander Bucht）撞上水雷，并立即沉没了，全体艇员丧生，不过由于该艇沉没时非常突然来不及报告，所以邓尼茨很长时间里都不知道。

邓尼茨的部署如下：

纳尔维克（Narvik），U-46号、U-47号、U-49号和U-51号；

特隆赫姆（Trondheim），U-30号和U-34号；

卑尔根（Bergen），U-52号、U-38号、U-43号和U-44号（邓尼茨还不知道 它已经沉没了）。

当这些潜艇正在前往目的地时，德国空军于3月16日出动29架Ju-88和He-111飞机空袭斯卡帕湾，飞行员报告击伤2艘战列舰、1艘战列巡洋舰和2艘巡洋舰。而实际上只有“诺福克”（Norfolk）号巡洋舰受伤。德国最高统帅部认为这些受伤的军舰将会返回本土修理，所以命令邓尼茨将远洋潜艇组成“攻击群”去攻击这些战舰。邓尼茨随即作出调整，将5艘派往挪威的潜艇（其中也包括已经沉没了的U-44号）转往奥克尼群岛西部，其余5艘潜艇继续开往挪威。为了躲避德国空军的再次袭击，本土舰队于3月19日离开了斯卡帕湾。当天黎明，U-47号发现3艘战列舰，由多艘驱逐舰护航。但是这些战舰都在鱼雷有效射程之外，普里恩对此毫无办法。而且由于奥克尼群岛附近英国空军活动相当频繁，普里恩直到天黑才浮出水面进行了报告。除此之外攻击群的其他潜艇都没有任何发现。攻击群在奥克尼群岛附近待了大约10天，其中只有两艘潜艇获得了战果，U-38号击沉了3艘丹麦船共10299吨，U-47号击沉1艘1146吨丹麦船。所有的潜艇都要同恶劣天气和由反潜飞机与驱逐舰组成的猎潜舰队拼搏，难有收获。邓尼茨认为攻击群继续待在那里是浪费时间，请求最高统帅部同意用小型潜艇来替换这几艘远洋潜艇，在获得批准后，邓尼茨对远洋潜艇的部署进行了重组，命令U-44号、U-47号和U-49号返回威廉港，重新补给后前往挪威。U-38号和U-43号则留在原地等待替换潜艇，另外将U-52号从卑尔根调往奥克尼群岛。替换的小型潜艇于4月1日到达后，邓尼茨便将3艘远洋潜艇召回了威廉港。

在挪威海岸进行防御性巡逻的4艘潜艇的进攻目标被限制在了敌方战舰、潜艇和运兵船。U-30号在特隆赫姆攻击了一艘英国潜艇，但鱼雷失效，其他潜艇都无收获。邓尼茨让U-46号和U-51号留在挪威海域，但召回了U-30号和U-34号进行补给。U-46号留在纳尔维克，U-51号前往特隆赫姆。

在3月份有14艘小型潜艇被派往北海。其中有两艘替换攻击群的小型潜艇在奥克尼群岛附近发现了目标。U-19号击沉了4艘丹麦船共5517吨。U-57号击沉了2艘船共约7000吨，另有2艘潜艇沉没了：U-21号在挪威海域沉没，U-22号在苏格兰东北部海域失踪，估计是撞上了水雷。

3月份总共有24艘潜艇被派出去阻止假想中的盟军侵略，由于多种原因，盟军也推迟了进攻挪威的行动。这些潜艇总共击沉了12艘小型运输船约28000吨，这一战绩与损失4艘潜艇相比是不成比例的。其余20艘潜艇将要迎接最大挑战，虽然他们已经被巡逻弄得精疲力尽，但是他们已经没有时间为这次挑战休息和准备了。

4月1日，德国进攻挪威前夕，潜艇部队在役的潜艇已经缩减到了48艘，比战争开始时减少了9艘，邓尼茨派出了其中的32艘，不过由于最高统帅部的坚持，2艘远洋潜艇首先要为“亚特兰蒂斯”（Atlantis）号和“奥利安”（Orion）号辅助巡洋舰提供护航，其余12艘远洋潜艇，包括仍在巡逻的U-46号和U-51号被派往卑尔根北部海域，而18艘小型潜艇则在卑尔根南部和北海南部海域待命。

4月9日德国突袭挪威和丹麦，当晚德军已经控制了这两个国家的主要城市，盟军立即组织反击。德国海军蒙受了巨大损失：10艘驱逐舰在纳尔维克被困、重巡洋舰“布鲁彻尔”（Bluecher）号在奥斯陆被挪威岸炮击沉、轻巡洋舰“科尼斯堡”（Konigsberg）号在卑尔根海域被英军飞机击沉。此外还有6艘德国运输船被盟军击沉。

邓尼茨在纳尔维克布置了3艘远洋潜艇，U-51号发现来袭的英军驱逐舰，两次发射鱼雷但都未命中目标，随后浮出水面发射了信号弹，向德国驱逐舰发出警报。但是由于信号弹意义不明，因此德国驱逐舰没能意识到即将来临的危险，在随后的海战中遭到了惨重损失（2艘被击沉，3艘遭到重创）。U-25号和U-51号对撤出战斗的英国驱逐舰发动攻击，但发射的6枚鱼雷全部失效。希特勒担心纳尔维克战局不利，指示邓尼茨将所有可用的远洋潜艇派往那里，一方面阻击英国海军的后继进攻，一方面为2000名上岸的德军运送补给物资。于是邓尼茨增派了6艘远洋潜艇前往纳尔维克，其中4艘潜艇向纳尔维克运载补给物资。

4月11日U-48号在全速开赴纳尔维克的途中遇到英国本土舰队的3艘战列舰、3艘重巡洋舰、1艘轻巡洋舰和5艘驱逐舰，这几艘大家伙正在寻找德军的“格奈森诺”号和“沙恩霍斯特”号主力巡洋舰，U-48号立即勇敢地向3艘重巡洋舰发起进攻，先后发射了6枚鱼雷，其中4枚鱼雷提前引爆，另2枚失的。至4月12日，有12艘远洋潜艇已经到达或正在前往纳尔维克，其中有些笨重的大型潜艇根本不适合在这一水域作战，还有几艘潜艇则从在纳尔维克已经失去战斗力的德国驱逐舰和运输船上补充了燃料。尽管这些潜艇都活动在非常危险的浅海水域，但为了保持密切联系，所有潜艇还是都携带了密码机和海军密钥。那天通过密码通讯，潜艇得到了两条重要讯息。一是邓尼茨对鱼雷下达的新命令：对大船只使用触发引信鱼雷，对驱逐舰混合发射触发引信和磁引信。二是对潜艇的重新部署，基于B机关所截获的情报，预计盟军将会在瓦格斯峡湾（Vaags）登陆，派往纳尔维克的9艘潜艇中的4艘——U-38号、U-47号、U-49号和U-65号——被转派到瓦格斯峡湾。留在纳尔维克的5艘潜艇中U-25号和U-51号在外侧的佛斯特峡湾；U-46号、U-48号和U-64号在内侧的奥福特峡湾。

为了肃清德军残余的驱逐舰，英国海军于4月13日派出战列舰“厌战”（Warspite）号和9艘驱逐舰前往纳尔维克。U-65号发现

■挪威战役中遭到德国潜艇攻击的英国海军“尼尔森”号战列舰。

■ 深水炸弹攻击对于潜艇来说是十足的地狱。

英军舰队，虽然U-65号还未完成测试和鱼雷射击训练，并且是第一次出征，在海上总共只待了5天，艇长汉斯-格利特·斯托克豪森（Hans-Gerrit von Stockhausen）还是毫不犹豫地发起了进攻。他按规定向两艘驱逐舰分别发射了2枚鱼雷，1枚磁引信，1枚触发引信，全部失效，反而惊动了驱逐舰，遭到了驱逐舰的深水炸弹反击，U-65号被炸伤。英军舰队完好无损的进入了佛斯特峡湾，那是U-25号和U-51号的巡逻区域，U-25号也勇敢地向2艘驱逐舰发起攻击，并按规定混合发射了磁引信和触发引信鱼雷，也毫无结果。英国舰队继续深入，“厌战”号派出水上飞机前去侦察，飞行员提供了德军驱逐舰位置的宝贵讯息并发现有一艘潜艇停在赫尔扬斯峡湾（Herjangsfjord），那是U-64号。水上飞机立即向U-64号俯冲并投下了2枚炸弹，1枚将潜艇艇首炸开了一个大洞，大量海水涌进潜艇，U-64号几乎瞬间沉到了35米深的海底，这是继U-31号之后第二艘被飞机击沉的潜艇，U-64号艇员迅速逃生，除8人丧生外，其余都被救起。中午刚过，“厌战”号和9艘驱逐舰抵达奥福特峡湾，“暴怒”（Furious）号航空母舰也起飞舰载机助战，一举将德军在此地的8艘驱逐舰全部击沉。在奥福特峡湾有2艘潜艇：U-46号和U-48号，在狭窄的峡湾里不仅拥挤着9艘驱逐舰，还不断有飞机掠过头顶，这对潜艇来说简直是一个噩梦。U-46号锁定“厌战”号，但刚准备要发射鱼雷时，突然撞上了一块海图上没有标明的岩石并搁浅，整个潜艇首部都露出了水面，好在英国战舰都正忙于攻击德军驱逐舰，没有顾得上攻击潜艇，等解决了德军驱逐舰后，英军驱逐舰才开始攻击U-46号，U-46号受损严重，艇长索勒（Herbert Sohler）认为潜艇保不住了，下令销毁密码机和所有机密文件后准备弃艇。U-48号则将1艘英军驱逐舰误认为德军驱逐舰，浮出水面准备联络，直到发现那是一艘英国驱逐舰才紧急下潜，英军驱逐舰也发现了潜艇，随即投下了13枚深水炸弹，在狭窄的峡湾里深水炸弹爆炸的声音显得非常巨大，震耳欲聋，但却没有给潜艇造成致命损伤。随后U-48号靠近“厌战”号并发射了艇首4枚鱼雷——3枚触发引信，1枚磁引信，但也是没有任何结果。U-48号的一位艇员豪斯特·豪夫曼把这段时间称为“十足的地狱”，他回忆道：“每一天的每一个小时里我们都在攻击驱逐舰或被他们围攻。一天天一夜夜……我们潜行过峡湾的每一个角落，一圈又一圈……夜太短了，实在是太短了，我们无法将电池充满并让潜艇做好战斗准备。我们没有睡眠，也没有时间吃饭……我们用完了氧气瓶里的最后一点空气……我们一枚接一枚的将鱼雷发射出去，但没有一枚爆炸。所有的疲劳，所有的恐惧，所有的苦闷，所有的牺牲全是白费！”

当英国舰队从佛斯特峡湾撤退时，U-25号向“厌战”号和一艘驱逐舰各发射了一枚鱼雷，但都没有命中。

4月15日早晨，正如B机关通报的那样，英军登陆部队进入瓦格斯峡湾。此时有4艘潜艇在峡湾里：U-38号、U-47号、U-49号和U-65号，U-38号和U-65号首先展开攻击，U-38号攻击了“勇敢”（Valiant）号战列舰和“南安普顿”（Southampton）号巡洋舰，但没有1枚鱼雷命中。U-65号攻击了被征作运兵船的波兰客轮“巴特利”（Batery）号，但也没有命中。

由于挪威人在安多亚岛（Andorja）北部海面上看到了U-49号并向英国人作了报告，于是当英国舰队继续深入峡湾时，英军先派了2艘驱逐舰“无畏”（Fearless）号和“响亮”（Brazen）号前往报告中的U-49号所在位置，“无畏”号声呐很快发现了目标，随即投下了5枚深水炸弹，其中一枚在潜艇指挥塔附近爆炸，几乎使潜艇整个“跳”了起来。可能是1939年11月U-49号曾受到过了猛烈的深水炸弹攻击，虽然成功逃脱但给艇长科特·冯·高斯拉（ Kurt von Gossler）上尉留下了深刻印象。现在高斯拉的反应似乎有些失常，他惊慌失措地下令上浮，英舰立即开炮，其中一发正中指挥塔。高斯拉随即下令将潜艇炸沉然后弃艇，除了高斯拉和一名下士外，U-49号其余艇员都跳入了海中，高

■ 挪威战役期间普里恩接到邓尼茨发来的贺电，他的妻子为他生下了第二个女儿（邓尼茨的贺电极具潜艇部队特色：“今天一艘没有潜望镜的潜艇到来了。”）

斯拉和那个下士还在指挥塔上将文件往一个包里装。这些在“无畏”号上都看得一清二楚，英军立即用机枪扫射，迫使他们跳入水中，当然包也丢了。英军驱逐舰放下了救生艇营救幸存者（救起了42名艇员中的41人），也把这个包捞了上来。包里最有价值的是一张德国海军的方格海图，图上标有德国潜艇在挪威的部署情况，但是却没有密码的相关文件。就在U-49号沉没时，U-47号也在瓦格斯峡湾，艇长普里恩刚刚接到邓尼茨发来的贺电：他的妻子为他生下了第二个女儿（邓尼茨的贺电极具潜艇部队特色：“今天一艘没有潜望镜的潜艇到来了。”）——普里恩驶入了比格登峡湾（Bygdenfjord），这条峡

湾是瓦格斯峡湾的支湾，通往埃尔文纳斯镇（Elvenes），此时英军正在那里登陆。普里恩看到的景象让他的心都提到了嗓子眼上："3艘3万吨的大型运兵船和另外3艘运输船正由两艘巡洋舰护卫着，登陆部队正在下船！"此时普里恩完全可以再建一份殊勋：可以一次击沉15万吨敌船，包括2艘巡洋舰，彻底挫败英军在纳尔维克的反击。普里恩立即开始和副艇长英格尔伯特·恩德拉斯进行研究，计划先向4艘运输船只发射4枚艇首鱼雷，然后在鱼雷爆炸引起的混乱中装填艇首鱼雷管，接着浮出水面（以便能全速逃离），最后再向其他4艘船只发射4枚鱼雷。——22时42分普里恩开始了攻击，他在航海日志中写道："敌方船只像一堵墙一样横在面前，静止不动。使用艇首鱼雷管发射了4枚鱼雷，间隔8秒钟，水深设定在了3.7到4.5米。目标从左到右依次是：1艘巡洋舰，两艘运兵船，另1艘巡洋舰；距离只有700到1400米。"——但是什么也没有发生，鱼雷或者是从敌船底下穿过，或者是引信失灵了。普里恩愤怒的写下战绩："零。"不过英舰似乎没有察觉，于是普里恩下令给4个 鱼雷管装上鱼雷，发射前普里恩特意和鱼雷技师对鱼雷进行了仔细检查，并重新检查了发射诸元。午夜刚过，普里恩浮出水面，准备第二次攻击。第二次鱼雷攻击目标和第一次一样，定深设置和距离也一样，结果也一样——没有一枚命中，只是其中1枚鱼雷偏离了航线撞上了远处的岩石并爆炸了（英军居然没有任何反应）。普里恩和他的艇员们非常沮丧和愤怒——8枚鱼雷（6枚触发引信，2枚磁引信）没有1枚击中静止的目标。普里恩在尾部鱼雷管中又装入了1枚鱼雷，准备在撤离时发射。但当U-47号全速撤离时，在一个海图上没有标明的沙洲上搁浅，更要命的是此时还在英军巡洋舰的射程之内！普里恩开动柴油机全力后退，并排空了前压载舱。但这些努力没能让潜艇摆脱沙洲，普里恩命令所有不值更人员到甲板上去把潜艇"摇下来"，他们在甲板上疯狂的跑来跑去以摇动潜艇，终于离开了沙洲，但右舷柴油机因为旋转过快，负荷过大而损坏，只好转换电动机向瓦格斯峡湾驶去。到达深海之后向邓尼茨汇报了鱼雷失效和柴油机损坏情况，因柴油机无法维修，不得不中断任务返航。

在收到普里恩的报告后，邓尼茨也很沮丧和愤怒，他写道："连这些静止的船只都打不中，这简直根本不可能的。我们潜艇部队发现触发引信和磁引信都不能正常工作。实际上，潜艇等于没有任何的武器。"4月16日邓尼茨向雷德尔汇报了潜艇的鱼雷灾难，表示潜艇携带这种鱼雷出海作战简直等于犯罪——甚至更糟。请求采取紧急措施来纠正这些错误。雷德尔立即表示赞同，并承诺将再次委托一个技术委员会对鱼雷进行彻底检查。

虽然希特勒下令要在纳尔维克战斗到最后一个人，但邓尼茨还是坚持要让潜艇从佛斯特、奥福特和瓦格斯峡湾撤回。经雷德尔同意邓尼茨命令纳尔维克的4艘潜艇撤回。在瓦格斯峡湾附近也只剩了2艘潜艇。

4月18号和19日，在挪威海域使用磁引信的潜艇继续遭遇失败。U-65号向1艘驶出瓦格斯峡湾的轻巡洋舰发射了3枚鱼雷，但鱼雷全部提前爆炸。U-38号和U-51号对巡洋舰的攻击也未成功。返航途中的U-47攻击了由2艘驱逐舰护卫的“厌战”号战列舰，从830米距离发射2枚磁引信鱼雷，均未命中。其中一枚爆炸后惊动了驱逐舰，使U-47号遭到了围攻，但最后普里恩还是成功逃脱了。后来，U-47号还遇到了一支大型护航船队，尽管还有4枚鱼雷，但普里恩已对鱼雷彻底失去信心了，所以他放弃了进攻。不过U-47号将该护航船队的情况用无线电作了通报。U-25号、U-38号和U-56号先后赶到，在海况很恶劣的情况下向护航船队发起了进攻，但均未命中。U-38号也因缺乏润滑油而被迫返航，算上返航的U-47号，这样挪威海域只剩下了两艘潜艇，邓尼茨让这2艘潜艇到设得兰群岛和奥克尼群岛西部巡逻。U-56号曾遇到1艘战列舰和1艘重型巡洋舰，但却无法找到合适的攻击阵位。而U-25号则没有发现任何目标。

在纳尔维克的9艘潜艇未能给德国部队提供任何帮助，它们没能击沉1艘敌船，而

■ U-47号潜艇因鱼雷失效和柴油机损坏，而不得不中断任务返航。

且损失了2艘（U-49号和U-64号）。邓尼茨向特隆赫姆海域派出4艘潜艇，U-30号、U-50号前往特隆赫姆北部的纳姆索斯峡湾，U-34号和U-52号前往特隆赫姆南部的罗姆斯达斯峡湾。4月6日，在驶向纳姆索斯峡湾途中，U-50号触雷沉没，艇员全部丧生。另外3艘潜艇都发现了目标并发起攻击，但是由于盟军严密的反潜措施，而且鱼雷几乎全部失效，只有U-34号重创了挪威布雷艇“弗洛亚”（Froeya）号。随后邓尼茨命令U-46号和U-51号先去援助纳姆索斯和罗姆斯达斯峡湾的潜艇。U-46号攻击了法国驱逐舰“阿巴特罗”（Albatros）号，但没有命中。U-51号攻击了1艘英国重巡洋舰，也没有命中。U-34号攻击了1艘驱逐舰和1艘巡洋舰，都未命中。

认识到鱼雷失效的问题后，邓尼茨也撤出了特隆赫姆海域的所有潜艇，他命令U-46号和U-51号回国，U-30号、U-34号和U-52号则转至奥克尼群岛和设得兰群岛附近巡逻。

此后邓尼茨只允许远洋潜艇执行补给任务。第一批驶向纳尔维克的4艘担负补给任务的潜艇U-26号、U-29号和U-43号中途转往特隆赫姆，U-61号则转到卑尔根。还有3艘前往特隆赫姆的潜艇UA、U-32号和U-101号（U-101号原来的舷号是U-71，之所以改为U-101是为了掩饰德国潜艇的生产数量）是担负运送航空汽油的任务，在行程中，泄漏出来的航空汽油的蒸汽几乎让U-32号的船员失去了作战能力。于是邓尼茨取消了所有的运送航空汽油的计划。在返回德国的途中，4月21日U-26号击沉了5159吨的英国船“克达班克”（Cedarbank）号，这艘英国船是派往挪威的13艘远洋潜艇的唯一战果。

另有4艘小型潜艇也被派往挪威，这样出动的小型潜艇总数就达到了22艘，大部分在挪威南部海域或者北部浅海区巡逻，但也有一小部分在苏格兰东北部和奥克尼群岛附近活动。这22艘潜艇击沉了3艘船共约8100吨。其中1090吨的英国潜艇“蓟”（Thistle）号在斯塔万格（Stavanger）附近海域于4月10日被U-4号击沉，全部人员丧生。“蓟”号是第一艘确认被德国潜艇击沉的盟军潜艇，也是唯一一艘在挪威行动中被潜艇击沉的盟军战舰。而U-1号于4月6日因为触雷而沉没。

4月26日，纳尔维克和特隆赫姆附近的地面战斗正在激烈进行中，由于鱼雷问题，最高统帅部决定从挪威撤回全部潜艇，包括6艘担负补给任务的潜艇、20艘远洋潜艇和22艘小型潜艇。4月份，在挪威的42艘潜艇总共击沉了8艘船只，32522吨——才不过只相当于在挪威战区以外活动的U-37号击沉吨位数的一半。这点微不足道的收获付出了4艘潜艇的代价，因此潜艇部队在挪威战役中是一次彻底的失败。邓尼茨愤怒地将潜艇的失败归咎于鱼雷的缺陷。他们有足够的理由这么说，但是对鱼雷的指责掩盖了一个战略上的教训，潜艇没能完成从运输船杀手到战列舰杀手的角色转变。战列舰都是有装甲防护，还有飞机和驱逐舰护航。潜艇在面对这些战舰时，进攻就显得特别无力。这一点在浅海海域和北极圈内昼长夜短的几个月里表现得特别突出，因此停止破交作战而用潜艇去参加挪威战役是一个错误，但对鱼雷的指责部分地将这个错误掩盖掉了，所以德国最高统帅部没有完全意识到这一点，那么这个错误还将重演。

窝囊的鱼雷

战争初期，英国的反潜措施除了采取护航运输船队体制以外，就几乎没有其他有效的措施了。航空母舰编队的攻击性反潜战术，因“勇敢”号航空母舰被击沉而夭折；反潜飞机装备的MK I型雷达性能欠佳，只能发现5000米内水面状态航行的潜艇，在能见度好的情况下，潜艇甚至通过目视观察能先发现飞机！而且反潜飞机由于使用的炸弹性能不佳，投向潜艇后反而会被水面反弹到空中爆炸，对飞机所造成的损害竟然更甚于对潜艇的损害！有2架飞机就这样被自己投下的炸弹所击落。加之反潜飞机数量严重不足，逼得英国只好无奈地采取“稻草人”战术，即征用大量民间飞行俱乐部无武装的飞机，沿海岸飞行，以迫使德军潜艇下潜，并及时发现被击沉的运输船，这种落后的战术竟然一直使用到1940年5月法国沦陷后。要使反潜飞机真正在作战中发挥作用，不仅要对炸弹进行改装，还要安装轰炸瞄准具和新型的探

■ 德国潜艇的鱼雷舱，鱼雷问题是战争初期一直困扰德国潜艇的大麻烦。

测仪，完成这些工作都需要时间。

在1939年9月至1940年5月大西洋之战的第一阶段较量中，德军潜艇部队由于种种原因，主要是受潜艇数量限制，基本战术只是单艇作战和布雷。但是邓尼茨还是按照战前的设想开始进行集群作战的尝试性实验，第一次是1939年10月中旬，出动6艘潜艇，结果其中1艘在英吉利海峡触雷沉没，2艘在攻击护航运输船队中被击沉，因此集群作战实验没有成功。1939年11月中旬，邓尼茨再次出动4艘潜艇进行集群作战尝试，U-53号潜艇发现了KS-27护航运输船队，尽管多次遭到英军护航军舰和水上飞机的压制和驱赶，仍一直保持着与船队的接触，并引导其他3艘潜艇赶来，但因种种原因没能达成集群攻击，潜艇只对掉队的船只进行了攻击。

尽管集群攻击战术未能如愿，但德军潜艇以单艇在英国港口和近岸航线实施阵地伏击或机动伏击，或在护航运输船队可能的航线或广阔海域实施游猎作战，仍取得了不小的战果。9月击沉41艘同盟国及中立国的船只(本书所统计的船只数量、吨位均包括同盟国和中立国，下同）计15.3万吨，10月击沉27艘计13.5万吨，11月击沉21艘计5.2万吨，12月击沉25艘计8.1万吨，其中11月和12月战绩下降的原因是战争爆发后出击的潜艇陆续返回基地补充给养，由于潜艇数量少，基地距离作战海域又远，在大西洋活动的潜艇数量大为降低，通常只有3至5艘，从未超过8艘。至1939年底德军共损失潜艇9艘（依次为U-39号、U-27号、U-12号、U-40号、U-42号、U-45号、U-16号、U-35号、U-36号)，几乎占其潜艇总数的六分之一。

此阶段，最使邓尼茨高兴的是，有关破

■ 英军反潜飞机由于使用的炸弹性能不佳，投向潜艇后反而会被水面反弹到空中爆炸，对飞机所造成的损害竟然更甚于对潜艇的损害。

■ 正在装填鱼雷的德国潜艇。

交作战的种种限制逐渐被取消，9月23日获准可以攻击命令停止航行但仍在使用无线电报警的船只；9月24日获准可以攻击法国船只；9月30日可以攻击任何在北海航行的船只；10 月2日从英法沿岸至西经15度海域航行的所有船只均可以予以攻击；10月17日获准攻击除客轮以外的任何敌方船只；10月19日从英法沿岸至西经20度海域航行的船只只要实行灯火管制均可予以攻击；11月17日终于取消所有限制，开始实施无任何限制的潜艇战！——至此，邓尼茨终于可以彻底放开手脚大干一场了！

1939年11月，美国终于逐渐认识到纳粹德国的残暴本性，开始改变了禁止向交战双方出售武器或贷款的中立立场，国会通过了中立法的修正案，允许在“现金交易运输自理”的原则下出售武器，也就是购买武器的国家必须用现金支付，并用自己的船只运输。从纸面上看这对双方都是公平的，其实由于德国海军力量非常薄弱，根本无力保护自己船只的海上运输，所以这一修正案实质是在公正的幌子下明显站到了英国一边。

进入1940年，德军潜艇的破交作战仍未有突破性的进展，1月击沉40艘商船，计11.1万吨，2月击沉45艘，计17万吨。2月间邓尼茨第三次组织集群作战试验，派出5艘潜艇前往北大西洋，结果U-54号发现了法国的两支护航运输船队，但该集群中的另2艘潜艇由于距

■ 鱼雷问题是自战争爆发以来影响潜艇部队斗志的最大问题，也严重削弱了他们的战果。

■ 德国潜艇鱼雷舱内的鱼雷发射管。

离太远无法及时赶到，只是攻击了因掉队而落后的船只，第三次集群攻击的尝试又告失败。

3月4日德国最高统帅部下达了禁止潜艇执行破交作战的命令，将其全部潜艇都投入到即将发起的挪威战役。根据这一命令德军投入挪威战役的潜艇达31艘，占其潜艇总数的65%，为此邓尼茨不仅从潜艇学校抽回了担负训练任务的潜艇，还缩短了2艘新下水潜艇的试航时间，除了少数几艘在进行检修的潜艇外几乎尽数参战。但令邓尼茨哭笑不得的是在此战役中，潜艇部队被赋予的任务居然是侦察和掩护己方舰队的活动，这简直是潜艇使用的极大误区，因此白白付出了4艘潜艇的损失，唯一的收获就是在作战中发现了G7型鱼雷存在的巨大缺陷，先后实施鱼雷攻击36次，均无建树，被潜艇部队官兵称为“窝囊的鱼雷”。可以设想如果没有及时发现这一问题，在以后攻击拥有强大护航兵力的船队时，潜艇必将遭致惨重的损失，从这个角度来看，挪威战役对于德军潜艇部队而言并非一无是处。

4月出航作战的奇袭斯卡帕湾的英雄普里恩先后发射了近10枚鱼雷，或是错过目标才爆炸或是压根没爆炸，对鱼雷完全丧失了信心而返回基地，在向邓尼茨汇报时就说“难道要我们用木头枪来打仗吗？”U-56号艇长察安（Wilhelm Zahu）少校更是郁闷，冲进一支英军军舰编队，好不容易抢占有利阵位发射3枚鱼雷，甚至都能从声呐里听到鱼雷撞击上军舰的砰砰声，却仍没有爆炸，反而差点被英国驱逐舰发现，险些葬身大海，察安竟然因此而钻了牛角尖，开始有些神经质，以至于邓尼茨不得不把他调到后方的潜艇学校。据不完全统计，德国潜艇鱼雷至少有30%没有爆炸，这种糟糕的情况不仅严重贻误战机错失战果，而且还极大威胁着潜艇自身的安全。

有关鱼雷的问题俯拾皆是：

1939年9月14日，U-39号在攻击英国海军“皇家方舟”号航空母舰时发射2枚鱼雷，提前爆炸导致U-39号被英舰发现而遭击沉；9月14日，U-29号在攻击英国运输船时发射2枚鱼雷未爆炸；

9月27日，U-27号在攻击运输船时发射的鱼雷提早爆炸还伤及潜艇；

10月18日，U-46号在攻击运输船时发射的鱼雷提早爆炸；

10月19日，U-49号在攻击时发射4枚鱼雷，3枚提早爆炸，1枚未爆炸……

邓尼茨在日记中这样谈及鱼雷问题：“鱼雷已在很大程度上不适应前线作战了，这是自战争爆发以来影响潜艇部队斗志的最大问题，也严重削弱了他们的战果。在发射出去的鱼雷中至少有25%失效，在不成功的攻击中至少有40%是因为鱼雷问题造成的。这些都大大降低了潜艇官兵对鱼雷的信任。在严密的防御下，他们一再努力使鱼雷保持最

■由于鱼雷一再出现故障，甲板炮又将成为潜艇官兵最可信赖的武器。

■潜艇官兵在装填鱼雷。

好状态，在勇敢的进攻中一再经历失败，以及由于鱼雷失效而给潜艇带来的危险……尽管潜艇部队在和平时期经过了基本训练，但因为鱼雷的失效使他们没能得到期待中的东西，这是非常痛苦的。”有鉴于此，1940年4月下旬，邓尼茨成立了鱼雷调查委员会，由奥斯卡·库默兹（Oskar kummetz）和人称“鱼雷独裁者”的鱼雷专家科内里乌斯（E. A. Cornelius）一起负责，调查鱼雷出现的问题。

挪威战役中，鱼雷问题再次凸显，U-25号、U-48号和U-51号3艘潜艇共发射了12枚鱼雷，其中8枚提前引爆或失效了，失效率达到66%。究竟是什么引起了这次鱼雷灾难？难道是北方高纬度地区的地球磁场变化？或者是因为挪威的铁矿？还是其他原因呢？鱼雷调查委员会负责人库默兹与“鱼雷独裁者”科内里乌斯以及其他鱼雷工程师进行了研究，他们怀疑是地球磁场或者是挪威铁矿造成了鱼雷失效，但是他们却无法提供任何帮助。邓尼茨只得让所有的潜艇换下磁引信，只使用触发引信。然而由于鱼雷有越跑越深的缺点（那时还没有解决），那些吃水浅的船只就被排除在目标范围之外了，其中也包括驱逐舰，这种限制是无法想象的。最后邓尼茨决定并命令在北纬62度以北地区的潜艇要混合

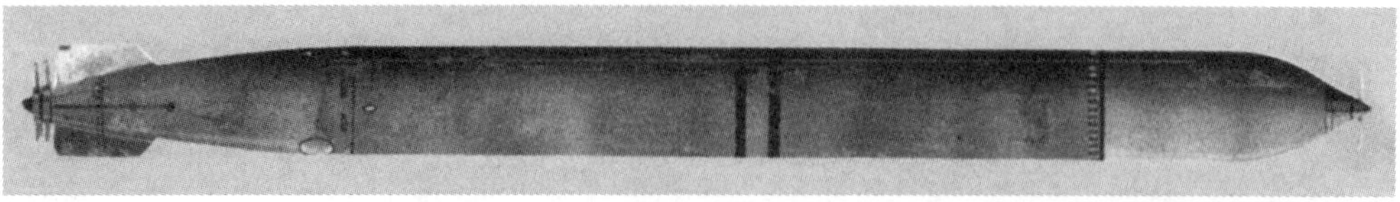

■ 潜艇最有效的武器鱼雷，在战争早期因故障不断而被德军潜艇部队官兵称为“窝囊的鱼雷”。

使用磁引信和触发引信鱼雷。4个艇首鱼雷发射管中要装1枚磁引信鱼雷和3枚触发引信鱼雷。在攻击吃水较深的船只（巡洋舰及以上舰艇），只能使用触发引信鱼雷。在攻击吃水浅的船只时（如驱逐舰等），发射2枚鱼雷，1枚触发引信，1枚磁引信。为避免磁引信鱼雷提前爆炸会引爆触发引信鱼雷，2枚鱼雷要先后相隔8秒钟发射。

但是触发引信也存在问题，直到1940年6月才彻底解决。而且使用威力较小的触发引信，以往只需一枚鱼雷就能解决的攻击，至少需要两枚，也就使得潜艇在作战中消耗鱼雷的速度大大增加，因此作战时间大大缩短，很多潜艇在返航途中眼睁睁看着英国运输船队穿梭而行却没有鱼雷可以使用。

在德军潜艇官兵的俚语中，通常将鱼雷亲昵地称作“鳗鲡”，战争中德军潜艇装备的鱼雷主要有四种：I型鱼雷，即G7a型，G表示型号，7表示鱼雷长度为7.8码（合7.16米），a表示蒸汽推动。由于该鱼雷较高的可靠性而在整个战争中被广为使用，I型鱼雷直径533毫米，雷头装有280公斤高爆炸药，采取触发引信或磁性引信，鱼雷由燃烧或压缩空气产生的气体压力推进，速度可根据具体情况设定为30节、40节和44节，对应射程分别为12.5公里、7.5公里和6公里。

III型鱼雷，即G7e型，由II型改进而成，鱼雷直径、雷头装药量都和G7a一样，最大的区别就在于推进方式不同，e表示电动推进，G7e采取铅酸电池组提供动力的电动机，因此在发射时没有气泡痕迹，大大提高了潜艇的隐蔽性。但缺点就是速度只有30节，射程也不过5公里，而且发射前必须经过较长时间的

■正准备送到潜艇上的鱼雷，图中的轨道是码头上专门为运送鱼雷和水雷铺设的。

■鱼雷在运输船旁爆炸激起的水柱。

预热，日常维护也相当烦琐，几乎每三天就得进行一次检修保养。

反护航鱼雷，又叫弹簧操纵鱼雷，1943年4月开始装备，是在G7a和G7e鱼雷基础上改进导航系统研制而成的，鱼雷发射后在导航系统的引导下，先以直线航行，然后再向左或向右进行不规则的曲线航行，最终将随机命中船队队列中的船只。同盟国将这种鱼雷称作“卷毛”。

V型鱼雷，即音响自导鱼雷，1943年9月开始装备部队，代号“鹪鹩”，能根据目标船只发动机产生的噪音自动追踪，直至命中。是二战中最先进的鱼雷，可惜数量较少，通常每艘潜艇每次出航最多配备4枚，一般用于攻击船队的护航军舰，以打开船队的护航警戒圈，再用常规鱼雷攻击运输船。

5月挪威战役结束后，一些潜艇急需检修，还有几艘潜艇作为训练潜艇配属给了潜艇学校，新下水的潜艇还需要试航和训练，德军能投入大西洋执行破交任务的只有30艘潜艇，每天真正战斗在大西洋最前线的潜艇不超过10艘。鉴于如此情况，邓尼茨只好将集群攻击战术暂时搁置起来，等待以后拥有足够数量潜艇时再实施，并根据现在的实际情况提出了“经济使用原则”，即尽量将潜艇派到英国护航力量最薄弱的海域，力求每艘潜艇都能发挥最大效率。邓尼茨在威廉港潜艇部队指挥部的作战室里，将作战情况用大幅图表显示出来，进行仔细的研究分析，并据此来指挥潜艇作战。

至1940年6月，德军潜艇共击沉船只242艘，总吨位约85万吨。这些损失对英国而言，还是能够承受的，因为同一时期里新建造的船只吨位完全弥补了损失，而且英国的反潜战总体情况还不算坏，击沉了德军24艘潜艇，并将德军潜艇逐渐逐出近岸海域。

IA型潜艇	
建造时间	1934—1936年
舷号	U-25、U-26
艇长	72.39米
艇宽	6.21米
吃水	4.3米
排水量	水面862吨；水下983吨
航速	水面18.6节；水下8.3节
续航力	水面7900／10（英里／节）；水下78／4（英里／节）
动力装置	2台1540马力柴油发动机；2台500马力电动发动机
武备	6个鱼雷发射管（4／2，艇首／艇尾），14/枚鱼雷；1门105毫米甲板炮
艇员	44—46人

IIA型潜艇	
建造时间	1935年
舷号	U-1—U-6
艇长	40.9米
艇宽	4.08米
吃水	3.83米
排水量	水面254吨；水下303吨
航速	水面13节；水下6.9节
续航力	水面1600／8（英里／节）；水下35／4（英里／节）
动力装置	2台350马力MWM柴油发动机；2台180马力电动发动机
武备	3个艇首鱼雷发射管，5枚鱼雷；1挺20毫米高射机枪
艇员	22—24人

IIB型潜艇	
建造时间	1934—1940年
舷号	U-7—U-24、U-120、U-121
艇长	42.7米
艇宽	4.08米
吃水	3.9米
排水量	水面279吨；水下328吨
航速	水面13节；水下7节
续航力	水面3100／8（英里／节）；水下43／4（英里／节）
动力装置	2台350马力MWM柴油发动机；2台180马力电动发动机
武备	3个艇首鱼雷发射管，5枚鱼雷；1挺20毫米高射机枪
艇员	22—24人

IIC型潜艇	
建造时间	1937—1940年
舷号	U-56—U-63
艇长	43.9米
艇宽	4.08米

吃水	3.82米
排水量	水面291吨；水下341吨
航速	水面12节；水下7节
续航力	水面3800/8（英里/节）；水下42/4（英里/节）
动力装置	2台350马力MWM柴油发动机；2台205马力电动发动机
武备	3个艇首鱼雷发射管，5枚鱼雷；1挺20毫米高射机枪
艇员	22—24人

ID型潜艇	
建造时间	1939—1941年
舷号	U-137—U-152
艇长	43.97米
艇宽	4.08米
吃水	3.93米
排水量	水面314吨；水下364吨
航速	水面12.7节；水下7.4节
续航力	水面5650/8（英里/节）；水下56/4（英里/节）
动力装置	2台350马力MWM柴油发动机；2台205马力电动发动机
武备	3个艇首鱼雷发射管，5枚鱼雷；1挺20毫米高射机枪
艇员	22—24人

II型潜艇是由一战中的UB型潜艇改进而来，由于体积较小，造价低廉所以可以在很短的时间里大量建造。II型潜艇起初是作为训练艇设计建造，艇首安装了3个鱼雷发射管，采用与众不同的倒三角布局——其中两个位于左右舷，另一个位于潜艇中线下方。事实也证明这的确是一种适合教学训练的潜艇。由于排水量较小，艇内空间极其有限，而且潜艇在上浮过程中易翻滚，这使得II型潜艇得到了一个难堪的绰号——“独木舟”。然而II型潜艇在战斗中的表现与其在训练中一样出色。

II型潜艇还派生出几种不同的型号。其中，IIA型共建造6艘。IIB型潜艇是IIA型的加长型，艇内空间的加大使得潜艇可装载更多的燃油，续航力得到了显著提高，紧急下潜时间也从先前的35秒缩短到30秒。IIB型潜艇共建造了20艘，是改进型潜艇中建造数量最多的。IIC型潜艇在IIB型的基础上再次将艇体作了加长设计，燃油装载量也随之获得进一步提升。IIC型潜艇的控制室也较以往更大，而且还安装了第二部潜望镜。IIC型与IIA和IIB型的差别从外表上很容易辨认，前者具有平直的指挥塔，后者呈阶梯状。IIC型仅建造了8艘。若不是外型较小，IID型潜艇几乎可以被看作是VII型，二者具有相同的较大的指挥塔和指挥塔后部的高射炮平台。IID型艇具有独特的鞍状储水舱，续航力也较先前艇型有较大提升。IID型潜艇总共建造了16艘。

VII型潜艇采用单壳体结构，其燃油舱位于耐压壳体内部而非鞍状储水舱内部，这就有效保护了艇内宝贵的燃油。除了艇身中部的主压载水舱外，在潜艇的耐压壳体外部的前后方设计了两个副压载水舱，两个巨大的鞍状储水舱分布在艇体两侧。耐压壳体外部是一个流线型的外部整流壳体，耐压壳顶部和甲板之间分布着大量的管线和内部设备、甲板炮的弹药柜、救生小艇和用于存储鱼雷的专用舱室。88毫米甲板炮安装在指挥塔前方，指挥塔后面则安装了一门20毫米高射机枪。

VIIA型潜艇	
建造时间	1935—1937年
舷号	U-27—U-36
艇长	64.51米
艇宽	5.85米
吃水	4.37米
排水量	水面626吨；水下745吨

航速	水面17节；水下8节
续航力	水面6200／10（英里／节）；水下94／4（英里／节）
动力装置	2台1155马力柴油发动机；2台375马力电动发动机
武备	4个艇首鱼雷发射管，1个艇尾鱼雷发射管；1挺20毫米高射机枪；1门88毫米甲板炮
艇员	42—46人

VIIB型潜艇	
建造时间	1936—1940年
舷号	U-45—U-55、U-73—U-76、U-83—U-87、U-99—U-102
艇长	66.5米
艇宽	6.2米
吃水	4.74米
排水量	水面753吨；水下857吨
航速	水面17.9节；水下8节
续航力	水面8700／10（英里／节）；水下90／4（英里／节）
动力装置	2台1600马力柴油发动机；2台375马力电动发动机
武备	4个艇首鱼雷发射管，1个艇尾鱼雷发射管；1挺20毫米高射机枪；1门88毫米甲板炮
艇员	44—48人

VIIC型潜艇	
建造时间	1938—1944年
舷号	略
艇长	67.1米
艇宽	6.2米
吃水	4.74米
排水量	水面769吨；水下871吨
航速	水面17.7节；水下7.6节
续航力	水面8500／10（英里／节）；水下80／4（英里／节）
动力装置	2台1600马力柴油发动机；2台375马力电动发动机
武备	4个艇首鱼雷发射管，1个艇尾鱼雷发射管；1挺20毫米高射机枪；1门88毫米甲板炮
艇员	44—52人

VIIA型艇是VII型的第一个派生型号，最终完成了10艘。其中4艘是在日耳曼尼亚造船厂建造，6艘来自威塞尔造船厂。第一艘VIIA型潜艇U-33号的设计工作于1933年至1934年间进行，建造工作则始于1935年2月，该艇于1936年6月11日竣工下水。VIIA型潜艇被当作是德国海军第一种真正意义上的攻击型潜艇，很受潜艇艇员欢迎。VIIA型潜艇的推进力比II型潜艇有了大幅度提高，操纵也更为灵活，VIIA型潜艇最显著的外部特征是潜艇后部甲板上的鱼雷发射管的隆起部分，该艇安装有5具鱼雷发射管并可携带11枚鱼雷和22枚TMA型水雷或33枚TMB型水雷。潜艇安装了甲板炮，备弹220发。

VIIB型艇较先前的艇型有重大改进，其方向舵由1个改为2个。这样，VIIA型艇艇尾的外部鱼雷发射管便可以移至耐压壳体内部，鱼雷可以从两个方向舵之间发射。潜艇的长度也增加了2米，这样，鞍状储水舱内即可设计安装附加的燃油舱。燃油舱设计了自我补偿机制，当燃油在潜艇航行过程中从舱顶不断提取时，海水可由底部注入以实现重力平衡。同时，自我补偿机制的运用还可极大的防止潜艇在上浮过程中可能发生的翻滚现象。此外，柴油机还设计安装了涡轮增压机以提高潜艇的航速。所有这些改进都使得VIIB型艇的排水量显著增大。VIIB型艇总共建造了24艘。

VII型艇最著名的派生型号是VIIC型艇，该型艇原本为安装新型声呐搜索设备而设计，所以指挥塔和控制室的空间都有所加大。艇上还设计安装了附加的储水舱，与原有的鞍状储水舱一同为潜艇大大缩短了紧急下潜的时间。柴油机安装有新的过滤系统和柴油压缩机，同时艇上的电力系统也有较大改进。VIIC型艇比VIIB型艇排水量更大，使得VIIC型艇的航速不及前者。除了几艘后来的潜艇以外，所有VIIC型艇都装备有5个鱼雷发射管（4个位于艇首，1个位于艇尾），而诸如U-72号、U-78号、U-80号、U-554号和U-555号都只在艇首装有2具鱼雷发射管，U-203号、U-331号、U-351号、U-401号、U-431号、U-651号则没有艇尾鱼雷发射管。VIIC型潜艇自1941年以来就是二战中德国潜艇部队的主力，在整个大战期间它的建造工作就一直没有终止过。第一艘服役的VIIC型潜艇是1940年的U-69号，最终建成服役568艘。

IX型潜艇	
建造时间	1936—1939年
舷号	U-37—U-44
艇长	76.6米
艇宽	6.51米
吃水	4.7米
排水量	水面1032吨；水下1152吨
航速	水面18.2节；水下7.7节
续航力	水面10500／10（英里／节）；水下78／4（英里／节）
动力装置	2台2200马力MWM柴油发动机；2台500马力电动发动机
武备	4个艇首鱼雷发射管，2个艇尾鱼雷发射管；1挺20毫米高射机枪；1门105毫米甲板炮；1门37毫米甲板炮
艇员	48—56人

IXB型潜艇	
建造时间	1937—1940年
舷号	U-64、U-65、U-103—U-111、U-122—U-124
艇长	76.5米
艇宽	6.76米
吃水	4.7米
排水量	水面1051吨；水下1178吨
航速	水面18.2节；水下7.3节
续航力	水面12000／10（英里／节）；水下78／4（英里／节）
动力装置	2台2200马力MWM柴油发动机；2台500马力电动发动机
武备	4个艇首鱼雷发射管，2个艇尾鱼雷发射管；1挺20毫米高射机枪；1门105毫米甲板炮；1门37毫米甲板炮
艇员	48—56人

IX型潜艇是由设计并不成功的IA型艇发展而来，起初是为远洋作战用途而设计。对于横渡大西洋前往美国水域作战而言，VII型艇自然可以胜任，但排水量更大、航程更远的潜艇对于德国海军而言意味着他们可以将潜艇派往包括南大西洋和印度洋在内的任何海域作战。

IX型潜艇的设计下潜深度为100米，紧急情况下可下潜至200米深度。艇上安装有6具鱼雷发射管，艇上设计安装了5个外部鱼雷舱（艇首2个，艇尾3个），可装载10枚备用鱼雷，IX型潜艇共可携带22枚鱼雷和44枚TMA型水雷（或66枚TMB水雷）。潜艇安装有105毫米甲板炮，备弹110发，艇上还可携带一架水上飞机。

IX型艇的基本型IX型艇是一种装备良好的远洋潜艇，但最终只建造了8艘。IXB型潜艇是IX型潜艇的一种改进型，其燃油舱体积比IX型艇稍大，故而航程有所增大，但其水下航速也因此受到了轻微影响。IXB型艇甲板炮的安装位置也更靠近指挥塔。共有14艘IXB型潜艇被建造出来。IXB型潜艇是二战中最为成功的潜艇之一，每艘IXB型艇平均击沉敌舰的吨位数都达到了100000吨。

第五章 “快乐时光”（1940年6月至12月）

再回北大西洋的准备

1940年5月10日，挪威战役仍在进行之中，德军就向西欧发动了闪击攻势。由于在挪威战役中损失了5艘潜艇，还有一些潜艇需要修整，连续作战的艇员们也急需休息，所以在闪击战初期邓尼茨只派出了8艘II型潜艇前往北海，其中3艘击沉了包括法国潜艇“道瑞斯”（Doris）号和英国驱逐舰“格拉夫顿”（Grafton）号在内的6艘舰船。英国炮舰“威斯顿”（Weston）号发现并重创了U-13号，艇长马科斯·舒尔特（Max Shulte）被迫将潜艇凿沉，全体艇员被俘。英军打捞U-13号残骸时，发现了邓尼茨下达的“永久性作战命令”（standing orders），命令中明确禁止潜艇在英国附近海域营救任何敌方幸存者（原文为“不要营救任何人，不要带他们一起走，不要协助敌方救生艇”）。——战后在纽伦堡（Nuremberg）大审判时，曾以此指控邓尼茨发起的潜艇战是不人道不合法的。邓尼茨反驳说这些命令是非常必要的，因为很多潜艇艇长已经习惯于营救遇难者了，而在防卫严密的英伦附近海域这就等于“自杀”。

在鱼雷故障的困扰下，原先士气高昂的潜艇官兵也失去了继续战斗的动力，邓尼茨在日记里写道：“我们对于鱼雷已经信心全无，历史上用如此无效的武器对付敌人也是

■ 战后在纽伦堡接受审判的邓尼茨。

绝无仅有的吧！我们勇敢的艇员们在经历了最近几个月的失败之后，也都变得异常消沉，甚至都陷入了绝望之中。”

挪威战役结束后，邓尼茨立刻搜集了所有的鱼雷发射记录并对其进行了细致分析：累计发射了38枚鱼雷，其中包括对敌战列舰4次攻击，对巡洋舰14次攻击，对驱逐舰10次攻击和对运输船10次攻击。扣除发射距离远、敌舰航速太快、视线暗淡等不利条件，至少应当命中20艘舰艇，然而由于鱼雷的失效，这些敌舰都毫发无损。邓尼茨用这些令人沮丧的资料向鱼雷管理机构施加压力，并得到了海军总司令雷德尔和最高统帅部的支持。在收到邓尼茨的失败总结后，最高统帅部记录道：“致命的技术缺陷导致了鱼雷的连续失败 ……这是在德国海军可以决定战争胜负时期经历的一次历史性的失败。”雷德尔强调解决鱼雷问题是德国海军当前“最紧急任务”，他向潜艇部队保证：鱼雷检查和整修将摆在一切工作的首位。邓尼茨也花费大量时间来寻求解决鱼雷缺陷的有效方法——但结果并不满意。他在日记中写道：“我必须亲自对鱼雷的失败和修整进行调查研究，也许这听起来有点荒谬，因为这本该是技术部门的工作。但由于他们在处理任务时缺乏效率，我不得不亲自来处理这些事情。”这时邓尼茨已经对磁引信鱼雷丧失了信心，因为它们的确太复杂而又太敏感了。此外，他还断定英军采取了一种可降低军舰周围磁场的方法来使得磁引信鱼雷的效用大大降低，因此他要求首先开展对触发引信鱼雷的分析。

■ 由于接连不断的问题，潜艇艇员对鱼雷已经丧失了信心。

鱼雷专家绰号“鱼雷独裁者”的科内里乌斯对触发引信鱼雷进行了全面彻底的检测，他认为拙劣而过于复杂的设计是导致鱼雷大量失效的根源，而之所以现在才发现这些缺陷则是由于在和平年代鱼雷工程师没有进行足够的检测。

5月5日德军俘获了英国布雷艇“海豹”

(Seal)号，在对该艇上缴获的触发水雷进行研究之后，邓尼茨认为它们的引信“非常完美高效”，并立即要求德军仿造，在英国技术的“帮助”下，德军很快就生产出了非常高效的触发引信鱼雷。同时，科内里乌斯对鱼雷在运行深度方面的缺陷也进行改进，使鱼雷可以在距预定深度0.45米的范围内运行。实际上，鱼雷在运行深度方面的问题并没有完全解决。直到两年后也仍然如此，因为控制深度的液压阀在鱼雷的平衡腔内，但是鱼雷的舵轴也穿过这里，使得这个平衡腔不再是完全密封的。因而当潜艇长时间潜航（如挪威战役中）时，潜艇内气压的升高将导致平衡腔内的气压也随之升高。液压阀在海平面气压下才能正常工作，因而平衡腔内升高的气压将导致鱼雷的航道变深。最近的检测都是对潜航时间很短的潜艇执行的，而此时平衡腔的不完全密封均未对液压阀产生不良影响，因而这些缺陷再次被忽视了。

邓尼茨为下一步应该怎样做而大伤脑筋：重新开始大西洋的潜艇战还是等到鱼雷全面改进之后呢？按邓尼茨的回忆，他的参谋长艾博哈德·高特（Eberhard Godt）坚持在鱼雷问题得到改进之前，不应当恢复潜艇战。邓尼茨则认为任何的延误都将给士气和效率带来“极大的损失”。2月份在大西洋上的潜艇，尽管很不成熟，有着诸多的缺陷，且使用磁引信鱼雷，却还是取得了相当可观的战绩。现在科内里乌斯已经解决了触发引信鱼雷的问题，而且磁引信鱼雷也已得到了很多改进，因此尽管“胜利的曙光还很微弱”，邓尼茨还是坚持让潜艇重新投入到大西洋战争中去。

在潜艇重新参战之前，为鼓舞士气，雷德尔视察潜艇部队并向邓尼茨颁发了骑士十字勋章。随后，邓尼茨又为两位王牌艇长维尔纳·哈特曼（Werner Hartman）和击沉“勇敢”（Courageous）号航空母舰的奥托·舒哈特（Otto Schuhart）颁发了骑士勋章，邓尼茨还视察了每一支潜艇支队的指挥部和每一艘潜艇，并对一些重要指挥官和参谋人员进行

■ 德国海军潜艇部队参谋长艾博哈德·高特坚持在鱼雷问题改进之前，不应当恢复潜艇战。

了调整。

邓尼茨决定重新开始大西洋潜艇战时还是采取1939年9月的开放型进攻战术：在尽可能广的前线集中所有兵力发起进攻。但是希特勒要求潜艇部队为在挪威的德国陆军运送补给物资，最高统帅部因此命令邓尼茨调用7艘远洋潜艇执行此项任务，另外造船厂的繁忙工作也耽误了潜艇的整修。邓尼茨不得不将大规模进攻作战时间推迟到6月份。

序幕

大西洋潜艇战的序幕其实早在5月就拉开了，有6艘远洋潜艇出航，但U-28号和U-48号由于机械故障不得不返航，剩下的U-29号、U-37号、U-43号和U-101号（该艇为最新的VIIB型）4艘潜艇抵达大西洋。而此时邓尼茨已经从希特勒那里得到了最新命令，5月24日起，潜艇可以在不发出警告的情况下击沉任何船只，包括没有护航的中立国船只。

U-37号用甲板炮击沉了1艘5000吨的瑞士货船和1艘9500吨的英国货船，取得了开门红。然而5月23日，发射5枚改进了的磁引信鱼雷全都失效。接到报告后邓尼茨立刻下令在磁引信鱼雷得到彻底改进之前不得使用。

依靠改进过的触发引信鱼雷，U-37号在接下来的几天里，接连用鱼雷击沉了3艘敌船，随后又用甲板炮、爆破和鱼雷击沉6艘船只。5月27日下午，在费尼斯特雷海角（Cape Finisterre，位于西班牙最西端）附近击沉了英国货船“西夫米德”（Sheaf Mead）号，船上31人丧生。这次事件引起了争议，开火之前，艇长奥恩观察到这艘船安装有火炮，而且船体又恰好是英国军舰最常见的灰色，所以判断是英军的辅助巡洋舰，也就在浮上水面后没有为幸存者提供任何帮助，他

■ U-37号潜艇上的甲板炮，就是这门炮取得了击沉多艘货船的战绩。

回忆道：“大量残骸漂浮在水面上。我们靠过去想确认船只名字。船员们依靠那些残骸和倾覆的船只进行自救。我们捞起了一个救生圈，上面没有名字，于是我向木筏上的一个人打听，他几乎头也没抬，说：‘没有名字’。一个年轻的男孩在水里喊：‘救救我，请救救我！’其他人则很镇静，他们看起来很疲惫很衰弱，但脸上都流露出一种深深的仇恨。然后我们又开始了既定的行程。”——在纽伦堡审判时，公诉人就利用奥恩拒绝营救“西夫米德”号的幸存者来证明德国潜艇的残忍本性，并指控奥恩“异常无情地”对待遇难者。

由于用完了鱼雷和弹药，U-37号在经历了26天的海上战斗后返回了威廉港。奥恩以击沉10艘共41207吨的辉煌战绩为新的大西洋潜艇战拉开了帷幕。

另外3艘潜艇都在一周之内进入了巡航海域，U-29号和U-43号没有U-37号那样幸运，几乎是空手而回。相比之下，第一次出航的U-101号可谓福星高照，在驶向西部大道途中就击沉了3艘英国货船，共计14200吨。之后，这3艘潜艇开始在伊比利亚（Iberian）海域巡逻，因为在这里，他们可以在必要时偷偷到西班牙港口添加燃料。

6月6日，U-101号在里斯本附近发现了一个大家伙，确认为1艘大型希腊客轮。但当潜艇浮出水面靠近客轮，命令船长在十分钟之内放下救生艇疏散乘客之后，发现这是从里斯本驶向爱尔兰戈尔韦（Galway Ireland）的美国客轮“华盛顿”（Washington）号，艇长在发现这个错误后立即向船长致歉并离去，尽管没有对客轮造成任何伤害，但是德国潜艇的行动仍激起美国民众很大的愤怒。

危险逼近

6月22日法国投降，英国海军面临更大的威胁，因为在德法条约中规定，德国可以自由出入从英吉利海峡向南到波尔多（Bordeaux）法国大西洋沿岸比斯开湾（Bay of Biscay）的海军基地，这样就从侧翼威胁到了英国至地中海的航线。更严重的是，英国海军还将担负起原先由法国海军负责的对抗意大利海军的重担，意大利海军拥有4艘战列舰、19艘巡洋舰、59艘驱逐舰和115艘潜艇。看上去意大利海军115艘潜艇是个极大的威胁，毕竟从数量上看是德国潜艇的两倍。但是意大利潜艇的战斗力比德国潜艇可要差很多，开战后54艘出海的潜艇中，在3天内就有28艘被迫中途撤回，另外在随后的20天里损失了10艘！损失的原因既有潜艇设计上的拙劣，也有训练的欠缺，这些严重损失也为意大利海军敲响了警钟。

法国的突然战败加上意大利的参战，使得英国处于非常险恶的情况，这也让美国大

■ 潜艇为了延长作战航程，海上补给是必须的。

为震惊，美国担心英国也坚持不了多久，更担心希特勒在占领英国之后，将利用外交或武力等方式占领拉丁美洲，给美国带来直接的战略威胁。因此英国成为了美国关注的焦点。1940年初夏，这种对英国命运的关注激发起了美国增加军事装备的欲望。罗斯福政府认为当前最紧迫的任务就是积蓄更强大的海军和空军力量。倘若英国步了法国的后尘，那么强大的皇家海军也就会落入希特勒手中，美国将被迫与德国、意大利、法国和英国这四大海军力量的联合体作战！而此时在太平洋的日本也在步步逼近，为了保障美国在远东地区的重要军事基地——菲律宾的安全，罗斯福总统将大批军舰调往夏威夷的珍珠港（Pear Harbor, Hawaii），这样就使得大西洋的海军力量进一步被削弱。

二战爆发后，罗斯福总统就建议增加25%的航空母舰、巡洋舰和潜艇吨位。6月14日，巴黎沦陷时，美国国会批准了这一计划。考虑到德国、日本以及“联合德国”与日本协同作战可能给美国带来的威胁，罗斯福于6月17日建议国会拨款40亿美元用于建造一支“两洋海军”（Two Ocean Navy），在计划建造吨位上再增加1325000吨，国会没有经过多少讨论就通过了这个法案，此后美国就开始了一个大规模的军舰建造工程。

对西半球战争的关注使得罗斯福开始重新考虑丘吉尔借用美国50艘旧驱逐舰的请求，罗斯福在给丘吉尔的密信中写到他将努

美国援助英国驱逐舰

根据1940年9月2日美英签署的《驱逐舰换基地协定》，英国将巴哈马群岛、牙买加群岛、安提瓜群岛、圣露西亚岛、千里达岛和英属圭亚那等海空基地使用权转让给美国99年（另百慕大岛和纽芬兰阿瓦朗岛无偿交予美国使用），换取美国50艘旧驱逐舰。虽然很多人会认为，用这么多基地99年的使用权来换取50艘老旧驱逐舰，实在有些亏。但这批驱逐舰解决了当时英国护航舰艇极其紧缺的困难，虽然性能老旧，但有总比没有强，主要作用是填补英国新建驱逐舰来不及服役的空缺，对于大西洋护航作战具有极其重要的作用。更深层次的价值在于改变了美国的中立立场，这一政治影响远比军事战术作用要大要深远。所以说老谋深算的英国，在这一协议上并没有吃亏。

美国提供的50艘驱逐舰包括3艘考德威尔（Caldwell）级、27艘威克斯（Wickes）级和20艘克莱姆森（Clemson）级，都是美国在第一次世界大战中大量建造的平甲板驱逐舰，因其都是采用4个锅炉4个烟囱，而被称为“四烟囱舰”。排水量在1100—1300吨之间，最高航速30—35节，主炮为4座单管102毫米炮。20世纪30年代后逐渐退役封存。二战爆发后美国海军将其重新启封使用，而给英国的50艘是其中舰况最差的。

9月9日（即协议生效后第8天）英国就接受了第一批8艘，至12月5日，英国海军接受了全部50艘驱逐舰，随即将6艘转交给加拿大海军，用城镇名字重新命名，故统称为城级（Town Class），然后根据所要担负的反潜护航任务进行改装，主要是拆除鱼雷发射管加装深水炸弹发射器、换装主炮、加装雷达等。

这50艘驱逐舰在二战中总共俘虏两艘德国潜艇、击沉8艘德国潜艇和1艘意大利潜艇，损失10艘（被潜艇击沉6艘，触雷沉没1艘，遭空袭沉没1艘，特种作战沉没1艘，撞击事故沉没1艘）。战争期间分别有13艘租借给加拿大和挪威，还有8艘则根据《租借法案》转交给苏联（20世纪40年代末归还英国），40年代末在战争中幸存下来的40艘全部解体或作为废钢铁出售。

力争取公众和国会的支持来赢得对英国的帮助，要求丘吉尔保证皇家海军舰队宁可自行炸毁也不会归顺德国，并要英国将纽芬兰（Newfoundland）岛、百慕大（Bermuda）岛、巴哈马（Bahamas）群岛、牙买加（Jamaica）群岛、圣露西亚（St.Lucia）岛、千里达（Trinidad）岛和英属圭亚那（Guyana）等地卖给或租赁给美国99年，以利于美国抵抗其他国家对美国的入侵。——8月罗斯福总统秘密派遣以葛莱姆上将为团长的军事代表团前往英国，与英国进行会谈，并制定美国一旦参战后在大西洋与英国海军合作的计划，英国还将一年来在海战中所取得的经验和情报以及雷达等先进技术无偿提供给美国。在此基础上，美英参谋长于1941年1月至3月在华盛顿举行了秘密谈判，签订了“ABC-1”协定，协定中规定不论美国是否参战都将担负起在北大西洋护航的主要责任。同时经多次磋商，1940年9月2日美英达成协定，英国将其在巴哈马群岛、牙买加群岛、安提瓜（Antigua）岛、圣露西亚岛、千里达岛和英属圭亚那等地的海空军基地99年的使用权，同时将纽芬兰的阿根夏和百慕大岛基地无偿提供给美国使用，换取美国50艘超龄服役的旧驱逐舰。这一协议已经改变了美国的中立地位，引起了德国的极大不满，希特勒随即下令取消潜艇袭击美国商船的最后限制，甚至

■ 根据美英签署的“驱逐舰换基地”协定，50艘美国驱逐舰开往英国。

还产生了夺取大西洋中部某些岛屿的想法，但德国仍尽量避免与美国发生直接冲突，同时严令海军舰艇不得攻击美军舰艇。

快乐时光

1940年6月是英国几近崩溃的困难岁月，要同时应对诸多挑战：撤退在法国和挪威的部队；准备对北非法国海军基地的进攻，对抗意大利海军；准备应对德国对英国的入侵…… 这么多的战备需要再加上挪威战役和敦克尔克（Dunkirk）撤退中有15艘驱逐舰沉没，27艘驱逐舰受伤，更使得英国护航舰艇大量减少。邓尼茨恰好在英国护航和反潜力量最为薄弱时展开大规模潜艇战，潜艇艇员们也已经摆脱了挪威战役的阴影，U-37号和U-101号的胜利使他们恢复了对鱼雷的信心，当然，仅仅限于触发引信鱼雷。

6月1日，完成作战准备的潜艇达到了21艘，是1939年9月以来的最大数量。雷德尔决定全力打击从挪威撤出的盟军，除了出动水面舰艇外，还命令邓尼茨派出潜艇，因此5艘远洋潜艇被调往奥克尼（Orkney）群岛附近伏击从挪威撤离的盟军船舰。其中U-65号由于机械故障而不得不停留在卑尔根（Bergen）；UA号、U-25号、U-51号和U-52号也都没有发现什么目标，这一艇群解散后，UA号驶向法罗群岛-冰岛（Faeroes-Iceland）附近海域，其他潜艇则驶向了西部大道（Western Approaches）。就这样德军在防卫相对薄弱的西部大道集结了9艘潜艇，其中包括普里恩的U-47号（他在奥克尼群岛附近营救了3名迫降的德国空军飞行员）、里伯的U-38号（他将德国间谍沃尔特·西蒙‘Walter Simon’送上爱尔兰丁格湾‘Dingle Bay’，但西蒙上岸几个小时后被捕了）。这9艘依靠触发引信鱼雷的潜艇在几天时间里就完成了一次惊人的大屠杀，其中8艘击沉了31艘162500吨。U-47号击沉了7艘36000吨；U-38号击沉了6艘30400吨；U-32号击沉了5艘16000吨；U-51号击沉了3艘22200吨；U-28号击沉了3艘10300吨；U-52号击沉了3艘9400吨；U-65号击沉了2艘29300吨；U-30号击沉了2艘8900吨；U-25号在对1艘油轮进行攻击时遭到撞击，潜望镜和指挥塔受损而不得不返航。

鱼雷用完后，9艘潜艇中的6艘陪同受损的U-25号一起返回了德国。7月2日在北海峡（North Channel，位于北爱尔兰与苏格兰间）附近，只剩1枚问题鱼雷的U-47号遇到了15500吨的英国远洋客轮“阿兰朵拉·斯达”（Arandora Star）号，普里恩看到它船头和船尾都有火炮，于是就在1600米距离发射了最后那枚被认为有缺陷的鱼雷，结果一举击中！因为天色已亮，普里恩没有观察攻击结果就继续前进了，他不知道的是，“阿兰朵拉·斯达”号上有要运往加拿大的1299个德国人和意大利人，其中有86个被判为“品行败坏”的德国战俘和479个被判为危害社会治安的普通德国罪犯和734个意大利普通罪犯。另有200个英国海军看守这些德国人和意大利人，加上船员，这艘船上共有1673人。然而这艘船并没有可以表明其特殊身份的标志，皇家海军司令部也没有为它申请自由通航（Free Passage）的权利。该船被鱼雷炸开一个大洞开始进水后在水面飘浮了大约一个小时，这段时间里发出了紧急求救信号（SOS）并且放下10艘救生艇和许多木筏以疏散乘客。1架侦察机在收到求救信号后，就迅速飞往事发地点上空并投下大量紧急用品，156公里外护送“纳尔逊”（Nelson）号战列舰的加拿大驱逐舰“圣劳伦特”（St.Laurent）号也赶来营救。由于有侦察机的引导，“圣劳伦特”号很快到达了现场，首先救起10艘救生艇上的数百个幸存者，然后再由那10艘救生艇和驱逐舰上的救生艇去营救在木筏和残骸上的幸存者。在短短的35分钟里，就救出了所有看到的全部幸存者，包括322个德国人、243个意大利人、163个看守和119个船员，但死亡人数仍高达826人，这是战争中被德国潜艇击沉的非作战船只中死亡人数最多的一次。

U-46号和U-48号被调往伊比利亚海域，与那里的U-29号、U-43号和U-101号组成艇群，由U-48号艇长汉斯·罗森统一指挥，阻截正向英国运送25000名澳大利亚士兵的护航船队。在会合点以南，U-48号和U-46号都遇到了很多舰船，U-48号击沉3艘击伤1艘，U-46号则击沉4艘重创1艘，所以2艘潜艇抵达会合点时鱼雷都已经所剩无几。

U-101号在驶向会合点途中又击沉3艘，其中最后1艘是在预定会合时间的前一天，也就是6月14日击沉的。这可能引起了护航船队的警觉，改变了航向，因此艇群没能发现护航船队，也就一无所获。邓尼茨随即解散了该艇群，命令这5艘潜艇独立巡逻。U-101号用最后1枚鱼雷击沉了13200吨的“威灵顿·斯达”（Wellington Star）号英国轮船，战绩达到7艘42022吨，使得他在战绩榜中仅次于普里恩名列第二。U-48号又击沉了4艘，使得总战绩达到了31500吨。U-46号攻击了“皇家方舟”（Ark Royal）号航空母舰，但3枚鱼雷均未命中。不过在回国之前，又击沉了1艘船，使得战绩达到了5艘35300吨。

由于7艘潜艇从西部大道撤回，3艘从伊比利亚海域撤回，UA号被派往非洲海岸，这样在大西洋上就只剩下4艘潜艇（U-29号、U-30号、U-43号和U-52号），这4艘潜艇都有足够的鱼雷（U-43号和U-29号还没有开张），邓尼茨命令这4艘潜艇到西班牙港口从停泊在那里的德国油轮上添加燃料。加过燃料之后，这4艘潜艇又各自巡航。U-29号击沉了4艘25000吨，但由于潜望镜故障不得不返回德国。U-43号也击沉了4艘29000吨。U-43号在海上足足待了70天，这是一个新的海上持续作战时间记录，该艇取得了击沉6艘的战绩。U-52号的战绩也有4艘。

6月里最后一批驶离德国的5艘潜艇（U-26号、U-34号、U-99号、U-102号和U-122号）抵达了大西洋，这时U-26号出现了严重的柴油机故障，但该艇还是坚持执行巡逻任务并击沉了3艘货船。英军“剑兰”（Gladiolus）号驱潜快艇（“Corvette”本书译为驱潜快艇，也有译为小型护卫舰或轻型护卫舰）在声呐的帮助下确定了U-26号的位置，投下了36枚深水炸弹，这些深水炸弹在U-26号附近爆炸，使潜艇出现了漏水，但并没有造成致命损伤。6月1日清晨，U-26号浮上水面准备对电池充电并企图借助雾气掩护以水面航行逃走。但英国炮舰“罗彻斯特”（Rochest）号和岸防司令部的澳大利亚第10空军中队吉布森（Gibson）驾驶的侦察机已经赶到了现场，看到U-26号浮出水面，“罗彻斯特”号就高速向它撞去。在军舰和飞机的协同攻击下，U-26号被迫下潜。侦察机对着U-26号下潜时激起的漩涡俯冲投弹，投下了4颗113公斤的反潜炸弹，炸弹的近距离爆炸引起了潜艇的震动，虽然这些炸弹并没有给U-26号带来实质性的伤害，但是U-26号的电池已经完全没有电了而且“剑兰”号投下的深水炸弹所引起的创伤仍在进水，只得浮出水面，艇长斯灵格下令炸毁潜艇。见到U-26号浮出水面，侦察机又投下了4颗炸弹，但此时U-26号的轮机长已经开始炸艇了，艇员们也都跳到了水里，U-26号开始急速下沉。“罗彻斯特”号救起全部48名艇员。

同一天，U-102号就在不远处巡逻，击沉了从护航船队里掉队的“科莱顿”（Clearton）号货船。在收到“科莱顿”号呼救信号后，英国驱逐舰“范西塔特”（Vansittart）号迅速赶来，大约一个小时后，“范西塔特”号通过声呐确定了U-102号的精确位置，随即投下了11枚深水炸弹，此后“范西塔特”号再也没有U-102号的声呐信号，只发现海面上出现了一大片油渍——可以确定，U-102号被击沉。

6月21日U-122号在报告击沉1艘5100吨的船只和天气非常适合空军作战后便杳无音信了，由于不能够把它的失踪和任何的盟军攻击联系起来，估计是意外事故导致其沉没。6月从德国出发的最后两艘潜艇是U-34和U-99号。U-99号航行途中由于一个艇员病重而不得不将其送往卑尔根，这次转向使得U-99号闯入了从特隆赫姆（Trondheim）返航的“沙恩霍斯特”（Scharnhorst）号战列舰的航线，“沙恩霍斯特”号的水上侦察机将U-99号误认为是英国潜艇，用炸弹将其炸伤，U-99号被迫返回德国进行维修。

7月初U-34和U-99号抵达了西部大道，

U-34号斩获颇丰，击沉8艘22400吨。U-99号也击沉了4艘13800吨。在一次攻击中，U-99号被1艘英国护卫舰发现并遭到了密集深水炸弹攻击，艇长克雷齐默尔数到127枚之多，迫使U-99号潜航18小时并下潜到了前所未有的210米。

由于U-26号、U-102号和U-122号的沉没，大西洋上只剩下4艘潜艇：U-30、U-52、U-34和U-99号，这4艘潜艇幸运地成为第一批享用在德国占领的法国地区建立的新基地的潜艇。德法停战协议签定仅仅几个小时，邓尼茨就飞往法国西部沿海为潜艇寻找新的栖身之地，他选定了5个地方：布勒斯特（Brest）、洛里昂（Lorient）、圣纳泽尔（St.Nazaire）、拉帕里斯（La Pallice）和波尔多。同时，潜艇司令部组织一列满载鱼雷、潜艇备用部件的火车驶往洛里昂，在洛里昂，德国潜艇部队已经建立起了第一个潜艇基地。洛里昂曾经是法国海军基地，而且没有遭到破坏，一位德国军官曾将其描述为“一个讨人嫌的典型的布里多尼（Breton）地区省会城市”。

德国占领了法国、挪威，原先极其不利的海上态势顿时改观，从洛里昂、布勒斯特、圣纳泽尔等港口出发，潜艇可以直接进入大西洋，比从德国本土基地出发，航程足足缩短了800公里，连250吨级的小型潜艇也能进入大西洋，而大型潜艇更是能够深入到

■ 法国港口正在建造中的潜艇洞库。

■ 7月7日U-30号首先抵达洛里昂，这是第一艘抵达法国港口的德国潜艇。

大西洋中部海域活动，而且潜艇在消耗完了所携带的弹药、燃料和物资后，也不再需要长途跋涉返回本土基地补给，可以就近驶往比斯开湾港口进行补给和检修，因此邓尼兹对于这些基地的建设非常重视，亲自来到比斯开湾各港口监督建造工程。

7月7日U-30号首先抵达洛里昂，接着U-52号、U-34号和U-99号也陆续到达。此后，从卑尔根出航的U-56号和U-58号也抵达了洛里昂。艇员们还是喜欢德国本土基地，在基尔和威廉港可以离亲戚朋友更近，但是他们很快就习惯了法国的生活，精美的法国食物，香槟和白兰地，还有年轻漂亮的法国女人。

5月出航的4艘加上6月出航的16艘，总共20艘潜艇经过确认总共击沉了91艘477409吨，其中包括10艘油轮，平均每艘潜艇每次出巡可击沉4.3艘23000吨，这是目前为止的最好战果，因此被称为“快乐时光”的开始。

邓尼茨对于在大西洋重新开始的潜艇战结果非常满意。虽然有3艘潜艇被炸沉，但是每艘潜艇的沉没可以换来30艘敌船的沉没，这种交换率甚至可以跟第一次世界大战中的最高记录相媲美。

6月潜艇的全力参战使得7月时邓尼茨只有留在洛里昂的4艘潜艇可以出航，而且其中2艘还出现了严重的柴油机故障，这就迫使他空前依赖于卑尔根基地的II型小型潜艇。

从洛里昂出征

7月10日，不列颠空战正式开始，德国空军对西部大道和英吉利海峡的英国船队进行了密集轰炸以吸引英国战斗机投入到空战中，德国空军炸沉了33艘70000吨。这些船只损失以及鉴于德国空军可能带来的更大损失，迫使英国海军将护航船队的航线北移，实际关闭了进入英国南部和西南部的航线，这无形中增加了潜艇攻击的复杂度。

新建的潜艇基地洛里昂是攻击英国船队的理想位置，但在7月邓尼茨已经没有多少力量了，因为大部分潜艇都已经返回德国进行维护，只有4艘远洋潜艇可以从洛里昂出航。这时B机关为邓尼茨提供了英国海军将对奥兰（Oran）和达喀尔（Dakar）的法国海军基地进行攻击的情报，邓尼茨命令U-30号前往直布罗陀海峡附近巡逻，正在非洲海岸巡逻的UA号则驶向达喀尔附近。尽管U-30号和UA号都有柴油机故障，但他们都不打算放弃。7月13日，U-30号从洛里昂出发，它是第一艘到达洛里昂也是第一艘从洛里昂出航的潜艇，但柴油机出现了更多的故障，只得在击沉1艘小型货船后返回洛里昂。在开往达喀尔的途中，UA号击沉了1艘5800吨的挪威船，但是也报告柴油机故障并请求返航，邓尼茨拒绝了返航请求并命令与该海域活动的德国辅助巡洋舰“企鹅”（Pinguin）号会合，从“企鹅”号上得到帮助并补充燃料，然后协同展开破交作战。

此时，B机关提供了英国海军调整护航船队航线的情报：英国针对德国空袭和在法国建立潜艇基地而将航线北移，将水上和空中护航范围扩展到西经17度，距离英国大约580公里。这使得可能的攻击区域转移到罗卡尔海岸（Rockall Bank）的西部或西北部，在大西洋海域行程安全的情况下，它距离威廉港和洛里昂的距离相等。因此，从洛里昂出航的优势大为降低，洛里昂相对于威廉港的优势主要就在，威廉港出入北海的海域狭窄且有水雷，白天也必须在水下潜航以

■ 即将进入洞库的潜艇，尽管洞库顶部设计的很高，但潜艇的指挥塔仍然几乎碰到了洞库顶部。

■今天拍摄的位于法国圣纳泽尔的潜艇洞库旧址外景。

■一个位于洞库顶部的高炮阵地。

■ 法国港口的潜艇洞库内景。

免遭攻击。护航航线扩展到西经17度给邓尼茨出了两大难题，首先为了能够攻击没有护航的船队，潜艇必须在西经17度以西实施攻击。西经17度以西已经不属于英国海域，而无限制潜艇战目前还仅限于在英国海域，因此必须将无限制潜艇战范围进一步放宽。第二个难题就是要到这么远的海域实施攻击，携带燃料较少的VII型潜艇就难以承担。获得这些情报后，邓尼茨于7月22日飞往洛里昂与4艘潜艇的艇长会晤，最后决定U-30号、U-34号和U-52号返回德国。

7月23日U-34号首先离开洛里昂，根据B机关提供的情报，在罗卡尔海岸附近攻击了HX-58船队，击沉4艘29300吨。在返回德国途中，还用最后1枚鱼雷击沉了英国潜艇“旗鱼”（Spearfish）号。这样U-34号此次出航的战绩达到了13艘74300吨。再加上以前的战绩，艇长罗尔曼总战绩达24艘121900吨，因而获得骑士十字勋章（这是德国潜艇部队获得的第五枚骑士十字勋章），但由于严重故障，U-34号结束了征战生涯，被派往潜艇学校作为训练艇，罗尔曼也调到潜艇学校任教官。

U-99号第二个启航，沿英国海岸向北海驶去，在3天时间里击沉了4艘32300吨，随即受到了护航舰艇的猛烈攻击，但均被成功躲避。此后U-99号又攻击了3艘油轮，艇长克雷齐默尔认为3艘油轮全部被击沉，实际上3艘油轮都只是受伤，并没有沉没。尽管邓尼茨知道克雷齐默尔报告的战绩有些夸大，但还是将其战绩确认为65137吨，使他的总战绩超过了100000吨，符合获得骑士十字勋章的标准，雷德尔和邓尼茨在码头上为他颁发了勋章（根据战后公布资料，克雷齐默尔在U-23和U-99号上的总战绩是15.5艘70740吨）。U-30和U-52号最后从洛里昂出航，在归国途中U-30号击沉了2艘12400吨，但因柴油机故障只得停止作战直接返回德国。艇长伦普的战绩包括“雅典娜”号共计16艘80232吨，再加上击伤“巴勒姆”（Barham）号战列舰，

■ U-29号潜艇从法国洛里昂出发，码头上的军乐队为其送行。

■ 停泊在法国布勒斯特港口的II型潜艇。

也有资格获得骑士十字勋章了。U-30号回到德国后退役，伦普和大部分艇员则被派往新的潜艇。U-52号在归国途中击沉了3艘17100吨，但也遭受到了深水炸弹攻击而受伤，使得潜艇在船厂进行了4个月的维修。

至7月底，总共18艘II型和IIB型小型潜艇都被调往潜艇学校供教学用。艾姆斯曼支队（Emsmann Flotilla）的7艘IIC型（U-56−U-62号）以卑尔根作为基地在大西洋巡逻，巡逻结束则返回卑尔根或洛里昂。7月在防卫严密的北海峡进行了9次巡逻，共击沉了12艘64600吨，其中U-56号击沉17000吨的英国辅助巡洋舰“特兰西瓦尼亚”（Transylvania）号，是最大的一艘。

这些“独木舟”潜艇出航有很多意义：可以培养新的艇长和艇员获取实战经验；可以吸引敌人反潜力量的注意而为远洋潜艇做掩护；可以发现护航船队……但是由于潜艇学校学生数量增多，德国海军决定从10月1日起，将艾姆斯曼支队的7艘小型潜艇以及新建成的16艘IID型（U-137−U-152号）中的大多数和2艘原本用于出口的IIB型（U-120和U-121号）都调往潜艇学校，这实际上等于宣告了II型小型潜艇彻底结束了在英国海域的作战。

7月开始随着潜艇供应船的服役，可以在海上对潜艇进行燃料、鱼雷和食品的补给，更是大大提高了潜艇的在航率和第一线活动的巡航时间。7月前平均至少需要2.35艘潜艇才能保障1艘潜艇在海上战斗巡航，7月以后

潜艇洞库

德国海军并非仅仅为潜艇建造洞库工事，同样的防御措施还在摩托快艇部队上得到采用。德国人还为海军舰艇所用的弹药库和其他军用物资仓库建造了类似的防御工事，其中还包括大量一般性的防御碉堡和炮兵掩体。这些都是在建造被称作“大西洋壁垒”的海岸防御工程同时进行的，两者在物资和人员的需求上还产生过一定冲突。

负责此项系统工程的部门是德国海军建设部（Marinebauwesens）。这个部门战前曾负责建造位于黑尔戈兰湾（Helgolander Bucht）的大规模海军基地防御工事，从中得到的一些有益经验就用在了1941年占领法国后得到的部分港口工事的建造中。具体的工程施工则延续了第一次世界大战期间德国海军在布鲁日（Brugge，位于比利时）建造潜艇基地时确立的设计方案和施工体系。

实际施工则由弗里茨·陶德博士领导的国营工程局负责。弗里茨·陶德曾经承担了1938年德国西部国境线的防御工事的设计建造，为此在自己手中集合了大批出色的建设工人。国营工程局下属的工人曾一度达到30万人。此外还包括数千名工程技术专家对工程质量进行监督。大战爆发后，德军势如破竹般相继占领了法国和其他一些欧洲低地国家。国营工程局又在法国巴黎成立了一个分支机构，在占领区征召大量工人为德国海军潜艇部队建造码头和洞库工事。有意思的是，在法国，来自德国的工人和在法国当地征召的工人之间相处得十分融洽。法国工人和来自其他欧洲国家的工人都得到了较好的待遇，因为他们的技术水平确实较高，从而得到了那些来自德国同行的尊敬。但是在挪威，在那里被迫工作的从苏联战俘中征召的工人境遇就相当悲惨了。平均每个潜艇洞库工程要用到超过15000名工人，施工实行12小时工作制，工人们分两班轮换工作以保持24小时施工不间断，夜间施工则由探照灯甚至北极的极光照明。只有在空袭警报响起的时候，施工才会被迫暂时中断。

在整个工程中，不少德国公司都涉足其中，包括西门子—鲍尔联合公司在内的几家公司承包了混凝土工程，电力设施的施工则由西门子—舒克公司负责，机械生产的任务则由著名的MAN公司承包，该公司为工程提供用于码头和船坞所用的混凝

■ 正在潜艇洞库进行维修的潜艇。

■ 由士兵把守的一个位于洛里昂的潜艇洞库，其顶部突起的部分其实是一个高炮掩体。

■ U艇倾巢出动后，平静的潜艇基地。

■ 布勒斯特，在U-20号潜艇的前方正在建造一座“潜艇碉堡”。

土浇灌机械。此外还有一些小的专案交给了工程所在地的相关公司。

工程的选址一般遵循以下原则：尽量在当地原有的海军码头上建造，如法国的布勒斯特和洛里昂，这些地点受潮汐的影响，水深符合要求。另外还有一些不受潮汐影响的海军码头，如法国的圣纳泽尔、波尔多等地，一些潜艇洞库也在民用港口施工建造。所有这些施工工地都有严格的出入限制。

一旦选址确定下来，施工就此开始。首先要认真清理施工场地，以便开掘地基并打造巨型钢制地桩。为了防止海水倒灌进低于海平面的工地，还必须修建一座巨型围堰。在开掘施工的同时，还要在船坞后方修建一座混凝土平台，这里是各种车间所在地。此外还要修建钢筋加固的围墙。修建一座潜艇洞库需要大量的物资材料，每天工人们都得浇灌数千平方米的混凝土。最重要的材料——钢材和水泥每天源源不断运到各个施工现场，有些地方还铺设了专门的铁轨以便运输。水泥由50公斤容量的纸袋打包装运，由于水泥需求量十分巨大，人们还把用完的纸袋统一回收利用。

除了为潜艇提供码头和庇护所以外，潜艇洞库还建有修理车间、发电站、泵站、仓库、办公室和宿舍、通风和取暖装置、电话和通信站等设施。出于安全考虑，像鱼雷这样的军火弹药则储藏在潜艇洞库之外的加固工事内，需要的时候可迅速运到船坞码头装卸。船坞本身有两种建造方式——“干”式和“湿”式。前

者可以排干内部海水以便潜艇进行修理和维护，其大小不尽相同，通常情况下这种船坞的地基面到储水后的水平面之间的高度为10米，此外船坞还保留了一定高度的天顶以容纳起重机，这种起重机往往用来整体拆除潜艇上的潜望镜进行修理，起重能力可达30吨。每个船坞都拥有至少一部抽排容积为3000立方米的水泵，此外还包括一部抽排容积为380立方米的辅助水泵，有时更多，这些水泵就安装在每两个船坞之间。这些水泵具备在3小时内排干船坞内所有海水的能力。船坞内部有大量装甲钢板加固，厚度可达一米，用于保护船坞内的重要位置，如闸门。随着盟军对德军潜艇洞库空袭的加强，德国人很快找到了有效加固洞库顶部的办法，经过加固的库顶可以完全抵御航空炸弹的攻击。

由于德国海军对潜艇修理码头和船坞的迫切需要，许多干船坞刚刚完工就迅速投入了使用，在德国海军的潜艇作战中发挥了巨大作用。

这一比率下降到1.84:1，因此德军潜艇总数虽从开战时的57艘减少到53艘，但在大西洋上执行战斗巡航的潜艇数量却增加了一倍，平均每天有10艘至15艘潜艇在海上活动。这些潜艇分散部署在不列颠群岛以西海域待机，一旦发现单独航行的船只，立即予以攻击；如果发现护航运输船队则迅即报告潜艇司令部，并尽量保持与船队的接触，随时报告船队新的航向、航速和位置，邓尼茨则迅速指挥在附近海域活动的潜艇向船队所在海域集结，然后于夜间开始集群攻击，天亮前结束攻击，利用白天再赶往下一个攻击阵位，入

■ U-65号是第一艘进入布勒斯特湾的德国潜艇。

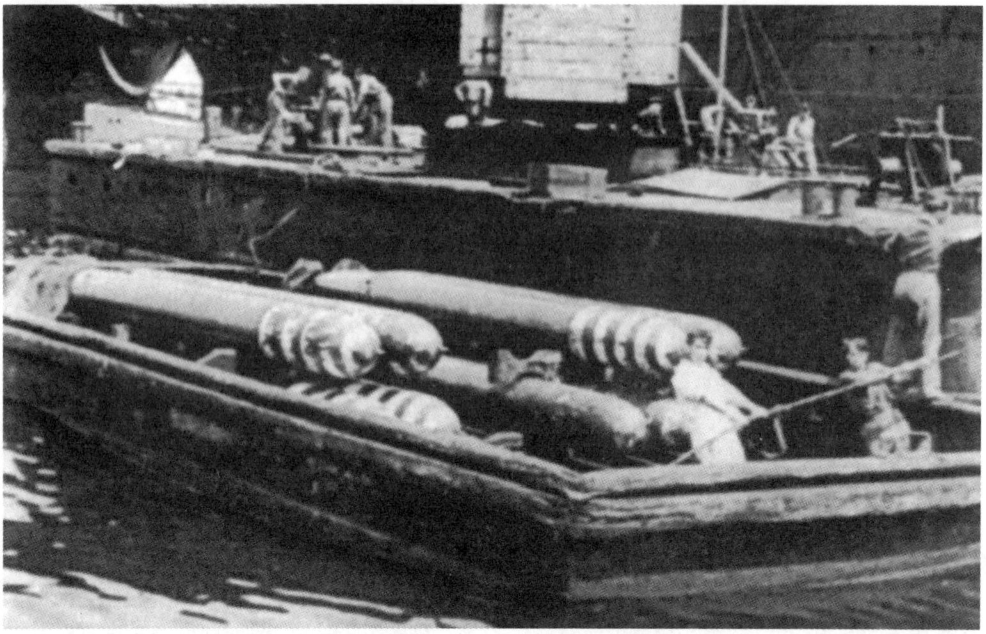

■ 1940年，U-130号潜艇在洛里昂港补充鱼雷。

夜后再次组织攻击，这样连续一个夜晚接一个夜晚反复攻击，直至船队到达目的地。同一时期，由于德国空军的空中威胁，英国将从加拿大开来的护航运输船队的航线改到了爱尔兰和苏格兰之间的北海峡，这样一来就导致了北海峡入口和苏格兰以西海域，经常拥挤着大量船只，成为德军潜艇最理想的狩猎海域。加上英国海军在挪威战役和敦克尔克大撤退中很多驱逐舰被击沉击伤，还要保留大量的驱逐舰以应付德军可能的入侵，所以英国的护航军舰数量减少了很多，这给了德军潜艇绝佳的机会，而且德军潜艇经过数月作战已经累积了突破英军护航军舰警戒的丰富经验，同时得到德国空军和意大利潜艇的有利配合，7月中旬开始邓尼茨终于有了足够的潜艇开始实施被称作“狼群战术”的集群攻击战术。

从7月开始，英国从航线起始点两方向扩大护航范围，从英国开往加拿大和美国的运输船队，由英国海军的护航军舰护送至西经17度，至10月又扩大为西经19度。但在大西洋航线上中间一段是没有护航的，这一海域也是德军潜艇活动最猖獗的海域，直到纽芬兰附近海域才由加拿大海军前来接应。

8月大屠杀

1940年8月，不列颠空战正在激烈进行，13艘远洋潜艇也从德国出发，前往罗卡尔海岸附近巡航，然后驶往洛里昂。邓尼茨希望能再来一次像6月那样的快乐时光，8月17日希特勒同意将无限制潜艇战的范围扩大到了西经20度。此外，B机关提供了大量关于运输船队航线的情报，也为重新展开狼群攻击创造了有利条件。

8月1日，U-25号从威廉港出发后不久就误入布雷区，触雷沉没全体艇员丧生。U-37和U-51号则遭到了英国空军巡逻飞机的攻击，双双遭重创，不得不向洛里昂返航。8月20日返航途中的U-51号被大卫·卢斯（David Luce，战后曾任第一海军大臣）指挥的“抹香鲸”（Cachalot）号布雷艇击沉。而向爱尔兰运送间谍的U-65号也因出现机械故障，只好就近返回布勒斯特。这样就使8月初在罗卡尔海岸附近海域的远洋潜艇只剩下5艘，而且在最初的日子里饱受暴风雨蹂躏。U-38号仍击沉了2艘12500吨，这2艘船的战绩使艇长里伯的战绩达到了18艘100000吨（实际为87000吨），他也达到了获得骑士十字勋章的标准。天气好转后，在罗卡尔海岸附近的潜艇才总算有所收获，总共击沉了4艘19400吨。但战绩仍不理想，直到8月23日总共才击沉8艘，击伤两艘。

■ 一艘正在洞库内修理的Ⅸ型潜艇。

■ 潜艇洞库内一位焊接工人正在维修潜艇。

8月20日英国意识到密码可能被德军破译，因此改变了所有的密码，这样B机关提供的情报就大大减少了。德军最高统帅部认为：“这是自开战以来，对我们无线电情报的一个最大打击。”

尽管如此，德国潜艇在8月最后一个星期的表现依然非常出色。U-37号在洛里昂修好后返回了巡逻区，并在4天里击沉了7艘24400吨。U-100号击沉5艘21000吨。U-46号击沉4艘29800吨。U-48号击沉3艘19200吨。U-32号击沉3艘13000吨，还炸伤了英国轻巡洋舰

“斐济”（Fiji）号。U-101号又击沉2艘7700吨。U-28号击沉2艘5500吨。

8月25日晚，U-124号发现了HX-65船队，并发起攻击，击沉2艘击伤1艘，但1艘驱逐舰用探照灯发现了U-124号并随即发起攻击，迫使U-124号下潜，下潜到大约90米时撞到了岩石，艇长舒尔茨冒着雨点般的深水炸弹攻击把潜艇驶离岩石继续下潜，最后下潜到了100米深处，等驱逐舰撤走后，U-124号赶紧派出潜水员检查损伤，发现损伤相当严重。邓尼茨遂命其终止战斗巡航，到西经20度预报天气。

8月从德国出发的最后一艘潜艇U-47号于9月2日到达巡逻区，那天下午就发现7500吨比利时货船“维利得蒙斯”（Ville de Mons）号，随即用鱼雷将其击沉。

根据B机关提供的有关SC-2船队的情报，邓尼茨调集4艘潜艇前去拦截，U-47号在驶往指定位置的途中，很意外地遇到了OB-207船队，普里恩当然不会错过这样的战机，击沉了9000吨的英国船“泰坦”（Titan）号。9月4日，U-47号、U-65号和U-101号已经在西经20度组成了一道巡逻线。9月6日，U-65号报告发现了运输船队，但由于恶劣的天气根本无法发起攻击，只能跟踪着船队，希望其他潜艇尽快赶来。但U-101号出现严重的柴油机故障，被迫返回洛里昂。当晚，U-47号也发现了SC-2船队，随即发起进攻并击沉了3艘14700吨。U-65号未能占领有利攻击位置而没有进行攻击。只有U-47号一路紧追不已，到9月9日击沉了第4艘船。U-28号接到U-47号的通报后赶来，击沉了2400吨的英国船“马蒂尼安”（Mardinian）号。鱼雷耗尽的U-47号随即前往西经20度接替受损的U-124号进行气象预报。U-28号发现了OB-210船队，并于9月11日击沉1艘击伤1艘，然后因燃料耗尽而返回洛里昂。

到9月15日止，8月从德国出发的13艘潜艇总共击沉了44艘230000吨。另外艾姆斯曼支队的小型潜艇也取得了击沉7艘32000吨的战绩。

8月英军Ⅶ型机载反潜炸弹开始投入实战，这是在200公斤圆柱形反潜炸弹基础上研制出来的，炸弹头部有圆形整流罩，尾部有尾翼，能在空中保持稳定的姿态，采用水压引信，只有落水后到达预定深度在水压作用下才会爆炸，不会给飞机造成损害，而且威力比老式炸弹大得多。英国军工科学家对深水炸弹进行了仔细分析研究，发现深水炸弹水压引信定深过大，常常在潜艇下方爆炸，便迅速改为浅定深引信。英国科学家还发现，在目视情况下，通常都是潜艇首先发现飞机，因为英军飞机黑色涂漆在天空的浅色背景衬托下，是非常明显的，根据海鸟的腹部一般都是白色的情况，英国空军以白色涂漆飞机和黑色涂漆飞机进行对比试验，果然

■ 英国空军正在轰炸潜艇洞库，但在早期英军并没有意识到潜艇洞库的重要性，因此这样的场面非常少见。

■ 英国飞机使用机载深水炸弹攻击德国潜艇。

■ 法国港口为德国潜艇提供了一个优良的出发阵地。

■ 在法国港口的潜艇洞库内向潜艇补充鱼雷。

白色涂漆飞机被发现的距离要比黑色飞机近30%，据此英军迅速将所有反潜飞机腹部都涂成白色，但这些措施还需要时日才能发挥出作用。

更多的幸运时光

希特勒曾许诺建造数百艘潜艇，不但没有付诸实践，而且当原材料紧缺时，建造潜艇的需要总被放在最后，邓尼茨抱怨已经有23艘远洋潜艇的建造被推迟了。好在此时希特勒已经认识到了如果没有大量潜艇就根本不可能在对英战争中取得胜利，因此希特勒明确强调潜艇和鱼雷建造将具有最高优先权。这使邓尼茨大为鼓舞，他预计到1941年12月，潜艇的月生产量可达到25艘，如果达到这个生产量，那么就非常有希望在1943年取得对英国的海战胜利。

邓尼茨先将总部转移到了巴黎，并开始在洛里昂准备建立总部。邓尼茨在每位艇长作战巡航归来后会与他们会谈，从而掌握第一手的情况。1940年9月邓尼茨有24艘远洋潜艇，但只有一半做好了作战准备。邓尼茨的有利条件是洛里昂和圣纳泽尔的基地人员配备已经齐全，能够迅速对潜艇进行维护和整修；鱼雷的质量和数量都得到解决；潜艇战的限制也已大多取消；B机关能够提供英国运输船队的大体航线情报；英国的护航力量非常薄弱并且其他反潜措施也不多。

尽管预先获得了运输船队的情报，但8月的经历证明运输船队并不是那么容易被发现的。由于潜艇的探测范围相当有限，特别是

■ U-124号潜艇艇员在甲板上，背后图案为该艇艇徽。

U-124号潜艇艇员在指挥塔上交谈，左为艇长舒尔茨。

在天气不佳时，探测范围则更小，许多船队没有被发现。为了协助发现船队，邓尼茨向德国空军求援，但德国空军并没有力量来执行这一任务。

早在8月30日，B机关破译了英军关于SC-2船队航线与护航军舰会合海域的密码电报，根据这一情报，德军调集U-47号、U-65号、U-101号和U-124号4艘潜艇前往攻击。9月6日，U-65号发现了船队，但还没来得及报告船队位置就遭到护航军舰的驱逐，直到午夜过后，U-65号才再次发现船队并引导U-47号前来。U-47号借助夜色掩护，采取水面攻击战术对船队连续实施攻击，一口气击沉了3艘运输船。

9月7日白天，英军水上飞机和军舰竭尽全力，将德军潜艇驱走。这才保障了当晚船队的安全。9月8日夜间，U-47号和U-65号潜艇再次成功突破了护航军舰的警戒，实施了攻击，U-47号又取得了击沉1艘运输船的战绩。9月9日凌晨，正在附近海域活动的U-28号和U-99号潜艇也赶来，加入到攻击的行列，U-28号击沉了1艘运输船。此次护航战，英军护航舰根本无法阻止潜艇对船队的夜间水面攻击，损失了5艘计2万余吨。而德国潜艇胜利的关键就在于B机关所提供的情报，因此邓尼兹对B机关的工作大加赞赏。

9月，12艘远洋潜艇分别从德国和洛里昂起航，U-99号在罗卡尔海岸附近击沉了2艘，U-65号发现了HX-71船队，并击沉了其中的2艘，U-99号闻讯赶来，击沉1艘英国船。U-48号在新艇长海因里希·布莱西洛特（Heinrich Bleichrodt）指挥下第一次攻击就击沉了4艘12500吨。

9月18日U-48号在西经17度以西发现了

■ 1940年秋，U-124号潜艇结束巡航返回基地。

一支没有护航的运输船队，白天跟踪晚上则在明亮的月光下展开了攻击，击沉2艘，其中1艘是该船队中最重要的11000吨英国客轮“贝拿勒斯”（City of Benares）号，该船载有400名乘客，其中有90个移居加拿大的英国儿童。救生艇在海上漂浮了很久之后才被发现，总共大约300名乘客，包括77个儿童丧生。尽管“贝拿勒斯”号没有特殊标记表明其特殊身份，也没有申请“安全通过”，但是13名幸存儿童所叙述的悲惨经历一经公开就激起了舆论的愤怒，甚至超过了一年前的“雅典娜”号事件。这一事件使得英国取消了儿童移居海外计划。U-48号在第二天晚上又击沉了另一艘英国船，4天之内战绩就达到了7艘31800吨。

9月20日，仍在进行气象预报的U-47号遇到了HX-72船队，只剩1枚鱼雷的U-47号一边报告一边跟踪，邓尼茨立即调集5艘潜艇前去攻击，9月21日晚这5艘潜艇会合U-47号，共同组成艇群，随即对运输船队进行了大约26个小时的持续攻击，U-48号首先发难，用最后2枚鱼雷击沉1艘击伤1艘。U-99号接着发起进攻，击伤3艘运输船，其中1艘后终因伤势过重而沉没，其余2艘因伤掉队后被其他潜艇击沉。天亮前，U-47也进行了攻击，击沉了1艘。22日夜U-100号潜艇突入船队中间，艇长舍普克充分发挥其高超的驾驶技术，连续进行了长达4小时的攻击，一连击沉7艘运输船。9月23日英军2艘驱逐舰赶来加强护航力量，并将正企图进行攻击的U-32号潜艇驱走，这才结束了船队噩梦般的航程。此次护航战中，德军潜艇总共击沉了11艘7.27万吨。

9月份第一批从德国出航的3艘潜艇U-29、U-31和U-43号都非常破旧。U-29号发现了OB-217船队，U-31和U-43号都赶来攻击，击沉2艘英国船。随后U-29号因柴油机故障被迫返回洛里昂。几天后，U-31号发现并攻击了一支运输船队，击沉1艘，但随即遭到护航军舰的攻击，战斗后U-31号也由于机械故障被迫返回洛里昂，途中遭到盟军潜艇

■ 停泊在码头的U-48号潜艇。

■ 潜艇上的瞭望正在全神贯注搜索目标。

■返航的德国潜艇挂起了表示击沉运输船数量的三角旗。

“三叉戟”（Trident）号的攻击几乎沉没。不久U-43号也因机械故障而返回洛里昂。

9月26日U-32号根据U-29号的通报发现了OB-217船队，随即击伤了6900吨的英国船“克里恩特斯”（Corrientes）号，此后就一直跟随船队向西，又击沉了2艘，后在返航途中又击沉了4艘。受伤的“克里恩特斯”号则在两天后被U-37号击沉，此后U-37号又击沉5艘23200吨，因此艇长奥恩的总战绩达到了101414吨，也获得了骑士十字勋章。返回洛里昂之后，奥恩就接替了维尔纳·哈特曼担任邓尼茨的第一参谋官之职。

长剑之夜

【注释】

长剑之夜的典故出自中世纪的传奇故事：撒克逊人邀请不列颠国王沃尔蒂格恩和三百多首领赴宴，结果撒克逊人用长剑在宴席上将他们全部刺杀，长剑之夜也就成为大屠杀的代名词。

10月1日，邓尼茨有18艘远洋潜艇（7艘在海上，10艘在基地进行维修，新潜艇U-93号正准备从德国出航），但其中4艘破旧的II型潜艇将退出一线调往潜艇学校，2艘IIB型将驶回德国进行大修，U-65号则要前往西非弗里敦（Freetown，或者叫“自由城”）作长途巡逻。为了弥补潜艇数量的空缺，最高统帅部将抵达波尔多的意大利潜艇（由意大利海军中将安格鲁·皮罗纳[Angelo Perona]指挥）作为德国潜艇的后备力量，但邓尼茨对意大利潜艇的战斗力表示怀疑。

10月初U-103和U-123号潜艇抵达了巡逻区，先被派往西经26度执行气象预报任务，

10月6日U-103号击沉了7000吨的挪威油轮“尼娜·伯尔森”（Nina Borthen）号，U-123号则击沉1艘6000吨的货船。随后U-124号接替U-103号和U-123号的气象预报任务，U-103号和U-123号与从洛里昂出航的U-38号和U-48号在罗卡尔海岸以西组成巡逻线，U-38号击沉14100吨的英国船“高地爱国者”（Highland Patriot）号，随后U-103号在暴风雨中发现了SC-6船队，击沉了其中的2艘并击伤3700吨的“格莱格温”（Graigwen）号。U-123号因能见度太低未能发现船队，只是将受损的“格莱格温”号击沉。U-48号则遇到了HX-77船队，一边报告一边攻击，击沉3艘21900吨。U-101号未发现船队，只击沉1艘掉队的货船。

U-93号于10月14日发现了OB-227船队，其他一些潜艇闻讯赶来，U-93号击沉了9300吨的英国船“胡伦纽”（Hurunui）号，U-103号用最后一枚鱼雷击沉了1艘4700吨的船只，U-93号在10月16日又击沉2艘。

10月16日U-124号发现并击沉了单独航行的英国船“特莱维萨”（Trevisa）号。10

■一艘被潜艇击中的运输船正冒起滚滚的浓烟。

月18日U-48号发现了SC-7船队，该船队由30艘运输船和5艘护卫舰组成，U-48号果断实施攻击，击沉2艘击伤1艘。天亮后U-48号被英军的水上飞机发现，水上飞机并引导驱逐舰对潜艇进行了连续深水炸弹攻击，潜艇虽然没有遭到损伤，但被迫长时间潜航，失去了与船队的接触。这让正忙于调兵遣将的邓尼茨心急如焚，好在U-38号及时赶到，重新发现了船队，这才使邓尼茨能够迅速调集U-46号、U-99号、U-100号、U-101号和U-123号潜艇在船队航线前方组成了巡逻线，张网以待。

U-48号随后遇到了船队中掉队的英国货船，它击沉了这艘货船，但这也使它远离了SC-7船队。10月19日5艘潜艇全都发现了SC-7船队，在月光下展开了进攻，U-99号的航海日志这样记录：

17:45：风向东南；风力3级；海浪3级；有云。U-101在北面3-5公里处，用探照灯通报：“敌人向港口方向驶去。”

17:49：看到了一艘军舰，方位030，向东行驶。紧接着，它左边有烟出现，然后是整支船队。当我们向船队发起进攻时，看到了东南方向有1艘轮船，很有可能是在西部航线上的。

19:28：潜入水中准备攻击。

19:50：船只缓慢向东行驶的过程中，我们浮上了水面。我们继续向它靠近。

20:00：几百米远处有1艘潜艇驶过，很明显又是U-101。

20:24：另一艘潜艇用鱼雷向那艘船发起了进攻。紧接着，它又跟U-123交换了识别信号。我们又一次发现了运输船队，并且我们已经到了船队前面，所以我的潜艇必须要后退，以避免船队前面驱逐舰的攻击（编者按：在夜间潜艇经常会把护航的炮舰、护卫舰和轻巡洋舰都误认作是驱逐舰)。那些驱逐舰通常不断地发射照明弹。我从外侧右翼袭击了船队中的第一编队。

22:02：天气：能见度中等，月光明亮。通过导向器发射了1枚艇首鱼雷，但偏离了正确方向。

22:06：通过导向器发射了1枚艇尾鱼雷。击中了大约700米远处一艘船。那艘6500吨的船20秒之内就沉没了。现在我径直闯到了船队里。所有船只都各自沿“之”字形航线逃离。

22:30：通过导向器发射了1枚艇首鱼雷。由于回转角度计算失误而偏离了正确方向。因此我决定不再使用导向器发射剩下的鱼雷，尤其是导向器的安装使用还没有通过鱼雷检测部门的审查和许可。1艘船发射了照明弹，照亮我们潜艇，于是1艘护航舰全速向我们撞来，我们改变航向后它也穷追不舍。我们被迫全速逃离。最后这艘船改变了航向，向我们发射了1枚炮弹后就回到了船队。现在我们又从右翼攻击了倒数第二编队。

U-103号在基地，指挥塔上的图案正是该艇艇徽。

23:30：向一艘货船发射了1枚艇首鱼雷。当这艘船只转向我们时，鱼雷从它前面经过，并击中了1740米远处的1艘更大的船。这艘7000吨货船的并排前桅都被炸毁了，并且船头迅速沉到了水面以下，很明显两个货舱都进水了。

23:55：向750米远处1艘6000吨的大型货船发射了1枚艇首鱼雷，击中了并排前桅。鱼雷爆炸之后，紧接着从船头到整艘船的熊熊火焰也引起了一次爆炸，烟柱足足有200米高。

00:15：3艘驱逐舰向着火的船只驶来，他们在与并排桅杆成直线的方向上搜寻。我全速驶向西南方并再次发现了运输船队。不时地可以听到其他潜艇发射的鱼雷爆炸声。那些驱逐舰束手无策而只是不停地发射照明弹，而在这夜色明亮的晚上完全是多此一举。现在我就开始从船尾攻击运输船队。

01:38：向945米远处的1艘6000吨货船发射了鱼雷，击中了并排前桅，鱼雷爆炸后船只沉没。

01:55：紧接着向975米远处的1艘7000吨船只发射了鱼雷，击中了并排前桅，40秒内船只沉没。

02:40：向船队中最大的船只之一，也就是1艘“葛兰纳普”（Glenapp）级9500吨船只发射鱼雷时，由于瞄准失误，鱼雷偏离了正确方向。

02:55：从800米远处攻击这同一个目标时，鱼雷再次偏离。没有办法解释，因为所有的发射调控资料都完全正确。而7分钟后我们听到了船队另一面的爆炸声，因此我们认为这是回转仪失效造成的。

03:02：从720米远处向这同一艘船只发起了第三次进攻。击中了这艘船的前部，船头迅速沉到了水面位置。

03:56：我们向1艘已脱离船队的小船发射了鱼雷但偏离了正确方向。

03:58：我们调转方向并从大约690米远处发射了1枚艇尾鱼雷。击中了船尾，船尾沉到了略低于水面处。因为鱼雷已经用完了，因此我想观察一下这艘船能否继续下沉，以决定我是否要用火炮将其击沉。

05:04：这艘船被另一艘的火炮击沉了，那是U-123。因为一些爆炸碎片都落到了我的周围，所以我就快速离开了这个地

■ 一艘运输船正在缓缓下沉。

方。沉没的船只是3106吨的“格林托尼亚”（Clintonia）号。

没有人能够说清那天晚上究竟是哪艘潜艇击沉了哪艘船，在汇报战果时，一些潜艇又加上了他们早期行动击沉的一些船只，使得统计更加混乱。根据潜艇的报告，邓尼茨认为参加攻击的8艘潜艇总共击沉了30艘196000吨。战后，德国潜艇学者于尔根·罗沃（Juergen Rohwer）与海军部合作研究认为，那天晚上实际击沉的敌船数目要少得多：20艘79646吨。比较见表1。

大西洋上的4艘潜艇由于鱼雷或燃料耗尽而返回洛里昂，10月23日，U-99号仅仅出航9天就返回了洛里昂——战争期间最短的出航时间纪录——到港后立即补充鱼雷燃料，于10月30日再次出航，这也是在洛里昂停留时间的最短纪录。

10月19日，因出发时间过晚而没能参加攻击SC-7船队的U-47号抵达了巡逻区，很快就发现了HX-79船队，邓尼茨调集了4艘潜艇前去攻击。

10月19–20日夜，又一次残酷的运输船队大战，5艘潜艇都发起了猛烈进攻，U-47号鱼雷和燃料都很充足因此进攻最为凶悍，声称击沉了8艘50500吨，其他各艇报告总共击沉9艘113100吨。

邓尼茨的记录和战后罗沃的分析分别见表2。

德国对这些胜利大肆宣传，将对SC-7和HX-79船队的进攻合为一次作战，称之为“长剑之夜”（The night of the Long Knives），邓尼茨认为8艘潜艇共击沉了47艘310000吨，这是“一个巨大的胜利”，这一战绩非常夸张。但是SC-7和HX-79船队损失惨重是毋庸置疑的。经确认，9艘潜艇击沉了32艘154709吨，其中包括5艘大型油轮。

U-46和U-48号随后返回德国接受定期检查和修整。10月25日，U-46号在挪威海遭到英军233中队的3架“哈德逊”(Hudson)飞机的围攻，这些飞机投下的炸弹给U-46号造成

表1

潜艇	指挥官	邓尼茨数据		罗沃数据	
		击沉敌船数	击沉吨位	击沉敌船数	击沉吨位
U-38	里伯	0	0	1	3554
U-46	恩德拉斯	4	21000	3	8453
U-48	布莱西洛特	3	21000	2	13355
U-99	克雷齐默尔	7	45000	6.5	28949
U-100	赛普克	3	14600	0	0
U-101	弗劳恩海姆	8	51000	3	8837
U-123	穆勒	5	44500	3.5	14685
U-124	舒尔兹	0	0	1	1813
	总计	30	197100	20	79646

表2

潜艇	指挥官	邓尼茨数据		罗沃数据	
		击沉敌船数	击沉吨位	击沉敌船数	击沉吨位
U-38	里伯	2	13000	2	12619
U-46	恩德拉斯	3	23000	2.5	16987
U-47	普里恩	8	50500	4	22552
U-48	布莱西洛特	1	7000	0.5	3011
U-100	赛普克	3	19600	3	19894
总计		17	113100	12	75063
(分别与U-46和U-48号共同击沉1艘)					

了严重损伤，重创的U-46号后由德国M18号扫雷艇护卫艰难地回到挪威克里斯蒂安桑港（Kristiansand)，经过紧急维修后再返回德国。

U-124号解除气象预报任务后继续巡航，10月20日发现OB-229船队并击沉了其中的2艘11000吨，随即遭到护航舰长时间的深水炸弹攻击，这是该艇所遇到的第二次攻击（编者按：当厨师指出两次遭到攻击的当天都是在吃过巧克力布丁之后，艇长舒尔茨就下令禁止再食用这种不吉甜食)。U-124号后又在罗卡尔海岸西北部击沉2艘，这样U-124号此次出航的总战绩是5艘20000吨。

10月26日，在爱尔兰西北部海域，1架德军飞机攻击了42348吨的英国远洋客轮“不列颠皇后”（Empress of Britain）号，邓尼茨随即命令U-28号、U-31号和U-32号找到并击沉这艘船。10月28日，U-32号发现了“不列颠皇后”号，从600米距离连射3枚鱼雷，命中2枚鱼雷后“不列颠皇后”号沉没，这是开战以来击沉的最大一艘船。

10月30日，U-32号发现了英国货船“巴尔扎克”（Balzac）号，随即下潜并发射1枚鱼雷，但这枚鱼雷提前爆炸，“巴尔扎克”号立即发出警报，英国驱逐舰“收获者”（Harvester）号和“高地者”（Highlander）号赶来护航，U-32号没有发现驱逐舰，仍试图再次攻击。“收获者”号通过声呐确认U-32号位置投下了6枚深水炸弹，“高地者”号随后投下了14枚深水炸弹。这些深水炸弹在距离U-32号很近的地方爆炸了，炸坏了电动机，炸裂了船尾压载舱和高压气管。艇长耶内什命令所有艇员集中到首舱以平衡纵倾，然后浮出水面，希望在黑暗和大雨中逃走。但“收获者”和“高地者”号用探照灯发现了潜艇，立即用127毫米主炮轰击，耶内什知道潜艇已无法下潜，只得下令弃艇。英军救起了42人中的33人。

返航中的U-31号发现了一支运输船队，附近海域正好有7艘意大利潜艇，邓尼茨通过在波尔多的联络官汉斯·鲁道夫·罗森向意大利潜艇通报有关情况，但这些意大利潜艇都没有发现船队。U-31号也很快与船队失去接触，只是将被U-28号击伤的英国船“马迪娜”（Matina）号击沉。

11月2日，“羚羊”（Antelope）号驱逐舰通过声呐发现了U-31号潜艇，随即发起攻击，一口气扔下了6枚深水炸弹。赶来助战的“阿凯提斯”（Achates）号驱逐舰却因声呐故障无法参加攻击。“羚羊”号只好继续单独攻击，又投下了6枚深水炸弹，但两轮攻击都被U-31号巧妙躲开，执著的“羚羊”号仍然发起第三轮、第四轮攻击，深水炸弹炸裂了U-31号艇尾的压载舱，使鱼雷管和换气口都进水了，整艘潜艇猛地直立起来，然后迅速下沉到94.5米深处，艇长普赖尔柏格只得命令潜艇上浮然后将潜艇自行炸毁。“羚羊”号看到U-31号浮出水面后自沉，就放下救生艇，希望可以从潜艇上取得一些机密档案。但U-31号电动机仍在工作，潜艇仍然在前进，救生艇赶不上潜艇，“羚羊”号就赶来靠上U-31号，无人驾驶的U-31号突然转向撞上“羚羊”号，“羚羊”号锅炉舱和燃料舱受损，这次撞击也使U-31号撞开一个大口，迅速沉没了。

“羚羊”号救起45名艇员中的43人，U-31号曾经在威廉港附近被英国飞机击沉，这次是打捞修复后第二次被击沉的，因此获得了一个不怎么光荣的荣誉，成为了战争中惟一一艘被两次击沉的潜艇。

10月4艘驶回德国的II型艇中，只有U-28号按时到达，U-28号总共击沉13.5艘59000吨，退出一线后转交给潜艇学校。另一艘归国的II型U-29号也是最后一艘在战区作战的II型，于12月初回到德国，U-29号击沉12艘84588吨，其中包括“勇敢”号航空母舰。可能由于设计上的缺陷，10艘II型潜艇仅仅作战一年就全部退役了。

在1940年7月至10月间，德军以6艘潜艇的代价，击沉英国及中立国运输船217艘，总吨位达110万吨，因此这一阶段被称为“德军潜艇的黄金时代”。

多蹇的11月

11月初，邓尼茨将在巴黎的总部迁往洛里昂，11月11日位于卡内维尔（Kerneval）附近的一座大城堡正式作为德国海军潜艇总部开始运作，这个总部非常精简，主要成员只有参谋长艾博哈德·高特、第一参谋维克多·奥恩、联络官汉斯·梅克尔（Hans Meckel）。同时，托德组织（Todt Organization，德国负责劳动力安排的组织，主要负责为军事项目提供及调派劳工）开始着手在布勒斯特、洛里昂、圣纳泽尔和拉帕里斯修建潜艇洞库，这些庞大的建筑都是为了给潜艇提供进行安全检修和维护的场所，都由钢筋混凝土铸成，四壁和顶都有3.6米厚。这4个洞库总共可以容纳80艘潜艇，洞库中一些停泊处设有水闸，可以把水抽干成为干船坞。

英国空军侦察机曾在洛里昂和拉帕里斯拍到了德军修建洞库的照片，但在1940–1941年间，潜艇洞库一直都不是英国空军的主要目标，因此洞库建设也只是偶尔因空袭而受到些许影响，这无疑是英国人的严重疏忽。

11月，邓尼茨虽然得到了德国空军一支小分队来协助确定运输船队位置，但实际情况却并不如人所愿。这个小分队的飞机状况极其糟糕，惟一具有大航程的是驻波尔多的四引擎FW200C “秃鹰”远端侦察机，但每天仅能出动1架，而且飞行员缺乏必要的训练，偶尔发现船队时也常会将位置报错。

11月14艘远洋潜艇被派往北大西洋，另有9艘意大利潜艇也从波尔多出发了。整个11月，所有的轴心国潜艇行动都受到了恶劣天气的阻碍。

U-99号和U-47号两艘王牌潜艇出航时带了记者以便进行宣传。普里恩非常欢迎随行记者沃尔夫冈·弗兰克（Wolfgang Frank）

■潜艇洞库都是为了给潜艇提供进行安全检修和维护的场所，都由钢筋混凝土铸成，四壁和顶都有3.6米厚。这4个洞库总共可以容纳80艘潜艇，洞库中一些停泊处设有水闸，可以把水抽干成为干船坞。

Fw200C “信使” (FOCKE－WULF Fw200C Kurier)

20世纪30年代，德国福克－武夫飞机公司（Focke Wulf Flugzeugbau GmbH）研制出Fw200型四发大型飞机，其改型Fw200B作为一种26座的中远端民航客机，而Fw200C才是真正的远端海上巡逻轰炸机，绰号“信使”或“秃鹰”。

Fw200C的一号机于1939年试飞，主要用于海上运输船队的护航和配合潜艇攻击敌国舰船，共生产量276架，从1941年至1944年大量使用，一部分Fw200C还投入东部战线对苏作战。从1944年开始，被逐步作为运输机使用。Fw200也是德国的要人专机，希特勒的私人专机“lelmann III”就是一架Fw200。

Fw200C外形是细长的圆柱形机身，下部装有一副梯形上反低单翼，展弦比较大，机翼上匀称地安装四台发动机——气冷BMW132H-1和BMW“布拉莫”323R-2型940马力活塞发动机各2台。其机头为客机型驾驶舱，机身有少量侧窗，机背前后有水泡形透明突出舱窗，各设20毫米炮和13毫米炮炮塔各一座。机身侧面有MG81或131型机炮4门，机腹的保形艇形吊舱前部设有20毫米MG151活动机炮1门，后部有20毫米MG131或151炮1门，分别用于对空和对海射击，在吊舱内则可挂炸弹。该机的投弹手兼射手就坐在吊舱之前端，因此原来的机身不必作太大改造。此外，在外侧发动机短舱下和外翼下共设4个炸弹架，全机正常挂弹量1500公斤，超载时可达5360公斤。飞机采用后三点起落架，主起落架是双车轮式，可收入内侧发动机舱内，后起落架则收入机尾内。

Fw200C仅在1940年8月到1941年2月，就在大西洋击沉盟国船只363000吨，被丘吉尔称为“大西洋上空的瘟神”。

主要性能：机长：23.45米，机高：3.3米，翼展：32.85米，空重：17005公斤，最大起飞重量：24520公斤，最大速度：360公里/小时，最大航程：3560公里，升限：6000米，乘员：7–8人 ，武备：1门20毫米机关炮，5挺13毫米机枪，4枚250公斤炸弹。

（弗兰克于1942年出版了介绍普里恩作战的《普里恩出击》[Prien Attacks]。20世纪50年代出版了关于潜艇在战争中的逸事著作《海狼》)，克雷齐默尔则一点也不欢迎他的随行记者。

11月3日下午，在爱尔兰西部海域的U-99号发现单独航行的英国船“卡萨纳勒”（Casanare）号，天黑后从水上逼近该船并用1枚鱼雷将其击沉。随后又向英国客轮“劳伦提克”（Laurentic）号连续发射3枚鱼雷，将其击伤，辅助巡洋舰“普特洛克勒斯”（Patroclus）号赶来救援，U-99号从1200米外发射2枚鱼雷，全部命中但没有将其击沉，便又发射2枚鱼雷，再次命中1枚但仍然没有明显效果，可是潜艇鱼雷发射管里的鱼雷全都打完了，只好重新装填，这时1架侦察机出现，只得潜入水中。大约一个半小时后，潜艇又浮上水面，向“劳伦提克”号和“普特洛克勒斯”号分别发射了1枚、2枚鱼雷，终于将其击沉。克雷齐默尔报告击沉3艘35414吨，但只剩下3枚鱼雷。邓尼茨认为这又是“一个巨大的成功”，指示U-99号返回洛里昂。U-99号在返航途中遇到了HX-83船队，并用最后3枚鱼雷击沉7000吨英国油轮“苏格兰少女”（Scottish Maiden）号，使得克雷齐默尔此次巡航的战绩为4艘42400吨。回到基地后，被授予橡叶骑士十字勋章。

11月5日到17日，由于德军袖珍战列舰“希尔海军上将”（Admiral Sheer）号在大西洋上的破交行动使英国暂停了船队航行，在大西洋上的潜艇因此从11月5日到21日没有击沉过1艘船只。期间，只有U-137号在直布罗陀击沉4艘13300吨，同时创下了II型艇16艘最高击沉数的记录。

11月18日英国恢复运输船队航行后，正在返航途中的U-137号发现了OB-244船队，邓尼茨迅速调集5艘潜艇，U-47号发射5枚鱼雷，无一命中，在随行记者面前大出洋相。

22日U-123号发现了船队，在接下来的30个小时里，向船队发起了一系列攻击，击沉6艘28000吨，但U-123号也在攻击时撞到了水下“一个不明物”，指挥塔和潜望镜受损，被迫返回洛里昂。

23日，没能追上OB-244船队的U-100号却意外地遇到了SC-11船队，U-93号闻讯赶来，但却没有发现目标。只有U-100号对船队一路追杀，击沉7艘24601吨。

在遥远的弗里敦海域，只有U-65号在孤军奋战，任务是截击经好望角向埃及运送物资的船队，11月11日，U-65号从“北马克”（Nordmark）号上得到了燃料补充，但在28天里却一无所获，这使邓尼茨向最高统帅部抗议不应将潜艇调往南大西洋，但在统帅部的压力下还是增派U-37号去南大西洋。邓尼茨正打算将劳而无功的U-65号召回时，U-65号却报告发现很多船只并在随后4天里击沉4

■ U-99号从洛里昂出发。

艘21000吨。但是英国立即加强了空中巡逻并且让船只避开潜艇所在海域，因此从11月28日起整整4个星期，U-65号再次颗粒无收。还有4艘在北大西洋上的潜艇中只有U-103号击沉3艘13000吨。11月第二批出航的7艘潜艇中U-104号在报告击沉1艘船只后就突然失去任何联系，估计是操作失误而沉没。

进入11月，德军潜艇的辉煌终于告一段落，由于长期在海上作战，大批潜艇迫切需要检修和维护，因此能够出海的潜艇数量大大减少，平均每天在大西洋上游猎的潜艇只有区区5艘！而且大西洋上恶劣的天气也严重影响了潜艇作战，使得11月潜艇击沉的船只仅有32艘计4.7万吨。

狂潮再起

11月30日邓尼茨认为英国将运输船队航线南移，因而命令潜艇将巡逻区域向南调整，这一判断非常准确，第二天南下的U-101号就发现HX-90船队，邓尼茨命令U-101号跟踪船队直到其他潜艇赶到后再共同发起进攻，但艇长门戈尔森最终还是忍不住先发起了攻击，用尽了所携带的12枚鱼雷，击沉4艘33000吨，另击伤2艘。12月2日U-47号赶到，击沉击伤各1艘后被护航军舰逐走。U-99号则用5枚鱼雷击沉了16400吨的辅助巡洋舰“福法”（Forfar）号。U-52和U-43号也相继赶来，各击沉2艘货船。

加拿大“圣劳伦”（St.Laurent）号和英国“子爵”（Viscount）号驱逐舰赶来增援，2舰在4个多小时里发动了13次攻击，总共投下了81枚深水炸弹，虽然没有击沉1艘潜艇，但却迫使潜艇下潜从而使船队得以安全通过。邓尼茨得知船队逃脱，一面组织潜艇追踪，一面请求德国空军支援，德国空军派出3架飞机搜索，但都没有发现船队。

12月2日黄昏，U-94号终于发现了船队，邓尼茨马上调集附近所有的潜艇。天黑后，一直跟踪船队的U-94号在船队中间浮出水面发起了攻击，击沉2艘12700吨。U-99号击沉了1艘掉队船只，稍后又击沉了之前被U-47号击伤的英国油轮“海螺”号。

参战潜艇向邓尼茨报告击沉18艘120698吨，战后罗沃分析的资料则要少得多，比较见表3。

参与这次行动的6艘潜艇中有3艘返回了洛里昂，未返航的3艘加上其他原来进行巡航的潜艇中，只有U-103号又击沉了2艘，该艇艇长维克多·舒茨此次出航击沉了8艘46000吨，使他的总战绩达到了109317吨（实际总战绩是19.5艘93801吨），因此获得骑士十字勋章。

1940年9月2日到12月2日，这三个月时间被称为第二个“快乐时光”，在这一时期，

表3

潜艇	指挥官	邓尼茨		罗沃	
		击沉敌船数	击沉吨位	击沉敌船数	击沉吨位
U-47	普里恩	2	17000	1.3	10347
U-52	萨尔曼	3	未知	2	7034
U-94	库佩什	3	21000	2	12747
U-95	史莱伯	2	12000	0.3	2792
U-99	克雷齐默尔	3	29698	2.3	23470
U-101	门戈尔森	5	41000	3	17105
总计		18	120698	11	73495
(U-47、U-95和U-99共同击沉了海螺号油轮)					

24艘远洋潜艇击沉了140艘共计760000吨，小型潜艇击沉17艘共计89000吨，合计为157艘849000吨，德国潜艇只损失了3艘。这一时期虽然潜艇数量并不多，但安排合理使之可以有效实施狼群攻击。从1940年5月中旬潜艇重返大西洋到12月2日，总共击沉了298艘共计160万吨，战绩相当可观。

新装备

英国首相丘吉尔密切关注着海上危机，指示英国海军全面加强对运输船队和独立航行船只的管理。英国海军将横穿大西洋的运输船队航线尽量北调，以远离德国飞机的活动范围，因为英国认为德国飞机可以非常有效地帮助潜艇发现船队。另外允许航速在13节以上的船只不必编入船队而可利用航速优势单独航行（此前只允许航速15节以上的船只单独航行）。此外英国人还逐步加强护航力量，鉴于德国已不再可能入侵英国，因而海军得以将一批计划防御德国进攻的驱逐舰用于护航。但还是非常缺乏驱逐舰，为了增强护航力量，海军对从美国出发的护航船队出航时间进行了调整，HX船队从4天一班改为6天一班，SC船队从8天一班改为10天一班。并把布里斯托（Bristol）和利物浦（Liverpool）的驱逐舰基地迁往了苏格兰北部的罗可艾维（Loch Ewe）和爱尔兰北部的贝尔法斯特

第二个“快乐时光”中的18位王牌艇长战绩表：

艇长	潜艇	击沉敌船数	击沉吨位
奥托·克雷齐默尔	U-99	30.3	175804
约阿海姆·赛普克	U-100	23.5	121712
维克多·奥恩	U-37	23.5	101415
君特·普里恩	U-47	20.3	124470
英格尔伯特·恩德拉斯	U-46	17	95658
海因里希·布莱西洛特（续任）	U-48	14.5	76292
夫立兹·福劳恩海姆	U-101	14	68949＋
汉斯·耶内什	U-32	15.5	68404
维克多·舒茨	U-103	12.5	60592
汉斯-鲁道夫·罗森	U-48	12	60702
海因里希·里伯	U-38	12	73191
威廉·罗尔曼	U-34	13	52424
卡尔-海因兹·穆勒	U-123	9.5	43854
伦普	U-30	8	38736
奥托·萨尔曼	U-52	9	37678
君特·昆克	U-28	7.5	22942＋
沃尔夫冈·卢瑟	U-138，U-43	7	59331
荷伯特·沃尔法特	U-137	7	25444
	（U-137和U-138是IID型）		
总计		255＋	1307598＋

(Belfast)，使得在航线两端可以有更多的护航舰艇保护船队航行更远的距离。

这时，已经有相当数量的花级驱潜快艇开始执行护航任务了，到1940年底，已有121艘花级驱潜快艇（其中45艘在加拿大建造）服役。弗莱德里克·布黑尔（Fredrick Bowhill）指挥的岸防司令部自开战以来已经有了长足的进步，但仍然是英国空军的一个冷门单位，白天巡逻飞机在迫使潜艇下潜方面很有效果，但如果没有水面舰艇的帮助，根本就不能击沉潜艇。自1940年7月起，德国潜艇改用夜间水上攻击战术，这样就使得岸防司令部的飞机巡逻完全无用。1940年初英国空军开始为“哈德逊”、“旗鱼”、“海象”等型号飞机配备1.5米波长的ASV雷达（机载雷达，Air to Surface Vessel），但其性能还不足以发现潜艇，因此岸防司令部和英国皇家海军请求加速生产改进型的1.5米波长ASV-II雷达。可惜英国空军却要求优先生产战斗机的A-I空中截击雷达，因此到1940年底，仅有49架飞机安装了改进的ASV-II雷达，这是英国所犯的又一个严重错误。

尽管ASV-II型雷达已经得到改进，但对夜间攻击潜艇仍然没有什么帮助。因为在飞机离潜艇大约不到1英里（1609米）时，地面或海面回波干扰使得雷达不能正常工作。飞行员们急需一种能够近距离发现潜艇的装置，1940年10月底，岸防司令部总部的一位

■ “剑鱼”I型舰载反潜机，发动机下方安装有ASV雷达。

军官，韩弗理·德·佛得·利（Humphrev de Verde Leigh）提出了一种方法：在机身下面安装一个高效探照灯。布黑尔非常支持并派利专职研究，18个月后探照装置研制成功，取名“利光”探照灯，这个装置受到飞行员的高度欢迎。

英国护航舰所用雷达的研究进展也非常缓慢，直到1940年6月19日，才有第一艘安装了试验用反潜雷达的“真理”（Verity）号驱逐舰出海作战，舰上安装286M型1.5米波长雷达，固定式天线，只能探测到正前方的状况，为了探测更大范围的情况，军舰就必须不停地转来转去。286M雷达探测水面舰艇非常有效，但探测潜艇时，就需要一个基于兰德尔-布特长阴极空腔磁控管（Randall and Boot cavity magnetron）的雷达，该装置的研究进展也非常缓慢。1940年8月12日，在斯旺尼哥湾（Swanage Bay）成功进行了10公分波长反潜雷达试验。和ASV-II雷达一样，空军部还是下令优先给战斗机部队装备，直到6个月后，才有第一艘军舰安装了271M型10公分波长雷达。

为数不多的德国潜艇已不能够继续进行“快乐时光”那样的大屠杀了，艇员都已经非常疲惫，亟需休整，潜艇也需要检修。大西洋上冬天的恶劣天气也使能见度降低，发现运输船队的机会也就大为减少。潜艇数量的短缺也日渐明显，VII型潜艇不是被击沉就是被调到了潜艇学校，新潜艇的建造却不能及时补充。

■ 安装在机身下的利光探照灯。

苦涩的冬天

希特勒于1940年12月18日下达了进攻苏联的预备令，这一行动将消耗大量的人力物力，直接影响到了潜艇的生产。1941年大西洋上的海战被降低到了最低程度，潜艇开始承担海军的主要任务，所以还是得到了增强。但远洋潜艇的严重短缺依然没有改观，从1940年9月1日到12月1日，有13艘新建的远洋潜艇投入使用，但在此期间U-31号、U-32号和U-104号3艘潜艇被击沉，U-28号和U-29

号2艘潜艇则转为潜艇学校的训练艇，等于净增加了8艘远洋潜艇，使得包括UA号在内的可用潜艇达到了31艘。但是，多数新潜艇仍处于测试阶段。

考虑到B机关和德国空军都不能够提供可靠的运输船队情报，而潜艇数量又极为短缺，因此邓尼茨向海军司令部递交备忘录，要求为潜艇部队配属空中侦察力量。在海军司令雷德尔和德军最高司令部作战部长阿尔弗莱德·约德尔（General Alfred Jodl）上将的大力支持下，希特勒亲自下令将装备最新式远程侦察机FW-200“秃鹰”的第40轰炸机联队划归邓尼茨指挥，但此举得罪了将空军视为禁脔的空军总司令戈林。

12月8日，丘吉尔致信罗斯福，这封信被丘吉尔称为一生中最重要的信件！信中说明了英国所面临的艰难局面和蒙受的惨重损失，并向美国提出了要求美国海军为英国船队护航、扩大美国海军控制的中立海区、利用美国造船工业补充英国船只的损失、提供包括飞机在内的大量军事物资等一系列请求，最后明确表示英国目前无力支付上述援助的资金，特别请求不要坚持必须现金支付的原则。罗斯福作为一个具有远见卓识的杰出政治家，当然清楚英国的抗战对于美国的重要意义，援助英国是多么的迫切！但是苦于受到国内当时还非常活跃的孤立主义的掣肘，以及中立法案的限制，难以实现。经过仔细考虑他于12月29日发表了著名的“炉边谈话”：“如果邻居家失火，来向你借水龙带，你能说水龙带值十美元，请先付十美元吗？不！不能！我们只会说，拿去用，用完了再还我！”这一形象比喻，生动说明了当时的形势，也掀起了美国国内关于援助英国的大讨论，三个月后的1941年3月11日，美国国会通过了《租借法案》，即以租借形式向英国、中国等正与轴心国处于交战状态的国家提供战争物资。

1940年12月是1940年里可用潜艇最少的一个月，可执行巡逻任务的远洋潜艇仅有6艘。最高统帅部下令要时刻保证两艘潜艇进行气象预报，以协助德国空军对英国的空袭。U-100号从洛里昂出航，前往西经20度执行这一任务。收集气象资讯进行加密和传输的任务非常单调，而且由于大气扰动，一条情报需要反复发送多次，重复发送无线电增加了英军通过无线电定位推算潜艇位置的机率，尽管潜艇进行气象预报的位置都在英国反潜飞机的航程之外，但是英军仍可能会派遣1个驱逐舰编队来攻击这些潜艇。至少，英国海军部也会命令商船远离被发现的潜艇所在海域。

另一艘执行气象预报的潜艇U-96号在12月11日遇到了HX-92船队，随即从水下发射鱼雷击沉了10900吨的英国船“罗托鲁瓦”（Rotorua）号。天黑后又浮出水面追上船队，击沉了3艘15200吨。

■ 邓尼茨坚决反对将潜艇南调，他仍然认为具有决定性意义的战场还是在北大西洋，将潜艇派往其他任何地方都是对本来就不强的潜艇力量的进一步削弱。

U-100号在12月14日发现2艘没有护航单独航行的船只，但由于海浪凶猛，消耗了5枚鱼雷才把这2艘总吨位约7000吨的小船击沉。同一天，U-96号又击沉1艘11000吨的英国船并击伤1艘5100吨的货船。在这样恶劣的天气里，而且没有从飞机和其他潜艇那里得到任何帮助情况下取得这样的战绩是很不容易的。

鉴于北大西洋上连续的恶劣天气，最高统帅部开始考虑将潜艇转移到南大西洋，但邓尼茨坚决反对将潜艇南调，首先他仍然认为具有决定性意义的战场还是在北大西洋，将潜艇派往其他任何地方都是对本来就不强的潜艇力量的进一步削弱。其次根据两艘在南部海域巡航的潜艇战绩来看，要明显少于北大西洋。何况南部海域潜艇的燃料补给也很难解决。最后决定将意大利潜艇调往南大西洋，邓尼茨同意这一决定，他在日记中写道："他们（意大利潜艇）并没有什么实用价值……他们发出的敌方情况报告也总是使我不能够采取行动……我甚至认为他们在德国海军行动区域的出现…… 弊大于利。"

12月18日，U-96号发现OB-259船队，并用最后一批鱼雷实施了攻击，击伤1艘10000

吨的英国油轮。邓尼茨指挥U-100号和U-52号前去搜索该船队，但这2艘潜艇都没有找到船队，U-100号只发现了1艘单独出航的英国船，随即发射鱼雷将其击沉。12月22日U-100号又发现1艘单独航行的船只，发射了最后2枚鱼雷，都没有命中。在21天的战斗巡航中，U-100号只击沉了3艘18000吨，这对于一艘王牌潜艇来说，实在太寒酸了。

在1940年的最后一个星期里，在北大西洋活动的潜艇战绩依然非常可怜，仅仅击沉了3艘。

U-65号回国的途中运气非常好，击沉4艘27000吨，使该艇此次90天战斗巡航的总战绩达到了8艘52800吨，加上以前的战绩，艇长冯·斯托克豪森总战绩超过了10万吨，因此获得了骑士十字勋章。U-65号战绩使最高统帅部认为相当不错，而且潜艇在南部海域的活动，也可以吸引英军将一部分北大西洋和地中海的护航力量转到南部，为北大西洋的潜艇创造条件。但邓尼茨认为90天击沉8艘船，这种战绩“仅仅是勉强可以接受而已”，加上出巡前的准备和归航后的检修，U-65号非洲之行总共耗时约6个月，这么长的时间足够执行几次北大西洋巡逻任务了，完全可能击沉多得多的船只。

12月的潜艇战绩显然是让人失望的，总共击沉13.5艘90000吨，每艘潜艇每次出巡的战绩降到了2.3艘15000吨。短期内要提高战绩是不太可能的，因为在12月31日，只有4艘潜艇留在巡逻区，其中还有2艘担任气象预报，而且这4艘潜艇都要面对前所未见的恶劣天气。

1940年全年，德军潜艇共击沉471艘运输船，总吨位约218.6万吨，损失潜艇31艘。

■ 在鱼雷艇护送下正开往大西洋的U-65号潜艇。

第六章 大西洋之战（1941年1月至4月）

快乐不再

1941年1月，由于寒冷的冬季严重妨碍了新潜艇的检修和出航，因此1月只有10艘潜艇可以出航。1月中旬，北大西洋上共有7艘德国潜艇。加上德国海军水面舰艇的破交行动和恶劣天气迫使英国再次推迟了HX船队的出航，在前半个月，北大西洋总共才击沉6艘船，其中3艘还是意大利潜艇的战果。

U-96号1月9日从洛里昂出航，16日发现2艘英国货船，却耗尽了所携带的全部12枚鱼雷才将其击沉，只好返回洛里昂。U-96号29000吨的击沉吨位是1月份单艘潜艇的最高战绩。

从1月开始，以波尔多为基地的德国空军第40联队开始执行侦察任务，平均每天有2架飞机在罗卡尔海岸附近巡逻。1月11日、16日和20日，飞行员都发现了运输船队，但是由于天气恶劣、潜艇短缺以及飞行员将船队位置报告错误等一系列因素影响，潜艇都没能发现船队。

1月下半月，又有6艘潜艇出航。1月26日、28日，侦察飞机都发现了船队，但是由于各种原因，还是没有1艘潜艇能找到船队。1月29日，U-93号发现了SC-19船队，接到这一报告，代替度假的邓尼茨指挥的高特立即调集附近所有潜艇前去，U-93号击沉3艘21300吨，U-94号击沉两艘掉队货船，U-106号击沉了另一艘掉队船。

英国从1月开始在护航军舰上装备HF/DF高频测向仪，这种装置可以截获德军潜艇之间或潜艇与基地之间的无线电波，从而准确测出发出无线电波的潜艇位置。同时还为护航舰装备改进型AS雷达，这些装备大大有利于发现潜艇的踪迹，德军潜艇发现船队后，只要发报报告情况，就会被高频测向仪测出位置；实施夜间水面攻击战术，则会被AS雷达发现；潜入水下，又难逃声呐的搜索，这样一来潜艇作战中自身安全性和隐蔽性难以保证。而且英军开始为侦察机配备雷达，最大可能扩大其侦察范围，正是由于英军远程侦察机数量的增加和性能的提高，德军潜艇

■ 从1月开始，以波尔多为基地的德国空军第40联队开始执行侦察任务，平均每天有2架飞机在罗卡尔海岸附近巡逻。

活动受到了极大压制。

1月29日，英美两国的参谋长在华盛顿举行秘密谈判，并签署了《ABC-1协定》，协定规定不论美国是否参战，美国海军都将担负起北大西洋护航的主要责任。

1月，德军潜艇共击沉船只21艘12.7万吨。

2月美国宣布将美国海军承担护航的安全海域从西经60度扩大到西经26度，并开始承担从纽芬兰的阿金夏至冰岛海域的护航。2月4日，在洛里昂的U-43号突然进水沉没，经调查发现，是压载舱的排气阀被扭错方向，因此该艇的大副和二副受到了严厉处分。同时由于严寒的影响，U-100号和U-110号的检修被推迟。这样一来，2月邓尼茨只有18艘潜艇可供调遣。邓尼茨终于同意派遣部分潜艇前往西非海域，这次派出的是U-37和UA号（因为UA号完全不适于在北大西洋上活动），邓尼茨之所以改变了想法，是因为此时潜艇远航西非有两个有利条件，一是北非作战全面展开，英国在西非海域的海上运输将会非常繁忙。二是“格奈森诺”号和“沙恩霍斯特”号战列巡洋舰已经向德国返航，原先配合这两艘军舰行动的补给船可以为潜艇提供补给。

2月3日，U-107号发现OB-279船队，在发出报告后，U-107号就向船队发起了进攻，击沉1艘4700吨货船，随后就一直跟踪着船队。邓尼茨指挥附近6艘潜艇前去会合，但这些潜艇都没能发现船队，只有一直跟踪船队的U-107号在第二天晚上又击沉1艘5000吨货船。在寻找船队的过程中，U-52和U-123号遇到SC-20船队，各自击沉1艘货船，闻讯赶来的U-93号用甲板炮击沉1艘被德军飞机炸伤的货船。

德军最高统帅部认为“格奈森诺”号和“沙恩霍斯特”号撤向丹麦，必将吸引英国海军舰队前去拦截，因此命令邓尼茨在冰岛以南布置潜艇准备伏击，邓尼茨随即在冰岛以南布置了8艘潜艇进行伏击。2月8日，U-48号发现了英军1艘战列巡洋舰和1艘巡洋舰，

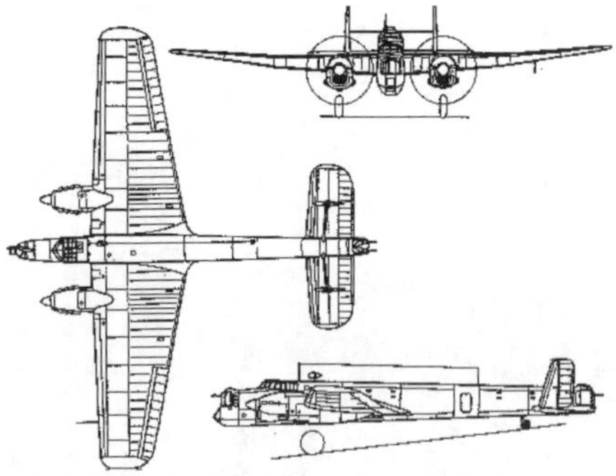

■ 惠特利飞机三视图。

■ 英军惠特利飞机。

■ 对HG-53护航船队的攻击是有史以来第一次潜艇、飞机和水面舰艇联合作战。

但却无法占据有利攻击位置。2月10日，岸防司令部502中队J.A.沃克（J.A.Walker）驾驶的“惠特利”飞机发现并炸伤U-93号，U-93号被迫返回洛里昂。其他潜艇都没能发现英国舰队，潜艇伏击遂告流产。邓尼茨认为波尔多基地的侦察机已经迫使英国将船队航线北移，因此在解散伏击任务的潜艇群后，将其中6艘留在了冰岛以南，考虑到该海域已经超出了波尔多基地侦察机的航程，因此请求驻挪威的侦察机调往该海域。

2月9日，向南驶往非洲海域途中的U-37号遇到了HG-53船队，U-37号发出报告后就投入了攻击，击沉两艘货船。此时伊比利亚海域没有其他德国潜艇了，但是从布勒斯特南下计划策应“格奈森诺”号和“沙恩霍斯特”号的“希佩尔海军上将”号重巡洋舰离此并不远，而且还在波尔多基地的侦察机航程范围内，邓尼茨意识到这将是“有史以来第一次联合潜艇、飞机和水面舰艇共同作战的机会”，随即指示U-37号继续跟踪船队，同时命令第40联队派遣尽可能多的侦察机协助进攻，并请求最高统帅部指挥“希佩尔海军上将”号参与作战。

U-37号发出的船队位置通报在250公里外就能收到，在潜艇指引下，2月9日下午5架飞机就发现了船队，并随即发动空袭，击沉5艘船只，只有1架飞机受损后在西班牙紧急降落。U-37号还在继续跟踪船队，10日凌晨再次发起攻击，发射6枚鱼雷却只击沉1艘船。12日，“希佩尔海军上将”号终于赶上了HG-53船队，大炮一顿猛轰击沉7艘共计32800吨，最后又将1艘掉队的货船击沉，但随即就因柴油机故障而不得不终止作战返回布勒斯特了，第40联队的侦察机一路掩护其返航。U-37号也因鱼雷耗尽而停止远征非洲返回洛里昂。

邓尼茨对于这次行动非常满意，潜艇飞

机军舰协同攻击，总共击沉了16艘船只，其中潜艇击沉3艘，飞机炸沉5艘，军舰收获最大击沉8艘。由于第40联队侦察机参与潜艇军舰的联合作战，以及此后对侦察机飞行员的搜索、导航培训使得将其调离挪威的时间推迟了。因此很长时间内，冰岛以南的潜艇都无法获得“秃鹰”飞机的帮助，他们没有发现任何船队，但击沉了14艘单独航行和掉队的船只。

2月19日，1架从挪威起飞的“秃鹰”飞机发现了OB-287船队，邓尼茨调集5艘潜艇前往攻击，并要求第40联队于第二天派出更多飞机。但是第二天，有3架侦察机飞到目标海域，却给出了3个不同的位置信息，使得邓尼茨以为又发现了第二或者第三支船队，只有U-96号在1架侦察机的引导下发现了船队，却因天气恶劣，只击沉了1艘7000吨的英国油轮“苏格兰军旗”（Scottish Standard）号，而其他潜艇都没能找到船队。

2月22日，从挪威起飞的1架“秃鹰”侦察机报告在奥克尼附近发现了运输船队，邓尼茨命令两艘潜艇赶去攻击，几个小时后飞行员更正了船队位置：在奥克尼以西大约320公里处，这是OB-288船队。收到更正了的准确位置后，邓尼茨调集另外4艘潜艇前去截击，此时B机关报告收到了1艘敌船的求救信号，在另一个位置遭到了飞机的攻击，邓尼茨非常明智地判断这是错误信息。U-73号发现OB-288船队并发回了报告，邓尼茨指示该艇要不惜一切代价跟踪并引导其他潜艇。24日夜，5艘德国潜艇和意大利潜艇“比安奇”（Bianchi）号终于赶来并向船队发起了进攻，总共击沉10艘。英军1架侦察机和3艘驱潜快艇向U-69号发起了深水炸弹攻击，但U-69号只受轻伤。刚从美国接收的“蒙哥马利”（Montgomery）号驱逐舰击沉了闻讯赶来的意大利“马赛罗”（Marcello）号潜艇。战斗结束后多数潜艇都由于鱼雷用尽而返回了洛里昂，此战实际总共击沉8艘共计42282吨。U-96号艇长莱曼·威伦布洛克和U-123号艇长穆勒均因为此战使总战绩超过10万吨而获得骑士十字勋章。

■ 德军FW-200“秃鹰”侦察机。

■ 意大利潜艇上的瞭望，请注意他们的双筒望远镜与德军潜艇配备的望远镜不同。

24日，U-552号在冰岛以南发现OB-289船队，邓尼茨调集3艘潜艇前来，U-552号发射了5枚鱼雷但无一命中，随即在反潜飞机的攻击被迫下潜从而失去了与船队的接触。天黑后浮上水面，发现1艘单独航行的船只，随即连续发射5枚鱼雷还是一无所获。U-97号发现了OB-289船队，但艇长海尔曼以为U-552号还在跟踪并报告船队位置，所以没有报告船队位置就发起了攻击，击沉了3艘。

击沉吨位排行榜上的前两位王牌潜艇，U-47和U-99号分别于2月20日和22日从洛里昂启航了，25日下午，U-47号遇到了OB-290船队，邓尼茨调集3艘潜艇前去支援。26日午夜，U-47号首先发起攻击，第一轮攻击就击沉击伤各1艘，随即重新装填鱼雷进行第二轮攻击，又击沉2艘货船。之后6架秃鹰飞机在U-47的指引下，发现了船队，并展开了攻击，击沉7艘共计36250吨，还炸伤了1艘20755吨货船。U-47号一直都顽强地跟踪着船队并不停地发出信号，但最后还是遭到英军反潜飞机的深水炸弹攻击，并因此失去了与船队的接触。好在U-97号很快发现船队，不过该艇已经没有鱼雷了，只好引导其他潜艇攻击，但是船队却解散了，邓尼茨只好命令赶来的潜艇分散搜索，U-47号击沉1艘单独航行的英国货船，意大利潜艇“比安奇”号也击沉了1艘，除此之外就再无收获了。德意潜艇合击总共击沉了11艘船只，基本都是各船队的掉队者。

整个2月北大西洋上的暴风雪都没有停止

过，使护航船队很多船只受损甚至沉没，但仍有307艘船抵达了英国。

从2月开始德军改进了潜艇战术，即以6至8艘甚至更多数量的潜艇在护航运输船队可能经过的海域以40–50公里间隔一字展开，形成潜艇巡逻线（或称艇幕），只要其中任何1艘潜艇发现船队，就立即报告潜艇司令部，再由潜艇司令部组织附近潜艇展开连续的夜间水面攻击。邓尼茨将这一战术的原则思想概括为在必要时间和地点上集中最大数量的潜艇。这就是著名的“狼群战术”，随着这一战术的使用，2月的战绩略有上升，击沉运输船37艘计19.7万吨。但比起过去的黄金时期来，战果还是有所下降。因此，邓尼茨于3月起调集最精锐的潜艇前往英国西北海域，企图发起一次大规模的破交作战，再创辉煌。

■ 意大利潜艇上装备的是120毫米口径的火炮，要比德国潜艇上的甲板炮口径大得多。

大西洋之战

3月初，丘吉尔首相会见了第一海军大臣杜德利·庞德（Dudley Pound），商讨如何应付大西洋上商船不断损失的情况。丘吉尔表示为了激发护航作战的勇气，宣布英国进入“大西洋之战”状态，就像去年8月德国空军空袭英国时的“不列颠之战”一样。

丘吉尔成立了大西洋之战委员会并亲自担任主席，委员全都是部长或者其他高级官员，每周会面一次，商讨相关事宜。3月6日，丘吉尔公布了委员会的指导方针，列举了要在大西洋之战中取胜所必不可少的十三种措施，部分措施如下：在海上搜寻并击毁潜艇和远程侦察机，炸毁潜艇造船厂和海军基地内的潜艇、机场上的侦察机；优先生产200艘（后来降到了35艘）带有飞机弹射器的商船，可以在海上弹射起飞战斗机，以对抗德军远程侦察机；将岸防司令部的空中力量集中分布于西部大道的主要护航线上；允许所有速度大于等于12节的商船（而不是速度大于等于13节的商船）不编入船队，不需护航而单独航行；优先为商船配备高射炮以对付德军飞机；英国各港口共有264万吨商船由

■ 英国海军高级官员正在讨论大西洋之战的对策。

于暴风雨、战争或其他损伤而闲置，4个月内要将闲置商船数量减少46万吨；用一切办法加速商船在英国港口和国外港口之间的周转速度。

最重要的情况是英军在对抗德国潜艇时异常糟糕的失败，1940年全年，英国仅仅击沉了12艘远洋潜艇。1941年1月和2月居然连1艘潜艇都没击沉！

在大西洋委员会的推动下，英国为了消灭德国潜艇采取了一些重要措施，主要有：首先，根据所获得的秘密情报信息加强对潜艇行踪的了解。除了全力破译潜艇密码外，隶属于海军行动情报信息中心（OIC）的潜艇跟踪监视处（Room）主要负责监视轴心国潜艇活动，最初由俄内斯特·瑟林（Ernest W.C.Thring）指挥，他的得力助手是罗杰·温（Rodger Winn），一个因小儿麻痹而有点跛足的律师，作为预备役军官被召入海军的。1941年初OIC主任约克·克莱顿提议由温接替瑟林担任潜艇跟踪监视处处长，由一个文职官员而不是专职军官来担任这样关键部门的领导，是前所未有的，在海军大臣庞德的支持下，温正式接任这一职位。

1941年2月，英国海军将西部大道指挥部从朴利茅斯转移到了利物浦的德比议会大楼，并由珀西·诺贝尔（Percy Nobel）接任司令。诺贝尔很快就在指挥部大楼里创建了作战指挥中心，在墙上悬挂着一幅比两层楼还高的北大西洋海图，指挥中心一天24小时通过电传打字机和电话与OIC保持联系，随时了解德军潜艇的最新动态。

■ 英国海军潜艇跟踪监视处（Room）主要负责监视轴心国潜艇活动，图为该处处长罗杰·温。

同时，根据丘吉尔的指示，英国皇家空军岸防司令部也将主要力量都集中到了西部大道，J.M.罗伯（J.M.Robb，后来则是伦纳德H.斯拉特‘Leonard H.Slatter’）将岸防司令部迁到了利物浦，与西部大道指挥部合并，以确保能有效实施海空协同作战。1941年4月15日，明确岸防司令部划归空军部，但行动控制权却交由海军部，从此岸防司令部将搜寻猎杀潜艇摆在了第一位。

诺贝尔最热衷的事务之一就是坚持为护

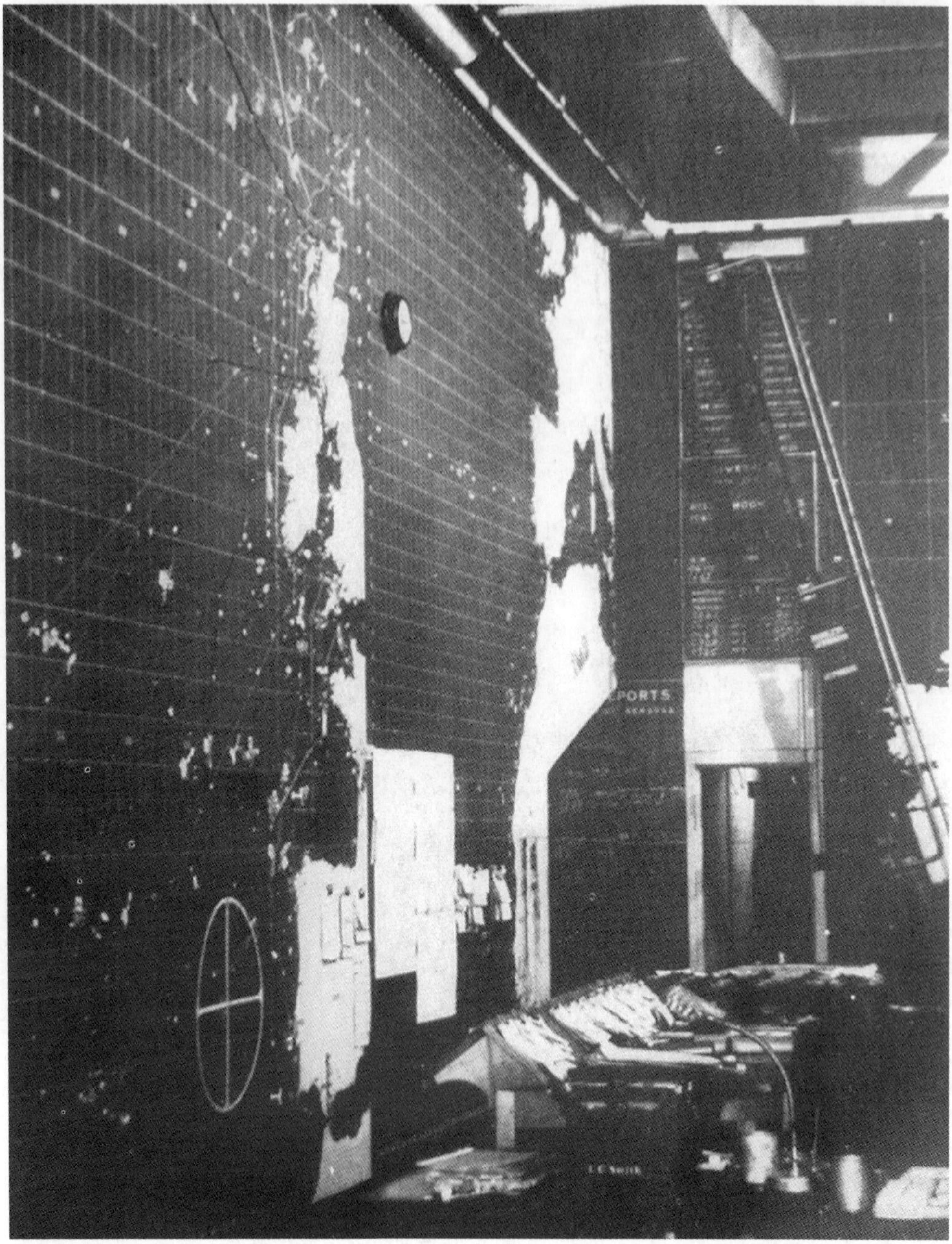

■ 1941年开始运作的位于利物浦的德比大厦内的西部海口司令部内景，图中左边为记录所有德国潜艇活动和护航船队情况的大图板。

航舰队的培训工作提供支持与帮助。1940年7月，在内赫布里底（Inner Hebrides）群岛马尔岛（Mull）的托伯莫里（Tobermory）建立了护航舰队培训总部，由苛刻严厉而闻名的海军中将G.O.史蒂芬森（G.O.Stephenson）任校长，每一艘将要担负护航任务的舰长必须要在该校接受1个月的反潜战培训，很多舰长都将这个培训描述为一次折磨。

随着新建成的驱逐舰以及美国的50艘驱逐舰逐渐投入使用，英国海军终于可以开始建立起“护航小组”（EG），这些小组将由多种护航舰组成，舰艇之间将固定搭配并被看作一个集体执行护航任务，这些固定搭配肯定比随意调配在一起的护航船舰能更好地完成任务，并能更有效地猎杀潜艇。很快就组成了12个这样的小组，名义上每个小组都包括10艘驱逐舰、护卫舰或驱潜快艇，其中至少有6到8艘可以随时出航。起初护航小组的表现非常糟糕，但慢慢地就令人刮目相看了。

1941年参观过英国军事机构的美国人对英国在大西洋之战中所开展的密切合作印象非常深刻。无论是从战时内阁到大西洋委员会，还是空军部海军部到密码学校和OIC、德比议会大楼，所有机构的工作都非常单一，各司其职。他们对于德军潜艇行动的严密控制、交叉管理以及各部门对于所获得情报信息的利用，在某种意义上就是一种威力不可估量的武器。

从1941年3月起，英军开始使用PBY“卡塔林那”（Catalina）远程水上飞机遂行反潜巡逻使命，由于这种飞机携带2枚鱼雷时作战半径高达2000公里，这样英国海岸以外1100公里、加拿大海岸以外960公里和冰岛以南640公里范围均受到有效的空中掩护。

普里恩之死

当丘吉尔宣布英国进入“大西洋之战”状态的时候，德国潜艇部队却正处于开战以来的最坏状态。1941年3月1日，在北大西洋上总共只有8艘潜艇，其中还有1艘是鱼雷用完而被派往进行气象预报的。而且这些潜艇都没能获得远程侦察机的帮助，U-552号发现了HX-109船队，用最后3枚鱼雷击沉了12000吨的英国油轮“卡迪拉克”（Cadillac）号。闻讯赶来的U-95和U-147号分别击沉2艘和1艘。

3月2日，2架从挪威起飞的“秃鹰”侦察机报告发现并攻击了一支运输船队，邓尼茨指挥大西洋上的6艘潜艇在罗卡尔海岸以西组成一道巡逻线。3日各艘潜艇到达指定位置，侦察机也在可能的航线上搜寻，但都没有发现船队。邓尼茨认为是侦察机打草惊蛇使船队改变了航向，因此下令禁止“秃鹰”侦察机攻击运输船队。

PBY“卡塔林那”(CONSOLIDATED PBY Catalina)

由美国联合飞机公司(康维尔公司的前身)生产，是世界航空史上产量最高的水上飞机。PBY优雅的别称叫“卡塔林那”，是与公司名称谐音的地名。

“卡塔林那”的原型机XP3Y-1于1933年10月28日获海军批准，1935年3月28日，一号机在水牛工厂正式交付，并进入评价试验。三个月后即获得首批订货，并转往圣地牙哥分厂投入批产试制。1935年10月，试飞中的原型机返厂后重新按巡逻机(P)和巡逻轰炸机(PB)的技术要求作进一步改进，同时改装了功率更大的R-1830-64发动机。

1936年5月19日，改进型XPBY-1再次露面，从维吉尼亚州诺福克港飞抵加利福尼亚州圣地牙哥，创造水上飞机飞行距离5550公里的世界纪录。

首架量产机型PBY-1于1936年9月出厂，1937年5月交付部队，10月开始在VP-11F中队正式服役。

PBY为全金属结构，有一个水上安定性良好的宽矮而修长的机身和高置于流线形翼台上并带有支柱的大面积矩形整体高单翼。两台R-1830系列“双黄蜂”气冷活塞发动机紧挨着安装在中翼上，能减少单发停车后的偏航力矩。翼尖有一对可收放浮筒，飞行中可兼作端板。机头为多角形轰炸瞄准舱和前炮塔，后面是驾驶舱。后机身背部两侧有两个巨大的蛋形全透明观察舱兼炮塔。机身下方为双断阶艇底，其尾部设可伸缩炮塔。PBY的后期型号还改装了雷达、探磁器和可收放前三点起落架。全机拥有7.7毫米、12.7毫米机枪4至5挺，可在翼下挂弹2吨或鱼雷2枚。

继原型XP3Y-1和生产型一号机XPBY-1之后，PBY 又发展出十多种改型，主要有：PBY-1，1936年10月5日服役的第一种生产型。PBY-2，装备稍有改动，1937年5月服役。PBY-3，改装1000马力的R-1830-66发动机，最高时速增至307公里，1937年11月服役。PBY-4，发动机改用1050马力的R-1830-72型，机身背部用蛋形观察舱兼炮塔替代了以前的两个滑门式射击窗。机枪口径也改为12.7毫米，最高时速317公里，转场航程7125公里。

PBY总生产量达3290架，是水上飞机产量最高的，有十多个国家使用，作战区域遍及全球四大洋，在战争中以其优异的操纵性能、强大的续航能力和实用性，赢得了如潮好评。

主要性能：（PBY-5A），机长：19.5米；机高：6.2米；翼展：31.5米；空重：9490公斤；最大起飞重量：16000公斤；最大速度：278公里/小时；最大巡航速度：188公里/小时；最大航程：4100公里；升限：4485米；最大续航时间：22小时；乘员：7至9人；武备：2挺12.7毫米机枪，3挺7.7毫米机枪；载弹量：2吨。

3月4日，1架“秃鹰”侦察机报告发现了另一支运输船队。根据其位置不能断定就是两天前的那一支，也不能断定位置报告是否正确。邓尼茨还是将原来的6艘潜艇重新组成巡逻线，并命令正从洛里昂到西非海域的UA号也赶去参战。5日，新的巡逻线组成后，位于巡逻线中央的U-95号却莫名其妙地打破了无线电寂静，报告累计战绩，邓尼茨认为英国一定通过无线电探测发现U-95号的位置，接着就会改变船队航线以避开U-95号以及整个巡逻线，邓尼茨是对的，船队果然改变了航线。

邓尼茨随即对侦察机与潜艇的协同行动进行了更详细的分析，结果显示两个月以来，仅有一次依赖飞机报告的潜艇行动取得了成功。几乎所有侦察机关于船队位置和航向的报告都是错误的，而且收到报告到将潜艇调往指定位置需要的时间也太长了，往往当潜艇到达指定位置时，船队早已通过了。因此邓尼茨下令在更好的潜艇飞机协同作战方式出现以前，潜艇将不再依据飞机的报告采取行动。而“秃鹰”侦察机将继续搜寻并报告船队的有关情报，也可以对发现的船队实施攻击。

3月6日，邓尼茨指挥5艘潜艇在罗卡尔海岸以西组成了一道巡逻线，并且派UA号接替U-97号执行气象预报。巡逻线刚刚形成，U-47号就发现了一支运输船队并不停地报告位置以引导其他潜艇前来攻击，邓尼茨迅速

■ U-47号艇长普里恩在指挥塔上，斯卡帕湾公牛的艇徽赫然在目。

■ U-47号潜艇全体艇员合影，这批德国海军潜艇部队的精英最终还是难逃葬身大海的命运。

指挥附近的U-37、U-70和U-99号还有正向西行驶的UA号前来，这支被普里恩发现的船队是OB-293船队，护航舰包括两艘驱逐舰和两艘驱潜快艇。

普里恩的U-47和克雷齐默尔的U-99在下午6点碰面了，正当他们在商量携手攻击时，猛然出现了两艘驱逐舰，这使得普里恩和克雷齐默尔都大吃一惊，赶紧急速下潜。驱逐舰发现了U-47号用深水炸弹进行了攻击。直到深夜，这两艘潜艇才又浮出水面。这时，U-70号也赶来了，并在黑暗中占据了船队前方的位置，U-70号已经航行了两周，还没有发射过1枚鱼雷，3月7日4时30分，U-70号迫不及待地发起了攻击，向4艘船发射4枚鱼雷，只击伤了6400吨的英国货船“德利里安”（Delilian）号。10分钟后，U-47号报告了新的船队位置并开始攻击，2枚鱼雷都命中了20640吨的挪威船“特尔耶·威肯”（Terje Viken）号，但这艘巨轮还能航行。

U-70号重新装好鱼雷开始第二轮攻击，向受伤的“特尔耶·威肯”号连射3枚鱼雷，但均未击中，正打算发射第四枚鱼雷时，U-99号发射的鱼雷击中了这艘船，随后U-99号又攻击了“阿瑟尔比赤”号油轮，3枚鱼雷命中目标却没能击沉它，为了节省鱼雷，U-99号用甲板炮轰击，还是没有奏效，最后只得再消耗1枚鱼雷将其击沉。

船队的4艘护航舰也开始了反击，发射照明弹照亮了整个海域，发现潜艇并用炮火迫使其下潜，“杨梅”（Arbutus）号驱潜快艇随即用声呐探测到了1艘潜艇，于是投下了深水炸弹，并召唤驱潜快艇“山茶”（Camellia）号前来协同攻击，“狼獾”号（Wolverine）和“真理”号（Verity）驱逐舰也发现了潜艇并投下了深水炸弹。

U-70号从水下靠近了荷兰油轮“米德里希特”（Mijdrecht）号然后发射鱼雷将其击伤，但是荷兰船长看到了U-70号的潜望镜，因此转舵撞向U-70号，一头撞裂了U-70号的指挥塔，撞毁了舰楼和潜望镜，而“米德里希特”号的损伤并不严重，船员们修补好破洞继续前进。U-70号在薄雾中浮出水面，打算查看一下损伤情况，正好被“山茶”号发现，102毫米炮立即开火，迫使U-70号紧急下潜，“山茶”号声呐坏了，只能根据大致位置投下6枚深水炸弹，并召唤“杨梅”号赶来，“杨梅”号赶来通过声呐确定了U-70的位置后，连续投下12枚深水炸弹。“山茶”号也根据“杨梅”号的声呐信息再次投下了6枚深水炸弹，但没有声呐，“山茶”号难以发挥作用，只好转去保护受伤船只营救幸存者了。“杨梅”号一直顽强地追踪U-70号，在接下来的3个小时里，又进行了五次攻击，每次攻击都是连投6枚深水炸弹，最后三次攻击终于奏效，U-70号艇尾进水很快失控，艇长玛茨只好吹除压载舱浮出水面，看到潜艇

■ 英国海军“狼獾”号驱逐舰。

■1941年3月，U-47号潜艇最后一次出航时的情景，从此一去不复回。

上浮，“杨梅”号一面用全部炮火轰击，一面向潜艇撞过来。当看到潜艇艇员在纷纷跳水，“杨梅”号迅速改变航向，并放下了救生艇，U-70号很快就沉没了，“杨梅”号救起了26人。

“狼獾”号和“真理”号驱逐舰用声呐发现了U-47和U-99号，并反复进行了攻击，后来U-99号报告：“一艘式样比较旧的驱逐舰迫使他在水下潜航了9个小时，其间驱逐舰投下了51枚深水炸弹。”而U-47号就再也没有消息了，尽管没有确切的证据显示是“狼獾”号击沉了U-47号，也可能是U-47被深水炸弹炸伤后沉没，或者由于操纵失误而沉没，或者是无线电故障而在返航途中沉没……不管怎样，德国王牌潜艇U-47以及传奇人物普里恩上尉在内全艇官兵就这样消失在了茫茫大海中。

3月7日晚10点，UA号发现了一支运输船队，仍是OB-293船队。午夜过后UA号在报告船队位置后就向领头的货船发射2枚鱼雷，1枚命中，给英国货船“邓纳夫·海德”号造成了轻微损伤。“狼獾”号发现UA号正在自己的正前方，舰长詹姆士·罗兰（James M.Rowland）打算对潜艇进行突然撞击，因此停止发射照明弹，既不加速也不改变航向，向潜艇悄然逼近。13分钟后，已经能够看到潜艇柴油机所排放的烟雾，声呐也探测到目标，3分钟后潜艇突然以最快的速度沿之字形路线逃跑——显然潜艇发现了驱逐舰，于是“狼獾”号开始全速追击，但仍然希望能够将潜艇撞沉，因此一直没向潜艇开火。但是“真理”号发射的照明弹照亮了附近海

■ 英国海军“真理”号驱逐舰。

域，潜艇意识到了危险急速下潜。几分钟后，“狼獾”号和“真理”号通过声呐确定了潜艇位置，接连投下24枚深水炸弹，没看到什么明显迹象，只有舰员反映看到了水面上的油渍还闻到了柴油味——显然潜艇被击伤了。“狼獾”号和“真理”号以为攻击的是U-47号，但是U-47号在此前已经击沉5艘船只，鱼雷已经所剩无几，不会继续追击船队，再说U-47号当晚一直没有进行无线电联络，很可能无线电出现故障，而要是无线电故障的话就更不可能继续追踪船队了（因为无法报告船队位置）。倒是UA号大副卡尔·爱默曼（Karl Emmermann）的回忆与“狼獾”号和“真理”号的攻击情况吻合：“我们在黑暗中浮出水面时离驱逐舰特别近，然后我们逃走了。艇长艾克曼希望在水面以柴油机全速逃走，但是我最终还是说服了他，依靠电动机下潜逃跑，这样就不会产生烟雾也不会发出噪音了。”UA号虽然逃过一劫，但却遭到了重创，不得不返回洛里昂。

OB-293船队的4艘护航舰都应该嘉奖，他们对德国潜艇的勇猛反击，不仅使得船队损失非常小（仅仅被击沉1艘，被击伤的3艘船中两艘由护航舰击沉，另1艘则安全到达），而且击沉了王牌潜艇U-47号和U-70号，重创UA号。

在南大西洋的U-105号、U-106号和U-124号于3月6日会合了“格奈森诺”号和“沙恩霍斯特”号战列巡洋舰，第二天，战列巡洋舰发现了SL-67船队，该船队护航舰艇中有英国战列舰“马来亚”（Malaya）号，由于德国海军禁止水面舰艇与英国战列舰正面交锋，因此只好放弃攻击。U-124号计划以潜艇干掉“马来亚”号，使战列巡洋舰能回来攻击商船。潜艇攻击战列舰没有实现，但对货船的攻击却取得了很大成功。U-105号击沉1艘5200吨的英国船，U-124号在21分钟内，连续发射6枚鱼雷，击沉4艘共计23300吨，U-106号也击沉1艘7500吨的英国船。随后U-124号向西从辅助巡洋舰“科莫兰”号上获得燃料和鱼雷补充后，等待袖珍战列舰“舍尔海军上将”号送来雷达配件，而U-105号和U-106号则直接驶向了预定巡逻区弗里敦海域。

末路王牌

3月9日，在北大西洋上总共只有4艘潜艇，而且其中1艘已经耗尽了鱼雷，还要抽出两艘为德国空军空袭英国提供气象预报，邓尼茨在日记里抱怨：“（此时）北大西洋上处于一种非常荒唐的状态。”但是后续潜艇很快就出动了。11日，U-110号从德国出发，艇员就是击沉“雅典娜”号的U-30号原班人马。12日，第二王牌艇长舍普克也指挥着U-100号出航了。这两艘潜艇出航时，大西洋上已经乱成了一锅粥，德国空军正在对

■ 第5护航小组司令唐纳德·麦金泰尔，是一位经验丰富的反潜战专家。

英国海港进行大规模空袭，德国海军“舍尔海军上将”号袖珍战列舰、“格奈森诺”号和“沙恩霍斯特”号战列巡洋舰和“希佩尔海军上将”号重巡洋舰都在大西洋上大开杀戒，这可是大好时机啊。

3月15日晚，U-110号在冰岛以南240公里处发现了HX-112船队，该船队由41艘货船轮组成，护航舰艇是第5护航小组（EG-5）的5艘驱逐舰和两艘驱潜快艇，这个小组是3月初刚刚成立的，护航小组司令是唐纳德·麦金泰尔（Donald Macintyre）中校，一位出身于战斗机飞行员的舰长，是经验丰富的反潜战专家，毕业于波特兰海军反潜学校，受到过著名声呐专家约克·安德森教授的亲自传授。护航舰包括“漫步者”号、“范诺克”（Vanoc）号、“志愿者”（Volunteer）号、“萨多尼克斯”（Sardonyx）号和“塞米塔”（Scimitar）号驱逐舰、“风信子”（Bluebell）号和“八仙花”（Hydrangea）号驱潜快艇，这是该小组第一次执行护航任务。

U-110号先向英国油轮“爱罗多纳”（Erodona）号发射2枚鱼雷，均未命中，只得发射第三枚，使油轮受到了重创（后来被拖到了冰岛）。油轮爆炸的火焰将整个海域照得如同白昼一样明亮，“塞米塔”号驱逐舰发现了U-110号并立即开始攻击，“漫步者”号和“范诺克”号也赶来助战，但U-110号迅速下潜，3艘驱逐舰总共投下24枚深水炸弹，都一无所获，于是“漫步者”号回到了船队行列，留下“范诺克”号和“塞米塔”号继续搜索。一个小时后，U-110号浮出水面，继续追击船队。4时10分，在发出新的船队位置报告后又开始了第二轮攻击，向两艘货船各发射2枚鱼雷，都没有命中，因此船队并没有发现这轮攻击。

在U-110号的指引下，附近3艘潜艇随即赶来，16日清晨U-110号因为发现英军反潜飞机而被迫下潜，失去了和船队的接触。好在中午前后U-37号发现了船队，并指引U-99号和U-100号前来。傍晚U-110号再次发现了船队，但很快和船队失去了接触，随后和U-74号向错误的方向追赶，失去了战机。只有U-37号、U-99号和U-100号追上了船队，但是U-100号被护航舰发现，连续遭到深水炸弹攻击。U-99号乘机以水面航行冲进船队中央于晚10时许发起了攻击，将余下的8枚鱼雷全部发射了出去，这次攻击相当成功，命中6艘船，击沉5艘击伤1艘，然后用光了鱼雷的U-99号开始寻路返航。此时被击中船只熊熊燃烧着的火焰照亮了附近海域，使其他潜艇很难接近船队，午夜过后，“漫步者”号发现正前方不远处有1艘潜艇，马上全速向它撞去，潜艇急速下潜，驱逐舰从潜艇上方驶过时一口气投下了10枚深水炸弹，随即听到了巨大的爆炸声并看到了水下冒起橘黄色的火焰——这是U-37号，该艇遭到重伤，不得不返航(之后退役转给潜艇学校)。爆炸和火焰

■ U-99号艇长克雷齐默尔因战功显赫获得勋章。

也帮助找错了方向的U-110号和U-74号重新调转方向赶了过来，但都遭到驱逐舰的压制攻击，无法接近船队。

17日1时30分，“漫步者”号刚收到了稳定的声呐信号，立即投下了9枚深水炸弹，并召换“范诺克”号来助战，两艘驱逐舰轮番攻击，总共投下29枚深水炸弹，其中1枚在距离U-100号非常近的地方爆炸，仪表、抽水泵全被震坏，潜艇随即开始进水并失控下沉，一直沉到230米深处，这是任何潜艇都不曾到达过的深度，艇长舍普克担心潜艇的耐压壳会承受不住，赶紧下令上浮。刚浮出水面，就被“范诺克”号上新装的286M型雷达发现（这是英国军舰第一次以雷达发现潜艇），“范诺克”号全速向U-100号撞来，舍普克想全速倒退以发射鱼雷，但两个柴油机都发动不起来，当电动机发动后，舍普克却将“右满舵后退”错为“右满舵前进”，这就彻底丧失了发射鱼雷的机会。更要命的是舍普克被“范诺克”号的迷彩涂色所迷惑，将两舰距离判断错误，这一致命错误最终将U-100号送上不归路——3时18分，“范诺克”号狠狠地撞到了U-100号指挥塔，舍普克刚刚喊出“弃船！”就被撞死了，U-100号随即沉没，“范诺克”号总共只救起6名艇员。

收获丰硕的U-99号正准备悄然退出战斗，由于瞭望疏忽，未能及时发现附近的“漫步者”号驱逐舰，在指挥塔上值更的二副海因里希·皮特森少尉认为“漫步者”号也一定发现了潜艇，慌乱之中犯下了一个严重错误，没有让潜艇在黑暗中以水面航行全速逃离而是急速下潜。此时“漫步者”号还没发现潜艇，但是潜艇一下潜，驱逐舰的声呐就收到了信号，麦金泰尔立即下令攻击，“漫步者”号冲过来投下了6枚深水炸弹，全部在潜艇附近爆炸，爆炸的强烈震动，震坏了高压气桶、燃料箱和沉浮箱，潜艇开始进水并失去了控制，迅速下沉到了210米，艇长克雷齐默尔只好下令上浮。3时52分，也就是“漫步者”号投下深水炸弹9分钟后，“范诺

■ U-99号艇长克雷齐默尔。

■ 在U-100的指挥塔上，艇长舍普克正在享用咖啡。

■ U-99号潜艇驶离基地，开赴大西洋。

■ 50年以后，麦金泰尔（右）将当年缴获的望远镜还给克雷齐默尔（左），可谓相逢一笑泯恩怨。

克”号发现了浮出水面的U-99号，U-99号被探照灯完全罩住，两艘驱逐舰的102毫米主炮随即开火，克雷齐默尔下令全速航行，但是柴油机和电动机都不能工作了，操舵装置也损坏了，克雷齐默尔只能下令弃艇，然后用信号灯向“漫步者”号示意：“我们正在下沉。”2分钟后“漫步者”号和“范诺克”号停止了炮击，开始救援潜艇艇员，最后救起了包括克雷齐默尔在内的40人。

在10天里，接连损失了U-47号、U-99号和U-100号这三大王牌，对于德国潜艇部队来说，不啻是极其沉重的打击。克雷齐默尔最后确证战绩是43.5艘共计247012吨（包括U-23和U-99号），获得骑士、橡叶和双剑银橡叶三个级别的铁十字勋章，整个二战期间再也没人能超过他的这一战绩。普里恩的确证战绩是32.5艘共计202514吨（全都是在U-47号），其中包括“皇家橡树”号战列舰，在所有艇长中排名第三。舍普克的确证战绩是37艘共计155882吨（包括U-3、U-19和U-100号）。

低谷

对于德国潜艇来说，3月真是霉运高照，最后两个星期在北大西洋上的情况更加糟糕。U-69号艇长约斯特·麦茨勒（Jost Metzler）回忆道：“这段时间天气非常恐怖，似乎老天也暴怒了！”这段时间根本不能进行有组织的侦察活动，因为能见度几乎就是零。从挪威和法国起飞的“秃鹰”侦察机还在进行空中侦察，3月19日，报告发现了三支船队，但此时在北大西洋上总共只有5艘潜艇，而且都正在波涛汹涌的海面上苦苦挣扎，根本无法进行攻击。邓尼茨只能调集刚从洛里昂和德国本土出航的4艘潜艇前去截击，但这4艘潜艇都没能找到船队。

3月21日，U-69号发现了一支船队，邓尼茨指挥U-48号和在这海域的4艘意大利潜艇前去拦截，但是U-69号被护航军舰发现，随即遭到长达数小时的深水炸弹攻击，潜艇在剧烈的爆炸中来回摇晃，在“漫长痛苦的生与死的边缘挣扎”，从而失去了与船队的接触。

3月23日，U-110号在冰岛以西向1艘挪威船连续发射3枚鱼雷均未命中，这样U-110号此次出巡中累计已有9枚鱼雷没有命中，艇长伦普将原因归咎为鱼雷故障而不是在冬季休整时缺乏训练。对鱼雷丧失了信心后，U-110号开始使用100毫米甲板炮攻击，结果一次射击时炮手居然忘记卸下炮口防水塞，结果炮弹在炮膛爆炸，四下乱溅的碎块击穿了潜艇沉浮箱的通气口和燃料箱，给潜艇造成了严重损伤并且柴油也开始严重泄漏，不得不返回洛里昂。伦普对鱼雷的抱怨引起了重视，鱼雷部门再次对鱼雷进行细致检查，发现从

■ U-69号潜艇在基地安装鱼雷。

■　击沉德军潜艇之后的英国水兵欣喜若狂。

德国出发的6艘潜艇在2月一共出现21次鱼雷攻击失败。邓尼茨坚持认为，这是鱼雷出现了某种新的“不可解释”的缺陷，可能是严寒对鱼雷的内部结构产生了不利影响，因此他禁止潜艇携带曾放置在严寒环境中的鱼雷，并组织检测在严寒条件下的鱼雷性能。同一天，U-551号在冰岛东南部发现了单独航行的比利时货船“威勒德里格”（Ville de Liege）号，“威勒德里格”号也发现U-551并立即发出无线电警报。在附近正为一支护航船队护航的英国反潜拖网渔船“维森达”（Visenda）号立即全速（13节）赶来，声呐迅速确定位置，“维森达”号在一个半小时里总共投下了18枚深水炸弹，海面上出现了一扇有德国字母的带锁门、印有德国人名的衣服、德语小说以及一些人体碎块，因此可以确定U-551号被击沉了，这是反潜拖网渔船取得的第一个战果。

短短17天之内，德军就损失了5艘潜艇，几乎相当于大西洋上潜艇的25%，再加上还有两艘遭到重创，如此严重的损失，使德军开始怀疑英国人发明了某种新的潜艇定位方法，邓尼茨无法确定具体是什么方法，只能下令潜艇撤出西部大道。3月25日，他对大西洋上的6艘潜艇进行了重新部署，将潜艇配置线西移约370公里，撤至驻爱尔兰岸基航空兵作战半径之外，在西经20度组成了一道由北到南的巡逻线。这条巡逻线的最北端，也就是最靠近冰岛的地方，是经验丰富的U-48号。

29日，U-48号发现了一支船队，这就是由8艘护航舰护航的HX-115号船队，艇长舒尔兹凭着他过人的勇气、技艺和沉着，向船队发起了攻击，发射5枚鱼雷击沉了4艘船17300吨。但邓尼茨认为船队的护航力量非常雄厚，其他潜艇都是新手，所以没有指挥其他潜艇前来。

同一天，U-69号发现了OB-302船队，U-48和U-46号闻讯赶来，最终只击沉了两艘船。

1941年3月，总共有300艘满载物资的船只从哈利法克斯出发横穿北大西洋（由于冬季结冰，新斯科舍[Nova Scotia]省的悉尼港[Sydney]停航了，悉尼运输船队都改从哈利法克斯出航）。由于潜艇数量的严重短缺、天气极其恶劣以及英军水上和空中护航力量的急速增加等一系列原因，德军在北大西洋的战绩甚微：仅击沉24艘，却损失了5艘潜艇。

与北大西洋形成鲜明对比的是，南大西洋海域的天气很好而且那一海域的3艘潜艇表现也非常出色。3月16日，U-106号在弗里敦附近发现SL-68船队，艇长发出位置报告后就向船队发起了攻击，击沉了1艘6800吨的货船。此后的7天中，U-105号和U-106号对该船队不断进行攻击，直到用完全部鱼雷，U-105号击沉5艘27000吨，U-106号击沉3艘17000吨，并击伤了护航的“马来亚”（Malaya）号战列舰（但艇长奥斯登将战列舰误为货船）。在南大西洋的第三艘潜艇U-124号因为柴油机故障而落了单。柴油机修好后，在靠近非洲海岸处击沉了1艘单独航行的英国船，这使艇长舒尔兹的总战绩达到了100117吨而获得了骑士十字勋章（实际这一战绩有很大水分，确证战绩为13艘共计57683吨）。尽管

■ U-105号潜艇上的部分艇员聚集在前甲板上，他们穿着救生衣，尽情享受着南大西洋上的阳光。

在南大西洋的3艘潜艇都大有斩获，但邓尼茨仍坚持具有决定意义的海上战场是在冰岛和英国之间的海域，并一直尽可能地拒绝一切“分散”那一海域潜艇力量的建议。然而由于潜艇在该海域的低劣战绩以及严重损失，迫使他暂时把潜艇调离那一海域，而派往反潜力量薄弱的远海海域，比如冰岛以西和南大西洋海域。

这个不太被注意的决定是德国对英国潜艇战的一个里程碑，表明了德国潜艇的第一次失败。这次潜艇战失败的主要原因就在于缺乏足够的潜艇。至1941年3月底，邓尼茨依然仅仅只有27艘完成了战斗准备的远洋潜艇，这和19个月之前刚刚开战时所拥有的潜艇数量一样。27艘远洋潜艇中3艘因为损伤而在维修，还有3艘正在西非，这就使在北大西洋上的潜艇数量只有21艘，扣除航行于基地与战区之间以及正常的维护，实际能同时在北大西洋上活动的仅仅只有7艘，要靠7艘潜艇面对运输船队经常变更航线、护航航舰的数量又在不停增加等状况，根本就没有足够的潜艇可以在北大西洋上发现、跟踪运输船队，更不能展开成功的狼群攻击。

将潜艇调往冰岛以西和南大西洋实在是无奈之举，因为VIIB型和VIIC型潜艇燃料容量有限，因此在执行远程巡逻时大受限制，尤其是在需要高速追击船队时，这种限制就更加明显。燃料限制同时又降低了可以在远海进行破交作战的潜艇数量。也就是说尽管大西洋上的潜艇数量将会有所增加，但具体到每一天，实

■ 德国潜艇以火炮攻击运输船。

际发起攻击的潜艇数量却减少了。

另外，1941年3月租借条约开始生效，美国除50艘驱逐舰外还向英国提供了10艘驱潜快艇，并同意采取向英国提供货船和油轮，为美国海域的英国船只补充燃料以及在美国船厂里维修英国船只等措施。邓尼茨把这些措施看作是“违反国际法”，因此要求希特勒解除攻击美国船只的种种限制。然而希特勒一直小心翼翼地避免与美国产生正面冲突，也一直避免采取有可能导致美国参战的冒险行动，因此，他拒绝了邓尼茨的请求。

前景堪忧

从4月起，英军远程反潜飞机进驻爱尔兰岛，大大缩小了没有空中护航的海域范围。新服役的护航军舰由于在设计中充分考虑了携带燃料的需求，因此其续航力大为增加，这样英军的护航力量逐步增强，护航海域扩大至西经35度。同时，加拿大海军的力量也逐渐增强，开始担负起西大西洋的护航。

4月1日，根据邓尼茨的部署，大西洋上的潜艇撤出西部大道，其中9艘在西经30度的冰岛和格陵兰岛之间组成了一条由北到南的巡逻线，因为邓尼茨认为这一海域的反潜力量比较薄弱，同时，他还将4艘潜艇派往西非海域加强那里的破交力量。但是最高统帅部却要求潜艇部队在4月执行三项特殊任务：两艘潜艇为德国空军提供气象预报；两艘潜艇要去攻击丹麦海峡的英国辅助巡洋舰；还有两艘潜艇（南大西洋）要为正满载一批贵重货物从里约热内卢（Rio De Janeiro）驶往比斯开湾的“莱西”号（Lech）货船提供护航。

刚在冰岛西南部海域建立起潜艇巡逻线后，U-76号就在巡逻线以东650公里海域发现了一支OB-305船队，鉴于该海域的反潜力量相当强大，邓尼茨不愿意把其他潜艇东调，于是指示U-76号不要贸然攻击，而要跟踪监视船队向西航行到潜艇巡逻线。该艇艇长弗雷德里希·冯·希波尔（Friedrich von Hippel）开战时曾任U-37号的大副，后因病长期休养，对于这样一个没有经验的艇长来说，要跟踪船队行驶这样长的距离显然是很危险的。英军通过DF探测到了U-76号的位置，随即派出护航舰前来攻击，并改变了船队的航向，U-76号为躲避护航舰的攻击被迫下潜了9个小时，之后就与船队失去了接触，邓尼茨指示他继续向西航行，以尽可能搜索船队。

同时，U-74号发现了SL-26船队，除了鱼雷仅剩1枚的U-48号外，其余8艘潜艇全都赶来，形成了迄今为止潜艇数量最多的一次狼群攻击。4月2日夜，狼群开始对船队展开了攻击，U-46号率先攻击，击沉两艘。U-74号接着发难，也击沉两艘，并击伤了惟一的护航舰“伍斯特郡”（Worcestershire）号辅助巡洋舰。U-73号也不甘落后，击沉1艘货船和1艘油轮。英国人对在如此遥远的西部海域遭到攻击感到震惊，船队指挥官下令残存的16艘船只解散。英国海军立即派出护航舰增援，“飓风”（Hurricane）号驱逐舰将受损的“伍斯特郡”号护送到了利物浦，“哈夫洛克”（Havelock）号和“金星”（Hesperus）号驱逐舰忙于搜寻被击沉船只的幸存者，另有5艘驱逐舰则将疏散了的船只聚拢起来，重新组织成一支船队。

正在搜寻OB-305船队的U-76号偶然发现了SL-26船队解散的船只，U-76号向其中的1艘连续攻击5小时后终于将其击沉。其他潜艇继续向东追击，4月3日夜间，两艘潜艇赶上了重新组织的船队并发起了攻击，U-94号击沉1艘，U-98号击沉2艘，但随即遭“狼獾”号驱逐舰反击被迫下潜。

4月4日傍晚，U-76号发现了单独航行的英国货船“雅典”（Athenic）号，U-76号发射3枚鱼雷全部命中，但“雅典”号在沉没前发出了无线电警报，正在为SL-26船队护航的“哈夫洛克”号和“狼獾”号驱逐舰、“杨梅”号驱潜快艇和“斯卡保罗”（Scarborough）号炮舰等4艘护航舰迅速赶来，护航舰到达时，U-76号正在水面充电，瞭望发现护航舰后急速下潜。“狼獾”号发现了声呐信息，可惜刚投下2枚深水炸弹声呐就失灵了，“杨梅”号声呐也发现了潜艇，但却受“狼獾”号的攻击所产生的噪音干扰又失去了信号，只有“斯卡保罗”号声呐确定了潜艇位置，投下了8枚深水炸弹。——

■ U-74号潜艇的指挥塔。

“狼獾”号投下的第一枚炸弹炸毁了潜艇的所有仪表，第二枚炸弹将艇壳焊接缝炸裂开，并使所有的照明都断了电。“斯卡保罗”号投下的8枚深水炸弹也在潜艇附近爆炸，使艇尾严重进水。9时25分，也就是“斯卡保罗”号投下深水炸弹后仅4分钟，U-76号就浮上了水面。看到这艘已经遍体鳞伤的潜艇，“杨梅”号准备将其俘虏，靠帮后“杨梅”号上的中尉格弗雷·安古斯（Geoffrey Angus）率3个水兵登上了U-76号，这是战争中英国人第一次登上德国潜艇，当他们走向舰桥时，“杨梅”号就将缆绳系到了U-76号上，以防止它下沉。安古斯走到舱口，看到潜艇里海水已经“半满”了，而且与电池的酸性物质混合在一起产生了有强烈刺激性的氯气，安古斯知道进入潜艇必死无疑，于是放弃了进入潜艇而将舱盖关闭。U-76号的进水仍在继续并迅速下沉，“杨梅”号为了防止自身也随着潜艇一起倾覆，不得不解开了系在潜艇上的缆绳，潜艇随即沉没，3艘英舰总共救起了包括艇长在内的42名艇员。

不到一个月的时间里，英国就俘虏了U-70号、U-76号、U-99号和U-100号上113名德国潜艇艇员（其中14名军官），其中一些战俘向英国透露了VII型潜艇的许多技术细节、潜艇部队的组织状况、法国的海军基地、邓尼茨和戈林由于“秃鹰”飞机而产生的矛盾甚至B机关曾成功破解了英国密码等讯息。

此次对SL-26船队的攻击，德国潜艇总共击沉11艘共计54000吨，还击伤辅助巡洋舰“伍斯特郡”号。由此看来，将潜艇从危险的西部大道调到更远的西部海域，似乎是明智之举。U-76号被击沉，但这是一艘毫无实战经验的“菜鸟”，其他潜艇全都满载而归，只是要到达冰岛以西海域需要消耗大量燃料，这严重限制了VII型潜艇在该海域的作战时间。因此战斗刚一结束，6艘潜艇就返航了，其中战绩最高的U-48号，它此次出航的战绩是6艘共计40000吨（确证战绩是5艘共计27256吨）。由于这些潜艇的返航，使北大西洋上的巡逻线就只剩下3艘潜艇。虽然此时又有3艘潜艇从法国出发，但其中两艘却是被派往丹麦海峡猎杀英国辅助巡洋舰。U-108号击沉了16400吨的“拉杰普塔纳”（Rajputana）号辅助巡洋舰，U-94号虽然击沉了5600吨的挪威油轮“埃尔斯沃斯·林肯”（Ellsworth Lincoln）号，但却未能击沉主要目标。

SL-26船队在冰岛以西海域的巨大损失，促使英国在冰岛的沃普纳菲约杜尔建立反潜基地，以便将护航范围扩大到冰岛以西更远海域，并将船队航线尽量北移以得到驻冰岛海空兵力的掩护。英国海军部将三个新组建的护航小组B3、B6和B12派往了冰岛，这些护航小组是在北大西洋航线的中心地段，他们将在西经20度将西行船队护送到西经35度（距离1500公里，航行时间约为五天），然后再从这里转向护送东行的运输船队到达西经20度，在此将护航任务交给一直护航直至英国的护航舰。由于这些护航舰航程都非常有限，尤其是在天气恶劣时候还必须返回冰岛添加燃料，因此安排了3个护航小组。此外，英国海军部还把岸防司令部装有1.5米波长ASV－II型雷达的侦察机派到冰岛，这些飞机也将为船队提供空中护航。但是并不因此就可以认为英军已经在北大西洋建立起了反潜的完善网路，因为这个新的护航系统必须经过实战考验，由于护航船队过于复杂的时间表，使那些不太有经验的船员和飞行员经常会迷失方向，使所有事情都陷入混乱。护航舰和飞机出现故障或燃料短缺时都会暂停执

■一艘油轮遭到潜艇袭击，正在慢慢下沉。

■在海面上漂泊的等待救援的遇难船只船员。

行任务，恶劣的天气也时常使护航舰与船队的会合非常困难，反过来增加了德军推测出船队航线和会合点的可能性，从而可以充分利用船队护航舰转换期间的间隙发起攻击。邓尼茨4月在西非海域集结了7艘潜艇，企图发起一次大规模的潜艇战。但是最高统帅部坚持要求抽调U-105和U-106号为“莱西”号护航，这两艘潜艇就一直在海上徘徊等待“莱西”号，在一个月时间里只有U-105号击沉1艘单独航行的5200吨的英国船，而U-106号干脆是颗粒无收，在邓尼茨的多次抗议下，最高统帅部最终同意只留下U-106号继续等待“莱西”号。

4月上旬在弗里敦附近海域只有U-124号，该艇在67天的巡航中，总共击沉11艘共计52397吨。U-124号曾为击沉货船的船员提供援助，艇长舒尔茨回忆说：邓尼茨非常赞同他向英国幸存者提供援助的决定，这点后来成为在纽伦堡军事法庭为邓尼茨辩护的重要证据。随后U-107号、U-103号、U-38号和UA号都驶向西非，不过U-103号和UA号都由于机械故障而被迫中途返航。U-107号大展身手，从4月8日到21日，先后击沉5艘共计30600吨。

德军潜艇在西非海域的活动使英国感受到了很大威胁，4月9日，战时内阁通过了占领西班牙加那利群岛（Canary Islands）的计

■ 英军驱逐舰正在进行深水炸弹发射准备。

■ U-552号潜艇的指挥塔及甲板炮。

划，海军部组织了一支包括3艘航空母舰、1艘战列舰、3艘重巡洋舰和19艘驱逐舰在内的庞大舰队，计划运送10000人登陆，但最终西班牙佛朗哥政府迫于压力，禁止德国潜艇（以及其他船舰）进驻加那利群岛，在这种压力下，这一计划才未实施。

英国人的小优势

4月中旬，北大西洋上共有9艘潜艇，6艘在冰岛西南部海域，2艘在冰岛正南方，还有1艘在西部大道。不过其中3艘因为燃料所剩无几，已经开始准备返航。另外有3艘刚出航的潜艇则将要接替它们。这些在远海活动的潜艇战绩都异常可怜，从4月4日到4月25日，没有攻击过一支运输船队，仅有U-52、U-73和U-123号击沉了4艘掉队或单独航行的船只，U-52号4月10日击沉的是6600吨的荷兰货船“萨勒尔”（Saleir）号，当时美国驱逐舰“尼布莱克”（Niblack）号正在附近海域，该舰救起了3艘救生艇的幸存者，并在救援过程中声呐发现了潜艇，舰长爱德华·杜尔根（Edward R.Durgin）立即下令攻击投下3枚深水炸弹——这应该是二战中美国海军与德军潜艇的第一次直接冲突，而不是通常所认为的“格里尔”（Greer）号驱逐舰与德军潜艇的交锋。

4月中旬起，根据驱逐舰换基地的协议，美国提供给英国的50艘老驱逐舰全部到达英国，同时鉴于大西洋上的严峻形势，美国还向英国提供了10艘驱潜快艇。随着护航兵力的增加，英军将北大西洋划分为三个护航区，从英国至西经18度为英国区，从西经18度至冰岛为冰岛区，从西经35度至加拿大为加拿大区，运输船队在上述三个护航区分别

■潜艇攻击运输船的一瞬间。

由英国、冰岛和加拿大基地出动的军舰担负护航。此时，德军潜艇在横渡大西洋的航线上通常每天只有10至20艘，不可能控制所有船队的航线，加之越来越多的英军护航军舰装备了无线电测向仪和新型雷达，能够及时测定发报潜艇的位置，以及发现夜间在水面状态的潜艇，从而有效地规避德军潜艇的巡逻线。

三个星期里都没能发现运输船队的事实引起了邓尼茨的怀疑，他确信肯定有间谍泄露了德国潜艇的分布，因此对卡内维尔、波尔多、柏林以及其他可以获知潜艇分布还有可以接受潜艇无线电航行信息的人员和机构进行了严格限制。邓尼茨也想到了英国可能改进了无线电测向装置，或者可能破译了海军密码——邓尼茨的两个猜测都没错，英军确实改进了DF装置，而且提高了对DF信息的处理能力。此外，从4月22日起，英国的情报破译机构“布莱奇利庄园”（Bletchley Park，见附录）利用从俘虏的“克雷布斯”号上获得的材料破译了1941年4月的埃尼格码密码，因此英国潜艇监视处对2月以来的潜艇情况都比较清楚，再结合其他途径的情报，英国海军对那三个月的德军潜艇行动了如指掌，甚至包括邓尼茨把潜艇从西部大道调往冰岛以西远海的决定。

“布莱奇利庄园”还得知，德军任何时候在海上都会有两艘辅助船执行气象预报，这些船只上都有埃尼格码密码机，也有密码本。因此“布莱奇利庄园”建议海军尽快采取行动俘获1艘这样的船只，以获取更多的关于埃尼格码密码的材料。英国海军立即开始制定具体的实施计划。早在一年多前，本土舰队司令官查尔斯·福布斯（Charles Forbes）就曾建议在所有轻型船舰上组织一支登艇队专门用以俘获潜艇。为了达到这一目的，首先要防止艇员将潜艇自沉，最好的办法就是把德国人困在潜艇里，使他们为了保全自己的生命而放弃自沉的企图，甚至当所有艇员都离艇后还可以因为同样的目的而强迫一个或多个艇员进入潜艇。

在4月战绩萧条的日子里，邓尼茨认为可能是对英国反潜措施的反应过于激烈了，于是将北大西洋上的潜艇东调。4月27日傍晚，U-552号在西经17度发现了单独航行的英国货船“格兰其灯塔”号（Beacon Grange），连射4枚鱼雷将其击沉，但该船在沉没前用无线电发出了警报。次日凌晨，U-123号就在附近海域发现了HX-121船队，这是四周以来，德军潜艇第一次发现船队并可以组织狼群攻击，邓尼茨指示U-123号继续跟踪船队并发出信号引导附近潜艇和飞机实施协同攻击。英军通过DF探测到了U-123号发出的无线电，立即向船队发出了警报，同时还向正在附近海域的OB-314船队也发出了警报。HX-121船队的护航舰对U-123号实施反击，迫其下潜，从而失去了与船队的接触。但是另外3艘潜艇已经赶来并发现了船队。U-552号不等天黑就迫不及待地发起攻击，首先击伤了英国油轮“凯普莱特”（Capulet）号。——英国海军注意到，这是自1940年夏天以来，潜艇第一次在白天向护航严密的船队发起攻击。因此一些反潜专家推测，随着船队护航力量的增强以及夜晚时间的缩短，德军潜艇将很可能在白天就发动攻击。护航舰发起了反击，“毛利”（Maori）号和“英勒菲尔德”（Inglefield）号驱逐舰都通过声呐发现了U-552号，并向其发起了五轮深水炸弹攻击，迫使该艇在水下潜航了数小时之久，完全失去了再次攻击船队的机会。此时，OB-314船队的3艘护航舰也赶来增援，使HX-121船队的护航力量达到了12艘。天黑后，U-96号在发出了船队位置报告后展开了攻击，该艇鱼雷攻击相当精准，4枚鱼雷就击沉了3艘船共计27300吨。

随后12艘护航舰开始全力搜寻潜艇，“剑兰”号驱潜快艇通过声呐发现了1艘潜艇，投下了10枚深水炸弹。另外两艘来自美国的驱逐舰“李明顿”（Leamington）号和“罗克斯伯格”（Roxborough）号闻讯也赶来，3艘护航舰展开了联手攻击迫使潜艇下潜。同时英国驱逐舰“道格拉斯”号向另1

■美国援助英国的“罗克斯伯格”号驱逐舰。

■ 意大利潜艇在德国港口进行维修。

艘潜艇发起攻击，那是U-65号，艇长是16天前才刚刚就任的约阿海姆·霍珀（Joachim Hoppe），出航以来还没来得及发射过1枚鱼雷，就被击沉了。邓尼茨竭尽所能地组织对HX-121船队的攻击，但是英军非常巧妙地改变了航向，躲过了狼群的攻击。此次作战总共有4艘潜艇发现了船队，其中两艘发起了攻击，击沉击伤4艘（其中3艘是满载的油轮），但船队其余的43艘船只平安抵达了目的地。

4月总共有307艘编为运输船队的满载船只从哈利法克斯驶往英国，德国潜艇总共击沉了其中的16艘船只（5艘油轮），还击沉了11艘单独航行的船只，因此4月在北大西洋的潜艇总共击沉了27艘，损失两艘潜艇。

德国最高统帅部为了配合地中海方向的作战，要求潜艇在地中海东部海域和爱琴海发动破交战。4月20日，雷德尔与希特勒会面，力陈这一计划的错误，首先将削弱在北大西洋上的潜艇力量，其次狭窄的地中海海域并不适合潜艇活动，因此建议将波尔多基地的意大利潜艇调到地中海东部海域。此时，驻波尔多的意大利潜艇在北大西洋上已经损失了4艘，只余下23艘。其中绝大多数都在亚速群岛或者西非海域执行巡逻任务。接到命令后，6月份将有10艘潜艇返回意大利。截至1941年5月1日，所有在大西洋上活动的意大利潜艇在9个月内，共击沉了33艘（其中包括5艘中立国船只，与德国潜艇共同击沉2艘），战绩最好的是普里莫·朗哥巴多指挥的“托莱利”号，击沉了4艘共计17489吨。

1940年12月1日至1941年5月1日，在北大西洋上的潜艇仅仅击沉了125艘商船，共计752658吨，每月平均战绩约为150500吨，远远低于1940年5月到9月的“快乐时光”时期。而在南大西洋活动的潜艇战绩倒是大为提升，达到65艘共计364215吨，掩盖了北大西洋上战绩日渐萧条的颓势。因此在这5个月里，德国潜艇的总战绩达到了194艘共计110万吨。同一时期，英国船厂建造的新船吨位还不足被击沉吨位的一半，但是有100万吨的闲置商船经过修整重新开始执行任务，这就足以弥补损失了。

在油轮方面，5个月里总共损失了27艘共计231500吨，其中23艘在北大西洋被击沉，另外4艘在南大西洋被击沉。英国船厂新建了8艘油轮总共77000吨，再加上美国和其他一些国家向英国提供的油轮，英国预计的燃料危机并没有出现。

1941年4月底，尽管还不是很明显，但至少目前英国已经在北大西洋的护航作战中略占上风了。岸防司令部在英国海军部的指挥下，在冰岛和法罗群岛（Faeroes）建立了几个空军基地，大大向西扩展了对运输船队的护航范围。尽管岸防司令部的飞机没能单独击沉过1艘潜艇，但是随着空中护航范围的扩大，可以向船队发送潜艇警报，还可以迫使潜艇下潜，以阻止潜艇跟踪船队和集结发动狼群攻击。护航小组成为德军潜艇的最大威胁，随着护航舰数量的增加，护航小组已经能够派遣几艘军舰搜寻并击退跟踪船队的潜艇，掩护船队及时改变航向。

德国潜艇面临着更大的困难，英军已经掌握了很多关于埃尼格码密码的情况、装备原始的（但很有效的）1.5米波长雷达系统的水上护航舰和岸防司令部的飞机数量都在持续增加、水上船舰间通讯的无线电装置获得很大改进、安装在护航舰上的高频测向仪（HF/DF，或者Huff Duff），可以发现进行无线电通信的德国潜艇。惟一的问题是护航舰如果安装高频测向仪就不能安装水上探测雷达，而护航舰都不希望放弃雷达。因此大部分高频测向仪都被安装到了对船队实施救援的船只和带有战斗机弹射器的船只上了。

美国越来越多地被卷入了大西洋之战中。4月18日，美国大西洋舰队司令厄内斯特·金（Ernest King）公开宣布，他所负责护航的海域将向东扩展到西经26度（在冰岛以西，亚速群岛以南），并声称任何越过那一界线的轴心国潜艇都将被视为是“不友好的”。加拿大也做好了参加大西洋之战的准备，在美国支援部队的驱逐舰到来之前，加

■ 纽芬兰护航部队司令L.W.墨里。

拿大将承担起大西洋上本国海域到西经35度的护航任务，因为冰岛基地的英国护航小组负责西经35度以西的护航任务。为此，加拿大建立了一支由38艘军舰（13艘驱逐舰和21艘驱潜快艇）组成的纽芬兰护航部队，这支部队基地设在圣约翰（St·John's），司令是意大利人L.W.墨里（L.W.Muray）。此外加拿大东部空军指挥部的24架飞机将为护航舰提供空中支援，另外在阿根细亚还有24架飞机，也能进行反潜侦察。

鉴于英国反潜力量的壮大，迫使德国潜艇必须在西部更远的海域作战，这就又出现了燃料限制问题，邓尼茨只能通过建造大量潜艇来占据主动。计划建造的潜艇数目甚至比他想象的还要多——不是300艘，而是600艘！1941年1月到4月，有43艘新潜艇开始服役（1月8艘，2月8艘，3月13艘，4月14艘。但其中7艘留给了潜艇培训学校，由于潜艇数量的急剧增加，潜艇培训学校对潜艇的需求量也越来越大，就连捕获的8艘盟军潜艇也都被用来作为教学用艇），但是通常新潜艇还需要4个月时间来进行设备检测，因此需要到6月或者6月以后才能有大批潜艇投入一线。即使按照最小的战斗损失率和最大的生产率来算，1941年下半年每月至少可以增加20艘，那么到1942年初，邓尼茨将有望拥有100艘远洋潜艇。

考虑到英国、加拿大和美国生产飞机、护航舰和货船的生产率不断提高，起步较晚并且增长缓慢的潜艇生产率以及艇员们不断下滑的经验水平，邓尼茨面临巨大的压力，但是毋庸置疑，潜艇给英国海上航运造成的恐慌和重大危害都是显而易见的，盟军为了抗击这种威胁所付出的代价也很惨重。正如丘吉尔所说，仅运输船队一项，就使英国的进口量削减了1/3。

■ 邓尼茨只能通过建造大量潜艇来占据主动，计划建造的潜艇数目甚至比他想象的还要多。

第七章 第二轮较量（1941年5月至8月）

稀有的美丽花瓣

5月，有19艘潜艇进入了大西洋。7日U-94号在冰岛以南发现了OB-318船队，当时第7护航小组（3艘驱逐舰、5艘驱潜快艇、1艘炮舰和1艘反潜拖网渔船）和第3护航小组（3艘驱逐舰，3艘驱潜快艇和3艘反潜拖网渔船）正在进行护航任务交接，在船队附近共有第7护卫队的1艘炮舰、5艘驱潜快艇和第3护卫队的全部9艘护航舰，合计15艘。

当夜月光朗朗，U-94号决定进行水下攻击，发射4枚鱼雷击沉两艘船，随即遭到第3护航小组旗舰“大斗犬号”（Bulldog）号驱逐舰以及“亚马逊”（Amazon）号驱逐舰和第7护航小组的“罗彻斯特”号炮舰的反击，护航舰在4个小时里投下了89枚深水炸弹，U-94号艇长库佩什在航海日志中写道：“他们进行了严密而准确的攻击，给潜艇造成了不小的损伤。”最终U-94号躲过反击，并很快修复损伤，但失去了再次进攻的机会。

邓尼茨指挥冰岛西部海域的6艘潜艇赶来围攻。5月8日夜，U-110和U-201号都发现了船队，次日凌晨两艘潜艇在船队前方会合，并用信号旗进行了联络，一致认为当晚还是月明之夜，水面攻击将非常危险，而且已经远离冰岛，估计护航舰应该返航了，因此决定白天进行水下攻击，由U-110号先行攻击（因为其艇长伦普军衔高又获得过骑士十字勋章），U-201号则在半个小时后趁乱攻击。

当船队驶近时，伦普惊讶的发现护航舰

■ U-201号艇长阿达尔伯特·史内。

并没有离开，但他仍决定进攻。中午时分，首先向船队右翼4艘船发射了鱼雷，击沉两艘，半小时后U-201号也发起攻击，击沉“格雷加里亚”（Gregalia）号，“白云帝国”（Empire Cloud）号受到重创，被拖回苏格兰。

2艘驱逐舰和1艘驱潜快艇立即赶到船队右翼，此时U-110号还在潜望镜深度正准备攻击1艘油轮，3艘护航舰都得到了清晰的声呐信号。“布罗德威”（Broadway）号驱逐舰首先投下了1枚深水炸弹，“奥布雷提”（Aubretia）号驱潜快艇发现了潜艇潜望镜，实施了两轮攻击投下16枚深水炸弹，这些深水炸弹全部在潜艇附近爆炸，精密仪器、电动发电机组、下潜舵、方向舵和罗盘全被炸坏，后油舱被炸裂，总机室的高压空气阀门被震断，海水涌入潜艇与蓄电池发生反应产生了氯气，后舱进水下沉。伦普知道潜艇已经毫无希望了，他命令紧急上浮，但是还没执行，潜艇在一阵“出人意料的摆动”后自己浮出了水面——这可能是高压空气进入下潜舱所致。海面上的情景使伦普大为惊讶：“大斗犬”号、“布罗德威”号和“奥布雷提”号正全力开火，而两艘驱逐舰更是全速冲来，伦普冲着艇员大喊，立即弃艇！已经来不及炸艇了，只有打开通海阀。但是大副迪特里希·罗沃（Dietrich Loewe）和工程师汉斯–约阿海姆·艾希尔伯恩（Hans-Joachim Eichelborn）却根本打不开通海阀，也许是控制失灵了。而艇员在接到“弃艇”命令后，匆忙向指挥塔涌去，忙乱之中发报员没能将密码机和密码本销毁或带出来。在英军猛烈的炮火下艇员们爬下甲板，跳入海中。此时“大斗犬”号和“布罗德威”号都意识到有俘虏潜艇的可能，都立即全力减速后退，避免撞击，并组织跳帮组准备登艇。为了避免艇员炸沉潜艇，“布罗德威”号向潜艇艇首投下2枚浅定深深水炸弹，爆炸冲击波将潜艇艇首推向“布罗德威”号，两舰发生碰撞，“布罗德威”号侧舷上被划开了很深的一道口子，左舷螺旋桨也严重损伤。

罗沃回忆说：当看到潜艇艇首和指挥塔都高耸在水面上，估计短时间里不可能沉没，艇长伦普喊道：“我们再游回去！”——很明显，他想去将潜艇弄沉。但随后伦普就从视线中消失了，有人说是被英军跳帮组开枪打死的，也有人说是自杀的。“大斗犬”号和“布罗德威”号注意力都集中在俘获U-110号上，根本没顾上挣扎在冰冷海水中的德国人，因此总共有15名艇员丧生。

戴维·E.巴尔姆（David E.Balme）中尉率领跳帮组跳上潜艇，并迅速分散到甲板和指挥塔上，巴尔姆惊讶地发现，指挥塔和总机室的舱门都紧锁着（这样潜艇是根本无法自沉的），潜艇中空无一人，经过检查，巴尔姆

■ 摄于1936年的英国驱逐舰“大斗犬”号。

报告潜艇还可以航行，请求派出一支工程组来操纵潜艇。第3护航组司令兼“大斗犬”号舰长贝克·克莱斯维尔中校指示“布罗德威”号派出工程组，然后指挥“大斗犬”号侧面靠向U-110号准备将其拖回冰岛。

巴尔姆事后在秘密报告中这样描述：潜艇很明显是在极度匆忙中被遗弃的，到处都是散落的零件。我们一个接一个将书籍、海图和其他东西递了出来。因为潜艇随时都有可能沉没（尽管那时潜艇内部还没有进水），我们必须尽快行动。报务员阿兰·奥斯伯恩·朗（Alan Osborne Lang）进入了无线电室，他发现一切都保存完好，很明显他们没有试图进行销毁，这里有密码本、信号表、薪饷册，还有一些信件。密码机也是在这里找到的，插头还插着，好像他们弃艇前还在使用。密码机看上去跟一个打字机差不多，报务员按了几个键，发现结果非常奇怪，于是将这个机器也传了出去。

“大斗犬”号将5厘米粗的钢缆系到了潜艇上，由多兹（G.E.Dodds）带领的工程组登上了潜艇，发现潜艇还是非常“完整”，船舱里只有少量海水，但是左舷机械轴还在转动，由于看不懂德语，多兹无法关闭左舷电动机，也无法开动右舷发动机让潜艇航行，而且海水还在不断涌进潜艇，但又无法将海水排出，这样时间一长，潜艇就可能沉入海底。

“奥布雷提”号开始营救德国艇员，一共救起了34人，但有2人伤势过重而死，最终有32人成为战俘。就在营救艇员时，“大斗犬”号又获得了清晰的声呐信号，舰长贝克·克莱斯维尔立即下令松开钢缆，并召唤“布罗德威”号和“奥布雷提”号共同进行了一个半小时的攻击，总共投下32枚深水炸弹，没有任何收获，倒使在U-110号里的跳帮组受了不少罪。重新将钢缆连上后U-110号的艇尾已经沉入水下，巴尔姆的跳帮组和多兹的工程组在潜艇里足足呆了5个小时，“洗劫”了整艘潜艇，将所有感兴趣的东西都带了出来，然后关闭了所有密封舱门，返回自己军舰。由受伤的“布罗德威”号护航，“大斗犬”号拖着U-110号以6节的航速驶向冰岛。但到了第二天（5月10日）11时，U-110号突然倒竖起来并沉入海底。

在攻击U-110号的同时，船队在其他护航舰的保护下继续前进。“亚马逊”号驱逐舰声呐探测到了U-201号并立即召唤“尼格拉”（Nigella）号驱潜快艇和“圣阿波罗”（St. Apollo）号反潜拖网渔船，这3艘军舰都用声呐确定了潜艇位置并向其发起了长达4个小时的深水炸弹攻击，艇员们总共数到了99次爆炸，潜艇外部油箱被撕开了一个大洞，但是U-201号还是逃脱了厄运，并很快修复漏洞继续巡逻。

5月10日凌晨，U-556号追上了船队，

■（上） U-110号潜艇。
■（下）“大斗犬”号驱逐舰放下小艇，派出跳帮组准备登上U-110号。

■“大斗犬”号驱逐舰舰长克莱斯维尔中校。

■ U-110号艇长伦普少校。

先用鱼雷击沉击伤各1艘，船队遭到突然打击后四散开来，U-556号继续攻击，又击沉2艘船。德军在对0B-318船队的攻击中总共击沉7艘39255吨，但是却付出了巨大代价——U-110号。

“大斗犬”号于5月10日深夜抵达冰岛，接上32名战俘就立即以25节的高速返回斯卡帕湾，途中贝克·克莱斯维尔亲自与被俘的艇员谈话，确认他们都不知道英军曾登上并拖航过U-110号（艇员被救起后就被关押在甲板下，看不到海上情况），于是贝克·克莱斯维尔就宣称在跳帮组靠上潜艇前，U-110号就已经沉没了。而“大斗犬”号、“布罗德威”号和“奥布雷提”号上所有参与此次行动的人员，都发誓保守秘密。直到1959年，英国海军历史学家史蒂芬·罗斯基尔（Stephen Rosskill）出版了一本名为《秘密截获（The Secret Capture）》的小册子，才第一次披露此事。英国政府官方第一次公开承认曾经俘获U-110号则是在更晚的1979年！

从U-110号上得到的东西装满了两大箱，包括一个密码机、4月和6月密钥（没有5月密钥，可能是被销毁了）、一本包含短信号的册子、德国海军的方格海图、标出了穿越北海和法国沿岸雷区安全通道的特殊海图、IXB型潜艇手册等。庞德海军大臣获知此事后，向贝克·克莱斯维尔发来了贺电：“衷心祝贺你，你的花朵具有稀有的美丽花瓣。”——之所以说是花朵，因为克莱斯维尔将此次登船行动的代号取名为“樱草花”（Primrose）。

英国海军对所有相关人员进行了嘉奖，克莱斯维尔晋升为上校。乔治六世（George VI）国王在白金汉宫举行仪式，授予克莱斯维尔和“奥布雷提”号船长史密斯杰出服务勋章（OSD），授予巴尔姆、多兹和“布罗德威”号船长泰勒优异服务十字勋章（OSC），还有三个人获得了优异服务奖章（OSM），14名军官和士兵受到表扬。国王在授勋时说，这次行动“可能是整个海战中最为重要的一次事件”。

尽管英国人对德国战俘强调说U-110号在英军登艇前就已经沉没了，但是大副罗沃并不相信，因为他和好几个艇员交谈过，没有一个人真正看到潜艇沉没。当英国人将二级铁十字勋章证书归还给了工程师艾希尔伯恩时，他的怀疑更是大大增加了，因为艾希尔伯恩记得证书是在总机室的一个活页夹里，那么英国人肯定登上过U-110号。战俘营里罗沃同此前被俘的德军王牌艇长克雷齐默尔和耶内什商量，一致认为应该把这件事告诉邓尼茨——战争爆发后，邓尼茨就设计了一个密码系统，被俘军官可以用这个密码在给家人的信中写下重要内容，比如潜艇沉没原因等，家属接到信后会转交邓尼茨。这个密码系统非常简单，所以英国人早已掌握，老谋深算的英国人自然不会放过这种机会，因为从中可以得知所有要传达给邓尼茨的信息，那是其他方式得不到的非常有价值的信息，还能利用这个密码向邓尼茨传达一些错误信息。

英国人之所以将艾希尔伯恩的勋章证书还给他，很可能是为了测试德国战俘到底有没有相信他们编造的故事，罗沃向家属写了一封密码信，信中用密码告之“怀疑U-110号已落入敌手”。英国人当然将这封信件没收了并加大向U-110号幸存者的宣传力度，对罗沃更是下足了功夫。1942年4月，他被转移到加拿大战俘营时，英国人安排他和一位U-110号的幸存者见面，此人告诉罗沃：“我知道有两个人看到潜艇沉没了。”1944年2月，英国人又安排罗沃同另一位U-110号的艇员会面，此人告诉罗沃英国人登上了U-110号的甲板，还用过拖拉钢缆，但是还没进入舱内潜艇就沉没了。罗沃由此于1944年4月向邓尼茨报告：“潜艇已经沉没，敌人未曾进入过潜艇内部。”英国人将这封信发了出去，此后又在战俘交换时将罗沃还给了德国人，好让他当面向邓尼茨报告。

可以这样说，伦普无疑是德国潜艇部队的罪魁祸首，虽然无线电报务员和大副也有责任，但伦普不按照规定程序弃艇，致使密

■ 获救的潜艇艇员。

码机落入英国人之手，直接导致了数千名艇员和数百艘潜艇的损失。巴尔姆在他的秘密报告中最后一行用大写字母提出了一个关键问题，如果U-110号是想按规定自沉，“为什么两个舱门都是关起来的呢？”（WHY WERE BOTH CONNING TOWER HATCHES CLOSED?）

OB-318船队之战以后，从5月10日到5月20日，U艇总共只击沉了4艘船。为了避开驻冰岛的英国空军和水面护航舰艇的作战范围，邓尼茨不得不将潜艇主力再次西移。5月19日，9艘潜艇在西经41度，格陵兰岛以南建立起巡逻线。当天傍晚，U-94号发现了只有1艘辅助巡洋舰护航的HX-126船队。20日4时，U-94号开始攻击，一连击沉了3艘船。闻讯赶来的另外5艘潜艇也都有所收获，击沉5艘击伤两艘。接到HX-126船队的呼救，驻扎在冰岛的第12护航小组（5艘驱逐舰、4艘驱潜快艇、两艘反潜拖网渔船）立即起锚赶去支持。当护航舰到达时，船队已经被打散，队形极为混乱。护航小组随即开始将分散船只聚拢起来重新组成船队，但是船队已经遭到了巨大损失，共被击沉9艘54451吨，还有2艘被击伤。

“维伯纳”（Verbena）号驱潜快艇正准备将受伤的“埃鲁萨”号拖回冰岛，突然发现1艘潜艇正在水面上！“维伯纳”号立即开火，潜艇被迫下潜。“维伯纳”号冲到潜艇下潜点，投下了5枚深水炸弹，“丘吉尔”号驱逐舰也赶来助战，两舰都收到了声呐信号，随即展开了持续的深水炸弹攻击。被攻击的是U-74号，该艇遭到重创不得不中止任务，返回洛里昂。

当邓尼茨接到“5艘驱逐舰”赶来的报告后，命令所有潜艇停止攻击，除了留下U-111号继续发送虚假的无线电，以迷惑英军外，其余潜艇都向南转移，重新组成巡逻线。这是邓尼茨第一次采用“无线电欺诈”。5月22日，执行欺诈任务的U-111号击沉了1艘单独航行的货船。

从1941年5月下旬开始，新服役的潜艇越来越多：6月份12艘，7月份9艘，8月份12艘。虽然还未达到1939年建造计划中每月25艘到30艘的要求，但是与以往相比，每月新服役的潜艇已经增加了一倍，所以自战争以来，潜艇部队第一次得到了明显加强。而且从1940年12月到1941年5月，潜艇损失很小（7艘），这使得邓尼茨不但可以加强在北大西洋的潜艇数量，还可以再派出潜艇到西非海域。

救援“俾斯麦”号

潜艇在北大西洋的行动于5月22日被一件大事打断，那就是英国海军围歼德军超级战列舰“俾斯麦”号。在得知“俾斯麦”号受伤并陷入危局后，邓尼茨表示愿意出动大西洋上的全部潜艇进行救援，“俾斯麦”号上的舰队司令冈瑟·卢金斯海军上将请求邓尼茨让潜艇前往格陵兰岛正南580公里处设伏，由他将追击者诱入伏击区，让潜艇来实施攻击，迫使其改变航线，掩护“俾斯麦”号摆脱追击。

5月24日下午，邓尼茨派出8艘潜艇前去格陵兰岛以南设伏，另外在洛里昂以西779公里处部署7艘潜艇设下了第二个潜艇伏击圈。邓尼茨在日记中自豪地写下：“潜艇部队中所有可用的潜艇（15艘）已经都投入到协助‘俾斯麦’号的任务当中去了。”这是自14个月前入侵挪威以来最大的一次行动，每一位艇长和艇员都知道这次任务的意义，因此参加伏击的潜艇中有3艘是在返航途中主动请求参战的。

24日深夜，英军航空母舰舰载机击伤了“俾斯麦”号，“俾斯麦”号因此流失了大量燃油，并灌进了许多海水，导致航速锐减，这使原先诱敌进入潜艇埋伏圈的计划无法实施，“俾斯麦”号被迫选择最短的航线直驶布勒斯特。邓尼茨立即调整部署，命令西部水域8艘潜艇中的7艘（留下U-111号添加燃料）向东移动，前往“俾斯麦”号的新航线，同时命令比斯开湾的5艘潜艇向北移动，策应“俾斯麦”号返航。

■ 德军“俾斯麦”号战列舰。

25日清晨，“俾斯麦”号甩开了追击者，如果不被发现并保持这样的速度继续航行，“俾斯麦”号很快就会到达潜艇的巡逻线并进入驻法国的德军飞机航程之内。英军失去了与“俾斯麦”号的接触，“俾斯麦”号将向何处去？大西洋南部？向北返回德国？向东前往法国？本土舰队司令约翰·托维海军上将认为“俾斯麦”号将通过冰岛-法罗海峡返回德国，于是指挥本土舰队北上。但海军大臣庞德认为“俾斯麦”号将前往法国，他指示来自直布罗陀的H舰队前往“俾斯麦”号可能返回法国的航线。这时布莱奇利庄园的密码专家们破译了德国空军的“红色哑谜”密码，德国海军向空军通报，“俾斯麦”号正前往法国西海岸！庞德指示岸基航空兵和航空母舰舰载机必须不顾恶劣天气起飞，侦察通往布勒斯特的航线。26日10时30分，在“俾斯麦”号失踪31个小时之后，1架PBY终于发现了“俾斯麦”号。此时“俾斯麦”号距离布勒斯特还有1280公里，大概还要航行35个小时，但是英军H舰队已经在它以东大约140公里处拦住了去路。随后H舰队“皇家方舟”号航空母舰起飞的攻击机击伤“俾斯麦”号，“俾斯麦”号因传动齿轮、螺旋桨和船舵被毁而操作失灵。邓尼茨调集7艘潜艇火速赶往作战海域，冒着狂风大浪，所有潜艇都于5月26日夜到达了“俾斯麦”号附近海域，U-556号发现了正在高速航行中的英军“皇家方舟”号航空母舰和“声望”号巡洋舰，但是U-556号却没有1枚鱼雷！艇长沃尔法特沮丧地在航海日志上写道：“倘若我有鱼雷该多好啊！我正在合适的射击位置上。没有驱逐舰，也没有曲线航行。我可以轻易地将他们全部干掉。我本可以帮助‘俾斯麦’号的。”U-73号也发现了“俾斯麦”号，此时英军的5艘驱逐舰正在用鱼雷围攻“俾斯麦”号，U-73号观察并记录下“俾斯麦”号又被击中2枚鱼雷，但是潜艇无法攻击迅速运动着的驱逐舰，随即就因天气恶劣而失去了接触。

U-556号第二个到来，此时该艇燃料已经所剩无几，艇长沃尔法特写道：“我能为‘俾斯麦’号做些什么呢？我能看到它的照明弹和炮弹的火焰，还有炮弹发射时的闪光。离它这么近，但却什么忙也帮不上，我感到非常痛苦。我只能继续侦察并指引其他还有鱼雷的潜艇前来相助。”卢金斯发送了最后一条电报：“派潜艇来取航海日志。”

邓尼茨立即指示最近的U-556号前去，但沃尔法特回答燃料已经非常紧缺，必须立即返

■ 从英军航空母舰起飞的舰载机前去攻击“俾斯麦”号。

■ U-556号由于一枚鱼雷也没有了，只能眼睁睁的看着英军围攻“俾斯麦”号。

回洛里昂。最后只好由已经受损的U-74号前去，这时“俾斯麦”号已经沉入大海，英国战舰开始营救“俾斯麦”号的幸存者，救出了110人，但是1艘军舰发出了潜艇警报，所有英国战舰便撤离了。那天深夜，U-74号赶到了，救起了3个幸存者。邓尼茨随后组织6艘潜艇在这一海域搜寻了4天，除了找到一些残骸和尸体，再无所获。U-74号伤势非常严重，在快到海岸附近时海水灌进了电池，产生了有毒的氯气，所以无法下潜。1艘英国潜艇对U-74号发射2枚鱼雷，幸亏瞭望高度警惕，及时发现才使潜艇躲过了鱼雷，最后返回了洛里昂。

“俾斯麦”号的沉没是德国海军战略的一个转折点，大型水面战舰占统治地位的时代走到了尽头，潜艇一夜之间成了海军最重要的力量，邓尼茨在希特勒眼中的地位也越来越重要。

再回到潜艇战的大西洋，实际上只不过是潜艇静静呆在那里而已。在5月份的最后10天里，北大西洋上的20艘潜艇只击沉了2艘船。5月间共有347艘船从哈利法克斯驶向英国，潜艇总共击沉了其中的13艘。此外还击沉了西行的OB-318船队的7艘船以及6艘单独航行的船，加上在北海峡附近击沉的1艘货船，这样5月北大西洋海域共击沉31艘船。

在西经41度附近对HX-126船队的成功攻击促使英国海军将对HX船队的护航范围扩展到了西经35度，在那里护航舰将船队转

■（上）英军调集大批军舰围歼“俾斯麦”号。
■（下）“俾斯麦”号在众多英舰的围攻下最终沉没，这是二战期间德国海军战略的一个转折点，大型水面战舰占统治地位的时代到头了。

交给驻冰岛的护航小组。第一支这样的加拿大护航小组于6月22日从圣约翰（St.John's）出发，护送东航的HX-129船队，这个船队也是第一支从起点到终点都受到护航的“全程护航”（Clear-across）船队。也就是说，加拿大护航小组从圣约翰护航到西经35度；驻冰岛的护航小组再从西经35度护航到西经20度；最后英国护航小组从西经20度护航到北海峡。还有在纽芬兰和冰岛的加拿大和英国飞机将提供有限的空中掩护。在相反的航线上，OB-331船队是第一支被全程护航穿越大西洋的西航船队。为了给全程穿越大西洋的船队提供足够多的护航舰，必须要减少每支护航小组的舰艇数量，虽然有点冒险，但还是值得的。

西非大丰收

此时英国还没有为赤道附近西非海域的护航反潜战做好充分的思想和物质准备，反潜专家里吉纳尔德（鲍勃）·韦内（Regunald（Bob）Whinney）被紧急派往弗里敦，培训当地的护航部队。

5月初，有5艘潜艇在南大西洋执行巡逻任务，U-106号就是其中之一，他的任务是护送从巴西偷渡越过封锁线的“莱西”（Lech）号，这次任务使潜艇到达了西经50度，这是到此为止行驶到最西面的潜艇。随后根据最高统帅部的要求，U-106号继续留在巴西海域，准备为另一艘偷越封锁线的“文德胡克”（Windhuk）号护航，但这艘船的出航时间被推迟了。最终最高统帅部于5月7日

■ 英军军舰向“俾斯麦”号猛烈开火。

解除了U-106号的护航任务，但此时该艇燃料已经不多了，柴油机也出现了故障，因此只能从原来为配合“俾斯麦”号出动而预先派往南大西洋的补给船“艾格兰”号那里寻求帮助。

另外4艘潜艇都在非洲海岸附近，并能从“艾格兰”号和“北马克”号补给船上获得补给。在弗里敦附近海域的U-38号击沉了2艘10200吨，U-103号击沉6艘28800吨。随后这4艘潜艇变换了位置，U-105号击沉了4艘28400吨，U-107号击沉2艘16300吨。

■德军潜艇要到非洲海岸活动，必须要靠从补给船上获取燃料和给养补充。

5月13日到17日，3艘潜艇从“艾格兰”号上获得了补给后驶向了弗里敦附近海域。经过几次补给，“艾格兰”号只剩下6枚鱼雷，因此“哥达尼亚”(Gedania)号被派来接替“艾格兰”号。5月间还有2艘潜艇UA号和U-69号从洛里昂驶往非洲海域，这是第一艘执行远距离出巡任务的VII型潜艇。

U-69号艇长麦茨勒战前在商船上时，曾多次到过西非海港，他认为可以派遣1艘中型潜艇，到几内亚湾黄金海岸的塔克腊迪(Takoradi)和拉各斯(Ragos)布设水雷。邓尼茨非常赞同这一建议，因此U-69号出航时携带16枚TMB水雷。为了节省燃料，麦茨勒依靠一个柴油机驱动两个发动机缓慢航行，这次航行非常漫长而且非常单调，其间他们并没有发现值得攻击的目标。5月19日U-69号与“艾格兰”号会合，补充了燃料，上缴了埃尼格码密码机和所有秘密文件(这是执行布雷任务的潜艇必须要做的)，然后就驶向了黄金海岸。

5月21日晚，在归航途中，U-69号发现了1艘挂有信号灯的南行船只，信号灯表明这是1艘中立国船只，但是麦茨勒却认为它可能是1艘经过伪装的潜艇杀手。于是U-69号小心翼翼地向这艘船只靠近并通过信号灯表示要检查对方的身份。对方回答说是“罗宾·摩尔”(Robin Moor)号后，麦茨勒就更加怀疑

■ 在海上，潜艇的对手不仅有护航舰艇，还有恶劣的海况。

了，因为在劳埃德船级社（Lloyd's Register，为商船分类定级的组织）中根本找不到这一艘船。天亮之后，麦茨勒发现这艘船的船尾标有“艾克斯摩尔”（Exmoor）号，在劳埃德船级社中记录那是1艘5000吨的美国船。到底怎么回事？该船船长乘坐救生艇驶向U-69号，他携带了船上的文件和载货单，他解释说美国刚收购这艘船，因此船名已经由“艾克斯摩尔”改为“罗宾·摩尔”了。麦茨勒在载货单上看到了“无线电器械”和“火炮”，因此认定是1艘“载有违禁品的中立国船只”，也就是捕获条例所允许的攻击对象。尽管希特勒和邓尼茨都明确下令，力求避免与美国船发生冲突，但麦茨勒还是决定将该船击沉。在船员都逃到救生艇后，麦茨勒用1枚鱼雷和30发炮弹将其击沉。这是二战中第一艘被潜艇击沉的美国船。

麦茨勒在航海日志里写道，他按照捕获条例的要求，尽最大努力来保证幸存者的安全，为他们提供了面包、黄油、白兰地以及一些医药用品。然后引导救生艇向非洲大陆方向航行了数小时，他认为几天后他们就可以被水流带到非洲海岸。实际上，水流将这些幸存者带往了另一个方向（南美大陆），因此他们在救生艇上待了整整两周，这绝对是一场严酷的考验。

再加上与此同时的埃及客轮“塞穆萨姆”（Zamzam）号事件（4月16日，“塞穆萨姆”号被德国海军辅助巡洋舰“亚特兰提斯”号击沉，船上乘客中有196名美国公民丧生），舆论给人们的印象是德军“杀害”了“塞穆萨姆”号上的196个美国人，并且无情地击沉了“罗宾·摩尔”号。邓尼茨得知“罗宾·摩尔”号被击沉后非常不满，麦茨勒记得，邓尼茨不停发来急电，询问击沉事件的细节以及原因，似乎对任何解释都不太满意。麦茨勒甚至写道：“从他的口吻来看，我们返航之后很可能要接受军事法庭的审判。”

撇开这些事件，德国潜艇在西非海域的战绩非常不错：U-38号总共击沉7艘；U-69号在塔克腊迪港和拉各斯港布设了水雷，炸伤炸沉各1艘船，迫使英军关闭了这两个海港；U-103号总共击沉11艘；U-105号总共击沉12艘，共计70500吨；U-106号曾执行了7周的护航任务，击沉2艘共计13200吨，还击伤“马来亚”号战列舰；U-107号总战绩达到了11艘；只有UA号未击沉任何船。

到6月1日，包括第一次出巡北大西洋时击沉的4艘船在内，U-107号艇长君特·海斯勒总战绩达到15艘，共计101000吨。那天，他在弗里敦附近发现了一艘单独航行的英国船“阿尔弗雷德·琼斯”（Alfred Jones）号，这艘船引起了海斯勒的怀疑，他认为这可能是一艘伪装的潜艇杀手，因此非常谨慎地从水下向这艘船靠近，并发射了2枚鱼雷。2枚鱼雷全部命中，船只遭到重创，可以看到似乎所有船员都跳上了救生艇。依然高度警惕的海斯勒还是从水下向这艘船只靠近，他始终没有浮出水面，距离很近后，他发现那艘船的甲板后藏有许多水手，他们随时准备跳到6门火炮前，或者操纵深水炸弹发射槽发起进攻，海斯勒向后退去并发射了第三枚鱼雷，将船只击沉（在纽伦堡审判中，邓尼茨就曾用“阿尔弗雷德·琼斯”号作为例证，来证明潜艇协助幸存者时会面临很大的危险）。算上这艘船，海斯勒的总战绩达到了16艘共计106000吨，其中有12艘是在南大西洋击沉的。按照惯例，他应该获得骑士十字勋章，但却没有。因为海斯勒是邓尼茨的女婿，所以邓尼茨不便推荐。

5月潜艇在南大西洋取得的战绩足以证明将潜艇调离北大西洋的正确性了，并迫使英国急剧减少了在该海域的无护航船只数目，增加了从弗里敦出航的船队数量，并将大量的护航舰从北大西洋调往南大西洋。6月邓尼茨又增派两艘IXB型潜艇U-66号和U-123号前往西非海域。

曲线打击

由于英国从U-110号上获得了极其宝贵的密码情报，因此英国的密码破译专家整个6月份都可以顺利地读取德国海军埃尼格码密码，这种被英军称为“超级机密”（Most Secret Ultra）的情报，为英国海军部少数高层

■ U-103号潜艇返航时在指挥塔上写上击沉运输船吨位的数字。

■ 潜艇在海上接受补给时是最脆弱的时候，英军采取围剿补给船的策略来对潜艇进行曲线打击。

领导提供了德国海军最隐秘的秘密，其中包括关于潜艇行动的所有情况，潜艇跟踪监视处的帕特里克·贝斯莱记得：“我们很快就获知了海上潜艇的确切数目，了解潜艇之间的联络内容，而且更重要的是，经常可以截获邓尼茨下达的命令。”

邓尼茨和潜艇艇长之间的无线电通讯也逐渐向英国海军透露了几乎所有潜艇的位置。因此，英国海军可以组织一支海空联合特遣部队，向潜艇发起突袭并将它们一举摧毁，彻底结束潜艇威胁。但英国海军认为，如果他们同时消灭不同地点的二十多艘潜艇，那么德国人将会察觉到埃尼格码出了纰漏，这样就会使德军采取一些措施，例如改变密钥，甚至可能采用一套新的密码系统。因此英国海军并没有向潜艇发动正面袭击，而是采取了一些间接方式来打击它们的活动，如将护航船队航线布置在远离潜艇位置的地方或者阻止潜艇从补给船上获得补给。

为了阻止德军潜艇的海上补给，英军将对德军补给船实施围剿，当然还得表现的就像是通过不间断地海上巡逻才发现了这些补给船一样。当然，这也可能会引起德军的怀疑，但是与同时袭击潜艇相比，引起怀疑的可能性相对要小，因为雷达系统更容易发现水面船只，英军通过破译埃尼格码得知，卢金斯曾经报告，英国军舰的雷达性能非常高，能够探测到至少35000米范围内的水面船只。

6月3日，英军在北大西洋上展开了针对补给船的全面围剿，巡洋舰“奥罗拉”（Aurora）号和“肯尼亚”（Kenya）号向

“贝尔辛”（Belchen）油轮发起攻击，当时“贝尔辛”号正在格陵兰岛西南部大约130公里处，为U-93号补充燃料，看到英军巡洋舰后“贝尔辛”号扔掉输油软管就自沉了，U-93号迅速下潜逃之夭夭。“贝尔辛”号的沉没对德军潜艇来说是一个非常沉重的打击，因为它本来处于为西部巡逻线的潜艇提供补给的理想位置，可以使那一海域的潜艇巡逻时间延长一倍。

在消灭“贝尔辛”号后的两天里，也就是6月4日和6月5日，英国海军向大西洋上的另外4艘德国补给船发起了进攻。“胜利”（Victorious）号航空母舰、“尼尔森”号战列舰、“海王星”号驱逐舰以及武装商船“希望海湾”（Esperance Bay）号迫使“高森海姆”（Gonzenheim）号自沉。同一海域内，驱逐舰“马斯达莱”（Marsdale）号俘获了“盖旦尼亚”（Gedania）号油轮。在南部海域，“伦敦”号巡洋舰和“卓越”（Brilliant）号驱逐舰迫使“埃索·汉堡”（Esso Hamburg）号和“艾格兰”号自沉。

“盖旦尼亚”号在被捕获前还与英军进行过战斗，不少船员丧生。英军在船上搜到了许多秘密文件，包括一些埃尼格码的资料，还有给“盖旦尼亚”号的一些行动指示，这些行动指示中包含了很多有价值的信息：与潜艇会合时的行动指示（加密的会合地点，通讯步骤，识别信号），补给船和越过封锁线的偷渡船靠近法国海港时的精确（加密过）航线（6月6日，“鹰”[Eagle]号航空母舰的舰载机就根据这一线索在亚述尔群岛附近拦截了企图偷渡封锁线的“易北河”[Elbe]号补给船，迫使其自沉），此外还有6月份北大西洋上执行气象预报任务的船只分布位置。

6月12日，“谢菲尔德”（Sheffield）号巡洋舰迫使“弗莱德里希·布莱莫”号油轮自沉。6月15日，“鹰”号航空母舰和“达尼丁”（Dunedin）号巡洋舰捕获了“罗特林根”号油轮，彻底扼杀了弗里敦海域德国潜艇的补给计划。6月21日，“伦敦”号巡洋舰迫使“巴比同伽”（Babitonga）号自沉。6月23日，“马斯达莱”号驱逐舰迫使“阿尔斯泰尔特”（Alstertor）号自行炸毁。6月28日，“奈及利亚”（Nigeria）号巡洋舰和3艘驱逐舰俘获了“劳恩伯格”（Lauenburgh）号气象船，缴获了一些“具有不可估量的价值”（英国海军部的评价）的情报资料，其中包括整个7月份的埃尼格码密码机转子、接线板。这些资料使得整个7月，布莱奇利庄园都可以顺畅地读取德国海军埃尼格码信息。

这些情况终于引起了邓尼茨的怀疑，因此他于6月16日引进了一种新的更复杂的密码系统，他为潜艇设置了一些固定的“参考点”用来指挥潜艇驶向新的位置。例如，要将1艘潜艇派往海军标准方格海图中的

BC-64，他就要为潜艇下达2个命令，驶往方格海图中以“弗兰兹”为参考点的250度240公里和050度320公里处。为了避免英国的DF探测仪探测到潜艇位置，潜艇在回答位置变动和攻击命令时，只需要依据自己的操作能力，使用短信密码简单回答“Yes”或者“No”就可以了。

英国由于破译新的密码系统时的滞后性，降低了6月份下半月所获得的埃尼格码信息的利用价值。但是到7月，就大体解决了这一问题。潜艇艇长们也抱怨新的密码系统太繁琐，很多次他们都由于计算或者其他方面的错误而驶向了错误的位置。

由于英军摧毁了多艘补给船，在西非海域得不到燃料补给的潜艇只能相继返回法国。其中乔治·史威指挥的U-105号出航112天取得击沉12艘共计70500吨的战果。君特·海斯勒的U-107号在返航途中又击沉2艘，使其这次出航的总战绩达到击沉14艘共计86699吨，这是德国潜艇在整个战争期间单艘潜艇单次战斗航行的最高战绩纪录，因此海斯勒终于获得了骑士十字勋章。7月2日，出航96天的U-107号抵达洛里昂，也像其他在南部海域作战的潜艇一样，潜艇驶入船厂进行了大修。

在所有从西非海域返航的潜艇中，U-69号的处境最为艰难。早在6月中旬时，艇上就已经没有食物和燃料了，而且淡水蒸馏器也出了故障。为了果腹，U-69号甚至不顾海上

■ 邓尼茨开始怀疑密码遭到破译，因此他于6月16日引进了一种新的更复杂的密码系统。

迷信，猎杀了海豚。6月26日傍晚，依靠一个柴油机缓慢航行的U-69号发现了SL-76船队，这是近一个月来U-69号第一次发现目标，尽管燃料已经不多了，U-69号仍在报告了船队位置后发动两个柴油机向船队靠近，在夜间进行了攻击，发射4枚鱼雷，击沉2艘13000吨，随即护航舰发现了潜艇，进行了火炮轰击，但U-69号毫发无损地逃走了。邓尼茨指示U-69号继续追踪船队并发送位置报告，指引其他潜艇攻击，但由于燃料短缺，U-69号无法执行这一指示。

6月20日，U-123号发现了1艘单独航行的船只，看起来这似乎是一艘英国船只，因此艇长哈迪根下令发射鱼雷，鱼雷命中后船员弃船，但这艘船仍浮在水面上，U-123号再发射1枚鱼雷，准确命中，但船只仍未沉没，哈迪根不想再浪费鱼雷就浮出水面，最终用100毫米火炮将其击沉。靠近救生艇后，才发现这是中立国葡萄牙的“干达”（Ganda）号。在接下来的外交风暴中，德国人就如“雅典娜”号事件一样，将责任推给了英国潜艇，并且命令哈迪根修改航海日志。

6月26日U-123号根据U-69号的报告截住了SL-76船队，但发现船队护航力量相当雄厚，于是在天黑前一直潜在水下追踪船队，天黑后才浮上水面报告船队位置，随后发起进攻，向3艘船只各发射1枚鱼雷，其中2枚命中了目标，击沉2艘货船，护航舰也发现了U-123号，向其发起了长达11个小时的深水炸弹攻击，U-123号一直下潜到了200米深处才躲过攻击。第二天U-123号继续搜寻船队，并在下午再次发现了船队，但刚刚报告船队位置，就被1架反潜飞机逐退。29日U-66号也发现船队，并在2天里击沉3艘掉队船只。U-123号30日也击沉1艘。

7月1日，邓尼茨得知船队得到了护航舰艇和飞机的支援，便命令2艘潜艇转向弗里敦。但在潜艇抵达弗里敦时，英国海军部已经加强了反潜措施，并将船队和单艘船只的航线远离那一海域。因此，这2艘潜艇在该海域只各击沉1艘船，除去UA号在76天的巡逻期间没有击沉任何船只外，它们这次巡逻取得了整个夏天所有在弗里敦海域潜艇中的最低战绩。

6月29日，U-69号从“科连斯特”号补给船上获得了食物和燃料补充，向洛里昂返航，此时U-69号已经没有鱼雷，却依然用甲板炮击沉了有武装的英国商船“罗伯特·L.霍尔特”（Robert L.Holt）号，艇长麦茨勒把这次胜利称为“最疯狂的行动”。U-69号于7月8日抵达圣尼古拉港，创下了VIIC型潜艇出巡时间的新纪录。此次出航的总战绩是6艘船共计28400吨，包括引起轩然大波的美国船“罗宾·摩尔”号，还包括1艘被水雷炸沉的船。邓尼茨了解到这次不同寻常而又异常艰难的巡逻后，原谅其击沉美国船的过失，并为麦茨勒颁发了骑士十字勋章。

除去UA号外，3月到6月在非洲海域执行巡逻任务的8艘潜艇取得了显赫的战绩，7位艇长获得了骑士十字勋章和骑士橡叶十字勋章，各艇确认战绩见下表。

但是英国海军亡羊补牢，迅速组织舰艇对德军补给船进行搜索扫荡，同时在非洲沿海建立起护航体制，并尽量使船只在美军护航的安全海区内航行，这些努力终于使德军在南大西洋的战果逐渐下降。

潜艇	艇长	击沉船数	击沉吨位
U-107	海斯勒	14	86699
U-105	史威	12	70500
U-103	舒茨	13	65172
U-124	舒尔兹	11	52397
U-38	里伯	8	47279
U-106	奥斯登	8	37224(包括炸伤的战列舰“马来亚”号)
U-69	麦茨勒	6	28400
总计		72	387671

1941年5月和6月，在南大西洋击沉72艘船的战绩，大大提高了那两个月的总战绩，从而掩盖了潜艇在“具有决定意义”的北大西洋海域相对减少的战绩。南大西洋海域的损失最终迫使英国海军增强了那一海域的反潜措施，特别是为SL船队提供“全程护航”。根据7月1日通过的这一计划，每一支SL船队将至少由5艘驱潜快艇从弗里敦护送到直布罗陀，然后与直布罗陀护航船队会合，再由另一个护航小组护送至英国。执行这一计划至少需要66艘驱潜快艇，其中36艘用于为弗里敦-直布罗陀航程的船队提供护航，另外30艘则用于为直布罗陀-英国航程的船队提供护航。因为此时总共有99艘驱潜快艇服役（当时每月大约有6到8艘驱潜快艇投入使用，但大西洋委员会仍认为这一生产率不能满足需求），如果不从北大西洋护航线上调遣一些护航舰的话，将不能实施这一计划。因此他们迫切需要美国尽早承担起北大西洋上的护航任务，美国早已承诺，要为加拿大-冰岛的船队提供护航。

6月22日德国开始进攻苏联，德军统帅部根据空军的强烈要求命令潜艇部队抽调4艘潜艇担负气象预报，并抽出6艘潜艇前往北极海域和波罗的海，袭击苏联的运输船只。尽管德军在大西洋上的潜艇数量减少了，但6月德军潜艇的战绩仍达31.5万吨，这主要归功于4月间派往弗里敦海区活动的6艘潜艇，这些潜艇由于不断从补给船上得到燃料、鱼雷等物资的补给，海上活动的时间大为延长，不但攻击英国单独航行的船只，还攻击了从狮子山开往英国的多支护航运输船队，取得了不小战绩。

1941年4月德军潜艇击沉的英国船只约24

万吨，5月更是达到了32万吨，6月为31.5万吨，加上其他兵力的破交战果，这一季度英国损失的船只吨位高达170余万吨，因此被英国称为战争中最艰难的一个季度。

印地哥行动

罗斯福总统抓住“俾斯麦”号突入大西洋之事推动美国进一步介入战争。5月27日，即“俾斯麦”号沉没那天，他宣布美国进入无限期紧急状态，宣称“大西洋之战，已经从北极冰冷的海水扩展到了冰冻的南极大陆”。并表示目前纳粹击沉商船的速度是英国和美国造船厂造船速度的三倍，所有的迹象都显示，纳粹终将会攻击西半球。因此他总结道：“等到他们兵临城下再准备就等于是自杀。”所以他命令陆军和海军加强在大西洋的空中和水面巡逻，指示美国海军执行委员会（the U.S. Maritime Commision）大力增加商船的生产量。两个星期之后，他又下令冻结德国和意大利在美国的所有资产，并关闭了两国的所有领事馆。

幕后罗斯福又采取了许多备战措施，他指示陆军和海军，倘若英国人决定要占领西属坎纳利群岛（Canaries），还有葡属亚速尔群岛和佛得角群岛（Cape Verde Islands），那

■ 美国总统罗斯福正在进行演讲。

么美国就要派出远征军并肩作战。当那次行动被推迟之后，罗斯福又派出一支远征军支持在冰岛的英国守军，这次行动被称作是印地哥行动（Indigo）。

6月25日，英国首相丘吉尔在对国会下院的秘密演讲中，表示对英国在大西洋大战中的角色变化感到满意。丘吉尔之所以如此乐观，有两个非常重要的原因：

第一，三天前，也就是6月22日，德国进攻苏联。英国相信德国可以在几个月的时间内将装备落后的苏联陆军击垮，但是由于德军在巴巴罗萨行动中投入了许多军事力量，因此他们不可能会在1941年入侵英国了，那样本土舰队用于反入侵任务的驱逐舰和一些小型舰艇就可以转用于护航任务了。

第二，美国将派出一支强大的特遣部队占领冰岛（即印地哥行动）。

罗斯福总统下令于7月6日开始执行印地哥行动，主要目的是保证美军在冰岛基地的绝对安全，这些部队将承担起加拿大和冰岛之间的船队护航任务。英国也非常希望美国占领冰岛，因为这样的话，驻扎冰岛的英国部队就可以转用到其他地区了。

这是二战中美国的第一次大规模军事行动，也是美国第一支大规模远征部队越洋执行任务的开始。鉴于印地哥行动可能会引起轴心国的报复，美英都做好了充分准备，美国组织了异常强大的海陆空军，执行占领任务的都是经过充分训练的海军陆战队，海军为确保海上运输的绝对安全，组织了一支由战列舰、巡洋舰和驱逐舰组成的庞大舰队为之护航。

6月下旬，约4000名海军陆战队员分乘4艘海军运兵船（APS），另有2艘攻击型货船（AKS）满载重装备。包括由战列舰“阿肯色”（BB-33，Arkansas）号和“纽约”（BB-34，New York）号，轻巡洋舰“布鲁克林”（CL-40，Brooklyn）号和“纳什维尔”（CL-43，Nashville）号以及13艘驱逐舰组成的第19特遣部队于7月1日从美国出发，7月7日晚抵达了雷克雅未克。美军登陆后立即着手建立海军基地，紧接着美国海军第7空中巡逻大队于8月6日抵达，它包括装备PBY“卡塔林那”（Catalina）的第73中队（VP73）和装备PBM“马丁海员”（Martin Mariner）反潜机的第74中队（VP74）。

当时已经在冰岛的英国皇家空军岸防司令部3个空军中队共有约50架飞机，其中第209中队有9架PBY，第269中队有26架“哈德逊”海上侦察轰炸机，第330中队有18架“诺思罗普”侦察轰炸机，全部由挪威飞行员驾驶。此外英国空军还有10架“飓风”战斗机用于防空。

在海军陆战队抵达两周后，美军组建了第1特遣部队，包括战列舰“阿肯色”号、“纽约”号和“得克萨斯”（BB-35，

Texas）号。9月1日组建丹麦海峡巡逻队，包括战列舰“爱达荷”（BB-42，Idaho）号、“密西西比”（BB-41，Mississippi）号、“新墨西哥”（BB-40，New Mexico）号以及第2驱逐舰中队的9艘驱逐舰，这些战舰都停泊在雷克雅未克的赫瓦尔峡湾。如果德军水面舰艇企图通过丹麦海峡驶入大西洋时，或者从布勒斯特返回德国的话，这些美国军舰将在英国本土舰队的指挥下执行“侦察”任务。

1941年8月罗斯福要求美军再向冰岛增派5000名陆军士兵。为此海军又组织了一支大型海军特遣部队，也就是第15特遣部队执行这一任务。9月5日，由21艘船组成的护航船队在战列舰“密西西比”号、4艘轻巡洋舰和15艘驱逐舰的护卫下启航。新型航空母舰“黄蜂”（CV-7，Wasp）号也同时将陆军航空兵第33中队送到了冰岛。

在很短时间里美军就把冰岛变为了一个牢不可破的军事堡垒，冰岛逐渐成为北大西洋上最重要的盟军前哨站。

德国海军对此非常气愤，邓尼茨认为美国这一行动实在太过分了，绝对不能置之不理，因此他提议派出潜艇进行反击，雷德尔向希特勒请求撤销对冰岛海域美国军舰和商船的攻击限制。7月9日，雷德尔与希特勒见面，雷德尔强调美国占领冰岛，“极大的影响了我们的潜艇以及水上船只在大西洋上的战争行动”。但是希特勒拒绝解除限制，他认为美国能否再推迟一两个月参战，对于战争有着决定性意义。首先，必须用所能集中的最大数量飞机去东线，东线的胜利将对整

■ 美军舰队开赴冰岛，这是二战中美国的第一次大规模军事行动，也是美国第一支大规模远征部队越洋执行任务的开始。

个局势产生重大影响，对美国的态度也将产生重大影响。因此，此时他还不愿意取消限制，尽量避免与美国发生直接冲突。因此，德军并未对美军占领冰岛作出太强烈的反应。

6月出征

因为“俾斯麦”号相关的一系列事件打乱了大西洋上的潜艇战，并影响到了格陵兰岛以南的西部巡逻线。6月1日，这一巡逻线仅有4艘潜艇。6月出发的20艘潜艇中，将有7艘要加入到这一巡逻线，此外U-557号也只是暂时离开了巡逻线，它本是打算到“俾斯麦”号的补给船“贝尔辛”号上添加燃料的，但这艘补给船已经在英舰的攻击下自沉了。另外2艘从德国出发的新潜艇U-79号和U-559号也要加入到这一巡逻线。但后来应最高统帅部的要求，转往丹麦海峡，以配合袖珍战列舰“吕佐夫”（Luetzow）号突入大西洋（但6月13日“吕佐夫”号遭到英军飞机攻击而受伤）。

西部巡逻线位于冰岛和纽芬兰基地的反潜飞机航程以外，而且本来离“贝尔辛”号很近，可以非常方便地补给燃料，因此邓尼茨希望它们能够取得比较辉煌的战果。但是“贝尔辛”号很快就沉没了，U-66号也因鱼雷发射管故障而返航，仍留在大西洋上的10艘潜艇，稀疏地分布在船队可能的航线上，而且受到了大西洋上的浓雾的很大影响。

英国海军通过破译密码掌握了潜艇巡逻线的大体位置以及其实力强弱，因此将HX船队的航线调离了巡逻线。因此，潜艇们只能遇到一两艘掉队的西行船只（多数空载）。

德军对于潜艇们迟迟未能发现护航船队深感困惑，邓尼茨猜测英国海军可能将船队航线移到了巡逻线以北，因此将U-111号派到纽芬兰海岸侦察莱思角（Cape Race）与丽人岛海峡（Belle Isle Strait）之间海域。这是德国潜艇第一次深入美国海军护航海域，而且希特勒不希望挑起与美国的直接事端，因此他严禁U-111号向除“特别有价值的船只”（巡洋舰、战列舰或专为运送军队的大型客轮，如“玛丽皇后”号）以外的任何船只发起进攻，并在侦察期间保持绝对无线电寂静。

对于1艘第一次出航的新潜艇来说，这个任务确实非常具有挑战性，艇长克莱恩史密特甚至都没有纽芬兰海域的海图，就使得这一任务更加艰巨了。冒着流冰、冰山还有浓重的雾气，U-111号在这一海域进行了一周的侦察，没有发现任何船只，并认为这一海域有许多大型流冰群，因此船队不可能在这一海域航行。邓尼茨根据这一报告，将巡逻线大幅度南调，但还是徒劳。

尽管潜艇没有发现任何一支HX船队，但

还是可以断断续续地击沉一两艘西行船只。其中战绩最高的是骑士十字勋章获得者哈伯特·舒尔兹，此时他正将非常著名但又非常破旧的U-48号驶回德国。在9天时间里，舒尔兹就击沉了5艘共计38462吨，其中包括3艘油轮。这样舒尔兹的总战绩就超过了20万吨，邓尼茨为他颁发了骑士橡叶十字勋章。他是继普里恩、克雷齐默尔和舍普克之后，第四位获此殊荣的艇长（舒尔兹的战绩全都是在U-48号上取得的，总共28艘183435吨，在战争期间德国王牌艇长中位列第五。U-48号一直就是战争期间的头号潜艇，在舒尔兹、罗森和布莱希洛特三位艇长指挥下，总共击沉54.5艘船共计320429吨）。抵达德国后，舒尔兹升任第3舰队（3d Combat Flotilla）司令。骑士十字勋章获得者英格尔伯特·恩德拉斯指挥的U-46号进攻也同样勇猛，但是却由于鱼雷故障而战绩大减，他报告说有4次鱼雷攻击都是命中而未爆炸，最后只击沉2艘，加上虚夸的水分他的总战绩也超过了20万登记吨，因此也获得了骑士橡叶十字勋章（恩德拉斯的所有战绩都是在U-46号上取得的，经确证后总战绩是24艘共计134566吨）。

另外一位骑士十字勋章获得者沃尔夫冈·卢瑟指挥U-43号，这艘潜艇虽然破旧但近期已进行过维修，他击沉了2艘7500吨，但U-43号毕竟老旧不堪，返回洛里昂后再次返回船厂整修。一年里U-43号仅仅执行了两次巡逻任务，其余时间都是在船厂整修。

6月1日到6月18日，巡逻线中的其他一些

■ 潜艇出航前补给的生活物资有糖、盐、大米、面食、罐头等。

■“烽火连三月，家书抵万金”，几个月的海上巡航之后接到家人来信自然是欣喜若狂。

潜艇，总共击沉了14艘船，其中最成功的就是U-108号，击沉了4艘船17000吨。

U-552号艇长埃里希·托普请求前往危险的北海峡执行巡逻任务，此前他曾三次指挥U-57号两次指挥U-552号到那一海域巡航，邓尼茨犹豫之后还是同意了。支援U-552号的是3艘在英伦各岛附近的IID型潜艇U-141号、U-143号和U-147号（但6月2日U-147号在袭击OB-329船队时被护航舰击沉）。

托普到达北海峡后发现那里到处是反潜飞机，几乎每天都要紧急下潜十多次，但他还是击沉了3艘24400吨，这使托普的总战绩超过了10万吨，因此获得了骑士十字勋章（托普确证总战绩为14.5艘船94076吨）。6月18日，U-552号发现了一支船队，刚报告船队位置后就被护航舰驱走，只有闻讯而来的U-141号击沉1艘货船。

6月12日从洛里昂启航的U-138号执行的是一项绝密任务——像普里恩奇袭斯卡帕湾那样袭击直布罗陀的英国军舰，命令还指出如果遇到了危险，就将潜艇自行炸毁然后游到西班牙，那里将有人会帮助他们返回洛里昂。除艇长弗兰兹·格拉米茨基（Franz Gramitsky）之外，其他艇员对这一任务都一无所知。6月18日U-138号在直布罗陀海峡以西160公里处，瞭望发现了1艘“巡洋舰”，潜艇立即下潜。实际上那是驱逐舰“福克纳”号，由于破译密码而掌握了有关情况，此时正与其他4艘驱逐舰在恭候U-138号的到来，“福克纳”号获得了确切的声呐信息并立即发起进攻，投下了6枚深水炸弹，其中1枚击中潜艇，潜艇严重进水迅速失去控制，一度沉到200米深处，格拉米茨基只好下令上浮，“护林人”号驱逐舰看到潜艇浮出水面，就用火炮猛轰，并在近距离投下深水炸弹，将其击沉，艇上28名艇员全部获救被俘。

护航船队大战

6月18日西部巡逻线的潜艇没有发现任何一支护航船队，邓尼茨在日记中写道：“没有任何船队的信息……实在令人惊讶。”他决定把巡逻线向东南方向移动，以寻找战机。但巡逻线向东南移动之后也没有获得任何成果。6月19日，邓尼茨只好将巡逻线解散，北大西洋上的20艘潜艇分布在一个巨大的矩形海域。

6月20日午夜后，U-203号发现了只有1艘驱逐舰护卫的美国战列舰“得克萨斯”号，正位于冰岛西南部大约1300公里处，已在希特勒授权可以向中立国船只发起攻击的海域之内，因此U-203号开始追击，但“得克萨斯”号的速度非常快，在追击了16小时后，U-203号眼见无望只好放弃了。U-203号报告了这次追击，这引起了德国高层的巨大反应。再过48小时就要开始进攻苏联了，希

■1941年6月，U-124号潜艇从洛里昂出发。

特勒曾明确下令，要求潜艇和辅助巡洋舰尽量避免与美国舰船发生冲突。然而“得克萨斯”号在“德国特权海域”（German Zone）内出现，本身就是一种挑衅。邓尼茨和雷德尔都认为，美军越界后德军决不能示弱，雷德尔也向希特勒反映了这一点，希特勒表示完全赞同。然而鉴于导航时可能出现的失误，希特勒同时也要求不向德国海域边界30公里范围内的中立国舰船发起攻击，邓尼茨随即向潜艇转达了这一命令。

6月21日深夜，希特勒亲自打电话给雷德尔，要求在“巴巴罗萨”（Barbarossa）行动期间，不允许在任何海域向美国舰船发动进攻，命令说：“在‘巴巴罗萨’行动取得明显的胜利之前，希望能够排除与美国的任何瓜葛，最后将由希特勒本人决定何时可以再次向美国战舰发起进攻。”

6月22日，邓尼茨又向潜艇颁布了这一新政策：“元首命令，接下来的几个星期内，要避免与美军之间的任何事端。在敌船身份不确定的情况下，要依此而行。”希特勒还进一步要求潜艇只允许攻击已明确身份的英国军舰。

邓尼茨在他的回忆录中抱怨，这一命令意味着“潜艇将不能向那些最危险的敌人发起进攻了，那些英国或者其他一些国家的驱逐舰、护卫舰和驱潜快艇……因此英国的反潜武装就可以毫无束缚地大显身手了”。潜艇

■ 邓尼茨和德军高级将领在一起商讨战局。

艇员们都对禁止他们向护航舰发起进攻的要求非常不满，邓尼茨也向最高统帅部表达了他的不满。

6月23日下午，也就是发起“巴巴罗萨”行动的第二天下午，U-203号在距格陵兰岛大约650公里处，发现了HX-133船队，这是35天来，潜艇发现的第一支船队。由于船队距离目的地还很远，德军能调集10艘甚至更多的潜艇在船队航线上实施攻击，邓尼茨指示U-203号继续追踪船队并引导其他潜艇赶到。

HX-133船队由59艘满载贵重货物的船只

组成，6月21日出航。这是第五支接受“全程护航”的东行船队，而且航速也提高到12到15节。一支新组建的加拿大护航小组（驱逐舰“渥太华”号和4艘驱潜快艇）将船队护送到西经35度，然后冰岛基地的英国护航小组将护送船队到达西经20度，冰岛的另一支加拿大护航小组（5艘驱潜快艇），将在西经35度接替英国护航小组，同时将西行的OB-336船队护送回加拿大。

■1941年布勒斯特港，潜艇正在补充生活物资。

6月23日晚，U-203号一直追踪着HX-133船队，并频繁发送位置报告。海上的所有潜艇都根据新的“参考点”系统，开始向船队航线集结。6月24日凌晨，两艘新型VIIC潜艇U-79号和U-371号追上了船队，邓尼茨随即命令U-203号开始攻击。U-203号第一次攻击，向3艘船只发射了鱼雷，只击沉挪威船“索罗伊”（Soloey）号。接着U-371号也开始攻击，击沉了掉队的挪威船“维格里德”（Vigrid）号。U-79号则一直没有能占据有利攻击位置，但是它继续追踪船队并报告位置。加拿大护航小组的护航舰发起了战争中“加拿大海军护航队的第一战”，但是缺乏经验的护航舰被潜艇的信号所吸引，一会儿驶向这一会儿驶向那，相互之间又没有保持联系，几乎都是在漫无目的地投掷深水炸弹。

■ 加拿大海军“渥太华”号驱逐舰。

那时，另外两支船队OB-335和OB-336船队也正经过这一海域。OB-336船队包括23艘船只，由一支加拿大护航小组的5艘驱潜快艇提供护航，西部大道指挥部注意到OB-336船队将要靠近正被围攻的HX-133船队后，就命令船队改变航向以绕过那一海域。但不巧船队指挥官的报务员病了，接班者并不熟悉密码，所以居然漏掉了这一重要消息。西部大道指挥部同时也向加拿大护航小组的旗舰“怀特斯基文”号发送了同样的命令，但此时这个护航小组还没有发现船队，因此无法转达这一消息。

6月24日U-203号又发现了OB-336船队，邓尼茨命令U-203号继续追踪船队引导其他潜艇，并在获得许可之前不得攻击，但艇长米采尔伯格还是非常冲动地向船队发起了攻击，击沉2艘货船，随后因机械故障而不得不返航。然而，此时还没有其他潜艇赶来，邓尼茨命令U-203号继续追踪船队并报告位置，但U-203号已经找不到船队了。邓尼茨意识到正有两支护航船队经过同一处海域，正好有机会可以发起一轮大规模的进攻，因此他要求已经开始集结的潜艇可以向他们所认为的最容易攻击的船队攻击。同时，为了保护最有价值的东行护航船队，西部大道指挥部命令仍在搜寻OB-336船队的加拿大护航小组以及OB-335船队的5艘英国护航舰，前去支援HX-133船队。

当加拿大护航小组收到这一命令时，已经发现了OB-336船队。护航小组司令盖伊·S.温迪耶（Guy·S.Windeyer），没有完全依照这一命令行事，而是将护航小组分为两部分，2艘去支援HX-133船队，3艘则保护OB-336船队。但是当3艘护航舰赶上船队时，OB-336船队已经在浓雾中解散了。6艘潜艇仍在继续追击解散了的船队，但是所有潜艇都因浓雾和燃料短缺而受到了影响，只有U-108号击沉了希腊船“尼古拉斯·帕特拉斯”（Nicolas Pateras）号。

6月24日U-79号继续追踪HX-133船队，傍晚U-651号赶来并向3艘货船发起了攻击，击沉1艘。混乱中，加拿大护航舰再次毫无目的地进行了还击。此后不久，OB-335船队的“剑兰”号驱潜快艇和OB-336船队的4艘护航舰都赶到了，这使得HX-133船队的护航舰达到了10艘。

6月25日午夜，“剑兰”号发现1艘潜艇正从船头附近驶过，这艘潜艇就是U-71号，此时它正调整位置准备攻击，“剑兰”号全速向它撞去，但是由于担心撞击很可能会导致自身损伤，因此又中途停止了撞击，U-71号发现护航舰后赶紧下潜，“剑兰”号随即获得了稳定的声呐信号，立即发起了五轮攻击，投下了30枚深水炸弹。英国“旱金莲”（Nasturtium）号驱潜快艇也赶来助战，投下了6枚深水炸弹。一个小时后，遭受重创的U-71号浮出了水面，希望能够在黑暗中逃脱。“剑兰”号发现了潜艇但却因“旱金莲”号挡在中间而无法进行火炮轰击，“旱金莲”号离开后，“剑兰”号的火炮随即开火，命中潜艇的指挥塔。“剑兰”号以为将其击沉，实际U-71号带着严重的损伤返回了洛里昂。

6月26日，HX-133船队在10艘护航舰掩护下继续向东行驶。黄昏时分已有6艘潜艇陆续赶来，U-79号击伤1艘10400吨的英国油轮，U-552号也命中了1艘货船，但鱼雷没有爆炸，此后U-552号因燃料和鱼雷都耗完而返回了洛里昂。U-562号也试图向船队发起进攻，但却被击退了。U-564号大开杀戒，连续进攻命中了3艘货船，其中2艘被击沉1艘被击伤。

6月27日凌晨，U-556号也加入到了攻击中，尽管潜艇的左舷电动机连接器产生了非常响的噪音，但U-556号还是在白天发起水下攻击，英国驱潜快艇“旱金莲”号通过声呐探测到了U-556号，立即投下了20枚深水炸弹，接着另两艘英国驱潜快艇也都赶来了，但是都没有获得潜艇的声呐信号，“旱金莲”号引导“塞兰戴恩”号驶向了可能的潜艇位置，“塞兰戴恩”号投下了24枚深水炸弹也没有任何明显效果，这使“塞兰戴恩”号和“剑兰”号都对“旱金莲”号的发现表示怀疑，但最终“剑兰”号也获得了潜艇的声呐信息，并向它发起了攻击，投下了10枚深水炸弹，水面上出现了大范围的油渍。——U-556号已经遭到重创，关闭了产生噪音的左舷电动机后又由于艇尾严重进水使右舷电动机线路短路，被迫重新启用左舷电动机。然而艇尾持续进水，并开始失控。艇长沃尔法特只好下令上浮，刚浮出水面，就被“剑兰”号投下的深水炸弹命中艇尾甲板，随后3艘驱潜快艇一起用100mm火炮向潜艇猛烈开火，不少艇员伤亡，沃尔法特只得下令弃艇。“剑兰”号认为有捕获U-556号的希望，因此派出了1艘载有跳帮组的救生艇，但跳帮组一登上潜艇就发现控制室已经进水，并且还闻到了氯气的味道，很明显潜艇正在急速下沉，因此跳帮组放弃了捕获潜艇的计划，仅仅带回了1本鱼雷保养手册和1个鱼雷引信。U-556号艇员中有40人获救，艇长沃尔法特也成为第六位被击沉的也是第三位被俘虏的获得骑士十字勋章的艇长（他在U-14号、U-137号以及U-556号上的总战绩是20艘共计56389吨）。

当天下午，HX-133船队的护航舰进行了一些调整，加拿大护航小组离开船队驶向了冰岛，由于船队蒙受不小损失，而它们又没能任何斩获，因此在冰岛遭到了批评。C.D.霍华德-约翰斯顿（Howard-Johnston）指挥的英国第12护航小组接替加拿大护航小组继续护送船队，这样最后一段航程的护航舰总数达

■ “花”级驱潜快艇。

到了13艘。

潜艇还在继续追踪并攻击HX-133船队。6月29日凌晨，U-651号在4天的追踪后，终于重新追上了护航船队，从水下发射了2枚鱼雷，命中了船队的旗舰6300吨的英国货船“格雷伯恩”（Grayburn）号，使该船在4分钟内就沉没了。附近的英国油轮“安娜达拉”（Anadara）号，非常勇敢地向在水下的U-651号撞去，将其撞伤。

第12护航小组进入了作战状态，他们都具有丰富的作战经验。首先随意地投下了一些深水炸弹以震慑潜艇，迫其下潜，随后2艘护航舰就报告获得了稳定的声呐信息，随即开始攻击，有1枚深水炸弹落到了距离U-651号很近的地方，使得被“安娜达拉”号撞伤处裂口更大，艇尾大量进水，U-651号一直潜到了水下160米深处，艇长劳迈耶希望能够通过控制电动机控制整艘潜艇，并为此耗尽了所有电量仍未奏效，最后只得上浮。浮出水面后，潜艇启动柴油机的烟雾很快就被驱逐舰“马尔柯姆”（Malcolm）号发现了，“马尔柯姆”号一边报警，一边开炮，潜艇甲板炮被击中起火，这时另外4艘护航舰也赶来了，用火炮向潜艇猛轰，在护航舰的猛烈炮火下，劳迈耶只得决定弃艇，45名艇员全部被俘。不少历史学家认为击沉U-651号的头功应属“安娜达拉”号油轮。

船队逐渐接近严密保护的西部大道，潜艇只得放弃了攻击。此次护航船队之战，大约有14艘潜艇发现了HX-133船队，但只有5艘潜艇击沉6艘共计38000吨，德军有U-556号和U-651号两艘潜艇被击沉，U-71号遭重创。此外还击沉了OB-336船队的3艘11300吨，合计9艘49300吨。

■ U-203号属于VII型，航程较短，难以在巡航海域活动较长时间。

这次护航战促使德军对潜艇破交作战的战略战术进行了重大调整，其中最重要的就是将潜艇从格陵兰海域撤退到了更东部的海域。因为尽管在冰岛以西格陵兰以南海域，反潜飞机数量还不多，实战经验丰富的护航舰数量也不多，潜艇活动相对安全一些，但是这一海域范围太宽广了，为数不多的潜艇难以对船队展开有效猎杀。邓尼茨将西部巡逻线解散，把潜艇分散到更广大的海域范围之后不久，U-203号就发现了HX-133船队，但是发现船队却无法迅速集结潜艇组成狼群。而且航程相对短的VII型潜艇也难以在这一海域活动，扣除出航和返航所需要的燃料以后，潜艇仅能剩下少量燃料用于巡逻。此外潜艇鱼雷耗尽或出现机械故障后，就必须终止巡逻。除非仍在建造的潜艇油轮或称“补给潜艇”能够投入使用（6艘大型的XIV型补给潜艇正在建造过程中。前两艘，即U-459号和U-460号，将分别于1941年11月和12月建造完成，另外4艘则将于1942年初建成。还将大型XB布雷潜艇改造为补给潜艇。第一批3艘布雷潜艇，U-116号、U-117号和U-118号，分别于1941年7月、10月和12月改造完成），为VII型潜艇在海上提供物资补给、医疗援助以及备件供应，从而延长在格陵兰海域的巡逻时间，否则它们根本就不能在那一海域有效执行任务。

HX船队的提速也增加了潜艇攻击的难度，VII型潜艇航速最高可达17节（柴油机超负荷运转），IX型潜艇则可达18节。除非潜艇遭到了水上或空中护航力量的牵制，否则它们完全可以有效地追踪船队。但即使潜艇要赶上一支沿“之”字形路线前进的快速HX船队，并占据合适的正面或侧翼攻击阵位，也需要很长时间（耗费很多燃料），这样潜艇被护航舰发现并遭受反击的机率就大大提升了，丧失了发动突然袭击的优势。

天气状况以及夏至日的迫近都不利于潜艇继续在格陵兰海域执行任务。返航的潜艇都报告说巡逻期间大约有一半时间，受到浓雾的困扰，能见度几乎为零，浓雾不仅妨碍他们进行侦察而且妨碍了航行（潜艇依赖太阳和星星确定方向）。即使他们不为浓雾所困扰，北部高纬度地区漫长的白天以及短暂的黑夜也使得潜艇在夜间发起水上攻击的时间大为缩短，很多情况下潜艇被迫在白天发动水下攻击。潜艇夜间水面攻击比较灵活而有效，白天水下攻击容易被声呐探测到。

6月英军总共有383艘满载的货船从哈利法克斯和悉尼驶向了英国。潜艇仅仅发现了一支护航船队，即HX-133船队，并击沉了6艘船只。6月，潜艇们没有击沉其他从加拿大开往英国的船只，因此377艘满载船只（大约99%）抵达了目的地。6月的前两周里，在为冰岛-加拿大段的船队建立有效护航之前，潜艇击沉了数量比较多的单独航行的船只，它们多数都是格陵兰南部海域掉队的OB船队的空载船只。潜艇共击沉了22艘这样的单行船只，此外还击沉了OB-336船队的两艘船只，总数达到了24艘船共计134754吨。后两周里，加拿大护航小组以及反潜飞机为冰岛-加拿大段的船队提供了更有效的护航，而且HX船队的航速也提高了，潜艇在那一海域仅仅击沉了5艘单行船只。此外，北海峡附近的潜艇击沉了5艘共计29200吨，亚速尔群岛附近的U-553号击沉2艘8000吨。南部海域的意大利潜艇共击沉了6艘24700吨，但“格劳克”（Glauco）号潜艇被英国驱逐舰“维斯哈特”（Wishart）号击沉。

德国潜艇在攻击HX-133船队时所付出的惨重代价，以及邓尼茨要将潜艇撤离格陵兰海域的决定，都预示着英国已经取得了抗击德国潜艇的初步胜利。许多原因促成了英军的这一胜利：无线电情报（密码机、DF探测、航线分析等）使得皇家海军击沉了“贝尔辛”号补给船、并将多数船队的航线调离了潜艇巡逻线、护航舰和反潜飞机开始为纽芬兰和冰岛启航的护航船队全程护航、HX船队提高了航速、潜艇不能在遥远的西部海域有效地进行攻击、潜艇艇长和艇员的实战经验水准持续下跌。直到1942年10月，德国潜艇再也没能在对HX船队的袭击中取得重大战绩。

岸防司令部

到1941年6月1日，英国岸防司令部的飞机还没能成功猎杀任何一艘德国潜艇。2架四引擎侦察机曾经与水面舰艇协同击沉两艘潜艇（U-26号和U-55号），但是还没有1架岸防司令部的飞机能够单独击沉潜艇（地中海的英国皇家空军飞机曾经单独击沉过意大利潜艇“阿高诺塔”号和“卢比诺”号）。原因是多方面的，最主要的是岸防司令部仍然是英国皇家空军的一个冷门单位，在武器装备、电子装备以及人力资源分配时都排在后面。一份官方研究显示1941年年终，岸防司令部的前线飞行中队仅有大约200架反潜飞机（参照下列表格）。

原本在西部大道和冰岛海域活动的潜艇被驱逐到了离海岸大约550公里的海域，这是到目前为止岸防司令部在大西洋之战中的最主要贡献。而起到这一作用的又主要是执行船队护航或防卫性反潜巡逻任务的“哈德逊”飞机，100架这样的双引擎飞机都是由美国制造的。然而“哈德逊”飞机仅能携带3到4枚115公斤的深水炸弹，并且所携带的燃料也不多，到500公里以外的海域执行巡逻任务

1941年6到7月份驻扎在英伦各岛的岸防司令部飞机①

飞机类型	飞机数量	飞机引擎数	满载时炸弹/深水炸弹量	作战半径（公里）	每月出动次数
PBY	30	2	16枚115公斤炸弹	1600	85
桑德兰飞机	20	4	8枚115公斤炸弹	1100	40
惠灵顿飞机	20	2	12枚115公斤炸弹	900	70
惠特利飞机	40	2	6枚115公斤炸弹	800	170
哈德逊飞机	100	2	3枚115公斤炸弹	700	570
总计	210②				

①来源：每月反潜报告，1941年6到7月，ADM，199/1245，“空军对潜艇的主动进攻”，6/1/42。

②不包括“布雷尼”单翼轰炸机、“英俊战士”战斗机(Beaufighter)。

1941年8月之前皇家空军单独或与军舰联合击沉的轴心国潜艇数量①

击沉日期	潜艇编号	飞机类型/空军中队	飞行员	是否与军舰协同	海域
1940年1月30日	U-55	桑德兰飞机/228	布鲁克斯(Brooks)	是	大西洋
1940年3月11日	U-31	布雷尼轰炸机/82	德莱普(Delap)	否	亚德湾
1940年6月28日	阿高诺塔号	桑德兰飞机/230	坎贝尔(Campbell)	否	地中海
1940年6月29日	卢比诺号	桑德兰飞机/230	坎贝尔(Campbell)	否	地中海
1940年7月1日	U-36	桑德兰飞机/10	吉布森(Gibson)	是	大西洋
1940年9月30日	冈达尔号	桑德兰飞机/230	阿灵顿(Alington)	是	地中海
1940年10月18日	多尔波号	伦敦飞机/202	哈特菲尔德/艾格里顿(Hatfield/Eagleton)	是	地中海

①来源：弗兰克斯（Franks），《轴心国潜艇损失》(Axis Submarine Losses)。

■ U-26号潜艇就是被飞机与水面舰艇协同击沉的。

时不能长时间逗留。它们所能做的最大努力就是迫使潜艇下潜并将其活动范围压制在水下。英国建造的40架双引擎“惠特利”飞机也是如此。它们携带的深水炸弹数量是“哈德逊”飞机的两倍（6枚），但是它们不能依靠单引擎飞行，这也是执行水上军事行动的一大障碍。因此，占了岸防司令部前线飞行中队大约70%的“哈德逊”和“惠特利”飞机并不真正适于反潜作战。

岸防司令部所急需的是飞行航程远而且载弹量大的飞机，它们要既能够执行船队护航任务还要能够执行攻击性反潜巡逻任务。20架四引擎“桑德兰”水上飞机可以部分满足这一需要，它们可以携带8枚115公斤深水炸弹，可以飞到大约1100公里外执行巡逻任务。然而，这些大型飞机的效率也不是很高，因为它们的四引擎维护工作量就相当大。岸防司令部的一份调查显示，平均每架水上飞机月仅能出动2次。英国人将继续小规模生产这种飞机，没有人觉得有必要大规模生产。

岸防司令部拥有30架美国产PBY“卡塔林那”水上飞机，它们的表现要稍好一些。载弹量相当于“桑德兰”的2倍（16枚115公斤深水炸弹），并且可以飞到大约1500公里外执行巡逻任务。美军已做好准备加快生产这种飞机，但是考虑到本国海军及大西洋上的一些新的任务后，仅仅只能将一小部分用于援助英国和加拿大。到1941年底，岸防司令部的4个空军中队（第209、第210、第240和第413）总共仅有36架PBY。

1941年6月，菲利浦·尤伯特·德拉法特

■英国皇家空军岸防司令部主要使用的陆基反潜巡逻机。

“飞行堡垒”式II A型

“哈德逊”式VI型

“哈利法克斯”式GR II型

“惠灵顿”XIV

“解放者”LB-30A

（Philip Joubert de la Ferte）接替了布黑尔担任岸防司令部指挥官，他强烈要求扩充岸防司令部的实力，以执行越来越迫切的攻击性巡逻任务，尤其是要在比斯开湾加强巡逻力量，因为这是德国潜艇进出法国基地的瓶颈。然而此时的轰炸机司令部正加紧为对德国空袭做准备，并且他们认为这一战略能够赢得胜利，因此坚决反对将任何飞机调往岸防司令部。

然而，似乎至少短期内尤伯特的部分请求得到了满足。战时内阁将首批美国的新型四引擎B-24“解放者”轰炸机中的9架分配给了岸防司令部。B-24的作战半径跟PBY大体相当（1500到1600公里），但是航速相当于PBY的两倍（分别是205节和105节），携带的深水炸弹量也相当于后者的两倍（分别是3600公斤和1800公斤），武备也比后者更强，配有机枪以及20mm加农炮（cannon），还配有AS-VII雷达和自导天线，是当时惟一可以在大西洋中部海域为船队提供空中支援的机型。这9架B-24被派往了北爱尔兰那特角（Nutt's Corner）基地的岸防司令部第120空军中队，然而来自美国的其他B-24全都分配给了轰炸机司令部。

尤伯特转而向科学界寻求帮助，以期能够提高岸防司令部的作战能力，尤其是要提高潜艇猎杀率。英国海军部将一位杰出的物理学家派到了岸防司令部，他就是在战后曾获得诺贝尔奖的派屈克·M.S.布莱克特（Patrick M.S.Blackett）。有一种最初为皇家空军建立的以统计学方法为主导的应用科学，通常被称为“行动研究学”。布莱克特的研究小组就利用这种方法分析了数千份潜艇情报，根据这些研究（“依据实验检验的定量分析思想”），提出了以下问题：

■1941年6月起，担任岸防司令部司令的菲利浦·尤伯特·德拉法特。

1. 岸防司令部的导航能力异常糟糕。飞行员们几乎都不知道他们所在的确切位置，并没能真正到达指定的位置执行巡逻任务，而且很多情况下他们都没能找到要接受护航的船队。

2. 岸防司令部四分之三的飞机上都已

经配备了1.5米波长ASV II雷达，但并没有得到充分利用。雷达军士官们应该接受培训，雷达系统没有受到恰当的保养，也没有被恰当校准。

3．飞机的飞行高度过高，因此没能充分利用雷达信息获得尽可能充足的信息。由于雷达的倡议者们对于雷达的作用进行了吹嘘夸大，因此飞行员们对于ASV II型雷达的期望值都比较高，雷达没能达到他们的期望值时，他们就会非常不满。

4．大部分潜艇报告都说明德军可以首先发现飞机，然后他们就会潜到水下以保证安全。飞机们用深水炸弹攻击水下目标时白白地耗费了大量的时间和武器。

5．通常115公斤深水炸弹的定深都太深，而且爆炸威力都太弱；认为900公斤深水炸弹可以弥补瞄准失误的观点是完全错误的。

布莱克特的报告包含了许多建议，部分摘录如下：飞行员、雷达保养人员及雷达操作员都要接受系统培训，要降低飞行员对雷达系统的期望值；为雷达操作员创造更加舒适的工作环境，并且要让他们的眼睛得到充分休息；在利用雷达系统搜寻护航船队时，飞机的飞行高度不得大于1200米，利用雷达系统搜寻潜艇时，飞行高度不得大于600米；要利用航行标准信号提高船队定位能力；将飞机底部涂为白色以降低被潜艇目测发现的

■ 派屈克·M.S.布莱克特为皇家空军建立的以统计学方法为主导的应用科学“行动研究学”，布莱克特领导的研究小组就利用这种方法分析了数千份潜艇情报。

■ 英国空军岸防司令部第120中队部分飞行员，前排居中为中队长特伦斯·布劳希。

B-24“解放者”（CONSOLIDATED B-24 Liberator）

由美国联合飞机公司（康维尔公司的前身）生产，1938年9月开始设计，以其小迎角大升力，大航程高巡航速度的特点，立即赢得美国军方的青睐，1939年3月原型机XB-24开始试制，12月试飞成功。1940年开始批量生产，1941年起交付使用，正逢上美国参战，因此生产数量相当惊人，美国还将福特发动机公司、道格拉斯飞机制造公司和北美飞机制造公司组成联合生产体以加快生产。B-24总共生产18181架，是美国生产数量最多的一种型号飞机。根据不同使用需要，出现了很多改进型号，其中反潜巡逻的主要型号是B-24J、B-24L、B-24M和海军型PB4Y、PB4Y-2。B-24J机头安装球形炮塔，从1943年8月开始生产，总共生产6728架，是数量最多的一种改进型。有1278架援助英国，英国加装搜索雷达，改称MK5或MK8，是战争后期反潜巡逻的主力机型。

主要性能：机长：20.5米，机高：5.5米，翼展：33.53米，空重：16550公斤，最大起飞重量：29500公斤，最大速度：467公里/小时，最大巡航速度：281公里/小时，最大航程：5960公里，升限：8540米，乘员：8至10人，武备：12挺12.7毫米机枪，载弹量：4吨。

可能性；在底座上安装双筒望远镜以利于日间侦察；制造7.5米液压引信深水炸弹；利用爆炸力非常强的三次甲基三硝基胺（RDX）和铝末混合炸药（Torpex，添加铝粉以增加爆炸力）制造45公斤集束炸弹。

其中的某些建议激起了一些人士的强烈反对。其中最激烈的就是关于深水炸弹大小的讨论。多数飞行员都不认为，数量较多的小型深水炸弹要优于数量较少的重量级“猎潜杀手”深水炸弹。因此，900公斤深水炸弹，一些同样低效的武器装备以及深水炸弹轰炸瞄准器的研究与开发仍在继续。与此同时，标准的机载反潜武器仍为115公斤深水炸弹，依靠目测投放。尽管如此，还是有一部分建议被接受了，例如将集束炸弹的间距延长为原来的三倍，并利用铝末混合炸药增强弹头爆炸力，以及制造7.5米液压引信深水炸弹等（为了避免伤及投弹船只自身，英国海军规定深水炸弹的最小定深为15米。1941年夏天起，岸防司令部停止研制7.5米液压引信，转而将空投深水炸弹的深度定为15米。这说明115公斤深水炸弹的引信并不可靠，无疑这也是导致猎杀潜艇效率偏低的原因之一。将这一问题摆在研究与开发项目的优先位置后，英军很快就生产了一些非常可靠的引信）。

丘吉尔曾在一份被频繁引用的宣言中提到，二战中真正让他感到担忧的是潜艇威

■法国里昂一家军工厂，德军在这里生产潜艇甲板炮。

■英军并没有及时发现B-24轰炸机作为高效反潜平台的潜质。

胁。果真如此的话，我们就很难理解英军所犯的一些错误了，例如英军既没能发现B-24可以成为一种高效的反潜武器的潜质，又没有把新抵达的B-24飞机派往执行反潜任务。通常的解释是，战时内阁非常执著的坚信，他们能够且必须通过战略轰炸击败德军，为此他们应该将每一架大型轰炸机都分配给轰炸机司令部。因此，在未来的很长时间里，战时内阁一直拒绝将四引擎轰炸机分配给岸防司令部。

许多重要因素促成了战时内阁的这一决定，其中最重要的是，岸防司令部没能让战时内阁的多数成员相信，例如B-24这样的飞机完全能够成为非常有效的猎潜杀手。正如我们所见，战时内阁做出的这一决定令人感到非常惋惜，这是战争期间它做出的最糟糕的决定之一。许多研究都显示，如果岸防司令部拥有100架B-24的话，他们就完全可以在1941年夏天彻底消灭潜艇威胁，使盟军船只免遭前一年所经历的惨重损失。

7月18日，美国国会鉴于英国护航军舰数量不足，批准了为英国建造100艘1500吨驱逐舰、20艘扫雷舰和4艘救生船的计划。同时允许美国船厂修理在横渡大西洋时受损的英国船只。这对于正处在极端艰苦困难之中的英国而言，无异于雪中送炭！一来英伦三岛造船厂的船坞因为大量建造船只已经达到了饱和，二来造船厂在德军飞机不断空袭下也难以正常开展工作，而在美国造船厂建造和修理这批船只，不但减轻了英国造船厂的巨大负荷，更可以节约将受损船只拖回英国的宝贵时间。

7月出征

由于巴巴罗萨行动的胜负仍未见分晓，希特勒给潜艇下达了严格而复杂的命令，邓尼茨被迫对冰岛和西部大道敬而远之。因此1941年7月，他将新出航的20艘潜艇中的大部分派往了南大西洋，袭击直布罗陀和塞拉里昂（狮子山）护航船队。此外，邓尼茨还将4艘潜艇派往了弗里敦：4艘艇长全都是骑士十字勋章获得者，这4艘潜艇将偷偷从泊于西班牙加那利群岛的德国油轮“科连斯通”号上补充燃料。

7月，英军凭借埃尼格码情报，几乎取得了对邓尼茨的彻底胜利。他们为直布罗陀和塞拉里昂护航船队增派了空中和水上护航力量，加强船队的护航，此外根据大西洋中部不合乎季节规律的浓雾巧妙地调整船队航线，并向西班牙的佛朗哥施加强大的外交压力，迫使他严禁德国潜艇出入加那利群岛，这使派往弗里敦的4艘潜艇计划被迫取消。因此7月，没有任何1艘潜艇发现船队。最初的船队信息都是来自波尔多基地的“秃鹰”飞机或者驻福克湾的意大利潜艇。

7月1日，德军获得了“秃鹰”飞机的第一份船队报告，船队大约位于洛里昂正西方950公里处。邓尼茨指挥5艘潜艇前去截击，潜艇根据“秃鹰”飞机的报告确定了船队的位置。7月2日，从格陵兰海域归航的U-108号报告发现了护航船队，这是一支驶往直布罗陀的船队。但是在其他潜艇和飞机赶到前，U-108号就找不到船队了，然后U-108号返回了法国，在此次为期41天的巡逻中共击沉7艘27000吨。

7月5日，U-96号依然在浓雾之中搜寻船队，途中遇到了一支由5艘船组成的小编队：4艘护航舰严密保护下的“安塞姆”（Anselm）号运兵船，船上载有1200个士兵。U-96号并没有因为如此严密的护航而退缩，潜到水下向编队靠近，并向“挑战者”号驱潜快艇和“安塞姆”号发射了全部4枚艇首鱼雷，2枚鱼雷命中了“安塞姆”号，22分钟后就沉没了，船员们在沉没前放下了绝大多数救生艇，尽管如此，1200名士兵中还是有254人死亡。

3艘驱潜快艇立即向U-96发起了反击。“星花”号的声呐故障，只能依赖已获得稳定声呐信号的“牵牛花”号和“熏衣草”号向潜艇发起攻击。“牵牛花”号投下了6枚深水炸弹，“熏衣草”号则投下了20枚。深水炸弹攻击出奇地准确，U-96号受到重创被迫返航。

7月7日，德军获得了“秃鹰”飞机的第二份船队报告：这是一支OB船队，大约位于距北海峡400公里处。邓尼茨要求附近海域的潜艇加强搜索，但是仍然都没能发现这支船队。因此7月的前三周里，潜艇取得的战绩非常糟糕：总共只有4艘13300吨。

对此邓尼茨感到非常困惑和沮丧，他两次在日记中写道："难题仍然在于发现护航船队。"他依旧将船队情报缺乏的原因归咎为潜艇数量的短缺。他写道："只有当潜艇的数量足够多，并且有更多潜艇可以固定在某些海域执行巡逻任务之后，情况才会变得更加有利。"他不时地调动潜艇位置，形成暂时的巡逻线，然后解散，再在其他海域组织新的巡逻线。但是英军都非常巧妙地识破了他的意图，德军的任何措施都没有起到什么作用。

7月22日，德军收到了第三份船队报告，意大利潜艇"巴巴里高"（Barbarigo）号发现了一支船队，"巴巴里高"号引导"巴格诺里尼"（Bagnolini）号进行了攻击，只有"巴巴里高"号击沉英国油轮"喇叭壳"（Horn Shell）号。邓尼茨调集弗里敦之行被迫取消的4艘潜艇前往截击，其中U-109号正在西班牙的德国补给船"塔利阿"（Thalia）号上进行紧急修理而无法赶去，于是邓尼茨命令由U-203号接替，因为此时U-203号正好因为搜寻另1艘船而驶往了南部海域。然而英军迅速改变了航向，因此德军潜艇都没能发现船队。

7月25日，德军获得了第四份船队报告，1架"秃鹰"飞机报告在英吉利海峡正西方大约650公里处发现一支船队，这是一支合并

■ U-203号潜艇正在水下行驶，鱼雷舱内一片繁忙。

而成的直布罗陀-塞拉里昂护航船队，代号为OG-69船队，船队共26艘船，由9艘驱潜快艇和1艘武装拖网渔船护航。邓尼茨指挥8艘潜艇向这支船队发起攻击，U-79号和U-126号首先赶到了指定位置，但都没有发现船队。于是邓尼茨就指挥8艘潜艇分别向南方和西南方搜寻。第二天早上，1架“秃鹰”飞机发现了船队，6艘潜艇接收到了飞机的船队位置报告，奇怪的是多艘潜艇距离船队位置都非常近，但是都没有发现船队。当晚，另1架“秃鹰”飞机搜索目标海域，没有发现任何踪迹。邓尼茨正打算让潜艇停止追击时，U-68号潜艇报告发现了船队，邓尼茨指挥U-68号继续追踪船队并不断发送船队位置。此时船队正准备一分为二，其中驶往塞拉里昂的一半船只将没有任何护航力量，而9艘驱潜快艇中的2艘将留在此处，等待加入驶往英国的直布罗陀船队。

午夜时分，另外3艘潜艇U-79号、U-126号和U-203号与U-68号会合，U-68号遭到1艘驱潜快艇的攻击，为躲避攻击而与船队失去联系，只好由U-79号或U-203号来攻击了，U-79号击沉1艘2500吨的英国货船，U-203号击沉1艘1500吨的英国货船（与北大西洋的护航船队不同，直布罗陀船队的船只一般都比较小，这非常容易诱导艇长夸大战绩）。

驱潜快艇发起了反击，“杜鹃花”（Rhododendron）号投下了24枚深水炸弹，“向日葵”（Sunflower）号和“海绿花”（Pimpernel）号向另一艘潜艇发起了联合进攻，总共投下了22枚深水炸弹。这些反击，再加上其他驱潜快艇的防御性行动，将潜艇击退了，船队当晚没有再遭攻击。

7月27日白天，U-126号继续追踪船队并发出位置报告，引导其他潜艇陆续发现了船队。黄昏时分，邓尼茨授权一直执行追踪任务的U-126号可以攻击船队，并指示：“距离护航船队较近的潜艇可以利用一切时机向船队发起进攻。如果暂时没有恰当时机，那么尝试着在凌晨两点以后同时发起进攻。分散护航力量。护航力量可能比前天晚上弱一些。要不间断地发送船队位置。要引导其他潜艇赶到，同时要各自积极地发起进攻，奋力追击！”

U-126号在午夜时从水上向船队靠近并发射了6枚鱼雷，击沉2艘货船。而船队终于解散了，U-68号和U-561号向附近船只发起了攻击，U-68号声称击沉1艘驱潜快艇，而实际当晚驱潜快艇并没有损失。U-561号击沉1艘1900吨的英国货船。

到7月28日晚上，最初驶往直布罗陀的13艘船中的5艘组成了一支松散的船队，由5艘驱潜快艇和1架PBY护航。3艘潜艇仍然在追踪船队，PBY和2艘驱潜快艇对船队后方进行了彻底扫荡，击退了2艘潜艇。只有U-203号还在继续追击，并于傍晚时分发起了第二轮进攻，击沉2艘小型货船。驱潜快艇进行了猛烈反击，最后每艘快艇都只剩下3枚深水炸弹，U-203号没有遭受明显损伤就逃走了。向OG-69船队发起攻击的6艘潜艇都对他们的战绩进行了吹嘘，受此误导，邓尼茨认为他们进行了一次“激烈的护航队大战”。潜艇报告总共击沉18艘船，共计108000吨，此外还有1艘驱逐舰和1艘驱潜快艇。柏林在此基础上再进行了夸大宣传，声称击沉24艘船共计140500吨，外加1艘驱逐舰和1艘驱潜快艇。实际只击沉了9艘共计25300吨，而且没有1艘护航舰被击沉。

7月412艘满载商船以护航船队的形式，从加拿大驶往了英国。值得注意的是，其中没有任何1艘船被击沉。美国占领冰岛一事可能会导致轴心国的报复行动，于是为了躲避可能的袭击，HX-135船队选择了南部更远的航线，HX-136船队中包括第一艘弹射飞机船（即CAM，装有战斗机弹射器，可弹射起飞战斗机）。7月中旬，HX-138船队和SL-37船队进行了试航，穿过圣劳伦斯海湾（Gulf of St.Lawrence），经过丽人岛海峡（Strait of Belle Island）驶入大西洋，由此驶往法韦尔角（Cape Farewell），然后沿着冰封的格陵兰东海岸向北行驶。这些船队航行期间出现过浓雾天气，并遇到过一些流冰群，不可避免地发生了一些碰撞事件。

北大西洋航线上反方向的船队运输也比较繁忙，但运行比较顺利。总共11支OB船队，包括536艘船从英国出航。只有U-98号击

■ 一艘运输船被德军潜艇击中冒起滚滚浓烟。

沉了OB-341船队的两艘空载货船共计10800吨，1架“秃鹰”飞机炸伤了OB-346船队的1艘货船。

7月总共有超过1000艘，大约500万吨，以东向或西向护航船队的形式经过了北大西洋航线，德国潜艇几乎没有给它们造成任何损失。7月底，英军为OB船队制定了一个新的命名系统。继OB-346船队之后，所有最终驶往西印度群岛、拉丁美洲或是西非的护航船队都被称为南方外航船队（Outbound South，OS）。7月26日，U-141号在北海峡附近攻击了OS-1船队的2艘空载货船，其中1艘沉没。继OB-349号船队之后，所有驶往加拿大和美国东海岸的船队都被称为北方外航船队（Outbound North，ON）。奇数编号的全都是慢速船队，偶数编号的船队则是快速船队。

在7月间，英国海军首次在“廓尔喀人”号和“长矛”号驱逐舰上安装了经过改进的FH3型高频测向仪。其实早在战争初期，英国就建成了地面无线电测向站，用以侦听潜艇的无线电讯号。到1942年，英国已在设得兰群岛、兰兹角、直布罗陀、亚森欣岛、弗里

■ 1941年7月间，英国海军首次在“廓尔喀人”号和“长矛”号驱逐舰上安装了经过改进的FH3型高频测向仪。

敦、冰岛、纽芬兰、百慕大群岛等地都设立了测向站。所有这些测向站截获的无线电讯号方位都迅速汇总到英国海军设在斯卡伯勒的测向总站，再转给英国海军部作战情报中心潜艇跟踪室，最后由彼得·肯普预备役海军少校领导的标绘小组将这些讯息标示在一张巨大的大西洋海图上，只要有三个以上的测向讯号汇聚在同一点，就能基本确定一艘德国潜艇的位置了。在密码破译无法提供德军潜艇方位的时候，高频测向获得的情报就是英国海军所能掌握的关于德军潜艇的最为可靠的情报了。

8月征战

继6月下旬对HX-133船队展开攻击之后，整整一个月，U艇只获得了很少的船队情报，7月下旬对OG-69船队的攻击是惟一值得称道的胜利。即使如此，邓尼茨也还是继续把潜艇调往东部和东南部更远海域、伊比利亚半岛和加那利群岛附近海域。

8月1日，潜艇被分成了3个集群：主群包括12艘潜艇，分布于爱尔兰和英吉利海峡以西；一个分群4艘潜艇在直布罗陀海峡的正西；另一个分群4艘潜艇（就是此前弗里敦之行被取消的4艘），分布于加那利群岛西部海域，这个分群得到授权，遇到紧急情况时，可以秘密驶往西班牙海港卡迪兹（Cadiz）。U-331号在追击GB-69船队时，消耗太多燃料后就从卡迪兹获得了补给。

8月2日，U-204号报告，在布勒斯特正西方大约800公里处发现一支船队。邓尼茨指挥U-204号继续追踪，同时调集了“秃鹰”飞机并将潜艇主群中的另外11艘潜艇派往了那一海域。被发现的正是SL-81船队，包括17艘船只，护航舰得到了直布罗陀小分队的加强，力量非常强大：3艘驱逐舰、1艘弹射飞机船和9艘驱潜快艇。

8月3日，“秃鹰”飞机和潜艇都向船队靠拢。弹射飞机船“马普林”号弹射起飞由埃弗雷特（R.H.W.Everett）驾驶的战斗机，埃弗雷特是一位非常著名的英国飞行员，他从后方靠近1架“秃鹰”飞机，猛烈开火将其击落。这是第一 架被弹射飞机船上的战斗机击沉的德军飞机，埃弗雷特在驱逐舰“漫步者”号附近迫降后，被驱逐舰派出的救生艇打捞了上来，埃弗雷特因此获得了杰出贡献勋章（DSO）。——为了在大西洋中部无法得到岸基航空兵支援海域的运输船队提供空中掩护，英国海军创造性地开始在一些运输船上配备一至两架“海飓风”战斗机（即“飓风”战斗机的舰载型），并在船上安装飞机起飞平台和弹射器，一旦发现有德军潜艇活动的迹象，就弹射起飞，进行反潜巡逻或实施对潜攻击，压制并迫使潜艇下潜，从而掩护船队迅速转变航向，及时规避德军潜艇的攻击，或是抗击德军飞机的侦察和轰炸。而这些飞机燃料耗尽之后就只能在海面上追降，由护航舰负责救起落水飞行员，飞机就只好任其沉入海中。这种战术每实施一次就消耗一架飞机，代价相当大，但如果没有这样的空中掩护，船队遭到的损失势必更大，相比而言还是合算的，执行这种任务的飞行员每次都要在海上追降，不但要求具备高超的飞行技术，更需要具有过人的无畏勇气！

U-401号是首批与U-204号会合的潜艇之一，4月10日刚刚服役，7月9日才离开特隆赫姆开始了首次大西洋之行。“漫步者”号、

■ 反映1941年8月3日埃弗雷特上尉驾驶Z4867号海飓风战斗机从FCS船“马普林”号上弹射起飞的美术作品。

■ 已安装在CAM船弹射器上的海飓风战斗机。

“圣阿尔班斯”号驱逐舰以及“绣球”号驱潜快艇通过声呐探测到了U-401号，立即展开猛烈攻击，将其一举击沉，全体艇员丧生。

8月3日晚，10艘潜艇已向SL-81船队发起了集群攻击，其中多数潜艇都是新艇，都是首次或第二次出航。邓尼茨并不知道此时U-401号已经沉没，而且对于船队强大的护航力量也一无所知，他向各艇下达命令：“今晚非常重要。继续前进，发起攻击！你们不仅有数量上的优势，而且力量也比敌军强大得多。”然而当晚是个月明之夜，护航舰数量也非常多，潜艇并没有机会发起进攻，U-565号险些被击沉，最后带伤返航。

8月4日白天，潜艇和飞机继续追踪船队，船队到达距离爱尔兰西海岸非常近的海域，已经处于岸基飞机的航程之内了。此时，U-431号因柴油机故障被迫返航。当晚明亮的月光下，依然坚持追踪船队的潜艇还有6艘，其中只有4艘最终突破护航舰的警戒圈向船队发起了攻击，U-372号击沉2艘英国货船共计8300吨。英国货船“沃尔特罗”（Volturo）号的火炮猛烈射击迫使U-372号潜入水下，“百日菊”（Zinnia）号驱潜快艇也赶来攻击，但被U-372号逃脱了。接着U-204号发起攻击，击沉2艘击伤1艘。U-75号随后发起攻击，击沉英国船“罗德尼海角”（Cape Rodney）号。最后发起进攻的U-74号，击沉英国货船“哈林根”（Harlingen）号。

黎明时分，反潜飞机出现在了船队上空，却遭到己方防空火力的“友好”攻击，1架飞机发现了1艘潜艇并投下了2枚230公斤深水炸弹，没有给潜艇造成明显损伤。鉴于船队距离爱尔兰海岸已经非常近了，潜艇被迫停止攻击，总共击沉6艘共计24500吨，此外还可能击伤4艘船。考虑到参战潜艇多是新手，战斗经验非常贫乏，船队护航力量又非常强大，月光也不利，能取得这样的战果邓尼茨已相当满意。

8月5日邓尼茨决定恢复冰岛和西部大道的潜艇战，因为B机关破译的英军密码显示，英军认为数周以来，已经没有任何潜艇在那些海域了，因此派往那一海域的潜艇或许可以出其不意地取得战果。而且8月将有14艘新潜艇出航，这就使在大西洋上的远洋潜艇数量将超过60艘，这个数目是个新纪录，如此数量的潜艇可以同时覆盖几个潜猎区域。已经或将要到海上巡航的潜艇被分成三个比较松散的小群：北部群位于冰岛附近；中部群位于苏格兰和爱尔兰以西；南部群位于直布罗陀海峡附近。英国的密码破译者们非常敏锐地发现了这一调动，对于新成立的北部群尤为关心，因为此时丘吉尔正乘坐“威尔士亲王”（Prince of Wales）号战列舰前往纽芬兰，很有可能会受到北部群的威胁。丘吉尔此行是为了与美国总统罗斯福在纽芬兰的阿根夏举行首脑会晤，批准了1月两国参谋长

■ 被德军潜艇击沉的运输船。

会议达成的协议。美国海军则根据这一协议制定了大西洋护航计划表，承担起纽芬兰至冰岛之间的护航责任，具体是美军驻冰岛的护航舰艇前往纽芬兰附近的海上会合点接替加拿大海军的护航军舰，然后再护送从北美开往英国的船队直至下一个海上会合点，交给英国海军，同时接受从英国返回北美的空载船队，将其护送回冰岛。

最初，北部群仅仅由冰岛附近2艘潜艇组成，其中的U-501号于8月11日在冰岛正南方大约110公里处发现了ON-5船队，英国海军潜艇监视处已经获得了德军潜艇重返冰岛海域的情报，U-501号的无线电报告进一步验证了这一信息的正确性。U-501号随即被护航舰和反潜飞机击退，但是8月12日，U-568号又赶上了船队并发起了攻击，击沉了驱潜快艇“花边香石竹”（Picotee）号，其他几艘护航舰向U-568号发起了反击，迫使其下潜，直到船队安全离开。“花边香石竹”号是近一年里，被潜艇击沉的第一艘英国军舰。

当天晚些时候，北部群的另外2艘潜艇U-206号和U-129号分别报告说发现有船队驶过冰岛南部海域。邓尼茨立即调集附近海域潜艇向发现的船队靠拢。

攻击ON-5船队的可能性促使邓尼茨决定将中部群调往了西北部更远处海域。根据他的命令，8月13日，整个中部群的12艘潜艇都加入到了追击行列，全速向格陵兰岛方向驶去。不知不觉之中，已经有18艘潜艇直接向着“威尔士亲王”号的航线驶去。此时“威尔士亲王”号正在由纽芬兰返回冰岛的途中，2艘美国驱逐舰为其掩护。通过密码破译了解到潜艇已对“威尔士亲王”号构成了威胁后，英国海军以及战列舰和驱逐舰上的官兵们，都度过了一个不眠之夜。但是在回忆录中，丘吉尔对此事只是轻描淡写地一笔带过，“（冰岛之行）非常平安，只是由于收到了一份警报，说潜艇就在附近，而被迫改变航向。”

这18艘潜艇对ON-5船队的长距离追击并没有带来任何结果，U-129号与船队失去接触后，其他潜艇既没发现船队，也都没有发现“威尔士亲王”号。8月16日“威尔士亲王”号安全抵达冰岛，第二天在1艘英国驱逐舰掩护下安全回到斯卡帕湾。由于潜艇监视处对护航船队的巧妙调动，接下来的18天里，德军潜艇仅击沉了1艘1700吨的巴拿马货船。

北部海域潜艇徒劳追击期间，德军收到了一份来自间谍的报告，说有一支大规模的船队由直布罗陀驶向了英国。邓尼茨要求南部群的潜艇加强搜寻，并派出了“秃鹰”飞机前往搜索。8月10日下午，南部群的U-79号终于发现了这支船队，即OG-70船队。邓尼茨要求U-79号继续追踪船队并报告位置引导其他潜艇和飞机。但是这支船队的护航力量非常强大，还有反潜飞机，U-79号很快就被赶到了水下。

接到报告后，在加那利群岛以西，中止

■1941年7月丘吉尔乘坐战列舰“威尔士亲王”号前往阿根夏参加大西洋会议，这是途中该舰与东行的HX-143船队相遇时的情形。

■ 德军潜艇的瞭望站在指挥塔上搜索运输船。

弗里敦之行的4艘潜艇全速驶来。8月11日早上，4艘潜艇之一的U-93号发现了船队，发出位置报告后，船队转向北方，1架反潜飞机向U-93号实施了攻击，将其击伤迫使其不得不返回法国。但是U-93号的报告帮助U-79号重新掌握了船队位置，并促使U-94号发现了船队。但护航舰将这2艘潜艇都击退了，U-331号也发现了船队，同样遭到护航舰的多次攻击，最终由于机械故障被迫返航。

此时U-123号刚刚结束漫长而战绩甚微的弗里敦之行，返航途中刚好经过伊比利亚半岛。邓尼茨命令其参加对OG-70船队的攻击，根据飞机的准确位置报告，U-123号于8月12日晚些时候发现了船队，但遭到护航舰126枚深水炸弹的连续攻击，深水炸弹的近距离爆炸产生的冲击波使U-123号2个柴油机无法工作，被迫返回洛里昂。

U-109号和U-124号随后也发现了船队，但也都被护航飞机和军舰驱走，U-109号出现了柴油泄漏，被迫返回洛里昂，这也是潜艇首次1枚鱼雷没发射就返回基地。U-124号一直没能找到合适的攻击位置，经过了五天五夜后，最终放弃了追击，也带着所有鱼雷返回了洛里昂。

邓尼茨连续接到潜艇的失败报告之后，尤其是考虑到其中多数都是战斗经验非常丰富的艇长，他感到非常困惑和不安，在日记中分析潜艇攻击船队所遭遇到的困难时，他推测护航舰安装了某种“水上定位装置”，因此他下达了一个新命令：“所有潜艇首先攻击护航舰，而且要连续射击至少2枚鱼雷，不要吝惜鱼雷。”然而，还是没有1艘潜艇能有机会向OG-70船队发起攻击。最终邓尼茨于8月15日下令停止追击，这次行动糟糕透顶，

■ U-124号继任艇长约翰·摩尔。

包括4位骑士十字勋章获得者所指挥的潜艇在内，所有发现船队的潜艇都没能进行一次鱼雷攻击，却有4艘潜艇由于战伤或机械故障被迫返航。最失望的莫过于4位骑士十字勋章获得者指挥的潜艇了，由于补给船的损失，他们的弗里敦之行被取消后，就一直在加那利群岛以西执行巡逻任务，然后参与了对OG-70船队的攻击。在大约五周的巡航时间里，这些王牌艇长居然没能发射1枚鱼雷！回到法国后，4位王牌艇长中的3位都被调离艇长岗位，U-93号的考特被邓尼茨认为斗志衰败，被派到潜艇培训学校工作。U-94号的库佩什据说患上了神经过敏症，被调到潜艇部队总部。U-124号的舒尔茨则被提升为第六舰队（6th Combat Flotilla）的司令。

8月17日，在停止对OG-70船队的追击之后仅仅几个小时，就有1架“秃鹰”飞机报告，在爱尔兰以西约400公里处发现了一支船队，这是OG-71船队，由英国第5护航小组护航。8月13日中部群就分布在这一海域，但是邓尼茨为追击ON-5船队已经将中部群调往了西北方向，这样附近海域的潜艇力量就非常薄弱了。U-201号发现了船队并发出船队位置报告，虽然很快被护航舰击退，但第二天，“秃鹰”飞机根据U-201号报告的位置，重新找到了船队并引导其他几艘潜艇赶来。

根据邓尼茨下达的最新命令中首先攻击护航舰的指示，U-204号向“巴斯”（Bath）号驱逐舰发起了攻击，并将其击沉，之后由于燃料耗尽，U-204号只得返回法国。紧接着U-559号发起了攻击，击沉1艘英国货船。U-201号也击沉了2艘英国货船。

英军开始采取紧急措施支持OG-71船队，原来为军用护航船队WS10X护航的“廓尔喀II”（Gurkha II）号和“兰斯”（Lance）号驱逐舰都加入到OG-71船队的护航中，他们装配的无线电探测定位装置高频测向仪使得护航力量得到了进一步增强。直布罗陀基地的PBY和“桑德兰”飞机也都赶来了。“秃鹰”飞机继续追踪船队并不断发送船队位置报告，但是8月19日到20日夜里，潜艇都没能穿过护航舰的警戒圈。只有U-201号和U-564号还在继续追击，8月22日到23日

■ U-552号潜艇返航时指挥塔上挂满了表示击沉运输船吨位的三角旗，艇员们也都是喜笑颜开。

夜里，它们向船队发起了第二轮进攻，U-201号击沉两艘船，U-564号发射了11枚鱼雷，击沉了驱潜快艇“百日菊”号，击伤两艘货船，后全部因伤势过重而被遗弃。

邓尼茨指挥另外4艘潜艇参加攻击，但U-552号因柴油机故障被迫返回圣纳泽尔港，另外3艘潜艇继续追击，均被护航舰击退。

根据潜艇发回的报告，邓尼茨认为他们又进行了一场激烈的护航队大战。5艘潜艇声称击沉15艘共计90000吨，实际总共击沉了8艘小船（总共14000吨）和驱逐舰、驱潜快艇各1艘。U-201号艇长阿达尔伯特·史内获得了骑士十字勋章，根据战后的资料，史内获得勋章时，他的总战绩不过只有20000吨。但是面临强大的护航舰而毫不畏惧，仍然顽强追踪船队的表现，以及对战绩的严重夸大，为他赢得了这枚勋章。1941年8月到10月，史内是惟一获得骑士十字勋章的艇长，这也充分反映了当年夏天潜艇的战绩非常低下。8月同样也是U艇的低潮期，只击沉运输船23艘，总吨位仅8万吨，还有最大的灾难——U-570号被俘。

U-570号

8月23日，邓尼茨对中部群进行了重组，U-141号和U-143号在北海峡附近侦察，一旦发现船队就立即报告群内的7艘远洋潜艇，其中的U-69号艇长麦茨勒因病只得由大副指挥返回圣纳泽尔。U-557号于8月26日发现OS-4船队，邓尼茨立即调集7艘潜艇协同U-557号攻击OS-4船队，在格陵兰岛和冰岛海域执行巡逻任务的另外7艘潜艇则分别向东南方和南方展开，组成一个新的中部群。

追击OS-4船队的8艘潜艇遇到了狂风肆虐的恶劣天气，邓尼茨只好下令只要有机会，可以随时发起攻击。8月27日凌晨，U-557号攻击了船队，击沉4艘货船20400吨，其他7艘潜艇只有U-558号击沉1艘10300吨的英国船。

就在攻击OS-4船队时，B机关报告一支船队正驶过冰岛以南海域，此时冰岛附近已遍布英美两国的海空军部队，反潜飞机不顾恶劣天气每天都出动30到50架次，而且希特勒严禁攻击任何美国军舰的命令仍然有效。尽管邓尼茨也知道冰岛海域非常危险，但还是决定全力截击这一支船队。新组成中部群的7艘潜艇改变航向赶往冰岛以南，格陵兰群的9艘潜艇分散向东方和东北方搜寻船队，总共将有16艘潜艇参加此次攻击。

德军不知道的是，当时正有三支东向护航船队，总共超过100艘船只，彼此相距很近地正依次经过冰岛南部海域。最前面的是HX-144船队，紧接着是SL-40船队，最后是HX-145船队。潜艇监视处的罗杰·温通过密码破译了解到德军潜艇的调动后，改变了三支护航船队的航向。岸防司令部的飞机也全体出动进行掩护。8月25日，第209空军中队爱德华·A.杰维斯（Edward A.Jewiss）驾驶的1架PBY发现了正在水面上的U-452号，PBY连续投下了4枚200公斤的浅定深深水炸弹，其中2枚分别在潜艇艇首两侧非常近的位置爆炸了，使其艇尾上翘，然后对潜艇进行扫射。“瓦斯卡玛”（Vascama）号反潜拖网渔船也急速赶来，投下了20枚深水炸弹，海面浮起了许多“木头碎屑”，此后就再无动

■ U-69号潜艇从圣纳泽尔港出发，但不久就因艇长生病而返航。

静——潜艇被击沉了！

5月15日刚刚服役的新潜艇U-570号也在搜寻船队，全艇43名艇员中只有5人此前曾参加过战斗巡航，艇长汉斯·拉姆隆（Hans Rahmlow）曾担任过U-58号艇长，但其驾驶技术显然还很生疏，在训练时就曾为躲避英军飞机的攻击而撞到了海底，造成了很大损伤，以至于8月24日出航时状况依然非常糟糕：柴油机没有得到适当修整，压气机坏了，电池没安牢，头舱的4枚备用鱼雷没有得到妥善安置，一个艇首鱼雷管还出现了漏洞，水下测声仪也有故障。潜艇驶到开阔海域之后，很多艇员都严重晕船，大量呕吐物的异味使舱内空气非常浑浊。8月27日U-570号在冰岛以南大约130公里处占据了一个比较理想的截击位置，由于水下测声仪已经无法使用了，只能依靠目视搜寻船队，因此U-570号一直浮在水面上。为了暂时缓解艇员的晕船症状，8时拉姆隆把潜艇潜到了约30米深处，并在那里停留了两个半小时。到10时50分，潜艇上浮到了潜望镜深度，观察海面情况，却忽略了空中的飞机，当潜艇浮上水面，还没发动柴油机，就听到了飞机的引擎声，于是潜艇急速下潜。——这是岸防司令部第269中队驻冰岛卡尔达达尼斯（Kaldadarnes）的1架“哈德逊”飞机，由詹

■正在基地检修的U-570号潜艇。

姆斯·H.汤普森（James H.Thompson）驾驶，U-570号刚浮上水面，就被飞机上的ASV雷达发现了，然后就飞到潜艇下潜处连续投下4枚定深为15米的115公斤深水炸弹，其中2枚分别在艇首左右两侧爆炸了。爆炸给U-570号造成了非常严重的影响，潜艇剧烈地起伏晃动，几乎都要反转过来了，照明全部熄灭，控制室的标度盘和测深仪也都被炸毁了。这使毫无经验而又饱受晕船折磨的艇员们陷入了极度的恐慌中，有人传言说艇尾进水，海水与电池反应产生了氯气，这使艇尾的艇员恐慌地冲到了控制室，还有人把控制室舱盖关紧，并将通风系统堵塞了，将潜艇的后半部完全隔绝开。拉姆隆试图继续下潜，但由于深水炸弹爆炸将电线接头和保险丝都震坏了，艇尾也没人进行修理，潜艇也就没有继续下潜。实际上此时对于U-570号来说，飞机的威胁并不大，因为飞机已经投完了所携带的全部深水炸弹，以后只能进行机炮扫射了，这对潜艇的威胁就很有限了。如果艇员的经验丰富，完全可以应付这一局面，但此时U-570号的艇员已经崩溃了，艇长拉姆隆也被恐慌气氛所感染，对产生氯气的谣言信以为真，下令艇员带好逃生器具，爬到指挥塔上，准备弃艇。

当艇员把埃尼格码密码机和秘密文件扔下海，涌上甲板准备跳海逃生时，飞行员汤普森还以为艇员准备用甲板炮射击，立即

■ 反映英军俘获U-570号潜艇的海报。

对潜艇进行猛烈扫射，令汤普森大为惊讶的是，一个艇员拼命挥舞一件白衬衣——很明显，这是投降信号！于是他停止射击，在潜艇上空警惕地盘旋，同时用无线电报告情况请求支持。第269空军中队另1架“哈德逊”飞机收到信号后很快飞来，飞行员休·埃克尔斯（Hugh Eccles）拍摄了潜艇的照片并严密监视，第209中队的一架PBY也赶来了，这架飞机的飞行员就是两天前击沉U-452号潜艇的爱德华·杰维斯，他的飞机此时满载深水炸弹，围着潜艇盘旋，一旦U-570号准备下潜，就准备进行深水炸弹攻击。此时拉姆隆根本不想下潜，因为他认为氯气已经使潜艇完全丧失了下潜的希望，此时他只想等飞机燃料耗尽而被迫离开，或者天黑后在其他潜艇的支持下逃离。因此他匆匆忙忙地向邓尼茨

发送了一条简短的无线电：“潜艇已不能下潜。遭到飞机攻击。”邓尼茨立即指挥附近所有潜艇提供支持，其中距离最近的U-82号却明确表示难以接近U-570号，因为敌方空中巡逻非常严密。

英军也同时截获并破译了拉姆隆发给邓尼茨的电报，感到非常震惊，这是一个捕获潜艇的绝好机会，海军上将珀西·诺贝尔立即组织了一支由两艘驱逐舰和4艘反潜拖网渔船组成的小型舰队火速驶向U-570号，距离U-570号最近的就是“北部首领”号拖网渔船，给该船的命令是：“不惜一切代价阻止潜艇自沉！”

汤普森的飞机燃料耗尽而返回了卡尔达达尼斯的基地，尽管飞机着陆时冲到了沼泽地里而报废，但机组人员都没受伤。后来，乔治国王亲自在白金汉宫为汤普森和副驾驶员兼导航员克尔曼颁发了卓越飞行十字勋章（Distinguished Flying Cross）。

晚上10时，“北部首领”号赶到了，此时正在下雨，天色也已全黑了，能见度非常低。杰维斯的PBY和陆续赶来的其他几架飞机在潜艇上方盘旋，不断发出闪光信号以引导舰艇赶来。船长奈特用灯光信号要求U-570号发出白色亮光，并警告“如果你们试图将潜艇炸毁的话，我们将不会营救你们之中的

■英军使用PBY“卡塔林那”远程水上飞机遂行反潜巡逻使命，在俘虏U-570的战斗中航程巨大的PBY也发挥了重要作用。

任何人，而且将向你们的救生艇开火。”拉姆隆回答：“我们不会弃船，也不会把它炸毁。请求你们明天可以营救我们。”夜间天气更加恶劣，风大浪急，波涛汹涌，U-570号在风浪中不停地起伏颠簸，艇员们苦不堪言。“北部首领”号利用无线电和探照灯引导其他舰艇赶来，这时杰维斯的PBY已经飞行16个小时（在U-570号上方盘旋了13个小时），不得不飞回冰岛。

驱逐舰“博韦尔”号舰长S.R.J.伍兹（S.R.J.Woods）也是这支小舰队的司令，他判断U-570号由于某种原因，既不能下潜，又不能启动柴油机，否则它早就可以从飞机的监控下逃走，同时很明显，U-570号艇员并不像传说中的那般勇敢，他们并没有试图反抗，显然已经放弃了战斗，而且渴望得到救援。但是如果带他们离开潜艇的话，他们肯定会将其炸毁。潜艇监视处完全同意伍兹的看法，要求在将U-570号拖到冰岛之前，艇员们都要作为人质留在潜艇上，如果他们将潜艇自行炸毁的话，英军不仅不会提供救援，还要进行严厉的惩罚。

天刚亮，伍兹就开始实施他的计划，其他舰艇在附近警戒，伍兹凭借信号灯开始与拉姆隆对话。拉姆隆坚持表示潜艇正在下沉，要求立即得到救援。尽管潜艇的位置比较低，而且艇尾也有些下沉，但伍兹并不相信拉姆隆的话，要求潜艇将一半艇员派到舱内，向沉浮箱里充气。不得将任何文件和书籍扔到海里。不得将潜艇自行炸毁。否则将不会得到救援。然后伍兹试图将一条拖绳系到潜艇上，但是海面风浪太大，而且德军并不合作，因此没有成功。这时，1架“诺思罗普”（Northrop）水上飞机赶来了，求战欲望极其高昂的飞行员不仅向U-570号投下2枚深水炸弹，还错误地向“北部首领”号发起了攻击，伍兹通过无线电与飞行员取得了联系，心平气和地解释了目前的情况。水上飞机的攻击再次引起了U-570号艇员的恐慌，开始变得非常合作，甚至同意协助英军将拖绳系在潜艇上。伍兹将一条大麻绳扔到潜艇，但是试图将一条钢缆伸过去时，麻绳却断了。伍兹怀疑这是德国人的蓄意破坏，认为应该给点颜色看看了，于是指挥机枪手向潜艇上方进行扫射，伍兹本意是警告射击，所以命令向潜艇上方开火，但由于风浪驱逐舰和潜艇之间的位置不停变动，结果子弹打在了指挥塔上，打伤了5个艇员——扫射产生了预期的效果，德军开始认真地合作，一些艇员回到舱内向沉浮箱和燃料箱充气，使潜艇升到了水上最大高度。然后拉姆隆向伍兹询问：“可带走我们的伤员么？”伍兹回答说“可以。”他两次试图让一艘系绳索的救生艇漂浮到U-570号附近，但是海面波涛还是非常凶猛，两次努力都以失败告终。因此伍兹决定让“金斯敦·阿加赛”号拖网渔船做第三

■ 英军将俘获的U-570号潜艇开回冰岛，受到了热烈的欢迎。

■ U-570号潜艇侧视图。

次尝试。

拖网渔船的船长莱斯琴奇非常清楚这一行动的重要意义，他首先派遣一个4人跳帮组向U-570号靠近，跳帮组队员登上系有绳索的救生艇后拽着大缆向U-570号漂浮过去。在德军的帮助下，跳帮组登上了U-570号，德军向跳帮组组长坎贝尔强调说，艇尾已经进水，里面全都是氯气，并且正在下沉。跳帮组的其他队员忙着向U-570号系上大缆绳时，坎贝尔就进到舱内搜寻埃尼格码，但没有发现任何有价值的数据，他小心翼翼地打开了控制室的舱盖，看到海水已经淹没了轮机舱，并闻到了氯气的味道，所以就报告潜艇正在下沉。

此时伍兹的人质计划遭到了破坏，首先离开潜艇的还有潜艇上的军官，包括拉姆隆、大副伯恩哈德·贝尔特和工程师埃里克·门森尔，加上5个伤员，“金斯敦·阿加赛”号总共带走了12个艇员。潜艇上3名最高级军官离艇的原因至今仍不清楚，可能“金斯敦·阿加赛”号并不太了解人质计划，这一行为打乱了整个计划，险些丧失了捕获潜艇的机会，因为可以保证U-570号平稳航行的三名最重要军官都已经离开了潜艇。

这时加拿大驱逐舰“尼亚加拉河”号驶到U-570号艇尾，向潜艇抛出了绳索，艇员非常合作地把救生艇拉到了潜艇附近，然后救生艇将其余艇员全部带到驱逐舰上，加拿大士兵把这些俘虏的衣物和文件全都带走了，然后为他们提供了干衣服和食物。“金斯敦·阿加赛”号上的跳帮组已经将拖绳系到潜艇指挥塔舱口盖附近，然后就返回了。他们认为不大可能将潜艇拖回冰岛，但还是必须要试一试。伍兹同意两艘拖网渔船执行其他任务，由余下的两艘驱逐舰和两艘拖网渔船在飞机掩护下拖带潜艇向冰岛驶去。

8月29日黎明，U-570号虽然艇首有些下沉，但并没有沉没。拖带潜艇的“北方首领”号船长奈特在航海日志上写道：“海上风平浪静。从船尾处拖着潜艇以6节速度前进。”由于此时天气好转，风平浪静，奈特认为他们完全可以抵达雷克雅未克，但是伍兹对此表示怀疑，并指挥奈特驶向最近的港口托拉克萨芬（Thorlakshafn）。8月29日19

时，U-570号在海滩搁浅，随后两艘拖船赶来了，将潜艇拖进港。

捕获U-570号实在是非常幸运的，接下来的几天里，英军登上U-570号，他们发现潜艇内部充斥着呕吐物、粪便、食物、柴油以及海水混杂在一起的令人恶心的气味。德国士兵已经把鱼雷数据记录、陀螺仪和水下测声仪的控制台全部捣毁，然而，除去耐压壳和箱体上的一些小的损伤外，潜艇的整体结构依然完好。专家们认为，潜艇此前并没有进水，也没有沉没的危险，并对艇尾产生氯气的说法也非常怀疑。

英国潜艇艇长乔治R.科尔文（George R.Colvin）以及一批潜艇艇员被派往冰岛操纵U-570号。在对潜艇进行必要维修后，科尔文在护航舰的严密保护下，将潜艇驶到了英格兰西北部海岸的巴洛因弗内斯（Barrow-in-Furness）。接下来，英军对U-570号进行了全面测试，对潜艇性能进行精确的分析，其中一些数据对于盟军的反潜部队来说，具有非常重要的意义。

英美对VII型潜艇的许多特性都印象深刻。其中最主要的一点就是指挥塔内攻击用潜望镜的可旋转底座，“这是每一个艇长梦寐以求的设计”（对U-570号进行检测的潜艇工程师要求英国仿造这种底座，但是战争期间，这个要求并没有得以实施）。其他优点如舰楼内的火控系统（UZO）、水下测声仪（VII型潜艇的测声装置包括非常灵敏的多单元水下测声仪，由艇首部分左右舷排成一列的48个传感器组成，潜艇之间可以相互联系的水下电话；分别在浅水和深水条件下使用的音响测声仪，试验性的测雷装置，探测范围约为450米，但这个装置已经遭到了破坏。没有探测声呐的震动传动装置。其综合性能比英军的水下测声仪强六倍），耐压壳的厚度设计（船体中部大约2.2公分，艇首和艇尾大约1.25公分），使用的焊接方法也非常先进。主要缺陷是完全忽略了艇员的居住条件和舒适程度，这点甚至达到了骇人听闻的程度——空间极度拥挤，床位短缺，淡水和食物短缺，没有专门的生活场所，等等，此外为电池组准备的蒸馏水也不足。

丘吉尔想方设法来扩大U-570号事件的影响，他首先计划把潜艇送到美国接受维修。美国非常愿意，甚至可以说是迫切希望，派遣美军操纵U-570号，但是英国海军拒绝了这一要求（英军为美军提供了1枚从U-570号上获得的G7a空气动力鱼雷，还提供了性能测试所获得的全部信息）。丘吉尔的第二个计划就是将潜艇交给操纵1艘不能继续服役的潜艇抵达埃及亚历山大港的南斯拉夫艇员，但英国海军认为，在拒绝了美军的请求之后，将潜艇交给南斯拉夫，可能会造成不良的政治影响。最后，U-570号更名为“格拉夫”号于9月19日开始在英国海军服役。

为了提高跳帮队员捕获其他潜艇以及搜寻埃尼格码数据的技巧，英军仿制了VIIC型潜艇控制舱、舰上军官室和无线电室等3个大型实体模型，并在控制室控制进出气阀的多个支管上同时标上德文和英文字母，以便跳帮队员可以通过沉浮箱进水防止潜艇自行炸毁。

英国情报部门对U-570号的艇员进行了审讯，英军对于艇员们的年轻、缺乏经验和训练以及他们的无知，感到震惊。许多俘虏带着日记、信件以及其他一些私人文件离开了潜艇，而这些资料又为英国对德国潜艇部队的深入了解提供了无价的讯息。

潜艇上4个军官后来被送到了位于英格兰西北部湖泊地区的格里载德尔厅（Grizedale Hall）军官战俘营，拉姆隆被暂时单独隔离，大副伯恩哈德·贝尔特和另外2名军官门塞尔和克里斯蒂安森受到了战俘营由克雷齐默尔等资深军官组成的“名誉委员会”审判，宣判贝尔特和拉姆隆犯了“胆怯罪”。克雷齐默尔利用加密家信将会议内容记录和结论发给邓尼茨。贝尔特提出了一个恢复声誉的特别建议：从战俘营逃走，找到潜艇并将其摧毁。克雷齐默尔同意后，其他战俘们就为他提供了一些伪造的身份证件、地图以及衣物等，贝尔特虽然逃出战俘营，但是几小时后就被地方军（英国的后备役组织）发现，在拒捕时被击毙。

被调往冰岛附近的16艘潜艇都没有发现那三支船队，德军还损失了两艘潜艇（U-452号和U-570号）。8月28日，1架反潜飞机炸伤了U-501号和U-73号，U-73号的伤势非常严重，被迫返航。

将潜艇调回冰岛海域显然失败了，德军为此付出了惨重的代价：1艘被击沉，1艘被俘虏，两艘被击伤，然而战绩却是零。此外许多潜艇在徒劳地追击中耗尽了燃料，被迫停止巡逻返回法国。8月份的经历再次印证了潜艇并不适于在冰岛海域活动，对于缺乏经

■ U-570号潜艇被英军俘获后，在经过了详细的检查测试后更名为“格拉夫”号加入英国海军系列。

验的潜艇更是如此。邓尼茨随即将潜艇撤离了那一海域，并将那些燃料充足的潜艇连同新近从德国和法国出发的潜艇一并调回了不在反潜飞机航程之内的格陵兰海域。

8月22日，北大西洋上的潜艇力量被进一步削弱了——希特勒为了地中海战场向非洲军团提供补给物资并打击英国的地中海航运，要求邓尼茨尽快派遣至少6艘潜艇前往地中海。但海军总司令雷德尔认为具有决定意义的海上战场在北大西洋，强调在保证随时可有40艘以上潜艇同时执行巡逻任务之前，除非是异常紧急的情况，否则不应将潜艇调往地中海或其他海域。但希特勒否决了雷德尔的意见，显然，最高统帅部并不明确潜艇破交作战的规则，已经将部分潜艇调往了极地海域，还经常派遣大量潜艇前去执行一些特殊任务，例如护送偷渡船只进出法国海域等。这些举措减弱了大西洋上的潜艇力量，而大西洋上的潜艇才能进行具有决定意义的海上战争。6艘潜艇根本不足以救助非洲军团，看来还会将更多的潜艇调往地中海。潜艇要穿过防卫森严的直布罗陀海峡是一件非常危险的事情，而潜艇要在狭窄的，海水澄清的地中海作战也是同样危险的。仅有那些由经验最丰富的艇长和艇员操纵的VII型潜艇才可以被派到地中海，这将使得大西洋上潜艇部队的精华大为减少。前往地中海的潜艇也需要基地，需要得到物资补给、配件供

■在冰岛附近活动的U-73号被英军反潜机击伤被迫返航。

■ U-73号潜艇指挥塔特写。

■ 英国旧式V/W级驱逐舰“狼獾”号（也有译作“黑獾”号），该舰在大西洋护航战中屡立战功，以前曾认为该舰击沉德军王牌潜艇U-47号，现在资料认为该舰击沉的应为UA号。

■（上）英国花级驱潜快艇“牵牛花”号，摄于1941年初，显示了最初加长艏楼型的外观。
■（下）有几艘英国建造的花级在完工后转交自由法国海军，这是其中的一艘“乌头”号，摄于1941年。

应，而这些又都需要将已为数不多的德国潜艇工程人员进行调动。希特勒将潜艇派往地中海支援非洲军团的决定是一个大错误，仅次于此前他没有全力支持大批建造潜艇的错误。看来他已经忘记了挪威战役中潜艇不适于支持陆军的惨痛教训。正如邓尼茨所担忧的，将会把更多潜艇调往地中海海域，这就使北大西洋上攻击护航船队的潜艇数量将大为减少。

1941年8月，1000艘同盟国商船以东向和西向护航船队的形式穿过了北大西洋，而且没有遭到攻击。其中，568艘满载船只以HX和SL护航船队的形式，从加拿大驶往英国（为了适应大批量运输，HX和SL船队每六天出航一次。已确定的HX护航船队的航速是10节——从HX-147开始；SL护航船队的确定航速仍然是7.5节）。414艘空载船只以ON船队的形式穿过北大西洋。8月潜艇在北大西洋航线击沉的惟一1艘船就是“花边香石竹”号驱潜快艇。

8月潜艇在攻击OG船队时取得了一定的进步，击沉8艘船只和两艘护航舰，还击沉了OS-4船队的5艘船以及驶向英国的SL-81船队的5艘船，共计20艘。

潜艇的对手护航舰艇

在大西洋之战中，盟军的护航舰艇无疑就是德国潜艇最主要的敌人，这些护航舰艇在海军中大多属于中小型舰船，而且种类繁多，译名又不尽相同，不免给人以眼花缭乱之感，现根据排水量、武备等情况进行归纳整理。

1.驱逐领舰（Destroyer Leader），率领驱逐舰进行编队作战的驱逐舰，一般比同时代驱逐舰在排水量及武备方面更高一些。19世纪20年代后期，英国不再建造专门的驱逐领舰舰级，而是在每一级别的驱逐舰中，选择1艘在尺寸上加以放大，以搭载更多的指挥通信设施，担负驱逐领舰的任务。一般驱逐领舰排水量在1600至2000吨，主炮为120至127毫米炮，舰员180至200人。如莎士比亚级、斯科特级驱逐领舰。

2.驱逐舰（Destroyer），这是担负反潜护航的骨干舰种，有着“潜艇天敌”之称。一般驱逐舰排水量在1000至1800吨，最高航速35节以上，主炮为102至127毫米炮，舰员100至180人。二战期间英国使用的驱逐舰有一战时期建造的旧R级、旧S级、旧V级和旧W级（计70艘）；一战与二战之间建造的女将级、部族级、A级、B级、C级、D级、E级、F级、G级、H级、I级、J级和K级（计127艘，其中5艘C级转给加拿大海军）；二战期间建造的M级、N级、L级、O级、P级、Q级、R级、S级、T级、U级、V级、W级、Z级和Ca级（计104艘，其中8艘N级转给澳大利亚[5]、荷兰[2]和波兰[1]海军，8艘Q级和8艘T级几乎没有参加过大西洋护航作战），合计参战驱逐舰有301艘之多。

3.护航驱逐舰（Destroyer-Escort），一种基于驱逐舰的专用于护航作战的舰种，造价低廉、便于建造（改建），航速要求没有舰队驱逐舰那么高，排水量也没驱逐舰那么大，武备则注重于反潜与防空，和驱逐舰一样是担负反潜护航的骨干舰种。一般排水量在1000吨，最高航速30节，主炮为100至102毫米炮，舰员100至160人。如狩猎级（共4个型别86艘）。

4.护卫舰（Frigate），比驱逐舰略小，适宜小型船厂快速大量建造，在护航作战中作为驱逐舰的主要助手。一般排水量在1300至1800吨，最高航速20节，主炮为100至102毫米炮，舰员100至140人。如江河级（英国建造58艘，加拿大建造69艘，美国建造租借英国21艘）。

5.轻型护卫舰（Sloop），主要担负反潜防空护航作战的舰种，和护卫舰一样是驱逐舰的主要助手，航速比护卫舰低。一般排水量在1300至1800吨，最高航速15至18节，主炮为102至127毫米炮，舰员100至180人。

6.驱潜快艇（Corvette，也有译作反潜快艇），小型反潜护航舰种，以民船船型为基型，造价低廉、便于建造，可由无军舰建造经验的小船厂建造，因其结构简单可靠，一般由预备役人员或只接受过最基本训练的初级水兵操纵。一般排水量在1000至1600吨，最高航速16节，主炮为100至102毫米炮，舰员80至120人。最著名的如花级（英国建造135艘，加拿大建造80艘，改进花级英国建造10艘，加拿大建造27艘，美国建造15艘）。

7.近岸驱潜快艇（Coastal Corvette），小型反潜护航舰种，比驱潜快艇更小，续航力、武备也相当有限，只能用于近岸护航。一般排水量500至900吨，最高航速20节，主炮为100至102毫米炮，舰员60人。

8.反潜拖网渔船（Trawler），基于拖网渔船的小型反潜护航舰种，一般排水量500至900吨，最高航速12至15节，主炮为100至102毫米炮，舰员40至50人。如树级、舞蹈级、莎士比亚人物级、岛级、鱼级、山级、圆桌级、兵种级等，建造总数高达241艘。

此外，翠鸟级舰队扫雷舰、阿尔及利亚人级扫雷舰也经常用于反潜护航作战。

第八章 新的敌人（1941年9月至12月）

盟军海上行动

战争进入第三年，1941年9月英国海军面临的最艰难任务就是保护大西洋航线，这是英国的生命线。然而1941年9月发生了一些事件，使这一情况有了极大改变。其中最重要的就是，美国承担起了为北大西洋航线上加拿大–冰岛段的护航任务。

9月初，美国大西洋舰队司令厄内斯特·金（Ernest King）开始承担护航任务时，就将大西洋舰队的大部分军舰都投入到护航行动中，6艘主力舰、5艘重巡洋舰、50艘驱逐舰，还有48架反潜巡逻机。还有两艘主力舰、4艘重巡洋舰和3艘驱逐舰在丹麦海峡执行巡逻任务。此外2支航空母舰特遣部队在百慕大群岛和阿根细亚（Argen-tia，位于纽芬兰岛）待命。

根据英美签署的ABC-1协议，部署在大西洋上的加拿大海军也可以由美国海军指挥，加拿大欢迎美国的参战，但是对于由一个未公开参战的中立国来指挥他们的大西洋海军部队不满。可能是出于逆反心理，他们对于指派给加拿大海军的护航任务也不太满意。此外，当时的加拿大海军几乎由于急速扩张时期的种种困难而瘫痪，尤其是人员方面，根本没有时间培训19000名船员来驾驶13艘驱逐舰和50艘驱潜快艇。

9月航速为10节的HX船队和航速为7.5节的SC船队每六天从加拿大出发一次。航速最

美国大西洋舰队司令厄内斯特·金。

快的或者装有例如油类和石油产品等贵重货物的船只，都被编到了HX船队。航速比较慢，容量比较小的船只则被编到了SC船队。很自然地，拥有50艘快速驱逐舰的美军为HX船队提供护航，为SC船队护航的任务就落到了加拿大海军的头上。起初，加拿大只能提供20艘军舰来执行护航任务：5艘驱逐舰和15艘驱潜快艇，而且船员都未经过充分培训。英军又为加拿大提供了一些帮助，其中包括5艘来自美国的驱逐舰和一些驱潜快艇，但这些海军力量仍然不足以为SC船队提供充分的护航。于是加拿大向美国寻求更多的帮助，但遭到了拒绝，因为美军驱逐舰在执行自身承担的护航任务时也不够用，而且美军的任务更为优先：为HX船队护航、为丹麦海峡巡逻部队以及在阿根细亚的支持舰队护航、为大西洋舰队航空母舰特遣部队提供护航，还有其他许多特殊任务，例如派遣15艘驱逐舰为第15特遣部队（将美国的陆军部队运往冰岛）提供护航、8艘驱逐舰为驶往南非开普敦（Cape Town），以及其他一些地区的专用英国运兵船队提供护航，等等。

此外，金既不热衷也不支持组建由不同国家的军舰组成的“混合”海军部队。尽管表面看来美英加三国的军舰在很多方面都很相似，但三国军舰的操作规程各不相同。因此，“混合”海军部队很可能在波涛汹涌的海上发生碰撞以及其他一些意外，在联合对抗敌军时的效率也肯定不高。此外获取备件、弹药以及补给物资的渠道不同将会有相当大的麻烦，还需要两个指挥部来处理常规事务，例如工资、医疗保健、纪律等。

加拿大和英美两国军舰的探测装置也不尽相同。英军把286型1.5米波长搜索雷达的技

■ 英国援助加拿大的“库特奈”号驱逐舰。

术转给了加拿大，然而加拿大的电子公司生产这种设置的速度非常缓慢，即使到了1941年底，加拿大的70艘驱潜快艇中也只有15艘安装了这种雷达。加拿大生产更加精密复杂的271型厘米波长雷达的速度就更慢了，他们的军舰上安装的都是性能落后的战前生产的雷达。

金与英国海军进行协商之后，就对北大西洋西部的船队护航方式进行了大幅度的调整。其中最主要的就是把大西洋中部的会合点（Mid-Ocean Meeting Point，MOMP）向东移到了西经22度到西经26度之间，冰岛以南大约480公里处。这样就取消了由冰岛基地的三支英国护航小组（第3、第7和第12护航小组）护航的“中间航程”。冬天的冰岛气候异常恶劣，物资补给也非常缺乏，根本不适于停泊任何军舰。此外，天气良好时，在北大西洋的中部会合就已很困难，而冬天天气恶劣时就更困难了。因此这一调整不仅使得北大西洋上的海洋中部护航会合点减少了一个，而且使得英国海军部可以将更多的护航力量转移到南大西洋了。

进行调整之后，大西洋上的船队护航系统如下：5艘驱逐舰组成的美国护航小组从阿根细亚出发，将快速（10节）HX船队从加拿大海域护送到西经22至26度的MOMP。它们将船队交给英国护航小组之后，就驶向冰岛同时为驶向冰岛的船只和驶向苏联北部的船只提供护航。在冰岛进行简短的维护之后，美国护航小组就驶回西经22至26度的MOMP，将偶数编号（快速）的ON船队（1941年7月底以后OB改称北大西洋线为ON、南大西洋线为OS）护送到加拿大海域。船队在西经55度附近解散后，护航小组将驶向波士顿（Boston）或波特兰（Portland）进行整修，此后美国护航小组再驶回加拿大海域，重复这一循环。阿根细亚和冰岛基地的美军PBY巡逻机为它们提供空中护航。

3艘美国补给船为美国护航小组提供补给物资。其中之一就是“大草原”（Prairie）号，这艘船同时还是海军支持部队的旗舰。另两艘补给船分别是“梅尔维尔”（Melville）号和“伍尔坎”（Vulcan）号。

由英国、加拿大的驱逐舰和驱潜快艇组成的加拿大护航小组从圣约翰出航，将SC船队从加拿大海域护送到西经22至26度的MOMP。加拿大护航小组将船队交给英国护航小组后，也将像美国护航小组一样，转向冰岛进行简短的维护。此后它们返回MOMP，从英军手中接过船队之后，将这些奇数编号（慢速）的ON北方外航船队护送到西经55度的解散点。然后，这些英国和加拿大的护航舰将驶向圣约翰进行整补，此后它们再重复这一循环。纽芬兰的美国和加拿大飞机以及冰岛的美国和英国飞机为它们提供空中护航。

英国的护航小组从英国出发，将ON船队向西护送到西经22至26度的MOMP。它们将船队交给对应的美国和加拿大护航小组后，不在冰岛停留，就将向东行驶的船队护送到英国。冰岛、北爱尔兰和苏格兰基地的岸防司令部所辖飞机提供空中护航。

英军竭尽所能地尽快为护航舰和空中护航飞机安装改进型雷达。到1941年9月底，已经有大约30艘护航舰上安装有271M（固定天线）和/或271P型（可旋转天线）厘米波长雷达系统。这些护航舰包括24艘驱潜快艇、两艘驱逐舰以及1艘炮舰。如果日程安排允许的话，西部大道上的每支护航船队都将至少拥有1艘配备了厘米波长雷达的军舰。

然而事实并不像许多作家所描写的那样，这些雷达系统并没有马上成为决定胜负的武器。那一时期的雷达以性能不稳定而闻名，特别容易出现故障。多数雷达装置大约有一半的时间不能正常使用，为了尽可能地提高雷达的利用率，并使其显示尽可能正确的探测信息，英国海军被迫为每一艘军舰配备经过训练的雷达技师。然而这样的雷达技师并不多，因此海军不得不建立1个特殊的部队来操纵雷达，保证其正常工作。

从理论上看，似乎北大西洋上新的护航安排非常有效地利用了为数不多的空中护航飞机和护航舰。实际上，这种安排简直像噩梦般可怕，尤其是对于加拿大的护航小组来说更是如此。冬天，船队按照新的路线航行时，加拿大–冰岛航程间的船队要经过11天的时间才能穿过这以严寒和危险著称的海域，这里大风无休止地肆虐，船只冻结，巨浪疯狂地将船只撞来撞去，舰楼上的窗子和救生艇都会被摧毁，桅杆和其他比较高的装置都会被折断。根本没有任何人和任何船只可以长时间地经受这种不间断的撞击，美国的老旧驱逐舰和加拿大、英国的驱潜快艇上的船员们更是如此。

这种护航体制仅仅运行了几个星期，问题就来了——北大西洋上护航船队的护航舰数量太少了。布利斯托通知金说，美国支持部队的驱逐舰已经从50艘降到了44艘，而要为加拿大-冰岛航程的HX护航船队提供护航的话，他们将至少需要56艘驱逐舰（分为7个护航小组，每组6艘驱逐舰，其余备用），更安全一点的话，至少需要72艘（9个护航小组，其余备用）。此外，要为SC船队提供护航的话，加拿大至少需要63艘军舰（9个护航小组）。

他们还面临着另一个很严重的问题：阿根细亚和冰岛的48架美军PBY以及冰岛的9架英军PBY，都是没有轮子的水上飞机。如果这些飞机的活动海域结了冰，就不能起飞和降落了，此时它们就必须撤退到更加适宜的环境执行任务。一种可能的解决方案就是，用机壳上装有可收回轮子的PBY-5A来代替，

■ PBY飞机在冰岛海域的巡逻有着重要的意义，除了可以为船队提供有效护航外，还扮演着另一个角色：为英国破译埃尼格码作掩护。

但是目前这种新机型的数量还非常少。

飞机在冰岛海域的巡逻有着重要的意义，除了可以为船队提供有效护航外，还扮演着另一个角色：为英国破译埃尼格码作掩护。为了防止德军得知他们已破译埃尼格码的事实，英军规定任何“有行动意义”的埃尼格码情报，例如躲避潜艇的攻击或者向潜艇发起攻击，都要装作是常规的空中巡逻发现的。

1941年秋英国海军面临的第二急迫困难的任务就是建立冰岛至苏联的护航船队。9月1日罗斯福和丘吉尔都认为德国已经在苏联取得了胜利，实际上此时的红军正在崩溃的边缘。斯大林几乎每天都会向英国发出请求，希望他们能够在欧洲大陆开辟“第二战场”，以缓解德国向苏联施加的压力。此时英军的主要力量已经集中到了北非，根本没有能力开辟“第二战场”。然而，丘吉尔一直就认为英国应该竭尽所能地帮助苏联，不管是精神还是物质支持，因此建立了著名的“莫曼斯克护航船队”（Murmansk Convoys）。

8月21日，第一支匆忙组织的莫曼斯克船队从雷克雅未克出发，这支船队包括6艘商船，此外还有1艘由航空母舰改建的飞机运输船“阿尔戈斯”（Argus）号，提供护航的是“胜利”（Victorious）号航空母舰、“德文郡”（Devonshire）号和“诺福克”（Norfolk）号重巡洋舰和6艘驱逐舰。运送的是39架“飓风”战斗机：24架已经在“阿尔戈斯”号上装配好了，还有15架则装在商船的木板箱里。驻冰岛的第269和330空军中队为船队提供空中护航。

船队的目的地是苏联北部的阿尔汉格尔斯克（Arkhangel’sk），位于莫斯科正北方大约960公里处。船队向北穿过丹麦海峡，从杰恩梅因岛（Jan Mayen Island）附近驶过，再向东北方向行驶，经过大熊岛（Bear Island）驶入巴伦支海（Barents Sea），然后向南经过加洛（Gourlo），驶入白海。加洛是连接白海和巴伦支海的天然海峡。“阿尔戈斯”号上的战斗机就直接飞往莫曼斯克，其他船只则驶入阿尔汉格尔斯克，在那里把木板箱里的战斗机装配好，然后飞往莫曼斯克。

这首批军事支持主要是为政治宣传，以鼓舞苏军士气，增强他们抵抗德军的决心。为了进一步深化这一行动的政治和精神影响，英军不遗余力地通过各种渠道为莫曼斯克护航船队进行宣传，强调船队面临着迄今为止最危险的敌方飞机和潜艇攻击、骇人听闻的恶劣天气和冰山阻碍，此外还列举了以前在此海域出现过的严重事故。因此，莫曼斯克护航船队成为了战争中最著名的船队，甚至比同样危险但更加重要的北大西洋护航

1941年8月21日，第一支匆忙组织的莫曼斯克船队从雷克雅未克出发。

船队还要著名。

丘吉尔下令要求莫曼斯克护航船队每隔10天从冰岛出航一次。对于本土舰队司令官约翰·托维（John Tovey）来说，这一新任务需要的护航舰，完全超出了他的能力。每支驶往苏联的护航船队至少需要1艘重巡洋舰、两艘驱逐舰、1艘扫雷船和两艘反潜拖网渔船。返航的空载船队的护航力量则至少需要1艘重巡洋舰、1艘驱逐舰和两艘扫雷船。此外，除去冰岛的飞机支持外，大熊岛附近基地的重巡洋舰也将为船队提供帮助。

驶向苏联的船队编号为PQ，返航船队为QP。事实证明英军的护航船队根本做不到10天出航一次，因此出航周期改为了14天一次。9月28日PQ-1（10艘商船，重巡洋舰“瑟福克”[Suffolk]号和两艘驱逐舰护航）从冰岛出航，10月11日抵达阿尔汉格尔斯克。与此同时，QP-1（8月下旬第一批从英国驶向苏联的船只）返航驶向英国。这两支船队都没有损失。10月18日PQ-2出航，11月9日PQ-3出航，依此类推。QP-2、QP-3等归航船队的航行时间都与PQ船队相同。

到1941年底，英军已经将7支PQ船队的53艘满载船只护送到了苏联，QP船队的34艘船只返回了英国。这些船只为苏联提供了大量的援助，包括800架战斗机、750辆坦克、1400辆卡车及其他一些交通工具，还有大约10万吨的弹药及其他补给物资。尽管一些船只由于天气而受到了损伤，但没有任何一艘船只由于德国的攻击而沉没。

虽然苏联承诺破冰船将全年保证阿尔汉格尔斯克通航，但是12月12日之后就做不到了，所以此后的冬季护航船队都驶向了莫曼斯克，它位于科拉湾（Kola Inlet）注入巴伦支海的入海口处，终年不结冰。但是莫曼斯克相对于阿尔汉格尔斯克来说，现代化程度要低。因此尽管莫曼斯克船队的商船船员们都可以收到额外的风险费，但是他们对于莫曼斯克之行的厌恶和恐惧感却与日俱增。实际上这支船队的船只损失还是要比其他航线的船队损失少得多。

德国海军的海上行动

1941年秋，潜艇数量并没有像计划中那样急剧增加。这是由许多原因造成的：船厂工人严重短缺导致了一些船厂的生产工艺极其粗劣，许多潜艇在驶往大西洋之前就要进行大量维修。另外由于鱼雷回收船（torpedo-recovery vessel）的短缺延迟了潜艇的检修时间，并且使鱼雷射击练习大为减少。新潜艇的培训地点从波罗的海东部海域转移到挪威海域，也使检修时间从90天延迟到了120天。因此许多尚没有做好战斗准备的潜艇都聚集到了波罗的海和挪威。此外，秋天又有11艘VIIC型新潜艇被调往了北极地区。

9月3日，大约一半的潜艇正在大西洋上。有一部分潜艇正在法国的海军基地进行整修，还有一部分是正常的出巡归来休整，但此外还有许多潜艇由于各种各样的原因而不能参战：应希特勒的要求，6艘战斗经验最丰富的VII型潜艇已抵达法国的基地为到地中海参战作准备。应最高统帅部要求，6艘VII型新潜艇被派往北极地区。首批出发的两艘潜艇U-132号和U-576号代替调往大西洋的U-81号和U-652号、U-106号被调往亚述尔群岛为偷越封锁线的“阿纳里瑟·埃斯伯格”（Annaliese Essberger）号护航、U-73号在冰岛附近遭到了攻击，损伤严重而返航、U-101号柴油机故障而返航、U-129号因有艇员被疑患有白喉病而返航、U-206号则营救了6个英军飞行员而返航。

8月份，14艘新潜艇服役，因此邓尼茨拥有了前所未有的潜艇数量。9月3日，分为三个艇群的36艘潜艇正在或即将要执行巡逻任务：马克格拉夫（Markgraf）艇群（14艘潜艇），部署于格陵兰岛东南部海域，负责攻击北大西洋航线上的东向或西向护航船队；玻瑟米勒（Bosemueller）艇群（7艘潜艇）和库福斯特（Kurfuerst）艇群（8艘潜艇），部署于英国西南部海域、比斯开湾西部海域以及伊比利半岛地区，负责攻击直布罗陀和塞拉利

■ 正在法国港口进行整修的潜艇。

■ 此时“秃鹰”飞机的飞行员对于海上搜索已经非常熟悉了。

昂的船队；另有7艘潜艇在南大西洋海域，负责攻击塞拉利昂附近及西非海岸的船只。

邓尼茨满怀信心地认为，尽管艇员的战斗经验有所下降，但潜艇还是能取得好战绩。经历了一年的讯息盲期之后，B机关的密码破译者们已经洞悉了英国海军的主要行动密码2号密码，并在破译3号密码（英国、加拿大和美国在指挥船队航行时的共享密码系统）方面取得了进展，尽管B机关在破译密码时出现了不可避免的延迟，也经历了失败，但德军认为B机关所提供的讯息很及时，已经足以帮助他们发现护航船队了。他们还希望挪威和波尔多的“秃鹰”飞机能够提供更多的船队搜寻和追踪报告，进一步增加他们的情报讯息。此时，“秃鹰”飞机的飞行员对于海上搜索已经非常熟悉了。

邓尼茨采取了一些新的严格措施增强潜艇分布的保密性，以防被英军察觉。潜艇将不再采用代号称呼，而是改用指挥官的姓，例如，U-552号将被改为U-托普（U-Topp）。海军的坐标方位图也被双重加密，新的加密表不仅转换频繁，而且将会被妥善保管。禁止为海岸工作站提供潜艇分布图。为潜艇引进的新密码机也快要准备好了，这种新的密码机又添加了一个内置密码转子，这将大大增加排列组合的数目。

由于没有9月份的埃尼格码密钥，因此英国的密码破译没能顺畅地读取有关密码情报，但是还是可以利用“船厂”密码和一些气象预报密码讯息来获取情报，这些情报讯息，加上基于地面分析的HF/DF工作站提供的更加精密复杂的讯息、航线分析讯息、RFP和TINA讯息、商船、军舰及海岸指挥部的飞机所提供的潜艇分布讯息、对潜艇操纵知识的了解等，使1941年秋天，英国海军能指挥护航船队非常成功地避开了潜艇袭击。

北大西洋航线

由于格陵兰海域异常遥远，严重限制VII型潜艇的出航时间，纽芬兰海岸多雾以及其他一些对航海不利的因素，促使邓尼茨于1941年夏天减少了在那一海域的潜艇行动。西部大道和冰岛海域的英国反潜力量不断增强，又迫使邓尼茨再次把北大西洋的破交重心向西转移到格陵兰海域，以避开冰岛基地的反潜飞机。盟军反潜飞机无法到达的海域，有很多种称呼，如“空白间隙”（Air Gap），但最著名的自然是“黑窟”（Black Hole）。德军知道护航经验不足的加拿大护航小组承担加拿大-冰岛航程的SC船队护航，于是便将菜鸟潜艇用于向加拿大-冰岛航程的SC船队发起进攻，这样成功几率和生存几率都会比攻击其他船队要高。

从9月初到11月初，邓尼茨一直试图把一个或几个规模比较大的艇群留在格陵兰海域，由于VII型潜艇受到燃料限制，因此那一海域的潜艇常常需要替换。

U-81号和U-652号夏季首先进入北极巡逻，此时已从特隆赫姆出发，加入马克格拉夫艇群。9月4日早上，冰岛基地起飞的英军

■ “哈德逊”飞机。

第269空军中队的1架“哈德逊”飞机发现了U-652号，但在飞机发起攻击前潜艇就紧急下潜了，此时向冰岛美军运送物资的美国驱逐舰“格利尔”（DD-145，Greer）号正在南方大约16公里处航行，“哈德逊”向“格利尔”号通报了发现潜艇的情报，“格利尔”号舰长劳伦斯·H.弗罗斯特（Laurence H.Frost）命令全体人员做好战斗准备并将航速增加到了22节。“哈德逊”飞回U-652号下潜处，投下了4枚110公斤的深水炸弹，因燃料即将耗尽而返航，冰岛紧急派出1架换班飞机和3艘驱逐舰。

那时美国军舰的不明确命令仍然有效，因此“格利尔”号可以进行自卫，但不能主动攻击。“格利尔”号靠近潜艇所在海域后就将速度降到10节，并通过声呐发现了潜艇，然后将舰首对准潜艇——弗罗斯特为什么要这样做？可能是要利用这次机会训练船员，也有可能是要紧盯住潜艇等待英国军舰到来。U-652号感受到了严重威胁，向“格利尔”号发射了1枚鱼雷，可能他以为“格利尔”号是英国军舰，这是开战以来，德国潜艇第一次攻击美国军舰。弗罗斯特对潜艇可能的攻击非常警惕，规避了鱼雷后立即发起反击，投下了8枚深水炸弹。U-652号再次发射1枚鱼雷，“格利尔”号再次规避，但在规避时声呐失去了接触，直到2小时后才再次发现潜艇，于是“格利尔”号再次发起一轮攻击，投下了11枚深水炸弹，但均未命中，U-652号则乘机逃离，“格利尔”号继续搜索了4小时，没有任何发现只得返回冰岛。

美国一直公开标榜保持中立，但是谁都知道，这一立场不会持续太久了。美国驱逐舰即将开始第一次护送HX船队的任务，可能是为了使美国对于战争的公然介入合理化，罗斯福非常愤慨地公开谴责了U-652号向“格利尔”号发起攻击的行为，认为这种攻击是“非法劫掠行为”，9月11日，罗斯福总统就“格利尔”事件发表声明，宣布只要轴心国潜艇进入美国防务所必须保护的海域，一

■ 美军“格利尔”号驱逐舰。

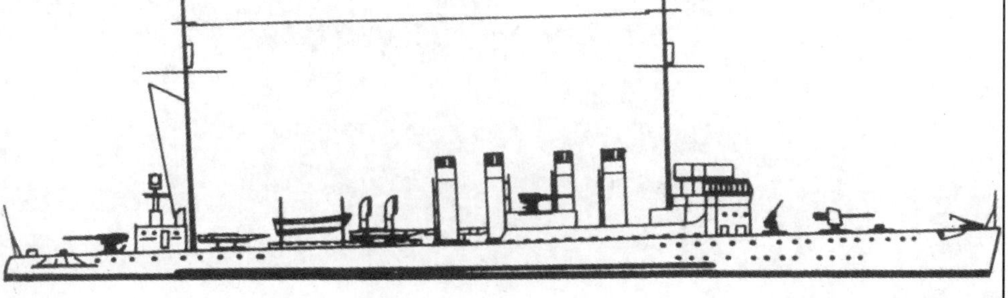

■ 潜艇上的鱼雷军官正在计算鱼雷到达目标的时间，对于潜艇艇员来说，鱼雷的爆炸就是他们胜利的时刻。

经发现，不加警告立即攻击！罗斯福将其形象地比喻为“当你发现一条响尾蛇打算咬你时，就一定要在它咬你之前，把它打死”。9月15日，美国海军作战部长史塔克上将发布命令：“对于轴心国所有袭击商船的舰艇，不论是水面舰艇还是潜艇，都可采取一切手段予以消灭！”——这简直已经是事实上的参战了！只缺公开宣战的形式而已。

雷德尔和邓尼茨利用罗斯福的这一公开宣言，恳求希特勒解除潜艇攻击的种种限制。希特勒召见了邓尼茨和雷德尔，对他们的建议，希特勒非常犹豫。由于东线战场没能像计划中进展地那么快，所以希特勒只答应在9月底做“正式答复”。

U-652号和“格利尔”号发生冲突几个小时后，邓尼茨就把马克格拉夫艇群（14艘潜艇）西调了240公里，更加靠近格陵兰东南部的安全海域了。9月9日，最近加入艇群的U-81号和U-85号在靠近格陵兰东海岸处开始巡逻，那天早晨，U-81号发现并击沉了1艘5600吨的英国船，同时不远处的U-85号发现SC-42船队，这支船队由65艘船只组成，航行速度大约5节，由新组建的加拿大第24护航小组护航，这个护航小组包括最先进的加拿大驱逐舰“史基纳”（Skeena）号和3艘驱潜快艇。 邓尼茨接到U-85号的报告，立即指挥马克格拉夫艇群向船队靠近并发起进攻。9月9日到10日，另外3艘潜艇与U-81号、U-85号会合，随即开始了攻击，U-81号发起了两轮攻击，击沉了4艘31000吨。U-82号击沉了“哈德逊帝国”（Empire Hudson）号弹射飞机船。U-85号击沉3艘船15000吨。护航舰集中攻击U-85号，致其重伤被迫返航。U-432号击沉3艘9500吨。U-652号击伤了6500吨的英国油轮“塔奇”（Tahchee）号，由于对信号的错误理解，“奥瑞里”号驱潜快艇拖带“塔奇”号返回冰岛，使护航力量更加单薄。得知SC-42船队遭到攻击，西部大道指挥部立即调集飞机和军舰赶去支持，首先赶到的是两艘加拿大驱潜快艇“钱布雷”（Chambly）号和“莫斯杰”（Moosejaw）号，这是加拿大海军的第一个“支持小组”（Support Group，“支持小组”和“护航小组”是完全不同的概念，通常“支持小组”是派往保护受到严重威胁的船队的护航力量）。9月10日晚22时，两艘驱潜快艇赶上了船队，“钱布雷”号的声呐很快就探测到1艘潜艇，立即冲过去投下了4枚深水炸弹。“莫斯杰”号赶去支持时，发现有1艘潜艇就在正前方的水面上，就用100毫米火炮射

■ 英军驱逐舰正在进行深水炸弹发射准备。

■ 英国水兵正在救援被击沉的德军潜艇艇员。

击，但火炮因故障无法射击，艇长格拉布只好命令加速向潜艇撞去。遭到攻击的是U-501号，这次是第一次出航，此前击沉过1艘2000吨的货船。“钱布雷”号投下的深水炸弹击中了潜艇，震坏了所有的照明灯，还炸毁了一些仪表和阀门，面对正一头撞来的“莫斯杰”号，U-501号艇长弗斯特操纵方向舵，竭力保持与驱潜快艇平行，但两艇之间仅仅相隔一两米！令所有人都非常惊讶的是，弗斯特突然从潜艇跳到了“莫斯杰”号的甲板上！“莫斯杰”号根本没有想到潜艇会来跳帮，艇长格拉布赶紧下令改变航向。潜艇失去艇长后大副维尔纳·阿尔伯林（Werner Albring）承担起指挥任务，下令将潜艇炸毁。接着“钱布雷”号派出了一支9人组成的跳帮组登上U-501号，但是潜艇迅速下沉，根本来不及搜寻有价值的东西，两艘驱潜快艇救起了37名潜艇艇员。

当“钱布雷”号和“莫斯杰”号攻击U-501号时，马克格拉夫艇群的另外6艘潜艇向船队发起了第二轮的攻击。U-43号连续发射6枚鱼雷，但均没命中。U-82号又发起了两轮攻击，击沉3艘16900吨。U-105号击沉1艘掉队的船只，但后来由于柴油机故障被迫返航。U-207号击沉两艘货船9700吨。U-202号第一轮发射5枚鱼雷，均未命中。第二轮发射2枚鱼雷击沉了受伤的“斯堪尼亚”号。U-432号击沉1艘1200吨货船。U-433号击伤1艘2200吨货船。U-569号在发射鱼雷前，就由于机械故障而被迫返航了。

9月11日早上，从冰岛驶来的增援力量赶来了：英国第209空军中队的PBY、英国第2护航小组的5艘驱逐舰、两艘驱潜快艇和两艘反潜拖网渔船，这使船队的护航军舰达到了14艘。

下午1架反潜飞机发现1艘潜艇位于船队正前方，两艘驱逐舰随即赶去查看，果然发现1艘潜艇位于正前方11公里处海面上，这是刚刚出航才两周的新潜艇U-207号，“李明顿”号和“老兵”号驱逐舰立即以22节的速度冲过去，U-207号发现驱逐舰后急速下潜，但已经太迟了，驱逐舰的声呐已经探测到潜艇，随后就是三轮攻击，总共投下了21枚深水炸弹。当时没有确切证据，因此没有认可“李明顿”号和“老兵”号的战果，但这次攻击之后，U-207号就杳无音信了，战后英国海军部宣布这两艘驱逐舰确实将U-207号击沉了。

接下来的5天里，6艘潜艇都向东行驶，仍试图靠近SC-42船队，但强大的护航力量阻止了潜艇的靠近。9月16日，U-98号在北海峡向船队发起进攻，击沉1艘4400吨的英国货船。此后U-372号发现并击沉了被丢弃的“彭特兰男爵”号货船（此前被U-652号击伤）。

经确证，德国潜艇总共击沉了SC-42船

■ 浮出水面的潜艇潜望镜，对于潜艇来说潜望镜就是他们的眼睛。

■ 德军潜艇的艇长正通过潜望镜确定目标。

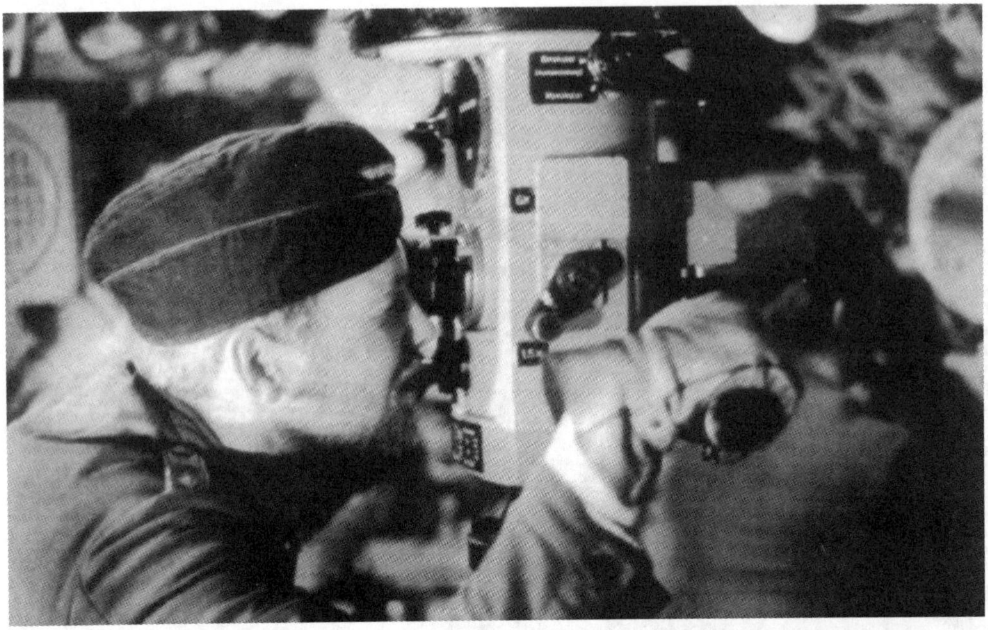

■ 这是U-552号潜艇在大西洋执行任务时所拍摄的，艇长在通过潜望镜观察海面上的情况。

队的19艘货船，共计73574吨。从沉没船只的数目来看，SC-42船队的损失仅次于SC-7船队，位居第二。加拿大海军受到了许多批评，英国海军也有责任，因为这个护航小组武器装备并不充分，也没有接受足够的培训，并没有达到可以执行护航任务的标准，但却允许它承担如此重大的护航任务，而且没有指挥船队改变航线以避开潜艇的巡逻线，其实加拿大军舰表现还是非常出色的，击沉了U-501号，还重创了U-85号迫其返航。

此后，由9艘新到达的潜艇组成的布莱登堡（Brandenburg）艇群，取代了马克格拉夫艇群的巡逻线。U-94号也加入布莱登堡艇群，9月15日在赶往巡逻线途中，遇到OS-14船队，U-94号发起了一系列攻击，击沉3艘船16477吨。但到布莱登堡艇群巡逻线后却没有什么收获，直到10月1日才击沉了12800吨的英国油轮“圣弗罗提诺”（San Florentino）号，这使艇长奥托·伊台斯（Itto Ites）的总战绩达到4艘船29300吨，当潜艇返回基尔接受检修时，受到了热烈的欢迎。

9月18日，布莱登堡艇群中的U-74号发现了SC-44船队，这支船队包括66艘船，由另一个加拿大护航小组（1艘驱逐舰和4艘驱潜快艇）护航，U-74号用无线电报告了船队位置，邓尼茨没有收到，但其他一些潜艇收到了，于是主动前来攻击。U-74号向船队发起了两轮攻击，耗尽了所有鱼雷，击沉两艘船8000吨。9月19日，接到消息赶来的潜艇也向船队发起了攻击，U-552号击沉3艘。就在SC-44船队遭到攻击时，HX-150船队正从南面几百公里处经过，这支船队是第一支由美国护航小组护航的船队，由于潜艇全被SC-44船队吸引去了，因此没有遇到任何潜艇，只有“尼格里斯坦”（Nigaristan）号因起火而弃船。根据计划，英国护航小组将在冰岛以南接替美国护航小组，将船队护送到英国。而美国护航小组则转往冰岛添加燃料，再将一支船队护送到加拿大。美军从这次护航任务中获取了很多经验，例如“达拉斯”（DD-199，Dallas）号那样的破旧驱逐舰已经不适于承担北大西洋护航任务了。

英国的密码破译取得了很大进展，已经可以大体掌握布莱登堡艇群潜艇的位置，于是他们为船队重新制定了航线以避开这些潜艇。结果这个艇群徒劳地在海上搜寻了好多天一无所获，这使邓尼茨开始确信英军已

■ 这是1941年在U-552号潜艇前甲板上拍摄的场景。

■ 邓尼茨怀疑英军是通过密码破译来获取讯息的，因此请求海军通讯部部长埃尔哈德·麦尔登斯中将进行了一次新的密码安全调查。

经“通过某种不为我们所知的方法，获得了一些有关潜艇的讯息”，邓尼茨怀疑英军是通过密码破译来获取讯息的。因此9月19日B机关向他保证密码破译根本是不可能的。但是，邓尼茨还是请求海军通讯部部长埃尔哈德·麦尔登斯（Erhard Maertens）中将进行了一次新的密码安全调查。

9月，近1000艘的盟军船只穿过了北大西洋。潜艇对两支加拿大护航的船队（SC-42和SC-44）展开了非常成功的攻击，总共26艘商船（其中3艘油轮）被击沉，总吨位约10万吨，还有1艘加拿大驱潜快艇“利维斯”号被击沉。德国付出了损失U-207号和U-501号两艘潜艇的代价。此外潜艇还在北部海域击沉了4艘单独航行的货船，共计12800吨，使当月北大西洋总战绩达到了31艘11万吨。

8月和9月，大约一半的潜艇在尚未击沉1艘船只的情况下，就返回了基地。导致这种情况的原因有很多，可能是一些新潜艇的艇员缺乏经验；也可能是由于单独航行的船只数量急剧下减，还可能是由于潜艇组成了越来越大的艇群，而盟军可以利用密码破译轻易地避开这些集群攻击。而英军猎杀潜艇的效率也并没有提高，8月击沉两艘并捕获了U-570号，9月击沉两艘8月出航的潜艇。而9月出航的26艘潜艇却无一损失，导致猎杀效率低下的原因也有很多，可能是由于反潜飞机还是没能改变反潜作战的持续低效，也可能是由于船队的“躲避”政策，降低了护航舰发现潜艇的几率。新的“躲避”政策能使船队安全及时地抵达英国，但如果英军不采取某种进攻措施，提高猎杀潜艇的效率，那么大西洋上的德国潜艇终将成为一个真正可怕的敌人！

另一次护航船队大战

10月初，布莱登堡艇群已经解散，返航的潜艇在途中击沉3艘单独航行的船只。由8艘潜艇组成的摩德布莱奈尔（Mordbrenner）艇群正在形成，10月7日，U-502号在赶赴巡逻线途中遇到了1艘单独出航的15000吨的挪威油轮“斯文德·福因”（Svend Foyn）号，该船载有2万吨柴油，主甲板上还有10架B-24轰炸机，此外还有220名乘客。本来是属于HX-152船队的，航行中因天气恶劣，所载货物出现了松动，因此被迫暂停航行整理货物而掉队。U-502号发现“斯文德·福因”号后就从水下发射2枚鱼雷，1枚击中右舷，炸出了一个21米长12米宽的大洞。当U-502号浮出水面准备查看时，“斯文德·福因”号用船上的机枪和102毫米火炮向潜艇射击，潜艇被迫下潜并放弃了第二轮进攻。尽管船只受到了严重损伤，但是船员们把约7500吨的柴油倒进了海里之后，凭借精湛的航海技艺，还是将船驶回冰岛。

U-201号潜艇艇长正在指挥对运输船的攻击。

得知“斯文德·福因”号遭到潜艇攻击后，护航舰下令HX-152船队沿之字形路线驶往海洋中部会合点，但船队沿之字形路线航行时，许多船只没有看到转弯信号，结果船队队形完全打乱，不过这支船队还是安全抵达了目的地。

同时，ON-22船队在航行中由于恶劣天气影响，整整3天看不到星星和太阳，也就无法依赖星星和太阳导航，而只能通过定位推算法估计航线，所以10月7日抵达海洋中部会合点时，是在会合点以北约24公里处了，因此赶来接替护航的美国护航小组没能发现船队。船队继续前进，幸运的是，没有损失。

10月10日，英美护航运输船队的运转体系基本建立起来，美国海军负责掩护纽芬兰-海上会合点-冰岛段航线。

10月中旬，随着新一批潜艇的陆续到达，摩德布莱奈尔艇群的潜艇总数达到18艘。此时北大西洋上的船队活动也较为频繁，包括3支返回英国的船队和2支从英国出发的船队。英军通过破译密码得知，摩德布莱奈尔艇群分布于格陵兰东南部，因此他们对5支船队的航线进行了调整，使他们从艇群以南经过。但是10月12日和13日，布莱奇利庄园的密码破译遇到了困难，因此英国海军潜艇监视处只能依靠推断潜艇位置了。

10月15日凌晨，U-553号发现了SC-48船

■ 返航的德军潜艇在码头上受到热烈欢迎。

队，由50艘船只组成，由加拿大护航小组（1艘驱逐舰和7艘驱潜快艇）护航。启航后，船队遇到了一场暴风雨，有11艘商船掉队，另外加拿大“谢迪艾克”号驱潜快艇与船队失去联系，“哥伦比亚”号驱逐舰和两艘驱潜快艇试图将掉队者聚拢，这样为船队主体护航的就只有4艘驱潜快艇了。

U-553号报告船队位置后就发起了攻击，击沉两艘6000吨。邓尼茨指挥9艘潜艇赶来参战。当天白天，9艘潜艇都在U-553号的引导下向船队靠拢，英国密码破译终于又有了进展，了解到潜艇正准备向SC-48船队发起大规模攻击，于是立即调集冰岛基地的PBY和附近海域的英美军舰前去支持。同时正试图聚拢掉队船只的“哥伦比亚”号和两艘驱潜快艇都返回了船队。傍晚，“哥伦比亚”号发现了U-553号并发起反击，U-553号也向“哥伦比亚”号发射鱼雷，但未命中。

当晚，好几艘潜艇都在U-553号指引下向船队靠近。途中U-558号发现了掉队的加拿大船“温哥华岛”号，并将其击沉。U-568号发现了船队，击沉了1艘6000吨的英国船，随后就被英国“剑兰”号驱潜快艇击退。

16日，增援的军舰陆续抵达，首先赶到的是5艘美国驱逐舰，它们来自ON-24船队。紧接着是两艘英国驱逐舰，它们来自TC-14船队。最后赶到的是两艘英国驱潜快艇和1艘法国驱潜快艇，分别来自ON-25船队和冰岛，这样船队的护航舰总数达到了18艘（8艘驱逐舰，10艘驱潜快艇），这是北大西洋护航船队中护航舰的最高纪录，由美国海军第13驱逐舰中队司令雷欧·H.赛巴德（Leo H.Thebaud）统一指挥，但是他属下的美国驱逐舰情况非常糟糕，5艘驱逐舰中，只有1艘完成了正常检修，还有1艘的主炮曾经开过火，其他几艘甚至连机枪都没经过实弹射击，而且4位舰长都没有指挥驱逐舰的经验。这些中看不中用的护航舰与经历了两年战争磨练的德国潜艇对抗，实在令赛巴德担忧。

16日晚，潜艇再次向SC-48船队发起了攻击，U-553号耗尽了所有的鱼雷，击沉1艘巴拿马货船。U-558号击沉2艘，U-432号击沉2艘，其中1艘是挪威油轮“巴佛恩”（Barfonn）号，艇长舒尔茨描述击沉满载航空汽油的“巴佛恩”号时只见“船队中冒出一团巨大的火焰，伴随着火车轰鸣般的巨响，整艘船只都变成了一个向上暴涨的火球。油轮的油箱爆炸后产生的这团巨大火焰的底径几乎与船体的长度同样大小，向上则几乎触到了云端，整支船队都被这团火焰照亮了”。

混乱中，护航舰不停地转来转去，投下了许多深水炸弹，并发射照明弹试图发现潜艇，“剑兰”号驱潜快艇不知被哪艘潜艇发射的鱼雷击中，爆炸沉没，全体船员丧生。U-568号向正为了避免与驱潜快艇相撞而几乎将速度降到了零的美国驱逐舰“科尔尼”（DD-432，Kearny）号发射了鱼雷，鱼雷击中了“科尔尼”号右舷，炸死11人，炸伤22人，这是美军在大西洋海战中遭受的第一次伤亡。好在军舰在舰长安东尼·L.丹尼斯（Anthony L.Danis）和工程师罗伯特·J.埃斯林格（Robert J.Esslinger）指挥下控制住伤势，丹尼斯和埃斯林格因为挽救军舰的杰出努力获得海军优异服役十字勋章。随后“格利尔”号将“科尔尼”号护送回冰岛进行维修。

10月17日，英国第3护航小组加入到了SC-48船队，冰岛起飞的PBY也不断为船队提供护航。潜艇仍不放弃攻击，但却无法突破强大护航舰的警戒圈。1架PBY向U-558号投下炸弹，给潜艇造成了一些损伤。当日晚，U-101号击中了驱逐舰“布罗德瓦特”（Broadwater）号，驱逐舰遭到重创，只得弃舰。

SC-48船队总共损失9艘（其中3艘油轮），共计51000吨，此外“剑兰”号驱潜快艇和“布罗德瓦特”号驱逐舰被击沉，美国驱逐舰“科尔尼”号被击伤。

罗斯福积极利用“科尔尼”号事件来赢得公众对北大西洋运输船队提供护航的支持，同时要求废除中立法法案。10月27日，罗斯福宣称美国一直尽量避免卷入战争，但是“战争已经开始了，并且历史将会牢记是谁首先挑起了战争”。尽管此前希特勒曾声明要尽力避免与美国军舰发生任何冲突，但是U-568号并没有因为击伤“科尔尼”号而受到谴责。

在潜艇攻击SC-48船队后，邓尼茨将在大西洋上的20艘潜艇分为了三个艇群：摩德布莱奈尔艇群，该艇群的潜艇组成一直都很不稳定，邓尼茨将其中4艘向西调到了纽芬兰附近海域。此前出于政治原因，潜艇对于“美国海域”一直敬而远之，这次调动是U艇第一

■ 美军“科尔尼”号驱逐舰，是美军在大西洋海战中第一艘被德军潜艇攻击并遭受伤亡的军舰。

次故意公开闯入“美国海域”。英国通过密码破译获得了调动这些潜艇的命令，并通知了加拿大海军；拉尔斯沃尔夫（Reisswolf）艇群，由8艘潜艇组成，全都参加过SC-48船队之战，这个艇群取代了格陵兰岛东南部海域的摩德布莱奈尔艇群，英国密码破译注意到了这个艇群，并相应地对船队航线进行了调整；施拉格托德（Schlagetod）艇群，由9艘潜艇组成，分布于拉尔斯沃尔夫艇群东南方。

10月20日晚，施拉格托德艇群中的U-84号在爱尔兰以西约550公里处遇到了几艘船只，实际这是5艘大型快速商船和英国驱逐舰“克伦姆”（Croome）号、美国两艘海岸驱潜快艇组成的船队，邓尼茨考虑到无法保证施拉格托德艇群的其他潜艇可以在船队驶到岸基飞机航程之前赶到，于是在转发船队位置报告时，又特意说明，除非“确实有取得成功的把握”，否则不要追击这支小船队。这时，“兰普拉”（Ranpura）号因柴油机故障而被迫掉队，由快艇“赛南”号保护。其他船只的航速也由14节降到了11节，这使U-84号得以向船队靠近并发射2枚鱼雷，2枚鱼雷均未命中，听到爆炸声之后，船队又将航速提到了14节，这样“兰普拉”号和“赛南”号就掉队了。

U-123号正处于这支船队西北方约110公里处，艇长哈迪根认为确实有取得成功的把握，于是以最大速度向船队驶去。鉴于船

■ U-123号艇长哈迪根。

队加速行驶，将U-84号甩掉，邓尼茨下令取消攻击。只有U-123号在21日早上截住了船队，哈迪根准备从侧翼向第三和第四艘船发起攻击，但由于护航舰的阻挠，他只攻击了第三艘船“奥伦尼亚”（Aurania）号客轮，1枚鱼雷命中，造成了严重的损伤并使客轮陷入了混乱，还轻率地放下了1艘救生艇，实际船只的损伤并不致命，最后船长还是控制住了船只以8节的速度逃脱。U-123号徒劳地追踪其他船只后只得放弃攻击，向西驶向格陵兰岛。当天黄昏，U-123号瞭望发现SC-49船队，该船队包括20艘大型货船和油轮，由3艘驱逐舰、3艘驱潜快艇和PBY护航。当U-123号报告船队位置时，“惠灵顿”

（Wellington）号驱逐舰也发现了潜艇，并通知了PBY，PBY随即飞向潜艇并发起攻击，投下了4枚定深为15米的110公斤深水炸弹，深水炸弹在距离潜艇很近的地方爆炸，将艇员们吓得不轻，但没有给潜艇造成严重损伤。3艘驱潜快艇一直在这一海域来回搜索，迫使U-123潜入水下，直到整支船队安全驶过。

收到U-123号报告后，邓尼茨指挥施拉格托德艇群前去攻击，当晚U-82和U-203号发现了船队，U-82号小心翼翼地穿过护航舰警戒圈向船队发起了攻击，击沉了两艘英国船。“惠灵顿”号发现了潜艇，立即开炮并冲了过来，但火炮居然全部哑火，这才使潜艇躲过此劫。“惠灵顿”号投下了一些深水炸弹，均未命中目标，但却阻止了潜艇的再次进攻。

10月22日，岸防司令部派遣第120中队“惠特利”、PBY和1架B-24来为SC-49船队提供空中护航，不间断的空中巡逻阻止了潜艇和2架“秃鹰”飞机的进攻。严密的空中和水面护航力量，以及暴风雨的到来，促使邓尼茨下令停止继续追击这支船队。施拉格托德艇群花费了几天的时间追击两支船队，但战绩甚微，最终恢复了原来的航程，向着西北方向的格陵兰海域驶去。潜艇在追击时耗费了大量燃料，只有U-123号还可以继续进行巡逻。

我们处于战争之中

10月的最后一个星期里，北大西洋上几个不同海域的潜艇都发现了一些船队。第一份船队讯息报告来自U-74号，此时它正在驶向冰岛海域的途中。10月27日早上，U-74号就在爱尔兰以西约900公里处发现了ON-28船队，并报告了船队位置，船队似乎正向着格陵兰东南部海域驶去，而拉尔斯沃尔夫艇群就位于那一海域，于是邓尼茨命令U-74号继续追踪船队，但不要攻击，同时将拉尔斯沃尔夫艇群的5艘潜艇调到了截击位置。然而邓尼茨对此也并不乐观，因为此时不但天气恶劣，而且拉尔斯沃尔夫艇群5艘潜艇中，已经有两艘燃料所剩不多了。该艇群中的U-106号出航不久，就因巨大风浪将指挥塔上4名瞭望都卷到了海里，而潜艇就这样盲目航行了近一小时后才发现，潜艇返回搜索，但是并没有发现4人踪迹，这样艇长赫尔曼·拉什（Hermann Rasch）不得不亲自到指挥塔上站岗。

U-74号追踪ON-28船队整整1600公里，在该艇的指引下，拉尔斯沃尔夫艇群4艘潜艇发现了船队，但当潜艇开始攻击后，除了U-74和U-106号外，其他潜艇全被击退了。

10月30日清晨雾气很浓，U-106号趁雾气向船队发起了攻击，向两艘油轮分别发射了2枚鱼雷，1艘油轮未被命中，但另1艘却被2枚

■ U-106号艇长赫尔曼·拉什。

鱼雷击中。这艘9000吨的油轮是美国海军舰队油轮“盐沼”（Salinas）号，在驱逐舰“杜邦”（DD-152，Du Pont）号的护卫下，经过船长哈里·F.柯珀（Harley F.Cope）和船员们共同努力最终抵达了阿根细亚。U-106号艇长拉什在航海日志中写道，美国驱逐舰向U-106号进行了长达9个小时的深水炸弹攻击，给潜艇造成了严重损伤，潜艇尾部进了水，因此没能再次向船队发起进攻。

对ON-28船队的追击，是拉尔斯沃尔夫艇群的最后一次行动，3艘潜艇（U-73、U-502和U-568号）由于燃料短缺而返回法国。另两艘潜艇，U-77和U-751号则在格陵兰东南部准备加入新的斯多斯特罗普（Stosstrupp）艇群，U-74号和U-106号则继续向西追击ON-28船队，驶入了纽芬兰海域，ON-28船队中，只有“盐沼”号遭到攻击，其余船只全部抵达目的地。

几乎同时，施拉格托德艇群的9艘潜艇抵达了加拿大海域，并在纽芬兰东北部形成了一条巡逻线。其中4艘潜艇已经面临燃料短缺，仅仅只能执行几天巡逻任务了。U-123号被调到了丽人岛海峡附近，接替摩德布莱奈尔艇群搜寻附近的船队。此时，摩德布莱奈尔艇群已经南移，它们努力试图找到正驶向纽芬兰的ON-28船队，但也只是白费力气而已。U-123号的到来使得纽芬兰海域的潜艇总数达到了7艘，但是摩德布莱奈尔艇群的4艘潜艇中已经有3艘燃料不足，而第四艘，也就是U-109号则再次出现了机械故障。

■ U-106号艇员在潜艇内的工作场景。

■ U-106号艇员在潜艇内的生活场景。

新的艇群斯多斯特罗普将取代拉尔斯沃尔夫艇群，在格陵兰东南部执行巡逻任务。这一艇群最初将包括8艘潜艇，然而斯多斯特罗普艇群并没有真正形成。10月31日凌晨，U-552刚刚驶抵指定位置，就发现了HX-156船队，该船队包括44艘船只，由5艘美国驱逐舰护航。U-552号向1艘驱逐舰发射了2枚鱼雷，然后发送了船队位置报告。潜艇攻击的是驱逐舰“鲁宾·詹姆士”（DD-245，Reuben James）号，1枚鱼雷击中左舷，当时就把军舰撕成两半，船头爆炸后立即沉没了，船尾部分则漂浮了大约五分钟后沉没。另外4艘美国驱逐舰救起了45人，另115人失踪。“鲁宾·詹姆士”号是二战中被击沉的第一艘美国军舰。这次沉没事件引起了轰动效应，海军作战部长哈罗德·R.史塔克（Harold R.Stark）说道：“不管我们的国家承认不承认，我们已经处于战争之中。”罗斯福则抓住这个机会为进一步介入大西洋潜艇战寻求更多的支持，同时也希望增强废除中立法法案的努力。国会迅速作出了反应，但他们对于立法这件事情非常地慎重，经过激烈的争论之后，他们同意对中立法法案进行一些修正，11月7日和13日通过两项中立法修正案，允许美国运输船携带自卫武器进入交战海域，为英国运送物资，并对轴心国的袭击进行还击。11月17日，罗斯福总统签署这一法案。

U-552号击沉“鲁宾·詹姆士”号驱逐舰后继续追踪HX-156船队，此时附近只有两艘潜艇：U-96号和U-567号。11月1日早上，

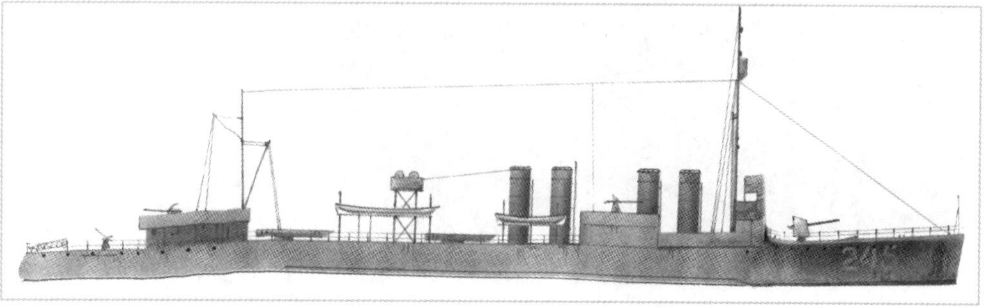

■ 美军“鲁宾·詹姆士”号驱逐舰，这是美军在大西洋上被德军潜艇击沉的第一艘军舰。

U-552号和U-567号再次向船队发起了攻击，但均未取得战果。同时，一个英国护航小组接替了美国护航小组的护航任务，随后英国驱逐舰“布克斯顿”（Buxton）号报告曾遭到潜艇的鱼雷攻击，但躲过了鱼雷并进行了反击，投下了16枚深水炸弹，随后失去了声呐讯号。德军两艘潜艇都没损伤，继续追踪船队，邓尼茨也派出了几架“秃鹰”飞机，但英国护航小组以及反潜飞机将德军潜艇和飞机全部逐退。

同时U-96号在赶往HX-156船队的途中遇上了OS-10船队，于是一面追踪船队，一面引导斯多斯特罗普艇群的潜艇赶来。由于斯多斯特罗普艇群的潜艇正沿着不同的方向追踪HX-156船队，因此邓尼茨决定解散斯多斯特罗普艇群，并派遣U-77号和U-751号加入到位于纽芬兰东北部的施拉格托德艇群，并更名为洛布里特（Raubritter）艇群。

摩德布莱奈尔艇群，即第一支深入“美国海域”巡逻的艇群，到10月底仍一无所获。由于英国海军通过密码破译对船队航线的调整以及反潜飞机的压制，在浓雾中苦苦搜寻的潜艇没能击沉1艘船只。根据邓尼茨的要求，潜艇巡逻线向东南进行了调整，以试图截击ON-28船队。但是摩德布莱奈尔艇群没能发现船队，艇群中的两艘潜艇由于燃料耗尽而被迫停止巡逻返回法国，另外U-109号由于机械故障也被迫返航。

■ 1941年4月7日U-552号潜艇即将离开圣纳泽尔港去大西洋。

10月31日，摩德布莱奈尔艇群只留下U-374号仍在纽芬兰海域，该艇也是第一次出航，此时已出航33天，燃料也所剩不多，而对ON-28船队徒劳的追击，已经到达了

■ U-552号艇长正在起草电报内容。

则完全是意外。10月，共有20支船队的900艘船只向东或向西穿过了北大西洋，德军潜艇仅对其中的一支展开了攻击，击沉了9艘货船共计51000吨，以及3艘护航舰（驱逐舰“布罗德瓦特”号、“鲁宾·詹姆士”号和驱潜快艇“剑兰”号），另外还击沉了5艘单独航行的船只，使本月北大西洋上的总战绩达到了17艘。面对德军潜艇的猖獗活动，英军进一步加强了护航，为驱逐舰装备新型的SC型雷达，并在护航中扩大警戒海域范围，以便及时发现德军潜艇；还开始将一些大型运输船改装成拥有飞行

纽芬兰的雷斯角（Cape Race）东南部约80公里的地方，正准备返回法国时，发现了英国货船“金·马尔科姆”（King Malcolm）号，随即发射了鱼雷，“金·马尔科姆”号被击中后30秒内就沉没了，根本来不及发出无线电警报，因此几个小时后，就有一支大型船队向着U-374号径直驶来了，这是由36艘船只组成的SC-52船队，由9艘加拿大护航舰护航，船队在驶过雷斯角后，英国海军部就命其航线调向了正北，显然这是为了让船队躲避曾追踪ON-28船队的潜艇，但是这样就使船队驶向了洛布里特艇群的巡逻线，而遇到U-374号

甲板的护航航空母舰，搭载战斗机以拦截德军的远程侦察机和进行反潜搜索；此外还装备了“雪花”照明弹，这种照明弹配有降落伞，发射后留空时间长，可以将船队周围照得如同白昼，并可保持好几分钟，使德军潜艇更加难以实施夜间水面攻击。由美国提供给英国的“利明顿”号驱逐舰安装了最先进的FH4型高频测向仪，舰载高频测向仪能测出40公里（25英里）外的无线电讯号，比雷达探测水面目标的5000米有效距离要强得多！从此后英国开始在越来越多的护航军舰上安装高频测向仪，成为盟国对抗德国潜艇最为

■ 德军潜艇正准备用甲板炮攻击一艘掉队的运输船。

有效的武器之一。德国海军对盟国侦听潜艇之间的无线电通信也有所察觉，尽管德国海军的技术专家认为不可能依靠高频测向仪来测定潜艇的准确方位，但邓尼茨仍下令潜艇严格限制使用无线电进行通信，在必须进行无线电通信时也对一些经常出现的情况（如报告最新方位、潜艇损伤情况等）都规定了由四字母组成的专门讯号组，同时要求采取快速频率转换和短脉冲发射电子压缩电报等措施，但这一切都没能阻碍高频测向仪发挥作用。

与英军相反，德军潜艇的破交不但没有加强，反而有相当数量的潜艇被派往执行其他任务，因此10月总战绩下降到击沉32艘15.7万吨。

11月1日，邓尼茨收到U-374号的船队位置报告，就命令其继续追踪船队，并在其他潜艇赶到之前不得攻击船队。此时在纽芬兰海域的除了洛布里特艇群8艘潜艇外，还有曾追击ON-28船队的U-74号和U-106号以及在丽人岛海峡巡逻的U-123号。

11月2日，U-374号继续追踪船队，但被加拿大驱潜快艇“布克塔赫”（Buctouche）号击伤，且燃料即将耗尽，所以艇长冯·费舍尔在95米深处躲过攻击后就只好返回法国。当日傍晚，U-123号发现了船队，报告了船队位置后就开始进行了长达9小时的追踪，在该艇引导下，11月3日凌晨，几艘洛布里特艇群的潜艇赶到并攻击了船队，U-202号击沉2艘6600吨，U-569号击沉1艘，U-203号击沉2艘10500吨。

英国海军部认识到SC-52船队的航线调整是个错误之后，史无前例地要求船队停止前进并调头返回，船队中已经解散的29艘船摸索着穿过浓雾缭绕的丽人岛海峡，驶入圣劳伦斯海湾，然后返回新斯科舍省的雪梨港。后来，这些船只又跟随SC-53、SC-54船队一起出航。9艘加拿大护航舰则继续按计划向东行驶，以会合预先指定的西向船队，这是战争期间北大西洋上惟一一次整支船队停止前进并返航的例子。

11月3日，U-74号在驶向SC-52船队的途中，又遇到了一支船队。邓尼茨指挥洛布里特艇群的U-84号以及3艘新抵达的潜艇赶去拦截。U-74号在浓雾中与船队失去了接触，加之在追击ON-28船队中消耗了大量燃料，因此只得返回法国。返航途中，发现并击沉了单独航行的8500吨英国船“诺丁汉”（Nottingham）号。

SC-52船队返航后，邓尼茨从遥远的纽芬兰海域撤出全部潜艇。为了节省燃料，洛布里特艇群4艘潜艇，都是依靠只开动单台柴油机向法国返航。包括U-106号、U-123号以及新到达的3艘潜艇在内，8艘燃料比较充足的潜艇在格陵兰南部海域组成了新的洛布里特艇群。但英国情报机构查明了该艇群的位

■ 正在大西洋上航行的护航船队。

置，对船队航线进行了调整。U-106号曾发现了船队的1艘护航舰，但没能充分利用这一线索进而发现船队。最后新组建的洛布里特艇群没能发现任何一支船队。随着潜艇燃料的日渐减少，这个艇群的规模也越来越小。

11月初，最高统帅部下达命令，8艘潜艇掩护袖珍主力舰“希尔海军上将”号、6艘潜艇掩护偷渡船、6艘派往地中海西部海域以阻止盟军在阿尔及利亚的登陆，这样一下抽出了20艘潜艇使邓尼茨感到非常沮丧，他在日记中写道，将潜艇调往执行这些任务，“对我们的整个事业有着不可估量的危害，意味着对北大西洋和直布罗陀护航船队的战争几乎被迫中止”。因此他飞往柏林直接向雷德尔表示抗议。

11月3日希特勒终止了“希尔海军上将”号的出击计划，最高统帅部随即解散冰岛附近的4艘潜艇，邓尼茨决定以这4艘潜艇中的U-43号和U-105号为核心，建立斯涛尔本（Steuben）艇群，攻击纽芬兰的圣约翰和康赛普森湾（Conception Bay）的盟军船只停泊点，必要时附近的4艘潜艇将提供支持。但最高统帅部要求邓尼茨将大西洋上每一艘做好战斗准备的VII型潜艇派往地中海，支持北非的地面部队，根据这一命令在很长一段时间内北大西洋航线上的潜艇数量将大为减少。

11月，北大西洋上的潜艇战几乎完全停止了。大约850艘商船编为东向或西向护航船队穿过了大西洋。德军潜艇击沉了SC-52船队的5艘船只，并迫使这支船队中途返航，还击沉了SC-53船队的2艘掉队船只和2艘单独航行的船只。东向船队没再遭受其他损失，10支ON船队没有遭到潜艇攻击，但其中4支船队遭到了猛烈的大风，一些船只在风浪中受损。U艇总共击沉12艘货船6.2万吨，为一年中最低。

12月9日，鉴于美军介入护航的程度越来越深，希特勒宣布取消对攻击美军舰艇的限制。12月11日，太平洋战争爆发三天后，德国对美宣战。对于德国而言，此时与美国宣战，还是太突然了，尚缺乏必要的准备。希特勒决定派遣潜艇前往美国沿岸袭击美国运输船只，但邓尼茨手中的潜艇一部分在地中海，一部分被调往北欧，准备应付英军对北欧的登陆，还要在大西洋上保留部分潜艇袭击英国的护航船队，实在没有力量再去攻击美国沿岸，因此直至一个多月后，才向美国沿海派出潜艇。

仅仅依靠少量水面舰艇护航的船队是难以有效抗击德军潜艇的疯狂攻击的，而出动大型舰队航空母舰，在潜艇威胁程度极大的海域为船队提供空中掩护也被事实证明是得不偿失的。因此英国海军一直在尝试能有一种造价低廉、建造简便的航空母舰来担纲

■ 盟军护航军舰正对潜艇实施猛烈而密集的深水炸弹攻击，图中白色涟漪就是深水炸弹爆炸所激起的浪花。

这一重任，最终就出现了以海军辅助船只或运输船改装的护航航空母舰，第1艘被投入使用的护航航空母舰是“大胆”（HMS Audacity）号，该舰是由被俘获的德国“汉诺威”（MV Hannover）号商船改建，排水量5500吨，载有6架飓风舰载型战斗机，1941年6月下水服役，1941年12月14日出海为HG-76船队护航，该船队由33艘运输船组成，护航军舰除“大胆”号外，还有3艘驱逐舰和9艘驱潜快艇。

12月16日德军侦察机发现HG-76船队，当晚海盗艇群的5艘潜艇就奉命向船队所在海域接近，准备实施攻击。

12月17日，德军U-107号、U-108号和U-131号3艘潜艇发现船队，并开始接近船队。从“大胆”号上起飞的1架“海飓风”战斗机发现了德军U-131号潜艇，立即开火射击，迫使潜艇下潜。接着5艘护航舰全速赶来，进行了长时间的深水炸弹攻击，迫使U-131号浮出水面，正在空中巡逻的英军战斗机对潜艇进行了攻击，却被潜艇甲板上的机枪火力击落，这是第二次世界大战中第一架被潜艇击落的飞机。但潜艇随即遭到了英军两艘驱逐舰的准确炮击，中弹多处，艇长只得下令弃艇。

12月18日，两艘英军驱逐舰发现并击沉了德军U-434号潜艇，而从“大胆”号起飞的战斗机击落了2架监视船队航行的德军侦察机。

12月19日，德军U-574号潜艇与船队发生接触，击沉了英军“史坦利”号驱逐舰，但很快就被赶来的英军“鹳鸟”号驱潜快艇击沉。U-108号则以火炮击沉了1艘运输船。当天下午，“大胆”号上的战斗机又击落了2架德军侦察机，但德军U-107号潜艇仍与船队保持着接触，并将另外4艘潜艇召唤来。

12月21日黄昏，船队周围频频发现潜艇踪迹，很明显晚上德军潜艇必将发动猛烈攻击，因此船队于天黑后不久改变了航向，试图规避潜艇截击，但未成功。入夜后，两艘德军潜艇突破护航舰的警戒，实施了攻击，但在护航军舰的全力掩护下，只击沉了1艘运输船，还付出了U-567号被击沉的代价。由于护航军舰全部在保护船队，“大胆”号单独在船队警戒圈外航行，被德军U-751号潜艇发现，U-751号对准“大胆”号进行了两次鱼雷齐射，一举将其击沉。

12月22日，船队进入英军岸基航空兵活动半径，得到岸基航空兵的大力支持，德军潜艇难以取得战果，遂停止了对船队的攻击。

此次破交战，英军损失护航航空母舰和驱逐舰各1艘，运输船2艘，击沉了德军潜艇4艘。尽管“大胆”号被击沉，但仍初步显示了护航航空母舰的作用，潜艇要突破护航航空母舰和水面舰艇的协同掩护，将要付出非常巨大的代价。护航航空母舰的出现，预示

■ U-107号潜艇指挥塔，右侧为艇长海斯勒（他是邓尼茨的女婿）。

着潜艇末日将要来临。

12月，北大西洋上的局势与11月大体相似，815艘船只向东或向西穿过了北大西洋，德军潜艇只击沉了4艘。

1941年最后4个月里，北大西洋上的潜艇破交是彻底的失败。其间，大约3700艘船编为80支船队，向东或向西穿过了大西洋。德军潜艇只对其中的4支船队进行了攻击。这4支船队全都是慢速船队，都由新组建的战斗经验不丰富的加拿大护航小组提供护航，总共击沉了42艘船共计约173800吨，外加12艘单独航行的或掉队船只，共计约60000吨，还击沉4艘护航舰。

相对于潜艇部队付出的代价来说，这点战果实在是微不足道，去年此时，少得多的潜艇取得的战绩要多得多。此外，德军击伤美国驱逐舰“科尔尼”号和油轮“盐沼”号，击沉“鲁宾·詹姆士”号，更是得不偿失，使罗斯福更轻易地促成中立法案修正案，使美国可以更加无所顾忌地加入到对潜艇的战争中。

整个1941年，德国海军以潜艇为主要破交兵力，潜艇主要采取夜间集群水面攻击的“狼群”战术，展开于大西洋上英美军防御薄弱的海域，集中兵力连续攻击，取得了不小战绩，全年共击沉运输船432艘，总吨位约217.5万吨，在作战中共损失潜艇24艘。由于德军逐渐将建造潜艇列为军事工业优先生产项目，使德军不但补充了潜艇在作战中的损失，而且数量大为增加，至年底潜艇总数更是高达236艘，其中完成战斗训练能投入实战的达90艘！

北大西洋上战绩甚微的情况使最高统帅部的战略家开始考虑，在对苏战争引起国内经济大衰竭的情况下，继续耗费大量的人力和物力资源支持潜艇破交战究竟有没有意义呢？邓尼茨坚持认为为数不多的潜艇出现在北大西洋上之后，虽然盟军的船队运输仍在继续，但是英国的进出口业规模已经大幅度缩减了，而且这种海上战争还牵制了英国大量的人力和物力资源，如果停止潜艇战的话，盟军同样可以将这些人力和物力资源转移到其他战场。此外，北大西洋上的巡逻任务还使德国新的潜艇人员累积了战斗经验，这些有一定经验的艇员将操纵1942年开始大批生产的新潜艇，给英国以毁灭性打击。

小结

1941年12月8日，美国正式参战，标志着为期28个月单独对英潜艇战的结束，这也成为了大西洋之战的一个重要转折点。在作小结前，我们首先有必要仔细分析一下有关数据。

在这28个月里，德军总共派出了153艘远洋潜艇，根据最新统计，这些潜艇击沉了1124艘英国和“中立国”的船只，共计约530万吨，其中包括28艘军舰（两艘航空母舰、两艘主力舰、1艘护航航空母舰、两艘轻巡洋舰、9艘驱逐舰、3艘炮舰、6艘驱潜快艇和3艘潜艇）。

被轴心国潜艇击沉的530万吨船只对盟军来说无疑是一个沉重的打击，但很少有资料提及，英国在此期间通过多种途径弥补了损失的530万吨商船。其中英国船厂新建了20万吨新船，此外他们还通过没收、购买和借用等手段从轴心国和一些结盟的“中立国”获得了约40万吨的商船（其中包括从挪威获得的180艘船，从希腊获得的156艘船，从荷兰获得的147艘船以及征用或“捕获敌军的”137艘船）。实际上，在此期间英国控制的商业海运力量得到了增强，由1780万吨的3000艘船变成了20700万吨的3600艘船。

还有数据提到大量的同盟国油轮在此期间被潜艇击沉，因此英国出现了“石油危机”。而实际上，轴心国潜艇击沉的同盟国油轮数目总共只有117艘936777吨，其中76艘是英国的。而同时期英国船厂新建了37艘新油轮共计约365000吨，还获得了挪威、荷兰、比利时以及其他一些国家的200艘油轮。除此之外，美国为美国海域的英国“过往船只加油站”提供了50艘油轮，还授权美国（和巴拿马）公司可以向战区的英军租借油

■ 德国潜艇正在对同盟国运输船进行攻击。

轮。由于上述的种种措施，1941年底英国油轮的规模实际上大大增加了。加之汽油的限额分配以及其他一些节约燃料的措施，英国并没有出现真正的石油危机。

然而，英伦各岛的进口业仍然呈大幅下降趋势，从1939年的6000万吨下降到了1940年的4500万吨，最后到1941年的3100万吨。到1941年底，英国绝大多数商品和食物已开始实行限额分配。

除去被潜艇击沉或击伤的商船以外，还有许多其他原因也导致了英国进口的急剧下降，如大量船只被调往执行军事任务、船只在组建船队时也或多或少地会被耽搁、一些船只和海港遭到了德国空军的轰炸或是被水雷炸毁、地中海航线被迫取消、英国卸载和货物分配系统的效率很低等。

U艇部队也付出相当大的代价，1941年9月到1941年12月31日，在大西洋上有49艘远洋潜艇沉没，英国救起并俘虏了828名艇员（占损失艇员2150名的39%）。在地中海损失了5艘潜艇，因此，在波罗的海以外的各战场共损失54艘。德军总共损失2400名艇员（其中947人被俘）全是战前潜艇部队的精英。此外，还有11艘小型潜艇被击沉。

现在还不好说究竟谁是大西洋之战的赢家，由于英国得到了美国的许多帮助，因此从长远意义上来说，他们已经为潜艇战的胜利打好了基础，但是就目前来说，恐怕还要经历很长的一段困难时期。英国还没有击败德军潜艇，但是已经采取了一些必要措施，能够保证自身不被击败。实际上，德国和英国都没有为大西洋之战做好必要的充分准备。战争开始之后，双方都没能采取具有决定意义的措施，都犯了一些错误和疏忽。让我们来回顾一下这些错误和疏忽，这可以帮助我们了解这一阶段的潜艇战。

英国方面开战之前，多数民众以及政府都持有平和的反战态度，这为希特勒废除凡尔赛和约以及同英国签订双边海军协约创造了条件，而德国就是利用这个条约建立起一支潜艇部队。鉴于一战中英国所吸取的教训，这不能不算是一个非常不幸的巨大错误，但是考虑到20世纪30年代经济不景气的状况，以及民众的低沉情绪，这种错误还是难免甚至是不可避免的。

20世纪30年代末，英国面临着再次迎接潜艇战的可能，但英国政府并没有采取充分措施为这场可能的战争做好准备。英国海军部还沉浸在一战中护航船队体制带来的胜利喜悦之中，同时他们对于声呐过于自信，认

■ 被德国潜艇击中的油轮冒出冲天浓烟。

为可以探测到潜于水下的潜艇，因此他们忽略了在大西洋更加开阔的海域进行反潜战争所必须的士兵训练和武器准备。由此产生的结果是，战争开始时，英军并没有足够的水上和空中护航力量为船队提供护航，也没有足够的反潜装备。当发现护航主力的1000吨狩猎级驱逐舰并不符合标准后，英军就不得不转而主要依赖航速较慢的驱潜快艇了，而驱潜快艇是专用于执行近海护航任务的，武备并不充分，船体也不适于在波涛汹涌的开阔海域执行任务。岸防司令部并不是皇家空军的宠儿，直到相当长一段时间之后，才划归英国海军部掌控，而此时它还不具备执行护航任务所必须的人员和装备。除去对岸防司令部的漠视之外，英国海军部没经过仔细考虑，就把部分最有价值的反潜资源用到了其他方面，如1939年的主动攻击潜艇行动、1940年春企图占领挪威以及1941年企图占领希腊，在这些行动中损失了不少宝贵的军舰。

英军没有料到法国会如此迅速地陷落。然而1940年夏法国投降后，德军潜艇转移到大西洋沿岸法国沦陷区基地时，英国并没有采取措施进行阻止。如果战时内阁指挥皇家空军的轰炸机集中主要力量轰炸这些基地的话，毫无疑问，完全可以阻止德军建造这众多的潜艇洞库。比斯开湾是德军的“咽喉”，所有进出法国海港的潜艇都必须驶过这一海域，但英军却没有在这一海域进行有效的反潜空中巡逻。对法国潜艇基地和比斯开湾的忽略是1941年英军的两大疏忽。

英军对德军埃尼格码的破译是在情报方面取得的重大胜利，然而这也是一把双刃剑，英军利用破译的密码讯息躲避潜艇攻击保全商船的同时也大大降低了猎杀潜艇的速度。

到1941年底，多数潜艇都是在追踪或攻击船队的过程中被击沉或击伤的。英军采取的“躲避”战略大大降低了潜艇和护航船队相遇的机会，因此也相应地降低了猎杀潜艇的几率。1941年全年，英军反潜部队仅仅击沉了30艘远洋潜艇，平均每月2.5艘，而德军平均每月可以建造15艘新潜艇。还有许多历史学家认为英国在1940年12月份的英美埃尼格码讯息交流中的不诚恳，甚至1941年也没将破译埃尼格码的方法告知美国，是英国的另一个失误。英国费了很大力气才找到合适的机构和技师来生产三转子“炸弹”（就是破译密码的计算器），就更不用提新一代的四转子“炸弹”了。为此，他们在此后不久曾长时间地失去了埃尼格码讯息。然而美国拥有可以生产这两种“炸弹”的机构和技师。如果英国早一些把“炸弹”的生产技术告知美国的话，可能美国的专业生产机构会知道该怎么做，就可以缩短破译埃尼格码情报的时间了。

■ 反潜飞机投下的深水炸弹入水前的瞬间。

尽管不久就意识到岸防司令部的陆基飞机在反潜巡逻中的表现非常出色，即使仅仅在船队驶过某一海域或是水面战舰赶来之前迫使潜艇下潜，作用也是很大的。但是1941年英国战时内阁还是认为轰炸德国城市要比岸防司令部的反潜任务重要，因此岸防司令部还是缺乏合适的反潜飞机型。还有性能稳定的炸弹，爆炸力更强的铝末混合炸药弹头和浅定深（7.5米）爆炸引信的深水炸弹，以及高亮度“利光”探照灯（Leigh Light）的研制也都推迟了。

加拿大是潜艇战中英国的一个主要支持者，这支年轻的海军需要更多的呵护，但却遭到了很多的诽谤和蔑视。如果英国海军能够更早地向加拿大海军提供更先进的护航舰、电子设备以及武器装备，并对其进行护航和反潜充分训练的话，无疑加拿大完全可以同英国一样出色地完成护航任务，甚至比英国还要更加出色一些。

德国方面，希特勒认为进攻波兰时，英国和法国不会进行军事干涉，但是他错了。希特勒推迟进攻英国，而首先征服苏联又是一个致命的错误，进攻苏联抢占了建造潜艇的人力和物力资源。希特勒不仅没有为潜艇的增长提供有力帮助，还坚持把大量潜艇调往挪威、北极以及地中海海域。1941年底，潜艇部队中有大约三分之一（30艘）被调往了上述海域，大西洋上只剩下64艘，根本不足以发动任何具有决定意义的行动。邓尼茨认为潜艇部队应该将最大力量集中在加拿大和英国之间的北大西洋护航线上的观点无疑是正确的。

1941年仲夏之前，意大利的31艘远洋潜艇一直驻扎在波尔多。对意大利潜艇的运用

■ 希特勒正在视察海军部队，当U-30号意外击沉“雅典娜”号后，英国对柏林方面所谓的“限制性”潜艇战进行嘲讽，希特勒要求潜艇继续遵守这些复杂规则进行限制性潜艇战已经没有什么意义了。

也是一个错误，正如邓尼茨所分析，这些潜艇和艇员都不适合在北大西洋参战。如果早一些把意大利潜艇派往亚速尔群岛、加那利群岛、佛得角群岛以及西非海域的话，无疑可以取得好得多的战绩，也能迫使英国把大批反潜力量派往南部海域，可以进一步降低北大西洋海域本来就不充足的反潜力量了。

希特勒试图通过协商迫使英国退出战争，为了避免再发生类似于“卢斯坦尼亚”号事件，他为潜艇战设立了一系列复杂的规则和限制，这些规则大大降低了潜艇的效率，增加了风险性，也是战争第一年中潜艇损失率较高的原因之一。U-30号意外击沉“雅典娜”号，伦敦可以理直气壮地表示愤怒，并对柏林方面所谓的“限制性”潜艇战进行嘲讽。此时人们已普遍认为德国进行的就是野蛮的“无限制”潜艇战，因此希特勒要求潜艇继续遵守这些复杂规则进行限制性潜艇战已经没有什么意义了。

邓尼茨也有错误，他不该坚持要求把绝大部分资源用于建造中等规模的VIIC型潜艇，这种潜艇的功能被夸大了。最初设想可以派遣VIIC潜艇以小组或“狼群”的形式攻击北大西洋上的护航船队，但这种型号的潜艇并不适于远距离作战，在没有现成的备件、燃料、鱼雷、食物以及淡水补给的情况下，也不适于在北大西洋远海执行任务。此外，VII型潜艇的内部过于拥挤，空间过于狭窄，并不适于持续作战。考虑到VII型潜艇持续作战时容易出现柴油机故障，如果安装第三个柴油机，性能将可能会有很大改善。安装3个柴油机之后，其中一个出现故障之后，VIIC型潜艇还可以依靠另外2个而保持速度。第三个柴油机的加入将不可避免地增加VIIC型的艇长，而这又可以相应地增加燃料容量，还可能使最高航速增大一到两节。

邓尼茨还高估了单艘或集群潜艇发现、追踪和攻击护航船队的能力。为了躲避英国的反潜力量，北大西洋航线上的潜艇被迫撤到了远海，此时潜艇在搜寻船队时要通过肉眼和旧式雷达搜寻的海域面积成倍增大。为了解决这一困难，邓尼茨要求获得大批航程较远的德国空军侦察机。1941年驻扎在法国和挪威的“秃鹰”飞机不仅数量太少而且来的也太迟了，飞行员们并没有接受足够的导航和通信培训。在没能获得精确的船队位置的情况下，邓尼茨被迫采取“巡逻线”方法搜寻船队，就是将一组潜艇（或称“艇群”）排在一条直线上，相邻潜艇之间相距约24公里。组织潜艇巡逻线以及对巡逻线进行变动时都要收发大量的无线电讯息，因此就为英军提供了大量可推测的讯息，为密码

■ 邓尼茨也有错误，他不该坚持要求把绝大部分资源用于建造中等规模的VIIC型潜艇，这种潜艇的功能被夸大了。

■ 在大西洋护航战中海图也是不可忽视的重要因素。

破译提供了极大帮助。此外潜艇巡逻线太长了（12艘潜艇组成的巡逻线约长265公里），因此潜艇发现船队后，相距很远的那些潜艇难以及时赶到，因此多数情况下，“护航队大战”的第一天，只有巡逻线中的少数几艘潜艇参战。

在人们的印象中，U艇一直在不断地向一支支船队发动攻击。然而事实并非如此，在战争初期28个月里，近900支大西洋护航船队从英国出航，而U艇仅仅对其中19支船队发动攻击时取得的战绩较为可观（经确证，损失船只数达到6艘及其以上）。期间，英国的生命线上，共有12057艘船只以护航船队的形式穿过大西洋抵达英国，仅有291艘被U艇击沉，损失率仅2%。

令人惊讶的是，德国的机械工业并没为潜艇提供安全、高效而又性能稳定的电子装置和鱼雷，但这些至关重要。德国海军的科学家和工程师们对雷达技术也不重视，尤其是没为潜艇装配小型化的厘米波长雷达。如果德军能够更早日采用这些重要探测装置的话，他们或许就可以在夜间和能见度很差的

■ 英军飞机、潜艇协同进行反潜巡逻。

■ 正在破浪疾行的德军潜艇，这张照片在战争期间作为德军潜艇的典型写照被德国宣传机构多次刊登。

白天更有效地搜寻到船队并向其发动攻击，防止装有雷达的敌方军舰和飞机的突袭。毫无疑问，如果当初能够认真研究电子技术的话，就可以更早地获得一些关于各种波长的雷达探测器的知识，这样就可以更有效地反抗盟军的搜索雷达了。开战之前，海军工程师们没能对空中和电鱼雷进行彻底检查，发现所存在缺陷的事实已经不需要再进行过多讨论了，但是直到1941年底，鱼雷却仍然存在着严重缺陷。

德军不仅低估了英军的雷达研制能力，还低估了他们根据无线电讯息准确探测出潜艇位置的能力。到1941年底，英国已经建立了高频测向网，可以提供关于潜艇位置的可靠讯息，此外他们还为一些军舰安装了小型化的高频测向仪。德国几乎没有发展高频测向技术。

德国还低估了罗斯福总统和美国通过各种渠道支持英国的意愿，低估了美国能以惊人速度生产各种船只和军舰的能力。邓尼茨非常傲慢地认为美国庞大的造船计划不过是“做做宣传”而已，同时他还几乎不加鉴别就相信U艇宣称的战绩，而通常这个宣称的战绩都已经有意无意地被夸大。这几个错误判断都掩盖了海军实力的真正变化，潜艇的战绩被夸大了，而英美两国生产船只的能力却被贬低了。因此，在德国人看来，他们所取得的胜利要比实际胜利大许多倍。

经过上述分析，我们可以得出到1941年底，德国潜艇击败英国的可能性还是微乎其微。尽管“狼群”战术也取得过暂时的成功，但总体上来看，还是一个失败，VII和IX型潜艇也不适于在大西洋上进行这种潜艇战。由于上述诸多原因，潜艇在各个海域取得零战绩（巡逻过程中没有击沉任何敌船）的频率也很高。

然而U艇英勇无敌的形象已经二度深入人心了。丘吉尔宣布英国进入大西洋之战状态，从而把英国所有的反潜力量都集中到解决潜艇问题上，这是一个很正确的做法，这个口号比预期更加迅速地产生了影响。

■ 正在海上巡航的德军潜艇。

1939年至1941年经由北大西洋航线驶往英国的重要货船船队情况一览表

顺利抵达目的地的船只数目和对敌战争中损失的船只数目①

时间	哈利法克斯船队	新斯科舍省悉尼船队	塞拉利昂弗里敦船队	总计
1939年				
9月	8	无	3	11
10月	63(3)	无	90	153(3)
11月	159	无	109(2)	268(2)
12月	187	无	81	268
总计	417(3)	0	283(2)	700(5)
1940年				
1月	173(1)	无	86	259(1)
2月	162(2)	无	89	251(2)
3月	264	无	77	341
4月	287	无	79	366
5月	301	无	73	374
6月	336(7)	无	101	437(7)
7月	355(5)	无	185	540(5)
8月	489(17)	40(3)	206	735(20)
9月	260(14)	130(9)	137(1)	527(24)
10月	319(20)	155(25)	152	626(45)
11月	261(4)	94(7)	155(1)	510(12)
12月	218(15)	89(2)	161	468(17)
总计	3425(85)	508(46)	1501(2)	5434(133)
1941年	170(1)			
1月	199(6)	73(6)	131(1)	374(8)
2月	300(13)	108(5)	149(2)	456(13)
3月	307(15)	无	148(12)	448(25)
4月	347(13)	无	128	435(15)
5月	306(6)	无	164(1)	511(14)②
6月	297	77	82(10)	465(16)
7月	471	115	56	468
8月	275	97	45(6)	613(6)
9月	263(1)	238(24)	45(7)	558(31)③
10月	218	256(11)	50(2)	569(14)
11月	207(1)	235(7)	91	544(7)
12月	3360 (56)	213(3)	62	482(4)
总计	7202(144)	1412(56)	1151(41)	5923(153)
合计		1920(102)	2935(45)	12057(291)④

①数据来源：以护航船队的形式抵达目的地的船只数目来自于1939年9月到1941年12月英国每月的反潜报告，这些数据应该是比较准确的。括号内的船只损失数据来自于不完整的战士记录，可能不很准确。这里的船只损失数据（也包括护卫舰在内）节选自罗沃的《轴心国潜艇战绩》（Axis Submarine Successes）。需要注意的是这些数据并不包括单独出航的船只损失。

②从U-110上捕获埃尼格码密码机。

③美国开始为北大西洋护航船队提供护航。

④总体船只损失率约为2.4%。

1939年9月至1941年12月船只损失达六艘或六艘以上的盟军护航船队一览表①

时间	护航船队编号	损失船只数	吨位
1940年9月	哈利法克斯72号（HX-72）	11	72737
1940年10月	7号慢速护航船队（SC-7）	20	79646
1940年10月	哈利法克斯79号（HX-79）	12	75063
1940年11月	11号慢速护航船队（SC-11）	7	24601
1940年12月	哈利法克斯90号（HX-90）	10	65064
1941年1月	19号慢速护航船队（SC-19）	6	34724
1941年2月	288号外航船队（OB-288）	8	42282
1941年3月	塞拉利昂68号（SL-68）	7	38003
1941年4月	26号慢速护航船队（SC-26）	11	53908
1941年5月	318号外航船队（OB-318）	7	39255
1941年5月	哈利法克斯126号（HX-126）	9	54451
1941年6月	哈利法克斯133号（HX-133）	6	38269
1941年7月	直布罗陀69号外航船队（OG-69）	9	25300
1941年8月	直布罗陀71号外航船队（OG-71）	10	15185
1941年9月	42号慢速护航船队（SC-42）	19	73574
1941年9月	44号慢速护航船队（SC-44）	7	26700
1941年9月	塞拉利昂87号（SL-87）	7	33290
1941年9月	直布罗陀73号归航船队（HG-73）	10	25818
1941年10月	48号慢速护航船队（SC-48）	11	53208
总计	19支护航船队	187	871078

①总计击沉了归航船队的153艘敌船，击沉了出航船队的34艘敌船。

1940年6月至1941年12月U艇艇型

V80

艇长	22.05米	艇宽	2.1米
吃水	3.2米	排水量	73吨（水上）/ 76吨（水下）
航速	28节（水下）	续航力	50海里/28节（水下）
动力装置	2500马力闭合环路柴油/涡轮发动机		

早在1934年10月，一项潜艇研究计划被提交到德国海军司令部——德国杰出的工程师沃尔特（Helmuth Walter）博士决心研制一种新型潜艇，该艇采用闭合环路柴油/涡轮发动机，通过对海水进行氧化处理，将过氧化氢与油料混合燃烧推进。其排水量为300吨，大致与IIA型潜艇相当，然而其水面最大航速竟达到26节，水下最大航速更是达到了30节。在拥有非凡航速的同时，潜艇的续航力同样卓越。在以15节航速航行时，其最大航程为2500海里（水面）或500海里（水下）。相比之下，当时的IIA型潜艇的水面最大航速仅为13节，水下仅为6.9节。更重要的是，采用这种设计的潜艇可实现不依赖空气推进，故而无须因为充电而在水面长时间停留。这个看起来疯

狂的计划几乎当即被德国海军司令部拒绝，但沃尔特博士并未因此而放弃。1937年，沃尔特博士将修改后的计划再次提交给当时任德国海军潜艇部队训练舰队司令的邓尼茨，这次引起了邓尼茨的注意。在后者的积极推动下，一项专门用于试验用途的小型试验潜艇的计划得到批准，设计代号为V80。潜艇的建造是在德国基尔日耳曼尼亚造船厂内秘密进行的，首艘试验艇于1940年4月14日下水，沃尔特博士亲自参与了潜艇的试验工作，试验结果非常令人满意。V80潜艇的水下航速曾一度达到了28节，这已经轻而易举的打破了当时潜艇水下航速的记录。

VIID

艇长	76.9米	艇宽	6.38米
吃水	5.01米	排水量	965吨（水上）/ 1080吨（水下）

航速　16.7节（水上）/ 7.3节（水下）

续航力　11200英里（水上，10节）/ 69英里（水下，4节）

动力装置　2台1600马力柴油机，2台375马力电动机

武器装备　5具鱼雷发射管（艇首4具/艇尾1具），1门88毫米甲板炮，1门20毫米防空炮，15枚SMA水雷

艇员　46—52人

VII系列中的VIID型艇是一种布雷艇，在VII基本型的基础上艇长增加了将近10米，以容纳5个垂直安装的水雷布放管。此外，增加的艇长带来的多余空间也使潜艇能够容纳更多的燃油，或更多的冷藏食物。尽管航程增加了，但潜艇纵向尺寸增加带来的排水量的增加也降低了航速和操纵性能。VII型艇的鱼雷发射管和甲板炮则在VIID型艇上得以保留。

VIID型潜艇总共只建造了6艘（U-213—U-218），其中5艘在大战中被击沉，只有U-218是在战争结束后向盟军投降的。

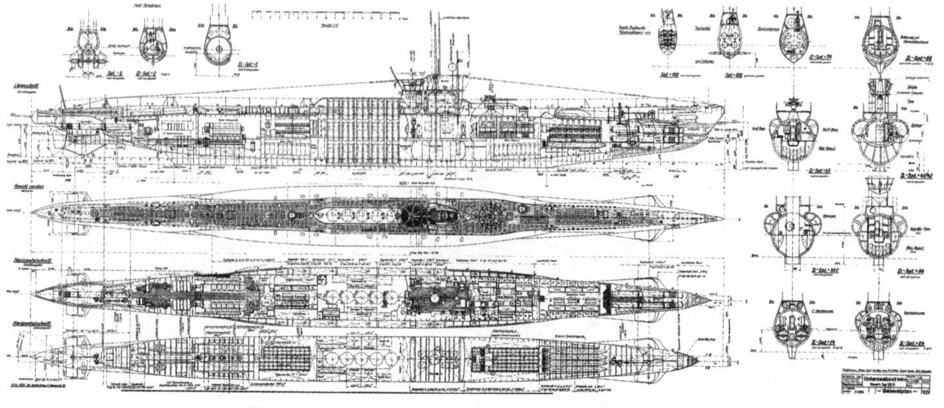

VIIF

艇长	77.63米
艇宽	7.3米 吃水 4.91米
排水量	1084吨（水上）/ 1181吨（水下）
航速	17.6节（水上）/ 7.9节（水下）
续航力	14700英里（水上，10节）/ 75英里（水下，4节）
动力装置	2台1600马力柴油机，2台375马力电动机
武器装备	5具鱼雷发射管（艇首4具/艇尾1具），不设甲板炮
艇员	46—52人

作为一种补给潜艇，VIIF潜艇和VIID型艇类似，但可多携带24枚鱼雷以及更多的食物对远洋作战的一线潜艇进行物资补给。该型潜艇一共建造了4艘（U-1059—U-1062）。

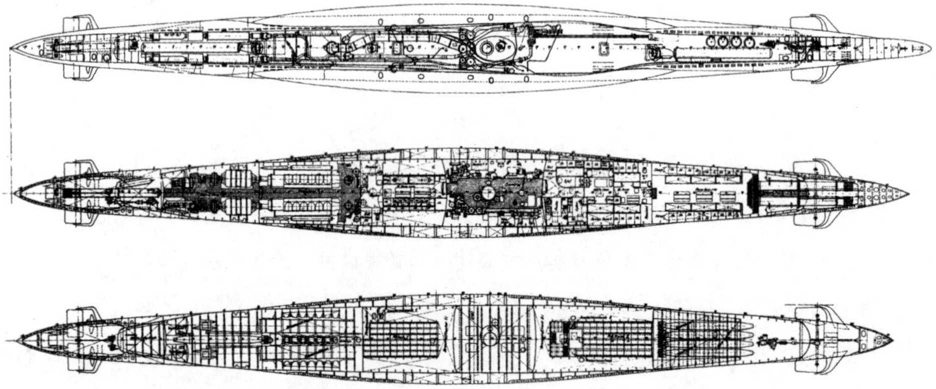

■ VIIC型潜艇结构线图。

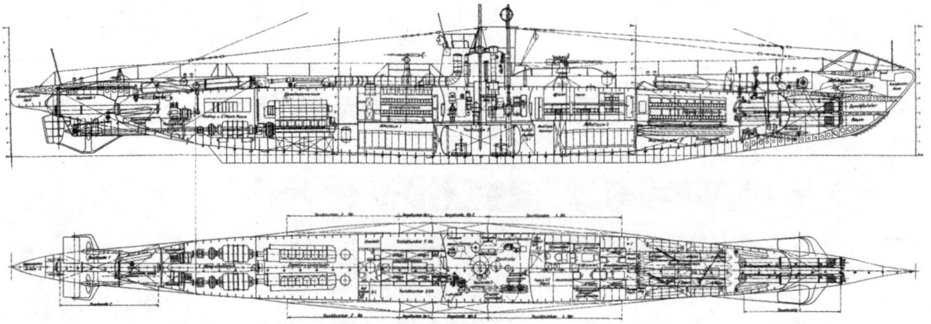

■ VIIB型潜艇结构线图。

第九章 西非与地中海

出征西非

1941年夏末出征西非获得的战绩非常可怜，德军潜艇部队本身也存在缺乏补给船支持的弱点，而西班牙则迫于英国的外交压力不向德国开放加那利群岛，但这些都不能动摇邓尼茨将潜艇继续派往西非海域活动的决心，他认为潜艇在南大西洋海域出现，将迫使英国从其他海域调集反潜力量到这一海域，并威胁英国通过好望角驶往埃及和中东地区的航线。于是1941年秋，又有两群共8艘潜艇驶向弗里敦海域。

第一艇群的战绩非常微小，邓尼茨认为英国船只很可能在美国保护海域航行，因此派遣U-66和U-111号进入赤道以南的南大西洋。在那里U-111号击沉了两艘单独航行的大型货船，其中一艘是驶往埃及的5700吨荷兰船，另一艘是驶往英格兰的8400吨英国船（艇长克莱恩史密特为这两艘船只的幸存者提供了巧克力、香烟以及白兰地酒）。U-66号击沉了7000吨的巴拿马油轮“I.C.怀特”（I.C.White）号。留在西非海域的U-108号和U-125号没有任何收获。

第二艇群运气要好一些。9月21日，邓尼茨的女婿君特·海斯勒指挥的U-107号发现了SL-87船队，这支船队包括11艘运输船，由5艘缺乏训练、装备陈旧的护航舰护航。海斯勒发送了船队讯息报告后，邓尼茨指挥他继续追踪护航船队并引导其他3艘潜艇赶来。首先赶来的是U-68号，9月22日凌晨，2艘潜艇联手向船队发起了进攻，U-107号发射的4枚鱼雷不是没有爆炸就是没有命中，不久一个柴油机又出现了故障，被迫撤出战斗进行维修。U-68号发射3枚鱼雷，宣称击沉了2艘货船，实际仅重创了5300吨的英国货船“银色丽人”（Silverbelle）号。

护航舰发射了一些照明弹，却没有进行有组织的反击。5艘护航舰中的3艘都爱莫能助地守在受损的“银色丽人”号周围，逐渐掉队。英国海军部发现了这一情况便下令“格莱斯顿”号和“栀子花”（Gardenia）号驱潜快艇向前赶上船队，由自由法国的小型扫雷船“杜波克少尉”（Commandant Duboc）号拖带“银色丽人”号继续前进。一个星期后，“杜波克少尉”号的燃料即将耗尽，被迫带着“银色丽人”号的船员返回弗

■ U-68号潜艇向意大利的一艘船只运送补给。

里敦，而任由“银色丽人”号浮在水面上。

23日傍晚U-103号赶上了护航船队，天黑后便发起攻击，连续发射了5枚鱼雷，击沉两艘船共计10600吨。护航舰虽然救出了船员，但却没对潜艇进行还击。“栀子花”号的燃料所剩无几，被迫返航，只剩下3艘护航舰护送8艘商船继续前进。当夜，U-68号向船队靠近准备进行第二次攻击，发射了2枚鱼雷，均未命中。这时艇长迈尔顿发现电池电量已经不多了，潜艇无法下潜，只好停止进攻，撤出战斗对电池充电。

最后赶到的是U-67号，该艇自1941年1月22日服役后，一直是作为技术研究试验，还没有进行真正的战斗，艇员们非常渴望能有机会参战。但在接近船队，准备发起进攻时，主沉浮箱的气体阀门坏了，再加上其他一些故障，潜艇工程师报告已经不适于下潜，但艇长米勒·斯托克海姆（Guenther Mueller-Stoeckheim）不为所动，仍坚持发起进攻，发射3枚鱼雷击沉了1艘3800吨的英国货船。

9月24日凌晨，U-107号故障排除后，再次赶上了护航船队。在这第二次攻击中，击沉3艘货船共计13600吨。随后报告该船队只剩下1艘货船，邓尼茨遂下令停止攻击。实际上4艘潜艇仅击沉了船队11艘船只中的6艘，共约28000吨。第7艘船，也就是“银色丽人”号，仍然挣扎着浮在水面上。而其他4艘货船在3艘护航舰的保护下抵达了英国，此次护航战中，护航舰因为没能做好充分准备而未向潜艇发动有效反击，所以遭到了严厉批评。

■ U-68号艇长卡尔·弗雷德里希·迈尔顿。

完成攻击后，4艘潜艇又分散开，U-103号和U-107号驶向了弗里敦海域，由于英国情报机构对船队航线进行了巧妙调整，这2艘潜艇都没能再击沉任何船只。U-67号和U-68号则因为有船员得了传染病和鱼雷耗尽而被迫停止战斗巡逻。邓尼茨命令这2艘潜艇赶去与正由南大西洋返航的U-111号会合，如果患病船员不能得到有效治疗的话，就随U-111号返回法国。同时，U-68号从U-111号上补充鱼雷。这样，U-67号和U-68号就都可以继续驶向南大西洋了。

邓尼茨安排这3艘潜艇的会合点是很偏僻的葡萄牙佛得角群岛圣安塔奥岛的塔拉法尔湾（Tarafal Bay，Santo Antao）。英国破译了关于会合的电报，随即派出“江河”级（River Class）潜艇“克莱德河”（HMS Clyde）号前往伏击。从战术角度来说，英军此次行动的风险性非常大，因为到目前为止，德军潜艇还没有到过佛得角群岛，如果德军潜艇首次在塔拉法尔湾会合就遭到攻击，无疑将引起德军对埃尼格码的怀疑。

9月27日晚，U-68号和U-111号按时抵达了塔拉法尔湾，并排停靠在了离海岸约180米处，U-68号艇员将U-111号的4枚鱼雷转到了自己潜艇上，两位艇长都对会合点陌生而局促的海域深感不安，午夜时分，两艘潜艇都驶向了深海，打算第二天晚上再与U-67号会合。

与此同时，英军“克莱德河”号潜艇浮上水面开始侦察塔拉法尔湾的状况，瞭望发现了U-68号之后，艇长戴维·英格拉姆（David Ingram）准备用艇首鱼雷向其进攻。就在发射鱼雷之前，又发现了U-111号，英格拉姆以为U-111号正向“克莱德河”号撞过来，因此停止攻击U-68号，转而对付U-111号。而实际上U-111号发现“克莱德河”号之后，并没有选择撞击，而是迅速下潜。结果“克莱德河”号就从U-111号正上方驶过了，两艇之间仅相隔几厘米！U-111号从视野中消失后，英格拉姆又回头准备攻击U-68号，而此时的U-68号对“克莱德河”号仍一无所知，“克莱德河”号向U-68号发射全部6枚艇首鱼雷，U-68号及时发现了鱼雷航迹，规避鱼雷后急速下潜，鱼雷均未命中，有2枚击中了远处海岸后爆炸。随后U-68号、U-111号和“克莱德河”号都潜到了水下，“克莱德河”号一面重新装填鱼雷一面利用声呐搜寻目标。这时U-67号也赶来了，听到2枚鱼雷爆炸，感到非常困惑，不过还是谨慎地迅速潜到了水下，声呐探测到了螺旋桨的声响，但是潜望镜却没发现任何情况，于是艇长决定小心翼翼地浮上水面，撤退到开阔海域。U-67号浮出水面不久，就发现艇首左侧有一个“追踪者”——正是“克莱德河”号，此时已经重新装填了鱼雷。“克莱德河”号也同时发现了U-67号，艇长英格拉姆立即指挥潜艇向它撞去，U-67号一看情况不妙，全速后退，并尽力调转航向，但已经来不及了，艇首被“克莱德河”号艇尾猛然撞上，“克莱德河”号并无大碍，U-67号艇首扭曲，4个艇首鱼雷管中的3个漏水，由于海上无法修理这些损伤，只好返回法国。

U-67号报告在塔拉法尔湾听到了两次爆炸，并与一艘英国潜艇相撞，被迫返航。邓尼茨担心U-68号或是U-111号被击沉，于是要求他们发送位置报告讯息。U-111号报告1艘英国潜艇扰乱了会合，并曾向U-68号发起过

■ 艇员在潜艇内紧张地工作。

进攻，可能把U-68号击沉了。U-68号是最后报告的，没有损伤，而且已经从U-111号上补充了鱼雷，希望能够继续驶向南大西洋执行巡逻任务。鉴于U-67号将要返航，因此邓尼茨安排其与U-68号进行第二次会合，将多余的燃料和鱼雷转给U-68号。这次在非洲海岸维希法国的殖民地毛利塔尼亚（Mauritania）的一个偏远小海湾的会合非常顺利，随后U-67号返回法国，U-68号继续驶向南大西洋。

经过一番波折后，U-111号按计划返回法国。由于该艇从加那利群岛西部海域经过，距离攻击SL-87船队的地方非常近，因此被要求留心观察是否有被击伤的船只。10月4日，U-111号发现远处出现了一团烟柱，艇长克莱恩史密特认为是一艘大型货船，因此准备攻击。其实那是“雪莉小姐”（Lady Shirley）号拖网渔船。很快“雪莉小姐”号上的瞭望发现了U-111号，随即进入战备状态。而U-111号艇长克莱恩史密特根本不相信声呐军士目标是艘距离很近的小型船只的报告，固执地认为是艘距离很远的大型船只。就在两人争执之中，两船之间的距离已经缩短到了1500米，“雪莉小姐”号获得了稳定的声呐讯号，船长卡拉维（A.H.Callaway）下令攻击，全速冲过来投下了4枚深水炸弹，其中2枚定深45米，另2枚定深为75米。可惜深水炸弹只对潜艇造成了轻微损伤，遭到出乎意料的攻击后，克莱恩史密特命令浮出水面用甲板炮反击，在此关键时刻潜艇出现故障，潜艇不能下潜而且机动也大受影响。“雪莉小姐”号用100毫米火炮迅速开始轰击，猛烈精确的炮击使德军艇员无法跑到主甲板上操纵105毫米甲板炮，只能用指挥塔上的20毫米

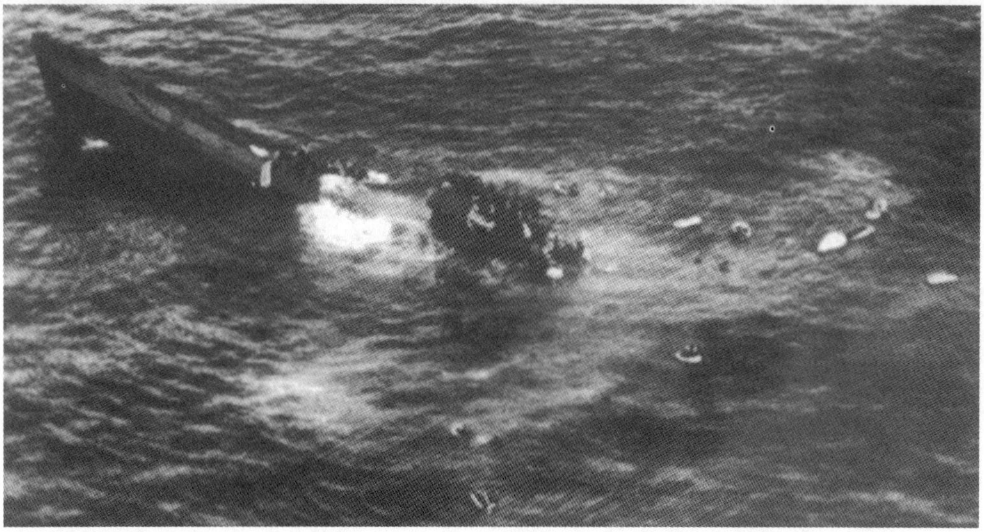

■ 德军潜艇沉没前的一瞬间，甲板上挤满了逃生的艇员。

机关炮进行还击，双方互有死伤，但“雪莉小姐”号却始终占据着主动。“雪莉小姐”号的14名船员1人阵亡4人受伤，而U-111号上有7人阵亡，其中包括艇长克莱恩史密特、大副和二副这三名最重要的军官。潜艇工程师汉斯·约阿海姆·海因耐克（Hans Joachim Heinecke）随即承担起了指挥之职。他下令弃艇并炸毁潜艇，包括5个伤员在内的45个艇员跳进了海里，19分钟后，U-111号沉入水中。“雪莉小姐”号救起了潜艇艇员，向直布罗陀驶去，途中有1人伤重死去，最后有44名艇员获救。

一艘有着52名艇员的潜艇却被一艘仅有14名船员且武备弱小的拖网渔船打败，根据英军对U-111号被俘艇员的审讯，最主要的原因在于这些艇员缺乏实战经验，艇长克莱恩史密特在潜艇部队服役仅仅一年，大副加入海军才四年，而且此前一直是二副，这次是临时替代受伤而无法出航的大副，二副则是刚刚才从空军调到海军，此前根本没有潜艇作战经验。士官中仅有5人曾在潜艇上服过役，而且只有2人才可以算得上“经验丰富”。

密码改进

英国潜艇在塔拉法尔湾的出现，使邓尼茨认为英军可能已经破译埃尼格码了。他在9月28日的日志中写道：“一艘英国潜艇在如此孤立偏远海域的出现，根本就不可能是因为偶然。更有可能的是我们的密码的安全性已经受到了威胁，或者是他们已经破解了我们的密码。”因此从10月1日起采用新的密码系统，英国布莱奇利庄园也就暂时丧失了埃尼格码讯息，好在7天后，英国密码破译者又重新破译了新的密码系统。

在邓尼茨的催促下，德国海军通讯部长麦尔顿斯（Maertens）中将对埃尼格码进行了一次安全性调查。10月24日，麦尔顿斯向最高统帅部和邓尼茨提交了一份18页的调查报告，重申了埃尼格码牢不可破。麦尔顿斯认为“克莱德河”号在塔拉法尔湾的出现是常规巡逻，他认为如果英军确实是根据破译的埃尼格码讯息设置陷阱的话，那么将会派遣更多潜艇来伏击。他也把邓尼茨所描述的其他令人担忧的巧合归因于英国的高频探测仪，或者是船只和飞机所发现。而在面对英军从U-570号上获得埃尼格码讯息的可能性时，麦尔顿斯虽然不能断然否定，但是他指出即使英军已经获得了埃尼格码的密钥，也将很快就会失效。

美国历史学家蒂莫西·姆里根（Timothy Mulligan）认为麦尔顿斯的调查极不负责，麦尔顿斯仅仅将注意力集中到塔拉法尔湾事件和少数其他事件上，却忽视了一个最重要的问题，那就是潜艇在寻找北大西洋的护航船队时所面临的困难。

虽然认定埃尼格码牢不可破，但是德国海军还是采取了两个措施来加强密码的安全性：自10月5日起，潜艇部队启用特殊的埃尼格码系统，与一般的海军本土密码系统（英军称之为“海豚”）不同。这一新的潜艇密码系统称为“海神”（Triton）（英军称为“鲨鱼”[Shark]）。除去出海执行任务的潜艇外，可以得到海神密码的部门仅限于八个海军司令部和四个潜艇舰队，甚至潜艇部队里不出航的艇员都得不到相关的密码讯息；执行气象预报任务的船只不采用海神密码系统（此前这些船只采用与潜艇一样的密码系统），因此英军只能通过俘虏潜艇这唯一条管道来获取密钥。

海神密码系统采用的是四个转子的新型埃尼格码机（原来是三个转子）。德军认为加上第四个转子之后，转子及其连接顺序的可能性都大为增加，即使是利用最巧妙复杂的数学理论，也很难或者说根本不可能破译，必须要获得四转子密码机及每天的行动密钥才能破译。如果密钥更换频率很高的话，即使获得的密钥讯息，有效时间也非常短。

英国布莱奇利庄园的密码破译者通过海豚密码得知，潜艇部队准备启用新的埃尼格码系统，并且这种新的埃尼格码系统采用新型四转子密码机。10月7日，他们截获了德军利用新型四转子埃尼格码机发送的一些试验性密码讯息之后，发现根本无法破解。英国官方历史学家曾写道“除非有一种新的、非常复杂而又高速运转的‘四转子’炸弹，否则根本不能破译，但是他们没有突出强调研究建造这样的‘四转子’炸弹的紧迫性，一些人甚至怀疑建造这种‘四转子’炸弹的可能性”。实际上布莱奇利庄园并没有做好迎接这一重大挑战的精神和物质准备。破译高手戈尔登·魏齐曼和阿兰·图灵都已经工作过度，疲惫不堪。要在现用的12台“三转子”炸弹上增加第四个转子也根本不可能。此外，由于布莱奇利庄园的所有工作都严格保密，因此圈外人士很难对他们的工作给予充分的理解与支持，伦敦方面的官僚也没为他们提供所需要的种种帮助。10月21日，魏齐曼、图灵以及另外两位德高望重的密码破译专家直接向丘吉尔提交了一封求援信，他们指出，由于人手短缺和工作过度，密码破译小组不得不出现夜班空缺，因此密码破译工作每天至少推迟12小时。收到信后，丘吉尔立即答复“必须将满足布莱奇利庄园的一切需要摆在所有工作的首位”。人手不足的问题很快就解决了，但是更加困难的“四转子”炸弹的研究却止步不前。直到12月份才有人想出了一个可能的方案；又过了一个月，才组建了一个技术小组来执行这一棘手的任务。

支援隆美尔

德国对地中海战况非常担心，意大利无力控制这一战略要地。德国空军派出飞机为船队护航，而英军则利用破译德国空军的埃尼格码讯息，有效地指挥飞机、军舰以及潜艇，切断了自意大利通往北非的补给线，补给物资的匮乏使得隆美尔的非洲军团无力占领托卜鲁克（Tubruq，位于利比亚）。为了缓和这种危险局势，最高统帅部命令邓尼茨除去9月份派往地中海的6艘潜艇外，还必须采取一切措施，切断经由直布罗陀海峡通往地中海的英国补给线。

邓尼茨并不愿意执行这一命令。他仍然认为，与北大西洋的战争相比，地中海的重要性要差得多。由于直布罗陀船队的船只数量非常少，因此他认为自英国经由直布罗陀的补给线的意义并不大。他争辩说，大多数的英国补给船都经过塞拉利昂弗里敦、南非开普敦驶向了埃及。8月德国潜艇向SL-70和SL-71船队的攻击表明，这些船队都有异常严密的护航，甚至可以看作是潜艇陷阱，只有战斗经验最丰富的艇长才有取得成功的希望，而且希望也非常渺茫。而在北大西洋，那些经验丰富的艇长给英国生命线以沉重打击的几率要大得多，而且风险性要小得多。

最后大家各退一步，邓尼茨将继续攻击直布罗陀护航船队，但只投入8个规模很小的艇群。潜艇将分布于英国反潜力量薄弱的遥远海域，主要攻击驶往塞拉利昂的船队，以及被称为温斯顿特遣船队（Winston Specials）的军用船队。

9月的前三周里，潜艇和秃鹰飞机在攻击直布罗陀和塞拉利昂船队时战绩很不理想，由于英军能够破译德军埃尼格码讯息，据此将船队调离潜艇巡逻线，而且天气情况非常恶劣，因此前2个艇群，即玻瑟米勒艇群（7艘潜艇）和库福斯特艇群（8艘潜艇），都没能击沉一艘船。部分潜艇调往执行其他任务或驶往法国后，余下的就组成了一个新的艇群——海狼（Seewolf）艇群，但是这个艇群也没有击沉任何船。9月14日，岸防司令部的1架飞机向这个艇群的一些潜艇发起了攻击，其中U-95和U-561号潜艇遭到重创，被迫返航。海狼艇群解散后不久，直布罗陀西部海域的1艘意大利潜艇就报告发现了一支船队，这是HG-73船队，由25艘船只组成，护航舰包括1艘驱逐舰、2艘炮舰（轻型护卫舰，下同）、8艘驱潜快艇，以及“斯普林邦克”（Springbank）号飞机弹射船。此时附近只有3艘潜艇，而且其中U-371号正在驶往地中海的途中，它曾接到命令，不得向大西洋上的任何船只发起进攻。但U-371号还是发送了船队讯息报告，使邓尼茨得以将其他两艘潜艇调到船队航线上来。

9月20日下午，U-124号潜艇刚赶到英

■ 首次执行船队护航任务的护航航母“大胆”号。

吉利海峡以西约1000公里处的伏击阵位，就发现了地平线上的烟柱。但那不是HG-73船队而是OG-74船队，这支船队由27艘船组成，护航舰包括1艘炮舰、5艘驱潜快艇以及首次执行船队护航任务的护航航母“大胆”（Audacity）号。收到U-124号的报告后，邓尼茨就指示其继续追踪船队并发送船队讯息引导U-201号赶来。

天黑后，U-124号不等U-201号赶到就向船队发起了进攻。连续发射了3枚鱼雷，全部命中，击沉了2艘船共计4200吨。受到攻击后货船不断发射被称作“雪花弹”（Snowflake）的照明弹（雪花弹也是一把双刃剑，将附近海域照得如同白昼一般，使得潜艇无处可藏，但是另一方面，也使得潜艇可以清楚地看清货船位置，为潜艇的攻击创造了条件），将整个天空都照亮了，护航舰发现并迫使U-124号潜入水下。

9月21日邓尼茨出动了一些秃鹰飞机向船队发起进攻。“大胆”号上起飞6架欧洲燕飞机（英国生产的野猫飞机）迎击，1架欧洲燕飞机击落1架秃鹰，这是护航航母舰载机首次空战胜利，另1架欧洲燕飞机则向1艘潜艇进行了扫射，迫使其下潜。还有1架则被秃鹰击落。

天黑后，U-124号和U-201号都在努力向船队靠近，U-124号正要发射鱼雷，发现3艘目标船全都爆炸并沉没了——这是U-201号所为，不过这3艘船总计仅4500吨。随后由于护航舰和“大胆”号的舰载机攻击，这两艘潜艇都没能再次发起进攻。

U-124号和U-201号攻击OG-74船队时，意大利潜艇一直追踪着HG-73船队，令人惊讶的是，这支船队似乎正向着OG-74船队所在海域驶去。9月24日，邓尼茨派出秃鹰飞机前去查证意大利潜艇报告的准确性，秃鹰确定船队的位置和航向都没有错，这时意大利潜艇“马拉斯皮纳”（Malaspina）号已经向船队发起了进攻，击沉或击伤了3艘船。邓尼茨随即调集从法国出航的U-203号和U-205号，前来支援。

在秃鹰飞机的指引下，U-124号于9月25日早上首先发现了船队，先向1艘护航舰发射了2枚鱼雷，但均未命中。然后又向另1艘护航舰发射1枚鱼雷，也没有命中。最后向1艘3000吨的英国船发射了2枚鱼雷，这次倒全部命中，将其击沉。深夜，U-201号赶到了，与U-124号几乎同时向船队发起了进攻，U-124号又击沉了两艘船共2700吨，U-201号击沉了3艘船共计7700吨。护航舰随即向这两艘潜艇发起反击，迫使他们潜到水下。

9月26日，U-124号和U-201号依然顽强地追踪着船队，并引导U-203号和U-205号赶到。天黑后，U-124号和U-201号再次发起了进攻。U-124号将剩下的鱼雷全部发射完，只击沉了1艘1800吨的货船。U-201号宣称击沉了1艘驱潜快艇和2艘货船，但实际上击沉的是飞机弹射船"斯普林邦克"号和1艘2500吨的货船。

9月27日晚，U-201号再次进行攻击，击沉1艘3000吨货船，耗尽了所有鱼雷。U-203号则在护航舰的严密压制下根本没有机会发动进攻。U-205号据说遭到了1架"美国标记"飞机的攻击，艇体破损被迫返回法国。

U-124号和U-201号的战绩报告使邓尼茨非常高兴，U-124号宣称击沉了6艘共计41000吨；U-201号宣称击沉7艘共计30000吨，还击沉了1艘驱潜快艇；U-203号宣称击沉2艘共计20000吨，总战绩达到15艘共计91000吨，外加1艘驱潜快艇。而实际U-124号击沉了6艘共计11700吨，U-201号击沉6艘共计15200吨（并没有击沉驱潜快艇），U-203号击沉3艘共计7700吨，总确证战绩15艘共计34600吨，数量没错，不过吨位差距就很大了。

10月2日，德军第40轰炸机大队的1架秃鹰飞机发现了OG-75船队，邓尼茨调集6艘潜艇展开追击。U-83号和U-71号都发现并顽强地追击船队，但是恶劣的天气以及船队巧妙地改变航向避开了潜艇的进一步行动。U-563号在葡萄牙近海岸处发现了船队，但船队很快摆脱追击，于10月14日安全抵达直布罗陀。只有U-206号异常勇敢地尾随船队驶入西部大道，向英国驱潜快艇"百合"（Fleur de Lys）号发起攻击，并将其击沉。

在西班牙的艾基史拉斯（Algeciras）和直布罗陀海峡彼岸遥遥相望的摩洛哥丹吉尔（Tangier）都有德军非常高效的间谍网。这些间谍能提供关于直布罗陀及海峡内的盟军船队的精确讯息，英军通过埃尼格码讯息，发现了间谍网的存在，但是却无法阻止间谍行动。间谍网报告HG-75船队正随时准备出发，邓尼茨立即命令潜艇做好攻击准备，这些潜艇包括原来向南追击OG-75船队却战绩不佳的潜艇，以及布莱斯劳（Breslau）艇群总共6艘潜艇。在待命期间，U-204号和U-564

■ U-124号潜艇的艇员正在打捞被击沉商船的救生圈。

■ U-201号完成巡航任务返回布勒斯特在码头上受到热烈欢迎。

号偷偷到卡迪兹的德国补给船“塔利阿”号上补充燃料。而且在此待命期间的附近海域，U-204号击沉了9200吨的英国油轮“因佛里”（Inverlee）号；U-206号击沉了1艘3000吨货船；U-83号攻击了由英国航母“飞鹰”（Eagle）号、飞机弹射船“阿尔戈斯”号、巡洋舰“赫尔迈厄尼”（Hermione）号以及1艘驱逐舰组成的舰队，但一无所获。

通过破译埃尼格码得知6艘德国潜艇正在直布罗陀西部海域等待截击HG-75船队后，英军将该船队的出航时间推迟了一周，同时在德军潜艇所在海域进行了反潜搜寻，希望能够在船队出航前彻底清除这些潜艇。10月19日，U-204号被炮舰“罗切斯特”号和驱潜快艇“锦葵”（Mallow）号发现，随后“蓝铃花”（Bluebell）号和“康乃馨”（Carnation）号都赶来助战，经过一番攻击后发现水面上有大片油渍，还有氧气瓶和鱼雷舱残片，但这还不足以证实此次猎潜已取得成功，英国海军部认为“非常有可能”击沉了潜艇，战后数据显示，U-204号确实被击沉了，全体艇员丧生。

HG-75船队于10月22日晚出航，船队由17艘货船组成，护航舰更是多达13艘，其中包括4艘驱逐舰、1艘炮舰、7艘驱潜快艇以及飞机弹射船“阿里瓜尼”（Ariguani）号。13艘护航舰中有10艘安装有雷达，其中3艘安装的还是最先进的271型厘米波雷达。德国间谍网立刻报告船队启航，并且还准确报告了船队中各种船只的类型及数量，邓尼茨在日记中称赞这些间谍的工作“非常出色”。

布莱斯劳艇群的5艘潜艇接到船队出航情报后立即展开，其中几艘潜艇于当晚就发现了船队，但是均被护航舰击退。驱逐舰“骑马哨兵”（Vidette）号收到了约5500米远处1艘潜艇的声呐讯息，于是一边用主炮轰击，一边高速向它撞去，但是潜艇迅速地潜到了水下。接着“骑马哨兵”号又用深水炸弹进行了攻击，但却被潜艇逃脱了。

10月23日夜，3艘潜艇向船队接近，“康乃馨”号驱潜快艇将其中的1艘驱赶到了水下，并一直利用深水炸弹攻击使它没有机会浮上水面，但是另外2艘潜艇却成功实施了攻击，U-563号击伤“哥萨克”（Cossack）号驱逐舰，该舰后来还是在拖航过程中沉没。U-564号更是大开杀戒，用尽了所携带的全部11枚鱼雷，宣称击沉5艘货船，实际只击沉3艘英国货船共计7200吨。

10月24日夜，潜艇一直坚持追踪船队，同时邓尼茨也派遣秃鹰飞机进行攻击，还有3艘意大利潜艇也赶到了。英军第202中队的1架远程轰炸机发现意大利潜艇“佛拉里斯”号位于船队前方约27公里的水面上。飞行员诺曼·F.艾格里顿（Norman F.Eagleton）立即向潜艇投下了2枚深水炸弹，并向它进行了扫射，但是深水炸弹都没有爆炸。驱逐舰“雷默顿”（Lamerton）号随后赶来，用102毫米火炮向“佛拉里斯”号轰击，“佛拉里斯”号误以为攻击它的是1艘驱潜快艇，因此用100毫米甲板炮进行反击，但是“雷默顿”号

■ U-83号潜艇的指挥塔特写。

很轻易地就追上了“佛拉里斯”号，随后意军只得将潜艇自行炸毁。

10月25日夜，船队只剩14艘货船和10艘护航舰，U-71号向1艘护航舰发射4枚鱼雷，但均未命中。其他护航舰随即向U-71号发起了反击，连续进行了7小时的深水炸弹攻击。U-83号向3艘货船发射了仅存的3枚鱼雷，并宣称全部击没。实际上仅仅命中了飞机弹射船“阿里瓜尼”号，而且该船并没有沉没，而是被拖回了直布罗陀。U-563号正准备攻击时，遭到了“向日葵”（Heliotrope）号驱潜快艇的攻击，被迫下潜。而“向日葵”号投下的深水炸弹也无一命中。

10月26日晚，布莱斯劳艇群就只剩下U-563号和U-564号潜艇了，U-563号发射5枚鱼雷，均未命中目标。U-564号用最后1枚鱼雷攻击远处1艘货船，也未命中。驱逐舰“邓肯”（Duncan）号、炮舰“罗切斯特”号以及驱潜快艇“锦葵”号协同向这2艘潜艇发起了进攻，将它们击退。尽管这2艘潜艇加在一起只剩1枚鱼雷了，但10月27日他们还是继续顽强地追踪着船队。在他们的报告以及秃鹰飞机的引导下，邓尼茨又指挥U-432号潜艇向船队靠拢，该潜艇于10月28日凌晨发现了船队并向2艘货船发起了进攻，击沉1600吨的“乌利亚”（Ulea）号。

■ 头戴白帽的是U-96号艇长莱曼·威伦布鲁克，正在用潜望镜观察海面情况

根据潜艇的战果报告，邓尼茨认为布莱斯劳艇群在攻击HG-75船队时总共击沉了13艘货船和1艘驱逐舰，而实际只击沉驱逐舰“哥萨克”号以及4艘货船共计8800吨，击伤飞机弹射船“阿里瓜尼”号。U-204号和“佛拉里斯”号被击沉。

10月31日晚，U-96号在驶向格陵兰附近海域的巡逻线途中，遇到了SL-90船队，该船队由34艘大型货船和6艘护航舰组成。由于附近没有其他潜艇，因此邓尼茨要求U-96号独自攻击。当晚是个满月夜，万里无云。在这样的夜晚发动水上攻击是很危险的，但是水下攻击视线更差，于是艇长莱曼·威伦布鲁克还是从水上向两艘大型货船发射了4枚鱼雷，击沉1艘6000吨的荷兰货船。这时，驱潜快艇“鲁尔沃斯”（Lulworth）号发现了U-96号，马上用火炮射击，迫使U-96号下潜，随后“鲁尔沃斯”号投下了27枚深水炸弹，但这些深水炸弹都在距离潜艇较远处爆炸。

收到U-96号的报告之后，邓尼茨就调动秃鹰飞机和另外10艘潜艇前去支持，这些潜艇被编为了一个新的艇群——斯多特贝克（Stoertebecker）艇群。这些潜艇陆续赶来时，U-96号于11月1日夜再次向SL-90船队发起进攻，但是被护航舰击退了。

邓尼茨对斯多特贝克艇群抱有很大希望，但是这个艇群却遇到了猛烈的暴风雨，丧失了进行协同作战的机会。计划落空后，邓尼茨中止了追击计划，指挥该艇群去截击另一支船队。这次围猎又告失败后，邓尼茨再指挥该艇群去截击SL-91船队，但是又一次失败了。由于英军船队不断地改变航向，天气又非常恶劣，潜艇也不断出现了燃料短缺、机械故障等一系列问题，斯多特贝克艇群最终没有击沉任何船只就解散了。

1941年9月到10月在大西洋东部海域巡逻的潜艇向四支船队发起过进攻（OG-74和OG-75船队；HG-73和HG-75船队），击沉了19艘共计43400吨，此外还击沉了驱逐舰“哥萨克”号和驱潜快艇“百合”号。1941年11月，这些潜艇仅仅击沉了6艘共计14700吨，这一战绩对隆美尔的北非军团并没有多大帮助。

地中海危机

在首批进入地中海的6艘潜艇中，U-371号首先于9月21日晚驶入了直布罗陀海峡。这是一段非常危险的航程，既有驻扎在直布罗陀的英军飞机和军舰不断在海峡中巡逻，而且海峡最窄处只有13公里宽。为了加快航速并充分利用从大西洋进入地中海的洋流，U-371号一直采用水面航行，通过海峡后立即发送了表示已经安全抵达的短讯，这多多少少地缓和了邓尼茨的担忧。接下来的两周里，另外5艘驶向地中海的潜艇也安全地穿过了直布罗陀海峡。他们都非常谨慎，白天多数时间都潜在水下，所以并没有取得什么战绩，惟一的收获是U-371号救出了意大利潜艇“阿巴特罗”号的42个幸存者。为配合德军潜艇进入地中海，意大利海军在希腊雅典附近的萨拉米斯岛（Salamis）建立了一个潜艇基地。

进入地中海的潜艇首要任务就是切断英国到利比亚托卜鲁格的补给线。但德军潜艇对这一海域并不熟悉，英军一般在夜间用小型船只和机动驳船运输物资，因此潜艇通常很难发现，而且这些船只吃水比较浅，几乎不可能被鱼雷命中。此外，潜艇要在如此狭窄的海域躲避飞机的严密监视，因此就像在挪威战役中那样，每天都要在水下潜航相当长的时间。这种长时间的潜航使得潜艇耐压壳内的气压升高，这必将影响到鱼雷的深度控制仪，使其不能正常工作。

在地中海初期作战并不令人满意，U-371号使用甲板炮攻击1艘小型船只时，被对方反击炮火击中，被迫带伤返回了萨拉米斯。U-559号向几艘小型船只发射了7枚鱼雷，均未命中目标。U-331号用火炮击伤1艘驳船，U-79号击伤英国炮舰“蠓”（Gnat）号。根据战后证实的资料，整个10月里，首批抵达地中海的6艘潜艇仅仅击沉了4艘小型船只，其中两艘500吨的驳船是U-75号击沉的，另两

U-96号上的特殊乘客

他就是23岁的洛塔尔·君特·布赫海姆（Lothar Guenther Buchheim），他此前曾以潜艇战为素材创作了一些油画和素描作品，这次带着莱卡照相机和笔记本，第一次随潜艇出海。战争结束后，布赫海姆利用此次航行的经历撰写了长篇小说《潜艇》（Das Boat，1973），这本书很快风靡全球，德国据此拍摄了一个长达6小时的电视连续剧和一部145分钟的简短纪实影片，电影公映时的英语片名是《潜艇》（The Boat）（中文译作《从海底出击》）。布赫海姆在战时创作的艺术作品和照片以及他编写的故事，都深受潜艇艇员的喜爱，但是战争结束后他所发表的作品以及根据他的作品所拍摄的电影，却令他们大为不满，他们公然指责电影以洛里昂潜艇军官俱乐部里潜艇官兵纵欲狂欢的场面开头，为整部书和整个影片奠定了颓废反战的基调，而且还暗含了对邓尼茨的讽刺。曾担任过艇长的卡尔·弗雷德里希·迈尔顿和库尔特·巴拜哥（Kurt Baberg）甚至于1985年合作出版了《不，战争不是这样的》（Nein! So War Das Nicht）来指出布赫海姆作品里的错误以及歪曲描述。

■ U艇所装备的88毫米甲板炮。

艘共计2000吨的船只是由U-97号击沉的（在进入地中海后，这些潜艇启用了新的埃尼格码系统，称为“南方密码”，布莱奇利庄园没能破解这一密码系统。因此英国海军部的潜艇跟踪监视处没能掌握这些潜艇的行动，难以采取反击行动）。

11月初，第二批6艘潜艇自法国出发驶往地中海。其中首先出发的U-81号在驶过比斯开湾时，被英军第209中队的1架远程轰炸机发现。飞行员丹尼斯·M·赖安（Denis M·Ryan）驾驶飞机在潜艇上方盘旋并向其发起了攻击，但是U-81号用高射炮击中了轰炸机。闻讯赶来的英军第53中队的1架哈德逊飞机向潜艇投下了3枚深水炸弹，远程轰炸机也带伤投下了3枚深水炸弹。这6枚深水炸弹给U-81号造成了严重损伤，迫使其返回布勒斯特。经过维修之后，U-81号再次向直布罗陀海峡驶去，11月11日夜，U-81号和U-205号都安全地穿过了直布罗陀海峡。

此时，刚刚向马耳他运送飞机的英国H舰队正返回直布罗陀，这支舰队包括舰队航母“皇家方舟”号、飞机运输船“阿尔戈斯”号、战列舰“马来亚”号、巡洋舰“赫尔迈厄尼”号以及7艘驱逐舰。根据意大利飞机的报告，邓尼茨命令U-81号和U-205号前往直布罗陀以东海域进行截击。11月13日黎明，U-205号发现了H舰队并向“皇家方舟”号航母发射了3枚鱼雷。发射鱼雷3分29秒后，艇长雷什克看到了火光，后来又听到了两次爆炸声，他断定鱼雷攻击获得成功，实际上这3枚鱼雷无一命中。

当天下午，H舰队驶入了U-81号的伏击阵位，U-81号发射了4枚鱼雷，由于立即遭到英军驱逐舰的攻击，被迫下潜而无法观察，只凭听到的爆炸声推测鱼雷可能击中了目标。U-81号发射的1枚鱼雷击中了“皇家方

■ 在地中海中行驶的“皇家方舟”号航母。

舟”号右舷侧，在锅炉舱上方炸出了一个大孔，大量进水使航母船体严重倾斜，舰员采取了紧急损管措施，向左舷船舱注水，以保持平衡。虽然舰员已经暂时控制住了局势，驱逐舰“古罗马军团”（Legion）号还是把除损管人员以外的其他舰员都带走了。直布罗陀出动两艘拖船，准备将受损的航母拖回海港。H舰队的驱逐舰搜寻并找到了U-81号，进行了猛烈攻击，艇长古根伯格在日志中写道他曾听到了130枚深水炸弹爆炸，但是他把U-81号下潜到了很深的地方，深水炸弹并没有给潜艇造成严重损伤。

11月13日夜，两艘拖船赶到并拖着“皇家方舟”号驶回直布罗陀，航母上的损管人员提高了一个锅炉舱的气压，但是柴油机舱突然起火，火势很快蔓延无法控制。凌晨4时30分，损管人员认为航母伤势已无法控制，决定弃船。11月14日6时13分，“皇家方舟”号翻转沉没，这对于英国海军来说，无疑是个沉重的打击。因为英国海军没有其他的航母可以用来替补，地中海舰队就此丧失了可以提供空中掩护的航母力量。

德军潜艇部队还以为U-205号击沉了“皇家方舟”号，而U-81号则是重创了“马来亚”号。直到当月下旬，这两艘潜艇都驶回意大利拉斯匹茨亚（La Spezia）后才搞清楚。邓尼茨宣布U-81号击沉了“皇家方舟”号，艇长古根伯格因此获得了骑士十字勋章。“皇家方舟”号被击沉极大地鼓舞了德国潜艇部队的士气。德国潜艇在陌生海域单次出击就使皇家海军遭受了巨大的损失，这一战果甚至要比整个意大利海军在过去17个月的总战果还要大。但是从长远来看，这次胜利对德国潜艇部队是有害的，因为使德国海军上层认为他们可以很轻易地获得地中海海域的控制权。

由于潜艇短缺，邓尼茨放弃了起初将最有经验的艇长派往地中海的计划。接下来要穿过直布罗陀海峡的两艘潜艇U-433号和U-565号以前都只执行了一次和两次巡逻任务，而且都没有击沉过1艘船只。11月15日夜，这两艘潜艇都安全地穿过了直布罗陀海峡。邓尼茨将他们和U-81号、U-205号一起组成阿尔诺（Arnauld）艇群，这个艇群名称就是取自一战时德军在地中海的王牌艇长冯·阿尔诺·德拉皮利尔勒（von Arnauld de la Periere）的名字。

英军意识到德军潜艇对地中海航运的威胁，因此于11月16日设置了一个潜艇陷阱。组织了一支假护航船队从直布罗陀向东行驶，这支船队包括几艘空载商船，由2艘炮舰和4艘驱潜快艇护航，其中“金盏花”（Marigold）号驱潜快艇上安装了271型厘米波雷达。

11月16日晚上，“金盏花”号由于柴油机故障而掉队，解除故障后急匆匆地向前追赶船队时，被U-433号潜艇发现，U-433号发射了4枚鱼雷，但均未命中。“金盏花”号并没有发现遭到攻击，但却用雷达探测到了U-433号，于是全速向U-433号撞去，同时用102毫米火炮猛烈开火，在距离U-433号大约300米远时，U-433号潜到了水下。“金盏花”号投下了5枚深水炸弹，但都没有给潜艇造成损伤。于是“金盏花”号降下速度，希望能够利用声呐迅速发现潜艇。U-433号艇长艾伊认为英国军舰已经离开了，因此他浮到潜望镜高度打算查看一下周围情况后再浮出水面。结果被“金盏花”号得到了稳定的声呐讯号，“金盏花”号立即投下了10枚浅定深深水炸弹。其中几枚就在潜艇的甲板下爆炸了，使潜艇遭到了严重损伤，于是艾伊下令上浮，“金盏花”号发现U-433号浮出了水面，于是调转船头，用火炮猛烈轰击，并试图派出跳帮组登上潜艇。但是U-433号很快就沉没了，“金盏花”号救起了38名艇员——这是安装271型厘米波雷达的军舰第一次击沉潜艇。

11月18日，北非的英国第8集团军发起了强大攻势，希特勒要求德国海军全力支持隆美尔的非洲军团，要不惜一切代价保障对非洲军团的海上补给线。雷德尔向希特勒报告将有50艘潜艇被派往支持隆美尔。英国海军

■ 德军王牌艇长与意大利海军军官在交谈，右面的就是击沉“皇家方舟”号航母的U-81号艇长古根伯格。

■ 这一组照片是从一艘英国军舰上拍摄的，真实反映了“巴勒姆”号战列舰被U-331号潜艇击沉的经过

部通过破译的埃尼格码讯息了解了德军的行动并采取了相应的措施。岸防司令部投入大批装有雷达的飞机增强了在比斯开湾的巡逻密度，英国海军部将北大西洋上的许多装有雷达的护航舰调往了直布罗陀，以前在“皇家方舟”号航母上的舰载机中队转移到了直布罗陀的机场，这些双翼飞机全都装有雷达。所有这些新抵达的护航舰和飞机都日以继夜地在直布罗陀海峡执行巡逻任务，以阻截过往潜艇。

已经抵达地中海的9艘潜艇也并不是都做好了战备，萨拉米斯和拉斯匹茨亚的一些潜艇检查和修理设施尚未准备齐全，因此潜艇的维护工作也相应地拖延了。首批第二次执行地中海巡逻任务的潜艇是从萨拉米斯出发的U-331号。11月25日早上，在埃及亚历山大港外巡逻时，U-331号声呐接收到了非常响亮的螺旋桨声音，艇长冯·提森豪森将潜艇上浮到潜望镜高度开始搜索，发现战列舰“伊丽莎白女王”（Queen Elizabeth）号、“巴勒姆”号以及“勇敢”号，在8艘驱逐舰的护卫下正向前行驶。他首先向“伊丽莎白女王”号发射了鱼雷，再向“巴勒姆”号发射4枚鱼雷，然后就下潜到了250米深处——这是下潜深度的一个新记录。4枚鱼雷有3枚击中了“巴勒姆”号，其中1枚在弹药舱附近爆炸，迅速引发了大爆炸，3分钟后就沉没了，总共有862人死亡。这是继普里恩击沉“皇家橡树”号之后，第二艘被潜艇击沉的战列舰，也是第一艘在海上被击沉的战列舰。冯·提森豪森为此得到了骑士十字勋章。

11月最后一周里，另外10艘潜艇经由直布罗陀海峡驶向了地中海。首批5艘潜艇都安全地穿过了海峡，但是此后不久，其中的2艘就被击沉了。首先被击沉的是U-95号。11月28日午夜过后瞭望报告发现目标，这是荷兰潜艇O-21号，此时正在驶回直布罗陀的途中，艇长是约翰尼斯·弗兰斯·范·杜尔姆（Johannes Frans van Dulm）。U-95号认为那艘潜艇可能是本国的或者意大利的，因此进攻时就显得很犹豫。三次接近都中途停止了，第四次接近时，还发出了德军识别讯号。这个奇怪的讯号引起了O-21号注意，立即向U-95号发射了2枚鱼雷，其中1枚将U-95号炸成了碎片。随后O-21号救起了U-95号的12名幸存者，其中包括艇长史莱伯。第二艘被击沉的潜艇是U-557号，该艇在12月14日和意大利“达伽伯”号潜艇共同击沉了英国轻巡洋舰“加拉提亚”号。12月16日深夜，在克里特岛以西大约25公里处时，被意大利鱼雷快艇“欧里奥恩”（Orione）号误以为是盟军潜艇而撞沉，全体艇员丧生。

■“巴勒姆”号战列舰大爆炸的瞬间。

第二批5艘潜艇恰好在满月期间向地中海驶去，而此时英国的反潜密度又非常大，因此都没能安全通过：U-96号在驶入海峡时被1架装有雷达的英国双翼飞机（原是“皇家方舟”号的舰载机）发现了，飞机投下了2枚200公斤的深水炸弹，U-96号被击成重伤，接着还遭到了水面舰艇的追捕，于是下潜到70米深处，进行了5小时维修后返回了法国。11月29日，U-206号从圣尼古拉港出发后触到水雷而沉没，全体艇员丧生。邓尼茨发现U-206号失去联系，立即就判断出是在圣尼古拉港触雷，随后就要求加强在法国海岸的扫雷工作；U-563号从布勒斯特出航后，在比斯开湾时被英军第502中队1架惠特利飞机发现，飞行员卡夫（W.W.Cave）投下6枚深水炸弹，随后向潜艇反复进行了扫射，深水炸弹给潜艇造成了严重损伤，扫射则使艇长巴哥斯顿和2名艇员被击伤。U-563号发出无线电讯号求助，邓尼茨命令U-206（还不知道其已经沉没）和U-71号前去救援，但U-71号出现了柴油机故障，被迫返回法国。U-563号最后勉强驶回了洛里昂，但是伤势实在太重，只能返回德国进行维修，巴哥斯顿和他的艇员也就意外享受了一个漫长的圣诞节假期，假期结束后获得新潜艇。从布勒斯特出发的U-558号12月1日试图穿过直布罗陀海峡时，被装有雷达的英国飞机发现，2架飞机发起了攻击，同时召唤来了炮舰“鹳鸟”（Stork）号和驱潜快艇“圣彼得草”（Samphire）号，进行了深水炸弹攻击，U-558号遭到重创，被迫返回了法国。

此后，还有15艘潜艇向直布罗陀海峡驶去：U-375号在12月6日夜闯入了英国反潜部队的陷阱并遭到了攻击，被迫撤回大西洋。艇长约尔根·科农开普（Juergen Koennenkamp）向邓尼茨报告将在“情况更加有利的夜晚”再次穿过海峡。12月9日夜，U-375号终于安全穿越了海峡。U-208号在12月7日晚被英国驱逐舰“金星”（Hesperus）号和“收获者”号击沉，全体艇员丧生。U-573号从圣尼古拉港出发，因鱼雷管漏水而被迫于12月7日返航，12月11日再次启航。12月18日穿过了海峡。U-332号在12月6日被英军第202中队1架远程轰炸机发现，并遭到飞机深水炸弹攻击，U-332号摆脱了攻击，但在12月9日，又被另一架英军飞机发现，随即遭到深水炸弹攻击，这次可没有上回的好运了，潜艇遭到重伤后被迫返回了法国。U-575号在12月9日遭到英军飞机的深水炸弹攻击，12月11日晚从比戈添加了燃料，但同时发现潜艇的损伤实在太重，必须返回法国进行维修。U-569号试图于12月16日夜间穿过海峡，但当晚月光非常明亮，因此被英军发现并遭到深水炸弹攻击，损伤非常严重，被迫返回了法国。U-202号穿过海峡后因故障而被迫返回了法国，直到第二年3月才重新出航。

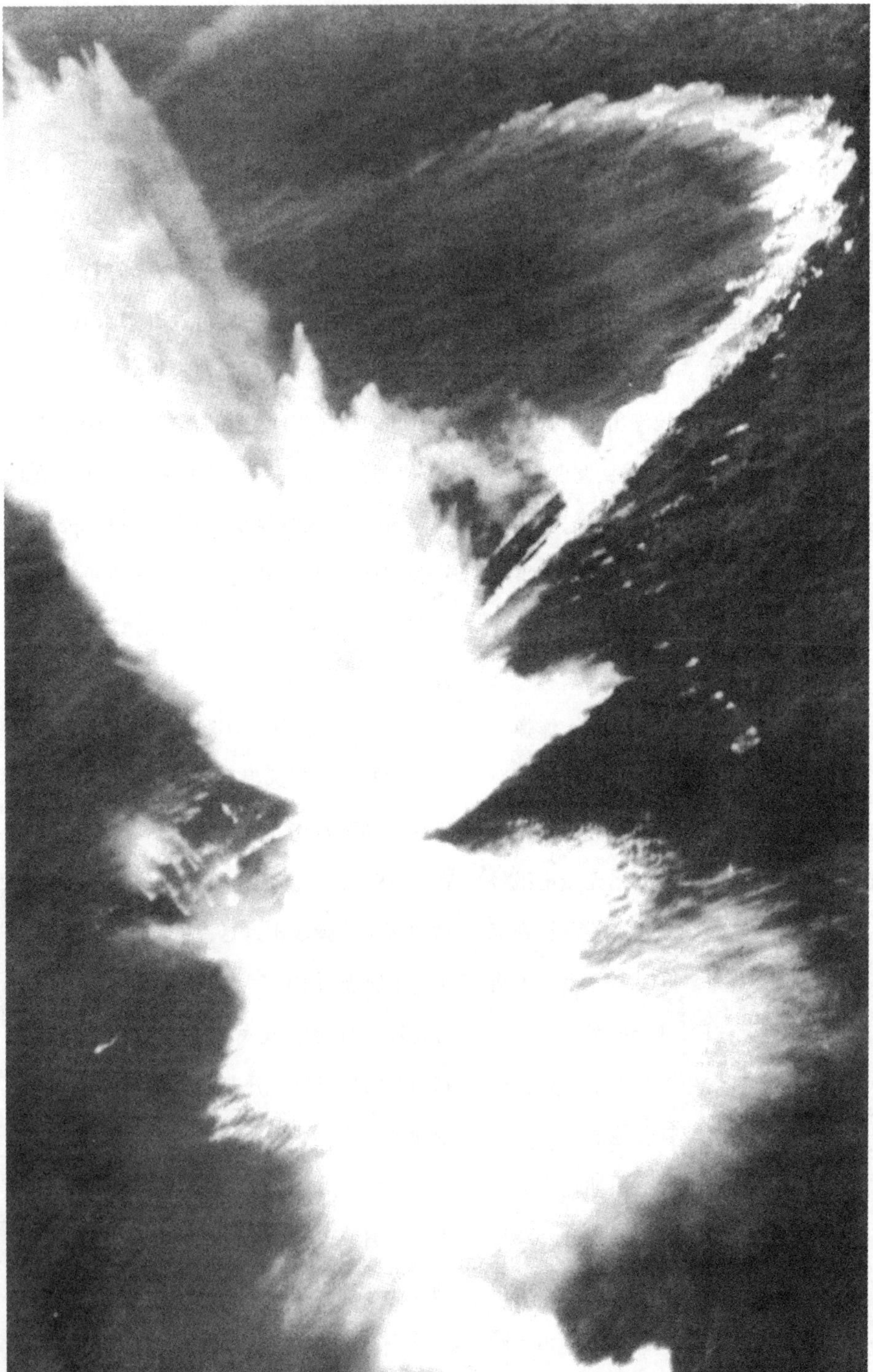

正在遭到反潜飞机攻击的德军潜艇。

U-451号从基尔出发后先到洛里昂添加燃料，然后于12月21日凌晨在准备驶入海峡时，被1架装有雷达的双翼飞机（原来属于“皇家方舟”号舰载机）发现，飞机投下了3枚定深15米的110公斤深水炸弹。艇长霍夫曼下令急速下潜，但此时大副瓦尔特·科勒（Walter Koehler）还在甲板上。英军驱潜快艇“勿忘我”（Myosotis）号在飞机的闪光讯号引领下匆匆赶来，发现水上有厚厚的油渍，但无论是声呐还是雷达都探测不到潜艇位置，倒是听到科勒的呼喊将他拉到了“勿忘我”号。科勒也不知道U-451号究竟被击沉了还是逃跑了，但是此后再也没U-451号的音讯了，毫无疑问是被击沉了。这是第一艘在夜间被飞机击沉的德国潜艇（也是继1940年4月在纳尔维克被击沉的U-64号之后，第二艘单独由双翼飞机击沉的潜艇）。U-374号于12月10日夜穿过了海峡，随后被英军发现，遭到4艘舰艇的追击，但U-374号拼死反击，居然击沉了500吨的巡逻船“大雪球”（Rosabelle）号和拖网渔船“雪莉小姐”号（曾击沉U-111号），从而摆脱了追击安全抵达地中海。

到12月份的第三周，已有37艘潜艇前往地中海，其中U-206号、U-208号、U-451号被击沉；8艘潜艇被迫返回，其中6艘遭到重伤，另外两艘则出现了机械故障。因此实际仅有26艘驶入了地中海，但是U-95号、U-433号和U-557号刚刚驶入地中海就沉没了，使得地中海最终只剩下23艘。

12月，潜艇在地中海东部海域攻击护航船队时，又有两艘潜艇被击沉。12月23日，驱逐舰“海斯蒂”（Hasty）号和“霍特斯布尔”（Hotspur）号向U-79号进行了攻击，迫使其自行炸毁。12月28日，驱逐舰“吉卜林”（Kipling）号攻击了U-75号，也迫使其自行炸毁。这样就使在地中海的德国潜艇减少到了21艘。

1941年11月和12月，在地中海的德国潜艇不仅击沉了“皇家方舟”号航母和“巴勒姆”号战列舰、轻巡洋舰“加拉提亚”号、澳大利亚炮舰“帕拉马塔”（Parramatta）号和英国驱潜快艇“鼠尾草”（Salvia）号，还击沉8艘货船共计30500吨。这些损失，加上意大利人操鱼雷在亚历山大港对战列舰“伊丽莎白女王”号和“维利安特”（Valiant）号的袭击、巡洋舰“海王星”号触雷沉没、德国空军第二航空队调至地中海，这些情况暂时打破了皇家海军对地中海的控制权，从而使英国第8集团军难以获得支持，北非战局再次出现僵局。

地中海潜艇战早期，德军潜艇还由邓尼茨指挥。但12月7日，最高统帅部就将这些潜艇的控制权转交给了位于罗马的德国高级司令部（German high command）司令空军元帅阿尔波特·凯塞林（Albert Kesselring），这些潜艇随后被派到了萨拉米斯、拉·斯佩齐亚（La

Spezia）和普拉（Pola）。

与邓尼茨最初的美好愿望相反，1941年以及以后派往地中海的潜艇都没能再回到大西洋，地中海成了一个吞没潜艇的无底洞。

补给船损失

1941年晚秋，尽管西非海域的潜艇战绩急遽下降，邓尼茨却继续向那里派遣潜艇。因为在西非海域即使只有少数几艘潜艇的出现，就算没有什么战绩，也足以迫使英军从北大西洋抽调护航舰为船队提供护航。根据这一战略，又有两个艇群被派往那片遥远海域。

9月下旬U-126号和U-129号首先出航，这2艘潜艇以及南大西洋的其他一些潜艇都将从补给船“考塔匹让”（Kota Pinang）号上获得补给，而“考塔匹让”号9月底已从波尔多出航了。英国海军部通过破解埃尼格码得知德军的这一计划后，派遣“肯尼亚”号和“谢菲尔德”号巡洋舰前去截击“考塔匹让”号。10月4日凌晨，“肯尼亚”号在西班牙以西大约1200公里处发现了“考塔匹让”号，随即用舰炮将其击沉。

U-129号赶到时“肯尼亚”号已经开始攻击，等“肯尼亚”号离开后，U-129号救起了119名船员，随后便返回洛里昂，但是邓尼茨命令U-129号将救起的船员送到西班牙埃尔费罗港交给1艘西班牙拖轮，然后返回洛里昂补充食物和淡水。“考塔匹让”号的沉没对于南大西洋的潜艇活动确实是一个沉重的打击。南大西洋5艘潜艇中的4艘因此而被迫踏上归程，只有曾从U-111号和U-67号上补充过物资的U-68号还可以留下来。

同时，德国辅助巡洋舰“亚特兰提斯”（Atlantis）号刚刚结束太平洋上的长途旅行，正在返航途中。邓尼茨安排U-68号、U-126号和U-129号从“亚特兰提斯”号上获取补给，但是U-129号刚从法国启程不久，就因柴油机故障而被迫返回法国。

10月下旬，南大西洋上仅仅剩下2艘潜艇：U-68号和U-126号。为了搜寻南大西洋上的船队航线，U-68号对亚森欣岛（Ascension）和圣赫勒拿岛（St.Helena）进行了侦察。在亚森欣岛上一无所获，但是在圣赫勒拿岛的詹姆斯敦（Jameston）港，连射4枚鱼雷击沉了8100吨的英国油轮“达克达尔”（Darkdale）号。然后U-68号向东行驶，侦察非洲西南部的沃尔维斯湾（Walvis Bay）。途中，顺手击沉了2艘单独航行的英国货船，共计10300吨。U-126号在弗里敦附近击沉3艘单独航行的船只，共计16900吨，其中1艘是5000吨美国货船“雷海”（Lehigh）号（在美国参战前，“雷海”号是继“罗宾·摩尔”号之后，又一艘被潜艇击沉的美国船只），艇长鲍尔辩解说，“雷海”号沿之字型航线前进，才使他误以为是英国船。

“皮顿”（Python）号补给船新近才从法国出航，将为U-126号、U-124号、U-129号和UA号提供补给。英国海军部通过埃尼格码讯息了解到德国正在进行的这一海上补给行动，于是决定袭击补给船以破坏德军的这次行动。

11月13日，U-68号按时与“亚特兰提斯”号会合，但是此时的天气十分恶劣，根本没法补给燃料，只好一直保持着联系，期待着天气的好转。同时英军出动重巡洋舰“德文郡”号和“多塞特郡”（Dorsetshire）号以及轻巡洋舰“达尼丁”号（Dunedin）分别前去截击“亚特兰提斯”号和“皮顿”号。11月14日，天气状况有所缓和，于是U-68号靠上“亚特兰提斯”号补充了燃料、食物、淡水等物资，然后“亚特兰提斯”号便经弗里敦回国。

11月22日，U-126号也按时与“亚特兰提斯”号会合，不过U-126号的柴油机故障更加严重了，海上已无法维修，只能返回法国，因此补给要求并不是非常迫切。于是“亚特兰提斯”号舰长伯恩哈德·罗格（Bernhard Rogge）便邀请U-126号艇长鲍尔和几名军官共进早餐。鲍尔认为这个地方比较安全，因此接受了邀请。鲍尔刚上舰，“亚特兰提斯”号瞭望就报告地平线上出现桅杆——这正是重巡洋舰“德文郡”号，根据埃尼格码情报专程赶来，但表面上就像是在执行一次常规巡逻。“德文郡”号从约11000米距离开始攻击，“亚塔兰提斯”号和U-126号立即分开，而鲍尔和几名军官却在“亚特兰提斯”号来不及返回潜艇，U-126号在1名低级军官指挥下迅速下潜。“德文郡”号知道U-126号就在附近，一面加强戒备，一面迅速向“亚特兰提斯”号发起了攻击。“亚特兰提斯”号见逃离无望，船长罗格只得下令弃船并将船只自行炸毁（“亚特兰提斯”号是德国海军最成功的海上袭击舰，总共在海上活动622

■ U-126号潜艇所拖带的“亚特兰提斯”号的幸存者。

■ 被救起的“亚特兰提斯”号的幸存船员。

天，航程达16300公里，击沉或捕获了24艘船共计145698吨）。“亚特兰提斯”号沉没后，“德文郡”号立即驶离该海域，以躲避U-126号的攻击。U-126号随后浮出水面，救起了包括鲍尔艇长、潜艇军官以及305名“亚特兰提斯”号的船员。鲍尔将107个船员安排在潜艇，另外198个船员分散安置在6艘救生艇上，由U-126号拖带着向南非海岸驶去，随后鲍尔向邓尼茨报告了有关情况，并表示U-126号必须得在返航途中添加燃料。邓尼茨获悉这一灾难后，立即安排“皮顿”号前去接应“亚特兰提斯”号船员，然后将他们带回法国。而“皮顿”号在返回法国之前，还要为新组建的开普敦艇群提供补给。

在U-126号的指引下，“皮顿”号于11月24日赶到，先接过了“亚特兰提斯”号的305个船员，然后为U-126号提供了补给。U-126号随后便向法国返航，“皮顿”号则向下一个会合点驶去，为4艘开普敦艇群的潜艇提供补给。英国海军通过破解埃尼格码了解到了这一情况，马上部署截击。

11月24日下午，U-124号在与“皮顿”号会合的途中发现1艘英国军舰——这就是轻巡洋舰“达尼丁”号，U-124号立即调整航向，抢占攻击阵位，由于英舰正高速航行，而潜艇深度舵失灵，要想占据有利攻击阵位相当困难，最后眼看巡洋舰就要驶远，只好在5500米距离发射3枚鱼雷，然而令人惊讶的是，居然有2枚命中，当即将“达尼丁”号击沉。

11月30日U-68号和UA号与“皮顿”号会合，12月1日，开始海上补给，U-68号从“皮顿”号上搬运鱼雷，而UA号则在一边添加燃料。这时，英国重巡洋舰“多塞特郡”号赶到了附近，派出了1架舰载机装作巡逻飞行，侦察机当然很快就发现了目标，考虑到“皮顿”号上可能会有英国俘虏，“多塞特郡”号进行了两次警告射击，以逼迫“皮顿”号投降。见到突然到来的英舰，德军船只纷纷散开，“皮顿”号赶紧加速逃走，两艘潜艇都迅速下潜准备攻击，但是U-68号还没对鱼雷进行恰当安置，因此下潜时潜艇艇首急剧下降，只能采取紧急措施挽救潜艇，也就根本无从攻击。UA号发射5枚鱼雷，但均未

商船遭到鱼雷攻击后的场面。

命中。在巡洋舰的重炮威胁下，“皮顿”号只有自沉这一条道路。见补给船自行了结，“多塞特郡”号便迅速撤离。

“多塞特郡”号离开之后，两艘潜艇浮出水面，营救“皮顿”号船员，包括“亚特兰提斯”号船员在内，总共救起414位船员（这是两艘船上的全部船员，无一丧生，堪称奇迹），其中100名安置在U-68号，另100名安置在UA号，余下200多人则分散在10艘救生艇上，每艘潜艇拖带着5艘救生艇。UA号随后向邓尼茨报告了这一情况，并表示两艘潜艇都有足够的燃料，完全可以抵达8000公里以外的法国。

补给船接连沉没实在太突然了，邓尼茨被迫解散了开普敦艇群，命令U-124号和U-129号前去寻找U-68号和UA号，尽力为他们提供帮助。12月3日夜，U-124号遇到了6300吨的美国船只“萨加达赫克”（Sagadahoc）号，此时正驶往南非的德班（Durban）。U-124号艇长摩尔认为这艘船装的是走私货物，因此他命令船员分散到救生艇上，然后把货船击沉，这是美国参战之前，被德国潜艇击沉的第三艘美国船。12月5日，U-124号和U-129号与U-68号、UA号会合，救生艇上的200多个船员分散到了U-124号和U-129号上，由于潜艇舱内根本容纳不下如此之多的人员，几乎有一半的船员只能待在潜艇甲板上的充气橡皮救生艇里，对这些船员来说，这次航行实在是寒冷、漫长而又痛苦。

同时邓尼茨向意大利寻求援助，意军派出了4艘潜艇全速南驶，分别于12月16日到18日，陆续与4艘德国潜艇会合，向他们提供了燃料和食物，还接过了260名船员。意大利潜艇“托莱利”号在返回法国途中，曾遭到1艘英国驱逐舰的攻击，但是侥幸逃脱。其他7艘潜艇都平安抵达法国。

在60天内，3艘补给船的相继沉没，使邓尼茨认为利用水面船只作为潜艇补给船已经不可行了。在补给潜艇投入使用前，对遥远的西非海域巡逻行动只能取消。同时邓尼茨也进一步怀疑英国已经破解了埃尼格码，德军最高统帅部也认为这些船只的沉没不可能是巧合，但对通讯安全进行了另一轮调查之后，还是得出了埃尼格码绝对安全的结论。因为近几个星期以来，3艘捕获船只抵达了法国，还有两艘偷渡船离开了法国，而且它们都很频繁地发送无线电讯息，但都没有遭到攻击。

1941年下半年，邓尼茨一共向西非海域派出了18艘潜艇，其中4艘潜艇由于补给船只的沉没而被迫取消巡逻，U-67号则被英国潜艇“克莱德河”号撞伤被迫返航。其他13艘潜艇共击沉了19艘货船，平均每艘潜艇一次（长期的）巡逻仅仅击沉1.5艘，其中6艘潜艇没有击沉任何船，U-111号被击沉。

护航船队大战

为了进一步援助隆美尔的非洲军团，最高统帅部于12月初向邓尼茨下达命令，要求他在直布罗陀海峡西部海口布置12艘潜艇实行不间断巡逻。邓尼茨再次提出了异议，他强调英国的大部分补给船都经弗里敦和开普敦绕道苏伊士运河驶向了地中海，而非经直布罗陀驶向了地中海。此外直布罗陀西部海域的英国反潜力量已经大大增强，直布罗陀船队的护航力量也非常强大。由于10艘VII型潜艇在驶往地中海时都遭到了损伤，因此已经再没有足够的VII型潜艇可用来攻击直布罗陀护航船队，如果还要坚持执行的话，只有使用IX型潜艇，而这种潜艇并不适于向护航严密的船队发起进攻。但是最高统帅部依然要求坚持这一行动。

无奈的邓尼茨把斯涛尔本艇群的6艘潜艇从纽芬兰海域调到了直布罗陀上，其中包括2艘IX型潜艇U-43号和U-105号。11月29日，U-43号在亚速尔群岛附近遇到了被暴风雨打散了的OS-12船队的一些船只。这支船队原来由52艘商船组成，6艘护航舰护航。被U-43号发现的大约是一半的商船和护航舰。U-43号随即展开攻击，先击沉5600吨的“托恩利班克”（Thornliebank）号和4900吨的“埃斯彼”（Ashby）号。“托恩利班克”号满载军火，爆炸时发出了非常可怕的声响，碎片漫天飞舞。海岸驱潜快艇“托特兰”号和“赛南”号随即发现了U-43号，并将其赶到了水下，然后进行了数小时的深水炸弹攻击，但U-43号躲过了这些攻击。

12月2日，U-43号遇到了11900吨的美国油轮“星星”（Astral）号，艇长卢瑟误以为是12300吨的“萨米里托”级（San Melito class）英国油轮，就用鱼雷将其击沉了。他回忆道：“油轮着火时的场面非常壮观 ……几个小时之后，大团的烟雾飘升在事发地点正上方的高空中，黑烟很高，所以我们甚至可以看到黑烟下面的空中的小块白云……”

邓尼茨试图引导斯涛尔本艇群其他5艘潜艇找到OS-12船队，但经过徒劳的追击之后，6艘潜艇的燃料都不多了，因此斯涛尔本艇群被迫解散。在驶向比戈添加燃料的途中，U-434号发现了HG-77船队，随后U-43号和U-67号都闻讯赶来，U-43号发现了1艘驱逐舰，并用最后1枚鱼雷发起了攻击，但没有命中。由于燃料即将耗尽被迫停止追击返回法国。U-434号也由于同样原因而停止了追击向比戈驶去。只有U-67号追上了船队，并向1艘驱逐舰连续发射4枚鱼雷，不料其中1枚鱼雷竟然绕了一个圈后又折回来，险些击中U-67号，另外的3枚鱼雷也没命中。随后护航舰以及从直布罗陀起飞的飞机，有效压制了U-67号。

■ 油轮遭到德军潜艇攻击后，起火的场面非常壮观。

此时直布罗陀的德国间谍报告HG-76船队即将要驶向英国，邓尼茨派遣U-67号严密监视。同时又组织了一个新的艇群，前去支援U-67号。这是由U-434号、U-574号、U-107号、U-108号、U-127号、U-131号组成的海盗艇群。这个艇群的状况很糟糕，7艘潜艇中有5艘是IX型的，7名艇长中有5名是首次出航。

12月14日下午和晚上，58艘船只离开直布罗陀驶向了大西洋。首先离开的是HG-76船队，包括32艘商船和17艘护航舰。后来出发的是一支比较特殊的船队，有1艘货船和3艘油轮，另外由5艘护航舰保护，向南方的弗里敦驶去。U-74号发现了HG-76船队，而U-77号则发现弗里敦护航船队。

尽管需要尽快将这两艘潜艇调往地中海，但是邓尼茨还是命令它们向船队发起进攻，U-74号一直无法占据合适的阵位，因此只好停止了进攻，于12月15日夜向海峡驶去。U-77号则躲过了护航舰和飞机的攻击，击沉5000吨的“帝国梭鱼”（Empire

Barracuda）号，然后于12月16日抵达地中海。当晚，海盗艇群的U-108号还击沉了4800吨的货船“凯斯奎尔”（Cassequel）号，不过这是中立国葡萄牙的船只。

直布罗陀附近的德国间谍报告了HG-76船队启航的消息，并且汇报了商船的具体数量（32艘），但是对护航舰的描述却很模糊，实际上，护航舰包括3艘驱逐舰、4艘炮舰、9艘驱潜快艇以及载有欧洲燕战斗机的护航航母“大胆”号。

为HG-76号船队提供护航的是36号护航队，由“鹳鸟”号上45岁的沃克（Frederic J.[“Johnny”] Walker）指挥。沃克是一位海军军官的儿子，坚强直率，专攻反潜，1937年被提升为反潜学校的校长，1941年3月起担任新成立的36号护航队（2艘炮舰、7艘驱潜快艇）指挥官。这支护航队于11月下旬到直布罗陀执行了第一次任务。在等待HG-76船队启航期间，这支护航队又沿着西部大道到直布罗陀进行了一次巡逻。在直布罗陀时，曾击沉过U-433号的“金盏花”号驱潜快艇加入到这支护航队。

邓尼茨调集海盗艇群在直布罗陀以西组成了一条由北到南的巡逻线，还派出了秃鹰飞机进行侦察。然而，12月15日的能见度实在太低了，潜艇和秃鹰飞机都没能发现船队。一直以来都很可靠的德国间谍错误报告HG-76船队出航后不久，就返回了直布罗陀。这更是给邓尼茨的指挥带来了不小的麻烦。

12月15日晚上，HG-76船队离开后不久，4艘驱逐舰就对西部大道圣文森特（St. Vincent）海角以西约50公里处，通往直布罗陀海峡的通道进行了彻底的反潜搜寻。晚上11时左右，“内斯特”号发现水上大约11公里远处有1艘潜艇，便向其他驱逐舰发出警报后，全速向它驶去，从大约10公里远处向潜艇连续进行了八轮主炮齐射，但均未命中目

■ 盟军的轻型护航舰（炮舰）是德军潜艇的梦魇。

标。“廓尔喀II”号和“猎狐犬”号都赶来了，根据“内斯特”号的报告占据了合适的位置。被发现的正是崭新的IXC型潜艇U-127号，这艘潜艇当时正在海盗艇群巡逻线的最南端，正等待HG-76船队再次出航（间谍错误报告船队已返航）。

“内斯特”号快要冲到U-127号的下潜位置时，就把航速降到了18节，很快收到了稳定的声呐讯号。依据这一声呐信号，“内斯特”号迅速地投下了5枚浅定深深水炸弹。“猎狐犬”号本来也准备攻击，但是隐约听到船底龙骨下深处的爆炸声后，就中止了进攻。“内斯特”号、“廓尔喀II”号和“克伦姆”号也都听到了爆炸声。不久，水面上就出现了油渍和包括一些碎木片、衣物和人体器官在内的残骸。根据这些证据推测，潜艇被击沉了，U-127号确实从此音讯全无。

秃鹰飞机于12月16日发现了HG-76船队，此后就对其进行追踪，邓尼茨立即把船队位置转发给了海盗艇群。傍晚时分，U-108号也发现了船队，并发送了船队讯息报告。邓尼茨又把这次新的位置讯息转发给了海盗艇群的其他潜艇，他命令这些潜艇必须尽快赶到，在12月17日凌晨发起进攻，“只许成功，不能失败”。截获到这一埃尼格码讯息后，英国海军部立即通报给了船队，并命令

■ 正在指挥护航作战的第36护航队司令沃克。

“大胆”号于黎明时分起飞舰载机进行反潜巡逻。

12月17日凌晨，U-108号、U-107号、U-131号和U-574号已经赶到船队所在海域，其中U-108号仍在顽强地追踪护航船队，而U-574号新近才从比戈添加了燃料。天边出现第一丝曙光时，“大胆”号上的飞机就起飞了，不久飞行员就报告说船队前方大约35公里处有1艘潜艇，发现飞机后，潜艇就潜到了水下。

收到这一报告，36号护卫队的指挥官沃克就指挥炮舰“鹳鸟”号离开了船队，开始搜寻潜艇。在他的指挥下，3艘驱逐舰和1艘驱潜快艇都赶来搜寻那艘潜艇，首先赶到的“布兰克尼”号驱逐舰根据一个可疑的声呐讯号投下了深水炸弹，当“艾克斯摩尔II”号和“鹳鸟”号都赶来后，沃克对3艘军舰进行了重新部署，以进行一次有组织的反潜清扫，但是却一无所获。最后赶来的驱潜快艇“钓钟柳”号和驱逐舰“史坦利”号获得了非常稳定的声呐信息。上午11时，“钓钟柳”号投下了10枚深水炸弹。

被发现的潜艇是U-131号，而且潜艇的水下测声仪出现了故障，因此一旦潜到水下的时候就几乎“聋了”，根本不能有效地躲避攻击。这10枚深水炸弹中有1枚在距离潜艇非常近的地方爆炸了，引起了严重破损。艇长鲍曼赶紧组织抢修，但是100分钟后，他放弃了努力，将潜艇浮到了水面上，然后匆忙向邓尼茨报告潜艇已经无法下潜，要求提供援助。邓尼茨回答说目前无法提供任何援助，“如果没有其他选择，就把潜艇炸毁”。

U-131号浮出水面后就被“史坦利”号发现了，于是5艘军舰连同空中的欧洲燕飞机都向潜艇聚拢来。距离最近的驱逐舰“艾克斯摩尔II”号从大约10000米远就开始向潜艇连续炮击，但均未击中目标。欧洲燕的飞行员乔治·弗莱彻（George Fletcher）做了一个非常勇敢但又极不明智的选择，飞到潜艇上空用机枪对其进行扫射，结果就招来了潜艇高射炮的反击，座舱中弹，欧洲燕一头坠入大海，估计弗莱彻可能就此牺牲。

当5艘护航舰都赶来后，鲍曼下令艇员们弃船并将潜艇炸毁。13时21分，“艾克斯摩尔II”号汇报说潜艇已经倒竖起来了，船尾向下正在下沉。随后驱逐舰救起了48名艇员，其中包括鲍曼。

其他3艘潜艇都于12月17到18日夜向船队靠拢，U-108号报告击中1艘货船，实际上当晚并没有船只被命中。

12月18日早上9时，驱逐舰“史坦利”号就发现水面上大约10公里远处有一艘潜艇。驱逐舰“布兰克尼”号和“艾克斯摩尔II”号，以及炮舰“德普特福”（Deptford）号，都闻讯赶来。“史坦利”号驶到距离潜艇约4500米远时，潜艇潜到了水下，在此关键时刻“史坦利”号的声呐出现了故障，但是仍在估算的潜艇位置周围区域投下了19枚深水炸弹，随后赶来的“布兰克尼”号声呐很快就捕捉到了目标，投下了6枚深水炸弹，并把声呐讯号位置通报给了“史坦利”号，“史坦利”号又投下了14枚深水炸弹。同时“布兰克尼”号又投下了6枚深水炸弹。

遭到这总共45枚深水炸弹攻击的是U-434号，刚从比戈添加了燃料，正向地中海驶去的中途被调到了海盗艇群，由于该艇是由但泽（Danzig）一家新的潜艇生产厂建造的，本身有着许多的缺陷，潜艇沉浮箱进出气阀的传动装置就故障不断，当深水炸弹在附近爆炸后，更是给潜艇造成了严重损伤，使其开始进水，被迫浮出水面。U-434号浮出水面，距离“布兰克尼”号只有2000米远！于是该舰全速向潜艇撞过去，同时还用主炮轰击。当“布兰克尼”号快要撞上U-434号时，除去一名操纵机枪的军官，潜艇上的其他人都跳到了海里。在最后一刻，“布兰克尼”号舰长决定派人登上潜艇而不是将潜艇撞毁，但是这个决定实在太迟了。“布兰克尼”号斜着撞到了潜艇，更不幸的是撞击并没有给潜艇造成什么损伤，却把“布兰克尼”号撞伤了。见到潜艇未受撞伤，“布兰克尼”号赶紧放下载有跳帮组的救生艇，但是在救生艇靠上潜艇前预先安置的炸弹就爆炸了。“布兰克尼”号救起42名艇员。

有意无意间，HG-76船队的护航舰在逐渐减少。“康乃馨”号、“黑天鹅”号（Black Swan）、“佛威”号（Fowey）和“拉马路因”（La Malouine）号陆续离队，在与U-434号的撞击中受伤后，驱逐舰“布兰克尼”号就和燃料不足的“艾克斯摩尔II”号一起返回了直布罗陀。到12月18日晚，护航舰还剩下11艘，其中惟一的驱逐舰，就是来自美国的“史坦利”号，占据了船队末尾的位置。12月19日凌晨，“史坦利”号发现了1艘潜艇并发出了警报。沃克要求“史坦利”号发射照明弹以表明此时它所处的位置。看到照明弹之后，沃克打算用信号灯与“史坦利”号进行联系，但是“史坦利”号慌忙发送的一条消息却打断了它们之间的联系：“鱼雷！”片刻之后，1枚鱼雷击中了“史坦利”号，“爆炸之后变成了一团熊熊燃烧的火焰，足有几十米高”。攻击“史坦利”号的是U-574号，但是他并没有多少时间来庆祝这一胜利。“鹳鸟”号率领其他几艘驱潜快艇已经全速赶来了，而且“鹳鸟”号很快就获得了稳定的声呐讯号，并据此向潜艇发起了进攻，两轮进攻中共投下了15枚浅定深深水炸弹。其中几枚在U-574号附近爆炸，给潜艇造成了非常严重的损伤，被迫浮出水面，而此时距第一枚深水炸弹爆炸仅15分钟。

潜艇在“鹳鸟”号前方约200米远处浮

上了水面，沃克下令全速撞击，同时用主炮轰击。U-574号全速前进并左转，但是距离实在太近，“鹳鸟”号的主炮降到最低都打不到潜艇了。11分钟后，“鹳鸟”号撞上U-574号指挥塔并将潜艇撞翻。为保险起见，沃克又下令投下了10枚深水炸弹。艇长根戈尔巴赫下令弃艇并将潜艇炸毁，自己则走进了指挥塔，跟潜艇一起葬身海底。“鹳鸟”号终于把U-574号解决了，但撞击使自己的船头出现了一些损伤，声呐也不能用了。随后“鹳鸟”号和“圣彼得草”号总共救出了16名德军艇员和“史坦利”号的28名舰员。

U-108号追踪船队长达60小时，期间进行了数次鱼雷攻击，均未命中，最后在“鹳鸟”号和其他护航舰忙着营救水面上的幸存者时，才再次对船队进行了攻击，用最后一批鱼雷重创了2900吨的英国船“拉金齐奇”（Ruckinge）号，船员随后弃船。

12月19日，秃鹰飞机又发现了一支南向船队，尽管很明显南向船队的军事意义大得多，但是邓尼茨并不信赖秃鹰飞机的报告，宁愿继续攻击把握更大的HG-76船队，他告诫海盗艇群，HG-76船队“仍然是主要的攻击目标”，但是如果恰好遇到了南向船队的话，也可以发起进攻。随后秃鹰飞机遭到了从“大胆”号起飞的欧洲燕飞机的攻击，被击落2架击伤1架。

与此同时，邓尼茨派遣另外3艘潜艇前去支持海盗艇群，他在日志中写道，这3艘潜艇的艇长都非常勇敢而且战斗经验丰富，相信他们完全可以对付“这支难以对付”的船队。这三位艇长分别是U-71号的瓦尔特·弗莱克森堡，U-567号艇长骑士十字勋章获得者英格尔伯特·恩德拉斯和U-571号的盖哈德·比加尔克（Gerhard Bigalk）。现在恩德拉斯已经是大西洋潜艇战中战绩第一的王牌了（当时仍在大西洋上指挥潜艇作战的八位骑士十字勋章获得者分别是U-43号的卢瑟、U-96号的莱曼-威伦布洛克、U-105号的史威、U-109号的布莱西洛特-加龙省、U-201号的史内、U-203号的米采尔伯格、U-552号的托普和U-564号的苏伦）。

12月19日到21日，尽管天气越来越恶劣，艇员们也都已经精疲力竭了，海盗艇群的U-67号、U-107号和U-108号，却依然顽强地追踪船队。其中U-67号和U-107号都还有鱼雷，但是它们运气都不太好，都没能击沉任何船只，反而遭到了“大胆”号起飞的欧洲燕飞机的攻击。

在这3艘潜艇的指引下，新近从法国出发的3艘潜艇于12月21日下午发现了船队。从英国海军部得知6艘潜艇正在追踪船队后，沃克就将护航舰分散到距船队较远处的位置，然后用照明弹发起一场“虚拟战”，以误导潜艇，将它们吸引到那一错误方向。谁知船队中的一些商船看到这些照明弹后也发射了照明弹，不仅破坏了沃克的计划，还照亮了整支船队，完全暴露给了潜艇。

U-567号正是借助这些照明弹发现并击沉了3300吨的英国货船“阿纳维尔”(Annavore)号，沃克赶紧结束虚拟战，回到船队中来。就在这时，U-571号在照明弹的亮光下看到了毫无防备的“大胆”号，不过艇长比加尔克把这艘护航航母当做了1艘舰队航母，不由感叹道“天哪！那是多好的一个机会啊！”比加尔克非常迅速但又非常冷静地瞄准目标，发射3枚鱼雷，全部命中。“大胆”号大量进水，在十分钟内沉没了。比加尔克并没有意识到“大胆”号已经沉没了，他潜入水里重新装满鱼雷，准备再来一轮攻击。但是他再次浮上水面时，已经找不到航母的影子了。返回法国后，邓尼茨为他颁发了骑士十字勋章（经证实，比加尔克获得骑士十字勋章时，共击沉了2艘船15370吨，其中包括“大胆”号）。另外顽强地对船队进行了七天七夜的追踪，并且击沉1艘货船的U-108号艇长克劳斯·索尔茨也获得了骑士十字勋章（他的确证战绩是13艘船共计61760吨）。

在沃克的带领下，驱潜快艇“圣彼得草”号、“野豌豆”（Vetch）号和“金盏花”号都各自向1艘潜艇发起了进攻，但是均未成功。炮舰“德普特福”号发现水面上有1艘潜艇后，就转身向潜艇撞去。潜艇下潜后，“德普特福”号依靠“目测”投下了10枚深水炸弹，随后根据获得的稳定的声呐讯息，再投下了10枚深水炸弹。没有证据显示

■ 德军潜艇被击中即将沉没前的瞬间。

攻击取得了成功，但根据战后对相关资料的研究，“德普特福”号击沉了U-567号（经证实，恩德拉斯在指挥U-46号和U-567号总共击沉了25艘货船137990吨，击沉吨位排在第18位）。

可能是对潜艇的攻击使“德普特福”号的船员精疲力竭，在漆黑中回到船队的“德普特福”号撞到了“鹳鸟”号左舷，幸运的是，并没有撞到“鹳鸟”号的重要舱室，两舰都有所损伤，航速降低，声呐也都无法使用了。

12月22日，邓尼茨下令停止追击船队并命令潜艇返回法国。虽然击沉了1艘飞机运输船（邓尼茨并不相信击沉了1艘舰队航母，因为当时他并不知道英国已经开始用商船改建为护航航母，根据直布罗陀的间谍报告，船队里有飞机运输船“独角兽”号）和2艘货船，但却付出5艘潜艇的代价，其中还包括王牌艇长恩德拉斯，这对潜艇部队是一次沉重打击。

在从英国赶来的护航舰和飞机增援下，船队于12月23日抵达了目的地。尽管损失了“大胆”号和“史坦利”号，但是英国海军部还是非常慷慨地表扬了沃克和护卫队，因为他们在勇猛残酷的护航战斗中，至少击沉了3艘潜艇（U-131号、U-434号和U-574号，英国海军没有确认U-127号和U-567号），这已经是一个史无前例的好战绩了，而船队的32艘商船中有30艘平安返回，这又是一个了不起的胜利。

1941年秋，潜艇部队为援助北非所付出的代价如下：短短的六周内，13艘潜艇被击沉，近600名艇员死亡，这是到此为止最惨重的损失了，另外还有6艘潜艇遭到重创。由于要支持非洲军团，北大西洋上的潜艇战全面缩减，这也造成了很大的损失。

为此邓尼茨向最高统帅部提交了一份报告，他承认确实有必要把潜艇派往地中海海域支持北非的轴心国部队，但是他也恳求缩减对直布罗陀船队进行攻击的潜艇数量。让这些战斗经验极不丰富的艇员前去攻击护航严密的直布罗陀船队，这不仅很不公平，而且是对资源的极大浪费。4位首次出航的艇长就在追踪HG-76船队中遇难。另外，他还坚持说，派遣体积过大而又笨重异常的IX型潜艇攻击护航严密的直布罗陀船队，或是到反潜力量密集的直布罗陀海峡附近进行巡逻，都是非常不明智的做法。攻击HG-76船队的5艘IX型潜艇中，只有U-108号成功击沉1艘货船，其他几艘潜艇都非常艰难地熬过了这一段危险的时光，还有2艘被击沉（U-127和U-131号）。

最高统帅部终于同意了他的看法。从此，不再向护航严密的直布罗陀船队发动进攻了，到直布罗陀西部的紧邻海域执行巡逻任务的潜艇数量也被减到了最低数目。

■ 正在潜艇甲板上的德军潜艇艇员。

第十章 远征美国

一场新的战争

德国对美国宣战（1941年12月11日）后，邓尼茨就有了充分的理由减少潜艇在异常危险而战绩甚微的地中海活动，而全力投入北大西洋无限制潜艇战，他要赶在美国还没有组织起护航船队和高效的反潜部队之前发起攻击，从而在美国的家门口一举摧毁运往英国的具有决定意义的战争原料。

不过此时德国潜艇部队所面临的还是潜艇数量短缺的老问题。由于战损、退役以及调往北极和地中海，再加上新潜艇生产和检修过程的延迟，到1942年1月1日时，在大西洋上只有64艘远洋潜艇：19艘IX型和44艘VII型，以及UA号（在64艘潜艇中，有14艘尚没有做好战斗准备：U-73号、U-561号和U-572号计划将在1月驶往地中海，UA号正在接受补给潜艇的改装，U-43号、U-94号、

■ U-94号潜艇返回德国。

U-201号、U-563号和U-101号正在返回德国的途中，有的是要接受检修，有的要进行战伤修复，有的则要退役了。从北极地区调来的U-752号正在基尔接受检修，另外还有4艘U-71号、U-202号、U-558号和U-569号正在法国基地进行战伤修复)。除了数量短缺，艇员们也都缺乏战斗经验。64艘中的44艘（69%）近六个月内才抵达大西洋，其中14艘（22%）是1941年12月才刚抵达的。还有6艘VII型潜艇是从北极地区调来的，至今还没有在大西洋上执行过巡逻任务。

许多学者都认为1942年德国潜艇的威胁“急剧增加”，并称“平均每月的新增潜艇数可达20艘”。事实上1942年的前五个月里，德国一共有78艘新潜艇服役，平均每月15.6艘。1942年的后七个月里，新增潜艇148艘，平均每月21.1艘。全年总共新增潜艇226艘，平均每月18.8艘。

然而，这些新增潜艇中的相当一部分都被派到了潜艇学校或是供研究与发展用，而没有投入一线。还有少数几艘则由于各种原因在波罗的海试航时沉没。再加上潜艇检修时间出现了延迟，还有部分潜艇直到1942年底才开始服役，因此1942年开始服役的226艘潜艇中，有大约一半的潜艇要到1943年才进入一线。其中近50艘潜艇在处女航时就沉没了，它们绝大多数都没有取得什么战绩，因此，对于一线的潜艇部队来说，这些仅仅是一个“账面”上的增加额而已。

真正有意义的是大西洋上潜艇数目的实际“增加”。这与所谓的“平均每月新增20艘潜艇”就相去甚远了。1942年的前六个月里，总共才增加了34艘，平均每月5.6艘，详见表一。

由于法国到北美的距离非常远，因此到1942年1月仅仅只有20艘IX型可以执行这一任务。在这20艘潜艇中，破旧的U-43号和8艘IXB型的航程为14000公里，11艘IXC型的航程稍大些，约为17500公里。而且此时其中8艘尚没有做好战斗准备：U-43号要返回德国进行业已拖延了的检修；4艘IX型（U-68号、U-124号、U-126号和U-129号）刚结束南大西洋的战斗巡逻需要大修；3艘IX型艇（U-67号、U-107号和U-108号）已被派往地中海，因此他们必须先返回法国，补充燃料和鱼雷后才能出征美国。马上能出动的只有6艘IX型，分别是：U-66号，1941年5月抵达大西洋，已执行过三次巡逻任务，一次在北

表一：1942年1至7月潜艇总数变化表

1942年	1/1	2/1	3/1	4/1	5/1	6/1	7/1	净增项目
VII型艇	43	49	47	48	51	52	60	+17
IX型艇	20	23	29	30	33	35	37	+17
当月潜艇总数	63	72	76	78	84	87	97	+34

大西洋上，由于机械故障而被迫停止任务，另外两次是在南大西洋，其间共击沉了5艘船。U-109号，1941年6月抵达大西洋，艇长布莱希洛特曾指挥过著名的U-48号和U-67号，U-109号曾两次执行大西洋巡逻任务，但是途中都出现了机械故障而返回。U-123号，1940年9月抵达大西洋，执行过两次巡逻任务，1942年起尚未有任何战果。U-125号，1941年7月抵达大西洋，还未执行过战斗巡逻。U-130号，在1941年12月刚出发的处女航中遇到了SC-57号护航船队，击沉3艘货船共计15000吨，随后就接到停止巡逻，为攻击美国做准备的命令后，于12月16日返回洛里昂，此次出航时间仅为17天。U-502号，曾于1941年9月29日到11月9日间执行过一次大西洋巡逻任务，仅重创挪威油轮“斯文德·福因”（Svend Foyn）号。这6艘潜艇组成了远征美国的第一艇群，尽管驶往美国的第一批潜艇有着一些非常有利的条件，如可以在敌方反潜力量非常薄弱的情况下出其不意地发起攻击，但还是面临着很大的危险和困难，除了距离基地非常遥远外，最不利的就数美国东海岸的海水非常浅，大陆架甚至延伸到了距海岸约160公里处。为了尽量避免被困在浅海，只能在夜间发动攻击，并要在天亮之前撤到水深大于200米处，虽然这种做法会浪费大量的燃料，但还是比较明智的。不过美国海岸也有一个比较理想的进攻场所，这就是北卡罗来纳州的外部海底斜坡，在哈特拉斯（Hatteras）角大陆架还不到50公里宽，在水上全速航行两个小时就可以驶到深海海域了。因此，船只如果在空军掩护下，沿着海岸航行的话，哈特拉斯角就为潜艇提供了攻击的绝好机会，因为此处不仅过往船只较多，而且潜艇可以很容易逃到深水海域，灯塔船和灯塔还可以指明正确航向。再向南的佛罗里达州海岸的水下地理条件也比较有利，从棕榈海滩（Palm Beach）向南到迈阿密的大陆架距海岸仅约16公里。但是，从洛里昂到佛罗里达州海岸的距离太远了，而该海域的磷光现象又比较频繁，潜艇仅能停留很短一段时间。

为了给远征美国的潜艇提供精神和物质上的鼓励，邓尼茨建议派遣一个由VII型潜艇组成的艇群到加拿大新斯科舍省的哈利法克斯和纽芬兰省的圣约翰斯（St. John's）执行巡逻任务。一方面，这些潜艇可以击沉一些船只，另一方面，他们在这些海域可以迫使盟国将反潜力量分散于北大西洋航线和加拿大海域。

但是德军最高统帅部并不赞同将VII型潜艇派往加拿大海域。因为北大西洋和纽芬兰海域的天气十分恶劣，即使在良好的天气情况下，VII型潜艇依靠单台柴油机需要两个半星期才能抵达，而返回同样也需要两个半星期，剩余的燃料和食物就只允许执行十天的巡逻任务了，如果要对某支船队进行长时间追击的话，巡逻时间就更短了。如果在驶往加拿大的途中遭到了暴风雨，那么行程就要进一步延迟，执行巡逻任务的时间就又缩短了。此外，纽芬兰和新斯科舍省的大陆架甚至要比美国附近的更浅更宽，大浅滩（Grand Banks）平均深度约为75米，向纽芬兰东部延伸了近320公里。

反对者还提出何不继续派遣这些VII型潜艇到近处攻击北大西洋护航船队呢？由于大批潜艇被派遣到了地中海，自1941年秋天起，北大西洋的护航船队就几乎没再遭到什么攻击。成百上千艘满载武器、原料和食物的船只在没有遭受攻击的情况下抵达了冰岛和英国，其中一些还继续驶向了莫曼斯克。VII型潜艇如果可以到相对更近一些的海域活动的话，就可以更有效地发挥它们的作用，而艇员在攻击护航船队时所面临的精神与物质压力也要相应低得多了。

但最后还是邓尼茨胜利了。通过对一些压载舱和淡水箱的巧妙利用，VII型潜艇的航程可以增加到1600公里，这就使它们前往加拿大海域的可行性大为增加了。12月，10艘VII型潜艇组成艇群驶往加拿大海域。其中2艘潜艇是由骑士十字勋章获得者指挥的，分别是罗尔夫·米采尔伯格指挥的U-203号和埃里

■ U-203号潜艇指挥塔特写。

希·托普指挥的U-552号，但是仍有5艘是从德国出发执行处女航的新潜艇。

12月17日，邓尼茨将6艘IX型潜艇的艇长召到卡内维尔，他们将要进行的行动代号为“击鼓”（德文为Paukenschlag，英文为Drumbeat），这是一场新的战争，他们将给予未接受过任何考验的、防卫很不谨慎的美国海上运输以沉重打击。由于德军在苏联和北非遭到了惨重失败，因此潜艇部队在美国海域的胜利不仅可以提高德军士气，还可以重新激起希特勒和最高统帅部对潜艇部队的热情——在1941年下半年，他们并没有为潜艇部队提供什么支持。为了提高士气，有5位艇长获得了较高的荣誉：在英国战俘营的奥托·克雷齐默尔（前U-99号艇长）为他的骑士十字勋章赢得了令人垂涎的宝剑；U-564号的莱茵哈德·苏伦为他的骑士十字勋章赢得了橡叶；U-96号的海因里希·莱曼-威伦布鲁克也同样赢得了橡叶；U-74号的爱特尔-弗雷德里希·肯特拉特和U-98号的罗伯特·吉赛都获得了骑士十字勋章。

从战略上看，“击鼓”与1939年9月最初的潜艇行动完全一致。潜艇并不组成艇群展开集群攻击，而是在宽广的海域里单独行动，目的就是给敌军带来精神和物质上的最大震撼。也如1939年的潜艇行动，他们要优先攻击独自航行的尽可能大的目标，尤其是满载的油轮，将不攻击护航船队。为了产生尽可能大的战果，邓尼茨建议艇长在条件许可时，利用甲板火炮将敌船击沉。另外U-109号、U-130号将到纽芬兰-新斯科舍省海域执行巡逻任务，为10艘VII型潜艇提供支持。

12月18日，U-125号和U-502号最早出发，驶出比斯开湾之后，U-125号就发现了正遭受围攻的HG-76护航船队，发出船队讯息报告之后，邓尼茨却指示他避开战斗，继续驶往美国。U-502号出航不久就出现严重漏油，水面上因此留下了明显的“尾巴”，只好于12月22日返回洛里昂。U-123号和U-66号分别于12月22日和25日启航。要驶往加拿大的U-109号和U-130号均于12月27日启航，而此时派往加拿大执行巡逻任务的10艘VII型潜艇都已经在海上了。

一些历史学家断言英军曾通过埃尼格码情报察觉这些潜艇的动向，为此曾向华盛顿和渥太华方面发出了紧急警报，但是美国和加拿大都忽视了这一警报。实际上华盛顿的海军参谋们获得英国海军部潜艇跟踪监视处罗杰·温提供的每日讯息，这些报告并没有多少用处，因为它们的内容多数是不确定的：12月24日，总体状况不明，没有什么有用讯息。12月25日，状况依然不明，没有北大西洋上的行动迹象。12月26日，潜艇状况依然不明。依然没有潜艇在北大西洋上采取重大行动的迹象，但是可能至少有两艘在西经40度以西 ……12月27日，大西洋西部的状况不

■ 英国海军作战部指挥大厅，梯子上的工作人员正在根据有关情报在大厅墙面的地图上标出船队和德国潜艇的可能位置。

明，可能西经40度以西有2或3艘潜艇，具体位置不明。

在12月29日提交英国海军部的每周总结中，罗杰·温写道："种种不太确定的迹象表明，可能有一些潜艇正驶向大西洋西部，它们可能要在加勒比海或是哈利法克斯附近海域采取军事行动。"并没有提及潜艇可能要到美国东海岸采取军事行动的事情。这些来自伦敦方面的不确定报告还夹杂了一些消息，那就是在太平洋和远东地区接二连三的骇人灾难（日军占领香港、关岛、威克岛、在菲律宾登陆等）。除去这些挫败之外，12月份还有大约10艘日本潜艇在加利福尼亚和俄勒冈州海岸附近活动，击沉美国油轮"艾米迪奥"（Emidio）号和"蒙特比洛"（Montebello）号，还击伤了5艘油轮和2艘货船，甚至还向圣芭芭拉（Santa Barbara）附近的一个油田进行了炮击，进一步印证了日本将攻击加利福尼亚的传言（西海岸的日本潜艇和东海岸的德国潜艇并没有联合发起攻击，他们的攻击都是独立进行的。但他们的进攻恰好可以为对方提供帮助，这纯粹是出于巧合）。

"挪威偏执狂"

当15艘潜艇驶向美国时，英军再次向挪威发动了突袭，12月26日到27日在维斯特海湾（Vestfjorden）和阿雷松德（Alesund）附近诺德峡湾（Nord Fjord）的瓦格索岛（Vaagsoe）同时展开攻击，由于1艘运兵船出现了故障而中途返航了，因此维斯特海湾的进攻并不令人满意。但在瓦格索岛的攻击非常成功。除去陆上行动外，英国军舰还击沉了德国5艘商船、2艘拖网渔船和1艘拖轮。

这些战果根本就微不足道，但却给德国潜艇部队造成了重大影响。最高统帅部首先将5艘从德国出航的VII型潜艇调往诺德海湾截击英国舰队，邓尼茨对此非常不满，他抗议说这5艘潜艇原本都是要派往美国执行第二轮攻击的，将它们调往挪威只能是白白地浪费时间和燃料，同时这对于刚从基尔出发才几天正执行处女航的战斗经验贫乏的艇员来说又非常危险。此外，他还拒绝了最高统帅部将9艘潜艇常驻挪威的要求。

来自不同渠道的盟军将向挪威发动全面进攻的谣言正在柏林盛播，而英国的此次突袭又与之吻合。希特勒比较相信这一传言，因此他于12月29日把海军上将雷德尔召到了狼巢。希特勒说："如果英军采取恰当的行动，他们将可以从挪威北部的多处要塞发起攻击。"他还宣称，这"对战争结果有着决定性意义"，海军必须"尽全力保卫挪威"。希特勒的意思就是要向挪威派出战列舰"提尔匹茨"号、战列巡洋舰"格奈森诺"号和"沙恩霍斯特"号，袖珍战列舰

“海军上将希尔”号以及重巡洋舰“欧根亲王”号和“希波”号。

雷德尔提出了异议，他并不认为此次英国的突袭就预示着大规模的进攻，他也不认为苏联会向挪威发动进攻。如果把“格奈森诺”号、“沙恩霍斯特”号和“欧根亲王”号留在法国，英国就必须将相当大的一部分舰艇留在本国海域，而将这些战舰调离法国的话，英国就可以把这部分舰艇调往其他海域了。此外，这些战舰已经在法国海港停留了相当长一段时间，因此即使要派往挪威之前，也必须要对其进行长达数周的检修。

希特勒愤怒了，可能是受到了珍珠港事件和差不多同时在远东地区的“威尔士亲王”号和“反击”号被击沉的影响，他认为在空军时代的大型军舰并没有想象的那么重要（雷德尔提议建造“齐柏林”[Graf Zeppelin]号航母，尽管德国还没有适于航母的舰载机，但希特勒还是非常不明智的接受了这一建议，并且异常热烈地督促修建，尽管当时在建造潜艇时仍然面临钢材和船厂工人严重不足的问题）。会晤结束时，他要求雷德尔做好准备，随时根据他的命令采取行动。“提尔匹茨”号将在三周之内驶往挪威特隆赫姆（已拟定计划）。不管有多危险，“格奈森诺”号、“沙恩霍斯特”号和“欧根亲王”号都要尽快穿过英吉利海峡驶回德国，再连同“海军上将希尔”号和“希波”号一起，驶向挪威。

目前还没有将潜艇派往挪威进行保卫战的详细数据。那时，已派遣4艘VII型潜艇到北极地区执行巡逻任务并攻击莫曼斯克护航船队（这4艘潜艇分别是U-134号、U-454号、U-584号和U-585号，驻扎在挪威最北端巴伦

U-585号潜艇正在水面航行。

支海上的希尔科内斯[Kirkenes]），最高统帅部也认同邓尼茨拒绝将大量潜艇派往挪威的做法，但是希特勒仍然坚持海军应该集中“所有力量”保卫挪威。最高统帅部对此的理解是，除去派往地中海的潜艇以外的其他潜艇都要被派往保卫挪威，因此他们就在等待对挪威局势有进一步的了解并且希特勒再次下达专门指示以后再进行大规模的潜艇调动。因此可以说远征美国的潜艇开幕战实际上前途未卜，如果希特勒这个众所周知的“挪威偏执狂”再次提出强烈要求的话，第一批15艘潜艇将很有可能会被召回转调到挪威。此后相继要派往北美的几个小组也将由于同样的原因而不能成行。因此，潜艇必须要尽快取得一次显著的成功。

“我们需要船！”

1941年12月23日，63岁的海军上将厄内斯特·J.金被任命为美国舰队总司令（自12月30日起生效），这个职务是新近才设立的，相当于英国的第一海军大臣。金掌握着如下几支舰队的行动和行政控制权：大西洋舰队，现任总司令是罗耶尔·E.英格索尔；太平洋舰队，切斯特·W.尼米兹（Chester W.Nimitz）任总司令；亚洲舰队，托马斯·C.哈特（Hart）任总司令，以及美国海岸警卫队。罗斯福总统曾于1941年11月1日下达行政命令，将原本属于财政部的海岸警卫队划归海军。眼下，海军上将哈罗德·R.史塔克还保留着美国海军作战部长的称号，但他在华盛顿的日子已经屈指可数了，他的任务也仅限于一些行政事务以及“远景规划”。

金是一位经验丰富的海军专家，据说为人非常冷酷，意志力极为坚强，甚至会“用喷灯刮胡子”。在40年的职业生涯中，他曾在军舰和潜艇上服过役，取得过海军飞行员的资格，是海军飞机和航母的先驱。他对海军的优劣以及海军高级军官的了解无人能及。珍珠港事件使整个美国海军陷入惊恐和绝望之中以后，金比任何人都更加迫切地希

■ 12月30日，海军上将厄内斯特·J.金被任命为美国舰队总司令。

望能够对日本的这种诡诈行为进行报复。金快要到退休年龄了，但海军部长弗兰克·诺克斯还是把他推荐给了罗斯福总统，认为他是带领美国海军走出珍珠港阴影的最佳人选。

金刚刚抵达华盛顿不久，正忙于组建办公处和参谋部。尽管他曾说道“没做好任何准备”，“我必须从零开始”。但是英国第一海军大臣达德利·庞德在内的很多英国人都认为，与欧洲和地中海海域的战争相比，金对太平洋上的战争局势更为关心。这种看法只有几分正确，不久之前金还担任着大西洋舰队总司令，关于大西洋战场的海军状况，他跟任何一个英国人同样关心。尤其是金也像英国人一样，对德军几艘大型战舰在大西洋的联合突击深感忧虑，如果这些大型德国军舰在大西洋上联合出击，将会使已元气大伤的英国本土舰队和美国大西洋舰队面临更严峻挑战，还会对运兵船队和补给船队造成威胁。如果此时驻马提尼克岛（Martinique，位于加勒比海中央）的维基法国舰队支持德国，或独自与盟国交战，英美两国将更为危险。

12月下旬举行的阿卡迪亚会议（即第一次美英首脑华盛顿会议，在太平洋战争爆发后，1941年12月22日－1942年1月14日，美国总统罗斯福和英国首相丘吉尔为协调两国在反法西斯战争中的战略和加强两国之间的合作而在美国华盛顿举行的会议，代号为“阿卡迪亚”，故亦称阿卡迪亚会议）期间，太平洋和远东地区日本取得了一个又一个的胜利。因此，大会被迫就如何采取紧急措施解救那里被围攻的盟军部队展开讨论。此次会议的主要目的是就如何赢得战争制订一个全球策略，并制订战时生产计划以实现制订的战略部署，他们并没有过多地偏离这一主要目的。所有与会代表，包括金在内，都一致认为，应该首先打败德国和意大利，然后再来对付日本，但是他们也在一些问题上产生了分歧，主要是如何执行这一指导思想，究竟要在多大程度上将太平洋上的防卫式战斗转变为进攻式战斗，以尽可能减少日本占领地区。

最终，会议确定了如下几项大规模战略方针：要尽最大能力支持苏联。主要有两条援苏航线，行程较长的航线是经好望角抵达波斯湾（Persian Gulf），航程较短的航线就是从冰岛组建护航船队直抵莫曼斯克，由盟国海军部队提供全程护航，必要时，可以出动大型军舰护航；盟军于5月25日开始执行进攻法属西北非的计划；立即在英国集结美国军队，五或六个已经完成了绝大部分训练的美国步兵团和坦克师将尽快派往北爱尔兰和英格兰，这支部队将对德国入侵英国起到威慑作用，到此时，他们仍然认为德国可能会入侵英国；防止日军占领澳大利亚，为此，美国要建立数条“通讯线”，都是从夏威夷通往西南太平洋诸岛的，主要包括斐济的萨摩亚群岛（Samoa，Fiji）以及新喀里多尼亚岛（New Caledonia），要在这些地方以及澳大利亚集结军事力量以展开反击；派遣美国陆军第5步兵师代替冰岛的美国海军和英国部队，这样盟军就可以将这些部队调往更急需的前线了。

执行阿卡迪亚会议的决定需要大批船舰，主要包括运兵船、战斗机、油轮以及大大小小的登陆艇。为了满足最为迫切的任务需要，1月和2月，美国将把10万人以及百万吨补给物资运往海外基地。以后的大规模军事行动都将需要大量部队、军火、登陆艇以及数千万吨补给物资。然而，他们很快就明确意识到，根本没有足够数量的船只。新任盟军最高司令（Chief of Army plans）德怀特·D.艾森豪威尔威尔（Dwight D.Eisenhower）在他的日记中对当时的情况进行了简短而准确的描述："船！船！我们急需船！真是让人头痛！"后来丘吉尔的描述更清晰一些："船只造成了瓶颈效应，它是我们战略的惟一基础。"

作为紧急措施，同盟国开始集中商运船只。尽管英国已在28个月的战争期间遭受了惨重损失，但是他们已通过建造新船和获取外国船只等种种手段，在很大程度上弥补了这一损失。因此英国商船队仍然非常强大，累计达2000万吨，但是这也不能满足英国的需要，还有一些船只已经很破旧或是搁置不用了。开战之前一直被忽视的美国商船队仅有大约1500艘船共计800万吨。其中大约三分之一已经较旧或是老朽了，另外三分之一是油轮，不适于运输军队和货物。但无论如何，商船集中之后，英美商船队（包括油轮在内）的总吨位已经接近3000万吨了。

商船集中对严峻的船只短缺状况起到了一定缓和作用，但也没能解决这一问题。因此，规划者被迫将阿卡迪亚会议通过的一些行动方针推迟甚至取消。进攻法属西北非被无限期推迟了。将美军部队运往冰岛（代号"印地哥行动"）和北爱尔兰（代号"磁铁行动"）的计划则需要进行缩减。

阿卡迪亚会议一致认为，从长远来看，一定要修建超大规模的商船。美国海上委员会（U.S.Maritime Commission）已经作了充分准备（到1942年1月1日，海上委员会已经组织建造了185艘船只（其中54艘油轮），其中103艘（其中27艘油轮）是1941年修建的）。阿卡迪亚会议之前，罗斯福已经给海上委员会下达了指示，要求修建1200万吨新船，其中1942年完成500万吨，1943年完成700万吨（这个给人印象深刻的数据已经表明了海上委员会的目的。美国船厂将完成计划吨位的85%。这样他们就需要90家船厂和70万工人）。1月3日，罗斯福又将目标提高到了1800万吨，其中1942年完成800万吨，1943年完成

■ 船只造成了瓶颈效应，它是同盟国战略的惟一基础。

1000万吨。2月9日，罗斯福再将目标提高到了2400万吨，其中1942年完成900万吨（750艘船），1943年完成1500万吨（1500艘船）。如果可以完成最后制订的这一目标，英美商船队将达到近5000万吨，预计中的损失并不包括在内。

阿卡迪亚会议提出的早期紧急运兵行动给美国海军带来了极大压力。如果紧接着太平洋和远东的灾难之后，再有一艘运兵船在海上失事的话，那将是美国民众所不能忍受的。因此金继续依照政策行事，也就是所有运兵船只都要编为护航船队，而且要由尽可能多的战列舰、巡洋舰以及驱逐舰严密护航。许多驱逐舰上都有声呐，实际上就相当于在运兵船周围形成了一堵无法穿透的钢铁幕墙（除去像“玛丽皇后”号、“伊丽莎白女王”号以及“阿奎坦尼亚”[Aquitania]号这样的大型英国远洋客轮以外，其他英国客轮都在美国支配下执行将部队运往澳大利亚的任务。这些大型客轮航速为26节，潜艇根本追不上，就算是击中了，由于有众多的分舱，也不可能会沉没）。海军历史学家托马斯·B.比尔（Thomas B.Bull）写道，1月中旬，太平洋舰队的新任总司令切斯特·尼米兹“几乎调动了太平洋舰队的全部力量”为驶往萨摩亚群岛的海军提供护航。

在1941年底和1942年究竟应该把多少艘美国驱逐舰派往大西洋执行护航任务很快就成了一个热门话题，引起了伦敦和华盛顿方面以及美国陆军和海军之间的尖锐斗争。由于一些海军历史学家，特别是一些英国历史学家，都倾向于不加批判地接受争辩中某一方的宣言，因此出现了大批与事实不符的歪曲记录。真实情况如下：

欧洲开战以来，美国一直在紧急建造军舰。由于交货时间比较急，因此华盛顿方面决定优先建造10艘新型战列舰、31艘“艾塞克斯”级（Essex Class）舰队航母、大批巡洋舰及潜艇。珍珠港事件之后不久，可能是由于伦敦方面的要求，海军也把建造25艘护航航母列为了紧急任务，这25艘护航航母将执行船队护航任务。此外被列为优先任务的还有英国军舰的维修、现代化及改装，6艘英国护航航母的建造（其中1艘后来给了美国海军，新造的25艘护航航母中有10艘要交给英国海军，因此在美国船厂建造的英国海军护航航母数量就达到了15艘。后来，美国船厂又为英国建造了23艘，这样总数就达到了38艘）以及另外大约300艘执行护航任务的护卫舰。

由于美国的这些优先建造计划以及要将54艘老式驱逐舰转交给英国和加拿大等因素的影响，美国宣战时，海军已面临严重的驱逐舰短缺。总共177艘驱逐舰，其中只有100艘是新驱逐舰（1934年以后修建的），其余的都是自一战以来一直在服役的或是新近才重新启用的（1940年3月1日到6月30日，在费城和圣地亚哥重新启用了72艘，除去转交英国和加拿大海军的50艘后，美国还余22艘）。1940年，美国海军有18艘新驱逐舰开始执行任务（DD-415到DD-432），1941年有17艘（DD-433到DD-444，DD-453到DD-455，DD-457以及DD-463）。1941年12月份，美国驱逐舰分成了三部分，其中92艘在大西洋上，72艘在太平洋上，还有13艘被派往了亚洲舰队。

珍珠港事件发生时，大西洋上的92艘驱逐舰正在执行几项重要任务。这些任务都非常艰难，而北大西洋上又波涛汹涌，因此这些军舰都需要检查、改装和维修。结果有大约14艘驱逐舰在船厂，不能即刻执行任务。

未来几个月里，大西洋上驱逐舰部队的力量并不会急剧增强。建造新驱逐舰的速度也不快。1941年12月份，开始服役的新建驱逐舰只有2艘，1942年1月是3艘，2月和3月分别有2艘和3艘。这些新建驱逐舰在加入舰队之前，还必须要经过试航和检修，历时数周。

更加糟糕的是，对于海军来说，没有其他军舰可以取代驱逐舰，这确实是一个非常明显的缺陷。先是罗斯福总统，后来是海军历史学家塞缪尔·埃利奥特·莫里森（Samuel Eliot Morison），及其他一些人员，都指责了海军的这一缺陷（莫里森写道，海军“根本没有做好应对潜艇战争的精神和物质准备”，部分原因在于他们没有足够的反潜作战舰艇）。但是在战后的回忆录中，金对罗斯福总统提出了指责，那一时期的官方文献多数都支持金的观点。

欧洲战争早期，一些即将退役的海军上将组成了海军管理总委员会（Navy's General Board），金也是其中一员，他们那时就意识到将需要大量战舰以执行船队护航任务。正如金所写，委员会认为，驱逐舰执行船队护航任务是“再合适不过的了”，但海军部还是认为驱逐舰耗资巨大而难以批量生产。金继续写道，因此，上将委员会就寻求一种“比驱逐舰简单一些的”军舰来执行护航任务。金认为“必须立即建造一批军舰”，在他的督促下，委员会提出了一个新的建议，批量生产新型海岸驱潜快艇。但这个建议遭到了海军和罗斯福总统的拒绝。尽管这种快艇在海上操纵起来相对灵活，船员的居住条件也比较好，但海军方面认为它体积太大，非常昂贵，执行船队护航任务时航速有点慢。

与此同时，在伦敦，海军上将格姆利（Ghormley）率领的代表团和海军方面相关人员都密切注视着英军的行动，看他们如何建造一种理想的远洋护卫舰以接替皇家海军舰队驱逐舰，并弥补驱潜快艇数目的不足。如前所述，他们的第一次尝试，也就是建造“杀手”级驱逐舰，以失败告终。他们的第二次尝试，也就是建造88米长，1100吨，航速21节的“护卫舰”的前景则要乐观得多。英国海军也将这种“护卫舰”称为“frigate”，根据《租借条约》，将在美国和加拿大建造。

1941年初，在伦敦的海军武官爱德华·L.克切伦（Cochrane）回到了华盛顿接管船级社。克切伦还是一位著名的海军工程师，2月1日，他指挥设计部要迅速对英式小型驱逐舰进行修改，改进后的军舰比原来的要略大一点，当然也还有其他一些变化。改进后的“护卫舰”长约92米，排水量1400吨，航速约为23.5节，完全符合上将委员会“比驱逐舰简单一点”的要求（英国的护卫舰和美国的类似军舰，都装配了3门89毫米火炮，船尾有2个深水炸弹滑道，左右舷后半侧还有8个深水炸弹发射器。略大一点的美式版本还有3具鱼雷发射管，后期美国版本的主炮口径增大到了127毫米）。

设计部的改进工作完成之后，当时的海军部长查尔斯·爱迪生（著名发明家爱迪生的儿子）和海军上将史塔克将这事报告罗斯福，希望能获得批准。但罗斯福已经接受了英军的请求，要为他们建造50艘护卫舰，因此不同意为本国海军生产护卫舰。正如金在回忆录中所写，他任大西洋舰队司令官时，曾责问史塔克“为什么不采取任何措施提供更多的护卫舰”，而史塔克回答说“没能获得总统的许可”。此外，史塔克和爱迪生的接班人弗兰克·诺克斯还建议要在美国正式参

■ “江河”级护卫舰与其他一些小型护航舰相比具有更优异的性能。

战之前迅速建造大批护卫舰，也遭到了罗斯福的拒绝。

罗斯福之所以做出这种选择，也有诸多原因：首先，正如金所说，罗斯福总统“对潜艇威胁并没有一个清醒的认识”。基于一战中的经验，罗斯福“更喜欢小型反潜舰艇”，它们比较便宜，而且可以在必要时迅速大批量生产（一战中，美国的30个船厂曾建造了440艘长34米的木壳驱潜舰，而此时身为助理海军部长的罗斯福在这一过程中起了重要作用。这种小马力短行程的舰艇适于在相对平静的海域作战，但并不适于在波涛汹涌的北大西洋海域，此外，它们没有防空武器，还没有足够的弹药储备。史塔克的传记作者米契尔·辛普森（B.Mitchell Simpson III）曾写道“ ……他们真正需要的是一种能够在任何天气作战的大型军舰。担任海军作战部长期间，史塔克曾试图说服罗斯福，使他认识到这一真正需要，但史塔克并没有成功，因为罗斯福更偏爱小型巡逻艇”）。在他的要求下，海军研制了两种小型舰艇，它们分别是长34米，航速14节的木壳驱潜舰（SC）和长53米，航速22节的钢壳巡逻艇（PC）。但是这两种舰艇都不适于在波涛汹涌的北大西洋海域猎杀潜艇（驱潜舰上配有1门89毫米口径火炮以及少量深水炸弹。巡逻艇上配有2门89毫米口径火炮以及一些深水炸弹。这些火炮却比IX型潜艇的甲板炮还小。由于这两种舰艇上都装不下防空武器，因此它们都不能安心地在轴心国飞机出没海域作战）。接替金任大西洋舰队司令官的罗耶尔·英格索尔曾如是说：“海军最终拥有了大批驱潜舰，但并不是很好用。它们都是罗斯福偏好的产物，他本人就是小型艇上的船员，喜欢在小型艇上巡游（例如他的长50米的总统游艇‘波托马克’[Potomac]号）。但驱潜舰根本就不适于在波涛汹涌的海面上同潜艇展开战斗。”

其次，在美国海上委员会委员杰利·兰德（Jerry Land）和其他一些人的宣扬下，一种非常愚蠢的观点流传开来，也就是只要加快

■ 美国海上委员会委员杰利·兰德。

商船建造速度，使新建商船量远远超过被潜艇击沉的商船量，就可以在潜艇战中获得胜利。因此，战争早期，罗斯福曾下令，除去小型驱潜舰和巡逻艇之外，建造商船要比建造护卫舰有更高的优先权。

再者，罗斯福希望美国能够尽早加入到抵抗德国的斗争中，还要满足太平洋方面的需要，因此他下令优先生产登陆艇。所需登陆艇的数目异常庞大，大西洋方面需要8000到20000艘（不分大小），太平洋上的需求量也不少于4000艘。1942年间，在美国船厂，建造登陆艇要比建造英式小型驱逐舰和美式护卫舰享有更高的优先权。

美国参战后，罗斯福下令迅速大批量建造驱潜舰和巡逻艇。驱潜舰计划以“六十天建造六十艘战舰”的口号而著称。海军并没有拒绝这一指示。不出所料，小型驱潜舰和巡逻艇确实是数以万计的预备役军人正式加入海军之前培训用的理想战舰，还可以在近海海域以及墨西哥湾和加勒比海执行护航任务。但根据官方文献记载，海军士兵们对罗斯福的做法颇多怨言，认为他不应该固执地、想当然地拒绝大批量生产护卫驱逐舰的建议，因为他们将要到波涛汹涌的海域作战，而那里又经常会有敌机出没。在致史塔克的一封信里，诺克斯提到这一话题时非常气愤，认为罗斯福制订的这一政策“非常愚蠢”（1942年2月28日，他们开始建造50艘英国小型驱逐舰[护卫舰]中的前2艘。1942年美国船厂一共建造了92艘护卫舰，其中50艘是为英军而建，另外42艘为美国而建。由于它们的建造优先性不高[曾一度排到第十位]，因此直到1943年才有部分军舰开始服役。根据先前的协议，美军最终将英军50艘中的45艘留了下来，其余部分也直到1943年才运到英国）。

从上述以及当时其他的一些记录来看，非常明显，美国海军已经充分意识到了为船队提供护航的迫切性，因此不断恳求罗斯福总统的许可。罗斯福而并非海军，应该为英式小型驱逐舰和美式护卫舰建造的延时负责。罗斯福大大低估了德国潜艇在大西洋海域的威胁，下令建造的军舰（驱潜舰和巡逻艇）也不适于应对这一危险，但遗憾的是，不管是当时还是后来，罗斯福都没有因为他的错误估计受到苛责。而关于海军上将金没有充分认识到大西洋上护卫舰的重要性，更偏向于为太平洋海域提供武器并因此将大西洋护卫舰的建造延迟的说法却大有市场。

在和平年代，海岸警卫队（Coast Guard）的主要任务是搜捕和救援工作，20世纪20年代它曾在捕获远洋走私船方面取得了巨大成功。因此海军非常欢迎它的加入，其中包括3万名员工（其中2.5万名士兵还有5000名平民）以及168艘舰艇。海岸警卫队在大西洋和太平洋基地的67艘大型舰艇状况如下：其中

■ 美国总统罗斯福应该为没有迅速大批量建造驱潜舰和巡逻艇的错误负责。

海岸警卫队67艘大型舰艇简观

级别	数量（艘）	长度（米）	排水量（吨）	服役时间（年）
国库级（PG）	7	100	2200	1936—1937
坦帕级（Tampa，PG）	4	73	1500	1921—1922
诺斯兰级（PG）	1	66	1800	1927
快艇（PG-A）	6	50	1000	1932—1935
快艇（PG-B）	16	50	337	1931—1934
快艇（SC）	33	38	232	1927

力量最强大的就是“国库”级，都以历任财政部长的名字命名（“比波”[Bibb]号，“坎贝尔”号，“杜阿奈”[Duane]号，“汉米尔顿”[Hamilton]号，“英汉”[Ingham]号，“史宾塞”[Spencer]号，“陶尼”[Taney]号）。“国库”级或“部长”级是海军业已停用的“伊利”级炮艇的改进型，最高航速可达19.5节，以13节航速航行时航程可达11260公里。“国库”级最初是用于承载小型水上飞机以利于其执行搜寻和救援任务的，因此内部非常宽敞，其中一些装有2门140毫米火炮，其余的则都装有3门140毫米火炮。所有舰艇上都有深水炸弹滑道，部分舰艇上还有Y型深水炸弹发射器。

海军军官安德鲁·G.谢巴德（She-pard）认为这7艘舰艇执行护航任务时的表现非常出色。“内部非常宽敞，因此可以携带大批幸存者。它们比驱逐舰更适于海上作战，并且可以更加出色地执行工作，医疗膳食条件也比驱逐舰好得多。”

新的护航系统

15艘潜艇在异常恶劣的天气情况下向美洲海域驶去，U-701号艇长豪斯特·德根（Horst Degen）报告，他的大副在甲板上没有系安全带被卷进大海。尽管天气情况非常不利，但一路上，德根还是不断指挥潜艇搜寻并攻击单独航行的货船。1月2日到7日间，U-701号向“一组”和2艘单独航行的货船发射了11枚鱼雷。其中9枚鱼雷要么没有命中目标，要么就是没有爆炸，只有2枚鱼雷命中，击沉了3700吨的英国货船“厄斯金男爵”（Baron Erskine）号。U-87号击沉了8200吨的英国油轮“卡蒂塔”（Cardita）号。U-333号向1艘10800吨的美国油轮发射了4枚鱼雷，均未命中。在恶劣的天气情况下，潜艇根本就不能从甲板的装运箱里重新装填鱼雷，因此U-701号在耗尽内置鱼雷的情况下穿过了整个大西洋，以至于后来遇到敌船时都不得不进行躲避。

1月8日，上述潜艇都遭到了猛烈的冬季飓风。U-333号艇长彼得·克莱默（Peter Cremer）回忆道：“海浪就同屋顶一样高，猛烈地撞击着甲板，那种感觉就犹如同雪崩一样，海浪所及之处的小物品全被卷走了。外舱下面的护舷物和缆绳全都不见了，支撑物也都像碎木片一样断裂开来。控制室里的摇锤显示潜艇曾呈60度倾斜，此时船员们甚至可以把手伸到水里，然后潜艇就像一个不倒翁一样，得益于重心很低，潜艇只不过是从一侧摆到另一侧……潜艇爬上了浪尖，海浪前移，船头暂时悬于半空中，然后翻过来直插入另一侧的浪谷。船头没入海水时，船尾螺旋桨就似乎在空中乱转。船尾没入水中之后，螺旋桨就被卷入大漩涡，排气装置暂停工作，汩汩作响。在此重击之下，潜艇的每一个结构组件都会像钢质弹簧一样振颤不止…… ”

德根曾试图保留一个瞭望在甲板上，但是巨浪打得甲板炮不停地旋转并击伤了二副，于是只好关紧了指挥塔的舱口。足足有近一周的时间，U-701号被迫在水下潜航，每天仅能前进约25到35公里，其间每天浮出水面一到两次进行通风和充电。暴风雨停止之后，德根才重新派遣了瞭望到指挥塔上，还重新装填了鱼雷，并在10天内首次通过天体导航法确定了艇位。

猛烈的暴风雨也给盟军带来了极大的困难。ON-51到ON-56船队（奇数为慢速、偶数为快速船队）都被迫解散，ON-55船队的美国驱逐舰“梅奥”（DD-422，Mayo）号和英国驱逐舰“道格拉斯”号相撞，都严重受损，被迫返航。冰岛方面报告说风速达到了160公里/小时，这是“十五年来最猛烈的一场暴风雨”。大风使得美国巡洋舰“威奇塔”（CA-45，Wichita）号和另外6艘船只搁浅，5架远程轰炸机被摧毁，此外还有一些布雷区、反潜铁索、高频测向工作站和兵营也遭到了破坏。此外，为ON-56船队提供护航的美国护卫队无法出航。这个护卫队总共包括5艘驱逐舰，暴风雨给其中的2艘，也就是“布鲁”（DD-210，Broome）号和“迪克尔森”（DD-157，Dickerson）号造成了严重损伤。

第一批潜艇逐渐靠近北美海域时，B机关截获了一艘希腊船只发出的求救讯号，这艘船由于方向舵故障而掉队了，此时正位于纽芬兰以东约290公里处。邓尼茨将此消息通知了U-123号，并说明如果U-123号距这艘船不到240公里的话，就可以赶去查看一下情况。

尽管距离这艘希腊船的距离是这个限定距离的两倍多，艇长哈迪根还是向货船靠过去，但当赶到希腊船附近时，1艘拖轮和2艘驱逐舰已经赶到了，这些军舰彻底浇灭了哈迪根的热情。于是他又只好依靠单柴油机缓缓向纽约驶去了，途中还不停地为这次浪费的燃料感到惋惜。

为了给远征美国的潜艇提供掩护，邓尼茨派U-653号发布一些诱敌的无线电讯号，假装潜艇正向西北大道聚集。但是英国人也不傻，1月2日，罗杰·温掌握的资料已经足以证实“五或六艘潜艇正向西驶向纽芬兰海域”，并且“可能不久之后就会在那一海域展开行动”，因此，他们要求华盛顿方面通知大西洋舰队提高警觉。两天之后，华盛顿方面通知大西洋舰队：“尽管具体位置尚不清楚，但推测6艘潜艇正向西方前进。”在1月5日向英国海军部提交的一周总结中，温强调了U-653号采取的欺骗战略，并推测这一战略的目的可能是要为“向纽芬兰驶去的6艘潜艇”作掩护。1月6日，华盛顿方面通知大西洋舰队：“的确有潜艇在向西方前进，但是具体执行此次军事行动的潜艇数量似乎要比推测数目多一些。可能有几艘潜艇已经抵达了纽芬兰附近的西部大西洋。”此外“另外7艘”还在继续向西方前进。

1月12日时，温的报告内容还很不确定，在当天交给英国海军部的一周总结中，他写道：“总体状况要比以前明确一些了，其中最显著的一点就是，潜艇集中分布于从纽约到雷斯角（位于纽芬兰岛）的北美沿海地区。到目前为止，已经形成了两个艇群。一个由6艘潜艇组成，已经到达雷斯角和圣约翰斯附近海域，另一个由5艘潜艇组成，正向纽约和波特兰之间的美国海岸靠近。这5艘潜艇将于1月13日抵达攻击地点。另外还有5艘潜艇正位于西经30度到西经50度之间，正向上述海域之一驶去，此后它们可能还会得到另外5艘向西行进的潜艇的支持，这样总的潜艇数目将达21艘。”

这份报告的内容几乎完全正确。1月12日，第一批潜艇均已抵达美国海域，但是，只有3艘而非5艘潜艇正向“纽约和波特兰之间的美国海域”靠近，这3艘潜艇分别是U-66号、U-123号和U-125号。温所汇报的另外几艘西行潜艇（使总数达到了21艘）正是第二批潜艇。

1月12日，仍旧在加拿大海域的U-123号驶到新斯科舍省沙伯角（Cape Sable）东南部约175公里处时，遇到了单独出航的9100吨的英国货船“独眼巨人”（Cyclops）号。尽管他没能在预定时间赶到纽约，1月13日之前也不能向10000吨以下的船只发动进攻，但他还是向这艘船发射了2枚鱼雷，2雷全部命中。“独眼巨人”号发出潜艇攻击紧急信号SSS之后就沉没了，181个船员中100人身亡。艇长莱茵哈德·哈迪根没有下令营救幸存者就继续向纽约驶去，正是他的这次攻击首先敲响了袭击美国海岸的“鼓声”。

1月12日“独眼巨人”号被击沉的消息传来，出席阿卡迪亚会议的英国第一海军大臣达德利·庞德对此非常关心。除了北大西洋航线上的加拿大-冰岛航线以外，北美海域的其他船只都没有建立护航船队。自英国向西行驶的护航船队一般都在北美海域东部海岸线处解散（大约西经55度附近），继而在没有护

■ U-123号潜艇结构图。

■ “格利尔”号是第一艘与潜艇直接交火的美国军舰。

航的情况下驶向目的地。从加勒比海和美国东海岸出发的船只在加入东行的悉尼或哈利法克斯船队之前也都要单独航行。除非美国能够采取一些紧急措施，否则，这些船只连同在美国海岸往返频繁的本地船只，都将成为潜艇攻击的绝好目标。

很显然，如果护航体制扩展到美国东部海岸和海湾地区以及加勒比海的话，这些船只将因此受益匪浅。盟军的海军军官们全都赞成这一建议，但具体何时、如何实施这一建议的问题却招来了激烈的争论。多数历史学家，尤其是英国历史学家，简直把美国人描述成了被动愚蠢而又无耻的乡巴佬，其中尤以对海军上将金的能力和观点的扭曲为最，说他并没有从英国对抗德国潜艇的战争中获得任何经验，或者说他仅仅将注意力集中在太平洋战场，因此“拒绝”组建护航船队甚至“反对”这个建议。

这些观点都极不符合事实。从1940年12月到1941年12月，金先是担任大西洋舰队总司令，然后又成为了美国舰队总司令，与美国的任何其他资深海军军官相比，他对潜艇行动的关注都更为密切。为了猎杀潜艇，他在阿根细亚、百慕大，以及其他一些地方建立了海军基地，此外还在冰岛建立了空军和海军基地。他还调动大西洋驱逐舰部队和阿根细亚以及冰岛的海-空巡逻中队为北大西洋护航船队提供护航。他指挥下的驱逐舰“尼布莱克”（DD-424，Niblack）号是第一艘用深水炸弹向潜艇发动攻击的美国军舰。“格利尔”（DD-145，Greer）号是第一艘与潜艇直接交火的美国军舰。“科尔尼”（DD-432，Kearny）号则是第一艘被潜艇鱼雷命中的美国军舰，也是第一艘出现人员伤

■ “鲁宾·詹姆士”号是第一艘被德军潜艇击沉的美国军舰。

■ “科尔尼”号是第一艘被德军潜艇鱼雷命中并出现人员伤亡的美国军舰。

亡的美国军舰。“鲁宾·詹姆士”（DD-245，Reuben James）号是第一艘被潜艇击沉的美国军舰。根据这些第一手的战斗经验，以及海军上将格姆利和驻伦敦的美国使馆发来的大量报告，金坚信潜艇已经对商船造成了极大的威胁。在担任大西洋舰队总司令期间，金不仅帮助在北大西洋航线上组建护航船队，还强烈要求岸防部门积极准备在美国东海岸组建护航船队。在珍珠港事件发生前三周，金在给海军上将阿道弗斯·安德鲁斯的信中提道：“我认为我们必须马上在波士顿、纽约、汉普顿港（诺福克）等地建立我们自己的护航船队…… 其中每一个军事基地都需要一个负责解决护航船队编队问题的组织，就像在非结冰期的哈利法克斯和新斯科舍省的悉尼港的那种组织一样。据我所知，在一些必要地区，根本就没有为建立这种组织做好准备。如果我们还没有开始建立这种组织，而我又可以提出建议的话，我就建议我们到业已建立的船队港口去学习他们的组织模式，这样我们就可以获得哈利法克斯是如何组织和管理护航船队的第一手讯息。”在回信中，安德鲁斯用非常不客气的口吻来反驳“我们已经建立了这样的一些港口组织了，请注意，众所周知，1941年7月和9月，虽然出现了诸多混乱，但毕竟有两支护航船队从纽约港出发了”。

与此同时，金向美国海军作战部长海军上将史塔克提出了几项重要建议，以改善北大西洋的船队护航系统。这些建议要改变盟军对冰岛的依赖性，不再把它作为护航中继站，因为这里的气候异常恶劣，维护设施并不充足，而且护卫队之间交接船队时存在许多不确定因素，冬季尤甚。

金还计划将部分美国驱逐舰调往美国东海岸执行船队护航任务。金写道，这些军舰可以帮助解决“岸防部队力量薄弱”的问题，还可以为抵抗“日益临近的轴心国潜艇攻击”做好准备（这句话源自1941年11月17日金致美国海军作战部长史塔克的信件）。

这里已经没有必要继续引用文献以证实金是一个对组建护航船队异常热心的资深军官了，他也不过是在尽力改善积存的海军体制中的种种不足，并强烈要求为美国沿海海域建立护航船队做好准备。然而，考虑到人们对金的种种误解，认为他无视甚至反对建立护航船队，那么这样的一再引用文献以证实也并不是完全没有意义的了。

由于许多历史学家都忽略了加拿大海军在保护盟军商船中所起的作用，因此也有必要重述一下它的贡献了。实现金的提议所需要的大量护航舰中约有40%是加拿大军舰。此外，在美国做好充分准备之前，是由加拿大为北大西洋护航船队提供护航的。

华盛顿和英国的海军参谋部对金的船队护航计划进行了部分修改，这也成为了阿卡迪亚大会的一个热点问题。在这次大会中，丘吉尔和庞德也赞成金的建议，认为不应该将北大西洋的护航船队交由多个指挥部管理，而有必要为其设立一个总司令部，而西部大道的海军上将珀西·诺贝尔则是总司令的不二人选。而在现有体制下，金负责指挥大西洋西部的所有美国和加拿大护航舰。他不想放弃这种“战略控制权”，而且不情愿由于后勤或其他一些原因而把美国军舰交由一个英国司令官指挥，还担心在美国东海岸建立了护航船队之后，它们还要由加拿大或是英国军官进行指挥。

金在指挥控制权问题上的固执激怒了英国人。尽管此时皇家海军的力量已大不如前，在各个海域甚至也包括大西洋的力量也根本不能与美国海军相媲美，但是英军还是不会轻易把第一海军的位置让给美国。他们还是在尽力争取北大西洋护航船队的战略控制权。许多美国历史学家认为英军一直故意指责金，并批评美国在反潜中表现拙劣是为英军赢得控制权做准备，而英国历史学家有意无意的把这些批评炒作当成了事实。

继阿卡迪亚会议之后，1月22日还在华盛顿召开了“护航船队会议”，与会者将就金的护航船队计划进行进一步的讨论。英国在此强烈要求为北大西洋上的护航船队设立一个总司令部，并督促尽快在美国东海岸建立护航船队。会议结束时，英军表示非常乐意把10艘“正在接受修整”或“正在建造”而又“即将完工”的驱潜快艇借给美国，以加速护航船队的组建。金一直反对设立一个总司令部的提议，但却欣然接受了10艘驱潜快艇，因为此时他正竭尽全力争取更多的军舰为东海岸组建护航船队作准备（这10艘驱潜快艇数月之后才抵达美国海港。在一定意义上，这10艘驱潜快艇偿还了一年前美国为皇家海军提供的10艘“湖泊”级海岸驱潜快艇）。

1月24日，护航船队会议的与会者们达成了一致，他们通过了经过修订的金计划，决定依然保留北大西洋护航船队的多国共管体制，不再把冰岛作为护航基地，并在遥远的南部海域采取大圆弧航线，同时也就放弃了在北部高纬地区的躲避方针。依照计划，将有200艘军舰（70艘驱逐舰，130艘驱潜快艇）为HX、SC以及ON船队提供护航。美军要提供约30艘驱逐舰；英军提供约28艘驱逐舰和61艘驱潜快艇；加拿大提供13艘驱逐舰和70艘驱潜快艇或扫雷舰。

依据金的计划，除去北大西洋航线的船队护航任务以外，还要派遣24艘驱逐舰执行其他几项重要的护航任务。其中14艘驱逐舰（10艘由英国提供）将要为运兵船队提供护航，另外的10艘（全部由美国提供）则用于在美国东海岸组建新的护航船队。

1月29日，庞德给华盛顿方面发了一份

电报，声称他“亲自”研究过计划之后，想就几个方面提出保守性建议。他急急忙忙做出的结论如下：探讨这一计划的历时之长让他“深感忧虑”，这“推迟了我们共同的护航部队得到最经济合理利用的时间”；应当在美国东海岸建立一个护航船队系统，我们“必须抓紧时间制订一个计划，以尽快集中有生力量建立护航船队”；现存的护航船队“分管”体制是对“我们的资源的一种浪费，强烈要求尽快让西部大道承担起战略指挥权”。他还强调说这种“战略指挥权”根本不是“把大西洋纳入英国的统治之下”。

英国海军部认为，已经有51艘美国驱逐舰在北大西洋航线上执行护航任务了。而按照金的计划，美国只需要提供30艘驱逐舰执行那一任务即可，因此英国海军认为美国完全可以利用其余的21艘驱逐舰来组建东海岸的护航船队，而不仅仅是金所提议的10艘驱逐舰。因此庞德在他致华盛顿的信函中提议，完全可以对军舰的分布做一下修改，将有“21艘驱逐舰”可以用于“在美国东海岸组建护航船队”，而其中大约“12艘美国驱逐舰”可以“马上到位”。

需要强调的是，在这些交易过程中，金一直就没有认同英国想当然地认为将有“21艘”美国驱逐舰可用于在东海岸组建护航船队的说法。相反的是，金多次重申只有10艘美国驱逐舰会用于在东海岸组建船队。虽然如此，在接下来英国海军部关于船队护航协议的官方报告中写道，实际上，只有10艘驱逐舰用于在东海岸组建护航船队，而与总数目相差的那些战舰（例如，一直没有计算在内的11艘美国驱逐舰）“只能解释为被派到其他地方去了”（在英国的报告中，他们断言金采取了欺骗性手段，把这11艘“失踪了的”驱逐舰派往了太平洋）。

经过漫长而令人烦躁的讨论，最终修正的金计划主要内容如下：加拿大方面要派遣六支护卫队到北大西洋海域执行护航任务，它们要为哈利法克斯和西经45度（海洋西部会合点，或者称之为WESTOMP）之间的船队提供护航，这段航程约为1750公里。我们将把这些护卫队（将代替纽芬兰护航部队）称为西部本土护卫队（WLEF），由47艘军舰组成，其中包括5艘加拿大驱逐舰，12艘“借贷”得来的皇家海军驱逐舰，以及30艘驱潜快艇，绝大多数是加拿大的军舰（1942年初，加拿大纽芬兰的护航部队包括83艘加拿大军舰，其中包括13艘驱逐舰和70艘驱潜快艇）。皇家海军将要派遣数目相近但规模要小一些的护卫队到英伦各岛附近海域执行护航任务，它们要为北爱尔兰以及苏格兰和西经22度（海洋东部会合点，或称为EASTOMP）之间的北大西洋船队提供护航，由此冰岛也不再作为英军的护航中继站了。我们将把这些护卫队称为东部本土护卫队（ELEF），将由18艘英国驱逐舰组成。西部会合点和东部会合点之间狭长的中间区域（约长2900公里）则要由盟军多国护卫队共同提供护航，共有14个这样的护卫队，其中包括5个美国护卫队，5个英国护卫队和4个加拿大护卫队。我们将把这些多国护卫队称为中洋护卫队（MOEF），共包括143艘军舰，其中15艘美国驱逐舰，15艘英国驱逐舰，12艘加拿大驱逐舰，以及101艘驱潜快艇（52艘英国的，49艘加拿大的）。此外，美国还要派遣一个护卫队（5艘驱逐舰）到冰岛，它们要为经冰岛向东或向西行驶的船只（主要是驶向或驶离莫曼斯克的船队）提供护航，这些船只或者已从慢速船队或是北向外航慢速船队解散，或者就是要加入这些船队；中洋护卫队的各分队将直接从海洋西部会合点横穿大西洋到达北爱尔兰的伦敦德里（Londonderry），或者反方向从海洋东部会合点驶往纽芬兰的圣约翰斯。如果海洋中部护航部队的军舰们能够严格按照大圆弧航线，以最合适的巡航速度（12到14节）在会合点和基地之间往返的话，它们所携带的燃料将足以让它们“横穿”大西洋。中洋护卫队的美国驱逐舰将自西向东驶往伦敦德里或者自东向西驶往加拿大，然后返回波士顿或波特兰进行战舰修整和船员休养。

经过英美之间的进一步磋商，金和庞德分别于2月3日和4日通过了金的护航船队计划。金再次重申为大西洋护航船队设立一个总司令部进行“战略指挥”是“不可取的”，因为美国在指挥西部大西洋（美国和加拿大护卫队）时所作的工作“非常令人满意”。庞德宣布接受这一计划时表示，“非常不赞同”金的观点，因为“我们将继续用两种模式指挥护航体系，而事实已证明这种体制存在着一些缺陷，会造成一些任务的延误”。庞德继续问道，英军“将尽力使一切按照计划进行，我也有权在此提出这样一个问题，这就是，现在我们的商船船队是不是正在遭受磨难呢？”

为了加快美国驱逐舰从北大西洋航线的撤离，金把6艘“国库”级（Treasury Class）海岸驱潜快艇常驻那一海域。这6艘中的5艘都及时地赶到了，并开始沿着船队航线执行任务，美国、英国以及加拿大的老式驱逐舰根本不能与之媲美，从某些方面来说，它甚至要比现代化美国舰队驱逐舰更适于承担这一任务。

由于必须在12月和1月将大西洋舰队的11艘驱逐舰交给太平洋舰队，还有大西洋上的一些单艘运兵船和运兵船队又突然急需大量驱逐舰为其提供护航，因此金未能信守承诺及时为中洋护卫队交付15艘驱逐舰和冰岛的5艘驱逐舰。实际上，北大西洋航线上的绝大多数美国驱逐舰都逐渐从那一海域撤离，来为大西洋上的运兵船队提供护航，或者执行

■ 美国援助英国的老式驱逐舰因为其外型特征而被称为“四烟囱驱逐舰”。

其他一些紧急任务，其中也包括为英国的本土舰队提供支持。

美国总是派遣大量驱逐舰为运兵船提供护航，而英国和加拿大的历史学家们都对此感到很不理解，他们一直都责怪金不该把为货船和非运兵船船队的护航任务推给英国和加拿大。其中非常有代表性的就是加拿大历史学家隆德（W.D.G.Lund），他曾写道“美国刚刚参战，所有的美国驱逐舰就立即撤到了其他战场，到1942年2月，仅有两艘美国海岸驱潜快艇仍在执行船队护航任务”。这一主张完全忽视了1942年大西洋舰队驱逐舰部队的力量几乎一直保持不变的事实，许多驱逐舰为了英国的利益，主要被用于为运兵船队和大型军舰提供护航。整个问题可以用以下几句话进行简单概括：由于护航舰数量并不是非常充足，因此在面临究竟优先为商船还是运兵船提供护航的问题时，金总是选择后者，这也映射了美国人的一种价值观，他们认为士兵要比军用物资更加宝贵。美国海军历史学家小罗伯特·W.勒维（Robert W.Love, Jr.）曾写道，这种选择的结果就是“二战中，美国海军在保卫运兵船方面取得了彻底的胜利”。

击鼓

尽管在美国参战之前美国海军早就介入了大西洋上的护航作战；尽管美国早就向英国派出了军事代表团，掌握了德军潜艇的基本战术，但美国反潜措施远远没有真正落实——沿海地区没有实施灯火管制；航线上灯标和航标照旧大放光明；夜间航行的船只仍旧开灯行驶，并公开使用明码通讯；美国沿海基本没有编组护航船队，几乎全是单船航行。一句话，美国海上运输的戒备实在是太松懈了，简直还是在和平时期！所有这些灯光和无线电通讯，都被德军潜艇很好地加以利用，成为掌握美国船只行踪最理想的情报来源。1942年1月美军无论在组织上，还是在反潜兵力训练和数量上，都远远没有做好反潜准备。当时美军在海上战役指挥机构和司令部机构内都没有专门的反潜机关，反潜兵力仅有包括76艘驱逐舰、56艘扫雷舰、14艘猎潜舰、11艘炮舰和23艘近海巡逻艇在内的约280艘各型舰只，反潜飞机也只有区区72架。

1月13日日落时分，第一艇群的3艘IX型潜艇已经抵达了美国东海岸，U-123号到达长岛最东端附近；U-125号到达纽泽西州附近海域；U-66号则抵达哈特拉斯角以东。1月14日早上天还没亮，U-123号就遇到了9600吨巴拿马油轮“诺内斯”（Norness）号，随即在水面状态近距离发射5枚鱼雷，3枚命中，“诺内斯”号当即爆炸沉没。

为了节省燃料，白天U-123号一直躲在水底，同时艇员们也进行休息，1月14日晚上，U-123号向纽约港驶去，一直到看清了曼哈顿的灯光才停下来。艇长哈迪根对这种景象产生了某种莫名的敬畏感，甚至让艇员依次来到指挥塔上观看这一景象，其中包括宣传机构的摄影师阿尔文·托勒（Alwin Toelle）。但是光线太暗，距离也太远，根本不能拍摄照片（后来德国的宣传机构发布了一些名为“纽约的灯光”的照片，甚至还据此制作了一些电影，所有这些照片均被指明由托勒拍摄。尽管这些照片伪造得很拙劣，但德国人相信都是真的。甚至直到1996年，这些照片和电影胶片还仍在传播）。

随后哈迪根指挥潜艇调转航向，向深海驶去。1月15日凌晨，瞭望发现船尾出现1艘船，这是6800吨的英国油轮“科里布拉”（Coimbra）号，此时正向哈利法克斯驶去。在距离约800米处，U-123号发射2枚鱼雷，击中了“科里布拉”号，油轮在爆炸声中燃烧成了一个大火球，最后沉没。36名船员死亡，只有6人获救，但全部受伤。

开战之前建立的“海岸边防线”司令部的工作人员密切地关注防线范围内的每一艘军舰和商船，如果出现情况，这些工作人员就要保护海岸船只，并为防线内的大西洋舰队和其他部队提供支持。这些司令部中最早建立的、最繁忙而又最重要的就是北大西洋海军海岸防线司令部，不久后更名为东海岸前线（Eastern Sea Frontier）司令部。它的责任区北到加拿大边界，南到北卡罗来纳州，约从海岸线向大海延伸320公里。司令是阿道弗斯·安德鲁斯（Adolphus Andrews）海军

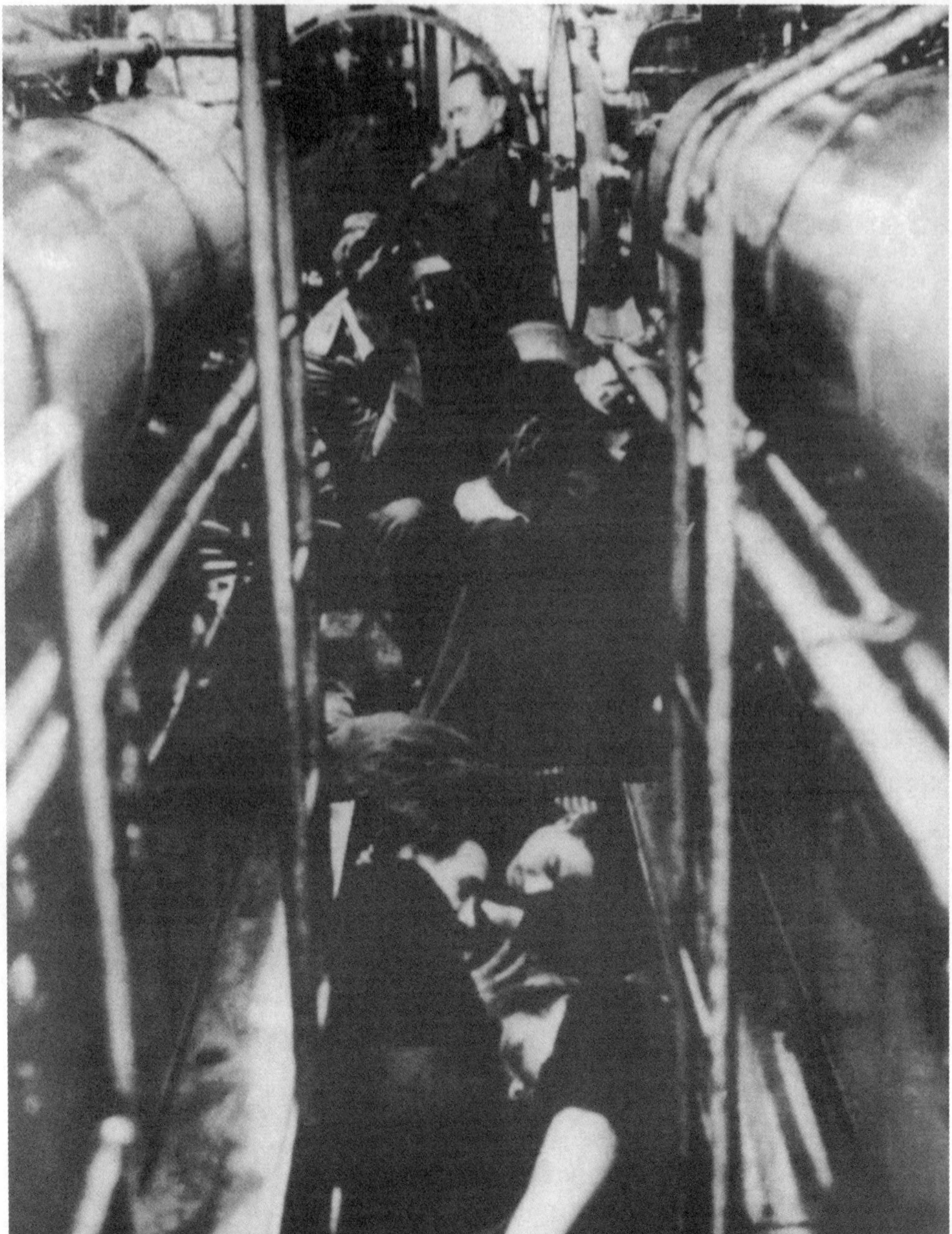

■ 经过长途航行而疲惫不堪的潜艇艇员正在狭窄的舱室内休息。

上将，他将总部建在了曼哈顿市区教会街（Church Street）90号的联邦大楼。

由于军舰短缺，因此安德鲁斯手下并没有永久受他指挥的军舰。根据计划，如果东海岸前线司令部遭到敌方军舰或潜艇攻击，安德鲁斯就可以向大西洋舰队请求军舰支持。实际上这些军舰正忙于为运兵船队护航与其他一些任务，因此依赖这些军舰的希望微乎其微。相应地，安德鲁斯也组织了一支已做好战斗准备的舰队，一位官方海军历史学家恰如其分地将这支舰队称为“乞丐舰队”，由20艘小型舰艇组成，包括7艘海岸驱潜快艇、4艘战前建造的猎潜舰、2艘建于1905年的炮艇，还有4艘武装游艇。所有这些舰艇中只有海岸驱潜快艇“狄厄涅”号还能同潜艇展开一搏。安德鲁斯也没有岸基反潜飞机支持——这种状况有点类似于1939年的英国海军。用现在眼光来看，这简直有些离奇，甚至荒谬。当飞机成为一种重要的武器之后，美国陆军和海军就军用航空的战略控制权问题展开了激烈竞争。陆军在这场竞争中取得了胜利：所有的陆上飞机，尤其是各种型号的轰炸机，被编为陆军空中军团（Army Air Corps），1941年6月20日起，改称为陆军航空部队（Army Air Forces）。而美国海军仅仅掌管了一些大型军舰和航母上的飞机、大型飞艇或水上飞机，以及少数几架驻扎在海岸的不适于战斗的培训用飞机。

1942年1月12日，除去军舰上的飞机外，海军上将英格索尔的大西洋舰队拥有的飞机数达到了150架，其中包括大约100架远程轰炸机和大约50架侦察或多用途飞机。被称为巡逻轰炸机的远程轰炸机主要驻扎在冰岛（8架）、阿根细亚（8架）、罗得岛的新港（Newport，6架）、诺福克（38架）、波多黎各的圣胡安（12架）、巴拿马的可可索勒（Coco Solo，24架），还有巴西的纳塔尔（Natal，6架）。最初远程轰炸机部队的任务就是搜寻对大西洋舰队、巴拿马运河或者其他一些重要海岸工作站构成威胁的大型敌方军舰。此外，阿根细亚和冰岛的16架远程轰炸机还要为船队提供护航。

根据《租借条约》为英国提供了一批远程轰炸机（此时英国岸防司令部已经成立了4个远程轰炸机中队，分别是第209、210、240中队以及加拿大第413中队，总共36架。其他的英国远程轰炸机都散布于别处），在珍珠港事件中损失了一批远程轰炸机，1942年初美国海军面临着严重的远程轰炸机短缺问题，为了缓解这一问题，金被迫于1942年1月到3月暂停为英国提供远程轰炸机，将这几个月里生产的大部分飞机派往了太平洋以及其他一些地区，以弥补珍珠港事件中的损失。尽管美国于4月重新向英国提供远程轰炸机（每月达到50架飞机），但这种暂停还是激怒了英国海军，也因此多了一条斥责金的理由。

考虑到大西洋海域美国远程轰炸机短缺问题，海军上将英格索尔没能为安德鲁斯的东海岸前线司令部提供更多的这种飞机，其实还有一个重要原因，就是美国海域从未出现过大规模的潜艇威胁。1942年1月英格索尔所掌控的几架远程轰炸机也主要用于为运兵船队提供护航。结果，安德鲁斯只能派遣大约100架完全没有武装或稍稍经过武装的海军和海岸巡逻飞机，以及4艘海军飞艇执行近海空巡任务。这些飞机中，仅仅那4艘飞艇可以胜任反潜巡逻任务。1940年6月，罗斯福总统曾批准组建一支包括48艘飞艇的部队执行反潜巡逻任务，但是直到1942年1月1日海军组建第一支中队时，才仅仅有4艘飞艇做好了战斗准备（这4艘飞艇是K型飞艇，二战时曾大量生产。长76.8米，可以携带深水炸弹，上面还有信鸽以进行通信。1942年6月国会批准生产200艘K型飞艇。固特异飞机制造公司[Goodyear Aircraft]签下合同，在战争期间制造了134艘K型飞艇)。1942年1月这几艘飞艇总共执行了45次反潜巡逻和6次船队护航任务。

尽管现在看起来不太合理，甚至可以说有点荒谬，但战争前夕美国的陆军航空队，确实就像英国皇家空军一样，主要承担美国海域的空中反潜任务。这主要是由于美国人一直有种模糊的看法，认为陆军有保卫海岸线的责任。尽管英国海军部取得了岸防司令部的控制权之后，岸防司令部成为了一支更高级的反潜部队，但罗斯福和陆军部长史汀生（Stimson）都坚决反对美国海军在美国军事机构中照搬英国的这一模式。他们之所以这么做的一个重要原因就是，担心美国海军必将努力争取获得较为高级的四引擎陆基飞机（如B-17、B-24）的控制权，而目前这类飞机完全由美国陆军航空部队控制。

■ 大西洋舰队司令官罗耶尔·英格索尔。

1942年1月14日，美国海军又作了一次努力，要求掌控陆基飞机，以更好地执行反潜和其他任务。海军航空办公署负责人约翰H.塔沃斯（John H.Towers）向陆军航空部队总司令亨利·“哈普”·阿诺德（Henry “Hap” Arnold）提出请求，希望陆军能够为他们分配400架B-24以及900架B-25轰炸机。阿诺德拒绝了这一请求，因为“他急需1190架飞机来满足美国陆军航空部队的最低需要，而美国海军的这一请求要比实际可调动的飞机多得多”。

担任美国舰队总司令之后，金勇敢而又执著地再次提交了这一请求。他为争取到陆基飞机连续做的种种努力极大地触怒了史汀生。史汀生以前曾在国民警卫队担任过军官，1911年至1913年曾任塔夫脱政府的作战部长，他非常自负地认为自己是一个高明的军事战略家。他对整个海军，尤其是对金，产生了强烈的厌恶感，此外他对弗兰克·诺克斯（Frank Knox）也很反感。史汀生对海军和金的态度为整个陆军当权派奠定了感情基调。

在反对金为争取岸基飞机执行反潜任务所做的种种努力时，史汀生、马歇尔和阿诺德争辩说，陆军航空部队完全可以非常出色地执行空中反潜任务，而且一定能比海军更为出色地执行这一任务，因为海军缺乏岸基飞机所需要的必要基础设施。罗斯福总统或许相信了这一说法，也或许是希望能从这场内部纷争中淡出，不管究竟是什么原因，在他们非常需要总统指示的时候，罗斯福没有做出任何指示。这是罗斯福的一个失策，他没能意识到潜艇的潜在威胁，也没为迎接这一威胁做出有力指导。

阿诺德把美国东海岸的反潜任务交给了第一空军部队第一轰炸机司令部的总司令阿诺德·N.克罗格斯塔德（Arnold N.Krogstad）。

■ 美军轰炸机控制权是美国陆海军争执不下的焦点。

正如那段混乱时期的多数航空队一样，第一轰炸机司令部也正处于转型期，不仅部门很不完善，而且飞行员们都没有接受足够的培训。许多作战经验非常丰富的飞行员都被调走了，新飞行员甚至都不知道如何发现潜艇并发动攻击，也不知道要击沉一艘潜艇究竟有多困难。因此，第一轰炸机司令部根本没有有效执行反潜任务的能力。

为了更好地执行反潜任务，第一轰炸机司令部总司令克罗格斯塔德也把总部设在了曼哈顿的联邦大楼，紧邻安德鲁斯的行动中心。不过这仅是形式上的，克罗格斯塔德的行动中心，不管是电源还是其他各个方面都跟东海岸前线司令部行动中心没有任何联系。

U-123号在东海岸前线司令部所辖海域击沉了2艘油轮，联邦大楼立刻做出了强烈反应。安德鲁斯和克罗格斯塔德调集所有可用飞机，包括飞艇以及小型飞机，展开大规模反潜追捕。海军飞机和飞艇在近海区巡逻；陆军飞机则到更远一些的海域巡逻。飞行员们都不知道该如何搜寻和猎杀潜艇，因此他们的一切努力也只是徒劳。

历史学家对金没能更加迅速反击德国潜艇的威胁而进行了强烈谴责。迈克尔·加农（Michael Gannon）和蒙哥马利·C.梅格斯（Montgomery C.Meigs）于1990年分别出版了《击鼓》、《逝去的规则和潜艇》（Slide Rules and Submarines），在书中对金进行了批评。加农写道，1月12日东部海岸自缅因州到维吉尼亚州的各海港共有25艘驱逐舰，而海军可能是由于疏忽、怯懦或是其他原因，并没有派遣驱逐舰向U-123号及其他潜艇发动攻击。只是后来得知这25艘驱逐舰中有4艘要留在干船坞或“仅供急用”之后，加农在他的平装版出版时把可用驱逐舰数目降到了21艘，但他对金和海军的指责并没因此而得到缓和。加农根本就没有理由对海军进行如此严厉苛刻的指责。英国和美国海军早就宣布展开猎潜行动了，他却认为这种行动纯粹是徒劳，浪费资源，而且还非常危险。他所罗列的21艘驱逐舰也都已派往执行其他重要任务了：13艘与战列舰“得克萨斯”（BB-35，Texas）号、航母“黄蜂”（CV-7，Wasp）号以及重巡洋舰“昆西”（CA-71，Quincy）号组成第15特遣部队，为美国的第一支大运兵船队AT-10提供护航。这支运兵船队于1月15日从纽约出发，驶往冰岛和北爱尔兰。在最后一刻，这支运兵船队仅仅余下3艘大型运兵船出航（“Chateau Thierry”号、“Munargo”号、“Strathaird”号）。相应地，13艘驱逐舰中的4艘与巡洋舰“文森斯”（CA-44，Vincennes）号和“纳什维尔”（CL-43，Nashville）号组成第16特遣部队，为另一支运兵船队BT-200提供护航。BT-200包括7艘运兵船，载有22000名士兵，

■ 一艘被德军潜艇发射的鱼雷炸成两半的商船。

将于1月22日从纽约驶往太平洋。5艘为战列舰“爱达荷”（BB-42，Idaho）号、“密西西比”（BB-41，Mississippi）号和“新墨西哥”（BB-40，New Mexico）号提供护航，这3艘战列舰于1月从大西洋调往太平洋。驱逐舰“格利维斯”（DD-423，Gleaves）号1月15日从波士顿出发，将非常珍贵的7000吨驱逐舰补给船“梅尔维尔”（Melville）号护送到阿根细亚，然后再驶至伦敦德里，在此参与建造美国驱逐舰基地。驱逐舰“布里斯托”（DD-453，Bristol）号，此时正在由纽约驶往卡斯科（Casco）的途中，它将要再次接受检修。驱逐舰“艾利森”（DD-454，Ellyson）号，仍在接受检修，从罗得岛州的新港（Newport）出发，要接受更多的海上测试，正是该舰于1月14日救起了油轮“诺内斯”号上的幸存者。

加农写道，大型运兵船队AT-10并没有必要一定于1月15日出航，那么13艘驱逐舰就可以用来猎杀潜艇了。但华盛顿方面并不是这么看的。尽管在最后一刻他们缩小了AT-10船队的规模，但这支船队将要把部队运往冰岛和北爱尔兰，这具有非常重要的政治和象征意义。如果将这支运兵船队以及同样重要的运兵船队BT-200的出航时间推迟，目的仅是将护航舰用于猎杀击沉2艘船只的数目不详的潜艇的话，这不仅会破坏所有船队和军舰的行程表，还会导致美国陆军的强烈不满，他们一直在不停地催促金迅速派遣运兵船队启航。此外，AT-10船队的多数护航舰都直接驶往了加拿大海域，在那里的德国潜艇要多得多。

第一次哈特拉斯（Hatteras）角行动

击沉2艘油轮后，U-123号离开了纽约海域，1942年1月17日凌晨宣称发现了1艘不明身份货船，用1枚鱼雷将其打发了。德国资料记录击沉的是2000吨的美国船“圣约瑟”（San Jose）号，但是“圣约瑟”号并没有遭到鱼雷攻击，而是与“圣埃利萨”（Santa Elisa）号相撞沉没，当天凌晨也没有其他船只遭到攻击，估计是U-123号正好在两船相撞时经过，便误认为鱼雷击中了“圣约瑟”号。

U-123号和U-66号于1月19日抵达哈特拉斯角。U-66号攻击了一群亮着灯光但没有护航的船只，击沉了6600吨的美国油轮“阿伦·杰克森”（Allan Jackson）号和8000吨的加拿大船“霍金斯夫人”（Lady Hawkins）号。“杰克森”号的48名船员中，35人被烧死。“霍金斯”号上连船员与乘客共312人，其中大约250人当场死亡或在救生艇上历经痛苦折磨之后死亡。

U-123号艇长哈迪根对于哈特拉斯角附近过往船只之多感到震惊，他在日志中写道，某一刻视野当中的船只“不少于20艘，其中有一些的灯还亮着”。尽管他只剩下了5枚鱼雷，仍在1月19日夜里大开杀戒，用鱼雷和火炮击沉2艘击伤1艘。

至此，U-123号和U-66号已在美国海域击沉了3艘击伤1艘油轮，这对于美国东海岸数量众多而又非常重要的过往油轮来说，不过是九牛之一毛。这里的过往船只主要是在加勒比海（阿鲁巴岛[Aruba]、库拉索岛[Curacao]、特立尼达岛）或是墨西哥湾（得克萨斯州、路易斯安那州）至美国东海岸港口或是哈利法克斯之间往返。驶往哈利法克斯的船只多数要加入哈利法克斯的护航船队，然后驶往英国。在美国海域的德国潜艇主要就是攻击这些船只，因此笔者有必要对这些船只进行介绍。

■ U-123号艇长哈迪根。

早年美国得克萨斯州和路易斯安那州的油田都通过铁道油车把石油运送到东海岸，还通过密西西比河和其他一些河流上的驳船、卡车以及短程输油管运往较近地区。但油轮运油要比铁路运输经济，因此到1941年6月，从得克萨斯州和路易斯安那州运往东海岸的石油中，95%都是通过油轮运输，3%通过卡车、驳船或者输油管运输，仅有2%是通过铁路油车运输。1941年6月，美国政府意识到，石油和石油产品已经成为最重要的战略物资之一了。因此罗斯福任命“石油大王”哈罗德·I.伊克斯（Harold I. Ickes）为内政部长（Secretary of the Interior），领导战争石油管理局（PAW）。战争石油管理局做的第一件事就是组织英国与美国之间的石油运输，PAW与石油企业协作，考虑到战争期间可能出现的诸多石油问题，还就此制订了一系列计划。这些计划包括多种提高油轮向东海岸港口运输石油效率的方法，还有一些在油轮船队不能满足需求时的应急计划。如：大力加强输油管运油，要建立约22400公里的输油管，恢复铁道油车运油系统，迅速提高河流、湖泊以及岸间水路上的运油驳船的运油效率，同时提高高速公路以及油罐卡车的运油效率。

击鼓行动开始时，抵达东海岸各海港的石油中95%都是通过船只运输的，美国官方登记的石油船队包括350艘大型现代化远洋油轮，共计约300万吨（巴拿马籍船只不包括在内）。其中约260艘油轮用于从得克萨斯州向东海岸运输原油。这条航路上还有许多英国和英联邦国家油轮，他们多从加勒比海和墨西哥湾驶往哈利法克斯。

1月初得知德国潜艇可能抵达美国东海岸之后，安德鲁斯上将（东海岸前线司令部司令）就指挥这些油轮和一些近海船只到离岸一定距离的海域航行，以免在常规航线上过度密集。起初，西部大道指挥英国船只暂且驶往美国海港，在那里等到潜艇位置确定之后再出航，但很快这些船只又出航了，它们沿着“躲避”路线向哈利法克斯或百慕大驶去，再从那里加入哈利法克斯船队驶往英国。结果，1月和2月，在东海岸前线司令部辖区海域，潜艇仅击沉了1艘英国油轮。

由于潜艇燃料已经不多了，鱼雷也用尽了，因此U-123号只好返航。途中向邓尼茨汇报了1月12日到19日，在美国海域共击沉了8艘53060吨，其中3艘油轮。哈迪根在航海日志中感慨地写道：“如果有10艘或20艘潜艇的话，我敢保证一定会取得更大的战绩！”加上过去的一些战绩，哈迪根的总战绩超过了10万吨。雷德尔和邓尼茨都对他的战果感到非常满意，为他授予了骑士十字勋章（哈迪根的确证战绩是11艘船60787吨）。

但是哈迪根的故事还没有结束，返航途中在大西洋中部先后发现了3000吨的英国船

■ U-123号潜艇回到基地时的情景，桅杆上密密麻麻的三角旗说明了此行收获颇丰。

“库勒布拉”（Culebra）号和9200吨的挪威油轮“潘挪威”（Pan Norway）号，U-123号都用甲板炮将其击沉。

U-123号离开哈特拉斯角后，U-66号继续巡航。1月22日和23日，击沉了2艘美国货船和8100吨英国油轮“宝石王国”（Empire Gem）号。不过燃料和鱼雷都不多了，于是也只好向法国返航。艇长萨普同样报告了辉煌战果：击沉5艘共计50000吨（确证战绩为5艘33456吨），加上此前的战绩，总击沉吨位达到了75000吨，因此邓尼茨称赞他表现“非常出色”。

3艘潜艇中最后抵达哈特拉斯角海域的是U-125号，该艇起初在纽泽西州海岸以东巡逻，但一无所获。1月25日赶到哈特拉斯角海域后就发现了已经搁浅的美国油轮“奥尔尼”（Olney）号，U-125号向这个静止目标总共发射7枚鱼雷，但是经验丰富的艇长乌尔里希·福尔克斯（Ulrich Folkers）认为只有1枚击中了目标，实际上这7枚鱼雷均未命中。当晚，U-125号向5700吨的美国货船“西伊维斯”（West Ivis）号发射了2枚鱼雷，这次攻击非常准确，全部命中，“西伊维斯”号在14分钟之内沉没。

由于燃料已经不多了，U-125号也只能返航，尽管艇首鱼雷舱里仍有6枚鱼雷，但是4个艇首鱼雷管有3个出了故障。邓尼茨指示将艇首鱼雷调到艇尾，因为返航途中还可能会有值得攻击的目标。虽然U-125号执行了这一命令，但并没有发现其他目标，在3艘第一批到达美国海域的潜艇中U-125号战果最少。

从1月14日到1月25日，首批抵达美国东海岸前线司令部的3艘潜艇总共击沉10艘击伤1艘。确证U-123号击沉4艘、U-66号击沉5艘、U-125号击沉1艘。这比12月日本潜艇在加利福尼亚海域的战绩（击沉2艘击伤9艘）要好一些，轴心国潜艇在东西海岸的活动引起了美国的深切关心。尽管在美国海岸活动的德军潜艇从没有同时超过12艘，但仍取得了令人瞩目的战果。然而这种战果对于拥有众多船只穿梭海上的美国而言还是非常幸运的，要是大批德军潜艇到达美国海岸，后果将不堪设想!

在美国沿海活动的德军潜艇由于数量较少，也就没能采取集群攻击战术，而是实施单艇游猎，通常白天在远离商用航线的海域潜坐海底，养精蓄锐；夜幕降临后则在航线上以水面状态搜索目标，一旦发现猎物，往往接近至鱼雷最小射程的距离才发射鱼雷，以确保不浪费鱼雷，而对小型船只，德军潜艇因为远离基地难以获得补给，艇长都不舍得使用鱼雷，一般都用甲板上的火炮将其击沉。

整个1月，德军潜艇在大西洋总共击沉运输船48艘，计27.7万吨，几乎全是1月最后两周在美国海域取得的。由于首批德军潜艇在美国海岸的辉煌战绩，大大激发了德军潜艇部队低落已久的士气。2月10日，邓尼茨又向美国派出第三批15艘潜艇，这批都是排水量600吨的IX型潜艇，为了能有足够的燃料横渡大西洋，艇员们积极研究节约燃料的办法，如采取低速航行，潜航时使用二次电池，利用海面上强劲的西风在水面上进行顺风航行等，特别是艇员为了尽可能延长作战时间，主动节约洗涤水和饮用水，将燃料储存在淡水槽里，这些措施都大大节约了燃料，使中型潜艇也能到达美国海岸作战。

袭击加拿大

关于美国海域首次潜艇战的记录中，很少提及1月派往加拿大海域的12艘潜艇（2艘IX型潜艇，10艘VII型潜艇）。实际上，它们的战绩几乎相当于首批派往美国海域的3艘IX型潜艇的两倍。

这12艘潜艇遇到了暴风雪，潜艇暴露在外的上层结构上结起了厚厚的冰层，因此下潜之前，瞭望不得不先凿碎主进气管道上的冰，才能把阀门扭到合适位置。由于多数VII型潜艇还没有取暖系统，所以即使是在潜艇舱内也很艰苦，一艘潜艇曾记录到艇内最低温度为摄氏5度。结了冰的潜望镜变得模糊不清，也起不到什么作用了。

英国海军部通知德国潜艇将要发动攻击之后，加拿大海军以及纽芬兰和新斯科舍海域的美军都提高了警惕。他们为HX-169船队增派了一支包括9艘护航舰的护卫队，并对航线进行了调整。尽管当时的天气非常不利，还是展开了最大规模的空中巡逻。

U-130号是首次执行巡逻任务，居然一直驶到了纽芬兰和布雷顿角岛（Cape Breton Island）之间的卡伯特海峡（Cabot Strait），1月12日，1架加拿大飞机发现U-130号，就用深水炸弹发起了攻击，不过飞行员的技术实在太拙劣了，U-130号得已逃离。1月13日，U-130号拉开了加拿大海域潜艇战的序幕。发

■ 在加拿大海域的潜艇遇到了暴风雪，潜艇暴露在外的上层结构上结起了厚厚的冰层。

射5枚鱼雷，4枚命中目标，击沉1600吨的挪威货船“弗里斯科”（Frisco）号和5400吨的巴拿马货船“弗莱厄·洛克”（Friar Rock）号。

在逐渐强大的空中反潜力量的压制下，U-130号向布雷顿角岛的悉尼港驶去，因为德国海军认为SC船队就在这里组建，而实际上自SC-64号护航船队1月9日出发后，悉尼港就由于冬季而封港了，所有船队都转移到了哈利法克斯。1月16日晚上，U-130号浮出水面在距离海岸约20公里处就像哈迪根看纽约一样地观察了一下悉尼灯火通明的夜景。

第二天U-130号浮上水面时，被2艘驱逐舰发现了，U-130号迅速下潜。然而被冰块包裹的主进气管来不及放到恰当位置，8吨冰水涌进了轮机舱，使U-130号一口气沉到48米深处。驱逐舰由于深水炸弹架也结了冰，因此没有进行深水炸弹攻击，才使U-130号逃过一劫。将多余的海水排出去之后，U-130号再次浮上水面向深海驶去。邓尼茨赋予U-130号自由行动的权利，于是U-130号离开加拿大海域向更温暖更安全的哈特拉斯角海域驶去，途中击沉了8200吨的挪威油轮“亚历山大·豪斯”

（Alexader Hoeegh）号。

在纽芬兰海域的U-109号也经历了与U-130号类似的恶劣天气。在新斯科舍省南部海域，U-109号发现了1艘货船正在等待飞机导航，U-109号从550米远连续发射5枚鱼雷，不是没有爆炸就是偏离了目标，这令艇长骑士十字勋章获得者海因里希·布莱希洛特备受打击，自从出任U-109号艇长以来，他还没有击沉过一艘船。由于加拿大海域反潜力量非常强大，天气又非常恶劣，因此布莱希洛特非常希望可以转到哈特拉斯角，但是U-109号属于IXB型，燃料储量只有165吨，要比IXC型U-130号的208吨少得多，所以不得不留在这一海域忍受种种艰难。聊以安慰的是，在返航前总算开了张，击沉了4900吨的英国货船“瑟拜”（Thirlby）号。

派往加拿大海域的10艘VII型潜艇沿着纽芬兰和新斯科舍省的广阔海岸线行驶，以尽量节省燃料。U-552号于1月15日首开记录，击沉4100吨的英国货船“白日玫瑰”（Dayrose）号。接下来的几天里，U-552号一直在圣约翰斯附近巡游，潜望镜由于结冰而受损，这样发射鱼雷时面临的困难就更大了。1月17日，向1艘由2艘驱逐舰护卫的货船

■ U-109号艇长海因里希·布莱希洛特（右一）。

发动了进攻，又有3枚鱼雷要么没有爆炸，要么没有击中目标，而且还遭到1艘驱逐舰的反击，被迫下潜。18日在圣约翰斯附近攻击了2600吨的美国货船“弗朗西斯·萨尔曼”（Frances Salman）号。这次耗费了5枚鱼雷才将目标击沉。19日晚向1艘希腊船进行了多轮火炮攻击，宣称将其击沉，但盟军方面并没有这次损失记录。U-552号耗费13枚鱼雷（其中9枚要么没爆炸要么偏离方向）才击沉2艘计6722吨的船只后，只好启程回国，艇长骑士十字勋章获得者埃里希·托普对鱼雷问题耿耿于怀，为潜艇冒了极大风险、耗费了大量时间、艇员们忍受了极端的痛苦，而战绩却如此微小感到愤怒。

另外2艘执行处女航的VII型潜艇也大体在同一时间离开了加拿大海域。首先离开的是U-87号，该艇在加拿大海域仅击沉8100吨的挪威油轮“尼霍尔特”（Nyholt）号。另一艘潜艇U-135号在加拿大海域没击沉任何船只，在回国途中击沉了被暴风吹离了船队的9600吨比利时货船“干迪亚”（Gandia）号。

仍留在加拿大海域的7艘VII型潜艇中，U-553号最成功，击沉2艘大型油轮，共计17366吨。U-333号排在第二位，击沉3艘共计14045吨。排在第三位的是U-754号，击沉4艘船共计11386吨。U-86号差点被1架加拿大飞机击沉，但它击沉了1艘4300吨的希腊货船，还严重击伤了8600吨的英国油轮“托拉克”（Toorak）号。U-203号击沉2艘，但其中1艘是中立国葡萄牙的船只，而且2艘船总共才2000吨。U-84和U-701号则颗粒无收，回国后邓尼茨对U-701号艇长德根进行了严厉批评，批评他“过于鲁莽地”浪费了大量鱼雷，以及在大副落海之后也没有进行认真营救。

在加拿大海域的这些潜艇引起了美国海军的深深忧虑。战列舰“阿肯色”（BB-33，Arkansas）号、护航航母“长岛”（AVG-1，Long Island）号、轻巡洋舰“费城”（CL-41，Philadelphia）号以及水上飞机补给船“巴奈加特”（AVP-10，Barnegat）号，原计划1月18日从纽芬兰的阿根细亚驶向美国，得知1月15日“白日玫瑰”号就在距阿根细亚仅约100公里的雷斯角附近被击沉后，美国海军只得将由4艘驱逐舰和4艘加拿大驱潜快艇组成的反潜舰队派往雷斯角进行反潜扫荡，以确保大型军舰的安全通过。由于德国潜艇又在雷斯角附近击沉了一些船只，而反潜舰队又毫无战果，因此“阿肯色”号、“长岛”号等舰的出航日期被推到了1月22日。

由于燃料耗尽，到1月22日，首批派往加拿大海域的10艘潜艇都踏上了归程，这些潜艇在加拿大海域引起了同盟国方面的震惊和混乱，但是受恶劣的天气、强大的反潜力量以及意想不到的鱼雷问题影响，潜艇的战果并不满意。即便如此，经确证包括往返加拿大途中的战绩，这10艘潜艇总共击沉了18

艘船85400吨。再加上U-130号和U-109号的战绩，首批德国潜艇在加拿大海域的总战绩达到了22艘。

U-130号是首批直接进入美国海域的第四艘，也是最后一艘，该艇从加拿大到哈特拉斯角途中击沉了1艘大型油轮，1月22日击沉5300吨的巴拿马油轮“奥林匹克”号，1月25日晚击沉9300吨的挪威满载油轮“瓦伦格”（Varanger）号，巨大的爆炸声甚至将56公里以外的海滨城镇居民家的玻璃震得咯咯作响，1月27日又击沉7100吨的美国油轮“弗朗西斯·E.鲍威尔”（Francis E. Powell）号。此后尽管鱼雷已经耗尽，但还是曾用甲板炮轰击7000吨的美国油轮“哈罗”（Halo）号，但被“哈罗”号逃脱。返航途中，艇长恩斯特·卡尔斯向邓尼茨汇报了战绩：6艘船只共计约48000吨，其中包括击沉4艘击伤1艘油轮。战后确认战绩为击沉6艘（其中4艘油轮）共计约37000吨。如果把U-123号艇长哈迪根2艘得不到记录支持的货船排除在外，那么新丁卡尔斯在这首次巡航作战中的战绩就超过了任何其他艇长。加上从基尔驶向洛里昂中击沉的3艘，总战绩达到了9艘共计52000吨，这也是战时首次参战的艇长所取得的最佳战绩之一。

U-109号受命沿着更偏南的航线行驶，顺便侦察一下百慕大群岛附近海域，没有发现任何目标，但是绕道航行所消耗的燃料却大大超过了预计，以至于无法顺利返回法国。邓尼茨于是指挥U-130号前去与其会合，为

■ U-130号潜艇指挥塔。

其提供燃料。在会合区域等待U-109号时，U-130号发现了8000吨的英国货船“塔科玛之星”（Tacoma Star）号，但潜艇已经没有鱼雷了，于是一边追踪，一边发送讯号引导U-109号赶来将其击沉。随后U-109号从U-130号上补充了燃料，可能是就此沾上了U-130号的好运，U-109号在驶回法国的途中又击沉11300吨的加拿大油轮“蒙特罗利特”号和1艘3500吨的巴拿马货船。

U-333号击沉3艘共计14045吨，1月31日，正在返航途中又遇到1艘沿之字形路线单独航行的货船，于是潜到了水下，在距离对方约360米处判明是英国船之后，向其发射了最后2枚鱼雷，鱼雷爆炸后，该船发出了简单的无线电紧急求救讯号（SOS)，称是英国船“不列塔尼”（Brittany）号。实际上，这艘船是5100吨的德国船“斯普里瓦尔德”（Spreewald）号，此时正载有3365吨的橡胶、250吨的锡以及从德国辅助巡洋舰“科莫兰”（Kormoran）号上接过来的86名英国战俘，正在从远东海域返回德国（1941年11月19日，“科莫兰”号将战俘转交给“斯普里瓦尔德”号之后，在澳大利亚海域遭到澳大利亚巡洋舰“悉尼”号的截击，“悉尼”号被击沉，全体船员丧生。而“科莫兰”号也在交战中遭到重创，被迫自行凿沉，400名船员中有85人丧生)。

邓尼茨收到这条无线电讯息之后，立刻猜到是U-333号的失误。最高统帅部极为愤怒：“考虑到当前原材料的严重短缺，击沉‘斯普里瓦尔德’号是一个不可原谅的错误！”邓尼茨也很气愤，这次失误使本来辉煌的“击鼓行动”的收尾黯然失色。随后邓尼茨立即组织营救，首批赶到的是U-123号（此时U-123号正在等待“斯普里瓦尔德”号，以便将受伤的艇员转至其上）和U-575号（它原本要将“斯普里瓦尔德”号护送到法国)。紧接着，另外3艘从加拿大返航的潜艇赶来了，最后两艘驶往北美海域的潜艇也赶到了，还有5架秃鹰飞机也在附近海域进行了大范围搜寻。由于燃料限制，返航潜艇无法进行大范围搜救而继续返航。2月2日下午，

■ U-333号潜艇结构示意图。

也就是事件发生48小时后，前往北美海域的U-105号发现了载有幸存者的3艘救生艇和3艘橡皮艇，共有60名德国船员中的25名以及86名英国战俘中的55名，U-105号救起这80名幸存者后就全速向法国驶去。

2月9日U-333号抵达洛里昂，艇长克莱默将由于“执行违令行动、过失杀人以及造成军事物资流失”而受到军法审判。但经过分析后，潜艇部队参谋长君特·海斯勒认为“斯普里瓦尔德”号并没有按规定航线行驶，因此责任并不在克莱默。克莱默在此次处女航中表现非常出色，还有很大的发展潜力，应该受到赞扬。最后军事法庭宣布克莱默无罪释放，涉案人员宣誓将严守这一秘密。直到战后多年，克莱默出版《潜艇指挥官》（U-boat Commander）一书中才第一次公开此事。

尽管前往加拿大海域的VII型和IX型潜艇所取得的战绩并不如人意，还出现了“斯普里瓦尔德”号事件，但是邓尼茨和德国宣传机构仍然宣称潜艇在美国海域的首次突击取得了重大成功，算上往返北美海域途中击沉的船只，5艘IX型潜艇共击沉了23艘约15万吨，再加上VII型击沉18艘约85000吨的战绩，总战绩达到了41艘（其中13艘油轮）共计约236000吨，此外还击伤了一些船只。而德军只有U-87号遭到重创，没有1艘潜艇被击沉。

吸取英国的反潜经验

英国继续督促美国在东部海域组建护航船队，丘吉尔和庞德甚至提出除去支援美国的10艘驱潜快艇外，还可以向美国提供24艘反潜拖网渔船和正在加拿大建造的10艘摩托鱼雷艇。美国欣然接受了24艘拖网渔船（其中22艘都是标准型52米燃煤船，最高航速12节，配备100毫米火炮、深水炸弹以及雷达。其中的“北方公主”[Northern Princess]号在驶往纽芬兰途中，遭到U-94号攻击而沉没。首批10艘拖网渔船直到3月12日才抵达纽约，其余的也在当月晚些时候抵达），但却拒绝了正在加拿大建造的10艘鱼雷艇，因为金上将认为“六十天建造六十艘船”的口号即将变为现实，所需的时间将比加拿大船厂建造的时间短得多。

英国战时内阁向美国派遣了数个军事代表团，目的是向美国传授英国反潜战的经验，同时考察美国“东部海域是否真的缺少护航舰”，以及金是否将从北大西洋航线上撤回的驱逐舰分配给了太平洋舰队。可以预料，这些代表团的报告无一例外的全是负面讯息：美军还没有认识到发现、攻击潜艇的艰难；美国海军和空军之间几乎没有任何合作，甚至还没有独立的行动指挥中心；从总体数目上来看，反潜部队力量仍严重不足；美国海军内部也没有独立部门来制订反潜原

■ Ⅶ型潜艇(上)及Ⅸ型潜艇。

则、规定培训方略以及配合研究与发展中心开发新武器；所拥有的武器装备也不足以承担这一任务（例如美国深水炸弹的最大定深仅有90米)。

一些历史学家一直在寻求证据，以证实美国并没有从英国的反潜经历中吸取教训，没有充分认识到潜艇的巨大威胁，而代表团的报告恰好为他们提供了最好的证据。但是美国除了采取船只和飞机的大规模建造和维修计划之外，还采取了许许多多的反潜措施，而其中很多措施就是吸取英国反潜经验的直接产物。

对科学知识的应用。美国仿效英军于1940年6月动员科学和技术团体来支援军事建设。罗斯福总统成立了由瓦奈瓦·布希博士（Dr.Vannevar Bush）主持的国防科研委员会（National Defense Research Committee)。该委员会由众多杰出科学家组成，还召集了数千名科学家和工程师志愿者，他们或者在各个军事部门从事研究工作，或者就在自己的研究所和实验室里研究军事项目。美军海务署和海军研究实验所对这些非军籍科学家和工程师颇有敬而远之之意，许多平民科学家还遭到了深深的敌意。尽管如此，在美国参战时，该委员会及其下属部门已经根据英美科学家、工程师以及数学家的研究采取了一些反潜措施，其中还有一些采用了英国最新的“行动侦测”技术。

雷达。美国研究部门采用英国的谐振磁控管后，对雷达的研究取得了很大进步。到1942年1月1日，麻省理工学院的放射性实验室已经在研究50个不同的雷达方案了。然而事实证明，批量生产厘米波长雷达是一件非常困难的事情。詹姆士·费尼·巴克斯特（James Phinney Baxter III）撰写的权威著作《与时间赛跑的科学家》（Scientist Against Time）中提到，直到1942年1月1日，厘米波长雷达装置仍然没有启用。但此后很快就取得了突破。2月17日，海军决定要批量生产136公斤的机载AS-G型厘米波长雷达（俗称“乔治”雷达），这种新型雷达可以探测海岸线附近约160公里范围海域、136公里范围内的护航船队以及约14.5公里甚至更远范围内在水面的潜艇。紧接着又决定要批量生产探测范围更广的的船载厘米波长雷达了（S-G型）。

高频测向仪。在英国和法国无线电工程师以及美国相应领域专家的协助下，美国正努力研制一种船载高频测向仪。美国研究试验所的麦克斯韦·K.古德斯坦（Maxwell K. Goldstein）与国际通讯及无线电研究所的工程师们合作，研制出一种被称为DAO的装置。1942年初，驱逐舰“柯里”（DD-463，Corry）号上同时装配了美国产的DAO和英国生产的FH-3，以进行比对测试。此后美国又研制成功了另一种被称为DAR的装置，这种装置于1942年夏末开始生产。用古德斯坦的话来说，DAR就是英国FH-3型的精密改良版。在延用英国FH-3基本元件的前提下，DAR还融合了美式版本的许多特点，完全采用美式电子管，使用性能稳定的无线电频率振荡器，一个能够快速确定的阴极射线指示器，和新的更强大的电源。DAR（及其衍生工具）将成为二战中最为有效的反潜工具之一。在应用DAR的同时，美国海军研究实验室和国际通讯及无线电研究所的工程师们还研制成功了一种同样有效的DAJ型岸基高频测向仪。

深水炸弹。正如英国报告所描述的那样，美国深水炸弹的极限定深是90米，此外还有其他一些缺点：深水炸弹下行速度过慢，水下运行路线也不正确，弹头威力太小。于是一个紧急研究项目被提上了日程，以研制极限定深约70米，下行速度更快，水下路线更为确定，爆炸力提高约50%的深水炸弹（用三硝基甲苯取代铝末混合炸药）。不久就研制成功了两种深水炸弹，一种是VII型深水炸弹，弹头约272公斤，另一种是IX型深水炸弹，弹头约136公斤。VII型深水炸弹只能从船尾的深水炸弹滑道进行投射，而小一些的IX型深水炸弹则既可以从船尾滑道投射，又可以从Y型或改进了的K型发射炮发射。

声呐浮标。英国科学家曾提议生产一种精巧的声呐浮标，商船和护航舰可以在遭到或怀疑将要遭到潜艇攻击时将其投下。配有

■ 护航舰正在发射深水炸弹。

微型水下测声仪以及无线电传送机的声呐浮标将自行漂浮到船队后方，一旦探测到潜艇的噪声，就发出警告讯号。英军并不热衷于生产这种声呐浮标，但是美军却认为它有非常广阔的应用前景，于是进行了规模庞大的研究行动。

空投武器。美国参战时，英国已经采用了一种浅定深引信，可以在水下7.6米引爆深水炸弹，以攻击水上或是刚刚下潜的潜艇。得益于英军的这一技术，美军迅速为他们的XVII型空投深水炸弹装配了这种引信。此外，用三硝基甲苯取代英国使用的铝末混合炸药之后，美军空投深水炸弹的威力约提高了50%。从英军经历得知飞机未能在攻击潜艇方面取得成功之后，美国科学家开始寻求一种猎杀急速下潜潜艇的更为复杂精密的装置。他们研制成功了一种小型灵敏的声控鱼雷，可以在潜艇产生的噪音“指引”下实施攻击。1941年12月哈佛大学水下声学研究所、哥伦比亚大学水下声学研究所、美国海军大卫·泰勒模型基地、通用电信、西部电信及其附属贝尔研究所的科学家和工程师们都开始进行这一研制任务，为了尽可能地保守秘密，这些研究都是在研制“XXIV型水雷”的名义下进行的。短短的12个月之内，这种俗称为“费多”（Fido）的武器就投入了使用。事实将证明，这种空投声控鱼雷是战争期间研制的最为有效的反潜武器之一，取得了非常巨大的成功，原本估计要消耗1万枚，但实际只消耗了4000枚。“费多”长约2.1米，直径约0.43米，总重308公斤，弹头约42公斤，可以12节的最大航速持续航行10分钟。不过潜艇可以凭借浮出水面或是依靠柴油机全速航行来逃避费多的追杀，因此战争期间费多的应用一直非常保守，只能用于攻击完全潜航状态的潜艇，只要附近水面上有一艘盟军船只或另一艘潜艇就不行。

远距离无线电导航系统（Loran）。英军的经历证明，研制一种能在任何天气状况下都有效使用的导航装置很有意义，可以更为准确地汇报所发现潜艇的位置讯息，可以更为有效地指引护航飞机和护航舰与船队会合，更易于船队采取躲避方针躲过潜艇，还利于实现其他一些军事目标。1940年10月，美国科学家阿尔弗雷德·洛米斯（Roomis）提议建立一个电力导航系统，基于岸基传送机以某种特定方式发射的无线电脉冲进行导航。1941年初，麻省理工学院放射性研究所

■远距离无线电导航系统可以更为准确地汇报所发现潜艇的位置讯息，可以更为有效地指引护航飞机和护航舰与船队会合，更易于船队采取躲避方针躲过潜艇。图为某工作站内情形。

的一个课题组在梅尔维尔·伊萨姆（Melville Eastham）的带领下开始研究这一课题，并于当年9月证实了这一计划的可行性。经证实，不管天气状况如何，日间这种远距离无线电导航系统可以为距岸基传送机1120公里内的船只提供精确的导航讯息，而夜间这一范围更是扩大到了约2240公里。美国参战后不久，陆军和海军就在加拿大和格陵兰建立了5个远距离无线电导航系统传送机工作站，主要是为北大西洋上的护航船队提供便利。此后，远距离无线电导航系统迅速遍及了半个地球。

机载磁力探测器（MAD）。战前美国科学家就提出由于潜艇是大量金属构成，装配有磁力计的飞机可能探测到。1941年10月，1架装有原始机载磁力探测器装置的远程轰炸机证实了这一理论。美国参战时，已经开始了大规模的机载磁力探测器研究开发行动，以提高磁力计的敏感度。美军已经开始为东海岸的飞艇装配了改进装置。收到机载磁力探测器的探测报告后，飞艇将抛下漂浮信号弹或是灯标标出潜艇的位置，这样飞艇和其他反潜平台就更易于有效地组织进攻。为了保证信号弹和灯标能够准确标记位置，他们都沿着与飞艇前进的反向发射信号弹，且发射速度与飞艇前进速度大小相等。研究发展部门正努力研究减轻机载磁力探测器的重量，这样就可以将其安装到固定翼飞机上，另外还要提高探测器的“定向”性能，以利于机载炸弹瞄准器（MABS）更有效工作，从而大大提高攻击的准确度。

声呐及声呐讯息演示器。除去努力研究提高声呐的探测范围和工作精确性之外，美国科学家还在抓紧时间研究一种电子图形显示器，它可以使追击潜艇的复杂工作简单化，这对于即将操纵大多数美国军舰而又毫无作战经验的预备役军人很有帮助。研究所的最终成果就是具有重要意义的反潜用潜艇航线演示器。将通过声呐以及陀螺仪和测程器等水上装置测得的讯息输入演示器之后，阴极射线管就可以自动显示潜艇和正准备发动攻击的水上战舰的行踪了。

上述以及其他一些新装置的出现都为潜艇战中的盟军提供了不可估量的帮助，但是，正如英军报告中所提到的那样，美国海军仍然缺少一个指挥反潜部门的独立机构。1942年2月7日，德军参与“击鼓行动”的首批潜艇返回法国之际，美军采取了一项重要措施，或多或少地弥补了这一缺陷。大西洋舰队司令罗耶尔·英格索尔在波士顿建立了一个名为大西洋舰队反潜部的新机构，由瓦尔德·D.贝克（Wilder D. Baker）指挥。贝克是一位经验非常丰富的驱逐舰船员和护卫队指挥官。贝克小组的主要任务就是研究战略决策、反潜武器装备以及为猎杀潜艇而进行的培训等，并为之制订一系列的标准。在金的号召和带领下，所有的海洋前线司令部和海军空中部队都向反潜部派遣了联络官。应贝克的邀请，国防研究委员会的10位具有丰富经验的研究员，也加入了大西洋舰队反潜部。这10人通常被称为反潜行动研究小组（ASWORG）。这个反潜部初具规模之后不久，金就将其转到了他在华盛顿的总指挥部，并赋予了很多特殊权力。贝克小组组建初期，仿效英国的做法，印制了许多指导军舰如何对潜艇展开攻击的小册子，还生产了“攻击教练机”的模拟潜艇战的模型。除去从英国进口的模型外，美国的通用电器、桑格默（Sangamo）以及潜艇讯号公司（Submarine Signal Company）也生产了一些。正如英国皇家空军，美国海军也要求所有与反潜战有关的军官必须熟知攻击教练机的复杂性。

与此同时，曼哈顿联邦大楼里的安德鲁斯和克罗格斯塔德（第一轰炸机司令部司令）已经着手解决反潜工具不足的问题了。他们向东海岸前线司令部的“乞丐舰队”派遣了所能派往海上的全部船只，包括扫雷舰、拖轮等各种舰艇到东海岸前线司令部附近海岸执行巡逻任务，但是这些小船都忙着搜寻并营救被潜艇击沉的船只上的幸存者，因此根本没有时间去猎杀潜艇。海军以及海岸警卫队的飞机和飞艇都在近海执行巡逻任务。受克罗格斯塔德青睐但作战经验并不丰富的轰炸机飞行员也轮流驾驶轰炸机进行反潜巡逻练习，他们飞到了距海岸较远的航线上。有几个飞行员声称发现潜艇并对其进行过攻击，但无疑这只是他们过于激动的幻觉而已。

英国继续督促金在美国东海岸组建护航船队。但是，金、英格索尔、安德鲁斯以及美国海军的所有高级军官都认为组建船队而不能为其提供充分护航，还不如不组建船队。这一观点很大程度上是吸取了英军的经验，1940年夏秋，北大西洋航线上英军没有充分护航的船队就损失惨重，1941年秋，没有经过充分培训、武装又不严密的加拿大军舰承担护航任务时，北大西洋航线上的英军护航船队也损失惨重。1941年11月初，加拿大护卫的SC-52船队在纽芬兰海域被迫返航事件仍然历历在目，这也影响到了金和其他将领。

历史学家迈克尔·加农在攻击美国海军时说，邓尼茨置北大西洋航线于不顾，将潜艇集中到了美国家门口，因此不管是为了攻击潜艇，还是为美国东海岸船队提供护航，盟军都应当立即将北大西洋的反潜和护航力量从北大西洋撤回北美海域。看起来这种争辩似乎非常合理，但事实并非如此。首先邓尼茨并没有置北大西洋于不顾，北大西洋上并非已没有任何威胁。潜艇往返美国时都要横穿北大西洋，而航线几乎与护航船队一致。

由于潜艇都是单独出航，并非小组或狼群出航，而且又保持着无线电静默，因此很难对其定位。北大西洋护航船队随时都有可能遇到这些潜艇，因此如果不为这些船队提供严密护航，后果将可能是灾难性的（为了证实此时北大西洋上的战争已经平静，因此加农列举了一系列的数字来说明当时那一海域遭受攻击的船队数量非常少，被击沉的船只数目也很少。但是这些数字很没有说服力，因为那一海域遭受潜艇攻击而沉没的船只数量几乎从没有多过。如前所述，北大西洋船队的98%船只都会成功抵达目的地）。其次，由于希特勒是一个“挪威偏执狂”，曾于1月初命令邓尼茨在冰岛和法罗群岛之间组建防御型潜艇带。尽管很多潜艇都到西北大道常规航线以北执行任务了，但它们往返于英伦各岛时仍然给归航的北大西洋船队带来了很大威胁。如果不为这些船队提供护航，将有可能经历严重灾难。因此如前所述，美国海军已经着手将本国的一些轰炸机和驱逐舰从北大西洋航线调回美国海域，而将北大西洋航线上的主要护航任务交给英国和加拿大。而绝大多数被调离的美国驱逐舰还要承担运兵船队的护航任务。如果将仅剩的加拿大和英国护航舰调往美国东部海域，这就不仅为潜艇攻击北大西洋航线提供了绝佳时机，还会使这些军舰远离本国基地和补给线，而降低工作效率。

同时，安德鲁斯还利用所有可用资源为盟军船运事业提供帮助。他在波特兰、波士顿、纽约和查尔斯顿等主要港口的航线上布置了雷区，此外，还在德拉瓦河口（Delaware）、纽泽西州五月角（Cape May）附近、切萨皮克海湾以及维吉尼亚州的亨利角（Cape Henry）等海域布置了雷区。他将离岸较远的航线改到近岸，因为近岸海水较浅而且离岸近，潜艇出没的机率较小而且仅有的几架飞机还可以起到一定保护作用。他还鼓励建立一些受到保护的近程航线，比如科德角海峡（Cape Cod Canal，位于纽约长岛附近）。他建议商船遵守严格的排烟规则，可以的话夜间就在港口歇航，否则就要遵守灯火管制，沿之字形航线前进，尽量减少无线电联系等。但是美国的很多船长都对这些繁琐的规定感到不习惯，对于海军的劝告也很轻视，根本就没有把这些规则当回事，还是像和平时期一样随心所欲，很多人因此葬送了他们的船只。

1月24日，金命令将大西洋舰队飞机的使用权交给了安德鲁斯和其他一些海洋前线司令官。这样安德鲁斯就掌握了44架远程轰炸机的控制权，这44架飞机中的38架在诺福克，6架在纽波特（Newport）。英格索尔还向所有的海洋前线司令官声明，这种移权并非永久性的，不过是暂时性紧急措施。他还强调说，各海洋前线指挥部在派遣飞机执行反

■ 返航中的德军潜艇，桅杆上飘着三角旗写着击沉船只的吨位，倒挂在舰桥上的美国国旗是从击沉的美国护卫舰上缴获的。

潜巡逻时“不可以不恰当的干扰北大西洋舰队飞机执行既定任务，尤其不能影响那些承担船队护航任务的飞机”（卡塔林娜远程轰炸机参与为AT-10和BT-200运兵船队提供护航，其他飞机也有为英国护航航母“射手”号提供护航的）。

美国民众对日本在太平洋和远东地区取得的成功感到震惊和恐慌，也模模糊糊地意识到了美国海域潜艇行动的严重性。为了把美国人民蒙在鼓里，海军采取了严格的新闻审查制度，忽略或者是轻描淡写船只损失，或者对击沉潜艇的说法进行确认。华盛顿海军参谋官拉迪斯拉斯·法拉格（Ladislas Farago）在他的著作《第十舰队》中提到，一位海军宣传员精心描写了一条具有传奇色彩的无线电讯息，这条讯息由阿根细亚基地的哈德逊飞机驾驶员唐纳德·梅森（Donald F. Mason）发出，内容是“发现潜艇并将其击沉”。但实际上，1月28日，阿根细亚的海军上将布里斯托在一份致英格索尔、金和史塔克（海军作战部长）的报告中说，尽管梅森实际上并没有击沉潜艇，但他对胜利的宣称是非常真诚的（由于在纽芬兰的寒冷海域难以操纵卡塔林娜飞机，因此陆军勉强同意为阿根细亚基地的海军第82巡逻中队配备原本为英国皇家空军准备的哈德逊飞机）。

德国的调整与拖延

1942年1月上旬，盟军入侵挪威的谣言迅速传播开来。无疑是英军煽动散播了这些谣言，这既为了欺骗希特勒，又为了鼓励挪威抵抗组织，还可以提高挪威人民的斗志。考虑到最近盟军在珍珠港、马尼拉以及太平洋其他地区的失败，还有英国海军在地中海的溃败，这些谣言并不可信。但是希特勒却都当真了，他已经滋生了挪威恐惧症，雷德尔和最高统帅部开始制订计划以实施希特勒于1941年12月29日下达的命令，将德国海军的所有军舰调往挪威。1月15日，大型战列舰“提尔匹茨”号从德国海域调往挪威。尽管雷德尔反对将战列巡洋舰“格奈森诺”号和“沙恩霍斯特”号、重巡洋舰“欧根亲王”号从法国途经英吉利海峡和德国调往挪威，但最后还是不得不按照最高统帅部的命令行事。

1月22日，希特勒对挪威的关注达到了狂热的程度。据记载，在与雷德尔的参谋长库尔特·弗里克（Kurt Fricke）中将的会晤中，元首甚至宣称挪威在战争中具有“决定命运”的意义。看起来，盟军入侵挪威的日期越来越近了。希特勒对于挪威北部地区的不利情势将对整个战争产生的影响极为关注，因此重申，海军一定要调动所有可用军舰来保卫挪威，必须守住通往挪威的水上航线，动用所有部队将业已登陆的敌军部队驱逐出境，除去参与地中海战争之外的所有海军部队调往挪威。希特勒还要求他们必须无条件服从他下达的关于保卫挪威的所有命令，并且要“以最快速度最高效地”执行。弗里克印象最深的就是希特勒下令除去参与地中海行动的潜艇以外，所有潜艇都将被调往挪威。这也意味着将取消针对美国的行动。但是第二天，希特勒的海军顾问卡尔-杰斯科·冯·普特卡莫（Karl-Jesko von Puttkammer）给弗里克打电话说，希特勒对潜艇“在美国海域所取得的战绩非常满意”，因此希望“美国海域的军事行动继续进行”。这样，具体要派遣多少潜艇前去保卫挪威以及何时将潜艇调往挪威就成了一个亟待解决的问题。邓尼茨对盟军入侵挪威的真实性表示怀疑，因此他认为将潜艇调往挪威只不过是对潜艇资源的愚蠢浪费。为了最大程度地扩大潜艇行动在美国海域的战果，他并不急于催促最高统帅部做出决定。结果是达成了一个复杂的临时约定，但是这个约定极大地缩减了针对美国作战的潜艇力量。

就在进行讨论时，已经有4艘潜艇抵达挪威了，驻扎在距离莫曼斯克仅约160公里的希尔科内斯（Kirkenes），主要任务就是防止将要发生的盟军入侵，并阻截冰岛和莫曼斯克之间的盟军船只。这些海域的自然条件异常恶劣，经确证其中有3艘潜艇在1月取得了一些战绩，U-134号击沉了1艘5100吨的货船，U-584号击沉了苏联潜艇M-175号，U-454号击沉了英国驱逐舰“玛塔贝列”（Matabele）号，击伤了PQ-8护航船队的1艘5400吨的英国船和1艘600吨的苏联拖轮。U-454号对PQ-8护航船队的进攻是对苏联的间接打击，该艇的活动引起了盟国很大注意，这意味着盟军再不能在极地海域自由通行了。由于U-454号随

■ 希特勒、邓尼茨正在检阅潜艇部队，希特勒对潜艇在美国海域所取得的战绩非常满意，因此希望美国海域的军事行动继续进行。

后出现了机械故障，因此邓尼茨派遣U-456号直接从基尔驶往希尔科内斯作为替补，这样派往挪威的潜艇已经达到了5艘。

1月最高统帅部还命令将尽可能多的潜艇派往冰岛和英国之间，包括13艘从德国启航的新建潜艇，还有在德国或挪威检修归来的3艘旧潜艇在内的总共16艘潜艇，而它们原本都是要到北美执行巡逻任务的。其中部分潜艇在“提尔匹茨”号调往挪威时曾负责侦察；还有部分在徒劳地搜寻一支将美国部队从冰岛运往苏格兰以准备对挪威发动进攻的船队。这16艘潜艇的调离极大地降低了对北美初期潜艇战的效率。

除去这16艘潜艇外，U-43号也正经过这一海域返回德国。尽管1月英军仍能破译埃尼格码讯息，并相应地指挥船队绕过潜艇，但是U-43号仍大有斩获，击沉4艘共计21300吨。回到德国时，经确证，U-43号艇长卢瑟的战绩已经达到12艘船共计68000吨，虽然他本可以选择在海军的其他任何部门或者培训学校任职，但他还是像普里恩、克雷齐默尔、赛普克、伦普、恩德拉斯以及其他骑士十字勋章获得者一样，选择了继续战斗——指挥另一艘新潜艇。

13艘新潜艇中由阿姆隆·冯·瓦伦道夫（Amelung von Varendorff）指挥的U-213号比较特殊，这是1艘暂时执行布雷任务的VIID型潜艇，瓦伦道夫是普里恩奇袭斯卡帕湾时的二副。开战后，曾先后有6艘VIIC型潜艇（U-213号—U-218号）在控制室后加入了一个10米长的水雷舱，而成为VIID布雷型。舱内有5个发射筒，每个发射筒内都有3枚SMA水雷，弹头约350公斤。水雷舱使潜艇的油箱鞍座进一步加大，由此燃油容量提高了56吨，航程也就增加了2570公里（从10460公里提高到13030公里）。但是，事实证明SMA水雷是有缺陷的，在对其进行重新设计之前，最高统帅部下令禁止使用，VIID型潜艇也由此改为执行巡航行动。

有4艘潜艇到冰岛附近的雷克雅未克和塞迪斯峡湾（Seidisfjord）巡逻，1月29日在雷克雅未克附近，U-132号向美国海岸反潜快艇“亚历山大·汉密尔顿”（Alexander Hamilton）号发起攻击，这艘快艇正将1艘受损货船拖进港口，这次进攻耗尽了U-132号的4枚艇首鱼雷，其中1枚命中，快艇严重受损，最后倾覆。这是继“鲁宾·詹姆士”号驱逐舰后，被德国潜艇击沉的第二艘美国军舰，有26名船员丧生。驱逐舰“史塔克”（DD-406，Stack）号向U-132号发起反击，深水炸弹给潜艇造成了严重损伤，被迫返回法国。尽管曾有许多美国军舰宣称击沉或击伤过潜艇，但“史塔克”号才是第一艘给德国潜艇造成损伤的美国军舰。U-132号回法国后在基地足足维修了4个月。

大多数潜艇都在西北大道或法罗群岛和

设得兰群岛附近执行巡逻任务。但是这一海域比以前更危险了，除去空中密布的岸防司令部载有ASV雷达的大量飞机之外，还有由205艘军舰组成的25个护卫队（70艘驱逐舰、67艘驱潜快艇、68艘炮舰）驻扎在英国各港口。其中大部分军舰都装配有286型雷达，还有一些装配有更先进的271型厘米波雷达（到1942年1月1日，英国海军共有59艘驱潜快艇和14艘驱逐舰装备了271型厘米波雷达）。也有一些军舰装备了高频测向仪（Huff Duff）。

这些潜艇都没有发现传言中要执行入侵挪威行动的部队，但是1月26日U-753号发现了ON-59船队的部分船只，此时船队已被冬季的暴风雪吹散了，U-753号向邓尼茨报告并向1艘油轮发起攻击，但没有命中，护航的1艘驱逐舰向U-753号发动了反击，虽然只投下了2枚深水炸弹，却给潜艇造成了严重损伤。然后驱逐舰还试图撞击潜艇，结果从潜艇顶部擦过，使潜艇顶部也出现了损伤。因此U-753号被迫返回法国。邓尼茨随即指挥另外6艘潜艇来追击船队，但是都没有发现。因此1月被调往挪威的16艘潜艇仅仅击沉了1艘海岸反潜快艇。

U-94号是被派往追击ON-59船队的6艘潜艇之一。这艘新近从德国出航的潜艇出现了机械故障，因此被迫返回德国。在返航途中的1月30日，艇长奥托·伊泰斯报告，给电动鱼雷通风时，由于空气泄漏，电动鱼雷平衡膛里的气压升高了，而鱼雷运行的深度控制器也在平衡膛内，这可能影响到了深度控制器，这会使鱼雷的运行深度比预定的更深。正当邓尼茨为首批派往美国的潜艇出现大量鱼雷失效而百思不得其解时，这一讯息使邓尼茨豁然醒悟，他在日记里写道，尽管许多失效的鱼雷发射前并没有通风，但平衡膛的漏气肯定是一大原因。因此作为一项过渡措施，他立即禁止为鱼雷通风，并将这一发现转达鱼雷理事会（Torpedo Directorate），要求进行新的紧急测试。事实证明，伊泰斯发现了标准电动鱼雷的最后一个重大缺陷。三周后，鱼雷工程师证实了平衡膛的泄漏，开始重新设计平衡膛，并提出了临时措施。开战30个月之后才发现了这一缺陷，而这还要归功于一位仅有一点初级鱼雷知识的年轻艇长，这对于德国科学界和工业界来说，真是一个极大的讽刺。但是对德国而言，至少在向美国发动第二轮潜艇行动前纠正了鱼雷的缺陷实在是一件非常幸运的事。这一点对潜艇以后的胜利都有极大帮助，对于后续驶往北美海域的几批潜艇更是如此。

2月6日，希特勒亲自拟定了派遣潜艇保卫挪威的计划。他下令任何时刻，都要保持20艘潜艇在执行这一任务：8艘潜艇要在冰岛和英国各岛之间组成巡逻线（截击将从冰岛赶来的美国入侵部队）；6艘派往希尔科内斯（阻止入侵部队并在极地海域攻击PQ

和QP护航船队）；纳尔维克、特隆赫姆、卑尔根各两艘，作为抵抗进攻部队的最后一道防线。此外，UA号和战争初期被俘获后就一直供潜艇学校教学用的3艘荷兰潜艇，以及4艘小型潜艇则要准备为纳尔维克和特隆索（Tromsoe）的空军运送汽油和其他补给物资。希特勒的命令正巧与波罗的海海域的严寒同时到来。最高统帅部这样记录："德国的气象部门从没有见证过如此严重的冰冻。"气象学者预报3月气温最低时，波罗的海的冰冻将达到"本世纪以来的最大厚度"，事实果然如此。

波罗的海的大厚度冰层对潜艇部队来说是又一个严重障碍。整个冬季里，刚刚下水或接受各种检修的近100艘潜艇将无法动弹，由于船厂或其他地方的冰冻，使它们执行任务的时间延迟了三到四个月。1941年11月到1942年2月间开始服役的78艘潜艇中的大多数有七八个月没离开波罗的海（例如1941年11月22日开始服役的U-438号直到1942年8月1日才从波罗的海启航；1941年12月11日开始服役的U-600号1942年7月14日才启航；1942年2月26日开始服役的U-611号是1942年10月1日启航）。1942年3月和4月开始服役的37艘潜艇，平均在波罗的海待了6个月。因此，1942年开往一线的新潜艇急剧减少，2月13艘，3月13艘，4月8艘，5月6艘。

由于新潜艇的检修时间因冰冻大幅延迟后，要派遣潜艇执行保卫挪威的任务就更加困难了。已经有5艘（包括正在接受修整的U-454号）潜艇在挪威了，现在还缺少15艘。这个缺额将由1月从德国出航的潜艇中调集3艘，2月从德国出航的VII型新潜艇以及3月从德国出航的10艘VII型新潜艇中各调集7艘，这样挪威的潜艇总数将达到22艘，超额的两艘潜艇将弥补其他潜艇的暂时离开。

由于希特勒要求执行保卫挪威任务的20艘潜艇必须在2月15日之前就位，而波罗的海

■ 波罗的海的大厚度冰层对潜艇部队来说是一个严重障碍，整个冬季里，刚刚下水或接受各种检修的近100艘潜艇将无法动弹。

又出现了冰封，因此不可能在近期内用新潜艇补足差额，于是为了挤出在冰岛和英国之间组建巡逻线的8艘潜艇，邓尼茨采取了一些暂时措施，将部分新近抵达的潜艇的出巡时间延长，并将2月份新近出航的潜艇派往这一海域，还将部分往返于美国海域的潜艇（在燃料允许的条件下）派往这一海域，还将少数潜艇从法国派往这一海域。这些调动，将使前往美国和加拿大海域的潜艇大幅减少。

德国海军支援挪威的最后一次大行动就是将“格奈森诺”号、“沙恩霍斯特”号和“欧根亲王”号从法国调往挪威。为保障军舰安全通过英吉利海峡，这3艘大家伙在扫雷舰、鱼雷艇、驱逐舰、战斗机以及西北大道潜艇巡逻线的潜艇掩护下，于2月11到12日夜从布勒斯特出发。英国已经从埃尼格码和其他情报来源得知了这个计划，并制订了对策（代号“富勒”[Fuller]行动）。然而，英国的预警系统出现了问题，“富勒”行动以彻底失败而告终。250多架英国飞机、5艘驱逐舰、6艘鱼雷艇在英吉利海峡拦截德军舰队，但是英国舰艇力量太小出动也太晚了，这对他们来说无疑是个耻辱的失败。

尽管如此，这些德国军舰也还是没能平安抵达德国。“格奈森诺”号和“沙恩霍斯特”号都碰到了英国水雷，“格奈森诺”号的伤势并不重，但是抵达亚德湾（威廉港外海）之后却撞上一个沉船残骸使军舰底部受损。2月26日夜，英国皇家空军1架轰炸机投下的炸弹击中了“格奈森诺”号，引起了弹药舱爆炸，使军舰彻底报废。“沙恩霍斯特”号触到2枚水雷，炮塔和涡轮电动机被炸毁，修复工程使其向挪威转移的日期整整延迟了一年。除此之外，最高统帅部还计划将袖珍战列舰“海军上将希尔”号以及没有受损的重巡洋舰“欧根亲王”号派往挪威。在3艘驱逐舰的护卫下，它们于2月21日从亚德湾出发。在特隆赫姆附近的英军“海神”（Trident）号潜艇连续向“欧根亲王”号发射了3枚鱼雷，将其船舵和船尾击伤。“欧根亲王”号只得缓缓地驶回德国，之后接受了八个月的维修，此后就被改装成了训练舰，再也没有离开过波罗的海。

这些事故使得保卫挪威以及攻击莫曼斯克船队的大型军舰只剩下战列舰“提尔匹茨”号、袖珍战列舰“海军上将希尔”号和重巡洋舰“希波”号。

直布罗陀-亚速尔海域的失利

12月和1月份，由于大量潜艇调往北美和挪威，直布罗陀和亚速尔群岛海域的潜艇就很少了。最高统帅部得知U-374号和U-577号1月沉没之后（1942年1月12日，英国潜艇“无敌”号在西西里岛附近击沉U-374号，仅1名艇员获救。1942年1月9日，1架英国飞机在图卜鲁格附近将U-577号击沉，全体船员丧生），就命令邓尼茨从直布罗陀海域抽调3艘潜艇派往地中海。这3艘潜艇中U-73号和U-561号分别于1月14和15日穿过直布罗陀海峡，U-572号在1月16日和19日两次试图穿越海峡均告失败，因此地中海最后只有21艘潜艇。这些新的调动刚好与隆美尔的新攻势相符，1月21日非洲军团发起了进攻，一周之内重新占领了班加西（Banghazi），并将英军赶回了托卜鲁格（Tubrug）。

3艘潜艇调往地中海后，1月在南部亚速尔和直布罗陀之间海域仅剩下4艘VII型潜艇了。其中U-373号还要为偷渡船“艾尔沙·埃斯伯格”（Elsa Essberger）号提供护航，但是从直布罗陀起飞的英军飞机发现了这两艘船并向它们发动了攻击，“艾尔沙·埃斯伯格”号被击伤后被迫逃往西班牙埃尔费罗尔，在埃尔费罗尔的维修时间大大超出预期，U-373号苦等三个星期后被迫返回法国。

另外3艘潜艇发现了SL-97船队。英军通过密码破译获悉德军潜艇已发现该船队，立即派出4艘驱逐舰（“克伦姆”号、“金星”号、“拉弗雷”号和“维斯考特”号）从直布罗陀紧急出航驰援。这个被称为“突击部队”的驱逐舰编队表明了英国希望以主动进攻的方式来应对潜艇威胁。而SL-97船队则充

■ 正在地中海巡逻的德军潜艇，在反潜兵力密集的地中海必须时刻保持高度警惕。

当起“诱饵”的角色引诱潜艇继续航行，驱逐舰编队并没有直接保护船队的义务，而是可以自由攻击潜艇。编队由“维斯考特”号上的伯克特·帕格指挥，他曾指挥EG-7护卫队在北大西洋航线上赢得过荣誉，但此次他指挥驱逐舰编队并不太令人满意。由于驱逐舰编队没有收到船队改变航线的讯息，所以没能找到船队。然后英国海军部抽调两艘驱逐舰执行更为紧急的任务了，“拉弗雷”号和“金星”号于1月14日早上发现了船队，但船队被1架秃鹰飞机发现并报告给邓尼茨，虽然“拉弗雷”号将飞机击退，但已经有3艘潜艇赶来了。1月15日凌晨，“拉弗雷”号和“金星”号占据了船队左侧约16公里处的位置。此后不久，“金星”号雷达探测到了2700米远的目标，“金星”号急转弯全速冲去，并用主炮开火，同时25厘米口径探照灯照住了1艘正以17节的速度逃离的潜艇，这是U-93号。“金星”号将U-93号撞斜，然后乘势投下5枚定深15米的深水炸弹。撞击使艇长赫斯特·艾尔弗（Horst Elfe）和指挥塔上的其他几个人都落到了海里，并且将指挥塔上的出入口撞坏，将其余艇员堵在了舱内。海水涌进潜艇，电池与海水发生反应产生了致命的氯气，被困的艇员在最后一刻打开舱盖。“金星”号派出了跳帮组，但在跳帮组抵达潜艇之前，潜艇就沉没了。“金星”号和“拉弗雷”号一共救出了40名艇员。“金星”号返回了直布罗陀，受到了嘉奖同时也告诫他们在可能情况下要设法防止德军自行将潜艇炸毁，以获得“秘密资料”（如埃尼格码密码机、密钥以及相关文件）。为了防止艇员自行将潜艇炸毁，英军再次明确授权跳帮组可以采取任何“极端手段将艇员堵在舱内”。

尽管驱逐舰编队没能及时与船队会合，但在某种意义上还算得上成功，仅靠两艘驱逐舰就击沉U-93号潜艇，这是英军1月在大西洋上击沉的惟一一艘潜艇。

1月16日，在驶向北美海域的途中，U-402号在比斯开湾遇到了“温斯顿”特遣运兵船队，艇长赛格弗里德·冯·弗斯特纳（Siegreid von Forstner）报告船队由5艘巨轮组成，仅有1艘驱逐舰护航。此时附近正有1架为辅助巡洋舰“托尔”（Thor）号护航的秃鹰飞机，它立即向船队发起进攻，并纠正说船队共有19艘货船和5艘驱逐舰。U-402号靠近船队后，攻击了载有1000名士兵的客轮“朗杰比城堡”（Llangibby Castle）号，鱼雷命中并将船舵炸毁，炸死26人。断定这一船队是一个“绝对”大型目标后，邓尼茨调集正在驶往美国海域的另外3艘潜艇向船队方向驶来，并要求直布罗陀-亚速尔海域仅剩的两艘潜艇也向船队位置靠拢，不过这两艘潜艇燃料已经不多了，只能返航。驶往美国的4艘潜艇中有两艘由于距离较远而未找到船队，匆匆赶来的U-581号却没能发现船队，只是在附近海域击沉了英国反潜拖网渔船“罗塞蒙德”（Rosemonde）号。

“朗杰比城堡”号受伤后蹒跚驶入葡属亚速尔群岛的赫塔港（Horta），按照国际法可以在那里进行维修。邓尼茨发现船队已经躲过潜艇袭击后，就命令U-402和U-581号赶往赫塔，等待“朗杰比城堡”号重新启航时将其击沉。

U-581号于1月31日夜到达赫塔附近海域，艇长维尔纳·普费弗尔（Werner Pfeifer）居然指挥潜艇潜入了赫塔港，这可是违背中立法的。U-581号在离海岸90米处浮出了水面，发现“朗杰比城堡”号在石墩的另外一侧，既无法通过也无法发射鱼雷，最后他不得不放弃了进攻，退回大海上，和U-402号会合，商定分别守住赫塔港的两个出口。同时，英国海军部命令直布罗陀舰队为“朗杰比城堡”号提供帮助。驱逐舰“维斯考特”（Westcott）号、“爱克斯默尔”（Exmoor）号和“克鲁姆”号远洋拖网渔船奉命赶去支援。“维斯考特”号是英国海军第一艘装备刺猬炮（Hedgehog）的军舰，刺猬炮一次可以发射24枚30公斤炮弹（弹头安装14公斤最新式的高烈性托派克斯炸药），这些炮弹将集中落到船前230米处的圆形区域里，由于采用碰撞引信，不需要设置深度，只有打到潜艇或是碰到海底时才爆炸。与深水炸弹相比，刺猬弹不再需要从潜艇上方驶过时才能投掷，也不需要为避免炸到自己而火速离开，高速脱离时往往会使声呐失效，深水炸弹无论是否击中只要到了设定爆炸深度都会爆炸，往往会将声呐震聋，而刺猬弹不击中是

■ 盟国护航军舰装备的新式武器“刺猬弹”。

不爆炸的，所以使用刺猬弹可以一直与潜艇保持声呐接触，就使潜艇难以逃脱了。但是刺猬弹也有缺点，后坐力太强，所以只能安装在大型护航舰上；操作复杂，所以许多护航舰还仍然持怀疑态度。

“朗杰比城堡”号于2月2日凌晨启航，那是一个满月之夜，此时3艘护航舰都已严阵以待。“维斯考特”号和“克鲁姆”号在南水道U-581号附近，“爱克斯默尔”号在北水道U-402号附近。U-581号看到了两艘舰船，便潜入水下发射1枚鱼雷，但没有击中。几分钟之后，左舷柴油废气排气阀门突然故障，轮机舱进水，使潜艇急速沉到160米深处，为了阻止进一步下沉并重新控制潜艇，艇长普费弗尔立即下令排空压载舱。但是故障引起的噪音被“维斯考特”号和“克鲁姆”号声呐探测到了，U-581一浮出水面就拼命向中立国的葡萄牙水域驶去以寻求庇护。看到潜艇浮出水面，“维斯考特”号全速向潜艇撞去，但是由于角度计算错误，没有撞上，两船相隔10米擦肩而过，“维斯考特”号投下了10枚浅定深深水炸弹，全都在U-581号上方爆炸。由于“克鲁姆”号挡在中间，“维斯考特”号无法用主炮开火，只好退后并转180度，打算再次对潜艇实施撞击。普费弗尔已经命令艇员弃艇并将潜艇炸毁，大部分艇员都穿好救生衣到了甲板上，当看到驱逐舰以40节的高速撞过来时，纷纷跳入了水中。“维斯考特”号撞上U-581号指挥塔后方，潜艇后甲板被撞得卷了起来，船尾下竖并立即沉入了海底。

“维斯考特”号救起了41名艇员，另有6人失踪，不过其中的二副威尔纳·西泰克（Werner Sitek）游上了岸，后来被遣送回德国（被俘后普费弗尔递交正式的书面文件控告英国军舰在中立国葡萄牙海域击沉了潜艇，但英国海军认为他在无理取闹）。英国情报机关对被俘的艇员进行了审讯，发现除了军官外，只有3人此前曾有过潜艇工作经验。

“朗杰比城堡”号从北水道离开赫塔，在那里等候的U-402号发射了5枚鱼雷却无一命中，驱逐舰“爱克斯默尔”号发现潜艇后立即用火炮和深水炸弹进行反击，并将其逐走。虽然U-402号的燃料所剩无几，但是对这支编队进行了追踪，直到从直布罗陀返航的U-572号赶到，但是U-572号却并没有发起攻击，“朗杰比城堡”号最终带着1000名士兵安全抵达了直布罗陀。

就这样，1月6艘在南方海域的潜艇只击沉了反潜拖轮“罗塞蒙德”号。而英军却击沉了两艘潜艇，加上保卫挪威和进攻美国都遇到了潜艇短缺的问题，邓尼茨说服了最高统帅部暂时停止到直布罗陀-亚速尔海域巡逻。

第十一章 狂潮再起

密码破译中断

1942年2月1日，德军为潜艇配备了新型的四转子密码机，并开始采用只供潜艇部队专用的海神密码系统（Triton，原意为希腊海神，波塞冬之子，人身鱼尾。英军则称之为鲨鱼密码[Shark]），英军就无法再破译四转子埃尼格码，这对于英军来说是不可估量的损失。

四转子密码机和海神密码并不是绝对无法破译的，如果能获得密钥表那对于破译工作将是最有利的。所以英军12月在挪威的作战计划中，专门提出要缴获密钥表的要求，但还是无功而返。另外也还可以通过三转子的“炸弹”计算器进行运算破译，但是为了确定一个四转子密码机的日常设置，三转子的计算器进行运算所需要的时间，相当于确定一个三转子密码机所需时间的26倍！除非能制造出四转子计算器，但是这绝非一朝一夕就能实现的。

由于无法破译德军潜艇使用的密码，这给英国海军部潜艇跟踪监视处带来了极大的压力。虽然有1941年破译德军密码时累积的丰富的信息作为参考，加上不断改进的陆上高频/定位（DF）网络、波罗的海的空中侦察、战俘口供以及德国媒体对潜艇的宣扬，但仍无法继续提供准确实时的潜艇行踪信息。监视处在2月9日的每周工作报告中总结了目前的悲观形势：“1月下旬以来，除了有关那些来自挪威海军部的潜艇信息外，没有关于其他任何潜艇的特别信息可供使用。我们观察大西洋地区事务的视线也必然变得模糊了，也没有人能够准确地说出目前和未来的潜艇动态了。”

英国二战情报处官方历史学家弗朗西斯·H.辛斯莱（Francis H. Hinsley）认为在邓尼茨对美国发动全面潜艇战的关键时刻失去了潜艇密码情报并没有对盟军产生不利影响，“潜艇是在近海海域没有飞机掩护的情况下自由袭击没有组成船队的不受保护的船只，只要是这样，即使是我们得到了有关他们在美国海岸附近活动的最好的情报，也无法组织起有效的反击或者是制订出有效的回避路线”。而实际情况恰恰相反，如果盟军能够继续破译德军密码，针对美国的潜艇作战行动将完全是另外一回事，盟军将从埃尼格码中知道：针对美国的潜艇攻击不是象征性的，也不存在佯攻，而是一次大规模的行动，邓尼茨调集了所有可动用的潜艇，而且其规模也将会不断扩大。

在美国海域的潜艇行动将不仅仅包括1942年1月1日投入使用的20艘IX型潜艇，还有大量的VII型潜艇，但是由于这种潜艇的作战半径有限，所以并不认为它可以对美国沿海造成威胁。

为了支持针对美国的战斗，将会有更多的补给潜艇（U-tanker）投入使用。这些补给潜艇可以向VII型和IX型潜艇提供燃料、食品、医疗援助和备用部件，由此可以提高潜艇的作战半径、持续作战能力。但是如果能够比较早地知道这个关于潜艇战的新模式，盟军就可以采取相应对策，比如可以在他们会合进行补给时实施打击，因为这时潜艇聚集在一起，防范相对薄弱。但在长达几个月的时间里，英国的情报机构一直不相信关于补给潜艇的报告。

潜艇将集中攻击哈特拉斯角（Cape Hatteras）和佛罗里达南部海域，因为这里大陆架最狭窄，也就意味着，是最有利于潜艇活动的。在这里潜艇可以得到流速高、深度大（因此是比较安全的）的水环境。但是如果美军知道这点，就可以提前将他们数量不多的反潜部队集结在这一海域，尤其是在哈特拉斯角。

在美国海域作战的潜艇不是采取集群行动，也就是说没有组成狼群，而是保持无线电静默单独行动。如果当时能够从埃尼格码中得到这条重要的战术信息，美国海军上至金，下至普通军官肯定会愿意冒险组织护航船队，因为1艘单独行动的潜艇一般情况下只能击沉船队中的一两艘船，而且保持无线电静默就意味着无法召集其他潜艇。

出于各种原因，1942年初，德军的大型水面军舰（“提尔匹茨”号等）无法突进大西洋，对盟军船队展开攻击。如果美军通过破译密码知道这一点，他们就可以比较早地将驻扎在冰岛、百慕大群岛和阿根细亚的强大的海军力量调走，也许甚至可以减少为了保证运兵船安全而动用的驱逐舰。这样的话，就可以有更多的护航舰较早投入到美国东海岸的护航系统中去了。

德军B机关的密码破译人员已经在破译第三套海军密码方面取得重要突破，而这套密码是盟军大多数护航舰队所使用的。按照历史学家辛斯莱的说法，在1942年2月到12月，B机关可以破译很大一部分无线电通讯内容，有时能够达到80%。倘若破译了德军密码，盟国海军无线电通讯的这个重大缺陷将会暴露出来，从而避免德军在1942年中占有决定性的优势。

直到那时英美之间还一直还没有进行密码技术交流。英国曾经向美国提供了关于潜艇在大西洋的可能行动，但仍对破译埃尼格码的核心技术进行保密，几乎在美国正式参战时，英国失去了继续破译埃尼格码的优势，鉴于在美国海域船只损失不断增加，英国终于开始让美国分享密码破译技术。

这种技术交流得到了美国总统罗斯福和英国首相丘吉尔的推动。2月25日，丘吉尔给罗斯福写了一封不同寻常的私人信件，他将这封信装在外交邮袋中让人亲手交给罗斯福，并要求罗斯福看过之后将它烧毁，但是罗斯福并没有这样做，1989年这封信件的副本公之于众。下面是其中的一段摘录："记得在阿卡迪亚（Arcadia）会议期间，有一个晚上，我们一直聊到深夜，那时你讲了关于贵方的密码专家与我方的密码专家进行密切合作的重要性。现在，我随时都可以让你推荐的专家和我们的技术人员取得联系。我们两国的海军部门也将继续就海军密码进行坦诚的交流。但是，外交上的和军事上的（除了海军之外的陆军和空军）密码问题也同样重要。可是我们好像对你们对这一问题的看法还一无所知 ……"

丘吉尔还提到，英军的破译人员在前一段时间曾经破译了一部分美国外交密码。按照丘吉尔的说法，"从我们成为盟国的那一刻开始，就已经终止了这种做法。但是不可排除我们的敌人也能破译外交专用密码的可能"。

在珍珠港事变后的几周里，为争夺特

■ 密码破译技术交流得到了美国总统罗斯福和英国首相丘吉尔的推动。

殊敏感的密码小组的控制权，美国海军内部爆发了一场斗争。竞争的双方分别是海军情报机构（ONI）的新主任斯尔道·S.威金森（Theodore S. Wilkinson）和海军通讯机构（ONC）的主任雷·诺伊斯（Leigh Noyes）以及他的副手约瑟夫·R.莱德曼（Joseph R. Redman）。海军上将金已经不再相信ONI的能力，所以他站到了诺伊斯和莱德曼一边，最终使ONC获得了美国海军密码破译工作的控制权。

诺伊斯和莱德曼所实施的变革中，引起人们关注的是将曾经成功领导海军破译工作的劳伦斯·瑟福德（Laurence Safford）调离原岗位，因为在与英国交换密码技术之后，瑟福德毫不掩饰他对英军的猜疑和敌对态度（如在交换紫色密码[Purple]设备时没有交出计算器技术）。虽然瑟福德请求能让他继续留在负责破译的OP20G，但诺伊斯还是将他调到了负责密码安全的OP20Q，结果瑟福德既没有得到任何重要的战功勋章，也没有被授予将官级军衔。这次调职自然令瑟福德很沮丧也很恼火，而且无疑影响到他在3月18日写给诺伊斯和莱德曼的备忘录。他通过备忘录强调，将破译日军密码一事保密是有必要的，要想做到这一点，就必须严格控制由这个管道获得的信息，不能向外扩散。更严重的是瑟福德公开了备忘录，对英国人进行了尖锐的批评。他写道，在一战期间，虽然英军在探测潜艇位置和破译潜艇使用的无线电通讯方面卓有成效，但是战争结束后，英国利用公共传媒，愚蠢而又不计后果地吹嘘着他们的成果。“显然英军从来没有意识到，德军可以从这些已经公开的信息中获益”。结果是二战期间“德军的密码和通讯处理方法变得如此完善，以至于实际上在无线电通讯方面获取的信息几乎为零”，虽然有例外，如破译天气预报专用密码和攻克某个毫无意义的独立系统，德国海军方面的消息几乎都是通过缴获得到的。因此，他沮丧地得出结论：“我们试图破译德军埃尼格码密码机的前景的确不容乐观。”

英国对于美国情报机构的总体情况，尤其是密码破译工作一直采取蔑视态度。当时在华盛顿还没有集中的谍报机构，也没有什么机构专门收集敌方的情报，陆军、海军、海岸警卫队（Coast Guard）以及联邦调查局都有密码破译人员，都是在独立地工作，并或多或少地存在竞争，而没有采用布莱奇利庄园提出的模式，组成一个合作的团体共同开展工作。战争带来的压力——例如破译德军埃尼格码和其他的密码所带来的挑战——要求英美情报机构之间必须进行更密切的合作。合作是必然趋势，但传统和保守势力也不愿让步。最后直到1942年4月，英美才向着真正意义上的情报信息互换迈出了坚实的一步。

VII型潜艇的第一次美国之巡

尽管有大约50艘VII型潜艇被调到地中海或在挪威，波罗的海百年不遇的严寒也造成了一些拖延，邓尼茨还是可以在1942年1月向美洲海域派出26艘潜艇：12艘IX型潜艇和14艘VII型潜艇。这些潜艇奉命在从加拿大到加勒比海的广大海域中行动。其中，12艘IX型潜艇在较远的加勒比海和美国东海岸。尽管有种种反潜措施，还要冒着严寒，VII型潜艇12月的战绩也比较差，1月大部分VII型潜艇还是留在了加拿大海域，只有3艘尝试向美国海域推进。

在1月出海的12艘IX型潜艇中，有7艘奉命攻击美国沿海，其中5艘是IXB型，这种潜艇作战半径比较小。U-105号潜艇无意中遇到了SL-98船队，击沉“斑鸠”（Culver）号小型护卫舰后就如前文所述，立即前去搜救“斯普里瓦尔德”号的幸存者，最后搭载着80名幸存者返回法国。剩下的4艘IXB型潜艇在纽约和哈特拉斯角之间巡航。另外两艘比较先进的IXC型潜艇作战半径比较大，在更南边的佛罗里达海域巡逻。

当最早的6艘潜艇在1月末、2月初抵达美国海域后发现，除了东海岸前线司令部从大西洋舰队借来卡塔林那飞机进行反潜巡逻，盟军对付潜艇的措施并没有特别改善。

北大西洋航线上金的“直接穿越”计划

■ 在没有足够的护航舰之前，美国海军不愿组建护航船队。

于2月4日开始实施，10艘驱逐舰作为美国东海岸护航系统的中坚力量，其中7艘新驱逐舰从2月6日到8日先后被派往东海岸前线司令部供安德鲁斯上将调遣。不过防护体系中由英国提供的10艘驱潜快艇和24艘反潜拖网渔船还迟迟没有到位。安德鲁斯非常费力地调集了另外28艘船，勉强可以作为近海护航船队的护航舰使用，但是正如他所报告的，至少需要2倍数量的护航舰，才能保证护航体系完全正常地运作。

然而还有更麻烦的事。AT-12船队是一支大型的运兵船队，按原计划应该在2月10日离开纽约。但是在EASTOMP（海洋东部会合点），英国海军只为AT-12船队准备了两艘驱逐舰，金上将立刻急电请示英国海军，能否在EASTOMP为AT-12船队准备适当的护航舰。英国海军部答复由于必须保护温斯顿16号特遣运兵船队（Winston Special 16），2月末才能给AT-12船队准备一支强有力的护航舰队。因此，AT-12护航船队的离港时间只能推迟到2月19日。这时暂时在东海岸前线司令部执行任务的7艘驱逐舰中有6艘奉命来加强AT-12船队的护航。英格索尔派来4艘驱逐舰接替这几艘军舰的原来任务，但是显然，无论是在数量上还是在质量上都无法真正满足需要。英格索尔在2月一共给安德鲁斯派来11艘驱逐舰，供他在反潜作战中调遣。

护航舰的严重缺乏迫使英国不断催促金在东海岸建立护航体系。2月12日，金命令安德鲁斯提交一份有关护航工作的计划。安德鲁斯又去询问他辖区里的海军指挥官们。他们全都表示反对在有足够的护航舰之前组织护航船队。安德鲁斯提醒金，每天都有120艘到130艘不同型号的船只经过他的辖区，为此至少需要68艘护航舰，因此他建议："在有足够的护航舰可以动用之前，不要进行任何希望通过护航体系保障近海航运的尝试。"

2月12日，德国"沙恩霍斯特"号和"格奈森诺"号战列巡洋舰以及"欧根亲王"号重巡洋舰离开布勒斯特港，准备突破海峡回到德国。由于盟军无法破译埃尼格码，也就无从得知德军的真实意图，出于担心这些军舰突入大西洋攻击盟军的护航船队，所以被迫将大西洋海域的大型水面舰艇部队连同他们的护卫驱逐舰一起留在了冰岛、百慕大群岛、阿根细亚和卡斯翠港（位于加勒比海英属圣露西亚岛）的海军基地。

大西洋海域驱逐舰的损坏也是造成这类军舰数量长期不足的部分原因。2月18日，1.4万吨的补给舰"双子星"（Pollux）号连同为它护航的两艘驱逐舰"托克斯顿"（Truxtun）号和"威尔克斯"（Wilkes）号在阿瓦隆半岛（Avalon Peninsula，位于加拿大纽芬兰省东南部，普拉森舍[Placentia]湾和特里尼蒂[Trinity]湾之间）一场强烈的暴风雨中搁浅，"双子星"号和"托克斯顿"号彻底报废，2艘船上的386名船员中有212人丧生。刚刚服役的新驱逐舰“威尔克斯”号也受到了损伤，虽然逃过一劫，不过仍需要进行大修才能重新使用。

1月，U-106号潜艇在艇长赫尔曼·拉什（Hermann Rasch）的指挥下开始第二次巡航，成为在美洲海域的6艘IX型潜艇中最出色的一个。虽然在纽约沿海行动时，失去了整个瞭望组，但在1月24日到2月6日中，还是取得击沉5艘船共计4.2万吨的辉煌战绩，其中还包括当时全世界最大最快的客货两用船——瑞典15400吨的“美洲大陆”（Amerikaland）号。这次巡逻不但消除了所有对拉什个人能力的怀疑，而且使他得到了邓尼茨的赞许。

尽管出现了很多鱼雷脱靶和失灵的情况，但是其他在纽约和哈特拉斯角之间的IXB型潜艇还是取得出色的战果。经证实，2月2日到5日，U-103号击沉4艘共26500吨，其中包括3艘美国油轮；2月8日到18日，U-108号潜艇击沉5艘共20000吨；1月31日到2月6日，U-107号击沉2艘共10800吨。

作战半径比较大的2艘IXC型U-128号和U-504号在佛罗里达海域巡航，佛罗里达海域的大陆棚和哈特拉斯角一样狭窄，是一个相对安全和可以得到丰硕战果的作战区域。仅仅距离海岸大约18公里的地方，深度对潜艇来说就比较安全了，那里有向北流的墨西哥暖流，航运比较繁忙。在戴通那海滩（Daytona Beach）和棕榈滩（Palm Beach）的交界处，没有反潜部队的干扰，尽管海水发出很强的荧光，两艘潜艇的行动还是很成功。2月19日到3月5日，U-128号潜艇击沉2艘

■ 远征返航后的U-128号潜艇。

美国油轮，还在巴哈马群岛东部击沉了11000吨的挪威油轮“克努森”（O. A. Knudsen）号。U-504号从2月22日到26日击沉了2艘美国油轮以及荷兰油轮“马姆拉”（Mamura）号。但U-504号由于巨大的海浪给艇壳造成严重损伤，不得不返航。返航途中又击沉1艘2800吨的英国货轮。

两位艇长都将此出色战绩归功于海岸上明亮的灯光，海上航行的船只在灯光下会被清晰的照映出来。尽管大量船员死于非命，尽管海滩已经被原油浸透，一些度假小屋的老板还是反对熄灯，因为熄灯可能会影响生意（许多作家太过于强调民众对灯火管制和部分灯火管制的反对，只有极少数人认为，除非是在月象、天气和其他战术条件都不利的情况下，佛罗里达海域的少量潜艇很少会利用遥远的岸边灯火。整个东海岸的绝大多数市长和市民保护组织都反对熄灯或部分熄灯，因为这样可能会增加车辆发生交通事故的危险，此外，还可能导致晚上光顾饭店、夜总会等场所的人数减少，这对于很多人来说都意味着一大笔损失）。

第二批1月到达美国东海岸的这6艘潜艇一共击沉了23艘船共约15.7万吨。其中包括11艘油轮。这个战绩与第一批12月开赴美洲的5艘潜艇几乎相同。这先后两批11艘IX型潜艇一共击沉了46艘船共计30.7万吨。当然，他们上报的总吨位数要远远高于这个数字。

很多商船船员丧生，1942年1月到2月间有29艘船被击沉，在这些船上的1631名乘客和船员之中，999人丧生。除去加拿大“霍金斯夫人”（Lady Hawkins）号班轮250名乘客和船员丧生外，其他沉没商船的船员死亡率大约是50%。

AT-12运兵船队推迟到2月19日才离开纽约，由15艘运输船组成，向冰岛和北爱尔兰输送14688名士兵。护航的是第32特遣舰队，其中包括“纽约”（BB-34，New York）号战列舰、“费城”（CL-41，Philadelphia）号轻巡洋舰以及10艘驱逐舰。还有另外6艘暂时在东海岸用于对付潜艇的驱逐舰同行以加强护航。为了抗衡“提尔匹茨”号和随后运送部队返回美国，第32特遣舰队留在了冰岛。6艘英国驱逐舰接替了第32特遣舰队在EASTOMP的任务，负责保护去北爱尔兰的部分船队的安全。金上将认为英国的护航不够充分，并很快决定由美国军舰护送东向的运兵船队穿越大西洋。

第二批离港的13艘VII型潜艇，其中4艘的艇长是骑士十字勋章获得者。由于受到盟军反潜部队的压制，只能在风暴肆虐、极其冰冷的加拿大海域行动。最成功的是U-96号，艇长是橡叶骑士十字勋章获得者海因里希·雷曼-威伦布洛克，尽管有5次鱼雷失灵或脱靶，他还是在新斯科舍的哈利法克斯击沉了5艘船共25500吨，其中包括9000吨的英国油轮“卡斯“（Kars）号。在返回法国途中，他接替了于根·奥斯登（Juergen Oesten），升任布勒斯特第9舰队司令（经证实，雷曼-威伦布洛克击沉了25艘船共183223吨，这个战绩在所有德国艇长中排在第6位），而奥斯登被调到驻扎在挪威的潜艇舰队任技术顾问。第二成功的是U-82号艇长赛格弗里德·罗尔曼（Siegfried Rollmann），击沉两艘油轮和美国援助英国的驱逐舰“白蒙特”（Belmont）号。U-751号击沉2艘船共11500吨，还用甲板炮击伤1艘8100吨的荷兰油轮。

另外6艘VII型潜艇各击沉了1艘舰船。新服役的U-654号上报了9次鱼雷失灵或脱靶（7次是攻击同一个目标），但还是击伤了正为ON-60船队护航的法国轻巡洋舰“阿里瑟”（Alysee）号，该舰最后还是在拖带中沉没。U-98号击沉1艘5300吨的英国货轮。U-575号（因为营救“斯普里瓦尔德”号幸存者而深受影响）和U-69号毫无收获。

U-82号在洛里昂以西发现了一支护航船队，当时U-82号只剩下尾舱的1枚有故障的鱼雷。邓尼茨要求谨慎行事，如果是直布罗陀船队，而且有严密护航，就不必攻击。但是U-82号报告护航的只是几艘驱潜快艇，邓尼茨立即判断是南方外航（Outbound South）系列的船队并尝试指挥正在驶向美洲的3艘VII型潜艇前来攻击。U-82号燃料不多，而且没有鱼雷，但还是进行了跟踪。那支船队的确是OS-18船队，不过护航舰经验丰富。2月6日，U-82号被驱潜快艇“罗彻斯特”号和“塔马里斯克”（Tamarisk）号击沉，全体艇员丧生。这是驶向美洲的潜艇中损失的第一艘。

13艘VII型潜艇中有两艘被派到加拿大海域，试探性地到美国南部海域巡航。U-564号击沉了11400吨的加拿大油轮“维克托里特”（Victolite）号，U-653号击沉了1艘1600吨的挪威货轮。虽然U-564号鱼雷充足，但燃料却不多了。邓尼茨随即指挥U-103号前来补给燃料，然而恶劣的天气条件和错误导航使他们失之交臂，邓尼茨只好再命令正在返航途中的U-107号来补给燃料，但是在2月13日会合时，两艘潜艇居然相撞，U-564号右舷油箱被撞出一个洞，4个艇首鱼雷发射管全部损坏，

■ U-107号艇长哈拉尔德·盖尔豪斯。

只能和U-107号一起返航。更讽刺的是，途中U-107号反过来从U-564号那里获得燃料——如果盟军能够破译埃尼格码，就可以轻而易举地确定这个会合地点并消灭这两艘失去战斗力的潜艇——这两艘潜艇结伴返航时，遇到了由6艘大型油轮组成的船队，由于鱼雷发射管损坏，U-564号无法进行攻击，U-107号用最后1枚鱼雷击中了挪威油轮“艾格达”（Egda）号，但是这艘油轮是空载行驶，所以损伤很小。由于附近没有其他潜艇因此无法获得这些唾手可得的猎物。U-564号和U-653号在美国海域短暂的攻击成效并不大，但却使邓尼茨相信，如果VII型潜艇节省使用燃料的话，可以在美国海域巡航7至10天。

2月另一艘VII型潜艇U-432号由久经考验的艇长海因茨-奥托·舒尔茨指挥，他在这片海域的攻击说明，如果VII型潜艇可以在海上补给燃料的话，就可以在那里执行更长时间的行动。而U-432号之所以去美国海域，是为了执行一个由最高统帅部下达的护航任务，为去南非海域的“多格班克”（Doggerbank）号布雷舰护航——邓尼茨提出异议，不能为了这个长距离的任务调用为数不多的IX型潜艇，最后最高统帅部同意调用VII型潜艇，还批准VII型潜艇只要到达距离美国最近的地点，就可以从“多格班克”号上补给燃料并返航。

1月21日，U-432号离港，一直为“多格班克”号护航到31日，然后在海上进行了燃料补给后——这是整个在美洲的行动中第一次给VII型潜艇补给燃料——便朝着哈特拉斯角方向驶去。“多格班克”号的布雷行动相当成功，先后在南非海域布下155枚水雷，炸沉两艘炸伤3艘，并使开普敦港陷入混乱。

2月14日，U-432号到达哈特拉斯角，在之后的12天里，从哈特拉斯角直到马里兰沿海往返巡航。经证实，共击沉6艘共27900吨。这个战绩作为VII型潜艇在美洲海域最成功的一次巡航记录在案。但在击沉的船只里有两艘是中立国巴西的船，引起了巴西亲美独裁者格图里奥·瓦格斯（Getulio Vargas）的强烈抗议，并对在巴西的轴心国财产采取了报复措施。

第二批1月离港开赴美洲的14艘VII型潜艇一共击沉了24艘（其中3艘油轮），共计12.5万吨。这相当于平均每艘潜艇每次巡航击沉1.7艘。这个战绩与12月离港的10艘潜艇的平均水平相同：击沉18艘，共计8.5万吨，也是每艘潜艇每次巡航击沉1.7艘舰船。

进军西印度群岛和加勒比海

1月开赴美洲的26艘德国潜艇中，5艘被派往加勒比海的新大陆（Neuland）艇群的IXC型潜艇倍受关注，这些潜艇的任务是阻断由南美向北美输送原油和铝土矿石的航运。

为新大陆艇群提供支持的是5艘意大利潜艇。

南美的原油大部分是在委内瑞拉和英属西印度群岛的特里达及托贝哥（Trinidad and Tobago，以下简称特里达）开采，委内瑞拉的原油是由油轮穿过委内瑞拉湾送往荷属阿鲁巴岛（Aruba）上的拉各（Lago）炼油厂（每月可以生产700万桶原油产品，是当时世界上最大的炼油厂）和库拉索岛上的大型炼油厂的，这两座岛在德国占领荷兰之后由英国占领，之后又由美国接管。而特里达的大部分原油是在岛上的炼油厂提炼。同时特里达也是一个港口，从英属圭亚那和荷属圭亚那（苏利南）运送铝土矿石（铝制品的原材料）到达特里达后转装入大型船只。

新大陆艇群中有两艘潜艇是新服役的，12月刚从德国出发抵达洛里昂。1月20日，U-67号、U-502号和U-156号驶向阿鲁巴-库拉索地区，另外两艘U-129号和U-161号则于25日踏上了征程，驶向特里达。所有潜艇都只能启动一台柴油发动机以节约燃料，沿着西南方向横渡大西洋，然后要在同一时刻（2月16日晚）发起攻击。

正当这些潜艇开向加勒比海时，在邓尼茨和海军司令部之间就这次行动如何展开爆发了一场争执，雷德尔指示3艘驶向阿鲁巴-库拉索的潜艇，利用火炮突袭岛上的大型炼油厂和油库。虽然雷德尔知道这两座岛已经被英军和美军占领，而且阿鲁巴还有3门190毫米海岸炮，但是他认为，一次出乎意料的夜间袭击应该可以出奇制胜，而且只需要几发炮弹就可以将炼油厂和油库变成火海。而邓尼茨认为攻击没有武装的油轮更有利，而且对于潜艇来说风险更小。一旦炮击失败，盟军就会注意到潜艇的存在并可能制订一条临时的油轮航线，进而使新大陆艇群的计划落空。双方争执不下，最后邓尼茨命令潜艇攻击油轮，当然如果情况允许，也要炮击炼油厂和油库。

2月16日清晨，U-156号潜艇打响了德军在加勒比海的第一枪，潜入了阿鲁巴岛的圣·尼克劳斯港（San Nicholas），向3艘停靠在岸边的油轮发射了鱼雷，全部命中，击沉2400吨的英国油轮“奥拉涅斯塔德”（Oranjestad）号，重伤另2艘。虽然U-156号已经暴露了目标，但艇长维尔纳·哈特恩斯坦还是冒险下令，用105毫米甲板炮对炼油厂和油库进行轰击，但以失败告终——炮手忘记取下火炮炮口塞，结果首次开火就把炮膛炸了，还使一名炮手丧生，炮长迪特里希-阿夫来德·冯·德博恩（Dietrich-Alfred von den Borne）重伤。潜艇上的卫生员试着给德博恩做手术，但这对于医患双方来说都是一个极大的痛苦。哈特恩斯坦猛然想起，可以将德博恩送到维希法国的马提尼克岛（Martinique），经邓尼茨批准后U-156号靠岸，但一开始维希法国担心美国的报复措施而拒绝。马提尼克岛一直在盟军的监视之下，这是为了防止维希法国的“贝亚恩”（Bearn）号航母、“昂米勒·贝坦”（Emile Bertin）号和“贞德”（Jeanne d’Arc）号重巡洋舰以及其他军舰逃到欧洲或者袭击阿鲁巴和库拉索上的炼油厂、攻击巴拿马运河——于是哈特恩斯坦在向法兰西堡港靠近时非常地小心谨慎，未被盟军发现，法国海军这才派一艘汽艇将德博恩接上岸，法国医生截去了他的腿，后来他伤势恢复并返回了德国。很快美国海军得知了这一情况，作为报复，罗斯福要求法国人必须在36小时之内让在马提尼克岛的军舰无法行动（拆掉一些机械构件），在美军轰炸的威胁下法国人照做了。

雷德尔再次坚决地命令攻击阿鲁巴的炼油厂，邓尼茨只好将U-67号和U-502号潜艇从

■ U-156号潜艇的甲板及指挥塔。

库拉索调到阿鲁巴，这时阿鲁巴已经完全处于戒备状态，整个岛上一片漆黑，1艘荷兰摩托汽艇来回巡逻，3门海岸炮已经就位。这样潜艇根本就不能进行有效的夜袭了（邓尼茨不愿去轰击在阿鲁巴和库拉索的炼油厂和油库是一个重大失误，这要远比击沉几艘油轮重要得多）。

炮击取消后3艘潜艇集中精力在阿鲁巴和库拉索地区巡航，而且都有战果入账。离开马提尼克岛后，U-156号潜艇又击沉了4艘船，艇员将炸裂的炮管锯掉，使甲板炮又恢复了战斗力，有两艘船就是锯短了炮管的甲板炮的功劳。U-502号用鱼雷击沉5艘油轮。U-67号先是出现了6次鱼雷失灵或脱靶，再是耐压艇壳出现裂缝，使潜艇的下潜深度限制在30米。尽管有这么多挫折和障碍，还是击沉两艘击伤1艘油轮。

这些攻击使马拉开波、阿鲁巴和库拉索地区油轮通行暂时瘫痪了。一大群来自中国的油轮船员拒绝在没有护航的条件下出海、没有任何1艘油轮进入阿鲁巴和库拉索、大型炼油厂被迫暂时停产。直到加勒比海前线指挥部总司令约翰·胡佛（John H. Hoover）上将从波多黎各派来了两艘驱逐舰和几架卡塔林娜后，航运才重新恢复正常。

在特里达的两艘潜艇中，U-161号表现突出，勇敢地突进了特里达灯火通明的首府西班牙港（Port of Spain）。2月18日午夜，U-161号在西班牙港水下发射4枚鱼雷，击伤1艘英国油轮和1艘美国货轮，两船都在浅湾中搁浅了，但后来又都被打捞起来重新投入使用。

胡佛非常清楚特里达作为原油供应地和航海中转站的战略意义，他计划在岛上建立一支强大的反潜力量，其规模可以与冰岛的相提并论。但当他刚刚才要开始实施的时候，U-161号潜艇就公然发起了攻击，而且该艇在水面上航行很长距离直到公海，都没有遭到反击。

虽然战绩并不怎么大，但勇气完全可以与U-47号奇袭斯卡帕湾相媲美。此后，U-161号朝北驶向向风群岛（Windward Islands，位于加勒比海东端，构成小安地列斯群岛的南弧，由北向南包括多米尼克岛、马提尼克岛等）。虽然盟军暂时终止了这一海域大部分的航运，但在随后的两周里，还是击沉两艘油轮和1艘美国货船。3月4日，在向风群岛中的阿内加达海峡（Anegada Passage）巡逻的美国潜艇S-17号报告说与一艘德国潜艇相遇但没能将其击沉，那一定就是U-161号。

3月9日，U-161号进入英属圣露西亚岛（St. Lucia），在主要港口卡斯翠港（Castries）发现有两艘船停靠在码头上。夜幕降临后U-161号浮出水面，发射鱼雷击中了那两艘船。虽然两艘船都沉入海底，但由于港口水浅，还可以打捞出来重新使用。当U-161号向公海撤退时，驻扎在海岸上的部队用机枪向其开火，但是没有造成任何损伤。U-161号继续朝北驶向向风群岛，在那里又击沉2000吨的加拿大货轮和美国海岸警卫队的“刺槐”（Acacia）号灯船。U-161号总共击沉9艘共30500吨，对第一次指挥潜艇作战的新艇长阿基利斯来说实在是个相当辉煌的战绩。

另一艘在特里达的潜艇是U-129号，该艇在特里达东南部海域巡航。2月20日到23日，U-129号击沉4艘共11700吨。之后，沿着海岸线朝南驶向英属圭亚那和荷属圭亚那（苏利南），希望在源头处阻断铝土矿石的运输，但这个计划落空了。因为该海域大陆棚宽达180公里，水比较浅，而且这里的航运已经中断或改道。U-129号只好返回特里达海域，并从2月28日到3月6日又击沉了3艘共13900吨。这使总战绩达到7艘25600吨。

在加勒比海的新大陆艇群，无论从物质上还是从心理上，都成功地给予了盟军沉重的打击。虽然没有完成炮击阿鲁巴和库拉索炼油厂的任务，但是击沉了24艘（其中12艘油轮），共计119000吨；还击伤了8船（其中5艘油轮），共计5万吨，如果这些船不是在较浅的港口海域而是在深海被击伤的话，至少有6艘将沉没。

返航途中经过比斯开湾时，U-129号遭到了岸防司令部第502中队1架惠特利飞机的轰炸，但侥幸逃过了攻击并回到洛里昂。根据艇长克劳森的报告，他的总战绩已经超过了10万吨，所以被授予骑士十字勋章（战后确认的克劳森战绩是19艘共63855吨，其中还包括两艘被错误击沉的法国船）。

在加勒比海的行动得到了预期的效果，然而这些战绩是有代价的，就像先前出巡弗里敦的潜艇那样，新大陆艇群的巡逻时间平均为65天。虽然艇群中新服役的U-156号、U-161号和U-502号在法国经过大约一个月的维修就可以再次出海，但是U-67号和U-129号却需要两个月进行修复。考虑到每艘潜艇每次巡逻与维修所花的时间，新大陆艇群的“投资回报率”就没那么壮观了。此外，新大陆艇群的此次出巡还具有突袭的优势，邓尼茨相信，接下来在加勒比海的潜艇巡逻将

■ U-129号艇长克劳森。

会遭遇严密的反潜措施，不管这些反潜措施是多么笨拙与幼稚，潜艇回报率都将会降低，而风险则会加大。因此邓尼茨深信，去加勒比海将会和去弗里敦一样，变得越来越不经济，除非能想出方法为潜艇补给燃料和鱼雷。

根据过去的表现，邓尼茨并不期待5艘意大利潜艇能够提供什么支持，新大陆艇群攻击时，他们正在向风群岛东部巡航。邓尼茨认为它们最多也就是做做掩护。然而，这些在波罗的海和北海经过战争培训的意大利潜艇，演出了意大利潜艇在整个战争中最成功的一次作战：“塔佐利”（Tazzoli）号击沉6艘共29200吨；“莫罗西尼”（Morosini）号击沉3艘共22000吨；“芬奇”（Finzi）号击沉3艘共21500吨；“托莱利”（Torelli）号击沉2艘共16500吨；“达文西”（Da Vinci）号击沉1艘3644吨。总战绩为击沉15艘共约93000吨，其中6艘油轮。虽然“托莱利”号曾遭到盟军飞机攻击，有2名艇员被炸死，但还是与其他潜艇一起安全地回到法国波尔多。在这一轮轴心国潜艇的进攻中，新大陆艇群和意大利潜艇一起在西印度群岛和加勒比海创造了傲人的战绩：击沉39艘（其中18艘油轮），共计21.2万吨。

此后，意大利“加尔文”（Calvi）号潜艇随后在同一海域巡航中，又击沉了5艘共27571吨，使意大利首次在西印度群岛海域的破交作战击沉船只数量提高到20艘（其中9艘油轮），共计120417吨。

1月在美洲海域进行攻击的25艘德国潜艇给予盟军的航运以沉重的打击。11艘IX型潜艇击沉了47艘共27.6万吨，14艘VII型潜艇击沉24艘共12.5万吨。这是第二次世界大战中最成功的一次潜艇行动（一些在1月抵达的潜艇在1月、2月和3月都曾击沉过船只；而一些2月抵达的潜艇也曾在2月击沉过舰船。所以仅在2月，由潜艇击沉的船只数量就达到59艘[其中23艘油轮]，共计331219吨）。而盟军只击沉了U-82号潜艇。

无疑是在这次胜利的影响下，希特勒决定继续在美国海域的潜艇战，并于3月14日将邓尼茨破格提升为海军上将，邓尼茨将此喜讯告知了所有潜艇，并向全体潜艇部队官兵致谢。

尽管这些战绩令人赞叹，但是，当得知邓尼茨没有紧接着派出第二批IX型潜艇出发，以便在加勒比海接应新大陆艇群时，雷德尔和最高统帅部都很恼火。雷德尔表示，切断盟军在加勒比海地区原油和铝土矿石的运输比其他任何一个任务都更加重要，他坚持让邓尼茨在加勒比海的潜艇巡逻扩大到“最大规模”，并进一步尝试轰击阿鲁巴和库拉索岛上的炼油厂和油库。

一次意料与计划之外的护航战

邓尼茨本打算在2月派出26艘潜艇出巡美国海域，但是由于种种原因有8艘潜艇不得不被转派到冰岛-苏格兰海域。另外，自从1941年11月补给船“亚特兰提斯”、“皮顿”号被击沉后，就一直没再向弗里敦海域派出过潜艇，邓尼茨认为盟军已对这一海域放松了警惕，所以决定派出两艘IX型潜艇去南大西洋。这样在2月前往美国海域巡逻的潜艇数目减少到了18艘（IX型和VII型各9艘）。6艘IX型和4艘VII型是新潜艇，由于波罗的海结冰，没有受过充分的训练。

依照U-564号和U-653号的经验，邓尼茨认为如果让潜艇沿大圆航线（Great Circle Route，地球上两点之间的最短航线）航行，并严格采取节约燃料措施，VII型潜艇可以在美国海域巡逻10天，所以他决定暂时中止加拿大海域巡逻，将18艘潜艇都派到美国和加勒比海海域巡逻。由于英国无法破译四转子埃尼格码，2月出征美国的这些潜艇是第一批受益者，因为英国已经搞不清潜艇的位置了。2月21日，U-154号和U-155号就在前往美国的途中袭击了两支船队。

U-154号发现的是HX-175船队，并立即展开了攻击，将全部14枚鱼雷都发射了出

■ 鱼雷舱里的值班军官正在计算鱼雷到达目标的时间，只有听到鱼雷的爆炸声才意味着他们的攻击成功。

去，但是10枚脱靶，4枚没有爆炸。U-154号没有了鱼雷只好返回洛里昂，再次出航时已经是3月了。

U-155号发现了ON-67船队，该船队由35艘货船组成，护航舰为4艘驱逐舰和1艘驱潜快艇，救援船“向前”（Toward）号上有一支医疗队，还装有最新研制的高频测向仪。船队中8000吨的英国油轮“帝国石斧”（Empire Celt）号装有新研制的反潜装置——海军部防护网（Admiralty Net Defense），由大卷的强力钢网组成的，可以被伸展到左右舷板外15米外。在测试时曾挡住了英国潜艇发射的鱼雷，这次航行是第一次实战试验。

“向前”号高频测向仪探测到了U-155号发出的无线电讯号，立即发出了警报。驱逐舰“草地”号沿探测方向寻找了一个小时，没能发现。U-155号成功突破了护航舰的警戒，于2月22日凌晨连续攻击了3艘船，击沉了1艘油轮和1艘货船。邓尼茨指示所有在附近正赶往美国的潜艇汇聚起来攻击这个船队。到2月23日深夜，共有7艘潜艇聚拢到船队周围，这是继1941年11月2日以来德国潜艇第一次集群攻击北大西洋上的船队。

U-558号于2月24日发起攻击，在5小时内击沉5艘共32600吨，不过该艇也只剩下1枚鱼雷了，只好返回法国，艇长君特·克莱希自然受到了邓尼茨嘉许。接着U-158号和U-162号开始攻击，U-158号先击伤了1艘油轮，再和U-162号共同向“帝国石斧”号攻击，此时该船已经张开了海军部防护网，1枚鱼雷穿过防护网并击中了船体中部，将船体炸成两半，船头迅速下沉，船尾上的45名幸存者被救起，其中包括海军部防护网的发明者加利（C. N. E. Currey）和克罗福德（George C. Crawford）。这次实战检验的失败给了海军部防护网当头一棒，但后来还是在大批8000吨以上的船只安装了这个装置。

U-587号随后也投入了攻击，不过该艇出航后曾奉命去营救迫降海上的秃鹰飞机5名飞行员，并将他们转交给返航的U-130号，在此过程中，U-587号消耗了大量燃料。这使邓尼茨在日记里写道，“无论营救飞行员的行动看起来多么令人满意和合理，我们依然很难决定该不该让出航的潜艇去寻找迫降的飞行员。以目前的情况来看，每一滴燃料对潜艇来说都是性命攸关的 ……将来很有可能会发生这样的事情，为了完成任务而不得不拒绝营救请求。”最高统帅部对此的回答是，考虑到有经验飞行员的巨大价值，拒绝营救必须给出非常严肃合理的理由。U-587号是从船队后面发起进攻的，向断后的“向前”号发射1枚鱼雷，没有反应，艇长乌尔里希·博希特（Ulrich Borcherdt）误认为鱼雷是被反鱼雷网弹回去了。接着U-587号又攻击了1艘已被重伤的油轮，随后就被护航舰击退了。

U-162号在准备攻击时，艇首鱼雷管发生意外爆炸，邓尼茨不想让一个新手艇长指挥1艘残废的潜艇去美国作战，于是派该艇去掩护偷渡船“奥瑟诺”（Osorno）号返回法国。

护航小组指挥官阿尔波特·穆道（Albert C. Murdaugh）获得了勋章，以表扬他在掩护船队过程中“极其杰出的工作”。但是该船队有8艘船（其中6艘油轮）被击沉。邓尼茨认为参与攻击的很多都是新艇长，能取得这样的战果确实很令人满意，这次作战也坚定了他的信念，只要有足够数目的潜艇，展开集群攻击，肯定会取得成功。

由于对这两支船队的进攻在计划之外，使得3艘潜艇返回法国，还有U-587号因为燃料消耗太大而只能前往较近的加拿大海域，这就使2月出巡美国的潜艇数量减到了14艘。

而且由于之后航程中的意外，这个数字进一步下降。3月1日，驻扎在阿根细亚的美军第82中队1架哈德逊飞机在瑞斯角（Cape Race）以南100公里处发现了U-656号，飞行员特布尼（Ensign William Tepuni）少尉发起攻击并击沉了潜艇，这是第一艘被美军击沉的潜艇，也是第一艘在北美海域被击沉的潜艇。3月15日，第82中队的另一架哈德逊飞机在同一海域，飞行员唐纳德·梅森（Donald F. Mason）——就是那个发布假击沉潜艇消息的飞行员——这次真的发现并击沉了U-503号潜艇。

2月里这些潜艇在北大西洋攻击了6支船队，击沉12艘（其中6艘油轮）和3艘护航舰，还击伤两艘油轮。在此情况下如果像历史学家加农建议的那样将大批护航舰从北大西洋调到美国，绝对是不明智的。

再次重击

2月到达美国海域的潜艇实际只有13艘，其中U-587号还由于燃料不多而改到加拿大海域。U-126号被派到古巴北海岸的向风海峡（Windward Passage，位于古巴和海地之间），其余11艘潜艇在美国东海岸巡逻。

U-587号在加拿大海域里处境悲惨。天气依然寒冷，那里的盟军反潜部队力量也在不断加强。3月8日，U-587号报告在9天里遇到了10艘次护航舰，因此只击沉1艘900吨的小货船。3月27日，U-587号发现了温斯顿特遣17号船队（Winston Special 17），该船队由30艘运兵船组成，载有60000名英军士兵。但是U-587号只剩下1枚鱼雷了，所以无法发起进攻，只能指引其他潜艇赶来，但是护航舰中驱逐舰“凯珀尔”（Keppel）号装有高频测向仪发现了U-587号，立即协同其他4艘护航舰发起攻击将其击沉。

U-126号在向风海峡附近遇到了密集的船只，在从3月2日到13日里，就击沉7艘共33000吨，加上艇长恩斯特·鲍尔此前的战绩，被授予了骑士十字勋章（确证战绩为15艘共62221吨）。

2月里有11艘驱逐舰陆续从北大西洋转到了东海岸，但其中6艘被调去为AT-12船队护航。

3月，大西洋舰队司令英格索尔暂时借给了安德鲁斯14艘驱逐舰，这些驱逐舰共执行了63天的反潜巡逻。各方面对驱逐舰的需求都在不断增长，而驱逐舰的事故也不断发生。3月17日，“黄蜂”号航母和“史塔克”（DD-406，Stack）号驱逐舰在德拉瓦角（Cape Delaware）相撞，“史塔克”号严重进水，维修了好几个月。撞击后，“史塔克”号的船员奈特（Frank Le R. Knight）勇敢地爬到船尾将深水炸弹全都关上了保险，为此获得了美国的最高荣誉国会荣誉勋章（Medal of Honor）。

2月里第一艘到达美国海域的是U-578号，2月27日午夜在纽泽西海岸以北50公里处发现7500吨美国油轮“莱塞”（R. P. Resor）号，U-578号在近距离齐射2枚鱼雷，“莱塞”号顿时爆炸化成一个巨大火球，50名船员中只有3人幸存。当天上午从纽约出发执行反潜任务的驱逐舰“迪克尔森”（DD-157，Dickerson）号和“雅科比·琼斯”（DD-130，Jacob Jones）号迅速赶到“莱塞”号沉没海域救起1名幸存者后继续巡逻。第二天也就是2月28日清晨5时许，U-578号突然发现“雅科比·琼斯”号径直驶来，很明显这艘驱逐舰没有发现潜艇，于是U-578号等待目标靠近，发射2枚鱼雷，全部命中，“雅科比·琼斯”号被炸成两半当即沉没。由于驱逐舰上的深水炸弹也被引爆，导致很多在水里的船员被炸死，最后全舰200名船员中仅11人生还。

U-578号的燃料还够在美国海域巡逻大约一周。3月初的暴风雨使其很难发现目标。3月7日，该艇报告在哈特拉斯角附近遭到1架飞机的轰炸，但没有损伤。这是德国潜艇第一次在美国海域遭袭的记录。随后因燃料将尽而返航，途中击沉1艘3100吨货船。

其他10艘潜艇陆续到达，U-155号和U-158号在攻击ON-67船队时消耗了过多的鱼雷和燃料，只能环绕哈特拉斯角巡逻。由于天气恶劣，U-155号的大副被海浪冲下了甲板而失踪，这是第一个死在美国海域的德军潜艇艇员。随后U-155号击沉7900吨货船“阿拉布坦”（Arabutan）号，但却是中立国巴西的船。U-158号运气好些，击沉两艘油轮。在分别经过45天和58天巡逻后，这两艘潜艇便返回了法国，两位新艇长都因为第一次巡逻的出色表现而受到了表扬。

U-94号在前往美国的途中击沉1艘7000吨的英国货船和反潜拖网渔船“北方公主”号，这是英国支持美国的24艘反潜拖网渔船中的1艘。3月7日，在纽约附近海域击沉5200吨的客货两用船“卡雨”（Caryu）号，奇怪的是这艘中立国巴西的船却实行了灯火管制

■ U-94号艇长奥托·伊泰斯。

并沿之字形航线前进。在三周里接连被潜艇击沉4艘船，使巴西总统瓦格斯（Vargas）一怒之下冻结了轴心国在巴西银行里的账户，并没收了轴心国在巴西的财产。

U-94号后来又击沉1艘船，使得总战绩达到了3艘28300吨，此后就因燃料不多而返航，途中发现了ON-77船队，艇长奥托·伊泰斯发送了位置报告之后就发起了攻击，向8000吨的英国油轮“帝国运输”（Imperial Transport）号发射了4枚鱼雷，将其击伤。随后由于燃料紧缺，在其他潜艇赶来前不得不中止了跟踪。回到法国后伊泰斯获得了骑士十字勋章（在获得勋章时，确证战绩是9艘共47257吨）。

U-588号几乎与U-94号平行从纽约向南巡逻，在前往美国途中击沉1艘4900吨的英国货船。3月2日，在纽约附近先用鱼雷击中了1艘4800吨英国油轮，然后又用甲板炮进行了长时间的炮击，宣称击沉了油轮，但是这艘伤痕累累的油轮最终还是驶入纽约港。3月10日，在纽泽西海岸附近击沉6700吨的美国油轮“海湾贸易”（Gulftrade）号，随后便返回了法国。这次巡航U-588号历时44天，但在往返航程上却花了34天。

U-404号在哈利法克斯附近海域发现1艘5100吨的美国货船正在等待引水员，因为艇长布罗夫对其航速判断错误所以发射好多鱼雷才将其击沉。然后在纽约海域击沉1艘7600吨美国货船和1900吨的中立国智利的“托尔顿”（Tolten）号。德国曾向亲德的智利政府保证，只要他们的船没有在船队中、不实行灯火管制，就能确保航行安全。但为了遵守美国的规定，这艘船实行了灯火管制，所以布罗夫没有责任。3月16日发现了8100吨的英国油轮“圣·德蒙特里奥”（San Demetrio）号——该船曾被袖珍战列舰“海军上将希尔”号重创，全靠船员英勇表现才挽救了船只，这一经过还被拍成了宣传片——1枚鱼雷击中了舰楼前部，几乎就在一瞬间，火焰就吞噬了整艘船，根本没有放下救生艇的时间，大火散发的炽热热量使U-404号不得不后退到了800米外，在这样地狱般的烈焰中居然

■ 返航回来的伊泰斯正向邓尼茨汇报，长期的海上巡航使他看上去比实际年龄要苍老许多。

有19名船员幸存。U-404号的燃料和鱼雷都快用光了，只好返航。布罗夫的处女航击沉4艘共22700吨，是相当不错的战绩。

两位老将汇聚在哈特拉斯角

U-332号首先到达哈特拉斯角，但是已经没有多少燃料了。邓尼茨安排正从佛罗里达海域前去侦察百慕大海域的U-128号来为其补给燃料，但U-128号报告食物严重短缺，不能绕道。这样U-332号只能在哈特拉斯角附近巡逻6天，这期间击沉3艘17300吨。

U-124号在百慕大海域击沉了7200吨的油轮“不列颠资源”（British Resource）号，油轮剧烈爆炸喷出的火焰达到180米高。3月16日晚，在哈特拉斯角附近，又击沉1艘1700吨的洪都拉斯货船。

3月17日，U-124号接连攻击了3艘船，击沉2艘击伤1艘，攻击时，驱逐舰“迪克尔森”号和海岸反潜快艇“狄俄涅”（Dione）号赶来了，却都忙于营救幸存者，而无暇对潜艇发起攻击。倒是一架水上飞机向U-124号扔下了2枚深水炸弹，使潜艇受到一定损伤，只好撤至深水区。

3月18日晚，U-124号又在夜色的掩护下回到了浅水区，依靠哈特拉斯角灯塔，瞭望发现两艘进行灯火管制的美国油轮，U-124号立即攻击， 将其全都击沉。驱逐舰“迪克尔森”号闻讯赶来，途中遇到美国货船“解放者”（Liberator）号，这艘船的船员可能过于紧张，将“迪克尔森”号误以为是潜艇，并用船上的100毫米炮开火，这些只经过短期训练的炮手居然击中了“迪克尔森”号，造成2名舰员死亡，舰长雷博德（John K. Reybold）重伤，“迪克尔森”号被迫返回诺福克。“解放者”号开炮时的火焰却使自己被U-332号发现，随即被潜艇击沉。U-332号随后还用最后3枚鱼雷攻击了1艘油轮，但都没有击中，鱼雷用完后便返航了。此行U-332号的确认战果为击沉4艘共25000吨。

U-124号3月20日傍晚又潜回哈特拉斯角。这时，U-71号也来到哈特拉斯角海域，并击沉6400吨的挪威油轮“兰加”（Ranja）

号和1艘5800吨的美国货船，U-124号宣称还击沉2艘实行灯火管制的美国油轮，实际上“纳什维尔”号虽然折成两截，但船尾部分被驱逐舰“麦克基恩”（DD-90，McKean）号和2艘海岸快艇拖回了港口，后来换了船头继续使用。而“大西洋太阳”号只受了点轻伤。

3月23日，U-124号用最后的2枚鱼雷击沉了5400吨的美国货船“耐可”（Naeco）号，当驱逐舰“卢波尔”（DD-147，Roper）号、海岸反潜快艇“狄俄涅”号和扫雷舰“鱼鹰”（Osprey）号赶到时，U-124号早就扬长而去了。艇长约翰·摩尔宣称总共击沉10艘64000吨，兴奋地用一首诗向邓尼茨报告。实际上摩尔击沉了7艘（其中5艘油轮）共42048吨，击伤3艘油轮共26167吨。加上他此前的战绩，总战绩已经超过了10万吨，获得了骑士十字勋章（在获得勋章时，摩尔的确证战绩是15艘共64832吨，其中包括在“亚特兰提斯”、“皮顿”号营救行动中击沉的轻巡洋舰“达尼丁”号）。

U-71号继续在哈特拉斯角活动，尽管空中巡逻越来越密集，还是击沉了1艘油轮和1艘货船。油轮“迪克西之箭”（Dixie Arrow）号被击中后熊熊燃烧，1架水上飞机和驱逐舰“塔贝尔”（DD-142，Tarbell）号

■ 油轮“迪克西之箭”号被U-71号潜艇击中后熊熊燃烧。

迅速赶来，向潜艇进行了反击，但当“塔贝尔”号意识到深水炸弹会伤害到水中的幸存者时，就停止了攻击。3月31日，在U-71号返航中途经百慕大北部海域时击沉了12900吨的英国油轮“圣·格拉多”（San Gerardo）号。第二天，用最后1枚鱼雷击沉1艘5800吨的英国货船。这样艇长弗拉克森堡的总战绩达到5艘（其中3艘油轮）共39000吨。该艇在海上总共56天，创造了VII型的续航记录——总航程高达12723公里。

2月最后到达美国海域的是U-105号和U-160号，由于U-105号没有沿大圆航线航行，因此耗费了很多燃料，在百慕大海域击沉了两艘油轮，到达哈特拉斯角后因燃油短缺而大受限制，再没能击沉任何船。U-160号在波罗的海的基地检修时曾发生过火灾，7名艇员被烧死。但在美国海域取得击沉5艘击伤1艘油轮的战果。

对2月的潜艇战果，邓尼茨并不满意，主要是因为IX型潜艇的回报率过低，9艘IX型潜艇出巡，2艘中断了巡逻，1艘被击沉，还有1艘因为燃料短缺没能展开有效的巡逻。总共击沉28艘（其中13艘油轮）共176630吨，这样平均每艘潜艇每次巡逻的战绩只有3.1艘。相比之下，VII型的回报率就很高了，9艘VII型潜艇中U-558号攻击ON-67船队后返回了法国，U-587号被限制在了加拿大海域，U-656号在途中被击沉。实际只有6艘潜艇到达了美国海域，一共击沉22艘，加上两艘未到美国海域前的潜艇的战绩，总共为29艘（其中10艘油轮）167864吨，平均每艘潜艇每次巡逻击沉3.2艘。尽管IX型艇回报率不高，但2月这18艘潜艇又一次沉重打击了盟军海上运输：57艘船被击沉，共344494吨。盟军则击沉了3艘潜艇（U-503号、U-587号和U-656号），全体艇员丧生。

加强交流

德军潜艇在哈特拉斯角附近的破交使英国大为不满，从北大西洋航线调到美国海岸的驱逐舰都到哪里去了？英国外交国务副秘书长（Under Secretary of State for Foreign Affairs）亚历山大·加德根（Alexander Cadogan）的日记集中体现了英国人的想法，他错误地认为10艘驱潜快艇和24艘英国反潜拖网渔船已经到达美国海域：“除了几乎是遍布美国海岸的可怕的击沉事件之外，没多少其他的新闻。美国人确实是低能得有点恐怖了。我们可是已经借给他们40艘军舰了啊！”（实际上3月没有1艘英国军舰到达，4月1日才有14艘反潜拖网渔船作好了战斗准备）。

丘吉尔也注意到了严重的油轮损失，到1942年3月1日为止，德军潜艇在美国海域已击沉45艘油轮，击伤30艘。万般无奈之下，他于3月12日要求哈利·霍普金斯（Hary Hopkins）采取紧急行动建立护航船队系统，倘若不这样做，或者不及时，英国将被迫停止油轮运输并采取其他一些紧急措施。罗斯福于3月16日作出回复，“我们希望在大西洋沿岸能有10艘美国驱逐舰可供使用，我们并没有完全做到这一点”，因为英国还没有提供足够的军舰来组成中大西洋护航舰队（MOEF），所以美国必须要用自己的军舰来协助中大西洋护航队；加拿大也同样没有提供足够的军舰来组成西部本土护航舰队，所以美国军舰必须要多护航西向船队500公里左右；第39特遣舰队派往斯卡帕湾支持英国本土舰队，进一步减少了美国的驱逐舰；英国的反潜拖网渔船最近才到达美国，许多还在路上，那些到达的也正在进行检修。罗斯福还希望丘吉尔能和庞德商量，“看一看是不是我们越洋护航队的建设工作还没有完成，因此那10艘驱逐舰还不能在美国的大西洋沿岸巡逻。我相信这一切都在我们的掌握之中了，不过在接下来的几个星期里恐怕还需要英国的帮助。”

■ 返航时的潜艇艇员在军旗飘扬下的甲板上列队。

在接下来的几个星期里，罗斯福还有两条建议给丘吉尔，以帮助他更有效的对付潜艇：一是将越洋船队的轮次改为八天一班（海军考虑的是七天）直到7月1日。那时大量新建的美国护卫舰（SC和PC）和飞机将投入使用。二是命令西部大道指挥部，让英国商船在西大西洋时按照美国海军指定的航线行进。

新的北大西洋货运周期必然将进一步加

剧英国的进口危机。但是罗斯福认为这总比海军部那种不明智的选择要好，他们建议减少每支北大西洋船队护航舰数量。毕竟美国的商船建造计划正在很好地运行，并保证新的货运周期所带来的英国进口业的任何缩减将在下半年里得到补偿。

罗斯福在3月18日又写信给丘吉尔，他预计到5月1日，“可以在纽芬兰和佛罗里达之间以及西印度群岛海域建立起很好的海岸巡逻系统”。为此他已经讨到、借到和偷到了每一艘长度超过24米的船，不管它是什么种类的……罗斯福想要传达的意思就是海军坚持认为任何小于舰队驱逐舰的军舰都不足为船队提供护航。其实早在1939年，海军管理总委员会（Navy's General Board）就曾经建议建造一种1200吨的护航驱逐舰（frigate），来为船队提供护航，1941年初，海军船务局（Bureau of Ships）也曾计划建造这种船。尽管海军作战部长史塔克、海军部长爱迪生及其后任诺克斯都反复推荐过，但罗斯福一开始就不同意建造这种船，后来将它的优先级定为十级，而将小型护卫舰SC和PC享有最高优先权。海军管理总委员会在1939年曾推荐建造2200吨的国库级海岸反潜快艇，这仅仅是一项应急措施。罗斯福对海军的抨击和那些可被看作是对英国卑从的言语很明显刺痛了金，3月19日他给丘吉尔发了一份有罗斯福签名的电报：“既然您有兴趣采取措施对付大西洋潜艇威胁，那么我建议您考虑对潜艇基地、潜艇制造厂和维修厂予以重击，因为潜艇必然会汇聚到那里，这样就可以从源头上遏制住潜艇威胁了。”

丘吉尔于第二天给予了答复：“我们最重要的任务就是轰炸潜艇建造厂和潜艇基地，这在春季的进攻性轰炸行动中将占有主导地位。我们已经为此做好了一切准备，包括众多改进了的能使我们找到目标的方法……能阻止我们的只有天气，我们遭遇了十五年来对轰炸来说最恶劣的天气……我们不会错失任何机会。我们也正在研究如何使用远程轰炸机袭击从波尔多前往加勒比海的潜艇。这只是一个能不能胜任的问题。”

3月29日，丘吉尔向罗斯福详细阐述英国的轰炸计划。皇家空军加强了对潜艇老巢的轰炸，英军250架轰炸机在前一天晚上轰炸了吕贝克（Luebeck），取得了很好效果。岸防司令部正加紧计划对比斯开湾进行日夜巡逻，骚扰、延误或击沉出入法国基地的潜艇，以减少美国海岸所面临的压力。丘吉尔同意海军部的提议，将4个（后来增加到6个）双引擎威灵顿和惠特利轰炸机中队从轰炸机司令部调到岸防司令部。丘吉尔希望美国能帮点忙，加强在英国的美军轰炸机部队，甚至要求美国派100架重型轰炸机加入到轰炸机司令部。

大部分关于击鼓行动和在美国海域潜艇

■ 金认为轰炸德军潜艇基地就是从源头上遏制住潜艇威胁。

战的报告都认为金在5月15日之前不愿或不能启动海岸船队系统。实际上3月20日，金下令立即启动几条海岸船队航线，尽管护航舰暂时还不够用。这些航线是：从特里达到百慕大附近的MOMP，然后再前往哈利法克斯，船队每十四天一班。由美国驱逐舰和加拿大驱潜快艇提供护航；往返于波士顿到哈利法克斯之间（哈利法克斯-波士顿船队代号为XB；波士顿-哈利法克斯船队代号为BX），由美国驱逐舰和加拿大驱潜快艇提供护航。这条航线建立起来之后，北方外航船队的船不再在近海解散，而是继续以船队形式驶往哈利法克斯，然后再以新的海岸船队驶往波士顿、纽约或南方各地。

收到这些命令之后，英格索尔肯定是惊呆了。第二天，3月21日，他提醒金手头上那些超负荷工作的驱逐舰都已经被分派完了：为北大西洋上的船队护航、为AT和NT运兵船队护航（NT亦是从美洲前往英国的运兵船队）、为纽奥良到加勒比海还有从查尔斯顿到百慕大每月一次的船队护航。此外，4月还有一系列的“特殊任务”：为修好的英国舰队航母“暴怒”（Furious）号还有新护航航母“射手”（Archer）号和“复仇者”（Avenger）号从美国港口驶向海洋东部会合点（EASTOMP）护航；从4月7日到4月18日为联合运兵船队AT-14和NA-7护航；从4月10日到4月17日为从东海岸港口经由巴拿马前往太平洋的BT-202船队护航；为第36特遣舰队护航；4月23日为派往阿根细亚的舰队护航；从4月30日到5月12日为AT-15和NA-18联合运兵船队护航等。为了满足这些需要，英格索尔要求缩短随AT和TA（AT的反向）船队到达英国的美国驱逐舰在英国的滞留时间、将北大西洋船队出发周期延长为7天，从而挤出一部分护航舰。几乎同时，金和安德鲁斯也在佛罗里达和诺福克以及诺福克和纽约-波士顿之间启动了另外一个非正式的海岸船队系统。也就是所谓的“接力桶”（Bucket Brigade，原意为救火时排成长龙以传水救火的队列），船只在非常靠近海岸的地方沿之字路线白天航行，晚上停泊在设有反潜网或水雷的港口和人工锚地。安德鲁斯还尽量调出护航力量为这些船队护航，到4月1日，护航舰包括：20艘SC或PC等、60艘海岸反潜快艇、14艘英国反潜拖网渔船、82架海军飞机（其中14架卡塔林娜）、4艘飞艇、100架陆军飞机。

安德鲁斯在最危险的哈特拉斯角海域集中了他的大部分军舰。向北航行的船只通常在守望角会集，然后组成非正式船队在白天航行，绕过哈特拉斯角，通常有4艘军舰和一些飞机提供护航。

当美国海军正在忙着落实这些措施时，金继续坚持让运兵船队享有最高优先权。到4月，从美国启航的AT船队和从加拿大启航的

NA船队（经常合并航行）已经系统化了。但是金仍然很担心AT和NA船队的安全，认为从大西洋东部会合点到英国这一段英国海军提供的护航力量不够。4月4日，英国海军部答复了金对护航不够的抱怨，建议由美国海军负责AT和NA运兵船队穿越大西洋的全程护航。结果东海岸用于为海岸船队护航的驱逐舰更少了，进一步拖延了船队系统的启动。

在整个2月和3月的船队论战中，金一直积极设法纠正那项让陆军航空队负责反潜巡逻的愚蠢政策。3月26日，由海军部长弗兰克·诺克斯和陆军部长亨利·史汀生联合签署的文件中，史汀生同意将由拉森（Westside T. Lason）指挥的第一轰炸机司令部的指挥权暂时转交给东海岸前线司令部（同一份文件也使得加勒比海前线司令部获得了陆军航空队安德烈斯空中特遣部队50架飞机的指挥权）。4月1日，安德鲁斯可以指挥170架固定翼飞机，这些飞机驻扎在东海岸的18个基地上，此外还有4艘飞艇和一支正在不断成长并具有奉献精神的民航巡逻队（驻扎在纽泽西和德拉瓦的2个基地，都是无武装的侦察机）。但这份文件并没有解除陆军在反潜任务中所扮演的角色。陆军航空队仍将负责指挥岸基飞机攻击潜艇的任务。尽管英军的经历说明岸防司令部的飞机在猎杀潜艇时效率是很低的，但美国飞行员却依然信心十足。在维吉尼亚兰利基地（Langley Field）的飞行员组织了一个海上搜寻攻击小组（Sea Search Attack Group），由威廉·达兰（William Dolan）领导，装备有安装了厘米波雷达、漂浮闪光弹（floating flare）、声呐浮标等反潜装置的B-18轰炸机。

全球挑战

大部分关于1942年春天美国海域德国潜艇战的文章或报导都是孤立描述这场战争的。这种描述很容易让人产生不全面或者是错误的印象。1942年4月，当美国东海岸的潜艇战达到高潮时，其他海域同时也在进行着激烈的战斗。

英国海军和两栖作战部队集结在南非的开普敦（Cape Town）和德班（Durban），打算入侵维希法国的马达加斯加岛。因此，英军驻直布罗陀的H舰队遭到了削弱，不得不从斯卡帕湾的本土舰队抽调军舰，再以美国第39特遣舰队进入斯卡帕湾以加强本土舰队。

5月5日，英军开始在马达加斯加岛登陆，维希法国部队竟然进行了几天的顽强抵抗。为了加强印度洋海域的空军力量，丘吉尔迫切要求罗斯福运送战斗机到西非。4月22日，“游骑兵”（CV-4，Ranger）号航母搭载68架P-40（Warhawk）战斗机从罗得岛出发，5月10日飞机从“游骑兵”号上起飞，降落到加纳的阿克拉（Accra，黄金海岸上）。

■ 美军高级将领在商量有关护航作战，左一为金海军上将，左二为马歇尔陆军上将。

英国历史学家通常指责金将视线转移到了太平洋，而忽略了大西洋上的潜艇战。然而，他们却忽略了英国不断将海军力量从大西洋转移到了印度洋。

地中海的德国空军为了支持隆美尔的非洲军团，对马耳他岛进行了大规模空袭，丘吉尔认为马耳他岛的战略价值是不可估量的，必须全力保卫马耳他。在英国战列舰“名誉”（Glory）号、巡洋舰“卡律布迪斯”（Charybdis）号和“开罗”（Cairo）号还有一批驱逐舰的护航下，“黄蜂”（CV-7，Wasp）号航母于4月20日穿过了直布罗陀海峡，航母上的喷火战斗机飞往马耳他。5月初，“黄蜂”号航母编队再次前往地中海，向马耳他运送了47架喷火战斗机。

在希特勒的直接命令下，“提尔匹茨”号、袖珍战列舰“海军上将希尔”号、重巡洋舰“希波”号，前去截击从冰岛驶往莫曼斯克的盟军PQ和QP船队。这些大型水面舰艇的存在，迫使英国海军不得不将本土舰队的主力用于为莫曼斯克船队护航。进入4月后北冰洋的白天越来越长，莫曼斯克船队遭受攻击的危险也越来越大，因此英国海军建议暂停莫曼斯克船队。但罗斯福看到德国加紧了对苏联的攻势，反而要求增大莫曼斯克船队规模，增加出航频率，尽快将聚集在冰岛和其他一些地方的商船送到莫曼斯克去。丘吉尔表示最多能每两个月提供三支PQ船队，每支船队由25艘到35艘船组成。罗斯福认为在斯卡帕湾的美国特遣舰队必须去为莫曼斯克船队护航才行。金开始怀疑，英国人想将美国军舰越来越深地拉入到英军作战中去，不管这些计划对美国来说是多么的不明智。

4月初，美国海军的首要行动是“大锤”行动——即倘若苏联红军在德国的春季攻势之下溃败，盟军将对法国占领区实行突袭。4月8日，陆军参谋长乔治·马歇尔和罗斯福的私人顾问哈利·霍普金斯抵达伦敦，以获取英国对“大锤”行动的同意。英国反对“大锤”行动，但是为了拉拢美国，他们巧妙制造了假象，让马歇尔和霍普金斯认为英国人是同意1943年袭击法国的“围捕”计划，其实英国真正想要的是先前取消的进攻北非的“体操运动员”行动。丘吉尔和庞德反复强调，在美国东海岸上大量盟国船只被潜艇击沉了，坚持尽快启动船队系统。马歇尔当然同意，马歇尔的态度很可能影响了霍普金斯，4月14日，霍普金斯向罗斯福发电报请求立即启动海岸船队系统：“从1月12日到4月12日，美国在北大西洋西部一共损失了大约120万吨船。在过去的一个星期里我们在那一海域损失了15万吨船，其中106000吨是油轮。在我看来这些损失掉的船只远比损失掉的货物重要。我们在接下来的几个月里迫切需要这些船。英国已经决定减少进口以防止船只的进一步损失，在我看来我们也应该这么做。或者说，除非那些货物是极为重要的，我们不应该在下个月我们的船队计划落实之前再派船出航。我非常怀疑除了组织船队之外的任何方法可以做到这一点，而且我认为让船只在没有合理保护的情况下出航是很不明智的。倘若在接下来的几个星期里所有货物都变成了维持战争的绝对必要物资了，我会改变我的看法，但是英国人既然可以暂时放弃货物，我相信我们也能够…… 我无法确切的告诉你这里（伦敦）所有人对此事的忧虑程度是多么强烈。但是想想这也是很正常的事情，因为这个岛国对进口实在是太依赖了，他们非常了解这些击沉事件在将来战争中的意义。在这里我不需要强调在接下来的几个月里每一艘船对我们的重要性。我本打算见到你时再和你讨论这件事，但是事态实在是太紧急了，所以我只好决定用电报告诉你。”这份电报令金非常沮丧，他那时正在竭尽全力来满足英国海军的各种要求和启动东海岸前线的船队系统。此外，他于4月16日请霍普金斯转告丘吉尔，已经决定要暂停油轮运输了：“相关机构代表大会已经达

■ 一名潜艇艇员正在仔细观察海面。

成一致，暂时搁置起油轮在大西洋海岸的行动，何时开始要看我们何时能提供更多的保护。我们将抓住任何机会尽快将船只武装起来…… ”

从4月16日开始到29日，所有在西半球美国控制下的油轮都停在了港口中。4月18日，英国也停止了到墨西哥湾和加勒比海航行的油轮，但在4月23日改变了航运路线后又启航了。在新的航线计划里，英国控制下的油轮将先驶向特里达，然后穿越大西洋到弗里敦，在那里加入塞拉利昂船队驶向英国。

英国第一海军大臣庞德和美国代表团于4月18日一起前往美国，庞德从4月20日到26日与罗斯福、金等人讨论了众多海军问题。庞德发现金的注意力集中在太平洋上，英方认为这种行为是不信不义的。其实金非常有理由将注意力集中在太平洋上。美军部分破解了日军最新的海军密码JN25，了解到日本可能正在计划大规模进攻新几内亚的莫斯比港（Port Moresby）或者是新喀里多尼亚群岛和斐济，进而威胁与澳大利亚之间的航线。那时，太平洋上的美国海军还没有做好准备阻止日本在西南太平洋的推进。“大黄蜂”（CV-12，Hornet）号、“企业”（CV-6，Enterprise）号航母刚于4月18日完成空袭日本本土的行动，正开始返航。想要阻止日本人，就只有“列克星敦”（CV-2，Lexington）号、“约克镇”（CV-5，Yorktown）号航母了。局势是如此危急，金自然要尽快会见太平洋舰队司令切斯特·尼米兹（Chester Nimitz）。4月24日，金突然离开了华盛顿前往旧金山会见了尼米兹。庞德感觉被晾在华盛顿，自然认为金太过于注意太平洋了。不过还好，庞德与其他美国海军官员进行了广泛的讨论，澄清了许多重要问题，其中包括马上在北美所有德国潜艇能够到达的海域启动船队系统的问题。包括：西岛-诺福克-西岛（圣西蒙岛）航线将受到43艘军舰和飞机的保护；哈利法克斯-波士顿-哈利法克斯航线由加拿大的大西洋西部本土护卫队（WLEF）保护；哈利法克斯-加勒比海-哈利法克斯直达航线，由一支从中大西洋护航队中抽出来的加拿大护卫队（4艘驱潜快艇）护航，这条航线于5月17日开通，每14天一次，6月8日起增加到10天一次，主要为加拿大运输石油；特里达-阿鲁巴-特里达航线于5月18日开通，由一支从中大西洋护航队抽出的英国护航队提供保护。在抵达特里达后，满载的英国油轮各自独立驶向弗里敦，然后在那里加入塞拉利昂船队再前往英国，绕开了危险的美国海域。

哈迪根的第二次巡逻

邓尼茨在3月派出26艘潜艇前往美国海域：6艘IX型和20艘VII型，其中三分之二的

U-459号补给潜艇

德国海军U-459号潜艇，属XIV型艇。该型艇是由IXD型艇发展而来，根据其尺寸和最初的设计用途使得它被冠以“奶牛”的绰号。建造XIV型潜艇的目的，是为在大西洋作战的德国潜艇进行海上补给，所以该型潜艇除了自卫的防空武器以外基本没有攻击能力。装有球根状的外部鞍形燃料箱，有一个大约可以容纳650吨燃油的油箱，大约200吨为自己用，450吨用于补给其他潜艇，另还能储存4枚鱼雷。水面上航速慢，下潜笨拙。

艇长67.1米，水上排水量1668吨，水下排水量1932吨，航速14.9节（水面）／6.2节（水下），水上续航力12350海里（10节），水下续航力55海里（4节），最大下潜深度240米，没有鱼雷发射管，艇员60人，包括1名医生。

1940年11月22日在德国基尔港下水，1941年11月15日正式服役。该艇曾分别隶属于德国海军潜艇部队第4、第10和第12舰队，服役期间共执行过6次战斗巡逻任务，未击沉过船只。1943年5月30日击落过1架英国皇家空军惠特利轰炸机。1943年7月24日，U-459号潜艇在西班牙奥特加海域遭到英国皇家空军威灵顿轰炸机攻击，击落其中一架飞机后也遭到重创，后被迫自沉，艇上19人丧生，41人幸存。

潜艇曾到美国海域巡逻，6艘潜艇的艇长是骑士十字勋章获得者。还有2艘补给潜艇为这些潜艇提供支持。一艘是UA号，将为3艘VII型潜艇提供燃料补给。另一艘是U-459号，这是第一艘真正意义上的潜艇油轮，将从德国出发，为15艘潜艇提供燃料，然后返回法国。

26艘潜艇都被派到美国和加勒比海海域，3艘航程较短的IXB型潜艇和20艘VII型潜艇将从纽约向南巡逻，3艘IXC型潜艇将袭击加勒比海。雷德尔坚持要炮击库拉索岛上的炼油厂和油库。

U-123号艇长莱茵哈德·哈迪根刚刚获得骑士十字勋章，是3月第一艘出发的IX型潜艇。3月22日，U-123发现并击沉单独航行的美国油轮“马斯科吉”（Muskogee）号。3月24日在攻击8100吨英国油轮“帝国钢铁”号时就不那么顺利了，第一枚鱼雷在发射管中熄了火，第二枚鱼雷射偏。后面2枚鱼雷才击中目标，装满汽油的油轮顿时化成一个大火球。3月26日下午，在哈特拉斯角附近，1

■ U-459号潜艇示意图

名瞭望报告看到地平线有烟，驶近后哈迪根判断那似乎是1艘3000吨的货船。天黑后，他在非常近的距离发射了1枚鱼雷，鱼雷命中了目标，但是爆炸威力似乎并不大，于是哈迪根打算用甲板炮将猎物干掉，他并不知道，这个猎物其实是美国“Q”船（伪装猎潜舰）“阿提克”（AK-101，Atik）号，此时正在进行反潜巡逻，它的姐妹舰“星穴”（AK-100，Asterion）号也在附近，不过两舰没有直接联系。在被鱼雷击中后，船员像模像样地放下了两艘救生艇。当U-123号靠上来准备用火炮攻击时，“阿提克”号隐蔽在舷墙下的火炮突然开火，不过炮弹却落空了。哈迪根感到非常震惊与懊恼，赶紧以最快速度后撤，但还是有些炮弹击中了指挥塔，1名艇员重伤。哈迪根立即指挥下潜，然后向“阿提克”号还击，在水下非常近的距离发射了1枚鱼雷，这次爆炸令人满意，“阿提克”号终于沉没了。

此时，安德鲁斯已经有了大约100艘大小军舰和100架飞机，还有大约100架陆军航空队飞机可以听候他的调度。当U-123号于3月30日夜抵达哈特拉斯角时，尽管不断有飞机和军舰往来巡逻，但在接下来的两天里，U-123号还是攻击了3艘船，但所有鱼雷都没有击中。在对美国油轮“里布勒”（Liebre）号攻击时，U-123号浮出水面用甲板炮将其打着了火，但1艘巡逻艇赶来了，U-123号被迫下潜，但看来巡逻艇似乎无心恋战，没能坚持攻击。哈迪根认为笨重的IX型潜艇并不适合在哈特拉斯附近的浅水区巡逻，于是转而向南到乔治亚州圣西蒙岛（St. Simmon’ Island）附近海域。在4月7日夜，他攻击了2艘向北航行的油轮，看到2艘船都燃起大火，哈迪根以为都被击沉了，但实际上大火后来都被扑灭。4月9日凌晨，击沉3400吨的美国冷藏船“埃斯帕塔”（Esparta）号。然后向南到佛罗里达沿岸海域，发现这一海域有严重的磷光现象，潜艇会留下一条危险的痕迹。4月10日晚，发现8100吨的美国油轮“海湾美利坚”（Gulfamerica）号，尽管这艘船远在2000米外，航速又快，但哈迪根还是发射了1枚鱼雷，油轮爆炸成一个火球，随后沉没，这是4月在东海岸被真正击沉的第一艘油轮。

周围海域的反潜力量几乎是立即向U-123

号汇聚过来，包括从杰克逊维尔基地起飞的飞机、驱逐舰“达尔葛兰”（DD-187，Dahlgren）号、“阿提克”号的姐妹船“星穴”号。1架飞机在U-123号正上方扔下1枚闪光弹，哈迪根立即紧急下潜，却一下撞到了20米深的海底。“达尔葛兰”号看到了闪光弹，并用声呐探测到U-123号，连续投下6枚深水炸弹，潜艇受到了可怕的损伤，哈迪根回忆道“差不多所有东西都毁掉了，到处都是机器嘶嘶作响或者大声咆哮的声音”。被困在了浅海，又受了重伤，哈迪根确信U-123号已经不中用了，便命令艇员准备弃艇。因为是在浅水，很容易被打捞上来，所以哈迪根命令将密码机的转子拆下分给军官，并确保销毁了用水溶性纸印刷的埃尼格码密码本。但是“达尔葛兰”号却令人不解地没有坚持攻击，也没能将“星穴”号和其他反潜力量指引过来就开走了。哈迪根几乎不敢相信自己这么好运，赶紧将U-123号开到了深海，然后潜入海底使艇员对潜艇进行维

■ 被U-123号潜艇击中的油轮正在冒起滚滚浓烟。

修。4月12日深夜修复损伤，并在卡纳维尔角（Cape Canaveral）附近用最后1枚鱼雷击沉了2600吨的美国货船“莱斯利”（Leslie）号，再用甲板炮击沉了4600吨的英国货船“克斯赫尔姆”（Korsholm）号，这才开始返航。

哈迪根报告邓尼茨，这次巡逻共击沉了10艘共75837吨，他得意地写道，这将使得U-123号成为继U-48号之后第二艘击沉吨位超过30万吨的潜艇。当然这个数字夸大了，在这次巡逻中，哈迪根确证击沉9艘54300吨，而且两艘油轮后来又被打捞了上来，这使得他的战绩降到了7艘共30000吨。模仿U-124号的约翰·摩尔，哈迪根也用诗汇报了他的战绩。

哈迪根的战绩令人激动，但是就像他到美国的第一次巡逻那样，故事还没有完。4月16日，又用甲板炮击沉4834吨的美国货船“美铝向导”（Alcoa Guide）号。这是一次创纪录的巡逻，得到了雷德尔和邓尼茨的高度赞扬，4月23日，哈迪根被授予橡叶骑士十字勋章（哈迪根的确证战绩是23艘共132081吨，没有算第一次巡逻时无法确认的两艘船，但是加上了两艘被击沉后来又被打捞的油轮）。当U-123号抵达洛里昂时，雷德尔和邓尼茨亲自到码头迎接，随后哈迪根飞到狼巢去接受希特勒颁发的勋章，并和希特勒共进晚餐。然后U-123号回到德国进行维修，直到12月才再次出航。哈迪根被转调到训练指挥部，此后再没有回到过一线。

其他5艘IX型潜艇表现情况各不相同，U-66号于4月中旬到达特里达岛，击沉了6艘（其中4艘油轮）共44000吨，这比哈迪根击沉的吨位还要多，艇长理查德·萨普因此被授予骑士十字勋章（获得勋章时，他的确证战绩是13艘共80014吨。当巡逻结束，达到15艘共103495吨）。

4月19日凌晨，U-130号奉命炮击了库拉索岛上的炼油厂和油库，但是刚刚发射了12发炮弹，就被岸上的反击炮火击退了。由于盟军暂时停止加勒比海油轮运输，再加上鱼雷也出了一些问题，U-130号只击沉2艘13100吨，而这次巡逻时间长达75天。

4月20日，U-108号从U-459号上加了油，成为“奶牛”的第一个客户，然后在百慕大、佛罗里达海峡和向风海峡巡逻，共击沉5艘（其中2艘油轮）31000吨。

U-154号在波多黎各附近海域，报告没有船只，反潜巡逻倒是很密集。于是被调到了猎物丰盛的向风海峡，在那里击沉5艘（其中3艘油轮）共28700吨。

U-109号从哈特拉斯角向南巡逻到佛罗里达海域，击沉2艘共11500吨，对于艇长骑士十字勋章获得者海因里希·布莱希洛特来说，这绝对是一次令人失望的巡逻。

总体而言，3月份在美国海域的6艘IX型潜艇击沉了29艘（其中13艘油轮）共164100吨，U-66和U-123号几乎占了总战绩的一半，

■ U-154号潜艇在波多黎各附近海域没有发现船只，请注意指挥塔上的是该艇的艇徽。

回报率略高于12月，平均每艘潜艇每次巡逻击沉4.8艘船、27351吨。U-459号对U-108号的补给使其巡逻时间达到了71天，但是U-109号通过严格的节油措施也巡逻了差不多的时间。

一次壮观的猎杀行动

3月共有20艘VII型潜艇驶向美国，这是有史以来最多的，主要游猎海域是美国东海岸的缅因州和佛罗里达之间。这20艘潜艇都曾进行过巡逻，其中12艘曾到过美国海域。只有U-98号的艇长威廉·舒尔泽（Wilhelm Schulze）是新手，但是该艇艇员都是训练有素的老手。另有3位艇长是骑士十字勋章获得者。补给潜艇UA和U-459号负责海上补给。

8艘是在3月的头两周里出航的，在航行途中就有了收获，U-373号击沉两艘共9900吨；U-571号击沉11000吨的英国冷藏船“赫特福德”（Hertford）号；U-202号和U-84号各击沉1艘；U-754号击沉1艘8600吨的英国油轮“审慎”（British Prudence）号；U-552号重创6300吨的荷兰油轮“奥卡纳”（Ocana）号，该船后被盟军击沉；U-572号击伤6200吨英国油轮“恩西斯”（Ensis）号；U-203号在3月25日穿越加拿大海域时遇到了一支船队，但被护航舰击退。

3月底各潜艇陆续到达哈特拉斯角海域，尽管美国海域反潜措施不断加强，又是满月，还是取得了很大的成功。U-552号击沉6艘（其中4艘油轮）40000吨，这是VII型潜艇在美国海域取得的最好战绩；U-754号击沉6艘（其中两艘油轮）共23000吨；U-571号击沉3艘；U-203号击沉两艘；U-572号击沉两艘；U-84号击沉1艘；只有U-202号和U-373号没能击沉任何船。这8艘潜艇的总战绩是：26艘（其中10艘油轮）约150000吨。

邓尼茨本来希望补给潜艇能从根本上延长VII型潜艇在美国海域的巡逻时间，但事实并不如愿，5艘加过油的潜艇平均巡逻时间为57天，没有加过油的潜艇平均巡逻时间为50天，只不过延长了7天而已。加油也并没有使潜艇击沉更多的船，5艘加过油的潜艇共击沉了16艘船，平均每艘潜艇3.2艘。战绩还是依赖艇长和艇员的技能和进攻意识，还有天气、机会、运气和鱼雷的可靠度等因素。还有如果德军想不出什么办法来补给鱼雷，那么其他补给都没多大意义（为此1941年秋邓尼茨曾下令将4艘VIIC型潜艇[U-1059到U-1062号]改造成鱼雷补给潜艇，将其型号定为VIIF。VIIF型在总机室和轮机室之间有一个鱼雷储存舱，可以存放24枚鱼雷，这不包括潜艇自己的鱼雷。还有两艘被俘的荷兰潜艇[U-D3号和U-D5号]也被改造成鱼雷补给潜艇。但这些改造太晚了，没能赶上在美国海域的作战）。

■ VIIC型潜艇。

U-552号艇长埃里希·托普宣称此次巡逻使他的总战绩超过了200000吨，因此获得了橡叶骑士十字勋章（实际托普的确证战绩是28艘共约163000吨，其中包括美国驱逐舰“鲁宾·詹姆士”号和英国反潜拖网渔船“霍尔顿司令”（Commander Horton）号）。

另外12艘VII型潜艇也在3月的后半个月里陆续出发了。有3艘潜艇在出航过程中从U-459号上加了油。4月16日，U-582号正在与U-459会合的途中遭到美国潜艇R-1号的攻击，R-1号艇长詹姆士·格兰特（James D. Grant）宣称击沉德军潜艇，后来还作为第一位击沉德国潜艇的美国潜艇艇长获得了海军十字勋章。但U-582号毫发无损，并按计划添加了燃料。添加燃料的过程很困难，U-459号上的技术顾问写道，整个加油过程将持续一个半到五个小时，在此期间海面要相对平静，艇员需要有高超的驾驶技术。补给潜艇要在前面用电动机驱动以3到4节的速度航行，向需要加油的潜艇扔出一条拖缆和输油软管。“在8艘潜艇的加油过程中，发生了各种问题，包括操作不当使输油软管漏油；接不住扔过去的输油管；甲板上的不当操作或潜水舵钩在一起。有一次，一艘潜艇操作不当甚至将拖缆和输油管都拉断了。U-459号艇员在整个行动中表现都很好，由于工作很艰难，使他们体力消耗很大，比如有一天给4艘潜艇加油花了16个小时；还有一天他们工作了10小时！”U-459号补给油料和食物都要严格按照制订的清单来办。大部分VII型艇可以得到30立方米的油（大约30吨）和可供7到10天的食物，U-459号烤制的新鲜面包最受欢迎。

为了与“里约格兰德”号会合，U-582号花了三周，还是失败了，最后该艇与U-459号会合时，已经没有多少燃料了，赶紧补给了55立方米的燃料（几乎是通常供应的两倍），即便这样要维持在美国海域的巡逻还是有些不够，于是邓尼茨将其转派到纽约东南大约1100公里的百慕大海域。在那里U-582号遇到了恶劣的天气和严密的反潜巡逻，但是猎物却很少，只曾向1艘客轮发射过3枚鱼雷，但是都没有击中，最后是空手回到了法国。

其他11艘潜艇在美国海岸附近纽约与佛罗里达之间巡逻，U-85号在4月10日夜，在纽泽西附近击沉4900吨的瑞典货船“克里斯蒂安·克努森”（Christina Knudsen）号。4月13日夜，抵达哈特拉斯角北部浅水海域。同一天，驱逐舰“卢波尔”号正从诺福克驶向哈特拉斯角进行反潜巡逻。4月14日凌晨，“卢波尔”号在2500米外获得了一个雷达讯号，因为这一海域充斥着各种船只，所以最初并没有引起注意，由于讯号移动太快，巡逻艇或者渔船根本不可能达到这样的速度，这才引起了注意。这个雷达讯号就是U-85号，潜艇在浅海区被发现，要么潜入海底，要么水面上以最快速度逃到深海。U-85号艇长埃伯哈德·格莱格（Eberhard Greger）选择了水面高速逃离，想借助夜色摆脱驱逐舰，但是他不知道驱逐舰已装有雷达。

“卢波尔”号逐渐追上了U-85号，眼看无法逃脱，U-85号在650米外发射了鱼雷，但没有击中。当“卢波尔”号接近到270米，快要撞上潜艇时，格莱格下令凿沉潜艇并弃艇，为了完成最后的自沉动作，U-85号突然转向右舷，就在U-85号转弯时，“卢波尔”号打开了探照灯，看到德军艇员涌上甲板，以为艇员是要操纵甲板炮顽抗（这要归功于盟军的宣传，他们将德军艇员描述成疯狗般狂热的纳粹分子），所以马上向潜艇甲板开火，这时潜艇已将阀门打开，舱内很快就充满了海水，船尾已开始下沉。这绝对是一个俘获潜艇的好机会，而且此处这么浅的水，就是击沉的话也完全可以派潜水员进入潜艇去寻找四转子密码机和其他机密文件。但是美国人太激动了，显然没有考虑这些事情，“卢波尔”号接连投下了11枚定深15米的深水炸弹，同时U-85号用于炸艇的炸药也爆炸了，整艘潜艇几乎在内外同时爆炸的威力下被炸成了碎片。艇员不是被驱逐舰的炮火打死，就是被投下的深水炸弹炸死，无一幸存。由于害怕附近还有另外的潜艇，“卢波尔”号随即撤离。天亮后，1架卡塔琳娜、1艘飞艇和其他5架飞机陆续飞来，卡塔琳娜发现了潜艇残骸，还投下1枚深水炸弹。其他飞机则用烟幕弹再将“卢波尔”号引导回来，“卢波尔”号回来后二话不说先是扔下1枚深水炸弹，然后才放下2艘救生艇来收集尸体和残骸碎片。其间“卢波尔”号的声呐又探测到一个讯号——这很可能是U-85号的残骸，但神经过敏的“卢波尔”号却又投下了4枚深水炸弹。救生艇将29具尸体带回驱逐舰。“卢波尔”号最后还向U-85号残骸投下2枚深水炸弹，这才向诺福克驶去。海军拖船“西奥托”（Scioto）号接过那29具尸体，经过仔细搜查后照像留取指纹，然后以军葬仪式埋在了维吉尼亚汉普顿国家公墓，棺材是美国退役军人管理局（Veteran’s Administration）提供的。

美国海军终于意识到应该打捞U-85号以获取难得的宝贵资料，从4月15日到5月4日，海军潜水员几乎在残骸附近下潜近百人次，但是因为潜艇右舷侧几乎被炸平，所以无法进入潜艇内部。而且由于潜艇受损严重，也无法打捞。潜水员从U-85号上取下很多外置装置，如指挥塔上的20毫米机关炮、鱼雷瞄准器、回转仪-罗盘转发器，甚至还拆下了88毫米甲板炮，但却无法打开储物柜取出鱼雷。他们报告说没有发现“卢波尔”号炮击的痕迹，U-85号很可能是自己凿沉的。然而战后许多潜水爱好者都曾潜到U-85号，其中瓦登（Roger A. Warden）和希克姆（Homer H. Hickam）还写了一本书叫做《鱼雷接口》（Torpedo Junction），在书里面称他们发现了“卢波尔”号主炮击中潜艇的明显痕迹，还在储物柜里面发现了1枚G7a空气动力鱼雷，甚至在一个盒子里发现了密码机的转子！

U-85号被击沉时，已有几艘潜艇到达了哈特拉斯角。那时西岛和纽约之间的“接力桶”船队计划已经开始了，从黎明到黄昏一直都有飞机在哈特拉斯角海域巡逻，而晚上船只不允许航行。白天潜艇要想在海岸附近袭击有严密护航的“接力桶”船队是很危险的。4月17日，U-201号费尽周折击伤了1艘7500吨的油轮，却是中立国阿根廷的“维克多利亚”（Victoria）号。因此引起了阿根廷和德国之间的外交风波，最终德国只好向阿根廷道歉。4月18日傍晚，U-136号勇敢地攻击了一支由8艘船组成的“接力桶”船队，为这支船队护航的是海岸快艇“狄俄涅”号、两艘英国反潜拖网渔船和1艘小型巡逻艇，空中还有几架飞机。U-136号向美国油轮“拜勒斯”（Axtell J. Byles）号发射了2枚鱼雷，立即被护航舰发现，“狄俄涅”号投下8枚深水炸弹，并召唤来8架飞机，这些飞机又投下更多的深水炸弹。但是，U-136号毫发无损的逃过了这一劫。“拜勒斯”号虽被击伤，但仍回到了诺福克。

邓尼茨终于看出点名堂来了，4月中旬美国开始的严密海空反潜巡逻，英军反潜拖网渔船的加入，已经使得哈特拉斯角海域和大部分的大陆棚海域不再适合潜艇行动了。几艘VII型潜艇仍然待在哈特拉斯角海域，但是4月20日之后，正如邓尼茨日记里写的那样，再也没有潜艇能取得战绩。

有鉴于此，大部分的VII型潜艇退出了哈特拉斯角海域，转到距离海岸几百公里处飞机航程之外，松散地排在马萨诸塞州和乔治亚州之间的航线上。留在哈特拉斯角的U-402号整整一个星期毫无收获，在巡逻快结束时，才转到北卡罗莱纳州恐怖角。在那里击沉了5300吨的苏联油轮“阿斯卡巴德”（Ashkabad）号和1000吨的由老式帆船改装的护航舰“塞西拉”（Cythera）号，“塞西拉”号沉没时，船上的深水炸弹被引爆，导致70名船员中仅有2人幸存，这两人都被U-402号救起，并被带回了德国，这是德军第一次抓获的美军战俘。

在远离海岸活动的潜艇中，U-654号在来美国的途中击沉1艘7000吨的英国货船，在哈特拉斯角以东480公里处又击沉两艘船共17755吨，从而成为该艇群中战绩最好的。名列第二的是U-201号，在乔治亚以东640公里处，击沉3艘船共15300吨。U-752号击沉2艘船共10700吨，击伤4800吨的挪威货船“莱茵何尔特”（Reinholt）号。U-136号在中止了对“接力桶”船队的进攻之后，向北巡逻到新泽西和纽约海域，击沉2艘船共12400吨，返航途中又击沉300吨的加拿大帆船“波林”（Mildred Pauline）号。U-575号的第二次美国之巡仍然令人失望，只在来的路上击沉1艘6900吨的船。U-86和U-98号则是颗粒无收。

U-333号因引擎故障修理了两天，从U-459号上加了油之后也赶往了佛罗里达海域。4月30日下午，在杰克逊维尔以东480公里处，发现11000吨的英国油轮“威望”（British Prestige）号正在以10节的速度沿之字路线前进，该船满载着高辛烷航空汽油。U-333号一路追踪到黑夜降临，然后发射2枚鱼雷，但都没击中，于是潜入水下，重新装上鱼雷，再浮出水面进行追击，由于正是月夜，水面攻击容易被发现只好再次潜入水下，准备进行水下攻击，但在抢占攻击阵位时，被“威望”号无意中撞上。油轮上的船员们听到了隆隆的挤压声，右舷外壳从船头到船尾被撕开了一条长长的口子。U-333号的伤势更重，艇首被撞得偏向了左舷，将左舷鱼雷发射管卡住了，指挥塔被撞毁，进攻潜望镜弯向左舷，无法缩回。这样的伤势中断巡逻没人会责怪，但艇长皮特·克莱默担心此前他曾经击沉了德国偷渡船“斯普里瓦尔德”号，现在又犯了这样一个低级错误，返航后就没法再当艇长了，所以命令艇员进行抢修，居然勉强修复，于是就在佛罗里达的皮尔斯堡（Fort Pierce）附近继续巡逻。5月5日午夜，U-333号发现8300吨的美国油轮“爪哇之箭”（Java Arrow）号沿海岸向南航行，由于潜望镜损坏，克莱默通过目测发射2枚鱼雷，全都命中，油轮立刻剧烈燃烧并很快沉没，后来被打捞起来，又重新服役。4小时后，1300吨的荷兰货船“亚马逊”（Amazone）号出现了，克莱默还是目测发射2枚鱼雷，也是全部命中将其击沉。再2小时后，差不多是5月6日6时许，7100吨的美国油轮“哈塞”（Halsey）号进入U-333号的伏击阵地，克莱姆目测发射3枚鱼雷，2枚命中，“哈塞”号燃起大火沉没。

美军反潜力量这才做出了反应，PC-451号首先赶来，在猛烈的深水炸弹攻击下，U-333号被迫沉到60米深的海底，但水平舵被卡住，还有其他一些损伤。接着PC-450、“警惕”（Vigilant）号快艇和两艘小型海岸快艇陆续赶到，但是U-333号蒙骗过了这些攻击者，巧妙地利用深水炸弹的爆炸为掩护沿着海底航到了深海区。经过15小时的折磨之后，克莱默认为已经逃过了这一劫。但是1架飞机发现了U-333号留下的油迹，进行了跟踪，并将驱逐舰“达拉斯”（DD-199，Dallas）号引导了过来，不过“达拉斯”号正从西岛海军声呐学校赶往查尔斯顿，无法进行持续的攻击，只好在投下25枚深水炸弹后放弃攻击。U-333号奇迹般地大难不死，5月10日在佛罗里达以东800公里处发现单独航行的5200吨英国货船“短剑之族”（Clan Skene）号，克莱默发射了最后2枚鱼雷，全都击中将其击沉。邓尼茨听说了这次惊心动魄的巡逻之后，授予了克莱默骑士十字勋章（获得骑士十字勋章时，不算上“斯普里瓦尔德”号，克莱默确证战绩是6艘共27641吨。无疑是他过人的勇敢和强烈的进攻意识给他获得勋章增添了许多筹码）。

U-576号在哈特拉斯以东640公里处击沉1艘5100吨的货船，然后在纽约附近攻击了挪威货船“热带之星”（Tropic Star）号，1枚鱼雷击中了但没有爆炸。4月30日凌晨，在科德角附近碰到了一支船队，便发射了最后1枚鱼雷，击沉了1300吨的挪威船“塔伯杰尔”（Taborfjell）号。同一天晚些时候，U-576号还发现了在美国海域所看到的最壮观的一

满载而归的德军潜艇在桅杆上升起代表战果的三角旗。

支船队，那是AT-15运兵船队，由7艘运兵船组成，护航舰包括“纽约”号战列舰、“布鲁克林”号轻巡洋舰、英国护航航母“复仇者”号和14艘驱逐舰，从纽约驶往阿根细亚、冰岛和北爱尔兰。但是U-576号已经没有鱼雷了，只能绝望地干咬牙而已。邓尼茨接到报告，但附近4艘潜艇都距离船队在1000公里之外，截击基本上没什么希望，但是目标实在是太有价值了，因此认为有必要去试一下，命令这4艘潜艇以最快速度在瑞斯角和纽芬兰之间组成巡逻线，并命令U-576号保持追踪。U-576号虽然一度因发动机故障而失去了目标，但很快又找到了船队，但是空中巡逻太严密了，在飞机的压制下被迫下潜，最终失去了与船队的接触。邓尼茨根据U-576号最后的报告，将4艘潜艇的巡逻线向南移动，使其进入了大浅滩（Grand Banks）附近的浅水区。但是这些潜艇都没能找到船队，截击行动只好取消。

3月出巡美国海域的20艘VII型潜艇共击沉了46艘船（其中12艘油轮），共242000吨，其中将近三分之一的吨位（13艘船共71000吨）是由U-552和U-754号击沉的。但是潜艇司令部的分析揭示了一个令人失望的趋势，3月平均每艘VII型潜艇每次巡逻的战绩比2月下降了很多：从3.2艘18651吨下降到了2.3艘12097吨。此外，与所期望的相反，VII型潜艇的加油行动并没能提高战绩，8艘加过油的VII型潜艇平均每艘每次巡逻只击沉了1.6艘9296吨，还有3艘加过油的潜艇没有击沉任何船！

由于IX型潜艇平均战绩的提升，使3月26艘潜艇的总战绩和1月26艘潜艇的总战绩持平：75艘船（其中25艘油轮）406046吨。这对于盟军来说又是一次沉重的打击。但是1月有1艘潜艇中断巡逻，8艘潜艇是由新手艇长驾驶，所有VII型潜艇都是在护航更加严密的加拿大水域巡逻，天气远远没有3月好，而在3月还有8艘潜艇加过油，倘若算上这些的话，那么这个打击还是比想象中的要小。

3月那些更有经验的潜艇的回报率没能超过1月的潜艇，这说明在东海岸的临时船队系统和反潜措施开始奏效了。U-85号被击沉，U-123和U-333号都险些被击沉，U-136号在攻击“接力桶”船队时遭到了严厉的反击，都是很明显的佐证。邓尼茨也料到美国东海岸的反潜措施还会不断增强，所以打算将潜艇战的重点转移到墨西哥湾和加勒比海地区。

其他海域的出征

倘若希特勒没有那么不明智地坚持让50艘潜艇去挪威和地中海，那么1942年美国海域的潜艇战无疑会更具毁灭性。就像邓尼茨指出的那样，那些执行外围任务的潜艇收获很小，这些行动大体包括以下海域。

北冰洋

由于希特勒直接命令增派潜艇去北冰洋，从1月到3月，共有18艘VII型新潜艇直接从德国北上，使得那一海域潜艇达到了25艘，由北冰洋潜艇部队司令胡伯特·施蒙特（Hubert Schmundt）指挥，潜艇驻扎在希尔科内斯（Kirkenes）和纳尔维克，到特隆赫姆进行维修。施蒙特在希尔科内斯的潜艇补给船“坦加”（Tanga）号上建立了指挥部，后来将指挥部搬到了纳尔维克的豪华游艇“格里勒”（Grille）号。

2月几乎是在24小时黑夜的北冰洋海域巡逻，PQ-9、PQ-10、PQ-11船队以及返回的QP船队都没有任何损失。

“提尔匹茨”号于3月6日启航，准备袭击PQ-12和QP-8船队，4艘潜艇被派往莫曼斯克水域，协同“提尔匹茨”号的截击。U-377号遭到德国空军的误击而受伤。U-454号发现了PQ-12船队，U-456号闻讯赶来，但两艘潜艇都没能发起攻击，PQ-12船队毫发无损的抵达了目的地。

3月下旬北冰洋上的暴风雨打散了PQ-13船队，20艘船分散到了数千平方公里的洋面上，德国空军击沉了其中的2艘，U-376号、U-435号和U-456号分别击沉了1艘。

3月24日英国扫雷舰“神枪手”（Sharpshooter）号撞沉U-655号。PQ-13船队的护航舰英国驱逐舰“愤怒”（Fury）号被认为击沉了U-585号。但是U-585号并没有袭击PQ-13船队，而是被派到雷巴契（Rybachi）半岛布雷，很有可能是被自己布下的水雷炸沉。U-702号在北海撞上了水雷沉没，无人生还。

PQ-14船队意外地遭遇大片浮冰，大量船只受损，16艘货船和两艘扫雷舰被迫返回冰岛，只剩下8艘货船继续向莫曼斯克前进。在可乐港（Kola Inlet）附近，U-403号击沉了“帝国霍华德”号货船。空船返回冰岛的QP-10船队被德国空军击沉两艘，U-435号击

■ 在北冰洋的PQ船队正遭到德军潜艇的攻击。

沉了被飞机重创的“基辅”号和1艘6000吨的巴拿马货船。而U-435号的总战绩也达到了3艘共18252吨，成为驻挪威德国潜艇的最高记录。

1942年2月到4月，北冰洋的潜艇仅仅击沉了5艘货船共约30600吨和250吨的英国反潜拖网渔船“苏拉”（Sulla）号，却损失了3艘潜艇，都是无人生还。

西北大道

驻挪威的潜艇部队达到25艘后，邓尼茨在西北大道上一直保持8艘以上的潜艇，这些潜艇都是从大西洋抽调出来的。2月初这些潜艇组成西部壁垒（Westwall）艇群。

2月6日U-586号发现ON-63船队，西部壁垒艇群的3艘潜艇随即聚拢过来，但U-591号因为燃料太少而无法进行追击，只能半途返回挪威。U-586号报告曾向1艘护航舰齐射了4枚鱼雷，但都是哑雷，重新装填鱼雷后又向3艘护航舰发射了4枚鱼雷，也都没击中。船队的护航舰用高频测向仪探测到了潜艇的无线电波并进行了定位，装有厘米波雷达的驱逐舰“切尔西”（Chelsea）号和驱潜快艇“杨梅”号离开船队驶向潜艇所在海域，“杨梅”号获得了2750米外的雷达讯号，这是U-136号，“杨梅”号随即用深水炸弹将U-136号逼到水下，U-136号在水下用鱼雷进行了反击，将“杨梅”号炸沉。“切尔西”号赶来援助，对U-136号进行了深水炸弹攻击，但被其逃脱了。邓尼茨考虑到3艘潜艇都是新手，可能会遭到损失，便取消了这次进攻。

2月10日，U-591号发现了SC-67船队，该船队由22艘船组成，6艘加拿大护航舰护航，正在试行“直接穿越”护航计划，从纽芬兰的圣·约翰斯不间断护航直达北爱尔兰伦敦德里。邓尼茨接到U-591号的报告，鉴于该艇燃料所剩不多，便授权其发起进攻。U-591号向3艘船发射了鱼雷，击沉1艘4000吨的挪威货船。

U-136号根据U-591号的船队位置报告赶了过来。午夜刚过，便向1艘货船和1艘驱潜快艇发射了鱼雷，射向货船的鱼雷没有击中，加拿大驱潜快艇“甘松”号被击中随即爆炸沉没。SC-67船队的其他船只安全抵达港口。

此后U-136号继续在洛克尔浅滩（Rockall Bank）附近巡逻。2月16日，击沉了1艘HX-174船队的掉队船——6900吨的英国船“帝国彗星”（Empire Comet）号。三天后，又发现了HX-175船队，U-154号随即赶来，发射了所有14枚鱼雷，但是由于鱼雷计算器故障，没有任何战果。而U-136号发射的最后2枚鱼雷也没有击中。当U-213号和U-752号赶来时，船队已经很接近英国了，岸防司令部的飞机随即将潜艇逐退。

2月西部壁垒艇群和前往美国的潜艇一共碰到了六支穿越北大西洋的船队，邓尼茨认为“北大西洋船队正在增长的频率让人吃惊”。为了让西北大道上的西部壁垒艇群在3月还能保持8艘潜艇，邓尼茨不得不抽出了6艘本来计划要于2月底前往美国的潜艇，这6艘潜艇中有4艘曾作为第一批潜艇到过美国，现在将他们转派到西北大道实在是很不合适的，但邓尼茨确实再也抽不出其他的潜艇了。

3月8艘西部壁垒艇群的潜艇中只有4艘遇到过船队，战绩十分微小。3月1日，U-135号在赫布里底（Hebrides）以西390公里处发现了一支船队，发射3枚鱼雷都没有击中。其他5艘潜艇试图根据U-135号的讯号找到船队，但是由于天气恶劣都没能成功。

从3月6日到3月11日，U-701号一直在冰岛南部海域巡逻，攻击了5艘船，消耗7枚鱼雷，击沉了1艘272吨的小船和2艘500吨的英国反潜拖网渔船。

U-593号发现了一支船队，但是由于波罗的海一直冰冻，这艘新建成的潜艇并没有进行过多少训练，所以邓尼茨命令该艇只能在夜间而且是在非常有利的情况下才可以袭击。U-593号遭到了护航舰的反击，艇长报告：“1艘护航舰从3500米外用一个‘红色亮灯’照到了潜艇，接着从1800米外进行了准确的火炮攻击。”邓尼茨一开始以为这就是所谓的“红外线”，后来才知道这种光是不可见的，最终被草草认为“可能是一种有色探照灯”。但是探照灯之后，护航舰在完全黑暗中从1800米外进行了“准确的炮击”，足以说明护航舰已经安上了高灵敏度与高精确度的小型雷达，但是德国人却忽略了这一点，其技术部门始终认为护航舰不够大，无法安装雷达。

3月11日，西部壁垒艇群的8艘潜艇转由北方小组指挥，以4艘富有经验的潜艇组成约克（York）艇群，将负责阻止英国本土舰队对“提尔匹茨”号的截击，其他4艘经验不足的潜艇为后援。但是应邓尼茨的要求，后来又重新由邓尼茨指挥，其任务由4艘刚从德国赶来的新潜艇替换（这4艘新潜艇随后驶往挪威，并一直驻扎在那里）。约克艇群和4艘被替换下来赶往卡纳维尔的潜艇都没有找到目标。

最高统帅部命令约克艇群先绕道丹麦海峡进行侦察，但考虑到这些潜艇都缺乏燃料，邓尼茨只能将侦察任务转给了U-252号，该艇于3月26日从德国出发，将一名德国间谍送上冰岛，完成这个特殊任务后便去侦察丹麦海峡，顺便击沉1艘1400吨的挪威货船。随后4月14日发现了一支船队，由于该艇也没有进行过足够的训练，邓尼茨同样只能命令其在夜间条件有利的情况下进行攻击。这支船队是HG-82船队，由缩减了的英国第36护卫队提供护航，指挥官就是著名的潜艇杀手炮舰“鹳鸟”号舰长沃克。英军岸基高频测向仪测到了U-252号的无线电波，并马上通知沃克提高警觉。装有271型厘米波雷达的“野豌豆”（Vetch）号驱潜快艇探测到了6800米外水面状态航行的U-252号，一面炮击一面追逐了30分钟。U-252号发射2枚鱼雷，差点击中“野豌豆”号，见反击未果只好潜入水下。“鹳鸟”号随即赶来，两舰共投下了45枚深水炸弹，将U-252号击沉，无人生还。沃克放下救生艇去寻找幸存者，但只找到了一些碎片和人的内脏。

由于U-252号从此再无消息，邓尼茨认为它已经沉没了，并注意到这和2月初U-82号的沉没有着共同之处——都是在比斯开湾西部海域报告发现了仅有少量护航的船队，并从此失去了消息。他错误地总结道，英国已经组织了一支“假船队”，由特殊的反潜战舰组成，专门诱惑并猎杀出入法国的潜艇，因此禁止潜艇“在目前一段时间内袭击那一海域的船队”。这样HG船队、OS船队和SL船队在法国海域和英国航行时可以暂时不受攻击了。

从1月到3月，邓尼茨总共向西部大道和东大西洋的其他水域派出了30艘次潜艇巡逻。除了U-213号外，所有潜艇的巡逻持续时间都很短，一些仅仅是从德国赶往法国时路过而已。这些潜艇共击沉了10艘舰船17600吨，其中包括4艘军舰：美国海岸快艇“亚历山大·汉米尔顿”号、加拿大驱潜快艇“甘松”号、英国驱潜快艇“杨梅”号和反潜拖网渔船“瑞斯蒙德”号。损失两艘潜艇：U-252号和U-581号。

地中海

2月1日，在地中海还有21艘潜艇，基地设在拉斯佩齐亚（La Spezia）、普拉（Pola）和萨拉米斯（Salamis），由里奥·卡尔·克莱斯（Leo Karl Kreisch）指挥，主要任务是支持隆美尔在北非的行动和阻止英军对马耳他岛的海上运输。

在地中海的潜艇巡逻时间也很短，没有超过20天的，但是却把潜艇折磨到了极点。天上布满了双方的飞机，而己方的飞行员也分不清下面的潜艇到底是敌是友；海上有着大片雷区；同盟国船队由装有雷达并富有经验的海空力量护航，这一切使攻击非常困难。因此地中海潜艇部队和北冰洋一样，收效甚微。1月有5艘潜艇发起攻击，U-133号击沉英国驱逐舰“廓尔喀II”（Gurkha II）号、U-77号击伤英国驱逐舰“金伯利”（Kimberley）号、U-431号击沉1艘300吨的巡逻艇。2月有7艘潜艇发起攻击，尽管潜艇宣称击沉了不少船只，但实际上除了几艘被击伤外，没有1艘被击沉。3月，电动鱼雷的缺点被纠正了，使战绩有所提高。U-565号击沉英国轻巡洋舰

■ 繁忙的德军潜艇基地——法国的洛里昂港，有的潜艇刚刚出航，有的潜艇却已完成巡航返回。

“纳伊阿德”（Naiad）号、U-652号击沉英国驱逐舰“美洲虎”（Jaguar）号和护航驱逐舰“海索普”（Heythrop）号。U-133号误入雷区而被炸沉，全体艇员丧生。还有5艘意大利潜艇被击沉。

最高统帅部对地中海潜艇的低回报率感到失望，并归咎于新上任的地中海潜艇部队司令里奥·卡尔·克莱斯。

从1月到4月，地中海的21艘潜艇总共只击沉6艘共14500吨，其中4艘是英国军舰，这些战绩并没有直接给隆美尔帮上多少忙，但是潜艇在地中海的存在的确给盟军带来了很多麻烦。

西非海域

2月11日，U-68号和U-505号驶向弗里敦，为了节约燃料，都只用一个柴油机航行。3月初，两艘潜艇抵达弗里敦。热带气候对于刚从冰冻的波罗的海赶来的U-505号艇员来说是个很大的打击，艇员这样回忆道：“潜艇白天热得像个熔炉一样，只有去站岗时，我们才可以从闷热的潜艇中出来到指挥塔上喘口气。通常不穿衬衫，只穿卡其布短裤，外加太阳帽……”

德军潜艇已经有4个月没到过弗里敦了，所以盟军方面的戒备非常松懈，两艘潜艇都发现了许多单独航行船只。在3月的前8天里

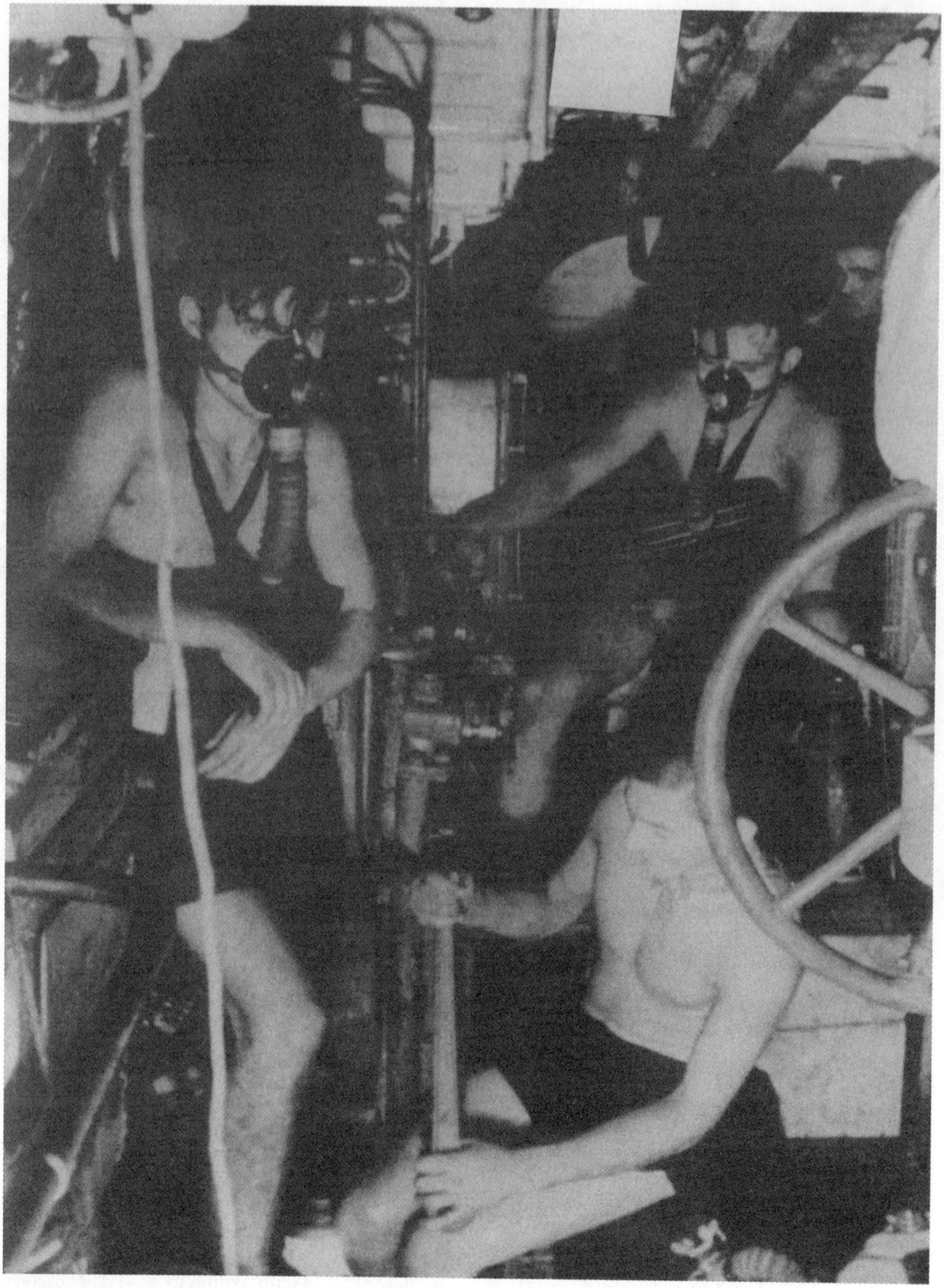

■ 潜艇内的生活远比人们想象的枯燥和艰苦。

就各自击沉了两艘船。这些船只被击沉唤醒了弗里敦的英国海军，他们立即让单独航行的船留在港口并重新开始组织船队。在接下来的很多天里，两艘潜艇就再没有发现船只，只好要求前往巴西海域。但是鉴于当时和巴西微妙的关系以及路途遥远和不利的季风，邓尼茨没有同意，指示U-505号继续待在弗里敦，U-68号则前往尼日利亚的拉各斯（Lagos）。

U-505号在弗里敦附近来回巡逻，“我们什么也没看见”，一位艇员写道，“疲惫开始逐渐加剧，每天看着相同的脸，听着相同的故事，这些故事讲了几个星期之后就没什么新鲜的了，现在猎杀行动的不顺又破坏了每个人的情绪，过激的言辞，抑郁的表情，还有日夜操劳所刻下的皱纹”。

U-68号在前往尼日利亚的途中路过利比里亚的帕尔马斯角（Cape Palmas）时遇到了众多单独航行的船只。在3月16日一天里，就用鱼雷和火炮击沉了4艘货船共19100吨。3月25日，发现了一支由5艘船组成的船队，但是反潜飞机阻止了潜艇的攻击。随后由于燃料即将耗尽只好调头返航。3月30日又发现另一支船队，用最后的3枚鱼雷击沉1艘5900吨的英国货船，这样此次巡逻的总战绩达到了7艘共40000吨。

邓尼茨接到U-68号关于在帕尔马斯角附近有众多船只的消息后，便命令U-505号迅速赶去，但是U-505号到达时，在帕尔马斯角附近航行的船只已经有了严密护航，该艇先后遭到过飞机和军舰的攻击，不得不退到开阔海域。直到4月3日，U-505号在经过29天的白卷后终于有了收获，击沉了两艘货船共11600吨。随后又返回弗里敦海域，在那里又待了两周，没有多少收获，最后于5月7日返回洛里昂，在海上总共待了86天，击沉4艘船25000吨。

两艘潜艇共击沉11艘船约65000吨，并给盟军在南大西洋的航运造成了很大影响，迫使盟军将一部分派到美国的反潜部队转到那一海域。倘若有更多的IX型潜艇，邓尼茨肯定还会派他们去弗里敦，但是所有的IX型潜艇都被派到美国海域了，所以弗里敦在接下来的几个月里又恢复了平静。

分享高度机密

4月初，英国和美国终于开始坦诚地交流破译埃尼格码的技术问题了。从4月6日到17日在华盛顿举行的统一大西洋和太平洋的高频测向网络会议上，英国代表团团长是海军情报部的哈姆弗里·山威斯（Humphrey R. Sandwith），美国代表团团长是OP20G的领导人约瑟夫·莱德曼（Jeseph Redman）和约瑟夫·温格尔（Joseph Wenger）。会上确定将加强对轴心国无线电情报和高频测向讯号的汇集工作，美国决定在东海岸设立4个安装DAB

■ 被击沉商船的幸存者正在靠近德军潜艇。

型接收器的高频测向站，在缅因州的西瓦尔（Sewall）设立一个安装最新研制的DAJ接收器的测向站，这个站是全自动的，几乎可以对截获的潜艇无线电讯号实时作出定位。

会议除了这些内容外，英国还向美国人仔细描述了如何从德国无线电通讯中获取情报，并应用到海军行动中去，在这个过程中透露了布莱奇利庄园、海军部OIC和潜艇跟踪监视处所应用的技术。英国还明确承诺要送给美国一个"炸弹"计算器。

会议刚刚结束，罗杰·温就飞到华盛顿督促海军上将金迅速建立一个类似的潜艇跟踪监视处，以便和自己的监视处联合起来。金已经有了一个与英国海军部OIC类似的机构——"战争处"（War Room），但是还没有类似的潜艇跟踪监视处。美国版的OIC由金的心腹乔治·戴尔（George C. Dyer）负责，正式名称是"联合行动与情报中心"（Combined Operations and Intelligence Center，简称COIC）。在温的建议下，金立即同意建立这样一个潜艇跟踪监视部门，由肯尼斯·诺雷斯（Kenneth A. Knowles）负责。

鉴于英国似乎不太情愿提供"炸弹"计算器，以及没有在破译四转子密码上投入全力，因此美国丝毫没有放松自己秘密设计研制计算器的努力，这项工作在耶鲁大学数学家霍华德·恩斯特鲁姆（Howard Engstrom）的带领下不断取得进展。2月，海军预备役军官恩斯特鲁姆被授予上尉军衔，并正式执掌OP20G的研究组（Research Section）。4个月后，就因为他在计算器设计方面的杰出贡献被破格晋升为少校。

■ 潜艇上的无线电员正在发报，狼群战术必须要通过无线电联系协调攻击，但是盟军高频测向仪能很快测出发报潜艇的位置。

二战德国潜艇总表

舷号	下水时间	服役时间	艇型	艇长	战绩	最后结局	备注
U-1	1935.2.11	1935.6.29	IIA	Klaus Ewerth Alexander Gelhaar Jürgen Deecke	无战绩。	1940年4月6日在北海海域失踪，艇上24人全部丧生。	
U-2	1935.2.11	1935.7.25	IIA	Hermann Michahelles Heinrich Liebe Herbert Schultze Helmut Rosenbaum Hans Heidtmann Georg.von Wilamowitz-Moellendorf Karl Kolzer Werner Schwaff Helmut Herglotz Wolfgang Schwarzkopf	无战绩。	1944年4月8日与一艘德国拖捞船相撞后沉没，艇上17人丧生。	
U-3	1935.2.11	1935.8.6	IIA	Hans Meckel Ernst—Günter Heinicke Joachim Schepke Gerd Schreiber Helmut Franzke Otto von Bülow Hans-Hartwig Trojer Joachim Zander Herbert Zoller Ernst Hartmann Hermann Neumeister	击沉敌船2艘，总吨位2348吨。	1944年8月1日在哥腾哈芬退役，1945年拆毁。	
U-4	1935.2.11	1935.8.17	IIA	Hannes Weingar Hans-Wilhelm.von Dresky Harro.von Klot-Heydenfeldt Hans-Peter Hinsch Heinz-Otto Schultze Hans-Jürgen Zetzsche Hinrich-Oscar Bernbeck Wolfgang Leimkühler Friedrich-Wilhelm Marienfeld Joachim Düppe Paul Sander Herbert Mumm Hubert Rieger	击沉敌船3艘，总吨位6223吨。	1944年8月1日在哥腾哈芬退役，1945年拆毁。	

舷号	下水时间	服役时间	艇型	艇长	战绩	最后结局	备注
U-5	1935.2.11	1935.8.31	IIA	Rolf Dau Gerhard Glattes Günter Kutschmann Heinrich Lehmann-Willenbrock Herbert Opitz Friedrich Bothe Karl Friederich Hans—Dieter Mohs Kurt Pressel Hermann Rahn Alfred Radermacher	无战绩。	1943年3月19日失事沉没，艇上21人丧生。	
U-6	1935.2.11	1935.9.7	IIA	Ludwig Mathes/Werner Heidel Joachim Matz Hans-Bernhard Michalowski Otto Harms/Adalbert Schnee Georg Peters/Johannes Liebe Eberhard Bopst Herbert Brüninghaus/Paul Just Otto Niethmann Alois Konig/Horst Heitz Erwin Jestel	无战绩。	1944年8月7日在哥腾哈芬退役。	
U-7	1935.3.11	19.5.7.18	IIB	Kurt Freiwald Otto Salman Werner Heidel Karl Schrott Günther Reeder Ernst-Ulrich Brüller Hans-Günther Kuhlmann Heinrich Schmid Siegfried Koitschka Otto Hübschen Hans Schrenk Günther Loeschcke	击沉敌船1艘，总吨位2694吨。	1944年2月18日因事故沉没，艇上29人全部丧生。	
U-8	1935.3.25	1935.8.5	IIB	Harald Grosse Georg Peters Otto Schuhart Wolf-Harro Stiebler Heinrich Lehmann—Willenbrock Georg-Heinz Michel Eitel-Friedrich Kentrat Heinz Stein Walter Kell Hans-Jürgen Zetzsche Heinrich Heinsohn Ulrich Borcherdt Rolf Steinhaus Horst Deckert Rudolf Hoffmann Alfred Werner Oblt.Jürgen Iversen Oblt.Jürgen Kriegshammer	无战绩。	1945年5月2日在威廉港自沉。	

舷号	下水时间	服役时间	艇型	艇长	战绩	最后结局	备注
U-9	1935.4.8	1935.8.21	IIB	Hans-Günther Looff Werner von Schmidt Ludwig Mathes Max—Martin Schulte Wolfgang Lüth Wolfgang Kaufmann Joachim Deecke Hans-Joachim Schmidt-Weichert Hans-Joachim Schmidt-Weichert Heinrich Klapdor Martin Landt-Hayen Klaus Petersen	击沉敌船8艘，总吨位17221吨。	1944年8月20日在黑海海域被苏联轰炸机炸沉。	
U-10	1935.4.22	1935.9.9	IIB	Heinz Scheringer Werner Scheer Heinz Beduhn Hannes Weingartner Hans Rudolf Rosing Herbert Sohler Kurt von Gossler Georg-Wilhelm Schulz Günther LorentzJoachim Preuss Rolf Mützelburg Wolf-Rüdiger von Rabenau Kurt Ruwiedel Hans Karpf Christian-Brandt Coester Wolfgang Strenger Kurt Ahlers	击沉敌船2艘，总吨位6356吨。	1944年8月1日在但泽退役后被拆毁。	
U-11	1935.3.6	1935.9.21	IIB	Hans-Rudolf Rosing Viktor Schütze Georg Peters Gottfried Stolzenburg Günter Dobenecker	无战绩。	1945年1月5日在基尔退役，同年5月3日被拆毁。	
U-12	1935.3.20	1935.9.30	IIB	Werner von Schmidt Hans Pauckstadt Dietrich von der Ropp	无战绩。	1939年10月8日在英吉利海峡多佛附近海域触雷沉没，艇上27人全部丧生。	

舷号	下水时间	服役时间	艇型	艇长	战绩	最后结局	备注
U-13	1935.6.20	1935.11.30	IIB	Hans-Gerrit von Stockhausen Karl Daublebsky von Eichhain Heinz Scheringer/Wolfgang Lüth Max-Martin Schulte	击沉敌船9艘，总吨位28056吨。	1940年5月30日在北海海域被英国“韦斯顿”号护卫舰击沉，无人员伤亡。	
U-14	1935.7.6	1936.1.18	IIB	Viktor Oehrn/Horst Wellner Herbert Wohlfarth Gerhard Bigalk Hans Heidtmann Jürgen Konenkamp Hubertus Purkhold Klaus Petersen Walter Kohntopp Karl-Hermann Bortfeldt Hans-Joachim Dierks	击沉敌船9艘，总吨位12344吨。	1945年5月2日在威廉港自沉。	
U-15	1935.9.24	1936.3.7	IIB	Werner von Schmidt Hans Cohausz Heinz Buchholz Peter Frahm	击沉敌船3艘，总吨位4532吨。	1940年1月30日在北海海域与德国海军“伊蒂斯”号鱼雷艇相撞后沉没，艇上25人全部丧生。	
U-16	1935.8.5	1936.3.16	IIB	Heinz Beduhn Hannes Weingartner Udo Behrens Horst Wellner	击沉敌船2艘，总吨位3435吨。	1939年10月25日在多佛附近海域被英国尔“角嘴雀”号巡逻艇击沉，艇上28人全部丧生。	
U-17	1935.7.1	1935.10.1	IIB	Werner Fresdorf Heinz von Reiche Harald Jeppener-Haltenhoff Udo Behrens Wolf-Harro Stiebler Udo Behrens Herwig Collmann Wolfgang Schultze Otto Wollschlager Ernst Heydemann Walter Sitek Karl-Heinz Schmidt Hans-Jürgen Bartsch	击沉敌船3艘，总吨位1825吨。	1945年5月5日在威廉港以西海域自沉。	

舷号	下水时间	服役时间	艇型	艇长	战绩	最后结局	备注
U-18	1935.7.10	1936.1.4	IIB	Hans Pauckstadt Heinz Beduhn Max-Hermann Bauer Ernst Mengersen Hans-Heinz Linder Ernst Vogelsang Hans-Achim von Rosenberg-Gruszcynski Friedrich-Wilhelm Wissmann Karl Fleige Hans-Jürgen Bartsch Rudolf Arendt Friedrich Baumgartel	击沉敌船3艘，总吨位1900吨。	1944年8月25日在黑海康斯坦茨港自沉。	
U-19	1935.7.20	1936.1.16	IIB	Viktor Schütze/Hans Meckel Wilhelm Müller-Arnecke Joachim Schepke Wilfried Prellberg/Peter Lohmeyer Wolfgang Kaufmann/Rudolf Schendel Gerhard Litterscheid Hans-Ludwig Gaude Hans-Ludwig Gaude Hans-Ludwig Gaude Willy Ohlenburg Hubert Verpoorten	击沉敌船15艘，总吨位35871吨。	1944年8月25日在黑海康斯坦茨港自沉。	
U-20	1935.8.1	1936.2.1	IIB	Hans Eckermann Karl-Heinz Moehle Harro von Klot-Heydenfeldt Heinrich Driver/Hans-Jürgen Zetzsche Ottokar Arnold Paulshen Herbert Schauenburg Wolfgang Strater/Kurt Nolke Clemens Scholer/Clemens Scholer Karl Grafen	击沉敌艘13艘，总吨位30067吨。	1944年8月25日在黑海康斯坦茨港自沉。	
U-21	1936.3.4	1936.8.3	IIB	Kurt Freiwald/Werner LottKptlt. Wilhelm Ambrosius Erwin Sachs/Fritz Frauenheim Wolf-Harro Stiebler/Hans Heidtmann Ernst-Bernward Lohse Karl-Heinz Herbschleb Hans-Heinrich Dohler Hans-Ferdinand Geisler Rudolf Kugelberg Wolfgang Schwarzkopf	击沉敌船6艘，总吨位11311吨。	1940年3月27日在挪威海域搁浅后被挪威扣押。1940年4月9日被释放返回德国。1944年8月5日退役。1945年2月拆毁。	

舷号	下水时间	服役时间	艇型	艇长	战绩	最后结局	备注
U-22	1936.3.4	1936.8.20	IIB	Harald Grosse Werner Winter Karl-Heinrich Jenisch	击沉敌船9艘，总吨位12452吨。	1940年3月27在北海失踪，怀疑为触雷沉没。艇上27人全部失踪。	
U-23	1936.4.11	1936.9.24	IIB	Eberhard Godt/Hans-Günther Looff Otto Kretschmer/Heinz Beduhn Heinrich Driver Kurt Reichenbach-Klinke Ernst-Ulrich Brüller/Ulrich Graf Rolf-Birger Wahlen Rudolf Arendt	击沉敌船6艘，总吨位1532吨。	1944年9月10日在黑海上耳其外海自沉。	
U-24	1936.4.21	1936.10.10	IIB	Heinz Buchholz/Udo Behrens Harald Jeppener-Haltenhoff Udo Heilmann/Dietrich Borchert Helmut Hennig Hardo Rodler von Roithberg Klaus Petersen/Clemens Scholer Klaus Petersen/Dieter Lenzmann	击沉敌船6艘，总吨位1532吨。	1944年9月10日在黑海土耳其外海自沉。	
U-25	1935.6.28	1936.4.6	IA	Martin Landt-Hayen KrvKpt. Eberhard Godt Werner von Schmidt Otto Schuhart/Georg-Heinz Michel Viktor Schütze Heinz Beduhn	击沉敌船8艘，总吨位50255吨。	1940年8月1日在北海海域触发水雷沉没，49名艇员全部丧生。	
U-26	1935.8.1	1936.5.6	IA	Werner Hartmann Oskar Schomburg/Klaus Ewerth Heinz Scheringer/Heinz Fischer Heinz Scheringer	击沉敌船11艘，总吨位48645吨。	被1艘英国驱潜快艇和1架岸基反潜机共同击沉。48名艇员没有伤亡。	
U-27	1935.11.11	1936.8.12	VIIA	Hans Ibbeken Johannes Franz Hans-Georg von Friedeburg Johannes Franz	击沉敌船2艘，总吨位624吨。	1939年9月20日在苏格兰西部海域被英国2艘驱逐舰用深弹击沉。38名艇员没有伤亡。	

舷号	下水时间	服役时间	艇型	艇长	战绩	最后结局	备注
U-28	1935.12.2	1936.9.12	VIIA	Wilhelm Ambrosius Hans-Günther Looff Fritz-Julius Lemp Günter Kuhnke Friedrich Guggenberger Heinrich Ratsch/Hermann Eckhardt Karl-Heinz Marbach Uwe Christiansen Erich Krempl/Dietrich Sachse	击沉敌船12艘，总吨位46695吨。	1944年3月17日在诺伊施塔特港潜艇码头因操作事故沉没，随后被打捞。1944年8月4日退役。	
U-29	1936.1.2	1936.11.16	VIIA	Heinz Fischer Georg-Heinz Michel Otto Schuhart Georg Lassen Heinrich Hasenschar Karl-Heinz Marbach Rudolf Zorn/Eduard Aust Graf Ulrich-Philipp von und zu Arco-Zinneberg	击沉敌船12艘，总吨位85265吨。	1945年5月4日在Kupfermühlen湾自沉。1948年被拆毁。	1939年9月17日在爱尔兰以西海面击沉英国航空母舰"勇敢号"。
U-30	1936.1.24	1936.10.8	VIIA	Hans Cohausz/Hans Pauckstadt Fritz-Julius Lemp Robert Prützmann/Paul-Karl Loeser Hubertus Purkhold/Kurt Baberg Hermann Bauer Franz Saar Ernst Fischer Ludwig Fabricius Günther Schimmel	击沉敌船17艘，总吨位86490吨。	1945年5月4日被用作阻塞船自沉在Kupfermühlen湾。1948年被拆毁。	1939年9月3日，U-30击沉了英客轮"雅典娜"号，这是二战中第一艘被击沉的船只，此事也成为了大西洋之战的开端。
U-31	1936.3.1	1936.12.28	VIIA	Rolf Dau Johannes Habekost Wilfried Prellberg	击沉敌船13艘，总吨位27811吨。	1940年3月11日，在布里斯托尔被英国轰炸机击沉。全部艇员58人丧生。同月被打捞继续服役。1940年11月2日被英国驱逐舰击沉。2名艇员丧生，44人生还。	
U-32	1936.3.15	1937.4.15	VIIA	Werner Lott Paul Büchel Oblt. Hans Jenisch	击沉敌船20艘，总吨位116836吨。	1940年10月30日，在爱尔兰西北海域被2艘英国驱逐舰击沉。9名艇员丧生，33人生还。	创下二战期间击沉单艘船只吨位最大的记录："不列颠女皇"号（42348吨）。

舷号	下水时间	服役时间	艇型	艇长	战绩	最后结局	备注
U-33	1935.9.1	1936.7.25	VIIA	Ottoheinrich Junker Kurt Freiwald Kurt Freiwald Hans-Wilhelm von Dresky	击沉敌船10艘，总吨位19261吨。	1940年2月12日，在英国克莱德河峡湾被英国驱逐舰击沉。25名艇员丧生，17人生还。	
U-34	1935.9.15	1936.9.12	VIIA	Ernst Sobe Harald Grosse/Hans Pauckstadt Wilhelm Rollmann/Fritz Meyer Karl-Otto Schultz/Gerhard Remus Horst-Arno Fenski Karl-Heinz Hagenau Eduard Aust Klaus Ewerth	击沉敌船24艘，总吨位99311吨。	1943年8月5日，在德国默默尔与另一艘U艇相撞后沉没。4名艇员丧生，39人生还。	
U-35	1936.3.2	1936.11.3	VIIA	Hans Rudolf Rosing Hermann Michahelles Otto Kretschmer Werner Lott	击沉敌船4艘，总吨位7850吨。	1939年11月2日，在北海海域被2艘英国驱逐舰击沉。艇员43人全部生还。	
U-36	1936.3.2	1936.12.16	VIIA	Klaus Ewerth Wilhelm Frohlich	击沉敌船3艘，总吨位4430吨。	1939年12月4日，在北海西南海域，被英国潜艇击沉。全部艇员40人丧生。	
U-37	1937.3.15	1938.8.4	IX	Heinrich Schuch Werner Hartmann/Victor Oehrn Asmus Nicolai Clausen Ulrich Folkers Gustav-Adolf Janssen Albert Lauzemis/Hinrich Kelling Peter Gerlach Wolfgang Seiler Eberhard von Wenden	击沉敌船55艘，总吨位202529吨。	1945年5月8在圣德尔卑湾自沉。	二战期间击沉船只总数最多的德国潜艇。
U-38	1937.4.15	1938.10.24	IX	Heinrich Liebe Heinrich Schuch Ludo Kregelin/Helmut Laubert Paul Sander Goske von Mollendorff Herbert Kühn/Georg Peters	击沉敌船35艘，总吨188967吨。	1945年5月5日在瓦尔内明德港自沉。	
U—39	1937.1.2	1938.11.10	IX	Gerhard Glattes	无战绩。	1939年9月14日，在爱尔兰西北海域被3艘英军驱逐舰用深弹炸沉，艇员44人全部生还。	

舷号	下水时间	服役时间	艇型	艇长	战绩	最后结局	备注
U-40	1937.7.1	1939.2.11	IX	Werner von Schmidt Wolfgang Barten	无战绩。	1939年10月13日在英吉利海峡触发水雷沉没，艇员45 人丧生，3人生还。	
U-41	1937.11.27	1939.4.22	IX	Gustav-Adolf Mugler	击沉敌船7艘，总吨位24888吨。	1940年2月5日，在爱尔兰以南海域被英国驱逐舰击沉，全部艇员49人丧生 。	
U-42	1937.12.21	1939.7.15	IX	Rolf Dau	击沉敌船1艘，总吨位4803吨。	1939年10月13日，在爱尔兰西南海域，被2艘英国驱逐舰击沉，26人丧生，20人生还。	
U-43	1938.8.15	1939.8.16	IX	Wilhelm Ambrosius Wolfgang Lüth Hans-Joachim Schwantke	击沉敌船21艘，总吨位117036吨。	1943年7月30日在亚速尔群岛西南方海域被美国护航航母舰载机用Fido型声自导鱼雷击沉，全部艇员55人丧生。	
U-44	1938.9.15	1939.11.4	IX	Ludwig Mathes	击沉敌船8艘，总吨位30885吨。	1940年3月13日，误入北海7号雷区，被英国4艘驱逐舰乘机投放深弹击沉，全部艇员47人丧生。	
U-45	1937.2.23	1938.6.25	VIIB	Alexander Gelhaar	击沉敌船2艘，总吨位19313吨。	1939年10月14日，在爱尔兰西南海域，被英军3艘驱逐舰击沉，全部艇员38人丧生。	
U-46	1937.2.24	1938.11.2	VIIB	Herbert Sohler/Engelbert Endrass Peter-Ottmar Grau Konstantin von Puttkamer Kurt Neubert Ernst von Witzendorff Franz Saar Joachim Knecht Erich Jewinski	击沉敌船22艘，总吨位121076吨。	1943年10月在诺伊施塔特港退役。1945年5月3日在Kupfermühlen湾自沉。	
U-47	1937.2.27	1938.11.17	VIIB	Günther Prien	击沉敌船31艘，总吨位191919吨。	1941年3月7日，在北大西洋罗科尔岛附近海域失去联系，全部艇员45人失踪。	1939年10月14日击沉英国战列舰“皇家橡树号”。
U-48	1937.3.10	1939.4.22	VIIB	Herbert Schultze Hans Rudolf Rosing Heinrich Bleichrodt Diether Todenhagen Herbert Schultze Siegfried Atzinger	击沉敌船51艘，总吨位306875吨。	1945年5月3日在德国诺伊施塔特港自沉。	二战期间击沉总吨位数最多的德国潜艇。

舷号	下水时间	服役时间	艇型	艇长	战绩	最后结局	备注
U-49	1938.9.15	1939.8.12	VIIB	Kurt von GoBler	击沉敌船1艘，总吨位4258吨。	1940年4月15日，在挪威纳尔维克附近海域，被2艘英国驱逐舰用深弹击沉。艇员1人丧生，41人生还被俘。	
U-50	1938.11.3	1939.12.12	VIIB	Max-Hermann Bauer	击沉敌船4艘，总吨位16089吨。	1940年4月6日，在北海北部海域触发水雷沉没，全部艇员44人丧生。	
U-51	1937.2.26	1938.8.6	VIIB	Ernst-Günther Heinicke Dietrich Knorr	击沉敌船6艘，总吨位31020吨。	1940年8月20日，在比斯开湾海域被英国潜艇击沉，艇员43人全部丧生。	
U-52	1937.3.9	1939.2.4	VIIB	Wolfgang Barten Otto Salman Helmut Mohlmann Wolf-Rüdiger von Rabenau Baron.Walter.von Freyberg-Eisenberg-Allmendingen Friedrich MummHermann Rossmann Ernst-August Racky	击沉敌船7艘，总吨位27316吨。	1943年10月在但泽退役后驶入基尔，1945年5月3日在基尔自沉。在1946—1947年艇身被打捞解体。	
U-53	1937.3.13	1939.6.24	VIIB	Oblt.Dietrich Knorr Ernst-Günter Heinicke Heinrich Schonder Harald Grosse	击沉敌船8艘，总吨位30885吨。	1940年2月23日，在北海奥克尼群岛海域被英国驱逐舰击沉，全部艇员42人丧生。	
U-54	1938.9.13	1939.9.23	VIIB	Georg-Heinz Michel Günter Kutschmann	无战绩。	1940年2月20日，在北海失踪（怀疑触发水雷沉没），全部艇员41人丧生。	
U-55	1938.11.2	1939.11.21	VIIB	Werner Heidel	击沉敌船6艘，总吨位15853吨。	1940年1月30日，在英吉利海峡被英法3艘驱逐舰和1艘护卫舰及1架反潜巡逻机共同击沉，艇员1人丧生，41人生还。	
U-56	1937.9.21	1938.11.26	IIC	Wilhelm Zahn/Otto Harms Werner Pfeifer/Wolfgang Romer Günther-Paul Grave Hugo Deiring/Werner Sausmikat Heinrich Miede Walter Kaeding Joachim Sauerbier	击沉敌船4艘，总吨位25783吨。	1945年4月28日，在基尔被英国空军炸沉。艇员6人丧生，19人生还。	

舷号	下水时间	服役时间	艇型	艇长	战绩	最后结局	备注
U-57	1937.9.14	1938.12.29	IIC	Claus Korth Erich Topp Wilhelm Eisele Walter Zenker Peter Kühl	击沉敌船12艘，总吨位56293吨。	1940年9月3日，在挪威沿岸被商船撞沉。随后被打捞。1941年1月11日重新服役。1945年5月3日在基尔自沉。	
U-58	1937.9.29	1939.2.4	IIC	Herbert Kuppisch Heinrich Schonder Hans-Joachim Rahmlow Horst Hamm/Bruno Barber Dietrich Schoneboom Horst Willner/Robert Rix Richard Schulz	击沉敌船7艘，总吨位24549吨。	1945年5月3日在基尔自沉。	
U-59	1937.10.5	1939.3.4	IIC	Harald Jürst/Joachim Matz Baron Siegfried von Forstner Günter Gretschel Günter Poser Karl-Heinz Sammler Hans-Jürgen Schley Herbert Walther	击沉敌船19艘，总吨位34994吨。	1945年4月28日在基尔自沉。	
U-60	1938.10.1	1939.7.22	IIC	Georg Schewe Adalbert Schnee Georg Wallas/Kurt Pressel Hans-Dieter Mohs/Otto Hübschen Ludo Kregelin Herbert Giesewetter	击沉敌船3艘，总吨位7561吨。	1945年5月2日在威廉港自沉。	
U-61	1938.10.1	1939.8.12	IIC	Jürgen Oesten Wolf-Harro Stiebler Willy Mattke/Hans Lange Horst Geider Wolfgang Ley Rudolf Schultze Werner Zapf	击沉敌船5艘，总吨位19668吨。	1945年5月2日在威廉港自沉。	
U-62	1939.1.2	1939.12.21	IIC	Hans-Bernhard Michalowski Ludwig Forster/Max Wintermeyer Waldemar Mehl Horst Schünemann Dietrich Epp/Adolf Schonberg Horst Slevogt Hans-Eckart Augustin	击沉敌船2艘，总吨位5931吨。	1945年5月2日在威廉港自沉。	

舷号	下水时间	服役时间	艇型	艇长	战绩	最后结局	备注
U-63	1939.1.2	1939.1.18	IIC	Günther Lorentz	击沉敌船1艘，总吨位3840吨。	1940年2月25日，在设得兰群岛以南海域，被英国3艘驱逐舰和1艘潜艇击沉，艇员丧生1人，生还24人。	
U-64	1939.12.15	1939.12.16	IXB	Georg-Wilhelm Schulz	无战绩。	1940年4月13日，在纳尔维克海战中，被英国战列舰“厌战”号上起飞的旗鱼飞机炸沉，38人生还，8人丧生。	
U-65	1938.12.6	1939.2.15	IXB	Hans-Gerrit von Stockhausen Joachim Hoppe	击沉敌船12艘，总吨位66174吨。	1941年4月28日，在冰岛东南海域被英国驱逐舰“道格拉斯”号击沉，50名艇员全部丧生。	
U-66	1940.3.20	1941.1.2	IXC	Richard Zapp Friedrich Markworth Paul Frerks Gerhard Seehausen	击沉敌船33艘，总吨位200021吨。	1944年5月6日，在佛得角西侧海域被美国护航航母舰载机击伤，随后被赶来的护航驱逐舰“巴克利”号击沉，24人丧生，36人生还。	
U-67	1940.4.5	1941.1.22	IXC	Heinrich Bleichrodt Günther Pfeffer Günther Müller-Stockheim	击沉敌船13艘，总吨位72138吨。	1943年7月16日，在萨格阿萨海被美国护航航母“科尔”号舰载机击沉。艇员3人生还，48人丧生。	
U-68	1940.4.20	1941.2.11	IXC	Karl-Friedrich Merten Albert Lauzemis Ekkehard Scherraus Gerhard Seehausen Albert Lauzemis	击沉敌船33艘，总吨位197998吨。	1944年4月10日，在葡萄牙马德拉群岛西北海域，被美国护航航母“瓜达康纳尔岛”号舰载机击沉，艇员56人丧生，1人生还。	
U-69	1939.11.11	1940.11.2	VIIC	Jost Metzler Hans-Jürgen Auffermann Wilhelm Zahn Ulrich Graf	击沉敌船16艘，总吨位67500吨。	1943年2月17日，在纽芬兰东北海域，被英国飞机炸沉，艇上46人全部丧生。	
U-70	1939.12.19	1940.11.23	VIIC	Joachim Matz	击沉敌船1艘，总吨位820吨。	1941年3月7日，在冰岛东部海域，被英国驱逐舰击沉，全部艇员20人丧生，25人生还。	
U-71	1939.12.21	1940.12.14	VIIC	Walter Flachsenberg Hardo Rodler von Roithberg Uwe Christiansen Erich Krempl Curt Hartmann Emil Ranzau	击沉敌船5艘，总吨位38894吨。	1945年5月2日，在威廉港自沉。	

舷号	下水时间	服役时间	艇型	艇长	战绩	最后结局	备注
U-72	1939.12.28	1941.1.4	VIIC	Hans-Werner Neumann Helmut Koster Waldemar Mehl Hans-Martin Scheibe Helmut Lange Paul Sander Karl-Theodor Mayer	无战绩。	1945年3月30日，在不莱梅被美国飞机重创，5月2日自沉。	
U-73	1939.11.5	1940.9.30	VIIB	Helmut Rosenbaum Horst Deckert	击沉敌船12艘，总吨位66892吨。	1943年12月12日，在地中海奥兰附近海域，被2艘美国驱逐舰击沉，艇员16人丧生，34人生还。	1942年8月11日在地中海西部击沉英国航空母舰"鹰号"。
U-74	1939.11.5	1940.10.31	VIIB	Eitel-Friedrich Kentrat Karl Friederich	击沉敌船5艘，总吨位25619吨。	1942年5月2日，在西班牙海域，被2艘英国驱逐舰和1架英国反潜飞机击沉，艇员47人全部丧生。	
U-75	1939.12.15	1940.12.19	VIIB	Helmuth Ringelmann	击沉敌船9艘，总吨位38628吨。	1941年12月28日，在地中海海域，被英国驱逐舰用深弹击沉，艇员14人丧生，30人生还。	
U-76	1939.12.28	1940.12.3	VIIB	Friedrich von Hippel	击沉敌船2艘，总吨位7290吨。	1941年4月5日，在冰岛南部被英国驱逐舰和护卫舰各1艘击沉，艇员1人丧生，42人生还。	
U-77	1940.3.18	1941.1.28	VIIC	Heinrich Schonder Otto Hartmann	击沉敌船15艘，总吨位32236吨。	1943年3月28日，在西班牙海域被2架英国飞机击沉，艇上38人丧生，9人生还。	
U-78	1940.3.28	1940.2.15	VIIC	Adolf Dumrese Kurt Makowski Max Bernd Dieterich Ernst Ziehm Helmut Sommer Wilhelm Eisele Horst Hübsch	无战绩。	1945年4月6日，在帕拉阿码头进行充电补给时，被苏军炮火击毁。	
U-79	1940.4.17	1941.3.13	VIIC	Wolfgang Kaufmann	击沉敌船2艘，总吨位2983吨。	1941年12月23日，在地中海索伦北部海域，被英国2艘驱逐舰击沉，艇员44人全部生还。	
U-80	1940.4.17	1941.4.8	VIIC	Georg Staats Hans Benker Oskar Curio Hans-Adolf Isermeyer Hans Keerl	无战绩。	1944年11月28日，在索伦西侧水域意外沉没，艇上50人全部丧生。	
U-81	1940.5.11	1941.4.26	VIIC	Friedrich Guggenberger Johann-Otto Krieg	击沉敌船25艘，总吨位63461吨。	1944年1月9日，在佩劳被美机炸沉，艇上2人丧生。1944年4月22日打捞后解体。	1941年11月13日击沉英国航母"皇家方舟号"。

舷号	下水时间	服役时间	艇型	艇长	战绩	最后结局	备注
U-82	1940.5.15	1941.5.14	VIIC	Siegfried Rollmann	击沉敌船9艘，总吨位53049吨。	1942年2月6日，在亚速群岛北部水域被2艘英国驱潜快艇击沉，艇上45人全部丧生。	
U-83	1939.10.5	1941.2.8	VIIB	Hans-Werner Kraus Ulrich Worisshoffer	击沉敌船6艘，总吨位8516吨。	1943年3月4日，在卡塔格纳东南部，被英国飞机击沉，艇上50人全部丧生。	
U-84	1939.11.4	1941.4.29	VIIB	Horst Uphoff	击沉敌船6艘，总吨位29905吨。	1943年8月7日，在大西洋北部，被1架美国飞机击沉，艇上46人全部丧生。	
U-85	1939.12.18	1941.6.7	VIIB	Eberhard Greger	击沉敌船3艘，总吨位15060吨。	1942年8月14日，在美国哈特拉斯角被美国驱逐舰击沉，46名艇员全部丧生。	
U-86	1940.1.20	1941.7.8	VIIB	Walter Schug	击沉敌船3艘，总吨位9614吨。	1943年12月14日，不明原因沉没，艇上50人丧生。	
U-87	1940.4.18	1941.8.19	VIIB	Heino Bohmann	击沉敌船5艘，总吨位38014吨。	1943年3月4日，在葡萄牙雷克索斯港西部，被加拿大驱逐舰击沉，艇上49人全部丧生。	
U-88	1940.7.1	1941.10.15	VIIC	Joachim Berger	击沉敌船2艘，总吨位12304吨。	1942年9月12日，在北冰洋南部海域，被英国驱逐舰击沉，46名艇员全部丧生。	
U-89	1940.8.20	1941.11.19	VIIC	Dietrich Lohmann	击沉敌船4艘，总吨位13815吨。	1943年5月12日，在北大西洋，被1架从英国航母“彼得号”起飞的旗鱼飞机和2艘驱逐舰击沉，艇上48人全部丧生。	
U-90	1940.10.1	1941.12.20	VIIC	Hans-Jürgen Oldorp	无战绩。	1942年7月24日，在北大西洋，被加拿驱逐舰击沉，44名艇员全部丧生。	
U-91	1940.11.12	1942.1.28	VIIC	Heinz Walkerling Heinz Hungershausen	击沉敌船5艘，总吨位27569吨。	1944年2月26日，在北大西洋被英国海军3艘驱逐舰击沉，艇上36人丧生，16人生还。	
U-92	1940.11.25	1942.3.3	VIIC	Adolf Oelrich Horst-Thilo Queck Wilhelm Brauel	击沉敌船2艘，总吨位17612吨。	1944年10月4日，在挪威卑尔根被英国轰炸机炸毁，10月12日被废弃。	

舷号	下水时间	服役时间	艇型	艇长	战绩	最后结局	备注
U-93	1939.9.9	1940.7.30	VIIC	Claus Korth　Horst Elfe	击沉敌船8艘，总吨位43392吨。	1942年1月15日，在北大西洋，被英国驱逐舰击沉，艇上6人丧生，40人生还。	
U-94	1939.9.9	1940.8.10	VIIC	Herbert Kuppisch Otto Ites	击沉敌船26艘，总吨位141852吨。	1942年8月28日，在加勒比海被驱潜快艇“奥克威尔号”撞沉，艇上19人丧生，26人生还。	
U-95	1939.9.16	1940.8.31	VIIC	Gerd Schreiber	击沉敌船8艘，总吨位28415吨。	1941年11月28日，在西班牙阿尔梅里亚西南海域，被荷兰潜艇击沉，艇上35人丧生，12人生还。	
U-96	1939.9.16	1940.9.14	VIIC	Heinrich Lehmann-Willenbrock Hans-Jürgen Hellriegel Wilhelm Peters Horst Willner Robert Rix	击沉敌船27艘，总吨位181206吨。	1945年3月30日，在威廉港被美机炸沉。	
U-97	1939.9.27	1940.9.28	VIIC	Udo Heilmann Friedrich Bürgel Hans-Georg Trox	击沉敌船16艘，总吨位71237吨。	1942年11月15日，在直布罗陀西部，被英国驱逐舰击沉，艇上46人全部丧生。	
U-98	1939.9.27	1940.10.12	VIIC	Robert Gysae Wilhelm Schulze Kurt Eichmann	击沉敌船11艘，总吨位59427吨。	1943年3月4日，在葡萄牙雷克索斯港西部，被加拿大驱逐舰击沉，艇上49人全部丧生。	
U-99	1939.3.31	1940.4.18	VIIB	Otto Kretschmer	击沉敌船38艘，总吨位244658吨。	1941年3月17日，在冰岛东南海域，被英国驱逐舰“漫步者号”击沉，艇上3人丧生，40人生还被俘。	
U-100	1939.5.22	1940.5.30	VIIB	Joachim Schepke	击沉敌船25艘，总吨位135614吨。	1941年3月17日，在冰岛东南海域，被英国驱逐舰撞沉，艇上38人丧生，6人生还。	
U-101	1939.3.31	1940.3.11	VIIB	Fritz Frauenheim Ernst Mengersen Karl-Heinz Marbach Friedrich Bothe Ernst von Witzendorff Helmut Münster	击沉敌船22艘，总吨位113808吨。	1943年10月23日，在德国诺伊斯塔港被毁。1945年5月3日被拆毁。	
U-102	1939.5.22	1940.4.27	VIIB	Harro von Klot-Heydenfeldt	击沉敌船2艘，总吨位5430吨。	1940年7月1日，在爱尔兰西南海域被英国驱逐舰击沉，艇上43人全部丧生。	
U-103	1939.9.6	1940.7.5	IXB	Viktor Schütze Werner Winter Gustav-Adolf Janssen Heinz Murl Hans—Norbert Schunck	击沉敌船45艘，总吨位237596吨。	1944年3月退役。1945年1月从哥腾哈芬转移到汉堡，4月再转到基尔。4月15日轰炸中被炸沉，丧生1人。	

舷号	下水时间	服役时间	艇型	艇长	战绩	最后结局	备注
U-104	1939.11.10	1940.8.19	IXB	Harald Jürst	击沉敌船1艘，总吨位8240吨。	1940年11月28日，在爱尔兰西北海域失去联系，艇员49人全部丧生。	
U-105	1939.11.16	1940.9.10	IXB	Georg Schewe/Heinrich Schuch Hans-Adolf Schweichel Jürgen Nissen	击沉敌船23艘，总吨位125470吨。	1943年6月2日，在达喀尔附近海域被法国飞机击沉，艇上53人全部丧生。	
U-106	1939.11.26	1940.9.24	IXB	Jürgen Oesten Hermann Rasch Wolf-Dietrich Damerow	击沉敌船22艘，总吨位138581吨。	1943年8月2日，在西班牙奥提加尔角西北海域，被英国和澳大利亚飞机击沉。艇上22人丧生，36人生还。	
U-107	1939.12.6	1940.10.8	IXB	Günter Hessler Harald Gelhaus Volker Simmermacher Karl-Heinz Fritz	击沉敌船39艘，总吨位217786吨。	1944年8月18日，在比斯开湾的海域，被英国反潜机击沉，艇上58人全部丧生。	
U-108	1939.12.27	1940.10.22	IXB	Klaus Scholtz/Erich Hilsenitz Ralf-Reimar Wolfram Matthias Brünig	击沉敌船26艘，总吨位135366吨。	1944年4月11日，在德国斯特汀被炸沉，1945年4月24日拆毁。	
U-109	1940.3.9	1940.12.5	IXB	Hans-Georg Fischer Heinrich Bleichrodt Joachim Schramm	击沉敌船12艘，总吨位79969吨。	1943年5月4日，在爱尔兰南部海域，被英国反潜机炸沉。艇上52人全部丧生。	
U-110	1940.2.1	1940.11.21	IXB	Fritz-Julius Lemp	击沉敌船3艘，总吨位10149吨。	1941年5月9日，在北大西洋冰岛附近海域，被英驱潜快艇"南庭霁号"击伤，后被驱逐舰"大斗犬号"俘获。艇上15人丧生，32人被俘。	英国人在艇上缴获一部带整套"埃尼格玛"军用密码机的无线电发报机，导致德国在此后的众多机密被破译。
U-111	1940.2.20	1940.12.19	IXB	Wilhelm Kleinschmidt	击沉敌船4艘，总吨位24176吨。	1941年10月4日，在西班牙特纳里夫岛西南被英国反潜拖网渔船击沉，艇上8人丧生，44人生还。	
U-116	1939.7.1	1941.7.26	XB	Werner von Schmidt Wilhelm Grimme	击沉敌船1艘，总吨位4284吨。	1942年10月6日，在北大西洋最后一次接收无线电信号后失去联系，艇上56人丧生。	
U-117	1939.7.1	1941.10.25	XB	Hans-Werner Neumann	无战绩。	1943年8月7日，被从美国护航航母"卡德号"上起飞的5架"复仇者"舰载机用深弹和Fido型声自导鱼雷击沉，艇上62人全部丧生。	
U-118	1940.3.1	1941.12.6	XB	Werner Czygan	击沉敌船4艘，总吨位14989吨。	1943年6月12日，在加纳利群岛西侧，被8架从美国护航航母"伯格号"上起飞的"复仇者"舰载机用深弹击沉，艇上43人丧生，16人生还。	

舷号	下水时间	服役时间	艇型	艇长	战绩	最后结局	备注
U-119	1940.5.15	1942.4.2	XB	Alois Zech Horst-Tessen von Kameke	无战绩。	1943年6月24日，在西班牙奥提加尔角西北海域，被英国护卫舰“斯坦尔号”击沉，艇上57人全部丧生。	
U-120	1938.3.31	1940.4.20	IIB	Ernst Bauer/Wolfgang Heyda Willy-Roderich Korner Hans Fiedler Alfred Radermacher Joachim Sauerbier Rolf Rüdiger Bensel	无战绩。	1945年5月2日，在不莱梅港自沉。1950年打捞后拆毁。	
U-121	1938.4.16	1940.5.28	IXB	Karl—Ernst Schroeter Otto HarmsOblt/Adalbert Schnee Freiherr Egon Reiner von Schlippenbach Gert Hetschko Ernst von Witzendorff Otto Westphalen/Otto Hübschen Ewald Hülsenbeck Friedrich Horst	击沉敌船22艘，总吨位138581吨。	1945年5月2日，在不莱梅港自沉。1950年打捞后拆毁。	
U-122	1938.5.5	1940.5.30	IXB	Hans-Günther Looff	击沉敌船1艘，总吨位5911吨。	1940年6月22日，在北海和比斯开湾之间失去联系，艇上49人全部丧生。	
U-123	1939.4.15	1940.5.30	IXB	Karl-Heinz Moehle Reinhard Hardegen Horst von Schroeter	击沉敌船44艘，总吨位223816吨。	1944年6月17日，在法国洛里昂退役。1945年转让给法国并改名“Blaison”号。1959年8月18日改为Q165号。	
U-124	1939.8.11	1940.6.11	IXB	Georg-Wilhelm Schulz Johann Mohr	击沉敌船48艘，总吨位224953吨。	1943年4月2日，在葡萄牙波尔图以西海域，被英国驱潜快艇“斯通克洛普”号及护卫舰“黑天鹅”号用深弹击沉，艇上53人全部丧生。	
U-125	1940.5.10	1941.3.3	IXC	Günter Kuhnke Ulrich Folkers	击沉敌船17艘，总吨位82873吨。	1943年5月6日，在纽芬兰东部，被英国驱逐舰猛烈撞击和轻巡洋舰“雪花”号的舰炮击沉，艇上54人全部丧生。	
U-126	1940.6.1	1941.3.22	IXC	Ernst Bauer Siegfri ed Kietz	击沉敌船25艘，总吨位112014吨。	1943年7月3日，在西班牙奥提加尔角西北部，被英国反潜机击沉，艇上55人全部丧生。	
U-127	1940.6.20	1941.4.24	IXC	Bruno Hansmann	无战绩。	1941年12月15日，在直布罗陀西部，被澳大利亚驱逐舰“内斯特”号击沉，艇员51人全部丧生。	

舷号	下水时间	服役时间	艇型	艇长	战绩	最后结局	备注
U-128	1940.7.10	1941.5.12	IXC	Ulrich Heyse Hermann Steinert	击沉敌船12艘，总吨位83639吨。	1943年5月17日，在巴西东北海域，被美国2艘驱逐舰和2架反潜机击沉，艇上7人丧生，47人生还。	
U-129	1940.7.30	1941.5.21	IXC	Asmus Nicolai Clausen Hans-Ludwig Witt Richard von Harpe	击沉敌船29艘，总吨位143748吨。	1944年7月4日，在法国洛里昂退役，8月18日自沉，1946年打捞后拆毁。	
U-130	1940.8.20	1941.6.11	IXC	Ernst Kals Siegfried Keller	击沉敌船24艘，总吨位162015吨。	1943年3月12日在亚速尔群岛西边，被美国驱逐舰“查布林”号击沉，艇上53人全部丧生。	
U-131	1940.9.1	1941.7.1	IXC	Arend Baumann	击沉敌船1艘，总吨位4016吨。	1941年12月17日，在北海被英国3艘驱逐舰、1艘驱潜快艇、1艘护卫舰及1架反潜机击沉，艇上47人全部丧生。	
U-132	1940.8.10	1941.5.29	VIIC	Ernst Vogelsang	击沉敌船9艘，总吨位35180吨。	1942年11月4日，位于军火运输船的爆炸半径内被波及炸沉，艇上47人全部丧生。	
U-133	1940.8.21	1941.7.5	VIIC	Hermann Hesse Eberhard Mohr	击沉敌船1艘，总吨位1920吨。	1942年3月14日，在希腊萨拉米，触发水雷沉没，艇上45人全部丧生。	
U-134	1940.9.6	1941.7.26	VIIC	Rudolf Schendel Hans-Günther Brosin	击沉敌船3艘，总吨位12147吨。	1943年8月24日，在西班牙比戈附近，被1架英国反潜机击沉，艇上48人全部丧生。	
U-135	1940.9.16	1941.8.16	VIIC	Friedrich-Hermann Praetorius Heinz Schütt Otto Luther	击沉敌船3艘，总吨位21302吨。	1943年7月15日，在大西洋被1艘英国护卫舰和2艘驱潜快艇及1架美国舰载机击沉，艇上5人丧生，41人生还。	
U-136	1940.10.2	1941.8.30	VIIC	Heinrich Zimmermann	击沉敌船7艘，总吨位25499吨。	1942年7月11日，在葡萄牙马德拉群岛西部海域，被1艘英国驱逐舰、1艘护卫舰及1艘法国驱逐舰击沉，艇上45人全部丧生。	
U-137	1939.11.6	1940.6.15	IID	Herbert Wohlfarth Hanns-Ferdinand Massmann Herbert Brünning/ Gerth Gemeiner Günther Schimmel Erich Fischer Hans-Joachim Dierks	击沉敌船6艘，总吨位24136吨。	1945年5月2日，在威廉港自沉。	

舷号	下水时间	服役时间	艇型	艇长	战绩	最后结局	备注
U-138	1939.11.6	1940.6.27	IID	Wolfgang Lüth Peter Lohmeyer Franz Gramitzky	击沉敌船6艘，总吨位48564吨。	1941年6月18日，在卡迪士西边，被英国5艘驱逐舰击沉，27人生还。	
U-139	1939.11.20	1940.7.24	IID	Robert Bartels/Horst Elfe Heinz-Konrad Fenn/Albert Lauzemis Helmut Sommer/Richard Bottcher Hubertus Korndorfer Günther Lube Walter Kimmelmann	无战绩。	1945年5月2日，在威廉港自沉。	
U-140	1939.11.16	1940.8.7	IID	Hans-Peter Hinsch Hans-Jürgen Hellriegel Klaus Popp Albrecht Markert Herbert Zeissler Wolfgang Scherfling	击沉敌船4艘，总吨位12616吨。	1945年5月2日，在威廉港自沉。	
U-141	1939.12.12	1940.8.21	IID	Heinz—Otto Schultze Philipp Schüler Jürgen Krüger Günther Moller Dietrich Rauch Bernhard Luttmann Heinrich-Dietrich Hoffmann	击沉敌船4艘，总吨位6805吨。	1945年5月2日，在威廉港自沉。	
U-142	1939.12.12	1940.9.4	IID	Asmus Nicolai Clausen Paul-Hugo Kettner Siegfried Lindke Hans-Joachim Bertelsmann Johann-Otto Krieg Karl-Heinz Laudahn Carl Schauroth Friedrich Baumgartel	无战绩。	1945年5月2日，在威廉港自沉。	
U-143	1940.1.3	1940.9.18	IID	Ernst Mengersen Helmut Mohlmann Jürgen von Rosenstiel Harald Gelhaus Helmut Manseck Gerhard Groth/Erwin Schwager Hans Vogel/Walter Kasparek	击沉敌船1艘，总吨位1409吨。	1945年5月，在威廉港投降。6月30日，从德国威廉港被盟军转运到苏格兰的赖安海湾当作靶船。1945年12月12日被炸沉。	
U-144	1940.1.10	1940.10.2	IID	Friedrich von Hippel Gert von Mittelstaedt	击沉敌船1艘，总吨位206吨。	1941年8月10日，在芬兰北部海湾被苏联潜艇SC-307击沉，艇上28人全部丧生。	

舷号	下水时间	服役时间	艇型	艇长	战绩	最后结局	备注
U-145	1940.3.29	1940.10.16	IID	Heinrich Driver Rudolf Franzius Heinz Schomburg Reimar Ziesmer Otto Hübschen Horst Hübsch Friedrich-Karl Gorner	无战绩。	1945年5月，在威廉港投降。6月30日，从德国威廉港被盟军转运到苏格兰的赖安海湾当作靶船。1945年12月12日被炸沉。	
U-146	1940.3.30	1940.10.30	IID	Eberhard Hoffmann Otto Ites/Ewald Hülsenbeck Wilhelm Grimme Gerth Gemeiner Jürgen Nissen/Erich Hilsenitz Herbert Waldschmidt Helmuth Wüst Carl Schauroth	击沉敌船1艘，总吨位3496吨。	1945年5月2日，在威廉港自沉。	
U-147	1940.4.10	1940.12.11	IID	Reinhard Hardegen Eberhard Wetjen	击沉敌船2艘，总吨位6145吨。	1941年6月12日，在爱尔兰西北部，被英国1艘驱逐舰、1艘驱潜快艇击沉，艇上26人全部丧生。	
U-148	1940.4.10	1940.12.28	IID	Hans-Jürgen Radke Eberhard Mohr/Heinz Franke Herbert Brüninghaus Goske von Mollendorff Heinz Schaffer Renko Tammen	无战绩。	1945年5月2日，在威廉港自沉。	
U-149	1940.5.25	1940.11.13	IID	Horst Holtring Rolf Borchers Baron Adolf-Wilhelm von Hammerstein-Equord Helmut Plohr	击沉敌船1艘，总吨位206吨。	1945年5月，在威廉港投降。6月30日，从德国威廉港被盟军转运到苏格兰的赖安海湾当作靶船。1945年12月21日被炸沉。	
U-150	1940.5.25	1940.11.27	IID	Hinrich Kelling Hermann Schultz Emil Ranzau Hunold Ahlefeld Hans-Helmut Anschütz Jürgen Kriegshammer	无战绩。	1945年5月，在威廉港投降。6月30日，从德国威廉港被盟军转运到苏格兰的赖安海湾当作靶船。1945年12月21日炸沉。	
U-151	1940.7.6	1941.1.15	IID	Hans Oestermann Gustav-Adolf Janssen Kurt Eichmann Paul Just Karl-Erich Utischill Graf Ferdinand von Arco	无战绩。	1945年5月2日，在威廉港自沉。	

舷号	下水时间	服役时间	艇型	艇长	战绩	最后结局	备注
U-152	1940.7.6	1941.1.29	IID	Peter-Erich Cremer Werner Bender Hans Hildebrandt Hans-Ferdinand Geisler Victor-Wilhelm Nonn Wilhelm Bergemann Gernot Thiel	无战绩。	1945年5月2日，在威廉港自沉。	
U-153	1940.9.12	1941.7.19	IXC	Wilfried Reichmann	击沉敌船3艘，总吨位16186吨。	1942年7月13日，在巴拿马附近，被美国驱逐舰击沉，52名艇员全部丧生。	
U-154	1940.9.21	1941.8.2	IXC	Walther Kolle Heinrich Schuch Oskar-Heinz Kusch Gerth Gemeiner	击沉敌船10艘，总吨位49288吨。	1944年7月3日，在葡萄牙马德拉群岛西部海域，被2艘美国护航驱逐舰击沉，57名艇员全部丧生。	
U-155	1940.10.1	1941.8.23	IXC	Adolf Cornelius Piening Johannes Rudolph Ludwig-Ferdinand von Friedeburg Johannes Rudolph Erwin Witte	击沉敌船26艘，总吨位140449吨。	1945年5月，在威廉港投降。6月30日，从德国威廉港被盟军转运到苏格兰的赖安海湾当作靶船。1945年12月21日被炸沉。	
U-156	1940.10.11	1941.9.4	IXC	Werner Hartenstein	击沉敌船20艘，总吨位97504吨。	1943年3月8日，在巴巴多斯东部，被1架美国反潜机击沉，艇上53人全部丧生。	1942年9月12日击沉“拉科尼亚”号（19695吨），其经历引起了当时国际社会的广泛争议。
U-157	1940.10.21	1941.9.15	IXC	Wolf Henne	击沉敌船1艘，总吨位6405吨。	1942年6月13日，在古巴哈瓦那东北部，被美国海岸警卫艇击沉，艇上52人全部丧生。	
U-158	1940.11.1	1941.9.25	IXC	Erwin Rostin	击沉敌船17艘，总吨位101321吨。	1942年6月30日，在百慕大西部海域，被1架美国舰载机击沉，艇上54人全部丧生。	
U-159	1940.11.11	1941.10.4	IXC	Helmut Witte Heinz Beckmann	击沉敌船23艘，总吨位119684吨。	1943年7月28日，在加勒比海的海地南部，被1架美国舰载机击沉，艇上53人全部丧生。	
U-160	1940.11.21	1941.10.16	IXC	Georg Lassen Gerd von Pommer-Esche	击沉敌船26艘，总吨位156082吨。	1943年7月14日，在亚速尔群岛的南部，被1架美国“复仇者”舰载机击沉，艇上57人全部丧生。	
U-161	1940.3.23	1941.7.8	IXC	Hans-Ludwig Witt Albrecht Achilles	击沉敌船14艘，总吨位61547吨。	1943年9月27日，在巴伊亚附近海域，被1架美国舰载机击沉，艇上53人全部丧生。	

舷号	下水时间	服役时间	艇型	艇长	战绩	最后结局	备注
U-162	1940.4.19	1941.9.9	IXC	Jürgen Wattenberg	击沉敌船14艘，总吨位82027吨。	1942年9月3日，在特立尼达的东北部，被3艘英国驱逐舰击沉，2人丧生，49人生还。	
U-163	1940.5.8	1941.10.21	IXC	Kurt-Eduard Engelmann	击沉敌船3艘，总吨位15011吨。	1943年3月13日，在北大西洋的西班牙西北部海域被加拿大驱潜快艇"普里斯科特"号击沉，艇上57人全部丧生。	
U-164	1940.6.20	1941.11.28	IXC	Otto Fechner	击沉敌船3艘，总吨位8133号。	1943年1月6日，在南大西洋被美国1架反潜机击沉，54人丧生，2人生还。	
U-165	1940.8.30	1941.2.3	IXC	Eberhard Hoffmann	击沉敌船3艘，总吨位8754吨。	1942年9月27日，在法国洛里昂西部海域，被1架英国惠灵顿飞机击沉，51名艇员全部丧生。	
U-166	1940.12.6	1942.3.23	IXC	Hans-Günther Kuhlmann	击沉敌船3艘，总吨位7593吨。	1942年7月30日，在墨西哥湾被美国海军护航舰PC-566击沉，艇上52人全部丧生。	
U-167	1941.3.12	1942.7.4	IXC/40	Kurt Neubert Günter Zahnow Kurt Sturm	击沉敌船1艘，总吨位4621吨。	1943年4月5日，被1架英国反潜机重创，6日在加那利群岛附近沉没。艇上50人全部生还。1951年打捞后转让给西班牙。	
U-168	1941.3.15	1942.9.10	IXC/40	Helmuth Pich	击沉敌船3艘，总吨位8008吨。	1944年10月6日，在印尼爪哇海域被1艘荷兰潜艇击沉，23人丧生，27人生还。	
U-169	1941.5.15	1942.11.16	IXC/40	Hermann Bauer	无战绩。	1943年3月27日，在冰岛南部，被1架英国B-17击沉，艇上54人全部丧生。	
U-170	1941.5.21	1943.1.29	IXC/40	Günther Pfeffer Hans-Gerold Hauber	击沉敌船1艘，总吨位4663吨。	1945年5月29日，从挪威的霍腾港运送到苏格兰的赖安海湾当作靶船。1945年11月30日被炸沉。	
U-171	1941.12.1	1942.10.25	IXC	Günther Pfeffer	击沉敌船3艘，总吨位17641吨。	1942年4月9日，在法国洛里昂附近，触雷沉没，22人丧生，30人生还。	
U-172	1940.12.11	1941.10.5	IXC	Carl Emmermann Hermann Hoffmann	击沉敌船26艘，总吨位152778吨。	1943年12月13日，在加那利群岛西部海域遭到从美国护航航母"伯格"号起飞的2架舰载机和4艘美国驱逐舰击沉，艇上13人丧生，46人生还。	

舷号	下水时间	服役时间	艇型	艇长	战绩	最后结局	备注
U-173	1940.12.21	1941.11.15	IXC	Heinz-Ehler Beucke Hans-Adolf Schweichel	击沉敌船1艘，总吨位9359吨。	1942年11月16日，在卡萨布兰卡，被3艘美国驱逐舰击沉，艇上57人全部丧生。	
U-174	1941.1.2	1941.11.26	IXC	Ulrich Thilo Wolfgang Grandefeld	击沉敌船5艘，总吨位30813吨。	1943年4月27日，在纽芬兰南部海域，被1架美国反潜机击沉，53人全部丧生。	
U-175	1941.1.30	1941.12.5	IXC	Heinrich Bruns	击沉敌船10艘，总吨位40619吨。	1943年4月17日，在爱尔兰西南海域，被美国海岸警卫艇击沉，13人丧生，41人生还。	
U-176	1941.2.10	1941.12.15	IXC	Reiner Dierksen	击沉敌船10艘，总吨位45850吨。	1943年5月15日，在古巴哈瓦那东北部，被古巴巡逻艇CS-13击沉，53人全部丧生。	
U-177	1940.11.25	1942.3.14	IXD2	Wilhelm Schulze Robert Gysae Heinz Buchholz	击沉敌船14艘，总吨位87388吨。	1944年2月6日，在阿森松岛西边，被1架美国反潜机击沉，50人丧生，15人生还。	
U-178	1940.12.24	1942.2.14	IXD2	Hans Ibbeken Wilhelm Dommes Wilhelm Spahr	击沉敌船13艘，总吨位87030吨。	1944年11月25日，在法国波尔多自沉。1947年被拆毁。	
U-179	1941.1.15	1942.3.7	IXD2	Ernst Sobe	击沉敌船1艘，总吨位6558吨。	1942年10月8日，在南非开普顿附近海域，被1艘英国驱逐舰击沉，艇上61人全部丧生。	
U-180	1941.2.25	1942.5.16	IXD2	Werner Musenberg Harald Lange Rolf Riesen	击沉敌船2艘，总吨位13298吨。	1944年8月23日，在法国波尔图西边失去联系，艇上56人丧生。	
U-181	1941.3.15	1942.5.9	IXD2	Wolfgang Lüth Kurt Freiwald	击沉敌船27艘，总吨位138779吨。	1945年5月在新加坡由日本接管。1945年7月15日改编为日本潜艇伊-501。	
U-182	1941.4.7	1942.6.30	IXD2	Asmus Nicolai Clausen	击沉敌船5艘，总吨位30071吨。	1943年5月16日，在葡萄牙马德拉群岛西北部，被1艘美国驱逐舰击沉，61名艇员全部丧生。	
U-183	1941.5.28	1942.4.1	IXC/40	Heinrich Schafer Fritz Schneewind	击沉敌船4艘，总吨位19260吨。	1945年4月23日，在印尼爪哇海域，被1艘美国潜艇发射鱼雷击沉，54人丧生，1人生还。	
U-184	1941.6.10	1942.10.29	IXC/40	Günther Dangschat	击沉敌船1艘，总吨位3192吨。	1942年11月21日，在纽芬兰东边失去联系，50名艇员丧生。	但德国不承认该艇沉没。
U-185	1941.7.1	1942.6.13	IXC/40	August Maus	击沉敌船9艘，总吨位6276吨。	1943年8月24日，在大西洋中部被从美国护航航母“科尔”号上起飞的4架舰载机击沉，艇上29人丧生，22人生还。	

舷号	下水时间	服役时间	艇型	艇长	战绩	最后结局	备注
U-186	1941.7.24	1942.7.10	IXC/40	Siegfried Hesemann	击沉敌船3艘，总吨位18782吨。	1943年5月12日，在亚速尔群岛北部海域，被1艘英国驱逐舰击沉，艇上53人全部丧生。	
U-187	1941.8.6	1942.7.23	IXC/40	Ralph Münnich	无战绩。	1943年2月4日，在北大西洋被2艘英国驱逐舰击沉，艇上9人丧生，45人生还。	
U-188	1941.8.18	1942.8.5	IXC/40	Siegfried Lüdden	击沉敌船9艘，总吨位50915吨。	1944年8月20日，为避免被俘，在法国波尔角的U艇基地自沉。1947年被拆毁。	
U-189	1941.9.12	1942.8.15	IXC/40	Hellmut Kurrer	无战绩。	1943年4月23日，在格陵兰的法威尔角，被英国反潜机击沉，艇上54人全部丧生。	
U-190	1941.10.7	1942.9.24	IXC/40	Max Wintermeyer Hans-Erwin Reith	击沉敌船14艘，总吨位87388吨。	1945年5月12日，在纽芬兰的公牛湾向盟军投降。	
U-191	1941.11.2	1942.10.20	IXC/40	Helmut Fiehnqq	击沉敌船1艘，总吨位3025吨。	1943年5月6日，在北大西洋格陵兰的法威尔角东南部，被英国驱潜快艇击沉，艇上55人全部丧生。	
U-192	1941.11.27	1942.11.16	IXC/40	Werner Happe	无战绩。	1943年5月6日，在北大西洋格陵兰的法威尔角东南部，被英国驱潜快艇击沉，艇上55人全部丧生。	
U-193	1941.12.12	1942.12.10	IXC/40	Hans Pauckstadt Dr. Ulrich Abel	击沉敌船1艘，总吨位10172吨。	1944年4月23日，在比斯开湾失踪，艇上59人丧生。	但德国未予承认。
U-194	1942.1.17	1943.1.8	IXC/40	Hermann Hesse	无战绩。	1943年6月24日，在北大西洋的冰岛西南海域，被1架美国反潜机击沉，艇上54人全部丧生。	
U-195	1941.5.15	1942.9.5	IXD1	Heinz Buchholz Friedrich Steinfeldt	击沉敌船2艘，总吨位14391吨。	1945年5月在印度尼西亚苏腊马亚（又名泗水）被日本接管。在1945年7月15日，被编为日本潜艇伊-506。在1945年8月在雅加达投降。1947年被拆毁。	
U-196	1941.6.10	1942.9.11	IXD2	Eitel-Friedrich Kentrat Werner Striegler	击沉敌船3艘，总吨位17739吨。	1944年12月1日，在印尼爪哇海失去联系，艇上65人丧生。	
U-197	1941.7.5	1942.10.10	IXD2	Robert Bartels	击沉敌船3艘，总吨位21267吨。	1943年8月20日，在印度洋西部的马达加斯加南部海域，被2架英国反潜机击沉。艇上67人全部丧生。	

舷号	下水时间	服役时间	艇型	艇长	战绩	最后结局	备注
U-198	1941.8.1	1942.11.3	IXD2	Werner Hartmann Burkhard Heusinger von Waldegg	击沉敌船11艘，总吨位59690吨。	1944年8月12日，在塞舍尔群岛附近，被1艘英国驱逐舰和1艘印度护卫舰击沉，艇上66人全部丧生。	
U-199	1941.10.10	1942.11.28	IXD2	Hans-Werner Kraus	击沉敌船2艘，总吨位4181吨。	1943年7月31日，在巴西里约热内卢东部海域，被1架美国反潜机和2架巴西反潜机共同击沉，艇上49人丧生，12人生还。	
U-200	1941.11.3	1942.12.22	IXD2	Heinrich Schonder	无战绩。	1943年6月24日，在冰岛西南海域，被1架英国反潜机击沉，艇上68人全部丧生。	
U-201	1940.1.20	1941.1.25	VIIC	Adalbert Schnee	击沉敌船24艘，总吨位109055吨。	1943年月17日，在北大西洋被1艘英国驱逐舰击沉，艇上49人全部丧生。	
U-202	1940.3.19	1941.3.12	VIIC	Hans-Heinz Linder Günter Pose	击沉敌船9艘，总吨位34615吨。	1943年6月2日，在格陵兰法威尔角东南部海域，被1艘英国护卫舰击沉，艇上18人丧生，30人生还。	
U-203	1940.3.28	1941.2.18	VIIC	Rolf Mützelburg Hans Seidel Hermann Kottmann	击沉敌船21艘，总吨位94269吨。	1943年4月25日，在格陵兰法威尔角南部，被1架旗鱼飞机和1艘英国驱逐舰击沉，艇上10人丧生，38人生还。	
U-204	1940.4.22	1941.3.8	VIIC	Walter Kell	击沉敌船4艘，总吨位18420吨。	1941年10月19日，在摩洛哥丹吉尔附近海域，被1艘英国驱潜快艇和1艘护卫舰击沉，艇上46人全部丧生。	
U-205	1940.6.19	1941.5.3	VIIC	Franz-Georg Reschke Friedrich Bürgel	击沉敌船2艘，总吨位8073吨。	1943年2月7日，在昔兰尼海域，被1艘英国驱逐舰击沉，8人丧生，42人生还。	
U-206	1940.6.17	1941.5.17	VIIC	Herbert Opitz	击沉敌船3艘，总吨位4208吨。	1941年11月30日，在法国圣塞尔旺附近海域失去联系，艇上46人全部丧生。	
U-207	1940.8.14	1941.6.4	VIIC	Fritz Meyer	击沉敌船2艘，总吨位9727吨。	1941年9月11日，在丹麦东南部昂马沙利克海峡，被2艘英国驱逐舰击沉，艇上41人全部丧生。	
U-208	1940.8.5	1941.7.5	VIIC	Alfred Schlieper	击沉敌船1艘，总吨位3872吨。	1941年12月7日，在直布罗陀西边海域，被2艘英国驱逐舰击沉，艇上45人全部丧生。	
U-209	1940.11.28	1941.10.11	VIIC	Heinrich Brodda	击沉敌船4艘，总吨位1356吨	1943年5月7日，在北大西洋失去联系。推断是在5月4日遭受1架加拿大反潜机的攻击受损后未能修复，在下潜过程中发生事故沉没。艇上46人全部失踪（丧生）。	

舷号	下水时间	服役时间	艇型	艇长	战绩	最后结局	备注
U-210	1941.3.15	1942.2.21	VIIC	Rudolf Lemcke	无战绩。	1942年8月6日，在北大西洋的格陵兰法威尔角南部，被1艘加拿大驱逐舰击沉，艇上6人丧生，37人生还。	
U-211	1941.3.29	1942.3.7	VIIC	Karl Hause	击沉敌船2艘，总吨位12587吨。	1943年11月19日，在亚速尔群岛东边，被1架英国惠灵顿飞机击沉，艇上54人全部丧生。	
U-212	1941.5.17	1942.4.25	VIIC	Helmut Vogler	击沉敌船1艘，总吨位80吨。	1944年7月21日，在英吉利海峡，被2艘英国驱逐舰用深弹击沉，艇上49人全部丧生。	
U-213	1940.10.1	1941.8.30	VIID	Amelung von Varendorff	无战绩。	1942年7月31日，在亚速尔群岛东部海域，被3艘英国护卫舰击沉，艇上50人全部丧生。	
U-214	1940.10.5	1941.11.5	VIID	Günther ReederRupprecht Stock Rupprecht Stock Rupprecht Stock Gerhard Conrad	击沉敌船4艘，总吨位19791吨。	1944年7月26日，在英吉利海峡被1艘英国大型驱逐舰击沉，艇上48人全部丧生。	
U-215	1940.11.15	1941.11.22	VIID	Fritz Hoeckner	击沉敌船1艘，总吨位7191吨。	1942年7月3日，在美国波士顿东部海域，被1艘英国反潜拖网渔船击沉，艇上48人全部丧生。	
U-216	1941.1.1	1941.12.15	VIID	Karl-Otto Schultz	击沉敌船1艘，总吨位4989吨。	1942年10月20日，在爱尔兰西南海域，被1架英国反潜机击沉，艇上45人全部丧生。	
U-217	1941.1.30	1942.1.31	VIID	Reichenbach-Klinke	击沉敌船3艘，总吨位10651吨。	1943年6月5日在大西洋中部被1架从美国护航航母“伯格”号上起飞的舰载机击沉，艇上50人全部丧生。	
U-218	1941.3.17	1942.5.24	VIID	Richard Becker Rupprecht Stock	击沉敌船3艘，总吨位698吨。	1945年5月8日，在挪威卑尔根投降，当月被转运到苏格兰的赖安海湾当作靶船。1945年12月4日，在北爱尔兰被击沉。	二战中击沉最后一艘船只（英国渔船“耐德”号）的德国潜艇
U-219	1941.5.31	1942.12.12	XB	Walter Burghagen	无战绩。	1945年5月8日，在印度尼西亚雅加达被日本接管。7月15日在改名I-505。1945年8月在雅加达被英军俘虏，1948年被拆毁。	
U-220	1941.6.16	1943.3.27	XB	Bruno Barber	击沉敌船2艘，总吨位7199吨。	1943年10月28日，在北大西洋被3架美国护航航母“布洛克岛”号的舰载机击沉，艇上56人全部丧生。	
U-221	1941.6.16	1942.5.9	VIIC	Hans-Hartwig Trojer	击沉敌船21艘，总吨位70348吨。	1943年9月27日，在爱尔兰西南海域，被1架英国反潜机击沉，艇上50人全部丧生。	
U-222	1941.6.16	1942.5.23	VIIC	Ralf von Jessen	无战绩。	1942年9月2日，在波罗的海帕拉阿西边海域，被U-626撞沉，艇上42人丧生，3人生还。	
U-223	1941.7.15	1942.6.6	VIIC	Karl-Jürg Wochter Peter Gerlach	击沉敌船3艘，总吨位14491吨。	1944年3月30日，在地中海的巴勒莫北部海域，被2艘英国驱逐舰和2艘护航驱逐舰用深弹击沉，23人丧生27人生还。	

舷号	下水时间	服役时间	艇型	艇长	战绩	最后结局	备注
U-224	1941.7.15	1942.6.20	VIIC	Hans-Karl Kosbadt	击沉敌船2艘，总吨位9535吨。	1943年1月13日，在地中海西部的阿尔及利亚港口阿尔及尔西部海域，被1艘加拿大驱潜快艇用深弹击沉，艇上45人丧生，1人生还。	
U-225	1941.9.3	1942.7.11	VIIC	Wolfgang Leimkühler	击沉敌船1艘，总吨位5273吨。	1943年2月15日，在北大西洋海域被英国1架B-24击沉，艇上46人全部丧生。	
U-226	1941.8.1	1942.8.1	VIIC	Rolf Borchers Albrecht Gange	击沉敌船1艘，总吨位7134吨。	1943年11月6日，在北大西洋纽芬兰东部海域，被3艘英国护卫舰击沉，艇上51人全部丧生。	
U-227	1941.10.18	1942.8.22	VIIC	Jürgen Kuntze	无战绩。	1943年4月30日，在法罗群岛北部，被1架澳大利亚反潜机击沉，艇上49人全部丧生。	
U-228	1941.10.18	1942.9.12	VIIC	Erwin Christophersen Herbert Engel	无战绩。	1944年10月5日，在挪威卑尔根被炸毁，1945年拆毁。	
U-229	1941.11.3	1942.10.3	VIIC	Robert Schetelig	击沉敌船2艘，总吨位8352吨。	1943年9月22日，在北大西洋格陵兰法威尔角东南部，被英国驱逐舰“凯佩尔”号击沉，艇上50人全部丧生。	
U-230	1941.11.25	1942.11.24	VIIC	Paul Siegmann Heinz-Eugen Eberbach	击沉敌船4艘，总吨位6453吨。	1944年8月21日，在地中海的法国土伦停泊时搁浅。在从英国返回的法国军队攻占土伦前将潜艇自沉。无人员伤亡。	
U-231	1942.1.30	1942.11.14	VIIC	Wolfgang Wenzel	无战绩。	1944年月13日，在亚速尔群岛东北部，被1架英国惠灵顿飞机击沉，7人丧生43人生还。	
U-232	1942.1.17	1942.11.28	VIIC	Ernst Ziehm	无战绩。	1943年7月8日，在葡萄牙波尔图西边海域，被1架英国反潜机击沉，46人全部丧生。	
U-233	1941.8.15	1943.9.22	XB	Hans Steen	无战绩。	1944年7月5日，在加拿大哈利法克斯东南部，被2艘美国护航驱逐舰击沉，艇上32人丧生，29人生还。	
U-234	1941.10.1	1944.3.2	XB	Johann-Heinrich Fehler	无战绩。	1945年5月16日，在英国朴次茅斯投降。1947年11月27日，被作为靶船击沉。	
U-235	1942.2.25	1942.12.29	VIIC	Goske von Mollendorf Klaus Becker Hans-Erich Kummetz Friedrich Huisgen	无战绩。	1943年5月14日，在基尔被美机炸沉。10月29日打捞修理后继续服役。1945年4月14日，在瑞典和丹麦日德兰半岛之间的卡特加特海峡被德国鱼雷艇T-17用鱼雷击沉，艇上47人全部丧生。	
U-236	1942.3.23	1943.1.9	VIIC	Reimar Ziesmer Curt Hartmann Ludo Kregelin Herbert Mumm	无战绩。	1945年5月5日自沉。	
U-238	1942.4.21	1943.2.20	VIIC	Horst Hepp	击沉敌船4艘，总吨位23048吨。	1944年2月9日在爱尔兰西南海域被英国护卫舰击沉，艇上50人全部丧生。	

舷号	下水时间	服役时间	艇型	艇长	战绩	最后结局	备注
U-239	1942.5.14	1943.3.13	VIIC	Ullrich Voge	无战绩。	1944年8月5日在基尔港被英军轰炸机炸毁，艇上1人丧生。	
U-240	1942.5.14	1943.4.3	VIIC	Günther Link	无战绩。	1944年5月17日在挪威以西海域失踪，艇上50名艇员全部丧生。	
U-255	1940.12.21	1941.11.29	VIIC	Reinhart Reche Erich Harms Helmuth Heinrich	击沉敌船11艘，总吨位48840吨。	1945年5月14日向盟军投降后被转运至苏格兰。	
U-258	1941.3.20	1942.2.4	VIIC	Wilhelm von Massenhausen	击沉敌船1艘，总吨位6198吨。	1943年5月20日在北大西洋海域被英国轰炸机击沉，艇上49人全部丧生。	
U-259	1941.3.25	1942.2.18	VIIC	Klaus Kopke	无战绩。	1942年11月15日在阿尔及尔以北海域被英国轰炸机击沉，艇上48人全部丧生。	
U-260	1941.5.7	1942.3.14	VIIC	Hubertus Purkhold	击沉敌船1艘，总吨位4893吨。	1945年3月12日在爱尔兰南部海域触雷后，由艇员自沉，无人员伤亡。	
U-264	1941.6.21	1942.5.22	VIIC	Hartwig Looks	击沉敌船3艘，总吨位16843吨。	1944年2月19日在北大西洋海域被英国护卫舰击沉，艇上52人全部丧生。	
U-266	1941.8.1	1942.6.24	VIIC	Hannes Leinemann Ralf von Jessen	击沉敌船4艘，总吨位16089吨。	1943年5月16日在西班牙比斯开湾附近被英国“哈利法克斯”反潜机击沉，艇员全部丧生。	
U-274	1942.1.9	1942.11.7	VIIC	Günther Jordan	无战绩。	1943年10月24日在冰岛西南海域被英国驱逐舰和1架英国飞机击沉，艇员48人全部丧生。	
U-281	1942.5.7	1943.2.27	VIIC	Heinz von Davidson	无战绩。	1945年5月8日在挪威向盟军投降。	
U-288	1942.9.7	1943.6.26	VIIC	Willy Meyer	无战绩。	1945年5月8日在挪威向盟军投降。	
U-294	1942.12.22	1943.10.4	VIIC/41	Heinz Schütt	无战绩。	1944年4月3日在巴伦支海海域被英国“活跃”号护航航母舰载机击沉，艇上49人全部丧生。	
U-302	1941.4.2	1942.6.16	VIIC	Herbert Sickel	击沉敌船3艘，总吨位12697吨。	1944年4月6日在亚述尔群岛西北海域被英国驱逐舰“沼泽”号击沉，艇上51人全部丧生。	
U-303	1941.6.14	1942.7.7	VIIC	Karl—Franz Heine	击沉敌船1艘，总吨位4959吨。	1943年5月21日在土伦以南海域被英国“狮子座”号潜艇击沉，艇上20人丧生，28人生还。	
U-305	1941.8.30	1942.9.17	VIIC	Rudolf Bahr	击沉敌船4艘，总吨位15605吨。	1944年1月16日在北纬49度、西经18度水域被自己发射的鱼雷击沉，艇上51人全部丧生。	
U-331	1940.1.26	1941.3.31	VIIC	Freiherr Hans-Diedrich von Tiesenhausen	击沉敌船2艘，总吨位40235吨。	1942年11月17日在阿尔及尔以北海域被盟军反潜机击沉，艇员32人丧生，17人生还。	创下二战期间击沉单艘作战舰艇吨位最大的记录：英国皇家海军“巴哈姆”号战列舰（31100吨）。
U-332	1939.12.16	1941.6.7	VIIC	Johannes Liebe Eberhard Hüttemann	击沉敌船8艘，总吨位46729吨。	1943年4月29日在比斯开湾北部海域被英国飞机击沉，全部艇员45人丧生。	

舷号	下水时间	服役时间	艇型	艇长	战绩	最后结局	备注
U-334	1940.3.16	1941.10.9	VIIC	Hilmar Siemon Heinz Ehrich	击沉敌船2艘，总吨位14372吨。	1943年6月14日在冰岛西南海域被英国护卫舰“塘鹅”号击沉，艇上47人全部丧生。	
U-336	1941.3.28	1942.2.14	VIIC	Hans Hunger	击沉敌船1艘，总吨位4919吨。	1943年10月5日在丹麦海峡附近海域被英军飞机击沉，艇上50人全部丧生。	
U-338	1941.4.4	1942.6.25	VIIC	Manfred Kinzel	击沉敌船4艘，总吨位21927吨。	1943年9月20日在北大西洋海域失踪，艇上51人全部丧生。	
U-344	1942.5.7	1943.3.26	VIIC	Ulrich Pietsch	击沉敌船1艘，总吨位1350吨。	1944年8月22日在巴伦支海海域被英国护航航母舰载机击沉，艇上50人全部丧生。	
U-354	1940.4.15	1942.4.22	VIIC	Karl-Heinz Herbschleb Hans-Jürgen Sthamer	击沉敌船2艘，总吨位8476吨。	1944年8月24日在巴伦支海被英国护卫舰击沉，艇上51人全部丧生。	
U-355	1940.5.4	1941.10.29	VIIC	Günter La Baume	击沉敌船1艘，总吨位5082吨。	1944年4月4日在北极圈海域失踪，艇上52人全部丧生。	
U-356	1940.5.11	1941.12.20	VIIC	Georg Wallas Günther Ruppelt	击沉敌船3艘，总吨位13649吨。	1942年12月27日在北大西洋海域被加拿大海军驱逐舰击沉，艇上46人全部丧生。	
U-358	1940.6.25	1942.8.15	VIIC	Rolf Manke	击沉敌船5艘，总吨位18945吨。	1944年3月1日在亚述尔群岛以北海域被英国护卫舰击沉，艇上50人丧生，1人生还。	
U-360	1941.8.9	1942.11.12	VIIC	Hans-Jürgen Bühring Klaus Becker	无战绩。	1944年4月2日在挪威海域被英国驱逐舰“凯伯尔”号击沉，艇上51人全部丧生。	
U-365	1942.4.21	1943.6.8	VIIC	Heimar Wedemeyer Diether Todenhagen	击沉敌船4艘，总吨位8895吨。	1944年12月13日在北冰洋海域被英国护航航母“坎帕尼亚”号上的舰载机击沉，艇上50人全部丧生。	
U-370	1942.11.21	1943.11.19	VIIC	Karl Nielsen	击沉敌船2艘，总吨位832吨。	1945年5月5日在挪威自沉。	
U-371	1939.11.17	1941.3.15	VIIC	Heinrich Driver Karl-Otto Weber Heinz-Joachim Neumann Waldemar Mehl Horst-Arno Fenski	击沉敌船11艘，总吨位54232吨。	1944年5月4日在地中海海域被美国驱逐舰击沉，艇上3人丧生，49人生还。	
U-372	1939.11.17	1941.4.19	VIIC	Heinz-Joachim Neumann	击沉敌船4艘，总吨位26411吨。	1942年8月4日在海法西南海域被英国驱逐舰和轰炸机击沉，艇上48人获救。	
U-373	1939.12.8	1941.5.22	VIIC	Paul-Karl Loeser Detlef von Lehsten	击沉敌船3艘，总吨位10263吨。	1944年6月8日在比斯开湾海域被美国海军护卫艇用深弹击沉，艇上1人丧生。	
U-374	1939.12.18	1941.6.21	VIIC	Unno von Fischel	击沉敌船3艘，总吨位341吨。	1942年在地中海被英国潜艇击沉，艇员42人丧生，1人生还。	

舷号	下水时间	服役时间	艇型	艇长	战绩	最后结局	备注
U-375	1940.3.14	1941.7.19	VIIC	Jürgen Konenkamp	击沉敌船9艘，总吨位16852吨。	1943年7月30日在地中海西部海域被美国护卫舰击沉，艇上46人全部丧生。	
U-376	1940.4.3	1941.8.21	VIIC	Friedrich-Karl Marks	击沉敌船2艘，总吨位10146吨。	1943年4月13日在比斯开湾海域失踪，艇上47人全部丧生。	
U-379	1940.5.27	1941.11.29	VIIC	Paul-Hugo Kettner	击沉敌船2艘，总吨位8904吨。	1942年8月8日在北大西洋海域被英国驱潜快艇“康乃馨”号用深弹击沉，艇上40人丧生，5人生还。	
U-380	1940.10.1	1941.12.22	VIIC	Josef Rother Albrecht Brandi	击沉敌船2艘，总吨位14063吨。	1944年3月11日在土伦附近海域被美军飞机击沉，1人丧生。	
U-382	1941.7.30	1942.4.25	VIIC	Herbert Juli/ Leopold Koch Rudolf Zorn/Ernst-August Gerke Hans-Dietrich Wilke Günther Schimmel	击沉敌船1艘，总吨位9811吨。	1945年1月在威廉港被英军飞机击沉。	
U-384	1941.3.29	1942.7.18	VIIC	Hans-Achim von Rosenberg-Gruszcynski	击沉敌船2艘，总吨位13407吨。	1943年3月19日在冰岛西南海域被英军飞机击沉，艇上47人全部丧生。	
U-402	1940.4.22	1941.5.21	VIIC	Siegfried Freiherr von Forstner	击沉敌船15艘，总吨位71036吨。	1943年10月13日在北大西洋被美国舰载机击沉，艇上50人全部丧生。	
U-403	1940.5.20	1941.6.25	VIIC	Heinz-Ehlert ClausenKarl-Franz Heine	击沉敌船2艘，总吨位12946吨。	1943年8月18日在大西洋中部海域被法军飞机击沉，艇上49人全部丧生。	
U-404	1940.6.4	1941.8.6	VIIC	Otto von Bülow Adolf Schonberg	击沉敌船15艘，总吨位72570吨。	1943年7月28日在比斯开湾被美军飞机击沉，艇上51人全部丧生。	
U-406	1940.9.6	1941.10.22	VIIC	Horst Dieterichs	击沉敌船1艘，总吨位7452吨。	1944年2月18日在北大西洋被英国护卫舰击沉，艇上45人全部丧生。	
U-407	1940.9.12	1941.12.18	VIIC	Ernst-Ulrich Brüller Hubertus Korndorfer Hans Kolbus	击沉敌船3艘，总吨位26892吨。	1944年9月19日在地中海海域被英国驱逐舰击沉，艇上5人丧生，48人丧生。	
U-408	1940.9.30	1941.11.19	VIIC	Reinhard von Hymmen	击沉敌船3艘，总吨位19689吨。	1942年11月5日在冰岛以北海域被美军飞机击沉，艇上45人全部丧生。	
U-409	1940.10.26	1942.1.21	VIIC	Hanns-Ferdinand Massmann	击沉敌船3艘，总吨位16199吨。	1943年7月12日在地中海海域被英国驱逐舰“无常”号击沉，艇上11人丧生，37人生还。	
U-410	1941.1.9	1942.2.23	VIIC	Kurt Sturm Horst-Arno Fenski	击沉敌船9艘，总吨位54139吨。	1944年3月11日在土伦附近海域被美军飞机击沉。	

舷号	下水时间	服役时间	艇型	艇长	战绩	最后结局	备注
U-413	1941.4.25	1942.6.3	VIIC	Gustav Poel Dietrich Sachse	击沉敌船6艘，总吨位37985吨。	1944年8月20日在英吉利海峡被英国驱逐舰"长毛羊"号击沉，艇上45人丧生，1人生还。	
U-415	1941.7.12	1942.8.5	VIIC	Kurt Neide Herbert A. Werner	沉敌船2艘，总吨位6257吨。	1944年7月14日在布累斯特附近海域触雷沉没，艇上2人丧生。	
U-422	1942.2.11	1943.2.10	VIIC	Wolfgang Poeschel	无战绩。	1943年10月4日在北亚速尔群岛附近被美军护航航母"卡德"号上的舰载机击沉，全部艇员丧生。	
U-432	1940.1.14	1941.4.26	VIIC	Heinz-Otto Schultze Hermann Eckhardt	击沉敌船20艘，总吨位66109吨。	1943年3月11日在北大西洋海域被法国驱潜快艇击沉，艇上26人丧生，20人生还。	
U-433	1940.1.4	1941.5.24	VIIC	Hans Ey	击沉敌船1艘，总吨位2215吨。	1941年11月16日在马拉加以南的地中海海域被英国驱潜快艇"万寿菊"号击沉，艇上6人丧生，38人生还。	
U-435	1940.4.11	1941.8.30	VIIC	Siegfried Strelow	击沉敌船13艘，总吨位57123吨。	1943年7月9日在葡萄牙海域被英军飞机击沉，艇上48人全部丧生。	
U-436	1940.4.25	1941.9.27	VIIC	Günther Seibicke	击沉敌船7艘，总吨位36499吨。	1943年5月26日在北大西洋海域被英国护卫舰击沉，艇上47人全部丧生。	
U-438	1940.4.25	1941.11.22	VIIC	Rudolf Franzius Heinrich Heinsohn	击沉敌船4艘，总吨位19502吨。	1943年5月6日在纽芬兰岛东北部海域被英国护卫舰"塘鹅"号击沉，艇上48人全部丧生。	
U-441	1940.10.15	1942.2.2	VIIC	Klaus Hartmann Gotz von Hartmann	击沉敌船1艘，总吨位7051吨。	1944年6月8日在英吉利海峡被英军飞机击沉，艇上51人全部丧生。	
U-442	1940.10.19	1942.3.21	VIIC	Hans-Joachim Hesse	击沉敌船4艘，总吨位25417吨。	1943年2月12日在圣文森特海峡以西海域被英军飞机用深弹击沉，艇上48人全部丧生。	
U-456	1940.9.3	1941.9.18	VIIC	Max-Martin Teichert	击沉敌船7艘，总吨位31779吨。	1943年5月12日被美国B-24B反潜机击沉，艇员全部丧生。	
U-457	1940.10.26	1941.11.5	VIIC	Karl Brandenburg	击沉敌船2艘，总吨位15593吨。	1942年9月16日在巴伦支海域被英国驱逐舰"冲动"号击沉，艇上45人全部丧生。	
U-459	1940.11.22	1941.11.15	XIV	Georg von Wilamowitz-Mallendorf	无战绩。	1943年7月24日在西班牙奥也加海峡被2架英国"惠灵顿"反潜机击沉，艇员41人生还。	
U-460	1940.11.30	1941.12.24	XIV	Friedrich Schafer Ebe Schnoor	无战绩。	1943年10月4日在亚速尔群岛附近为U-422和U-264潜艇补给时被美军护航航母"卡德"号上的舰载机击沉，艇员2人生还。	
U-461	1940.12.9	1942.1.30	XIV	Hinrich-Oscar Bernbeck Wolf-Harro Stiebler	无战绩。	1943年7月30日在比斯开湾被澳大利亚"桑德兰"巡逻机击沉，艇员15人生还。	

舷号	下水时间	服役时间	艇型	艇长	战绩	最后结局	备注
U-462	1941.1.2	1942.3.5	XIV	Bruno Vowe	无战绩。	1943年7月30日在比斯开湾被英国“哈利法克斯”巡逻机和护卫舰“雷恩”、“风筝”、“啄木鸟”、“雁”和“树公鸡”号共同击沉。艇员1人丧生，其余生还。	
U-463	1941.3.8	1942.4.2	XIV	Leo Wolfbauer	无战绩。	1943年5月16日在比斯开湾附近被英国“哈利法克斯”反潜机击沉，全部艇员丧生。	
U-464	1941.3.18	1942.4.30	XIV	Otto Harms	无战绩。	1942年8月20日被美军反潜巡逻机击沉在冰岛东南附近海域，艇员2人丧生，其余生还。	
U-477	1942.10.17	1943.8.18	VIIC	Karl-Joachim Jenssen	无战绩。	1944年6月3日在特隆赫姆的西面海域，被1架英国“卡塔林那”巡逻机击沉，艇员51人全部丧生。	
U-487	1941.12.31	1942.12.21	XIV	Helmut Metz	无战绩。	1943年7月13日在大西洋中部被美军护航航母“卡德”号上的舰载机击沉，艇员33人生还。	
U-488	1942.1.3	1943.2.1	XIV	Erwin Bartke Bruno Studt	无战绩。	1944年4月26日在佛得角海域被美国护航驱逐舰“霜”、“休兹”、“巴伯”和“斯诺登”号击沉，全部艇员丧生。	
U-489	1942.1.28	1943.3.8	XIV	Adalbert Schmandt	无战绩。	1943年8月4日在冰岛沿岸被加拿大“桑德兰”巡逻机击沉，艇员1人丧生，其余生还。	
U-490	1942.2.21	1943.3.27	XIV	Wilhelm GerlachZ	无战绩。	1944年6月12日在亚速尔群岛西北海域被美国护航航母“克罗坦”号舰载机和护航驱逐舰“霜”、“休兹”号击沉，全部艇员丧生。	
U-502	1940.4.2	1941.5.31	IXC	Jürgen von Rosenstiel	击沉敌船14艘，总吨位78843吨。	1942年7月5日在比斯开湾被英军飞机击沉，艇员52人全部丧生。	
U-504	1940.4.29	1941.7.30	IXC	Fritz Poske	击沉敌船15艘，总吨位78123吨。	1943年7月30日在奥特加西北海域被英国驱逐舰击沉，艇员53人全部丧生。	
U-505	1940.6.12	1941.8.26	IXC	Axel-Olaf Loewe Peter Zschech Paul Meyer Harald Lange	击沉敌船8艘，总吨位44962吨。	1944年6月4日在佛得角海面，美国护航驱逐舰“查特林”号在护航航母“瓜达尔卡纳尔”号舰载机的协助下，将其俘获。	二战期间美国海军俘获的唯一一艘德国潜艇。
U-507	1940.9.11	1941.10.8	IXC	Harro Schacht	击沉敌船19艘，总吨位77144吨。	1943年1月13日在南大西洋海域，被1架美国轰炸机击沉，艇员54人全部丧生。	
U-508	1940.9.24	1941.10.20	IXC	Georg Staats	击沉敌船14艘，总吨位74087吨。	1943年11月12日在奥特加海峡以北海域被美军轰炸机击沉，艇上57人全部丧生。	
U-509	1940.11.1	1941.11.4	IXC	Karl-Heinz Wolff Werner Witte	击沉敌船8艘，总吨位49105吨。	1943年7月15日在大西洋中部海域被美国护航航母舰载机击沉，艇上54人全部丧生。	
U-510	1940.11.1	1941.11.25	IXC	Karl Neitzel	击沉敌船12艘，总吨位71349吨。	1945年5月12日在法国圣纳塞尔港向盟军投降。	

舷号	下水时间	服役时间	艇型	艇长	战绩	最后结局	备注
U-511	1941.2.21	1941.12.8	IXC	Friedrich Steinhoff Fritz Schneewind	击沉敌船5艘，总吨位41373吨。	1943年9月16日在吴港转让给日本海军，并改编为“吕–500”号，1945年8月投降。	
U-512	1941.2.24	1941.12.20	IXC	Wolfgang Schultze	击沉敌船3艘，总吨位20619吨。	1942年10月2日在圭亚那附近海域被美军飞机击沉，艇上51人丧生，1人生还。	
U-513	1941.4.26	1942.1.10	IXC	Rolf Rüggeberg Friedrich Guggenberger	击沉敌船6艘，总吨位29940吨。	1943年7月19日在南大西洋海域被美军飞机击沉，艇上46人丧生，7人生还。	
U-514	1941.4.29	1942.1.24	IXC	HansJürgen Auffermann	击沉敌船4艘，总吨位16329吨。	1943年7月8日在西班牙沿岸海域被英军飞机用火箭击沉，艇上54人全部丧生。	
U-515	1941.5.8	1942.2.21	IXC	Werner Henke	击沉敌船23艘，总吨位151046吨。	1944年4月9日在葡萄牙马德拉群岛以北海域，遭到美军护航航母“瓜达康纳尔岛号”舰载机炸伤后被美国护舰驱逐舰“罗马教皇”号、“城堡主”号和“弗莱厄蒂”号击沉。艇员16人丧生，44人生还。	
U-516	1941.5.12	1942.2.21	IXC	Gerhard Wiebe Hans Pauckstadt Herbert Kuppisch Hans-Rutger Tillessen Friedrich Petran	击沉敌船16艘，总吨位89385吨。	1945年5月14日在北爱尔兰投降。	
U-517	1941.6.5	1942.3.21	IXC	Paul Hartwig	击沉敌船9艘，总吨位27283吨	1942年11月21日在北大西洋海域被英国“胜利”号护航航母上的舰载机击沉，艇上1人丧生，52人生还。	
U-518	1941.6.12	1942.4.25	IXC	Hans-Günther Brachmann Friedrich-Wilhelm Wissmann Hans-Werner Offermann	击沉敌船9艘，总吨位55747吨。	1945年4月22日在北大西洋海域被美国驱逐舰击沉，艇上56人全部丧生。	
U-521	1941.7.3	1942.6.3	IXC	Klaus Bargsten	击沉敌船4艘，总吨位20301吨。	1943年6月2日在巴尔迪摩东南部海域被美国巡逻机击沉，艇上51人丧生，1人生还。	
U-522	1941.7.9	1942.6.11	IXC	Herbert Schneider	击沉敌船7艘，总吨位45826吨。	1943年2月23日在葡萄牙沿岸被英国护卫舰击沉，艇上51人全部丧生。	
U-530	1941.12.8	1942.10.14	IXC/40	Kurt Lange Otto Wermuth	击沉敌船2艘，总吨位12063吨。	1945年7月10日在阿根廷投降后转交给美军，1947年11月28日被拆毁。	
U-549	1942.9.28	1943.7.14	IXC/40	Detlev Krankenhagen	击沉敌船1艘，总吨位9393吨	1944年5月29日在大西洋中部海域被美国驱逐舰击沉，艇上57人全部丧生。	
U-552	1939.12.1	1940.12.4	VIIC	Erich Topp Klaus Popp Günther Lube	击沉敌船31艘，总吨位164276吨。	1945年5月2日在德国威廉港自沉。	

舷号	下水时间	服役时间	艇型	艇长	战绩	最后结局	备注
U-553	1939.11.21	1940.12.23	VIIC	Karl Thurmann	击沉敌船13艘，总吨位64612吨。	1943年1月在北大西洋海域失踪，艇上47人全部丧生。	
U-556	1940.1.2	1941.2.6	VIIC	Herbert Wohlfarth	击沉敌船6艘，总吨位29552吨。	1941年6月27日在冰岛西南部海域被英国驱潜快艇击沉，艇上5人丧生，41人生还。	
U-557	1940.1.6	1941.2.13	VIIC	Ottokar Paulshen	击沉敌船7艘，总吨位36949吨。	1941年12月16日在地中海海域被意大利鱼雷艇“奥里昂”号撞沉，艇上43人全部丧生。	
U-558	1940.1.6	1941.2.20	VIIC	Günther Krech	击沉敌船19艘，总吨位95014吨。	1943年7月20日在奥特加海峡西北部的比斯开湾海域被英军和美军飞机用深弹击沉，艇上45人丧生，5人生还。	
U-559	1940.2.1	1941.2.27	VIIC	Hans Heidtmann	击沉敌船5艘，总吨位12871吨。	1942年10月30日在地中海海域被英国驱逐舰和飞机击沉，艇上7人丧生，38人生还。	
U-561	1940.2.28	1941.3.13	VIIC	Robert Bartels Heinz Schomburg Henning	击沉敌船5艘，总吨位17146吨。	1943年7月12日在墨西拿海峡被英国鱼雷艇MTB81号击沉，艇上42人丧生，5人生还。	
U-562	1940.2.7	1941.3.20	VIIC	Herwig Collmann Horst Hamm	击沉敌船6艘，总吨位37287吨。	1943年2月19日在地中海海域被英国驱逐舰击沉，艇上49人全部丧生。	
U-564	1940.3.30	1941.4.3	VIIC	Reinhard Suhren Hans Fiedler	击沉敌船19艘，总吨位96444吨。	1943年6月14日在奥特加海峡西北海域被英军飞机击沉，艇上28人丧生，18人生还。	
U-568	1940.4.27	1941.5.1	VIIC	Joachim Preuss	击沉敌船2艘，总吨位7873吨。	1942年5月29日在托布鲁克东北海域被英国驱逐舰击沉，艇上47人全部丧生。	
U-569	1940. 5.21	1941. 5. 8	VIIC	Hans-Peter Hinsch Hans Johannsen	击沉敌船1艘，总吨位984吨。	1943年5月22日在北大西洋被美国海军护航航空母舰“伯格”号上的两架“复仇者”式舰载机用深水炸弹炸沉。	
U-570	1940.5.21	1941.5.15	VIIC	Hans-Joachim Rahmlow	无战绩。	1941年8月21日在冰岛以南海域被英国飞机击伤并俘获。1941年9月19日被改编为英国潜艇“格拉夫”号。	
U-571	1940.6.8	1941.5.22	VIIC	Helmut Mohlmann Gustav Lüssow	击沉敌船5艘，总吨位33511吨。	1944年4月28日，在爱尔兰以西海域，被澳大利亚反潜机击沉，艇员52人全部丧生。	
U-584	1940.10.1	1941.8.21	VIIC	Joachim Deecke Kurt Nolke	击沉敌船4艘，总吨位18684吨。	1943年10月31日在北大西洋海域被美国海军护航航母“卡德”号舰载机击沉，艇上53人全部丧生。	
U-587	1940.10.31	1941.9.11	VIIC	Ulrich Borcherdt	击沉敌船5艘，总吨位23389吨。	1942年3月27日在北大西洋海域被英国驱逐舰击沉，艇上42人全部丧生。	
U-590	1940.10.31	1941.10.2	VIIC	Heinrich Müller-Edzards Werner Krüer	击沉敌船1艘，总吨位5228吨。	1943年7月9日在亚马逊河河口海域被美国巡逻机击沉，全部艇员45人丧生。	

舷号	下水时间	服役时间	艇型	艇长	战绩	最后结局	备注
U-591	1940.10.30	1941.10.9	VIIC	Hans-Jürgen Zetsche Peter Schrewe Joachim Sauerbier Reimar Ziesmer	击沉敌船4艘，总吨位19932吨。	1943年7月30日在南大西洋海域被美军飞机击沉，艇上19人丧生，28人生还。	
U-593	1940.12.17	1941.10.23	VIIC	Gerd Kelbling	击沉敌船12艘，总吨位41192吨。	1943年12 月13日在地中海海域被美国驱逐舰击沉，艇上51人全部生还。	
U-600	1941.1.25	1941.12.11	VIIC	Bernhard Zurmühlen	击沉敌船5艘，总吨位28600吨。	1943年11月25日在北大西洋海域被英国驱逐舰击沉，艇上54人全部丧生。	
U-603	1941.2.27	1942.1.2	VIIC	Kurt Kolzer Hans-Joachim Bertelsmann Rudolf Baltz Hans-Joachim Bertelsmann	击沉敌船4艘，总吨位22406吨。	1944年3月1日在北大西洋海域被美国驱逐舰击沉，艇上51人全部丧生。	
U-604	1941.2.27	1942.1.8	VIIC	Horst Holtring	击沉敌船6艘，总吨位39891吨。	1943年8月11日在南大西洋海域被美军飞机击沉，艇上14人丧生，31人生还。	
U-606	1941.3.12	1942.1.22	VIIC	Hans Klatt Dietrich von der Esch Hans-Heinrich Dohler	击沉敌船3艘，总吨位20527吨。	1943年2月22日在北大西洋海域被美国护卫舰击沉，艇上36人丧生，11人生还。	
U-607	1941.3.27	1942.1.29	VIIC	Ernst Mengersen	击沉敌船4艘，总吨位28397吨。	1943年7月13日在比斯开湾被英军飞机击沉，艇上45人丧生，7人生还。	
U-615	1941.5.20	1942.3.26	VIIC	Ralph Kapitzky	击沉敌船4艘，总吨位27231吨。	1943年8月7日在加勒比海南部海域，被美军飞机炸成重伤，于8月8日凌晨被迫自沉。艇员4人丧生，43人生还。	
U-616	1941.5.20	1942.4.2	VIIC	Johann Spindlegger Siegfried Koitschka	击沉敌船2艘，总吨位2181吨。	1944年5月17日在地中海海域被美国驱逐舰和英国“威灵顿”轰炸机击伤后自沉。	
U-618	1941.5.29	1942.4.16	VIIC	Kurt Baberg	击沉敌船3艘，总吨位15788吨。	1944年8月14日在比斯开湾被英国护卫舰击沉，艇上61人全部丧生。	
U-620	1941.6.19	1942.4.30	VIIC	Heinz Stein	击沉敌船1艘，总吨位983吨。	1943年2月13日在里斯本西北部海域被英军飞机击沉，艇上47人全部丧生。	
U-624	1941.7.15	1942.5.28	VIIC	Ulrich Graf von Soden-Fraunhofen	击沉敌船8艘，总吨位41728吨。	1943年2月7日在北大西洋海域被英军飞机击沉，艇上45人全部丧生。	
U-628	1941.8.7	1942.6.25	VIIC	Heinrich Hasenschar	击沉敌船4艘，总吨位21765吨。	1943年7月3日在奥特加海峡西北海域被英军飞机击沉，艇上49人全部丧生。	
U-632	1941.9.4	1942.7.23	VIIC	Hans Karpf	击沉敌船2艘，总吨位15255吨。	1943年4月6日在冰岛西南海域被英军飞机击沉，艇上48人全部丧生。	
U-633	1941.9.22	1942.7.30	VIIC	Bernhard Müller	击沉敌船1艘，总吨位3921吨。	1943年3月10日在北大西洋海域与英国商船“斯科顿”号相撞后沉没，艇上43人全部丧生。	

舷号	下水时间	服役时间	艇型	艇长	战绩	最后结局	备注
U-638	1941.10.16	1942.9.3	VIIC	Oskar Staudinger Hinrich-Oscar Bernbeck Oskar Staudinger	击沉敌船1艘，总吨位5507吨。	1943年5月5日在纽芬兰岛东北海域被英国驱潜快艇“向日葵”号击沉，艇上44人全部丧生。	
U-645	1941.12.17	1942.10.22	VIIC	Otto Ferro	击沉敌船2艘，总吨位12788吨。	1943年12月24日在北大西洋海域被美国驱逐舰击沉，艇上55人全部丧生。	
U-652	1940.2.5	1941.4.3	VIIC	Georg-Werner Fraatz	击沉敌船5艘，总吨位11450吨。	1942年6月2日在地中海海域被U-81号艇发射的鱼雷击沉，艇上46人全部丧生。	
U-653	1940.4.9	1941.5.25	VIIC	Gerhard Feiler Hans-Albrecht Kandler	击沉敌船4艘，总吨位15823吨。	1944年3月15日在北大西洋海域被英国护航航母上的舰载机和护卫艇击沉，艇上51人全部丧生。	
U-659	1941.2.12	1941.12.9	VIIC	Hans Stock	击沉敌船1艘，总吨位7519吨。	1943年5月4日在北大西洋海域与U-439号艇相撞后沉没，艇上44人丧生，3人生还。	
U-660	1941.2.15	1942.1.8	VIIC	Gotz Baur	击沉敌船2艘，总吨位10066吨。	1942年11月12日在地中海海域被英国驱潜快艇击沉，艇上2人丧生，45人生还。	
U-661	1941.3.12	1942.2.12	VIIC	Erich von Lilienfeld	击沉敌船1艘，总吨位3672吨。	1942年10月15日在北大西洋海域被英国驱逐舰“子爵”号撞沉，艇上44人全部丧生。	
U-662	1941.5.7	1942.4.9	VIIC	Wolfgang Hermann Heinz-Eberhard Müller	击沉敌船3艘，总吨位18609吨。	1943年7月21日在南大西洋海域被美军飞机击沉，艇上44人丧生，3人生还。	
U-664	1941.7.11	1942.6.17	VIIC	Adolf Graef	击沉敌船3艘，总吨位19325吨。	1943年8月9日在北大西洋海域被美国护航航母“卡德”号舰载机击沉，艇上7人丧生，44人生还。	
U-679	1942.9.3	1943.11.29	VIIC	Friedrich Breckwoldt Eduard Aust	击沉敌船1艘，总吨位39吨。	1945年1月9日在波罗的海被苏军反潜快艇“MO124”号击沉，艇上51人全部丧生。	
U-703	1940.8.9	1941.10.16	VIIC	Heinz Bielfeld Joachim Brünner	击沉敌船7艘，总吨位31952吨。	1944年9月16日在冰岛以东海域失踪，艇上54人全部丧生。	
U-707	1941.1.2	1942.7.1	VIIC	Günther Gretschel	击沉敌船2艘，总吨位11811吨。	1943年11月9日在亚述尔群岛以东海域被英军飞机击沉，艇上51人全部丧生。	
U-712	1941.9.4	1942.11.5	VIIC	Walter Pietschmann Walter-Ernst Koch Freiherr Eberhard von Ketelhodt	无战绩。	1945年5月8日在克里斯蒂安松投降。后来被英国转移到英格兰湖，1950年被作为靶船击沉。	
U-744	1942.6.5	1943.6.5	VIIC	Heinz Blischke	击沉敌船2艘，总吨位8984吨。	1944年3月6日在北大西洋海域被英国驱逐舰击沉，艇上12人丧生，40人生还。	
U-751	1940.1.2	1941.1.31	VIIC	Gerhard Bigalk	击沉敌船6艘，总吨位32412吨。	1942年7月17日在西班牙海域被英军飞机击沉，艇上48人全部丧生。	

舷号	下水时间	服役时间	艇型	艇长	战绩	最后结局	备注
U-752	1940.1.5	1941.5.24	VIIC	Karl-Ernst Schroeter	击沉敌船8艘，总吨位33492吨。	1943年5月23日在大西洋被英国护航航母上的“射手”号舰载机击沉。	
U-753	1940.1.3	1941.6.18	VIIC	Alfred Manhardt von Mannstein	击沉敌船3艘，总吨位23117吨。	1943年5月13日在北大西洋海域被加拿大和英国驱逐舰击沉，艇上47人全部丧生。	
U-754	1940.1.8	1941.8.28	VIIC	Hans Oestermann	击沉敌船13艘，总吨位55659吨。	1942年7月31日在北大西洋海域被加拿大飞机击沉，艇上43人全部丧生。	
U-755	1940.1.11	1941.11.3	VIIC	Walter Going	击沉敌船3艘，总吨位3902吨。	1943年5月28日在地中海海域被英军飞机击沉，艇上40人丧生，9人生还。	
U-757	1940.5.18	1942.2.28	VIIC	Friedrich Deetz	击沉敌船3艘，总吨位11604吨。	1944年1月8日在北大西洋海域被英国和加拿大驱潜快艇击沉，艇上49人全部丧生。	
U-758	1940.5.18	1942.5.5	VIIC	Helmut Manseck	击沉敌船2艘，总吨位13989吨。	1945年3月16日在基尔港被英军飞机重创后自沉。	
U-759	1940.11.15	1942.8.15	VIIC	Rudolf Friedrich	击沉敌船2艘，总吨位12764吨。	1943年7月15日在牙买加海域被美军飞机击沉，艇上47人全部丧生。	
U-763	1941.1.21	1943.3.13	VIIC	Ernst CordesKurt Braun Karl-Heinz Schroter	击沉敌船1艘，总吨位1499吨。	被苏军飞机炸弹击伤后，于1945年1月29日在波兰但泽港自沉。	
U-775	1943.1.22	1944.3.23	VIIC	Erich Taschenmacher	击沉敌船2艘，总吨位326吨。	1945年5月4日自沉。	
U-792	1942.12.1	1943.11.16	XVIIA	Horst Heitz	无战绩。	1945年5月4日自沉。	
U-793	1942.12.1	1943.4.24	XVIIA	Hans-Dietrich Duis Günther Schauenburg	无战绩。	1945年5月4日自沉。	
U-794	1943.2.1	1943.11.14	XVIIA	Friedrich Schmidt Werner Klug	无战绩。	1945年5月4日自沉。	
U-795	1943.2.2	1944.4.22	XVIIA	Philipp Becker Horst Selle	无战绩。	1945年5月3日在基尔接到投降命令，避免被俘获自行炸毁。	
U-804	1942.12.1	1943.12.4	IXC/40	Herbert Meyer	击沉敌船1艘，总吨位1300吨。	1945年4月9日在卡特加特海峡被英军飞机击沉，艇上55人全部丧生。	
U-825	1943.7.19	1944.5.4	VIIC	Gerhard Stoelker	击沉敌船1艘，总吨位7198吨。	1945年5月10日在波特兰向盟军投降。	
U-843	1942.4.21	1943.3.24	IXC/40	Oskar Herwartz	击沉敌船1艘，总吨位8261吨。	1945年4月9日在卡特加特海峡被英军飞机击沉，艇上44人丧生，12人生还。	
U-845	1942.6.20	1943.5.1	IXC/40	Udo Behrens Rudolf Hoffmann Werner Weber	击沉敌船1艘，总吨位7039吨。	1944年3月10日在北大西洋海域被加拿大驱逐舰击沉，艇上10人丧生，45人生还。	

舷号	下水时间	服役时间	艇型	艇长	战绩	最后结局	备注
U-848	1942.1.6	1943.2.20	IXD2	Wilhelm Rollmann	击沉敌船1艘，总吨位4573吨。	1943年11月5日在南大西洋海域被美军飞机击沉，艇上63人全部丧生。	
U-852	1942.4.15	1943.6.15	IXD2	Heinz-Wilhelm Eck	击沉敌船2艘，总吨位9972吨。	1944年5月3日在索马里东海岸被英军飞机重创后搁浅，艇上7人丧生，59人生还。	
U-853	1942.8.21	1943.6.25	IXC/40	Helmut Sommer Helmut Fromsdorf Otto Wermuth Günter Kuhnke Helmut Fromsdorf	击沉敌船2艘，总吨位5783吨。	1945年5月6日在北大西洋海域被美国驱逐舰击沉，艇上55人丧生。	
U-857	1942.11.16	1943.9.16	IXC/40	Rudolf Premauer	击沉敌船2艘，总吨位15259吨。	1943年5月28日在地中海海域被英军飞机击沉，艇上40人丧生，9人生还。	
U-859	1942.5.15	1943.7.8	IXD2	Johann Jebsen	击沉敌船3艘，总吨位20853吨。	1944年9月23日在马拉加海峡附近海域被英国潜艇“锋利”号击沉，艇上47人丧生，20人生还。	
U-861	1942.7.15	1943.9.2	IXD2	Jürgen Oesten	击沉敌船4艘，总吨位22048吨。	1945年5月6日在挪威向盟军投降。	
U-862	1942.8.15	1943.10.7	IXD2	Heinrich Timm	击沉敌船7艘，总吨位42347吨。	1945年5月6日在新加坡被日军接管，1945年7月15日被改编为伊-502号艇。	
U-870	1943.4.29	1944.2.3	IXC/40	Ernst Hechler	击沉敌船2艘，总吨位1960吨。	1945年3月30日在不莱梅被美军飞机击沉。	
U-873	1943.2.17	1944.3.1	IXD2	Friedrich Steinhoff	无战绩。	1945年5月16日在英国朴次茅斯投降，后被运往美国新罕布什尔州，1948年作为靶船被击沉。	
U-877	1943.5.22	1944.3.24	IXC/40	Eberhard Findeisen	无战绩。	1944年12月27日在亚速尔群岛西北海域，被加拿大“托马斯圣”号驱潜快艇击沉，艇员56人生还。	
U-879	1943.6.26	1944.4.19	IXC/40	Erwin Manchen	击沉敌船1艘，总吨位8537吨。	1945年4月30日在美国沿岸海域被美国海军驱逐舰击沉，艇上52人全部丧生。	
U-901	1942.1.1	1944.4.29	VIIC	Hans Schrenk	无战绩。	1945年5月29日投降后由挪威转运到北爱尔兰。	
U-952	1942.2.1	1942.12.10	VIIC	Oskar Curio	击沉敌船3艘，总吨位14299吨。	1944年8月6日在土伦被美军飞机击沉。	
U-957	1942.3.11	1943.1.7	VIIC	Franz Saar ObltGerd Schaar	击沉敌船4艘，总吨位8168吨。	1944年10月19日在挪威海域与一艘德国货轮发生碰撞而受伤，1944年10月21日退役。	
U-960	1942.3.20	1943.1.28	VIIC	Günther Heinrich	击沉敌船3艘，总吨位10267吨。	1944年5月19日在地中海海域被美军飞机击沉，艇上31人丧生，20人生还。	

舷号	下水时间	服役时间	艇型	艇长	战绩	最后结局	备注
U-968	1942.5.14	1943.3.18	VIIC	Otto Westphalen	击沉敌船3艘，总吨位15736吨。	1945年5月16日在苏格兰投降。	
U-969	1942.5.29	1943.3.24	VIIC	Max Dobbert	击沉敌船2艘，总吨位14352吨。	1944年8月6日在土伦被美军飞机用炸弹击沉。	
U-978	1942.7.24	1943.5.12	VIIC	Günther Pulst	击沉敌船1艘，总吨位7176吨。	1945年5月29日在挪威向盟军投降。	
U-995	1942.11.25	1943.9.16	VIIC/41	Walter Kohntopp Hans-Georg Hess	击沉敌船5艘，总吨位22298吨。	1945年5月8日在挪威向盟军投降。	
U-997	1942.12.7	1943.9.23	VIIC/41	Hans Lehmann	击沉敌船2艘，总吨位1708吨。	1945年5月19日在挪威向盟军投降。	
U-1004	1943.1.15	1943.12.16	VIIC/41	Hartmuth Schimmelpfennig Rudolf Hinz	击沉敌船2艘，总吨位2193吨。	1945年5月30日在挪威向盟军投降。	
U-1017	1943.4.19	1944.4.13	VIIC/41	Viktor Graf von Reventlow-Criminil Werner Riecken	击沉敌船2艘，总吨位10604吨。	1945年4月29日在北大西洋海域被英军飞机击沉，艇上34人丧生。	
U-1022	1943.5.6	1944.6.7	VIIC/41	Hans-Joachim Ernst	击沉敌船2艘，总吨位1720吨。	1945年5月30日在挪威向盟军投降。	
U-1055	1943.3.30	1944.4.8	VIIC	Rudolf Meyer	击沉敌船4艘，总吨位19413吨。	1945年4月23日在英吉利海峡附近海域失踪，艇上49人全部丧生。	
U-1059	1942.6.4	1943.5.1	VIIF	Herbert Brüninghaus Günter Leupold	无战绩。	1944年3月19日在佛得角岛西南海域被美国护航航母上的“布洛克岛”号舰载机击沉。艇员8人生还。	
U-1060	1942.7.7	1943.5.15	VIIF	Herbert Brammer	无战绩。	1944年10月27日在北海以南附近海域被英国飞机击沉，艇员12人生还。	
U-1062	1942.8.12	1943.6.19	VIIF	Karl Albrecht	无战绩。	1944年9月30日被美国护航驱逐舰“费森登”号击沉，艇员全部丧生。	
U-1107	1943.8.20	1944.8.8	VIIC/41	Fritz Parduhn	击沉敌船2艘，总吨位15209吨。	1945年4月30日在比斯开湾海域被美军飞机击沉，艇上37人丧生。	
U-1195	1943.2.6	1943.11.4	VIIC	Karl-Heinz Schroter Ernst Cordes	击沉敌船2艘，总吨位18614吨。	1945年4月7日在英吉利海峡被英国驱逐舰“哨兵”号击沉，艇上32人丧生，18人生还。	
U-1199	1943.3.23	1943.12.23	VIIC	Rolf Nollmann	击沉敌船1艘，总吨位7176吨。	1945年1月21日在西西里岛附近海域被英国驱逐舰击沉，艇上48人丧生，1人生还。	

舷号	下水时间	服役时间	艇型	艇长	战绩	最后结局	备注
U-1202	1943.4.28	1944.1.27	VIIC	Rolf Thomsen	击沉敌船1艘，总吨位7176吨。	1945年5月10日在挪威卑尔根向盟军投降。	
U-1223	1942.11.25	1943.10.6	IXC/40	Harald Bosüner Albert Kneip	击沉敌船1艘，总吨位7134吨。	1945年4月14日退役，1945年5月5日自沉。	
U-1230	1943.3.15	1944.1.26	IXC/40	Hans Hilbig	击沉敌船1艘，总吨位5458吨。	1945年6月24日被盟军从威廉港转移到“苏格兰”湖。1945年12月17日被作为靶船击沉。	
U-1232	1943.4.14	1944.3.8	IXC/40	Z. S. Kurt Dobratz Gotz Roth	击沉敌船3艘，总吨位17355吨。	1945年4月退役。	
U-1274	1943.6.21	1944.3.1	VIIC/41	Fedor Kuscher Hans-Hermann Fitting	击沉敌船1艘，总吨位8966吨。	1945年4月16日在北海海域被英国驱逐舰“总督”号击沉，艇上44人全部丧生。	
U-1302	1943.3.6	1944.5.25	VIIC/41	Wolfgang Herwartz	击沉敌船3艘，总吨位8386吨。	1945年3月7日在圣乔治海峡海域被加拿大护卫舰击沉，艇上48人全部丧生。	
U-2321	1944.3.10	1944.6.12	XXIII	Hans-Heinrich Barschkis	击沉敌船1艘，总吨位1406吨。	1945年5月在挪威的克里斯蒂尼亚向盟军投降，1945年11月27日作为靶船被击沉。	
U-2322	1944.3.22	1944.7.1	XXIII	Fridtjof Heckel	击沉敌船1艘，总吨位1317吨。	1945年5月在挪威向盟军投降，1945年11月27日作为靶船被击沉。	
U-2323	1944.4.11	1944.7.18	XXIII	Walter Angermann	无战绩。	1944年7月26日被盟军轰炸机炸沉在船厂码头，艇员2人丧生。	
U-2324	1944.4.21	1944.7.25	XXIII	Hans-Heinrich Hass	无战绩。	1945年5月在挪威向盟军投降，1945年11月27日作为靶船被击沉。	
U-2325	1944.4.29	1944.8.3	XXIII	Wolf-Harald Schüer	无战绩。	1945年5月在挪威的克里斯蒂尼亚向盟军投降，1945年11月28日作为靶船被击沉。	
U-2326	1944.5.8	1944.8.10	XXIII	Karl Jobst	无战绩。	1945年5月14日在苏格兰向盟军投降。战后服役于英国皇家海军，改名为“N35”；1946年转交法国海军。	
U-2327	1944.5.16	1944.8.19	XXIII	Heinrich Mürl	无战绩。	1945年5月2日在汉堡自沉。	
U-2328	1944.5.19	1944.8.25	XXIII	Hans-Ullrich Scholle	无战绩。	1945年5月在挪威向盟军投降，1945年11月27日被作为靶船被击沉。	
U-2329	1944.6.2	1944.9.1	XXIII	Heinrich Schlott	无战绩。	1945年5月在挪威向盟军投降，1945年11月28日作为靶船被击沉。	
U-2330	1944.6.12	1944.9.7	XXIII	Hans Beckmann	无战绩。	1945年5月3日在基尔自沉。	

舷号	下水时间	服役时间	艇型	艇长	战绩	最后结局	备注
U-2331	1944.6.30	1944.9.12	XXIII	Hans—Walter Pahl	无战绩。	1944年10月10日失事沉没，艇员15人丧生，4人生还。	
U-2332	1944.9.20	1944.11.13	XXIII	Dieter Bornkessel	无战绩。	1945年5月3日在汉堡自沉。	
U-2333	1944.9.27	1944.12.18	XXIII	Heinz Baumann	无战绩。	1945年5月3日在挪威自沉。	
U-2334	1944.7.14	1944.9.21	XXIII	Walter Angermann	无战绩。	1945年5月在挪威的克里斯蒂尼亚向盟军投降，1945年11月28日作为靶船被击沉。	
U-2335	1944.7.20	1944.9.27	XXIII	Karl-Dietrich Benthin	无战绩。	1945年5月在挪威的克里斯蒂尼亚向盟军投降，1945年11月28日作为靶船被击沉。	
U-2336	1944.7.27	1944.9.30	XXIII	Jürgen Vockel	无战绩。	1945年6月21日在德国威廉港向盟军投降，1946年1月3日作为靶船被击沉。	
U-2337	1944.8.2	1944.10.4	XXIII	Günter Behnisch	击沉敌船2艘，总吨位4669吨。	1945年5月在挪威的克里斯蒂尼亚向盟军投降，1945年11月28日作为靶船被击沉。	
U-2338	1944.8.10	1944.10.9	XXIII	Hans-Dietrich Kaiser	无战绩。	1945年5月4日在弗雷德里卡东北海域被英飞机炸沉。	
U-2339	1944.8.15	1944.11.16	XXIII	Germanus Woermann	无战绩。	1945年5月5日在挪威自沉。	
U-2340	1944.8.18	1944.10.16	XXIII	Emil Klusmeier	无战绩。	1945年3月30日在汉堡被英军飞机炸毁。	
U-2341	1944.8.23	1944.10.21	XXIII	Hermann Bohm	无战绩。	1945年6月21日在威廉港向盟军投降，1945年12月31日作为靶船被击沉。	
U-2342	1944.8.29	1944.11.1	XXIII	Berchthold Schad von-Mittelbiberach	无战绩。	1944年12月26日在波罗的海触发水雷沉没。	
U-2343	1944.8.31	1944.11.6	XXIII	Harald Fuhlendorf	无战绩。	1945年5月5日在挪威自沉。	
U-2344	1944.9.4	1944.11.10	XXIII	Hermann Ellerlage	无战绩。	1945年2月18日在与U-2336号艇发生碰撞后沉没，艇员3人生还。	
U-2345	1944.9.7	1944.11.15	XXIII	Karl Steffen	无战绩。	1945年在挪威向盟军投降，1945年11月27日作为靶船被击沉。	
U-2346	1944.9.14	1944.11.20	XXIII	Hermann von der Hoh	无战绩。	1945年5月5日在挪威自沉。	
U-2347	1944.9.19	1944.12.2	XXIII	Willibald Ulbing	无战绩。	1945年5月5日在挪威自沉。	
U-2348	1944.9.22	1944.12.4	XXIII	Georg Goschzik	无战绩。	1945年在挪威向盟军投降，1949年4月在贝尔法斯特拆毁。	
U-2349	1944.9.25	1944.12.11	XXIII	Hans-Georg Müller	无战绩。	1945年5月5日在挪威自沉。	
U-2350	1944.9.28	1944.12.23	XXIII	Werner Schauer	无战绩。	1945年5月在挪威的克里斯蒂尼亚向盟军投降，1945年11月28日作为靶船被击沉。	

舷号	下水时间	服役时间	艇型	艇长	战绩	最后结局	备注
U-2351	1944.10.3	1944.12.30	XXIII	Werner Brückner	无战绩。	1945年4月在基尔被盟军飞机重创，从此报废。1946年1月3日作为靶船被击沉。	
U-2352	1944.10.9	1945.1.11	XXIII	Sigmund Budzyn	无战绩。	1945年5月5日自沉。	
U-2353	1944.10.10	1945.1.9	XXIII	Jürgen Hillmann	无战绩。	1945年5月在挪威的克里斯蒂尼亚向盟军投降，随后经过改装加入英国海军服役，改名为N37。1947年转交苏联，1963年拆毁。	
U-2354	1944.10.14	1945.1.11	XXIII	Hans-Dieter Wex	无战绩。	1945年5月在挪威的克里斯蒂尼亚向盟军投降，1945年12月22日作为靶船被击沉。	
U-2355	1944.10.18	1945.1.12	XXIII	Hans-Heino Franke	无战绩。	1945年5月3日自沉。	
U-2356	1944.10.21	1945.1.12	XXIII	Friedrich Hartel	无战绩。	1945年5月在威廉港向盟军投降，1946年1月6日作为靶船被击沉。	
U-2357	1944.10.21	1945.1.13	XXIII	Erwin Heinrich	无战绩。	1945年5月5日在挪威自沉。	
U-2358	1944.11.1	1945.1.16	XXIII	Gerhard Breun	无战绩。	1945年5月5日在挪威自沉。	
U-2359	1944.11.3	1945.1.16	XXIII	Gustav Bischoff	无战绩。	1945年5月2日在卡特加特海峡被盟军飞机击沉。艇员全部丧生。	
U-2360	1944.11.7	1945.1.23	XXIII	Kurt Schrobach	无战绩。	1945年5月5日在挪威自沉。	
U-2361	1944.11.12	1945.2.3	XXIII	Heinz von Henning	无战绩。	1945年5月在挪威的克里斯蒂尼亚向盟军投降，1945年11月27日作为靶船被击沉。	
U-2362	1944.11.22	1945.2.5	XXIII	Martin Czekowski	无战绩。	1945年5月5日在挪威自沉。	
U-2363	1944.11.22	1945.2.5	XXIII	Karl Frahm	无战绩。	1945年5月在挪威的克里斯蒂尼亚向盟军投降，1945年11月28日作为靶船被击沉。	
U-2364	1944.11.27	1945.2.14	XXIII	Dieter Hengen	无战绩。	1945年5月5日在挪威自沉。	
U-2365	1944.12.6	1945.3.2	XXIII	Fritz-Otto Korfmann	无战绩。	1945年5月8日在卡特加特海峡西北海域自沉。	
U-2366	1944.12.6	1945.3.10	XXIII	Kurt Jackel	无战绩。	1945年5月5日在挪威自沉。	
U-2367	1944.12.11	1945.3.17	XXIII	Heinrich Schroder	无战绩。	1945年5月5日发生相撞事故后沉没。1956年8月被打捞出水。随后服役于联邦德国海军。1968年9月30日退役，1969年在基尔被拆毁。	
U-2368	1944.12.15	1945.4.11	XXIII	Fritz Ufermann	无战绩。	1945年5月5日在挪威自沉。	
U-2369	1944.12.20	1945.4.18	XXIII	Hermann Schulz	无战绩。	1945年5月5日在挪威自沉。	
U-2371	1945.1.19	1945.4.24	XXIII	Johannes Kühne	无战绩。	1945年5月3日在汉堡自沉。	
U-2501	1944.4.3	1944.6.27	XXI	Otto H U bschen	无战绩。	1945年5月3日在汉堡自沉。	
U-2502	1944.4.25	1944.7.19	XXI	Gert Mannesmann Hans Hornkohl Heinz Franke	无战绩。	1946年1月1日被盟军作为靶船击沉。	因事故伤亡最大的德军潜艇。1945年5月3日艇上事故造成13人丧生。

舷号	下水时间	服役时间	艇型	艇长	战绩	最后结局	备注
U-2503	1944.5.2	1944.8.1	XXI	Raimund Tiesler Richard Becker Karl-Jürg Wachter	无战绩。	1945年5月4日自沉。	
U-2504	1944.5.20	1944.8.12	XXI	Horst Günther	无战绩。	1945年5月3日在汉堡自沉。	
U-2505	1944.5.23	1944.11.7	XXI	Joachim Düppe	无战绩。	1945年5月2日在汉堡自沉。	
U-2506	1944.5.29	1944.8.31	XXI	Horst von Schroeter	无战绩。	1946年1月1日被盟军作为靶船击沉。	
U-2507	1944.6.4	1944.9.8	XXI	Paul Siegmann	无战绩。	1945年5月5日在盖廷湾自沉。	
U-2508	1944.6.13	1944.9.26	XXI	Uwe Christiansen	无战绩。	1945年5月3日在基尔港自沉。	
U-2509	1944.6.17	1944.9.21	XXI	Rudolf Schendel	无战绩。	1945年4月8日在汉堡造船厂被英国轰炸机炸沉。	
U-2510	1944.7.5	1944.9.27	XXI	Werner Herrmann	无战绩。	1945年5月2日在特拉沃明德港自沉。	
U-2511	1944.7.7	1944.9.29	XXI	Adalbert Schnee	无战绩。	1946年1月2日被盟军作为靶船击沉。	
U-2512	1944.7.13	1944.10.10	XXI	Hubert Nordheimer	无战绩。	1945年5月3日在艾肯福德港自沉。	
U-2513	1944.7.19	1944.10.12	XXI	Hans Bungards	无战绩。	1951年10月7日在佛罗里达西边海域作为火箭实验靶船被击沉。	
U-2514	1944.7.24	1944.10.17	XXI	Rolf-Birger Wahlen	无战绩。	1945年4月8日在汉堡港被炸沉。	
U-2515	1944.7.28	1944.10.19	XXI	Rolf Borchers Gerhard Linder	无战绩。	1945年1月17日在汉堡港被炸沉。	
U-2516	1944.8.3	1944.10.24	XXI	Fritz Kallipke	无战绩。	1945年4月9日在基尔港被炸沉。	
U-2517	1944.8.8	1944.10.31	XXI	Hermann Hansen	无战绩。	1945年5月5日在盖廷湾自沉。	
U-2518	1944.8.16	1944.11.4	XXI	Friedrich Weidner	无战绩。	1945年5月8日在挪威向盟军投降。	
U-2519	1944.8.24	1944.11.15	XXI	Peter-Erich Cremer	无战绩。	1945年5月3日在基尔港自沉。	
U-2520	1944.8.24	1944.12.25	XXI	Albrecht Schubart KrvKpt. Rudolf Schendel	无战绩。	1945年5月3日在基尔港自沉。	
U-2521	1944.8.31	1944.11.21	XXI	Joachim Methner	无战绩。	1945年5月3日在佛兰斯堡湾被盟军飞机击沉，44人丧生，生还者未知。	
U-2522	1944.8.28	1944.11.22	XXI	Horst-Thilo Queck	无战绩。	1945年5月5日在盖廷湾自沉。	
U-2523	1944.9.6	1944.12.26	XXI	Hans-Heinrich Ketels	无战绩。	1945年1月17日在汉堡港被炸沉。	
U-2524	1944.9.6	1945.1.16	XXI	Ernst von Witzendorff	无战绩。	1945年5月3日在卡特加特海峡自沉。	
U-2525	1944.9.13	1944.12.12	XXI	Paul-Friedrich Otto	无战绩。	1945年5月5日在盖廷湾自沉。	
U-2526	1944.9.16	1944.12.15	XXI	Otto Hohmann	无战绩。	1945年5月2日在特沃拉明德港自沉。	
U-2527	1944.9.20	1944.12.23	XXI	Hans Gotze	无战绩。	1945年5月2日在特沃拉明德港自沉。	
U-2528	1944.9.25	1944.12.9	XXI	Oskar Curio	无战绩。	1945年5月2日在特沃拉明德港自沉。	
U-2529	1944.9.29	1945.2.22	XXI	Karl-Heinrich Feufel Fritz Kallipke	无战绩。	在挪威被俘。1945年6月3日被转移到苏格兰。	

舷号	下水时间	服役时间	艇型	艇长	战绩	最后结局	备注
U-2530	1944.10.1	1944.12.30	XXI	Max Bokelberg	无战绩。	1944年12月31日在汉堡港被击沉。被打捞出水后又被击沉。	
U-2531	1944.10.3	1945.1.10	XXI	Hellmut Niss	无战绩。	1945年5月2日在特沃拉明德港自沉。	
U-2533	1944.10.13	1945.1.18	XXI	Horst Günther	无战绩。	1945年5月2日在特沃拉明德港自沉。	
U-2534	1944.10.23	1945.1.17	XXI	Ulrich Drews	无战绩。	1945年5月3日在特沃拉明德港自沉。	
U-2535	1944.10.19	1945.1.28	XXI	Otto Bitter	无战绩。	1945年5月3日在特沃拉明德港自沉。	
U-2536	1944.10.21	1945.2.6	XXI	Ulrich Voge	无战绩。	1945年5月3日在特沃拉明德港自沉。	
U-2538	1944.10.24	1945.2.16	XXI	Heinrich Klapdor	无战绩。	1945年5月8日在艾若岛西南自沉。	
U-2539	1944.10.27	1945.2.21	XXI	Erich Jewinski Johann Johann	无战绩。	1945年5月3日在基尔港自沉。	
U-2540	1944.10.28	1945.2.24	XXI	Rudolf Schultze	无战绩。	1945年5月4日在佛兰斯堡港自沉。打捞后1984年作为展品在德国海事博物馆展出。	现存于世的几艘U艇之一。
U-2541	1944.10.31	1945.3.1	XXI	Ernst-August Stellmann Rolf-Birger Wahlen	无战绩。	1945年5月5日在盖廷湾自沉。	
U-2542	1944.11.10	1945.3.5	XXI	Otto Hübschen	无战绩。	1945年4月3日在基尔港被炸沉。	
U-2543	1944.11.13	1945.3.7	XXI	Gottfried Stolzenburg	无战绩。	1945年5月3日在基尔港自沉。	
U-2544	1944.11.15	1945.3.10	XXI	Rudolf Meinlschmidt	无战绩。	1945年5月5日在丹麦奥尔胡斯港自沉。	
U-2545	1944.11.20	1945.4.8	XXI	Otto von Bülow Baron Hans-Bruno von Müffling	无战绩。	1945年5月3日在基尔港自沉。	
U-2546	1944.11.22	1945.3.21	XXI	Max Dobbert	无战绩。	1945年5月3日在基尔港自沉。	
U-2548	1944.11.30	1945.4.9	XXI	Karl-Erich Utischill	无战绩。	1945年5月3日在基尔港自沉。	
U-2551	1944.12.8	1945.4.24	XXI	Gerd Schaar	无战绩。	1945年5月5日在弗伦斯堡沉没。	
U-2552	1944.12.10	1945.4.21	XXI	Johannes Rudolph	无战绩。	1945年5月3日在基尔港自沉。	
U-3001	1944.4.15	1944.7.20	XXI	Hans Vogel Wilhelm Peters	无战绩。	1945年5月3日在威悉蒙德自沉。	
U-3002	1944.5.23	1944.8.6	XXI	Helmut Manseck Hermann Kaiser	无战绩。	1945年5月2日在特沃拉明德港自沉。	
U-3003	1944.5.27	1944.8.22	XXI	Ludo Kregelin	无战绩。	1945年4月4日在基尔港被炸沉。	

舷号	下水时间	服役时间	艇型	艇长	战绩	最后结局	备注
U-3004	1944.6.4	1944.8.30	XXI	Helmut Thurmann Otto Peschel	无战绩。	1945年5月2日在汉堡自沉。	
U-3005	1944.6.21	1944.9.20	XXI	Walter Sitek Johannes Hinrichs	无战绩。	1945年5月3日在基尔港自沉。	
U-3006	1944.6.12	1944.10.5	XXI	Klaus Popp Hans-Ferdinand Geisler Gerhard Linder Ernst Fischer	无战绩。	1945年5月3日在威廉港自沉。	
U-3007	1944.7.9	1944.10.22	XXI	Helmut Manseck	无战绩。	1945年2月24日在不来梅港被炸沉。	
U-3008	1944.7.2	1944.10.19	XXI	Fokko Schlomer Helmut Manseck	无战绩。	1954年5月在美国作为靶船被击沉。	
U-3009	1944.7.21	1944.11.10	XXI	Karl Schimpf	无战绩。	1945年5月1日在威悉蒙德自沉。	
U-3010	1944.7.13	1944.11.11	XXI	Eberhard Ebert Erich Topp	无战绩。	1945年5月3日在基尔港自沉。	
U-3011	1944.8.14	1944.12.21	XXI	Otto Tinschert Otto Franzel	无战绩。	1945年5月3日在特沃拉明德港自沉。	
U-3012	1944.8.26	1944.12.4	XXI	Friedrich Kloevekorn Hans Bungards Alfred Meier	无战绩。	1945年5月3日在特沃拉明德港自沉。	
U-3013	1944.8.18	1944.11.22	XXI	Volker Simmermacher	无战绩。	1945年5月3日在特沃拉明德港自沉。	
U-3014	1944.8.28	1944.12.17	XXI	Karl-Heinz Marbach	无战绩。	1945年5月3日在海塞港自沉。	
U-3015	1944.8.25	1944.12.17	XXI	Peter-Ottmar Grau	无战绩。	1945年5月5日在盖廷湾自沉。	
U-3016	1944.9.6	1945.1.5	XXI	Bernhard Meentzen	无战绩。	1945年5月2日在特沃拉明德港自沉。	
U-3017	1944.9.2	1945.1.5	XXI	Rolf Lindschau	无战绩。	1945年5月8日在挪威投降。	
U-3018	1944.9.18	1945.1.7	XXI	Siegfried Breinlinger	无战绩。	1945年5月2日在特沃拉明德港自沉。	
U-3019	1944.9.10	1944.12.23	XXI	Ernst-August Racky	无战绩。	1945年5月2日在特沃拉明德港自沉。	
U-3020	1944.10.1	1944.12.23	XXI	Heinrich Moueler	无战绩。	1945年5月2日在特沃拉明德港自沉。	
U-3021	1944.9.26	1945.1.12	XXI	Kurt van Meteren	无战绩。	1945年5月2日在特沃拉明德港自沉。	
U-3022	1944.10.6	1945.1.25	XXI	Paul Weber	无战绩。	1945年5月5日在盖廷湾自沉。	
U-3023	1944.10.3	1945.1.22	XXI	Erich Harms	无战绩。	1945年5月3日在特沃拉明德港自沉。	
U-3024	1944.10.14	1945.1.13	XXI	Fredinand Blaich	无战绩。	1945年5月3日在海塞港自沉。	
U-3025	1944.10.12	1945.1.20	XXI	Hans Vogel	无战绩。	1945年5月3日在特沃拉明德港自沉。	
U-3026	1944.10.19	1945.1.22	XXI	Günther Drescher	无战绩。	1945年5月3日在特沃拉明德港自沉。	

舷号	下水时间	服役时间	艇型	艇长	战绩	最后结局	备注
U-3027	1944.10.18	1945.1.25	XXI	Karl Mehne	无战绩。	1945年5月3日在特沃拉明德港自沉。	
U-3028	1944.10.26	1945.1.27	XXI	Erwin Christophersen	无战绩。	1945年5月3日在基尔港自沉。	
U-3029	1944.10.24	1945.2.5	XXI	Hermann Lamby	无战绩。	1945年5月3日在基尔港自沉。	
U-3030	1944.11.2	1945.2.14	XXI	Bernhard Luttmann	无战绩。	1945年5月8日在艾克福德海湾自沉。	
U-3031	1944.10.30	1945.2.28	XXI	Heinrich Sach	无战绩。	1945年5月3日在基尔港自沉。	
U-3032	1944.11.9	1945.2.12	XXI	Horst Slevogt	无战绩。	1945年5月3日在弗雷得里卡东部海域被英国飞机炸沉，36人丧生，24人生还。	
U-3033	1944.11.6	1945.2.7	XXI	Peter Callsen	无战绩。	1945年5月4日在瓦塞里贝海湾自沉。	
U-3034	1944.11.14	1945.3.31	XXI	Wilhelm Prehn Horst Willner	无战绩。	1945年5月4日在瓦塞里贝海湾自沉。	
U-3035	1944.11.11	1945.3.1	XXI	Ernst-August Gerke	无战绩。	1945年5月在挪威的斯塔万格投降，后加入英国海军。1946年2月到1955年12月服役于苏联海军。	
U-3037	1944.11.18	1945.3.3	XXI	Carl Emmermann Gustav-Adolf Janssen	无战绩。	1945年5月3日在特沃拉明德港自沉。	
U-3038	1944.12.1	1945.3.4	XXI	Matthias Brünig	无战绩。	1945年5月3日在基尔港自沉。	
U-3039	1944.11.29	1945.3.8	XXI	Günther Ruperti	无战绩。	1945年5月3日在基尔港自沉。	
U-3040	1944.12.9	1945.3.8	XXI	Heinz Robbert	无战绩。	1945年5月3日在基尔港自沉。	
U-3041	1944.12.7	1945.3.10	XXI	Joachim Vieth Hans Hornkohl	无战绩。	1945年5月在挪威自沉。	
U-3044	1944.12.21	1945.3.27	XXI	Bernhard Jaek Detlef von Lehsten	无战绩。	1945年5月5日在盖廷湾自沉。	
U-3501	1944.3.20	1944.7.29	XXI	Helmut Münster Hans Schmidt-Weichert	无战绩。	1945年5月5日在威悉河口自沉。	
U-3502	1944.4.16	1944.8.19	XXI	Hermann Schultz	无战绩。	作为汉堡港发电船使用，直到1945年5月3日被炸毁。	
U-3503	1944.6.17	1944.9.9	XXI	Hugo Deiring	无战绩。	1945年5月8日在卡特加特海峡自沉。	
U-3504	1944.6.30	1944.9.23	XXI	Karl-Hartwig Sieboid	无战绩。	1945年5月5日在威廉港自沉。	
U-3505	1944.7.9	1944.10.7	XXI	Horst Willner	无战绩。	1945年5月3日在基尔港被炸沉。1人丧生。	
U-3506	1944.7.14	1944.10.16	XXI	Gerhard Thater	无战绩。	作为军用掩体被埋藏在易北河里。	
U-3507	1944.7.19	1944.10.19	XXI	Otto Niethmann Hans-Jürgen Schley	无战绩。	1945年5月3日在特沃拉明德港自沉。	

舷号	下水时间	服役时间	艇型	艇长	战绩	最后结局	备注
U-3508	1944.7.25	1944.11.2	XXI	Detlef von Lehsten	无战绩。	1945年3月4日在威廉港被炸沉。	
U-3509	1944.7.29	1945.1.29	XXI	Hans Hornkohl Karl-Heinz Voswinkel Heinz Franke Wilhelm Neitzsch	无战绩。	1945年5月3日在威悉河口自沉。	
U-3510	1944.8.6	1944.11.11	XXI	Ernst-Werner Schwirley	无战绩。	1945年5月5日在盖廷湾自沉。	
U-3511	1944.8.14	1944.11.18	XXI	Martin Grasse Hans-Heinrich Ketels Hermann Schrenk	无战绩。	1945年5月3日在特沃拉明德港自沉。	
U-3512	1944.8.15	1944.11.27	XXI	Hans Hornkohl	无战绩。	1945年4月8日在威廉港被炸沉。	
U-3513	1944.8.20	1944.12.2	XXI	Otto-Heinrich Nachtigall	无战绩。	1945年5月3日在特沃拉明德港自沉。	
U-3514	1944.8.21	1944.12.9	XXI	Günther Fritze Klaus Willeke	无战绩。	1946年2月12日被盟军作为靶船击沉。	
U-3515	1944.8.27	1944.12.14	XXI	Fedor Kuscher	无战绩。	1945年5月在挪威投降。	
U-3516	1944.8.28	1944.12.18	XXI	Hans Wengel Heinrich Grote	无战绩。	1945年5月2日在特沃拉明德港自沉。	
U-3517	1944.9.12	1944.12.22	XXI	Helmut Münster	无战绩。	1945年5月2日在特沃拉明德港自沉。	
U-3518	1944.9.12	1944.12.29	XXI	Herbert Brünning	无战绩。	1945年5月3日在威廉港自沉。	
U-3519	1944.9.19	1945.1.6	XXI	Richard von Harpe	无战绩。	1945年3月2日在瓦尔内明德被水雷炸沉，75人丧生，3人生还。	
U-3520	1944.9.20	1945.1.12	XXI	Sarto Ballert	无战绩。	1945年1月31日在波罗的海被水雷炸沉，85人丧生。	
U-3521	1944.9.24	1945.1.14	XXI	Günther Keller	无战绩。	1945年5月2日在特沃拉明德港自沉。	
U-3522	1944.9.25	1945.1.21	XXI	Dieter Lenzmann	无战绩。	1945年5月2日在特沃拉明德港自沉。	
U-3523	1944.10.7	1945.1.23	XXI	Willi Müller	无战绩。	1945年5月6日在丹麦海域被英国轰炸机炸沉。	
U-3524	1944.10.8	1945.1.26	XXI	Hans-Ludwig Witt	无战绩。	1945年5月5日在盖廷湾自沉。	
U-3525	1944.10.17	1945.1.31	XXI	Hans-Ludwig Gaude Franz Kranich	无战绩。	1945年5月3日在威廉港自沉。	
U-3526	1944.10.18	1945.3.22	XXI	Kurt Hilbig	无战绩。	1945年5月5日在盖廷湾自沉。	
U-3527	1944.10.25	1945.3.10	XXI	Willy Kronenbitter	无战绩。	1945年5月5日在威悉河口自沉。	
U-3528	1944.10.26	1945.3.18	XXI	Heinz Zwarg	无战绩。	1945年5月5日在威悉河口自沉。	
U-3529	1944.11.2	1945.3.22	XXI	Karl-Heinz Schmidt	无战绩。	1945年5月5日在盖廷湾自沉。	

舷号	下水时间	服役时间	艇型	艇长	战绩	最后结局	备注
U-3530	1944.11.3	1945.3.22	XXI	Wilhelm Brauel Walter-Ernst Koch	无战绩。	1945年5月3日在威廉港自沉。	
U-4701	1944.10.19	1945.1.10	XXIII	Arnold Wiechmann	无战绩。	1945年5月5日在波罗的海海域自沉。	
U-4702	1944.10.28	1945.1.12	XXIII	Edgar Seeliger	无战绩。	1945年5月5日在盖廷湾自沉。	
U-4703	1944.11.1	1945.1.21	XXIII	Hans-Ulrich Scholz	无战绩。	1945年5月5日在盖廷湾自沉。	
U-4704	1944.11.9	1945.3.14	XXIII	Gerhard Franceschi	无战绩。	1945年5月5日在波罗的海海域自沉。	
U-4705	1944.11.10	1945.2.15	XXIII	Martin Landt-Hayen	无战绩。	1945年5月3日在基尔港自沉。	
U-4706	1944.11.14	1945.2.7	XXIII	Manfred Schneider	无战绩。	1945年5月29日加入英国海军。	
U-4707	1944.12.5	1945.2.20	XXIII	Joachim Leder	无战绩。	1945年5月5日在盖廷湾自沉。	
U-4709	1944.12.1	1945.3.3	XXIII	Paul Berkemann	无战绩。	1945年5月4日在基尔港自沉。	
U-4710	1945.3.1	1945.5.1	XXIII	Ludwig-Ferdinand von Friedeburg	无战绩。	1945年5月5日在盖廷湾自沉。	
U-4711	1944.12.1	1945.3.21	XXIII	Siegfried Endler	无战绩。	1945年5月4日在基尔港自沉。	
U-4712	1945.1.3	1945.4.3	XXIII	Karl-Heinz Rohlfing	无战绩。	1945年5月3日在基尔港自沉。	

碧海群狼

二战德国U艇全史（下册）

周明　著

第十二章 四处出击

希特勒的怀疑和许诺

美国海域的潜艇战使同盟国蒙受了前所未有的损失，但是从1942年4月起，德国高层开始怀疑潜艇战的效果，特别是庞大的潜艇建造计划所需要的大量优质钢和铜，也是陆军和空军进攻苏联所急需的。美国宣布了1942–1943年的大规模商船建造计划，在此背景下，潜艇战到底还能有多少作用？反对者认为德国无论如何无法建造足够的潜艇来给盟军惊人的商船建造计划造成可观的影响。此外尽管在美国海域击沉商船的数目在不断提升，但还是有大量的军用物资通过北大西洋、南大西洋、北冰洋和印度洋被运到英国、北非和苏联，因此要想赢得在北非和苏联的战斗，就要让潜艇到那些海域袭击商船，而不是只在美国沿岸海域，因为在美国海域的商船中还有一些运载香蕉、雪茄、糖蜜和其他非军事物资的船，所以潜艇部队应将袭击目标集中在直接支持前线的船队上。

但是雷德尔和邓尼茨表示不仅要继续执行潜艇建造计划，而且要缩减在战区内对船队的进攻，将进攻重点放在美国沿岸海域。雷德尔先后在四次会议上对希特勒陈述潜艇战略，邓尼茨参加了5月14日的会议并发了言，他的主要观点是：第一，并不认为相对于敌人的船只建造计划，潜艇击沉数目是“毫无希望”的。盟军在1942年建造820万吨船的目标很有可能只是宣传而已，专家曾经计算过盟军在1942年建造的船只决不超过500万吨。所以轴心国部队（包括潜艇、军舰和飞机等）只需要每个月击沉40万到50万吨船就可以赶上盟军的船只建造速度，而多出来的数目就是在减少盟军船只的基本吨位数了，而所有轴心国部队现在的击沉船只速度每个月在70万吨左右（这一资料的估计是很准确的。根据英国海军的资料，1942年4月盟军商船的损失总数为132艘共674457吨，而德意日三国的潜艇击沉了74艘共431664吨）。第二，潜艇在美国海域的行动是绝对必要的。在1月10日到5月10日，潜艇共击沉了303艘共200万吨，其中包括112艘油轮共93万吨。美国已经开始建造从得克萨斯州到东海岸的输油管道，但是建好至少也得一年的时间，在此期间美国工业还得依靠油轮来运输原油。所以每击沉1艘油轮都可以直接阻碍美国的工业生产，潜艇部队是在“从根本上打击盟军”。第三，当在美国海域的攻击已经无利可图时，将重新袭击北大西洋上的船队。到6、7月，波罗的海的冰会融化，船厂里也会有足够的劳动力来对新潜艇进行最后的检查，这样许多潜艇会加入到大西洋，另外补给潜艇也会提高潜艇的持续作战力。此外到美国海域的巡逻对许多新潜艇来说是一个很好的训练机会，并且已经培养出一批优秀的艇长，如阿基利斯、布罗夫、克莱默等。邓尼茨最后的总结是“潜艇部队的前景是非常乐观的”，现在最紧迫的是让在波罗的海的潜艇尽快赶到大西洋并让尽可能多的潜艇投入破交战。

希特勒却提出了杀死救生艇中的船员以打击同盟国的海运。这一想法在德国官方记录中最早出现于1942年1月3日希特勒会见日本大使大岛裕志（Oshima Hiroshi）时。根据记录希特勒对大岛说：“我们正在为我们的存在而战斗，我们的看法不能被任何的人类感情所左右。”如果潜艇射杀救生艇里的船员，消息传开后，“美国人马上就会在招募船员方面碰到困难”。1942年2月4日，希特勒就此和雷德尔进行商讨，希特勒提出

■ 邓尼茨明确拒绝希特勒提出的向沉船幸存者开火的建议，认为这是一件有悖战争伦理的事情。

“为了加强力度打击盟军的航运，不再考虑敌方船员的生死”。雷德尔马上表示强烈反对，他担心“这样一个政策会被用到我们的船员身上。潜艇艇员会出于人道原因不愿执行，他们也会害怕盟军会谋杀沉没潜艇上的幸存艇员来报复”。纽伦堡审判时，雷德尔曾为邓尼茨辩护，他回忆希特勒曾向邓尼茨提出过这个想法，邓尼茨毫不犹豫地表示拒绝，并告诉希特勒采取这样的行动是“不可能的”。邓尼茨建议，倘若德国的鱼雷工程师能够研制出在船只正下方爆炸的可靠的鱼雷引信，不但可以节约鱼雷，还能使被鱼雷击中的船只在短时间内迅速沉没，船员根本来不及逃生。这个建议使希特勒感到“很满意”，从那之后希特勒再也没有提出过这样的要求。邓尼茨后来回忆说，“向沉船幸存者开火是一件有悖战争伦理的事情，应该在任何情况下都禁止这种事情的发生”。

在这次会议上，德国最高统帅部还下令在击沉商船之后，潜艇要尽全力俘虏船长和总工程师并将他们带到德国来。邓尼茨于6月5日向所有潜艇下达了这个命令，但同时说明“如果抓捕行动会给潜艇带来危险或者降低战斗力，可以不必这样去做”。

在5月14日的会议上，希特勒同意了邓尼茨的潜艇战略，他宣称“胜利依赖于尽最大可能击沉最多的盟军船只，这样敌人任何的进攻行动都会被延缓甚至会被完全阻止……

■ 军备和战争生产部长阿尔波特·施佩尔（左）非常支持邓尼茨的潜艇扩建计划。

潜艇战将最终决定战争的胜负”。并同意将增加潜艇的生产，为解决铜和劳动力缺乏的问题，计划从法国和比利时的黑市上购买铜（5月7日，阿尔波特·施佩尔被任命为军备和战争生产部长[Minister of Armament and War Production]，代替死于飞机失事的弗利兹·托特[Fritz Todt]。施佩尔也参加了5月14日的会议，他非常支持潜艇扩建计划，并建议将欧洲所有的中低压电线拆掉来收集铜），并且免除船厂熟练工人的兵役。

邓尼茨在会议后认为他已经是大获全胜了，但实际上，他只胜利了一半。希特勒将航空母舰“齐柏林”号的建造列为最高优先权，并将正在建造中的重巡洋舰“西德里茨”（Seydlitz）号和远洋巨轮“欧罗巴”（Europa）号、“波茨坦”（Potsdam）号改建成航母。这一项目将从潜艇生产在线转移掉大量的优质钢材、铜和船厂劳动力。

刺入海湾

1942年春，法国大西洋沿岸的潜艇维修坞已经大量建成，由于一部分潜艇被派到了地中海和北冰洋，派到大西洋的新潜艇又受到了拖延，使法国有充足的空间和维修人员来为所有需要维修的潜艇服务。所以许多潜艇待在船坞中维修的时间大大缩短了。另外又有6艘新潜艇（3艘IX型，3艘VII型）从德国赶来加入到了大西洋部队，这使得邓尼茨在4月能够派出32艘潜艇部队前往美国。

这32艘潜艇可以从两艘补给潜艇上加油，其中1艘是U-459号，已于3月出发，现在还在大西洋中部；另一艘是XB型布雷潜艇U-116号，但在4月29日，U-116号被1架岸防司令部的哈德逊飞机在罗卡尔浅滩（Rockall，不列颠群岛西北的海底高地）附近用深水炸弹炸伤，不得不返回洛里昂。这使U-116号耽搁了22天，并打乱了4月潜艇的供给计划。

U-116号被炸伤并非偶然，这是岸防司令部加强了在比斯开湾的空中巡逻的直接后果。4月这些装有雷达的飞机还找到并击伤了另外两艘潜艇U-172号和U-590号。两艘潜艇都被迫返回法国进行维修，并使出发时间耽搁到5月，这样就使4月到达美国海域的潜艇总数减少到了30艘。

在这30艘潜艇中，17艘是VII型潜艇（其中U-753号直接派往墨西哥湾，战绩单独计算），其中有9艘曾到过美国海域，有三位艇长是骑士十字勋章获得者。所有这些潜艇都计划从U-459号上加油。

邓尼茨正确估计到了在美国东海岸海域的“幸福”时光已经到头了。在4月，潜艇必然会遭到密集甚至是致命的反潜措施，很有可能美国已经启动了海岸船队体系，这样将使潜艇的猎杀行动变得非常艰难。作为应急计划，如果美国海域确实比较困难，潜艇在海上加完油后便改向墨西哥湾和加勒比海。

U-564号艇长莱因哈特·苏伦已经获得了橡叶骑士十字勋章，他是4月中第一个到达美国海域的。在U-459号上加了油之后，苏伦在卡纳维尔角（Cape Canaveral）和劳德岱堡（Fort Lauderdale）之间的浅水区，仅仅从5月3日到9日，就击沉3艘共20400吨，还击伤2艘。随后U-564号继续南下，5月14日，击沉4000吨的中立国墨西哥的“波切罗戴拉诺”（Potrero del Llano）号。苏伦宣称这艘船实行了灯火管制，并有护航舰，所以是一个合法的攻击目标。墨西哥政府抓住这件事，于5月22日对德宣战。于是邓尼茨通知所有大西洋上的潜艇可以将墨西哥船列为攻击对象，同时小心在墨西哥海域的反潜措施。

同一天，美国海军在西岛（Key West，亦称基韦斯特，位于佛罗里达群岛最西端，属陆连岛，是美国大陆最南端城市。）和诺福克之间启动了商船海岸船队体系来代替简陋但有效的“接力桶”船队系统。计划由45艘船组成船队，护航舰不少于5艘，同时还要有飞机提供空中护航，两个方向都是每三天发一组。第一支这样的船队是KS-500船队（Key West，Southbound。西岛，南向），于5月14日从诺福克出发。与此相对的一支船队KN-100船队（Key West，Northbound。西岛，北向）于5月15日出发。所有船只都是在白天有最多的飞机护航时经过哈特拉斯角。

5月17日，U-564号在佛罗里达群岛（Florida Keys）附近发现了KS-500船队，随即向邓尼茨报告，但由于已经没有鱼雷了，只好踏上了返航的旅程，U-564号总共击沉4艘共24400吨，还击伤了2艘，是4月VII型潜艇创下的最好战绩。

4月其他15艘VII型潜艇也陆续开往美国海域。因为加拿大海域的天气已经有了很大的改善，邓尼茨希望尽最大可能把盟军的反潜力量吸引在那一海域并切断从哈利法克斯、悉尼和圣约翰斯出发或开往那里的船队，所以他派了4艘潜艇到纽芬兰和新斯科舍附近巡逻，其他11艘继续前往美国东海岸和佛罗里达以东的巴拿马群岛。

被派往加拿大海域的4艘潜艇中VIID型布雷潜艇U-213号在攻击船队前，先要将一个间谍送上新布伦瑞克（New Brunswick，加拿大东部省，位于新斯科舍省左侧）。5月14日，到达芬迪湾（Bay of Fundy）之后，用橡皮艇将携带可携式无线电收发机和7000美元的海军中尉朗巴恩（M. A. Langbein）送上了麦尔文海滩（Melvin's Beach），随后U-213号就在芬迪湾寻找商船，不过一艘也没有找到。（朗巴恩是第一个被潜艇送上美国的德国间谍，他在海滩上把无线电收发机埋了起来，接着赶往了蒙特利尔，6月19日又搬到了渥太华。1944年11月1日，他向加拿大当局自首，接着被关进了战俘营直到战争结束。加拿大反情报机构总结道：“他并没有从事任何间谍活动，只是拿着德国的钱舒服地在渥太华生活，直到钱花完为止。”）

U-553和U-588号在途中发现AT-15和NA-8船队（AT和NA运兵船队经常合并航行），他们转而对这个船队进行了追击，浪费了好几天，却徒劳无功。这样他们就晚了好几天到达加拿大海域。5月6日，U-553号向1艘由驱潜快艇护航的货船发射了1枚鱼雷，但没有击中，反遭到护航舰的深水炸弹攻击。第二天又遭到飞机的攻击，受到不小损伤。为了寻找一个安全的地方进行维修，U-553号进入了圣劳伦斯湾（Gulf of St. Lawrence），这是一个位于圣劳伦斯河河口的浅水湾，周围为陆地环绕，还从没有潜艇进入过。在修好了损伤后，艇长卡尔·图尔曼（Karl Thurmann）决定乘机侦察圣劳伦斯湾，于是指挥潜艇向西北方的安蒂科斯蒂岛（Anticosti）驶去，这个岛位于宽阔的圣劳伦斯河河口，正对着加斯佩半岛（Gaspe）。5月10日下午，U-553号正在水面航行时，被1架美军B-17轰炸机发现并遭攻击，5枚炸弹给潜艇造成了严重损伤，但U-553号还是继续向安蒂科斯蒂岛驶去。由于美军飞行员没有报告，所以盟军没有继续组织力量进行攻击。这是一次不同寻常的大胆奇袭，可以跟普里恩突入斯卡帕湾相媲美。5月12日凌晨U-553号到达圣劳伦斯河河口，在天亮后的一个小时里，向4艘货船发射了鱼雷，击沉5400吨的英国船“尼克雅”（Nicoya）号和4700吨的荷兰船“来托”（Leto）号。U-553号在圣劳伦斯湾的出现引起了不小的震动。邓尼茨、加拿大政府和盟军反潜部队都同样感到震惊，盟军暂时停止了所有海湾和河流航运，关闭航海灯，派出反潜巡逻机在圣劳伦斯湾进行扫荡。U-553号在海湾里潜伏了一个星期，修好了损伤，躲过了盟军的飞机和军舰，直到5月21日才从卡伯特海峡（Cabot Strait）退出了海湾。纳粹宣传部对图尔曼大闹圣劳伦斯湾进行了大肆宣扬。

U-588号5月9日在哈利法克斯附近海域击伤7500吨的美国货船“克雷洛克”（Creylock）号。迫于密集的空中和水面巡逻，只好向南驶向赛博角（Cape Sable），在那里于5月10日击沉了4000吨的英国货船“基蒂斯布鲁克”（Ketty's Brook）号。迫于潜艇的袭击同盟国暂时停止了波士顿-哈利法克斯-波士顿之间的航运。5月17日，击沉1艘2100吨的挪威货船“苏格兰”号，但是随后在攻击英国货船“兵革堡”（Fort Binger）号时被船员用甲板炮击退。

U-432号于5月中旬到达加拿大海域，5月17日在赛博角东部，用甲板炮击沉了325吨的捕鱼船“泡沫”（Foam）号。

鉴于被派往加拿大海域的4艘潜艇没有1艘发现过船队，这使邓尼茨推测盟军已经将航线调到了远离海岸的地方，随即命令U-213号、U-588号和U-432号到赛博角东南320公里的海域进行搜寻，U-553号则代替其他3艘潜艇在赛博角附近巡逻。

到达赛博角东南后，还是没有发现船队，但是发现了大量单独航行的船。5月21日到23日，U-588号击沉3300吨的美国货船“普隆城”（Plow City）号和4500吨的英国货船“玛戈特”（Margot）号（该艇艇长弗格尔给了两艘船的幸存者朗姆酒和雪茄，但是拒绝了“玛戈特”号船长将救生艇拖到岸上的请求）。这时U-588号已经用完了所有鱼雷，共击沉了4艘14000吨，随即返航。U-432号击沉4500吨的英国货船“苏黎世摩尔”（Zurichmoor）号，然后就返回了赛博角海域。5月31日，击沉1艘1200吨的近海货船。6月2日，击沉两艘小型捕鱼船：41吨的“风神”（Aeolus）号和102吨的“本和约瑟芬”（Ben and Josephine）号。——一些历史学家曾引证击沉这样的小船来说明艇长舒尔茨是惨无人道的，但邓尼茨和潜艇参谋部鼓励这种攻击，因为他们相信这些小船会用无线电报告潜艇的位置（1942年5月和6月，德国潜艇在美国海域用火炮击沉了十几艘捕鱼船，而美国潜艇也出于相同原因在日本海域击沉了相同数目的捕鱼小船）。6月9日，在赛博角以南大约110公里处发现了一支船队，由于附近没有其他潜艇，邓尼茨授权U-432号单独攻击，结果只击伤了7000吨的挪威船“科隆普林森”（Kronprinsen）号。因为鱼雷和燃料都很少了，U-432号返回法国，在途中从U-459号上加了油。因为艇长舒尔茨这次巡逻宣称的战绩加上以前已有的战绩已经超过10万吨，所以被授予骑士十字勋章（在获得骑士十字勋章时，确认战绩是19艘共68900吨）。

■ U-553号潜艇的艇员兴高采烈的挤在指挥塔上，从艇员满腮的胡子上可以看出这是拍摄于返航途中。

6月2日，U-553号在赛博角以南390公里击沉英国货船“马塔温”（Mattawin）号。虽然该艇只剩下少量食物和3枚鱼雷，燃油也快用完了，但是艇长图尔曼还是不愿意回去。6

月11日，1架远程轰炸机发现并攻击了U-553号，2枚近距离爆炸的炸弹炸坏了左舷柴油机，才使图尔曼结束巡逻。

4月份被派往加拿大海域的4艘潜艇中U-213号的油箱容量比较大（169吨，U-553号油箱容量只有115吨），所以不需要加油，在60天的巡逻时间里他完成了运送间谍的任务，但是没有击沉一艘船，所以艇长冯·瓦伦道夫受到了严厉的批评。

东海岸的艰苦狩猎

4月另11艘VII型潜艇组成的艇群朝美国东海岸和巴哈马群岛驶去。途中U-455号和U-593号在加拿大海域发现AT-15和NA-8船队，并展开了攻击。U-455号击沉7000吨的油轮“英国工人”（British Workman）号，但在攻击AT-15和NA-8船队时，这两艘潜艇都消耗了大量的燃料，因此无法到达哈特拉斯角了，只好留在了新斯科舍省、纽泽西北部和纽约之间的海域。U-455号随后在美国海域再没有收获，只是在返航时击沉6900吨的英国油轮“乔治·H.琼斯”（George H. Jones）号。U-593号在纽泽西北部海域击伤了希腊货船“斯塔夫罗斯”（Stavros）号，击沉了8400吨的巴拿马油轮“珀尔塞福涅”（Persephone）号。

其余9艘潜艇由纽泽西向南，与预料中的一样，遭遇到了密集的反潜措施，仅仅参与空中巡逻的飞机就有172架之多！在如此严密的护航下，5月的前17天里没有1艘船在东海岸被击沉（但不包括护航舰，5月2日U-402号在恐怖角[Cape Fear]附近击沉反潜快艇“塞西拉”号；5月11日U-558号在守望角[Cape Lookout]击沉了英国反潜拖网渔船“贝佛郡”号）。在5月的后14天中只有4艘船被击沉：U-69号用甲板炮击沉了600吨的美国帆船“詹姆斯·E.纽瑟姆”（James E. Newsom）号、U-135号击沉了7100吨的英国货船“阿贝勒皇后”（Queen Appelle）号、U-653号击沉了6200吨的英国货船“派尔桑德”（Peisander）号。

U-352号于5月8日到达北卡罗来纳州的昂斯洛湾，在那里发现1艘由海岸巡逻队快艇护航的货船，随即向这两艘船发射了3枚鱼雷，均未命中。第二天傍晚，又在守望角以南50公里处看到了另一艘单独航行的海岸巡逻队快艇“伊卡鲁斯”（Icarus）号，因为了解到哈特拉斯角–守望角一带已经遭到潜艇袭击，“伊卡鲁斯”号保持着高度警惕，在2000米外收到了声呐讯号。但U-352号还是抢先发射了鱼雷，不料鱼雷却提前爆炸，爆炸产生的冲击波使得“伊卡鲁斯”号猛烈摇晃起来，船长莫里斯·D.杰斯特（Maurice D. Jester）立即指挥船员们进行巧妙而又专业的反击，先向一个可能的地点用滑道和Y炮（Y gun）投下了5枚浅定深深水炸弹，这5枚深水炸弹都在U-352号附近爆炸，爆炸产生的强大冲击波使潜艇受到很大损伤，艇长赫尔穆特·拉特克（Hellmut Rathke）决定沉到35米深海底打算装死来蒙混过关，但是“伊卡鲁斯”号随即又投下5枚深水炸弹，使潜艇遭到重创，只得浮出水面，当U-352号浮出水面时，“伊卡鲁斯”号立即用37毫米机关炮和机枪对潜艇进行了扫射，杀死了很多正要跳到海中或已经跳到海里的艇员，正在水里挣扎的拉特克一边朝美国人高喊停火，一边用自己的腰带当作止血带给受伤的机械师戈尔哈德·鲁瑟尔（Gerhard Reussel）止血。由于担心附近还有其他潜艇，“伊卡鲁斯”号先退出了那一海域，并用无线电向指挥部请示是该救那些幸存者还是让他们在海里听天由命。在接到救幸存者的指示后，“伊卡鲁斯”号又回到了作战海域，救起了33名艇员，但机械师鲁瑟尔后因伤势太重而死在了“伊卡鲁斯”号上，32名幸存者作为被美军抓到的第一批德国战俘被运到了北卡罗来纳州的布拉格堡（Fort Bragg）战俘营。

美国海军随即派出了打捞队去搜索打捞U-352号以获取密码机和其他机密文件，但是因为“伊卡鲁斯”号没有用浮标标记沉没地点，这项任务非常困难。拖船“乌姆克”（Umpqua）号上的潜水员在反潜拖轮“北爵士”（Northern Duke）号、“北黎明”（Northern Dawn）号和“史特拉北极星”（Stella Polaris）号的保护下最终于5月23日找到了U-352号，他们用浮标对沉没地点进行了标记并报告了损坏情况，还拍了照片，但由于各种原因，打捞行动没有继续下去，也未从这艘潜艇上获取任何东西（1975年，U-352号被美国运动潜水员重新发现，此后许多潜水员曾潜入到U-352号上，并从满是沙子的船舱中捞出了一些物品）。

在返航途中，6月1日U-566号击沉了9000吨的英国货船“威斯特摩兰”（Westmoreland）号，当知道“威斯特摩兰”号被击沉后，美国扫雷艇“塘鹅”（Gannet）号和英国反潜快艇“苏穆尔”（Sumar）号出发前去寻找幸存者。这两艘军舰在6月7日被U-653号发现，该艇随即向“塘鹅”号发射1枚鱼雷，“塘鹅”号中雷后在4分钟内就沉没了。

邓尼茨看到在东海岸微不足道的战绩和严密的反潜措施后，指示4月出动的潜艇中的4艘到加勒比海，1艘到墨西哥湾。第一个到达加勒比海的是U-594号，该艇在攻击1艘油轮和1艘货船时发射的8枚鱼雷全没有命中，在对油轮进行火炮攻击时，又有1名炮手被海浪卷到了海里并失踪。邓尼茨在收到这一报告后命令马上返回法国，该艇于6月25日返回法国，在76天的巡逻中没有击沉过1艘船，邓尼茨将艇长迪特里希·霍夫曼（Dietrich Hoffmann）调离了指挥岗位。

■ 遭到攻击的潜艇，艇尾已经开始下沉了。

U-69号在特里达岛（Trinidad）附近击沉了两艘船共9400吨，随后被派到维希法国的马提尼克岛（Martinique）附近去执行一项特殊的任务。U-558号又击沉了5艘船，使得此次巡逻的战绩达到6艘共16400吨。U-751号击沉了两艘船共4555吨。

4月，前往美国海域的16艘VII型潜艇的总战绩下降了：击沉33艘（其中7艘油轮），此外还有5艘帆船和捕鱼小船，共158210吨。最成功的潜艇当属莱因哈特·苏伦指挥的U-564号，共击沉4艘（其中两艘油轮）24400吨，击伤2艘共13200吨。第二名是图尔曼指挥的U-553号，他主动指挥潜艇闯入圣劳伦斯湾，并击沉3艘共17000吨。其他3艘潜艇（U-455

1941年12月至1942年4月前往美国海域的VII型潜艇战绩统计

月份	潜艇数	击沉数	吨位数	平均每艘潜艇战绩
12月	10	18	85374	1.8艘
1月	14	24	124922	1.7艘
2月	9	29	167864	3.2艘
3月	20	46	241937	2.3艘
4月	16	38	158210	2.4艘

■ 遭到反潜飞机攻击的德军潜艇。

号、U-588号和U-653号）每艘击沉14000吨。2艘潜艇（U-69号和U-135号）每艘击沉12000吨。6艘潜艇的击沉吨位在10000吨以下。另有3艘潜艇（U-213号、U-352号和U-594号）没有击沉任何船。损失潜艇U-352号。

这16艘潜艇中有11艘加过油，除了被击沉的U-352号，其他10艘潜艇的巡逻时间延长到了69天，平均每艘潜艇每次巡逻击沉2.7艘。另外的5艘潜艇没有加过油，平均巡逻60天，平均每艘潜艇每次巡逻击沉2.0艘；如果这5艘不算U-213号（未击沉任何船），其他4艘VII型潜艇平均每艘潜艇每次巡逻击沉数提高到2.5艘船。所以，海上加油可以将巡逻时间延长9天，但战果并没有明显增加。大多数时候还得依靠巡逻地点、艇长的勇敢、艇员的技术、天气、运气以及其他一些因素。

与后来流行起来的神话相反，5艘被派往加勒比海和墨西哥湾的VII型潜艇所取得的战绩是令人失望的。这些潜艇平均在海上时间为70天，在加勒比海和墨西哥湾共击沉了11艘船约38600吨，平均每艘潜艇每次出航击沉2.2艘，这些战绩并不比在其他海域作战的VII型潜艇好，这点战绩难以补偿艇员所忍受的极端痛苦，包括热带特有的炎热潮湿以及长期的食物和饮水短缺。

在美国海域作战的前五个月里，邓尼茨共组织了70艘次VII型潜艇的巡逻，共击沉了155艘船共778307吨，包括帆船和捕鱼小船。2月出航的9艘潜艇战绩最好，但这也部分反映在攻击ON-67船队的结果。

对那些反对派VII型潜艇到美国的人来说，4月潜艇战绩的下降正好为他们提供了口实。这些潜艇在海上共花了991天，确认击沉了158210吨船只，因此反对者建议将VII型潜艇召回到离本土较近的地方进行集群行动，尤其是在夏天，美国南部海域的天气太炎热，这时在北大西洋作战就比较舒服了。

邓尼茨勉强承认了在美国海域投入VII型潜艇作战的回报很低，另外这种巡逻对艇员来说也太辛苦了。但他并不想完全停止潜艇在美国海域的巡逻。就算是少数几艘潜艇出现在美国东海岸，都可以保证盟军继续在那里组建护航队，这样就可以浪费他们很多航运时间，另外还可因吸引住部分反潜力量而从根本上减少那些用于北大西洋执行反潜任务的飞机和军舰的数目。尽管如此，邓尼茨还是指示大部分于5月被派往美国海域的潜艇先去执行一些特殊任务，比如布雷或运送间谍。

墨西哥和加勒比海

4月抵达美国的29艘潜艇中有13艘是IX型潜艇，其中又有10艘是曾到过这一区域的。第一艘出发的U-125号1月曾在哈特拉斯角附近进行过一次令人失望的处女航。这次的巡逻海域是古巴西南方加勒比海中的龙卡坦海峡（Yucatan）的南出口处，龙卡坦海峡是古巴和墨西哥的龙卡坦地区的分界线。U-125号在大西洋中部时用鱼雷和火炮击沉了1艘单独航行的5100吨美国货船。5月初到达巡逻海域时，发现了大量没有护航的船只，在随后16天里击沉8艘（其中2艘油轮），这样艇长乌尔里希·福尔克斯（Ulrich Folkers）的总战绩达到了9艘共计47000吨。如果哈迪根不算在他的第一次巡逻中击沉的两艘未知船只，这就是到那时为止潜艇在美国海域的最高战绩。为了报告这件幸事并建议其他潜艇也来这一海域，福尔克斯没有加油就直接返回了法国。

接下来出发的U-506号和U-507号巡逻海域是墨西哥湾。4月30日U-507号刚抵达老巴哈马海峡就发现了2900吨的美国油轮“联邦”（Federal）号，随即用甲板炮将其击沉。5月3日U-506号在佛罗里达海峡击沉600吨的尼加拉瓜货船“萨马”（Sama）号。邓尼茨曾指示这两艘潜艇要继续向西北航行直到密西西比河口，他正确地预计到这个地方将会挤满船只。

在墨西哥湾和龙卡坦半岛执行护航任务的是新成立的海湾前线指挥部（Gulf Sea Frontier），由罗素·S.葛兰萧（Russel S. Crenshaw）担任司令，他同样缺少军舰，只有两艘驱逐舰、9艘海岸巡逻快艇、5艘改装的快艇和35架飞机。但2架飞机在匆忙组织的反潜巡逻中都进行了成功的攻击，U-506号艇尾鱼雷发射管被击伤，U-507号右舷受损，油箱被炸开缺口损失了2吨燃油。

U-507号首先在海湾内击沉2700吨的美国货船“诺林多”（Norlindo）号，艇长哈罗·沙赫特（Harro Schacht）向幸存船员提供了香烟、蛋糕、饼干和饮料，幸存者回忆沙赫特还用地道的英语说：“很抱歉不能（继续）帮助你们了，希望你们能安全靠岸。”5月5日，U-507号又击沉2艘美国油轮，第一艘是5100吨的“穆格·T.鲍尔”（Munger T. Ball）号，41名船员中有37名丧生。第二艘是7000吨的“约瑟夫·M.库代”（Joseph M. Cudahy）号，它报告“鲍尔”号沉没了，但又非常不明智地加了一句“9英里以外”。U-507号截获了电报立即开始搜索，很快就找到并将其击沉，37名船员中有27名丧生。在当晚U-507号艇员搬运鱼雷时1枚鱼雷失去控制滑进了首舱，将无线电技师撞成重伤，沙赫特报告了人员受伤，邓尼茨安排他和U-506号会合以获取药品，但是这两艘潜艇几次会合都没成功，为会合导航而发送的大量无线电讯息引来了许多飞机，并导致了海湾前线指挥部对航运进行了严格的控制。最终U-507号放弃了会合的努力，继续按计划前往密西西比河口。5月6日击沉6800吨的美国货船“美铝清教徒”（Alcoa Puritan）号。5月

7日，击沉3100吨的洪都拉斯货船“安大略”（Ontario）号。5月8日击沉2400吨的挪威货船“托尼”（Torny）号。

U-506号和U-507号都在5月10日达密西西比河口，U-506号首先发起了攻击，向7000吨的美国油轮“黎明女神”（Aurora）号又是发射鱼雷，又是用甲板炮轰击，但“黎明女神”号最后还是被拖到路易斯安那州的布尔伍德（Burrwood），修复后继续服役。从5月10日到20日，U-506号击沉5艘击伤2艘；而U-507号发射9枚鱼雷，有些没有命中或没有爆炸，只击沉2艘。U-506号和U-507号在发射完所有的鱼雷后就打算返航，在返航途中，U-506号又在佛罗里达东部用甲板炮击沉2艘英国货船，这使得艇长埃里希·伍德曼（Erich Wuerdemann）的总战绩达到了8艘（其中4艘油轮）共40000吨；U-507号总战绩为9艘（其中4艘油轮）共约45000吨。这17艘被击沉的船上有超过200名船员丧生。

4月有3艘IXB型潜艇航向美国东海岸。5月5日，U-103号从U-459号上添加了燃料后，在大西洋中部击沉了1艘6000吨的英国货船。同一天，U-106号击沉1艘8000吨的加拿大货船，但此后这两艘潜艇就再也没有遇到任何船了。U-107号也是毫无收获。这都要归功于西岛-诺福克-西岛护航队系统。由于在东海岸附近没有发现船只，而在龙卡坦海峡和墨西哥湾取得了巨大的胜利，邓尼茨将这3艘潜艇转到那一海域，这3艘潜艇在进行了海上补给后转到加勒比海，这才得到很好的机会。从5月17日到28日，U-103号击沉8艘（其中两艘油轮）共36200吨，使得艇长维尔纳·温特（Werner Winter）的总战绩达到了9艘共42200吨，加上以前宣称的战绩，温特获得骑士十字勋章（在授予奖章时，温特确认战绩是15艘共79302吨。U-103号共击沉了43艘约228000吨，成为战绩第三高的王牌潜艇，第一和第二名分别是U-48号和U-99号），他回到法国后升任第1潜艇舰队（Combat Flotilla 1）司令。从5月21日到6月1日，U-106号击沉4艘（其中2艘油轮）共计21200吨，击伤两艘船，使艇长赫尔曼·拉什的总战绩达到了5艘共计29200吨。

5月29日U-107号进入了加勒比海，当晚击沉1艘2600吨的英国货船，从6月1日到10日，击沉了4艘共14200吨。在返航途中，又在大西洋中部击沉了著名的荷兰货船“雅格

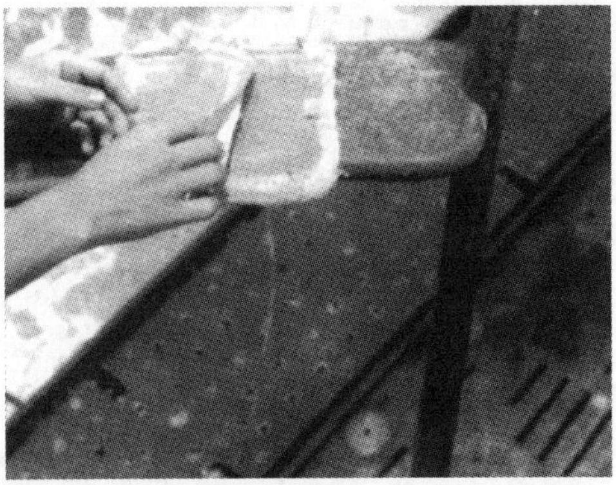

■U-103号潜艇捞起的被其击沉的美国商船上的杂物，那是一本1942年5月出版的《读者文摘》。

IXB型潜艇

IX型是在1935—1936年作为远洋潜艇设计建造的，由IA型改进而来。IXB型是IX型艇的改进型，排水量更大些，航程也相应增加1500海里。是二战期间德军最为成功的艇型之一，平均每艘都有击沉10万吨的战绩。艇长76.5米，水面排水量1051吨，水下排水量1178吨，水面最高航速18.2节，水下最高航速7.3节，水面续航力12000海里（10节），水下续航力64海里（4节），下潜深度230米，武备为鱼雷发射管6具（艇首4具，艇尾2具），可携鱼雷22枚（或44枚水雷），1门105毫米炮（备弹110发），2门20毫米机关炮，艇员48—56人。

同型艇有：U-64号、U-65号、U-103号、U-104号、U-105号、U-106号、U-107号、U-108号、U-109号、U-110号、U-111号、U-122号、U-123号及U-124号。

斯富坦”（Jagersfontein）号，这使得艇长哈罗德·盖尔豪斯的总战绩达到了6艘共27000吨。

这3艘IXB型潜艇共击沉20艘98400吨，巡航时间分别为69天、76天和82天。当然，如果没有U-459号提供的海上加油，IXB型潜艇不可能完成到墨西哥湾和龙卡坦海峡的巡逻。

4月出巡的这6艘潜艇击沉46艘（其中14艘油轮），共230000吨，平均每次出巡每艘潜艇击沉7.7艘38333吨。

金立即对这次屠杀做出了反应，他任命经验丰富的反潜专家詹姆斯·L.考夫曼（James L. Kauffmann）接替葛兰萧出任海湾前线指挥部司令。6月17日，考夫曼将其司令部从西岛移到了迈阿密。与此同时，亨利·阿诺德（Henry H. Arnold）命令第1空军司令（First Air Force commander）弗罗特·布雷德利（Follett Bradley）建立一支海湾反潜特遣部队（ASW Gulf Task Force），受海湾前线指挥部指挥。海湾特遣部队6月1日开始巡逻，最初由20架B-18轰炸机和2个侦察机中队组成，后来又有来自第3空军佛罗里达和路易斯安那训练营的8架B-17轰炸机和2个侦察机中队加入。

在经历了5月潜艇对商船的屠杀后，有谣言说潜艇得到了沿岸轴心国侨民的帮助，于是美国和墨西哥当局将轴心国侨民集中管制。5月25日，纽约市长费埃罗·拉加迪亚（Mayor Fiorello La Guardia）下令实行灯火管制；6月1日，加尔维斯敦（Galveston）和其他一些沿海区域也都实行了灯火管制。实

在柴油机舱里操作的机械师，他戴着手套是为了防止接触到过热的机械时被烫伤。

际到那时为止，潜艇的活动区域离海岸还很远，根本无法利用这些城市的灯光。

在墨西哥湾发生的潜艇大屠杀引来了石油公司、海员以及英国对提高航运安全性的强烈呼吁。海军事务委员会主席，国会议员卡尔·文森（Carl Vinson）站出来为海军辩护，他宣称到6月6日，美国的反潜部队已经“度过了痛苦的成长期，被很好的组建了起来并正很有效率地运作着”，他表示坚信轴心国潜艇必将被打败，“批评家们应该记得，英国人在处理潜艇问题方面已经有了多年的经验，完全可以放在墨西哥湾”。

4艘IX型潜艇在加勒比海以南从特里达岛（Trinidad）到巴拿马运河之间的海域巡逻，其中3艘受命去攻击巴拿马运河附近海域，但B机关得知特里达岛附近有密集的油轮往来之后，这一任务便被取消了。所有4艘潜艇都到加勒比海以东特里达岛附近和委内瑞拉北海岸附近巡逻去了。

U-162号的艇长于根·瓦特恩堡（Juergen Wattenberg）战争初期曾在袖珍战列舰“海军上将施佩伯爵”号上服役，也许是为了报战列舰被迫自沉的一箭之仇，瓦特恩堡非常富有攻击性，他指挥U-162号击沉9艘（其中4艘油轮）共47119吨，9艘船中有6700吨的巴西货船“帕纳西巴”（Parnahyba）号，这使得巴西政府向宣战更迈进了一步。在U-162号5月8日返航经过比斯开湾西部时，被英国空军岸防司令部1架装有ASV雷达的飞机发现，瓦特恩堡指挥潜艇紧急下潜，飞机投下的深水炸弹就在离潜艇二三十米处爆炸，但并没有对潜艇造成严重损伤。

U-155号在特里达岛以西洛斯·特斯提格岛（Los Testigo）海域，从5月14日到30日间，击沉7艘（其中2艘油轮）共33000吨，此后由于罗盘故障不得不返回法国。

U-156号在特里达岛以西海域，在6天里击沉5艘共25600吨，随后奉命去执行一项特殊任务——在U-69号协助下阻止谣传中的美军对维希法国马提尼克岛的进攻，这两艘潜艇5月20日晚到达指定位置，第二天U-156号就击沉1艘1700吨的多米尼加货船，U-69击沉1艘1900吨的加拿大货船。邓尼茨收到击沉报告之后，提醒两位艇长“主要任务”是袭击从法兰西堡垒出来的美国或维希法国军舰。5月25日，U-156号攻击了美军驱逐舰“布莱克利”（DD-150，Blakeley）号，该舰舰首被鱼雷炸去20米，6名船员丧生，21名船员受伤，但却设法回到了法兰西堡垒（“布莱克利”号被拖到了美军在圣露西亚岛[St. Lucia]的海军基地，换了一个舰首，于1942年9月重新服役）。

“布莱克利”号遭袭在美国和维希法国引起了巨大的震动，尽管维希法国表示它在马提尼克的军舰都已经冻结了，对盟军和轴心国都不会有什么威胁，但两艘潜艇还是在马提尼克岛附近又巡逻了一个星期。在此期间，U-156号又击沉2艘船，不过也遭到了1架装有ASV雷达的美国轰炸机攻击，两个主沉浮箱和一个燃料沉浮箱被炸裂，水下测声仪被炸毁，只好返航。

在加勒比海的第四艘潜艇U-502号在库拉索岛和阿鲁巴岛（Aruba）海域巡逻，在两个星期里只击沉5000吨的巴西船“岗卡夫斯·迪亚斯”（Goncalves Dias）号。6月初，邓尼茨将其转派到特里达以东海域，这才有了不菲的收获。从6月2日到15日，击沉6艘（其中2艘油轮）共31300吨。

U-156号和U-502号是结伴返航的，由于U-502号曾转换过巡逻海域，燃料消耗较多，所以6月22日U-156号分了一些燃料给U-502号。第二天，U-502号发现4600吨的英国货船“维里曼提克”（Willimantic）号正在独自航行，但是该艇的鱼雷和炮弹都用完了，只好引导U-156号将其击沉。这两艘潜艇7月初到达比斯开湾西部海域，7月5日凌晨，英军一架由美国飞行员赫威尔（Wiley B. Howell）驾驶的威灵顿飞机发现了U-502号并立即用4枚浅定深的深水炸弹进行了攻击，将其击沉。这是装配“利光”探照灯的威灵顿飞机击沉的第一艘潜艇。

英国空军岸防司令部终于从6月1日起给飞机装上了“利光”探照灯，在比斯开湾的第172中队有5架威灵顿飞机装上了这种探照灯。6月4日，第172中队长杰夫·克莱斯韦尔（Jeaff H. Creswell）用ASV雷达探测到了意大利潜艇“鲁吉·托莱利”（Luigi Torelli）号，克莱斯韦尔根据雷达讯号，打开了“利光”探照灯，由于高度计故障，飞机俯冲时离海面还太高，所以没有发现潜艇。但是意大利潜艇却把威灵顿飞机认为是德国飞机，发射了识别闪光弹，这下让飞机准确标定了潜艇位置。在第二次打开探照灯时，克莱斯韦尔清楚地看到了强光束下的“鲁吉·托莱利”号，并投下了4枚浅定深深水炸弹将其炸伤，“鲁吉·托莱利”号不得不中断巡逻返航，在到达西班牙的亚威兹（Aviles）时，还是因伤重搁浅了。当重新开始航行后，又遭到了澳大利亚空军第10中队2架飞机的攻击，被迫逃到西班牙的圣坦德（Santander），直到1个月后才返回了波尔多。

尽管德国的技术权威机构屡次保证英国不可能将雷达安在飞机上，但现在看上去这已经成为事实了。邓尼茨命令技术部门立即开始研制雷达探测器（德文缩写FuMB）。法国的迈托克斯-格兰迪公司曾在战前对此进行过研究并取得了一定成果，得益于此，德国人很快制造出了一个接收器，那是一个用电线和木头制成的可折叠的菱形小天线，潜艇在水面航行时可以放在指挥塔上。让人惊讶的是，这个简易的FuMB（被称为“比斯开十字架”Biscay Cross）竟然可以在30公里外探

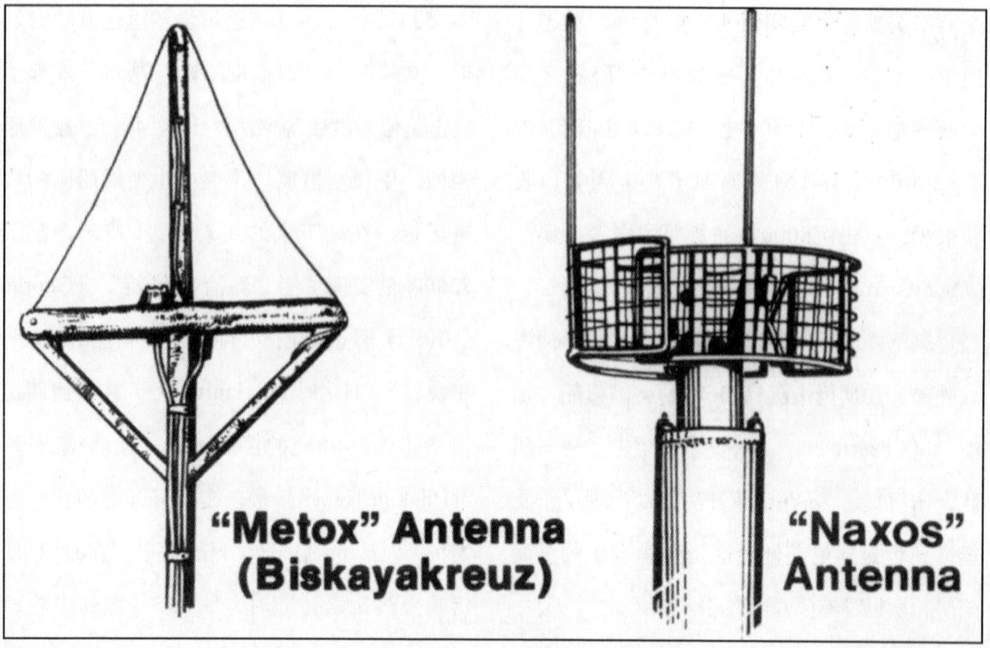

■法国的迈托克斯—格兰迪公司生产的雷达讯号接收器，这个简易的FuMB被称为“比斯开十字架”。

测到厘米波雷达发射的讯号，一旦接收到讯号会发出蜂鸣。邓尼茨命令大西洋所有的潜艇都要装上这种FuMB，但是直到9月这个命令才被完全落实。

这4艘在西南大西洋和加勒比海海域巡逻的IX型潜艇取得了很好的战绩，共击沉34艘（其中8艘油轮）共164000吨，平均每艘潜艇每次出巡击沉8.5艘约41000吨。

4月出发的13艘IX型潜艇中最后3艘组成了一支松散的艇群，在巴西费南多·德诺罗哈岛（Fernando de Noronha）附近组成巡逻线，就在前往预定巡逻海域的途中，5月11日U-128号发现SL-109船队，护航舰通过高频测向仪探测到了U-128号发出的无线电，随即将其逐走，但在攻击中炮舰“兰伽德”（Landguard）号因深水炸弹意外爆炸而受损，不得不由1艘商船拖着前进，这样船队就只剩下3艘护航舰了。

5月12日，U-128号将U-126号和U-161号引了过来，天黑后U-128号首先发起了进攻，向两艘船发射了4枚鱼雷，击沉3500吨的英国货船“丹麦”（Denmark）号。包括船头下沉的“兰伽德”号在内的4艘护航舰对潜艇展开了迅猛的反击，3艘潜艇均被逐退，邓尼茨遂命令潜艇节约鱼雷和燃料以执行预定任务，于是3艘潜艇没有继续对船队进行追击。

潜艇到达费南多·德诺罗哈岛附近海域后没有发现任何船只，因此6月初邓尼茨命令沿南美洲海岸线朝西北方向特里达岛进行搜索。在这一海域，U-126号击沉5艘（其中两艘油轮）共41500吨，U-128号击沉4艘共32000吨。U-161号遇到了恶劣天气，收获很少，只击沉8000吨的货船“史考特堡”（Scottsburg）号，而且还被这艘船给撞了，经过草草修理后，U-161号就向巴拿马运河海域驶去，在那里击沉1艘35吨的美国帆船“加油”（Cheerio）号，返航途中攻击了一支船队，击沉1艘，还在比斯开湾西部发现了一支船队，但是邓尼茨怀疑这是盟军设下的潜艇陷阱，所以没有同意其攻击船队。

这个艇群中，U-126号击沉7艘（其中两艘油轮）共42000吨，U-128号击沉5艘（其中两艘油轮）共36000吨，U-161号巡逻时间长达102天，却只击沉3艘共14200吨。

4月前往墨西哥湾和加勒比海的13艘IX型潜艇的战绩刷新了纪录，共击沉95艘（其中26艘油轮）共482843吨，平均每艘潜艇每次出巡击沉7.3艘37141吨，平均出巡时间76天。只有U-502号被击沉，“交换率”达到了95：1，这是战争期间的最高比率。在这13艘潜艇巡逻期间，有6艘加过油，这6艘潜艇的平均巡航时间为83天，比没有加油的其他潜艇的平均巡航时间增加了13天。这6艘潜艇平均每艘每次出巡击沉6.3艘，另外7艘没有加过油的潜艇平均每艘潜艇每次出巡击沉8.1艘。

4月被直接派往墨西哥湾的VII型潜艇U-753号，5月19日在通过佛罗里达海峡时发现一支船队，立即接近船队并从水下发起了攻击。但是潜艇却突然浮出水面，与1艘商船相撞，甲板炮被撞坏，撞击也使对船队的攻击夭折。在接下来的几天里，U-753击沉了7200吨的美国货船“乔治·凯维特”（George Calvert）号，重创300吨的英国帆船“E.P.斯里奥特”（E. P. Theriault）号。在密西西比河口击伤6600吨的挪威油轮“哈肯·豪安”（Haakon Hauan）号，击沉6600吨的“哈姆雷特”（Hamlet）号。返航途中，在6月23日傍晚经过比斯开湾时，U-753号遭到岸防司令部第58中队1架由W.约翰斯（W. Johns）驾驶的惠特利飞机攻击，被重创。但英军却没有组织有效的后续进攻，使该艇随后在驻法国的飞机和摩托艇护送下回到了勒帕莱（Le Palais）。

这次攻击，再加上6月英军飞机对其他潜艇的攻击使邓尼茨于6月24日决定，改变潜艇穿越比斯开湾的战术：全天以潜航穿越比斯开湾，只准在夜晚短暂浮出水面对电池充电。但是潜航每天只能航行160公里，这将大大延长穿越比斯开湾的时间，并将缩短在作战区域的时间。但这是暂时的，邓尼茨相信在雷达探测器（Metox Radar detector）和性能提高的高炮投入使用后，潜艇就可以恢复在白天水面航行了。

盟军石油危机恶化

4月前往美国海域的29艘潜艇所进行的屠杀绝对是德国海军的一次巨大胜利：共击沉了133艘（其中33艘油轮）共641100吨，击伤了14艘（其中6艘油轮）共81000吨（以上战绩不含U-753）。这些被击沉击伤的船大多数是在墨西哥湾和加勒比海或是在西大西洋前往这些海域的途中遭到攻击的，德国潜艇的成功主要是由于这一海域的人们还没来得及准备好如何对付潜艇。

在1942年1月到6月的5个月里，德国和意大利在大西洋、加勒比海和墨西哥湾共击沉了129艘油轮。在金和安德鲁斯启动了哈利法克斯-波士顿-哈利法克斯和诺福克-西岛-诺福克护航系统之后，几乎使东海岸的油轮损失降到了零（5月损失1艘，6月损失1艘）。加勒比海和墨西哥湾海域是问题所在，但此时金还不能提供足够的空中和水面部队在特里达岛和西岛之间以及得克萨斯与路易斯安那的油港和西岛之间建立起护航队。

根据计划，5月英国和加拿大在加勒比海海域建立了两个护航系统：一条是英国路线，在阿鲁巴-库拉索岛和特里达岛之间。中洋舰队（Mid-Ocean Escort Force，简称MOEF）的一支英国分队（B-5）从北大西洋调到了加勒比海，英国还抽调岸防司令部第53中队（20架哈德逊飞机）前往特里达岛。另一条是加拿大路线，通过百慕大将特里达和哈利法克斯连在一起。4艘（后来6艘）加拿大护卫舰从中洋舰队中分出来提供护航。在特里达岛和百慕大群岛上的美国飞机提供

■ 返航的艇员得意的炫耀代表战果的三角旗。

额外的保护。西部地方舰队（Western Local Escort Force）的加拿大军舰为哈利法克斯到缅因州的波特兰的油轮护航，波特兰是通往蒙特利尔精炼油厂的大西洋终点站，1941年11月投入使用。

金之所以未能在5月在加勒比海和墨西哥湾建立美国船队路线的一个原因是罗斯福过于吹捧的驱潜舰建造计划（“六十天建造六十艘船”）没有落实。到5月1日，计划由于碰到了许多困难已经远远落在了时间表之后。巡逻快艇的建造计划也是这样；从1月1日到5月1日，只有12艘建成，而其中的一半还在检修当中。结果5月21日，金向庞德提出请求，要求英国从本土调出15或20艘驱潜快艇“租借给”美国，这样他就可以在墨西哥湾和加勒比海建立一个美国护航队了。庞德回复说英国在本土已经没有驱潜快艇了，但是他又说只要英国海军部能够得到保证，美国和加拿大护卫舰队能像英国舰队那样努力战斗，他愿意从中洋舰队抽调1支分队来满足金的要求。但是金相信进一步缩减中洋舰队必然会在北大西洋削弱反潜力量，只好将这件事情暂且搁下了。

在6月的第一周里，中途岛大战迫近之时，金在华盛顿再次主持召开了一次护航会议，讨论加勒比海和墨西哥湾的航运危机对策。与会者建议于7月1日启动关塔那摩湾-纽约-关塔那摩湾（Guantanamo-New York-Guantanamo，位于古巴东南端关塔那摩省，美国在1903年从第一任古巴总统托马斯·伊斯达·佩莱姆[Tomas Estrada Palma]手中获得一份租借关塔那摩湾部分土地的永久性租契，目前是美国唯一设在共产主义国家领土上的军事基地）护航系统，这个护航系统由于临时性的西岛-特里达-西岛系统而被推迟了。另外，一个临时的西岛–巴拿马–西岛系统和一个墨西哥湾系统也会随后尽快成立。英国也同意将中洋舰队的英国B-5支队保留在加勒比海海域以帮助这些护航队启动。

这时金重新开始考虑海军已经请求了很长时间的驱逐舰护卫队（DEs）。6月15日，他给罗斯福写信说：“我们需要尽快调整驱逐舰护卫队。如果不能尽快满足要求，为避免我们无法承受的损失，就必须停止一些（航运）路线。”但那时罗斯福相信1942年夏末在法国登陆的“大锤行动”有很大可能性，所以在接下来的几个月里，登陆艇的建造仍被放在第一位。

除了这些不利的局势之外，金还要就如何使用岸基飞机更好地执行反潜任务，继续与陆军和空军部队进行官僚斗争。根据3月26日陆军和海军的协议，陆军航空队（the Army Air Forces）将第1轰炸机司令部的飞机分给了东海岸和海湾前线指挥部，并将安的列斯群岛空中特遣部队的指挥权交给了加勒比海前线指挥部。这些飞机有两个主要任务：为船队和一些重要的单独航行的船只提供护航，在一些潜艇可能活动的区域进行反潜巡逻。

陆军部的史汀生和马歇尔还有陆军航空队的阿诺德将军并不同意海军对岸基飞机的使用。在5个月的反潜巡逻中，阿诺德和他的飞行员们对反潜作战形成了一套理论：与其像金所坚持的那样将空军小组分散开来派到各个海洋前线各自为战，不如设立一个指挥部来集中指挥这些具有高机动性的飞行小组协同作战。理论上说，倘若需要的话，他们可以迅速从一个前线阵地赶往另一个前线阵地。有了这个指挥部之后，他们可以不再进

■陆军航空队认为对岸基飞机的使用，应该设立一个指挥部来集中指挥这些具有高机动性的飞行小组协同作战。

行防御性巡逻和护航，而用于进攻性反潜巡逻，只要一有发现潜艇的报告，这些飞行小组可以展开长时间的持续追击。

陆军部同意这套理论，5月20日命令阿诺德重新组织第1轰炸机司令部。陆军部的指示中写道："重组的司令部要有自己的个性，以完成它特殊的反潜任务并执行盟军的空中行动，要履行陆军的职责支持海军并与其并肩作战保护航运。"阿诺德打算将美国所有的双引擎B-18轰炸机都提供给第1轰炸机司令部，一旦得到厘米波ASV雷达就给这些轰炸机装上，并安装合适的深水炸弹和普通炸弹架。等这些轰炸机都改装好后，将组成一支"潜艇驱逐者中队"，以东海岸和海湾沿岸作为基地进行作战，此外他们还得到了来自兰利·菲尔德（Langley Field）的反潜研发（ASW R&D）小组的战术支持。当陆军部长史汀生将陆军航空队的这套理论和第1轰炸机司令部的重组计划介绍给海军部长诺克斯（Knox）和金时，这两位海军至上主义者反应冷淡而谨慎。金的正式响应甚至让史汀生不能相信，他说他很欢迎能派第1轰炸机司令部来专门执行反潜工作，但是对于建立一个集中的反潜司令部，他不认为这是一个好主意。他还表示反对任何冒然而激进的指挥权变化，以免影响眼下的行动。

盟军损失的129艘油轮给英国带来了沉重打击，这预示着英国的石油储备可能会降到一个无法接受的水平。更糟的是，英国还派了50艘油轮前往印度洋，此外英国还决定让前往英国的油轮走的是更远的航线，先从特里达到弗里敦，在那里组成SL船队再前往英国。为了避免石油储备枯竭，英国于5月2日向美国递交了陈情书要求美国"借"（其实就是送）给英国总共净重700000吨的油轮，相当于70艘万吨油轮。尽管美国的油轮也蒙受了巨大损失，在太平洋也正紧缺油轮，但罗斯福总统还是同意了英国的请求。5月14日，石油巨亨哈洛德·伊克斯（Harold Ickes）向英国通报说他们的请求将在接下来的四周里得到满足。实际不仅满足了要求，甚至大大超过了：共854000吨，170000吨给了加拿大，684000吨给了英国。

这一慷慨大礼由于以下几个因素才得以实现：一、美国通过铁路从得克萨斯州运向美国东北部的石油量有了急剧的提高。1942年1月，每天大约有10万桶石油通过铁路被运往那一区域。到1942年6月，每天通过铁路运输的石油量达到了72.6万桶。二、输油管道的开通。从巴顿鲁治（Baton Rouge）出发，这条输油管道经过不来梅（Bremen）、乔治亚（Georgia）到达北卡罗来纳的格林斯伯勒（Greensboro），在那里石油通过火车和驳船继续被运向东北。到1942年6月，这条输油管道和北部的中西部石油管道每天向美国东北部输送约12.5万桶石油。三、从1942年5

月15日开始，美国东北部开始实行汽油限额发配。四、1942年通过各种管道运到美国东北部的石油得到了更有效率的利用。五、杰瑞·兰德的海事委员会（Jerry Land's Maritime Commission）制造了新油轮。六、许多使用燃油的工厂以令人惊奇的速度转成了使用燃煤或燃气的工厂。

为了防止石油储备下降，8月1日，伦敦再次向华盛顿提出进行油轮援助的请求。这次英国要求给予总净重540000吨的油轮，相当于54艘万吨油轮。罗斯福总统也再次迅速响应了这一请求。在30天内，到9月1日，就已经给了英国400000吨油轮，相当于40艘万吨油轮。英国的这一请求在11月完全得到了满足。

这样，美国在1942年提供给英国总净重达124万吨的油轮援助，丘吉尔于5月27日发电报给罗斯福："我必须对您借给我们的这70艘油轮表示感谢，它们帮助英国增大了石油储备。没有这些帮助，我们的储备到年底将会降到非常危险的水平。考虑到美国近期遭受的巨大的油轮损失和为借出这些油轮所做出的牺牲，您的行动就更是慷慨了。"

梭鱼艇群

刚到法国的4艘IX型新潜艇和在法国基地极高的修整速度下使得5月邓尼茨能够将21艘潜艇派往美国：12艘VII型和9艘IX型。尽管危险不断增大，回报率不断降低，邓尼茨还是将所有VII型潜艇派到了美国东海岸去巡逻，还包括1艘陈旧的IXB型——U-124号。其余8艘IX型潜艇被分派到了墨西哥湾和加勒比海之间。U-459和大型的XB布雷潜艇U-116号将为这些潜艇提供海上补给。

到这时B机关已经破译了有关北大西洋船队航线和航行日期的讯息。邓尼茨注意到U-124号和其他6艘潜艇差不多在相同时间前往美国海域，他命令他们组成一支艇群，在向西航去的同时对北大西洋航线进行扫荡。如果能够找到并攻击船队，则可以达到一箭三雕的目的。这些战斗将给这些没有经验的潜艇船员以必要的实战锻炼，可以发现盟军新的探测装备和武器，此外还很有希望能阻止盟军继续将反潜部队从北大西洋调至加勒比海。倘若发生战斗，U-116号将专门去为这支艇群提供支持。这7艘潜艇组成的艇群被命名为"梭鱼艇群"，于5月3日到5月7日间从法国出发。这时U-96号正在海上搜索要其掩护的偷渡船，但是一无所获，便在比斯开湾西部加入了"梭鱼艇群"，使得这个艇群的潜艇数达到8艘。

"梭鱼艇群"中有些潜艇装配了一种新的防卫装置可以迷惑敌军的声呐。他们为这种装置起名为"小鬼"（Bolde，这个单词来自德语"kobold"，意思是小鬼或骗子），

VII型潜艇

VII型潜艇的首艇于1936年6月下水，其改进型在整个战争期间都得到了广泛使用，从未有哪型潜艇像VII型那样被建造如此之多。最初的改进型是VIIB型，其航程与操纵性能得到了很大改进。在此基础上进一步改进的VIIC型成为德国海军最具攻击力的潜艇。最后的VIIC/41型潜艇的下潜深度在战后很长时间内没有任何一种潜艇可以匹及（250米）。另外，VII型潜艇的某些改进型也用于布雷（VIID型）和补给燃料与鱼雷的补给潜艇（VIIF型）。

VIIC型艇长67.1米，水面排水量769吨，水下排水量871吨，水面最高航速17.7节，水下最高航速7.6节，水面续航力8500海里（10节），水下续航力80 海里（4节），下潜深度220米，武备为鱼雷发射管5具（艇首4具，艇尾1具），可携鱼雷14枚，1门88毫米炮，1—4门20毫米机关炮，艇员44—52人。

是一个有孔的可降解小筒，里面装有氢化钙，可以从鱼雷发射管发射，悬浮在水下30米左右。当盐水和氢化钙混合时就会有大量的氢气泡产生，气泡可以持续6分钟。这些气泡能够反射声呐脉冲，给出的回音对于没有经验的声呐操作者来说就像是潜艇外壳反射回的回音。这样潜艇就可以逃脱声呐的追踪了（盟军也曾研制出一个类似的装置，名字叫做“潜艇气泡目标”[Submarine Bubble Target]，简称SBT）。

根据B机关所提供的关于盟军船队的情报，“梭鱼艇群”沿一条特殊的航线向西扫荡。在5月11日凌晨，U-569号发现了ON-92船队，由美国护卫队A-3提供护航，包括海岸快艇“史宾塞”（Spencer）号、驱逐舰“格里夫斯”（DD-423，Gleaves）号和4艘加拿大驱潜快艇，其中1艘装有271型厘米波雷达、救援船“埋葬”（Bury）号装有高频测向仪。

U-94和U-124号闻讯赶来，救援船“埋葬”号探测到了U-569号发出的无线电，但是美国护卫舰队司令海福尔南（John B. Heffernan）并没有认识到已近在眼前的危险。当天晚上，U-94号轻松地穿过了防护网，先后发起了两次近距离攻击，发射7枚鱼雷，击沉4艘共21800吨。U-124号随后赶到，击沉1艘5600吨的货船。

5月12日，“梭鱼艇群”的8艘潜艇都发现了船队，但却只有U-124号又击沉2艘共8900吨。由于能见度太差，潜艇没有进一步的追击。西部大道的参谋部严厉批评了护卫舰队，护卫舰队司令海福尔南随即被撤职。

“梭鱼艇群”在对船队攻击中轻松取得了胜利，而在美国东海岸的行动却非常艰难，这促使邓尼茨改变了计划。在按计划从U-116号上补充了燃料、食品和鱼雷后，只有2艘继续赶往美国，其他6艘潜艇继续在北大西洋海域攻击盟军船队。

B机关提供了可靠情报，但是恶劣天气拖了“梭鱼艇群”的后腿。等到这些潜艇发现下一支船队时，时间已经过去了近一个月。那是ON-100船队，由加拿大护卫队C-1提供护航，该护卫队由老练的加拿大驱逐舰“阿瑟尼伯恩”（Assiniboine）号和4艘驱潜快艇组成，5艘护航舰都配有雷达（4艘配有271型雷达），救援船“哥特兰”（Gothland）号装有高频测向仪。此外“大洋帝国”（Empire Ocean）号上还有战斗机弹射器，载有飓风式

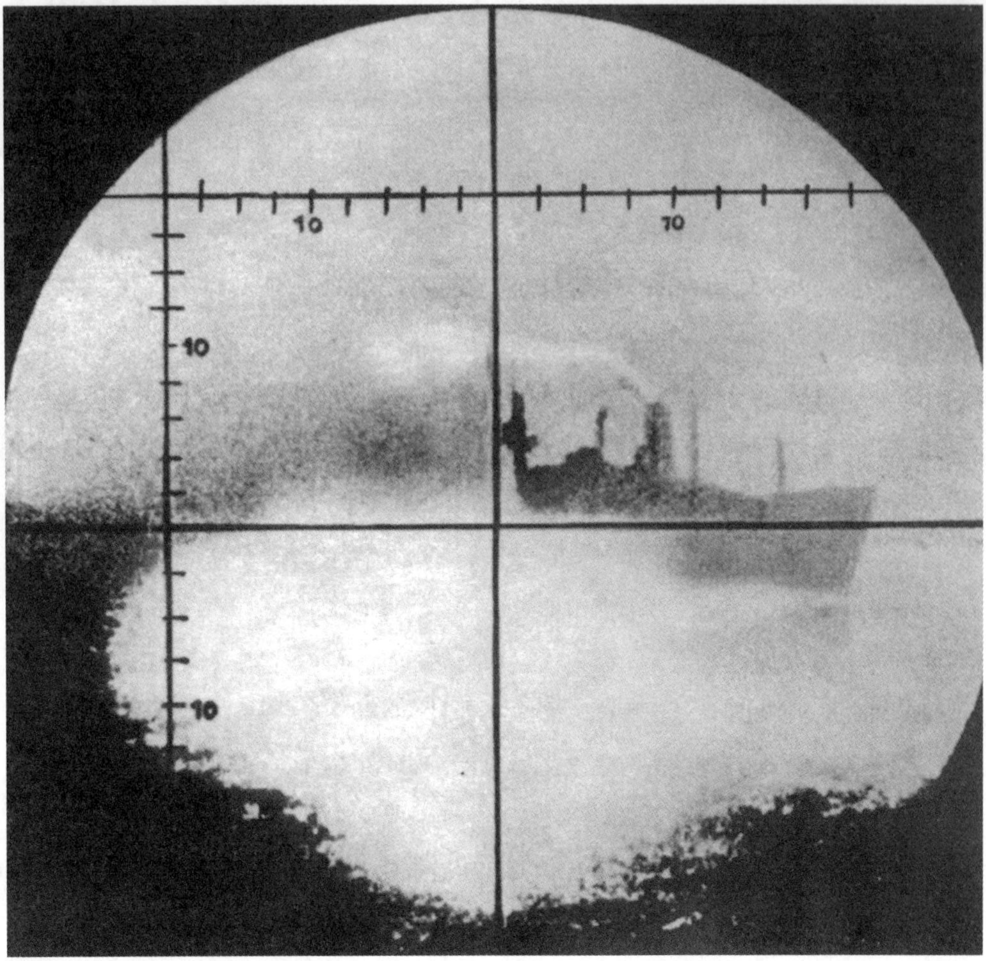

■在德军潜艇潜望镜中的运输船已被鱼雷击中。

战斗机。

U-124号6月8日报告发现了这支船队，U-569号随即也发现了船队并代替U-124号进行=跟踪，U-124号则靠近船队发起进攻，但是装配有雷达而且富有战斗经验的护航舰有效阻止了U-124号的攻击，艇长穆尔（Johann Mohr）随即冷静地将攻击对象转向了护航舰，用鱼雷攻击了2艘护航舰，命中了英国制造由自由法国船员驾驶的驱潜快艇“含羞草”（Mimose）号，该舰随即爆炸沉没，其他4艘护航舰向U-124号展开了反击并将其赶走，阻止其继续向船队发起进攻。

6月9日下午，“梭鱼艇群”已有6艘潜艇发现了船队，但是3艘潜艇都报告引擎出现故障，这可能是由在大浪中长时间高速航行引起的。因此邓尼茨命令这3艘潜艇先撤回来，只留下U-94号、U-124号和U-569号进行第二轮攻击。当晚U-94号首先攻击，击沉2艘英国货船共11600吨，U-124号击沉1艘4100吨的英国货船，随后U-569号和U-94号共同击沉了掉队的4500吨英国船“波蒂普利德”（Pontypridd）号。

在结束对ON-100船队战斗后，“梭鱼艇群”的6艘潜艇转向沿着船队的路线驶向法国，由于U-94号出现了机械故障，“梭鱼艇群”放慢了航速。6月16日U-94号发现了ON-102船队，这支船队由47艘商船组成，由美国A-3舰队提供护航，由于已经得知有潜艇活动，A-3已加强到9艘军舰：3艘海岸警卫快艇，“勒瑞”（DD-158，Leary）号、“莱斯蒂格彻”（Restigouche）号驱逐舰和4艘加拿大驱潜快艇，大部分军舰装有雷达，“莱斯蒂格彻”号装有高频测向仪。

6艘潜艇都打算通过松散的配合对船队展开进攻，但是失败了。“莱斯蒂格彻”号探测到了潜艇的存在并通知了其他护航舰，U-406号向两艘驱逐舰发射5枚鱼雷，但是无一命中，这两艘驱逐舰随即将其赶走。其他护航舰则封锁了U-124号去路，还有几艘护航舰对U-94和U-590号分别进行了深水炸弹攻击，两艘潜艇都带着重伤一瘸一拐的返回法国。

此后，U-124号报告船队已经在雾中逃脱，继续追下去已经没有希望。但在6月18日黎明，U-124号又偶然追上了这支船队，并毅然在白天独自向其发起了勇敢的水面进攻，向3艘货船发射了4枚鱼雷，击沉5600吨的美国货船“西雅图精灵”（Seattle Spirit）号，接着赶紧开足马力，逃脱护航舰的追击。

“梭鱼艇群”的6艘潜艇在6月的最后一周返回了法国。那时德军潜艇指挥部正在调查盟军将雷达安装到飞机和小型军舰的可能性。邓尼茨与U-124号艇长穆尔进行了交谈，他问穆尔是否曾发现有任何迹象显示盟军的水面船只装有雷达。穆尔回答在巡逻期间总共有七次被迫下潜，但是只有一次刚潜入水下便遭到了护航舰的袭击，所以他认为盟军还没有将雷达安装到护航舰上！

包括先行的U-96号，“梭鱼艇群”的6艘潜艇平均巡逻时间为57天，攻击了三支船队，击沉13艘（包括驱潜快艇“含羞草”号）共62500吨，其中U-94号击沉6.5艘，U-124号击沉6艘，这两艘潜艇的艇长都是骑士十字勋章获得者，而3名新手艇长则是毫无收获。

虽然两位骑士十字勋章获得者还是像过去那样优秀，但是“梭鱼艇群”作为一个整体，其战绩实在令人失望。而且为追击船队而进行的持续高速航行也给潜艇造成了很大的伤害，返航后平均维护时间达到了45天。由此可见，当“梭鱼艇群”碰到经验丰富的护卫舰队时，它们的战绩将会锐减，恶劣天气也严重影响了他们的猎杀行动。

水雷、间谍和灾祸

由于组成“梭鱼艇群”，5月抵达美国海域的潜艇数目只有8艘。这8艘中有5艘要执行特殊任务：其中3艘到纽约、切萨皮克和德拉瓦湾布雷，另外2艘是到纽约和佛罗里达运送间谍。3艘执行布雷任务的潜艇于5月19日从法国出发，在去美国的路上，U-87号奉命改到波士顿布雷，因为载有德国和意大利被遣返外交官的船还没有从纽约启航。

6月12日天黑后，U-701号到达切萨皮克湾入口处，亨利角（Cape Henry）和查尔斯角（Cape Charles）的航标灯都亮着，这些航标灯帮助U-701号找到了主航道，然后U-701号只启动电动机，悄悄地进入航道在半个小时内布下了15枚定时水雷。随后U-701号回到深水区，潜坐海底将鱼雷装入鱼雷发射管。6月15日下午，从西岛出发的KN-109船队经过了切萨皮克湾，正好定时水雷陆续爆炸，炸伤2艘美国油轮，炸沉英国反潜拖网渔船“金斯顿·西龙尼特”（Kingston Ceylonite）号。最初都以为这些船只是遭到了潜艇攻击，护航舰都进行了毫无目标的疯狂的深水炸弹攻击，结果“贝恩桥”号驱逐舰投下的深水炸弹引爆了1枚水雷，将自己炸伤。6月17日，1枚水雷炸沉了7100吨的美国货船“桑托尔”（Santore）号。在切萨皮克湾布完雷后，U-701号随即前往哈特拉斯角海域进行巡逻。6月17日遭到反潜飞机攻击，主潜望镜被炸坏。随后又遭到驱逐舰的深水炸弹攻击，由于换气装置出现故障，在下潜躲避攻击时，艇员不得不忍受令人作呕的浑浊空气和高温。此后每天下午U-701号都要浮出水面10分钟，开动柴油机更换艇内空气。6月19日凌晨，U-701号发现YP-389号海军拖轮，U-701号浮出水面用甲板炮进行炮击，虽然YP-389号装有76毫米火炮，却居然没有还击而被击沉。U-701号一直不顾自身破损，坚持巡逻，6月27日发现一支船队，U-701号击伤7000吨油轮“英国自由”（British Freedom）号。28日又发现了单独航行的14000吨的美国油轮“洛克菲勒”（William A. Rockefeller）号，发射的第1枚鱼雷就准确命中，但是1架反潜飞机发现了U-701号并投下2枚深水炸弹将其逐走，随后用无线电指引海岸快艇470号赶来，快艇到达后投下7枚深水炸弹，阻止了潜艇在白天继续攻击。直到天黑后U-701号才返回了现场，又向油轮发射1枚鱼雷将其击沉。这是6月潜艇在美国东海岸击沉的惟一一艘油轮。至此，U-701号的战绩已经相当可观，布下的水雷炸沉两艘炸伤3艘商船，用鱼雷和甲板炮击沉两艘击伤1艘商船。

7月7日其他两艘布雷潜艇已经返回法国，而U-701号还在哈特拉斯角，正为最后的3枚鱼雷寻找用武之地。下午2时许，U-701号刚刚浮出水面以更换潜艇内的污浊空气，在指挥塔上负责瞭望的大副康拉德·容克（Konrad Junker）突然大喊：“飞机！左舷船尾方向！”这架飞机是美军第396轰炸机中队的1架哈德逊飞机，该中队不久前刚转到北卡罗来纳州樱桃角（Cherry Point）机场，每天执行六次反潜巡逻，每次巡逻时间为5小时。这架飞机机长是哈里.J·凯恩（Harry J. Kane），14时12分，凯恩在稀疏的云下发现了U-701号，立即转向潜艇俯冲，同时命令机组做好战斗准备，飞行员们准备好了3枚325磅马克（Mark）XVII型深水炸弹，装有新研制的可在7.6米深处起爆的引信。虽然潜艇已经开始下潜，但是还是太晚了，凯恩在15米高度投下了3枚深水炸弹，第一枚落到了距离潜艇约七八米处，但是第二和第三枚就在潜艇尾部爆炸了，爆炸撕裂了潜艇尾部，海水灌进了潜艇。在2分钟内，指挥舱里的海水已经没顶了。凯恩在空中盘旋，看到有两批艇员分别逃出潜艇，他扔下了救生衣和一个橡皮筏并投下烟幕弹作标记，随后用无线电通知了相关部门并试图指引附近的海岸快艇472号赶往，但快艇到达时，烟幕弹已经散开了，墨西哥湾洋流已将两批艇员冲散，快艇什么也没有找到。16时30分，凯恩的油不多了，只好返航。

第二天，美军出动飞机、巡逻船还有飞艇在海上寻找，直到中午时分，1艘海军飞艇才发现了幸存者，飞艇投下了一个救生筏、毯子、水、食物和急救箱，然后用无线电呼叫水上飞机。很快1架海岸警卫队的水上飞机在幸存者身边降落，这时他们已经在海里待了22个小时，7名幸存者中包括艇长赫斯特·德根。水上飞机将幸存者带回诺福克，在接受治疗后被转交给海军情报局和联邦调查局，在审讯中，这些幸存者说出了许多有价值的讯息，包括在北大西洋上有补给潜艇在为潜艇提供海上加油，但有关部门却认为这是他们虚构的。由于击沉潜艇的哈德逊飞机没能提供准确的讯息，美军一直没能找到U-701号

■ 被美军救起的德军艇员。

的残骸，直到1989年潜水运动员才在海底发现了这艘潜艇。

6月11日夜，U-373号在纽泽西州五月角附近的德拉瓦湾布雷，1枚水雷在6月24日炸沉了400吨的美国拖船“威廉斯”（Jorn R. Williams）号。布完雷后，U-373号赶往哈特拉斯角海域。6月14日，向1艘4000吨货船发射了2枚鱼雷，但都没有击中。6月15日，击伤1艘5000吨英国货船。由于该艇所剩鱼雷不多，海上加油也就没有意义了，因此便随即返航了。

U-87号在波士顿附近布下的水雷则毫无收获。布雷后U-87号驶向哈利法克斯。6月15日晚，发现并攻击了哈利法克斯-波士顿25船队，击沉2艘共13300吨，其中1艘是美国船“切罗基”（Cherokee）号，当时这艘船上搭载着从冰岛返回美国的一些军事人员，169名乘客中86人丧生，这是在二战期间仅有的几次潜艇击沉盟军运兵船之一。随后U-87号继续向哈利法克斯驶去。6月22日，1架加拿大空军第11中队哈德逊发现并攻击了U-87号，但没有击中。第二天第11中队出动4架飞机对这一海域进行了侦察，黎明时分，1架哈德逊再次发现了在水面航行的U-87号，随即投下3枚深水炸弹，深水炸弹就在艇尾不远处爆炸，将柴油机炸得移了位，艇尾鱼雷管连同里面的鱼雷都被炸弯了，尾部主电池组也部分被毁。U-87号只好中断巡逻返航。

U-202和U-584号则奉命先将8名间谍送到美国，再到哈特拉斯角海域巡逻。U-202号在前往哈特拉斯角途中击沉4900吨中立国阿根廷的“里约特瑟罗”（Rio Tercero）号，被潜艇救起的阿根廷船长愤怒地表示在船体和上层建筑上有13面阿根廷国旗！这时空中突然出现了反潜飞机，艇长汉斯-海因茨·林德尔（Hans-Heinz Linder）赶紧将阿根廷船长放回并潜入水下。此后U-202号直到6月30日才再击沉美国船“伯明翰”（the City of Birmingham）号。U-202号在返航中从新补给潜艇U-460号上加了油，接着在亚速尔群岛附近遇到了SN-34船队，迅速召唤附近潜艇赶来对船队进行了攻击。

U-584号由于从北冰洋一下转到了亚热带海域，难以适应。6月22日发现2艘油轮，但是发射的6枚鱼雷3枚哑弹、3枚没有击中。6月27日，发现一支护航船队，向1艘驱逐舰发射2枚鱼雷，也都没命中。从U-460号上加了油之后，便返航了，在海上航行了59天，除了将4名间谍送到了美国，没有击沉1艘船。

U-404号在前往美国途中击沉3艘共12300吨，其中1艘是中立国瑞典船“安娜”（Anna）号，因此激起了瑞典的强烈抗议。但U-404号艇长布罗夫坚持说这艘船实行了灯火管制，并且沿之字路线前进。6月24日清晨，U-404号从U-116号上加过油后赶到哈特拉斯角海域，在这里击沉1艘3300吨的南斯拉

潜艇向美国运送间谍的特别行动

1942年5月派往美国的潜艇中，U-202号和U-584号担负将间谍送到美国的特殊使命，每艘潜艇负责运送4名间谍，间谍都带有炸药，准备用来炸飞机场、炼油厂和船厂，这些间谍还带有多达15.4万美元的活动经费。8名间谍中有几人曾在美国生活过，还有几人此时还有家人或朋友在美国。

6月12日晚，U-202号到达阿玛干赛特（Amagansett）附近的长岛以东海面，艇员小心地驾驶潜艇进入了浅水区，放下了一个橡皮艇，由艇员操作，并用一条绳子连在潜艇上。4名间谍乔治·达什（Geog J.Dasch）、海因里希·海因克（Heinrich H. Heinck）、理查德·奎林（Richard Quirin）和恩斯特·布格（Ernest P.Burger）带着炸药和一个水手袋上了橡皮艇，然后靠上了岸，间谍上岸，橡皮艇则返回潜艇。此时，U-202号却搁浅了，眼看就要天亮，艇员们甚至听到了岸上的鸡鸣和汽车喇叭声，艇长林德尔认为潜艇在劫难逃了，正准备烧毁秘密文件并炸艇时，潮水涨了上来，林德尔赶紧下令倒掉了几箱油以减轻重量，借着潮水，潜艇终于摆脱沙地驶向了深海。

4名间谍上岸后，先将炸药和水手袋埋了起来。正当他们忙着处理时，海岸警卫队员约翰·C·卡伦（John C.Cullen）听到了响动，走了过来，这个间谍小组的组长乔治·达什声称他们是翻了船的渔民，并给了卡伦300美元让他“忘了在海滩上的这件事”。由于孤身又没武器，卡伦假意接受了贿赂，立即赶回了指挥部报告。4名间谍处理好炸药后立即分散到阿玛干赛特乘上了去纽约的火车，并约好了在一家旅馆会合。达什和恩斯特·布格商议叛逃，6月17日达什乘上了去华盛顿的火车，向联邦调查局自首，而布格留在了纽约的旅馆密切注视着其他2名间谍。

6月18日，达什和联邦调查局取得联系，将他们这一组和佛罗里达那一组的情况都说了出来。24小时内，联邦调查局逮捕了达什小组在纽约的其他3人。在达什提供的讯息帮助下，他们对在佛罗里达登陆的那一组间谍展开了全面搜捕。那一组是6月16日晚由U-584号送到庞特·韦德拉海滩（Ponte Vedra Beach）的，4名间谍分别是组长爱德华·凯灵（Edward Kerling）、赫伯特·豪普特（Herbert Haupt）、

> 维尔纳·提尔（Werner Thiel）和赫尔曼·纽堡尔（Hermann Neubauer）。他们上岸后坐公共汽车去了杰克森维尔，然后一分为二，前往中西部地区。
>
> 6月23日，联邦调查局逮捕了凯灵和提尔。6月27日，豪普特和纽堡尔也被逮捕。至此，8名间谍全部落网。同时联邦调查局还逮捕了他们的14个亲戚朋友。1942年7月到10月，这些间谍和他们的亲戚朋友在华盛顿、纽约和芝加哥接受了审判。8月8日，6名间谍被判战时间谍罪在华盛顿特区的监狱里被电刑处死。达什和布格分别被判处终身监禁和30年有期徒刑。1948年杜鲁门总统将他们减刑为5年，服刑期满被送回德国。

夫货船。当晚发现了一支由11艘船组成的船队，天黑后，U-404勇敢地突进船队并击沉了两艘。6月29日在返航途中击沉单独航行的6800吨挪威货船“摩尔丹杰”（Moldanger）号。U-404号此行共击沉7艘31061吨，成为这批前往美国海域潜艇中击沉吨位最多的1艘。

U-578号在哈特拉斯角离海岸很远海域击沉两艘13000吨。6月10日，又发现了1艘单独航行的大型货船，但是剩下的6枚鱼雷全都没有击中。此后又待了7天后，就打道返航。

U-332号刚到达哈特拉斯角，就遭到反潜飞机的攻击，被迫中断巡逻返回法国，途中从两艘新的补给潜艇U-461号和U-460号上加了油，然后击沉2艘单独航行的货船共10600吨，其中1艘是4600吨的中立国葡萄牙船“利奥尼达斯”（Leonidas M.）号。

5月到达美国海域的8艘潜艇共击沉20艘船总计102000吨，平均每艘潜艇每次出巡击沉2.5艘12750吨。其中U-404号击沉了总船只数和吨位数的三分之一。3艘潜艇布下的雷区给美国人带来了很大的恐慌，但收效甚微，总共只炸沉3艘，炸伤2艘。在潜艇里占据了15枚鱼雷的空间所携带的45枚水雷，却只击沉了3艘船共8000吨，如果换作是15枚鱼雷的话一定会取得更好的战绩。

对盟军来说幸运的是德国人并不知道6月28日夜“约翰斯”（Stephen R. Johns）号在科德角（Cod Cape，位于马萨诸塞州）海峡倾覆并堵塞了航道，迫使经过那一海域的所有船只不得不绕过科德角，如果邓尼茨此时将潜艇集中到科德角，肯定能取得很好的战绩，科德角这次暂时的关闭推动了一个延迟已久的计划——将哈利法克斯和慢速船队集结地点从加拿大移到了纽约。

创造更多的巡洋纪录

5月有8艘IX型潜艇开往了美国海域，其

中3艘刚从德国赶来，4艘曾到美国海域执行过任务。邓尼茨打算让最早出发的U-158号和U-504号到密西西比河河口巡逻。但是命令在传达过程中出现了差错，结果U-158号到龙卡坦海峡北端巡逻，U-504号则到龙卡坦海峡南端巡逻，真正的目标海域密西西比河河口却没有任何威胁。

5月24日，在龙卡坦海峡南端，U-504号击沉1艘英国货船，随后整整11天毫无收获。从6月8日到14日，才又击沉了5艘，随后该艇没有加油就返回了法国，此行的总战绩为6艘共20000吨。

U-158号在前往龙卡坦海峡北端的途中击沉3艘，在穿过龙卡坦海峡到达墨西哥湾之后，又击沉3艘。随后转到真正的目标海域密西西比河河口，在那里击沉两艘油轮。

U-157号在经过老巴哈马海峡和佛罗里达海峡时击沉6400吨的美国油轮“哈根”（Hagan）号，海湾前线司令詹姆斯·考夫曼指示所有部队全力“猎杀这艘潜艇，在它精疲力尽之后将其摧毁”。6月11日黎明，美军1架B-18用ASV雷达探测到了U-157号，距离缩短到3000米后，飞行员目视发现了潜艇，随即俯冲到潜艇上方，正要投弹，炸弹舱门却出了故障，攻击未果。于是B-18盘旋一圈，再次俯冲投弹时，潜艇已差不多潜入水下了，投下的3枚深水炸弹均未命中。

遵照考夫曼的命令，一支包括15艘各型军舰在内的反潜舰队从西岛和迈阿密紧急出动，对西岛和哈瓦那之间的佛罗里达海峡进行扫荡。从6月11日到13日，美军海空力量对U-157号进行了长达48小时的无情猎杀。6月13日下午，装有雷达的B-18重新探测到了潜艇，考夫曼命令距离较近的西岛小组迅速前往，16时许，海岸快艇“西蒂斯”号接收到了很强的声呐讯号，立即展开攻击，分两轮投下10枚深水炸弹，随即发现有水泡和大面积油渍，“诺阿”号驱逐舰、“海神”号快艇向“西蒂斯”号聚拢过来，又在油渍冒出的地方投下22枚深水炸弹。这些深水炸弹将U-157号送入海底，艇员全部丧生。

U-67和U-129号在U-157号到达几天后才到达密西西比河河口，他们对U-157号的沉没一无所知。6月17日，在穿越佛罗里达海峡时，U-67号击沉1艘2200吨的尼加拉瓜货船。6月18日U-129号在老巴哈马海峡西段击沉了1艘3500吨货船。第二天，佛罗里达海峡报告发现了两支船队。但是由于附近没有其他潜艇，而U-129号的艇长汉斯-路特维希·维特（Hans-Ludwig Witt）是个新手，邓尼茨命令他放弃攻击。

由于邓尼茨此时还不知道U-157号已经沉没，他突然意识到在密西西比河河口已经聚集了4艘潜艇，实在太过集中了，便命令U-129号和U-158号转到墨西哥海岸。这两艘潜艇在墨西哥海域都收获颇丰，U-158号从6

月17日到23日击沉4艘（其中1艘油轮），这使艇长埃里希·罗斯汀（Erich Rostin）的战绩达到12艘共61200吨，这是所有美国海域活动潜艇的最高纪录，因此于28日获得了骑士十字勋章（获得勋章时，罗斯汀确认战绩为16艘共90400吨）。而U-129号又击沉5艘（其中两艘油轮）。

6月30日，U-158号返航中在北卡罗来纳和百慕大群岛之间发现拉脱维亚货船“埃沃拉尔达”（Everalda）号，虽然已经没有鱼雷了，但仍用甲板炮将船截住，派出跳帮登船队登上货船搜集文件，抓获船长然后将其炸沉。罗斯汀用无线电报告了这一击沉战绩，几个英国高频测向站立即探测到了无线电讯号，并迅速测出了U-158号所在位置。驻百慕大的美国海军第74巡逻中队立即起飞水上飞机进行搜索，理查德·施莱德（Richard E. Schreder）驾驶的飞机很快就发现了正在海面上航行的U-158号，飞行员施莱德甚至看到“大约有15名艇员在甲板上懒洋洋地躺着，在距离百慕大这样近的地方竟敢如此放松简直无法解释”。施莱德立即俯冲并投下2枚普通炸弹和2枚浅定深XVII型深水炸弹，1枚深水炸弹正落在潜艇指挥塔上爆炸，当即将潜艇炸沉。U-158号艇长此次巡逻的确证战绩为13艘共65108吨，加上第一次前往美国海域的巡逻，总共击沉17艘共94342吨，超过了U-123号艇长莱因哈特·哈迪根的纪录，而且罗斯汀的总战绩纪录再也没有被打破过。邓尼茨并不知道U-158号被击沉了，当发现该艇没按计划去百慕大北部接受补给潜艇加油后，还以为是出了机械或无线电故障，丝毫没有朝坏处想，甚至命令补给潜艇在集合地点足足待了一周等待U-158号，当最后知道U-158号于6月30日被击沉后，人们才发现罗斯汀得到骑士十字勋章仅仅2天。

U-67号于6月19日到达密西西比河河口，由于U-157号沉没，U-129号和U-158号又被调到了墨西哥海岸，所以该艇独自在这一猎物丰富的海域大有斩获，从6月20日到7月13日，击沉4艘击伤2艘油轮，还击沉1艘2200吨的货船，这使得此次出巡的战绩达到6艘共30000吨。随后就是漫长的归程，最终于8月8日到达法国，在海上长达81天。

U-129号从墨西哥海岸又重回龙卡坦海峡巡逻，又击沉了3艘（其中1艘苏联油轮）。7月21日，依靠一个引擎完成了漫长的归途。作为一个第一次出航的新艇长，汉斯-路特维希·维特就击沉11艘（其中3艘油轮）共41500吨，实在令人惊讶。

5月另3艘IX型潜艇前往巴拿马海峡，其中U-68号奉命先掩护偷渡船“明斯特兰”（Muensterland）号到波尔多。5月15日，该艇在比斯开湾西南与“明斯特兰”号以及另一艘掩护的潜艇U-437号取得了联系，但遭到盟军飞机攻击，排气阀受损，不得不偷偷溜到西班牙的埃尔费罗尔（El Ferrol）进行抢修，而“明斯特兰”号继续独自赶往波尔多，U-437号则驶向圣尼古拉港。

在前往巴拿马海峡途中，另外两艘潜艇都遇到了单独航行的盟军船只，U-159号击沉3艘（其中1艘油轮）共14600吨，U-172号击沉3艘（其中1艘油轮）共17900吨。

6月5日和6日，U-68号在特里达岛附近海域击沉2艘油轮，U-159号用甲板炮击沉击伤各1艘帆船，U-172号击沉1艘1700吨的美国货船。6月10日，3艘潜艇在巴拿马航道占领阵位。当晚U-68号发现2艘货船，便悄悄靠上前并发射了5枚鱼雷，将其全部击沉。8600吨的英国货船“苏里”（Surrey）号上装有5000吨炸药，在沉没时炸药被引爆了，大爆炸产生的巨大冲击波将U-68号抛出了海面又重重摔了下来，2个柴油机和回转仪都暂时停止了工作，潜艇上的精密仪表全部被震毁。当U-68号正在组织抢修，瞭望又报告发现目标，在柴油机修复后，U-68号对目标进行了长途追击，最后艇长卡尔-弗雷德里希·迈尔顿认为已不可能追上后，就下令从极远距离外发射1枚鱼雷，这枚鱼雷竟然击中了，将5900吨的英国货船“蒙特利尔港口”（Port Montreal）号一举击沉。迈尔顿一共击沉5艘（其中3艘油轮）共40000吨，邓尼茨向他授予了骑士十字勋章（到获得勋章为止，迈尔顿确证战绩为16艘共102234吨）。

6月11日到13日，U-159号在非常靠近巴拿马海峡处对来往船只进行了攻击，击沉3艘共18600吨。由于鱼雷全部用完，所以只好退到阿鲁巴-库拉索海域。在那里，两艘潜艇又各击沉两艘，U-68号击沉了维希法国租借给葡萄牙的油轮“弗里迈尔”（Frimaire）号，这艘船德国最高统帅部曾嘱咐过潜艇部队要保证其安全航行，当得知“弗里迈尔”号被击沉后，最高统帅部大发雷霆，但是邓尼茨为部下进行了辩护，坚称船上没有维希法国或葡萄牙的标志。

由于U-68号和U-159号在巴拿马附近3天内击沉6艘船，迫使巴拿马海域前线指挥部（Panama Sea Frontier）司令克利福德·凡胡克（Clifford van Hook）立即组织了一个包括两艘驱逐舰、许多小型舰艇及大批飞机在内的“反潜部队”，就在这支部队紧张备战时，6月14到18日，U-172号又在巴拿马附近击沉4艘共12800吨。

返航途中，U-159号和U-172号又分别击沉1艘，都是用甲板炮将船只拦截后，派出跳帮组登船将船炸沉的，跳帮组在船上缴获了标出盟军的航运路线还有南非开普敦（Cape Town）和其他一些港口的雷区位置的机密海图。这样U-159号艇长赫尔穆特·威特（Helmut Witte）的战绩为10艘（其中2艘油轮）共50000吨，U-172号艇长卡尔·爱默曼（Carl Emmermann）的战绩为9艘（其中2艘油轮）

共40800吨。

7月11日晚，当U-159号回到比斯开湾时，遭到了岸防司令部第172中队1架装有ASV雷达和“利光”探照灯的威灵顿飞机攻击，威特命令指挥塔上的机关炮开火，但炮手的眼睛被强光晃晕了难以开火，飞机投下了4枚深水炸弹，爆炸使潜艇发生了剧烈摇晃，但却没有致命伤。

5月共有8艘IX型潜艇出巡美国海域。除U-157号战绩稍差外，其余7艘潜艇得到了创纪录的高回报。8艘潜艇总共击沉63艘共304000吨，平均每艘潜艇每次出巡击沉7.9艘38000吨。正是这些潜艇的高回报率弥补了到美国东海岸海域的低回报率，总的说来，5月被16艘潜艇击沉的船只数（包括潜艇布雷所击沉的）83艘共计406000吨，平均每艘潜艇每次出巡击沉5.19艘25375吨，损失3艘潜艇（U-701号、U-157号、U-158号）。

■ 英军威灵顿飞机，如果装上了ASV雷达和“利光”探照灯的话就能在夜间和恶劣天气下准确攻击潜艇。

第十三章 转折初现

潜艇战性质转变

1942年7月中旬，东线德军已进抵罗斯托夫和斯大林格勒，并向高加索推进。英美错误地认为苏联坚持不了多久，为了缓解苏军的压力，急忙开始准备进攻北非的“火炬行动”（Operation Torch）。尽管英国一再反对，美国还是不断要求组建规模更大的莫曼斯克船队，以便向苏联运送大量急需物资。英国不得已于5月21日启动了PQ-16船队和反向的QP-12船队。得益于北冰洋不断变长的白昼，驻扎在挪威北部的德国空军击沉了PQ-16船队的6艘商船，但QP-12船队没有损失。不过对于潜艇来说，由于白昼增长作战越来越不便，只击沉了PQ-16船队中6200吨的美国货轮“西洛斯”（Syros）号。

在美国的压力下，英国又于6月27日开通PQ-17和反向的QP-13船队。PQ-17船队是到那时为止最大的一支莫曼斯克船队，下文会有对这支船队艰苦遭遇的详细叙述。现在我们只是概括地说，这支船队的遭遇是一次灾难，也是战争期间护航船队体系最大的失败之一，因此英国之后长时间拒绝PQ-18船队出航。

在太平洋水域，入侵瓜达尔卡纳尔岛的“瞭望塔计划”（Operation Watchtower）正在迅速准备，最终于8月7日开始执行。“企业”（CV-6，Enterprise）号、“萨拉托加”（CV-3，Saratoga）号和“黄蜂”（CV-7，Wasp）号航母，最近刚从大西洋舰队调到太平洋的战列舰“北卡罗来纳”（BB-55，North Carolina）号，还有众多的巡洋舰都集合来支持登陆部队，30艘驱逐舰为这些大家伙提供护航，其中7艘是从大西洋调到太平洋的。另外，刚从大西洋赶来的美国第1艘护航航母“长岛”（CVE-1，Long Island）号也参加了战斗。8月8日晚，一支日军舰队从拉包尔赶来迎击盟军的进攻，这次海战被称为“萨沃岛之战”（the Battle of Savo）。盟军犯了很多悲剧性的错误，结果被击沉4艘重巡洋舰，驱逐舰“贾维斯”（DD-393，Jarvis）号被击伤。这一损失迫使金指示英格索尔将在英国斯卡帕湾的所有美军军舰调回，其中战列舰“华盛顿”（BB-56，Washington）号、“南达科他”（BB-57，South Dakota）号和6艘驱逐舰派往太平洋。

与此同时，已经缩减了的大西洋舰队正在忠实地护卫着从纽约和哈利法克斯到英国的运兵船队（AT和NA）和反向船队（TA）。如果不是发生了两个小事故，整个护航简直就是完美了：8月22日晚，哈利法克斯附近大雾笼罩，驱逐舰“雄鹿”（DD-420，Buck）号和运输船“阿瓦提亚”（Atwatea）号相撞，“雄鹿”号上有7名船员丧生。驱逐舰“英格拉汉姆”（DD-444，Ingraham）号奉命前来帮助，结果在路上撞上了海军油轮“切蒙”（AO-30，Chemung）号而沉没，只有11人生还。受了伤的油轮“切蒙”号拖着“雄鹿”号、“阿瓦提亚”号由驱逐舰“布里斯托”号护卫着返回了波士顿。由于这些事故，AT-20船队减少了5艘船。9月3日，AT-20船队中的运兵船“韦克菲尔德”号（Wakefield，原名是“曼哈顿”号）起火，护航舰和许多从哈利法克斯赶来的船只赶紧从“韦克菲尔德”号上转移了1500名乘员，两艘拖船在海岸快艇“坎贝尔”号护航下将“韦克菲尔德”号拖到哈利法克斯。

1942年夏的大西洋上，潜艇战在速度、重点和性质上正在进行转变，两个重要因素促成了这些转变：第一是大西洋潜艇舰队中进攻型潜艇的数量有了很大的增长。因为在整个夏季潜艇的损失很少，北冰洋-挪威潜艇舰队的规模也已经达到了希特勒的要求，地中海潜艇舰队的建设已经停止，由于冬天结冰而被封锁在波罗的海的新潜艇正如潮水般涌来（尽管如此，邓尼茨还是于6月21日向柏林抱怨：最近开始服役的138艘潜艇中有63艘在开始服役4个月后还被困在波罗的海。此外，新潜艇在波罗的海也是事故不断：U-596号电池爆炸、U-606号轮机舱起火、U-444号撞沉了U-612号。U-612号后来被打捞上来，但只能作为训练艇了、U-164号屡次出现故障，使其在正式服役8个月后才驶出了波罗的海）。大西洋潜艇部队正在迅速发展，每月初的潜艇力量如表一。

第二是补给潜艇的建成。除了U-459、U-460和U-461号之外，另有三艘新补给潜艇U-462、U-463和U-464号也在夏季正式服役。其中U-464号在1942年8月20日驶向大西洋途中，于冰岛东南方遭美军“卡塔林那”攻击被击沉，其他5艘都很快被投入使用。此外还有充当补给潜艇使用的U-116号。这6艘补给潜艇加上在夏季净增加的26艘VII型潜艇使得在遥远的格陵兰“黑窟”海域（格陵兰岛东

表一

	6月	7月	8月	9月
VII型潜艇	51	57	61	77（+26）
IX型潜艇	35	37	41	47（+12）
总计	86	94	102	124（+38）

南的大西洋海域有一个约600 海里的区域，是大洋两岸的飞机都无法飞到的地方，被反潜专家称之为大西洋空白区，而同盟国的海军官兵和运输船的水手称之为“恐怖的黑窟”或“黑坑”）重新组织狼群成为可能，这些海狼将可以袭击重要的北大西洋船队。由于反潜力度不断下降，从德国或法国出航的新潜艇可以一路向西追赶前往加拿大的船队，对其展开集群攻击，然后在补给潜艇上加油，如果还有鱼雷的话，可以再对“黑窟”海域驶向英国的船队展开攻击。这个计划最大的弱点就是这些从德国赶来的潜艇大多数都是新潜艇加新手艇员，而对手则是训练有素的盟军空中和水面反潜部队。

由于盟军的反潜措施越来越有效，在美国东海岸、墨西哥湾和加勒比海都组建了护航队。在墨西哥湾和加勒比海一带潜艇的收获将会减少，这支持了反对将潜艇首先派往这些海域的意见。邓尼茨想将一些富有经验的潜艇组成狼群攻击加勒比海的船队，并让补给潜艇来提供海上补给，但是他也充分认识到了包括热带气候在内的不利情况对艇员的不良影响，所以他更倾向于取消这个计划而将这些有经验的潜艇派到北大西洋。

新的补给潜艇的到来也很及时地给IX型潜艇带来了实惠，使其可以在墨西哥湾和加勒比海海域大胆猎杀，甚至可以将活动范围扩大到巴拿马海峡和巴西海域。此外补给潜艇的加入也使得邓尼茨可以再次派IX型潜艇到弗里敦海域甚至更远的地方实施破交作战。

1942年夏天VII型和IX型潜艇巡逻区域的逐渐转变可以从表二看出。

希特勒突然提议向巴西宣战，因为巴西向美国提供了海军和空军基地，他打算让10艘或者15艘潜艇对巴西的几个主要港口进行突袭。这也激起了邓尼茨的兴趣，但是这将使其他的部署计划都需要更改，包括北大西洋。所以他建议将袭击巴西的计划推迟到有了足够多的潜艇之后。

柏林没有顾及邓尼茨的意见，6月15日希特勒命令雷德尔于8月初执行该任务，5天

表二

VII型潜艇	6月	7月	8 月	合计
美国	13	11	3	27
北大西洋	4	15	29	48
中大西洋	4	2	8	14
总计	21	28	40	89
IX型潜艇	6月	7月	8月	合计
美国	10	7	8	25
北大西洋	0	3	0	3
中大西洋	0	6	7	13
总计	10	16	15	41

后最高统帅部命令邓尼茨按照希特勒的设想执行。邓尼茨很不情愿地安排了10艘潜艇，由U-116号提供补给。但是纳粹德国外交部长里宾特洛甫听到这个计划后，表示了强烈反对，因为此举将疏远支持德国的阿根廷和智利。6月26日希特勒撤消了该计划。

在下令袭击巴西的同时，6月15日希特勒建议“让一支潜艇艇群随时做好准备以阻止敌人对葡属亚速尔群岛和马德拉（Madeira）群岛的突然袭击”。雷德尔认为“我们无法为这个目的分出潜艇，我们可以在现有的潜艇部署的框架内组织这样一个艇群”，也就是说从来往于美国海域或西非海域的潜艇中组成这样一个艇群，这个办法让希特勒很满意。

6月在美国海域的巡逻

邓尼茨在6月计划派35艘潜艇出巡大西洋，其中27艘在美国海域作战，8艘于月底组成艇群在东大西洋和南大西洋巡逻。另外还有4艘补给潜艇将为这些潜艇提供海上补给。

在6月驶往美国的潜艇中，6月5日U-71号在比斯开湾遭到1架驻扎在英格兰南部的澳大利亚皇家空军第10中队的“桑德兰”飞机攻击，飞行员伍德（S. R. C. Wood）投下8枚深水炸弹，然后用机枪向潜艇足足扫射了2000发子弹。1架在此海域巡逻的“秃鹰”飞机闻讯赶来对“桑德兰”飞机发起了攻击，击伤其2名机组人员。U-71号随后在德国鱼雷快艇的护送下赶往勒帕莱（Le Palais）进行修理，直到6月11日才再次启航。

6月15日，U-214号也在比斯开湾遭到盟军飞机的攻击，该艇遭到重创，好不容易于6月17日返回法国，直到8月才得以再次出巡。

德国潜艇在比斯开湾不断遭到攻击使邓尼茨在日记里痛苦地写道：“由于德国空军的无能，比斯开湾已经成了英国飞机的运动场。潜艇艇员伤心而又失望地发现德国已经没有任何力量保护通过比斯开湾的潜艇，他们只好被迫潜航出入比斯开湾。”

邓尼茨多次通过官方渠道为潜艇寻求空军保护。当这些请求再次以失败告终后，他于7月2日亲自乘飞机前往东普鲁士与德国空军总司令赫尔曼·戈林进行协商。戈林解释道：“到目前为止，每一架可用的飞机都被派到了苏联和地中海地区。”尽管如此，他还是认识到了为比斯开湾的潜艇提供保护的必要性，并亲自将24架Ju-88派到了空军大西洋司令部。

正当其他潜艇打算朝美国进军时，轴心国间谍报告说直布罗陀HG-84船队启航了。1941年12月，在袭击有严密护航的直布罗陀HG-76船队时有5艘潜艇被击沉，这使邓尼茨禁止了所有针对直布罗陀船队的攻击。但是从那时到现在已经过了6个月，邓尼茨相信盟国护航力量已经不那么强大和警惕了，现在组织一次攻击可能会收到意想不到的效果。所以他将那些本来被派往美国海域的、富有经验的9艘潜艇调集起来先去攻击HG-84船队，然后从补给潜艇上获得燃料再向西行。邓尼茨将这支特殊的艇群命名为“恩德拉斯”艇群，以此来纪念他的爱将——U-567号艇长英格尔伯特·恩德拉斯（Engelbert Endrass，U-567号于1941年12月21日在北大西洋被英舰击沉）。

HG-84船队于6月9日从直布罗陀出发，由20艘商船组成，由著名的36号护卫队护航，不过这时36号护卫队只有4艘护航舰艇，“鹳鸟”号和3艘驱潜快艇。船队中的“明日帝国”（Empire Morn）号上有战斗机弹射器，并载有“飓风”式战斗机；救援船“考普兰”（Copeland）号上装有高频测向仪。6月11日，3艘商船从里斯本赶来加入了船队。德军“秃鹰”飞机对从里斯本出发的3艘商船进行了跟踪并报告说它们加入了HG-84船队。6月14日，U-552号根据飞机提供的讯息发现了船队，并指引3架“秃鹰”飞机和“恩德拉斯”艇群的3艘潜艇赶来。救援船“考普兰”号的高频测向仪探测到了U-552号的无线电讯号并向“鹳鸟”号上的护卫队司令钱宁·沃克发出警报，沃克立即下令进入战斗状态并命令“明日帝国”号弹射起飞“飓风”式战斗机以逐走德机。“飓风”式战斗机完成使命后降落在“鹳鸟”号边上，“鹳鸟”号随即将飞行员接到了船上。同时“鹳鸟”号和“栀子花”（Gardenia）号驱潜快艇发现了跟在船队后面的U-132号，接着“鹳鸟”号和“栀子花”号就发起了一系列攻击，总共投下110枚深水炸弹，潜艇被严重炸伤。几乎同时，驱潜快艇“金盏花”（Marigold）号和“旋花”（Convolvulus）号也发现并攻击了U-89号和U-437号，将其逐走。就在4艘护航舰全都在驱赶潜艇时，U-552号乘机靠近了船队，从2700米外发射5枚鱼雷，击沉3艘共10700吨。随后U-552号退出战斗，重新装填鱼雷后再悄悄返回发起了第二轮攻击，又是5枚鱼雷的齐射，击沉2艘英国货船共5200吨。

6月15日，“恩德拉斯”艇群更多的潜艇都找到了船队，U-552号仍在追击船队，甚至准备在白天发动水下攻击，用最后2枚鱼雷来再添新功，但被护航舰发现并遭8枚深水炸弹攻击，潜艇一个燃油压载舱被炸裂。U-71号也被护航舰击伤，被迫中断巡逻返航。只有U-575号成功发起了进攻，发射4枚鱼雷却无一命中。

6月16日，HG-84船队得到了驱逐舰“野天鹅”（Wide Swan）号、护航驱逐舰“斯佩”（Spey）号和“罗瑟”（Rother）号的加强保护，从南英格兰飞来的“兰开斯特”轰炸机、“解放者”还有“卡塔林那”也陆续到达。6月17日，邓尼茨派出12架新从德国空军那里要来的Ju-88前来协助潜艇，但是这些德国飞行员错将一队西班牙捕鱼船当成了船队，不过“野天鹅”号驱逐舰确实在里面。德机立即发起攻击，击沉“野天鹅”号和4艘渔船。当HG-84船队靠近英国后，岸防司令部加派飞机进行空中掩护，先后到达船队上空的各型飞机达到36架之多。由于这么多飞机的护航，邓尼茨下令停止攻击。U-71和U-552号因伤返回法国，U-132号虽然受损严重，但没有返回法国而是带伤坚持巡逻。

尽管HG-84船队有5艘船被击沉，但是沃克仍得到了称赞，因为他以非常少的护航力量阻止了潜艇对商船的大屠杀。而对邓尼茨来说，这个结果自然是非常失望的。“恩德拉斯”艇群的9艘潜艇中，只有U-552号击沉5艘共15900吨。邓尼茨将失败原因归咎于岸基远程飞机（“卡塔林那”、“兰开斯特”和“解放者”）的意外出现。

“恩德拉斯”艇群有7艘潜艇从补给潜艇上加了油后继续赶往美国海域；另外还有6艘潜艇在6月赶往了美国海域，这样使在美国海域的潜艇总数达到了13艘。邓尼茨指示U-132号和U-215号去加拿大海域巡逻。当这两艘潜艇到达加拿大海域时，AT-17A+AT-17B船队正从纽约和哈利法克斯出发。这支船队由9艘运兵船组成，由第37特遣舰队——战列舰“得克萨斯”（BB-35，Texas）号、巡洋舰“费城”（CL-41，Philadelphia）号和14艘驱逐舰——进行全程护航。不过两艘潜艇都没有发现AT-17A+AT-17B船队。7月3日，U-215号在沙伯角（Cape Sable）南部攻击了BX-2船队，击沉7200吨的美国自由轮“亚历山大·马克姆”（Alexander Macomb）号，但随即被英国反潜拖网渔船“拉泰戈”（Le Tigre）号

■ PB2B-2“卡塔林那”型水上飞机，既能被用作远程警戒巡逻，有时候亦携带炸弹和鱼雷执行反潜任务。

击沉，艇员无一生还。

7月1日，U-132号径直穿过卡伯特海峡（Cabot Strait）进入圣劳伦斯湾，进入港湾后绕过加斯佩（Gaspe）半岛，大胆闯入了查特角（Cape Chat）附近的圣劳伦斯河口；在那里等待魁北克-悉尼船队（Quebec-Sydney convoy）。7月6日凌晨，U-132号发现了一支船队，并将5枚鱼雷全部发射了出去，击沉2艘货船共6000吨，随后又迅速装填鱼雷，发起了第二轮进攻，击沉另1艘4300吨的货船。加拿大扫雷舰“德拉蒙德维尔”（Drummondville）号向U-132号发起反击，并将其击伤，但却不知为何没有将攻击进行到底，使U-132号得以顺流而下进入海湾，逃过一劫。

U-132号在圣劳伦斯湾又巡逻了两个星期，但那是一段艰苦的历程。白天空中满是盟军飞机，晚上浓雾重重，能见度几乎为零。直到7月20日，才在德拉玛德琳角（Cap-de-la-Madeleine）附近的圣劳伦斯河口发现魁北克-悉尼19船队，击沉4400吨的英国货船“弗雷德丽卡·雷森”（Frederika Lensen）号，盟军的反潜力量再次发起了反击，U-132号却仍然全身而退。U-132号在圣劳伦斯河和海湾地区所取得的出色战绩，促使邓尼茨进一步决心在该海域进行攻击。

5艘潜艇在美国东海岸科德角（Cape Cod，或称鳕鱼角）与守望角之间巡逻，但在该海域船只往来很少而反潜措施很多。7月11日，U-576号发现了一支船队，随即将船队讯息报告邓尼茨，U-402号闻讯而来，但是U-576号很快就与船队失去了联系，所以也就无法指引其他潜艇了。7月12日，1架海岸警卫队的飞机从60米高度向1艘潜艇投下2枚深水炸弹；7月13日，美国陆军航空队的1架B-17也攻击了1艘潜艇；7月14日，还有2架美国海军的飞机也从低空向1艘潜艇投下了几枚深水炸弹。这4架飞机都报告很有可能击沉了潜艇，现在已经无法确认是哪架飞机击中了哪艘潜艇，U-576号和U-402号都报告被飞机炸伤，邓尼茨随即命令撤至哈特拉斯角以东600公里飞机航程以外海域对潜艇进行维修。

7月15日傍晚，U-576号在哈特拉斯角附近发现了KS-520船队，该船队由19艘商船组成，7艘护航舰护航。U-576号艇长海因尼克不顾自己潜艇已经严重受伤，还是下令攻击：发射4枚鱼雷，击沉1艘2100吨的尼加拉瓜货船“蓝土地”（Bluefields）号，击伤2艘。被击伤的2艘船——8300吨的货船“凯罗”（Chilore）号和11100吨的油轮“莫温克尔”（J.A. Mowinckel）号带伤后撤，却一头闯进了哈特拉斯角附近的雷区，“凯罗”号被炸沉，海军拖轮“科舍那”（Keshena）号赶来援助，也触雷沉没。而U-576号在发射完鱼雷后就因伤势过重而失去控制，横转过靠到了美国商船“犹尼克”（Unicoi）号船尾，

■ 海军拖轮“科舍那”号，这种船显然并不适合远洋航行。

“犹尼克”号上的武装船员随即就用船尾的127毫米火炮向U-576号开火，同时2架海军第9中队的飞机向潜艇投下了深水炸弹，U-576号就此被击沉，无人生还。

此时在哈特拉斯角附近或正驶向那里的潜艇有4艘，但是邓尼茨认为U-215号和U-701号都已经被击沉，U-402号和U-576号则受损严重，他认为即使能击沉一些商船，也不值得这些潜艇再去冒险。所以7月19日下令U-402号返回法国，U-89号、U-458号和U-754号前往哈利法克斯东南部的加拿大海域，与U-132号会合。这4艘潜艇从美国东海岸海域的退出意味着在那一海域长达半年的潜艇战结束。

这4艘潜艇在加拿大海域收获颇丰：U-132号击沉6700吨的英国货船“太平洋先锋者”（Pacific Pioneer）号，这使得该艇此次

■ 完成一系列战斗任务后返回港内的U-132号。

巡逻的战绩达到了5艘共21400吨。U-458号击沉4900吨的英国油轮“阿勒塔”（Arletta）号。U-754号用火炮击沉260吨的美国拖轮“艾伯”（Ebb）号。U-89号用火炮击沉54吨的加拿大渔船“露西尔M”（Lucille M）号，这艘小船的幸存者说艇长罗曼为击沉他们的船表示道歉，但他说“这是命令”。这艘小船也是U-89号在此次为期77天的巡逻中惟一的战果。

从7月30日到8月5日，加拿大第11和第113中队的飞机利用陆上高频测向网，找到并攻击了这4艘潜艇。飞行员史穆尔于7月31日对U-754号的攻击最为成功：当天天气很好，他在1000米高度就看到了5000米外正在水面航行的潜艇。当他俯冲攻击时，潜艇瞭望才发现飞机，匆忙关闭舱门下潜，但是已经太晚了，史穆尔在近距离投下了4枚深水炸弹，然后在这一海域又盘旋了差不多一个小时，直到U-754号因为伤势太重而浮出水面，史穆尔随即用机枪对潜艇进行了扫射，潜艇突然爆炸而后沉没，全体艇员丧生。这是加拿大空军击沉的第1艘潜艇。

6月前往美国海域的其他潜艇从佛罗里达海域到特里达海域进行巡逻。炎热和潮湿几乎让人无法忍受、食物和淡水大量变质、疖子和皮疹摧残着艇员的身体。盟军反潜力量不断增强，墨西哥湾和加勒比海又先后组建了船队，潜艇的日子越来越不好过了。

U-84号在前往美国海域的途中击沉1艘6600吨的挪威商船。抵达美国海域后在佛罗里达海峡巡逻，7月7日，艇长赫斯特·沃尔夫（Horst Uphoff）报告说在海峡里有强大的海空反潜力量日夜巡逻，并怀疑夜间巡逻的飞机已经安装上了雷达。但邓尼茨严词督促他

■ 正在炮击敌舰的U艇甲板炮。U-89号的艇长罗曼对击沉渔船的行为表示道歉，但他表示这是在执行命令。

继续巡逻，并训斥他盟军飞机上不可能安装雷达！从7月13日到26日，U-84号击沉2艘共7600吨。

7月5日，U-134号在北佛罗里达海岸发现了1艘中立国瑞士船“温尼西亚”（Venezia）号，请示邓尼茨后进行了攻击，发射2枚鱼雷但都没击中。随后奉命前往密西西比河口，在那里遇到了严密的反潜飞机巡逻，从7月19日到26日整整7天，没能发现一艘船。7月27日，在老巴拿马海峡发现了一支船队，但被空中掩护的反潜飞机逐走。8月6日返回法国，在84天的巡逻里没有击沉一艘船。

U-571号在佛罗里达海峡巡逻。7月7日，发现了一支船队，击沉8100吨的英国货船“乌姆塔塔”（Umtata）号。7月8日又击沉了9800吨的美国油轮“莫夫特”（J. A. Moffett）号。7月9日，击沉1艘1100吨的洪都拉斯船。

U-437号在犹加敦海峡（Yucatan Channel，亦称龙卡坦海峡）南部到巴拿马之间巡逻，经过一周毫无收获的巡逻之后，转到向风海峡。7月17日，发现了一支船队，但在空中和水面严密护航下无法发起攻击。随后几天里，曾对几艘船只先后发射了9枚鱼雷，但无一命中，最后也是颗粒无收地返回了法国。

U-203号在前往特里达海域途中就击沉3艘货船共16000吨。7月7日到达特里达岛附近后，又击沉2艘共17000吨，但耗尽了全部鱼雷而返航。U-203号在此次巡逻中共击沉5艘（其中1艘油轮）共33000吨。这样就使艇长鲁尔夫·米采尔伯格（Rolf Mutzelburg）的总战绩达到了20万吨，为他的骑士十字勋章赢得了橡叶（获得橡叶骑士十字勋章时，米采尔伯格的确证战绩是20艘共83000吨）。回国后由希特勒将勋章授予了他，虽然他可以随意选择工作，但还是选择了继续当U-203号的艇长。

U-575号也在特里达岛附近巡逻，作为“恩德拉斯”艇群的一员，已经在攻击HG-84船队时消耗了4枚鱼雷（都没有击中），所以必须要节约鱼雷了。随后在莫纳海峡（Mona Passage，多米尼加共和国与波多黎各之间，被当地人称为“死亡之海”）击沉1艘2700吨的美国货船。7月9日，又击沉1艘5300吨的英国货船——加上当天U-203号所击沉的船只，迫使同盟国暂时停止了东加勒比海的航运，这就使U-575号在接下来的9天里毫无收获。直到7月17日解除禁令后，U-575号才发现了一支由5艘船组成的小船队，但是发射的2枚鱼雷都没命中。7月18日，用最后1枚鱼雷击伤了13000吨的英国油轮“圣戈斯帕”（San Gaspar）号，在加拉加斯（Caracas，委内瑞拉首都）附近用火炮击沉了两艘英国帆船。

在6月，13艘前往美国海域的VII型潜艇所取得的战绩实在是一般般：共27艘124000

吨，平均每艘潜艇每次出巡击沉两艘9500吨。其中U-132和U-203号的战绩占到了总战绩的三分之一，有3艘是一无所获，还有3艘潜艇U-215、U-754和U-576号被击沉（U-701号虽也于1942年7月7日被击沉，但它是5月20日就从法国洛里昂出发，且任务是到美国东海岸布雷，所以不在此13艘潜艇内）。

IX型潜艇回报率缩水

6月共有11艘IX型潜艇被派往美国海域。6月11日早上，澳大利亚第10中队的1架“桑德兰”飞机在菲尼斯泰尔角（Cape Finisterre，位于西班牙西北海岸）发现了正在水面航行的U-105号，飞行员投下了6枚深水炸弹和2枚反潜炸弹将U-105号炸成重伤，艇员死伤10人。邓尼茨急忙调集4艘潜艇前去协助U-105号，但都没能找到。U-105号最后是在没有帮助的情况下艰难地到达西班牙的埃尔费罗尔（El Ferrol）。在那里经过简单修理后，于6月28日在飞机保护下回到法国。

其他10艘中有6艘是新潜艇，由于可以从补给潜艇上得到补给，新潜艇直接从基尔出发前往美国，不需要去法国补充物资了。这批潜艇在阿尼哥达（Anegada，位于英属维尔京群岛东端）西北海域碰到了许多没有护航的船只。U-153号击沉3艘共16200吨。U-505号击沉2艘共12600吨。

■ 启航去美国东海岸“淘金”前，接受检阅的U-154号。

U-154号最早到达墨西哥湾，7月6日在犹加敦海峡用火炮击沉了65吨的巴拿马拖轮“拉里塔”（Lalita）号。7月19日，燃油舱出现裂缝，使潜艇留下了一条明显的油迹。邓尼茨只好同意其返回法国，在为期81天的巡逻中只击沉了1艘65吨的小船，回到法国后邓尼茨就将艇长瓦尔特·科勒（Walther Koelle）撤职了。

7月5日和6日，陆军航空队第59轰炸机中队的3架B-18都报告说攻击了潜艇，遭到攻击的是U-153号。7月11日，U-153号在巴拿马北部距阿米兰特（Almirante）100公里海域攻击了560吨的美国海军补给船“米莫萨”（YN-21，Mimosa）号。可能是新艇长莱希曼把它当成了1艘大军舰，发射的鱼雷定深太大而从龙骨底下穿过！“米莫萨”号随即用76毫米火炮进行了还击。巴拿马海洋前线指挥部司令克立福德·凡·胡克（Clifford van Hook）随即调集反潜力量组织围剿，第3巡逻中队的1架“卡塔林那”在午夜过后不久赶到了，在附近的美国驱潜快艇PC-458也加入到猎杀队伍。凌晨4时许，“卡塔林那”用雷达探测到了潜艇，并投下了照明弹将潜艇照亮，随即展开攻击，投下4枚深水炸弹，飞行员报告是一次完美的攻击，但天亮后并没发现潜艇被炸沉或炸伤的踪迹，凡·胡克命令PC-458继续用声呐搜寻，并组织大批飞机进行密集巡逻。盟军飞机和军舰进行了24小时的全力追捕，直到7月13日早上10时，1架“卡塔林那”报告发现“一条明亮的油迹正在移动”并指引PC-458赶到那里。PC-458在获得声呐讯号之后投下了10枚深水炸弹，同时1架飞机投下了8枚普通炸弹和24枚深水炸弹。傍晚时分，美国驱逐舰“兰斯唐”（DD-486，Landsdowne）号赶来并迅速获得了稳定的声呐讯号，投下4枚深水炸弹。此后再没有U-153号的消息。

U-505号就在离此不远的海域巡逻，一位艇员回忆道：“我们在科隆（Colon，位于巴拿马中部）附近来回慢慢巡逻了十六天，没有发现任何东西；整个大海完全空了。最后艇长罗沃终于厌倦了，他将潜艇驶向南开向海岸……7月21日我们在那里经历了第一次考验，一架飞机看到了我们在水面上，并在我们潜到50米深之前扔下了两枚炸弹。不过潜艇没有受伤，飞机也没有继续进攻。”7月22日，U-505号用火炮击沉1艘110吨的哥伦比亚帆船“罗阿马”（Roamar）号。此后艇长罗沃病倒了，由大副赫伯特·诺劳（Herbert Nollau）指挥潜艇开回了法国。

这3艘IX型潜艇的巡逻绝对是一次灾难，遇到了盟军强大的空中和水面反潜力量，只击沉了2艘帆船共175吨，而U-153号被击沉。

U-166号奉命到密西西比河口布设磁引信TMB水雷。在前往墨西哥湾的途中，U-166号于7月10日攻击了一个由2艘货船和2艘护航

■ 加尔维斯敦是得克萨斯州境内的一座小港，位于墨西哥湾内。对于U艇的大举进击，这里亦无法幸免。

舰组成的小船队，但是发射的6枚鱼雷都没有命中。7月11日用火炮击沉了84吨的多米尼加帆船“卡门”（Carmen）号。7月13日，在向风海峡发现了一支船队，U-166号不顾强大的反潜力量发起攻击，击沉1艘2300吨的美国货船。7月16日，在佛罗里达海峡击沉1艘16吨的美国拖轮“格特鲁德”（Gertrude）号。7月24日晚，将9枚水雷布到了密西西比河口，但这些水雷却无一爆炸。7月30日，击沉了美国客货两用船“罗伯特·E.李”（Robert E. Lee）号，该船在15分钟内沉没，但407名乘客和船员中只有17人丧生。8月1日，海岸警卫队飞行员亨利·怀特（Henry C. White）驾驶水上飞机从450米高度看到水面上有艘潜艇，立即俯冲攻击，在75米高度投下了惟一的1枚深水炸弹，深水炸弹在潜艇右舷爆炸。怀特认为击伤了潜艇，但实际上U-166号是被击沉了，所有艇员丧生，这是战争期间海岸警卫队的飞机击沉的惟一一艘潜艇。怀特后来被补授了杰出飞行十字勋章。

按照计划，U-171号和U-173号都在百慕大北部从U-460号上加油，然后从向风海峡进入古巴南部海域，然后向北进入犹加敦海峡。U-171号于7月22日穿过犹加敦海峡进入墨西哥湾，随后在加尔维斯敦（Galveston）附近击沉1艘4400吨的墨西哥货船。之后向东进入密西西比河口，7月29日，向油轮“埃索·里奇蒙”（Esso Richmond）号发射2枚鱼雷，都没有命中。7月31日，发现一支船队正在沿海岸前进，但还没来得及攻击就被1架海岸警卫队的飞机赶走了。

U-171号从密西西比河向西沿墨西哥海岸巡逻了一个月，从8月4日到9月4日，击沉两艘油轮。随后经犹加敦海峡进入加勒比海，通过莫纳海峡进入大西洋返回法国。10月9日，已经快到洛里昂了，行将结束长达115天的巡逻，奉命在16时和一艘护卫舰会合。但该艇偏离了航线，撞上了水雷而沉没，护卫舰赶到后救出31名艇员。

7月19日，U-173号进入加勒比海，在开曼群岛（Cayman Islands）遭到盟军飞机攻击，2个潜望镜都被炸坏，海上无法修复，只好转到荷属圭亚那的开阔海域巡逻，在那里又待了一个月，其间只遇到过2艘船，而且都没击沉。8月27日，又遭到反潜飞机的攻击，5个鱼雷发射管被炸毁，邓尼茨只好命令其返回法国，U-173号于9月20日抵达法国，在为期98天的巡逻中没有击沉1艘船。

第二批从基尔直接驶向美国的是两艘IXC型U-508和U-509号。U-509号计划穿过莫纳海峡和犹加敦海峡迂回进入佛罗里达海峡。8月2日，在犹加敦海峡时遭到了反潜飞机攻击，艇长卡尔-海因茨·沃尔夫（Karl-Heinz Wolff）报告潜艇被炸伤无法修复，8月25日，沃尔夫

■ 开曼群岛位于古巴南部，景色秀丽。现在是环球航行的豪华游轮停泊的诸多港口中的一个，但在第二次世界大战期间，却是盟军的一个非常重要的反潜基地。

报告自己生病，9月12日回到法国，1艘船也没有击沉，随后就被调离艇长职位。

U-508号在老巴拿马海峡遇到1艘战列舰、3艘驱逐舰以及1艘油轮和1艘商船。由于驱逐舰阻止其向战列舰攻击，只好向油轮和商船发射了鱼雷，但都没有击中。8月5日和6日，发现了两支船队，但都有飞机严密护航。U-508号向第二支船队发起了攻击，无法证实其击沉战果，随即遭到飞机的反击被击退。8月12日，又发现了一支船队，击沉2艘小船共2700吨。在躲避驱逐舰反击时，释放了欺骗声呐的“小鬼”噪音发生器并取得了很好的效果。8月17日在消耗完最后1枚鱼雷后返回法国，途中遇到了U-163号，用饮用水换取了燃油。

这4艘从基尔直接出发的新潜艇的巡逻是战争中到那时为止IX型潜艇的最差表现：击沉了5艘共20300吨，平均每艘潜艇每次巡逻击沉1.25艘4000吨，U-173和U-509号没有击沉任何船。U-171号沉没，22名艇员丧生。

6月出动的另两艘IX型潜艇U-66和U-160号在特里达岛附近巡逻。U-66号奉命先到圣露西亚（St. Lucia）的卡斯翠（Castries）港布雷。7月9日在途中击沉6400吨的南斯拉夫货船“特里格拉夫”（Triglav）号。7月20日中午到达卡斯翠港外，当时盟军为了让1艘船入港而将障碍网打开，U-66号乘机闯入港内布下了6枚水雷，在障碍网就要关闭的时候退了出来。7月29日，1艘汽艇触发了1枚水雷，地方当局立即关闭港口并派出了扫雷舰艇。8月2日，两艘英国摩托艇触发了3枚水雷。扫雷舰艇清除掉另外2枚水雷后卡斯翠港于8月9日重新开放。U-66号布下的水雷没有造成什么伤害，只是给盟军制造了一些紧张气氛而已，但该艇的巡逻战绩却不俗：从7月26日到8月6日，在特里达岛附近击沉3艘货船。然后一直没有收获，8月28日后击沉4艘船，9月9日在返航途中又击沉1艘6400吨的瑞典船“北平”（Peiping）号。这样就使艇长弗雷德里希·马克沃特（Friedrich Markworth）第一次巡逻的战绩达到了9艘共49000吨。

不过在海上从U-460号上加油时却遇到了麻烦：由于U-460号艇员操纵错误，给U-66号加的油中混入了海水，虽然很快就发现了这个问题，但因燃料被污染而不得不驶向西班牙的埃尔费罗尔，在那里从被扣押的德国油轮“马克斯·阿布莱希特”号上进行了第二次加油，最后于9月29日返回法国。

U-160号于7月11日抵达特里达岛，一开始攻击两艘货轮时齐射的2枚鱼雷都没有击中。从7月16日到21日，击沉3艘共20600吨，随后向特里达以东海域移动，从7月25日到8月4日，又击沉3艘共8700吨，这样总战绩就达到6艘（其中2艘油轮）共29000吨，这使艇长乔治·拉森（Georg Lassen）获得了骑士十字勋章（在获得勋章时，拉森的确证战绩是11

艘共66000吨）。

6月前往美国海域的10艘IX型潜艇的回报率是让人失望的，击沉了31艘共约135000吨，平均每艘潜艇每次巡逻击沉3.1艘13500吨，与5月出航的IX型潜艇相比，战绩下滑很多。其中U-173号和U-509号1艘船也没有击沉，还有U-153号、U-166号和U-171号3艘潜艇沉没。

加上VII型潜艇平平的表现，整个6月的23艘出征美国海域的潜艇总战绩令人失望：击沉共58艘259000吨。平均每艘潜艇每次巡逻击沉2.5艘11260吨。共有6艘潜艇沉没，损失率达26%。很明显潜艇在美国海域的回报越来越低，危险却越来越大，但邓尼茨还不打算放弃。

支援隆美尔

1942年初，地中海潜艇部队被划归第29潜艇舰队指挥，该舰队司令为弗朗兹·贝克（Franz Becker）。1942年6月，骑士十字勋章获得者原U-101号艇长弗利兹·弗劳恩海姆（Fritz Frauenheim）接任司令。

1942年4月1日部署到地中海支持隆美尔的非洲军团的20艘VII型潜艇继续在极其困难的情况下作战。尽管巡逻时间不长，但是非常紧张和危险，许多艇长在巨大压力下崩溃了。

■ 起火燃烧中的货轮，摄于美国东海岸。

4月1日，U-73号被盟军飞机击伤，在拉斯佩齐亚（La Spezia，位于意大利西北）进行了整整四个月的维修。4月7日，U-453号在马特鲁（Marsa Matruh，埃及北部海港）附近误击了9700吨的英国医院船“萨默塞特郡”（Somersetshire）号，该船幸运地没有沉没，蹒跚回到了亚历山大港。希特勒同意了最高统帅部效仿“阿西娜”号事件否认对这次攻击的指控，艇长埃格-莱纳·冯·施利普恩巴赫（Freiherr Egon-Reiner von Schlippenbach）奉命修改了航海日志。

4月在东地中海巡逻的6艘潜艇中有4艘负有布雷任务，在4月13日到15日完成了布雷。U-453号在海法港（Haifa）布雷，不过这个雷区没能击沉任何船。布完雷后，U-81号向北驶到贝鲁特港（Bayrut），在那里用鱼雷击沉2艘共7150吨。从4月16日到26日，该艇击沉8艘帆船，还炮击了特拉维夫（Tel Aviv）发电厂。

U-331号也在贝鲁特港外布雷，然后趁夜色从水面进入港内，并向停泊在码头上的3000吨挪威货船发射了鱼雷，但鱼雷被1艘驳船挡住，挪威船毫发无损。在随后几天里，U-331号击沉3艘帆船，炮击了贝鲁特的发电厂。同样该艇布下的雷区没有击沉任何船。

U-561号在塞得港布雷，5月15日这些水雷炸沉了2艘船共11754吨——受这一胜利鼓舞，U-561号又于6月18日和7月10日两次在塞得港外布雷，但均无收获。

U-562号在法马古斯塔（Famagusta，位于塞浦路斯东岸）布雷，4月29日这些水雷炸沉两艘小船总共才230吨。布完雷后，U-562号进入了土耳其海域攻击了1艘英国船，虽然没有击沉仍遭到了英国对其侵入中立国土耳其水域的指控。

4月23日，U-565号在马特鲁击沉1艘1400吨的英国船。

5月1日，1架英国第223中队的“哈德逊”飞机正在空中巡逻，飞行员布莱特中士（Sergeant Brent）发现了U-573号，随即俯冲攻击投下3枚深水炸弹，其中2枚都在潜艇附近爆炸了，将潜艇炸伤。随后飞行员看到潜艇指挥塔上有10多人围成一圈举手投降，便没有对潜艇进行扫射，由于燃油快用完了，这架飞机只好返回了基地。因此返航后遭到了严厉训斥（岸防司令部曾命令飞机发现潜艇后必须全力攻击，阻止潜艇艇员炸艇，直到有水面船舰赶到为止）。尽管U-573号已经无法下潜，但还是躲过了盟军后续飞机和船舰的追杀，逃到了西班牙海域，最后由西班牙海军拖轮将其拖进喀他基纳（Cartagena，位于西班牙东南海岸）。鉴于艇长海因里希·海因桑（Heinrich Heinsohn）报告修复潜艇的损伤需要三个月，所以德国干脆就将这艘潜艇送给了西班牙，后被改名为G7。该艇的艇员则回到德国继续参战。

5月2日，1架英国第202中队“桑德兰”

■ U-573号，该艇在遭到盟军反潜机攻击受损后，逃入西班牙避难。后鉴于修复时间过长，被迫转赠予西班牙当局。

飞机就在昨天发现U-573号的同一海域发现了U-74号，这架飞机吸取了昨天的教训，一直对U-74号进行追踪直到驱逐舰“维斯哈特”（Wishart）号和“摔跤手”（Wrestler）号赶到，随后飞机与军舰协同攻击将U-74号击沉。

U-74号和U-573号的损失使地中海的潜艇数减少到了18艘。除了那些小船之外，整个地中海潜艇舰队在4月只击沉了3艘船共8500吨，因为在地中海海域的高风险低回报，所以邓尼茨没有再派潜艇来补充。

5月27日，当隆美尔的非洲军团重起攻势后，地中海潜艇部队司令里奥·克莱斯派出9艘潜艇前去支援地面部队，其中8艘从加沙（Gaza）到马特鲁一带海域巡逻，攻击盟军向北非运送补给的船只。U-83号则将一个突击队运到邦巴湾（Bomba，位于利比亚东北海岸），不过出发后突击队行动又被取消了，于是U-83号继续巡逻。在6月7日到13日，击沉3艘货船和4艘帆船，艇长克劳斯（Hans-Werner Kraus）因此被授予骑士十字勋章。6月19日，U-83号和U-431号几乎同时回到萨拉米斯（Salamis，位于塞浦路斯东岸），这两艘潜艇挂着表示击沉船只的三角旗并肩进港的情景被拍下来，在电影院里作为新闻影片播放（给克劳斯授予骑士十字勋章是为了表示在地中海的潜艇部队受到重视。获得勋章时，克劳斯宣称的战绩总共12艘共35000吨，而惟一能被确认击沉的只有2000吨的葡萄牙货船“考特利尔”[Corte Real]号）。

5月27日，1架英军“布伦海姆”轰炸机在托卜鲁克（Tubruq，位于利比亚东北海岸）和马特鲁之间发现U-568号潜艇（就是1941年10月击伤美国驱逐舰“科尔尼”号的那艘潜艇），“布伦海姆”轰炸机投下了深水炸弹，潜艇油箱被炸裂。附近一支船队的护航舰接到报告后抽出驱逐舰“胡尔沃斯”（Hurworth）号和“英雄”（Hero）号赶来猎杀潜艇，“胡尔沃斯”号在2小时内发起8轮攻击，投下所有的50枚深水炸弹，“英雄”号发起3轮攻击，投下20枚深水炸弹。由于“胡尔沃斯”号的深水炸弹用完，“英雄”号也所剩不多，于是护卫队又派出了第三艘驱逐舰“埃立吉”（Eridge）号，这艘驱逐舰于18时到达，协同“英雄”号进行了连续的深水炸弹攻击，再投下50枚深水炸弹。而“胡尔沃斯”号则返回托卜鲁克，准备重新装填深水炸弹后再战。在经过多达120枚深水炸弹攻击的残酷折磨后，艇长普鲁伊斯（Joachim Preuss）知道除了浮出水面借助黑暗掩护甩掉驱逐舰外别无选择。午夜时分，U-568号浮出水面，距离“埃立吉”号只有1150米！虽然“埃立吉”和“英雄”号都装有286型雷达，但却都没有发现潜艇，还是瞭望先发现了潜艇，两艘驱逐舰立即开火，U-568号只好赶紧下潜。5月28日凌晨4时，U-568号

■ 护航驱逐舰“胡尔沃斯”号。这类航速较低（多不超过20节）的护航舰艇就是为了应对迫切的反潜需求而诞生的。在战后，发展成了现代护卫舰。

再次浮出水面，又被驱逐舰发现，随即遭到炮击。“埃立吉”号一边开火一边高速冲了过来，投下仅剩的5枚深水炸弹中的3枚，不过那时普鲁伊斯已经知道在劫难逃而下令炸艇，“埃立吉”号赶紧派出跳帮组，但已经晚了：U-568号就在他们眼前沉入海底，不过驱逐舰将全部47名艇员都救了起来。

6月2日，英国海军航空兵第815中队的1架“剑鱼”飞机在巴尔迪亚（Bardia，利比亚东北港口）附近发现并攻击了U-652号（就是和美军驱逐舰“格利尔”号交过火的），该艇遭到了重创，艇长乔治-维尔纳·弗拉茨（Georg-Werner Fraatz）用无线电报告了情况并请求帮助，此时U-81号正在附近寻找迫降的德国空军飞行员，随即赶来帮助，最初想把U-652号拖回萨拉米斯，但没成功，只好将U-652号的艇员转移到U-81号后，用鱼雷将U-652号击沉。

6月其他在北非巡逻的潜艇中，U-205号击沉英国轻巡洋舰“赫尔迈厄尼”（Hermione）号，U-431号击沉2艘共4400吨，还救起9位迫降的德国飞行员，U-77号击沉英国驱逐舰“小树林”（Grove）号。

6月在巴勒斯坦-黎巴嫩海域的潜艇中，U-372号击沉14650吨的英国潜艇补给船“迈德维”（Medway）号，当时“迈德维”号正在1艘轻巡洋舰和7艘驱逐舰的护航下从埃及的亚历山大驶向黎巴嫩贝鲁特，这么多护航舰虽然没能保护住补给船，但在营救船员方面还是非常出色，1135名船员中只有30人丧生。U-559号击沉1艘4700吨的油轮，U-97号的新手艇长弗雷德里希·布格尔（Friedrich Buergel）在海法附近击沉3艘共4000吨。

在岸上，隆美尔非洲军团大举推进，估计英军会在托卜鲁克进行一次“敦刻尔克”式大撤退，于是德军赶紧调集3艘潜艇前去封锁。但在6月21日，托卜鲁克的英军投降了。

“支座”行动

7月初，英军努力设法从马耳他岛向北非提供补给，其中的“支座”（Pedestal）护航运输行动，由14艘大型快速商船组成，由从本土舰队中抽调包括战列舰“尼尔森”号和航母“胜利”号在内的军舰提供严密护航。

轴心国情报部门获得了这次行动的情报，包括一个意大利巡洋舰中队、18艘意大利潜艇、12艘鱼雷快艇和3艘德国潜艇组成了庞大的“欢迎队伍”。8月9日，U-331号遭到盟军飞机攻击，被迫返回拉斯匹亚。8月10日，“支座”船队在大雾中穿过直布罗陀海峡进入地中海。8月11日，轴心国部队找到并攻击了船队，第一个发起攻击的是意大利潜艇“乌阿希克”（Uarsciek）号，向“暴怒”（Furious）号航母发射3枚鱼雷，均未命中。“暴怒”号航母没有察觉遭到攻击，按计划起飞了37架“喷火”战斗机（飞到马耳他）后就返回了直布罗陀。

U-73号在11日下午也发现了船队，该艇本来可以很容易地攻击商船，但艇长赫尔穆特·罗森鲍姆（Helmut Rosenbaum）奉命首先攻击大型军舰，于是他将目标定为由7艘驱逐舰护航的22600吨的航母“老鹰”（Eagle）号，U-73号非常冷静地从驱逐舰的警戒圈中穿过，一直到距离航母450米处才发射了4枚鱼雷，如此近的距离，自然全部击中，“老鹰”号在10分钟内沉没。3艘驱逐舰迅速救起了大部分船员，其他驱逐舰则开始寻找潜艇，但是罗森鲍姆一击得手后就将潜艇潜入深海，然后关闭发动机静静地一动不动，躲过了驱逐舰胡乱的深水炸弹攻击，毫发无损。傍晚U-73号浮出水面，向邓尼茨报告：“从450米发射4枚鱼雷命中‘老鹰’号，沉没声清晰可闻。被深水炸弹轰炸，毫发无损。”海军总司令雷德尔授予罗森鲍姆骑士十字勋章（获得勋章时，罗森鲍姆确认击沉包括“老鹰”号在内的6艘共52000吨）。当U-73号返回拉斯匹亚后，罗森鲍姆被提升为黑海潜艇部队司令——这个潜艇部队是U-9号、U-18号、U-19号、U-20号、U-23号和U-24号解体后运到罗马尼亚加拉茨（Galati）再重新组装后组成的，主要是攻击苏联在黑海和亚述海的舰船。U-73号艇长则由大副赫斯特·戴克特（Horst Deckert）接任。

“暴怒”号航母返回直布罗陀时由5艘驱逐舰护卫，其中就有曾经击沉过U-47号的“狼獾”号。8月11日晚，“狼獾”号雷达发现1艘潜艇，舰长彼得·克莱顿（Peter Cretton）立即下令全速撞击——被撞沉的是意大利潜艇“达哥布”（Dagabur）号，但

■ 航空母舰“暴怒”号，该舰在“支座”行动中险些被U艇击沉。

陈旧的“狼獾”号也在撞击中受到了严重损伤，回到直布罗陀后进行了临时性的修理后继续开回英国，回英国后克莱顿受到嘉奖并被提升为B-7护卫队司令。

“支座”船队继续向马耳他岛前进，进入了地中海中部的危险海峡，按照计划战列舰和航母将在此调头返回直布罗陀，只留下巡洋舰和驱逐舰继续护送商船航行。但在战列舰和航母返航前，驱逐舰“远见”（Foresight）号被德军飞机炸成重伤后自沉，航母“不屈”（Indomitable）号也被炸伤；意大利潜艇“阿克瑟姆”（Axum）号击伤轻巡洋舰“开罗”（Cairo）号（后伤重自沉）、重巡洋舰“奈及利亚”（Nigeria）号和9500吨的美国油轮“俄亥俄”（Ohio）号；意大利潜艇“迪西”（Dessie）号击沉7500吨的英国货船“杜卡利翁”（Deucalion）号；意大利潜艇“阿拉齐”号击沉7300吨的英国货船“克兰福古森”（Clan Ferguson）号，击伤重巡洋舰“肯亚”（Kenya）号；意大利潜艇“布鲁诺”号重创12700吨的英国货船“帝国希望”（Empire Hope）号（也可能是被飞机击伤，后也因伤重而不得不由护航舰击沉）。

意大利潜艇“卡巴托”（Cobalto）号两次占据了攻击“不屈”号航母的理想位置，但都被“探路者”（Pathfinder）号和“伊斯利尔”（Ithuriel）号驱逐舰所阻止，“伊斯利尔”号投下5枚深水炸弹，潜艇被炸伤后被迫浮出水面。“伊斯利尔”号一边开炮一边冲向潜艇，撞上潜艇指挥塔后部，然后靠上潜艇派出了跳帮组进入潜艇，但跳帮组刚到潜艇上，“卡巴托”号就沉没了。“伊斯利尔”号接回了跳帮组和42名意大利艇员。

8月13日凌晨，12艘轴心国鱼雷艇攻击了船队，重巡洋舰“曼彻斯特”（Manchester）号遭到重创后于次日自行凿沉。意大利海军本来还打算派出巡洋舰中队，但由于没有足够的飞机提供护航只好取消。但是这些意大利军舰中有一些正好进入了英国潜艇“无损”（Unbroken）号的视线，该艇发射4枚鱼雷击伤重巡洋舰“巴尔萨诺”（Bolzano）号和轻巡洋舰“姆齐奥·阿登德罗”（Muzio Attendolo）号。

最后“支座”船队的14艘商船中只有5艘抵达了马耳他。当“支座”船队经受战火洗礼时，英国组织了一支假船队从亚历山大港前往马耳他岛，以吸引轴心国的注意，德军发现了该船队后派出6艘潜艇进入东地中海。8月3日深夜，1架英军第221中队装有雷达的“威灵顿”飞机正在为假目标船队护航中发现了U-372号，飞行员盖伊中士（Sergeant Gay）投下了闪光弹，并报告了情况通知护航舰赶来。驱逐舰“锡克”（Sikh）号和“祖鲁”（Zulu）号迅速赶到，“锡克”号获得了良好的声呐讯号，随即展开了6轮深水炸弹攻击，“祖鲁”号也投下了深水炸弹，

U-372号虽然躲过了深水炸弹攻击，但艇长诺伊曼（Heinz-Joachim Neumann）知道利用夜色掩护水面航行快速离开这个是非之地才是上策，于是浮出了水面，随即被“锡克”号的瞭望发现，两艘驱逐舰立即用主炮轰击，U-372号被迫再次潜入水中。次日中午，驱逐舰“克鲁姆”（Croome）号和“泰特科特”（Tetcott）号也赶来了，在4艘驱逐舰的持续攻击下，13时30分，已经被炸伤的U-372号终于浮出水面并自沉，潜艇上的所有人员包括1名还没有送出去的间谍都被救起。

8月4日，U-97号在亚历山大港北部被炸伤，只好返回了萨拉米斯。8月17日，U-83号击沉5900吨的加拿大船“玛格丽特公主”号，但是随即遭到英军反潜飞机的攻击，重伤的U-83号马上用无线电呼救，在轴心国飞机、船只和其他潜艇的救助下才侥幸回到萨拉米斯。8月22日，U-565号也被飞机炸成重伤。

在东地中海活动的6艘潜艇中只有U-77号获得了不错的战绩，在7月30日到8月13日中，该艇在巴勒斯坦、黎巴嫩和塞浦路斯沿岸用火炮击沉了10艘帆船。8月19日，艇长海因里希·萧恩德（Heinrich Schonder）获得了骑士十字勋章（萧恩德之所以能获得勋章，也是与提高地中海潜艇的士气有关，在获得勋章时他的确证战绩是9艘共35000吨，10艘小帆船未计在内）。

地中海潜艇的回报率仍然很低：从4月1日到8月31日，20艘潜艇击沉了4艘军舰（“老鹰”号航母、潜艇补给船“迈德维”号、轻巡洋舰“赫尔迈厄尼”号、驱逐舰“小树林”号）和13艘商船共45630吨；损失5艘潜艇，使地中海的潜艇总数降到了15艘，还有3艘遭到重创，每击沉3.4艘损失1艘潜艇，这一交换率是无法接受的，但是考虑到地中海的潜艇主要任务是支持隆美尔非洲军团，所以还是值得的。

截止1942年9月1日，共有13艘潜艇在地中海损失，英军从8艘潜艇上俘虏了219名艇员，另有约500名艇员丧生或失踪。但希特勒不顾潜艇的巨大损失，下令潜艇部队还要继

■ 被重创的“俄亥俄”号油轮在拖带下正艰难地驶入马耳他的港口。该舰的入港预示着“支座”行动的胜利——尽管蒙受了惨重的损失，但是航空燃料与飞机的送达，为盟军继续坚守马耳他岛提供了可能，也为德意非洲军团掘下坟墓……

续支持隆美尔。因此最高统帅部指示邓尼茨将更多的潜艇调到地中海。

重返北大西洋

7月又有13艘VII型潜艇加入了大西洋舰队，另外邓尼茨决定缩减到美国海域的VII型艇，这样就可以在北大西洋上重新组织狼群来攻击船队了。第一个潜艇艇群的名字就叫“狼”，由10艘VIIC型潜艇组成，在6月底7月初陆续出航，在冰岛和格陵兰岛之间的“黑窟”组织起巡逻线。就像1941年夏秋在这一区域的破交战一样，将不断有其他潜艇来替代狼群中损失或返航的潜艇，以维持艇群的持续作战力。当换班的潜艇数量超过了原来规模时，艇群将会被重新命名。如果潜艇数目足够多，就会分拆组成另一个艇群。

“狼”艇群中7艘来自德国，3艘来自法国。来自德国的7艘潜艇中有5艘是新潜艇，6艘艇长是第一次巡逻的新手。从法国出发的潜艇必须要躲过岸防司令部全天候的空中反潜巡逻。7月5日晚，1架反潜飞机攻击了出航的U-86号，该艇鱼雷发射管被炸错位，艇员修复了部分鱼雷管后继续巡逻。

7月9日，从德国出发的U-90号发现了一支船队，邓尼茨命令其他3艘从德国出发的潜艇向船队靠近，考虑到其中的新潜艇U-379号的艇员还没有经过充分训练，所以要求其除非是在非常有利的情况下，不要投入攻击。U-90号在军舰和驻冰岛的反潜飞机的严密巡逻之下，依然顽强跟踪了船队达300多公里，直到邓尼茨取消了行动。

至7月13日，“狼”艇群10艘潜艇中的9艘已经从格陵兰岛向东南排成了巡逻线。当日，U-71号就发现了一支向东航行的船队，但是船队航行速度很快，不久就消失在了浓雾之中。邓尼茨马上又组织潜艇调整新的巡逻线，以截击B机关报告的另一支船队。但是持续多日的大雾严重阻碍了潜艇的行动。

7月24日晚，U-552号终于发现了一支船队，并开始了顽强的跟踪。那是ON-113船队，包括33艘空船，由6艘军舰护航。“伯汉姆”号和“圣科洛瓦”号驱逐舰的高频测向仪探测到了潜艇的无线电讯号，随即在船队前方看到水面上有两艘潜艇。于是两艘驱逐舰兵分两路，各自追击一艘潜艇。“圣科洛瓦”号追击的是新潜艇U-90号，该艇刚从基尔出航26天。“圣科洛瓦”号的攻击很有章法，先是炮击迫使潜艇潜入水下，然后利用声呐实施深水炸弹攻击，3轮深水炸弹攻击后，声呐就听到了水下剧烈爆炸的声音，随后有一些潜艇的残骸漂到了水面上——U-90号被击沉，全体艇员丧生，这是第二艘被加拿大舰艇击沉的潜艇。

当两艘驱逐舰去追逐潜艇时，U-552号悄悄溜进船队，尽管该艇的一个柴油机故障

■ 正在以旗语相互联络的U艇。

使其最高速度只有10节，但仍发起了攻击，击伤8100吨的油轮“英国价值”（British Merit）号和5100吨的货船“布卢姆帕克”（Broompark）号，“布卢姆帕克”号后来在拖引中沉没。驱潜快艇随即赶来，将U-552号赶走。虽然有大雾、柴油机又有故障，U-552号还是继续追击船队。7月25日，在该艇的指引下，潜艇再次围拢过来。借助于雷达和高频测向仪的准确定位，护航舰赶走了大部分潜艇，只有U-607号向船队发起了攻击，击伤7000吨的英国货船“帝国彩虹”（Empire Rainbow）号。次日这艘因伤掉队的货船被U-704号击沉。

U-90号是6月1日以来在大西洋损失的第10艘潜艇，邓尼茨显然知道重新对北大西洋船队进行攻击肯定还会有更多的潜艇损失。7月27日，为了能让德国公众对将要到来的损失有所心理准备，他宣称在美国海域的作战比媒体宣传的更加艰难，而且在大西洋上还将要面临更大的困难。英国海军部潜艇监视处的罗杰·温听到这个声明后，立即判断出这是德军潜艇重返北大西洋航线的讯号。就像是为了证明邓尼茨的声明一样，8月3日U-335号就在北大西洋沉没了——该艇是刚建成的VIIC型新潜艇，7月31日才从基尔出航，8月3日到达设得兰群岛北部，奉命和U-174号一起沿一条可能的航线向西巡逻。英国的密码破译者从船厂密码或挪威舰队使用的三转子密码中得知了U-335和U-174号的行踪，8月1日海军部通知正在设得兰群岛北部进行检修的英国新潜艇“萨拉逊”（Saracen）号注意在接下来的两天里可能会有两艘德军潜艇经过，“萨拉逊”号随即进入了最高戒备。8月3日傍晚，正在潜行的“萨拉逊”号用潜望镜发现了2700米外的U-335号，随即发射了6枚鱼雷，其中2枚命中，当即将U-335号炸成碎片，“萨拉逊”号浮出水面后只找到一名幸存者。

7月29日和30日，9艘潜艇都从U-461号上加了油，U-86号也因为在通过比斯开湾时遭受的创伤已经无法继续进行艰苦的船队跟踪战了，只好脱离艇群，受命到西大西洋海域去猎捕单独航行的船只，最后只击沉1艘342吨的美国帆船。

7月30日，U-210号发现了一支西向船队——那是ON-115船队，由41艘空载商船组成，加拿大C-3护卫队两艘驱逐舰和4艘驱潜快艇护航。接到U-210号的报告后，邓尼茨急忙调集6艘潜艇组成临时的“海盗”（Pirat）艇群前来截击，并指示U-210号在这些潜艇到来前不得攻击。尽管C-3护卫队的舰艇都没有271型厘米波雷达和高频测向仪，但仍在“海盗”艇群逼近时，发现了潜艇相互联系的无线电讯号，“萨格内”（Saguenay）号上的护卫队司令华勒斯（D. C. Wallace）随即指挥护航舰进行了机动防御，没有一艘潜艇能够占据攻击船队的有利阵位。7月31日晚，驱逐舰“史基纳”（Skeena）号和驱潜快艇“韦塔斯

■“花”级驱潜快艇“韦塔斯基温”号。

基温”（Wetaskiwin）号发现了U-588号，联手将其击沉。由于护航舰的机动防御耗费了很多燃油，所以驱逐舰“萨格内”号和“史基纳”号提前离开了船队前往纽芬兰圣约翰斯。“韦塔斯基温”号在大雾中找不到船队，也只好直接驶向了圣约翰斯。这样一来就使船队的护卫力量只剩下了3艘驱潜快艇，好在英国驱逐舰“维奇”（Witch）号、加拿大驱逐舰“汉米尔顿”（Hamilton）号和驱潜快艇“阿格赛兹”（Agassiz）号从纽芬兰赶来加入船队，保证了护航力量。

尽管ON-115船队已经驶入了纽芬兰海岸的浓雾中，而且已经进入了岸基反潜飞机的巡逻范围，邓尼茨还是指示“狼”艇群中的8艘潜艇前去协助“海盗”艇群进行攻击。U-552号首先发现船队，指引两个艇群的潜艇赶来。8月2日晚，两个艇群的潜艇在浓雾中发起了进攻，U-552号击沉7200吨的“比利时战士”（Belgian Soldier）号，“海盗”艇群中只有U-553号击沉9400吨的英国货船“卡特琳湾”（Loch Katrine）号。

护航舰进行了顽强的反击，驱潜快艇“萨克维尔”（Sackville）号发现了U-552号，一面开火一面撞击。U-552号虽然躲过了撞击，但进气管、排气管和潜望镜都被炸坏，只好中断巡逻返航。U-43号也遭到护航舰的长时间深水炸弹攻击，空气压缩机和两个鱼雷发射管被炸毁，也只好返航。U-553号

■ U-552号艇长艾里希·托普。

被护航舰紧紧追杀了5小时，好在只受了点轻伤，随后返航的U-552号将燃料分给了U-553号。在U-552和U-43号返航后，“狼”艇群的潜艇就太少了，邓尼茨遂将其解散。

“狼”艇群和临时的“海盗”艇群战绩并不出色，从7月初到8月初，10艘潜艇只攻击了两支船队，而且还都是西向的空载船队，击沉4艘共29400吨，击伤2艘共19000吨。U-90号和U-558号沉没，U-43号、U-86号和U-552号重伤。

8月10日，当U-552号穿越比斯开湾返回洛里昂时，被1架岸防司令部的飞机发现并攻击，好在只是轻伤，8月13日总算平安到港。此时因为艇长托普（Erich Topp）宣称的总战绩已经达到了25万吨，可以在橡叶骑士十字

勋章上加上宝剑了（在获得勋章时，托普确认总战绩是34艘共185000吨，这一战绩在所有艇长中排名第四），他是继U-99号艇长克雷齐默尔（Otto Kretschmer）之后第二位获此殊荣的艇长，在接过希特勒亲自颁发的勋章后托普升任第27舰队司令，此后再没参加一线作战。

随后邓尼茨组织了一支新的艇群“施坦因布伦克”（Steinbrink），该艇群最初由8艘潜艇组成（6艘来自“狼”艇群），在格陵兰岛东南部的“黑窟”巡逻。8月5日U-593号发现了了一支东向船队，这是SC-94船队，由23艘商船组成，加拿大C-1护卫队护航，共有1艘驱逐舰和6艘驱潜快艇，没有1艘军舰装有高频测向仪，只有驱潜快艇“旱金莲”（Nasturtium）号上装有厘米波雷达。

在其他潜艇陆续到达后，U-593号首先展开攻击，击沉3600吨的荷兰船“史帕”（Spar）号，驱潜快艇“旱金莲”号和“奥瑞利亚”（Orillia）号随即反击，投下的深水炸弹不仅炸到了U-593号，还波及到了刚刚赶到的U-595号。

8月6日下午，驱逐舰“阿西尼博因”（Assiniboine）号的雷达发现了1800米外的U-210号潜艇，随即以120毫米主炮射击，同时准备好深水炸弹开足马力向潜艇冲去，由于潜艇的燃料压载箱被炮弹击中，无法下潜，只好全速冲入浓雾中，但是“阿西尼博因”号利用雷达紧盯不放，由于驱逐舰速度过快，一下子冲过了头，U-210号抓住机会用指挥塔上的机关炮向驱逐舰猛扫，驱逐舰舰楼被击中起火，船员1死13伤，但是“阿西尼博因”号很快拉开距离，主炮重新开火，数发炮弹都命中了潜艇，其中1发就在指挥塔上爆炸，将艇长莱姆克（Rudolf Lemcke）等6人炸死，指挥塔也几乎被炸烂了。U-210号的大副君特·格利希（Guenter Goehlich）此时虽然胸部受伤，但仍然接过了指挥权，向“阿西尼博因”号发射1枚鱼雷，没有击中。这时首席工程师海因茨·瑟伯（Heinz Sorber）终于将压载箱修复，使潜艇开始下潜，但却太晚了！“阿西尼博因”号撞上了潜艇，并投下了深水炸弹，见大势已去，格利希下令凿沉潜艇并弃艇，37名艇员从鱼雷装载口跳进大海，机要员按照正确程序将埃尼格码机彻底破坏，U-210号逐渐倾覆沉没。这时英国驱潜快艇“美国石竹”（Dianthus）号也赶到了，与“阿西尼博因”号一起将37名艇员全部救起。“阿西尼博因”号舰长约翰·斯塔布斯（John H. Stubbs）发现军舰伤势很重已无法继续执行护航任务，就从“美国石竹”号上接过6名德军艇员先回加拿大。“美国石竹”号则带着其余21名德军艇员继续护送船队向英国驶去。

“施坦因布伦克”艇群又增加了6艘潜艇，继续对SC-94船队进行追击。8月8日上

■ 严阵以待的盟军护航船队。

午，U-607号、U-660号和U-704号都向船队发起攻击，但所发射的鱼雷都没有击中。下午U-379号和U-176号从船队前方迎头进行了水下攻击，U-379号击沉2艘共8900吨，U-176号击沉3艘共16700吨，这番进攻将船队的航行队列完全打乱，在一片混乱中，有3艘未遭攻击的货船船员甚至弃船而逃，最后在护航舰的呼吁下，有2艘船的船员才又重新登上了船，但是3700吨的英国货船“拉德彻尔赤”（Radchurch）号船员拒绝登船，该船随后被U-176号击沉。黄昏时分，驱潜快艇“美国石竹”号的瞭望发现了10000米外的两艘潜艇，“美国石竹”号艇长布利支曼（C. E. Bridgeman）立即下令开火，但却没能击中，只迫使潜艇潜入了水下。又经过几小时的搜索后，“美国石竹”号重又发现了U-379号，该艇立即下潜，但这次慢了半拍，“美国石竹”号冲到潜艇下潜位置，投下了深水炸弹，逼迫潜艇浮出水面。U-379号浮上水面后，“美国石竹”号用探照灯罩住潜艇，然后转向，边开炮边向潜艇撞去。在雪花弹的光照下，“美国石竹”号撞上U-379号的前甲板，将潜艇撞翻，顺势又投下5枚深水炸弹，这些深水炸弹使潜艇遭到重创，迫使艇长凯特纳（Paul-Hugo Kettner）下令自沉并弃艇。就在艇员纷纷跳海逃生时，“美国石竹”号仍向潜艇又是扫射又是撞击，最终将其击沉。布利支曼将U-210号艇员中的1人叫到舰楼上帮助救助U-379号幸存者，但只找到了5人，由于担心附近还有其他潜艇，“美国石竹”号扔下1艘救生筏后就匆匆撤离了。

8月9日，西部大道指挥部派出两艘驱逐舰来加强SC-94船队的护航力量，同时从冰岛起飞的B-24和“卡塔林那”也赶到船队上空，新到的英国“布鲁克”（Broke）号驱逐舰装有高频测向仪，由于该舰舰长雷亚德（A. F. C. Layard）的军衔最高，所以便自然成为护卫队的最高指挥。这时在船队附近的潜艇已经有12艘，U-174号和U-254号远远地向船队中心各发射3枚鱼雷，都没击中。

8月10日，众多潜艇仍在追逐着SC-94船队。3艘潜艇赶到船队前方在白天进行水下攻

■ 利用战斗间歇上指挥塔“透一口气”的潜艇官兵。

击，U-438号和U-660号发射的鱼雷都击中了4400吨的希腊货船“孔德里希”（Condylis）号，当即将其击沉。接着U-660号又击沉2艘共10000吨，击伤6000吨的“奥勒冈”（Oregon）号，该船后来被U-438号击沉，这次白天水下攻击一共击沉4艘共20500吨。

8月11日，英军加强了SC-94船队的空中巡逻，并增派了4艘驱逐舰和海岸快艇“赛能”（Sennen）号。面对强大的空中和水面反潜力量，邓尼茨不得不中止了攻击。U-71号、U-593号、U-595号、U-597号和U-704号因为被击伤或故障而被迫返航，还有U-254号和U-607号因为鱼雷耗尽而返航。

纳粹宣传部声称潜艇在对SC-94船队的攻击中击沉84000吨船，实际战绩只有53421吨，U-210号、U-379号和U-335号被击沉，交换率3.7艘船换1艘潜艇。

拥有10艘潜艇的“罗斯”（Loss）艇群于8月12日组成，根据B机关的情报，邓尼茨将“罗斯”艇群派往冰岛以南800公里海域，截击ON-120船队。就在该艇群向预定海域航行时，U-705号发现了SC-95船队，该船队由美军A-3护卫队护航，包括1艘驱逐舰、1艘海岸快艇和6艘驱潜快艇。邓尼茨迅速将附近的3艘潜艇增派了给“罗斯”艇群前往截击，但只有3艘潜艇及时到达并发起攻击，U-705号击沉3300吨的美国货船“巴拉迪尔”（Balladier）号，而U-605号和U-256号的攻击均无战果。面对突然出现的SC-95船队，一向精明的邓尼茨却糊涂了起来，他居然下令停止攻击都是满载船只的SC-95船队而还是去搜寻预定目标都是空载船的ON-120船队。

8月10日和11日，岸防司令部的反潜飞机在比斯开湾发现并攻击从法国出发前去加入“罗斯”艇群的U-135号、U-373号和U-578号，U-135号有2名艇员被飞机的机枪扫射阵亡，U-373号由于迅速下潜而未受损伤，U-578号则被第311捷克中队的1架“威灵顿”击沉，全体艇员丧生。

邓尼茨认为盟军已经将ON-120船队的航线北移，所以命令潜艇向北转移，U-135号没有收到这一命令，结果使其处在整个巡逻线以南，距离指定位置足有160公里，但就是这艘潜艇却恰好位于ON-122船队的航线上，与邓尼茨的判断正相反，盟军的航线是向南移。由于编码错误，邓尼茨没有看懂U-135号发出的船队位置报告，好几个小时后邓尼茨才弄清情况，赶紧开始调集潜艇前去截击。ON-122船队由B-6护卫队护航，包括1艘英国驱逐舰和4艘挪威人驾驶的护卫舰，全部装有271型厘米波雷达（英国驱逐舰还有高频测向仪），船队中的救援船“史塔克伯特”（Stockport）号也装有高频测向仪。

8月24日，“罗斯”艇群的9艘潜艇找到了船队，但是船队很快就驶入雾中，只有3艘潜艇发起了攻击，U-438号击沉1600吨的挪威货船“特洛拉”（Trolla）号，并和U-176号共同击沉7500吨的英国货船“帝国微风”（Empire Breeze）号，U-605号击沉两艘共8200吨。护航舰通过雷达和高频测向仪确定了潜艇位置，成功阻止了其他潜艇的攻击，并发起了反击：U-605号指挥塔被击毁被迫返航；U-438号遭到猛烈的深水炸弹攻击受损严重，被迫返航；U-174号受到了长达5小时的深水炸弹攻击受损严重；U-705号被护卫舰炮火击中，多人伤亡被迫返航；U-256号被深水炸弹严重炸伤被迫返航；U-135号也被深水炸弹严重炸伤。

8月31日，当受伤的U-256号驶进比斯开湾后，遭到了2架岸防司令部的“惠特利”飞机攻击，使U-256号再遭重创。正巧U-438号在附近，便将30名艇员转移到U-438号，只留下少数人继续操纵潜艇。随后德军出动鱼雷艇将U-256号拖回洛里昂，该艇因受损太重无法修复而退役。

一架借给岸防司令部的第77中队“惠特利”飞机于9月3日在比斯开湾击沉了U-705号，另一架第77中队“惠特利”飞机攻击了U-660号，但未能将其击沉。

由于大西洋上的潜艇不断增多，邓尼茨派出补给潜艇U-464号于8月8日从基尔出航，但在途中该艇出现故障，不得不就近返回卑尔根修理，直到8月16日才重新启航。20日U-464号到达冰岛东南260公里海域，艇长奥托·哈姆斯（Otto Harms）没有意识到这里经常有盟军飞机来往，还在水面上从容行进，一架为RU-36船队护航的美军第73巡逻中队“卡塔林那”飞过，由于U-464号距离船队只有6000米，能见度又低，飞行员罗伯特·赫普古德（Robert B. Hopgood）开始还以为那是船队的一艘驱逐舰，于是他降低高度并发射了识别弹，以确认身份避免误击。U-464号看到了识别弹，由于补给潜艇非常笨重，下潜速度很慢，除了将错就错之外别无办法，于是艇长哈姆斯亲自发射了识别弹（但颜色完全不同），还让艇员在指挥塔上向飞机挥手致意。这时赫普古德意识到那是1艘德国潜艇！立即发起攻击，投下5枚深水炸弹，其中2枚就落

■ 专用于潜艇燃料补给的“奶牛”。这种补给潜艇的出现大大增加了“狼群”的活动范围。自然，“奶牛”也因此成了盟军重点关照对象。

在潜艇甲板上，剧烈的爆炸甚至将潜艇炸出了水面！然后赫普古德一面用无线电报告，一面盘旋爬高，用机枪向潜艇扫射，U-464号见露了馅，便用指挥塔上的37毫米高射炮和20毫米机关炮猛烈还击。在猛烈的对空火力下，“卡塔林娜”难以靠近潜艇，但U-464号已经受到了重创，既无法下潜也无法高速水面航行，艇长哈姆斯知道盟军其他飞机和军舰很快就会赶来。就在绝望时，冰岛捕鱼拖轮“史卡福特菲灵格”（Skaftfellingor）号出现了，哈姆斯赶紧组织跳帮组控制住拖轮，再凿沉潜艇，率领其余艇员登上拖轮，希望能开到挪威。几乎同时，飞行员赫普古德发现了RU-36船队，通过信号灯向船队通报了攻击潜艇的经过，船队派出驱逐舰“卡斯特莱顿”（Castleton）号和“内瓦克”（Newark）号赶来，驱逐舰到时正好目睹了德军艇员转移到拖轮并凿沉潜艇的全过程，“卡斯特莱顿”号便向拖轮上方开炮警告，然后靠上拖轮将52名艇员全部俘虏，赫普古德因此获得了海军十字勋章。

早些时候一些被俘的德军艇员就曾向英国透露过补给潜艇在大西洋上的活动，但是英国认为那是德国人胡编乱造。U-464号的被俘艇员将补给潜艇的事情说得更加详尽，但英国对此还是持怀疑态度。

8月底，在北大西洋的潜艇已经足够编成两个艇群，于是除了“罗斯”艇群外，新组建了“福外尔茨”（Vorwaerts）艇群，该艇群是由解散的“史蒂尔”艇群和8月到达大西洋的潜艇组成的。“罗斯”艇群的一些潜艇从U-462和U-176号（该艇取消了原定去美国海域的巡逻，因此有多余的燃料）上加了油。

8月31日，奉命加入“福外尔茨”艇群的U-609号在前往巡逻线的途中发现了SC-97船队，该船队由加拿大C-2护卫队护航，包括两艘驱逐舰和4艘护卫舰。驱逐舰上装有271型雷达，1艘救援船上装有高频测向仪。

“福外尔茨”艇群的9艘潜艇根据U-609号的报告都发现了船队，其中4艘发起了攻击，U-609号更是一马当先，击沉两艘共10300吨。U-91号、U-756号和U-604号都发射了鱼雷，但都没有击中。

9月1日起，盟军的“卡塔林娜”和“桑德兰”飞机开始为SC-97船队提供空中掩护，U-91号在飞机的压制下，几乎每隔一两个小时就要下潜一次。U-409号则被飞机炸坏了潜望镜被迫返航。英军飞行员宣称至少击沉1艘潜艇，9月3日英国海军得知U-756号在此期间被击沉后，便将功劳记在了飞机头上。战后根据双方的资料分析，击沉U-756号的应该是加拿大护卫舰“摩登”（Morden）号。

由此看来，7月27日邓尼茨有关潜艇战将会更加困难的预言是正确的。在7月24日到9月3日期间，盟军飞机、军舰和潜艇在北大西洋海域共击沉9艘潜艇（8艘VII型，1艘XIV型补给潜艇)，并使U-256号因伤重报废。总共约有400名艇员丧生，94人被俘。还有13艘潜艇由于受伤而被迫返航。

7月和8月在北大西洋展开的新一轮破交战中，德军共投入48艘潜艇，其中38艘是由新手艇长指挥的。潜艇共击沉了44艘船，平均每艘潜艇每次巡逻击沉0.91艘。有23艘潜艇，也就是说将近一半的潜艇没有击沉任何船。

表三中最惊人的事实是将近一半的潜艇没有击沉任何船只，部分原因是新手艇长

■ 正在加注燃料的U艇。除了从“乳牛”获取燃料，前往遥远海域的U艇从其他潜艇获取多余的燃料也是一种延长续航力的手段，但联结加注过程需要愈发谨慎，随着盟军空中反潜力量的加强，这种任务已经变得越来越危险。

和艇员的训练太过仓促没有经验。其他原因包括：第一，在大西洋的潜艇中绝大多数是VII型，但这型潜艇并不适合到遥远的格陵兰岛“黑窟”海域巡逻，因为油箱和鱼雷容量都很有限。这就必需要求补给潜艇提供海上补给了，虽然补给潜艇数量已经有了很大增长，但仍然不够，而且海上加油是潜艇易受攻击的脆弱时刻。第二，十几艘潜艇组成长达300公里的巡逻线有助于发现船队，但是如此之长的距离也使得一旦发现船队，那些远离船队的潜艇往往无法及时赶到，特别是遇到恶劣天气或盟军飞机和军舰时。所以最成功的集群进攻往往是在第一个晚上由最近的几艘潜艇发起的。第三，所有破交作战均依赖于准确的导航。第一艘发现船队的潜艇必须要知道自己在哪里，然后才可以报告潜艇指挥部来调集其他潜艇。其他潜艇也必须知道自己在哪里，这样才能确定正确的航线尽快赶来参战。由于缺乏电子设备，潜艇主要都依靠六分仪来进行天文导航，但要是遇到恶劣天气，六分仪往往连续几天都无法操作。第四，如果发现了船队的潜艇用无线电指引其他潜艇，就会很快被岸上或者护航舰的高频测向仪测出位置，因此很容易遭到围捕或者将其逼到水下，同时船队转向以规避潜艇攻击。第五，潜艇没有雷达，只有雷达探测器，还只能在穿越比斯开湾时有用，那在护航战中就相当不利了，“黑窟”海域常有大雾，这样装备雷达的盟军飞机和军舰就占有很大优势了，他们可以在黑暗和大雾中准确发现潜艇，然后发起突然袭击。第六，潜艇司令部是用远程无线电指挥潜艇进行集群攻击的，但是由于大气干扰，尤其是在格陵兰岛的“黑窟”海域，潜艇往往收不到无线电或只收到片段。在这种情况下，潜艇往往要等待或请求重新发送讯息，这样不仅延误战机，还会给高频测向仪发现。所以在理论上大有作为的潜艇集群攻击实际上很难发起，尤其是在大部分艇员都是新手的时候。盟军借助于破译密码、航运分析和雷达、高频测向仪等尖端电子设备，已经大大降低了德国潜艇的威胁。

有些历史学家认为，1942年夏秋，随着越来越多的潜艇服役，盟军船队面临的威胁大为增加，这点无疑是错误的。我们将会看到，那些在一次巡逻中连一艘船都没有击沉的“白卷”潜艇数目将会稳定增加，1942年还不到总数一半，到1943年春就超过一半

表三

巡逻	潜艇	新手艇长	击沉船只	潜艇损失	无战绩潜艇
7月	18	15（83%）	18.5	3（17%）	9（50%）
8月	30	23（77%）	25.5	5（17%）	14（47%）
总计	48	38（80%）	44	8（17%）	23（48%）

了。这一点最直接的结果就是好几支盟国船队都是毫发无损地穿越了大西洋！

重返中大西洋和南大西洋

在邓尼茨组织艇群袭击北大西洋船队的同时，他又以6月从法国出发的4艘老手潜艇（7月又增加U-752号）组成“鲨鱼”（Hai）艇群，重新揭开了中大西洋和南大西洋潜艇战的序幕。该艇群全都是VIIC型潜艇，在攻击船队方面比IX型潜艇更有优势。巡逻海域是弗里敦，由U-116号提供燃油、润滑油、淡水、食物补给。在“鲨鱼”艇群中最有经验的是U-201号艇长骑士十字勋章获得者阿达尔伯特·史内（Adalbert Schnee），他没有令邓尼茨失望。7月6日U-201号击沉14500吨的英国货船“阿维拉之星”（Avila Star）号；7月10日，在马德拉群岛以西海域发现了OS-33船队，并将“鲨鱼”艇群的其他潜艇都指引了过来。

在接下来的72小时里爆发了激烈的护航船队大战。U-201号击沉4艘共26000吨；U-582号击沉2艘共16400吨；补给潜艇U-116号也有斩获，击沉4300吨的英国货船“沙夫茨伯里”（Shaftesbury）号；U-136号被自由

■ 位于法国北部的U艇建造船坞。

法国驱逐舰“里奥巴”（Leopard）号、英国驱逐舰“斯佩”（Spey）号和炮舰“塘鹅”（Pelican）号联手击沉，全体艇员丧生；U-572号找到了船队但没有攻击。

U-201号在短短19天里击沉5艘共40500吨，加上艇长史内过去宣称的战绩，总战绩已经超过20万吨，这样他就获得了橡叶骑士十字勋章（在获得勋章时，史内的确证战绩是22艘共92000吨）。不过这时，史内只剩下1枚鱼雷了，于是请求脱离“鲨鱼”艇群，但邓尼茨仍要求他留在艇群执行侦察任务。史内用最后1枚鱼雷击沉500吨的英国反潜拖网渔船“赖特斯”（Laertes）号后，邓尼茨才同意他返回法国。希特勒在那里为他和U-203号艇长米采尔伯格举行了欢庆会，并向二人颁发了勋章。随后史内升任邓尼茨的第一（行动）参谋官，再也没有回到一线。

在弗里敦附近海域巡逻的过程中，U-752号击沉4艘共21700吨，U-582号击沉两艘共14300吨，U-572号战绩最差，只击沉1艘荷兰船5300吨。总体来说，“鲨鱼”艇群还是成功的，总共击沉16艘共103000吨。这使邓尼茨计划进一步派潜艇前往亚速尔群岛（Azores）和西非海域。

7月有7艘潜艇被派往西非海域，这些潜艇可以得到补给潜艇U-459号、U-460号和U-462号的支援。7月27日，岸防司令部第311捷克中队1架“威灵顿”飞机攻击了刚从洛里

■ U-201号艇长阿达尔伯特·史内。

昂出发的U-106号潜艇，艇长拉什下令用高炮还击，结果自己受伤，还有1人阵亡，不得不中断任务返航。

7月31日，U-213号在亚速尔群岛发现了一支船队，艇长冯·瓦伦道夫报告了船队位置后就急不可待地发起了攻击，却被护航的英国炮舰“白尾鹫”（Erne）号、“罗彻斯特”（Rochester）号和“三明治”（Sandwich）号击沉，全体艇员丧生。

7月14日，U-130号发现SL-115船队，U-507号和意大利潜艇“皮特罗·加尔维”（Pietro Calvi）号接到发现船队报告后立即靠拢过来。护航的海岸快艇“鲁尔沃斯”

（Lulworth）号收到了很强的高频测向仪讯号，立即朝目标方向驶去，那是U-130号和“皮特罗·加尔维”号正在通话，两艘潜艇看到“鲁尔沃斯”号之后，都赶紧下潜。90分钟后，“鲁尔沃斯”号收到了稳定的声呐讯号，随即开始深水炸弹攻击，“皮特罗·加尔维”号遭到重伤，被迫浮出水面。“皮特罗·加尔维”号有2门120毫米甲板炮，火力上超过了“鲁尔沃斯”号的76毫米炮，但是甲板炮都在刚才的深水炸弹攻击中被毁，只好发射2枚鱼雷作最后一拼，但被“鲁尔沃斯”号躲过，快艇用所有武器向潜艇开火，“皮特罗·加尔维”号指挥塔连连中弹，艇长朗格巴多和大副都被打死，“鲁尔沃斯”号又朝潜艇撞过来，“皮特罗·加尔维”号两次急转弯躲过，但最后还是被撞到尾部，将螺旋桨撞掉，这才只好投降。炮舰“拜德福特”（Bideford）号和“伦敦德里”（Lundonderry）号闻讯赶来，那时“鲁尔沃斯”号的跳帮组已经登上了“皮特罗·加尔维”号，不过潜艇上是一片混乱，不时有顽抗的艇员射出的子弹，海水也不断漫上甲板，更危险的是U-130号乘乱悄悄逼近，好在“鲁尔沃斯”号雷达及时发现，立即用深水炸弹将U-130号赶走。这次深水炸弹攻击加剧了“皮特罗·加尔维”号的伤势，该艇突然竖过来沉没——“鲁尔沃斯”号的跳帮组在潜艇中只找到了海图和航海日志，跳帮组长因为潜艇突然沉没来不及撤出而与潜艇一起沉入海底。

鉴于“皮特罗·加尔维”号被击沉，而U-130号又遭到攻击，这使邓尼茨觉得护航舰要比想象的强大，于是命令U-130和U-507号停止攻击船队，继续向弗里敦海域前进。途中，U-130号击沉两艘共17300吨。7月28日，这两艘潜艇按计划从U-116号上加了油。两天后，U-130号又击沉8400吨的英国货船“丹麦”（Danmark）号，而U-507号则一无所获。

8月U-130号在弗里敦附近又击沉4艘共25900吨，这使得艇长恩斯特·卡尔斯（Ernst

■ U-130号艇长恩斯特·卡尔斯。

Kals）的战绩达到了7艘（其中3艘油轮）共51528吨，加上他此前的战绩，获得了骑士十字勋章（获得勋章时，卡尔斯确证战绩是18艘共116500吨）。

由于在弗里敦附近毫无收获，U-507号请求前往巴西海域，获得了同意，但被特别提醒U-507号不要攻击阿根廷和智利的船只。8月16日，U-507号到达巴西海岸，在两天里就攻击了6艘货船，击沉5艘共14800吨。8月19日击沉90吨的小帆船“杰希拉”号。8月22日用最后5枚鱼雷击沉了1艘3200吨的瑞典货船。这些击沉事件导致巴西于8月22日向德国宣战。

U-125号和U-506号的巡逻海域是西非海岸，U-506号击沉3艘共16400吨，U-125号则只击沉1艘815吨的英国船。

■ U-109号艇长布莱希洛特。

7月出航的U-109号8月初在弗里敦附近海域击沉2艘油轮共11600吨，随后连续两周毫无收获，8月25日艇长布莱希洛特（Heinrich Bleichrodt）也要求前往巴西海域，但被邓尼茨拒绝。从U-460号上加了油后，U-109号在9月里终于又有了收获，击沉3艘英国船共24000吨，并从“比特顿”（Peterton）号上面缴获了记录着盟军在弗里敦海域的航线的文件。这样布莱希洛特的战绩达到5艘船（其中两艘油轮）共35600吨，加上以前战绩，获得了橡叶骑士十字勋章（获得勋章时，他的确认战绩是26.5艘共150000吨）。

在8月的前半个月里，有8艘潜艇从法国驶向了西非海域，由U-459号、U-460号和U-462号补给潜艇提供支援。U-107号在通过比斯开湾后，向邓尼茨报告雷达探测器很有效果，使他先后躲过了6架飞机的攻击！就在这些潜艇陆续出发时，英国派出一支部队于8月19日袭击了法国的第厄普（Dieppe，位于法国北部海岸），邓尼茨在得知盟军入侵第厄普后，立即要求正在出航的U-107号、U-69号和U-432号改变航向前去攻击在英吉利海峡的盟军舰队，但在这些潜艇到达前，盟军就已经撤退了，邓尼茨随即再让这些潜艇转向南方海域。

7艘VII型潜艇组成“花”（Bluecher）艇群，代替原先的“鲨鱼”艇群。8月16日，“花”艇群的U-653号在葡属亚速尔群岛附近发现SL-118船队，这支船队由33艘商船组成，护航舰包括辅助巡洋舰“柴郡”（Cheshire）号、1艘海岸快艇和2艘炮舰。当“花”艇群的其他6艘潜艇根据U-653号的讯号靠拢过来时，护航舰也用雷达和高频测向仪探测到了潜艇的位置。根据高频测向仪的讯号，炮舰“鲁克斯通”号找到了正在发送无线电的U-333号，将其逼入水下，然后用深水炸弹进行了6轮攻击，U-333号艇长克莱默（Peter Erich Cremer）回忆道：“这些爆炸都发生在距离很近的地方，潜艇差点被震裂。左舷螺旋桨被炸的朝上翘起，使得潜艇内部迸出了火花，左舷离合器发出刺耳的响声。”因此不得不返航。

U-566号在白天发起了水下攻击，打响了第一枪，向2艘船发射3枚鱼雷，击沉6600吨的挪威货船“海神”号。护航舰随即向U-566号进行了深水炸弹攻击，但被潜艇逃脱，并在天黑后浮出水面，继续追踪船队。

8月18日早晨，船队已经到达英格兰以南960公里处，进入了B-24轰炸机的作战半径，U-333和U-566号均遭到飞机攻击，所幸损伤很轻。下午，U-214号靠近船队从水下发起攻击，击沉2艘船共13800吨，击伤辅助巡洋舰“柴郡”号。由第120中队长布罗切驾驶的B-24重创了U-653号，邓尼茨遂命令其将燃料分给U-406号和U-566号返航。U-590号虽然找到了船队，却被护航舰赶走，而且无线电被炸坏，于是艇长米勒–埃萨茨（Heinrich Muller-Edzards）请求返航，但被邓尼茨拒绝，要他尽一切可能将鱼雷发射出去，但是U-590号无法通讯，只能返航，于8月23日抵达圣尼古拉，经过4天的紧急修理后又重新出动。

8月19日，岸防司令部的飞机为SL-118船队提供了不间断的空中护航。但U-406号仍以水下攻击击沉了7500吨的英国货船“马尼拉城”（City of Manila）号，不过该艇随即遭到护航舰无情的反击，受到重创。

由于空中反潜太严密，8月20日，邓尼茨停止了对SL-118船队的追击。“花”艇群7艘潜艇中只有3艘发起了攻击，击沉4艘共28000吨，击伤辅助巡洋舰“柴郡”号。有4艘潜艇遭到重创而不得不返航，这样“花”艇群就只剩下了3艘潜艇，邓尼茨只好命令U-107号加入到该艇群。8月25日，U-214号在加那利群岛和亚速尔群岛之间发现了SL-119船队，迅速将其他潜艇指引过来，但护航舰根据高频测向仪的讯号，将U-214号逼入了水下。U-566号赶到后，在白天发起了水下攻击，击沉两艘船共14000吨，但遭到护航舰的反击，被其中1艘撞坏了指挥塔和潜望镜，只好返回法国。

■ 挪威货船“海神” 号沉没时的景象。

海空护航力量挫败了其他几艘潜艇对船队的攻击，U-214号被“装有雷达的飞机逼在水面下待了一整晚”，由此失去了和船队的接触。U-107号遭到护航舰整整8小时的深水炸弹攻击。尽管这些潜艇还在继续顽强地追击船队，但邓尼茨看到护航力量如此强大，便取消了对SL-119船队的攻击，并第二次对“花”艇群进行重组，由U-333号、U-590号、U-87号、U-107号、U-214号和U-406号组成，前去弗里敦附近海域活动。U-107号和U-214号奉命先去里斯本海域巡逻，9月3日，U-107号就在那里击沉两艘英国船共8600吨。

1942年夏出征南大西洋的潜艇所取得的回报是及时又有利的，“鲨鱼”艇群击沉16艘共103000吨。7月7艘单独航行的潜艇共击沉了30艘158700吨。到9月3日为止，“花”艇群击沉8艘48000吨。总共是54艘约309600吨。损失了U-136号和U-213号，交换率是27:1，比起在北大西洋来要高得多。邓尼茨看到这个结果之后，打算在1942年秋季增加到南大西洋和西非海域的潜艇巡逻次数。

继续出征美国海域

1942年7月和8月，大部分潜艇都投入到大西洋的破交战中去了，尽管如此，邓尼茨并不打算中断在美国海域的巡逻，因为这样除了可以击沉一定数量的船只之外，在美国海域保持一支潜艇力量将继续吸引牵制盟军的反潜力量，所以有28艘潜艇被派到了美国海域：7月17艘，8月11艘。

7月出发的10艘VII型潜艇中有6艘是从法国出发的老手潜艇，4艘是从德国出发的新潜艇。

7月17日，岸防司令部第502中队1架“惠特利”飞机发现了正在水面上航行的U-751号，飞行员亨特（A. R. A. Hunt）从15米高度投下了6枚深水炸弹，爆炸产生的冲击波几乎将潜艇推出了水面，但是U-751号没有被击沉，而是迅速下潜逃脱了。几个小时后，当潜艇再次浮出水面时，轰炸机司令部第61中队的1架“兰开斯特”轰炸机正在头顶盘旋。当“兰开斯特”俯冲攻击时，U-751号尽管用所有枪炮进行了还击，但是飞机投下的10枚深水炸弹当场就将潜艇炸沉了。

同一天，返航的U-202号发现了ON-34船队，就在U-751号沉没附近，U-202号刚刚报告了船队位置，就被护航舰赶走了。但6艘潜艇已经闻讯赶来，由于缺乏燃料U-202号不得不中断追踪继续返航。但那时U-564号已经发起了攻击，击沉2艘共11100吨。随后U-108号也发射了6枚鱼雷，但都没有击中。船队很快就彻底摆脱了潜艇攻击。

U-564号和U-654号继续向加勒比海驶去。7月22日，U-564号发现了英军由3艘驱逐舰护航的两艘战列舰，但无法占据有利阵位实施攻击，U-654号和U-203号相继赶到，不过都没能追上这支舰队。

8月3日，U-564号和U-654号从补给潜艇U-463号上加满了油，随后缺少鱼雷的U-564号从返航的U-154号上得到了鱼雷。邓尼茨知道在加勒比海的护航船队体系正在不断扩大，于是他鼓励U-564号和U-654号要协同战斗，一旦发现船队还要尽量召唤其他潜艇。另外盟军的反潜力量逐渐增加，所以潜艇之间的无线电联系要限制在最小值。

8月9日，U-98号在杰克逊维尔布下了12枚水雷，不过这些水雷没有击沉任何船只。随后U-98号就驶向了哈特拉斯角北部海域，结果是空手而回，由于艇长舒尔泽（Wilhelm Schulze）是两次出巡美国海域都没有击沉任何船只，随即被撤职。

8月19日，U-162号在特里达西部发现一支船队，U-564号立即赶去，击沉2艘共15000吨，随后又转到特里达以东海域，在那里整整10天没有发现有价值的目标，直到8月30日，才击沉了8200吨的挪威油轮“瓦达斯”（Vadaas）号。经过这次攻击，U-564号用完了所有鱼雷返回法国。由于艇长苏伦（Reinhard Suhren）宣称共击沉9艘60000吨，使他获得了宝剑橡叶骑士十字勋章（苏伦是继克雷齐默尔和托普之后第三个获此殊荣的艇长，总共击沉了18艘95000吨）。回到法国后，苏伦升任挪威潜艇部队司令。

■ 这艘潜艇不断地以S型机动来规避反潜机的猛烈扫射与投弹，然而这艘潜艇似乎在劫难逃，令人不由得为潜艇内的水兵的命运感到悲哀。但是，对于那些商船上的水手们来说，这又不能不说是值得欣慰的。

U-654号从8月12日到21日在巴拿马海域巡逻，毫无收获，邓尼茨便将其调到了向风海峡。8月22日，美军陆航第45轰炸机中队1架B-18发现了正在水面上航行的U-654号，飞行员克宁（P. A. Koening）投下4枚深水炸弹，干净利落地将其击沉。

7月其他6艘前往加勒比海的潜艇走的是北大西洋航线，U-553号在途中击沉9400吨的英国船“卡特林湾”号。8月12日，U-658号发现了西岛－特里达13号船队，闻讯而来的其他潜艇又在附近发现了特里达-西岛12号船队。随即开始了疯狂的攻击，U-553号击沉1艘1311吨荷兰船，U-598号击沉2艘共9300吨，U-553号击沉2艘共10000吨，重伤7000吨的英国船“帝国比德”（Empire Bede）号，该船因伤势太重后由英国护卫舰“海绿”（Pimpernel）号击沉。U-600号击沉2艘共9600吨。

同时向两支相向而行的船队展开的破交战非常激烈，海空护航力量也全力进行了反击，U-600号报告飞机可以在夜间非常准确地攻击潜艇，飞机上肯定装有雷达。在飞机军舰的协同打击下，U-600号受到重伤，被迫返航，途中又撞上了水雷，回到基地后花了2个月的时间来修理。U-598号也被击伤而返航，在港口修理了105天。U-658号燃料耗尽而返航，结果途中遇到了巴拿马-关塔那摩6号船队，击沉2艘船共10835吨。

■ U-564号艇长苏伦。

U-553号在随后的巡逻中再没有发现任何目标。由于对用油进行了严格限制，在返回时就没有加油。艇长卡尔·图尔曼（Karl Thurmann）宣称的战绩是5艘共32000吨，加上以前的战绩，使他获得骑士十字勋章（在获得勋章时，图尔曼的确证战绩是14艘共80273吨）。

8月18日夜，U-217号进入了库拉索岛（荷属安的列斯群岛的主岛，位于委内瑞拉西北外海）威廉斯塔德（Willemstad）港，向停泊在码头的油轮“埃索·康科德”（Esso Concord）号发射3枚鱼雷，但未命中。第二天用火炮击沉了75吨的英国帆船“海鸥D”（Seagull D）号，就在潜艇攻击帆船时，1架B-18俯冲而下，投下了深水炸弹将潜艇炸成重伤，U-217号于10月16日抵达法国，在为期95天的漫长巡逻中只击沉了1艘帆船。

7月最后进入加勒比海的是U-558和U-94号。8月24日，U-558号穿过向风海峡后击沉1艘2000吨的英国货船，然后报告遭到了反潜飞机和驱逐舰的攻击。8月27日，U-94号发现了特里达-西岛15号船队，该船队由21艘商船组成，由9艘护航舰护航。8月28日凌晨3时许，从古巴关塔那摩湾基地起飞的美军第92巡逻中队1架装有雷达的“卡塔林那”飞机发现了U-94号，飞行员菲斯（Gordon R. Fiss）从22米高度投下4枚新型的625磅马克XXIX型深水炸弹，潜艇虽然已经发现了飞机并开始下潜，但还是太晚了。近距离爆炸

■ U-553号艇长卡尔·图尔曼。

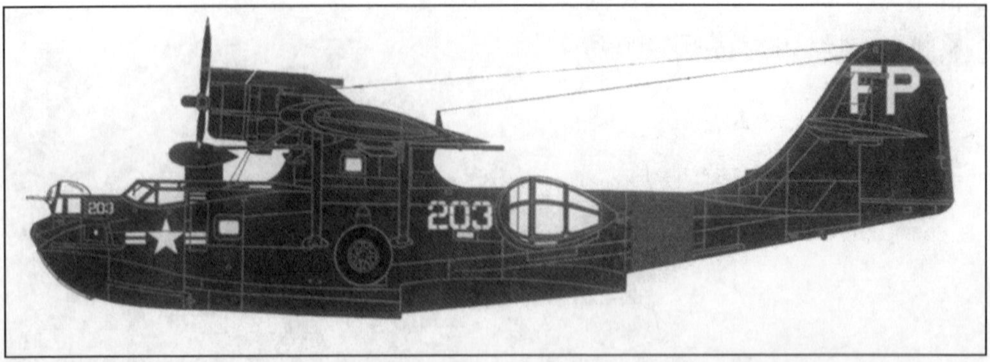

■ 美国海军装备的PBY-5A"卡塔林那"水上飞机在击沉U-99号的战斗中发挥了重要作用。

的深水炸弹炸坏了潜艇的动力系统，使其最大速度减到11节。随后菲斯飞到加拿大护卫舰"奥克维尔"（Oakville）号旁用信号灯通报了情况，"奥克维尔"号舰长克拉伦斯·金（Clarence A. King）立即下令全速赶去，在飞机标识的地方看到在月光下静静躺在水面上的潜艇，金毫不犹豫地命令撞击潜艇，同时机枪和火炮一起开火。"奥克维尔"号斜撞上潜艇，将其撞得乱转起来。然后再拉开距离，以便主炮射击，在打掉了潜艇甲板炮后，护卫舰第二次撞向潜艇，这时潜艇既不能反击，又不能下潜，眼看大势已去，艇长伊泰斯（Otto Ites）只好下令弃艇并将其凿沉。当艇员涌上甲板时，"奥克维尔"号的机枪和火炮正在全力开火，有12名艇员当场被打死，伊泰斯也被打伤。"奥克维尔"号转回头来第三次撞向潜艇，撞在指挥塔后方，不过护卫舰自己的船底也被撕开了一道口子。在撞击同时，"奥克维尔"号大副劳伦斯（H. E. T. Lawrence）和士官鲍威尔（A. J. Powell）勇敢地跳上潜艇，他们用手枪阻止艇员将潜艇凿沉，但是极度恐慌的艇员喧闹不止，甚至在枪杀了2名没有听从命令的艇员后还没能控制住局面，劳伦斯只好准许他们到甲板上，由鲍威尔用手枪看管，自己冲进了漆黑的控制室，发现海水正涌入潜艇，还闻到了氯气的味道，但他仍坚持用手电筒搜寻，却没有找到任何秘密文件。眼看潜艇快要沉入海底了，劳伦斯急忙抓起副双筒望远镜，冲上甲板。"奥克维尔"号和随后赶来的美国驱逐舰"草地"（Lea）号将2名勇敢的加拿大海军军人和24名艇员接下潜艇。美军发现U-94号的艇长伊泰斯是一位骑士十字勋章获得者，在接下来的几个星期里，美国的情报官员仔细盘问了伊泰斯和他的手下，却没有得到什么有价值的线索。当问起埃尼格码时，伊泰斯故意很不经意地说密码机并不是什么秘密，战前还在市场上公开卖过，但是"倘若不知道它的设置，密码机就没什么用了"，最后还很调侃地说倘若他知道盟

■ 被鱼雷命中，起火燃烧的美国油轮。

军对埃尼格码密码机这么有兴趣，他就会把潜艇上的机器带来送给他们了。

关塔那摩美国海军基地司令乔治·维勒（George L. Weyler）为了争功，坚持说美军驱逐舰“草地”号也向潜艇开过火，所以应该分得一部分功劳。根据“卡塔林那”飞行员和“草地”号的报告，维勒的报告被驳回。击沉U-94号的功劳属于“卡塔林那”飞行员菲斯和“奥克维尔”号。U-94号是6周内被加拿大海军独自或协同其他部队击沉的第6艘潜艇，这说明加拿大军队正在进步。

U-94号艇长骑士十字勋章获得者伊泰斯只有24岁（正是他发现了鱼雷故障的原因），在潜艇部队里很受尊敬，他的被俘使潜艇部队士气很受打击，也许因为这个原因，邓尼茨才决定不再继续派VII型潜艇到加勒比海。

就在U-94号遭到攻击时，U-511号向船队发起了攻击，新手艇长弗雷德里希·施泰因豪夫（Friedrich Steinhoff）第一次齐射4枚鱼雷居然全部命中，击沉2艘油轮共22000吨，击伤8000吨的美国油轮“埃索·阿鲁巴”（Esso Aruba）号。

U-558号是惟一两次进入加勒比海的潜艇，但这次在以前猎物很丰盛的地方待了10天，却没有发现1艘船。直到9月13日，才发现了由阿鲁巴岛前往关塔那摩的船队，U-558号的攻击很成功，一举击沉3艘共21900吨。三天后，又在特里达西部水域击沉了1艘2600

■ U-558号艇长君特·克莱希。

吨的美国货船。这些战绩使艇长君特·克莱希（Gunther Krech）获得了骑士十字勋章（在获得勋章时，克莱希确证战绩是15艘共104593吨，包括英国护卫舰“剑兰”号和反潜拖网渔船“贝德福德郡”号）。

除了U-94号外，8月只有2艘VII型潜艇前往美国海域：U-69号和U-455号，都是执行布雷任务。

每况愈下的战绩

在1942年夏末，共有18艘IX型潜艇出巡美国海域，7月有10艘，8月有8艘，其中7月出航的潜艇中有3艘（U-43号、U-174号和U-176号）都在途中遇到了船队，并加入了大西洋上的艇群，留在了北大西洋。7、8两月15艘最终到达美国海域的IX型潜艇中有12艘是处女航的新潜艇。

7月的7艘潜艇中，有4艘在特里达东部和东南部巡逻，那里是从弗里敦、开普顿和南北美洲过往的船只的交会处。其他3艘潜艇在加勒比海内部巡逻。

U-155号和U-510号同行，在U-463号上加油后分开了，U-155号从特里达东部向南巡逻到荷属圭亚那（今苏利南），U-510号沿古巴南海岸巡逻穿过向风海峡，到达犹加敦海峡

■ U-155号艇长阿道夫—科内里乌斯·皮宁。

南部。

U-155号从7月28日到8月10日，击沉了10艘44000吨，加上此前的战绩，艇长阿道夫-科内里乌斯·皮宁（Adolf-Cornelius Piening）就可以获得骑士十字勋章了（获得勋章时，皮宁的确证战绩是20艘〔其中4艘油轮〕共94635吨）。此后U-155号巡逻到法属圭亚那海岸时，遭到了驻巴西的盟军飞机的攻击。8月18日，U-155号遭到重创，失去下潜能力，邓尼茨指示他待在那里直到其他潜艇来帮助。

8月2日，U-510号在向风海峡时看到了1艘亮灯航行的船，看上去像是中立国船只，于是艇长卡尔·奈兹尔（Karl Neitzel）用无线电请示邓尼茨是否可以攻击，邓尼茨回答如果那艘船不是阿根廷、瑞士或葡萄牙的，就可以攻击——于是他将该船击沉，那是5300吨的乌拉圭中立船“马尔达纳尔多”（Maldonaldo）号，这个事件激怒了乌拉圭。

■ U-510号艇长卡尔·奈兹尔。说实在的，从外貌上看，他一点都不像一个军人。如果不是这身军服，他更适合去当咖啡馆老板。脸上总挂着和蔼的微笑……

两天后，U-510号的水下听音器（被动声呐）坏了，邓尼茨考虑到加勒比海海域反潜措施不断加强，这艘潜艇又没什么经验，取消了其突击加勒比海的任务，命其转到比较安全的向风海峡东部海域巡逻。8月10日，U-510号攻击8000吨的英国油轮“阿莱克西娅”（Alexia）号时，遭到该船火炮的英勇还击，该船因此未被击沉。U-510号继续向南前进，在特里达东部海域遇到了密集的船只往来。8月19日击沉1艘5000吨的英国货船，但引来了盟军飞机的反击，将U-510号击伤。得知U-510号受伤后，邓尼茨命令其到恶魔岛（即法属圭亚那Salut岛）附近与U-155号会合，然后结伴返回法国。

U-108号从南大西洋直接前往特里达岛东部海域，由于途中两次参与了对船队的攻击，到达特里达东部海域后，就必须要严格节约燃料和鱼雷了，但仍取得了很好的战绩。8月3日击沉6200吨的英国油轮“特里丘拉”（Tricula）号。8月10日，击沉2700吨的挪威货船“布林斯”（Brines）号。8月15

■ U-108号艇长克劳斯·索尔茨。

日到17日，在法属圭亚那附近海域发现了好几艘单独航行的油轮，击沉8600吨的美国油轮“路易斯安那”（Louisiana）号，但也被盟军飞机击伤，而且燃料所剩无几，于是便踏上归途。加上此前的宣称战绩使艇长克劳斯·索尔茨（Klaus Scholtz）获得了橡叶骑士十字勋章，回到法国后升任第12舰队司令（在获得勋章时，索尔茨的确证战绩是26艘共130677吨）。

7月7日，U-162号离开法国，艇长瓦特恩堡（Jurgen Wattenberg）在第二次巡逻时曾击沉了47000吨的船只，这次他决心超过上次战绩，以获得骑士十字勋章。8月初，U-162号抵达特里达海域，由于密集的空中反潜巡逻，整整两个星期都没击沉任何船。8月18日，发现特里达–阿鲁巴–西岛船队，与U-564号进行了松散的协同攻击，击沉了1艘5700吨的美国货船。从8月24日到30日，又击沉了2艘货船和8300吨的挪威油轮“特尔玛”（Thelma）号。9月3日傍晚，在巴贝多（Barbados）岛南部65公里处，U-162号勇敢地向由3艘驱逐舰护航的英国舰队发起攻击，发射的第1枚鱼雷出现故障，冒出了水面，驱逐舰发现后立即径直朝U-162号冲过来，进行猛烈的深水炸弹攻击，3艘驱逐舰总共投下30枚深水炸弹，将U-162号炸伤，但是瓦特恩堡控制住了潜艇并静静地躲在深海。英军认为负伤的潜艇最终将会浮出水面，于是将装有271型厘米波雷达的“维米”号留在原地，而“昆廷”号和“探路者”号则向东搜寻。当“昆廷”号和“探路者”号开走后不久，U-162号果然浮出了水面，随即被“维米”号雷达探测到，“维米”号立即通知“昆廷”号和“探路者”号返回，同时边开炮边向潜艇撞去，数发炮弹在U-162号耐压舱外壳爆炸，瓦特恩堡意识到在劫难逃，于是下令自沉并弃艇，在艇员弃艇时，他发射了两发红色闪光弹来标定地点。“维米”号怀疑潜艇在耍什么花招，要想停止撞击已经晚了，驱逐舰撞上了潜艇尾部，但却使驱逐舰和潜艇纠缠到一起难以分开，“维米”号马上投下1

枚深水炸弹，将U-162号击沉，随后驱逐舰救起了包括瓦特恩堡在内的49名艇员。在特里达岛的美国情报机构在审俘中发现这些德国人“极度谨慎，严格保密”，几乎得不到什么有价值的情报。

U-115号此前曾在皮内蒙德（Peenemuend）进行V-1和V-2导弹的潜艇发射试验，进入加勒比海后发现了一支船队，但随即被1架装有雷达的“卡塔林那”逼到水下待了三个小时。8月27日，当U-94号遭到攻击时，U-511号乘机攻击了特里达-西岛15号船队，击沉两艘油轮共22000吨，此后就再无收获了。

U-164号7月29日和U-511号都参加了追击ON-115船队的战斗，但是U-164号的一个柴油机出现故障，不得不退出，而U-511号则在雾中迷航。随后U-164号通过莫纳海峡进入加勒比海，8月25日，U-164号发现了特里达-西岛15号船队，击沉了1艘3800吨荷兰货船；之后又在古巴南部和牙买加附近击沉了1艘1700吨的货船，但在特里达岛东部海域遭到1架反潜飞机的攻击，燃料箱被炸坏，被迫返回法国。在为期82天的艰辛巡逻过程中，U-164号总共击沉两艘5500吨。

7月最后1艘进入加勒比海的是U-163号，该艇奉命去替代U-510号在犹加敦海峡的巡逻。8月17日，U-553号发现特里达-西岛13号船队，U-163号闻讯赶去，但在护航舰的严密警戒下无法实施攻击。8月20日蒸发器故障使

■ 进入到潜艇出没水域，正在以“Z”字法航行的护航船队。

饮用水所剩无几，U-163号只好返航，此次巡逻58天，一无所获。

7月，到美国海域巡逻的IX型潜艇共击沉了23艘船（其中4艘油轮）130000吨，平均每艘潜艇每次巡逻击沉3.3艘18500吨，和6月出航的IX型潜艇的战绩差不多。损失U-162号。

从加勒比海撤回

8月有8艘IX型潜艇出发前往美国海域。由于在墨西哥湾和加勒比海域的反潜措施越来越严密，护航船队体系已经扩散到了每个角落，所以就不再派潜艇前往，3艘在加拿大海域执行一项特殊任务；其他5艘到猎物丰盛的特里达东部海域巡逻。

B机关为邓尼茨提供了许多关于北大西洋船队的讯息。尽管如此，在那一海域的潜艇仍很难确定船队位置，邓尼茨怀疑这些船队是从丽人岛海峡（Belle Isle Strait）离开加拿大的，所以他派3艘潜艇去侦察那个海峡和海峡出口以北海域（本来是由7月出航的3艘潜艇来执行的，但是他们都卷入了护航船队大战中并最终都被转派到了加勒比海）。这3艘潜艇8月7日和8日陆续从基尔出发，三个星期后到达丽人岛海峡入海口。8月27日，U-517号和U-165号发现了一支船队从悉尼、新斯科舍省方向开来，取道丽人岛海峡前往格陵兰岛。该船队分成两部分，一是5600吨的美国客货两用船“查塔姆”（Chatham）号，载有562名士兵，由海岸快艇“莫哈韦”（Mojave）号护航；第二部分有5艘商船，海岸警卫快艇“阿尔冈琴”（Algonquin）号和“莫霍克”（Mohawk）号护航。两艘潜艇都发起了攻击，U-517号击沉了“查塔姆”号，“莫哈韦”号救起了293人，随后赶来的驱逐舰“伯纳多”（Bernadou）号和加拿大护卫舰“踪迹”（Trail）号救出了256人（“查塔姆”号是在战争中被击沉的第二艘运兵船，仅有13人丧生）。U-165号击伤美国海军油轮“拉勒密”（Laramie）号和3300吨货船“阿林”（Arlyn）号。“拉勒密”号装有361000加仑航空汽油、55000加仑石油和其他物资，鱼雷在船头左舷炸开一个大洞，但是船长皮特·摩西（Peter M. Moncy）顽强地将船驶回了悉尼港。而U-517号随后则将“阿林”号击沉。

然后两艘潜艇进入了水很浅、只有24000米宽的丽人岛海峡。U-517号于9月3日击沉1800吨的加拿大船“多纳德·史蒂瓦特”（Donald Stewart）号，并迅速逃脱了护航的3艘加拿大护卫舰和1艘扫雷舰的攻击。U-165号则进入圣劳伦斯湾，发现了魁北克-悉尼33号船队，该船队由8艘船组成，1艘护卫舰、1艘布雷艇、2艘鱼雷艇和1艘快艇护航。U-165号顽强追击了24小时，击沉4700吨的希腊船“埃斯”（Aeas）号和“浣熊”号快艇。

根据U-165号的报告，U-517号横穿圣劳伦斯湾前来截击。9月7日傍晚，U-517号击沉3艘10700吨，护航舰简直被吓懵了，没能发起反击，加拿大第113中队1架“哈德逊”飞机虽然对U-517号进行了攻击，但却未能给潜艇以任何损伤。

不仅如此，U-513号还往加拿大人的伤口上又撒了一把盐：9月4日，U-513号借助恶劣天气掩护进入康塞普森湾（Conception Bay，在阿瓦隆〔Avalon〕半岛北端），并潜行到船只集结地瓦巴纳航道（Wabana Roads）。第二天就击沉了停泊着的2艘船共12700吨，但是在混乱中逃跑的1艘货船无意中撞伤了U-513号，将其指挥塔撞毁。

尽管加拿大加强了反潜力度，但仍没能阻止3艘潜艇的继续猎杀：U-517号击沉加拿大护卫舰“夏洛特镇”（Charlottetown）号和2艘货船共4900吨，U-165号击沉1艘3700吨的货船，U-513号击伤了7200吨的英国自由轮“大洋游子”（Ocean Vagabond）号。

U-165号艇长埃伯哈德·霍夫曼（Eberhard Hoffmann）和U-517号艇长保罗·哈特维希（Paul Hartwig）都受到了嘉奖，也许是高兴得太早，9月29日当U-165号就快要回到洛里昂时，撞上了1枚水雷而沉没，全体艇员身亡。

由于这两艘潜艇在圣劳伦斯湾轻松地获得了很丰厚的战绩，邓尼茨打算将“圣劳伦斯大战”继续下去。

9月又有几艘IX型潜艇被派往圣劳伦斯湾。同时，有2艘前往美国海域布雷的VII型潜艇也暂时加入了加拿大海域。9月10日，U-69号在切萨皮克湾入口处布完雷之后就朝卡伯特海峡开去。U-455号在南卡罗来纳查尔斯顿布完雷后就赶往了纽芬兰的圣约翰斯，以接替U-513号。除了7300吨的油轮“石油燃料”（Petrofuel）号在查尔斯顿触发了1枚水雷但没被炸伤外，这两个雷区都没有造成任何损失，后来都被美国海军发现并清扫了。

进入圣劳伦斯湾后，U-69号直接驶向圣劳伦斯河口，接着溯流而上。10月10日，发现了一支由7艘商船和3艘护航舰组成的船队，随即发起攻击击沉2400吨的加拿大货船“克洛鲁斯”（Carolus）号，然后在盟军护航舰缓过神来前逃之夭夭。在返回卡伯特海峡后，又于10月14日击沉2200吨的加拿大火车渡船“加利布”（Caribou）号，护航的扫雷舰“格朗德迈尔”（Grandmere）号发现了潜艇，便向潜艇连续投下18枚深水炸弹。傍晚时分，增援的飞机和军舰陆续赶到，将U-69号逼在水下长达16小时。利用这个机会，“格朗德迈尔”号救起了“加利布”号237名乘客中的103人，其余乘客包括很多妇女儿童丧生。10月20日，返航途中的U-69号又在阿根细亚附近攻击了一支船队，击伤7800吨的英国货船“玫瑰城堡”（Rose

Castle）号。

U-455号于10月1日到达纽芬兰的圣约翰斯，在雾气笼罩的海岸水域巡逻了两个星期，毫无收获。10月14日，报告回转仪坏了，于是便返航了。U-455号在68天的巡逻中没有击沉任何船只。由于该艇艇长吉斯勒在4次巡逻中总共只击沉了2艘船共13900吨，返航后就被调职了。

8月5艘被派往特里达东部海域的IX型潜艇于8月12日到15日从基尔出发。其中U-512号艇长沃尔夫冈·舒尔茨，是海军上将的儿子，是个喜怒无常、被娇惯坏了的纨绔子弟，甚至在潜艇上还要酗酒，因此在波罗的海进行维修时，就曾两次与其他船只发生过碰撞。9月8日，U-512号发现了1艘单独航行的大型快速货船，发射4枚鱼雷，无一击中。9月12日，U-512号发现了10900吨的美国油轮“赫尔利”（Patrick J. Hurley）号，当发射2枚鱼雷都没击中后干脆就用甲板炮进行了攻击，“赫尔利”号船员也用船上的火炮进行了还击，但是很快油轮就中弹起火，转眼间烧成一个火球沉没了。9月19日，在马提尼克岛东部海域发现1艘单独航行且悬挂西班牙旗的货船，但舒尔茨武断地认为这是伪装的英国船，便用鱼雷将其击沉——这艘船是3700吨的西班牙船“蒙特哥比”（Monte Gorbea）号，最高统帅部为此而震怒，雷德尔命令邓尼茨在舒尔茨回到法国后要对其进行军事审判。邓尼茨通知所有潜艇务必要严格保证中立国船只的安全。

■ 由于鱼雷昂贵而且难以补充，所以很多时候潜艇都是上浮使用甲板炮终结商船。

与此同时，另外2艘IX型潜艇到达了特里达东部，9月11日，U-514号前去侦察巴贝多岛首府布里奇顿（Bridgetown），发现了两艘货船停泊在码头上，于是发射了鱼雷，击伤了5500吨的加拿大船“康沃利斯”（Cornwallis）号。

9月12日到23日，U-515号在特里达东部海域的巡逻中击沉8艘42000吨，其中就有1941年起由美国为英国建造的60艘自由货轮中的第1艘——“大洋先锋”（Ocean Vanguard）号，在取得这些战绩后，U-515号就返回了法国。该艇击伤的6000吨美国货船“安提奴斯”（Antinous）号在船员弃船后，被U-512号击沉。

U-516号8月27日在冰岛南部碰到了9700吨的英国快速货船“杰克逊港”（Port Jackson）号，该艇又是发射鱼雷又是甲板炮轰击，但最后这艘船还是逃脱了。8月28日在中大西洋发现11000吨的美国快速油轮“杰克·卡尼斯”（Jack Carnes）号，U-516号以15节的速度整整追了18个小时，最后消耗了7枚鱼雷才将其击沉。9月6日，从返航的U-163号得到了6枚鱼雷。9月19日，U-516号击沉了6200吨的美国货船“维奇塔”（Wichita）号。9月的最后几天里，U-512号和U-516号进行了松散的协同作战。在法属圭亚那附近海域，9月28日U-516号仅花20分钟就用甲板炮击沉了1200吨的巴西船“安托尼克”（Antonico）号。9月30日，又击沉了5300吨的英国船“阿里伯尔”（Alipore）号。但是附近的U-512号却毫无发现，而且居然很不明智地在盟军飞机相当活跃的地区，白天在水面航行，因此10月2日被美军第99中队1架B-18发现了，飞行员迅速俯冲投弹，当即就将潜艇炸沉了，海水迅速淹没了潜艇大部分船舱，淹死了大部分艇员，包括艇长舒尔茨。前鱼雷舱进水比较慢，在那里的16人却只有4人的呼吸器还能使用，随着海水与电池发生反应所产生的氯气慢慢充满了船舱，没有呼吸器的人很快就窒息而死，而4人中只有2人游出了潜艇，最后只有1人游到了水面上，他疯狂地朝在头顶上盘旋的飞机招手，飞行员看到后扔下了充气筏，他在充气筏里漂了十天，直到10月12日才被美国驱逐舰“爱丽丝”（DD-154，Ellis）号救起。

为了追赶目标，U-514号居然一直向南驶到了赤道。9月28日，在亚马逊河河口击沉了2艘巴西船共8200吨。10月12日，在法属圭亚那海域时击沉1艘5700吨的美国船。而U-516号再没找到过目标，最后是在返航途中击沉1艘5800吨的英国船。U-514号在90天的巡逻过程中击沉了5艘17354吨，U-516号在95天的巡逻过程中击沉5艘共28400吨。

8月里最后出巡这一海域的IX型潜艇是U-175号，该艇在英属圭亚那（今盖亚纳）附近碰上了好运气。从9月18日到10月5日在这18天里，击沉9艘33400吨。

特里达海域，从法属、荷属和英属圭亚那，到巴西北部边境巡逻的5艘IX型新潜艇共击沉30艘143000吨，损失1艘U-512号。

总结

1942年8月，不再允许VII型潜艇独自前往美国海域巡逻是大西洋之战的一个主要转折点。这件事加上IX型潜艇战绩的大幅缩水标志着对美国的全面潜艇战开始走向终结，我们也可以以此为一个时间节点来评估一下这场战争：

首先更正各种歪曲事实的说法：金和美国海军参谋部往往被描述成傻瓜甚至更糟，而美国陆军和英国海军则是战无不胜的战神。但是此时，历史上曾经一度无限风光辉煌的英国皇家海军正在严重缩减，而美国海军则正充满活力。就像历史学家詹姆斯·洛茨（James R. Leutze）说的那样，英国的海军至上主义者并不乐于承认这一点，也不情愿将海上霸权转交给这个野蛮粗俗的表兄弟。这种嫉妒心理在1942年是很流行的，这使得英国的海军至上主义者戴上了有色眼镜，不去关心美国和加拿大海军所做出的努力和成就，而英国的海军历史学家则是不加批判的将那些对北美国家带有明显偏见的同时代的英国报告奉为真理。除此之外，我们还必须要看到，在1942年大部分时间里，美英领导人表面上很亲善友好，但是在战略上却一直存在很大的分歧。美国非常希望发动“大锤行动”，进攻被占领的法国，与德军直接交手。英国则更喜欢进行大量低密度的外围行动，对德国工业区和城市实行战略轰炸，以此摧毁德国民心，赢得战争。

在大西洋上盟国海军力量究竟占有什么样的战略地位，美国和英国的海军至上主义者对此也有分歧。就像美国人在第一次世界大战中所做的那样，金给予那些运送士兵和军事人员的船只以最高特权，尤其是对那些为发动“大锤行动”而运到英国的美军部队投入了巨大力量，以保证其安全。英国则认为那些运送食品、石油和物资到英国的商船也占有几乎同样重要的地位，这些货物对于大英帝国的生存至关重要，而且英国还要依靠它们维持战争。

■ 尽管德军的潜艇一再在战术上取得优势，但是面对美国这个具备压倒性物质优势的敌人，他们的战术终究无法战胜庞大国家机器启动带来的优势……

英国的海军历史学家很少提到1942年英美在海军资源的利用方面一直存在分歧，美国人将运兵船的保护放在所有任务之上。他们只是草草写道，美国人在保护商船航运方面已经傻得不可理解了，他们在5月份之前竟然一直"拒绝"在他们美国海域启动护航船队体系，并且正因为如此，他们的船只遭到了毁灭性的失败。美国海军历史学家阿拉德（Dean C. Allard）和拉夫（Robert W. Love,Jr.）最近提出，在1942年的前8个月里，把美国军队运过大西洋送往英国的过程中，没有一艘船遭受损失（这些军队包括4个陆军师，加上其他军事人员，总数达15.7万人）。这本身就是美国海军历史上的一次重大胜利，而英国历史学家基本上对此只字不提。

第二，金的批评者们大多数没有注意到，这时的美国海军正在承受着"两洋作战"。在英美战略协定中曾经提出，要保护好与澳大利亚的交通线，阻止日军的入侵，美国为了做到这一点，必须将成千上万的美国士兵派到夏威夷、新喀里多尼亚（New Caledonia）和澳大利亚（这些军队多达6个师）。这些运兵船队要穿过广阔的太平洋，他们也必须要受到和大西洋运兵船队相同的保护。所以，美国的驱逐舰绝不可能像英国人要求的那样从太平洋调到大西洋去保护那些货船船队。

当驱逐舰和其他护航舰不够用时，金必须要在保护运兵船和货船及油轮之间做出选择，他选择了保护运兵船。

要想正确认清在美国海域的作战，我们还需要记住的第三点就是，在整个1942年，美国的陆军和海军就如何对付潜艇也一直存在严重分歧。陆军认为应该让装有雷达的四引擎岸基飞机，如B-24组成特殊编队"主动进攻"潜艇，这被称为"猎人-杀手"（hunter-killer）战术。与此相反，海军则认为"猎人-杀手"战术是不切实际的，主张将这些飞机用于"被动防守"保护船队，潜艇自然会找上门来，就像蜜蜂会去寻找蜂蜜一

■ 凯旋的艇长正在痛饮啤酒。

样，“主动进攻”只适用于对付制造潜艇的船厂以及潜艇前沿基地，还有瓶颈地带如比斯开湾。

由于政治上、教条上和其他一些原因，陆军航空队反对废除战前通过的赋予它对岸基飞机指挥权的协议，而1942年，海军被禁止为了护航而组织自己的岸基飞机编队。所以海军不得不低声下气地去借陆军航空队的编队，但是这些编队的飞行员并没有接受过护航和反潜训练，而且他们都很厌恶防御性任务，迷恋对德国腹地的进攻性战略轰炸。所以，在美国海域为期8个月的潜艇战中，陆军航空队表现很糟糕，在没有水面舰船和其他部队帮助的情况下只击沉过1艘潜艇（U-701号）。

在大部分现存的有关美国海域潜艇战的报道中，几乎从来没有充分描述过由于飞机控制权问题而引起的愚蠢浪费的多兵种作战。罗斯福总统竟然让这种状况延续到1943年上半年，这是第二次世界大战中最大的不幸之一。不管怎么说，我们必须先将这种状况说明白，才可以讨论这一个侧面的潜艇战。

需要记住的第四点就是盟军在1942年初失去了破译德军潜艇通讯的“海神”（鲨鱼）密码。英国情报历史学家敷衍道，这只不过给美国海域的潜艇战造成了很小的影响。但实际上，这种影响是致命的。如果能够破译潜艇密码，那么美国人马上就能发现这场新战争是德国人的全面进攻，调遣了所有可用的大西洋潜艇，包括VII型潜艇和新的补给潜艇。知道了潜艇并非协同作战或是组成狼群，而是单艇游猎，那么美国军事高级指挥层无疑会做出不同的反应，他们甚至可能会授权组织没有护航的船队。

第五点就是在1942年初，美国海域的潜艇战爆发之时，德国人发现了鱼雷问题的症结所在——平衡腔的裂隙是造成鱼雷比设置深度跑得深的原因。弥补了这个缺陷之后，德军鱼雷在美国海域的命中率都有了大幅提高。

第六点就是在1940－1941年，美国租给了英国和加拿大50艘老式的四烟囱驱逐舰和10艘“湖”级（Lake Class）海岸警卫队快艇。如果这60艘舰艇仍在美国海军的控制下，就足以立即在东海岸、墨西哥湾和加勒比海建立起护航船队体系。

将这几点列出后，我们再总结对美潜艇战就可以有更为清晰的视野了。此外我们还需要检查另一组数据。那就是从1941年12月18日到1942年8月31日潜艇到美国海域的出巡情况（见下页表一）。

德国总共发起了184次巡逻：80次IX型潜艇，104次VII型潜艇，差不多平均每个月20次，这一规模比一般人想象得要大很多。这些潜艇共击沉609艘船，约310万吨，平均每月68艘船，350000吨。

这一时期美国海域被击沉的船只数占德

表一：1941年12月到1942年8月美国海域潜艇巡逻战绩总结

12月份	击沉商船数（艘）	击沉吨位数（吨）	平均击沉商船数（艘）	平均吨位（吨）
5艘IX型艇	23	150505	4.6	30101
10艘VII型艇	18	85374	1.8	8537
1月份				
12艘IX型艇	47	276044	3.9	23003
14艘VII型艇	24	124922	1.7	8923
2月份				
9艘IX型艇	28	176630	3.1	19625
9艘VII型艇	29	167864	3.2	18651
3月份				
6艘IX型艇	29	164109	4.8	27351
20艘VII型艇	46	241937	2.3	12097
4月份				
14艘IX型艇	95	482843	6.7	34488
17艘VII型艇	38	158210	2.2	9306
5月份				
9艘IX型艇	64	304510	7.1	33834
8艘VII型艇	20	102082	2.5	12760
6月份				
10艘IX型艇	31	135100	3.1	13510
13艘VII型艇	26	123904	2	9531
7月份				
7艘IX型艇	23	129648	3.3	18521
10艘VII型艇	22	109240	2.2	10924
8月份				
8艘IX型艇	44	191696	5.5	23962
3艘VII型艇	2	4597	0.6	1532
小计				
80次IX巡逻	384	2011085	4.8	25138
104次VII巡逻	225	1118130	2.2	10751
总计				
184次巡逻	609	3129215	3.3	17006

国潜艇在二战期间击沉的盟国船只总数的四分之一。因此，在这么短的时期内花这么少的力气击沉这么多的船只，从这一点上来讲这是这场战争中最重要的一场战役，是潜艇战的全盛时期。这一时期前往美国海域的184次巡逻中只有6次无果而返或只是击伤了盟国船只。此外，德军的损失相对来说也是不多的：22艘潜艇（10艘IX型潜艇，12艘VII型潜艇），这些潜艇上大约1000名艇员中，只有200人幸存，其中114人成为战俘（这些战俘来自于U-94号、U-162号、U-352号、U-512号和U-701号）。

在这次最成功的战役中具有讽刺意味的一件事就是，邓尼茨曾经强烈反对建造的IX

型潜艇取得了最大的成功，34艘新的IX型潜艇于1942年的前8个月里陆续加入了大西洋舰队。IX型潜艇的80次巡逻共击沉了384艘船（占总数的63%），约200万吨（占总数的65%）。由VII型完成的104次巡逻则击沉了225艘船（占37%），约110万吨（占35%）。总的来说，IX型潜艇平均每艘潜艇每次巡逻击沉4.8艘船，25100吨，而VII型潜艇平均每艘潜艇每次巡逻击沉2.2艘船，10700吨。换言之，如果根据邓尼茨的意见不造IX型潜艇，那80次IX型潜艇巡逻改由VII型潜艇来执行的话，那么这场战役的总战绩可能只有400艘船，200万吨，至少减少30%!

美国之战的一个非常显著的特点就是大量的盟国油轮在1942年前8个月里被击沉，按损失的区域如下：美国东海岸43艘、墨西哥湾22艘、加勒比海/拉丁美洲69艘、加拿大6艘，总计140艘。

倘若加上那些在前往美国的路上被击沉的油轮，再加上在其他海域，比如弗里敦、塞拉利昂和亚速尔海域被击沉的油轮，在1942年前8个月里，油轮损失总数是185艘。

这对盟国来说无疑是一个巨大的打击。这些损失限制了盟军很多的军事行动，而且在美国陆军和海军之间，美国和英国之间造成了很多摩擦。但是与很多报告所说的相反，这并非是一个毁灭性的打击。因为1942年美国、英国和加拿大共建成92艘更大更好的油轮共925000吨，弥补了差不多半数的油轮数和三分之二的吨位损失。1943年美国船厂又生产了214艘油轮共约210万吨，而潜艇造成的油轮损失锐减到了48艘，共373000吨。

美国为了缓和1942年油轮大量损失所带来的影响，决定不再那么依靠油轮来运输石油，而是选择了另一个石油传输系统。

为了克服输油量减少所带来的影响，美国人在东海岸实行了汽油配额制度，一些用油的工厂转而使用煤和天然气，另外还动用了石油储备。

对远洋油轮的依赖性减小，再加上1942年里又有许多新油轮被造出来，因此美国有能力“借”油轮给英国。应伦敦的要求，美国在1942年给了英国相当于100万吨的油轮。这些油轮再加上在英国实行了更严格的石油配额制度，以及对石油储备的部分动用，化解掉了英国在1942年前8个月里经常提到的石油危机问题。不过，由于在美国海域组织了船队，油轮改道经由弗里敦前往英国，英军在北非、中东和印度洋的军事行动不断加强，这些都使得英国的石油资源紧缺到了极限。

除去油轮之外，美国海域的潜艇击沉的还有440艘货船、拖轮和帆船，总共170万吨。这是另外一个沉重的打击，但是与大多数报告相反的是，这也不是什么毁灭性的打击。新造的船只很快就弥补了这些损失。1942年美国、英国和加拿大船厂生产出了710万吨新船，这比潜艇所造成的总损失量（610万吨）还要多出100万吨（英国1942年造出了大约130万吨商船；加拿大造出了50万吨）。特别是美国造船厂在这一时期的表现实在是惊人。通过表二数据我们可以把1942年夏天世界范围内轴心国潜艇所造成的损失和美国新造的船只做一下比较。

总的来说，尽管在北美战役中击沉609艘共310万吨船对德国海军来说是一次巨大胜利，但是这对盟国3000万吨的商船总数来说并没有起到决定性的影响。我们也已经讨论过，大部分的商船损失都被新造船只弥补了，而且得益于美国新的输油系统和配额制度，美国和英国在1942年并没有遭受到毁灭性的打击，只有大量棘手的局部暂时石油紧缺问题需要采取紧急措施。

这场战争另外一个显著特点就是对从北美到英国的货运生命线只产生了相对来说很小的影响。在1941年前8个月里，共有2867艘满载船只编入哈利法克斯船队和慢速船队抵达英国。而在1942年前8个月里共有2411艘满载船只编入哈利法克斯和慢速船队到达英国（见表三）。不同之处就是1942年少了456艘船，而这并非主要由美国海域的潜艇造成，而是由其他三个因素造成：

第一，盟国将大约200艘满载船只编在了PQ-7到PQ-17船队中驶向苏联。

第二，由于一部分美国驱逐舰抽调去为运兵船队护航，哈利法克斯船队由原来的六天一班变成了七天一班。这样一年下来哈利法克斯船队就从61班减到了52班。我们按一支哈利法克斯船队最低40艘船来算，一年哈利法克斯船队航行的船就减少了360艘，那么在1942年前8个月就减少了240艘。

表二：1942年5月至9月盟国损失船只与新建船只对照表

月份	沉没数目	吨位	新建船只数目	吨位
5月	125	607247	57	416000
6月	144	700235	67	504000
7月	96	476065	71	524000
8月	108	544410	68	499000
9月	98	485413	94	691000
总计	571	2813370	357	2634000

注：①以上为美国海军部数据，包括轴心国潜艇在所有海域的战绩。

②“新建船只数目”仅包括美国船厂建造的船只数目。需要注意的是每艘新建船只平均约7300吨；“沉没数目”一栏中被击沉的旧型船只平均约4900吨。因此，数目相对较少的新建船只就有可能弥补甚至超过被击沉的船只吨位。

表三：驶往英国的主要北大西洋货船船队（1942年1月1日–1942年8月31日）顺利抵达目的地的船只数目和对敌战争中损失的船只数目①

月份	哈利法克斯护航船队	悉尼护航船队	弗里敦护航船队	总计
1月	175（1）	122（1）②	88（1）	385（3）
2月	311（3）	——	66	377（3）
3月	257（1）	——	124	381（1）
4月	313	——	96	409
5月	346	——	121（1）	467（1）
6月	114	138	143	395
7月	154	198	103	455
8月	144	139（15）	101（7）	384（22）
总计	1814（5）	597（16）	842（9）	3253（30）③

注：①数据源自1942年1月到1942年8月英国每月的反潜报告以及罗沃的《轴心国潜艇战绩》(Axis Submarine Successes)。

②1942年1月9日64号慢速护航船队出航后，悉尼港就由于严冬而停航了，65号到84号慢速护航船队是从哈利法克斯出航的。1942年5月29日，85号慢速护航船队的出航预示着悉尼港重新通航。

③此外，还有3艘护卫舰被击沉，它们分别是英国驱逐舰“贝尔蒙特”(Belmont)号、英国炮舰“斑鸠”(Culver)号以及加拿大驱潜快艇“甘松”(Spikenard)号。此外，潜艇还击伤了英国辅助巡洋舰“柴郡”号。同时期内，西向船队（北方外航船队及慢速北方外航船队）的2285艘船只中有47艘被击沉，其中包括3艘护航舰艇：自由法国的轻巡洋舰“阿里瑟”(Alysee)号、驱潜快艇“含羞草”(Mimose)号以及英国的驱潜快艇“杨梅”号。

第三，许多满载油轮改道，先从加勒比海去弗里敦，然后编入塞拉利昂慢速船队返回英国。

1942年前8个月里，这三项措施加上潜艇所造成的损失使得英国的总进口量急剧下降：从1941年前8个月的28466000吨降到了1942年前8个月的23402000吨，整整减少了500万吨（见下页表四），这给英国带来了很大困难，还引起了英国人的犹豫，要不要继续分出那么多船去支持苏联，还有要不要发动进一步的军事行动，如“火炬行动”；这也引使英国进一步向美国请求更多的船只援助。

一方面，要说美国海域的潜艇战只带来了很小的后果是不对的。它从许多个方面打击了盟国，并给美、英商业航运带来了死亡和恐惧。另一方面，这是一个没有实现的胜利，因为它并没有带来邓尼茨想要得到的具有决定性的战略结果。大量人员和货物继续搭乘着各类新船只从北美流向全球的各个角落。

表四：英国在1941年和1942年的进口物资对比（单位：千吨）[①]

月份	食物		补给物资		石油等		总计	
	1941	1942	1941	1942	1941	1942	1941	1942
1月	1094	984	1319	1022	541	1037	2954	3043
2月	915	956	1237	911	842	1139	2994	3006
3月	1123	1015	1264	927	953	724	3340	2666
4月	1038	1099	1322	1001	877	896	3237	2996
5月	1331	1162	1437	1052	1186	623	3954	2837
6月	1557	1047	1219	1044	1208	774	3984	2865
7月	1544	958	1104	1208	1227	988	3875	3154
8月	1360	674	1352	1245	1416	916	4128	2835
总计	9962	7895	10254	8410	8250	7097	28466	23402

注：①表格节选自汉考克（Hancock）1975年版的《统计文摘》（Statistical Digest〔1975〕）第184页。需要注意的是，上述表格只包括了8个月的数据，而非12个月。“补给物资”包括军需品和生活用品。

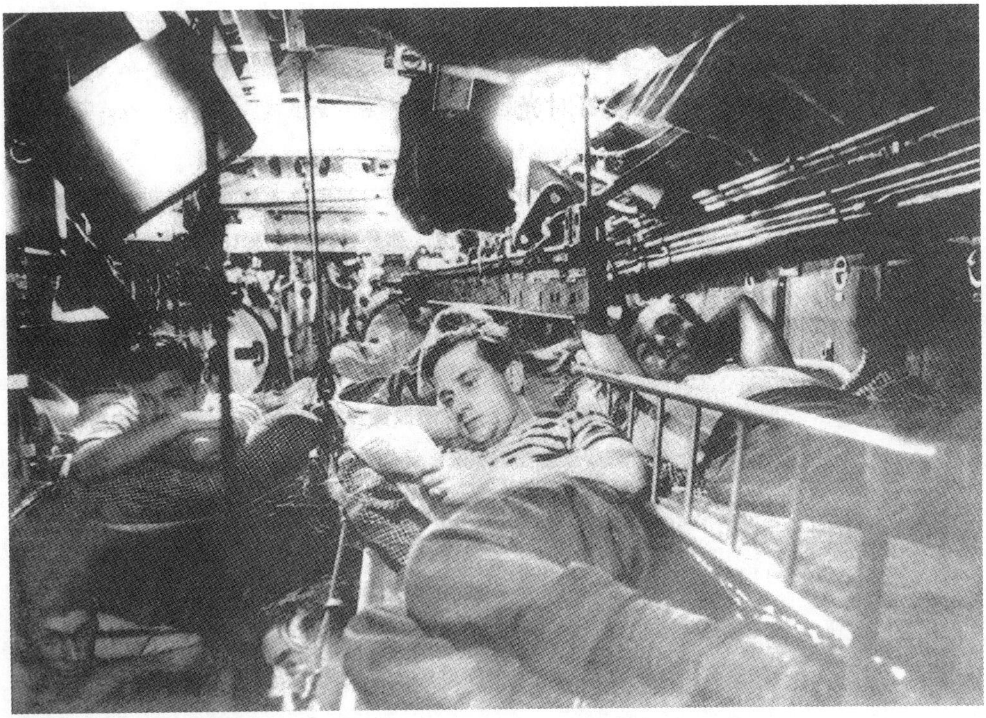

■ 战斗还将继续下去……直到有一方倒下，这一点，双方的水兵和海员都清楚。

第十四章 名不符实的"大屠杀"

大局势

由于多方面原因，包括调派军舰掩护PQ-18船队和支援北非登陆行动，盟军对北大西洋护航体系做了很大调整。其中最重要的就是从1942年9月17日起将HX和SC船队的主要集结点和启航点从加拿大海港改到了纽约，这样盟军就可以取消大部分波士顿与哈利法克斯之间的船队，削减加拿大本土护卫舰队的力量，又大大缓解了科德角（Cape Cod）附近航道的密集程度。

另外开通了为直接支援地中海战区而设计的新航线，从美国出发的快速和慢速船队被命名为美国-直布罗陀船队（United States-Gibraltar，UGF和UGS）。返回美国的船只则被命名为直布罗陀-美国船队（GUF和GUS）。通常每支船队有8艘护航舰，还能得到驻扎在美国东海岸、百慕大、摩洛哥和直布罗陀的岸基飞机护航。从1942年秋到1945年5月，该航线共有三百多支船队约12300艘船通行。

由于路途遥远、缺乏大型潜艇和补给潜艇，再加上潜艇主力集中在北大西洋航线，德军没能立即对中大西洋航线发动潜艇战。最多也就是在亚速尔群岛和直布罗陀之间发动一些小规模进攻，但是驻扎在直布罗陀和摩洛哥（后来还有亚速尔群岛）的盟军飞机使德军潜艇在这里遭遇了在冰岛-英国海域同样的危险。在为期28个月的行动中，中大西洋船队共损失了25艘商船，只占总船只的0.002%!

柏林的看法

1942年9月28日，德国海军司令雷德尔、潜艇部队司令邓尼茨与希特勒会面。希特勒首先大力赞扬了潜艇部队的巨大成功，他称美国公布的新造船只数目（美国海事委员会副主席维克里〔Howard L. Vickery〕宣称，在1942年和1943年里，美国船厂将生产出2500艘船，2740万吨。实际上美国船厂生产了2709艘船，2721万吨）只不过是宣传而已，他坚信每月的击沉率会继续保持高水平，而且敌人无法通过新造船只来弥补这个损失。

邓尼茨首先说明潜艇在美洲海域作战已经很困难了，美国的反潜措施尤其是空中巡

■ 帝国海军元帅雷德尔。

逻和护航船队系统的不断扩大是主要原因。除了圣劳伦斯湾、特里达岛东部和大西洋东南海域之外，潜艇将要转回到北大西洋和从弗里敦到开普敦的非洲西海岸海域。然后强调了潜艇在袭击北大西洋航线船队时所面临的困难，装有雷达的盟军反潜飞机越来越多，几乎可以全程掩护船队穿越大西洋。因此由于盟军的反潜措施不断加强、潜艇艇员经验不足、再加上坏天气和其他一些因素，潜艇的击沉吨位必然会下降。为了扭转下降的趋势，邓尼茨认为潜艇部队迫切需要：

1.超远程轰炸机，如亨克尔-177(He-177)，用于寻找船队并对盟军飞机的活动发出警报；

■ 装填鱼雷中的U艇。尽管美国人宣布了一个惊人的船舶建造吨位，但希特勒并不相信这一点，他仍坚信U艇可以平衡这种巨大的力量。

2.一种全新的进攻型潜艇，这种潜艇的水下速度更快，可以在潜行过程中追上船队，在进攻和撤退的过程中又能够跑得过护航舰，并且可以长时间潜航跟踪船队并将狼群中其他潜艇指引过来。

希特勒没有对新型飞机做出任何许诺，虽然希特勒已经认识到了潜艇需要飞机配合，但是德国的航空工业已经无法满足那么多的需求了。不过希特勒以极大的热情同意建造可以在水下高速行驶的潜艇。

早在20世纪30年代初，德国工程师赫尔穆特·瓦尔特（Helmuth Walter）就提出过建造一种试验艇，水面航行靠柴油机驱动，水下航行靠双氧水分解驱动涡轮，水下理论航速短时间内可以达到30节。尽管德国海军已经决定采用传统的柴油-电力驱动装置了，但仍在1939年与瓦尔特签署合约，让其制造一艘22米长73吨的试验艇V-80号。该艇在基尔的克虏伯日耳曼尼亚造船厂制造出来，从艇首来看，它的截面形状很像数字8。潜水艇的生活区、工作区和战斗区都在“8”的上半部分；“8”的下半部分用来储存双氧水。1940年，通体光滑的V-80号试航时潜航速度达到了28.1节。由于1940年和1941年VII型和IX型潜艇的研制取得了巨大成功，加上对“瓦尔特艇”技术上由来已久的怀疑，德国海军对这种潜艇逐渐失去了兴趣。然而1942年1月，瓦尔特呈上了改进后的设计图，邓尼茨对此表现出了极大的热情，全力支持瓦尔特。1942年6月24日，在邓尼茨请求下，德国最高统帅部同意

■ 实验艇U-792号。

瓦尔特建造5艘试验艇：1艘600吨的U-791号和4艘小型潜艇（U-792到U-795号）。

尽管瓦尔特设计潜艇已经有十年的经验了，而且已经取得了不小的成功，但是直到1942年9月，5艘潜艇的建造计划无一落实，很多技术上的问题亟待解决。但由于希特勒的支持，邓尼茨提出建造24艘小型艇的订单并希望在两个月内做出大规模建造大型艇的决定。

1942年9月的这个决定很少被提及，但这是潜艇战中做出的最重要的决定之一。这表示邓尼茨认识到盟军的探测技术以及海空优势已经使得VII型艇和IX型潜艇过时了。为了将潜艇战继续进行下去，研制一种在技术上有重大突破的新型潜艇已经成了当务之急，而这其中最有希望的就是“瓦尔特艇”。

瓦尔特的4艘小型试验艇制造和调试至少需要一年，不过这4艘小型艇和另外24艘艇将积累很多知识和经验，这些知识和经验将用于制造两艘大型“瓦尔特艇”（U-796和U-797号）。

在“瓦尔特艇”的建造过程中，德国船厂也在继续生产VII型和IX型潜艇。尽管这些潜艇的战绩逐渐下降，损失则逐渐攀升，但VII型和IX型潜艇还会继续生产下去，除了攻击商船外还将盟军相当一部分力量牵制在反潜任务上，还能使潜艇艇员获得实战考验，以便将来驾驭新型的“瓦尔特艇”。

密码破译者

1942年9月在密码战领域，德国人仍占有优势。面对德军的“海神密码”，英国由于没有四转子“炸弹”和埃尼格码密钥设定，布莱奇利庄园在破译四转子密码方面毫无进展。而德国的B机关已经可以破译盟军北大西洋船队使用的3号密码了，到1942年9月，B机关每天都可以掌握盟军船队的航行情况，为潜艇提供情报。

此时英国人还是死咬着“炸弹”的技术秘密，迟迟不把早已许诺的“炸弹”复制品交给美国。一般认为这是因为英国人从骨子里害怕美国人守不住秘密。英国的担心是可以理解的，此外他们还面临着一个巨大的新挑战。英国的无线电截获站接收到了越来越多的非摩尔斯电码，这是由自动电传打印机系统加密电码。德国人将这种新的密码系统称为秘密书写机（Geheimschreiber）；英国人将其称为“鱼密码”（Fish），“鱼密码”看上去非常复杂，英国人造出了以赫斯·鲁滨逊（Heath Robinson）命名的机器来帮助破译，并开始制造新的“鱼密码炸弹”，它非常巨大，因此被形象地称为“巨人”（Colossus）——共有2400个电子管！

1942年夏季，英国授权美国海军预备役军官约瑟夫·伊库斯（Joseph J. Eachus）和罗伯特·埃里（Robert Bellville Ely，III）与布莱奇利庄园专门破译德国海军密码的8号木屋建立暂时性联系，伊库斯和埃里首要的目的是学习英国人破译密码的方法，除此之外，他们还要尽可能了解英国在处理埃尼格码问题上的各种细节。三周后两人带着埃尼格码密码机的设计图返回美国，但很快就在英国的强烈要求下，再次回到布莱奇利庄园。

9月初，美国海军密码破译部门OP20G主任约瑟夫·温格尔正式向海军通讯处（Naval Communications）主任约瑟夫·莱德曼（Joseph Redman，1942年3月代替雷·诺伊斯担任海军通讯处主任）建议，美国海军继续进行“炸弹”计划，并立即获得批准。OP20G一开始认为应该建造336台“炸弹”，因为转子有336种可能的设定。但是随着进一步研究，发现很多种排列顺序可以通过分析被排除掉，这样就减少了对“炸弹”数目的要求。

俄亥俄州代顿市的国家现金出纳机公司（National Cash Register Company，简称NCR）负责制造“炸弹”计算机。发明家、海军预备役人员拉尔夫·米德尔（Ralph I. Meader）作为海军代表前往NCR帮助生产“炸弹”计算机，并训练相关的维护和操作人员，随后在NCR成立了美国海军计算机实验室（U. S. Naval Computing Machine Laboratory），米德尔为主任，不久这个机构就扩大到了几百人。

NCR以生产了第一台现金出纳机而得名，它是代顿市无数制造公司中的佼佼者，海军之所以选择NCR，另一个原因就是那里有一位著名的电子工程师约瑟夫·戴什（Joseph R. Desch）。他曾在三家著名公司——通用汽车无线电公司（General Motors Radio）、电报实验室（Telecom Laboratories）和富尔第公司（Frigidaire）做过实验发明师和设计师。1938年，NCR的总设计师爱德华·迪兹上校（Colonel Edward Deeds）创办了电气研究实验室，戴什加入其中研制各种新型的电子仪器。他在这一领域内的卓越贡献为其赢得了许多荣誉，并使他与美国的其他一流发明家和科学家建立了联系，其中就有MIT的范内瓦·布希（Vannevar Bush），他在二战期间主管美国的军事科研项目。

代顿是研制“炸弹”计算机的理想场所，但它离华盛顿太远了。温格尔和恩斯特罗姆意识到这个问题后将所有制造出来的“炸弹”都转移到华盛顿内布拉斯加大道3810号。

或许是巧合，英国人对军事情报处和布莱奇利庄园进行了重大调整：爱德蒙德·拉斯布鲁克（Edmund G. N. Rushbrooke）代替约翰·戈德弗雷（John H. Godfrey）出任海军部海军情报处主任。布莱奇利庄园副主任爱德华·特拉维斯接替阿拉斯泰尔·丹尼斯顿（Alastair Denniston）升为主任，特拉维斯出身密码破译人员，处事果断，他能够将布莱奇利庄园带进大规模密码分析时代。天才数学家艾伦·图灵被证明不是一位很好的管理者，9月他被解除了布莱奇利庄园8号木屋主管的职务，由另一位数学家（也是国际象棋冠军）休·亚历山大（Hugh Alexander）接替。

10月2日，皇家海军的卡尔·赫尔登（Carl Holden）上校和美国海军的约瑟夫·温格尔上校在华盛顿签订了一项协议，主要内容是完全公开交换有关四转子海军埃尼格码、日本和意大利海军密码的讯息和技术。对这份协定，历史学家布雷德利·史密斯写道：“这有悖于由来已久的谨慎与多疑的传统，即便是对最亲密的盟国也不可泄露最隐秘的家底，因为今日并肩作战的战友，明天就有可能成为危险的敌人。”这份协议促成了英美开始密切协作破译“海神密码”。

艾伦·图灵于1942年秋前往美国帮助贝尔实验室的美国科学家和工程师建立一条连接伦敦和华盛顿的绝对安全的电话线，另外图灵拜访了霍华德·恩斯特罗姆和其他美国海军密码破译者，图灵纠正了美国人在解题路线上的错误。

英国第一台“炸弹”计算机的另一位发明者戈登·魏齐曼成了政府编译码学校（Government Code&Cipher School，简称GC&GS）机械化部的副主任，他也于1943年2月前往美国，与美国的译码专家一起工作。

北冰洋船队

盟军在1942年7月决定暂停北冰洋航线，德国仍然派出潜艇和飞机徒劳地在北冰洋搜寻。直到9月5日从坠毁在挪威的1架英国“汉普登”飞机上得到了一些文件，加上对苏军无线电通讯的破译，才了解到北冰洋船队新的启航时间表。

PQ-18船队于9月2日从苏格兰出发，由40艘商船组成，直接护航力量非常强大：包括1艘护航航母、3艘轻巡洋舰、21艘驱逐舰、4艘驱潜快艇、7艘扫雷船、9艘潜艇、4艘反潜拖网渔轮以及2艘油轮和1艘救助船。另外还有包括3艘战列舰和6艘巡洋舰在内的25艘军舰提供远程掩护。

“复仇者”（HMS Avenger）号护航航母主要是为了对付德军侦察机和潜艇，载有12架“飓风”式（还储存6架）和3架装有雷达的“剑鱼”式飞机。不过由于“复仇者”号航速太慢，“剑鱼”式也无法携带深水炸弹起飞，所以最多只能指引驱逐舰来攻击潜艇。

返回英国的QP-14船队在阿尔汉格尔斯克集结，这里比摩尔曼斯克离驻挪威的德国空军基地更远。QP-14船队由15艘商船组成，护航军舰有2艘驱逐舰、4艘驱潜快艇、3艘扫雷船以及3艘反潜拖网渔轮。

德军北冰洋地区最高司令奥托·克吕伯

■ “复仇者”号航母的飞行甲板。这种军舰的出现，可以被认为彻底改变了潜艇和护航船队对抗的模式。

(Otto Klueber）海军上将打算调集手头上所有的海军力量来对付PQ-18船队和QP-14船队：袖珍战列舰“海军上将希尔”号、重巡洋舰“希佩尔”号、轻巡洋舰“科隆”号还有5艘驱逐舰用于攻击QP-14船队（由于机械故障，战列舰“提尔皮茨”号没有参加）。“海军上将希尔”号在从纳尔维克转往阿尔登菲尔德（Altenfiord）途中遭到英国潜艇“底格里斯”（Tigris）号的攻击，4枚鱼雷均未命中，但出现了严重的引擎故障，不得不返航。由于希特勒要求谨慎使用大型战舰，于是最高统帅部取消了所有大型战舰的出击。这样攻击船队的任务就交给了潜艇和飞机。

克吕伯命令驻挪威的15艘潜艇出动，其中11艘潜艇针对PQ-18船队，4艘在东部区域的潜艇针对QP-14船队。邓尼茨决定让7艘刚从基尔出发的VII型新潜艇暂时先去冰岛，参与截击QP-14船队。这样投入作战的潜艇总共就有22艘，其中7艘正截击PQ-18船队的艇群被命名为“航母杀手”（Traegertod)。

9月12日一架“剑鱼”式发现了U-88号，

驱逐舰“昂斯路”（Onslow）号随即前去猎杀，很远就看到了潜艇，潜艇赶紧下潜，但是“昂斯路”号根据声呐讯号投下了36枚深水炸弹将其击沉。

9月13日，U-405号首先发现了船队，并很快将U-408号和U-589号招来了，这3艘潜艇击沉了7209吨的美国船“奥立佛·埃尔斯沃思”（Oliver Ellsworth）号和3600吨的苏联船“斯大林格勒”（Stalingrad）号。

德国飞机于同日下午向PQ-18船队发动大规模的攻击，尽管护航舰和“飓风”式飞机全力抗击，但德机还是击沉了8艘共43256吨。

9月14日，U-457号绕开护航舰重创了9000吨的英国油轮阿瑟尔泰普拉（Atheltemplar）号，该船由于受伤太重而由护航舰击沉。PQ-18船队的护航舰也对潜艇发起了攻击，一架“剑鱼”式在船队前方7公里处发现正在下潜的U-589号，驱逐舰“福克纳”（Faulkner）号立即赶去，根据很好的声呐讯号投下了5枚深水炸弹将其击沉。

9月15日相向而行的PQ-18船队和QP-14船队在巴伦支海（Barents Sea）相遇，德军在附近共有12艘潜艇，克吕伯命令5艘攻击PQ-18船队，7艘攻击QP-14船队。

■ 正在发射深水炸弹的护航舰艇。

9月16日，驱逐舰"冲动"（Impulsive）号的声呐发现了U-457号，立即投下5枚深水炸弹。随即海面上出现了油迹和大量的潜艇残骸，毫无疑问潜艇被击沉了。

从9月17日开始，有4艘苏联驱逐舰加入了PQ-18船队。德军飞机在最后的攻击中又击沉5400吨的"肯塔基"（Kentucky）号，并击伤了6500吨的货船"游吟诗人"（Troubador）号。PQ-18船队总共损失13艘共76000吨，其中只有3艘共21000吨是潜艇击沉的（德国空军总共出动了300架次，损失41架）。

在攻击QP-14船队的潜艇中，U-435号击沉了英国扫雷船"勒达"（Leda）号和3艘货船共15800吨，艇长施泰罗夫（Siegfried Strelow）由于这次的出色表现获得了骑士十字勋章（获得勋章时，施泰罗夫的确证战绩是7艘共34914吨）。U-703号击伤驱逐舰"索马里"（Somali）号，该舰后在拖航中沉没。U-255号击沉了5000吨的美国船"银剑"（Silver Sword）号。

■ U-435号艇长施泰罗夫。

德军潜艇在对PQ-18和QP-14船队的行动中共击沉了9艘43216吨（包括护航舰"勒达"号和"索马里"号），损失了3艘潜艇，克吕伯认为击沉3艘商船的同时损失3艘潜艇，代价实在太高昂了。

由于要准备北非登陆，英国再次停止了北冰洋船队，一直持续到12月中旬。其间有13艘船单独出航，但只有5艘抵达目的地，3艘中途返航，5艘被击沉。

11月北冰洋进入了极夜，由28艘船组成的QP-15船队从苏联返回冰岛。U-601号和U-625号攻击了船队，各击沉1艘总共约9800吨。

11月5日，美军VP-84巡逻中队飞行员罗伯特·米拉德（Robert C. Millard）驾驶的"卡塔林娜"飞机发现了U-408号，随即将其击沉。

在大约80天里，北冰洋上共有43艘商船被击沉，这对盟军来说是一个很大的打击。由于新闻媒体的报道，让人觉得北冰洋航线是世界上最危险的航线。然而，正如邓尼茨所认为的，北冰洋是最不适合潜艇作战的地方。

注目北大西洋

邓尼茨知道VII型潜艇在北大西洋上将面临巨大困难，但是他仍然确信如果能够掐断至关重要的盟军北大西洋航线，孤立并困死英国还是有可能的，这将可以阻止盟军在法国开辟第二战场。因此尽管经历过很多失败，邓尼茨还是竭尽所能要摧毁那一航线。

以德国人的眼光来看，大西洋上的潜艇第一次从数目上达到了执行这一艰巨任务的要求。1942年9月3日，在大西洋上总共有126艘潜艇，但邓尼茨还是希望潜艇部队能进一步扩充，不过最高统帅部将8艘新VII型潜艇派到了挪威，还向地中海增派6艘VII型潜艇。由于这些调动、新潜艇的事故和战斗损失，9月

■（右及下）皇家海军护航航空母舰“复仇者”号。这种小型航母改造自商船，小巧但具备了航空母舰所需要的一切设施。尽管战斗力和正规的舰队航空母舰相差甚远，但就和其名称一样——护航航空母舰的用途，本来就局限于掩护与护航。可以这么认为，正是这种军舰的出现改变了护航船队的命运，也将在不久后扭转整个大西洋战役的命运。

德国潜艇在各海域的分布状况（1942年9月1日至12月31日）					
		大西洋	地中海	北冰洋	总计
9/1	Ⅶ型	77	15	23	115
	Ⅸ型	47	0	0	47
	合计	124	15	23	162
10/1	Ⅶ型	98	15	24	137
	Ⅸ型	47	0	0	47
	合计	145	15	24	184
11/1	Ⅶ型	101	18	23	142
	Ⅸ型	49	0	0	49
	合计	150	18	23	191
12/1	Ⅶ型	100	20	21	141
	Ⅸ型	48	0	0	48
	合计	148	20	21	189
12/31	Ⅶ型	106	23	19	148
	Ⅸ型	51	0	0	51
	合计	157	23	19	199
净增加或减少数目	Ⅶ型	29	8	–4	33
	Ⅸ型	4	0	0	4
	合计	33	8	–4	37

注：数据包括了新的潜艇，在大西洋、北冰洋和地中海之间转移的潜艇以及正在接受维修的潜艇，而不包括战争中损失掉的、退役的以及被扣留的潜艇。Ⅸ型潜艇并不包括潜艇巡洋舰。数据来自作者计算。

和10月大西洋的潜艇只增加了28艘，11月1日大西洋的潜艇达到152艘。

1942年9月和10月，邓尼茨发起了空前的109次潜艇巡逻，其中73次在北大西洋，另外36次则在美国海域和非洲海域。

在一些有关大西洋之战的资料中，人们往往只注重一次护航船队大战，而忽略了中间潜艇失败了的进攻。这种选择性的记录容易让人错误地以为1942年9月和10月德国潜艇在北大西洋对盟军航运展开了大屠杀。因为德国人破译了英国海军的3号密码，B机关提供了大量关于盟军船队的讯息。尽管如此，由于各种原因，在那两个月内35支往返于英国的船队中，潜艇只对其中的6支发起了值得一提的进攻，击沉了1700艘商船中的57艘，这对盟军来说虽然是个打击但绝非大屠杀。对德国来说，切断北大西洋航线的战斗只能说是失败的。

这一时期在北大西洋上的船队受到了护航舰和飞机的严密保护，军舰被分成了三个司令部：加拿大西部本土护卫舰队（WLEF）、盟军中洋护卫舰队（MOEF）和英国东部本土护卫舰队（ELEF）。加拿大本土护卫队负责保护在加拿大海域和大洋西部会合点之间的船队。中洋舰队在西部会合点接管船队，将其护送到大洋东部会合点，交给英国本土护卫舰队。相反的航向上，英国本土护卫舰队将船队一直向西护卫到东部会合点，交给中洋舰队。

最重的担子落到了中洋舰队身上。这支舰队包括11个护卫队：6支英国的（B-1到B-6）、4支加拿大的（C-1到C-4）、1支美国的（A-3）。英国和加拿大的护卫队一般由7艘军舰组成：2艘或3艘驱逐舰，4艘或5艘驱潜快艇。美国的护卫队通常是1艘“国库”级海岸警卫快艇，外加几艘英国或者加拿大的驱潜快艇，再有1艘英国或者加拿大的驱逐舰。

中洋舰队的行动周期是33天，一般将其称为“纽芬兰到德里”（Newfie to Derry）。从纽芬兰的圣约翰出发，向东穿越大西洋到达伦敦德里，这段时间为9天半，在伦敦德里休整8天，再从伦敦德里出发花9天半穿越大西洋到达圣约翰，休整6天，然后开始新一轮的航行。

大多数的英国和美国护航舰都装有改进的声呐和271型厘米波雷达，还有预定位置指示器（Planned Position Indicator，PPI），这个指示器可以显示出军舰和潜艇的位置。加拿大军舰的声呐比较陈旧，雷达也是286型米波雷达。每支船队至少有一艘船上装有高频测向仪，这个仪器可以发现潜艇的无线电讯

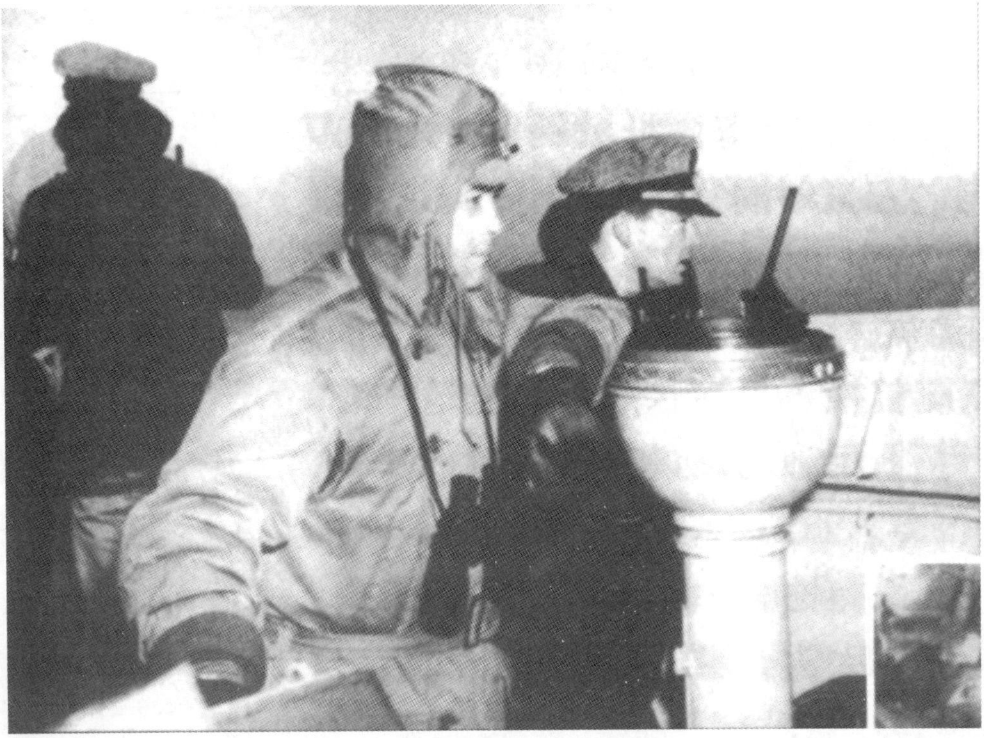

■ 大西洋航线上，正严阵以待的盟国护航舰队。

号并对其进行定向，从而指引护航舰展开攻击。所有护航舰都载有威力更加强大的深水炸弹，最大爆炸深度可达180米。大多数的英国军舰都装有刺猬炮。

西部本土舰队全部由加拿大海军指挥，共有46艘军舰——18艘加拿大和英国驱逐舰、28艘驱潜快艇，被分成8个护卫队，每队一般有4艘，剩下的则在训练、维修和检查中。许多驱逐舰都是一战时期的V级和W级，不适合在北大西洋冬季行动，因此加拿大希望由美国的四烟囱驱逐舰（或“城”级驱逐舰）来替换。

1942年夏，加拿大和美国在渥太华举行会议，一致认为冬天来临后，恶劣的环境将使北大西洋上的船队速度减慢，这会延长护航舰在海上的时间。为了补偿船队速度减慢带来的影响，并维修护航舰由于暴风雪或者冰块而遭受的损伤，估计中洋舰队至少还需要增加一个护卫队，而西部本土舰队每支护卫队的军舰数则从4艘增加到6艘。因此盟军估计，将出现47艘军舰的缺口。同时越洋船队启航点调到纽约的计划于9月中旬开始生效，SC-94船队到达后加拿大关闭了悉尼和哈利法克斯。9月19日，SC-102船队成为第一支从纽约出发的慢速船队。9月17日，HX-208快速船队则成为第一支从纽约出航的快速船队（加拿大海军统计，从HX-1到HX-207，共有8501艘船出航；从SC-1到SC-94，共有3652艘船出航；SC-95到SC-101，从加拿大其他港口出发，共有318艘船出航。总计共有12471艘船）。

盟军的反潜飞机也有了极大的增长。在1942年9月和10月，共有700架飞机被派到了北大西洋，其中近300架飞机能够执行远程或超远程任务：138架“卡塔林那”或“坎索”远程轰炸机（Cansos，加拿大生产的“卡塔林那”）、48架“桑德兰”、42架B-24、6架B-17和12架“哈利法克斯”。这些反潜飞机都安装了最先进的武器和电子装置，如改进型“马克III型”航空深水炸弹、ASV厘米波雷达、“费多”自动寻的鱼雷（Fido homing torpedo）。

离开美国东海岸后，东向船队将得到加拿大空军的保护，加拿大空军相对来说经验不足而且备受冷落，共有9个反潜中队驻扎在新斯科舍和纽芬兰，包括48架“坎索”轰炸机、12架“底格拜”轰炸机（Digby，加拿大生产的B-18）和48架“哈德逊”，还能得到美军B-18和“卡塔林那”各12架的支援。虽然还存在一些问题且效率低下，但加拿大空军仍然是一支正在稳步增长且不容小觑的力量。

1942年9月，几艘德国潜艇进入圣劳伦斯湾并击沉了大量船只，加拿大总理麦肯基·金（W. L. Mackenzie King）无限期关闭了圣劳伦斯湾的远洋航运，并调遣了大量飞机在圣劳伦斯湾发起了进攻性的反潜巡逻，这样就减少了用于远洋船队护航飞机的数量。

1942年秋，对于东向船队来说，剩下的1850公里行程是没有飞机护航的。这个区域就是所谓的真空地带（Air Gap）或者说“黑窟”（Black Hole），不过这一区域不适合潜艇集群作战。在黑窟东面，驻冰岛的盟军飞机为船队提供护航，包括美国海军VP-73中队和英国第30中队的50架“卡塔林那”、英国第269中队的20架“哈德逊”飞机，还有英国第120中队的6架B-24。

从冰岛到英国，由皇家空军岸防司令部飞机提供护航，总共约10个中队100多架飞机：24架B-17（206中队和220中队），24架“桑德兰”（201中队和228中队），12架“卡塔林那”（210中队），28架“惠特利”（58中队和612中队），20架“哈德逊”（48中队），6架“威灵顿”（179中队）和3架B-24（120中队）。

另外岸防司令部还有10个中队驻扎在英格兰南部和西南部共150多架飞机：20架B-24“解放者”（224中队），12架“哈利法克斯”（502中队），24架“桑德兰”（澳大利亚第10中队和第461中队），42架“威灵顿”（172中队、304中队和311中队），20架“哈德逊”（500中队），40架“惠特利”（51中队和77中队）。驻扎在英格兰西南的皇家空军轰炸机司令部第10行动训练分队所属8架“惠特利”也能参加反潜行动。

很难想象反潜飞机的艰辛，B-24、B-17、“卡塔林那”和“桑德兰”执行任务的时间往往长达12到16个小时，有时还会更

■ B-18早在1941年末即过时了，但仍能在反潜巡逻中发挥余热。这种飞机被大量提供给加拿大空军使用。

长。为了更有效地利用ASV雷达，飞机往往进行低空飞行（600到1200米），大部分飞行员依靠落后的老式高度计来判定高度，在能见度很低的时候，飞机经常就直接飞到大海里去了。绝大多数的飞行员非常厌烦反潜巡逻，因为在绝大多数时间里，经常是飞行数千小时而一无所获，这对身体和精神都是一种摧残。攻击潜艇的情况非常少见，而且往往是失败。在北大西洋三年的反潜战中，飞机在水面舰艇帮助下只捕获过1艘潜艇（U-570号），而被飞机单独击沉的潜艇总共也不过4艘。如此众多的空中护航力量，如此微小的战果，简直不象话，但是盟军那时的战略是让船队安全而及时地抵达目的地，而不是击沉潜艇。一旦发现了潜艇，船队首先要尽力避开潜艇。盟军飞机压制住了很多跟踪和攻击船队的潜艇，并击伤了很多潜艇。这是盟军空中力量最大的价值，但是却很少被提及。盟军飞行员在大西洋海域反潜战的辉煌时期还没有到来。但是光明就在眼前了！而且当它到来时，将令人惊骇！

德国人的成功和失败

9月和10月在北大西洋上有73艘潜艇组成艇群实施狼群战术，一般情况下几个艇群会协同作战，由邓尼茨通过无线电统一指挥。就像在1941年那样，艇群的组成几乎每天都在变化。9月和10月共有2艘XIV型和3艘XB型布雷潜艇改装的补给潜艇在北大西洋上向潜艇提供海上补给支援。

所有9月和10月出航的潜艇都装有“墨脱克斯”FuMB米波雷达监测器。这种原始但很有效的“比斯开十字架”（Biscay Cross）大大降低了潜艇在穿越比斯开湾时被发现的概率，以至于10月1日英军取消了比斯开湾的进攻性巡逻。不过“墨脱克斯”无法监测到厘米波雷达，安装厘米波雷达的盟国军舰和飞机虽然数量很少，但这些军舰飞机对潜艇的攻击仍然不断发生，被其击沉或击伤的潜艇数目也在不断增加。

9月初，已经有3个艇群在北大西洋展开：“罗斯”、“福外尔茨”和“普费尔”（Pfeil）。根据B机关提供的情报，9月9日，“福外尔茨”艇群的U-584号发现了ON-127船队，该船队由32艘船组成，由加拿大C-4护卫队护航：2艘驱逐舰（“渥太华”号和美国驱逐舰“圣·克洛瓦”号）、3艘加拿大驱潜快艇、1艘英国驱潜快艇。加拿大军舰都装有老式的286型米波雷达，只有英国驱潜快艇“白屈菜”（Celandine）号装有271型厘米波雷达，没有一艘军舰装有高频测向仪。

根据U-584号提供的讯息，几艘潜艇于9月10日赶到了船队前方，有7艘潜艇发射了鱼雷，最先攻击的U-96号击伤2艘油轮和1艘商船。接着U-584号击沉了8000吨的英国油轮

“帝国石油”（Empire Oil）号，随后U-404号和U-218号各击伤了1艘油轮，U-608和U-92号发射过鱼雷，但没有战果。护航舰发起了反击，U-659号遭到重创被迫返航。驱潜快艇“塞布鲁克”（Sherbrooke）号受命击沉了2艘被击伤的船舶，另外3艘受伤的油轮则蹒跚地继续航行。

在接下来的48小时里，潜艇发起了第二轮攻击。U-404号击伤1艘9300吨的油轮，U-211号击伤1艘14000吨的英国捕鲸船和1艘6800吨的英国船，这2艘船随后都被U-608号击沉。护航舰再次猛烈反击，U-218号被深水炸弹炸成重伤只得返航，U-91号受了轻伤，U-380号和U-96号柴油机损坏，在海上无法修理而返航。

9月13日，驻纽芬兰波特伍德（Botwood）的2架“坎索”轰炸机从1100公里外赶来，将多艘潜艇逐退。但还有2艘潜艇在夜色的掩护下继续战斗，U-91号击沉了加拿大驱逐舰“渥太华”号。随后从哈利法克斯赶来的加拿大驱逐舰“安纳波利斯”（Annapolis）号和英国驱逐舰“女巫”（Witch）号加入船队，在纽芬兰浅滩浓雾的帮助下，船队摆脱了潜艇的进一步攻击。

“福外尔茨”艇群报告击沉19艘船共118000吨，包括2艘驱逐舰和1艘驱潜快艇，还击伤6艘，没有潜艇被击沉。这样的战绩自然使邓尼茨没理由不高兴，他在日志中写道，艇长们的效率和坚韧值得特别注意。但实际的战绩只是驱逐舰“渥太华”号和7艘商船共约51500吨，还有4艘油轮共约27000吨被击伤。

9月13日，“普费尔”艇群的U-216号发现了HX-206船队，该船队由46艘商船组成，由英国B-1护卫队的“飓风”（Hurricane）号、“守卫者”（Watchman）号驱逐舰和4艘驱潜快艇护航。U-216号企图跟踪船队，但护航舰凭借高频测向仪提供的讯息将其赶到了水下。尽管如此，邓尼茨还是命令“普费尔”艇群的其他潜艇向船队靠拢。U-440号赶来攻击，但被护航舰重创而被迫返航。在“普费尔”艇群的潜艇还没能完全到位前，船队就进入了驻冰岛盟军飞机的巡逻范围，于是邓尼茨只好取消了攻击。

9月15日，“普费尔”艇群的U-221号发现了ON-129船队，该船队由加拿大的C-2护卫队护航：2艘英国驱逐舰、4艘加拿大驱潜快艇和1艘英国驱潜快艇。邓尼茨命令“普费尔”艇群的其他潜艇迅速向船队靠拢，但是由于恶劣天气阻止了潜艇的集群攻击，只有3000吨的挪威船“奥拉夫·福斯坦纳斯”（Olaf Fostenes）号被U-380号击沉。而U-261号则在迷迭香浅滩（Rosemary Bank，59.50N，09.28W）附近被英军58中队的1架“惠特利”飞机击沉。

根据B机关提供的情报，9月18日“罗

斯”艇群的U-599号发现了SC-100船队，该船队由24艘商船组成，鲍尔·海纳曼（Paul R. Heineman）指挥的美国A-3护卫队护航：大型“国库”级海岸警卫快艇“坎贝尔”号和“史宾塞”号和5艘驱潜快艇，另外还有2艘加拿大驱潜快艇也随船队开往英国。此时英国海军派出第20支援舰队（20th Support Group）前往接应，不过舰队里原来1艘护航航母被调去参加北非登陆行动，所以舰队现有4艘驱逐舰、4艘“河”级护卫舰和2艘炮舰（sloop）于9月19日随ON-132船队从英国出发。支援舰队不固定为某一支船队护航，而是沿船队航线巡逻，攻击任何被发现的潜艇。

U-599号指引艇群的其他潜艇向船队靠拢，最早赶到的U-755号刚刚在格陵兰以南海域击沉了美国海岸警卫快艇“马斯克基特”（Muskeget）号，接着赶到的是U-259号和U-569号。攻击中U-259号撞上了一艘商船，不得不浮出了水面，随后2艘潜艇都遭到了护航舰的攻击，不过都逃过了猛烈的深水炸弹攻击，U-569号耗尽燃料而返航。

邓尼茨命令“普费尔”艇群与“罗斯”艇群会合，集中21艘潜艇发起联合攻击，U-373号和U-596号首先发起了攻击，U-596号击沉1艘5700吨的英国船。但是一场暴风雨阻碍了两个艇群的会合。U-599号、U-596号、U-755号和U-615号都对船队进行了跟踪，但由于风浪太大都未能发现船队。

9月23日U-617号发现了SC-100船队，击沉了8900吨德英国油轮“阿瑟尔苏丹”（Athelsultan）号、2300吨的英国船“田纳西”（Tennessee）号和3600吨的比利时船“罗马尼亚”（Roumanie）号，U-617号报告了船队位置，但是潜艇司令部没有收到，也就没有其他潜艇赶来支援。

9月24日U-432也发现了船队并击沉了1艘5900吨的美国船。

9月25日岸防司令部的飞机开始为船队护航，将潜艇远远驱离船队。邓尼茨取消了重新组织行动的计划，SC-100船队的确证损失是5艘船共26300吨。

第20支援舰队也被同一场飓风所困，无法展开反潜行动。天气好转之后，舰队再没有遇到潜艇。10月初返回了英国，尽管没能发现潜艇，但获得了宝贵的实战经验。

“福外尔茨”艇群的7艘潜艇从U-461号上加了油，并于9月20日建立了巡逻线，根据B机关的情报截击一支东向船队。暴风雨过后，U-380号报告说发现了一支大型运兵船队，由于这类船队的巨大价值，“普费尔”、“福外尔茨”艇群所有剩下的潜艇加上新组成的“闪电”（Blitz）艇群都接到命令向船队靠拢。

实际上U-380号发现的船队只是一支由普通船只组成的RB-1船队，到9月23日，有十几艘潜艇发现了RB-1船队。其中U-96号和U-380号因柴油机故障，无法赶到船队前方发起攻击。另有6艘潜艇试图发起攻击，但只有U-211号和U-607号取得成功，U-607号被驱逐舰撞伤，U-211号击沉11200吨的美国油轮“埃索·威廉斯堡”（Esso Williamsburg）号。有12艘潜艇一直与船队保持着联系，9月25日和26日，6艘潜艇发起了攻击，U-216号击沉5000吨的“波士顿”（Boston）号，U-96号击沉5000吨的“纽约”（New York）号，U-618号击沉1500吨的“约克镇”（Yorktown）号，其他潜艇均无战果，另6艘潜艇在船队前面等着，但是船队却突然转向。U-404号

U-404号艇长布罗夫。

顽强追击，并于第二天发起了进攻，击沉英国驱逐舰“老兵”（Veteran）号。U-404号艇长布罗夫（Otto von Bulow）宣称在这次巡逻中击沉了3艘商船、1艘油轮和驱逐舰“老兵”号，加上以前的战绩获得了骑士十字勋章（获得勋章时的确证战绩是击沉12艘船共61700吨，其中包括“老兵”号），他是1942年秋在北大西洋众多潜艇中唯一获得骑士十字勋章的艇长。邓尼茨确信对RB-1船队的进攻是成功的，他认为击沉了3艘大型远洋客轮共约50000吨，实际上潜艇只击沉了3艘陈旧的商船和“老兵”号，总共12600吨。

9月26日，天气恶劣，“普费尔”艇群的U-617号发现ON-131船队，该船队由加拿大C-3护卫队护航：驱逐舰“萨格内”（Saguenay）号和“史基纳”（Skeena）号，还有5艘驱潜快艇。“福外尔茨”和“闪电”艇群的17艘潜艇闻讯而来，随即组成了新的“老虎”（Tiger）艇群。这些潜艇正在集结时，U-617号首先发起攻击，但没有战果，一艘装有雷达的护航舰随即赶来阻止了U-617号的进攻。接着的暴风雨严重影响了“老虎”艇群的行动。只有U-582号击沉了掉队的3000吨的挪威船，U-619号击沉了1艘7200吨的美国船。

9月盟军有19支东向或西向船队共580艘船穿越了北大西洋，德军潜艇只对其中的3支发起过攻击，击沉了19艘商船和2艘驱逐舰共

约89000吨。而德国损失了5艘潜艇：U-165号、U-253号、U-261号、U-705号和U-756号，还有5艘潜艇因伤或机械故障而中断巡逻返航。

潜艇损失惨重

到1942年10月，快速客轮“玛丽女王”号、“伊丽莎白女王”号和“阿奎坦尼亚”号一直航行在北大西洋航线上，不断将美国军队运往英国。这些快速客轮每艘可以搭载1.5万名士兵，凭借潜艇无法企及的高航速在无护航的情况下穿越大西洋。

10月1日晚，搭载1.5万名美军的“玛丽女王”号在布拉迪角（Bloody Foreland）西北10公里处与英国轻巡洋舰“库拉索”（Curacao）号会合，这时U-407号发现了“玛丽女王”号，而“库拉索”号也发现了潜艇。“库拉索”号迅速冲向潜艇，却进入了“玛丽女王”号的航线，被“玛丽女王”号一头撞上，由于客轮速度快吨位又大，几乎将“库拉索”号撞成两半，五分钟内就沉没了。鉴于潜艇就在旁边，“玛丽女王”号船长伊灵沃斯（Illingworth）不敢停下来营救“库拉索”号的船员，结果造成了338名船员死亡的悲剧。

根据希特勒的命令，6艘VII型潜艇被调到地中海，邓尼茨将这些潜艇组成“图姆勒”（Tuemmler）艇群。10月1日到4日，6艘潜艇陆续从法国出发。途中U-89号和U-438号无线电都出了故障，只好取消前往地中海，在修复无线电之后就近加入了在北大西洋上的艇群。另4艘潜艇于10月10日和11日夜成功穿越了直布罗陀海峡，这就使德军在地中海的潜艇增加到了19艘。

10月2日，“鲁克斯”（Luchs）艇群的U-610号发现了HX-209船队，随即指引其他潜艇陆续汇聚过来，尽管天气开始变坏，但还是有12艘潜艇赶到了船队附近，不过由于得到了大批岸基反潜飞机的掩护，潜艇不仅难以有效攻击，还损失了U-582号和U-619号，另外U-257号遭到重创而被迫返回法国。

此后几天，邓尼茨根据B机关提供的情报，指挥“里奥帕德”（Leopard）艇群、“沃坦”（Wotan）艇群和“潘特尔”（Panter）艇群截击西向船队。有几艘潜艇发现了几支船队，但由于暴风雨、糟糕的无线电讯号、不准确的位置报告等原因，都未能组织起有效的集群攻击。

10月12日，“里奥帕德”艇群的U-620号发现了ONS-136船队，该船队已经被暴风雨吹散。根据U-620号的报告，U-382和U-597号赶了过来实施了攻击，但均无战果。不过U-615号、U-621号、U-704号和U-706号则各自击沉了1艘掉队的货船，总共约18700吨。

护航舰和反潜飞机向潜艇发起了反击，

■ 从加害者眼中看到的、即将葬身大西洋的盟军商船。

U-620号经受了长达6小时的深水炸弹攻击后侥幸逃脱，U-609号遭到重创而被迫返航。英军第120中队的1架B-24发现了正以水面状态航行的U-597号，飞行员布洛赫（M. Bulloch）径直俯冲下来，在潜艇附近投下了6枚深水炸弹，潜艇当即爆炸沉没（56.50N，28.05W）。U-382号也遭到飞机的攻击，艇首鱼雷发射管被炸坏，只好撤出战斗返航。

同一天，“沃坦”艇群的U-258号发现了SC-104船队，一面跟踪一面指引其他潜艇，U-221号和U-356号首先赶来，但U-258号和U-356号被护航舰逐走，只有U-221号突破护航舰的警戒，一口气发射了5枚鱼雷，击沉3艘共11354吨。随后“沃坦”艇群5艘潜艇赶来，并发起了第二轮攻击。首先奏功的还是U-221号，又击沉了2艘共18298吨。U-607号击沉1艘4800吨的希腊船，但随即被护航舰击伤而被迫返航。U-661号、U-618号和U-410号各击沉1艘。护航舰进行了反击，“子爵”（HMS Viscount）号驱逐舰通过雷达发现了5500米外的U-661号，驱逐舰舰长约翰·沃特曼（John Waterman）立即下令以26节的高速冲向潜艇，准备撞沉潜艇，却没有撞到，但出人意料的是潜艇却自己转向并横在了驱逐舰前面，结果驱逐舰重重撞上了U-661号的指挥塔，潜艇驱逐舰分开后，潜艇向驱逐舰开火。驱逐舰也抓住时机向潜艇投下了1枚深水炸弹，潜艇几乎被深水炸弹掀翻，艇尾在下竖直沉入海底（53.42N，35.56W），而“子爵”号也受了重伤。

16日下午，“名誉”（HMS Fame）号驱逐舰的声呐发现了在20米深度的U-353号，这个深度要逃避的话太浅了，要攻击的话又太深了。就在潜艇还没来得及继续下潜时，“名誉”号就已经冲到了潜艇上方投下了10枚深水炸弹，潜艇受到了重创，艇长沃尔夫冈·罗默尔（Wolfgang Roemer）只得下令浮出水面然后弃艇逃生。看到潜艇突然冒出水面，“名誉”号立即用所有炮火向潜艇开火，并向潜艇撞去，一头斜撞上了潜艇的右舷，但是自己的船壳板也被划出了一条大口子。U-353号转过头来，“名誉”号又投下了5枚深水炸弹。此时艇员已经纷纷跳海逃生，“名誉”号舰长海斯科特（R. Heathcote）派出了跳帮组登上潜艇，但是跳帮组登上潜艇才5分钟潜艇就沉没了（53.54N，29.30W），他们没能找到任何有价值的资料。“名誉”号也由于撞击时受损严重，无法继续执行护航任务，只好独自返回英国。英军的审讯人员发现罗默尔曾经指挥过训练艇U-56号，罗默尔是继U-581号艇长维尔纳·普费弗尔和U-464号艇长哈姆斯之后第三位被俘的U-56号艇长，这也算是一个纪录。审讯中罗默尔抱怨没有足够多的合格人员来驾驶潜艇，军官中只有工程师是唯一有过潜艇作战经验的，而U-353号上的艇员80%是没有经过足够训练的新兵。

“子爵”号受损，“名誉”号离开，这样就只剩下4艘挪威驱潜快艇来保护船队了。“委陵菜”（Potentilla）号驱潜快艇艇长挪威人蒙森（C. A. Monsen）成为了船队司令。10月16日深夜，他得到了一个2500米外的声呐讯号，毫不犹豫地命令“委陵菜”号向其撞去。而这艘潜艇也径直向“委陵菜”号冲过来，两艘舰艇相对速度在30节左右，蒙森害怕这样对头碰撞会给驱潜快艇带来致命损伤，于是下令转向。当潜艇从其左舷经过时，蒙森投下了5枚深水炸弹。随后当潜艇下潜时，“委陵菜”号从其航迹上驶过并接连投下13枚深水炸弹。这艘潜艇是U-254号，被深水炸弹严重炸伤，不得不中断巡逻返航。

10月16日到17日，从冰岛起飞的8架反潜飞机赶来为船队护航，邓尼茨了解到有飞机护航后，便取消了这次行动。SC-104船队之战中，盟军有8艘船约44000吨被击沉，德军U-353号和U-661号被击沉，U-254号和U-607号被击伤。

在接下来的几天里，有几艘潜艇再次发现了西向船队，但由于恶劣天气等原因，没能组织起有效的集群攻击。尽管如此，来自不同艇群的6艘潜艇还是击沉了7艘约60000吨。

德国潜艇还发现了ON-138船队，该船队由48艘商船组成，担任护航的是英国B-2护卫队，舰队司令是著名的反潜王牌唐纳德·麦金泰尔，护卫队包括驱逐舰“金星”号、“怀特霍尔”（Whitehall）号和“蛱蝶”（Vanessa）号和3艘驱潜快艇，每艘军舰都装有271型厘米波雷达，“金星”号和营救船“阿克灵顿”（Accrington）号装有高频测向仪。

船队刚出海就被暴风雨打散了，麦金泰尔花了7天才将船队重新组织起来。10月23日晚，英国岸基高频测向站监测到了德军潜艇发出的船队接触报告（“Beta Beta”，一般被称为“B-bar”），英军对这一讯号已经很熟悉了。“金星”号打开了高频测向仪，但是什么也没有探测到。在接下来的几天里，3艘驱逐舰根据岸基高频测向站的讯号不断朝潜艇方向冲去，这种方法加上不断改变船队航线，避免了潜艇的大规模集群攻击。

几乎同时，“普马”（Puma）艇群的U-443号发现了ON-139船队，这是一支快速船队，所以很难组织集群攻击。邓尼茨认识到这个事实后，在船队攻击策略上作了一个重要改变：如果船队速度在11节以上，第一艘发现船队的潜艇可以在发送讯息报告后发起攻击。因此U-443号随即发起攻击，击沉了两艘共17800吨。护航舰立即用深水炸弹进行了反击，将U-443号压制在水下，直到船队逃脱为止。

在此期间，岸防司令部的反潜飞机战果显赫，击沉了4艘潜艇，还重创2艘：10月20日，英军第224中队的1架B-24在比斯开湾击沉了U-216号，潜艇爆炸溅起的碎片严重击伤了飞机，飞机后在紧急迫降时坠毁；10月22日，英军第179中队的1架装有“利式”探照灯的“威灵顿”飞机在法罗群岛东北部击沉了U-412号；10月24日，英军第224中队的另1架B-24在比斯开湾击沉了U-599号；10月27日，第206中队的1架B-17在冰岛南部击沉了U-627号。

10月26日，刚从北冰洋转移到北大西洋的U-436号发现了HX-212船队，该船队由美国A-3护卫队护航，这支护卫队包括驱逐舰“獾”号（Badger）、1艘海岸警卫快艇“坎贝尔”号和6艘驱潜快艇。10月27日晚，3艘潜艇发起了攻击，U-436号打头阵，一口气发射5枚鱼雷，击沉了10000吨的英国油轮“苏拉巴亚”（Sourabaya）号，U-606号击沉了已受伤的“纽林”号，击伤了17000吨的挪威捕鲸船“库斯摩斯二世”（Kosmos II）号。U-621号发射2枚鱼雷，却没有战果。

28日晚，潜艇发起第二轮攻击，U-624号击沉了已经受伤的“库斯摩斯二世”号和7700吨的美国油轮“潘纽约”（Pan New York）号。U-436号击沉了1艘5000吨的英国船，U-224号击沉了1艘4000吨的加拿大船。

29日HX-212船队已接近冰岛，得到了英军B-24护卫队的接应，邓尼茨遂取消了行动。此次护航战，潜艇共击沉6艘（其中4艘油轮）52000吨，这是继1942年6月HX-133船队后，HX系列船队13个月来最严重的损失。

同日，在纽芬兰莱斯角附近，U-522号发现了SC-107船队，该船队由42艘船组成，为船队护航的是加拿大C-4护卫队，包括驱逐舰“莱斯蒂古什”（Restigouche）号和5艘驱潜快艇。接到U-522号的报告后，邓尼茨指示“法尔辛”（Veilchen）艇群的14艘潜艇迅速赶去。盟军岸基测向站和护航舰的高频测向仪都监测到了德国潜艇频繁的无线电往来。加拿大迅速向船队增派军舰和空中反潜。增援的加拿大驱逐舰“哥伦比亚”（Columbia）号发现了跟踪船队的U-522号，迫使其下潜。增援的加拿大空军第145中队的飞行员罗宾逊（E. L. Robinson）驾驶的“哈德逊”发现正在水面上航行的U-658号，立即俯冲投弹，4枚深水炸弹将其撕成了碎片（50.32N，46.32W）。接着，第10中队的1架“底格拜”发现U-520号，飞行员雷莫斯（D. F. Raymes）在960米高度进行了攻击，投下4枚深水炸弹一举将其击沉（47.47N，49.50W）。

31日，第145中队出动4架“哈德逊”为SC-107船队护航，其中1架发现并击伤了U-521号。

11月1日，天气开始变坏，U-381号发现了SC-107船队，当晚U-521号和U-522号赶到了。11月2日，U-381号向“莱斯蒂古什”号驱逐舰齐射了4枚鱼雷，但是都没有击中。U-402号的艇长赛格弗里德·冯·福斯特纳是个经验丰富的老手，在6小时的3次攻击中击沉4艘共20000吨。U-522号击沉2艘11500吨，U-521号击伤5500吨的英国船哈廷顿（Hartington）号，该船随后被U-522号和U-438号击沉。

2日，盟军向SC-107船队增派4艘军舰，邓尼茨则调集了13艘潜艇组成了新艇群，取名为“纳特尔”（Natter），前来增援“法尔辛”艇群。2日和3日晚，7艘潜艇攻击了船队，U-89号击沉2艘共9900吨，U-132号击沉2艘共11900吨，还击伤6700吨的英国船“海提姆拉”（Hatimura）号，不久U-442号也击中了“海提姆拉”号，爆炸犹如雷鸣般巨响，“海提姆拉”号的爆炸波及到了U-132号（一开始，盟军认为是第120中队长泰伦斯·布洛赫[Terence Bulloch]的B-24击沉了U-132号）。U-522号又击沉了1艘3200吨的希腊船，U-521号击沉6900吨的美国油轮“哈黑拉”（Hahira）号。

5日驻冰岛的“卡塔林那”和B-24赶来为船队护航，邓尼茨遂取消了“法尔辛”艇群的进攻，并命令“纳特尔”艇群转而去攻击另一支船队。此次护航战中，潜艇共击沉

15艘83000吨，击伤了1艘驱逐舰、1艘驱潜快艇和4艘商船，这是二战期间北大西洋护航船队大战中第四大战绩。U-132号、U-658号和U-520号被击沉，U-89号遭重创。

关于SC-107船队的报告再次引来了对加拿大护卫队的批评，但是既没有考虑到加拿大海军的难处，也没有考虑到他们装备上的低劣。加拿大海军舰队只有少数陈旧的驱潜快艇，船员经验不足，雷达和声呐早已过时。大西洋舰队将17艘最有经验、装备最好的加拿大驱潜快艇调去参加北非登陆，空中护航只有2个中队的“坎索”或“卡塔林那”，其他中队只有航程有限的“底格拜”和“哈德逊”飞机。

总结

10月，盟军共有16支船队725艘商船穿越大西洋，德国潜艇只对其中3支发起过值得一提的集群攻击，共击沉29艘179000吨，加上零星战斗的战绩，德军潜艇总共击沉了725艘中的38艘。德军在10月的损失确实非常大，单单在北大西洋上就有12艘被击沉，值得注意的是，其中至少有9艘是被盟军飞机单独击沉的。还有10艘潜艇因伤或故障而中断巡逻。历史学家在忙着描述北大西洋航线上商船大屠杀的时候，很少强调过10月这12艘潜艇的损失。

1942年9月和10月，北大西洋航线上大量的潜艇只对6支船队发起了值得一提的攻击，而在此期间共有35支船队1305艘商船穿越大西洋，潜艇只击沉了57艘以及驱逐舰“渥太华”号和“老兵”号，共343535吨。但却付出了17艘潜艇被击沉，720名艇员丧生或被俘的代价。平均每损失1艘潜艇换取3.4艘商船，这对德国来说是不能接受的。此外，在这两个月里，北大西洋航线上共有12艘潜艇被迫中断巡逻。同时，单单美国的船厂就生产出了数量惊人的船，从吨位上讲，是损失吨位的4倍。

对北大西洋船队破交战进行进一步的分析会发现9月和10月共有73艘潜艇出巡，其中43艘潜艇（占总数59%）是新潜艇或艇长是新手，73艘潜艇共击沉57艘商船，平均每艘潜艇每次巡逻击沉0.78艘船。相对于7月和8月来说又是一个退步，那时平均每艘潜艇每次出巡击沉0.92艘船。40艘潜艇（占总数的55%）没有击沉任何船只，交白卷的数目比以前又

1942年9–10月北大西洋德军潜艇状况表

月份	巡逻艇次	新手	击沉数	平均战绩	潜艇损失	白卷潜艇
9月	33	22（67%）	19	0.58	5	20（60%）
10月	40	21（52%）	38	0.95	12	20（50%）
总计	73	43（59%）	57	0.78	17	40（55%）

■ 戒备中的护航船队，他们即将通过著名的"黑窟"海域。整个1942年，盟军的航运系统遭到了U艇的沉重打击，但美国的参战也意味着结局正在朝一个截然不同的方向发展。

有所增长，而且已是一个趋势。

这些数据显示，尽管到1942年秋，盟军还没有破译德国的"海神密码"，但已经在北大西洋航线上的潜艇战中取得了上风。德国潜艇没有雷达和可靠的磁引信鱼雷、没有足够的补给潜艇来提供补给、不知道舰载高频测向仪的存在，此外还经常受到盟军飞机的猎杀，他们的日子一天不如一天。实际上尽管大西洋潜艇部队的数目在增长，但是过时的VII型和IX型潜艇已经不可能再对北大西洋航线上的盟军航运起到有意义的威胁了，更不用说决定性的威胁了。从许多层面上来说，被吹嘘得神乎其技的"狼群战术"已经失败了。

不管怎样，邓尼茨还是坚持要将北大西洋航线上的潜艇战进行下去。除了能够击沉盟军商船、迫使盟军继续采用护航船队体系，还将减少进口并延缓一些军事行动。然而邓尼茨的计划还是得取消了。11月8日盟军在北非的登陆行动后，希特勒命令大西洋舰队所有可用的潜艇都必须去抗击盟军的入侵。这样，北大西洋航线上的潜艇战又一次戛然而止了，这次只进行了4个月。取消了北大西洋上的作战行动之后，希特勒给了盟军又一次喘息的机会，在这个喘息期间，成百上千艘满载商船为英国运来了大量的石油、食物和其他物资。

出巡美洲海域

为了侦察盟军在圣劳伦斯湾和特里达岛海域的航运情况，同时也为了将盟军的反潜部队牵制在那里，邓尼茨在9月和10月向美洲海域派出了18艘潜艇。

9月19日至26日，4艘IX型潜艇陆续启航前往加拿大海域。其中U-518号还要将一个间

■ U-106号艇长赫尔曼·拉什。

谍送到新布伦瑞克（New Brunswick）。U-43号和U-106号首先抵达加拿大海域，2艘潜艇都报告说遇到了严密的空中巡逻。U-106号尽管装上了“墨脱克斯”（Metox，即“比斯开十字架”）装置，可以为潜艇提供飞机警报，但它还是“像海豚一样”频繁下潜上浮，所以艇长拉什（Hermann Rasch）建议改进这个装置，使其能够侦测到飞机离潜艇的距离。这两艘潜艇都闯入了圣劳伦斯河，由于盟军空中巡逻非常严密，水面舰艇和飞机之间的配合也很默契，因此两艘潜艇都没能对船队或单独航行的船只发起进攻。此外，差不多就在同时，加拿大关闭了圣劳伦斯湾的远洋航运。在这次行动中，U-43号没有击沉任何船只，U-106号只击沉了2100吨的“沃特顿”（Waterton）号，随即遭到了护航的武装游艇“威松”（Vison）号的反击，“威松”号根据声呐讯号投下了12枚深水炸弹，U-106号被迫下潜到182米深度，在深海一直待了8小时。从圣劳伦斯湾撤出之后，U-43号艇长施旺特科（Hans-Joachim Schwantke）建议邓尼茨不要再派潜艇去圣劳伦斯湾了，因为现在加拿大的反潜巡逻已经相当有效了。

因为经常受到反潜飞机的威胁，两艘潜艇再没有进一步的战绩。返航途中由于遭遇暴风雨，海上加油整整被推迟了6天，潜艇的燃料完全耗尽，只能漂浮在海上。加完油后，U-106号被临时派去阻止盟军的北非登陆船队。因为以前所取得的战绩以及在圣劳伦斯湾表现出的坚韧和勇敢，邓尼茨向拉什颁发了骑士十字勋章（在1942年12月29日获得勋章时，拉什的确证战绩是11艘共73413吨）。

11月17日，U-43号在返航途中发现了SC-109船队，但很快就被加拿大空军的1架“坎索”赶走了，不过第二天U-43号又找到了船队，并发射了鱼雷，击伤9100吨的美国油轮“光辉”（Brilliant）号，“光辉”号后来在拖拉的过程中沉没。

U-183号和U-518号从德国出发前往加拿大，中途临时加入了北大西洋上的艇群。期间U-183号两次遭到飞机攻击，不过只受了轻伤。退出艇群后，两艘潜艇继续向丽人岛海峡（Belle Isle Strait）前进，因为邓尼茨以为SC和HX船队是从那个海峡驶出圣劳伦斯湾的，但实际上这些船队是从纽约出发的。两艘潜艇在海峡北口外等了十天，当然一无所获。随后邓尼茨命令他们通过卡伯特海峡（Cabot Strait）进入圣劳伦斯湾。U-518号沿着纽芬兰东海岸向圣约翰斯前进，闯入了康塞普敦湾（Conception Bay），并在那里击沉了2艘共11200吨。U-183号向1艘油轮和1艘驱逐舰发射了鱼雷，但没能击中。

U-518号于11月2日穿过卡伯特海峡进入圣劳伦斯湾，但在海峡中被1架装有雷达的加拿大反潜飞机发现了，并随即遭到了深水炸弹攻击，U-518号紧急下潜才逃脱了攻击。之后向沙勒尔湾（Baie des Chaleurs）前进，大部分时间都是潜航以躲避反潜飞机。11月9日凌晨，潜艇停靠在沙洲上让间谍瓦德玛·冯·亚诺夫斯基（Waldmar von Janowski）登陆——亚诺夫斯基上岸后前往新卡莱尔（New Carlisle），在一家旅馆里用过了期的加拿大货币付帐，然后乘火车打算先前往蒙特利尔。旅馆人员起了疑心并报了警，于是警察逮捕了亚诺夫斯基。加拿大情报机构后来曾用亚诺夫斯基的电台向柏林发送过假情报——然后U-518号离开沙洲并于当晚进入了圣劳伦斯湾，在圣劳伦斯湾内没有发现目标，于11月17日离开海湾。

同一天，U-183号在大浅滩（Grand Banks）附近发现了ONS-142船队。正要进行攻击时，1架为船队护航的加拿大空军飞机发现了潜艇，投下了6枚深水炸弹，U-183号虽然没有被击沉，但是失去了攻击的机会。

11月21日，U-518号发现了ON-145船队，由于加拿大和美国反潜部队之间的协调出现了混乱，这支船队没有得到空中护航。于是U-518号顺利发起攻击，击沉1艘6100吨的英国货船，击伤了2艘油轮，但潜艇也被护航舰击伤。

返航途中，12月3日，U-183号击沉了ONS-146船队中的6089吨的英国船“戴博琴科帝国”（Empire Dabchink）号，U-518号则击沉了单独航行的10200吨美国油轮“加多”（Caddo）号。随后U-183号也被调去阻止盟军北非登陆船队。

这样由4艘潜艇发起的对加拿大水域的袭击只能说是失败的，U-106号在圣劳伦斯湾击沉了1艘2100吨的小船，U-43号和U-183号在海湾之外各自击沉1艘船，U-518号击沉了4艘共29748吨。

在得知9月潜艇的低回报率之前，邓尼茨又派出了3艘潜艇（U-520号、U-521号和U-522号）出巡圣劳伦斯湾。在去加拿大的路上，3艘潜艇都卷入了北大西洋上的护航船队之战，未能如期到达加拿大，U-520号沉没了。考虑到圣劳伦斯湾停止了远洋航运，加上冬季来到，再派潜艇前去圣劳伦斯湾已经不现实了。

9月有7艘潜艇被派到特里达岛海域，第一个出发的是U-203号，穿过比斯开湾后，潜艇指挥部曾经派该艇去追击过几支船队，但是由于天气不好，均没能成功。

9月11日，U-203号艇长米采尔伯格（Rolf Mutzelburg）滑倒，头部撞在了油箱上并造成致命伤，由大副汉斯·赛德尔（Hans Seidel）接替指挥，他命令潜艇全速驶向补给潜艇U-460号，因为补给潜艇上有医生。不过仅仅几小时后，米采尔伯格就伤重而死，邓尼茨命令赛德尔将U-203号驶回法国，9月18日回到洛里昂。

■ U-203号艇长罗尔夫·米采尔伯格。

其他3艘潜艇随后相继出发，U-202号在比斯开湾内遭到了反潜飞机的攻击，两个鱼雷发射管受损，但潜艇还是继续航行。3艘潜艇到达特里达岛东部和东南部后，9月29日U-332号击沉6000吨的英国船“雷吉斯坦”（Registan）号。同一天，U-202号遭到了1架反潜飞机的攻击，深水炸弹炸坏了一个空气压缩机，使U-202号的下潜能力大受影响，因此只能待在特里达以东的远海水域。10月1日，U-201号和U-202号击沉了结伴而行的2100吨美国船“美铝运输”（Alcoa Transport）号和1800吨的荷兰船“阿基里斯”（Achilles）号。

10月8日，U-201号和U-202号再次协同击沉7200吨的美国自由轮“约翰·卡特·罗斯”（John Carter Rose）号。10月9日，U-201号向6400吨的荷兰船“弗伦斯堡”（Flensburg）号发射了鱼雷，没有命中，但潜艇穷追不舍，最终用鱼雷和火炮将其击沉。之后由于鱼雷耗尽，这两艘潜艇都相继返航。此后，在美洲海域只剩下U-332号了，而且潜望镜已被反潜飞机炸毁，但仍于10月19日击沉5000吨的英国船罗斯利（Rothley）号。艇长里伯认为可以在返航中进行第二次加油，所以一直在特里达东部海域待到了11月1日，但是再没有取得战果。3艘出巡特里达水域的潜艇一共击沉6艘共28500吨。

U-332号随后穿越大西洋抵达弗里敦水域，从U-462号上加了油。由于11月有许多潜艇被派去对付盟军北非登陆，而U-332号的燃料和鱼雷还有很多，于是它的巡逻时间被延长了一个月，这对艇员来说是非常痛苦的。

9月中下旬，另外3艘潜艇从法国出发前往特里达海域，途中U-129号击沉1艘5500吨的挪威船。

U-160号第一个抵达特里达海域，并马上发现了一个小船队，U-160号潜入水下发起了攻击，击沉1艘730吨的英国船，击伤了1艘6200吨的美国船，护航舰的声呐发现了潜艇，随即投下了深水炸弹。U-67号接到了U-160号发出的报告，但没能及时赶到。此后，这3艘潜艇一直在特里达岛东部和东南部海域巡逻。U-129号击沉2艘共12400吨，U-67号击伤了4400吨的挪威船“普利梅洛”（Primero）号，然后准备浮出水面用火炮来击沉这艘船，“普利梅洛”号转向撞到了潜艇指挥塔上，将两个潜望镜撞坏。随后U-67号浮出水面，用2枚鱼雷击沉了“普利梅洛”号。

U-129号和U-160号都进入了加勒比海，U-129号取道莫纳（Mona）海峡，U-160号取道托贝哥（Tobago）海峡，原计划炮击阿鲁巴和库拉索岛上的炼油厂和油库，但U-160

■ U-129号艇长汉斯-路德维希·维特。

■ U-67号艇长君特·米勒-斯托克海姆。

号发现了TAG-18船队，该船队从特里达出发，途经阿鲁巴岛赶往关塔那摩湾。于是两艘潜艇都放弃了炮击而前去攻击船队。11月3日，U-160号冷静而熟练的发起了攻击，击沉4艘共25600吨。U-129号于11月5日赶到并发起了攻击，在十分钟里击沉2艘共14600吨。邓尼茨根据U-129号艇长汉斯-路德维希·维特（Hans-Ludwig Witt）夸大的战绩，授予他骑士十字勋章（获得勋章时，维特的确证战绩是16艘共74184吨）。

U-160号转到特里达岛以东水域，和U-67号进行了松散的协同，U-160号又击沉3艘共18200吨，使其出巡的战绩达到了8艘共44900吨。U-67号击沉3艘共16000吨，这样，艇长君特·米勒-斯托克海姆（Gunter Muller-Stockheim）这次出巡战绩为4艘共20500吨，加上以前的战绩，他获得了骑士十字勋章（获得勋章时，斯托克海姆的确证战绩是13艘共71704吨）。

10月出发的7艘潜艇中有6艘抵达了美洲海域，4艘在特里达海域巡逻，2艘前往巴西海域。

第一个出发的U-505号于11月7日在特里达岛以东100公里处击沉了1艘7200吨的英国船。这将盟军的反潜飞机吸引到了那一海域。11月10日下午，正当U-505号在海面上航行时，1架反潜飞机突然从云层里飞出，在潜艇下潜前投下了一连串深水炸弹，炸伤了潜艇，但飞机也被潜艇爆炸的碎片炸毁。艇员汉斯·约阿海姆·戴克尔这样回忆：“就像是推土机在甲板上推过一样——弯曲的钢板，皱巴巴的金属片，各种管子不是断了就是弯了。上层建筑已经不见了，37毫米炮被炸到了海里。潜艇后面拖着一条浓黑的带子，越来越宽。炸弹把我们的油箱炸开了。那是一个很好的跟踪标志…… 下面，我们发现轮机舱的隔水壁已经弯了；左舷柴油机上方的耐压壳体被炸凹进来，撞断了冷却管，水不断从冷却管中淌出。没有哪艘潜艇受了这么严重的伤还能幸存下来过。”U-505号靠一个柴油机向东逃去，以避免再次遭到反潜飞机的攻击，同时艇员全力维修。11月22日，U-505和补给潜艇U-462号会合，将受伤的艇员交给补给潜艇的医生，然后返回法国。到达法国后U-505号进行了为期7个月的大修。

其他3艘潜艇于11月初抵达特里达海域。在向风群岛（Windward Islands，包括马提尼克、圣露西亚、格瑞纳达等岛）以东，U-163号击沉1艘5200吨的英国船。11月8日和9日，U-154号击沉两艘英国船共12700吨。此后U-508号和U-163号经过莫纳海峡进入加勒比海，U-508号在特里达西部海域击沉2艘共12400吨，11月12日，U-163号攻击了TAG-20船队，击伤美国海军炮舰“伊利”（Erie）号，该船虽然被拖回了库拉索港，但还是因伤重而报废。

潜艇的这些攻击暂时冻结了在加勒比海的航运并引来了严密的空中巡逻。U-163号的“墨脱克斯”装置坏了，转到了特里达岛东部和东南部海域，在那里击沉2艘共9800吨，使这次巡逻的战绩达到了4艘共17000吨。U-154号一直待在向风群岛东部海域，又击沉了1艘5200吨的英国船，使总战绩达到了3艘共18000吨。从11月17日到12月8日，U-508号在特里达岛和英属圭亚那之间海域展现了高超的航海和攻击水准，击沉7艘共37800吨，使艇长斯塔茨此次巡逻的战绩达到了9艘50300吨。

U-174号从10月31日到11月2日，击沉3艘共20300吨，但在随后一个月里只击沉1艘5000吨挪威船。从U-461号补给潜艇上加了油后，于12月15日返回巴西海域，击沉5500吨的美国船“美铝漫步者”（Alcoa Rambler）号。“美铝漫步者”号的沉没引起了盟军的反击，驻纳塔尔的美国海军VP-83中队2架“卡塔林那”发现了U-173号，飞行员沃尔（Wall）首先发起了攻击，潜艇被迫紧急下潜。不久，另一架“卡塔林娜”攻击了在水面上航行的U-174号，但未将其击沉。

邓尼茨选中U-608号前往纽约港布雷，因为艇长罗尔夫·斯特鲁克迈尔（Rolf Struckmeier）在北大西洋攻击ON-127船队时表现出众。U-608号带了10枚TMA水雷（TMA是一种锚雷，可在270米深处从鱼雷发射管中放出，水雷弹头重215公斤）于10月20日出发。11月10日将水雷布在纽约港入口处的安布罗斯灯船（Ambrose lightship）附近，但是水雷很快被发现并清除，没有造成任何损害。11月16日，U-608号在纽约附近击沉1艘单独航行的5600吨英国船。U-608号返航途中由于暴风雨影响，加油被推迟了六天。到11月27日，U-608号燃料完全耗尽，无助地漂在海上，好在U-521号及时赶来，支援了一些燃油好让其能与U-460号会合，加油后总算顺利返回了法国。

10月出巡特里达岛和南美海域的潜艇取得了不菲的战绩，一共击沉了22艘共123200吨，平均每艘潜艇每次出巡击沉4.4艘24600吨。

9月和10月出巡美洲海域的18艘潜艇总共击沉53艘共302400吨。而这两个月，在北大西洋上的73艘潜艇的战绩也不过57艘。因为都没有根据地理位置汇报战绩，所以在加勒比海和西南大西洋的战绩（尤其是11月的战绩）加深了人们的错误印象，以为北大西洋上正在进行所谓的“大屠杀”。而且美洲海域还没有损失1艘潜艇，所以邓尼茨计划将那一海域的潜艇战继续进行下去，尽管要对付盟军北非登陆，在11月还是有11艘潜艇被派到了美洲海域。然而损失了3艘潜艇，只有1艘取得了不错的战绩，1942年11月之后，美洲海域的潜艇战迅速缩减。

美洲海域最有成就的巡逻潜艇击沉吨位榜（仅列1942年里击沉吨位在40000吨以上的潜艇）				
潜艇	型号	艇长	击沉数	吨位数
U-158	IXC	尔文·罗斯汀（Erwin Rostin）	13	65108
U-68	IXC	卡尔-弗雷德里希·迈尔顿（Karl-Friedrich Merten）	7	50898
U-159	IXC	赫尔穆特·威特（Helmut Witte）	10	50354
U-508	IXC	乔治·斯塔茨（Georg Staats）	9	50265
U-67	IXC	君特·米勒-斯托克海姆（Gunter Muller-Stockheim）	9	48896
U-162	IXC	于尔根·瓦特恩堡（Jurgen Wattenberg）	9	47181
U-123	IXB	莱茵哈德·哈迪根（Reinhard Hardegen）	7	46744
U-507	IXC	哈洛·沙赫特（Harro Schacht）	9	44055
U-66	IXC	理查德·萨普（Richard Zapp）	6	43946
U-155	IXC	阿道夫-科内里乌斯·皮宁（Adolf-Cornelius Piening）	10	43892
U-103	IXB	维尔纳·温泰尔（Werner Winter）	9	42169
U-515	IXC	维尔纳·汉克（Werner Henke）	8	42114
U-124	IXB	约亨·摩尔（Johann Mohr）	7	42048
U-129	IXC	汉斯-路德维希·维特（Hans-Ludwig Witt）	11	41571
U-172	IXC	卡尔·爱默曼（Carl Emmermann）	10	40745
总计			134	699986
来源：罗沃（Rohwer），《轴心国潜艇战绩》（Axis Submarine Successes）				

“拉克尼亚”事件

1942年夏初，28艘潜艇在南大西洋取得了很好的战绩，这给了邓尼茨很大的信心，加上补给潜艇的数量又有了增加，所以他决定在夏末和秋天将那一海域的潜艇战继续下去，这些潜艇主要被分配在三个艇群中：

“伊尔提斯”（Iltis，意为雪貂），由6艘潜艇组成，主要任务是在亚速尔群岛和弗里敦之间攻击SL船队。不过来自“花”艇群的U-406和U-214号很快就返回了法国，其他4艘潜艇继续向弗里敦前进，但没有找到船队。

“埃斯巴尔”（Eisbaer，意为北极熊），由4艘潜艇组成，补给潜艇U-459号提供支援，主要任务是奇袭南非开普敦，可能的话进入印度洋。8月27日，U-156号在经过亚速尔群岛时加入到了“花”艇群，击沉了SL-119船队的掉队船，5941吨的英国货船“克兰·马克维尔特”（Clan Macwirter）号。9月12日，U-68号则在赤道以南用鱼雷和火炮击沉5296吨的英国船“特莱维利”（Trevilley）号；9月15日又击沉6861吨的荷兰船“布里迪克”（Breedijk）号。

“潜艇巡洋舰队”（The U-Cruiser Force），这并不是一个正式的艇群，所以没有正式名字，由4艘潜艇组成，主要任务是绕过好望角，攻击印度洋上未结成船队的船只。在前往大西洋的途中，U-181号遭到了飞机的攻击，反潜飞机还召来了几艘水面军舰，这些军舰在10小时里投下了30枚深水炸弹。

除了上述潜艇外，邓尼茨还派出了5艘潜艇单独在弗里敦或沿非洲海岸巡逻到几内亚湾。这样，8月底和9月在弗里敦海域的潜艇达到了17艘（4艘VII型、9艘IX型、4艘IXD2型），另有3艘补给潜艇和两艘由荷兰潜艇改装的鱼雷供给艇提供支援。在同一时期，还有3艘意大利潜艇“巴巴里哥”（Barbarigo）号、“阿基米得”（Archimede）号和“卡普里尼”（Cappellini）号也在南大西洋海域巡逻。

9月12日，“埃斯巴尔”艇群的U-156号发现了作为运兵船的19695吨的英国客轮“拉克尼亚”（Laconia）号，正从开普敦驶向英国，船上载有2700人，1800名意大利战俘、268名英军、160名看守战俘的波兰人（Free Pole）、80名妇女和儿童。U-156号一直远远跟踪着，直到夜幕降临，才全速冲近客轮发射2枚鱼雷，全部击中。“拉克尼亚”号放下救生艇，并两次发送了潜艇警报（SSS），指明了船名和位置，但是盟军方面都没有收到。“拉克尼亚”号有足够的救生艇可以转移包括战俘在内的所有2700名乘客，但由于船身严重倾斜，许多救生艇没能被放下，还有许多救生艇没有坐满就下了水。“拉克尼亚”号船长鲁道夫·沙普（Rudolph Sharp）与船一起沉没。

U-156号在远处看着客轮放下救生艇，不久艇员就听到有人在用意大利语大叫“Aiuto！Aiuto！”（意为救命！救命！）等捞上几个意大利人，并从他们口中得知这艘船上载有一千多名意大利战俘时，这令艇长

■ “拉克尼亚”号客轮。

维尔纳·哈特恩斯坦（Werner Hartenstein）非常惊讶和沮丧，战俘还告诉他2枚鱼雷都在关押战俘的舱室爆炸，当场就炸死了好几百名意大利战俘，而且看守拒绝打开舱门，使没被鱼雷炸死的几百名意大利战俘随着船只沉入海底。根据战争法则，U-156号没有过错，因为“拉克尼亚”号有武装、曲线行进、实行了灯火管制，因此是一个合法的攻击目标。不过潜艇规则不主张甚至禁止营救沉没船只的幸存者，所以哈特恩斯坦完全可以继续航行，让包括意大利战俘在内的幸存者们自谋生路。但是哈特恩斯坦没有这样做，可能是担心这次意外会引起轴心国高层之间的风波，也可能是出于人道主义，哈特恩斯坦开始了营救行动。

在2小时里，他救起了90名意大利战俘。还有几百名意大利战俘在海里漂着，许多人甚至没有救生衣，抱着一些木板残片。哈特恩斯坦很快意识到他无法将这么多人都救到潜艇上，但是他也不能将他们抛下不管，于是他报告邓尼茨“‘拉克尼亚’号载有1800名意大利战俘，请求指示”。邓尼茨立即调集了7艘潜艇火速赶来，接着向柏林说明了情况，并说明计划让这8艘执行救援任务的潜艇开往事发现场东北约1000公里的维希法国殖民地象牙海岸的班日尔市（Bingerville）。

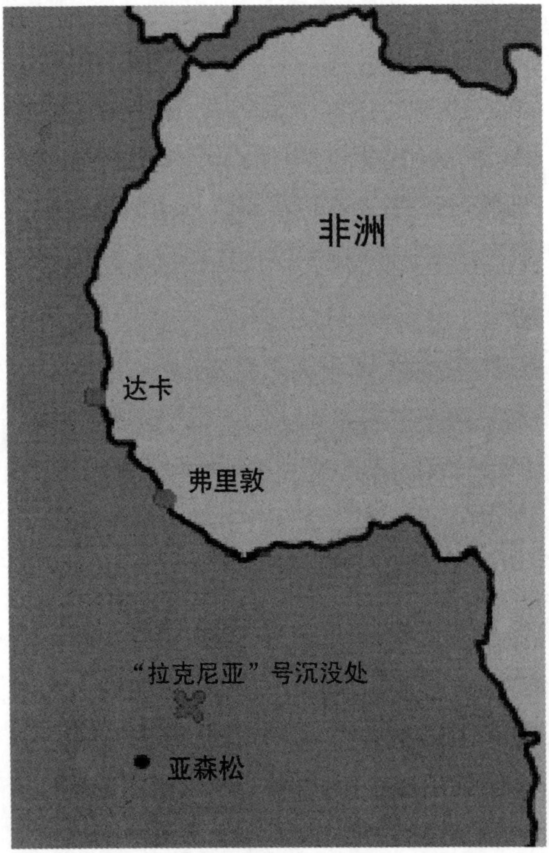

■ “拉克尼亚”号的沉没地点示意图。

希特勒为意大利同胞的遇难感到受辱和愤怒，但他坚持认为“埃斯巴尔”艇群奇袭开普敦的计划不该因此受到影响。雷德尔海军上将不敢怠慢，命令邓尼茨让“埃斯巴尔”艇群的潜艇包括U-156号，退出营救行动按原计划继续开往开普敦。而由U-506号、U-507号和“卡普里尼”号潜艇前去营救。

这时，U-156号已经救起约400名幸存者，将其中193人安排到了潜艇上，其他人则安排在了救生艇上。哈特恩斯坦向邓尼茨详细描述了现场情况，并建议在此区域实行“外交中立”（即暂时停火），以便有效而安全地营救幸存者。邓尼茨将这个建议上报柏林，但未获批准。哈特恩斯坦没有等待上面的同意，就在9月13日主动用英语播放了以下讯息：“只要我没有受到军舰或者飞机的攻击，就不会攻击任何前来营救‘拉克尼亚’号幸存船员的船。我救上来了193人。北纬4度52分，西经11度26分。德国潜艇。”弗里敦的英国人截获了这条讯息，但却认为这是德国人的诈术，拒绝相信它或作出任何行动。在等待回应的过程中，哈特恩斯坦一直在营救和转移幸存者。为了缓解U-156号上的拥挤情况，他将31人转移到了救生艇，并将超载的救生艇上的幸存者转移到了尚有空间的救生艇上。

当天晚些时候，邓尼茨取消了“埃斯巴尔”艇群其他4艘潜艇的营救行动，并特别命令哈特恩斯坦将所有幸存者转移到第一艘到达的潜艇上，然后继续南下开普敦。响应柏林的要求，维希法国巡洋舰“格鲁瓦尔”（Gloire）号从达卡出发，快速帆船“阿纳米特”（Annamite）号和“杜蒙杜尔维耶”（Dumont d'Urville）号也分别从法属几内亚的科纳克里（Conakry）和达荷美（今贝南）的科托努（Cotonou）出发，赶往事故现场。

9月14日，哈特恩斯坦继续进行救援，在U-156号周围还有22艘救生艇和大量的小木筏，将食物和水分给了幸存者，他找回了倾覆的救生艇并把它们翻过来，然后在救生艇上重新分配幸存者。随后他收到了邓尼茨命令“埃斯巴尔”艇群其他4艘潜艇中止营救任务，重新开往开普敦的命令，还有邓尼茨命令U-159号准备接替U-156号在“埃斯巴尔”艇群中的任务，以及有关营救的指示，但邓尼茨强调执行营救任务的潜艇：“所有潜艇，包括哈特恩斯坦，只许带不影响潜艇下潜的幸存者。”

■ U-156号艇长哈特恩斯坦是个其貌不扬的人，但是在“拉克尼亚”号事件上，他却表现出了令人敬佩的优异品格。

9月15日，U-506号和U-507号赶到了，此时邓尼茨已经命令U-159号接替U-156号在“埃斯巴尔”艇群中的任务，指示哈特恩斯坦继续进行营救，直到法国军舰赶到为止。哈特恩斯坦将132名意大利幸存者转移到U-506号，此外U-506号还拖带着4艘救生艇。

美国刚刚在英属亚森松岛（Ascension）上建立了一个机场，距离“拉克尼亚”号沉没地点约400公里，建立这个机场的初衷是为前往北非的作战飞机和运输机提供一个中转站，并为南大西洋上的船只提供有限的护航或营救，机场上驻有23架飞机（18架P-39战斗机，5架B-25轰炸机）。

9月15日早晨，5架飞机从亚森松起飞，飞往英属加纳的阿克拉（Accra），在路上看到了两艘潜艇在海面上航行，其中1架飞机俯冲下来打算看个究竟，结果引来了潜艇防空火炮的攻击，飞机躲过炮击继续赶往阿克拉。另一架飞机向亚森松方面报告，发现潜艇并有短暂交火。十分钟之后，亚森松机场又派出了2架B-25，但没能发现潜艇。

同一天，英国弗里敦当局第一次通报亚森松方面“拉克尼亚”号沉没的事，并计划派出一艘英国船赶往现场去营救幸存者。只是电报意义含混不清，让人以为“拉克尼亚”号是当天刚被击沉的。电报并没有提到德国潜艇正在进行营救行动以及建议暂时停火，也没有提到维希法国船正在赶往现场。电报的中心思想是让亚森松方面提供空中掩护，好让“海文帝国”（Empire Haven's）号执行营救行动。亚森松方面回复说，电报中的沉没地点太远了，B-25无法提供有效援助，但是过路的B-24“解放者”轰炸机可于第二天执行这个任务。

9月16日，根据邓尼茨的命令，哈特恩斯坦打算在原地等候维希法国船的到来。U-506号救起的幸存者已经达到了142人，还拖着4艘救生艇。U-507号上的幸存者更是多达161人，在U-507号附近有7艘救生艇，共有330人。此时1架过路的B-24轰炸机在詹姆斯·哈登（James D. Harden）驾驶下从亚森松起飞。9点30分，哈登看到了U-156号，那时U-156号上载有115名幸存者还拖着4艘救生艇，看到飞机后，哈特恩斯坦在指挥塔上升起了一面自制的两米见方的红十字旗，并打算用信号灯向飞机建立联系，但是都没起到作用。哈登飞到了安全距离之外，向亚森松报告了当时的情况，然后请求指示。中队长罗伯特·理查德森不知道哈特恩斯坦提出的暂时停火建议，也不知道U-506号、U-507号和“卡普里尼”号正在进行营救，于是回复：“击沉潜艇（Sink Sub.）。”哈登随即回到U-156号上空，俯冲投弹，2枚远了，1枚在潜艇后面3米处爆炸。哈特恩斯坦在报告中说，当B-24再次出现时，他仍然拖着4艘救生艇。看到飞机的投弹舱打开，他急令砍断拖缆紧急下潜。

■ U-506号艇长埃里希·伍德曼 (Erich Wurdemann)。

■ U-507号艇长哈洛·沙赫特 (Harro Schacht)。

■ “拉克尼亚”号营救事件中拍摄的照片，U-156号的甲板上站满了人，并且拖带着4条救生艇。而那架B-24，就是在这种景象下丢下炸弹的。

有1枚炸弹在救生艇当中爆炸，将1艘救生艇炸翻，幸存者被抛进了海里。哈登随后又向潜艇俯冲攻击，前三次都未能投弹，第四次投下了2枚深水炸弹，都在潜艇近处爆炸，哈登宣称将潜艇击沉。而哈特恩斯坦见飞机三次俯冲都没有投弹，认为飞机已经没有炸弹了，所以没有下潜。结果炸弹在主机舱正下方爆炸，潜艇严重进水，哈特恩斯坦只好命令潜艇上所有幸存者跳入大海，艇员穿上救生衣，准备弃艇。好在潜艇损伤没有那么严重，进水很快就被制止了。哈特恩斯坦随即指挥潜艇潜入水下，接着将这次袭击报告了邓尼茨。

邓尼茨知道U-156号遭到袭击后也愤怒了，一些参谋建议停止营救。邓尼茨在回忆录中写道："我不能将那些人丢在水中，我将继续营救。"随即命令哈特恩斯坦不要再参与营救行动，同时提醒U-506号和U-507号不要太信任红十字旗，将除意大利战俘之外的所有人都转移到救生艇，让潜艇保持紧急下潜及水下攻击的能力。

"卡普里尼"号并不完全知道当时发生的事情，也于当天抵达事故现场，看到海面上漂有几百个黑点，那是被鲨鱼咬过的尸体。接着看到两艘救生艇，本来打算将救生艇上所有幸存者都接到潜艇上，但被拒绝了。傍晚，又看到了两艘救生艇，遂将艇上49名身体虚弱的意大利战俘接上潜艇。

9月17日，亚森松方面还是一副战斗姿态，5架B-25和哈登的B-24从早到晚都在进行反潜巡逻。中队长理查德森发现了一组"拉克尼亚"号的救生艇并向英国救援船"海文帝国"号报告了救生艇的位置。B-24发现了U-506号并向其发起了攻击，当时U-506号上还有142名意大利战俘以及9名妇女儿童，U-506号紧急下潜，但是当飞机掠过潜艇时，指挥塔还露在水面上。幸运的是，哈登的炸弹又没有投下来。哈登第二次俯冲时，投下了2枚230公斤的炸弹和2枚160公斤的深水炸弹，但那时潜艇已经潜入水中，炸弹并没有带来严重伤害。接着，弗里敦的英国人又发来了一条含混不清的讯息，说是有3艘维希法国军舰已从达卡出发，亚森松方面错误的认为这3艘军舰是企图进犯亚森松岛的，所以整个中队开始准备迎接来犯者。

同一天，维希法国的3艘船抵达了沉没地点，开始营救幸存者，"格鲁瓦尔"号一共找到了684名幸存者。9月18日，"格鲁瓦尔"号与"阿纳米特"号会合，接过了它上面的300多名幸存者，这使得"格鲁瓦尔"号上的幸存者达到了1041人，"格鲁瓦尔"号然后打算取道达卡前往卡萨布兰卡，留下两艘帆船继续营救。

9月19日，"卡普里尼"号与"杜蒙杜尔维耶"号帆船取得了联系。将42名意大利战俘转移到了帆船上，然后直接赶往了波尔多。“杜蒙杜尔维耶”号将42名意大利人转交给了“阿纳米特”号，由“阿纳米特”号带到达卡，“杜蒙杜尔维耶”号则继续在这一海域进行搜寻，一直到9月21日没能找到其他幸存者，只好返回了达荷美的科托努。“拉克尼亚”号上面2700人中有1600人在这次灾难中丧生，其中包括1000名意大利战俘。

U-156号修复好了损伤继续在弗里敦水域巡逻，艇长哈特恩斯坦获得了骑士十字勋章（获得勋章时，哈特恩斯坦的确证战绩是17艘共88198吨，其中包括“拉克尼亚”号）。9月19日，U-156号又击沉4745吨的英国货船“魁北克城”（Quebec City）号。

U-506号在涉入“拉克尼亚”号事件之前击沉4艘，此后只击沉了1艘，这次巡逻战绩为5艘共28000吨。U-507号在“拉克尼亚”号事件后直接返回了法国，没再击沉过船只。

南大西洋的其他巡逻

“伊尔提斯”艇群剩下的4艘潜艇从亚速尔群岛巡逻到弗里敦，以寻找SL船队。这些潜艇于10月初抵达南方海域，没有1艘潜艇发现目标。

1942年秋，英国海军部潜艇跟踪监视处的罗杰·温根据目击报告、击沉事件、高频测向仪记录还有其他一些零星情报讯息，认为德军在南大西洋的潜艇数目正在增长。10月5日，他做出了一个令人惊讶的准确估计，即在弗里敦、亚森松岛及其以南海域大约存在14艘潜艇和4艘意大利潜艇。同一时间德国在弗里敦及其以南海域正是14艘攻击型潜艇和4艘意大利潜艇，加上2艘补给潜艇。

海军部将温的估计转交给了弗里敦、开普敦还有西非和东非海岸的其他盟军基地，同时他还预告：1个艇群可能要袭击开普敦以及莫桑比克海峡。于是弗里敦和开普敦加强了空中反潜巡逻，但是由于北非行动抽调了大批舰艇，实际上已经没有足够的军舰来保护SL-125船队了。为该船队护航的是驱潜快艇“牵牛花”（Petunia）号。10月5日晚，当“牵牛花”号正赶往弗里敦时，意大利潜艇“巴巴里哥”（Barbarigo）号将其误认为是1艘美国战列舰，艇长恩佐·格罗斯（Enzo Grossi）下令发射了5枚鱼雷，当时“牵牛花”号的雷达和声呐恰好都失灵了，直到瞭望看到鱼雷的航迹后才意识到危险，“牵牛花”号立即转向规避，同时投下了1枚深水炸弹以恐吓敌人。听到深水炸弹爆炸声后，格罗斯却认为击沉了美国战列舰。罗马宣布格罗斯获得了德国骑士十字勋章（格罗斯在战争中的确证战绩是击沉2艘共10309吨）。

同日晚，另一艘驻扎在弗里敦的驱潜快艇“番红花”（Crocus）号奉命出航。10月6日一早，“番红花”号的271型厘米波雷达发现了2500米外的微弱讯号，艇长赫尔姆（J. F. Holm）判断那是1艘潜艇，毫不犹豫地全速冲去企图将其撞沉。被发现的正是U-333号，正在侦察弗里敦，潜艇上的瞭望警觉性不高，看到“番红花”号时已经太晚了，根本来不及下潜，只好急转规避，距离缩小后“番红花”号边开炮边全速猛冲，炮火准确地落在潜艇指挥塔上，打死打伤很多艇员，接着便一头撞上了指挥塔后方，潜艇被猛烈的撞击顶上了水面，落下时重重打在了“番红花”号的左舷，将其水线部位砸开了一个大洞。这时潜艇指挥塔上，艇长彼得-埃里希·克莱默（Peter-Erich Cremer）已经受了重伤，他忍着剧痛独自留在指挥塔上，而让其他艇员全部进入舱内，然后他全速转动潜艇以躲避炮火和第二次撞击。但是“番红花”号再次撞到潜艇上，两船分开之后，“番红花”号就乘势投下了深水炸弹。

克莱默此时已经失去了理智，他居然选择了下潜。潜艇已被撞击过两次，还被炮火打得遍体鳞伤，好多地方都在漏水，结果一头就沉到了20米深的海底。“番红花”号又投下了一连串深水炸弹，许多在潜艇附近爆炸，潜艇受损严重，克莱默只好命令浮出水面后弃艇。可是由于夜色深沉，“番红花”号没有发现上浮的潜艇，使潜艇得以借着夜色逃走。克莱默身上八处负伤，其中最严重也最痛苦的伤是一块弹片扎进了胸部，克莱默喝下了2杯朗姆酒，然后由主工程师用大钳子将弹片取了出来。由于大副已经阵亡，所以只好由二副威廉·波尔（Wilhelm Pohl）接替指挥，不过波尔也负了伤。经过长达1500公里的航行，与补给潜艇U-459号会合时，克莱默已经因失血过多而生命垂危，但U-459号上的军医还是挽救了他的生命。鉴于U-333号上艇长、二副受伤，大副阵亡，U-459号艇长乔治·冯·威拉莫威茨-莫伦道夫（Georg von Wilamowitz-Moellendorff）只好临时命令自己艇上可以胜任艇长的军官洛仑兹·喀什（Lorenz Kasch）指挥U-333号返航。

10月其他在弗里敦附近巡逻的潜艇收获也很少，整个10月里，只击沉了5艘船。而活动在弗里敦海域的大量潜艇都没有注意到SL-125船队的启航。这支船队由42艘船组成，许多船是将军事人员送回英国，而且护航力量严重不足，只有4艘驱潜快艇。B机关破译了许多关于SL-125船队的情报，因此邓尼茨于10月23日组织了新的艇群“战斧”（Streitaxt）：这个艇群由10艘潜艇组成，前往加那利群岛西部截击。其中U-203号首先发现了SL-125船队，在报告船队位置后，向船队发起了进攻，但是遭到了驱潜快艇的反击，U-203号柴油机被深水炸弹炸坏，被迫退到远海维修。U-509号赶来，击伤7700吨的英国油轮“盎格鲁·迈尔斯克”（Anglo Maersk）号。U-659号也赶来，但却饱尝了一顿深水炸弹。

10月27日晚，“战斧”艇群的10艘潜艇中已经有9艘汇聚到了SL-125船队周围，当晚U-604号首开纪录，将已被击伤的油轮“盎格鲁·迈尔克斯”号击沉。U-509号随即击沉2艘大型油轮共14100吨。但护航舰随后全力反击，阻止了潜艇的进一步进攻。

10月28日，几艘潜艇企图发起水下攻击，但都没成功。天黑之后，U-203号和U-509号绕开护航舰发起了攻击。U-509号击沉5300吨的英国货船“纳格珀尔”（Nagpore）号，U-203号击沉了5200吨的英国货船“霍普凯索”（Hopecastle）号。

10月29日晚，4艘潜艇攻击了船队。U-509号击沉4800吨的英国货船“布列塔尼”（Brittany）号，U-409号击伤7500吨的英国油轮“布尔茅斯”（Bullmouth）号，“布尔茅斯”号随后被U-659号击沉，U-203号用甲板炮击沉7100吨的英国货船“克林纳尔多”（Corinaldo）号。

■ 严重受损的U-333号。

10月30日晚，天气晴好，有5艘潜艇攻击了船队。U-604号击沉2艘船共15500吨，U-409号击沉6400吨的“银柳”（Silverwillow）号。31日，U-103号击沉6400登记吨的英国货船“塔斯马尼亚”（Tasmania）号，U-510号击伤5700吨的挪威货船“阿拉斯加”（Alaska）号。

11月1日早，岸防司令部的岸基飞机开始为船队护航。邓尼茨还记得8月攻击SL-119船队时反潜飞机给潜艇带来的沉重打击，他立即取消了行动。SL-125船队护航战，“战斧”艇群的10艘潜艇中有7艘实施了攻击，击沉12艘共80005吨，没有潜艇损失，只有U-659号受了重伤。此时“战斧”艇群已经追击船队到了直布罗陀以西，3艘燃料不多的潜艇和受伤的U-659号直接返回法国。U-572号和新到的U-620号被派到里斯本附近，U-134号、U-103号、U-440号和U-510号转回到弗里敦，U-509号用光了鱼雷而返航。同一天，一些运送北非作战物资和人员的盟军船队正往直布罗陀汇聚，德军飞机和潜艇发现了一些船队，但德军指挥机关没能及时察觉，等到回过神来，便就近调动“战斧”艇群的大部分潜艇前去截击，最后继续前往弗里敦海域的就只有U-134号了。

■ U-333号艇长克莱默，显然拍摄照片的时候他已经痊愈。

■ 最终被U-604号击沉的英国油轮“盎格鲁·迈尔斯克”号。

但是在弗里敦海域收获却很小，U-161号击沉2艘共11300吨，还击伤了英国轻型巡洋舰“月神”（Phoebe）号，U-126号击沉3艘共14500吨，U-128号击沉3艘共15600吨，U-552号击沉英国反潜拖网渔轮“阿鲁特”（Alouette）号和1艘3200吨的英国货船，U-134号击沉1艘4800吨的货船。

■ U-128号艇长乌尔里希·黑瑟。

12月初，B机关破译了盟军密码，发现盟军在南大西洋有新航线。邓尼茨让所有在附近海域的潜艇从U-461号补给潜艇上加油，从U-D3号补给鱼雷（U-D3号原为荷兰O-25号潜艇，1938年下水。1940年5月14日被德军缴获后改名为U-D3，并于1941年6月8日开始服役），然后攻击这些航线。12月9日，10艘潜艇在弗里敦以西的远海会合（包括2艘补给潜艇），其中7艘完成补给后向巴西海域前进，根据B机关的情报寻找船队。随后有4艘潜艇取得了战绩，总共击沉了6艘船。回到法国后，U-128号艇长乌尔里希·黑瑟（Ulrich Heyse）和U-161号艇长阿布莱希特·阿基里斯（Albrecht Achilles）都获得了骑士十字

■ U-161号艇长阿布莱希特·阿基里斯。

勋章（获得勋章时，黑瑟的确证战绩是12艘共83639吨。阿基里斯的确证战绩是11艘共58518吨，还击伤了包括“月神”号轻巡洋舰在内的7艘共44427吨）。

袭击南非开普敦

10月1日，9艘潜艇（其中有1艘意大利潜艇）在开普敦附近活动，此时英国海军在开普敦附近只有4艘驱逐舰和数艘驱潜快艇，靠这些舰艇根本不足以在好望角和弗里敦或好望角和苏伊士之间进行船队护航。为了配合北非登陆作战，英国加强了南非的反潜部队，抽调了30艘反潜拖网渔轮和6艘驱逐舰、4艘驱潜快艇，皇家空军派出岸防司令部第209中队进驻开普敦和德班。但是这些部队到达时间都很晚。根据海军部潜艇跟踪监视处的准确预报，英国缩减了开普敦的航运，将东非城市德班作为从苏伊士运河、波斯湾和印度返回的船只的终点港。北非作战期间，船只将从德班出发，绕过开普敦，然后向西北方向穿越大西洋到达巴西，前往特里达岛和美国海域，最后从那里组成船队，返回英国。

而德军计划先由U-68号和U-172号侦察开普敦锚地，然后进入泰博尔湾（Table Bay）攻击锚泊船只，U-159号、U-504号和U-179号则在港口外面准备攻击逃出来的船只。当10月5日晚U-68号和U-172号进入开普敦锚地后却发现没有1艘船舶。邓尼茨认为可能正巧遇上船队刚出航，所以命令他们再进行第二次侦察，如果还是空的就可在10月8日午夜后自由行动。U-172号收到的命令断断续续，结果错误认为从10月7日上午4时起就可以自由行动了，于是他提前展开了攻击，击沉了2艘共10896吨。其他4艘潜艇则一直耐心等到午夜后才开始攻击，U-159号击沉5821吨的英国货船“波林基亚”（Boringia）号。这3艘船都没有发送遇难讯号，这样10月8日午夜，开普敦还是灯火通明，对即将到来的潜艇总攻一无所知。

■ 被U-161号击伤的“月神”号轻巡洋舰的姐妹舰——“天狼星”（sirius）号，属于“蒂朵”（Dido）级防空巡洋舰。

10月8日凌晨，U-172号击沉3845吨的希腊船“潘特立斯”（Pantelis）号，U-68号击沉2艘共8869吨。天亮后，开普敦派出了反潜部队。英国驱逐舰“积极”（Active）号、“箭”（Arrow）号和“猎狐犬”（Foxhound）号，还有澳大利亚驱逐舰“尼扎姆”（Nizam）号，英国驱潜快艇“岩蔷薇”（Rockrose）号，本来这些军舰应该是去反潜的，但那一天基本上却都在营救那6艘船的幸存者。U-159号又击沉了7631吨的英国船“克兰·麦克塔维奇”（Clan Mactavish）号，当时这艘船很愚蠢地停航忙着营救落水幸存者，结果被潜艇轻松地用2枚鱼雷打发了。反潜飞机迅速指引“马特兰”（Matheran）号赶到现场，救起了两艘船的幸存者。

天黑后，U-179号击沉6558吨的英国货船“雅典城”（City of Athens）号，随后英军驱逐舰“积极”号赶到现场营救落水船员，不久雷达就发现了2300米外的讯号——正是U-179号，很明显是想击沉前来救援的船只。当声呐也发现讯号后，舰长汤姆金森（M. W. Tomkingson）便命令驱逐舰全速冲过去。很快“积极”号的瞭望就看到了水面上的潜艇，当接近到距离700米时，“积极”号打开了探照灯，主炮也同时开火。其实在驱逐舰开火前U-179号已经发现了冲过来的驱逐舰，并开始下潜。但是这艘笨重的大型潜艇下潜很慢，指挥塔刚刚潜入水下，“积极”号就冲过来了，投下了10枚深水炸弹，剧烈的爆炸将潜艇炸出了水面，然后再笔直插入大海（33.28S，17.05E），此后再也没有出现过。

几乎同时，驱潜快艇“岩蔷薇”号探测到了U-172号，并冲过来投下了12枚深水炸弹，这些深水炸弹都在潜艇附近爆炸，不过潜艇非常幸运，只有艇首鱼雷发射管被炸伤。

就在两艘潜艇遭到攻击的同时，U-68号则大开杀戒，击沉2艘共16886吨。10月9日凌晨，U-68号继续攻击，又击沉2艘共10384吨，但是攻击结束后潜艇照例下潜，却突然失去了控制，以很大的角度直插深海，一直到了水下197米才被重新控制。U-68号在开普敦取得了巨大胜利：24小时内击沉了6艘共36139吨，使得此次巡逻的总战绩达到了8艘共48296吨。

10月9日下午，同一片海域U-159号击沉6557吨的美国货船“科罗拉多”（Coloradan）号。到此为止，上述潜艇就在开普敦海域48小时内共击沉13艘77447吨，自然得到了德国宣传机构的大肆表扬。

10月10日，英国转移或冻结了南非海域的大部分航运，但是仍未能遏止巨大的损失，U-172号击沉23456吨的远洋客轮“奥凯德斯”（Orcades）号，U-178号击沉了20119吨的英国船“阿瑟尔公爵夫人”（Duchess of Atholl）号，不幸中的大幸是这两艘运兵船上所运载的官兵只损失了40人（在一个月里，轴心国潜艇在南大西洋击沉5艘大型运兵船共95300吨。英国方面很少提及这些损失，它们的沉没与美国军舰严密保护的运兵船所创造的完美安全纪录形成强烈对比）。随后U-159号击沉7167吨的英国货船“游牧帝国”（Empire Nomad）号，加上此前在加勒比海的突出表现，U-159号艇长赫尔穆特·威特（Helmut Witte）赢得了骑士十字勋章（获得勋章时，威特的确证战绩是14艘共77530吨。）。

德国认为盟国已将南非航运转移到了好望角以南远海，所以命令“埃斯巴尔”艇群转向那一海域，结果使这些潜艇在那里经历了一个星期的狂风大浪。尽管如此，10月29日，U-159号还是击沉2艘英国货船共12305吨。U-504号在好望角附近没能取得好的战绩，但在这里却时来运转。10月17日，击沉5970吨的英国货船“舒赛帝国”（Empire Chaucer）号。10月23日在东伦敦（East London）附近击沉了5669吨的英国货船“约翰尼斯堡”（Johannesburg）号，26日将7176吨的美国自由轮“安妮·哈金森”（Anne Hutchinson）号炸成了两半。U-504号始终在距离海岸线400公里远的地方活动，以躲避反潜飞机攻击，最后首先到达德班，

■ U-159号艇长赫尔穆特·威特。

■ U-504号艇长汉斯-乔治·弗雷德里希·珀斯克。

拉开了德班之战的序幕：10月31日，击沉了2艘英国货船共12154吨，不过只剩下了2枚鱼雷，所以只好返航。11月3日绕过好望角时，用最后2枚鱼雷击沉了5187吨的巴西货船“波多·阿里格勒”（Porto Alegre）号。就这样，U-504号在18天里击沉6艘共36156吨，加上此前的战绩，艇长汉斯-乔治·弗雷德里希·珀斯克（Hans-Georg Friedrich Poske或称Fritz Poske）获得了骑士十字勋章（获得勋章时，他的确证战绩是16艘共82135吨）。

“埃斯巴尔”艇群的4艘潜艇兴高采烈地满载而归，U-68和U-504号直接返航，U-159和U-172号则先和补给潜艇会合补充燃料。

11月6日，在南大西洋中部U-68号击

■ 被击沉的英国运兵船“阿瑟尔公爵夫人”号，战前是一艘跨大西洋航行的豪华邮轮。

■ U-68号艇长卡尔-弗雷德里希·迈尔顿。

沉8034吨的英国货船“开罗城”（City of Cairo）号，这样就使艇长卡尔-弗雷德里希·迈尔顿（Karl-Friedrich Merten）的总战绩达到了9艘共56330吨，因此获得了橡叶十字勋章（获得勋章时，迈尔顿的确证战绩是17艘共170175吨，在所有艇长的击沉吨位榜中排名第八）。抵达法国后，迈尔顿升任第26舰队司令，不久调任第24舰队司令。

此次出巡吨位冠军之争主要在U-159号和U-172号之间展开，在去和补给潜艇会合的途中，U-159号击沉2艘单独航行的美国船共7752吨，不过满载军火的“拉萨尔”（La Salle）号发生了剧烈爆炸，连500公里外的开普敦都能听到，整艘船被炸成碎片，一些碎片落在了U-159号上使威特和3名艇员受了伤。而U-172号在进入巴西海域后，击沉4艘共21851吨（4艘中的“本洛蒙德”号唯一的幸存者中国籍船员李鹏在木筏上漂流了133天，创下二战中海上漂流的最高纪录）。这些战绩使艇长卡尔·爱默曼（Carl Emmermann）的战绩提高到了8艘共60000吨，为他赢得了骑士十字勋章（获得勋章时，爱默曼的确证战绩是18艘共100793吨。到此为止，“埃斯巴尔”艇群中有四位艇长获得了骑士十字勋章〔含U-156号艇长哈特恩斯坦〕，第五位迈尔顿则获得了橡叶骑士十字勋章）。

12月9日，U-159号和U-172号与U-461号补给潜艇、鱼雷供给艇U-D3号会合，U-159号除了获得燃料外，还得到了8枚鱼雷，然后加入到对巴西海域的攻击中。12月13日到16日，U-159号击沉3艘共16497吨，这使威特此次巡逻的战绩提升到11艘共63730吨。

12月11日，U-172号在返航途中发现了一支船队，随即就用仅有的2枚鱼雷发起了攻击，宣称击沉2艘但都未被证实，因此最后的胜利者是U-159号的威特。

“埃斯巴尔”艇群4艘IX型潜艇对南非的攻击是战争期间最成功的潜艇战之一，总共击沉34艘共216164吨，平均每艘潜艇每次出巡击沉8.5艘船，54041吨。

■ U-172号艇长卡尔·爱默曼。

10月底，另外3艘IXD2型潜艇抵达好望角，尽管盟军已经加强了反潜措施，但仍难以阻止德军潜艇的攻击。U-178号于11月1日击沉8233吨的英国运兵船“蒙多萨”（Mendoza）号，船上有150人丧生或失踪。此后绕马达加斯加岛巡航，又击沉2艘共7805吨。

U-177于11月2日击沉1艘4538吨的希腊货船，11月3日U-181号击沉8159吨美国矿船“东印第安人”（East Indian）号。这两艘潜艇在开普敦附近待了大约10天，其间U-181号又击沉3艘共13828吨，这使艇长沃尔夫冈·卢瑟（Wolfgang Luth）获得了橡叶骑士十字勋章（获得勋章时，卢瑟总战绩是29艘共147256吨）。

随后这3艘潜艇都向德班驶去，U-178号击沉了3764吨的英国船“路易斯·莫勒”（Louise Moller）号，但随即遭到了反潜飞机的攻击，3枚炸弹近距离爆炸但没有造成损伤，不过由于机械故障，退到了远海进行维修。然后在绕过好望角时，击沉7176吨的美国自由轮“吉尔米亚·瓦兹沃斯”（Jeremiah Wadsworth）号。

11月15日，英国驱逐舰“无常”（Inconstant）号根据反潜飞机的指引找到U-181号，潜艇下潜到了175米深，但“无常”号连续实施了9小时攻击，总共投下30枚深水炸弹。傍晚驱潜快艇“茉莉花”号和“黑茴香”号赶来接替“无常”号，“茉莉花”号又投下5枚深水炸弹，但因爆炸声而失去了声呐接触，这才使潜艇得以侥幸逃脱。在远海修复故障后，U-181号巡航到距离葡属东非的洛伦索马奎斯（Lourenco Marques，今莫桑比克马普托〔Maputo〕）400公里远的地方，在接下来的两个月里，U-181号一直在这个港口附近巡逻，击沉8艘共36394吨，其中4艘是用甲板炮击沉的，这耗光了潜艇上的355发炮弹。该艇艇长卢瑟的传记作家乔丹·沃斯（Jordan Vause）将卢瑟对炮弹的浪费描述成是“无情而又恶毒”，因为不仅炸死了许多船员，而且在炮击中潜艇必须长时间暴露在水面上。卢瑟保留2枚鱼雷用于防卫，于1月

U-181号艇长沃尔夫冈·卢瑟。

18日返回法国，完成了129天的巡逻，航行了39575公里，其间没有加过油。此次巡逻的确证战绩是12艘共58381吨。

从11月19日开始，U-177号也到达洛伦索马奎斯附近，但和U-181号有相当距离，在26天的时间里射完了所有鱼雷，击沉7艘共44833吨，其中1艘是英国运兵船“新斯科舍”（Nova Scotia）号，这是英国两个月内被轴心国潜艇击沉的第六艘运兵船。“新斯科舍”号载有765名被拘留的意大利人，救起2名幸存者从而得知这一情况后，艇长吉赛向邓尼茨请求指示，邓尼茨回复：“继续行动。战争第一。不要尝试营救。”但是邓尼茨通知了葡萄牙，他们从洛伦索马奎斯派出了救援船，救起了192名幸存者，约有750人遇难。U-177号于1月22日返回法国，完成了为期128天的巡逻，确证战绩是8艘共49371吨。该艇工程师盖尔哈德·比利希（Gerhard Bielig）获得了骑士十字勋章，因为他已经在3艘潜艇上服役454天，而且三次挽救过他的潜艇。

意大利潜艇“卡格尼”（Cagni）号11月29日在开普敦附近击沉1995吨的希腊船“阿尔果”（Argo）号，但在好望角附近遭遇了密集的反潜巡逻，于是调头返航。

4艘潜艇在开普敦和德班海域总共击沉27艘共161407吨，平均每艘潜艇每次出巡击

U-177号工程师盖尔哈德·比利希。

■ 遭到潜艇攻击后，下沉中的希腊商船。照片是逃生船员拍摄的。

沉6.75艘船，40350吨。加上意大利潜艇卡格尼号的战绩，所有轴心国潜艇共击沉28艘计163402吨。

“埃斯巴尔”艇群4艘IXC型和4艘IXD2型潜艇的战绩加起来（不包括U-156号），确实非常辉煌：击沉61艘共377671吨，包括6艘英国运兵船。平均每艘潜艇每次巡逻击沉7.6艘47209吨，这超过了IX型潜艇在美洲海域的最好战绩。

1942年下半年，共有50艘潜艇在亚速尔群岛、加那利群岛以及向南一直到开普敦和德班的非洲海域活动，一共击沉了大约150艘共约900000吨，有3艘潜艇被击沉（VIIC型艇U-136、VIID型布雷艇U-213和IXD2型U-179号），均是无人生还。差不多是50艘船换1艘潜艇，这对德国来说是一个很大的成功。

就像在美洲海域的战绩一样，1942年10月和11月德国在南非海域取得的战绩也被加到了那两个月里盟国船只损失总数里。由于盟国的损失不是按地理来划分的，所以这些数字也加深了人们认为潜艇正在北大西洋航线上进行“大屠杀”的错误认识。

地中海：无价的截获

10月23日晚，英国第8集团军在蒙哥马利指挥下向阿拉曼的德军发起了强大攻势。此时，里奥·卡尔·克莱斯的地中海潜艇部队共有19艘VIIC型潜艇，正处于有史以来最消沉的阶段。除了几艘帆船之外，这些潜艇在9月和10月只击沉了1艘600吨的巴勒斯坦货船。地面战斗开始时，海上总共有7艘潜艇，4艘在西部的阿尔及利亚和突尼斯海域，3艘在东部的埃及和巴勒斯坦海域。

10月25日，希特勒指示“所有可利用”的潜艇都必须立即前往地中海西部。克莱斯

1942年10月到11月南非海域潜艇战绩（包括往返路上的战绩）

潜艇	型号	艇长	击沉数	吨位数（登记吨）
U-159	IXC	赫尔穆特·威特（Helmut Witte）	11	63730
U-172	IXC	卡尔·爱默曼（Carl Emmermann）	8	60048
U-181	IXD2	沃尔夫冈·卢瑟（Wolfgang Luth）	12	58381
U-68	IXC	卡尔-弗雷德里希·迈尔顿（Karl-Friedrich Merten）	9	56330
U-177	IXD2	罗伯特·吉赛（Robert Gysae）	8	49371
U-178	IXD2	汉斯·伊伯肯（Hans Ibbeken）	6	47097
U-504	IXC	汉斯-乔治·弗雷德里希·珀斯克（Hans-Georg Friedrich Poske）	6	36156
U-156	IXC	维尔纳·哈特恩斯坦（Werner Hartenstein）	3	30381
U-179	IXD2	恩斯特·索博（Ernst Sobe）	1	6558
卡格尼	意大利	卡罗·利阿纳萨（Carlo Liannazza）	1	1995
总计		（U-156号未到达南非海域）	65	410047

因此命令3艘刚出发前往地中海东部的潜艇调头前往地中海西部。此外，克莱斯还命令东部3艘潜艇中的U-77和U-205号前往西西里岛的墨西拿（Messina），在那里补给后前往地中海西部。

10月27日，轴心国已经在地中海西部入口处布置了7艘德国潜艇和7艘意大利潜艇。意大利潜艇是一支独立的力量，他们为预防英军从巴里亚利（Baleares）群岛北部向东，封锁住了纳奥角（Cape Nao）和伊比札岛（Eivissa）之间的通道。

10月28日深夜，两艘德国潜艇报告发现了盟军向马尔他运送飞机的特遣舰队，U-565号向“暴怒”号航母发射了鱼雷，但都未爆炸。因为特遣舰队的速度是21节，潜艇根本追不上。于是德军计划在“暴怒”号返回直布罗陀时再行攻击，克莱斯调整了7艘潜艇的位置，好让他们到“暴怒”号最可能经过的地方伏击。其中U-432号曾向返回的“暴怒”号发射了4枚鱼雷，但都没有击中，特遣舰队安全通过直布罗陀海峡。克莱斯回忆道：“行动就这样结束了，非常不成功……7艘潜艇中有5艘和敌人相遇了，两艘潜艇齐射了4枚鱼雷，但都没有命中。去攻击一艘防守严密而又高速行驶的航母，这不光是周密计划，还要看运气……”

东地中海只剩下U-559号1艘潜艇了，艇长汉斯·海特曼（Hans Heidtmann）对东地中海的情况很熟悉，他曾于8月15日到9月21日在此巡逻38天，9月29日再次出发，这次任务是在地中海东部“任何地方”攻击盟军航运。海特曼主要在塞得港和海法之间巡逻，10月30日一早在塞得港东北部120公里处被1架“桑德兰”飞机发现，附近的英国驱逐舰“英雄”号迅速赶来，但是声呐搜寻毫无发现，另一架飞机赶到协助搜索，也没有任何发现。

收到飞机报告后，第12驱逐舰中队司令埃里克·史蒂文斯（Eric B. K. Stevens）立即率“帕肯汉姆”（Pakenham）号、“爆竹”（Petard）号、“杜威顿”（Dulverton）号和“胡沃斯”（Hurworth）号4艘驱逐舰从塞得港出发。12时30分，驱逐舰到达了报告地点。就在这时，12公里外的1架英军“威尔兹利”（Wellesley）飞机发现了1艘潜艇的潜望镜，飞行员立即投下3枚深水炸弹并发射了“维利闪光弹”（Very flare）以指引驱逐舰。连“英雄”号在内，史蒂文斯率5艘驱逐舰以31节高速冲来，“杜威顿”号首先发现了潜艇讯号。随后5艘驱逐舰和1架飞机进行了10小时的持续攻击，“杜威顿”号攻击六次，投下56枚深水炸弹；“帕肯汉姆”号和“爆竹”号各攻击四次，分别投下32枚和30枚深水炸弹；“英雄”号攻击三次，投下17枚深水炸弹；“胡沃斯”号攻击两次，投下15枚深水炸弹。

海特曼以前第二次出巡大西洋时，曾经

被一支英国驱逐舰编队发现并被攻击了好几个小时，那时他将潜艇潜到了177米深处，躺在海底才躲过了一劫。这次他故伎重施，但仍无法摆脱攻击，10小时后，潜艇里的空气已经非常污浊了。此外，“爆竹”号投下的最后一批深水炸弹严重炸伤了潜艇，潜艇开始进水。因此，在晚上22时40分，海特曼浮出了水面，打算借着夜色逃离。就在潜艇浮出水面那一刻，就被“胡沃斯”号的雷达发现了，并迅速用探照灯将其罩住了。由于距离太近，“胡沃斯”号和“爆竹”号主炮都无法射击，只好用20毫米和40毫米炮开火了。“爆竹”号的炮火非常猛烈，几乎是横扫过U-559号的指挥塔，杀伤了好几个艇员，见根本不可能逃走后，艇员开始弃艇并纷纷往水里跳，在如此匆忙逃命中，自然没能按照规定将埃尼格码销毁。

“爆竹”号舰长马克·桑顿（Mark Thornton）看到有机会俘获U-559号，就迅速指挥驱逐舰靠向U-559号右舷，“爆竹”号的海军上尉史宾斯-布莱克（Spens-Black）、二等兵拉克洛瓦（K. Lacroix）和麦克法伦（G. W. MacFarlane），还有勤务兵汤玛斯·布朗（Thomas Brown）登上了潜艇。他们链上的第一条缆绳断掉了，接着第二条也断了，不过第三次用一条很粗的“马尼拉”绳链住了潜艇。同时，桑顿放下了两个救生艇，但其中一艘救生艇对命令理解有误，开始营救德国人，跳帮队队长是“爆竹”号大副弗朗西斯·安东尼·布莱尔·法松（Francis Anthony Blair Fasson）将另一艘救生艇交给了戈登·克奈尔（G. Gordon Connell），自己跳入水中向潜艇游去。二等兵科林·格拉兹尔（Colin Grazier）也跳入水中前去协助法松。法松、格拉兹尔和勤务兵布朗进入了U-559号总机室。布朗回忆道，里面很黑，法松打着手电筒直接进入了海特曼的住舱和通讯室，在门后面找到了一串钥匙，用钥匙打开了一个锁着的抽屉。法松将抽屉里的“机密资料”拿出来交给了布朗，布朗回到潜艇甲板，并连起了一条绳子，好将其他资料拉出来。接着他返回去帮助法松，法松又找到了许多文件，布朗将这些资料堆在指挥塔梯子底下，然后交给史宾斯-布莱克、拉克洛瓦和麦克法伦。他们将这些文件传给了救生艇里的人员。

这时U-559号艇尾突然开始下沉，桑顿赶紧命令“爆竹”号向前拖，以拉紧拖缆拖起潜艇艇尾。但是他发现潜艇有可能会撞翻救生艇，这样就会损失刚得到的秘密文件，所以他立即下令砍断拖缆。史宾斯-布莱克、布朗和其他在潜艇甲板上和在救生艇里的人都大喊：“弃船！弃船！”但是法松和格拉兹尔刚刚开始爬上指挥塔梯子，海水就将他们冲了进去，两人都没能出来。海水迅速淹没到了指挥塔，U-559号竖了起来，艇尾在下沉入大海（32.30N，33.00E），麦克法伦和布朗还有其他在潜艇上面的人游到救生艇上。法松和格拉兹尔被追授了乔治十字勋章（George Cross），勤务员汤姆·布朗获得了乔治奖章（George Medal）。

英国驱逐舰救出了U-559号38名艇员，海特曼也在其中，他先后在三个战俘营待了四年半，于1947年5月被释放。“爆竹”号将被俘艇员以及发现的资料直接送到了在海法的海军情报中心。从U-559号发现的资料中有两个对英国的密码破译来说是无价的：为天气预报而编的通用短码手册及为报告敌船、战绩和其他战术讯息而编的通用短码手册。

12月15日，“爆竹”号和希腊驱逐舰“奥尔加女王”（Queen Olga）号一起发现并攻击了意大利潜艇“乌阿希克”（Uarsciek）号，“爆竹”号再次将潜艇逼到了水面上，然后派出跳帮队登上了潜艇获得了大量机密资料。但是“爆竹”号舰长马克·桑顿劳累过度，连惯常的告别仪式都没有举行就离开军舰休养，恢复后又指挥另一艘驱逐舰。而U-559号艇长海特曼尽管在弃艇时酿成了大错，但是他还是在1943年被追授骑士十字勋章（在获得勋章时，海特曼的战绩是击沉5艘船共14542吨）。

天气预报短码手册到达布莱奇利庄园之后，为能够破译天气预报的英国破译专家提供了宝贵的资料，12月13日译码专家们惊讶地发现德国人在密码安全问题上犯了一个可怕的错误。在天气预报时，潜艇空出了第四个转子，把四转子埃尼格码机当作三个转子来用。他们从这里可以获得四个转子中三个转子的设置，接下来要用“炸弹”搞清楚第四个转子的设置就不难了，这个突破使得布莱奇利庄园立即破译出了11月里8天的通讯，并随后破译出了12月最初几天的通讯。第一海军大臣庞德仍然害怕美国人泄密，他致信美国海军上将金：“经过几个月以来极其艰

■ 乔治十字勋章，用以表彰特别勇敢的行为与事迹，是英国最高荣誉之一。

难的努力，我们可以读出未来几天的潜艇通讯，在最近的将来，这会带来一些更好的结果。我确信，您会特别注意小心的利用这些讯息，避免任何人对它们的来源产生怀疑。我们发现，当海军部以外的一些部门需要决定航线时，要做到这一点是非常难的。如果我们要从头开始，我觉得那将是一个悲剧，因为这个问题势必将会更难。”

从U-559号上获得的文件的重要性可以和1941年5月从U-110号上得到的文件相媲美。天气预报的短码手册一直到1943年3月还能用，到那时英国已经完善了从其他短码手册获得副本的方法，尽管如此，英国译码专家又花了六个月的时间才完全破译了“海神密码”。

■ U-559号艇长汉斯·海特曼。

破译出第一份资料之后，布莱奇利庄园立即将它发给了海军部行动情报中心（Operational Intelligence Center）。潜艇跟踪监视处的主任罗杰·温当时不在场，没能赶上庆祝活动，因为由于工作压力和紧张，他病倒了。他的副手帕特里克·贝斯莱回忆道：“根据破译出的密码标出了第一艘被确定了位置的潜艇，让人惊讶的是，这跟温的猜测没有多大差别。”

对付北非登陆

11月5日，地中海潜艇舰队司令克莱斯才第一次知道盟军要在地中海发起一次大规模的军事行动。那天晚上发现包括3艘美国航母、1艘战列舰、7艘轻巡洋舰、1艘海防舰、17艘驱逐舰、11艘炮舰、1艘客轮、40艘货船和15艘油轮组成的庞大舰队正从直布罗陀向东航行，同时还有60多艘实行了灯火管制的舰船穿过直布罗陀海峡。

当然，克莱斯和其他的德国高级军官还不能准确知道所面临的形势。德国地中海海军总司令埃伯哈德·瓦尔萧尔德（Eberhard Weichold）和克莱斯倾向于相信，盟军最可能在贝贾亚湾（Bougie Bay）登陆。

■ 正救起落水船员的护航舰只。

同时希特勒命令：“致所有地中海潜艇：非洲军团的存在依赖于直布罗陀舰队的毁灭。我期待着一次成功的行动。”

11月7日，克莱斯抽调9艘潜艇布置在地中海西部窄口处。有5艘潜艇发现了以高速行进的庞大的英国舰队。U-77号第一个发现了舰队，但随即遭到了攻击，被迫潜入水下。U-73号试图攻击运兵船，但被护航舰驱走。U-205号首先发射了鱼雷，但都未命中。U-81号企图攻击舰队中的航母，但也被护航舰驱走。U-458号攻击了1艘轻巡洋舰，但却遭到了反潜飞机的攻击。

11月8日凌晨，伦敦BBC电台广播，盟军将于几个小时后在北非登陆。克莱斯始终相信贝贾亚湾是盟军的登陆地点，遂命令8艘潜艇全速赶往那一地区，结果使在盟军真正的登陆地点阿尔及尔只剩下了4艘潜艇。直到8日中午，德国人才意识到他们犯了大错误，埃伯哈德·瓦尔萧尔德命令克莱斯立即将潜艇调往阿尔及尔。不过调动说起来容易做起来难，为了避免被发现，前往贝贾亚湾的潜艇在白天有一半时间是潜航的，所以一些潜艇没有接到这道新命令。克莱斯于8日晚通知所有潜艇：“大量敌军在奥兰和阿尔及尔登陆，阿尔及尔地区有大量船只，有航母和战列舰护航。赶往那里！全体出动！不惜任何代价。”（克莱斯还补充道，潜艇的最高优先目标不是航母和战列舰，而是两栖部队和商船）。

好在邓尼茨已于11月4日命令“海豚”（Delphin）艇群的7艘潜艇驶入地中海。盟军登陆后，德军最高统帅部命令邓尼茨再派一个艇群进入地中海，但是邓尼茨认为从11月8日到11日，盟军肯定会加强对直布罗陀海峡的监视，潜艇就很难通过了。而且第二批潜艇到达海峡时，月象条件不是太好，很容易被发现。邓尼茨还表示意大利掌握的拉斯佩齐亚、保拉（Paola）和萨拉米斯这三处基地对地中海现有的潜艇都无法提供有效保障，更不用说继续增加潜艇了。最高统帅部这才同意暂时不再向地中海增派潜艇。

“海豚”艇群的7艘潜艇于11月8日夜间开始穿越直布罗陀海峡，瓦尔萧尔德和克莱斯决定让“海豚”艇群来对付盟军在奥兰的两栖部队，所以命令他们抵达西经1度时发送安全到达讯号。11月9日午夜后，只有U-595号发出了到达讯号，其他6艘潜艇都没有任何消息。

由于轴心国侦察机无法发现盟军的确切登陆地点，也不知道其海军部队在哪里，所以克莱斯于11月9日凌晨命令阿尔及尔和贝贾亚湾之间的12艘潜艇寻找盟军的特遣舰队。这个命令使得一些潜艇前往了阿尔及尔以东，另一些则到达了阿尔及尔以西，全都是白费工夫。

11月9日中午，“海豚”艇群只有第二艘U-617号报告到达了奥兰，于是克莱斯决定将所有潜艇分成了两个艇群：阿尔及尔附近的“鲨鱼”艇群（Hai，6艘）和奥兰附近的“海豚”艇群（8艘）。当晚，有两艘潜艇发起了攻击，U-331号击沉9135吨的美国货船里兹镇（Leedstown）号；U-605号的攻击未有战果，而且U-605号发射的鱼雷全部从U-660号指挥塔上方穿过。天黑后，气愤难耐的U-660号浮出水面用无线电大骂U-605号“Schafskopf！”（傻瓜！）

11月10日，U-81号发现了一支小型的船队并发起了攻击，击沉2012吨的英国货船加尔林格（Garlinge）号。2小时后，U-431号击沉了1920吨的英国驱逐舰“马丁”（Martin）号。当天还有4艘德国潜艇发射过鱼雷，但是都没有战果。

11月11日，德军在阿尔及尔-奥兰地区有17艘潜艇，计划用“鲨鱼”艇群的5艘潜艇来封锁阿尔及尔；用“海豚”艇群的5艘潜艇来封锁奥兰；在地中海西部奥兰和西班牙喀他赫纳（Cartagena）之间部署机动出击的“瓦尔”（Wal）艇群的7艘潜艇。但克莱斯取消了“鲨鱼”艇群对阿尔及尔的封锁，命其像“瓦尔”艇群一样自由攻击。当天6艘潜艇攻击了盟军船只，U-407号击沉19627吨的英国运兵船“印度总督”（Viceroy of

India）号，U-380号击沉11069吨的荷兰运兵船“纽西兰”（Nieuw Zeeland）号。次日，U-593号击沉5332吨的英国货船“布朗宁”（Browning）号。

英军随即加强了反潜措施，11月12日就有6艘潜艇因为战伤或者机械故障而被迫返航。11月13日，U-431号击沉了1628吨的荷兰驱逐舰“伊萨克·史威尔斯”（Isaac Sweers）号。英军第500中队的1架“哈德逊”飞机攻击了U-431号，潜艇受损严重，不得不回到保拉，在那里艇长威廉·多姆斯（Wilhelm Dommes）获得了骑士十字勋章（获得勋章时，他的确证战绩仅仅是5艘共13000吨，但他是唯一击沉北非登陆作战中的盟军军舰的艇长，无疑为赢这枚勋章增添了很多砝码）。

同一天，U-81号在返航途中攻击了一支船队，击沉6487吨的英国船“马龙”（Maron）号。由于艇长弗雷德里希·古根伯格（Friedrich Guggenberger）夸大的战绩报告，使他获得了橡叶骑士十字勋章（获得橡叶骑士十字勋章时，他在U-81号上的战绩是击沉10艘共40000吨，包括英国航母“皇家方舟”号）。

盟军在北非登陆期间，共击沉了德军5艘潜艇：11月12日，U-660号被英国驱逐舰“维斯考特”号、“真理”号和“飞

U-431号艇长威廉·多姆斯。

U-81号艇长弗雷德里希·古根伯格。

龙”（Wivern）号还有驱潜快艇“星花”（Starwort）号和“莲花”（Lotus）号击沉（36.07N，01.00W）；11月14日，英军第233中队的1架“哈德逊”飞机在奥兰北部击沉U-605号（36.20N，01.01W）；同日，同一海域，驻阿尔及利亚的英军第608中队的2架“哈德逊”击伤U-595号，使其失去下潜能力，随后英军第500中队5架“哈德逊”对其实施攻击，却被潜艇击伤4架！但由于伤势太重，艇长科瓦特-法斯勒姆（Jurgen Quaet-Faslem）决定在维希法国控制下的提纳斯角（Cape Tenes）抢滩搁浅，结果潜艇在奥兰东北部130公里的卡米斯角（Cape Khamis）就搁浅了，于是只好将潜艇炸毁（36.38N，00.30E），艇员游上岸，随后被美军俘虏，这也是战争中唯一一个潜艇艇员被盟军地面部队俘虏的战例；11月15日，英军第500中队的1架“哈德逊”击沉了在水面航行的U-259号（37.20N，03.05E），当时飞机投下的深水炸弹引起了潜艇的剧烈爆炸，潜艇的甲板炮和指挥塔都被炸上了天，飞溅起的碎片击落了飞机，4名飞行员中2人牺牲；11月17日，英军第500中队中队长伊安·皮特森（Ian C. Petterson）攻击了U-331号，该艇艇首鱼雷舱被炸开，很快第500中队的另2架“哈德逊”飞来协助攻击，投下了许多深水炸弹并用机枪进行了扫射，一些艇员被打死，艇长冯·提森豪森（Hans-Diedrich Freiherr von Tiesenhausen）升起了白旗。这时英军1架“欧洲燕”战斗机突然出现并向潜艇扫射，又打死一些艇员，艇长提森豪森和二副伊尔文·哈特维希（Irwin A. K. Hartwig）等人也受了伤。不久“震慑”（Formidable）号航母上的“梭鱼”攻击机也赶来并用鱼雷将U-331号击沉（37.05N，02.27E）。

此外盟军在11月前两周还在地中海击沉3艘意大利潜艇：美军飞机击沉了“安东尼奥·恺撒”（Antonio Sciesa）号、英国潜艇“撒拉逊”号击沉了“格拉尼多”（Granito）号、英国反潜拖网渔船“纳菲尔

■ 被击沉的荷兰驱逐舰“伊萨克·史威尔斯”号，这是该舰在1942年以后的状态。当时该舰已经经过了英国人的彻底改装，武器全部被换装成护航任务的类型。

德勋爵”（Lord Nuffield）号击沉了“爱默”（Emo）号。

德军最高统帅部得知5艘潜艇被击沉后，命令邓尼茨从大西洋抽调潜艇来补充。邓尼茨看到非洲军团面临的危险局面后很快答应了，11月底和12月初派出了4艘潜艇，其中3艘进入地中海，U-258号由于艇长威廉·冯·麦森豪森（Wilhelm von Massenhausen）病倒而不得不返航。

潜艇在地中海的反登陆作战是失败的，这再次证明了当时的潜艇并不适于与高度戒备的特遣舰队对战。地中海的潜艇在11月击沉8艘船（包括2艘驱逐舰）共57210吨。由于盟军投入了大量的飞机和军舰，潜艇艇长经常是只能对目标和进攻结果匆匆一瞥，因此虚报战绩非常多。

地中海潜艇部队在12月又取得了一些胜利：U-602号9日击沉1540吨的英国驱逐舰“豪猪”（Porcupine）号；U-443号11日击沉1087吨的驱逐舰“布利恩”（Blean）号和14日击沉1592吨的英国船“艾登克拉格”（Edencrag）号；U-565号18日击沉了1540吨的英国驱逐舰“山鹑”（Partridge）号；U-562号21日击沉23722吨的运兵船“史特拉瑟兰”（Strathallan）号，该船载有5000名士兵，但由于轮船下沉得很慢，所以人员损失很小；U-617号28日击沉810吨的英国舰队拖船“圣伊瑟”（St. Issey）号。

攻击“火炬行动”部队

在盟军部队登陆时，德军大西洋潜艇部队共拥有96艘潜艇，应最高统帅部的急切要求，邓尼茨已将7艘潜艇调往地中海，此外又调集了25艘潜艇前往直布罗陀海峡西海口和摩洛哥。这使得用于反击北非登陆的大西洋潜艇达到了32艘，差不多占到大西洋潜艇舰队潜艇总数的三分之一。

第一批到达直布罗陀-摩洛哥海域的9艘潜艇组成“致命一击”（Schlagetot）艇群，其中7艘是IX型，并不适于攻击行动快速并有严密护航的登陆船队，也不适于在那一浅海活动。最先到达摩洛哥海域的是VII型U-572号，遇到了密集的水面和空中反潜巡逻。尽管这样，还是有好几次攻击的机会，但据艇员回忆，艇长海因茨·希尔萨克（Heinz Hirsacker）都怯懦地避开了。11月22日返回法国后，希尔萨克就受到了审判，最后被判有罪，判处死刑。他的好朋友将手枪送进了牢房，1943年4月24日，希尔萨克在狱中自杀。

第二艘到达的是VII型U-752号，在其发起攻击前遭到了盟军反潜力量的围攻，潜艇被严重炸伤，尽管进行了修理，但仍无法止住漏油，只好中断了巡逻返航。

由于两艘VII型潜艇都失败了，攻击登陆部队的任务就落到了7艘不太合适的IX型潜艇

■ U-572号艇长海因茨·希尔萨克，他因为避战而被判处死刑，后在狱中自杀身亡。

身上。11月11日，U-509号靠近梅地亚-罗特港（Mehdia-Port Lyautey）附近海域，在接下来的三天里，它遭到了大量水面战舰和飞机的猎杀，其中1条水雷缆索从艇身划过，然后在艇尾近处爆炸了，将油箱炸裂，潜艇开始漏油，不得不中断巡逻返航。U-510号也在梅地亚-罗特港附近巡逻，11月15日发现了一个快速运输船队，由于船队速度很快，潜艇根本追不上，只好绝望地从极远距离向护航的战列舰发射3枚鱼雷，自然都没命中。接着就遭到了飞机的攻击，燃油严重泄漏，只好退到了远海进行修理。U-103和U-108号在萨菲（Safi）和卡萨布兰卡进行侦察，除了遭遇大量驱逐舰和飞机外，就再没其他东西。11月11日，U-108号遭到驱逐舰攻击，下潜装置被炸毁，在海上无法修理只好返航。U-173号于11月11日夜穿越反潜巡逻网，驶到了锚泊菲德拉（Fedala）的15艘运输船中间，先向9359吨的美国海军运输船“约瑟夫·海威斯”（Joseph Hewes）号发射了鱼雷，连货物带船都沉入海中。接着击中了10600吨的美国海军油轮“文诺斯基”（Winooski）号，幸亏这艘油轮已经卸下了油，船员修补了炸开的缺口。那天晚上，菲德拉周围大批美军驱逐舰中，只有“布里斯托”（DD-453，Bristol）号探测到了U-173号，但驱逐舰怀疑是己方登陆艇，打开探照灯进行确认，这就使潜艇乘机下潜，尽管“布里斯托”号发射了深水炸弹，但潜艇还是逃脱了。

11月11日，U-130号也接近了菲德拉，紧靠海岸擦着18米深的海底潜入锚地，于11月12日白天勇敢地发起了水下攻击，击沉3艘美国运输船共34407吨，然后沿着海岸线潜行退出。

由于菲德拉锚地接连有运输船被击沉，盟军便将大部分船转移到了卡萨布兰卡。11月15日，U-173号在卡萨布兰卡附近截击了转移的船只，击伤了8113吨的“伊莱克特拉”（Electra）号。11月16日，美国驱逐舰“奎克”（DD-490，Quick）号、“施万森”（DD-443，Swanson）号和“沃尔希”

（DD-437，Woolsey）号开始在卡萨布兰卡附近巡逻。中午时分，“沃尔希”号声呐发现了目标，随即进行了深水炸弹攻击，之后就看到海底有很多油迹和气泡冒出，“沃尔希”号返回卡萨布兰卡加油后由“施万森”号和“奎克”号接替攻击，此后U-173号就再无消息了（33.40N，07.35W）。

大西洋潜艇部队的第二批16艘潜艇集中在直布罗陀西部入海口处，企图封锁盟军穿越海峡的航运。盟军料到德军会在这里进行强大的潜艇战，所以在这一海域部署了大量飞机和军舰。一位潜艇艇长报告由于盟军反潜巡逻太密集，一天里整整潜航20小时，根本无法给潜艇换气充电。

第一个进行攻击的是U-515号，11月12日夜在直布罗陀海峡以西发现了由1艘巡洋舰、3艘驱逐舰和1艘补给船组成的英军舰队，驱逐舰“维诺莫斯”（Venomous）号装有271型厘米波雷达，在3600米外探测到了U-515号，但却没通知其他军舰。经过5小时的辛苦追逐，U-515号终于抢占了合适的攻击阵位并发射了鱼雷，10850吨的“赫克拉”（Hecla）号补给船被2枚鱼雷击中，驱逐舰“维诺莫斯”号和“马恩”（Marne）号开始猎杀潜艇，但是“马恩”号很快就前去救助“赫克拉”号，结果U-515号再次发射了鱼雷，1枚将“赫克拉”号击沉，另1枚炸掉了“马恩”号的船尾。驱逐舰“维诺莫斯”号赶紧过来

■ 在弗里敦外海，用甲板炮击沉了一艘商船后的德国潜艇。随着“火炬行动”的展开，如此悠哉游哉的狩猎时代将会一去不复返了，潜艇被用作反登陆作战的尝试就要展开。

拖带“马恩”号。U-515号还想扩大战果，被“维诺莫斯”号发现后，两艘驱逐舰一起开火，“维诺莫斯”号割断了拖缆以猛烈的深水炸弹攻击将U-515号赶到水下，可是由于深水炸弹爆炸使声呐暂时失灵，U-515号向“维诺莫斯”号发射2枚鱼雷，但被“维诺莫斯”号躲了过去，随后“维诺莫斯”号因燃料不多而返航，由驱潜快艇“长寿花”（Jonquil）号拖带“马恩”号，U-515号也得以逃过一劫。

11月13日，英军第500中队的1架“哈德逊”飞机发现了水面航行的U-411号，飞行员约翰·恩索（John B. Ensor）从15米高度向正在紧急下潜的潜艇投下4枚深水炸弹，将其击沉（36.00N，09.53W）。

11月14日，U-413号发现了MKF-1X船队，立即进行了攻击，击沉了20107吨的运兵船“沃里克城堡”（Warwick Castle）号。

11月15日凌晨，几艘潜艇在直布罗陀海峡西部大约150公里处发现了MKF-1Y船队，该船队由8艘大型快速运输船组成，由5艘英国驱逐舰护航，还有护航航母“复仇者”（Avenger）号和“阿尔戈斯”（Argus）号航母同行。英国驱逐舰“摔跤者”（Wrestler）号的雷达探测到了在9000米外水面航行的潜艇，遂加速冲了过去。潜艇紧急下潜，“摔跤者”号向潜艇下潜的地方投下了14枚深水炸弹，一举将U-98号击沉（36.09N，07.42W）。而船队紧急转向，正好给U-155号提供了机会，U-155号发射4枚鱼雷，击沉了13785吨的护航航母“复仇者”号和11279吨的英国运兵船“埃特里克”（Ettrick）号，击伤了6736吨的美国海军货船“阿尔马克”（Almaack）号。

11月16日，U-92号击沉MKS-1X船队7622吨的英国货船“克兰·马克塔加特”（Clan Mactaggart）号。11月20日，U-263号击沉了KMS-3船队中的7244吨的挪威船“哈拉德王子”（Prins Harald）号和5132吨的英国船“格朗哥派克”（Grangepark）号。

而盟军在直布罗陀的反潜措施，特别是空中巡逻一直很严密，U-218号、U-566号、U-613号、U-413号和U-263号都被重创，不得不返航，还有5艘潜艇也被击伤，但是仍可巡逻。

在“火炬行动”（Operation Torch，1942.11.8）开始后的两个星期里，一共有25艘潜艇来到直布罗陀以西以及摩洛哥海域，总共击沉11艘共119785吨，其中U-130号击沉3艘34407吨，艇长恩斯特·卡尔斯（Ernst Kals）回到法国后，就被提升为第2作战舰队司令。损失U-98号、U-173号和U-411号3艘潜艇，平均击沉3.6艘船损失1艘潜艇，这个交换率对德国来说是一个毁灭性的打击。还有10艘潜艇（其中8艘是遭到重创）被迫中断巡逻。

■（左）被击沉的英国货船“克兰·马克塔加特”号。
■（下）尽管商船遭到了一定的损失，但是U艇部队与它的交换比却是德国人无法接受的。

此外，要在直布罗陀以西保持20艘潜艇，因此邓尼茨必须从大西洋潜艇部队中调出30艘潜艇（因为还要考虑到各艇往返所需花费的时间）。而最高统帅部还要求在地中海保持24艘VII型潜艇，那样邓尼茨还得再抽出8艘潜艇，这将进一步削弱大西洋潜艇部队，邓尼茨认为倘若潜艇不被调走他们在决定意义的北大西洋航线上，肯定会取得大得多的成功。由于大量潜艇被调走，11月北大西洋航线上的潜艇战严重缩水。

最高统帅部还没有打算要放弃直布罗陀，所以12月一直有12艘潜艇留在那里。为了将潜艇的损失降到最低点，邓尼茨将潜艇布置在更靠西超出了“哈德逊”和“威灵顿”飞机作战范围的海域，邓尼茨将这个艇群命名为“西部壁垒”（Westwall），其中的U-515号在12月7日晚击沉18713吨的英国运兵船“陶瓷”（Ceramic）号，船上656个人只有1人幸存（加上补给船“赫克拉”号上丧生的279人还有驱逐舰“马恩”号上的死亡人数，U-515号在这次巡逻中造成了约1000人死亡），加上以前的战绩，艇长维尔纳·汉克（Werner Henke）获得了骑士十字勋章（获得勋章时，汉克的战绩是10艘共71677吨）。12月6日，U-155号击沉ON-149船队8456吨的荷兰船“史鲁斯科尔克”（Serooskerk）号；U-103号击沉ON-149船队5025吨的英国货船“亨利·史坦利”（Henry Stanley）号。12月7日，U-185号击沉5476吨的英国货船“皮特·摩尔斯科”（Peter Maersk）号。

除了这些行动外，邓尼茨还派了两艘VII型潜艇前往摩洛哥海域，这两艘潜艇遇到了密集的反潜巡逻。结果，U-618号没有击沉任何船只，U-432号只击沉1艘210吨的法国拖船。

算上地中海内外的潜艇，德军为了对付“火炬行动”共派出了大约50艘潜艇，意大利人出动了22艘潜艇，到12月15日，德国潜艇击沉24艘共218000吨，击伤8艘共51600吨。意大利潜艇和轴心国飞机击沉4艘共33300吨。

为了使“西部壁垒”艇群保持12艘潜

■ U-515号艇长维尔纳·汉克。

艇，邓尼茨再次削减了北大西洋舰队，他抽出了5艘潜艇，考虑到最早派出的潜艇都没有多少燃油了，邓尼茨又将U-463号补给潜艇派到那一区域。期间，U-91号遭到盟军飞机的攻击，受到重伤。12月23日，最高统帅部终于承认组织“西部壁垒”艇群为浪费，并允许邓尼茨将其解散。

在邓尼茨看来，1942年秋天在盟军的反潜部队还没有占绝对优势之时将10艘潜艇派到了地中海，使潜艇部队失去了以最小代价给至关重要的北大西洋船队以决定性打击的机会。到1942年底，德国一共将60艘VII型潜艇派到地中海，其中42艘顺利穿过直布罗陀海峡，但没有1艘能够回得来。

重返北大西洋航线

由于一部分大西洋潜艇被调到了摩洛哥和直布罗陀海峡西部，到11月10日，北大西洋上只剩下了9艘潜艇，由于数量太少，不足以攻击船队，所以潜艇都奉命去寻找单独航行的船只，但是都一无所获。

但是很快4艘从德国出航的新潜艇还有3艘从挪威调来的潜艇都加入了北大西洋。到11月15日，北大西洋的潜艇增加到了16艘，遂组成了“响尾蛇”（Kreuzotter）艇群。当天U-521号发现了ONS-144号慢速船队，该船队由33艘船组成，英国B-6护卫队的5艘驱潜快艇护航。U-521号报告了船队情况后继续追踪，但是其他潜艇都无法找到船队。于是U-521号获准攻击，发射6枚鱼雷，都没有命中。11月17日晚，其他潜艇终于赶来并发起了攻击，首先攻击的U-262号是从挪威调来的，但发射的3枚鱼雷都未命中。接着U-264号击沉6696吨的希腊货船，U-184号击沉1艘3192吨的英国货船。随后6小时里发生了激烈的海战，在雷达的帮助下，5艘驱潜快艇将潜艇逼入水下并用深水炸弹展开了围攻，U-184号大约就是在这时被击沉的（49N，45W），其他几艘潜艇也都报告遭到了持久而猛烈的深水炸弹攻击。11月18日凌晨，船队附近已经汇集了10艘潜艇，U-624号击沉5344吨的英国油轮“赛金特总统”（President Sergent）号和4732吨的美国货船“巴黎米纳”（Parismina）号，U-522号击沉了5432吨的美国货船“亚加”（Yaka）号，U-262号击沉925吨的挪威驱潜快艇“观音兰”（Montbretia）号，而U-521号、U-224号、U-264号、U-383号、U-454号和U-753号都发射过鱼雷，但都没有命中。4艘驱潜快艇紧紧围绕在船队周围，利用雷达和月光，以惊人的勇气、毅力和技巧向潜艇发动攻击。11月19日，英国驱逐舰“火龙”（Firedrake）号和美国驱逐舰“獾”（DD-126，Badger）号前来支援，等驱逐舰到来时，潜艇已经被甩开了。11月20日，一支加拿大本地海岸护卫队

英属运兵船及其他大型非油轮船只的损失情况（1942年9月到12月）

1942年11月，轴心国潜艇击沉的盟军船只吨位数超过了战争期间的任何其他月份，达到了802160吨。这个数字之所以如此巨大的部分原因在于：轴心国潜艇击沉了大量的大型英国船只，其中绝大多数是为支援“火炬行动”而单独或编为船队航行的运兵船。下面的表格显示，1942年秋季，英国船只损失了至少40万吨，此外还有2艘运兵船在印度洋被击沉。轴心国潜艇单独击沉了其中的21艘船；地中海地区的轴心国飞机单独击沉了4艘；地中海海域的轴心国潜艇和飞机联合击沉2艘。值得注意的是，轴心国部队仅在11月就击沉了超过208000吨的大型船只，但北大西洋航线上的这种战绩却是零。（“T”代表运兵船。）

日期		船只	吨位	地区	飞机或潜艇
9月	6日	托斯卡纳之星号（Tuscan Star）	11449	南大西洋	U-109
	12日	拉克尼亚号（T）	19695	南大西洋	U-156
总计		两艘	31144		
10月	7日	安达卢西亚之星号（Andalucia Star）	14943	弗里敦	U-107
	9日	奥龙赛号（T）	20043	弗里敦	阿基米德号
	10日	阿瑟尔公爵夫人号（T）	20119	南大西洋	U-178
	10日	奥凯德斯号（T）	23456	开普敦	U-172
	23日	帝国之星号（Empire Star）	12656	北大西洋	U-615
	29日	阿伯索号（Abosso）（T）	11330	北大西洋	U-575
总计		6艘	102547		
11月	1日	蒙多萨号	8233	印度洋	U-178
	2日	赞丹号（Zaandam）	10909	巴西	U-174
	11日	印度总督号	19627	地中海	U-407
	11日	纽西兰号	11069	地中海	U-380
	11日	阿瓦提号	13482	地中海	阿尔果/飞机
	11日	中国号（Cathay）	15225	地中海	飞机
	12日	赫克拉号	10850	直布罗陀西部	U-515
	12日	卡兰加号（Karanja）	9890	地中海	飞机
	14日	纳尔昆达号	16632	地中海	飞机
	14日	沃里克城堡号（T）	20107	直布罗陀西部	U-413
	15日	埃特里克号（T）	11279	直布罗陀西部	U-155
	15日	复仇者号	13785	直布罗陀西部	U-155
	23日	提拉瓦号（Tilawa）	10006	印度洋	I-29
	23日	塞西亚号（Scythia）	19761	地中海	飞机
	28日	新斯科舍号（T）	6796	印度洋	U-177
	30日	蓝德夫城堡号（Llandaff Castle）（T）	10799	印度洋	U-177
总计		16艘	208450		
12月	7日	陶瓷号（T）	18713	北大西洋	U—515
	21日	史特拉瑟兰号（T）	23722	地中海	U—562
	23日	卡姆隆尼亚号	16297	地中海	U—565/飞机
总计		3艘	58732		

接过了ONS-144船队，护送它前往纽约。

邓尼茨对此次潜艇战非常满意，因为这些艇长宣称击沉了18艘，而实际仅击沉5艘共25396吨，外加驱潜快艇"观音兰"号。盟军高度评价了护卫队司令"委陵菜"（Potentilla）号艇长挪威人蒙森（C. A. Monsen），正是他极强的进攻意识，避免了船队的灾难。

11月10日，北大西洋上的10艘潜艇开始返回法国。由于强烈风雨的影响，海上加油行动被推迟了6天，使一些潜艇完全耗尽了燃料，甚至连电池也耗尽而无法照明和做饭。邓尼茨又组织了"飞龙"（Drachen）艇群，由5艘潜艇组成，让这些潜艇从格陵兰岛向南一字排开，但"飞龙"艇群没能发现任何船队，只有U-262号在11月26日击沉了1艘单独航行的7178吨的英国自由轮，但耗尽了最后1枚鱼雷，只好返航。这样"飞龙"艇群就只剩4艘潜艇，邓尼茨遂将这个艇群解散，将这4艘潜艇派到了北大西洋上的一些新艇群中。

由于受到"火炬行动"的"掩护"，11月共有15支船队共约700艘商船穿越了大西洋，德军潜艇只对其中的一支船队（ONS-144船队）发起了攻击，击沉6艘共26321吨（包括驱潜快艇"观音兰"号）。除此之外，潜艇还击沉了3艘掉队的船只和5艘单独航行的船只，共8艘57500吨。这样11月盟军在北大西洋只损失了29艘共约166660吨，而德军损失

■ U艇在大洋上会合，主要是为了补给物资。

■ 在直布罗陀港内严阵以待的盟军反潜舰艇部队。

两艘潜艇。但盟国和轴心国都认为1942年11月是轴心国潜艇的辉煌时期，在其他海域有90艘船只被击沉。

由于11月盟军航运的严重损失，马克思·甘乃迪·霍顿（Max Kennedy Horton）接替珀希·诺贝尔（Percy Nobel）出任西部大道指挥部司令——霍顿是潜艇军官出身，在对潜艇行动和潜艇人员心理的理解方面丝毫不亚于邓尼茨，但为人非常严厉。而且我们不能抹杀珀希·诺贝尔和他在利物浦德比议会大厦那一千名参谋人员的功劳，在霍顿来之前，诺贝尔的主要负责区域——北大西洋船队航线上，诺贝尔和他的参谋人员在侦测潜艇方面已经取得了质的飞跃。再看看他们取得这些成就的条件：严重缺乏合适的空中和水面护卫队、相关人员缺少合适的训练、没有破译海军埃尼格码的情报…… 诺贝尔发展了独立行动的猎人杀手性质的支援小组，专门负责主动攻击潜艇，并在反潜行动中投入了更多的飞机；在莫尔（Mull）岛的特伯莫里（Tobermory）建立了护卫队训练中心（HMS Western Isles），由G.O.史蒂芬森负责；并在德比议会大厦最高层建立了船队战术训练机构（反潜学校“Anti-U-boat School”），由吉尔伯特·H.罗伯茨（Gilbert H. Roberts）负责。

11月4日，丘吉尔成立了反潜委员会（Anti-U-boat Committee）代替了形同虚设的大西洋大战委员会（Battle of the Atlantic committee）。马克思·霍顿受邀参加这个委员会，使得他有机会在最高层发言。霍顿就这样加入了反潜事业，而此时，差不多所有的问题都已经很明晰了，解决的方法也很清楚甚至是就在眼前了。

邓尼茨开始全力重建在北大西洋船队航线上的潜艇部队。从11月10日到12月1日，共有28艘潜艇，其中U-184号被击沉、U-262和U-264号鱼雷用完返航，剩下25艘潜艇被分为两个艇群：“勇士”（Draufgaenger）和“装甲”（Panzer）。所有行动都受到了恶劣天气的阻碍，海岸警卫队军官约翰·沃特斯（John M. Waters）说那是他记忆中天气最为糟糕的一个冬天。

潜艇建造速度很快，12月总共有50艘新潜艇驶进了北大西洋海域。考虑到北冰洋海域击沉率持续走低，邓尼茨再次提出减少那一海域的潜艇数。12月9日，最高统帅部同意从23艘北冰洋/挪威潜艇中暂时调出11艘到北大西洋。

U-603号于12月4日发现一支船队，但被护航舰逼入水下，并遭到了2小时的深水炸弹轰炸。根据U-603号的报告，有4艘潜艇赶来，但面对严密的海空护航，只好放弃了攻击。

12月7日，“装甲”艇群的U-524号在格陵兰岛以南约500公里处发现了HX-217船队，该船队原来是由33艘货船组成，后被暴风雨打散，只剩下25艘。护航的是英国B-6护卫队，包括英国驱逐舰“名誉”号，波兰驱逐舰“布尔萨”（Burza）号以及4艘驱潜快艇。当晚，“装甲”艇群6艘潜艇陆续赶来，当时天气状况非常恶劣，U-524号仍发起了攻击，击中8194吨的英国油轮“史宾塞帝国”（Empire Spenser）号，油轮当时就猛烈爆炸沉没。随后U-254号也发射了鱼雷，但是没有击中。当晚6艘护航舰（全都配有271型厘米波雷达）展开了顽强的护航战，尤其是3艘挪威驱潜快艇“玫瑰”号、“委陵菜”号和“野蔷薇”号要为姐妹舰“观音兰”号复仇，对潜艇的攻击极其勇猛，但当晚没能击沉潜艇。邓尼茨命令“勇士”艇群和另外4艘刚抵达那一海域的潜艇都加入“装甲”艇群，这样总共在HX-217船队周围部署了22艘潜艇。但当时的大气状况不适合无线电通讯，潜艇报告的船队位置也相互冲突，所以无法组织起有效的集群攻击。

12月8日，英军第120中队的3架B-24轰炸机从1500公里远的冰岛飞到了船队上空，特别是其中1架由于非常有效地采取了节约燃料的措施，为船队提供了7小时护航。在护航舰的ASV雷达帮助下，B-24不断对潜艇发起攻击，其中1架B-24击沉了U-611号（57.25N，35.19W）。在飞机的不断攻击下，潜艇无法抢占理想的攻击阵位。当晚，U-221号和U-254号相撞，U-254号被撞沉（55.00N，40.00W），只有4名艇员被U-221号救起，而U-221号也被撞伤，不得不返回法国。入夜后6艘护航舰进行了相当勇敢的防卫性进攻，只有两艘潜艇占领了合适的攻击阵位，U-758号向两艘船发射了5枚鱼雷，但都没有击中。9日凌晨，U-553号击沉了5273吨的英国货船“查尔斯·L.D.”（Charles L. D.）号，由于该艇带了第一枚FAT（曲线鱼雷），但具体不清楚到底是普通鱼雷还是FAT的战果。随后U-553号中断了巡逻返航，因为安装在指挥塔前方的试验性导流板（spray deflector）当潜艇在水面上航行时，激起的浪花在很远的地方就能看到，而当潜艇潜行时又会使潜艇变得摇摆不定。当时这个导流板已经成为潜艇的标准装置，在收到艇长卡尔·图尔曼（Karl Thurmann）的报告后，邓尼茨下令拆除导流板。

12月9日，由于恶劣天气的影响，岸防司令部被迫取消了为北大西洋船队的所有空中护航。但是潜艇却没能抓住这个机会，当晚由于护航舰的出色表现，居然没有1艘潜艇发射过鱼雷。

12月10日，天气转晴，岸防司令部的飞机大举出动，既有第120中队的B-24，也有第206和第220中队的B-17，还有第201和第423中队的“桑德兰”，以及美国海军VP-84中队的“卡塔林那”。邓尼茨看到有大量飞机护航，便取消了对HX-217船队的攻击。对德军潜艇来说，这是一次令人失望的行动，参加战斗的22艘潜艇只击沉2艘共13467吨。

12月8日，在最高统帅部的坚持下，4艘潜艇奉命护送偷渡船“日耳曼”号。邓尼茨抱怨道，用潜艇来执行这种任务是一种浪费。但最高统帅部认为“日耳曼”号从远东带回来的8000吨橡胶的价值要远远超过这些潜艇可能击沉的盟军船只的价值。

12月15日，“日耳曼”号和一支直布罗陀船队相遇，对方船队的两艘护航舰立即向“日耳曼”号逼近，无武装的“日耳曼”号只好自行凿沉。4艘潜艇随后都加入到北大西洋。

北方继续遭遇可怕天气

12月中旬，邓尼茨对北大西洋航线上的潜艇进行了重组，分为3个艇群：“奔腾”（Ungestuem）、“呼喊”（Raufbold）和“边板”（Bueffel）。这些艇群横跨在冰岛和格陵兰岛以南船队最有可能的航线上，B机关为他们提供了大量关于东向和西向船队的讯息。

12月13日，“边板”艇群的3艘潜艇发现了一支船队，不过船队的护航舰的表现非常出色，以极其猛烈的攻击将3艘潜艇全都赶到水下，并重创了U-663号。

尽管3艘潜艇都失去了与船队的联系，邓尼茨还是命令周围潜艇靠拢过来，并对艇群进行了调整：“奔腾”艇群的11艘潜艇和“呼喊”艇群的13艘潜艇。此时，美军驱逐舰“巴比特”（DD-128，Babbitt）号、“勒瑞”（DD-158，Leary）号和“英格汉姆”（Ingham）号快艇冒着恶劣天气从冰岛出发，保护12艘商船加入ONS-152慢速船队。但是由于天气太恶劣，导航与通讯都大受影响，一直没找到ONS-152船队，12月15日盟军派出了1架装有雷达的“卡塔林那”来指引。中午时分，“英格汉姆”号快艇声呐发现了U-626号，“英格汉姆”号冲了过去，很随意地投下了1枚深水炸弹就炸沉了U-626号（56.46N，27.12W），当时“英格汉姆”号不知道已经炸沉了潜艇，急着与ONS-152船队建立联系，所以继续航行，没有进一步攻击——这次攻击绝对是盟军在战争中最幸运的一次攻击。

在“卡塔林那”飞机的帮助下，“英格汉姆”号找到了由加拿大C-3护卫队护航的ONS-152船队，从冰岛赶来的12艘商船也就并入了船队。由于这支船队暂时没有潜艇威胁，所以“英格汉姆”号、“巴比特”号和“勒瑞”号转而去增援SC-112慢速船队。

尽管天气非常恶劣，“奔腾”艇群还是对SC-112船队进行了追击，U-604号首先发现了船队，但在其他潜艇到来前，就被护航舰驱走了。12月16日，“边板”艇群的U-373号重新发现了船队，并迅速将U-445号、U-615号和U-524号指引了过来。但由于天气太过恶劣，邓尼茨命令暂时停止追击，驶离暴风雨区域。12月21日，暴风雨停息后，U-591号击沉ONS-152船队中掉队的3066吨的英国货船“蒙特利尔城”（Montreal City）号，这也是“边板”艇群和“奔腾”艇群总共十几艘潜艇在这次行动中唯一的战果。

12月15日，天气非常恶劣，“呼喊”艇群的U-621号发现了ON-153船队——该船队由38艘船组成，由英国B-7护卫队的英国驱逐舰“火龙”号、“切斯特菲尔德”号（Chesterfield，原美国驱逐舰DD-195号）以及5艘驱潜快艇护航。根据U-621号发出的报告，有5艘潜艇陆续赶到。12月16日，U-610号击沉6125吨的挪威油轮“贝罗”（Bello）号；U-664号击沉5859吨的比利时货船“埃米尔·弗朗基”（Emile Francqui）号。12月17日，U-211号击沉英国驱逐舰“火龙”号。

12月16日暴风雨仍然没有减弱，但U-609号还是咬住了船队，不停发送位置讯号，引来了5艘潜艇，但所有这些潜艇都遭到了“卡塔林那”和B-24密集的反潜巡逻。除了U-609号发射过鱼雷外其他潜艇根本就没机

■ 在12月里，护航船队正航行在阳光灿烂的大洋上。在这个月份里，如此好的天气实在是不多的。

会攻击，邓尼茨知道在严密飞机护航下根本无法组织集群攻击，但他还是让潜艇继续追击，寄希望于暴风雨将船队打散，潜艇可以乘机逐个击沉。此后“呼喊”艇群只有U-621号击沉2艘共10691吨。但之后美军驱逐舰“科尔”（DD-155，Cole）号、“达拉斯”（DD-199，Dallas）号、加拿大驱逐舰安纳波利斯号以及3艘加拿大驱潜快艇和1艘扫雷船加入了船队。有了如此雄厚的护航力量，船队再没有损失船只。

在这次备受挫折而徒劳的追击后，“呼喊”艇群的3艘潜艇奉最高统帅部之命护送偷渡船“拉考提斯”（Rhakotis）号。此时，英国的密码破译和潜艇跟踪监视处都已经掌握了足够的讯息，准确推断出了“拉考提斯”号的位置和航线。英军派出巡洋舰“史库拉”（Scylla）号前去搜寻，1月1日岸防司令部又派出了加拿大第10中队的1架“桑德兰”去搜寻这艘船。在桑德兰的指引下，“史库拉”号截住了“拉考提斯”号，德国船员只好将船凿沉。

12月26日，正赶往“猎鹰”艇群的U-357

号无意中发现了HX-219船队，U-357号错误报告船队护航力量很弱，而实际上为该船队护航的是大名鼎鼎的英国B-2护卫队，护卫队司令就是曾击沉U-99和U-100号的唐纳德·麦金泰尔，当时船队已进入了岸防司令部“哈德逊”飞机的巡逻范围，所以船队正准备解散前往各自的目的地。“金星”（Hesperus）号驱逐舰上的麦金泰尔通过高频测向仪接收到了U-357号的无线电讯号，麦金泰尔留下6艘驱潜快艇护卫船队，而指挥驱逐舰“蛱蝶”（Vanessa）号和“金星”号全速向潜艇讯号方向冲去。收到U-357号发现船队的报告后，邓尼茨虽然感到这支船队已经太靠近英国，没有充足的时间发起集群攻击，而且能及时到达的也只有两艘潜艇；尽管成功希望很小，危险很大，邓尼茨还是命令3艘潜艇发起攻击。在高频测向仪的指引下，“金星”号和“蛱蝶”号发现了水面上的U-357号并将其逼入水下，U-357号向“蛱蝶”号发射了鱼雷，但没有命中。“金星”号发现了U-357号的潜望镜，立即冲过去投下了深水炸弹，接着“金星”号和“蛱蝶”号进行了有组织的长时间猎杀，最后迫使U-357号在天黑之后浮出了水面。“金星”号立即通过雷达发现了上浮的潜艇，麦金泰尔命令全速撞击，“金星”号猛冲过去将潜艇撞成两半（57.10N，15.40W），但“金星”号的船底也受了重伤。

12月26日，“尖端”艇群的U-664号在布勒斯特以西大约1000公里的地方发现了ONS-154号慢速船队。该船队由44艘商船组成，护航的是加拿大C-1护卫队1艘驱逐舰和5艘驱潜快艇，另外还有救援船“向前”（Toward）号和飞机弹射船“忠诚”（Fidelity）号（载有2架水上飞机）。邓尼茨命令“奔腾”艇群和“尖端”艇群20艘潜艇攻击船队，12月27日凌晨，U-356号首先发起攻击，一举击沉3艘船共13649吨，击伤1艘7051吨的荷兰货船（后被U-441号击沉），但U-356号随后就被护航舰击沉（43.30N，25.40W）。

12月27日，驱潜快艇“齐里瓦克”（Chilliwack）号正在从“苏格兰石楠花”号上面加油时，U-225号乘机偷袭了“苏格兰石楠花”号，将其击伤，被迫返回英国。由于油轮返航，燃料即将耗尽的驱潜快艇只好暂时脱离船队前往亚速尔群岛加油。

12月28日凌晨，U-260号再次发现了船队，并在浓雾之中进行了顽强追踪，根据该艇的报告，9艘潜艇蜂拥而来。当晚，船队附近一共聚集了13艘潜艇。英国海军为了加强护航，从就近的船队中抽出驱逐舰“米尔恩”（Milne）号和“流星”（Meteor）号赶来支援，但这两艘军舰直到12月29日才到达。而在28日晚上到29日，德军潜艇就全力出击，展开了一场大屠杀：总共击沉9艘共46737吨。

■ 返回港口的U艇，艇员们兴奋地阅读着家信、拆开亲友寄来的包裹，并准备享受几周短暂的休息与放松。但是随后，他们还要再次出海，去迎接他们未知的命运。北大西洋上正波涛汹涌，这场战斗的最高潮即将开始。

12月29日中午，2艘增援的英国驱逐舰赶到，使护航舰增至3艘驱逐舰和5艘驱潜快艇，“米尔恩”号和“流星”号赶走了还在追踪的潜艇并与其他护航舰一起阻止了潜艇在29日晚的攻击，但是2艘驱逐舰燃料都很少了，不得不于12月30日和2艘驱潜快艇离开船队赶往亚速尔群岛加油。天黑后，U-435号击沉了飞机弹射船“忠诚”号，船上334名自由法国船员全部阵亡。

但在长途奔袭中，潜艇也都耗费了大量的燃料，到12月30日晚，只剩下5艘潜艇还有足够的燃料，但是都与船队失去了接触，邓尼茨并不知道此时船队只剩下4艘护航舰，便取消了行动。

ONS-154船队共损失了14艘69893吨，总共486人丧生。成为二战期间六次北大西洋船队最大损失之一。对这次灾难的调查使英国海军部作出了一个惊人的决定：4支加拿大远洋护卫队中的3支暂时停止执行任务，前往特伯莫里的英国护航学校接受强化训练，而由英国护卫队来代替。加拿大人非常欢迎这个强化训练的机会，借此机会又重申了他们早就提出的那些要求：提供装备雷达的远程飞机和装备雷达、声呐和高频测向仪的驱逐舰。

除了成功攻击ONS-154船队外，1942年12月对北大西洋航线上的潜艇来说又是令人失望的一个月，当月有16支船队约650艘商船穿越了大西洋，其中潜艇只击沉20艘共102400吨，另外还击沉了单独航行的7艘共48400吨，总共27艘共150800吨。

总结

由于大多数关于1942年秋季北大西洋船队护航战的描述都缺乏准确性，对11月和12月做一个统计还是有必要的。由于北非登陆行动的牵制、快速和慢速北非船队（UGF和UGS）的组建、加上摩尔曼斯克船队暂时停航，1942年11月和12月北大西洋航线上的盟军船队航运略有缩减：一共有1218艘船编在31支船队中穿越了大西洋，其中627艘满载的东行船只中只损失了3艘，对盟军来说这几乎可以忽略不计。而德军潜艇击沉的主要成份是31艘西行的空载船只。而在这两个月内，单单美国造船厂建造的船就有214艘约130万吨。正如丘吉尔曾经感叹的那样，在这一连串的统计数字背后，我们很容易忽略人的因素。成百上千的水手和乘客悲惨地死去。

另一方面，1942年11月和12月，盟军反潜部队在北大西洋航线上击沉的潜艇也只有5艘，是在整个战争期间最少的，另有3艘潜艇因事故损失。此外英军在比斯开湾和直布罗陀海峡入海口处击沉了3艘。看看这两个月里潜艇在北大西洋海域的战绩是很有意义的。每艘潜艇每次巡逻的战绩也降到了0.69艘船，84艘潜艇中有43艘（占51%）交了白卷，这表明了德军潜艇的战绩正每况愈下。

这些数据显示，尽管盟军没能破译埃尼格码，但在北大西洋潜艇战中的优势还是在逐步增长。尤其要注意的是那43艘白卷潜艇，德国费尽人力物力准备了84艘潜艇，而其中竟有多达一半的潜艇空手而回，这对德国来说无论如何都是一个巨大的浪费。

1942年11—12月北大西洋德军潜艇状况表

月份	巡逻艇次	新手	击沉数	平均战绩	潜艇损失	白卷潜艇
11月	34	16（47%）	21	0.62	5	18（53%）
12月	50	20（40%）	37	0.74	8	25（50%）
总计	84	36（43%）	58	0.69	13（15%）	43（51%）

被击伤的德国潜艇，从状况来看，似乎受损颇重——艇艏已经没入水中，艇员身穿救生衣拥挤在指挥塔上，已经有一艘救生艇放下。在这一年，损失和收获兼有，“狼群战术”似乎还有希望……

第十五章 走向失败的征兆

出巡美洲海域

由于抗击盟军北非登陆和在北大西洋进行护航战的潜艇占据了潜艇部队的主要力量，尽管邓尼茨还是坚信，如果能将潜艇派往特里达和巴西海域执行巡逻任务，就可以使得经由直布罗陀和印度洋向地中海运送物资的船队大大减少。因此他在11月将11艘潜艇派往了这些海域，其中U-66号刚出航没两天就因故障而严重进水，只好返航。岸防司令部的1架“威灵顿”飞机发现了返航中的U-66号并投下了深弹，因为故障而不能下潜的U-66号只好以“之”字形航线疯狂疾驶（“之”字形航线是标准的反潜航线）以迷惑飞行员，这才逃过了攻击，回到基地后整整维修了2个月。U-517号因动力系统内混有杂物（这显然是法国地下抵抗运动的杰作）而出现故障，但艇长鲍尔·哈特维希（Paul Hartwig）仍坚持继续前进。11月21日，潜艇上的“墨脱克斯”装置探测到了反潜飞机的雷达讯号，遂立即下潜，但已经太晚了。这是“胜利”号航母上的第817中队的“梭鱼”飞机，“梭鱼”从后面掠过潜艇，投下了3枚深弹，不仅潜艇舰楼和指挥塔被炸毁，连柴油机都被炸离了原来位置，眼看潜艇受创严重，只能浮出水面将潜艇凿沉（46.16N，17.09W）。

U-513号过滤器和喷射器堵塞，于是邓尼茨安排U-513号与正从开普敦返回的U-68号会合，由U-68号提供备用配件。然后U-513号对柴油机进行彻底检修，但仍无济于事只好返航。12月18日回到洛里昂后全面检查，发现是燃料箱内壁的油漆剥落堵塞了油管、过滤器和喷油泵。

U-124号也和U-513号一样，由于燃料箱油漆剥落引起油管堵塞而出现故障，随后从担负海上补给的U-118号上得到配件和清洁燃料，更换配件后也只有1个发动机恢复了正常，艇长摩尔（Johann Mohr）命令平时仍使用被污染的燃料，留下清洁燃料到战斗时使用。

其他潜艇也遭遇了不同程度的困难，U-109号艇长海因里希·布莱希洛特（Heinrich Bleichrodt）因长达18个月的持续作战而精神崩溃提出终止巡逻，但被邓尼茨拒绝。12月30日U-109号报告布莱希洛特已经不能担负艇

■ 在反潜飞机的攻击面前，潜艇显然已经处在下风。

长职责了，邓尼茨命令由大副接替指挥，但还是中断了巡逻返航。为了保证归途中的秩序和安全，邓尼茨命令U-109号与U-558号会合，由U-558号调去一位军官加强指挥。抵达法国后，布莱希洛特住院治疗并最终康复了，但后来没有再指挥潜艇，他的总战绩是击沉24艘共151260吨，在所有艇长中名列第十。

由于这些情况，11月出发的潜艇中只有7艘到达美洲海域。但到达美洲海域后U-164号的一个电池组和压载舱之间的压力罩出现了破损，虽然退到远海进行修理，但还是没修好，不过还是带着故障驶向了巴西海域，最终只击沉了中立国瑞典2608吨的“布拉吉兰”（Brageland）号。

1943年1月6日，美国海军VP-83中队的1架“卡塔林那”发现了在水面上航行的U-164号，飞行员威廉·福特（William R. Ford）立即俯冲攻击，投下了4枚深弹，当即将潜艇炸成了两半（01.58S，39.22W），只有2名在甲板上的艇员被炸到海里而活了下来。

U-507号从12月27日到1月8日，击沉3艘共14230吨，加上以前的战绩，使艇长哈洛·沙赫特（Harro Schacht）获得了骑士十字勋章（获得勋章时，他的确证战绩为19艘共77144吨）。1月13日，U-507号发现了沿特里达至巴西巴伊亚州萨尔瓦多（Salvador）的新航线行驶的首支船队，该船队除了加拿大驱潜快艇和美国巡逻艇（PCs）护航外，空中还有VP-83中队的“卡塔林那”飞机护航。结果U-507号被“卡塔林那”击沉（01.38S，39.52W）。

余下5艘潜艇中，U-176号驶向了巴西海域，另外4艘则留在了特里达。U-176号在11月25日遇到了ONS-145船队掉队的5922吨荷兰船“波利多鲁斯”（Polydorus）号，随即潜入水下发射4枚鱼雷，但均未命中。天黑后，U-176号浮出水面，用甲板炮射击，“波利多鲁斯”号一边躲避一边用船上的100毫米炮还击，随后在烟幕掩护下逃进了暴风雪区域。潜艇紧追不舍，直到黎明时分发起了第二次水下进攻，但被“波利多鲁斯”号规避了过去。天亮后潜艇再次浮上水面用甲板炮轰击，“波利多鲁斯”号还是用火炮还击，迫使潜艇不能靠得太近。整个白天，一直在进行着这样的缠斗，直到11月27日凌晨，U-176号才占据了有利的攻击阵位，发射了2枚鱼雷将“波利多鲁斯”号击沉。随后U-176号继续驶往巴西海域，又击沉2艘商船，但也招来了美军B-24的攻击，潜艇严重受损，被迫驶往深海维修。直到2月18日回到法国就再无战果，U-176号在海上航行了102天总共击沉3艘共13432吨，平均34天才击沉1艘船。

U-105号于12月14日在西印度群岛击沉了6578吨的英国船“奥佛”（Orfor）号，由于特里达北部海域盟军严密的空中巡逻，U-105号只击沉了1艘67吨的英国帆船“福莱特”（C. S. Flight）号。

U-217号在击沉1艘2619吨的商船后就报告“墨脱克斯”装置故障而请求终止巡逻。在返航途中，击沉1艘7957吨的英国船，在这次92天的巡航中只击沉2艘共10576吨。

U-214号到达阿鲁巴和库拉索海域，这是数月以来第一艘到达此海域的潜艇。1月8日，在库拉索附近试图从水下攻击一支由8艘油轮组成的船队，但被船队发现而一无所获，U-214号在加勒比海巡逻了19天，只击沉了1艘4426吨的波兰船。

从12月15日到1月15日，U-105号在特里达附近只击沉了1艘帆船，返航途中，于1943年1月24日击沉了8093吨的油轮“英国守夜”号（British Vigilance，1月3日曾被U-514号击伤）。1月27日，击沉了5106吨美国船“抉择角”（Cape Decision）号。

12月16日，备受柴油机故障困扰的U-124号在特里达附近发现了一支船队，毫不犹豫地展开了进攻，但发射的鱼雷都未命中。但第二次攻击却被反潜飞机阻止。此后U-124号一直在特里达及托贝哥附近巡逻，但大量时间都花在维修柴油机上。1月9日夜，发现了南向的TB-1船队，天亮后勇敢地实施了白昼水下攻击，击沉4艘共23567吨，这些战绩使艇长摩尔获得了橡叶骑士十字勋章（获得勋章时，摩尔的确证战绩是27艘共125520吨）。

■ U-124号艇长约亨·摩尔（中间立者）。

在这次81天的巡逻中，U-124号击沉5艘共计28259吨，远远高于美洲海域其他潜艇。

除U-124号外，11月派往美洲海域的另10艘潜艇都很令人失望，其中3艘潜艇半途折返。7艘抵达美洲海域的潜艇总共击沉了19艘共93375吨，平均每次巡逻击沉1.7艘8400吨，损失3艘潜艇。从这些数据中可以看到，在特里达东部和东南部以及英属、荷属和法属圭亚那附近海域，攻击船只已经很不容易了，因为盟国已经将船队体系延伸到了这些海域，并且有飞机护航。然而对于德军来说，切断这一海域的航运仍然至关重要，因为大部分满载的油轮和货船都在特里达编成船队，每击沉1艘船，都是为非洲军团提供了直接帮助。

中太平洋行动

IX型潜艇和VIID型布雷艇的强大续航力允许它们到美国海域执行巡逻任务，但它们并不适于攻击船队，也不能够快速下潜以躲避飞机。因此邓尼茨决定，除2艘IX型潜艇外，再将一支包括有6艘VII型潜艇的艇群派往巴西纳塔尔（Natal）附近海域，这个艇群代号“海豚”，12月17日到22日出发，U-463号补给潜艇提供海上补给。

12月被派往美洲海域的2艘IX型潜艇U-125和U-514号，首先要将偷渡船“日耳曼”号从比斯开湾护送到安全海域。12月15日英军击沉“日耳曼”号之后，这2艘潜艇转而开始攻击由U-441号在比斯开湾以西发现的船队，但组织一个强大艇群的努力失败后，U-125和U-514号又继续向特里达海域驶去。然而U-125号出现了严重的柴油机故障，因此先与补给潜艇U-461号会合，再与返航途中的U-159号会合。因为这些，使U-125号落在了U-514号后面大约400公里。

根据B机关提供的一支船队正在从美国驶往直布罗陀的情报，邓尼茨命令驶往巴西的“海豚”艇群调到了亚速尔群岛西南部海域，组成了一条巡逻线。搜寻一周后一无所获，便再命令“海豚”艇群的潜艇到补给潜艇U-463号上补充燃料，然后恢复原航线。

1月3日，U-514号发现了TM-1船队，也就是开往英国的第一支油轮船队，由9艘快速油轮组成，正从特里达前往地中海。护航的是英国第5护卫队，包括驱逐舰“哈夫洛克”号和3艘驱潜快艇“海绿”（Pimpernel）号、“高代花”（Godetia）号和“虎耳草”（Saxifrage）号。本来油轮的航行速度较快，但为了让驱潜快艇节约燃料，船队速度降到了8节，这使得它们很容易遭到潜艇攻击。

接到U-514号的报告后，邓尼茨命令其继续跟踪并允许在有利时机下攻击。U-125号和“海豚”艇群全速向船队靠近，由于“海豚”艇群的距离远达1500公里，能够赶来拦截的希望很小，但无论如何，阻止盟军在北非作战的迫切要求使得邓尼茨必须要尝试每一个可能。

1月3日，U-514号击伤了8093吨油轮“英国守夜”号（后被U-105号击沉）。由于护航舰雷达和高频测向仪故障不断，因此4艘护航舰居然无法对这唯一的跟踪者U-514号进行反击，但是U-514号的发报机和柴油机也出现了故障，所以无法与其他潜艇联系，速度也只有13节，虽然U-514号竭尽全力始终跟着船队，但U-125号因为无法与U-514号联系上，一直没能发现船队。

此时，有许多出航或返航的潜艇正在附近。U-182号（隶属“海豹”艇群）发现了一支西向船队，该船队距离“海豚”艇群巡逻线的中心仅有670公里，因此邓尼茨立即命令“海豚”艇群停止追击U-514号发现的船队转而追击U-182号发现的船队，这是GUF-3船队（直布罗陀-美国快速船队），于12月29日从卡萨布兰卡出发，由24艘船组成，护航舰艇包括“纽约”（BB-34，New York）号战列舰、“费城”（CL-41，Philadelphia）号轻巡洋舰和9艘驱逐舰。驱逐舰“爱勒”（Earle）号舰长汉密尔顿·豪在担任“卢波尔”号驱逐舰舰长时曾击沉U-85号，这次又首先用雷达发现了U-182号，随即打开探照灯边开火边向潜艇冲去。接着驱逐舰“帕克”号也赶来，一起对U-182号猎杀了10小时，被攻击了这么长时间，U-182号也就失去了与船队的接触。不过，以它的报告和推测为基础，“海豚”艇群的其他4艘潜艇在第二天晚上找到了船队。但是在它们发起攻击前，驱逐舰就将它们赶走了。邓尼茨了解到这些潜艇都曾遭到了猛烈的深弹攻击，便决定取消对这支护航严密的船队的进攻，转而去追击U-514号发现的那支船队，但是至少还需四天的路程，几乎没可能赶得上。不过这个看似不可能的决定，却得到了丰厚回报。TM-1船队司令理查德·波尔勒（Richard C. Boyle）没有采纳英国海军部改变航向的建议，结果在1月8日下午径直闯入了“海豚”艇群巡逻线的中心区。U-381号首先发现了船队，“海豚”艇群另外5艘潜艇迅速靠过来。此外邓尼茨还命令附近7艘潜艇也赶来截击，这样总共有13艘潜艇聚拢过来，1月8日晚至9日白天，共有10艘潜艇找到了船队并发起了攻击。邓尼茨勉励这些潜艇：“狠狠地打！救救在突尼斯的同志们……顽强作战，竭尽全力，不放过任何机会！”

8日，U-436号击沉2艘油轮共14703吨；9日，U-522号击沉2艘油轮共16867吨；9日，U-442号击沉9807吨的英国油轮“利顿帝国”（Empire Lytton）号；10日，U-511号击沉5004吨的英国船“威廉·威尔伯福斯”号（William Wilberforce，不过这艘船不属于这支船队，而是一个不幸的路过者）；11日，

■ 行动中录属于“海豹”艇群的U-182号潜艇在整次行动中表现出色，追踪GUF-3船队，为狼群随后对这一护航船队的重创创造了机会。

U-620号击沉了6983吨的英国油轮“英国主权”（British Dominion）号。最后船队只剩下2艘挪威油轮“凡加”（Vanja）号和“克利翁那”（Cliona）号抵达了直布罗陀。

只有U-134号遭到重创而返航，潜艇们总共宣称击沉了15艘，实际只击沉8艘共61457吨（包括“威廉·威尔伯福斯”号及“英国守夜”号）。16日，U-522号艇长赫伯特·施奈德（Herbert Schneider）获得了骑士十字勋章（获得勋章时，他的确证战绩是6艘共37000吨）。

TM-1船队之战大大改变了12月许多潜艇的作战安排，其中所有前往美洲的潜艇都没能如期赶到那里。“海豚”艇群对巴西海域的突击行动也取消了，U-125和U-514号也没能按计划到达西印度群岛。“海豚”艇群的U-511号和U-522号的鱼雷和燃料都剩下不多，不得不返航。但是“海豚”艇群得到了参加这次作战的4艘潜艇和1月出发的5艘潜艇的补充。

从1943年1月9日开始，英国就可以破译德军的“海神密码”了，有时甚至立即就能破译。因此盟军大部分UG和GU船队都绕过了“海豚”艇群，只有UGS-4船队3艘掉队船闯入了“海豚”艇群的巡逻线。结果，1月25日，U-575号击沉了4963吨的“弗林特城”（City of Flint）号；1月27日，U-442击沉7176吨的美国船“茱丽亚·沃德·豪威”（Julia Ward Howe）号，同日，U-514击沉了7177吨的美国船“查理士·宾克尼”（Charles C. Pinckney）号。

TM-1船队的可怕损失让英国备受打击，但随后两支快速油轮船队TMF-1和TMF-2都于1月底安全抵达直布罗陀海峡，大大改善了盟军的处境。

邓尼茨晋升

随着北非行动开始收尾，北冰洋又开始了极夜，盟军打算于1942年12月重新启动摩尔曼斯克船队。因为盟军飞行员还不习惯于夜间在航母上起降，而且德军将驻挪威的大部分飞机转到了苏联或地中海战场，所以英国没有派出护航航母参加护航。

此时，德国在挪威海域的军舰有战列舰“提尔匹茨”号、重巡洋舰“希佩尔”号、轻巡洋舰“科隆”号和“纽伦堡”号。袖珍战列舰“舍尔海军上将”号返回波罗的海进行维修。英国已经可以破译德国空军和驻挪威海军还在使用的三转子埃尼格码，所以掌握了很多关于这些军舰的情报，并知道德军暂时将潜艇从北冰洋调到了大西洋。译码专家报告“希佩尔”号和“科隆”号在阿尔腾峡湾，在波罗的海维修的“吕佐夫”号将于12月12日抵达纳尔维克。

摩尔曼斯克船队属英国海军部管辖，他

们决定将PQ-19船队分成两部分：第一部分按照新的命名规则被命名为JW51-A船队，由15艘商船和1艘油轮组成，计划于12月15日从苏格兰洛可艾维（Loch Ewe）出发（洛可艾维比冰岛更适合做摩尔曼斯克船队的出海港口，尤其是在冰冷的冬季）。7艘驱逐舰、2艘护卫舰、1艘扫雷舰和2艘反潜拖网渔船直接护航，2艘巡洋舰和2艘驱逐舰担负近距离掩护，另有1艘战列舰、1艘重巡洋舰和3艘驱逐舰提供远距离掩护。4艘英国潜艇在阿尔腾峡湾附近监视“希佩尔”号和“科隆”号的动向。

德军没有发现JW51-A船队，在北冰洋极夜的掩护之下，这支船队在圣诞节安全抵达了通往摩尔曼斯克的克拉港（Kola Inlet）。两天后，反向船队被命名为RA51仍由原来护航力量护航返回。

12月22日，摩尔曼斯克船队的第二部分JW51-B船队从洛可艾维出发。这支船队由14艘船组成，直接护航的有6艘驱逐舰、2艘驱潜快艇、1艘扫雷舰和2艘反潜拖网渔船，2艘巡洋舰和2艘驱逐舰近距离掩护，另有1艘战列舰、1艘重巡洋舰和2艘驱逐舰提供远距离掩护。12月27日，这支船队遭遇了暴风雨，5艘商船和2艘护航舰与船队主体分离，随后3艘船又重新加入了船队，还有1艘在驱逐舰“奥利比”（Oribi）号护送下独立赶往克拉港，剩下1艘在1艘反潜拖网渔船的护航下搜寻船队主体。

U-354号发现了JW51-B船队，收到U-354号的报告后，雷德尔海军上将立即命令奥托·克吕伯出动“吕佐夫”号袖珍战列舰、“希佩尔”号重巡洋舰和6艘驱逐舰前去攻击。“吕佐夫”号已经于12月19日调到了阿尔腾峡湾。12月30日，这支舰队在奥斯卡·库默兹（Oskar Kummetz）指挥下从阿尔腾出

■ 苏格兰洛可艾维。尽管拥有深水海湾和良好的停泊条件，但由于地处偏僻，远离交通干线，只是和平时期的一个小港。但第二次世界大战中，由于对苏物资援助的缘故，其地位得到凸显。

发。库默兹不知道近距离掩护舰队的存在，于是他将舰队一分为二，“希佩尔”号和3艘驱逐舰从左侧迂回攻击，吸引船队的护航舰艇，同时迫使船队转向或向南，从而直接进入“吕佐夫”号和另3艘驱逐舰的攻击范围。

12月31日，德军和英军舰队在晨曦中相遇，立即展开了混战。“希佩尔”号和3艘驱逐舰按计划拖住了护航舰，“希佩尔”号大展身手，击沉“阿凯提斯”（Achates）号驱逐舰，击伤驱逐舰“昂斯路”号、忠顺（Obedient）号和扫雷舰“荆棘”号，德军驱逐舰“埃克霍尔德”（Eckholdt）号随后将受伤的“荆棘”号击沉。英军近距离掩护舰队听到炮声后全速奔赴战场，毫无畏惧地迎战火力占优的德军编队，英军巡洋舰经过奋战击沉德军驱逐舰“埃克霍尔德”号，重伤“希佩尔”号。而“吕佐夫”号本来可以用其威力巨大的炮火消灭整支船队以及近距离掩护舰队，但是根据希特勒大型军舰不要轻易冒险的命令，放弃了这个大好机会，和“希佩尔”号以及剩下的5艘驱逐舰返回了阿尔腾湾。U-354号虽然两次攻击了船队，但都没命中目标。

JW51-B号和RA51船队都毫发无损地抵达了目的地，英国损失了驱逐舰“阿凯提斯”号和扫雷舰“荆棘”号，还有“昂斯路”号驱逐舰受重创。德军损失驱逐舰“埃克霍尔德”号，“希佩尔”号受重伤。

当希特勒听到英国广播盟军船队击退了德国大型军舰的攻击安全抵达摩尔曼斯克后，勃然大怒，因为直到此时库默兹还保持着无线电静默，希特勒认为海军有预谋地隐瞒他。雷德尔回忆道：“希特勒宣称将所有大型军舰搁置起来，并认为这些大型军舰根本没用——他并不听统帅部海军代表克朗克（Krancke）中将的解释，命令我立即通过电话向他报告清楚。我要求他给我一点时间以获得必需的准确的细节，但是直到几天后我才准确知道到底发生了些什么。”1月6日夜，雷德尔在“狼巢”晋见了希特勒，雷德尔这样描述了当时情况：“整整一个小时，希特勒，当着陆军元帅凯特尔的面，狠狠的训斥了我（官方速记员记录是一个半小时）。”雷德尔认为希特勒在他的话语中“已经显示出他不满意我的工作，对我也没有信心了”，于是非常安静地要求辞职，希特勒冷静下来并希望雷德尔继续担任这个职位，但被雷德尔拒绝。最后希特勒决定让雷德尔在1943年1月30日卸任，要求雷德尔推荐两个接任候选人，雷德尔推荐了罗尔夫·卡尔斯（Rolf Carls，当时担任海军北方舰队司令）和邓尼茨，希特勒选择了邓尼茨。

1月30日，雷德尔宣布卸职，由邓尼茨接任。邓尼茨在就职演讲中说：“按照元首的命令，我今天接过海军最高指挥权。我要对我一直领导的潜艇部队致谢，感谢他们时刻准备奋战到死的勇气和他们的忠诚。我将继续亲自指挥潜艇战。我将以同样坚定的战争精神统领整个海军。对于每一位海军人员，我期望你们能绝对服从，以极大的勇气奉献终生。正是在这些事情中我们缔造我们的荣誉。团结在元首周围，我们决不会放下我们的武器，直到胜利，赢得和平。元首万岁！”——这篇讲话还在海军埃尼格码网路中重复流传，这为盟军的密码破译提供了可以参考的副本。

邓尼茨随即从巴黎迁到了柏林，住进了达勒姆（Dahlem）城郊的一幢豪华别墅里。然后在夏洛滕堡（Charlottenburg）建立了潜艇司令部，任命海军上将汉斯-乔治·冯·弗里德堡（Hans-Georg von Friedeburg）为潜艇部队司令（FdU）。主要参谋部人员住在附近的施泰因普拉茨旅馆（Hotel am Steinplatz），其中最重要的左膀右臂是刚晋升海军少将的埃伯哈德·高特和邓尼茨的女婿君特·海斯勒。

盟军从邓尼茨接任海军总司令以及他在就职讲话中的好战口吻猜测，德国人将要发动全面潜艇战。确实，一开始，这个猜测是正确的。邓尼茨根据希特勒的指示收起了所有大型军舰，而且希特勒也同意了又一个潜艇部队扩建计划，开始大规模生产潜艇，并命令德国空军在大西洋为潜艇提供支持。不过后来邓尼茨认为如果海上指挥能有更大的自主权，那么一支由“提尔匹茨”号、“沙恩霍斯特”号和“吕佐夫”号组成的舰队可以有效地攻击北冰洋船队——有可能还可以攻击北大西洋船队——这样就可以拖住相当数目的盟军大型军舰，使他们无法用到别的地方。在一次和希特勒的会议中，邓尼茨说服希特勒同意了这个观点。

卡萨布兰卡会议

1943年1月，轴心国遭到了四次大失败：斯大林格勒战役、北非战役、西南太平洋上的瓜岛之战以及密码情报被破译。盟军的“炸弹”电脑和其他一些机械装置的数量大大增加，以及一些新的译码方法，布莱奇利庄园和华盛顿的译码专家们正在稳步解读轴心国的陆军、外交部和海军的密码。尽管他们还有不少困难，但是困难正在显著减少。盟军在1943年以及此后获得的关于敌军部队及其动向的准确信息的数量在历史上是空前的，这些情报在盟军做出的军事决策中成为了越来越重要的一部分。

同样重要的是，随着盟军对“海神密码”的破译，他们越来越怀疑B机关已经破译了盟军大西洋船队密码。这促使盟军相关机构展开了调查并证实了此事，于是对盟军的海军密码做了彻底的调整，使得德国B机关在以后的战争中完全变成了瞎子和聋子。

新年到来之际，罗斯福总统和丘吉尔首

相都感觉到有必要再一次会晤。这次会议的代号为“象征”（Symbol），1月14日到24日在摩洛哥卡萨布兰卡举行。由于斯大林格勒之战正在激烈进行，斯大林没有参加这次会议。因为达兰（Darlan）将军在圣诞前夜被暗杀了，自由法国的代表换成了亨利·日鲁（Henri Giraud）将军。

会议最终通过决议：击败突尼斯的轴心国部队之后，盟军立即进攻西西里（“爱斯基摩”行动）；进攻法国的“霸王”行动将推迟到1944年5月；针对德国潜艇部队发起全面进攻，但是在海军上将金的坚持之下，盟军将不设立单一指挥部来指挥所有大西洋反潜部队；开始对德国本土的战略轰炸；继续对苏联提供物质支持；加强在太平洋对日本的军事行动；盟军只接受轴心国的无条件投降。

在会议期间，盟军航运物资的严重短缺仍然是许多决议的决定因素。1942年盟军商业航运损失1664艘船共780万吨是一个沉重打击，其中轴心国潜艇击沉了约1160艘共625万吨。为了弥补这些损失，盟军所有的造船厂都在加班加点工作。1942年美国造船厂造出了760艘共约540万吨，英联邦造船厂共造出了110万吨，使得盟军造船总数达到了650万吨，差不多正好弥补了轴心国潜艇造成的损失。因此，1942年盟军船队的净损失是130万吨。盟国和中立国商船损失依据的是英国海军部提供的数字，比较准确。美国的一些军官如战争航运处行政长官（War Shipping Administrator）兰德上将为了夸大美国的造船量，用更大一点的“总载重吨”（deadweight tonnage）数据来代替“总登记吨”（gross tonnage）。1943年1月5日，兰德宣布美国在1942年共建造了746艘船（后改成了760艘）共800万吨。盟军的一些军官和大西洋大战的历史学家没能区分总载重吨和总登记吨的区别，这在战时和战后引起了不小的混乱和误解——一艘船的“总登记吨”是根据船的内部空间体积量出来的，每100立方英尺为1登记吨。而“总载重吨”则是这艘船能够运载的货物的最大重量（每2240磅为1吨，包括燃料和淡水）。

1942年，由于组建船队、潜艇造成的航运损失再加上一些军事行动的需求，英国赖以生存的进口急剧缩减。战前英国年进口量为5000万吨，到1940年下降到4200万吨，1941年继续下降到3100万吨，1942年下降到了难以忍受的2300万吨。应丘吉尔增加英国进口航运的强烈要求，罗斯福于1942年11月30日答复道，他已经命令美国的造船机构将1943年的生产目标从1600万吨（总载重吨）提高到1880万吨（总载重吨），而且如果可以节约钢材的话，他有可能将目标定在2000万吨（总载重吨）——美国船厂1943年建造1949艘共1920万载重吨，约合1300万登记吨。他向

■ 这是一张著名的照片，罗斯福出席一艘仅用10天时间建造起来的自由轮的下水典礼。万吨巨轮以制造罐头一样的速度完成，这等于是宣判了邓尼茨和他的狼群的死刑……

丘吉尔保证，美国将通过《租借法案》从这些新增船只中划出足够数目借给英国，以保证它在1943年的进口量不低于2700万吨。

参加卡萨布兰卡会议的美国高级军事将领都不理解罗斯福为什么保证要帮助英国将1943年的进口量维持在2700万吨以上。他们不光认为《租借法案》中为此目的而借给英国的船只应该大量削减，而且他们还要让英国为军事行动提供更多的船只。由于在卡萨布兰卡没有航运专家，会议没有就海运分配问题进行细节上的探讨，因此他们的不理解藏了好几个星期。等到一切都清楚了之后，英美关系遇到了暂时的困难，他们不得不对卡萨布兰卡会议通过的一些计划做出了修改。

在会议通过的众多决议之中，与会者一致认为其中最紧迫的事情莫过于对航运的保护和对德国潜艇部队的打击。盟军明确规定，这一任务对军事资产的使用具有最高优先权，以下就是众多措施中的一部分：

美国和英国的轰炸机部队将大大加强对法国大西洋沿岸潜艇基地的袭击、美国和英国的重型轰炸机部队将轰炸那些有潜艇工厂或重要的潜艇部件如柴油机或电池生产工厂的城市。

岸防司令部将对比斯开湾重新发起“猎人-杀手”行动，阻断往来于法国基地的潜艇。驻扎在英格兰西南部圣埃瓦尔（St. Eval）反潜司令部的2个航空兵中队拥有装配厘米波雷达的B-24“解放者”轰炸机，他们

1942年后5个月大西洋潜艇舰队的潜艇数量：

时间/艇型	1942年9月1日	10月1日	11月1日	12月1日	1943年1月1日
VII型艇	77	98	101	100	106
IX型艇	47	47	49	48	51
总数	124	145	150	148	157

在1943年前4个月里，大西洋潜艇舰队的进攻型潜艇数目也没有大规模增加：

时间/艇型	1943年1月1日	2月1日	3月1日	4月1日	5月1日
VII型艇	106	114	125	123	134
IX型艇	51	53	54	54	52
总数	157	167	179	177	186

在1943年1月到4月，德国人将大西洋潜艇舰队绝大多数的VII和IX型潜艇派到了北大西洋航线上：

海域/月份	1月	2月	3月	4月
北大西洋	42	55	40	72
中大西洋	14	12	7	12
南大西洋	1	1	3	—
美洲	4	3	4	6
总计	61	71	54	90

将协同岸防司令部在比斯开湾展开“猎人-杀手”行动。

由于护卫舰艇紧缺，从1943年1月开始，北大西洋航线上的东向货船队的出航周期由八天延长至十天，大部分船队由英国或者加拿大护卫队提供护航，但美国护卫队A-3也要为这些船队提供护航。英国人和加拿大人将组建至少五支攻击型舰队即“猎人-杀手”组（支援小组）来加强船队防御。每个“猎人-杀手”组由6艘或8艘舰艇组成（包括驱逐舰、炮舰、护卫舰〔frigate〕甚至还有护航航母），他们将沿船队航线巡逻，一旦有船队受到潜艇威胁，将立即赶往支援，他们的任务不再是像以前那样仅仅将潜艇压制住，而是猎杀尽可能多的潜艇。

北大西洋航线上那些直接受潜艇威胁的船队获得最大规模的空中掩护。岸防司令部第120中队的B-24轰炸机炸弹舱中安装附加油箱，外加其他一些措施，这些飞机将被改装成超远程轰炸机。同时B-17“空中堡垒”和“哈利法克斯”轰炸机还有杀伤力略有逊色、更易受攻击、航程更短的“卡塔林那”和“桑德兰”飞机将共同承担起远程空中掩护的主要任务，它们将尽可能远的朝向格陵兰岛空巡真空带巡逻。

来往于美国和直布罗陀海峡之间的中大西洋船队（UG和GU快速或慢速船队）将完全由美国军舰提供护航，这类新建立的船队主要是为北非行动提供支持。提供护航的主要是巡洋舰、“国库”级海岸警卫快艇还有驱逐舰，但是由于UGF船队中有许多运兵船，所以护卫舰队中也包括旧战列舰“阿肯色”（BB-33，Arkansas）号、“纽约”号和“得克萨斯”号，此外还有航母“漫游者”（CV-4，Ranger）号。后来，攻击型的护航航母“猎人-杀手”支持舰队也为这些船队服务。

盟军还在中大西洋海域建立了另外两条船队航线，由美国军舰护航。这两条航线上都是油轮船队，关于大西洋大战的文件很少提及以下事实：那就是中大西洋船队系统逐渐变得非常庞大了，需要大量的美国战舰和飞机为其提供护航。

英国决定为岸防司令部配备40台H2S型厘米波雷达，而在此之前，只有轰炸机司令部有这种雷达。岸防司令部的新任司令约翰·施莱瑟（John Slessor）害怕在岸防司令部应用这种雷达之前，德国人会从坠毁的英国轰炸机上发现这种雷达，然后研制出相应的雷达探测器（FuMB），他建议轰炸机司令部的飞机暂时不要携带这种雷达飞到德国本土或德占区上空，几个月之后再这样做。但是他的要求被驳回了。2月1日晚，1架“斯特灵”飞机在鹿特丹附近被击落，德国人从这架飞机上发现了雷达，这仅仅是这种雷达在战争中的第二次使用。

美国船厂的护航驱逐舰（DEs）建造得到了优先权，由于在1942年的低优先权，1943年上半年只有55艘护航驱逐舰服役，其中21艘被派到太平洋，7艘加入英国海军，5艘给海军学校，只有22艘用于大西洋护航。

1943年第一个季度，盟军重型轰炸机部队对法国的潜艇基地进行了20次空袭，其中13次是由轰炸机司令部执行的，7次是由第8航空队执行的，总共出动3124架次。2月7日夜，302架次空袭洛里昂；2月13日夜，437架次空袭圣纳泽尔（St. Nazaire）；2月16日夜，363架次飞机空袭洛里昂，2月28日到3月1日夜，413架次空袭圣纳泽尔。这些空袭炸毁了许多基地设施，甚至将圣纳泽尔和洛里昂的城区炸了个底朝天，但是没有炸弹落入潜艇船坞，船坞外面的潜艇也没有被炸到。同样，对布勒斯特的小规模空袭也未能炸到潜艇船坞。飞行员很害怕也很痛恨这些任务，因为飞机和飞行员损失一直非常惨重。900公斤炸弹竟然丝毫没有炸到潜艇船坞，这使士气受到了很大挫折。柏林嘲笑了盟军的作战行动，声称德军的防御工事不可摧毁，但是实际上，盟军的飞行员在反潜作战中做出了重要贡献，甚至是空军历史学家们在当时和后来都没有意识到这一点。空袭大大延缓了其他潜艇船坞的建造速度，而由于大西洋潜艇部队的不断扩增，德军正需要这些船坞。

1943年第一季度，轰炸机司令部继续空袭潜艇船坞和德国本土船厂，总共再出动1443架次，四次空袭威廉港、三次空袭汉堡、空袭不来梅和埃姆登（Emden）各一次。这些空袭也以失败告终：没有炸弹击中潜艇建造设施或潜艇。

由于新飞机数目增长缓慢，加上支援北非作战的第12航空队接收了一部分轰炸机，第8航空队的规模也仅仅是缓慢增长。第一次轰炸德国本土的任务在1月27日展开，共出动53架飞机空袭威廉港。2月和3月，又对德国发起了四次空袭行动，两次对威廉港，一次对不来梅，一次对埃姆登。直到3月18日，才有能力发起超过100架飞机的空袭，但是掩护的战斗机数目仍然不足。这些对德国的空袭也没能给潜艇船厂或潜艇造成任何的损失，美国空军历史学家写道，这些轰炸总的来说是试验性的。

1943年：神话和现实

二战结束后很多年，海军历史学家和流行作家一样，都像写剧本一样将1943年1月到4月的潜艇战描述成：德国将“服役中的”潜艇最终积累到了“400艘甚至更多”，在3月将北大西洋船队几乎一扫而光，由此“正在赢得”这场旷日持久的大海战，然后盟军在那一海域的一切行动都陷入了极度危险之中。接着到了1943年5月，潜艇战又突然几乎是不可解释的崩溃了。

关于这一期间大西洋潜艇战的这种观点很明显首先来自于英国海军部那份权威而秘密的1943年12月《每月潜艇报告》：“到1943年3月20日，形势看上去确实很危险，敌人似乎差点就达到了切断大不列颠和北美大陆之间航线的目的。从那之后，敌人的力量看上去开始衰落……”之后的描述更像是一段启示录了：“3月20日前那段时期，我们看上去不应该再延续船队体系来作为对付敌军狼群战术的有效手段了。”

塞缪尔·埃利奥特·莫里森在1947年出版了一本准官方的美国二战海军行动史，在第一卷中莫里森引用了英国海军部的材料：“在1943年3月的前20天里，敌人从没距离他们切断新世界（美洲）和旧世界（英国）之间联系的目的如此之近。”

史蒂芬·罗斯基尔于1957年出版了一本关于二战中英国海军行动史的书籍，他直接引用了英国海军部同一来源并将这段时期称为“危机中的危机”：“作者之所以有这种观点，是因为在1943年春天，我们差点就输掉了大西洋大战……当我们回顾那个月时，我们所承受的损失总是给我们一种类似于恐惧的感觉……如果船队体系失效了，皇家海军部能够采取什么方法呢？他们不知道；但是尽管他们不承认，他们肯定都感觉到失败就在他们面前……”

尽管后来的学术研究证实这个描述是错误的，但是这种描述还是时不时地出现，甚至出现在一些相当严肃的著作当中。例如，美国海军历史学家大卫·希雷特（David Syrett）这样描述这段时期：“盟军在北大西洋上的战略处境是凄惨的，潜艇对北大西洋上船队的袭击和击沉事件永无休止……1943年3月，德国人距离他们切断北美洲和大不列颠之间联系的目的最为接近……航运的短缺使得盟军几乎没办法一方面保证大不列颠的食物和原料进口，同时又要为军事行动提供支持。”

为了将这件事更真实地表现出来，我们有必要完全而清楚地将一些相关事实罗列出来。

第一，潜艇部队的力量。根据最可靠的德国资料来源，到1943年1月，服役中的潜艇确实达到了400艘，但这里需要减去12艘特种

1943年1–4月德国潜艇战绩简表：

	巡逻次数	新手潜艇	击沉船只数	平均击沉数	潜艇损失	白卷潜艇
1月	56	14（25%）	41.5	0.74	12	32（57%）
2月	67	31（46%）	61	0.91	8	36（54%）
3月	47	14（30%）	26	0.55	15	27（57%）
4月	86	22（25%）	19	0.22	31	66（77%）
总计	256	81（32%）	147.5	0.58	66（26%）	161（63%）

潜艇（XIV型“奶牛”补给潜艇、XB型布雷潜艇和IXD2型潜艇巡洋舰），而且400艘潜艇中只有一半可以执行作战行动；剩下的潜艇或者在进行维修或是被冰封在了波罗的海，或者是被派到了潜艇学校。此外，被派到北冰洋和地中海的潜艇实际上根本就没起什么作用，只有驻扎在法国五个港口里的潜艇才能对盟军构成真正的威胁，而在这些港口里的潜艇到1943年1月，比起1942年夏末仅仅增加了33艘。

而波罗的海的灾难和事故仍在继续，XIV型补给潜艇U-490号在试航过程中沉没在了哥登港附近，这对本来就薄弱的大西洋补给潜艇数量来说无疑是一个沉重的打击。VII型U-231号在战术训练中没有过关，还必须重新进行测验。在另一次训练中，U-232号将U-649号撞沉（55.15N，17.15E）。VII型新潜艇U-416号则撞上了苏联潜艇L-3号布下的水雷而被炸沉（54.55N，14.45E），后来虽然被打捞上来，但只能作为训练艇来使用了。VII型新潜艇U-421号也撞上了1枚英国水雷，被严重炸伤。

第二，盟军损失。在4个月里，盟军共有59支船队，大约2400艘船向西或向东穿越了北大西洋。潜艇从这2401艘船中击沉了111艘，这些船约占穿越了大西洋的船只总数的5%。换句话说，在这4个月里，59支船队中的95%的船只平安抵达了目的地。

在3月的前20天里，北大西洋上的潜艇取得了不菲的战绩，他们攻击了4支东向船队，潜艇从这些船队的大约200艘船中击沉了39艘（约占总数的20%），这令英国海军部慌乱不已。事实上，同一时间里还有11支船队毫发无损的穿越了同一海域，另有1支船队仅仅被潜艇击沉了1艘船，而这一事实却基本没有被那些著作提到过。

被击沉的39艘船上的人员、武器和原料损失的准确数目至今还没有公布，但肯定很严重。不过再怎么严重也达不到罗斯基尔所说的“危机中的危机”。二战期间英国商船航运官方历史学家贝伦斯（C. B. A. Behrens）写道，尽管在这一年第一个季度英国物资储备量有所缩减，但在1943年上半年英国进口业并没有蒙受灾难。

在1943年前4个月里，尽管盟军在北大西洋航线上的航运损失一直在唱主调，但这并不是故事的全部。德国潜艇在其他海域（中大西洋、北冰洋、地中海、西非、印度洋和美洲海域）也取得了一些成功。

为了更清楚地观察这一时期的盟军商船形势，也需要注意一下盟军船厂新造船只的数目。1943年1月至4月，美国船厂的造船速度确实是非常惊人，超过了轴心国击沉速度的2倍!

德国从来没感觉到在这4个月里他们有机会切断北美、英国和西非之间的联系。相反，除去3月那次大屠杀之外，潜艇在这段时间内从北大西洋船队中取得的战绩一直在稳步下降。白卷潜艇的数目继续上升，这个趋势对德国人来说真是太不妙了。

就如1941年和1942年一样，丘吉尔和英国海军部一直对盟军的海运损失表示出严重的担心，并不断提到英国有可能出现进口危机，有可能将英国的物资储备降低到很危险的水准。和以前一样，1943年罗斯福总统也迅速而慷慨地响应了伦敦的呼救。他指示战争航运处在《租借法案》框架下连续10个月每月借给英国15艘新货船，共150艘船，约100万吨。后来又每月增加到20艘，这样就是200艘，近150万吨（这些船被称为SAM船，实际转交给英国为182艘）。

从这些分析中我们可以清楚地看到，大西洋部队的潜艇在3月的前20天里在北大西洋上击沉了很多船。实际上这些损失还是灾难性的，但是从总体看来，绝对没有英国海军部回顾的那样严重，远没达到要切断盟军生命线的地步，护航船队体系也没有失去作用。

1943年3月那份秘密而又权威的《每月反潜报告》这样描述："考虑到潜艇攻势的强度加大了，大多数船队还是非常出色的挺过来了。"

更多的失败

1943年1月，德国潜艇司令部（German U-Boat Control）向北大西洋和中大西洋派出了56艘潜艇（从1943年2月起，名义上潜艇部队总司令是弗里德堡海军上将，但实际负责的是埃伯哈德·高特海军少将。参谋军官包括君特·海斯勒、阿达尔伯特·史内、彼得·克莱默和其他一些人）。

战争后期的另一个神话就是，从1943年起直到战争结束，德国潜艇艇长都非常年轻，差不多都只有二十一二岁。1943年艇长平均年龄在28岁左右，其中148名艇长平均年龄是26岁，年纪最大的艇长是52岁！还有2名40多岁的，42名30多岁，只有6名是23岁，1名22岁。

为了在岸基反潜飞机的作战范围外发动潜艇战，许多潜艇航程随之增加了，自然就需要在海上加油。而德国没有足够的补给潜艇来为数目如此众多的潜艇提供支援。冬天在海上加油是很冒险的事，不仅恶劣天气中很难确定潜艇的位置，而且在暴风雨或大浪情况下输油软管经常被扯断。

在1943年1月，大西洋舰队一共有5艘XIV型绰号"奶牛"的补给潜艇，外加1艘可以临时作为补给潜艇使用的XB型布雷潜艇U-117号。所有被派到北大西洋航线上的潜艇都遭遇了强大的暴风雪。他们经受的痛苦是难以描述的：巨大的海浪、怒吼的狂风和潜艇内部接近零度的气温。但是除去一两艘潜艇外，几乎所有潜艇上的士气都非常高涨。

■ 尽管“狼群攻击”间或暂时转移到别的海域，但是大西洋战役的核心战斗，永远是围绕着这片狼群肆虐的海洋。在1942年和1943年之交，狼群在这一海域再次掀起屠戮的高潮。

潜艇司令部不断提醒艇员，每击沉一艘船，都为在东部前线和其他战线的战友们提供了直接帮助。他们掌握着最好的、实际上也是唯一的赢得战争的机会。

1月出发的许多潜艇都有新武器：FAT型曲线空气动力鱼雷、装有新式Pi2型磁引信的电动鱼雷、音响自导鱼雷。音响自导T-3型鱼雷外号“猎鹰”（Falke），由G7e电动鱼雷改进而来，可根据近距离商船螺旋桨的声音而沿小圆圈路线行进，这提高了鱼雷的命中率。T-3“猎鹰”鱼雷航速为20节，射程6500米，可攻击航速不超过12节的船只（德国正在研制一种更先进的T-5“鹪鹩”〔Zaunkoenig〕鱼雷，这种鱼雷将会探测目标螺旋桨的声音并进行定位，然后径直朝螺旋桨冲去直至命中）。潜艇的防空火炮数目得到了增加，包括舰楼前后2门20毫米加农炮，指挥塔后方1门37毫米速射炮。为了减轻重量和在水下航行时的阻力，VII型潜艇上面使用率很低的88毫米甲板火炮大部分被拆除了。为了提高水上航行时的隐蔽性——主要是减小雷达反射面积，所有潜艇的舰楼和指挥塔都被削短并弄平了、被动声呐装置得到了改进。这种水下听音器也被称为阵列声呐，由几十个安装在艇首两侧的传感器组成，如果海上天气状况很好，阵列声呐可以听到15到30公里外船队船只的螺旋桨声。在大浅滩、格陵兰岛和冰岛附近雾气常年笼罩的海域，能见度通常只有几米，阵列声呐为德国人提供了一种探测、跟踪船队并躲避护卫舰袭击的方法。

盟军方面更多的军舰和飞机装上了厘米波雷达（德军的墨脱克斯〔FuMB〕雷达探测装置对这种雷达无能为力）、更多的护卫舰和救援船安装上了高频测向仪、德国海军埃尼格码被破译，这使得盟军有了足够情报来为船队制订安全航线。反潜飞机开始装备固体推进火箭，这种火箭直径3英寸，重30公斤，弹头重11公斤，飞行速度接近音速，通常被固定在飞机机翼下面，可以单发也可以齐射。最佳使用方法是将火箭以13度角射入距离目标约20米的水中，弹头的特殊外形使得火箭如同打水漂那样冲入水下然后朝上跳去，在水面潜艇水线以下的抗压壳体上穿出一个窟窿。当然，火箭也可以直接射击潜艇裸露在水面上的上层建筑，但是这种方法不如前一种有效，因为火箭很难穿透上层建筑和抗压壳体两道防线。

由于潜艇的调配和12月对ONS-154号慢速船队的长途奔袭，再加上冬天的恶劣天气，到1943年1月，在北大西洋上的潜艇数目都无法组成两个艇群（每个艇群13到15艘潜艇）。在1月出航的潜艇还没有到达的情况下，潜艇司令部指示5艘潜艇到U-117号上加油，然后组成“美洲豹”（Jaguar）艇群，在纽芬兰东北部截击东向船队。另外14艘潜艇组成了“猎鹰”（Falke）艇群，在格陵兰岛东南海域截击船队。

“美洲豹”艇群的建立和扩充遇到了困难：由于天气状况恶劣，5艘潜艇中只有U-662号完成了加油，U-123号还有足够的燃油，其他潜艇只好返航。按计划，6艘从法国和德国出发的潜艇将加入这个艇群，这样“美洲豹”艇群就有了8艘潜艇，它们在纽芬兰附近来回巡逻，没有发现任何船队。

“猎鹰”艇群在纽芬兰西南海域组成了一道巡逻线，其中U-167号被风浪冲毁了舰楼，不得不中断巡逻。1月9日，U-632号发现了一支船队，“猎鹰”艇群有4艘潜艇发起了攻击，击沉了4艘船共约25000吨。这是1月上半月北大西洋航线上潜艇的全部战果。

1月15日，为掩护ONS-160船队的英军第206中队的1架B-17发现了在水面上航行的U-632号，飞行员克拉克（Leslie G. Clark）俯冲到25米高度投下7枚深弹，其中3枚在潜艇附近爆炸将潜艇炸伤。

“猎鹰”艇群一直在徒劳地寻找船队，但那些船队都绕过了巡逻线。高特感到备受打击，他在日记中写道：“潜艇‘根本不适合’搜寻船队。为了寻找船队，大量潜艇在那里徒劳的等待。要想找到船队，远程侦察机才是最理想的。”鉴于“猎鹰”艇群一直无法发现船队，潜艇司令部加派了“苍鹰”（Habicht）艇群前去支援，在最高峰时期，“猎鹰-苍鹰”艇群的潜艇数目曾达到过27

艘，其巡逻线更是达到了1000公里。

17日，“苍鹰”艇群的U-268号发现了HX-222船队，为该船队护航的是加拿大C-1号护卫队，共有3艘驱逐舰和5艘驱潜快艇。而且此时这支船队在冰岛西南方330公里，正在岸基飞机的巡逻范围内。潜艇司令部授权U-268号向船队发起攻击，但没有授权“猎鹰-苍鹰”艇群其他潜艇这样做。U-268号选择了视线中最大的1艘船——14547吨的捕鲸船“维斯特福尔德”（Vestfold）号，将其一举击沉。

“猎鹰-苍鹰”艇群的其他潜艇都没有发现船队，1月19日，许多潜艇的燃料所剩不多了，因此潜艇司令部只好将这些潜艇分为“双刃剑”（Haudegen）艇群和“步兵”（Landsknecht）艇群，燃料比较充足的潜艇加入了“双刃剑”艇群，从格陵兰岛东南端的法韦尔角开始排成一条巡逻线。燃料短缺的潜艇则加入到“步兵”艇群，巡逻地带在更靠东南的地方，加上仍然在纽芬兰东北海域巡逻的“美洲豹”艇群（12艘潜艇），德军在北大西洋航线上一共布置了3个艇群。

16日，4艘潜艇从法国出发加入“步兵”艇群。20日，在港口整整维修了4个月的U-553号和U-465号会面，这是最后一次见到U-553号，该艇的沉没时间和地点一直是个谜，最大可能是被1架身份不明的岸基反潜飞机击沉的。该艇艇长卡尔·图尔曼一共击沉13艘商船共64612吨。

22日，“美洲豹”艇群和“双刃剑”艇群在纽芬兰以东和格陵兰岛西南海域巡逻，天气、能见度以及无线电通讯都非常糟糕。U-96号因机械故障而返航，但其他潜艇则继续坚持不懈地通过肉眼和声呐寻找船队。这份努力终于得到了回报，U-68号和刚开始返航的U-96号几乎同时报告发现了船队，尽管当时无线电讯号非常糟糕，但潜艇司令部还是做出了正确的判断，认为是两支不同的船队，相距大约500公里平行航行。这两支船队正是SC-117船队和HX-223船队，分别由英国B-3护卫队和美国A-3护卫队护航。

随后潜艇司令部打算将“美洲豹”艇群和“双刃剑”艇群的潜艇调到合适的位置对两支船队发起攻击。但是由于糟糕的无线电讯号、恶劣的天气还有缺乏经验的艇员，最终只击沉了两支船队中的4艘船共25148吨。

27日，追击行动取消后，“美洲豹”艇群和“步兵”艇群解散，其中尚有燃料的潜艇在纽芬兰东部组成“箭矢”（Pfeil）艇群，“双刃剑”艇群的潜艇数目增加到了21艘，其巡逻线从格陵兰岛向西南延伸500公里。“步兵”艇群里2艘燃料充足的潜艇U-404和U-584号到英国西南的兰兹角（Land’s End）和锡利群岛（Isles of Scilly）袭击那里的航运。U-404号在反潜飞机的压制下，撞上了礁石，艇首被撞坏，不得不返航，49天的巡逻颗粒无收。U-584号则由于螺旋桨噪音太大，被迫中断任务返航。

在1月最后几天里，B机关报告一支特殊船队从英国出发开往直布罗陀。于是潜艇司令部在比斯开湾西部海域匆匆部署了由12艘潜艇组建的“刚毅”(Hartherz) 艇群。但英国破译了有关“刚毅”艇群的情报，据此船队绕过了该艇群的巡逻线。在得知“刚毅”艇群没能截住那支直布罗陀船队后，就将这个艇群解散了。

由于船队出航周期从八天延长到了十天，在1943年1月，只有13支船队的520艘船在暴风雪中穿越了北大西洋。尽管盟军的破译专家在那个月还不能完全破译德国海军的埃尼格码，但是就那些散碎破译的情报就帮助大多数船队绕过了潜艇巡逻线。在那一海域庞大的潜艇舰队只短暂地接触到了3支船队（HX-222、SC-117和HX-223船队)，总共只击沉5艘共39695吨，这是德国潜艇在整个战争期间战绩最少的一个月。德军损失了U-337号、U-553号和U-519号潜艇，这3艘潜艇沉没原因均不明。

在北大西洋上的成功

1943年2月，潜艇司令部向大西洋派出了67艘潜艇，这个数字是空前的。在2月前半月，岸防司令部在比斯开湾展开了强大的反潜攻势——“刚朵拉行动”(Gondola)，然而飞机只击中了U-211号。美国陆军航空队第1反潜中队的1架B-24重创了U-211号，迫使其返航。不过海上没有足够的补给潜艇来支持数量庞大的潜艇，只有3艘XIV型补给潜艇和XB型布雷潜艇U-119号。

2月，盟军破译埃尼格码的行动继续深入。为了合理处理英国和美国破译专家获得的情报资料，海军上将金建立了一个“秘密工作室”（Secret Room)，隶属于美国海军的潜艇跟踪监视处。由预备役海军上尉约翰·帕森斯（John E. Parsons）领导，在这个工作室的三面墙上分别挂有北大西洋及南大西洋、印度洋和加勒比海的大海图。海图上标记着潜艇最后被发现的日期和位置。不同的颜色代表不同型号的潜艇（VII型、IX型、XB型等等)。每面墙上还有“港口板”（Port Board)，显示着潜艇前沿基地的位置，以及每个基地里的潜艇和它们抵达港口的日期。从这些海图上得到的讯息可以帮助海军潜艇跟踪监视处主任肯尼斯·诺雷斯（Kenneth Knowles）得到海上潜艇的每日“估计位置”（与潜艇的“最后已知位置”相对)。工作室第一个富有挑战性的任务就是确定出新出航潜艇的舷号和艇长，这个过程开始于潜艇发送一个短讯号“通过报告”，以表示它已经安全通过了比斯开湾或者冰岛-法罗群岛，进入了大西洋宽阔海域。这个讯号既不用艇长名字来编写，也不用潜艇的真实舷号来编写，而是一个二元编码讯息。然而潜艇司令部有时也会疏忽，会指名道姓的发讯息给某位艇长以回应潜艇发来的报告；而潜艇则再用数字来回应。对工作室里的资料卡片目录进行比对之后，经常可以得知哪艘潜艇由谁在指挥，以及潜艇的型号讯息。因此大多数潜艇和艇长都可以很快被确认——多数情况下在三星期之内。

盟军在伦敦-华盛顿的秘密通讯中都不直接提到具体的每艘潜艇（因为这些讯息有可能会被德国人破译），而一直是用一个二元编码来代替。这个二元编码中的第一个字母代替潜艇的型号，而第二个字母则代表这一型号系列中的具体潜艇。字母表中的单数字母（A、C、E、G、I等）代表VII型潜艇，双数字母（B、D、F、H、J、L）代表IX型潜艇。字母M留出来代表布雷艇，S代表潜艇巡洋舰，W代表货物艇，Z代表补给潜艇和鱼雷供给艇（举例来说，AA、AB、AC、AD和CA、CB、CD代表具体的一艘VII型艇；BA、BB、BC、BD和DA、DB、DC则代表具体的一艘IX型艇。MA则有可能指的是XB型布雷艇U-116，MB有可能是U-117）。由于从各类来源获得的讯息越来越多，盟军在有可能的时候也会将艇长名字编入二元码。比如说，二元编码“GD”有可能是代表哥特弗里德·赫尔道夫（Gottfried Holtorf）任艇长的U-598号。

第二个富有挑战性的任务就是确定出每艘潜艇是航向哪里的：北大西洋？南大西洋？美洲？这并不容易，因为德国人的方格海图二元编码系统（AK、AL等）一直被颜色或附加数字掩盖着。举例来说，潜艇司令部要命令1艘潜艇“EB”前往北大西洋（冰岛以南）AL22方格海域，他们会用“Blue 72”来代替那个区域。在这个例子中附加的数字就是50。其他身份确定的潜艇发来的大量短讯号提供了可比较的对象，比如船队接触报告、击沉报告、受伤报告、天气报告等，然后高频测向仪也可以提供方向讯息，再加上其他各类讯息的帮助，盟军很可能将“Blue 72”和AL22对应起来。但是这是一项异常艰苦的工作，要求破译者具有敏锐的直觉和极强的耐心。

诺雷斯在忙着解决这些难题时，英国海军部潜艇跟踪监视处的罗杰·温和他的助手们也在忙着干同样的事情。诺雷斯和罗杰·温几乎每天都在交换讯息，大约一星期交换一次所有海上潜艇的临时名单、艇长和型号二元码、燃料和鱼雷情况、位置、小组分配等，然后对名单进行校对和讨论直到完全一致为止。

美国历史学家乔治·豪威（George Howe）写道：从1943年2月5日到2月28日，盟军能够稳定地破译潜艇的通讯，一般只会延迟一天。这些情报如此及时，以至于它们可以被直接利用在战术上，帮助船队绕开潜艇巡逻线或指引反潜飞机去“发现”潜艇并发起袭击。

德军潜艇同样也从B机关那里得到了许多情报，2月1日，刚从北冰洋调来的U-456号在中大西洋发现了HX-224船队，该船队由58艘船组成，加拿大C-4护卫队的7艘舰艇（2艘驱逐舰和5艘驱潜快艇）护航。U-456号对船队进行了跟踪并引来了附近几艘潜艇，然后它于2日发起攻击并击沉了1艘7177吨的美国自由轮，3日再击沉9456吨的英国油轮“因佛里伦”（Inverilen）号。3日，正要返航的U-632号循声而来，找到HX-224船队并击沉了掉队的8190吨的英国油轮“科德里亚”（Cordelia）号。一共有6艘潜艇找到了HX-224船队，其中4艘燃料充足的潜艇一路追踪，其中U-265号于2月3日被英军第220中队的1架B-17发现并击沉（56.35N，22.49W）。

U-632号救起了英国油轮“科德里亚”号的首席工程师，这位工程师泄露说有另一个大型船队正紧跟着HX-224船队，这个情报随即被报告给了潜艇司令部——这正和德军的猜测相同：盟军有可能会让一支慢速船队沿着和HX-224船队相同的航线前进，因为他们相信潜艇都会被HX-224船队吸引向东，因此后面的水域会比较安全——于是潜艇司令部将“箭矢”艇群的13艘潜艇迅速调向HX-224船队后方。当德军正在紧张地调配潜艇时，“双刃剑”艇群最北边的U-223号报告发现了船队，一开始潜艇司令部以为这是预料中的那支慢速船队，随即命令“双刃剑”艇群北半部分的潜艇向U-223号靠拢。但是U-223号潜艇发出的第二份报告对船队作出了正确的推测——艇长卡尔-于尔根·沃希特（Karl-Jurgen Wachter）报告船队仅有5艘船，有可能是前往格陵兰岛的小船队，潜艇司令部立即将增援U-223号的潜艇减少到了4艘。这支船队正是从纽芬兰赶往格陵兰岛的地方船队编号为SG-19，包括5649吨的美国陆军运兵船“多尔切斯特”号（Dorchester，船上有130名船员、751名陆军士兵和23名海军武装警卫）和两艘挪威货船，由3艘海岸警卫快艇护航。沃希特在2月3日夜间从水面上向船队发起了攻击，发射5枚鱼雷2枚击中了“多尔切斯特”号，但令人费解的是，“多尔切斯特”号竟然没有发出求救讯号！后来护航舰发现“多尔切斯特”号不见了，“坦帕”号快艇艇长约瑟夫·格林斯庞（Joseph Greenspun）命令“科曼奇”号和“埃斯坎纳巴”号快艇返回去猎杀潜艇并营救“多尔切斯特”号的幸存者，自己则保护2艘挪威船继续赶往格陵兰岛。2艘快艇先徒劳地猎杀潜艇，然后开始营救幸存者，最后只救起了229人。

2月4日，潜艇司令部对“双刃剑”艇群的20艘潜艇重新作了安排，5艘追击格陵兰岛船队的潜艇被命名为“北礁”（Nordstrum）艇群，留在纽芬兰和格陵兰岛之间海域寻找盟军船只。1月从法国出发的5艘潜艇加入“箭矢”艇群，一同攻击期望中的慢速船队，剩下的10艘潜艇在圣约翰斯附近沿纽芬兰海岸展开。根据破译埃尼格码获得的情报，盟军飞机发现并攻击了这10艘潜艇中的U-403号和U-414号，U-414号遭重创，被迫返航。

在HX-224船队后面的是SC-118船队，该船队于1月24日从纽约出发，由44艘船组成，后来纽芬兰出发的19艘船加入了船队，使得船只总数达到了63艘。由英国B-2护卫队护航，这支护卫队本来由著名的反潜王牌“金星”号舰长唐纳德·麦金泰尔指挥，但由于“金星”号在撞沉U-357号时也受了伤，正在利物浦接受维修。这样这支护卫队暂时由“蛱蝶”号驱逐舰舰长布朗德福特（F. B. Proudfoot）指挥，这支护卫队力量非常强大：4艘驱逐舰、1艘海岸警卫快艇和4艘驱潜快艇，所有护航舰上都装有雷达，“蛱蝶”号、“比波”号海岸警卫快艇和救援船“向前”（Toward）号装有高频测向仪。

2月4日凌晨，船队穿过了“箭矢”艇群的巡逻线，没有被发现。但是挪威船“安尼克”（Annik）号上的一名船员却莫名其妙地发射了一颗雪花闪光弹，被U-187号看到了，U-187号一面向船队靠拢，一面向其他潜艇报告发现了船队。“比波”号和“向前”号的高频测向仪都探测到了U-187发出的无线电讯号。布朗德福特立即命令“贝弗利”（Beverley）号和“维米”（Vimy）号驱逐舰朝高频测向仪显示的讯号来源方向冲去，“贝弗利”号发现了4500米外的U-187号，

■ 不幸暴露整个船队的挪威船“安尼克”号。

但由于海上风浪很大，无法用主炮轰击，而U-187号也看到了驱逐舰，立即潜入了海中。“维米”号随即用声呐捕捉到了U-187号，便和“贝弗利”号协同用刺猬炮和深弹发起了攻击，U-187号放出“小鬼”噪音器以迷惑驱逐舰，但驱逐舰没有上当，仍然咬住潜艇不放。“维米”号的刺猬炮没有对潜艇造成损伤，但30枚深弹有些炸到了潜艇，潜艇多处进水，以45度向上倾斜起来，苦苦坚持2小时后，艇长拉尔夫·慕尼黑（Ralph Munnich）认为U-187号没救了，遂命令浮出水面将潜艇凿沉。当时艇员都认为他们已不可能逃生了，都在悲哀地握手言别。但是他们靠最后的一点压缩空气使潜艇浮出了水面。见潜艇浮出水面，“贝弗利”号和“维米”号马上用主炮开始射击，这通炮火杀死了包括艇长在内的9名艇员，潜艇随即竖了起来，艇尾在下沉入了大海（50.12N，36.35W）。

接到U-187号的报告，潜艇司令部又增派7艘潜艇前去支援“箭矢”艇群。2月4日傍晚，“箭矢”艇群的4艘潜艇发现了船队，但都遭到了护航舰的顽强反击，加上恶劣天气的影响，在2月4日晚，没有潜艇能向船队发起攻击。5日，U-413号击沉掉队的5376吨美国船“西口”（West Portal）号；6日，U-262号击沉2864吨的波兰船“萨格罗巴”（Zagloba）号，U-266号击沉了另一艘掉队船4077吨的希腊船“波里克特”（Polyktor）号。

5日晚，SC-118船队距离冰岛还有1300公里。驱逐舰“女巫”号因燃料短缺离开了船队。但有两艘驱逐舰和1艘海岸警卫快艇从冰岛赶来加入了船队。

6日一早，远程飞机从冰岛和北爱尔兰起飞为船队提供空中护航，这些飞机和护航舰密切配合，将潜艇逼到水下，有5艘潜艇被护航舰或飞机击伤，不得不返航。当天下午，英军第120中队的2架B-24向多艘潜艇发起了攻击，U-465号被击伤。

7日，6艘潜艇冒着极大的危险向SC-118船队发起了攻击：U-609号被自由法国驱潜快艇“罗波利亚”（Lobelia）号击沉（55.17N，26.38W），艇上47人无人生还；英军第220中队的1架B-17将U-624号击沉（55.42N，26.17W），艇上45人全数阵亡。天黑后，U-402号和U-614号突破了护航舰的警戒，U-402号在这次堪称经典的4小时攻击中，击沉5艘船共27821吨，还击伤9272吨的挪威油轮“达基尔德”（Daghild）号。同时，U-614号击沉1艘5730吨的英国船，并再次击中了已受伤的“达基尔德”号，但是这艘油轮仍然没有沉没（最后是U-608号在8日用鱼雷击沉了这艘船）。潜艇的凶猛攻击引起了商船的一片混乱，商船“萨穆尔·亨廷顿”（Samuel Huntington）号撞坏了希腊船“亚当斯”（Adams）号，驱潜快艇“罗波利亚”号打算用火炮击沉“亚当斯”号时，火炮爆炸而将快艇震坏，不得不由“维米”号拖回了英国。

在被U-402号击沉的船只中，有两艘船上的人员损失惨重：第一艘是1571吨的救援船“向前”号，74名船员中有58名丧生；第二艘是6063吨美国船“亨利·马勒里”（Henry R. Mallory）号，该船在弃船过程中陷入了极大的恐慌和混乱中，结果495名船员中有228人丧生。

当英国护卫队司令“蛱蝶”号舰长布朗德福特发现“比波”号为了救幸存者而落在了后面，便命令“比波”号停止救援立即返回船队。“比波”号没有遵从命令，而是继续尽最大可能营救落水船员，“比波”号总共救起了235人。

潜艇司令部督促艇长们奋勇杀敌，并向勇于进攻的U-402号艇长冯·福斯特纳（Baron Siegfried von Forstner）和U-614号艇长沃尔夫冈·史特莱特（Wolfgang Strater）表示祝贺。8日，福斯特纳再次闯进了船队并又击沉了1艘4625吨的英国船，这使得福斯特纳在攻击SC-118船队中共击沉6艘32446吨，邓尼茨为此授予了他骑士十字勋章（福斯特纳在获得勋章时的确证战绩为13艘共63409吨，还击伤2艘油轮共16731吨，这两艘油轮都被丢弃并被其他潜艇击沉）。

2月9日，SC-118船队终于进入了岸基反潜飞机的作战半径，潜艇司令部随即下令停止了攻击。德军潜艇在此次护航大战中总共击沉11艘共59765吨，损失3艘潜艇，另有3艘遭到重伤。

这场护航战在柏林引起了失望和焦虑，高特在日记中写道：在和有严密护航的船队进行作战时，“只有经验丰富的潜艇才能成功”。这绝对是真知灼见，在以后的船队大战中可以证明，只有极少数新手潜艇能够靠近船队并发起攻击。盟军密码破译没能够及时引导SC-118船队绕过潜艇巡逻线，不过盟军2月5日以后，就可以破译埃尼格码了。这样盟军能使后面的船队如HX-225和HX-226船队还有SC-119号和SC-120号船队绕过潜艇巡逻线。

9日，在纽芬兰海域搜寻船队的“双刃剑”艇群潜艇数量减到了9艘，在纽芬兰东北海域巡逻的“北礁”艇群的5艘潜艇重新加入“双刃剑”艇群，但U-268号燃料所剩不多，只好直接返回法国，2月19日在返航途中被英军第172中队的1架“威灵顿”飞机发现并击沉（47.03N，05.56W），45名艇员全体阵亡。

15日，U-607号发现了1艘单独航行的美国油轮11355吨“大西洋太阳”（Atlantic Sun）号，潜艇从水下发射鱼雷命中了油轮，油轮在大爆炸后沉没，U-607号俘虏的油轮上的水手告诉德军一个误导讯息，即这艘油轮是一支大型船队的掉队船，因此德军判断很可能就是“双刃剑”艇群一直在搜寻的

HX-225船队（这艘船其实是ONS-165船队的掉队船），但潜艇司令部知道这支船队很明显已经通过了巡逻线，而且很多潜艇已经没有燃料了，只好下令解散“双刃剑”艇群，8艘返回法国，5艘还有燃料的潜艇继续留在纽芬兰海域组成一支新的“台风”（Taifun）艇群。

17日，U-69号发现了ONS-165船队，引来了U-201号。船队的护航舰通过高频测向仪和雷达发现了这两艘潜艇，驱逐舰“名誉”（Fame）号和“子爵”（Viscount）号分别击沉了U-69号（50.36N，41.07W）和U-201号（50.50N，40.50W）。还有其他几艘潜艇在恶劣的天气中发现了这支船队，但只有U-403号击沉1艘5961吨的希腊船（19日），U-525号击沉1艘3454吨的英国船（20日）。

2月中旬，潜艇司令部在北大西洋航线上格陵兰岛和冰岛之间部署了“骑士”（Ritter）艇群、“侍从”（Knappen）艇群和“海王星”（Neptun）艇群，总共32艘潜艇。盟军通过密码破译掌握了这些新艇群的位置，并在2月15日击沉了“骑士”艇群的U-225号（55.45N，31.09W）。

18日，德军1架“秃鹰”飞机在这3个艇群的正东方发现了一支船队，为了截击这支船队，潜艇司令部从“侍从”艇群中调出了5艘潜艇，组成了新的“堡主”（Burggraf）艇群，而“侍从”艇群剩下的5艘潜艇加入“骑士”艇群，将其巡逻线向东南延伸。还有3艘刚从德国出发的潜艇加入到“堡主”艇群。

20日，U-604号发现ON-166船队，该船队由60艘商船组成，由美国A-3护卫队护航，护卫队司令保罗·海尼曼，包括两艘海岸警卫快艇和5艘驱潜快艇。潜艇司令部命令“侍从”和“骑士”艇群的13艘潜艇向船队靠拢，还调集了“台风”艇群的6艘潜艇，这样攻击ON-166船队的潜艇达到了19艘，这是战争期间规模最大的一次潜艇战。

21日凌晨，3艘潜艇突破护航舰掩护发起了攻击，U-332号和U-603号共同击沉了5964吨挪威油轮“史蒂格斯塔德”（Stigstad）号，U-92号击伤了9990吨英国船“帝国商人”（Empire Trader）号，“帝国商人”号后被驱潜快艇击沉。而U-332号则遭到了驱潜快艇持续13小时的攻击，但还是逃脱了被击沉的厄运。当天下午，英军第120中队1架B-24发现了在水面航行的U-623号，B-24随即俯冲而下，投下了6枚深弹，从此再也没有U-623号的消息（48.08N，29.37W）。U-91号、U-604号和U-454号都遭到了护航舰的猛烈攻击，U-91号受损严重，不得不退出战斗进行维修。

“西部大道”指挥部看到大量潜艇正在向ON-166船队聚拢，因此命令ONS-167船队的驱逐舰“布尔萨”（Burza）号前去支援，在这艘驱逐舰到达前，ON-166船队只有6艘护航舰，在众多潜艇的围攻下忙得不可开交。

22日晚，3艘潜艇突破了护航舰的警戒，U-92号和U-753号都击中了9348吨的挪威船“尼尔森-阿隆索”（N. T. Nielsen-Alonso）号，该船因伤势太重而被放弃，海岸警卫快艇接下船员后由“布尔萨”号用火炮将其击沉，随后“坎贝尔”号驱逐舰将U-753号重创。当晚第三艘发起攻击的是U-606号，击沉了5687吨的美国船“查塔努加城”（Chattanooga City）号，击伤了4959吨美国船“解说员”（Expositor）号和6615吨英国船“帝国红脚鹬”（Empire Redshank）号。“帝国红脚鹬”号后被驱潜快艇击沉，“解说员”号则于次日被U-303号击沉。

护航舰向U-606号发起了反击，“布尔萨”号驱逐舰根据声呐讯号，连续投下40枚深弹，猛烈而密集的深弹迫使U-606号潜到了水下240米，使其遭受了很多严重损伤，艇长汉斯-海因里希·多勒（Hans-Heinrich Dohler）只好下令浮出水面。浮出水面后，就被“坎贝尔”号驱潜快艇用雷达探测到了，“坎贝尔”号一面开火一面向潜艇冲去，却在无意中撞上了潜艇，潜艇从快艇边划过，在“坎贝尔”号侧舷上划出了一条4.5米长口子，海水灌进了轮机舱。两艘船分离后，“坎贝尔”号将探照灯光柱罩住潜艇，然后所有炮火一起开火并向潜艇猛撞过去。但是由于大量进水，“坎贝尔”号失去了动力，和潜艇一样无助地漂在了海面上。此时“坎贝尔”号的炮火不仅严重毁坏了潜艇，还打死了大部分逃到甲板上的艇员，其中包括多勒，许多艇员为躲避炮火跳下海，“坎贝尔”号派出了救生艇将幸存者接上船，但只救起了5人。当晚，“布尔萨”号赶来时U-606号的甲板已与海面相平，但仍漂在海上，而且艇上面还有8名艇员，当看到“布尔萨”号到来，就打开了最后一个进水阀门让U-606号下沉（47.44N，33.43W）。“坎贝尔”号撞到潜艇所受的损伤使得其不可能派出跳帮组了，错过了缴获潜艇机密资料的大好机会，当“布尔萨”号赶到后，“坎贝尔”号就把55名“阿隆索”号幸存者、5名德国战俘和112名船员转移到“布尔萨”号上。“布尔萨”号舰长皮图尔克还准备将“坎贝尔”号拖回纽芬兰，但“坎贝尔”号艇长希思菲尔德知道附近有很多德军潜艇，不想让拖航束缚住驱逐舰的手脚从而成为潜艇的现成目标，因此拒绝了皮图尔克的好意。“布尔萨”号离开了船队赶往圣约翰斯，而“海豚”号驱潜快艇则赶来保护“坎贝尔”号，直到拖轮“坚韧”（Tenacity）号到来，随后将“坎贝尔”号拖回了圣约翰斯。由于希思菲尔德在自己受伤的情况下仍然坚持指挥战斗，并在作战过程中表现得非常冷静和英勇，因此被授予了海军十字勋章。

ON-166船队继续向西航行，英国驱潜快艇“石竹”号燃料耗尽不得不离开船队赶往圣约翰斯，这使得护卫队只剩下了1艘海岸快艇和4艘驱潜快艇，而他们的对手则是16艘潜艇。

23日夜，十几艘潜艇闯入了船队大开杀戒，U-604号击沉了1583吨救援船“史多克波特”（Stockport）号，由于这艘船上装有高频测向仪，它的沉没进一步削弱了船队对潜艇的探测能力。当晚其他潜艇还击沉了另外5艘共29883吨（含“解说员”号）。

24日，ON-166船队终于进入了驻纽芬兰反潜飞机的巡逻范围，加拿大第5中队4架“坎索”飞机前来为船队提供空中掩护，其中2架分别击伤了U-604号和U-621号。

在此后的48小时里，又有7艘潜艇向船队发起了攻击：24日，U-628号和U-600号共同击沉了4391吨挪威船“英格利亚”（Ingria）号；25日，U-628号击沉了7264吨英国船“曼彻斯特商人”（Manchester Merchant）号。随后由于船队进入了纽芬兰附近的大雾、能见度极低的海域，于是潜艇司令部取消了攻击。高特骄傲地记录道：19艘潜艇对船队进行了6天紧张追击，奔袭距离超过2000公里，总共击沉23艘，击伤7艘。实际击沉13艘80725吨，1艘护航舰报废，被击沉潜艇3艘。

紧跟在ON-166船队后面的是ONS-167慢速船队，由25艘船组成，英国B-3护卫队的4艘驱逐舰（“布尔萨”号后被抽去支援ON-166船队）和4艘驱潜快艇护航。

21日早上，U-664号发现了ONS-167慢速船队，该艇率先发起攻击，击沉两艘共13466吨。潜艇司令部解散了“堡主”艇群，将该艇群中的5艘还有两艘在攻击ON-166船队作战过程中受伤的潜艇以及3艘正在返航的“双刃剑”艇群潜艇，组成了新的“攻城槌”（Sturmbock）艇群，向西追踪并攻击ONS-167号慢速船队。盟军从密码破译情报中掌握了德军这一计划，英国海军立即命令护航舰全力将跟踪船队的两艘潜艇逼到水下，同时船队大转弯改走南方航线。因此“攻城槌”艇群失去了与船队的接触，一直盲目向西追击到纽芬兰，才发现上当了。

从2月15日到20日，“海王星”艇群在格陵兰岛和冰岛之间海域展开，由于受猛烈暴风雪影响，“海王星”艇群在那里艰苦巡逻12天，没有发现任何目标。到2月27日，U-759号才发现HX-227船队，该船队由62艘船组成，英国B-6护卫队的两艘驱逐舰和4艘驱潜快艇护航。因为许多潜艇正在南方追击ON-166船队和ONS-167慢速船队，所以这支船队选择了这条遥远的北方航线。由于这一海域暴风雪肆虐，U-759号非常艰难地才通过无线电报告了有关情况，潜艇司令部随即命令“海王星”艇群除U-638号外，全部向U-759号靠拢，但那时护航舰已经通过高频测向仪探测到了U-759号并将其赶到了水下，所以U-759号与船队失去了接触。“海王星”艇群只有4艘潜艇发现了船队或者掉队船只，击沉1艘共7176吨。

此后“海王星”艇群留在了格陵兰岛以南海域，其中U-376号和U-608号发现了ON-168船队，该船队由52艘船组成，由英国B-5护卫队护航。护航舰凭借高频测向仪迅速探测到了这两艘潜艇，并将这两艘潜艇逼到了水下，因此其他潜艇没有能够找到船队，只有U-638号在3月7日击伤了掉队的6537吨英国油轮“帝国光明”（Empire Light）号。

2月共有12支船队大约550艘船穿越了北大西洋，由于东向船队的出航周期由八天延长至十天；2月只有28天；天气状况异常恶劣；一些护航舰被调到了北非船队（UG-GU）和北冰洋船队（JW-RA）；3支加拿大中大西洋护卫队（C-1、C-2和C-4）转到特伯莫里接受训练等因素造成了航运量的下降。

■ 护航舰投下深水炸弹攻击潜艇。

2月间，盟军和轴心国都能破译对方的密码，简直就像是在北大西洋航线上下国际象棋——船队改变航线以躲避潜艇袭击、潜艇巡逻线不断转移以攻击改变航线的船队，双方都根据密码情报不断改变策略。在这场危险的棋局中，潜艇发现了7支船队，并向其中的2支发起了毁灭性的攻击——击沉24艘，从其他5支船队中击沉8艘船，此外还击沉了3艘单独航行的船只。

2月德国潜艇损失惨重，共有11艘潜艇被击沉，德国潜艇和盟军商船的交换率是1艘潜艇换3艘商船，这个数据对德国来说是毁灭性的。

统观1943年1月、2月潜艇在北大西洋航线上的战绩，我们根本看不出潜艇有什么机会切断盟军的航运，在这2个月里，共有25支船队约1070艘商船向西或向东穿越了大西洋，潜艇击沉了其中的40艘（约占总数的4%），而德军潜艇损失高达14艘。

新航线上的失败

1943年1月，不包括北非船队在内，共有7支船队152艘船往返于美国和直布罗陀之间，毫发无损。

1943年全年，共有106支船队3657艘船向东或向西穿越了中大西洋，轴心国只击沉了19艘。1943年1月和2月，潜艇司令部将绝大多数潜艇派到了北大西洋航线，但是并没有忽略中大西洋。从1月到3月，潜艇司令部向直布罗陀-亚速尔群岛海域派出了38艘潜艇。只有1艘补给潜艇U-461号为这些潜艇提供支援，单靠1艘补给潜艇根本不足以为38艘潜艇提供支援，潜艇司令部命令U-117号和U-118号完成原定任务后，再转到这一海域。此外，还命令所有返航中有多余燃料的潜艇，都要将多余的燃料转给留在那里作战的潜艇。

这些潜艇被分成了3个艇群：新的“海豚”艇群、“魟”（Rochen）艇群和“海狮”（Robbe）艇群。这些潜艇中有7艘肩负特殊任务：U-66号要将法国籍间谍让·玛利·拉尔拉特（Jean Marie Lallart）送到毛利塔尼亚。结果送拉尔拉特上海岸的橡皮艇被海浪打翻，2名艇员后来在摩洛哥埃蒂耶拿港（Port Etienne）上岸后随即被俘，而拉尔拉特却失踪了；U-118号在直布罗陀附近海域布下了66枚SMA水雷，形成了战争中最成功的雷区之一，共炸沉3艘英国船约14000吨和加拿大驱潜快艇“韦伯恩”（Weyburn）号，还炸伤1艘油轮、1艘货船和1艘驱逐舰。此后U-118号就被当作补给潜艇来使用；U-455号在摩洛哥卡萨布兰卡附近海域布下12枚TMB水雷，炸沉1艘3800吨法国船；U-117号也在卡萨布兰卡附近海域布雷，结果被飞机发现并遭到了攻击，但还是布下66枚SMA水雷，这些水雷炸伤了2艘7200吨的自由轮；U-163号被派去与返航的偷渡船“雷根斯堡”（Regensburg）号会面，但3月13日在比斯开湾被加拿大驱潜快艇“普雷斯考特”（Prescott）号击沉（45.05N，15.00W），57名艇员全数阵亡。潜艇司令部在得知U-163号沉没后，命令U-161号前去与偷渡船会面。另外U-264号、U-382号和U-437号负责为远东返回的偷渡船“霍亨弗里德堡”（Hohenfriedburg）号护航。

根据破译密码获得的情报，英军派出了重巡洋舰“苏塞克斯”号到里斯本西北1300公里处截击“霍亨弗里德堡”号。为了不让德军发现盟军已经破译了密码，2月26日，特意派出1架B-24前去“发现”“霍亨弗里德堡”号，并将“苏塞克斯”号“指引”过来。见到重巡洋舰迫近，德国人只好将船凿沉。护航的U-264号向“苏塞克斯”号齐射4枚鱼雷，但都未命中。U-437号的柴油机排气管盖板出现裂缝无法下潜，因此潜艇司令部命令其撤到亚速尔群岛附近，随后由U-409号送去备件，但该艇还是没能修复故障只好于3月5日两手空空返回了法国。

2月7日，U-218号在加那利群岛西北部海域发现了Gibr-2船队，潜艇司令部命令“海豚”艇群的5艘潜艇和“魟”艇群前去攻击，虽然有9艘潜艇追上了船队，但只有3艘潜艇发射了鱼雷，其中只有U-521号在8日击沉了750吨的英国反潜拖网渔轮“布雷登”（Bredon）号。

2月10日，U-108号在加那利群岛北部发现了一支船队，潜艇司令部立即从“魟”艇群抽出7艘潜艇前去攻击，驻直布罗陀英军第202中队的1架“卡塔林那”飞机发现并攻击了U-108号，将其艇首鱼雷发射管炸坏，该艇只好将多余的燃料分给其他潜艇然后返航。由于U-108号与船队失去了接触，因此其他潜艇都没发现这支船队。

2月12日，U-569号在西班牙西北菲尼斯特雷角（Cape Finisterre）附近发现了一支船队，潜艇司令部命令“海豚”艇群的6艘潜艇以及U-185号向U-569号靠拢。U-185号最先赶到，发现船队里有“5艘大型运兵船”，而且水面军舰和空中护航力量非常强，但仍在白天勇敢地发起了攻击，不料鱼雷居然没有发射出去。U-569号正在寻找合适的攻击阵位时被护航舰发现了，随即被赶走。U-511号刚发现了船队就被护航舰击伤。由于护航力量太严密了，潜艇司令部只好取消了进一步行动。

希特勒认为盟军将要进攻葡萄牙，命令邓尼茨在里斯本以西部署一个艇群，邓尼茨虽不同意但还是将9艘潜艇派到了那一海域，不过其中7艘都是经过较长时间巡逻因而燃料所剩无几了。盟军破译密码得知了邓尼茨的此次部署，因此岸防司令部向那一海域派出了大批反潜飞机。2月12日，英军第48中队的1架“哈德逊”飞机发现了U-442号，飞行员梅修（Geoffrey Richard Mayhew）投下4枚深弹，再用机枪扫射，在葡萄牙西南圣文森角（Cape St. Vincent）以西将其击沉（37.32N，11.56W），48名艇员无人生还。2月13日，为KMS-9船队护航的英军第202中队1架“卡塔林那”发现U-620号，飞行员希尔唐（Harry R. Sheardown）投下5枚深弹将其击沉（39.18N，11.17W），47名艇员全部阵亡。2月14日希尔唐还发现了U-381号潜艇，他用剩下的2枚深弹攻击了这艘潜艇，将其炸伤，U-381号燃料也所剩无几，只好被迫返航。希

■ 一艘攻击失手正在被追剿的U艇。

尔唐此次在空中飞行了22小时又20分钟，创造了“卡塔林那”的飞行记录。

除了这2艘被击沉的潜艇，还有5艘潜艇因为燃料耗尽而返航，只有U-511号和U-522号留在了葡萄牙-直布罗陀-亚速尔群岛海域。U-522号已经在亚速尔群岛-马德拉群岛海域巡逻了六周，燃料也没剩多少了。潜艇司令部便让其到U-461号补给潜艇上加油。2月17日正赶去加油的U-522号在亚速尔群岛以东发现了船队，但由于船队速度太快，而U-522号燃料也不多了，只好放弃了追踪。

B机关报告一支大型船队将于2月17日左右从亚速尔群岛附近经过。潜艇司令部制定了详细的截击计划，组织了18艘潜艇组成巡逻线。盟军也通过破译密码掌握了潜艇巡逻线的位置，随即改变了船队航线，让其绕过了潜艇巡逻线。2月19日潜艇司令部意识到船队已经通过，便取消了这次截击。潜艇司令部也意识到在亚速尔群岛附近开阔海域，潜艇很难进行有效的拦截，因此决定将潜艇调到更靠近直布罗陀的狭窄海域。“海狮”艇群先向东移，“魟”艇群的潜艇则从U-461号上加完油后紧随东移。

2月22日，“海狮”艇群的U-107号在转移途中击沉了7801吨的英国船“罗克斯巴勒城堡”（Roxborough Castle）号，这是2月在那一海域被潜艇击沉的第一艘船。从U-461号上加完油后，U-522号奉命去截击一支沿摩洛哥海岸航行的盟军船队，结果在途中发现了UC-1油轮船队，该船队由32艘船组成，由英国42号护卫队的1艘巡航舰、1艘炮舰、1艘海岸警卫快艇和3艘驱潜快艇护航。此外还有一支由4艘驱逐舰组成的反潜舰队提供支援。接到U-522号报告后，潜艇司令部命令“魟”艇群的7艘潜艇取消加油，不考虑燃料消耗，全速向U-522号靠拢。其中U-202号已经加好了油，潜艇司令部便命令这艘潜艇，以及“海狮”艇群中距离船队较近的3艘潜艇也去截击。由于“海狮”艇群的U-107号没能及时收到命令，所以实际参战的共有11艘潜艇，而U-461号补给潜艇紧跟在后，准备随时为缺乏燃料的潜艇提供支援。

由于后续潜艇相继赶到并都发现了船队，因此U-522号在2月23日首先发起了攻击，击沉8882吨的英国油轮“阿瑟尔普林西斯”（Athelprincess）号，但随即就被英国海岸警卫快艇“托特兰”（Totland）号击沉（31.27N，26.22W），51名艇员全部阵亡。当天下午赶到的潜艇达到9艘，只有U-218号因引擎和螺旋桨故障而耽误了。天黑后有7艘潜艇尝试发起了攻击，U-202号击沉7989吨的美国油轮“巴登鲁日”（Esso Baton Rouge）号；U-558号击沉9811吨的英国油轮“挪威帝国”（Empire Norseman）号，其他潜艇的攻击都未取得战果。

此后两天里，潜艇继续顽强跟踪着船队，有几艘潜艇勇敢地突破了护航舰的警戒，但只有2艘潜艇发射了鱼雷，而且全未命中。

UC-1船队中被击沉的3艘油轮共26682吨，被击伤2艘油轮，而德军损失了U-522号。TM-1船队和UC-1船队是在1943年中仅有的损失过船只的油轮船队。中大西洋航线上345艘向西或向东航行的船只中仅有10艘被击沉，2艘被击伤。1943年7月开始，CU-UC船队改走美国东海岸和北大西洋航线，7支船队共133艘油轮向东或向西穿越了大西洋，轴心国部队没能击沉一艘油轮。

U-87号因燃油泄漏故障无法修复而只好返航。3月4日当U-87号到达葡萄牙以西大约350公里海域时，德国空军报告在该海域发现美国至地中海KMS-10船队，U-87号很快

■ 英制“哈德逊”水上飞机，一直是U艇的劲敌。由于航程巨大，因此长期以来被用作远程反潜巡逻任务，努力填补“黑窟”的巨大缺口。

就追上了船队，为船队担负护航的是刚刚在英国海军反潜学校进行了两周高强度训练的加拿大C-1护卫队，包括2艘驱逐舰和4艘驱潜快艇，所有军舰都装有厘米波雷达，迅速发现了U-87号并发起了猛烈攻击，将其击沉（41.36N，13.31W），49名艇员全部阵亡。

“海狮”艇群的3艘潜艇找到了KMS-10船队，但只有U-410号发起了攻击，在3月6日击沉1艘7133吨的英国货船，但随后就被护航舰击伤。

根据B机关提供的情报，潜艇司令部于3月1日以7艘潜艇组成了新的“小鲸”（Tuemmler）艇群，截击亚速尔群岛西南大约1000公里处的船队。但“小鲸”艇群整整三天一无所获。3月3日潜艇司令部取消了行动，除U-106号外，其他潜艇都转到加那利群岛和非洲大陆之间的狭窄海域。在转移途中U-43号遇到了1艘单独航行的船，随即发射鱼雷将其击沉——这是德国船“多格班克”（Doggerbank）号，此时正从日本返回法国，船上载有7000吨橡胶和其他一些宝贵的原料。

随后潜艇司令部将“海狮”艇群撤出盟军飞机严密防护的直布罗陀海口，德国空军发现了OS-44船队，该船队有46艘商船和8艘护航舰，正从英国赶往塞拉利昂。3月13日，3艘潜艇迅速赶到，但只有U-107号发起了攻击，发射6枚鱼雷就击沉4艘共17376吨。这样在此次巡逻中U-107号潜艇艇长哈拉尔德·盖尔豪斯（Harald Gelhaus）击沉5艘共25177吨，加上以前的战绩，获得了骑士十字勋章（获得勋章时的确证战绩是16艘共86500吨）。

纽约特遣舰队

由于在直布罗陀-摩洛哥海域有严密的空中巡逻，潜艇很难在那一海域取得成功，潜艇司令部认为如果在中大西洋船队驶出纽约时就发起攻击，可能会取得更好的战果，因此组织了一个由IX型潜艇组成的特遣舰队前去。

2月26日，U-508号刚驶出法国五天后，就被英军第224中队的1架B-24炸成重伤。U-172号在开往美国的途中击沉2艘单独航行的货船共11090吨。

U-130号根据德国空军的报告，3月5日攻击了从直布罗陀赶往英国的XK-2船队，发射4枚鱼雷居然击沉了4艘英国货船共16359吨。

B机关提供了UGS-6船队的准确情报，该船队3月4日从纽约出发，原本有45艘船，但途中1艘货船被撞成重伤只好由另1艘船护送折返。UGS-6船队的护航力量为7艘驱逐舰，都装有厘米波雷达，虽然没有高频测向仪，但可以得到大西洋海域的盟军岸基高频测向仪网路提供的讯息。收到B机关情报之后，潜艇司令部命令纽约特遣舰队前去截击，5艘潜艇组成“无畏”（Unverzaget）艇群。U-130号于3月12日晚发现了UGS-6船队并进行了追踪，同时指引其他潜艇赶来。岸基高频测向站接受到了潜艇发出的无线电讯号，立即提醒船队已有潜艇逼近。几乎同时，“钱伯林”（DD-601，Champlin）号驱逐舰用雷达探测到了3500米外的U-130号，立即向潜艇冲去，距离缩短到1500米时开始用主炮轰击，U-130号潜入水下，但太晚了，“钱伯林”号快马杀到，连续进行了4小时的攻击将其击沉（37.10N，40.21W），53名艇员全部阵亡。13日，U-172号也被护航舰赶走，但在船队后方90公里击沉了掉队的5565吨的美国货船“金斯顿”（Keystone）号。

还有5艘潜艇发现了船队，但被护航舰的严厉反击所压制。潜艇司令部感觉到有机会在对这支船队的攻击中获得成功，于是组织“信心”（Wohlgemuet）艇群前去增援。到3月14日夜，2个艇群已经完全混杂在一起了，虽然不断企图在黑暗中发起攻击，但都被驱逐舰击退。U-159和U-524号好不容易赶到船队前方，但船队突然转向，摆脱了张网以待的潜艇。3月15日，U-524号几乎是盲目地发射了鱼雷，居然意外地击沉8062吨的法国货

■ 罗特港的空军基地航拍照片。该地驻扎有岸基反潜航空兵——第480大队。该地是保护大西洋东岸海域航运的重要节点。

■ 正由德国武装补给船进行补给作业的U-24号。随着盟军海空优势愈发显著，这种作业具有极大的风险。

船“怀俄明”（Wyoming）号。

潜艇司令部于3月16日命令“小鲸”艇群中有足够燃料的潜艇也加入到追击行列中。这样攻击这支船队的潜艇达到了17艘。当天U-172号和U-524号都突破了护航舰的警戒，U-172号重创7191吨的美国自由轮“班杰明·哈里森”（Benjamin Harrison）号，后由护航驱逐舰将其击沉。

3月17日中午，船队抵达直布罗陀以西大约1300公里处。驻直布罗陀和摩洛哥的岸基飞机赶来护航，将潜艇赶入水下。天黑后U-167号击伤了7200吨的美国自由轮“莫里·皮切尔”（Molly Pitcher）号，后由U-521号于次日将其击沉。潜艇司令部见护航飞机越来越多，潜艇艇员又已经劳累不堪，于是在3月19日取消了针对船队的进一步攻击。德军潜艇总共击沉了UGS-6船队中的4艘共28018吨。8艘参战潜艇随即开始返航，这样直布罗陀-摩洛哥海域还剩下8艘潜艇。

“刚朵拉”行动（比斯开湾空中攻势，从2月6日到15日）结束后，2个美军B-24中队离开了圣·埃瓦尔，前往摩洛哥的罗特港（Port Lyautey）。参加“刚朵拉”行动的飞机被编为第480大队，一共投入了218架，总飞行时间接近2000小时，损失5架，牺牲65名空勤人员，重伤U-211号，击沉U-519号（但后来判为失踪）。

在杰克·罗伯茨（Jack Roberts）的指挥

下，驻罗特港的第480大队从3月19日开始行动。3月22日在加那利群岛西北海域，第2中队威廉·山福特（William L. Sanford）驾驶的1架B-24向浮在水面上的U-524号发起了攻击，投下了4枚深弹，将该艇击沉（30.15N，18.13W），52名艇员全部阵亡。潜艇司令部已经打消了组织纽约特遣舰队的念头，让剩下的7艘潜艇从西面沿弧形航线向加那利群岛东南海域航去，希望他们能够阻截UGS船队，结果无一得逞。

根据B机关提供的情报，潜艇司令部将8艘潜艇组成“海盗”艇群，形成一条巡逻线。3月28日发现了RS-3船队，由于反潜飞机的保护，只有3艘潜艇发起了攻击，U-159号击沉1艘5449吨的英国船，U-167号击沉1艘4621吨的比利时船，U-172号击沉1艘5319吨的英国船。而反潜飞机也还以颜色，将这3艘潜艇全部击伤。

此时，摩洛哥罗特港的美国海军第15联队已经非常强大了，拥有24架“卡塔林那”和24架B-24轰炸机。4月7日，第1中队的1架B-24通过雷达发现了50公里外正在水面航行的U-172号，飞行员索恩（Walter E. Thorne）发起了攻击，但是潜艇没有下潜而是一边曲折航行以躲避攻击，一边用37毫米高射炮向飞机猛烈射击。第1中队的另1架B-24赶来助战，2架飞机共投下12枚深弹，但没有1枚击中。

4月5日，英军第233中队的2架“哈德逊”飞机将U-167号严重击伤，迫使该艇最终在次日自沉（27.47N，15.00W），50名艇员无人伤亡，艇员经过与加那利群岛和马德里当局进行了长时间谈判，最终被遣返。

其他几艘在中大西洋的潜艇也开始返航，途中U-513号被派去护送正在返回的偷渡船“和平女神”（Irene）号。

4月14日，U-526号在返航时在洛里昂港口里触雷，被炸成两半（47.30N，03.45W），包括艇长默克里希（Hans Moglich）在内的42名艇员丧生，12人获救，其中9人受伤。

1943年第一季度，由于盟军强大的水面和空中护航力量，再加上对埃尼格码的破译使得许多船队绕过了潜艇的巡逻线，潜艇在直布罗陀-亚速尔群岛海域的巡逻非常危险而且收获很少。1月、2月和3月有36艘潜艇被派到那里，加上12月派去的10艘，总共46艘潜艇，一共击沉40艘共252000吨，平均每艘潜艇每次巡逻的战果还不不到1艘！46艘潜艇中有20艘（43%）没有击沉一艘船；损失9艘，还有7艘被击伤而被迫返航。总的说来，1943年1月到4月，在几十支北非船队中，潜艇只对其中的6支发起了进攻。在3月，有10支大型船队穿越了大西洋，潜艇只击沉了UGS-6船队中的几艘。

进行过这些徒劳的攻击之后，还有3艘燃料充足的潜艇（后增至4艘）继续向南到弗里敦和几内亚湾巡逻，以接替只击沉了1艘船就被击伤的U-175号。U-105号和U-126号分别在5月15日和5月30日击沉击毁各1艘船，U-123号击沉5艘共24883吨，U-515号在这一海域击沉8艘，加上途中击沉的2艘，共击沉10艘58456吨，艇长维尔纳·汉克（Werner Henke）获得橡叶骑士十字勋章（获得勋章时，确证战绩是20艘共130133吨）。

6月2日，返航中的U-105号被自由法国第141中队的1架飞机击沉（14.15N，17.35W），53名艇员全部阵亡；U-126号先在弗里敦附近被飞机炸成重伤，后在7月3日通过比斯开湾时被英军第172中队的1架“威灵顿”击沉（46.02N，11.23W），55名艇员全部阵亡。

4月2日，U-124号在菲尼斯特雷角附近发现了OS-45船队，由于附近没有其他潜艇，因此便单独发起了攻击，击沉2艘英国船共9547吨。随即被炮舰“黑天鹅”（Black Swan）号雷达发现，“黑天鹅”号一边开火一边向潜艇冲去，然后从潜艇下潜处投下了深弹，接着驱潜快艇“景天”（Stonecrop）号也赶来助战，两舰联手将潜艇击沉（41.02N，15.39W），53名艇员全部阵亡。U-124号的损失对邓尼茨和潜艇部队来说都是一个不小的打击（U-124号在乔治-威廉·舒尔兹和摩尔的指挥下，击沉48艘共224000吨，其中包括英国巡洋舰“达尼丁”号和法国驱潜快艇“含羞草”号，是德国潜艇中排名第四的王牌潜艇。最后一任艇长摩尔确证击沉29艘共135067吨，在所有艇长中排名第十九）。

由于北大西洋上的潜艇数量又降低了，4月6日，邓尼茨命令所有不适合在波涛汹涌的海域作战的IX型潜艇都前往北大西洋航线，这样直布罗陀-亚速尔海域的潜艇巡逻就被暂时搁置起来了。

地中海的徒劳行动

在直布罗陀海峡以东，德军在地中海的潜艇几乎全部集中到了奥兰和的黎波里之间的海域，以破坏盟军的北非航运。1943年1月，德军在地中海的潜艇已经达到了24艘，而且此时巡逻比以往任何时候都更加危险，盟军北非沿海建立了一系列机场，其中一些机场就是专门供反潜飞机起降的，另外驻马耳他岛的飞机也能为船队提供护航。护航舰的数量也在持续增长，特别是在北非海港里又驻扎了几支反潜舰队，因此潜艇攻击一次次失败。

潜艇司令部认为地中海海面有磷光，曲线空气动力鱼雷（G7a）的尾迹在晚上很容易被发现而暴露潜艇的位置，因此专门下令禁用这种鱼雷，而将1943年4月刚研制出的几乎没有尾迹的新型电动曲线鱼雷（G7e）应用到地中海。因为潜艇在地中海海域作战的危险性极大，潜艇司令部放松了对潜艇战绩的取证，同时降低了艇长战绩获奖的标准。

1943年1月，U-617号击沉3艘共6996吨，艇长阿布莱希特·布兰迪（Albrecht Brandi）因此被授予骑士十字勋章（获得勋章时，布兰迪的确证战绩为7艘共22075吨）。另外U-371号于1月7日击沉了MKS-5船队545吨的英国反潜拖网渔船“尤拉”（Jura）号，U-73号于1月1日击沉了UGS-3船队的1艘7176吨的美国自由轮“亚瑟·米德雷顿”（Arthur Middleton）号，U-453号于1月20日击沉了KMS-7船队的1艘5859吨的比利时货船“让·雅多”（Jean Jadot）号。

2月3艘潜艇有了收获：U-77号于7日击沉两艘KMS-8船队的英国船共13742吨；U-596号7日击沉1艘246吨的英国登陆艇；U-371号于23日击沉1艘2089吨的英国船；U-565号24日和德国空军共同击沉1艘7176吨的美国自由轮“那瑟奈尔·格林”（Nathanael Greene）号。

1943年3月是地中海潜艇部队表现最好的一个月，共击沉了12艘46800吨，其中U-596号于30日击沉了ET-16船队9551吨的挪威油轮“哈兰格尔”（Hallanger）号和7133吨的英国船“高勒要塞”（Fort a la Corne）号，此外9日还击伤KMS-10船队的两艘英国船共14180吨，因此艇长君特·雅恩（Gunter Jahn）获得了骑士十字勋章，并升任（地中海）第29舰队司令（获得勋章时，雅恩确认战绩是5艘共27572吨）。由于击沉的地点没有公开，所以这些吨位也被算在了北大西洋航线潜艇在1943年3月的击沉吨位数上，进一步加深了德军将切断盟军生命线的错误印象。

1943年5月，盟军最终肃清了北非，所以地中海潜艇的战绩非常微小，击沉吨位最高的是U-565号，在4月20日击沉了UGS-7船队5594吨的美国船“密西根”（Michigan）号和4392吨的自由法国船“西迪-贝勒-阿贝”（Sidi-Bel-Abbes）号，“西迪-贝勒-阿贝”号当时正向塞内加尔运送部队，沉没时有567人丧生。这个战绩为艇长威廉·弗朗肯（Wilhelm Franken）赢得了骑士十字勋章（获得勋章时，确证战绩是4艘共12887吨）。

总的来说，从1943年1月到6月，地中海的潜艇共击沉了30艘盟军船只和9艘小帆船共约110000吨，这些微弱的战绩对北非穷途末路的德军来说简直是杯水车薪。而德军损失潜艇高达11艘（同时意大利潜艇损失8艘），更严重的是损失了约500名经验丰富的艇员。邓尼茨始终认为，这些潜艇如果被派到北大西洋，肯定会取得更大的战绩，但希特勒还是坚持让地中海潜艇保持在20艘以上。

北非的陆上胜利对盟国海军的价值是不可估量的，自1941年以来，盟军船队一直只能沿北非海岸线航行，还需要岸基飞机的保护，而从此以后，就可以相对安全的从直布罗陀航行到苏伊士运河，这样前往埃及或者黎凡特（Levant，大约指今天以色列、黎巴

■ 地中海海域由于其战场特性，使德军潜艇难有作为。整个大战期间能列举出的重要战绩也莫过于一年多前击沉“巴勒姆”号战列舰（上）及皇家海军功勋舰“皇家方舟”号航母（下）。

嫩、约旦、叙利亚一带）或者印度的商船无须再绕道开普敦，可以缩短16000多海里路程，相当于可以减少45天的航行时间。同时由于减少了通过弗里敦、开普敦和德班的航运，也节省下了许多护航舰，可以转用到其他地方。

德军地中海潜艇部队剩下的18艘潜艇撤到了拉斯佩齐亚，这个港口挤满了意大利船只和潜艇，各种设备都是超负荷运转，而且意大利人并不怎么欢迎德国人。

美洲海域回报率下降

由于许多IX型潜艇都被用于北大西洋和中大西洋的潜艇战，因此可用于美洲海域的IX型潜艇大幅度减少。

在1943年第一季度，潜艇司令部只派出了13艘IX型潜艇前往美洲海域，都遇到了强大的反潜力量。潜艇的回报率很低，13艘潜艇中损失4艘。

1月第一艘出发的是U-518号，先到直布罗陀再转到巴西。那时在巴西海域单独航行的船只已经很少了，大部分船只都被编入了船队，这些航行在特里达岛和巴西萨尔瓦多之间的船队，被称为TB或BT船队，船队在累西腓（Recife，位于巴西东部海岸）作短暂停留，由巴西海军为萨尔瓦多和累西腓之间的船队护航，美国海军为累西腓和特里达岛之间的船队护航。

由于护航船队体系被广为采用，U-518号几乎没有发现单独航行的船只，直到2月18日才击沉1艘6075吨的巴西船“布拉斯洛德”（Brasiloide）号。3月1日发现了BT-6船队，该船队由29艘船只组成，正从萨尔瓦多驶向累西腓，提供护航的巴西舰艇非常薄弱。天黑后U-518号发起了攻击，总共发射14枚鱼雷，却只击沉了1艘7176吨的美国自由轮“菲茨-约翰·波特”（Fitz-John Porter）号。

U-510号在接到U-518号的报告后，艇长卡尔·奈兹尔认为船队很可能经过法属圭亚那以北海域，所以赶去那里准备截击船队，奈兹尔的努力得到了回报——3月9日发现了BT-6船队，潜艇司令部立即命令U-510号发起攻击，当晚U-510号展开了多次水面攻击，击沉击毁3艘共18240吨还击伤5艘。根据奈兹尔所报告的夸大战绩，他获得了骑士十字勋章（获得勋章时，奈兹尔确证战绩是5艘共约28496吨）。U-518号继续巴西海域的巡逻，又在3月20日及25日各击沉1艘共9347吨。而U-510号由于油箱泄漏只得返航。

1月另外2艘前往美洲海域的潜艇是U-156号和U-183号。当U-156号抵达特里达时，那里已经成为盟军的反潜基地，因此遭遇了密集的反潜飞机。艇长哈特恩斯坦认为盟军飞机在没有探照灯的情况下也能发起准确的攻击，因此判断盟军装备了“墨脱克斯”无法监测的雷达。由于U-156号发出的无线电讯号被盟军的高频测向仪探测到，3月8日，美国海军驻特里达第53中队的1架“卡塔林那”随即飞向目标海域，很快就在巴贝多岛以东500公里处用ASV雷达探测到了水面航行的U-156号，“卡塔林那”飞机从云层中悄然穿出，一直俯冲到30米高度时潜艇都没有发现，接着“卡塔林那”就投下了4枚深弹，其中2枚在潜艇舰楼上爆炸，潜艇当时就被炸成三段，迅速沉没（12.38N，54.39W），53名艇员无人生还。

2月出发的有3艘潜艇，于3月初抵达了目的地，加上U-183号这样在美洲海域共有4艘潜艇。3月10日，U-185号攻击了KG-123船队，击沉2艘船共13328吨，但遭到了护航舰的反击，被深弹炸成重伤。3月11日，U-183号在犹加敦海峡击沉2493吨的洪都拉斯船“奥兰克”（Olancho）号。3月13日，U-68号发现了GAT-49船队，击沉2艘共10186吨。4月2日及3日U-155号在佛罗里达海峡各击沉1艘船共7973吨，返航时在比斯开湾时遭到反潜飞机攻击，U-155号勇敢地留在了水面上用高射炮火将飞机击退。4月6日U-185号再击沉GTMO-83 船队1艘7176吨的美国船。这4艘潜艇总共击沉8艘41156吨，这个战绩令人失望。

1943年3月，在墨西哥湾、加勒比海和南美海域巡逻的德国潜艇共击沉11艘60800吨。此外意大利潜艇“巴巴里高”号还在巴西海域击沉2艘共12131吨。

4月初，共有6艘潜艇到达美洲海域，U-129号本来打算到巴拿马海域巡逻，但是由于电池温度太高只好取消了这个计划，转而和U-161号、U-174号和U-176号一起前往加拿大和美国沿岸海域，那一海域已经有六个月没有潜艇光顾了。2日，U-129号先到百慕大海域，途中击沉12806吨的英国船“墨尔本之星”（Melbourne Star）号。在百慕大海域没有任何收获，随后在哈特拉斯角附近也没有收获，只好继续向南。4月24日，击沉6507吨的美国船“圣·卡特琳娜”（Santa Catalina）号。5月5日在北卡罗来纳附近海域击沉7277吨的巴拿马油轮“帕南”（Panam）号。U-129号总共击沉3艘合计26590吨，从吨位上而言，是1943年上半年在美国海域巡逻潜艇的最高战绩。

U-161号将为“雷根斯堡”号提供指导，U-174号则为偷渡船“卡林”（Karin）号护航，但是3月10日美国巡洋舰“大草原”（CL-42，Savannah）号和驱逐舰“埃伯尔”（DD-430，Eberle）号已经在中大西洋截住了“卡林”号并迫使其自沉。3月23日，U-161号找到了“雷根斯堡”号，随后又被派去和意大利偷渡船“皮特罗·奥瑟罗”（Pietro Orseolo）号会合。3月27日完成了这个任务后向新斯科舍和纽约海域航去。由于“卡林”

号已经沉没，潜艇司令部便命令U-174号去和另一艘偷渡船“和平女神”（Irene）号会合。4月6日，U-174号顺利和“和平女神”号会合。

英军根据破译埃尼格码得到了大量关于“雷根斯堡”号的情报，知道“雷根斯堡”号将穿过丹麦海峡前往挪威，然后进入波罗的海，沿途会有U-191号、U-469号和U-635号3艘潜艇护航。3月25日，英国驻爱尔兰第206中队1架B-17发现并击沉U-469号（62.12N，16.40W），47名艇员全部阵亡。3月30日，重巡洋舰“格拉斯哥”（Glasgow）号拦截并击沉了“雷根斯堡”号。同样英军也对“和平女神”号进行了追踪。由于“雷根斯堡”号被击沉引起了邓尼茨的警惕，他命令派出4艘潜艇护卫“和平女神”号穿越比斯开湾。4月6日英军派出了大量飞机和一支由小型舰艇组成的舰队前去拦截。4月10日，布雷舰“探险”（Adventure）号截住了“和平女神”号，德军被迫将船凿沉。邓尼茨随即命令飞机和派去护航的4艘潜艇赶往现场搜寻幸存者。

U-161号在加拿大海域遭到了强大的空中和水面反潜力量的攻击，被迫不停下潜躲避。4月26日在新斯科舍东南海域发现了一支船队，报告了船队位置后展开了追踪，但柴油机出了故障与船队失去了接触。除了5月19日击沉255吨加拿大帆船“祈祷”（Angelus）号就再无其他收获，艇长阿基里斯表示到加拿大和美国沿岸海域巡逻是“没有希望的”。

U-174号于4月17日在新斯科舍东南方发现了一支船队，但被恶劣天气和护航舰所阻。4月27日。遭到了美国海军VP-125中队的1架“文图拉”（Ventura）攻击，潜艇没有下潜，而是留在水面上用所有炮火还击。尽管机翼和机身中弹，但“文图拉”投下了4枚深弹，其中3枚在潜艇近处爆炸，剧烈的爆炸将潜艇首部炸出了水面，然后艇尾在下竖直插入了深海（43.35N，56.18W），53名艇员全部阵亡。

U-176号在“和平女神”号沉没后，被调往墨西哥湾执行巡逻任务。5月13日在古巴北部老巴哈马海峡（Old Bahama Channel）击沉2艘小型油轮共4232吨。这使加勒比海前线司令部决定发起一次大规模的潜艇猎杀行动。5月15日美军VS-62中队的1架OS2U“翠鸟”水上飞机发现了U-176号，同时发现一支小型船队正向这边驶来，于是在U-176号下潜的地方投下了1枚烟幕弹，然后就将船队中的1艘护航舰“古巴13”号驱潜舰引导过来，“古巴13”号驱潜舰获得了潜艇的精确声呐讯号，投下3枚深弹，之后再次获得了声呐讯号，又投下2枚深弹，将其击沉（23.21N，80.18W），53名艇员全部阵亡。

U-128号和U-154号到巴西海域巡逻，U-128号于5月8日发现了一艘单独航行的船只，连续三次攻击总共发射6枚鱼雷，均未命中。5月16日美国海军VP-74中队的1架PBM-3S“水手”（Mariner）飞机发现了U-128号，由于潜艇迅速下潜才免遭攻击。当晚1架“卡塔林那”飞机将U-128号压制在水下，只是由于飞机没有雷达无法发现潜艇的具体位置。黎明时，U-128号发现了船队，随即浮上水面，希望能抢占理想攻击阵位。5月17日一早，美军VP-74中队的另外2架装有厘米波雷达的“水手”飞机发现了U-128号，潜艇也发现了飞机，但是由于液压传动装置故障，沉浮箱通气口必须要人工开关，这就使潜艇紧急下潜的时间延长，因此被飞机投下的深弹炸伤。美军驱逐舰“莫菲特”（DD-362，Moffett）号和“鲁特”（DD-396，Jouett）号闻迅赶来，以127毫米主炮先后发射了247发炮弹，最终将U-128号击沉（10.00S，35.35W），7名艇员阵亡，47人获救。

U-154号于5月28日攻击了从萨尔瓦多驶往特里达的BT-14船队，击毁8166吨的美国油轮“约翰·沃辛顿”（John Worthington）号。在U-154号报告“墨脱克斯”装置出现了“不可修复的故障”后，潜艇司令部示意可以返航。6月29日，U-126号和U-154号会合结伴返航。7月3日凌晨，英军第172中队的1架“威灵顿”飞机在比斯开湾利用雷达探测到了这两艘潜艇，一举击沉了U-126号（46.02N，11.23W），55名艇员全部阵亡。

1月到4月驶往美国海域的13艘潜艇共击沉22艘121237吨，平均每艘潜艇每次出巡击沉1.7艘9300吨，损失4艘潜艇。尽管损失惨重战果惨淡，但潜艇司令部还是决定继续派遣潜艇到美国海域执行巡逻任务。

1943年2月到4月，意大利派出5艘潜艇到巴西海域执行巡逻任务。其中仅有“巴巴里高”号击沉3艘共计15600吨。意大利潜艇“阿基米德”号于4月15日被美国海军VP-83中队的2架“卡塔林那”击沉。

这一时期，潜艇司令部发动了一次特别行动。英联邦部队抓获的大部分潜艇战俘都最终被转移到了加拿大新布伦瑞克省弗雷德里克顿（Fredericton）附近的战俘营。其中部分战俘在用加密信件与家人联系时，也还能与潜艇司令部联系。盟军情报机构已经意识到了这些“秘密”通讯，他们对这些信件进行了严密监视，以此获取一些有价值的情报。

部分德军潜艇战俘精心策划了一次逃离行动，计划先逃离到东部海岸，再依靠偷来的几艘小游艇穿过诺森伯兰海峡，抵达圣劳伦斯湾的爱德华王子岛，等待潜艇来接应。邓尼茨鼓励他们依计划行事，并将其称为“喜鹊行动”。执行“喜鹊行动”的是U-376号和U-262号，由于U-376号在搜寻“和平女神”号幸存者时失踪，因此就只剩下U-262号。4月25日U-262号驶入圣劳伦斯湾，但湾

■ 美洲海岸外，正在进行海面观察的U艇。随着时间的日渐推移，这种行动变得愈发危险，安装有雷达系统的反潜巡逻机随时会从云层中冲出……

里的积冰却越来越多，U-262号被困在了厚厚的积冰下，被迫同时向所有沉浮箱充气，将冰层撞裂浮出了水面，但潜艇的3个艇首鱼雷管、甲板炮以及甲板上的其他一些装置都被撞坏了。5月2日，U-262号按计划抵达爱德华王子岛北部会合点附近等候战俘们，可是足足停留了5天仍未等到战俘只好于5月6日离开。

5月10日在离开圣劳伦斯湾后，U-262号向潜艇司令部报告了“喜鹊行动”失败以及位置和燃料状况，潜艇司令部遂命令其返航。

第二次突击印度洋

1943年1月“海豹”艇群重新组建后，在开普敦和印度洋海域发动了第二次攻击。该艇群由XIV型补给潜艇U-459号提供海上补给。“海豹”艇群虽然名义上组成了集群，但却是单独巡逻。

“海豹”艇群中在南大西洋首获战果的是U-160号，该艇2月7日发现并向7191吨的美国自由轮“罗杰·塔尼”（Roger B. Taney）号发射了2枚鱼雷，1枚命中，“罗杰·塔尼”号上的炮手开炮还击，迫使潜艇下潜。次日，U-160号又发射了2枚鱼雷，这才将“罗杰·塔尼”号击沉。随后U-160号继续向开普敦东南驶去。3月2日发现了正由德班驶向苏伊士运河的DN-21船队，该船队由11艘商船组成，英国驱潜快艇“黑茴香”号和3艘反潜拖网渔轮护航。

3月3日午夜过后，U-160号发起了攻击，先后发射8枚鱼雷，击沉4艘共计25852吨。U-160号的战绩使潜艇司令部大感振奋，单独1艘潜艇对船队发动有效攻击正是邓尼茨一直所期望的，但这样的状况太少了。邓尼茨立即给艇长乔治·拉森（Georg Lassen）颁发了橡叶骑士十字勋章（获得勋章时，拉森的确证战绩是24艘共计143920吨）。

此后U-160号仍在德班附近活动，从3月8日到11日，又击沉了7176吨的美国自由轮“詹姆士·史蒂芬斯”（James B. Stephens）号和4986吨的英国船“埃雷布瑞恩”（Aelybryn）号。U-160号由于只剩下3枚鱼雷而返航，途中在弗里敦附近发现了1艘单独航行的商船，但发射了2枚鱼雷均未命中。5月10日U-160号回到法国，此次巡逻的确证战绩是击沉7艘共计45205吨，艇长拉森随后被调到潜艇培训机构（拉森在战争中总共击沉26艘共计156082吨，在所有艇长中位列第十二）。

3月7日，在开普敦以东，U-506号击沉5212吨的英国船“萨伯尔”（Sabor）号。但在潜艇上浮察看战果时，潜艇撞上了不明物体，被撞坏了潜望镜和螺旋桨，只好撤到开普敦以南进行维修。9日，维修时，4768吨挪威船“塔伯尔”（Tabor）号恰好经过，U-506

号随即用鱼雷和火炮将其击沉。加上此前到墨西哥湾和加勒比海巡逻所取得的战绩，艇长埃里希·伍德曼（Erich Wurdemann）获得了骑士十字勋章（获得勋章时，伍德曼的确证战绩是击沉15艘共计76714吨）。

修复创伤后，U-506号回到了开普敦以东的巡逻海域。由于盟军通过破译埃尼格码以及高频测向仪获知了U-506号的位置，因此盟军修改了船队航线以避开潜艇。3月19日，一直毫无收获的U-506号奉命返航。

2月10日，U-509号在开普敦附近击沉了CA-11船队4937吨的英国船“安妮女王”（Queen Anne）号，英国反潜拖网渔船“圣·齐诺”（St. Zeno）号随即用火炮和深弹进行了反击，但被潜艇成功逃脱。3月13日，该艇又在开普敦海域向几艘船发射过鱼雷，但都没有奏效。随后根据潜艇司令部的命令，U-509号改到开普敦西北部的萨尔达尼亚湾（Saldanha Bay），在那里巡逻了两个星期，还是一无所获。由于潜艇上的食物短缺，只好于3月28日开始返航。4月2日，在瓦尔维斯湾（Walvis Bay，或称鲸湾，位于今纳米比亚）南部发现了一支小型船队NC-9，潜艇在水下向船队靠近，在很远距离发射了4枚鱼雷，居然有2枚击中了7129吨英国货船“巴罗达城市”（City of Baroda）号，这艘船虽然在吕德里茨湾（Luderitz Bay）抢摊搁浅，但彻底报废。

从2月11日到27日，U-516号在开普敦附近海域击沉3艘，其中第三艘是10782吨的荷兰潜艇补给轮船“哥伦比亚”（Colombia）号，该船刚刚结束了检修，在驱潜快艇“金雀花”（Genista）号的护航下返航，被鱼雷击中后，“哥伦比亚”号在13分钟内沉没，“金雀花”号发起了反击，但U-516号却逃脱。3月5日，U-516号撞上了一艘沉船残骸，只好撤往深海维修。3月10日由于艇长盖尔哈德·韦伯（Gerhard Wiebe）胃疼的厉害，不得不中断巡逻，由大副暂时接替指挥。3月20日，击沉3663吨巴拿马船“诺顿”（Nortun）号。但艇员在电池组附近的艇壳上发现有严重腐蚀现象。如果潜艇深潜，在水压的作用下极有可能会裂开，如果海水一旦灌入电池组，就会产生致命的氯气，后果不堪设想。因此潜艇只好全速向法国返航。

U-182号艇长是骑士十字勋章获得者尼古拉斯·克劳森，他指挥潜艇从挪威出发，打算到马达加斯加附近巡逻，以截击为北非的英国第8集团军运送补给的船队。1月15日，途中击沉7173吨英国自由轮“海洋勇气”（Ocean Courage）号；2月17日，击沉4836吨英国船“兰纳什”（Llanashe）号。但到达马达加斯加西部海域后的战绩却非常令人失望。整个3月，仅击沉了7177吨美国自由轮“理查德·斯派特”（Richard D. Spaight）号（3月10日）。返航途中，于4月

5日击沉了5047吨英国船“芦荟”（Aloe）号；5月1日再击沉5838吨希腊船“阿德尔佛第斯”（Adelfotis）号。5月16日，U-182号抵达马德拉群岛以西约400公里处，很偶然地遇到了UGS-8船队的部分船只，此时正在从美国驶往直布罗陀途中，由美国驱逐舰“劳伯”（DD-613，Laub）号和“麦肯基”（DD-614，MacKenzie）号护航。“麦肯基”号通过雷达发现了U-182号，迅速通知了“劳伯”号，然后向潜艇冲去，但却没有用主炮开火，在距离约2500米时，雷达讯息消失，这说明潜艇已经开始下潜，于是“麦肯基”号迅速启动声呐，并很快获得了准确的声呐讯息，投下了15枚深弹。“劳伯”号既没有获得雷达讯息也没有获得声呐讯息，半信半疑地加入了攻击。此后，两艘驱逐舰都没有再获得声呐讯息，在搜索了近三小时后，只能停止了攻击，重新赶回船队。

除了在投下深弹后曾听到并感觉到发生了严重爆炸之外，再没有其他能表明对潜艇造成损伤的证据。盟军反潜机构对此次攻击潜艇非常不满，认为“麦肯基”号在距离潜艇约4000米处就应当用主炮进行炮击，“劳伯”号更应该积极配合行动，另外驱逐舰至少应在事发现场停留12小时。然而战后得知，“麦肯基”号确实击沉了U-182号（33.55N，20.35W。61名艇员全部阵亡），虽然具体怎么击沉的一直不得而知，最可能是深弹引爆了潜艇甲板上的鱼雷装运箱。

总体来看，“海豹”艇群的第二次攻击只能算得上是一次微小的成功，5艘潜艇击沉了20艘共计122718吨，平均每艘潜艇每次出巡击沉4艘，但是这些潜艇的平均出巡时间长达136天。就如到美国海域执行巡逻任务的潜艇一样，“海豹”艇群遭遇了许多困难。

3月，这些潜艇总共击沉了12艘71000吨。同月在印度附近的日本潜艇I-27号击沉了7100吨英国船只“福特·姆弗德”（Fort Mumford）号。

同时潜艇司令部还派出U-180号潜艇到印度洋上与日本潜艇交换了包括武器在内的很多物资。U-180号装有六个1500马力的

1943年夏季大西洋潜艇部队的潜艇数目并没有增加；相反的，还有所减少。近似数目如下：

	5月1日	6月1日	7月1日	8月1日	9月1日
Ⅶ型	134	119	112	98	93
Ⅸ型	52	46	45	33	30
总计	186①	165	157	131	123②

注：①不包括XB型布雷艇、XIV型潜艇油轮、IXD1和IXD2型潜艇巡洋舰，但是包括正在法国接受战伤维修、改装、整修的Ⅶ型和Ⅸ型潜艇，即包括了所有没有报废的Ⅶ型和Ⅸ型潜艇。

②需要注意的是，1942年9月1日到1943年9月1日，整整一年的时间里，大西洋部队的潜艇数目从124艘又回降到了123艘。

Mercedes-Benz柴油机，使潜艇的最高航速达到20.8节，成为二战期间德国速度最快的柴油机潜艇。但是这些引擎并不适合用在潜艇上，排出的烟非常多，而且放出大量的热，使整个潜艇内部都热得无法忍受。从基尔出发前夕，U-180还载上了一个特殊的乘客——印度政治家撒布哈斯·钱德拉·波什（Subhas Chandra Bose），其父是印度国大党主席波什，也是当时正被拘禁在印度的莫汉迪斯·甘地（Mohandas Gandhi）的支持者。1940年由于他支持轴心国（或者说就是反英），英国将其拘禁，但他后来逃到了德国。他一直梦想创立并领导一支由日军俘虏的印度人组成的“解放军”（army of liberation），于是日本希望通过波什可以在印度国内煽动起反英情绪，所以要求将他和助手阿比德·哈桑（Abid Hassan）搭乘U-180号前往新加坡或日本。

2月9日，破译日本外交密码的盟军译码人员截获了从柏林发往东京的一个讯息，报告波什已经登上潜艇从基尔出发。这个讯息和其他一些从外交密码中破译出来的情报被交到了肯尼斯·诺雷斯和罗杰·温手里，温分析出了这艘潜艇就是“U-穆森堡”——U-180号艇长正是维尔纳·穆森堡（Werner Musenberg）。而与U-180号会合的日本潜艇是伊豆寿市（Juichi Izu）指挥的I-29号，I-29号曾数次在印度洋巡航，击沉过6艘船只。

U-180号由于六个引擎耗费了大量燃油，必须要到补给潜艇上加油。3月3日，U-180号从U-462号上得到了燃料补给。4月23日，U-180和I-29按计划在马达加斯加岛东南大约760公里处会合，但是由于天气不好，直到4月27日才开始了交换行动。

除了波什和哈桑之外，德国人还给了I-29号一个鱼雷发射管，里面装有一根炮管（型号未知）和炮弹；一箱武器、飞机和潜艇的构造图和文件。I-29号也给了U-180号送来两人，分别是艇长泰德斯曼·艾米（Tetsusiro Emi）和潜艇设计工程师海德·托马格格（Hideo Tomogaga）。还有11吨货物，包括2枚21英寸空投鱼雷（Model No.2）；几箱子奎宁；1.3吨日本武器和图纸；德国驻东京大使馆的半吨多邮件、文件和图纸；2吨金锭。这些货物几乎占据了U-180号的每一寸空间。7月3日U-180号抵达波尔多。

U-180和I-29号在印度洋的会合是德日潜艇之间的“第一次”，因此非常著名。波什和助手被送到了新加坡，但他根本组织不起一支“解放军”，日本人对他越来越讨厌，直到1945年他在一次飞机失事中丧生。U-180号完成这次巡逻后，被宣布不适合战斗巡逻，于1943年12月30日退役，随后换上了2个1400马力柴油机，被改装成了运输潜艇。

转移的趋势

1943年初邓尼茨接任海军总司令，由于盟军在各战场正耗费着大量的战争物资，他们不愿或者说没有能力通过北极航线为苏联提供不间断的物资供应。1943年1月和2月，只有两支船队航向了摩尔曼斯克。

鲁道夫·皮特斯（Rudolf Peters）从1943年1月18日起担任挪威潜艇部队司令。同他的前任胡伯特·施蒙特一样，他也将总部设在了纳尔维克的“格里勒”号游艇上。他上任时挪威潜艇部队共拥有20艘潜艇，1月中有3艘潜艇被调到大西洋，到2月1日，挪威潜艇部队仅余下17艘。

两支北冰洋船队的情况如下：JW-52船队由14艘商船组成，1月17日从洛可艾维（Loch Ewe）出发，除了1艘中途退出外，其他13艘都安全抵达了苏联。德军飞机和潜艇都曾向船队发起过进攻，但都被护航舰击退。返回的船队被命名为RA-52，德军潜艇找到并攻击了船队，U-255号于2月3日击沉7460吨的美国自由轮“格雷洛克”（Greylock）号。

JW-53船队由28艘商船组成，于2月15日离开洛可艾维。刚出航不久，就遭遇了一场强大的极地暴风雪，“冲锋者”号护航航母、“谢菲尔德”号巡洋舰还有6艘商船严重受损，被迫中断了航行。其他护航舰将商船重新组织起来，并击退了德军飞机和潜艇的多次进攻，将22艘商船安全护送到了苏联。返回的船队被命名为RA-53，由30艘商船组成，德军飞机和潜艇发现并攻击了船队。3月5日，U-255号击沉4978吨的美国船“执行者”（Executive）号；3月10日再击沉7191吨的美国自由轮“理查德·布兰德”（Richard Bland）号，因此艇长莱因哈特·莱西（Reinhart Reche）获得了骑士十字勋章，这是挪威潜艇部队继赛格弗里德·施泰罗夫之后第二位获此殊荣的艇长（获得勋章时，莱西的确证战绩是击沉10艘共54420吨）。3月9日，U-586号击沉了6076吨的美国船“皮尔托·里坎”（Puerto Rican）号。还有1艘船在暴风雪中沉没，其他26艘船抵达了英国。

3月，由于在北非和西西里登陆作战需要大量船只，因此英国不愿再向苏联派出船队。根据破译埃尼格码，盟军得知在3月初德军战列舰“提尔匹茨”号、主力巡洋舰“沙恩霍斯特”号和袖珍战列舰“吕佐夫”号将开出纳尔维克，赶往阿尔腾峡湾攻击北极船队。于是丘吉尔通知斯大林，他必须取消北极船队。

1943年，邓尼茨和希特勒进行了四次会面。每次会面都对潜艇战进行仔细讨论。2月邓尼茨解释道，具有决定意义的北大西洋航线潜艇战无法进行下去了，主要原因如下：

盟军似乎掌握了潜艇的位置，因此能指导船队绕过潜艇。邓尼茨曾怀疑盟军已经破译了海军埃尼格码，曾命令主管海军通讯安全的埃尔哈德·麦尔顿斯（Erhard Maertens）展开调查。麦尔顿斯再次向邓尼茨保证，埃尼格码不可能被破译。邓尼茨由此怀疑盟军有了某种新型的远程雷达或者其他电子定位装置来对潜艇进行定位。但邓尼茨忽视了盟军两个最重要的潜艇定位工具：埃尼格码的破译和岸基及舰载高频测向仪。

尽管邓尼茨早已屡次提出让德国空军协助潜艇作战，一方面帮助潜艇搜寻船队一方面击落那些装有雷达的盟军反潜飞机。但希特勒表示德国可能无法及时生产出足够的超远程飞机来帮助潜艇，但是他许诺派出更多的Ju88到法国西海岸。其次，潜艇数目依然不够。邓尼茨断言，为了找到并击沉盟军船队，从1943年下半年起潜艇的生产需要达到每月27艘，同时需要4万名艇员和相应的鱼雷。希特勒同意了这个宏伟计划并保证满足这一计划所需要的钢铁、稀有金属和工人。

由于盟军北极船队大规模缩减，同时北冰洋的极夜也严重影响了潜艇的活动，所以邓尼茨建议暂时不对挪威潜艇部队进行扩充，希特勒同意对挪威潜艇部队的扩充可以推迟到4月。到1943年3月1日，挪威潜艇部队仅剩下4艘潜艇。

在这四次会谈中，希特勒和邓尼茨还就意大利和日本的潜艇事务进行了讨论。鉴于德国水面偷渡船的惨重损失，邓尼茨建议将10艘在大西洋活动的意大利潜艇改装成运输潜艇，前往西印度洋将轴心国水面偷渡船上的橡胶、钨矿、奎宁等货物运到波尔多。意大利同意将驻扎在波尔多的10艘潜艇中的9艘用来充当运输潜艇，作为回报，邓尼茨送给意大利10艘VII型潜艇，并在波罗的海为意大利艇员提供培训。9艘被改装成运输潜艇的意大利潜艇有4艘被击沉。

日本通过驻柏林大使野村吉三郎（Kichisaburo Nomura，珍珠港事变时的谈判特使）要求德国赠送两艘潜艇。邓尼茨反对送给日本人潜艇，因为以日本的能力，他们无法大规模生产德国潜艇。然而希特勒坚持让邓尼茨至少送给日本1艘潜艇以示友好，并作为对日本赠送锡、橡胶及其他原材料的回报。

被选中送给日本的潜艇是弗里茨·史内文德（Fritz Schneewind）任艇长的IXC型U-511号，该艇被命名为“马可波罗I”（Marco Polo I）号。5月10日，史内文德带着货物和包括野村在内的六名乘客出发，7月17日抵达马来西亚的槟榔屿（Penang），野村从那里飞往日本，史内文德又带上了一名日本军官作为导航员和通讯官，最终于9月16日抵达日本（日本将潜艇重新命名为RO-500）。随后史内文德和艇员乘船返回槟榔屿，德国正计划在那里建立一个潜艇基地。

大西洋船队会议：1943年3月1日至12日

3月1日，盟军在华盛顿召开了一次历史性的会议——这就是所谓的“大西洋船队会议”，召开这次会议的主要动机如下：

英方希望建立一个对整个大西洋负责的反潜司令部，并希望由利物浦的西部大道指挥部的马克思·霍顿任总指挥。还希望美国能重新确定罗斯福总统曾做出的1943年要为英国提供至少2700万吨进口物资的承诺，此外还要帮助英国恢复因北非登陆而大为缩减的石油储备。

尽管加拿大一直受到英美的冷落，却已承担了北大西洋航线上将近一半的护航任务，他们希望解除纽芬兰阿根细亚的美国海军船队护航指挥部——即第24特遣舰队，同时在原地建立一个完全由加拿大负责的“西北大西洋”指挥部。曾有三个中洋护卫队（MOEF）撤到英国接受培训，加拿大希望这三个护卫队（C1、C2、C3）能够重返大西洋，此外还希望支援北非登陆的14艘驱潜快艇能够重返大西洋。这三个加拿大护卫队在特伯莫里（Tobermory）进行了两星期紧张培训后，就加入英国护卫队进行了实战演练，为英国和地中海之间的船队（KMF、KMS、MKF、MKS）护航。支援北非登陆的14艘加拿大驱潜快艇则编成了三个加拿大护卫队（CEG-25、CEG-26和CEG-27），和英国护卫队一起为船队提供护航。在护航中轴心国部队击沉了其中两艘，另一艘“卢恩堡”（Luenburg）号由于要接受检修直到8月才离开英国，这样只剩下11艘驱潜快艇。

美国要为横穿大西洋的快速和慢速UG-GU船队提供护航，还要为CU-UC及TO-OT油轮船队以及庞大的西半球“船队连锁系统”提供护航，他们只希望加拿大和英国能够承担起北大西洋船队上的船队护航任务。

英国、美国和加拿大都一致同意要增加B-24“解放者”飞机的数量，以更好地为大西洋船队提供护航，但是在究竟要怎么分配执行战略轰炸和反潜任务却未能达成协议。因为各方面都希望自己能够拥有更多的飞机，这就有必要建立一定的分配机制以在各个国家、各部队及各战场之间合理分配。

经过几年的发展、建造和检修，美英两国的护航航母“猎人-杀手”小组（支援舰队）以及巡防舰都可以胜任大西洋上的反潜任务了。就如B-24轰炸机一样，这些反潜力量也要进行分配，以满足各特殊作战区域和大西洋船队航线的需要。

在整个大西洋船队会议期间，情报部门提出1943年德军潜艇部队实力将会大大增加、盟军的密码破译者们至少有几个月的时间会丧失对四转子埃尼格码的破译。但这两个判断都错了。

1943年3月1日，盟军情报机关认为到1943年12月31日，德军的服役潜艇数目将达到613艘。出乎意料的是由于1943年盟军猎杀的潜艇大幅上升，到1943年12月31日，德国潜艇部队只有436艘潜艇，全年仅净增19艘。

关于丧失对四转子海军埃尼格码的猜想是英国密码破译者的估计，他们通过破译的埃尼格码得知，德军将从3月10日开始使用一种新的气象预报短码手册取代去年10月从U-559上获得的手册。英国情报机关认为，由于气象密码手册是英国"炸弹"制造者们必不可少的突破口，因此布莱奇利庄园"担心更换气象短码手册的后果将是致命的"。

3月9日，大西洋船队会议仍在进行时，皇家海军部副总参谋长约翰·埃德尔斯顿（John H. Edelsten）曾对第一海军大臣庞德说："预言将会变为现实。3月8日，海军情报总负责人（DNI）曾汇报说潜艇跟踪监视处将无法预知潜艇的行动，这个时期将可能长达几个月。"庞德又把这个消息转告了正在华盛顿参加大西洋船队会议的海军副总参谋长亨利·摩尔："潜艇情报方面的工作遭遇了重大挫折。3月10日之后，我们每个月最多也就可以破获四到六天的埃尼格码讯息，并且这一状况不会是暂时的。"

然而，盟军丧失四转子埃尼格码讯息的时间仅持续了10天。3月19日，布莱奇利庄园依靠60台三转子"炸弹"计算机再次破译了四转子

■ 驻美国的加拿大代表海军上将布鲁德尔。

埃尼格码。从3月19日到6月30日，英国有90天能够破译埃尼格码，占全部时间的80%。

参加大西洋船队会议的高级军官包括美国海军上将金、参谋长理查德·爱德华、英国海军上将珀希·诺贝尔（西部大道指挥部新任司令）、英国海军副总参谋长亨利·摩尔、驻美国的加拿大代表海军上将布鲁德尔（V. G. Brodeur）。

金的会议开幕词非常简短，他认为组建船队不仅是保护盟军航运的最好方法而且是唯一的方法。他强调说："一艘船幸免于难就相当于再造了两艘船。"确保船队安全及时到达仍然是首要指导战略目标，猎潜任务倒在其次。金还对纽约港的日渐拥挤表示担忧。自1942年9月至1943年2月1日，即北大西洋船队的出发点或目的地转至纽约港期间，远洋船在港口内发生了123次撞击事故。

会议达成了一些重要协议，并很快就获得了三个政府的认同。其中最重要的协议如下：

北大西洋航线，英国和加拿大将全权负责北大西洋航线上的船队护航任务。美国指挥部——即阿根细亚的第24特遣舰队将被撤回，此外美国的最后一个护卫队A3以及驻冰岛的美国定期往返战舰也将被全部撤回（美国有8艘定期往返军舰驻扎在冰岛：4艘驱逐舰、3艘海岸警卫快艇和1艘扫雷船）。往返自冰岛的船只在美国和英国之间航行时要编在北大西洋船队中，靠近冰岛时则要被编在已经存在的UR-RU船队（英国到雷克雅未克及反向船队）中，由英国军舰护航。

北大西洋航线上的哈利法克斯船队、慢速船队以及北方外航船队的航行状况大致如前，只是进行了很小的改动。根据金的建议，为了缓解纽约港的拥挤状况，自3月31日起，慢速船队（SC）以及北方外航慢速船队（ONS）的起止点将转移到新斯科舍省的哈利法克斯（自1942年9月19日到1943年3月20日，共有1184艘商船组成的20支慢速船队从纽约港出航）。跟以前一样，航行起止点是哈利法克斯的船只要编在既存的XB-BX船队（哈利法克斯-波士顿船队及反向船队）中进出这一港口，由加拿大战舰以及加拿大和美国飞机共同护航。船只要编在美国连锁船队系统中进出波士顿海港。

中洋护卫舰队（MOEF）将由英国海军部主管，由14个护卫队组成，每个护卫队包括6艘军舰（共84艘战舰），其中7个护卫队由加拿大军舰组成，另外7个由英国军舰组成。为了满足加拿大的需要，在英国接受培训的3个加拿大中洋舰队护卫队，以及执行北非护航的3个护卫队中的14艘驱潜快艇都将归还给加拿大。

美国第24特遣舰队撤离之后，加拿大将拥有北大西洋航线西半部分和XB-BX船队的指挥权。加拿大西北大西洋指挥部的管辖范围是西经47度以西、北纬42度（波士顿）以北的整个海域。包括11个护卫队的加拿大西部护卫部队（原来就有8个护卫队）将为这一海域的船队提供护航。为了保持有足够数目的护卫队，除去从北非及其他行动中撤回的驱潜快艇之外，加拿大还将从英国借得的11艘驱逐舰留在了加拿大海域。

从哈利法克斯出航的慢速船队每八天一班，第一支这样的船队是SC-125，于3月31日出发。从哈利法克斯驶往波士顿的XB-BX船队每四天一班，第一支这样的船队是XB-38，继ONS-171号（慢速）船队抵达哈利法克斯之后于3月23日出发。此后，驶往哈利法克斯的北方外航慢速船队又从1号开始排序，以区别于往返自纽约港的北方外航（快速）船队（ON）。

罗斯福总统曾许诺要采取措施满足英国对进口物资需求增加的需要，为此，他们采取了一系列措施，从纽约港出发的哈利法克斯船队以及反向从英国出发的北方外航快速船队的班次和规模都有所增加，多数情况下商船数目达到了60艘，除此之外还有向东航行的登陆舰和坦克登陆舰（LST）等。海军上将金果断地拒绝了英国要将每支船队的船只量增加到80艘的提议。他认为，一个由6艘军舰组成的护卫队难以为如此众多的船只提供护航。他警告说，国内外对于“由于船队过于庞大及护航力量不足而遭受严重损失”的反应将会非常强烈。

为了最大可能地提高这些航线上英国护卫舰的利用率，皇家海军部以20天为一周期，合并KMS和OS船队一起航行，以30天为一周期，合并KMF和WS船队一起航行。为了提高直布罗陀当地护卫力量的利用率，要尽一切努力使UGF和KMF以及UGS和KMS船队同步航行。拥有足够的护卫舰之后，英国将重新把吃水浅的小型和中等大小的船只编入直布罗陀外航和归航船队（OG和HG）。

英军还将继续为往返自苏联北部（摩尔曼斯克，阿尔汉格尔斯克）的JW-RA船队提供护航。这些船队中的船只多为美国货船，例如美国自由轮，但护航舰中却没有美国军舰。

英国和加拿大将为北大西洋航线上受到威胁的船队提供5个“猎人-杀手”小组（又叫作支援舰队）。每个舰队将包括3到5艘驱逐舰、炮舰或巡防舰，以及1艘护航航母。根据计划，美国第一个即将做好战斗准备的“猎人-杀手”小组将被借给英国-加拿大，用于北大西洋航线。这个“猎人-杀手”小组包括护航航母“伯格”（CVE-9，Bogue）号和5艘驱逐舰。5月天气好转，利于飞机执行任务时，英国商用载机航母（军事空运司令部〔MAC〕的航母，每艘航母上载有三或四架“剑鱼”飞机，但不载有弹射器）将被编入航速慢一些的船队（SC、ONS）之中出航。

中大西洋航线

美国将全权负责中大西洋三条航线上的护航任务，这三条航线分别是UG-GU、OT-TO和CU-UC。因为这些船队的出航周期比北大西洋船队的出航周期长得多，因此它们所需要的护卫队也要少得多。

就如北大西洋航线上的船队一样，纽约和直布罗陀之间的UG-GU船队也有快速（15节）和慢速之分。由运兵船和货船组成的快速船队（UGF、GUF）每25天一班。慢速船队（UGS、GUS）5月开始，每15天一班。

在加勒比海的阿鲁巴或库拉索和直布罗陀之间航行的快速（14.5节）OT-TO油轮船队每28天一班。空载航行至加勒比海之后，油轮将重新装满石油，在没有护航的情况下航行至纽约，将所携带石油储存在“纽约油库”之后，再回到加勒比海装满石油，航向直布罗陀。北大西洋航线的慢速油轮再把“纽约油库”的石油转运到英伦各岛。与此同时，横穿大西洋的护卫队（每个护卫队由6艘驱逐舰组成）将驶入古巴关塔那摩的美国海军基地，接受维修、升级和船员培训。

直接将石油从加勒比海（库拉索）运往英伦各岛的CU-UC快速油轮船队（14.5节）每54天从加勒比海出航。往返周期中包括驶向英国的15天，在那里停留6天，返回加勒比海15天，以及在加勒比海停留18天。在加勒比海停留期间，横穿大西洋的护卫队在关塔那摩接受整修时，油轮就要到纽约往返一次，把载运的石油运到“纽约油库”。

中大西洋船队将得到5个“猎人-杀手”小组的支援。每个小组包括4或5艘驱逐舰，还可能包括做好了战斗准备的美国护航航母“布罗克岛”（CVE-21，Block Island）号、“卡德”（CVE-11，Card）号、“科尔”（CVE-13，Core）号、“克洛坦”（CVE-25，Croatan）号和“善提”（CVE-29，Santee）号。

3月初，北大西洋航线的船队损失更加严重。大西洋船队会议正是在此时达成了这些协议。他们在会上表达了对这些严重损失的忧虑，但是他们的担心都比较适度，而不像皇家海军部所说的那样，这个时期是“危机中的危机”。他们也不认为由于潜艇的攻击，护航船队系统已不适于保护船队了。

远程和超远程反潜飞机

1943年3月1日，大西洋船队会议召开时，北大西洋上的盟军已经拥有了大量的远程和超远程反潜飞机，而且飞机数量一直在不断增加。这些空军力量比一般所了解的要强大得多。

在1943年上半年，没有潜艇在美国东

海岸活动。在东海岸前线司令部司令阿道弗斯·安德鲁斯上将的巧妙领导之下，那一海域的所有商船都在船队中航行，大约有200艘军舰提供护航。

美国为加拿大沿海各省的反潜巡逻贡献了许多飞机，这些巡逻正好可以作为反潜飞行员毕业后的实习课程。美军各中队的任务也在不断转换。1942年秋，美国海军VP-84“卡塔林那”巡逻中队向东转移到了冰岛。VP-82和VP-93“卡塔林那”巡逻中队返回了美国，随后改为装备“洛克希德·文图拉”（Lockheed Ventura）飞机。这些飞机离开之后，VP-31和VP-52的6架“卡塔林那”飞机暂时接替了他们的任务。驻扎在纽芬兰甘德（Gander）的陆军航空队第20反潜中队（B-17）返回了美国，由其他中队取代。

盟军在冰岛的反潜飞机基地到1943年3月，泰伦斯·布洛赫（Terence Bulloch）的英国空军第120中队拥有12架B-24轰炸机，加上美国海军VP-84巡逻中队的12架“卡塔林那”飞机以及英国空军第330中队（挪威飞行员）的“卡塔林那”飞机都可以为船队提供护航。从这里继续往东穿越北大西洋，英国空军岸防司令部调派了96架飞机驻扎在苏格兰和北爱尔兰：12架B-24（第86中队）、24架B-17（第206和220中队）、60架“桑德兰”（第201、228和246中队，加拿大第422和423中队）。这些飞机为英国西北、西部和西南海域的船队提供护航。

英国空军岸防司令部向英格兰南部调派了72架飞机：12架B-24（第224中队），24架“哈利法克斯”（第58和502中队）、36架“桑德兰”飞机（英国第119中队，澳大利亚第10中队和第461中队）。1943年3月，美国陆军空中部队第1和第2反潜中队的24架B-24重新从英格兰西南部调到了摩洛哥（不然英格兰南部的飞机总量将会达到96架）。

英格兰南部还有3个“威灵顿”中队，共36架。其中部分飞机装配了“利式”探照灯，其中第304中队是波兰飞行员，第311中队是捷克飞行员。

直布罗陀和摩洛哥共拥有72架反潜飞机，其中包括美国陆军航空队第480大队（第1和第2反潜中队）的24架B-24、直布罗陀的36架“卡塔林那”（英国第202中队）和12架“威灵顿”飞机（英国第179中队）。这些飞机为GU-UG船队和往来于西非港口的船队提供护航。

这样，盟军在北大西洋沿岸总共拥有57个中队684架飞机，这还不算“哈德逊”、“惠特利”和其他性能不太理想的飞机。这些飞机由四个机构来控制：英国空军岸防司令部、加拿大空军、美国海军和美国陆军航空队。这些机构之间的协同合作还非常不够。美国海军和美国陆军的空中反潜部队仍然由六、七个指挥部分管，他们断然拒绝建立一个像英国空军岸防司令部那样的一个完全由海军控制的机构。英国和美国仍然对加拿大持歧视态度，因此加拿大没能得到足够的先进反潜飞机、ASV雷达及其他电子装置。

盟军还有另外132架B-24飞机组成了11个中队，其中5个中队属于美国海军（VB-103、VB-105、VB-110、VB-111、VB-112中队），4个中队属于美国陆军航空部队（第4、6、19、22中队），1个中队属于英国（第59中队），1个中队属于加拿大（第10中队）。

大西洋船队会议的与会者们自然都希望这11个正在进行装配和休整的B-24中队能够尽早投入战斗。他们认为当前最紧迫的任务就是要尽一切努力弥补格陵兰的“黑窟”地带。但是，B-24飞机的构造非常复杂，必须要进行大量改动才能执行反潜任务。因此，1943年北大西洋上的11个B-24中队的建设速度非常慢。

这些中队部署完之后，北大西洋上执行反潜任务的B-24达到了200架，其中132架由美军掌管。美国海军原本预计要在1943年为北大西洋反潜航空中队增加两种新型飞机，以增强其反潜能力。然而，其中一种类型出现了技术上的失误；另一种型号则像B-24一样，投入战斗的速度太慢了。

第一种是PBM-3大型水上飞机，由格伦·马丁公司（Glenn L. Martin Company）生产。这种飞机被认定为“卡塔林那”飞机的升级版，理论上拥有更强大的发动机、两倍的燃料容量（3488加仑）、两倍的作战半径（2220公里）以及三倍多的有效载荷（6600公斤）。到1943年1月，马丁公司仅为美国海军生产了64架PBM-3飞机。这些飞机的分布状况如下：加勒比海的VP-32中队12架、美国的VP-201到VP-208中队各6架、研究与发展部门4架。然而PBM-3飞机却出现了诸多缺陷：发动机动力严重不足，空气动力学特性很差，轰炸系统非常不稳定，备用部件不足，而这些还仅仅是最主要的缺陷。大西洋舰队空军当局被激怒了，他们于1943年4月8日正式建议解除和马丁公司之间的合同，那些已经拥有或想要拥有这种飞机的中队改用PBY-5A（水陆两用）“卡塔林那”。海军上将金驳回了这个建议并命令海军当局对PBM-3型飞机进行彻底改装，以使它适于反潜任务。海军当局下令去除了飞机上的很多东西，比如装甲、腰炮（waist gun）、弹药、供氧系统、轰炸瞄准器、水平尾翼和气垫等。1943年6月1日，第一架改装过的飞机（PBM-3S）试航；7月27日，第二架改装成功。经过轻装化之后，这些飞机根本无法和敌机对垒。因此，这种新的水上飞机大部分被派到了很少遭遇敌机的墨西哥湾、加勒比海和拉丁美洲海域（马丁公司履行了战时合同，共生产了1312架PBM-3S“水手”飞机）。

第二种是PV-1“文图拉”轰炸机，洛克希德公司生产。这种飞机是洛克希德PBO“哈德逊”飞机的升级版，也是海军版的B-24轰炸机，这种飞机一开始是为了对付太平洋上的日本战斗机而设计的，后来它们也被用到了美洲和西非，执行反潜任务。PV-1“文图拉”飞机的建造速度之慢令美国海军感到失望和头痛。陆军航空部队把获得这种飞机放在最为优先的位置；海军的优先性则要相对低一些。到1943年1月，海军拥有的“文图拉”飞机还不到50架。如前所述，海军利用这些飞机对纽芬兰基地装备“卡塔林娜”的VP-82和VP-93中队进行了改组，改组后称为VB-125和VB-126中队。随着其他“文图拉”飞机投入使用被分配到了VB-127、VB-128等中队（VB-125和VB-126中队〔即先前的VP-82和VP-93中队〕于1943年3月1日抵达加拿大，于1943年6月18日返回美国。1943年9月6日，摩洛哥的VB-127中队取代了VP-92中队；1943年9月5日，冰岛的VB-128中队取代了VP-84中队)。

■ PBM-3“水手“大型水上飞机，这种飞机却是问题多多。

北大西洋航线：1943年3月

1943年3月，潜艇司令部一共派出47艘潜艇对北大西洋和中大西洋的船队进行攻击。尽管岸防司令部在比斯开湾的空中巡逻密度非常大，但所有3月出巡潜艇都抵达了目的地。3月20日到28日的“封锁行动I”（Operation Enclose I）期间，盟军空中巡逻密度达到最大。

U-333号在3月5日夜遭到第172中队1架装有“利式”探照灯和厘米波雷达的“威灵顿”飞机攻击，潜艇的“墨脱克斯”装置没有发出任何警报，好在艇员异常警觉，迅速以高射炮射击，将“威灵顿”飞机击伤，但飞机投下了4枚深弹，2枚命中潜艇，其中1枚落到了海里，另1枚却没有爆炸。U-333号以及U-156号和U-214号同样有关于“墨脱克斯”装置失效的报告，使得潜艇司令部于3月5日开始怀疑盟军拥有了一种不能被“墨脱克斯”装置探测到的新型机载雷达。2月2日，德军在鹿特丹附近坠毁的1架英国“斯特灵”飞机上发现了H2S厘米波长雷达，这或多或少地使他们的怀疑得到了确证。此外，一个被俘的英国飞行员欺骗德国人说，“墨脱克斯”装置本身可以发射出很强的讯号，盟军飞行员可以根据这一讯号发现潜艇，因此使用“墨脱克斯”装置是非常危险的。“墨脱克斯”装置在探测机载厘米波雷达时的失败使得德国人开始紧急研制一种新型探测器，并开始在潜艇上进行米波探测雷达的繁琐实验。在这种电子装置得到进一步发展和利用之前，邓尼茨被迫增加潜艇上的高射炮，并强烈要求艇长们把潜艇浮出水面上攻击敌方飞机，在装配有“利式”探照灯的“威灵顿”飞机执行巡逻的比斯开湾更要如此。

到1943年3月，所有潜艇都加装了高射炮。高射炮被安置在指挥塔后面两个单独敞开的半圆形平台上，上下各一个，37毫米速射炮就被安置在下面平台上。只要艇员能提前发现飞机，37毫米高炮完全有机会能够战胜武备薄弱、航速较慢并多少有点笨重的“卡塔林那”和“桑德兰”飞机，但对于航速较快、武备严密的B-17、B-24和“哈利法克斯”来说，结果就不一样了。与这些飞机交战时，潜艇极易受损。且不说抗压外壳薄弱，速射炮也没有装甲防护罩，炮手完全暴

■ 这张照片清楚地显示了强化防空火力后的Ⅶ型潜艇对空武器系统。不过照片是摄于1945年德国投降之后。

露在外，装填弹药的速度又很慢。如果同时有两架飞机从不同角度对潜艇展开攻击，炮手将难以同时应付。此外受指挥塔所在位置的限制，高射炮几乎不可能从后向前射击，因此艇长必须操纵潜艇转向，才能使高射炮顺利瞄准目标。

3月德军仍然没有足够数量的补给潜艇为众多的潜艇提供支援。像2月一样，3月潜艇也深深受益于B机关提供的情报，盟军的密码破译者却在3月的前19天无法连续破译四转子海军埃尼格码。3月出巡的潜艇还要面对异常恶劣的天气，《铁棺材》的作者赫伯特·维尔纳（时任U-230号的大副）这样描述：随着猛烈的大风自西向东吹过大西洋，海面上波涛汹涌，浪花此起彼伏。潜艇就在汹涌的海浪中挣扎着向前开进；它被一个巨大的海浪推上高空，又被另一个海浪打入水底。海面风速达到了每小时240公里，时而轰鸣，时而咆哮。我们值班时，狂风就夹杂着猛烈的雪花、冰雨、冰雹和冰屑来惩罚我们。它们猛烈地撞击在我们潜水员的橡胶制服上，像刀割一样地吹在脸上，还妄图把我们的眼罩撕毁；只有腰间的钢带才能把我们牢牢地系在潜艇上，使我们的性命得以保全。在下面的钢质艇舱里，潜艇剧烈的上下运动也使我们变得像小玩偶一样，不停地被抛上抛下。最终我们还是从猛烈的风浪中挺了过来，安全抵达了目的海域。

根据B机关提供的情报讯息，潜艇司令部将23艘潜艇分为三个艇群：“猎鹰”艇群（Wildfang）、“堡主”艇群（Burggraf）和“处女地”艇群（Neuland）。这三个艇群分布于格陵兰南部和东南部，主要任务是截击2月24日自纽约出航的SC-121慢速护航船队，包括59艘商船和21艘坦克登陆舰，由鲍尔·海纳曼指挥的美国A-3护卫队（“国库”级海岸警卫快艇“史宾塞”号、驱逐舰“格里尔”号和3艘驱潜舰）护航。

通过破译埃尼格码得知有三个艇群存在后，盟军非常机智地指挥船队从“猎鹰”艇群和“堡主”艇群之间穿过。然而3月6日“猎鹰”艇群的U-405号发现了船队，收到发现船队报告后，潜艇司令部对三个艇群的23艘潜艇以及另外的4艘潜艇进行了重新部署，分为了2个艇群：“西马克”艇群（Westmark，17艘潜艇）和“东马克”艇群（Ostmark，10艘潜艇）。另外14艘潜艇（包括“猎鹰”艇群的6艘、从补给潜艇U-462号上补充过燃料的6艘潜艇，还有“堡主”艇群的两艘）组成了新的“强盗贵族”艇群（Raubgraf）。还有13艘潜艇组成了“处女地”艇群。

攻击SC-121船队的“西马克”和“东马克”艇群的27名艇长中有18人是处女航。潜艇司令部指挥“西马克”艇群17艘潜艇向U-405号靠近，“东马克”艇群的10艘潜艇则

■ 正遭到反潜飞机攻击的德军潜艇，虽然强化了防空武器，但潜艇面对飞机的攻击还是处在下风。

在东部海域等待船队自投罗网。由于恶劣的天气（雪、冰雨、冰雹、劲风）和不良的通讯状况阻止了“西马克”艇群的协调行动。夜间，“西马克”艇群17艘潜艇中的6艘发现了船队。U-230号于3月7日击沉2868吨英国船“埃及”（Egyptian）号，U-591号击沉6116吨英国船“印巴拉帝国”（Empire Impala）号。此后天气更加恶劣，但“西马克”艇群还有6艘潜艇与船队保持着联系，直至3月9日暴风雪才有所减弱。其间，“西马克”艇群的潜艇们又击沉了6艘。这样“西马克”艇群总共击沉了8艘共37831吨，还击沉了2艘291吨坦克登陆艇。

船队继续东行，又闯入了“东马克”艇群10艘潜艇的伏击圈，3月9日和10日，这个艇群的3艘潜艇又击沉4艘共17830吨。与此同时，盟军命令冰岛的飞机和军舰前去支援SC-121船队。3月9日凌晨反潜飞机陆续赶到，当天晚些时候“国库”级海岸警卫快艇“比波”（Bibb）号和“英格汉姆”（Ingham）号，驱逐舰“巴比特”号，英国驱潜快艇“剪秋萝”（Campion）号和“锦葵”（Mallow）号也赶到了，使护航舰增加到了10艘，由于船队得到了这些护航舰和强

■ 潜艇被摧毁的一瞬间，这枚深弹几乎直接命中了潜艇。

大的空中支援，潜艇司令部只好取消了进一步行动。

3月10日U-633号被英国商船“史克顿”（Scorton）号撞毁（58.51N，19.55W），43名艇员全部阵亡。此次护航船队之战，确证击沉12艘共55661吨（外加2艘291吨坦克登陆艇）。

因此美国A-3护卫队遭到了尖锐批评，由该护卫队护航的ON-166船队损失了13艘共80725吨，SC-121慢速船队损失12艘共55661吨。

在SC-121船队后面的是HX-228船队，2月27日从纽约出发时由80艘船组成，但其中20艘驶向了哈利法克斯。由英国B-3护卫队护航，共4艘驱逐舰和5艘驱潜快艇。

掩护这支船队的还有由“伯格”（CVE-9，Bogue）号护航航母（载有VC-9中队的21架飞机）和两艘驱逐舰组成的支援舰队，3月5日从阿根细亚出发。由于北大西洋上天气非常恶劣，驱逐舰无法在海上加油，航母上难以起降飞机，3月10日“伯格”号中断任务返回阿根细亚。

盟军将HX-228船队调到了距SC-121船队北方很远的航线，以躲避聚集在SC-121船队航线上的潜艇。但是这个调动正好让船队闯入了“处女地”艇群的巡逻地区，U-336号首先发现了船队，潜艇司令部向“处女地”艇群增调5艘潜艇，使得这个艇群的潜艇数达到了18艘。3月10日，U-221号击沉5412吨英国船“图克林卡”（Tucurinca）号和6565吨美国船“安德里亚·拉肯巴切”（Andrea F. Luckenbach）号，“图克林卡”号剧烈爆炸的碎片击中了U-221号的潜望镜，U-221号随即遭到护航舰的反击，大量海水涌进了潜艇，U-221号不得不停止追击维修战伤。

3月11日凌晨，U-757号击沉7197吨美国自由轮“威廉·乔加斯”（William C. Gorgas）号，U-86号击沉5001吨挪威弹药船“布兰特郡”（Brant County）号。弹药船沉没时的剧烈爆炸给U-86号造成了严重损伤，U-86号只好返航。

天亮后，护卫队的9艘军舰都依据雷达、高频测向仪和声呐讯号展开了攻击，英国驱逐舰“收割机”（Harvester）号发现了U-444号，全速冲过去，一头撞在潜艇后甲板上，但潜艇不但没有被撞沉，反而与“收割机”号的螺旋桨搅在了一起，使“收割机”号的螺旋桨和传动轴受到了重伤。U-432号发现了苟延残喘的“收割机”号（1340吨）后，发射了2枚鱼雷，全部命中将其击沉，该舰有149人丧生，包括舰长也是护卫队司令的泰特。

掩护“收割机”号的自由法国驱潜快艇“埃克尼特”（Aconit）号发现了被“收割机”号撞击的U-444号，于是再次向U-444号撞去，将潜艇撞成两半（51.14N，29.18W），41人阵亡，4人获救。随后“埃克尼特”号又获得了很好的声呐探测讯号，这是击沉“收割机”号的U-432号。在击沉“收割机”号后，艇长埃克哈德（Hermann Eckhardt）打开了香槟庆贺，完全放松了警惕，对“埃克尼特”号的攻击毫无察觉，近距离的爆炸给U-432号造成了严重损伤，迫使其猛然下潜到了史无前例的350米。这一深度令艇员大为吃惊，艇长埃克哈德决定在大白天浮上水面以逃脱攻击，当U-432号突然出现在水面时，距离“埃克尼特”号仅800米，驱潜快艇立刻开火，密集的炮火杀死了甲板上的一些艇员。“埃克尼特”号向U-432号靠过去，准备派出跳帮组，但是汹涌的海浪把“埃克尼特”号推向潜艇，并猛然撞在了潜艇上，转瞬间就将潜艇撞沉（51.35N，28.20W），26人阵亡，20人获救。

3月12日，HX-228船队距离冰岛已经很近了，潜艇只好放弃了攻击。这次护航船队之战确证击沉4艘共24175吨，还击沉了“收割机”号驱逐舰，德军损失了两艘潜艇。对潜艇部队来说，与HX-228船队的战斗是一次失败，“处女地”艇群的18艘潜艇在天气状况非常好的状况下仅击沉了60艘商船中的4艘，但却损失2艘潜艇，交换率是1艘潜艇换两艘船，这个比例简直是灾难性的。

1943年3月前半月，即大西洋船队会议期间，北大西洋航线上的数十艘潜艇仅对两支东向船队展开了有效攻击，一共击沉了16艘船外加“收割机”号驱逐舰。

3月德国B机关提供的关于所有大西洋船队的情报是空前的多，大西洋船队会议期间，盟军方方面面的无线电联系非常频繁，B机关可能也是得益于此，才提供了如此众多的关于船队和独航船只出航日期和具体航线的情报。德军还使用了一种新的气象报告短码手册，盟军的密码破译因此在3月10日到19日期间丧失了四转子海军埃尼格码讯息。密码讯息的暂时性丧失，加上北大西洋航线潜艇数目也是空前的多，致使盟军更加难以躲避艇群的攻击。

在具有决定性意义的北大西洋航线上丧失16艘满载的商船虽然是一个重大打击，但也难以证明海军部认为船队已经没有什么前途的观点。此外，为了弥补英国进口业的损失，3月增加了一支特殊的HX-229A船队。到4月，由60艘商船组成的HX船队和ON船队将每5天开一班。然而3月前半个月里，在中大西洋、太平洋、地中海以及其他各海域的盟军船运损失都异常严重，这又增加了海军部的紧迫感。在紧接下来的日子里，北大西洋航线上将出现一场真正的灾难。

规模最大的船队大战

“强盗贵族”艇群主要截击驶向美国的船队，该艇群由14艘潜艇组成，分布在格陵兰南部的“黑窟”。第一个目标是ON-169船队（37艘商船）和ON-170船队（52艘商船）。为ON-169船队护航的是英国B-4护卫队，包括3艘驱逐舰和4艘驱潜快艇。为ON-170船队护航的是英国B-2护卫队，包括2艘驱逐舰、1艘炮舰和3艘驱潜快艇。

为了避开“处女地”艇群，英国海军部将ON-169船队调到了北面的航线上。在格陵兰岛附近，船队被一场强大的暴风雪打散，还有许多船受了伤。在这种天气下，“强盗贵族”艇群没能找到船队，只找到并击沉了3艘掉队的船只。

ON-170船队跟在ON-169船队后面，因为有3艘商船相继因故返航，船队就剩下了49艘商船，而且也遭遇了暴风雪，一些船只受损。由于“强盗贵族”艇群的潜艇发出的无线电讯号被护航舰的高频测向仪探测到了，所以船队指挥官很聪明的绕过了潜艇巡逻线。尽管如此，5艘“强盗贵族”艇群的潜艇还是发现了船队。同时盟军命令3艘驱逐舰、两艘驱潜快艇和两艘扫雷舰立即从圣约翰出发，还有正前往冰岛的美国驱逐舰“阿普瑟”（DD-144，Upshur）号也受命赶去支援。3月14日，天气终于放晴，纽芬兰基地的岸基飞机开始为船队提供护航。

护卫队司令“杓鹬”号舰长命令驱潜快艇“石楠花”号远离船队并发射“雪花”闪光弹，以引开潜艇，然后命令船队向正南方航行。再命令“龙胆”（Gentian）号攻击正在跟踪船队的U-468号，“龙胆”号将U-468号逼入水下好几个小时，并发起了三次深弹攻击。U-600号和U-468号的位置报告都有错误，使潜艇司令部误以为船队航向改为西南，就命令“强盗贵族”艇群向西南追击，最终使ON-170船队安全抵达目的地。

此后，“强盗贵族”艇群的U-89号和U-653号潜艇都因引擎故障而返航，途中U-653号于3月12日击沉了1艘ON-169船队掉队的7176吨美国自由轮“汤姆斯·胡克”（Thomas Hooker）号，并发现了一支船队，由此引发了大西洋海战中规模最大的一场护航船队之战。

3月5日，由50艘商船组成的SC-122船队从纽约出发，出发的第二天，船队就遇到了飓风，有3艘船掉队。3月9日，从哈利法克斯驶来的一支地方船队加了进来，经过重新组合之后，船队共拥有50艘商船，其中5艘驶向冰岛，45艘驶向英国，由英国B-5护卫队护航，护卫队司令理查德·波易尔（Richard C. Boyle），包括2艘驱逐舰、1艘巡防舰、5艘驱潜快艇和1艘反潜拖网渔船，护卫队于3月11日从圣约翰出发，一天之后加入船队。

3月12日，盟军情报部门通过岸基高频测向仪探测到了“强盗贵族”艇群的U-621号潜艇发送的无线电，于是便让SC-122船队转向南方航线，这次改变航向使船队顺利避开了“强盗贵族”艇群的巡逻线。但是在船队前面的还有两个新组建的艇群：由18艘潜艇组成的“狂飙者”（Stuermer）艇群和由11艘潜艇组成的“突进者”（Draenger）艇群。由于3月10日到19日，盟军无法通过破译埃尼格码来掌握这两个艇群的位置，所以也就无法指挥船队转移到安全航线上。

3月8日，SC-122船队出航三天后，HX-229船队也离港启航。这支船队由40艘商船组成，由地方护卫队的5艘护航舰护航。3月13日从圣约翰出发的英国B-4护卫队加入了船队。由于原来护卫队司令所在的“高地者”（Highlander）号驱逐舰还在修理，所以暂由英国驱逐舰“志愿者”（Volunteer）号（临时从B-5护卫队中借来）的舰长高登·卢瑟（Gordon J. Luther）指挥，共4艘驱逐舰和2艘驱潜快艇。

9日，HX-229A船队离开纽约，这支船队由28艘船组成，4艘驶向哈利法克斯，随后一支由16艘船组成的地方船队从哈利法克斯出发，加入了船队，使船队规模达到了40艘。

由EG-40护卫队护航，护卫队司令是约翰·达利森（John S. Dallison），该护卫队一般是为北非的KM-MK船队护航，这次是专为替HX-229A船队护航而来，包括两艘“河”级巡防舰“莫约拉”（Moyola）号和“韦弗尼”（Waveney）号、两艘炮舰、两艘海岸警卫快艇“鲁尔沃斯”（Lulworth）号和“朗加德”（Languard）号。

就这样，这三支船队陆续航行在大西洋上，最前面的是SC-122船队，3月15日船队遭遇了飓风，755吨冰岛船“塞尔福斯”（Selfoss）号和550吨反潜拖轮“坎珀贝罗”（Campobello）号都受了伤，“塞尔福斯”号离开船队直接驶向冰岛最后安全抵达。“坎珀贝罗”号煤箱破裂无法修复，只好接下船员后由驱潜快艇“高代花”（Godetia）号击沉。

B机关破译了盟军发给SC-122和HX-229船队的命令，得知他们将改向南航行，潜艇司令部随即命令“强盗贵族”艇群停止攻击ON-170船队，转而去截击SC-122和HX-229船队。

3月15日，U-91号发现了HX-229船队，潜艇司令部错误的认为是SC-122船队，立即命令“强盗贵族”艇群的U-84、U-664和U-758号向U-91号靠拢。几乎同时正在准备与补给潜艇会合的U-653号也发现了HX-229船队，同样也误认为是SC-122船队。不过该艇报告的位置比U-91号报告的位置偏东，于是潜艇司令部命令“强盗贵族”艇群剩下的9艘潜艇（包括刚从补给潜艇上加好油的两艘潜艇）都向U-653号靠拢。此外还命令“狂飙者”艇群的11艘潜艇、“突进者”艇群的6艘潜艇还有其他11艘潜艇都赶去支援“强盗贵族”艇群，这使得参加攻击船队的潜艇达到了38艘。

16日到17日，8艘潜艇攻击了HX-229船队。16日U-603号击沉5214吨的挪威船“艾伦K”（Elin K）号。17日，U-758号击沉6813吨的荷兰船“塞恩兰”（Zaanland）号及7176吨的美国自由轮“詹姆斯·奥格尔索普”（James Oglethorpe）号；U-435号击沉7196吨的美国自由轮“威廉·欧斯特”（William Eustis）号；U-600号击沉12156吨的英国油轮“南方公主”（Southern Princess）号，击伤8714吨的英国货船“纳里瓦”（Nariva）号和6125吨的美国船“伊莱纳·杜邦”（Irenee Du Pont）号；U-91号击沉6366吨的美国船“哈利·拉肯巴切”（Harry Luckenbach）号，还击沉了受伤被放弃的“纳里瓦”号和“伊莱纳·杜邦”号；U-384号击沉7252吨的英国自由轮“克拉塞罗”（Coracero）号；U-631号击沉5158吨的荷兰船“泰克莱”（Terkoelei）号。确证战绩是共击沉10艘72170吨。

攻击HX-229船队后“强盗贵族”艇群有12艘潜艇退出了战斗，其中6艘是去加油，另

6艘是受了战伤或出现了故障。U-758号被深弹炸伤艇尾鱼雷发射管和空气压缩器；U-664号由于电动推进机超负荷运转，左舷传动轴出现了很大的噪音；U-615号上甲板在暴风雪中受损，潜望镜被冻坏；U-603号艇尾鱼雷储物柜被炸掉，柴油机故障；U-600号2个柴油机都出现了故障而被迫返航；U-435号柴油机和电动机都出现故障。这6艘中除了U-615号修复了潜望镜继续巡逻外，其他5艘都返回了法国。

赶去支援的“狂飙者”和“突进者”艇群则全速向西，3月16日晚，U-338号无意中发现了真正的SC-122船队，17日凌晨该艇突破了护航舰的警戒圈，溜进了船队内部，发射了5枚鱼雷，击沉3艘共17856吨。救援船“萨马莱克”（Zamelek）号在驱潜快艇“虎耳草”（Saxifrage）号的保护下赶去营救幸存者。U-338号的作战报告令潜艇司令部困惑不解，在随后几个小时里，其他潜艇陆续发来的报告终于使他们明白实际上存在两支东向船队，只不过把这两支船队搞混了。

在遭到U-338号攻击后，SC-122船队护卫队司令波易尔请求冰岛的水面战舰立即赶来支援，并在天亮后派飞机掩护。盟军随即派出冰岛的海岸警卫快艇“英格汉姆”号和美国驱逐舰“巴比特”（DD-128，Babbitt）号前去支援。但当得知HX-229船队也遭到潜艇的严重攻击后又命令“巴比特”号和同样从冰岛出发的英国驱逐舰“维米”（Vimy）号前去支援HX-229船队。同时B-4护卫队刚结束大修的“高地者”号驱逐舰和驱潜快艇“塞布鲁克”（Sherbrooke）号也正全速向东，准备加入HX-229船队。不过这5艘军舰都遭遇了飓风，因此无法及时赶到船队。

HX-229船队只剩下4艘护航舰，驱逐舰“韦泽灵顿”（Witherington）号和“曼斯菲尔德”（Mansfield）号则返回了纽芬兰，由驱逐舰“高地者”号和“维米”号来接替。

■ 被德国潜艇击沉的美国船“伊莱纳·杜邦”号。

当美国驱逐舰“巴比特”号从冰岛赶来，2艘驱潜快艇从纽芬兰赶来之后，护航舰增加到了9艘：5艘驱逐舰和4艘驱潜快艇，但是大部分护航舰仍在营救幸存者。

3月17日凌晨，岸防司令部为这两支船队打开了第一把空中保护伞。英国第120中队（驻冰岛）和第86中队（驻北爱尔兰）的B-24陆续飞来为SC-122船队护航。来自冰岛的B-24则于当天深夜开始为HX-229船队护航。这些飞机发现了大量潜艇，并向其中5艘发起了攻击，虽然没有击沉潜艇，但却严重阻碍了潜艇的攻击。尽管从3月17日开始两支船队都得到了护航舰和飞机的增援，仍有3艘潜艇在攻击HX-229船队的过程中取得了战果，U-221号在18日击沉2艘，因为这一战果使艇长汉斯·特罗耶尔（Hans-Hartwig Trojer）获得了骑士十字勋章（获得勋章时，特罗耶尔的确证战绩是10艘共60157吨）。19日，U-527号重伤了5848吨的美国船“马修·拉肯巴切”（Mathew Luckenbach）号，“马修·拉肯巴切”号的船员全部离船后被U-523号击沉。

18日，这两支船队到达冰岛以西大约400到500公里处。岸防司令部派出了第120中队4架B-24前来支援，但因导航问题没能找到船队。第120中队另外5架B-24则为SC-122船队进行了护航。

19日，岸防司令部为这两支船队派出了强大的空中保护。第86中队和120中队的B-24、第206中队和220中队的B-17以及“桑德兰”飞机全部出动，这些飞机向潜艇发起了五次攻击，但是没能击沉潜艇。

严密的空中和海上护航阻止了潜艇向HX-229船队的继续攻击。此次护航船队之战，10艘潜艇共击沉了HX-229船队13艘船

■ 被击沉的英国自由轮“克拉塞罗”号。

共93502吨，从吨位上讲，这是继PQ-17船队之后德国潜艇第二次最富成效的破交战，而代价非常微小，只有U-384号在19日被英军第206中队飞行员莱斯利·克拉克（Leslie G. Clark）驾驶的1架B-17击沉（54.18N，26.15W），47名艇员全部阵亡。

当3月17日U-338号从SC-122船队中击沉了3艘船后，潜艇司令部命令“狂飙者”和“突进者”艇群的其他潜艇全速向U-338号靠拢，不必考虑燃料消耗。由于这些潜艇都缺乏燃料，所以潜艇司令部许诺将派出补给潜艇或者让1艘新抵达的潜艇来分给他们一些燃料。

这些后续赶到的潜艇中首先找到船队的是“狂飙者”艇群的U-665号和U-305号。17日，U-665号击沉了此前被U-338号击伤的7134吨英国自由轮“雪松湖要塞”（Fort Cedar Lake）号；同日，U-305号击沉8789吨英国冷藏船“奥克兰港”（Port Auckland）号和4256吨英国船“轻步兵”（Zouave）号。U-338号则继续扩大战果，17日稍晚又击沉4071吨巴拿马船“格兰城”（Granville）号。这样，SC-122船队被这3艘潜艇击沉的船只达7艘共42106吨。

3月17日夜，SC-122慢速船队又遭遇了暴风雪，还有13艘潜艇正在周围虎视眈眈。天亮后，B-24出现在了天空，将潜艇驱逐。潜艇司令部非常渴望对这支船队展开攻击，遂命令潜艇不要顾忌飞机，不惜一切代价咬住船队，设法在船队前方抢占攻击阵位在夜间发起攻击。这道命令相当严厉，尤其是对U-86号：“你的位置在船队后面200公里并且没有进行任何行动，这只能被解释为玩忽职守。全速追击！”

18日，从冰岛赶来的“英格汉姆”号快艇加入了SC-122船队，驱潜快艇“高代花”号营救完幸存者后又重新回到船队。这样为船队直接护航的军舰达到了9艘：“英格汉姆”号、“哈弗洛克”（Havelock）号和“阿普瑟”号驱逐舰、“沼泽”（Swale）号巡防舰以及5艘驱潜快艇。还有反潜飞机也对潜艇进行了攻击，U-338号和U-665号都被深弹炸伤，不得不中断巡逻。3月22日，返航的U-665号在爱尔兰西南被轰炸机司令部第10训练中队由飞行员马斯顿（J. A. Marsden）驾驶的“惠特利”飞机发现，马斯特一口气投下6枚深弹将其击沉（48.04N，10.26W），46名艇员全部阵亡。其他遭到攻击的潜艇还有U-439号和U-190号。

潜艇司令部对SC-122船队大屠杀的期望没能实现，在第二次攻击中，只有6艘潜艇进行了攻击，18日，U-663号击沉掉队的5754吨英国船“克拉丽莎·拉德克利夫”号；19日，U-666号重创5234吨希腊船“加拉斯”（Carras）号，但自己也被第220中队的1架B-17炸伤，不得不返航；U-333号随后将被放

■ 英制“英俊战士”战斗机，因其航程较远，常被用于反潜巡逻。

弃的“加拉斯”号击沉。SC-122船队有9艘船被击沉，共53094吨。

德国人将SC-122船队和HX-229船队当作一支船队来看，柏林得意洋洋的宣称，潜艇共击沉了32艘船共186000吨。潜艇司令部对参战潜艇进行了热情洋溢的夸奖：“这是我们在与船队的作战中取得的最伟大的胜利。第一个晚上的突袭取得了非凡的成功之后，艇员们不顾飞机和水面战舰的威胁，对船队进行了艰苦追击，并且在白天和晚上都取得了辉煌的成功。”如果真是一支船队，战果确实可以称得上是“最伟大的胜利”，不过确证战绩远比德国宣称的要少：只有22艘共146596吨。如果分成两支船队来看，那么战果就不怎样了，再如果平均到参战的40艘潜艇，那么每艘潜艇的战果就更小了。

这两支不走运的船队恰好在大西洋船队会议闭幕时遭到严重损失，给护航船队体系带来了很大的改变，尽管护航舰严重短缺而且失去了破译埃尼格码的宝贵情报，但是遭到如此严重损失的主要原因是不该让两支船队在很短时间里沿同一航线航行，这样两支船队看上去就像是一支船队了，自然引起了德军潜艇不惜一切代价的攻击。幸运的是，盟军从冰岛调集了护航舰和大量飞机前去支援，才阻止了进一步的损失。尤其是反潜飞机为船队提供了强大的空中保护，共出动了54架次，发现潜艇32艘次，攻击21次，但只击沉了U-384号。

3月18日，返航的U-621号在洛里昂以西大约650公里处发现了正前往地中海的KMS-11船队，潜艇司令部迅速命令附近所有潜艇向U-621号靠拢。U-621号对船队进行了顽强追踪，返航中的U-332号和U-634号以及出航的U-632号都迅速向U-621号靠拢，但都被盟军反潜飞机所阻。3月21日，英军第172中队1架装有“利式”探照灯的“威灵顿”飞机发现了U-332号，飞行员普莱堡（I. D. Prebble）投下6枚深弹，将其重创。接到U-332号的紧急救援请求后，潜艇司令部派出4架Ju88为已经不能下潜的U-332号护航。但护航的飞机与英国“英俊战士”（Beaufighter）战斗机发生了空战，被击落2架，另2架也被驱走。好在这时U-332号已经进行了紧急抢修，潜艇勉强可以进行浅深度下潜，总算于3月24日抵达法国。

在这场护航船队大战的同时，HX-229A船队在偏北的航线行驶，经过圣约翰之后，船队还剩下38艘船，后来又有6艘因各种原因而中途返航，船队就剩下32艘船了。

19日，14795吨英国油轮“史文德·弗伊恩”（Svend Foyn）号撞上冰山，炮舰“黑斯廷斯”（Hastings）号赶来掩护船员进行抢修，与此同时，从冰岛驶来的“国库”级海岸警卫快艇“比波”号加入船队。最后由于夜间大风突起，“史文德·弗伊恩”号还是沉没了。HX-229A船队其他船只都安全抵达目的地。

1943年北大西洋航线的体系发生了最后一次重大变化，即以一班快速船队一班慢速船队交替派发的ON系列（正式名称只以ON两字母表达，大致是偶数序号为快速船队，奇数序号为慢速船队，以往慢速船队以ONS表达并不算正确）改为纯快速船队，而慢速商船则组成新的序号从1开始的ONS系列慢速船队独立运作，该系列的平均航速为7.5节。盟军对ON-171船队之后的北方外航慢速船队进行了重新编号，3月15日，ONS-1船队从利物浦启航，东行的HX、SC系列与西行的ON、ONS系列的对称体系最终成形。B机关注意到了这一改变，并将预测的船队位置和航线告知了潜艇司令部。同时还提供了关于HX-230船队和SC-123船队的航线情报。

3月20号，盟军破译了“海神密码”，他们此前破译不出潜艇密码的时间仅持续了10天，其间船队总共损失了22艘船。盟军破译的密码情报虽然有两天的时间延迟，但由于特定海域的潜艇艇群都是提前部署的，所以这些破译的情报已经足够及时了，具有重要的战略价值。

同一天，潜艇司令部又部署了2个艇群：“扁鲨”（德文名Seeteufel，英文名Sea Devil）和“海狼”（Seewolf）艇群。“扁鲨”艇群由16艘潜艇组成，主要截击重新编号的ONS-1船队。“海狼”艇群有19艘潜艇，主要截击SC-123船队和HX-230船队。这2个艇群35艘潜艇中的12艘是第一次从德国出发的处女航。

3月17日，ONS-1船队正式离开英国。第二天，驱逐舰舰长海斯科特（R. Heathcote）率英国B-6护卫队赶来护航。这个护卫队包括“荣誉”号和“子爵”号驱逐舰，以及4艘驱潜快艇。

“扁鲨”艇群的U-306和U-572号发现了ONS-1船队，潜艇司令部随即命令“扁鲨”艇群另外6艘潜艇前去支援，另外8艘潜艇则原地不动。但是赶去支援的潜艇只有2艘报告发现了船队，U-564号看到了炮口闪光，但赶到那里却一无所获。U-592号发现了1艘正由2艘护航舰护航的大型商船，但随后就在暴风雪之中与这艘船失去了接触。当判断ONS-1船队已经从“扁鲨”艇群巡逻线溜过去后，潜艇司令部又对“扁鲨”和“海狼”艇群进行了重新部署，希望它们能够截击接下来的SC-123船队和HX-230船队。重新部署后，35艘潜艇从格陵兰岛以南向东南延伸形成了长达1000公里的巡逻线！在这个巡逻线最北端的U-564号报告在格陵兰东南约240公里处发现一支船队，潜艇司令部认为这很可能是ONS-2船队，实际上这是SC-123船队，正由英国B-2护卫队的2艘驱逐舰、炮舰“杓鹬”号和4艘驱潜快艇护航。此外，美国第6支援舰队（由“伯格”号航母和2艘驱逐舰组成）3月20日从阿根细亚出航，第二天就赶上了船队，大大加强了护航力量。

U-415号和U-663号迅速向U-564号靠拢，并发现了航行在船队中央的“伯格”号航母，潜艇司令部回复击沉航母对于“攻击船队的进展至关重要”，但是潜艇不必只盯着航母，以免溜掉其他攻击机会。

由加尔斯·萧特（Giles E. Short）指挥的“伯格”号航母由于天气非常恶劣，而难以有所作为，此次护航中仅有4天可以起飞舰载机。巧的是，3月26日，也就是潜艇发现它的当天，就返回了阿根细亚。

3月27日，HX-230船队超越SC-123船队，为HX-230船队护航的是英国B-1护卫队，司令是驱逐舰“飓风”号舰长贝尔顿（E. C. Bayldon），由3艘驱逐舰、1艘巡防舰以及4艘驱潜快艇组成。

“海狼”艇群最北端的潜艇U-305号发现了HX-230船队，并对船队进行了数小时的追踪，但后来由于恶劣天气而与船队失去了接触。尽管如此，潜艇司令部还是指挥26艘潜艇前去攻击，其中2艘由于燃料不足而未能前去，其他24艘潜艇都向U-305号靠了过去。U-523号、U-591号、U-610号和U-631号发现了船队，但护航舰根据高频测向仪、雷达、声呐等获得的讯息，将潜艇击退了。另外有6艘潜艇由于燃料短缺而不得不放弃攻击。

3月28日，剩下的20艘潜艇遭遇了恶劣天气，此外，冰岛的反潜飞机也赶来了，潜艇被迫潜到水下。3月29日，潜艇司令部要求潜艇顺风行驶，借助风速赶到船队前面，在船队驶入驻冰岛“哈德逊”飞机的航程之前，实施最后一击。但是U-260号上作战经验丰富的艇员胡波图斯·普尔克霍德回忆道：“追击中断了。潜艇在暴风雪来到之前全速行驶时，有两次潜到了水下，通过向沉浮箱充气、紧握住舵并降低航速，我好不容易让潜艇保持在了水面上。要待在舰楼上也是不可能的。半小时之内，艇长和值班员就被淹了个半死。很短一段时间内，就有五吨海水从指挥塔舱盖、传话管和柴油机进气口涌进了潜艇。”

在狂风大浪的情况下，只有少数几艘潜艇能够追上船队。3月29日，U-610号追上了HX-230船队，并击沉了7176吨的美国自由轮“威廉·皮尔斯·弗雷”（William Pierce Frye）号。

另外之前在3月25日，英军第206中队1架B-17飞机击沉了正在等待为偷渡船“雷根斯堡”号护航的U-469号（62.12N，16.40W），47名艇员全部阵亡。两天后（27日）同一中队的飞行员塞缪尔（A. C. I. Samuel）驾驶1架B-17击沉了U-169号（60.54N，15.25W），54名艇员全部阵亡。

装备“卡塔林那”的英军第190中队驻扎在法罗群岛萨勒姆湾（Sullom Voe），主要任务是猎杀从德国出发进入大西洋的潜艇以及在附近海域活动的潜艇。3月26日，第190中队1架“卡塔林那”由菲什（J. Fish）驾驶，发现正在水面航行的U-339号，菲什立即投下6枚深弹，重创U-339号，该艇被迫返回特隆海姆，由于受伤严重，不得不退役。

1943年3月最后一支遭到潜艇袭击的船队是SL-126船队，这支船队的护航舰是3艘巡防舰和2艘炮舰。3月27日，1架“秃鹰”飞机在菲尼斯特雷角西北部发现了船队，潜艇司令部随即派出5艘潜艇前去攻击，其中2艘发现了船队并进行了4天的追击。巡防舰“罗瑟”（Rother）号对潜艇进行了六次攻击，先后投下75枚深弹。尽管如此，3月29日U-662号发射的5枚鱼雷还是取得了惊人的战果：击沉6159吨的英国船“鲸帝国”（Empire Whale）号及6852吨的英国船“乌玛利亚”（Umaria）号，还击伤1艘。同日，U-404号击沉8791吨的英国船“那加拉”（Nagara）号，次日再击沉7031吨的英国船“射手帝国”（Empire Bowman）号。

潜艇司令部对这个战绩很满意，尤其对德国空军和潜艇之间进行的协同作战进行了嘉奖。邓尼茨希望潜艇的攻击会迫使盟军将直布罗陀和塞拉利昂船队调到西方远海岸基反潜飞机航程之外，使潜艇获得更大的作战空间。

尽管3月北大西洋航线上的天气状况非常

恶劣，潜艇还是取得了相当引人注目的战绩：共击沉84艘船505000吨，以及英国驱逐舰“收割机”号。而3月轴心国在全世界所有海域的总战绩达到了110艘635600吨，这是继1942年6月和11月之后，潜艇战绩第三高的月份。

3月潜艇在北大西洋取得如此辉煌的战绩，原因如下：B机关及时破译了许多关于盟军船队的准确情报，而盟军则暂时失去了对德军埃尼格码的破译；到4月1日，大西洋的潜艇力量达到顶峰，共171艘潜艇，这使得潜艇司令部能够同时组织几条长达1000公里的巡逻线；艇群集中在了格陵兰岛东南海域的盟军反潜飞机航程之外的“黑窟”，只有驻冰岛的第120中队的B-24可以抵达那一海域；在北大西洋海域有2艘补给潜艇（U-461号和U-463号），这使得许多潜艇可以得到海上补给；在大西洋东部海域，德国空军秃鹰飞机和潜艇之间进行了有效的协同；由于德国在陆地战场连遭惨败，渴望潜艇部队赢得胜利来鼓舞士气；FAT鱼雷的命中率较高，装备Pi2型磁引信的电动鱼雷命中率也有了很大的提高；有些船队的护航力量过于薄弱。

尽管潜艇取得了很大的成功，但还根本不足以切断英国的生命线。在3月，共有16支船队的900多艘商船向西或向东穿越大西洋，潜艇只对8支东向船队进行了攻击，对其中4支进行了沉重打击，在约450艘船中击沉39艘，这个8.6%的损失率很难称得上是“危机”。

3月在北大西洋有9艘潜艇被击沉，其中5艘被英军飞机击沉（4艘是被美制B-17击沉），4艘被水面舰艇击沉。9艘潜艇上约400名艇员，只有24人（来自U-432号和U-444号）被俘，其余都命丧大海。而潜艇3月11日击沉的英国驱逐舰“收割机”号是1942年12月16日后盟军损失的第一艘护航舰。

更多的失败

4月，21艘新潜艇从德国赶到大西洋，还有2艘从北冰洋转入大西洋，这样就使在北大西洋和中大西洋上的潜艇达到了空前的87艘。另外5艘潜艇从法国出发加入地中海舰队。4月9日夜，U-303号和U-414号穿越了直布罗陀海峡，U-410号和U-616号分别于5月6日和7日夜穿越直布罗陀海峡。但U-447号在5月7日夜穿越海峡时被英军驻直布罗陀第233中队2架“哈德逊”飞机击沉（35.30N，11.55W），48名艇员全部阵亡。

邓尼茨期望这些潜艇能够有效地拦截通往英国和北非的盟军航运，但是从一开始就遭到了失败，87艘潜艇中有5艘还没有抵达船队航线就被击沉了，还有3艘因战伤或者机械故障而返航。

潜艇司令部以15艘2月或3月出发的潜艇组成了“勇士”艇群（Loewenherz），不过其中U-169号在3月末被第206中队1架B-17击沉。“勇士”艇群的任务是截击东向的SC船队或HX船队。

4月4日“勇士”艇群的U-530号发现了HX-231船队，该船队由61艘船（其中20艘满载油轮）组成，由英国B-7护卫队护航，护卫队司令彼得·格莱顿（Peter W. Gretton），共1艘驱逐舰、1艘巡防舰和4艘驱潜快艇。

U-530号在跟踪船队的同时报告了船队的组成和位置。潜艇司令部随即命令“勇士”艇群其他潜艇以及附近的9艘潜艇前去攻击。在得知潜艇发现了HX-231船队后，盟军立即命令正在冰岛加油的英国第4支援舰队以及驻冰岛和北爱尔兰的反潜飞机前去增援。第4支援舰队由本土舰队的4艘驱逐舰组成，由于刚刚组建，又碰到了恶劣天气，所以直到三天之后才找到船队。

而第一晚（4月4日）就有几艘潜艇发起了攻击，U-635号击伤2艘英国船，9365吨的“瓦隆加”（Waroonga）号及5529吨的“西隆”（Shillong）号，2艘船随后于次日被U-630号击沉；4月5日，U-229号击沉了掉队的3406吨瑞典船“瓦拉伦”（Vaalaren）号，U-706号击沉7124吨的英国油轮“英国激情”（British Ardour）号，U-563号击伤9005吨的美国油轮“桑诺尔”（Sunoil）号，该船随即被U-530号击沉；4月6日，U-632号击沉殿队的7065吨荷兰船“布利达”（Blitar）号。

4月5日下午，反潜飞机赶到了，在随后48小时里，反潜飞机将潜艇逼入水下并击沉U-635号（4月5日，58.20N，31.52W，47名艇

■ 被U-630号击沉的英国船“瓦隆加”号。

员全部阵亡）和U-632号（4月6日，58.02N，28.42W，48名艇员全部阵亡）。

4月7日，英国第4支援舰队最终找到了船队，它们和反潜飞机一起阻止了潜艇对船队的攻击。潜艇司令部最后只好取消对船队的进一步追击。这次护航船队之战，确证击沉6艘船共41494吨，船队另外55艘船都安全抵达了目的地。但是德军却付出了巨大代价，2艘潜艇被击沉，5艘遭重创，还有3艘因伤或故障而返航。

随后，潜艇司令部将参加攻击的10艘潜艇组成“云雀”艇群（Lerche）。4月11日，该艇群的U-584号发现了HX-232船队，该船队由47艘船组成，英国B-3护卫队护航，由埃文斯（M. J. Evans）接替因座舰“收割机”号被击沉而丧生的泰特担任护卫队司令，护卫队共有3艘驱逐舰和4艘驱潜快艇，还能得到英国第4支援舰队的支援。

U-584号迅速引来了3艘“云雀”艇群的潜艇，U-168号首先发起攻击，发射6枚鱼雷却都没有命中。4月12日，U-563号击沉2艘共9783吨，还击伤7261吨的英国船“弗雷斯诺城市”（Fresno City）号，该船随即被U-706号击沉。

到4月10日，U-615号已经在海上待了52天，先后被分配到3个艇群，但却没有击沉过1艘船。直到4月10日才发现了HX-232船队的掉队船，7177吨的美国自由轮“爱德华·杜德利”（Edward B. Dudley）号，U-615号发射4枚鱼雷，但只有1枚命中，却没有爆炸。U-615号经过长途追击后于11日再次发射了鱼雷，这次终于击中并爆炸，并引爆了自由轮上装载的弹药，剧烈的爆炸碎片甚至飞落在了U-615号舰楼上，艇长卡皮茨基（Ralph

■ 这艘潜艇遭到了空中火力的重创，指挥塔上遍布弹痕，正在迅速沉没中。

Kapitzky）受了重伤。

4月初，先后有4艘潜艇报告用20毫米高射炮击退了反潜飞机的攻击，因此潜艇司令部通报了所有潜艇，鼓励他们以高炮抗击反潜飞机。

根据B机关提供的情报，潜艇司令部又以16艘潜艇组成“山雕”艇群（Adler）截击SC-125船队，该船队重新从哈利法克斯出发，以缓解纽约港的拥挤状况，盟军借助破译的埃尼格码洞悉了德军潜艇的部署，命令船队从“山雕”艇群巡逻线以南绕了过去，安全抵达目的地。

“山雕”艇群随后对HX船队的截击行动也以失败告终，但U-404号偶然发现了ON-176船队，该船队有46艘商船，由英国B-4护卫队3艘驱逐舰和5艘驱潜快艇护航。潜艇司令部接到U-404号的报告后命令“山雕”艇群最北面的8艘潜艇迅速向其靠拢，而以“山雕”艇群剩下的6艘潜艇再加上新赶到的U-415号组成新的“山雀”艇群（Meise）。

好几艘潜艇都向ON-176船队发起了攻击，但是只有两艘取得了战果。4月11日，U-188号击沉1190吨的英军驱逐舰“比佛利”（Beverley）号，此前“比佛利”号因和商船“卡瓦隆纳”（Cairnvalona）号相撞，导致声呐被撞坏了，因此“听”不到任何东西，航速也下降到了14节，这才被潜艇击沉。12日，U-404号击沉1914吨英国船“兰卡斯特王子”（Lancastrian Prince）号。

“山雕”艇群的U-571号在全速赶向ON-176船队过程中意外发现了ONS-2船队，该船队共有37艘商船，由加拿大C-1护卫队护航，护卫队司令是德波森（A. H. Dobson）。4月11日，U-84号迅速赶来协同U-571号向这支船队发起了攻击，U-571号击沉3835吨挪威船“英格伐尔”（Ingerfire）号，由于艇长赫尔穆特·摩尔曼（Helmut Mohlmann）宣称击沉了3艘，所以获得了骑士十字勋章（获得勋章时，摩尔曼确证战绩是击沉6艘共37346吨〔含3835吨“英格伐尔”号〕，另重创2艘共13658吨，这2艘都无法修复，因此总战绩为8艘共51004吨）。U-571号回到法国后，艇长摩尔曼被任命为第14训练舰队司令（战后确认由U-613号击沉“英格伐尔”号）。

4月15日，受命到圣劳伦斯湾接应从英军战俘营逃跑艇员的U-262号在路上发现了HX-233船队，U-262号引来了从法国出航的7艘潜艇后继续前往加拿大海域执行既定任务。HX-233船队由57艘商船组成，由北大西洋上最后一支美国护卫队即A-3护卫队护航，护卫队司令是保罗·海尼曼，共2艘“国库”级海岸警卫快艇和5艘驱潜快艇。

17日早上，赶来的7艘潜艇中的U-628号首先发起了攻击，击伤7134吨英国船“拉姆帕特堡垒”（Fort Rampart）号，随后U-628号和U-226号又接连向“拉姆帕特城堡”号发射鱼雷，次日U-226号将其击沉。当时“史宾塞”号快艇正因追击一个声呐讯号而远离了船队，在得知有1艘船被击沉后，“史宾塞”号又赶紧回到了船队并立即得到了在前方5000米的声呐讯号，艇长贝尔丁（Berdine）立即命令全速冲去并投下了2枚深弹。遭到攻击的是U-175号，深弹炸坏了潜艇的耐压外壳，潜艇开始进水，并猛然下沉了，艇长布伦斯（Heinrich Bruns）似乎是被吓晕了，没有任何反应，直到潜艇沉到270米时，工程师才主动接过了指挥权，下令向所有沉浮箱充气，紧急上浮。“史宾塞”号和闻讯赶来的“杜阿奈”号快艇，估计到潜艇会浮上水面，所以保持着高度警惕，当潜艇刚刚浮出水面，就被发现并迅速遭到了炮击，附近的一些商船也用搭载的火炮进行了攻击，1艘商船发射的炮弹却命中了“史宾塞”号，造成艇员1死8伤。但是“史宾塞”号仍坚持攻击，将潜艇的舰楼和指挥塔摧毁，艇长布伦斯和另外6名艇员被打死。随后“史宾塞”号转向准备撞击潜艇，但是护卫队司令鲍尔·海纳曼却命令“史宾塞”号停止前进，而派出跳帮组登上潜艇，于是由罗斯·布拉德（Ross P. Bullard）指挥的跳帮组登上了潜艇，但由于潜艇迅速下沉（沉没地点为47.53N，22.04W，13人阵亡，41人获救），使得跳帮组根本没有时间搜寻重要文件而匆匆撤出。

几乎同时U-382号也被发现，遭到护航舰长达16小时的深弹攻击，潜艇严重受损只好返航。U-226号和U-264号也遭到了深弹攻击，但能在海上修复，还能继续执行巡逻任务。

当得知有多艘潜艇聚集在HX-233船队周围后，盟军命令麦科伊（J. W. McCoy）率领新成立的英国第3支援舰队4艘驱逐舰赶去支援。这4艘驱逐舰到达后使船队的护航舰达到

■ 下沉中的U-175号，罗斯·布拉德率领的跳帮组正在试图接近。

了12艘，其中7艘驱逐舰，而且所有军舰都配备有新型雷达，其中一部分军舰上还有高频测向仪。面对这12艘护航舰，加上自4月18日开始的反潜飞机护航，潜艇再也不能轻易攻击船队了。潜艇司令部只好下令取消攻击并将剩余潜艇组成“啄木鸟”艇群（Specht）。这样HX-233船队只损失了1艘船就安全抵达英国。

4月13日，意大利情报机关通过密码破译向德国潜艇提供了关于SC-126船队的位置和航向，这一情报得到了B机关的证实。该船队由38艘商船组成，由理查德·波易尔指挥的英国B-5护卫队（2艘驱逐舰、1艘巡防舰以及5艘驱潜快艇）护航。潜艇司令部随即命令由原来“山雕”艇群7艘潜艇组成的“山雀”艇群（又得到10艘潜艇加入）前去截击，并调集其他6艘潜艇加入了艇群，使“山雀”艇群达到了23艘。在“山雀”艇群进行重组的过程中，U-631号与U-71号相撞，U-71号严重受损，只好与U-108号和U-704号一起返航。根据潜艇司令部的命令，“山雀”艇群将巡逻线北移，而SC-126船队却向南航行绕开了“山雀”艇群巡逻线，“山雀”艇群北调没能截击到SC-126船队，但却正好拦在另外三支船队的航线上：HX-234船队、ON-178船队、ONS-3船队。

4月19日，U-108号率先击沉HX-234船队7176吨的美国自由轮“罗伯特·格雷”（Robert Gray）号，该船队由43艘商船组成，由英国B-4护卫队（2艘驱逐舰和5艘驱潜快艇）护航。U-306号刚刚加入“山雀”艇群也在4月21日发现了HX-234船队。潜艇司令部命令“山雀”艇群所有在附近的潜艇都要不遗余力地向其靠近，先后有6艘潜艇赶来。盟军通过高频测向仪发现有大批潜艇正向HX-234船队聚拢，于是迅速向船队派出了反潜飞机，因此潜艇的攻击收效甚微。22日，U-306号击沉10218吨的英国船“亚美利加”（Amerika）号。U-306号还在继续跟踪，根据它的报告使得12艘潜艇赶来，但密集的空中巡逻、富有经验的B-4护卫队以及第4支援舰队阻止了潜艇的攻击。

4月22日，U-134号被飞机重创，被迫返航。4月23日，驻冰岛第120中队的约翰·摩法特（John K. Moffatt）架驶的B-24飞机发现并击沉了U-189号（59.50N，34.43W），54名艇员全部阵亡。

另一场船队大战

4月21日，“山雀”艇群U-706号发现了ON-178船队，该船队由58艘商船组成，由英国B-1护卫队护航，共有2艘驱逐舰、1艘巡防舰和5艘驱潜快艇。同时，U-415号也发现了另一支船队ONS-3，该船队由18艘商船组成，由EG-40护卫队护航。U-706号由于天气

■ 全速驰援护航舰队的英国驱潜快艇编队。

恶劣而失去了与船队的联系，但U-415号却坚持追踪并发起了进攻，和U-413号各击沉1艘ONS-3船队的英国货船共10403吨。闻讯而来的U-191号击沉了ON-178船队3025吨的挪威船“赛伯里”（Scebeli）号。

4月26日，U-415号从U-487号补给潜艇上添加了燃料后，经比斯开湾返航。5月1日凌晨，第172中队彼得·菲利普斯（Peter W. Phillips）驾驶的“威灵顿”飞机通过厘米波雷达探测到了U-415号，菲利普斯打开“利式”探照灯，冒着潜艇的高射炮火投下了6枚深弹，潜艇被迫下潜，“威灵顿”飞机左翼被高射炮击伤，在基地紧急迫降。

5月1日早上，澳大利亚第461中队由史密斯驾驶的1架“桑德兰”飞机发现了在水上航行的U-415号，史密斯投下深弹时，U-415号已经潜到了水下，逃过了深弹攻击。当天午后，英军第612中队诺曼·厄恩萧（Norman Earnshaw）驾驶的1架“惠特利”飞机再次发现了在水面航行的U-415号，尽管U-415号以高射炮猛烈开火，但厄恩萧还是实施了两次攻击，先后投下8枚深弹，总算给U-415号造成了一些损伤，但U-415号还是于5月5日回到了布勒斯特。

“山雀”艇群的U-438号和U-613号发现了ONS-4船队，该船队由32艘商船组成，由英国B-2护卫队护航，护卫队司令就是反潜王牌唐纳德·麦金泰尔，共有2艘驱逐舰、5艘驱潜快艇和1艘反潜拖网渔轮。船队还得到了阿贝尔-史密斯（E. M. C. Abel-Smith）指挥的英国第5支援舰队的支援，这个舰队包括护航航母“吞噬者”（HMS Biter）号以及4艘驱逐舰。4月21日，“吞噬者”号从冰岛出发，航母上载有9架“剑鱼”式和2架美国产“欧洲燕”飞机。

为了集中力量攻击ONS-4船队，潜艇司令部取消了对ON-178船队的进攻。U-732号正要准备攻击，但遭到“吞噬者”号航母的“剑鱼”式飞机攻击，随后又遭到1艘护航舰的深弹攻击，一个潜望镜被炸毁，被迫返回法国。接着U-191号大胆地发起了白昼水下攻击，发射4枚鱼雷均未命中。

4月23日，麦金泰尔的旗舰“金星”号驱逐舰通过高频测向仪探测到发送无线电讯号的U-191号的位置，“金星”号随即和驱潜快艇“铁线莲”（Clematis）号一起冲了过去，U-191号发现了高速接近的护航舰，马上急速下潜，但已经太晚了。“金星”号获得的声呐讯号非常“完美”，遗憾的是，刺猬炮发射人员都是新手，当麦金泰尔下令发射刺猬炮时还没有来得及将安全销拔掉，错过了攻击时机。“金星”号只好改换实施深弹攻击，在第二轮深弹攻击中，“金星”号还发射了1枚还在试验阶段的威力巨大的900公斤深弹，最后才发射了24枚刺猬弹。声呐员报告可以确定有2枚刺猬弹发生了爆炸，刺猬弹只有命中才会爆炸，此后就再也没有U-191号的任何消息，很显然是被“金星”号击沉了（沉没地点为56.45N，34.25W，55名艇员全部阵亡）。

此时，“啄木鸟”艇群在ONS-4船队东南部约320公里处组成了，正准备截击SC-127船队。这个艇群包括18艘潜艇，其中有“山雀”艇群最南端的10艘潜艇以及8艘曾攻击过HX-233船队的新出航潜艇，潜艇司令部下令除3艘必须进行燃料补给的潜艇外，其他潜艇都向北方转移，攻击ONS-4船队。

U-404号一直在追踪ONS-4船队，在该艇的引导下另外3艘潜艇陆续赶到，当晚，U-404号勇敢地穿越护航舰的警戒圈，将仅有的5枚鱼雷全部射向了“吞噬者”号，艇长冯·布罗夫报告听到4枚鱼雷命中，并看到航母上升起了“两团火焰”，据此认为击沉1艘航母。第二天就被授予橡叶骑士十字勋章（获得勋章时，布罗夫的确证战绩是15艘共计72570吨，但实际上“吞噬者”号并未被击沉）。

4月25日，“金星”号通过高频测向仪探测到了另一艘潜艇U-203号，此时U-203号正准备攻击“吞噬者”号，“金星”号通知“吞噬者”号后，1架“剑鱼”式飞机就飞向了目标位置，很快就发现了正在下潜的潜艇，并投下了2枚深弹，随后一直在潜艇下潜处盘旋，直到驱逐舰“探路者”（HMS Pathfinder）号赶到，由于在紧急下潜时，U-203号的一个柴油机排气阀没有关紧，有些漏水，所以潜艇不敢潜到70米以下。“探路者”号获得了声呐讯号并投下了40多枚深弹。近距离的深弹爆炸使潜艇艇尾开始进水了，艇长考特曼（Hermann Kottmann）认为潜艇已经没救了，所以下令上浮，潜艇在离“探路者”号很近的地方浮出了水面，随即潜艇工程师打开通海阀将潜艇自沉（55.05N，42.25W），“探路者”号救起了38名艇员，另有10名艇员阵亡。

由于选择了正确的航线、护航舰的出色表现、“吞噬者”号舰载机以及岸基反潜飞机的空中护航，都阻止了潜艇对船队的进一步攻击。穿过危险的冰山区后，ONS-4船队又得到了戈德弗雷·布鲁尔（Godfrey N. Brewer）指挥的英国第1支援舰队的支援，这个支援舰队由3艘巡防舰、1艘炮舰和1艘驱潜快艇组成。船队最终安全抵达了目的地，无一损失。

德军这四次对船队的攻击都非常失败，“山雀”艇群和“啄木鸟”艇群的40余艘潜艇仅仅击沉5艘共30822吨，还损失了3艘潜艇，这种“交换率”简直是灾难性的，平均1艘潜艇换1.7艘商船。

4月25日，潜艇司令部解散“山雀”艇群，北大西洋上仍然有3个艇群，其中两个是新组成的，即“黑鸟”艇群（Amsel）和“八哥”艇群（Star），另一个则是重组的“啄木鸟”艇群。“黑鸟”艇群13艘从纽芬兰东北部延伸至东南部，“啄木鸟”艇群19艘潜艇又把“黑鸟”艇群巡逻带进一步向东南延伸，这2个艇群联合组成的巡逻线长达800公里。由16艘潜艇组成的“八哥”艇群则在“黑鸟-啄木鸟”巡逻线以东组成了新的巡逻带。

与此同时，两支大型船队正在驶往英国的途中，分别是SC-127船队（57艘商船）和HX-235船队（36艘商船）。为SC-127船队提供护航的是加拿大C-1护卫队，包括2艘驱逐舰、1艘巡防舰和3艘驱潜快艇。为HX-235船队护航的是加拿大C-4护卫队，包括2艘驱逐舰和3艘驱潜快艇。另外由“伯格”号护航航母和5艘驱逐舰组成的美国第6支援舰队也加入到了为HX-235船队护航的行列中。

根据破译的埃尼格码，盟军得以指挥SC-127船队和HX-235船队穿过“黑鸟-啄木鸟”艇群的巡逻线。由于天气非常晴朗，“伯格”号航母上的舰载机每天都起飞进行空中侦察，1架“复仇者”飞机发现了1艘潜艇并用深弹进行了攻击，但没有战果。HX-235船队和SC-127船队在没有损失任何船只的情况下穿过了大西洋。

4月29日，潜艇司令部将“黑鸟-啄木鸟”艇群的巡逻线调向西南，“黑鸟”艇群得到了2艘潜艇的加强，潜艇数达到了15艘。“啄木鸟”艇群的19艘潜艇中有2艘退出（U-108号回德国退役，U-706号去海上加油），使得艇群只剩下17艘潜艇。

新组成的“八哥”艇群在冰岛和格陵兰之间形成长达400公里的巡逻线，其中的U-650号4月28日在冰岛西南部400公里处发现了ONS-5船队，该船队由43艘商船组成，英国B-7护卫队护航，“邓肯”号驱逐舰舰长彼得·格莱顿任护卫队司令，包括2艘驱逐舰、1艘巡防舰、4艘驱潜快艇和2艘反潜拖网渔轮。

4月26日，盟军再度丧失了对埃尼格码的破译。因此在之后一个星期时间里，行动就比较盲目，特别是对于潜艇的分布位置越来越不确定。密码破译的丧失严重影响了ONS-5船队的命运。此时在海上，糟糕的天气使得护航舰无法添加燃料，因此盟军决定沿最短航线驶往加拿大。U-650号紧紧咬住船队，不断发送船队讯息以指引“八哥”艇群的另外15艘潜艇赶来。首先赶到的是U-378号和U-386号。4月24日，U-386号在从基尔出发的途中，就击沉了RU-71船队的掉队船1997吨的英国货船“罗森堡”（Rosenborg）号。由于恶劣天气的影响，极大限制了盟军飞机和船队的行动，同时也限制了潜艇的行动。当其他一些潜艇赶到后，U-650号试图攻击船队，但被驱逐舰“邓肯”号击退，U-650号只好转向“邓肯”号发射了3枚鱼雷，但均未命中。U-532号发射6枚鱼雷也均未命中。惟一有所收获的只有U-258号，4月29日，U-258号发射的4枚鱼雷击伤了6198吨的美国油轮“麦基斯波特”（McKeesport）号，后者因伤势太重而被护航舰击沉。

护航舰和少量在恶劣天气影响下起飞的反潜飞机给3艘潜艇造成了严重损伤，迫使它们返航：U-386号、U-528号和U-532号，但U-528号于5月11日在返航途中先被驻冰岛的美国海军VP-84中队飞行员谢伏林（Shevlin）驾驶的1架“卡塔林那”飞机炸伤，又在比斯开湾遭到英军第58中队詹姆士·史塔克（James B. Stark）驾驶的1架“哈利法克斯”飞机攻击，史塔克认为已经将潜艇击沉，便在此处投下了1枚烟雾弹，并将此事通知了附近的EG-39护卫队，护卫队司令“史卡保罗”号炮舰舰长金（H. V. King）立刻派炮舰“弗利特伍德”（HMS Fleetwood）号前去现场查看，“弗利特伍德”号赶到烟幕弹投射点时，收到了一个声呐讯号，舰长皮格特（W. B. Piggot）立即下令攻击，投下了60枚深弹，这些爆炸进一步加剧了U-528号的伤势，为了躲避攻击，潜艇被迫下潜到了70米深，在对潜艇损伤进行分析后，艇长冯·拉勃诺（Georg von Rabenau）认为潜艇的伤势已经不能继续潜航，便下令上浮。此时，驱潜快艇“木犀草”（HMS Mignonette）号赶来支援已经发射完深弹的“弗利特伍德”号炮舰，当U-528号浮出水面时，立即就被“弗利特伍德”号和“木犀草”号发现了，两舰随即以密集的炮火向潜艇轰击，迫使甲板上的潜艇艇员纷纷跳海逃生，冯·拉勃诺只好下令弃艇（46.55N，14.44W），45名艇员获救，11名艇员阵亡。

天气最恶劣时海浪高达15米，“八哥”

■ 驱潜快艇“木犀草”号。

■ 转为护航用途的炮舰“弗利特伍德”号。

艇群的13艘潜艇还是奋力向西，希望能够对ONS-5船队发起进攻。4月30日，U-381号发现了船队，但很快又与船队失去了接触。而此时暴风雨已经使得船队非常分散了。尽管天气恶劣，但2艘驱逐舰都在油轮上添加了燃料。为了协助重组船队并增强护航力量，盟军命令英国第3支援舰队前来支援，第3支援舰队由5艘驱逐舰组成，指挥官是麦科伊。尽管天气非常糟糕，但麦科伊还是率舰队的4艘驱逐舰（另1艘从冰岛启航）从纽芬兰出发，途中遇到了船队的主体部分（32艘），这样就使船队的护航舰达到了7艘驱逐舰、1艘巡防舰和4艘驱潜快艇。护航力量如此强大，由于漏油而使燃料严重不足的“邓肯”号完全可以离队返回纽芬兰了。但不久支援舰队的3艘驱逐舰也因燃料不足而被迫离队，这样使护航舰只剩下了8艘。

西部大道司令部又派出戈德弗雷·布鲁尔指挥的英国第1支援舰队前来支援，鉴于天气恶劣、能见度低、通讯不方便等因素，潜艇司令部于5月1日取消了“八哥”艇群对ONS-5船队的攻击行动。至此，“八哥”艇群对ONS-5船队攻击行动的战绩只有遭U-258号重创（后被护航舰击沉）的6198吨美国油轮。而德军付出了U-528号被击沉，U-386号和U-532号被击伤的代价。

根据B机关提供的情报，潜艇司令部了解到SC-128船队和HX-236船队正在海上行驶，为了确保能够截住这两支船队，潜艇司令部在纽芬兰和格陵兰之间部署了2个艇群：由29

艘潜艇组成的“燕雀”艇群（Fink）和24艘潜艇组成的“黑鸟”艇群，“燕雀-黑鸟”艇群是战争期间这一海域规模最大的潜艇集群。

通过零星破译的埃尼格码，盟军得知一支大规模的潜艇集群将威胁到ONS-5船队后，盟军便要求加拿大和美国的飞机在天气许可的情况下全力实施空中搜寻。5月4日，加拿大第5中队的1架“坎索”飞机发现了“燕雀”艇群的U-209号，飞行员摩菲特（B. H. Moffit）驾驶飞机俯冲到浪尖高度投下了4枚深弹，3枚在潜艇旁爆炸，随后就发现了水面上出现大片油迹以及木片，由此认定将其击沉（沉没地点接近52N，38W，46名艇员全部阵亡）。同一天，第5中队的另一架“坎索”飞机也发现了1艘在水上航行的潜艇，这艘潜艇是U-438号，缺乏必要的警惕，因此没有及时发现反潜飞机，飞行员约翰·朗缪尔（John W. C. Langmuir）从浪尖高度向潜艇发起了三次进攻，U-438号见来不及下潜，只好用高射炮进行还击，飞机的扫射虽然给潜艇甲板上的艇员造成了一些伤亡，但投下的深弹却落得太远，因此没能给潜艇造成多大损伤。

SC-128船队和HX-236船队更改了航线，从“燕雀-黑鸟”艇群52艘潜艇之间溜了过去，但还没容盟军喘口气，5月4日下午，被暴风雨打散了的ONS-5船队却径直地闯入了潜艇聚集区。当时船队的主体部分由30艘商船组成，由3艘驱逐舰、1艘巡防舰和3艘驱潜快艇护航。另外驱潜快艇“石竹花”号则在船队后方很远处，为6艘船组成的小船队护航。还有6艘船掉队了。两小时内，“燕雀”艇群3艘潜艇都报告与船队取得了接触，潜艇司令部调动40艘潜艇向船队发起进攻，邓尼茨激励他们：“我相信你们将会尽一切努力来赢得战争。不要高估你们的敌人……决不留情！”

在接下来的48小时里，即5月4日到5日，在冰山和浓雾之中发生了一场激烈的护航船队大战。在这次攻击中，潜艇击沉了12艘共计55760吨。战绩最好的是“黑鸟”艇群的U-266号，击沉3艘共12012吨。而盟军的护航舰和反潜飞机击沉6艘潜艇，击伤12艘，其中4艘被迫返航。5月15日，U-266号在返航途中被英军第58中队维尔弗雷德·乌尔顿（Wilfred E. Oulton）驾驶的“哈利法克斯”飞机在比斯开湾西方击沉（45.28N，10.20W），47名艇员全部阵亡。

潜艇司令部一直没搞清楚遭到“燕雀-黑鸟”艇群攻击的船队是哪一支，误以为是ON-180船队，宣称击沉16艘共90500吨。不过6艘潜艇被击沉，使潜艇司令部感到“非常痛心”。

英军在一次船队大战中击沉6艘潜艇，被认为是一次经典的海军胜利，温斯顿·丘吉尔和马克思·霍顿以及其他高官对参战的英军进行了高度赞扬。战后，英国和德国的历史学家、作家和海军至上主义者们（包括B-7护卫队司令彼得·格莱顿）都对这次战役进行了大量描述。有些作者认为这是大西洋之战的“主要转折点”，但是从来没有绝对意义的“转折点”，明显的转变是从1942年9月开始，德国的战败趋势开始加速呈现出来。

在德国方面，损失逐渐明朗后，自然感到非常惊慌和沮丧。潜艇司令部认为“最坏的敌人”是盟军雷达。空载雷达更是一个巨大的威胁，这些雷达使得岸基飞机几乎能够对大西洋船队实施全程护航，与商船保持密切联系，赶走追踪者或将其逼入水下，阻止潜艇到达船队前方的攻击阵位。对德国人来说更糟糕的是，盟军似乎要派遣以护航航母为核心的支援舰队对大西洋船队进行护航。

为了鼓励艇长和艇员，邓尼茨说：“我期待你们继续将这场决定性的战争进行下去，用你们的智慧、能力和坚韧对抗敌人的诡计和技术优势，最后将他们结果掉。”邓尼茨还强调，要记住敌人“到处都有弱点”而且并不如看上去那么有效率。他总结道：“我相信我很快就会提供给你们更好的武器去进行这场艰苦的战斗。”这次战斗损失了4艘IX型潜艇，而在3月和4月已经损失了11艘，总共15艘，这再次证明了下潜很慢的IX型潜艇不适合北大西洋上艰苦的船队大战。获得邓尼茨的授权之后，潜艇司令部取消了刚下达的让所有IX型潜艇到北大西洋航线上巡逻的命令。从德国出发前往法国的IX型艇先到北大西洋上进行第一次巡逻，但是其他所有已经驻扎在法国的IX型潜艇只能被派到弗里敦、西印度群岛和巴西海域。德国工程师对这一时期北大西洋的潜艇损失情况进行总结后，认为由于盟军深弹的威力越来越强，爆炸深度越来越大，很容易炸坏VII型和IX型潜艇甲板上的鱼雷储物柜，这将使潜艇变得很不稳定甚至会造成潜艇沉没。因此建议所有在前线作战的VII型潜艇除去甲板鱼雷储物柜，正在建造的新VII型艇则加厚鱼雷储物柜的钢板厚度。IXB和IXC型艇也要除去所有的储物柜。但是例外的是向南前往西非或美洲海域的IX型潜艇可以将8个储物柜减少到6个。新的XB型布雷艇继续保留6个鱼雷储物柜，但是不经过特许，任何XB型艇不得在这些储物柜里存储鱼雷。前往远方海域（例如印度洋）的IXD2型潜艇巡洋舰则可以保留所有12个甲板储物柜，里面可以全部装备G7a型空气动力鱼雷。

4月，盟军在北大西洋航线上共有18支船队约900艘商船往返，在B机关的帮助下，德军潜艇截击了大量船队。但由于那一海域的船队护航力量已经非常强大，再加上支援舰队以及反潜飞机，众多的潜艇从7支船队中只击沉了31艘船（包括英国驱逐舰“比佛利”号），其中HX-231船队损失6艘，ONS-5船队损失13艘，HX-232船队损失4艘，其他4

支船队只损失了1到3艘船。4月所有海域的轴心国潜艇共击沉了56艘船共328000吨（根据皇家海军部的数据，罗沃教授的结论是55艘共312612吨），这差不多只有3月击沉数的一半，对德国人来说不啻为惨重失败，但是德国人并没有明显感觉到这个失败，因为艇长们的宣称战绩都有很大的虚夸成分。德军在4月损失了15艘潜艇，平均3.7艘船换1艘潜艇。和3月一样，4月里单单美国船厂就生产出了159艘船共约100万吨，差不多是潜艇击沉船只的三倍。

无用且高代价的姿态

4月下旬，盟军在北非发起了最后的合围——“火炬行动”——拖延了很久的高潮部分终于到来了，北非轴心国军队没有任何逃脱的机会，可能是出于政治或心理原因，邓尼茨命令潜艇司令部派遣12艘潜艇去支援北非的轴心国部队。再次派遣一个进攻性的艇群前往危险的直布罗陀-亚速尔海域并不是一个明智的选择，但是邓尼茨认为他别无选择：德国海军必须要做出姿态，以表示他们对非洲军团的支援。

这个艇群被命名为“夜莺”（Drossel），4月24日到27日从法国出发，其中3艘没能通过比斯开湾，4月29日U-332号被击沉（45.08N，09.33W，45名艇员全部阵亡），U-437号遭重创由U-445号护送返回法国。剩下的9艘与驻波尔多的“秃鹰”飞机保持密切协作。5月3日，“秃鹰”飞机发现了两支南向船队：其中一支是由“驳船”组成的。“夜莺”艇群的U-89号和U-456号首先找到了那支由“驳船”组成的船队。那些所谓的“驳船”实际上是坦克登陆艇（LCT），正赶往地中海为西西里登陆战做准备。由于登陆艇吃水很浅，所以不适合作为鱼雷的攻击目标。但是U-89号还是向船队发射了3枚鱼雷，自然是无一击中。潜艇没有再发现另一支更有价值的船队。

5月3日晚，U-659号和U-439号再次攻击了坦克登陆艇船队，但是为了规避护航舰的反击，两艘潜艇撞到一起，5月4日零时30分双双沉没（43.32N，13.20W），U-439号上40人阵亡，9人获救；U-659号有44人阵亡，3人获救。

这样“夜莺”艇群的潜艇就减少到了7艘，这点力量根本不足以攻击一支大型船队，于是潜艇司令部让“夜莺”艇群留在菲尼斯特雷角海域，为北非的轴心国部队提供力所能及的帮助。5月5日晚，U-406号和U-600号又发生了撞击，虽然两艘潜艇受伤都不严重，但也不得不中断巡逻返航。这使得“夜莺”艇群的潜艇数进一步减少到了5艘。

B机关截听到SL-128船队正向“夜莺”艇群驶去，波尔多的“秃鹰”飞机确认了这一情况。5月6日，U-607号发现了船队，并很快就引来了“夜莺”艇群的另外4艘潜艇。5月7日，U-89号击沉3803吨的希腊船“拉克尼克斯”（Laconikos）号。但是德军潜艇也遭到了反击，U-456号遭到重创。

对印度洋的第三次突击

邓尼茨命令潜艇司令部在3月和4月再次组织潜艇对印度洋发起突击，共投入7艘IXD型潜艇，所有潜艇都是由经验丰富的艇长指挥——其中5名艇长是骑士十字勋章获得者。邓尼茨相信，这些潜艇如果可以从猎物或轴心国偷渡船上得到燃料、水和食物，就可以长时间待在印度洋海域，袭击单独航行的盟军船只或者护航薄弱的盟军船队。

第一艘出发的是U-198号，盟军及时地破译了这次突击行动的情报，英国海军部将这些消息通报给了相关的海军司令部。5月4日，英国南大西洋司令部的战争日记中这样写道：“鉴于将要到来的潜艇威胁，需要环绕南非海岸建立完善的船队系统。除快船外，所有单独航船暂停出航。所有开往开普敦的船只先尽快转向附近的沿岸海域。”U-198号于5月17日发现了正从葡属莫桑比克海港洛伦索马奎斯（Lourenco Marques，今莫桑比克马普托〔Maputo〕）驶向德班的LMD-17船队，这支船队共有6艘船，只有2艘反潜拖网渔轮和1架飞机护航，U-198号击沉4392吨英国船“北沼地”（Northmoor）号，但遭到了反潜拖网渔轮的猛烈反击，虽然潜艇未受损伤，但是船队逃走了。

5月18日，在德班以东50公里，U-198号发现2艘结伴而行的货船，正要进行攻击，遭到1架反潜飞机的攻击，此后，反潜飞机和水面舰艇整个白天外加大半个晚上都在攻击U-198号，但U-198号摆脱了这些攻击并发起了反击，以高炮击伤了英军1架“卡塔林那”。接下来的一个星期U-198号再没有发现什么船，直到5月26日，才在德班附近发现了另一支船队，U-198号试图攻击，但被护航舰赶走了。德班海域严密的空中巡逻迫使U-198号离开了那一海域，在印度洋里向东航行了大约700公里后，于5月29日发现并击沉了单独航行的5231吨英国船“霍普塔恩”（Hopetarn）号。两天后，又在同一海域发现了另一支船队，但是这支船队有着严密的护航，因此U-198号被护航的驱潜快艇赶走。U-198号重新回到德班海域后终于时来运转。6月5日击沉2304吨英国船“杜拉”（Dumra）号，6月6日击沉7176吨美国自由轮“威廉·金”（William King）号。

第二艘从基尔出发的是U-196号，5月11日击沉4962吨英国船“内尔西草地”（Nailsea Meadow）号，接下来便毫无所获。

第三艘从基尔出发的是U-195号，4月11

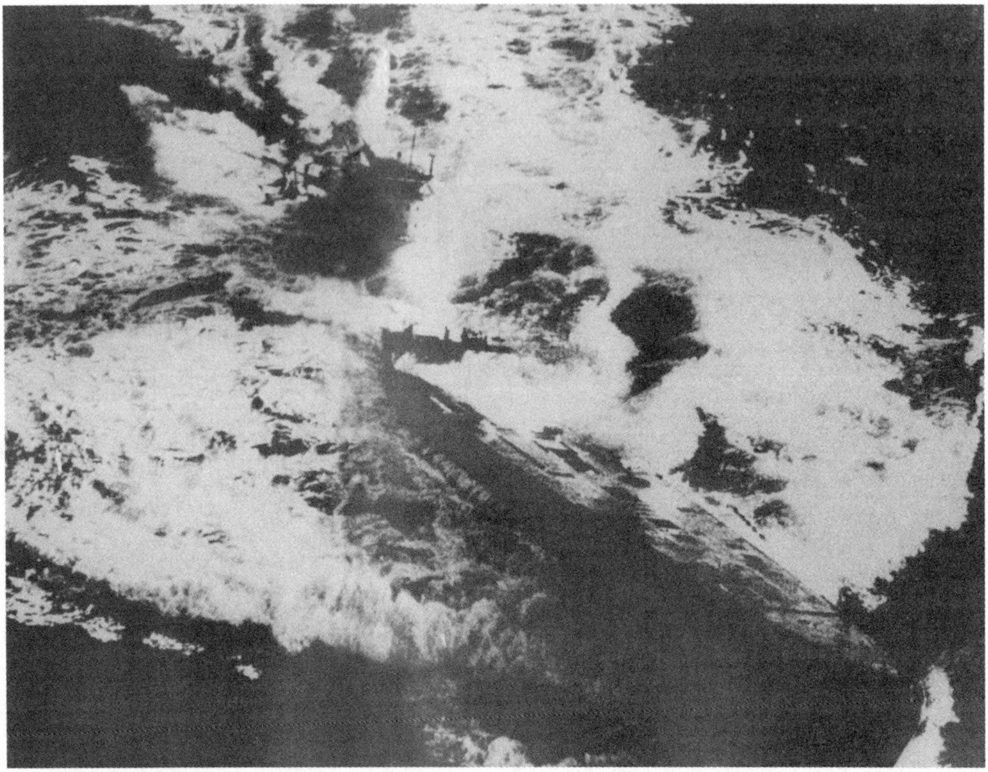

■ 遭到护航舰队重创，正在沉没中的潜艇。

日在加那利群岛以西发现并击沉了UGS-7船队的7200吨美国自由轮“詹姆斯·丹佛”（James W. Denver）号。5月7日击沉了单独航行的7191吨美国自由轮“塞缪尔·乔丹·柯克伍德”（Samuel Jordan Kirkwood）号。5月12日在开普敦海域发现了另一艘单独航行的美国船6797吨的“奈蒂克角”（Cape Neddick）号，“奈蒂克角”号被击伤，但船长哈里·史塔克（Harry Stark）仍下令用火炮还击并向U-195号撞去，此举迫使潜艇紧急下潜躲避，这才使“奈蒂克角”号最终逃过了潜艇的攻击，安全到达埃及。

此后U-195号在开普敦附近一直没有任何收获，5月30日因严重的柴油机故障而请求返航，获得批准后于7月23日抵达波尔多。

最后一艘离开基尔的是U-197号，但在长达81天的巡航时间里，只在5月20日击沉了4763吨的荷兰油轮“本纳卡特”（Benakat）号。

从波尔多出发的有3艘，第一个出发的是U-181号，4月11日发现了单独航行的5983吨英国冷藏船“杓鹞帝国”（Empire Whimbrel）号，潜艇发射4枚鱼雷，2枚命中，等船员弃船后，艇长卢瑟（Wolfgang Luth）命令用火炮将船击沉，但37毫米甲板炮1枚炮弹堵在炮管中爆炸，炸伤3名炮手。最终“杓鹬帝国”号还是被该艇用甲板炮击沉。得知击沉这艘船后，邓尼茨说服希特勒授予了卢瑟宝剑橡叶骑士十字勋章。这样，卢瑟就成为德军中第二十九位获奖者，潜艇部队中继克雷齐默尔、托普和苏伦之后第四位获此殊荣的（获得勋章时，卢瑟的确证战绩是击沉37艘共180413吨，击沉船只数目和吨位数都位列第二）艇长。

此后U-181号绕过好望角进入了莫桑比克海峡，在洛伦索马奎斯附近海域巡逻，在5月11日到6月11日，又击沉了3艘共7058吨。

第二艘从波尔多出发的是U-177号，这次出航U-177号带了一个新的搜寻装置：1架简易的单人直升机——“鹡鸰”（Bachstelze）。平时被拆卸开来装在甲板上的储物柜里，3个操作熟练的艇员可以在3分钟内将其组装起来，在5分钟内可以解体并装进储物柜。通过缠在气动绞盘上的一条30米钢缆将飞机和潜艇连在一起，潜艇以15节航行时就可将飞机拉上天，借助螺旋桨的升力可以升到150米高度。飞行员装备双筒望远镜最远可以看到大约40公里以外。“鹡鸰”直升飞机的发射、操作和拆卸都非常方便，最大的缺陷就是不能在恶劣天气下使用。

5月28日，U-177号在好望角附近发现了正从开普敦驶向德班的CD-20船队，该船队由16艘商船组成，有1艘炮舰、2艘扫雷舰、

■ 一个天气不算良好的早晨，护航船队航行在印度洋上。

3艘反潜拖网渔轮和1艘救援船护航。U-177号轻而易举地突破了缺乏经验的护航舰的警戒，向众多商船发射鱼雷，击沉6679吨美国船“阿格文蒙特”（Agwimonte）号和7886吨挪威油轮“史多拉斯”（Storaas）号。6月1日，因为这次战果艇长罗伯特·吉赛（Robert Gysae）获得了橡叶骑士十字勋章（获得勋章时，吉赛的总确证战绩是击沉21艘共123363吨）。

根据潜艇司令部的建议，U-177号折回到了非洲西南角的萨尔达尼亚（Saldanha），到达萨尔达尼亚后很快就在雾中发现了一支船队，随即对其进行了追踪。6月6日，当大雾突然散去时U-177号居然完全暴露在水面上并正处在船队当中，所有船只都向潜艇开火，U-177号好不容易才逃过这一劫。

第三艘从法国出发的是U-178号，于5月初抵达开普敦海域。但由于潜艇发生了漏油故障，只好被迫退到远海进行维修。5月24日，U-178号重新回到海岸附近并发现了一支小型船队，但在反潜飞机的攻击下失去了与船队的接触。5月末，当听到U-177号报告发现CD-20船队后，由于相距并不远，所以立即赶去截击，并在德班以南大约100公里处的沿岸海域截住了船队。6月1日，尽管有护航舰和反潜飞机，U-178号还是发起了攻击，击沉6586吨荷兰船“萨拉邦加”（Salabangka）号。此后直到返航，U-178号再无任何收获。

这次印度洋突击收效甚微，总共击沉15艘约77400吨，平均每艘潜艇在3个月的巡逻时间里只击沉2艘。除了U-195号中断了巡逻外，其他6艘继续巡航。从“夏洛特·施里曼”号上加油的6位艇长互相进行了交流，并将油箱、淡水箱和润滑油箱都装满了，但是都对补给油轮所提供的“日本”食物感到非常失望，卢瑟甚至说没有真正得到足够的食物。潜艇司令部命令这6艘潜艇留在印度洋，在广大海域对盟军航运实施攻击。U-181号将3名战俘交给“夏洛特·施里曼”号后，前往毛里求斯岛。U-198号前往洛伦索马奎斯，U-196号和U-178号在莫桑比克海峡，U-177号在马达加斯加岛南部海域，U-197号在洛伦索马奎斯和德班之间的海域。

7月6日，U-177号在马达加斯加以南海域击沉7129吨加拿大船“碧玉公园”（Jasper Park）号，10日再击沉7176吨美国自由轮“爱丽丝·帕尔默”（Alice F. Palmer）号。尽管频繁使用直升机实施搜寻，但还是很多天都找不到目标。直到7月29日才击沉DN-53船队4952吨英国船“柯恩尼许城”（Cornish City）号，此外为追击一艘美国自由轮一直追到了距马达加斯加岛以南100公里的地方。8月5日在那里直升机飞行员终于发现了第一个猎物，4195吨希腊船“爱弗撒利雅·玛丽”（Efthalia Mari）号，潜艇随即将这艘船击沉。第二天，直升机飞行员又发现了一艘单独航行的船，但是U-177号主机室突然起火，为了应付突然出现的意外，让那艘船逃走了。U-177号总共巡航184天，击沉了6艘共38017吨。回到法国后，艇长吉塞调任第25训练舰队司令，吉塞在U-98号和U-177号潜艇上确证击沉25艘共146815吨，在战争期间所有艇长中位列第十七。

U-178号于7月4日在洛伦索马奎斯附近击沉了2艘货船共7443吨，此后艇长威廉·多姆斯（Wilhelm Dommes）认为洛伦索马奎斯北部海域的猎物将十分丰盛，因此他留在了那一海域。他的判断非常正确，从7月11日到17日，又击沉了3艘共18660吨。8月12日，已消耗完所有鱼雷的U-178号按照命令与意大利潜艇“托莱利”号会合，然后结伴前往马来西亚槟榔屿，在U-178号155天的巡航中总共击沉6艘共32689吨（由于德国送给日本的U-511号以及意大利潜艇“卡普里尼”号和“基尤利安尼”号都在7月抵达了槟榔屿，可以为返回的德国潜艇提供鱼雷）。

U-198号也在洛伦索马奎斯北部海域巡逻。7月6日和7日，击沉2艘共9218吨。此后驻德班的反潜飞机每天都会前来攻击，有时甚至一天还有几次。尽管如此，U-198号还是在8月1日击沉了BC-2船队8457吨荷兰船“芒卡里哈特”（Mangkalihat）号。在U-198号长达201天的巡航中，总共击沉7艘共36778吨，这样，艇长维尔纳·哈特曼（Werner Hartmann）在U-37号和U-198号上的总战绩达到了26艘共115338吨，并从1944年1月1日起升任地中海潜艇部队司令。

U-181号于7月1日侦察了毛里求斯路易港（Port Louis），次日击沉2798吨英国船“霍伊华”（Hoihow）号，后因追击1艘巡洋舰来到马达加斯加岛东海岸的塔马塔夫（Tamatave，今Toamasina）。7月15日和16日，在那里击沉了2艘单独航行的商船共9987吨。

潜艇司令部得知该艇在马达加斯加岛东海岸后，立即命令返回毛里求斯岛。回到毛里求斯岛海域后又在8月4日、7日和12日击沉3艘单独航行的货船共19505吨。鉴于该艇如此辉煌的战绩，邓尼茨建议授予艇长卢瑟德国最高荣誉：钻石宝剑橡叶骑士十字勋章，8月9日正式授予。卢瑟成为第三帝国第七个获此殊荣的人，是德国海军中的第一个（获得最高荣誉时，卢瑟在U-9号、U-138号、U-43号和U-181号上的总战绩是击沉46艘共225204吨，在所有艇长中排名第二）。当接到获得勋章的无线电后，整艘潜艇沸腾了，艇员们用啤酒和白兰地进行了热烈祝贺。然后潜艇司令部命令其与U-197号在马达加斯加岛东南海域会合，以获取新的埃尼格码密钥。而此时，U-197号上士气正面临着严重危机，在整整51天里只于7月24日击沉了1艘9583吨的瑞典油轮“佩格索斯”（Pegasus）号。7月30日击伤7181吨美国自由轮“威廉·艾勒里”

（William Ellery）号，但同时遭到了反潜飞机的攻击。艇长巴泰尔斯（Robert Bartels）向潜艇司令部抱怨遭到了轰炸并且有2个鱼雷引信失灵，潜艇司令部回答道："请将你的怒气发泄到敌人身上。"

U-181号于8月17日抵达会合地点，但是没有看到U-197号。当夜，U-197号报告因为攻击并击沉6921吨英国船"史坦利帝国"（Empire Stanley）号而耽搁了，请求重新选择新的会合地点。8月19日凌晨，两艇才在新的地点会合。盟军高频测向仪探测到了两艘潜艇之间的对话而且基本确定了两艇的会合地点，8月20日，英军出动了几架"卡塔林那"对那一海域进行搜索。当天下午，英军第259中队1架"卡塔林那"发现了正在水面航行的U-197号，飞行员巴奈特（O. Barnett）先用机枪扫射再从15米高度投下6枚深弹，潜艇先用高射炮还击，然后紧急下潜。巴奈特在潜艇下潜的漩涡处投下了一个浮式烟幕筒，然后一面呼叫支援，一面继续在那里盘旋。突然潜艇浮出了水面，几乎同时，英军第265中队1架"卡塔林那"赶到了，飞行员罗宾（C. E. Robin）同样先是机枪扫射，再是投下深弹。U-197号被击中爆炸，碎片甚至飞溅到了高空。2架"卡塔林那"在附近盘旋了许久，看到水面上的油迹越来越大，显然潜艇已被击沉了（28.40S，42.36E），67名艇员全部阵亡。

U-181又和U-196号会合，U-181号交给了U-196号埃尼格码密钥，正在结伴航行时收到了U-197号的求救讯号，急忙赶去营救。这两艇运气很好，到达U-197号所在海域时天气恶劣，反潜飞机无法出动，才免遭厄运。从8月21日到24日，两艇进行了徒劳的搜索后，最终放弃了营救返航。U-181号此次巡航长达205天，共击沉10艘45331吨。U-196号的巡航时间更是达到了创纪录的225天，但只击沉2艘共12285吨。

这次对印度洋的后续突击很令人失望，7艘潜艇中1艘被击沉，1艘中断了巡逻，总共击沉33艘186892吨，由于U-181号、U-177号、U-178号和U-198号的突出表现，使7艘潜艇平均战绩提高到了4.7艘约26700吨，但另3艘（U-195号、U-196号和U-197号）总共只击沉了7艘。不过这次行动也引起了盟军的恐慌，给盟军的海上交通带来了很大的负面影响，并迫使盟军将一部分军舰调集到了那一海域。

附录：电动潜艇和微型潜艇

XVIII型

1942年，沃尔特博士打算建造排水量1475吨，能够携带23枚鱼雷的XVIII型潜艇，并于1943年1月4日获得了两艘XVIII型潜艇的建造合同（U-796和U-797号），建造地点在基尔。XVIII型潜艇是第一种采用“沃尔特”闭合环路涡轮机的远洋潜艇，为了获得更大的航程，潜艇安装了辅助柴/电推进系统。但涡轮机的问题此时仍然未能得到很好的解决。由于“沃尔特”潜艇使用的燃料是极不稳定的过氧化氢，可靠性很低，而且潜艇在高速航行时燃料损耗极大。为了获得更佳的水下航行性能，还需要重新设计容积更大的燃油柜，潜艇的建造和维修也过于复杂且费用高昂。1943年12月14日，在潜艇即将完成最后总装时，建造工作被迫终止，原因是为了给即将问世的XXI型艇让路。1944年，U-796号和U-797号艇相继被拆毁。

XVIII型潜艇性能简表	
艇长	71.5米
艇宽	8米
吃水	6.36米
排水量	1485吨（水上）/1652吨（水下）
航速	18.5节（水上）/24节（水下）
续航力	3000海里（水上，17节）/202海里（水下，24节）

XXI型

在吸取了“沃尔特”潜艇的经验教训之后，德国海军把新型潜艇的设计重点放在了提高潜艇的水下性能上。和“沃尔特”潜艇在用尽过氧化氢燃料后只能依靠传统柴/电推进方式不同，新型电动潜艇由于可以进行反复充电因而可以反复达到水下最高航速。1943年6月底，新型潜艇的设计工作初步完成，新型潜艇被命名为XXI型。

XXI型潜艇被认为是一种真正意义上的潜艇，其满载排水量超过1800吨，具备流线型外壳并安装有水下通气管，其水下航速将是先前安装水下通气管潜艇的两倍以上。艇上装备30毫米高炮，但由于安装问题后被20毫米炮取代。XXI型潜艇可携带12枚水雷和23枚鱼雷，由艇首的6具鱼雷发射管发射。艇上装备的半自动鱼雷水压装填系统可在12分钟内装填6枚鱼雷，而在一艘典型的VIIC型潜艇上，需要10到20分钟才能装填一枚鱼雷。为了实现在全球任何海区进行长时间持续水下潜航，艇内安装有空调装置。同时，蓄电池组的容量是以往艇型的3倍，使得潜艇的水下最大航速提升至17.2节，但仅能维持1小时。XXI型潜艇的最大潜深为280米，在采用10节的水面航速航行时，其航程可达15500英里；采用5节的水下航速则可保证实现60个小时以上的水下静音航行，航程可达340英里以上。潜艇外壳涂敷有反雷达波涂层，并在水下通气管上安装了雷达接收机。由于水下性能极佳，XXI型潜艇在拥有强大攻击力的同时又具备了较高的生存能力。在全速航行时，其航速几乎与护航舰只相当，流经其流线型艇体的水流产生的气泡令盟军ASDIC反潜搜索器难以定位。为了应对反潜舰只的深弹攻击，潜艇安装了两台共轴静音电动机使得潜艇在遭受攻击时更容易逃脱，因而其实战性能远超过“沃尔特”潜艇。

1943年8月，XXI型潜艇建造工作正式开始。为了提高建造速度，XXI型潜艇将采用全焊接结构并分为八段在不同的造船厂内建造然后总装。XXI型潜艇前所未有的得到了最大优先建造权，所有早期艇型的建造都因此而停止。XXI型潜艇也有过几种补给型改型，但由于对基本型的生产造成了一定程度的延误，最终被陆续放弃。尽管如此，盟军对德国境内的运河及运输系统的战略轰炸还是严重阻碍了XXI型潜艇的建造。首艇U-2501号于1944年4月3日下水，6月27日正式服役。直到大战末期，仅有2艘XXI型潜艇执行过战斗巡逻任务。

■ 正在分段建造的一艘XXI型艇。

1945年4月30日，由艇长史内（Schnee）指挥的U-2511号潜艇被派往加勒比海执行任务。5月4日，U-2511号发现了由数艘驱逐舰护卫的英国皇家海军“诺福克”（HMS Norfolk）号巡洋舰。U-2511号采用静音深潜的方式渗透进护航编队中心并接近至距“诺福克”号500米处，而后者毫无察觉。由于数小时前该艇刚刚接到德国投降的消息，U-2511号放弃了此次绝佳的攻击机会。U-2511号潜艇最终于1945年5月5日抵达挪威的卑尔根

XXI型潜艇性能简表

艇长	76.7米
艇宽	8米
吃水	6.32米
排水量	1621吨（水上）/1819吨（水下）
航速	15.6节（水上）/17.2节（水下）
续航力	15500英里（水上，10节）/340英里（水下，5节）

(Bergen)。此外，U-3008号艇也曾于1945年5月4日与一支盟军护航船队遭遇，因为同样的原因未作攻击。上述两支盟军水面编队都是在战后才得知自己曾与德军潜艇遭遇，当时则浑然不觉。U-2511号潜艇艇长史内这样评价自己的潜艇：该型艇噪音极低，却拥有极高的水下航速，即便被敌反潜编队发现亦毫无危险。

XXIII型

毕竟XXI型潜艇排水量较大，因而不适合在北海和地中海这样的浅海海区作战。XXIII型潜艇的设计初衷，就是为了建造一种以近海作战为目的的潜艇。1943年起，德国海军开始建造XXIII型潜艇，和XXI型艇一样，XXIII型艇也采用了分段建造的方式。为了进行快速大量的生产，XXIII型潜艇在设计之初就尽量简化结构而只保留了少量必须的艇上装备。至1945年4月止，共有61艘该型艇完成建造并全部服役。该型潜艇排水

XXIII型潜艇性能简表	
艇长	34.68米
艇宽	3.02米
吃水	3.66米
排水量	234吨（水上）/258吨（水下）
航速	9.7节（水上）/12.5节（水下）
续航力	2600英里（水上，8节）/194英里（水下，4节）

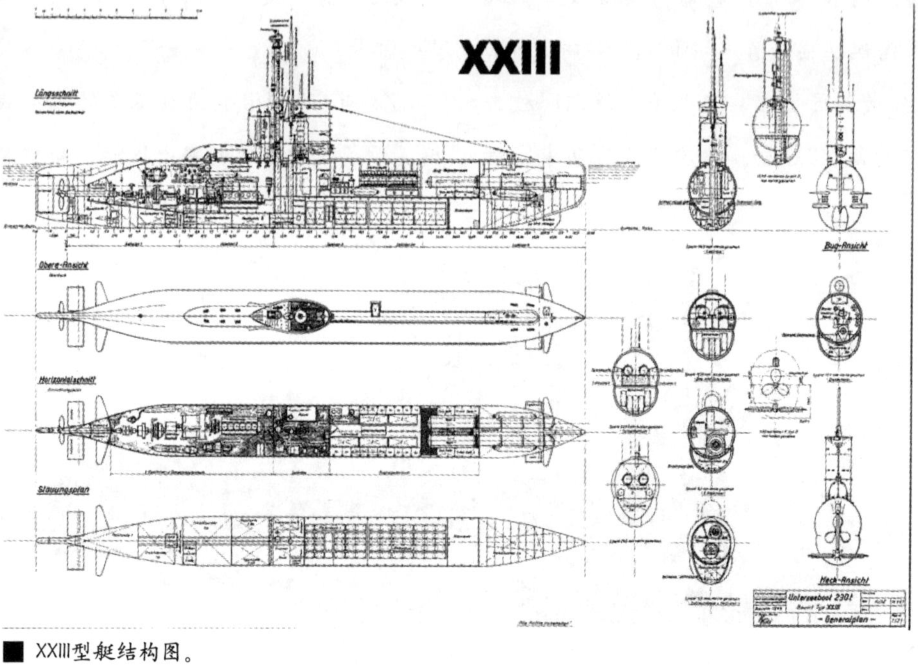

■ XXIII型艇结构图。

量较小，仅为258吨（水下），乘员18人。其水面航程2600英里（8节），水下航程仅为194英里（4节），水下最大航速为12.5节，最大下潜深度为180米。由于空间有限，该型艇只能携带2枚鱼雷，而且必须在出港前的干船坞上事先装填进位于潜艇首部的鱼雷舱。

尽管如此，XXIII型潜艇在实际作战中仍然取得了良好效果。1944年3月10日，首艇U-2321号于德国汉堡下水；1945年1月底，XXIII型潜艇首次进行作战活动，包括U-2321号艇在内的6艘XXIII型潜艇奉命前往不列颠群岛以东海域执行战斗巡逻任务。同年5月7日，由艇长克鲁斯迈尔（Emil Klusmeier）指挥的U-2336号潜艇在福斯湾（Firth of Forth）内击沉2艘英国货船，这也是二战期间被击沉的最后2艘船。此次作战行动中，参战的6艘XXIII型艇无一损失。相反，总共取得击沉或击伤5艘各类舰艇总吨位共计14601吨的战果。作为一种在沿海海域执行短距离作战任务的潜艇，XXIII型潜艇在战斗中的优秀表现充分证明了该型艇设计思路成功的一面。参与上述英国东海岸作战的德军艇长一致认为：XXIII型潜艇是近海海区短期作战的理想艇型，拥有较强的机动性能和低可探测性。护航舰就算能感觉到有潜艇活动，但要确定潜艇的确切位置却不大可能。

二战结束时，剩余的XXIII型潜艇或自沉或被盟军缴获。只有3艘XXIII型潜艇因被编入英国海军及挪威海军而保留到战后，分别是U-2326号、U-2353号和U-4706号。

XXI与XXIII型潜艇为数不多的几次战例显示了电动潜艇的突出性能，新型潜

■ 停泊在U-2502号潜艇（XXI型）旁的U-2326号潜艇（XXIII型）。

艇的出现终于打破了盟军自1943年以来依靠水面搜索建立起来的反潜优势，事实上直到大战结束时盟军尚无有效方法应对来自上述两种潜艇的威胁。通常人们认为，如果XXI型潜艇早出现两年，将使盟军的海上交通线受到毁灭性的打击甚至改变战争的历程。但自1943年起盟军实施的战略轰炸及次年在欧洲的登陆行动决定了电动潜艇的命运。

微型潜艇

“海豹”（Seehund）

“海豹”潜艇被认为是二战期间德军最成功的微型潜艇，该艇于1944年设计，型号被定为“XXVIIB5”，也被称作是“127”型。计划建造1000艘，但总共只完成了285艘（建造情况见下表），其中137艘“海豹”潜艇投入使用（U-5001号到U-5118号及U-5251号到U-5269号）。

“海豹”潜艇满载排水量为17吨，

建造时间	完成数量
1944年9月	3 艘
1944年10月	35艘
1944年11月	61艘
1944年12月	70艘
1945年1月	35艘
1945年2月	27艘
1945年3月	46艘
1945年4月	8艘

乘员2人，可采用半埋入式携带2枚G7e型鱼雷。“海豹”艇可在4级海况下对敌水面舰艇展开攻击，但在水下攻击时必须保持艇体静止。潜艇采用7节航速时航程为300公里。在所有建造出来的“海豹”潜艇中，50艘装有额外的燃油舱，在7节航速下的水面最大航程可达300海里，3节航速的潜航状态下航程可达63海里。

1945年1月至4月间，“海豹”潜艇总共出击142次，损失35艘，总共击沉

■ “海豹”微型潜艇。

各类舰船8艘总吨位17301吨；击伤3艘总吨位18384吨。

“梭鱼”（Hecht）

“梭鱼”微型潜艇艇员3人，型号为XXVII型，于1944年设计，共有53艘投入使用（U-2111号到U-2113号及U-2251号到U-2300号）。该艇最初的作战目的是携带水雷接近敌水面舰艇锚地，并在敌舰艇外壳上安装吸附式水下爆破雷。由于德国海

军希望该艇能执行更多样的作战任务，于是在设计建造过程中方案被不断更改，最终的性能并不能令人满意。“梭鱼”潜艇航程极其有限，3节航速下水面航程仅为78海里，6节航速下的水下航程仅为40海里。1944年5月，首批“梭鱼”潜艇在德国基尔建造完成，其中3艘安装有1枚磁性水雷，但未能投入作战使用。最终所有“梭鱼”潜艇均被用于训练。

“海狸”（Beaver）

“海狸”微型潜艇排水量仅为6.5吨，乘员1人，可携带2枚鱼雷。该艇于1944年开始建造，总共完成了324艘。在6节航速下水面航程可达130海里；5节航速下水下航程为8.6海里。“海狸”潜艇最大潜深为65英尺，由于定深装置上的设计缺陷，该艇在潜航时无法发射鱼雷。

“海狸”潜艇是在1943年11月22日于挪威卑尔根缴获的“威尔曼”W46型艇的基础上设计建造的，首艇于1944年3月15日完成，接着又在特拉沃河上进行了航行试验，1944年3月29日进入德国海军服役，具体交付情况见下表。

交付时间	数量
1944年5月	3艘
1944年6月	6艘
1944年7月	19艘
1944年8月	50艘
1944年9月	117艘
1944年10月	73艘
1944年11月	56艘

在位于基尔的建造工厂里，“海狸”潜艇的生产是分三段进行建造的，生产过程一直在盟军的战略空袭下进行着，但并未受太大影响。“海狸”潜艇还曾计划发展双人艇（“海狸-II”和“海狸-III”），但并未见实施。

■ 因故障遭废弃的一艘“海狸”微型潜艇。

“蝾螈”（Molch）

“蝾螈”潜艇排水量为11吨，乘员1人，采用全电力推进，用于执行近海作战任务。“蝾螈”潜艇的外型酷似1枚鱼雷，在5节航速下航程为40海里，可携带2枚鱼雷。该艇仅能进行半潜入式航行。

所有“蝾螈”潜艇均在德国不来梅建造完成，首批艇于1944年6月12日交付德国海军使用。“蝾螈”潜艇被重点部署在地中海海域，1944年9月25日和26日夜，“蝾螈”艇群对位于法国里维艾拉海岸（马赛以东）的盟军舰艇展开了攻击，在损失了全部12艘潜艇中的10艘后仍一无所获，其余2艘也在其后的盟军炮击中被毁。

1945年1月至4月间，“蝾螈”和“海狸”潜艇共出击102次，共损失70艘，击沉各类舰船7艘总吨位491吨；击伤2艘，总吨位15516吨。

人操鱼雷

“黑人”（Neger）

“Neger”一词原是德语中对黑人的一种俗称。“黑人”人操鱼雷全重2.75吨，可携带1枚鱼雷，在4节航速下水面航程为48海里，于1944年3月进入德国海军服役，1944年里总共建造完成了200艘。

“黑人”人操鱼雷被用于拦截和攻击1944年7月在诺曼底附近海域活动的盟军水面舰艇。7月5日，26艘“黑人”人操鱼雷对盟军展开了攻击，最终仅有9艘幸存。这次攻击击沉了2艘英国扫雷艇。7月7日和8日间，21艘“黑人”人操鱼雷再次展开攻击，由于天气晴朗，夜间能见度很高，所有“黑人”人操鱼雷在盟军严密的监视下暴露无遗，在击沉1艘英国扫雷舰和击伤1艘波兰巡洋舰后，所有人操鱼雷全部被击毁沉没。

“松貂”（Marder）

“松貂”人操鱼雷全重3吨，由于安装有一个树脂玻璃的座舱，其外型看起来酷似飞机。该艇储水舱和压缩空气泵设计非常成功，其下潜深度可达100英尺，但水下续航力十分有限，与“黑人”相当。1944年7月进入德国海军服役，到1945年5月为止共建造完成500艘。

1944年8月2日和3日间，“松貂”人操鱼雷对一支盟军水面编队展开攻击，全部58艘艇中仅17艘得以返回。此次攻

■ “黑人”人操鱼雷。

■ “松貂”人操鱼雷。

击击沉1艘7219吨的自由轮、1艘扫雷舰和1艘907吨的驱逐舰，此外还击伤1艘巡洋舰和1艘7000吨的货轮。8月16日和17日间，42艘“松貂”人操鱼雷对正在靠岸的法国战列舰“库比特”号发动攻击，将这艘几近报废的23819吨的战列舰击沉。此外还击沉了2艘小型船只、1艘757吨的英国护卫舰和1艘415吨的登陆艇。作战行动中共损失了27艘“松貂”，其中1艘在乘员被炮火击毙后被盟军俘获。

1944年9月，30艘“松貂”人操鱼雷还参与了对法国海岸盟军水面编队的攻击行动，共损失14艘艇而一无所获。

其他微型潜艇

“海豚”(Delphin)

“海豚”潜艇全重2.5吨，与“松貂”一样有一个树脂座舱。该艇被设计用来执行水下高速攻击任务，在试验中该艇曾达到17节的水下最大航速。“海豚”潜艇共完成3艘原型艇，其中第一艘于1945年1月18日因碰撞事故被毁，其余2艘于1945年5月1日自沉于特拉沃河。

“海怪”(Seeteufel)

“海怪”潜艇的原型艇于1944年3月开始设计建造，由于该艇底部安装有类似坦克或推土机上的履带，所以该艇可在海床上缓慢爬行。“海怪”艇可携带2枚鱼雷，全重35吨，全长14.2米，乘员2人，最大潜深21米，水下最大航速8节。该艇仅完成一艘原型艇，在战后自沉。

“虎鲸”(Schwertwal)

“虎鲸”仅完成1艘原型艇——SW1号，是采用“沃尔特”发动机的微型潜艇，设计最大航速可达30节。原型艇于1945年5月自沉，两个月后被英国海军打捞出水，不久在基尔被毁。

■ “海豚”微型潜艇。

■ “海怪”微型潜艇。

第十七章 悲惨岁月

技术革新与暂时升级

到1943年4月底，在盟军的厘米波长雷达、岸基和舰载高频测向仪、陆基飞机、经验丰富的水上护卫队和支援舰队、破译埃尼格码的综合作用下，德国潜艇对盟军船队进行攻击几乎等于自杀。如此严峻的局面，邓尼茨早就预料到了，但是仍继续将潜艇战进行下去。希特勒曾说道："潜艇战决不能停，大西洋是我们西部的第一道防线，在这里进行保卫战要比在欧洲大陆进行保卫战好得多。尽管我们的潜艇战给敌方部队造成的损失已经不像以前那样严重了，但给他们造成的牵制却依然很大。我不能缩减潜艇战，以至于为这部分敌军部队解除牵制。"

潜艇部队急需的是技术上的进步，这也正是雷德尔和邓尼茨大力鼓励并支持赫尔穆特·沃尔特（Helmuth Walter）的原因，希特勒曾批准建造两艘"沃尔特型"远洋潜艇（U-796号和U-797号）和24艘"沃尔特型"近海潜艇（U-1405号到U-1416号；U-1081号到U-1092号）。

这个计划遇到了许多困难。由于1942年上半年VII型和IX型潜艇在美国海域取得了巨大成功，在一定程度上降低了建造"沃尔特型"潜艇的紧迫性。还有过氧化氢严重短缺，因为V2弹道导弹也需要过氧化氢（V2即A4弹道导弹，是由德国火箭专家维尔纳·冯·布劳恩为首的小组在波罗的海港口佩内明德研制的A系列远程火箭的一种，是世界上第一种实用的弹道导弹。"V"来源于德文Vergeltung，意即报复手段，这是纳粹在遭到盟国战略轰炸后表示要进行报复的意思）。另外盟军对潜艇工厂的轰炸越来越频繁，在1942年3月12日英军对基尔的空袭中，第一艘"沃尔特型"远洋潜艇U-791号遭重创后被迫放弃。

过氧化氢潜艇的缺陷也日益凸显，它不像传统的蓄电池可以重复充电使用，过氧化氢是不可再生的，一旦耗尽就没有了。而"沃尔特型"潜艇并没有足够大的空间同时容纳蓄电池和过氧化氢储存箱，因此潜艇的下潜性能受到了限制。在海上为潜艇补给过氧化氢的装备设计出来前，潜艇的作战半径是很小的。

由于这些原因，到1943年5月德军已经意识到，“沃尔特型”潜艇根本不足以对战争结果产生影响。沃尔特又想出一个新主意，将潜艇内部的过氧化氢燃料箱用来放置附加蓄电池，这种强效蓄电池提供的能量是VII型的三倍，从而使潜艇能依靠电池在短时间内维持18节的航速。1944年夏天第一批这样的潜艇研制成功，邓尼茨订购了450艘1600吨远洋潜艇和250吨近海潜艇，这种新型潜艇被称为“电动潜艇”以区别于传统的“柴油机潜艇”。

尽管面临诸多问题，过氧化氢潜艇的研制却一直持续到了战争结束。除了U-791号外，共有7艘“沃尔特型”潜艇建成服役（XVIIA型U-792号至U-795号，以及XVIIB型U-1405号至U-1407号）。许多历史学家和工程师都对过氧化氢潜艇赞赏有加，甚至还有

■ 采用过氧化氢的两艘试验型“沃尔特型”潜艇，U-793号（上）和U-1407号（下），分属XVIIA型和XVIIB型。

些人认为如果这些潜艇能够早些建成，可能就会对战争产生决定性影响了。其实过氧化氢潜艇非常复杂且危险性很高，而且德国也没有能力建成为潜艇补给这种特殊燃料的装备。由于这些原因，战后美英及其他一些国家都放弃了继续研究这种潜艇的技术。

“电动潜艇”虽好，但生产量较低，短时间里无法替换传统潜艇，只好对VII型和IX型潜艇进行改进，以提高生存率。沃尔特提出在潜艇上安装通气管（德文Schnorchel，而艇员们通常将其称为“snort”），就是在潜艇上安装一个双筒管，潜行时可以像潜望镜那样探出水面或缩到水下，其中一个管从外界吸进空气以驱动柴油机工作，另一个管释放柴油机产生的废气。这样设计的初衷是为了躲避敌方飞机的雷达探测，因为有了通气管之后，潜艇潜行时也可以对电池进行充电，航行速度可达到5至6节，而通气管对雷达来说是一个难以发现的小目标。

沃尔特的通气管装置克服了早期通气管的许多缺点，在管道口都有敏感的阀门和浮球，可以防止海水涌入，同时可以防止艇内废气的聚集。试验证明即使进气口被海水淹没后一分钟，柴油机从艇内吸收的空气量也不足以给艇员造成身体损伤。邓尼茨于1943年6月下令用U-57号和U-58号、U-235号和U-236号进行安装通气管试验。但试验结果并不令人满意，通气管排出的烟雾会遮住潜望镜，降低了潜艇潜航时的能见度。通气管浸在水中时，柴油机吸气也要比预计大得多，

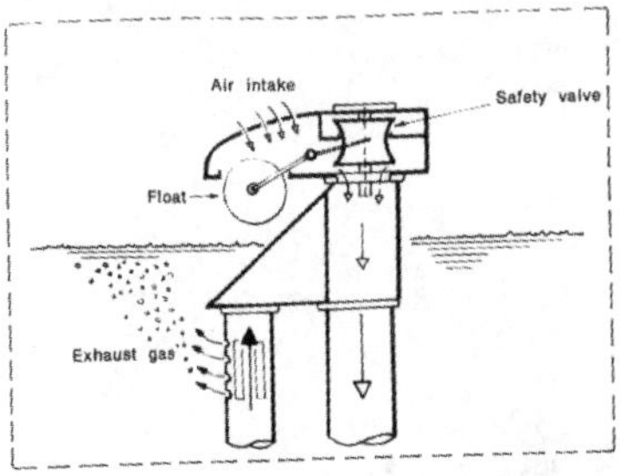

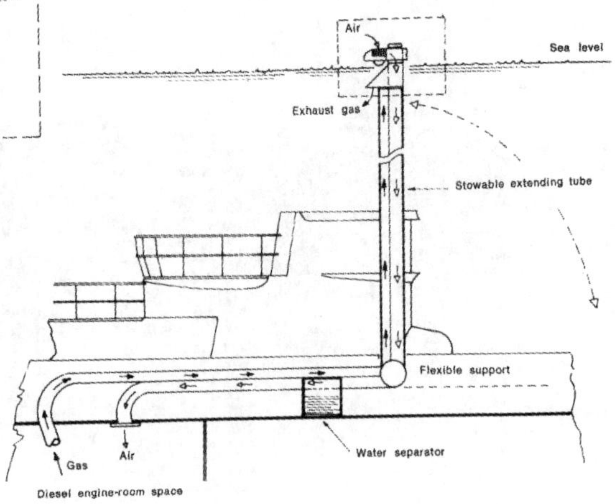

■ 潜艇通气管系统结构示意图。这种看似简单的装置实际使用中存在诸多不便，有时甚至危及艇员生命安全，故并不受潜艇部队的欢迎。

因此使用通气管时，必须要安排一个人密切关注气压计的变化，一旦气压下降就得关闭柴油机。许多人都认为通气管是一个重大技术成果，但实际上非常糟糕，德国艇员都非常讨厌它，即便是安装之后也不常用，只在电池充电时才用（每天大约4小时），赫伯特·维尔纳在《铁棺材》中这样描述通气管的浮球堵塞后，潜艇内部形成真空的情形："艇员们大口喘气，眼球外突。工程师让潜艇下潜，使通气管也降到水面以下，以便松开浮球，但是无济于事。结果呼吸变得更困难了。眼看艇员们就要窒息了，工程师疯狂的打着手势，示意将通气管放倒以松开浮球。机械师费了九牛二虎之力扭转手柄才拉倒了通气管。而几分钟后随着通气管的升起，通气管里的海水流到了舱底。浮球打开，空气拉着长长的呼啸声灌进潜艇。压力的巨大变化使得许多人感到鼓膜极度不适。一些人痛苦地捂着耳朵，另一些人则大口喘气。"

装备通气管的潜艇速度很慢，第一批20个通气管直到1943年8月才安装到潜艇上。

在"电动潜艇"和"通气管潜艇"建成前，邓尼茨决定用改进的VII型和IX型潜艇继续进行潜艇战。

此时德国潜艇采用不少新装备和新战术：用德国汉佳诺（Hagenuk）公司生产的被称为"臭虫"（Wanze）的新型FuMB雷达探测器取代"墨脱克斯"装置；用T-5"鹪鹩"（德文Zaunkoenig，英文Wren）音响自导鱼雷取代T-3"猎鹰"鱼雷；可以曲线航行的新型G7eFATII电动鱼雷；G7e（电动）鱼雷上经过改良的Pi2引信既可以设置为碰撞引爆也可以设置为磁力引爆；在潜艇装备更多的高射炮；装备改进的搜索雷达；船队接触浮标，这种浮标可以用来标记船队路线，能间歇性的发射红色、绿色或黄色的星光弹来指引其他潜艇；雷达欺骗装置，即所谓的"阿佛洛狄特"（Aphrodite）和"塞蒂斯"（Thetis）。

而德国研制的新式武器还有代号"黑潜艇"的雷达干扰装置和"高射炮潜艇"（U-Flak），VII型U-441号成为第1艘改装的潜艇，安装2门四联20毫米、1门37毫米高炮和多挺高射机枪，还有其他7艘VII型潜艇也进行了改装。

潜艇损失和任务中断

5月，邓尼茨向大西洋派出了46艘潜艇，7艘补给潜艇中U-460号在南大西洋，U-459号和U-461号还在海上，U-487号正在返航途中，U-462号正在港内整修。这样5月就只有2艘补给潜艇出航，而且其中的U-463号5月16日在途中被盟军飞机击沉（位置在45.57N，11.40W；57名艇员全部阵亡），因此邓尼茨被迫调集3艘IX型（U-170号、U-530号和U-535

号），连同XB型布雷潜艇U-118号一起作为临时补给潜艇。

所有5月出航的潜艇都要应对盟军在比斯开湾更为密集的猎潜行动，这次大规模的空中攻势从4月13日一直持续到6月6日，英军投入的“威灵顿”飞机除了配备“利光”探照灯外，还改装了更强大的“赫丘力士”（Hercules）引擎并安装最新的ASVIII厘米波长雷达和平面位置显示器（PPI）。这种改进型“威灵顿”最初任务就是夜间在比斯开湾巡逻，将潜艇尽可能驱赶到水下，迫使他们在白天浮上水面对电池充电，以便提高只装备简单雷达的日间反潜飞机的效率。另外安装ASVIII厘米波长雷达和平面位置显示器的反潜飞机还有30架“哈利法克斯”和15架B-24。在如此密集的反潜飞机封锁下，5月出航的潜艇有5艘（U-663号、U-463号、U-308号、U-563号和U-440号）被击沉，6艘（U-214号、U-405号、U-591号、U-441号、U-523号和U-450号）被击伤而中途返航，其中的U-441号就是新改装的“高射炮潜艇”，5月24日该艇被英军228中队戴伯顿（H.J. Debden）驾驶的“桑德兰”飞机发现，U-441号的四联20毫米高炮由于炮台焊接质量太差而不能使用，但还是将“桑德兰”击落，不过飞机在坠落前投下了深弹将潜艇重创，迫使其返回法国，第一次使用“高射炮潜艇”并不如意，但似乎并没有挫伤德国人的信心。

鉴于比斯开湾的封锁行动战果辉煌，英国要求美国派出更多飞机，以参加更大规模的“火枪”（后来改为“海参”、“撞击”）行动。为此施莱瑟（John Slessor，新任岸防司令部司令）特意飞到华盛顿，当他抵达华盛顿时，美国陆军和海军正为争夺岸基反潜飞机的控制权斗得不可开交，最后达成的协议规定陆军退出反潜战，将B-24转交给海军，但海军要从1943年的海军B-24配额中拿出相同数目的飞机还给陆军。美国海军的金上将对“火枪-海参-撞击”行动也非常支持，他同意暂时将5个中队约75架B-24转交给

■ 代号“黑潜艇”的U-441号，经过专门改装，安装有双倍于普通潜艇的防空武器和雷达干扰装置。

岸防司令部。到9月1日，施莱瑟一共拥有了大约150架B-24飞机。

尽管英国埋怨由于美国的拖延，大部分美国反潜飞机抵达英国都太晚了，并没有为“火枪-海参-撞击”行动做出什么实质贡献。实际上7月13日到8月2日，美军第479大队在比斯开湾攻势中扮演了“一个极其重要的角色”，总共发现了12艘潜艇，攻击了其中的8艘，击沉U-404号（7月28日；45.53N，09.25W；51名艇员全部阵亡），还与英军和加拿大空军联合击沉了U-558号（7月20日；45.10N，09.42W；45名艇员阵亡，5人获救）和U-706号（8月3日；46.15N，10.25W；42名艇员阵亡，4人获救）。

“亚当”和“夏娃”

美国正以近乎疯狂的速度建造100台“炸弹”以破解德国海军四转子埃尼格码，到1943年3月，研制成功了两台原始计算机“亚当”和“夏娃”，不过这两台机器存在许多问题，无法长时间正常运行。为此根据耶鲁大学数学家霍华德·恩斯特罗姆（Howard Engstrom）提出的解决方案最终生产出530型“炸弹”，这个“炸弹”体积非常大：2.4米长，2.1米高，0.6米宽，每台机器重达2270公斤，造价高达4.5万美元。每个“炸弹”有16个四转子埃尼格码密码机复制品和连接线板。“炸弹”将针对一份密码文件测试成千上万种可能，共有64个埃尼格码大转子，每个转子含有104个触点，这些触点在和铜或银敏感刷接触时必须严格保持在一条直线上。这种整齐性和同步性是很难做到的，尤其是当转子以每分钟接近2000转的速度转动时。

这仅仅是530型“炸弹”内部结构的粗略一瞥而已，值得注意的是，这种“炸弹”还含有一些全新的数字电子部件，这些都是乔·戴什和他的助手们研制的，尤其是一种数电跟踪和控制系统，这个系统含有1500个电子管，不仅可以记录破译成功时转子的位置，还实现了控制功能。它可以追踪转子的位置，向电动机和离合器发送讯号，让机器反向运转，直到它回到破译成功时的位置为止。这个时候转子的位置将（自动）被打印出来，然后操作员将让机器重新开始寻找新的合理组合。

1943年5月，大批维护和操纵“炸弹”计算器的人员陆续到达，他们每天三班轮换，保证机器24小时运转。“炸弹”的运算能力和速度令这些工作人员大为惊讶。如果输入一份密码文件，“炸弹”每秒钟就可以进行20280次“尝试”，只需要50秒就可以完成一次三转子循环，只需要20分钟就可以完成一次四转子循环。

由于华盛顿内布拉斯加大道放置“炸

■ 为比斯开湾封锁行动而专门调配的B-24型反潜轰炸机。B-24是战争中使用最频繁的反潜轰炸机之一。

弹”的房子还没有建好，而“炸弹”也一直不断进行改进，因此密码破译者们最初就是在代顿的海军计算机实验室里使用“炸弹”。曾经到布莱奇利庄园进行过访问的数学家约瑟夫·伊库斯也到代顿报到，帮助建立讯息分析中心。华盛顿用电传打字机将截获的埃尼格码讯息传送到代顿，代顿破译出电文后立即传达给有关部门。同时，英国也研制成功了两种四转子“炸弹”，它们的运算速度比美国“炸弹”要慢，进行一个四转子循环需要30分钟，英国共建造了69台四转子“炸弹”。

盟军一直怀疑德军破译了盟军船队密码，代顿四转子“炸弹”所破译的结果又加大了怀疑。因此盟军在1943年6月对现行密码系统进行了紧急更改，使得德国的密码破译从此无计可施。

黑色5月

1943年5月穿过北大西洋的盟军船队共有15支，其中8支东向，7支西向，总共约700艘船。当月有3个航母护卫舰队（英国的“射手”号和“吞噬者”号；美国的“伯格”号）在北大西洋上活动。

5月初，大约40艘德国潜艇组成了“黑鸟”和“燕雀”艇群，准备在格陵兰和纽芬兰之间对ONS-5船队展开攻击。由于浓雾太大，因此邓尼茨于5月7日取消了这次攻击行动，并解散了“黑鸟”和“燕雀”小组，部分潜艇驶回了法国。邓尼茨将留下来的29艘潜艇（包括受损潜艇）组成了两个新的艇群：“易北河”（Elbe，17艘潜艇）和“莱茵河”（Rhein，12艘潜艇）。根据B机关提供的情报，邓尼茨调整艇群位置，准备截击HX-237船队和SC-129船队。受损和燃料不足的潜艇只负责搜寻船队而不投入攻击。为了增强攻击力量，邓尼茨命令“夜莺”艇群剩下的5艘潜艇尽快赶往该海域。

在B机关提供的情报帮助下，“莱茵河”艇群的U-359号于5月9日发现了HX-237船队，这支船队由46艘船只组成，加拿大C-2护卫队（1艘驱逐舰、1艘巡防舰和3艘驱潜快艇）提供护航。西部大道推断出HX-237船队面临危险，于是命令英国第5支援舰队赶去支持。

起初邓尼茨准备投入3个艇群攻击HX-237船队，但很快又改变了主意，以“莱茵河”艇群12艘潜艇和“夜莺”艇群7艘潜艇（得到2艘新出航潜艇的加强）去攻击HX-237船队，以“易北河”艇群27艘潜艇（得到10艘潜艇加强）攻击SC-129船队。

5月9日，U-359号被HX-237船队护航舰击退，并失去了与船队的接触。但第二天，U-454号重新发现了船队，尽管U-454号随即被“吞噬者”号上起飞的“剑鱼”飞机赶到了水下，但它的报告却引来了另外几艘潜艇。U-456号和U-403号11日联手击沉了7138吨的英国自由轮“康科德要塞”（Fort Concord）号；12日U-221号击沉了掉队的9432吨挪威油轮“圣登格”（Sandanger）号，同日U-603号击沉了4819吨挪威船“布兰德”（Brand）号。而护航舰也还以颜色，击沉了U-89号、U-456号和U-753号。德军潜艇仍然与HX-237船队保持着联系，U-230号就在跟踪船队时击落了1架“剑鱼”，这一情况迫使英军对“剑鱼”飞机的使用进行了严格限制，通常“剑鱼”飞机都要结伴出行，当只有1架“剑鱼”时一般不对潜艇发动攻击，而只是追踪潜艇等待支持力量赶到。

同时，“易北河”艇群正在南部约300公里处搜寻SC-129船队。这支船队由26艘船只组成，为其提供护航的是著名反潜高手唐纳德·麦金泰尔指挥的英国B-2护卫队，这个护卫队包括2艘驱逐舰和5艘驱潜快艇。到5月11日，“易北河”艇群有6艘潜艇由于各种原因而离开，这就使“易北河”艇群只剩下了21艘。当天U-504号发现了SC-129船队，并引来了12艘潜艇，这些潜艇之间频繁的电报联系和被破译的埃尼格码都表明SC-129船队面临着危险，而此时HX-237船队已进入了岸基飞机的作战半径，因此西部大道命令第5支援舰队迅速赶去支持SC-129船队。

麦金泰尔指挥的B-2护卫队保护下的船队足足有9个月时间没有任何损失，但是骑

■ 低速、无防护、缺乏强力对潜武器的“剑鱼”式双翼机似乎更适合于被U艇当作对空射击训练的靶子，因此英军对“剑鱼”的使用进行了严格规定，一般都要双机结伴出动，当只有单机时不对潜艇进行攻击，等待支援力量赶来。

■ 遭到空中打击的U-45号。

士十字勋章获得者赛格弗里德·冯·福斯特纳（Siegfried von Forstner）指挥U-402号11日却闯过了麦金泰尔的警戒圈，并在光天化日之下击沉了4545吨英国船“安提歌尼”（Antigone）号和3082吨挪威船“格拉多”（Grado）号，但B-2护卫队到底还是很有实力的，驱潜快艇“龙胆”号通过声呐发现了U-402号并随即将其重创。

当晚，麦金泰尔的旗舰“金星”号收到了在船队正前方8000米处的一个雷达信号，这是U-223号，“金星”号全速冲过去，潜艇急剧下潜。就在潜艇下潜的漩涡上，“金星”号投下了一连串深弹，给潜艇造成了严重损伤，进了水的潜艇最终失控下沉，艇长卡尔-于尔根·沃希特（Karl-Jurgen Wachter）只得下令上浮。“金星”号的声呐捕捉到了潜艇往沉浮箱里充气的声音，早对潜艇上浮做好了准备，因此当潜艇浮出水面时，立即遭到了“金星”号的猛烈炮击，潜艇拼死反击，发射了5枚鱼雷，但均未命中，然后一头撞向驱逐舰。麦金泰尔指挥军舰紧急规避，最后擦着潜艇躲过此难，麦金泰尔见潜艇伤势很重，料定其必沉无疑，而驱逐舰已经和船队拉开了50公里的距离，因此扔下潜艇急忙调头追赶船队。

沃希特发出了紧急求救讯号，U-359号赶来救援，并将U-223号护送回法国。追上船队后，“金星”号通过高频测向仪于12日发现了U-186号，冲过去发起了数轮深弹攻击，将其一举击沉（41.54N，31.49W），53名艇员

■ 驻守冰岛基地的B-24型轰炸机。冰岛是整个大西洋反潜网的一个重要基地，大西洋之战期间，这里是盟军在大西洋上最大的反潜基地。

全部阵亡。随后的24小时里，护航舰一直在船队周围严密警戒，潜艇始终无法占领合适的攻击位置。5月13日第5支援舰队赶到后，“吞噬者”号迅速起飞“剑鱼”飞机连续不断地在船队上空巡逻，迫使潜艇取消了进一步的攻击。

德军潜艇向HX-237船队和SC-129船队发起了大规模攻击，但确证的战绩只有5艘29016吨，还损失了5艘潜艇。“莱茵河”、“易北河”和“夜莺”艇群中留下来的大多数潜艇都返回了法国，微薄的战绩既不值得庆贺也没有什么可宣传，“夜莺”艇群的灾难还没结束，U-436号在返航途中，遇到了一支向南驶往直布罗陀的大型船队（60艘船只），它没有发送任何船队讯息报告打算独立实施攻击，结果在5月26日被护航舰击沉（43.49N，15.56W），47名艇员全部阵亡。

由于4月末5月初的多次行动调动了大量潜艇，格陵兰岛南部海域没有潜艇了，而ON和ONS船队即将要从这里经过。5月6日潜艇司令部开始准备在这里布置一个由25艘潜艇组成的艇群，就在艇群组建过程中，邓尼茨又把这个艇群分成5个小艇群：“伊萨河”艇群（Isar，5艘潜艇）、“勒克河”艇群（Lech，3艘潜艇）、“因河”艇群（Inn，4艘潜艇）、“伊勒河”艇群（Iller，6艘潜艇）以及“纳布河”艇群（Naab，6艘潜艇）。

5月13日，U-640号发现了ONS-7船队，该船队由40艘商船组成，英国B-5护卫队（2

艘巡防舰、1艘炮舰和5艘驱潜快艇）护航。由于附近并没有其他潜艇，因此邓尼茨授权U-640号单独攻击，同时命令“伊勒河”艇群迅速赶去支持，还对船队以西潜艇进行了重新部署，让他们前往船队可能经过的地方实施截击。“伊萨河”艇群和“因河”艇群（共9艘潜艇）组成“多瑙河1号”艇群，“勒克河”和“纳布河”艇群（共9艘潜艇）组成“多瑙河2号”艇群。

U-640号在天黑后发起了攻击，发射4枚鱼雷，但无一命中。从冰岛起飞的岸基飞机对U-640号进行了轰炸，迫使潜艇下潜并与船队失去了联系。

5月14日，驻冰岛的美国海军VP-84中队1架“卡塔林那”飞机发现了U-640号，发射“费多音响”鱼雷将其击沉（60.32N，31.05W），49名艇员全部阵亡。这可能是“费多音响”鱼雷的第一次战果。三天后（17日），兼程赶来的U-657号发现了船队并击沉了5196吨英国船“艾买利克”（Aymeric）号，护航舰发起了反击，当天U-657号被巡防舰“沼泽”号击沉（58.54N，42.33W），47名艇员全部阵亡。另外冰岛的英军269中队的“哈德逊”飞机击沉了正准备赶来参战的U-646号（17日；62.10N，14.37W；46名艇员全部阵亡）和U-273号（19日；59.25N，24.33W；46名艇员全部阵亡）。

5月18日，第3支援舰队的3艘驱逐舰从圣约翰赶来，船队得到了这些军舰以及岸基飞机的掩护，没再遭受损失。

接下来的两支东向船队是HX-238船队和SC-130船队。依据B机关提供的精确情报，潜艇司令部在格陵兰东南部建立了一条新的巡逻线，共22艘潜艇，自北向南依次是“伊勒河”艇群（4艘）、“多瑙河1号”艇群（7艘）、“多瑙河2号”艇群（11艘），“奥德河”艇群（8艘）则作为后援。

在破译的埃尼格码情报的引导下，盟军将HX-238船队的航线调到了潜艇巡逻线以南。在加拿大C-3护卫队（2艘驱逐舰和5艘驱潜快艇）的保护下，HX-238船队（45艘商船）没被德军发现就顺利抵达了英国。但SC-130船队就没这么幸运了。

5月18日，U-304号发现了SC-130船队，邓尼茨立即命令“易北河”和“多瑙河1号”、“多瑙河2号”艇群剩下的21艘潜艇火速赶去支援。此时，船队中已有2艘商船在1艘反潜拖网渔船的掩护下返航，这样就使船队商船数剩下37艘，护航舰也只剩下8艘（2艘驱逐舰、1艘巡防舰“泰河”号以及5艘驱潜快艇）。根据计划，第二天从纽芬兰驶来的第1支援舰队（3艘巡防舰和1艘海岸警卫快艇）将加入船队。盟军通过高频测向仪探测到了潜艇之间的无线电往来，意识到SC-130船队面临危险了。5月18日夜，护航舰整夜都忙着驱赶潜艇，迫使潜艇下潜。

5月19日，驻冰岛的英军第120中队的B-24陆续赶来为船队提供空中护航，有的直接用深弹和鱼雷攻击潜艇，有的则将潜艇驱赶到水下并投下烟雾弹做标记。驱逐舰“骑马哨兵”号、巡防舰“泰河”号和驱潜快艇“石竹花”号分别驶向了烟雾弹标记海域，但由于飞机军舰协同不够默契，未获战果。

驱潜快艇“雪花”号也于19日发现U-381号，然后和“邓肯”号驱逐舰进行了协同攻击，重创潜艇。后来U-381号还是沉没了，因无人生还（共47人）而无法确定是什么原因造成的。

19日当晚第1支援舰队也如期赶到，随即发现了正企图在船队前方抢占有利攻击位置的多艘潜艇，巡防舰“基德”号、“维尔”号和“斯佩”号立即展开攻击，击沉了U-954号（54.54N，34.19W），47名艇员全部阵亡。深夜巡防舰“泰河”号重创了U-952号。在众多护航舰的掩护下，当天夜里其他潜艇都没能靠近船队。

5月20日黎明驻冰岛的120中队1架飞机发现了在水面航行的U-258号，飞行员普罗克特（J. R. E. Proctor）先对潜艇进行了机枪扫射，再投下了4枚深弹，将潜艇击沉（55.18N，27.49W），49名艇员全部阵亡。天亮后，岸基飞机一直都在搜寻和攻击潜艇，虽然飞机和军舰的协同并不理想，但由于空中和水上护航力量都非常强大，中午潜艇司令部便取消了对船队的攻击。

这次攻击连一艘船也没有击沉，反而被击沉了3艘潜艇（U-258号、U-381号和U-954号），邓尼茨的儿子彼得·邓尼茨也随着U-954号沉没而丧生。

此时B机关又提供了HX-239船队和ON-184船队的情报，而邓尼茨正着手在格陵兰东南部组建“摩泽尔河”艇群（Mosel，23艘潜艇），在这些潜艇前往预定位置途中，有3艘潜艇被盟军飞机或军舰击伤，其中U-229

■ 从冰岛起飞护航的反潜巡逻机上拍摄的HX-239船队。

号和U-231号被迫返回法国。ON-184船队由39艘商船组成，为其护航的是加拿大C-1护卫队（3艘驱逐舰、1艘巡防舰和3艘驱潜快艇），并能得到美军第6特遣舰队的支持，这个舰队以“伯格”号护航航母为核心。

5月22日凌晨，“伯格”号起飞的1架“复仇者”飞机发现了水面上航行的U-468号，飞机攻击之后报告了潜艇所在位置。奇怪的是，赶来支持的飞机和军舰没有发现潜艇，但U-468号却称上午和下午都遭到了飞机及军舰攻击，受损严重被迫返航。当天上午，“伯格”号上的另1架“复仇者”飞机发现了U-305号，投下4枚深弹将其击伤。U-305号潜到水下修复好了损伤刚刚浮上水面，又遭到了第三架“复仇者”的攻击，虽然潜艇赶紧下潜，逃脱了被击沉的命运，但受到了重创，只好返航。下午，“伯格”号上的1架“复仇者”飞机发现了U-569号，飞行员张伯伦投下4枚深弹将潜艇击伤，随后霍华德·罗伯茨（Howard S. Roberts）驾驶的“复仇者”飞机也赶来攻击，又是投炸弹又是机枪扫射，艇长汉斯·约翰森（Hans Johannsen）命令在潜望镜上挂起白旗，艇员最初挂上了白手帕，后来又挂上了更醒目的白床单，罗伯茨见到白床单后便停止了攻击，并引导加拿大驱逐舰“圣劳伦特”号赶过来。当驱逐舰靠向U-569号时，约翰森命令凿沉潜艇后跳海逃生（50.40N，35.21W），驱逐舰救起了25名艇员，另外21名艇员阵亡。

很多人对“伯格”号猎杀潜艇的战绩不太相信，但击沉U-569号却是确认无疑，这也是盟军护航航母独自击沉的第1艘潜艇，因此张伯伦被授予了银星勋章，罗伯茨则被授予了优异飞行十字勋章。

U-218号虽然避开了“伯格”号舰载机的攻击，但却遭到了军舰的攻击，然而仍坚持到发现船队并发回接触报告后才返航。

5月21到22日，ON-184船队从HX-239船队近旁通过。HX-239船队由42艘商船组成，为其护航的是埃文斯指挥的英国B-3护卫队（两艘驱逐舰、1艘巡防舰和5艘驱潜快艇），并能得到英国第4支援舰队的支持，该舰队以“射手”号护航航母为核心（第4舰队同时为ONS-6船队和ON-182船队提供掩护）。很显然邓尼茨并没有意识到这两支反向航行的船队会如此之近地擦身而过，所以起初各艘潜艇发来的报告引起了混乱。当最终查明情况之后，邓尼茨决定集中力量对HX-239船队发动攻击，因为这支船队满载物资。邓尼茨共调集了27艘潜艇（“摩泽尔河”艇群的9艘潜艇和“多瑙河”艇群剩下的18艘潜艇）投入攻击，他向所有参战潜艇发出电报：“我们对前两支大西洋船队的攻击都一无所获…… 如果有谁因此而认为船队大战已经毫无希望了的话，那么他就是懦夫，根本不配做潜艇艇长。大西洋上的战争态势变得更加严峻了，但它对战争具有决定性意义。时刻谨记你们的重大责任，也不要忘记你们要对你们的行动负责。尽全力对船队展开攻击。我们必须将它们击垮！只要条件允许，就不要下潜以躲避飞机。向它们开火将它们赶走。只要有可能，就从水上逃脱驱逐舰的攻击。一定要坚强！勇敢前进奋力抗击。我相信你们。”

5月23日早上，U-752号发现了HX-239船队，B-3护卫队的旗舰驱逐舰“凯珀尔”号探测到了潜艇发送的无线电报告。“射手”号航母起飞了1架“剑鱼”飞机前往攻击，但却没有奏效。随后“射手”号又起飞了1架“剑鱼”飞机，这架“剑鱼”装备有火箭，飞行员哈利·哈洛克斯（Harry Horrocks）发现了在水面航行的U-752号，他从云层中俯冲而下，迅速连续发射了8枚火箭，2枚击穿了指挥塔前面的耐压外壳，大量海水涌入潜艇，艇长施略特（Karl-Ernst Schroeter）眼见无法下潜，只好在水面上用高炮反击。但是就在炮手就位前，“射手”号上的1架“欧洲燕”飞机赶来，抢先用机枪进行了扫射，施略特头部中弹当即身亡，还有几名艇员也被打死。因此只好由总工程师接替指挥，下令凿沉潜艇（51.40N，29.49W）。在飞机引导下“冒险”号驱逐舰赶到了，救起了13名艇员。还有4名艇员则幸运地被U-91号救起，其余29名艇员阵亡。U-752号是英国护航航母舰载机单独击沉的第1艘潜艇，也是第1艘被火箭击沉的潜艇。

5月9日到23日，北大西洋上的潜艇战绩异常微小，在B机关提供的情报帮助下，潜艇发现了6支船队，仅击沉了6艘商船共34212吨。

在这几场船队大战中，盟军击沉了14艘德军潜艇：其中4艘潜艇是被岸基飞机击沉的，7艘潜艇是被军舰击沉的，2艘是被舰载机击沉的，还有1艘是被岸基飞机和军舰联合击沉的。同时，盟军还重创8艘潜艇。

5月出航的潜艇中还有6艘因伤中途返航，这样从5月1日到23日，德军一共有14艘潜艇被击沉，15艘中途返航，占大西洋潜艇总数186艘的15.6%。14艘被击沉潜艇的667名艇员中，仅有42人幸存。

撤出北大西洋

整个5月，潜艇损失达到了破纪录的41艘，其中包括三位获得骑士十字勋章的艇长：U-125号的乌尔里希·福尔克斯（Ulrich Folkers）、U-436号的君特·塞比克（Gunther Seibicke）和U-456号的马克思-马丁·泰谢尔特（Max-Martin Teichert）。5月潜艇损失率是其他最糟糕月份损失率的两倍还多。

面对潜艇的惨重损失，邓尼茨认为在VII型升级（装备威力更强大的高炮、T-5导向鱼

■ 康沃尔位于英格兰最西端，大西洋战役期间，是英国本土上一个重要的反潜基地。

雷、“臭虫”鱼雷探测器等）完成之前，不应继续北大西洋航线上的潜艇战，而应将潜艇调往盟军反潜力量相对薄弱的海域：加勒比海、特里达和巴西东部海域、从达卡到弗里敦甚至更往南的非洲西海岸。

6月1日，返航的U-418号在经过比斯开湾时，遇到英军236中队1架“英俊战士”战斗机，飞行员是马克·贝特曼（Mark C. Bateman）和易斯特布鲁克（Easterbrook），飞机上还有海军部反潜专家弗朗西斯·布鲁克斯（Francis J. Brookes），就是他用望远镜发现了U-418号，贝特曼发射了4枚火箭将其击沉（47.05N，08.55W；48名艇员全部阵亡）。不过当时使用火箭是高度机密，因此对外只能说是用深弹击沉的。两天后，德军1架Ju88发现了另1架“英俊战士”战斗机，飞行员换成了迈克尔·香农（Michael Shannon）和沃尔特斯（I. S. Walters）。弗朗西斯·布鲁克斯则同样在机上。“英俊战士”战斗机被德机击伤，布鲁克斯受了重伤，不过香农坚持把飞机迫降在康沃尔（Cornwall）基地。

为了对盟军隐瞒将潜艇撤出北大西洋的战略布署，邓尼茨在北大西洋上安排了13艘VII型潜艇，还发布了一系列关于部署艇群的虚假电报。但是盟军破译了埃尼格码，识破了这个骗局，并击沉了13艘“诱饵潜艇”中的3艘（U-467号、U-304号和U-202号）。

随着驻直布罗陀和摩洛哥罗特港的B-24

和“卡塔林那”飞机的增加，在直布罗陀-亚速尔海域的潜艇越来越危险，但柏林要求邓尼茨尽全力救援在北非的德军，还担心盟军会入侵撒丁岛、西西里岛甚至意大利本土，因此5月24日邓尼茨就下令所有潜艇撤离北大西洋航线，并在5月31日之前组建一个新的艇群攻击地中海的UG和GU船队。最初这个“对抗”（Defiant）艇群包括16艘VII型潜艇，其中有三位骑士十字勋章获得者：U-221号艇长汉斯·特罗耶尔（Hans-Hartwig Trojer）、U-435号艇长赛格弗里德·施泰罗夫（Siegfried Strelow）和U-558号艇长的君特·克莱希（Gunther Krech）。很显然德军并不知道盟军已派遣美国第6支援舰队（护航航母“伯格”号和4艘驱逐舰）增援UGS-9船队，而且盟军支援舰队的战术也有所调整，“伯格”号首次获准可以离开船队依据高频测向仪的发现更自由地猎杀潜艇。

5月25日，U-558号发现了SC-131船队，该船队由31艘商船组成，英国B-6护卫队为其护航，还可得到第3支援舰队的支持。由于此时“所有可用潜艇”都在赶赴“对抗”艇群的途中，因此U-558号获准可以在盟军飞机出现之前对船队展开攻击，但如果飞机赶到，就要停止攻击。有4艘返航的潜艇和“对抗”艇群一艘正向南航行的新潜艇试图参与攻击，但都没有成功。U-951号勇敢地向船队靠近试图发起水下攻击，但被护航舰发现了，并遭受了猛烈的深弹攻击，潜艇躲过了攻击但失去了与船队的接触，船队从此再未遭遇潜艇威胁。

虽然盟军暂时无法破译埃尼格码，但是“伯格”号的高频测向仪探测到了潜艇之间的无线电往来，因此对“对抗”艇群的分布状况非常清楚。于是舰长加尔斯·萧特指挥舰队驶向潜艇出没海域，不仅掩护UGS-9船队，还要保护另外两支从附近经过的UGS-7A和UGS-10船队。6月4日，“伯格”号舰载机发现了“对抗”艇群的3艘潜艇，并展开了攻击，但U-228号、U-603号和U-641号都只受了轻伤。

6月5日，“伯格”号2架执行巡逻任务的飞机发现了U-217号，理查德·罗杰斯（Richard S. Rogers）驾驶“野猫”飞机俯冲而下对潜艇进行了猛烈扫射，接着亚历山大·麦乌斯兰（Alexander C. McAuslan）驾驶的“复仇者”飞机从30米高度投下了4枚深弹，将U-217号击沉（30.18N，42.50W；50名艇员全部阵亡）。

邓尼茨对“对抗”艇群的表现并不满意，但考虑到护航航母的舰载机的巨大威胁，而此时多数潜艇的燃料已经不多，因此只好命令结束攻击，从补给潜艇U-488号上补充燃料。同时一些潜艇遵照邓尼茨的命令驶向了加勒比海、南美海域以及弗里敦附近海域，XB型布雷潜艇U-118号充当补给潜艇，负责为9艘潜艇提供燃油。按计划U-758号就是要从U-118号上获得燃油补给，6月8日，U-758号在与U-118号会面的途中遇到了UGS-9船队，艇长曼塞克（Helmut Manseck）并不知道以“伯格”号为核心的支援舰队就在附近，还未实施攻击，就被“伯格”号上的2架“复仇者”飞机发现了。2架飞机先后投下7枚深弹，将潜艇击伤，但潜艇没有下潜而是停在水面上用高炮反击，击伤1架飞机。曼塞克凭着精湛的航海技艺逃脱了敌机的攻击，当晚他向邓尼茨报告了悲惨处境，邓尼茨认为U-758号极有可能会沉没，于是命令附近的两艘潜艇U-460号和U-118号火速赶往救援，U-118号接过了U-758号上的伤员，U-460号将多余的燃料分给了U-118号，然后就护送U-758号返回法国。为了帮助确立对20毫米四联高炮的信心，邓尼茨对曼塞克夸大了的战绩（他宣称击落1架击伤4架）进行了大肆宣传。

盟军的高频测向仪探测到了德军为救援U-758号而进行的频繁联系，使得萧特误以为德军正在组建另一个艇群，便率领舰队全速赶去。6月12日“伯格”号的舰载机发现了U-118号，先后有8架飞机向潜艇发起了攻击，

■ 照片摄于1架进行低空攻击的“复仇者”反潜机，目标是之前运气一直不错的U-118号潜艇。

终将其击沉（30.49N，33.49W；43人阵亡，16人获救）。这样就只有U-488号补给潜艇可以为南大西洋和加勒比海的潜艇提供补给了。战斗结束后“伯格”号的燃料已经不多了，而且飞机弹射器也出现了故障，因此只好返航。

“对抗”艇群的15艘潜艇从U-488号上添加燃料时，邓尼茨又准备对UGS-10船队展开攻击。根据计划，“对抗”艇群将要在距离百慕大约1450公里处海域截击该船队。盟军发现了德军的这一企图，将UGS-10船队的航线大幅度南调，并要求“桑提”号护航航母提供持续的空中巡逻，因此UGS-10船队躲过了德军潜艇。

6月22日，U-572号在驶往特里达的途中偶然遇到了UGS-10船队，艇长海因兹·库迈塔特（Heinz Kummetat）立即报告并请求攻击。邓尼茨见其处在盟军驻摩洛哥的岸基飞机航程之外便批准了U-572号的攻击请求。U-572号闯过了“桑提”号和9艘护航舰的警戒圈，击沉了4220吨自由法国油轮“洛特-加龙省”（Lot）号。邓尼茨指挥“对抗”艇群调转方向以最节约燃料的速度向东行进，此时“对抗”艇群的潜艇已增至16艘。盟军通过破译埃尼格码和高频测向仪了解到了德军潜艇新的调动，于是指挥GUS-8和GUS-9两支船队绕过了“对抗”艇群新的巡逻线，并派出以“卡德”（CVE-11，Card）号护航航母和以“科尔”（CVE-13，Core）号护航航母为核心的2个支援舰队分别为GUS-8号和UGS-11号船队护航。

备受打击的潜艇司令部于6月底解散了“对抗”艇群，2艘派往直布罗陀海峡入海口处、2艘派往摩洛哥西部海域，另外11艘潜艇分成了3个小艇群（“兀鹫”1、2、3号艇群）。但不久就有5艘潜艇被击沉了，另有6艘被重创。

1943年夏季，大西洋上就仅有“对抗”、“兀鹫”艇群了，总共18艘潜艇。他们所取得的战绩就是U-572号击沉了“洛特-加龙省”号、U-135号在7月15日击伤了OS-51船队4762吨的英国“特维肯汉”（Twickenham）号。在盟军海空力量的协同打击下，有6艘潜艇被击沉，约250人丧生，46人被俘。

5月出巡美洲海域

5月有9艘IX型潜艇驶向美洲海域，U-523号在通过比斯开湾时被击伤被迫返航。抵达美洲海域的8艘潜艇中有5艘潜艇到美国东海岸、墨西哥湾和加勒比海巡逻，3艘到巴西海域巡逻。

有3艘驶向哈特拉斯海域，其中U-190号被美军1架B-24击伤，损伤修复后该艇进行了111天的巡逻，毫无收获。U-521号6月2日在维吉尼亚琴科蒂格海湾（Chincoteague Bay）

以东约150公里处遭到美军巡逻艇PC-565号深弹攻击，艇长克劳斯·巴哥斯顿（Klaus Bargsten）见潜艇损伤非常严重，只好下令上浮。刚浮出水面，就被PC-565号发现了，艇长沃尔特·弗林（Walter T. Flynn）一面指挥PC-565向潜艇撞过去，一面命令主炮开火，几发炮弹击中了潜艇指挥塔。巴哥斯顿完全失去了信心，下令凿沉潜艇，这时潜艇突然下沉，只把他一个人留在了海上（37.43N，73.16W；51人阵亡，1人获救）。PC-565不知道潜艇是否真的沉没了，为保险起见又投下了1枚深弹，然后救起了巴哥斯顿。运

■ 和U-521号大打出手的“盖尔马”（PC—565，Gilmer）号海岸巡逻艇，成为了取得第一个击沉U艇的美国海岸巡逻艇。

■ 被B-24击伤后返回本土的U-190号，该艇修复后再次投入到战斗中，但是战绩不佳。

气最好的只有U-66号，该艇6月10日击沉了10173吨美国油轮“埃索·葛底斯堡”（Esso Gettysburg）号，7月2日又击沉了10195吨美国油轮“血沼泽”（Bloody Marsh）号。为此邓尼茨为艇长弗雷德里希·马克沃特（Friedrich Markworth）颁发了骑士十字勋章（授予勋章时马克沃特的确证战绩是击沉13艘共74067吨）。7月22日返航途中的U-66号又击伤了10172吨美国油轮“樱桃谷”（Cherry Valley）号。

紧接着驶往美洲海域的是2艘IX型U-67和U-527号，5月27日U-67号报告“墨脱克斯”装置发生故障，因此邓尼茨命令其前往百慕大和波多黎各之间海域，等待从其他潜艇上获得“墨脱克斯”装置。U-527号抵达犹加敦海峡（Yucatan Channel）后发现有许多飞机和军舰在执行反潜巡逻，根本无法进行侦察。7月1日毫无收获的U-527号开始返航。

此次到美国海域的战绩是开战以来最少的一次，只有U-66号击沉2艘油轮共20368吨，损失了U-521号。这次远征美洲仅仅是让盟军意识到了潜艇的威胁还是很大的，大量的反潜力量从而仍被牵制在美洲海域。

派往巴西海域的3艘潜艇艇长都是骑士十字勋章获得者：U-172号的卡尔·爱默曼（Carl Emmermann）、U-513号的弗雷德里希·古根伯格（Friedrich Guggenberger）和U-199号的汉斯-维尔纳·克劳斯（Hans-Werner Kraus）。这次他们都吃了不少苦头。5月31日，U-513号发现了第一个目标，但是在进行了长达数小时的追踪后还是没能追上。直到6月21日才击沉了1艘1673吨瑞典货船“凡内吉亚”（Venezia）号，6月25日击伤6003吨美国油轮“鹰”号。

U-199号在6月27日攻击了美国自由轮“查尔斯·威尔逊·皮尔”（Charles Willson Peale）号，潜艇发射2枚鱼雷，但未造成损伤。

U-172号抵达巴西海域后于6月28日击沉4748吨英国船“弗农城市”（Vernon City）号，因为这个战绩艇长爱默曼获得了橡叶骑士十字勋章（获得勋章时，爱默曼的确证战绩是击沉23艘船共134580吨）。

紧接着U-513号连获战果，7月1日击沉1125吨巴西船“图托伊亚”（Tutoia）号，7月3日击沉7176吨美国自由轮“埃利胡·瓦什布恩”（Elihu B. Washburne）号。同一天，U-199号被2架巴西飞机发现，随后美国海军VP-74中队的1架“水手”飞机向潜艇发起了攻击，却被潜艇击落。获得橡叶骑士十字勋章的爱默曼非常积极地搜寻船队，又连开杀戒：7月12日击沉6507吨美国船“非洲之星”（African Star）号，7月15日击沉4558吨英国船“和谐”（Harmonic）号，7月24日击沉JT-2船队7133吨英国自由轮“切尔科汀要塞”（Fort Chilcotin）号，这才踏上了归程。

U-513号低估了巴西海域的盟军反潜

力量，继续在巴西海域活动，7月16日击沉了7177吨美国自由轮“理查德·卡斯维尔”（Richard Caswell）号。但三天后，就被美军VP-74中队的“水手”飞机发现了，古根伯格也发现了飞机，但却认为是巴西人的“老爷飞机”，居然不下潜而是用高炮进行反击，结果“水手”飞机投下了4枚深弹，其中2枚深弹就在潜艇边爆炸，当即就将其击沉（27.17S，47.32W；46人阵亡，7人获救）。

7月24日U-199号才首开记录，击沉了4161吨英国船“亨萨达”（Henzada）号。7月31日美军VP-74中队的“水手”飞机发现了U-199号，并冒着潜艇的高炮投下了深弹，给潜艇造成了严重损伤，潜艇一面继续以高炮射击，一面向浅海区驶去希望能够将潜艇停泊在那里进行维修。飞行员史密斯却紧紧咬住潜艇不放，一边对潜艇进行扫射一边以无线电呼叫增援。很快就有1架“哈德逊”和1架“卡塔林那”赶来，终于将潜艇击沉（23.54S，42.54W；49人阵亡，12人获救）。

到巴西海域的3艘潜艇一共击沉了9艘计44258吨，此外还击伤了2艘。这个战绩远比同时期派往美国海域的5艘潜艇的战绩要高，但代价也非常高昂，损失2艘潜艇。

5月驶往美洲海域的8艘潜艇一共击沉了11艘商船64626吨，损失3艘潜艇，每击沉3.6艘船损失1艘潜艇，而平均每艘潜艇每次出巡只击沉1.4艘。

美国决定给掩护UG和GU船队的护航航母支援舰队较大的自由活动空间，恰在此时，剩下的6艘潜艇踏上了归程。尽管此时盟军对破译机器进行维护而失去了埃尼格码情报，但高频测向仪却发挥了巨大作用，因为潜艇会合添加燃料时要用无线电进行交谈，这就使支援舰队能通过这些无线电讯息发现潜艇。

7月16日，“科尔”号护航航母的1架“复仇者”飞机发现了U-67号，而此时潜艇却毫无警觉，“复仇者”因此有机会组织一次完美的深弹攻击，将潜艇击沉（30.05N，44.17W；48人阵亡，3人获救）。

这样5月出航前往美洲海域的8艘潜艇损

1943年6月潜艇出航作战巡逻简表

艇型/作战海域	北大西洋	中大西洋	南大西洋	美洲海域
Ⅶ型艇	10	8	17	35
Ⅸ型艇	5	3①	5	13
总计	15②	11	22	48

注：①包括派往“季风”艇群（Monsun）的ⅨC/40型潜艇U-188号和ⅨD2型潜艇巡洋舰U-200号。

②包括调自北冰洋的U-334号、自基尔出航的两艘ⅨC/40型新潜艇和4艘Ⅶ型新潜艇。许多Ⅶ型和Ⅸ型新潜艇都留在了波罗的海进行升级，还有另外一些潜艇则因为要缓解法国基地的拥挤状况而被耽误了，那里的潜艇船坞根本容纳不下已有的潜艇。

失了一半，另外4艘还要在返航途中迎接盟军反潜力量的挑战。

邓尼茨显然没有意识到美洲海域盟军反潜力量的强大，6月又有22艘潜艇被派往了美洲。

继续战斗

1943年4—5月，盟军一共击沉了57艘潜艇：大西洋击沉52艘，地中海击沉4艘，北冰洋击沉1艘。在大西洋被击沉的潜艇几乎占到了整个潜艇部队的三分之一。

潜艇司令部进行了关于是否要把“吨位战”继续下去的讨论。两位获得宝剑橡叶骑士十字勋章的艇长，莱茵哈德·苏伦（Reinhard Suhren）和埃里希·托普（Erich Topp），都认为不应该继续下去了，托普之所以这样认为，是因为“潜艇损失将会非常大”而且“根本没有取得胜利的迹象”。但两位之后获得了更高级的钻石宝剑橡叶骑士十字勋章的艇长阿布莱希特·布兰迪（Albrecht Brandi）和沃尔夫冈·卢瑟（Wolfgang Luth）却认为应该将潜艇战继续下去。

邓尼茨自己也很为难，在回忆录中写道：“1943年6月，我需要做出一个战争期间最难的抉择。”他很明智地预见到如果潜艇战继续下去的话，“损失将非常惊人”，而且会在艇员中“产生一种故意让他们去送死的想法”。最后邓尼茨做出了决断，“我们别无选择，只能将战争进行下去”。继续潜艇战有以下几个作用：保持潜艇部队的士气，防止重新开始潜艇战后出现的巨大落差；迫使盟军继续在各个海域组织护航船队，使运往各战场的物资减少四分之一到三分之一；邓尼茨估计盟军有1300架飞机和3300艘军舰在执行反潜任务，潜艇战可以牵制住这部分力量，不使他们转用于其他方面；需要培训新一代艇员操纵新型的XXI型和XXIII型“电动潜艇”；可以使德军更好地了解盟军的最新反潜技术，来为“电动潜艇”研制出更好的武器，制订更好的策略。

此时邓尼茨仍然在潜艇部队中拥有近乎神圣的威望，所有的艇员都相信他，认为他每一个判断都是对的。但是他下达了继续将潜艇战进行下去的命令之后，少数一部分人认为凭借如此低级的武器继续战争无异于让他忠诚的部下去送死，这是一个冷血的决定。一部分人认为邓尼茨晋升为海军上将和海军总司令之后，邓尼茨和希特勒以及纳粹高层的交往太过亲密了。还有一部分人认为，考虑到在苏联和北非战场的惨败，想要依靠组建一支由“电动潜艇”和“通气管潜艇”组成的舰队来打败盟军简直是痴心妄想。

6月，邓尼茨一共派出48艘潜艇，跟前几个月的情况相同，仍然没有足够数目的补给

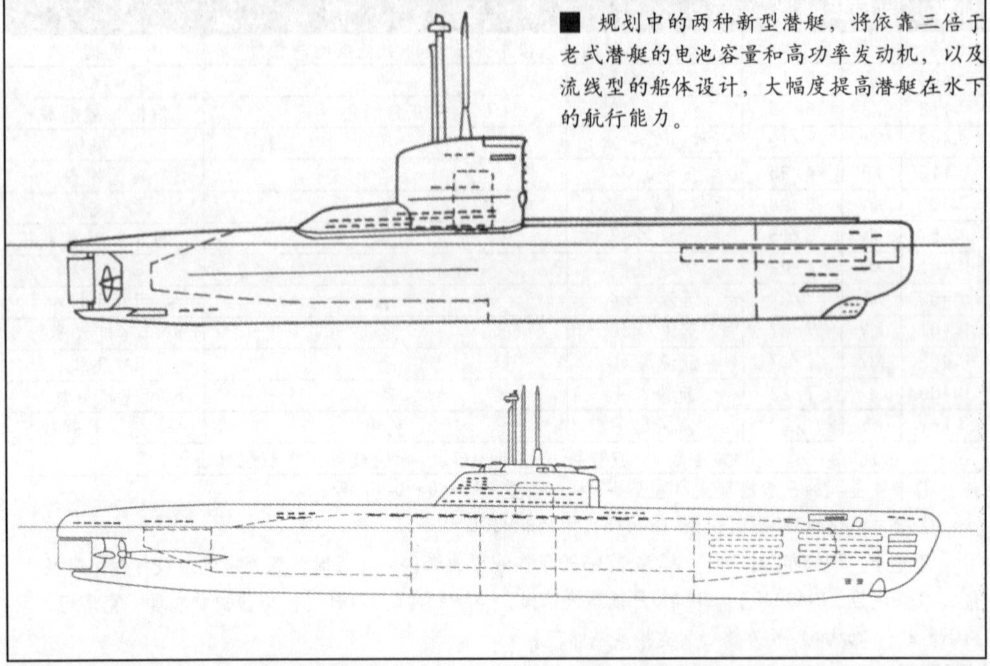

■ 规划中的两种新型潜艇，将依靠三倍于老式潜艇的电池容量和高功率发动机，以及流线型的船体设计，大幅度提高潜艇在水下的航行能力。

潜艇。6月仅有2艘XIV型补给潜艇出航，但其中1艘在比斯开湾被击伤后返航，另1艘则被击沉。

德军仍然认为盟军在远海的反潜密度并不很大，因此他们把48艘潜艇中的33艘派到了远海。向北大西洋和中大西洋则派遣了15艘，其中6艘是从德国出发执行处女航的，9艘是从法国出发的。

7艘自德国出航的新潜艇和1艘来自北冰洋的潜艇都加入了大西洋潜艇部队，但是遭受了重大损失。其中6艘（U-417号、U-334号、U-388号、U-200号、U-449号和U-119号）被击沉，1艘被重伤后返回法国，只剩1艘IXC/40型潜艇转而执行海上补给。

许多研究大西洋大战的历史学家认为，1943年夏季盟军利用破译埃尼格码情报歼灭了德军补给潜艇，实际上这种说法并不正确。那个夏天盟军确实歼灭了补给潜艇部队，击沉了各战场总共12艘补给潜艇中的9艘（包括XB型布雷艇，见补给潜艇损失情况简表注①）。但是，最近才解密的一份美国机密调查报告显示，盟军借助破译的埃尼格码仅击沉了两艘补给潜艇。大部分补给潜艇是被盟军飞机击沉或遭重创返航的，这些飞机主要是参与比斯开湾封锁和护航航母的舰载机。

6月进入比斯开湾的潜艇损失惨重，而此前邓尼茨下达新命令要求潜艇从水面用高炮抗击飞机攻击，可能这个命令也是导致潜艇损失惨重的部分原因。出航潜艇也都在尽

补给潜艇损失情况简表[1]					
潜艇	艇型	启航时间	沉没/返航时间	盟军是否获得埃尼格码的帮助[2]	机构
U-463	XIV	5/10	沉没5/15	否	RAF飞机
U-118	XB	5/25	沉没6/12	充分利用	“伯格”号舰载机
U-462	XIV	6/19	返航（第一次）	否	RAF飞机
U-119	XB	4/25	沉没6/24	否	英国军舰
U-462	XIV	6/28	返航（第二次）	否	RAF飞机
U-487	XIV	6/15	沉没7/13	否	“科尔”号舰载机
U-461	XIV	7/22	返航	否	RAF飞机
U-459	XIV	7/22	沉没7/24	否	RAF飞机
U-461	XIV	7/27	沉没7/30	否	RAAF飞机（澳）
U-462	XIV	7/27	沉没7/30	否	RAF飞机
U-489	XIV	7/22	沉没8/4	否	RCAF飞机（加）
U-117	XB	7/22	沉没8/7	利用	“卡德”号舰载机
总计：击沉9艘XIV型或XB型潜艇（6艘被英联邦部队击沉，3艘被美国护航航母击沉）[3]					

注：①未被击沉的三艘潜艇是XB型艇U-220、XIV型艇U-460和U-488号。

②摘自NARA的475小组记录（RG475）中的SRH368。

③此外，1943年7月15日，XIV型艇U-490号在波罗的海接受检修时被意外击沉。被打捞上来又经过维修之后，U-490号于1944年5月抵达大西洋，但1944年6月11日，被美国护航航母“克洛坦”（CVE-25，Croatan）号为核心的支援舰队击沉。

可能的情况下结队出行，以增强防空火力。6月出航的48艘潜艇中，有9艘被击沉，8艘中途返航。由于潜艇遵照邓尼茨的新命令结伴穿过比斯开湾、在水面上以高炮抗击敌机等情况，许多潜艇遭到了攻击。

6月出巡远海

6月出航潜艇中有33艘被派往了美洲和弗里敦海域，邓尼茨认为那里的盟军反潜措施要相对薄弱些。其中22艘驶往了美洲海域，但有两艘因战伤或故障而中途返航。实际到达美洲海域的20艘潜艇中13艘在加勒比海，7艘在巴西海域。

VII型潜艇都在出航途中从XIV型补给潜艇U-487号、U-488号或临时担任补给任务的IXC/40型潜艇U-530号上添加了燃料。根据计划，这些潜艇还可以在返航途中再添加一次燃料。即使如此，邓尼茨还是要求行进途中要竭尽所能地节省燃料，留待目的海域执行任务用。因此VII型只能依靠单台柴油机缓缓前进，航速只有6节。南半球六七月本来就酷热难耐，这样缓慢的航速使得单调的航程更为漫长。

尽管六七月盟军通过破译埃尼格码获得的情报非常少，但是伦敦、华盛顿和渥太华的潜艇跟踪监视处还是可以充分利用所有可用情报，给出关于前往美洲海域的德军潜艇部队的及时讯息。因此盟军的高频测向站和反潜部队，尤其是加勒比海和南美海域的反潜飞机，一直都保持着高度戒备，这样他们才得以击沉了美洲海域的20艘潜艇中的一半！

在加勒比海执行反潜巡逻任务的美军反潜飞机都隶属于第11航空联队。司令官是阿德里安·路勒（Adrian O. Rule），总部在波多黎各圣胡安（San Juan），与加勒比海前线司令海军上将约翰·胡佛（John H. Hoover）的总部相邻。亚马逊河以南是第16航空联队的巡逻区了。第16航空联队刚建立不久，总部设在累西腓。

7月28日，到达加勒比海惟一的1艘IX型艇U-159号在海地东南被美军VP-32中队芬豪斯特（D. C. Pinholster）驾驶的“水手”飞机发现了，芬豪斯特随即从浪尖高度投下了4枚深弹，将U-159号击沉（15.57N，68.30W；53名艇员全部阵亡）。

6月30日，鲁道夫·弗雷德里希（Rudolf Friedrich）指挥的U-759号在向风海峡鲁莽地用甲板炮击沉了1艘帆船，幸运的是这艘帆船的沉没没有惊动高度戒备的盟军。7月5日，U-759号击沉GTMO-134船队3513吨美国船“马特兰”（Maltran）号。两天后（7日）又击沉了TAG-70船队的9251吨荷兰船“皮奥鲁·罗比”（Poelau Roebiah）号。护航的美军驱逐舰“塔特纳尔”（DD-125，Tattnall）号向U-759号发起了反击，但被潜艇逃脱了。7月8日，1架美军侦察机再次发现了U-759号，飞机投下了深弹并召唤水面舰艇，但经过了长达7小时的猎杀，潜艇再次逃脱。7月15日凌晨，美军VP-32中队罗伯特·梅奥驾驶“水手”飞机发现了水面航行的U-759号，终于用深弹将U-759号送入了海底（15.58N，73.44W；47名艇员全部阵亡）。U-759号是此次远征加勒比海战绩最高的潜艇，总共击沉3艘共约12900吨。

7月26日，刚进入加勒比海的U-359号被美军VP-32中队的1架“水手”飞机发现，飞行员拉尔夫·劳森（Ralph W. Rawson）冒着密

■ 加勒比海前线司令海军上将约翰·胡佛。

集的高射炮火向潜艇投下了4枚深弹将其击沉（18.06N，75.00W；47名艇员全部阵亡）。美军VP-32中队三周之内击沉了3艘潜艇，这不仅创下了战争期间岸基反潜航空中队的最高记录，还大大地鼓舞了飞行员的斗志。

U-615号装备了新型的夜间望远镜（Night Telescope），艇长拉尔夫·卡皮茨基（Ralph Kapitzky）以善于追踪船队而闻名，此次他奉命用这个新型望远镜搜寻船队，来为其他潜艇提供帮助，“除非情况极为有利”否则不能向船只发动攻击。但U-615号进入加勒比海后很多天都一无所获。直到7月28日才击沉了3177吨荷兰油轮“罗莎莉”（Rosalia）号。但卡皮茨基向邓尼茨报捷的时候，就等于是拉开了盟军猎杀行动的幕布。7月29日，美军驻阿鲁巴的1架B-18飞机发现了U-615号并对其展开了攻击，随后驻库拉索、特里达及其他一些岛屿的反潜飞机，还有一些驱潜舰（SC）、巡逻艇（PC）等都加入了猎杀行动。卡皮茨基用高炮击退了机群的攻击，击落了美军VP-205中队1架“水手”飞机，飞机上11名飞行员全部丧生。但蜂拥而来的反潜飞机至少发起了十二次攻击，终将U-615号击伤。尽管潜艇已受重伤，但还是坚持在水面航行依靠高炮进行反击，来为抢修工作争取时间。但于8月7日，在6架“水手”飞机、1架“鱼叉”（Harpoon）飞机和1架B-18飞机的围攻下，潜艇最终被击沉了（12.38N，64.15W；4名艇员阵亡，43人获救）。

在7艘驶入加勒比海的VII型潜艇中有3艘（U-359号、U-615号、U-759号）被击沉，还有3艘（U-84号、U-134号、U-634号）在返航

■ “塔特纳尔”号驱逐舰是美国海军退役封存的“四烟囱型”驱逐舰中的一艘，大战中它和它的另外上百艘姐妹舰一样，被重新启用，以充实远洋护航兵力。图中舷号为125的即是“塔特纳尔”号。

途中被击沉，最后仅有U-732号返回了法国。

还有5艘VII型潜艇没有到达特里达至法属圭亚那的“铝土之路”航线，8月3日盟军通过情报得知潜艇将要进行一次会面，于是美军VP-205中队1架“水手”飞机赶到会面地点，向U-572号潜艇发起了攻击，潜艇也全力反击，最后潜艇与飞机同归于尽（11.35N，54.05W；47名艇员全部阵亡）。其他4艘潜艇或因战伤或因燃料不足而中途返回了法国。

总计6月有1艘IX型和12艘VII型前往加勒比海，其中5艘在巡逻海域被击沉，3艘在归航途中被击沉，战绩却只是击沉4艘共约16000吨。

赤道巡逻

6月有7艘潜艇（两艘IXC/40型、5艘VII型）前往巴西海域，为了节约燃料，这7艘在前往巴西的途中都是仅开动单台柴油机，漫长的航程加之赤道附近的炎热煎熬让所有艇员都苦不堪言。

U-185号穿过赤道并继续南进到福塔莱萨（Fortaleza）和纳塔尔之间。7月7日，U-185号发现了从巴伊亚驶往特里达的BT-18船队。这支船队由20艘商船组成，3艘炮舰和1艘巡逻艇护航。U-185号实施了一次非常出色的攻击，击沉3艘商船共21413吨。7月12日晚，1架装有雷达的“卡塔林那”发现正在水面航行的U-185号，潜艇以高炮反击将这架飞机击伤。

7月8日U-510号在恶魔岛（属法属圭亚那）附近海域发现了TJ-1船队，这支船队由20艘商船组成，护航舰是1艘驱逐舰、4艘巡逻艇和1艘驱潜舰。由于当时正在下雨能见度很低，U-510号就从水上发起了两次攻击，击沉2艘船共17224吨。两天后（10日），U-510号拦截了1641吨瑞典船“斯堪地纳维亚”（Scandinavia）号，艇长阿尔弗雷德·艾克（Alfred Eick）派出跳帮组登上这艘船确定载有战时禁运品后用炸药将该船炸毁。

由于BT-18和TJ-1两支大型船队相继遭到攻击引起了盟军的极大关注，第4舰队司令海军上将乔纳·英格拉姆迅速加强了在这一海域的护航力量，尤其是大大增加了飞机的反潜巡逻密度。这使5艘到达巴西海域的潜艇度过了一段令人难以忍受的时光，除了难以忍受的酷热之外，这些潜艇还不间断地遭受着飞机的骚扰。一位艇长这样描述：“空中巡逻与比斯开湾不相上下。”这5艘潜艇中仅有U-590号在7月4日击沉5228吨巴西船“白洛塔斯罗德”（Pelotasloide）号，该船被击沉后，驻阿玛帕（Amapa）的美军VP-94中队迅速起飞“卡塔林那”飞机进行了密集的反潜搜寻。7月9日1架“卡塔林那”发现了U-590号并向其发起进攻，潜艇以高炮进行反击，击中飞机座舱，飞行员法兰克·哈尔（Frank F. Hare）中弹阵亡，副驾驶员费尔普斯（J. P.

■ 在1943年，大西洋上这种激烈的空潜战时刻上演着。

Phelps）试图发起第二次进攻，但仍未奏效只好返航。收到发现潜艇的报告后，海军VP-94中队另一架“卡塔林那”飞机赶来，一连投下6枚深弹将其击沉（03.22N，48.38W；45名艇员全部阵亡）。

7月19日驻荷属盖亚那（今苏利南）桑德里机场（Zandery Field）的美军35中队1架B-24发现了U-662号，飞机投下了4枚深弹，但都没有击中。飞机第二次攻击时被潜艇的高炮击伤。随后1架B-18赶来，投下5枚深弹也都没有命中。第二天，海军VP-94中队1架“卡塔林那”飞机第三次向U-662号发起进攻，也没有成功。但到7月21日，潜艇的好运终于到头了，VP-94中队1架“卡塔林那”先用机枪扫射，射杀了U-662号的瞭望，然后再投下深弹终将潜艇击沉（03.56N，48.46W；44名艇员阵亡，3人生还）。

7月22日，海军VB-107中队1架B-24在纳塔尔附近发现了U-598号，飞机随即投下了6枚深弹，并把另外2架B-24召来了。其中由约翰·伯顿（John T. Burton）驾驶的飞机发起了攻击，但却没把深弹投下去。接着几架B-24一直在潜艇上空盘旋，将潜艇逼在水下。7月23日凌晨，VB-107中队又一架B-24从纳塔尔起飞赶来换班，黎明时分这架B-24发现并攻击了潜艇，潜艇遭到重创无法下潜。随后又有2架B-24飞机赶来联手发起攻击，其中一架可能被自己投下的深弹碎片击中，飞机一头坠入大海，机上飞行员全部丧生。另一架飞机则为战友报了仇，用7枚深弹干脆利落地将潜艇击沉（04.05S，33.23W；43名艇员阵亡，2人生还）。

U-598号沉没时，U-591号就在附近，很快就被猎杀U-598号的B-24发现。U-591号遭到两次攻击，但都躲了过去。7月30日，在累西腓附近的U-591号被美军VB-127中队1架“文图拉”飞机发现，潜艇毫无察觉飞机就投下了6枚深弹，潜艇几乎立即开始下沉（08.36S，34.34W；19名艇员阵亡，28人生还），艇长希斯默（Reimar Ziesmer）和另外27名艇员逃出潜艇，后被TJ-2船队的护航舰救起。

同一天，VB-129中队一架“文图拉”飞机在距马塞约（Maceio）约160公里处发现了U-604号，飞机先是机枪扫射再投下4枚深弹，潜艇遭到重创，但总算逃过攻击，随后发出了求救信号。邓尼茨随即命令U-185号和U-172号前去救援，在赶往会面地点的途中，U-185号于8月1日击沉TJ-2船队8235吨巴西船“巴格”（Bage）号。盟军通过破译密码和高频测向仪掌握了有两艘潜艇要前去救助U-604号的情报。8月3日，VB-107中队中队长伯特伦·普鲁海尔（Bertram J. Prueher）驾驶B-24发现了U-604号，但潜艇再次逃脱了攻击。随后VB-107中队另一架B-24赶来接班，不断在上空盘旋迫使潜艇待在水下，普鲁海尔返回基地添加燃料、弹药后重新赶来，发现U-185号就在附近。普鲁海尔先是冒着高射炮火向U-185号投下4枚深弹，潜艇受了轻伤，而B-24也被高炮击伤被迫返航。这时两艘驱逐舰也闻讯赶来，根据声呐讯号，进行

■ 洛克希德PV-2型反潜巡逻机，美国人称这种飞机为“鱼叉”，英国人则喜欢叫做“文图拉”，是二战中比较广泛采用的反潜机型之一。

了两次深弹攻击，但U-604号还是再次逃脱。

邓尼茨又为U-604号、U-172号和U-185号安排了另一次会面，在赶往新会面地点的途中，U-185号于8月6日又击沉7133吨英国自由轮“哈尔凯特要塞”（Fort Halkett）号。3艘潜艇按计划在8月11日会面，U-185号把U-604号剩余的燃油、弹药和补给品都转移过来，正准备将U-604号炸沉，美军VB-107中队中队长伯特伦·普鲁海尔驾驶着1架B-24冲了过来，投下4枚深弹但均未命中。U-172号赶紧下潜，而U-185号则在水面上进行了反击，将B-24击落，飞机上的10名乘员全部丧生。为了表彰对勇敢攻击潜艇的飞行员们的敬意，第16航空联队司令罗斯穆尔·里昂维为这10名乘员授予了优异飞行十字勋章。

击落B-24后，U-604号的艇员将潜艇凿沉（04.30S，21.20W），然后转移到了U-185号上。8月16日，U-172号和U-185号会面，根据原计划U-172号接过了U-604号23名艇员。

6月在美国海域的20艘潜艇击沉了13艘船共约81000吨，其中5艘36781吨是U-185号击沉的。但这20艘潜艇中有14艘交了白卷。付出的代价是14艘潜艇沉没（U-185号于8月24日返航途中被击沉），53名艇员丧生。

同时，潜艇司令部还将9艘潜艇派往了弗里敦海域，2艘到更远的印度洋。

到弗里敦海域巡逻的9艘潜艇中，7月9日U-508号击沉2艘13743吨，这使艇长乔治·史塔茨（Georg Staats）获得了骑士十字勋章（获得勋章时，史塔茨的确证战绩是13艘共66718吨）。7月18日U-508号又击沉7369吨英国船“因考马蒂”（Incomati）号。

U-306号错误理解了命令，赶到了达卡附近海域，虽然进行了一系列的攻击，却没有战果。

受到U-508号的胜利鼓舞，邓尼茨组织几内亚湾的8艘潜艇截击盟军船队。但这些潜艇都没有发现目标。

6月到弗里敦和几内亚湾巡逻的9艘潜艇一共击沉了4艘商船共约26300吨，这个战绩令人失望，聊以自慰的是没有潜艇损失。

6月总计有29艘潜艇到遥远的美洲和西非海域巡逻，总共击沉17艘商船共约107300吨，外加3艘帆船，而损失14艘潜艇。取得战果的主要是三位富有经验的艇长，U-185号的毛斯（August Maus，U-185号被击沉后遭俘虏，1943年9月21日获骑士十字勋章）、U-508号的史塔茨和U-510号的艾克，这三人总共击沉11艘计76758吨，而在29艘潜艇中有20艘一无所获。这29艘潜艇最大的贡献是牵制了盟军大量的反潜力量。

第十八章 更大的失败

越来越多的损失

为了保证在北冰洋夏季极昼时期能有至少20艘潜艇，邓尼茨将5艘新潜艇调到了那里。由于这次调动以及波罗的海的一些事故，7月仅有1艘VII型新潜艇U-647号从德国驶入北大西洋，因此无法攻击船队，而只能实施无线电佯动，造成有艇群活动的假象。

7月包括补给潜艇在内共有48艘潜艇出航，鉴于在远海盟军反潜力量相对较弱，因此大部分潜艇都被派往远海。7月潜艇部署状况如下：补给潜艇数目仍然不足，而且许多到远海巡逻的潜艇至少需要添加一次燃料。大西洋潜艇部队6艘XIV型“奶牛”中，7月1日其中3艘还在法国港口休整，要到8月底才能出航。在海上的U-462号（中途返航）和U-488号（完成补给任务）正在返航途中。因此只有U-487号1艘可以为7月在海上的潜艇提供补给，它是6月15日从法国出发的。

所有从法国出航的潜艇都要面对盟军现在比斯开湾最为密集的反潜封锁行动“火枪/海参”行动，根据新命令，没有安装高炮的潜艇都不准出航，出航潜艇要3到5艘结伴以水面航行穿过比斯开湾，遇到敌机时要以高炮反击。同时尽可能由德国空军派出飞机护航。

7月，13艘潜艇前往美洲。由于单独航行的船只非常少，攻击美洲海域的盟国船队又非常危险，因此13艘潜艇中有7艘要执行布雷任务，另外6艘潜艇因为不符合布雷的要求，则前往特里达和巴西之间的“铝土之路”，因为德军认为那里相对安全一些。

就在出航途中，这些潜艇就遭到了迎头痛击，5艘潜艇（U-628号、U-613号、U-117号、U-664号和U-84号）被击沉；3艘被击伤而中途返航（U-505号、U-262号和U-218

7月部署情况表

型号/海域	北大西洋和中大西洋	南大西洋和印度洋	美洲海域	总 计
VII型	9	7	10	26
IX型	4	9	2	15
IXD2型	0	2	0	2
XB型	0	0	1	1
XIV型	4	0	0	4
合计	17	18	13	48

号）；U-648号取消原来的任务，为U-527号补给然后返航；U-760号也被击伤，但因伤势太重无法返回法国而就近前往西班牙，潜艇被扣，艇员则返回德国。

最终到达美洲海域的只有3艘，而只有U-566号在8月5日取得了惟一的战果，击沉美军2265吨炮舰“普利茅斯”（PG-57，Plymouth）号。

7月有22艘潜艇进入大西洋，但在经过比斯开湾时就损失了一半，其中包括4艘XIV型“奶牛”补给潜艇。这些补给潜艇的沉没对德军又是一个灾难性打击，邓尼茨只好不再派遣VII型潜艇到远海，并派6艘潜艇暂时执行燃料供应任务，以满足已经驶往远海潜艇的需要。

8月下旬，护航航母“卡德”（CVE-11，Card）号替换动力系统出现故障的“科尔”号。27日，“卡德”号上的2架“野猫”和1架“复仇者”飞机发现了U-847号，先是由“野猫”对潜艇进行了扫射，潜艇赶紧下潜，这时“复仇者”乘机在潜艇下潜的漩涡前方投下了1枚“费多”鱼雷，一举将其击沉（28.19N，37.58W；62名艇员全部阵亡）。

关于大西洋大战一直有一种错误的看法，认为盟军在1943年夏季正是借助破译埃尼格码的情报给予德军补给潜艇以沉重打击，从而限制了VII型潜艇的行动。但实际上在对补给潜艇的打击中，破译埃尼格码的情报只起到了很小的作用。根据战后对“超级机密”的研究，盟军在击沉9艘补给潜艇的过程中仅有两艘得到了破译埃尼格码的情报，而且这两艘还都是临时充当补给潜艇的XB型——美军护航航母“伯格”号舰载机于6月12日击沉了U-118号、美军护航航母“卡德”（CVE-11，Card）号舰载机于8月7日击沉了U-117号（39.42N，38.21W；62名艇员全部阵亡）。在击沉其他7艘补给潜艇（XB型艇U-119和XIV型U-459号、U-461号、U-462号、U-463号、U-487号和U-489号）的战斗中并没有得到破译埃尼格码的帮助。

7月有8艘潜艇从法国驶向西非。所有潜艇都在比斯开湾遭到了盟军的攻击，其中U-709号因伤中途返航，3艘（U-468号、U-43号和U-403号）被击沉。由于未能获得燃料补给，到达西非的4艘潜艇也都只是进行了象征性的巡逻，只有U-757号于8月7日击沉OS-52船队4116吨挪威船“佛恩希尔”（Fernhill）号，才没使远征西非交了白卷。

除了“季风艇群”前往印度洋的11艘潜艇外，其他7月出巡的37艘潜艇总共只击沉2艘商船6381吨，为此却付出了极为高昂的代价——20艘潜艇被击沉。

季风（Monsun）艇群

7月德军潜艇部队最费力的行动就是远

征印度洋，因为是在夏季季风快要结束时才抵达印度洋的，因此称之为“季风艇群”。根据原来的计划，该艇群共有11艘：两艘IXD2型补给潜艇（U-200号和U-847号）、5艘IXC/40型（U-168号、U-183号、U-188号、U-532号和U-533号）和4艘IXC型潜艇（U-506号、U-509号、U-514号和U-516号）。但在途中U-200号和U-847号被击沉，最后只有9艘到达印度洋。

由于航程如此漫长，因此为“季风艇群”安排了燃料补给计划。首先，IXC/40型和IXC型在出航途中要从XIV型补给潜艇U-462号上添加燃料。接着，所有潜艇都要从在印度洋上的德国油轮“凤尾蕨”（Brake）号上获得补给，然后再驶往各自巡航海域。返航前先在“凤尾蕨”号上添加燃料，最后将在亚速尔海附近从另外的补给潜艇上补充燃料。但U-462号已经两次由于战伤而返航，因此无法为“季风艇群”潜艇提供补给，这一工作转而要U-487号来承担。“季风艇群”

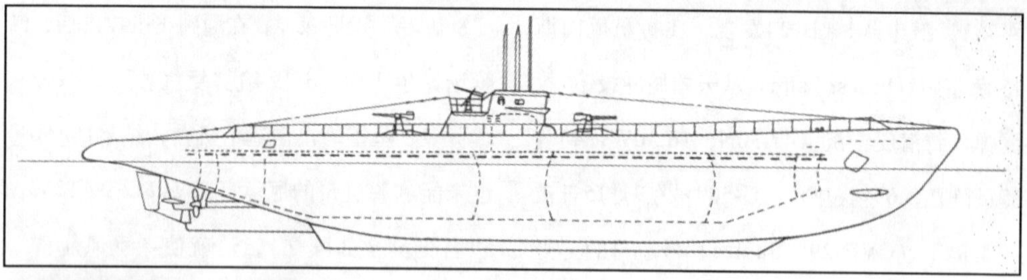

■ XIV型补给潜艇，巨大的艇体内装载大量燃料，用以在远洋对U艇进行燃料补给。“季风艇群”因为其作战海域遥远，故被专门配属这种U艇油轮以支持其远征印度洋的作战任务。

的9艘IX型潜艇于7月初陆续从法国出航，这些潜艇都装有新型高炮，因此非常自信地一直在水面航行，结果3艘出航后不久就被击沉了：U-514号于7月8日在菲尼斯泰尔角附近，被著名的猎潜杀手特莱斯·布罗切驾驶的B-24飞机发现，布罗切进行了三次攻击。U-514号没有按规定以高炮反击，而选择了下潜，结果被布罗切乘机投下的1枚“费多”音响自导鱼雷和4枚深弹击沉（43.37N，08.59W；54名艇员全部阵亡）；U-506号在7月12日被美军第1反潜中队1架B-24发现，飞行员厄内斯特·萨尔姆（Ernest Salm）从云中俯冲投下7枚深弹，将潜艇击沉（42.30N，16.30W；48名艇员阵亡，6名获救）；U-509号在7月15日被“桑提”（CVE-29，Santee）号航母的“野猫”及“复仇者”舰载机击沉（34.02N，26.01W；54名艇员全部阵亡）。

为“季风艇群”提供补给的U-487号先要为6月驶往美国海域的8艘VII型潜艇（U-359号、U-406号、U-466号、U-591号、U-598号、U-604号、U-648号和U-662号）以及从开普敦返航的U-195号和U-527号补充燃料，但在7月13日中午时分，护航航母“科尔”号的2架舰载机发现了正在水面航行的U-487号，当时潜艇上还有许多艇员正在甲板上晒日光浴，舰载机采取的是标准的攻击程序，先是“野猫”扫射，再是“复仇者”深弹攻击。不久又有“科尔”号上的2架“野猫”和4架“复仇者”赶来增援，当这6架飞机赶到时，U-487号的艇员正操作高炮顽抗，6架飞机随即对U-487号进行猛烈攻击，终将其击沉（27.15N，38.05W；31名艇员阵亡，33名获救）。由于U-487号执行的任务非常重要，因此邓尼茨之前就派U-160号来为U-487号提供帮助。7月14日早上，U-160号在U-487号被击沉海域稍北面航行时，被“桑提”号的“野猫”及“复仇者”舰载机发现了。舰载机的攻击还是有章有法，先是“野猫”扫射，再是“复仇者”投掷深弹。在遭到飞机攻击后，潜艇选择了下潜，这又给“复仇者”的深弹和“费多”鱼雷攻击创造了机会，结果U-160号也未能逃脱沉没的厄运（33.54N，27.13W；57名艇员全部阵亡）。这就使“季风艇群”的燃料补给计划更为艰难了，此时已有8艘潜艇抵达了预定的会合地点，等待U-487号或U-160号，有些潜艇已经等了好几天，潜艇司令部判断U-487号可能已经沉没，于是改变了计划：U-160号（还不知道U-160号也已沉没）为U-516号、U-532号、U-533号和U-509号提供补给，另外派驶往美洲海域的IXC型U-155号为U-168号、U-183号和U-188号提供补给，再命令驶往美洲海域的VII型U-648号取消原来的任务，为从开普敦返航的U-527号补给，然后U-648号和U-155结伴返航。

当U-160号没有消息后，邓尼茨只好再次改变计划，命令出现机械故障的U-516号为

U-532号、U-533号以及U-509号提供补给，然后继续南驶，为驶往美国的U-662号提供弹药和“墨脱克斯”装置后返航。U-516号按计划为U-532号和U-533号补充了燃料，因为U-509号和U-662号都已被击沉，因此U-516号没有找到这两艘潜艇只好返航。

U-155号本来是要前往美洲海域巡逻的，接到命令后于7月23日为“季风艇群”的U-168号、U-183号和U-188号提供了补给，然后再给从弗里敦返航的U-306号补充了燃料，一起结伴返航。

U-648号按计划分给U-527号一些燃料，然后结伴返航，结果正为UGS-12船队护航的护航航母“伯格”号在埃尼格码和高频测向仪的帮助下，了解到这一情况，于7月23日派出“复仇者”舰载机搜索，顺利发现了在水面上并排前进的U-527号和U-648号，“复仇者”向两艘潜艇发起了攻击，U-648号急速下潜逃脱，U-527号还留在水面上，艇员用高炮还击，“复仇者”投下了4枚深弹，艇尾耐压外壳被炸开，潜艇立刻沉没（35.25N，27.56W；40名艇员阵亡，13名获救）。

最后原本拥有11艘潜艇的“季风艇群”只剩下5艘平安穿过比斯开湾，并从临时补给潜艇U-155号和U-516号上获得了燃料补给，然后绕过好望角驶入了印度洋。9月12日，又从“凤尾蕨”号油轮上添加了燃料，前往指定巡逻海域。

此时，盟军通过破译的埃尼格码可以准确掌握这5艘潜艇的巡逻海域，从而可以指挥商船避开它们，把损失降到最低。

U-183号和U-533号没有击沉任何船只，而U-533号还被英军第244中队的“比兹利”（Bisley）轻型轰炸机击沉（10月16日；25.28N，56.50E；52名艇员阵亡，1名获救）。10月2日U-168号在坎贝湾（Gulf of Cambay，

■ IXC40型潜艇——“季风艇群”的主力。IX系列型号的U艇属于千吨级大型潜艇，因此可以装载比VII型多得多的燃料，居住条件也较好，适合执行这类远洋任务。

靠近印度孟买）击沉2183吨英国船“海迟英”（Haiching）号，还用甲板炮击沉了6艘帆船。U-188号9月21日在索马里以东约300英里海域击沉了7176吨美国自由轮“史宾塞”（Cornelia P. Spencer）号。只有U-532号战绩最高，击沉4艘商船共24484吨。完成巡航任务后，幸存的4艘潜艇来到位于马来半岛槟榔屿，在日军帮助新建的基地补给，于10月30日后相继回到欧洲。此次远征总共击沉了6艘商船（还有6艘帆船）共33843吨，这对德军潜艇部队来说自然又是一个失败。

8月的暂停

岸防司令部在比斯开湾密集的空中反潜攻势发挥了一定作用，到8月1日各海域的潜艇损失已经非常惊人了。

邓尼茨8月继续坚持派遣潜艇到远海执行巡逻任务，但7月中下旬丧失了4艘XIV型补给潜艇（U-459号、U-461号、U-462号和U-487号），8月4日又损失U-489号，8月7日再损失了XB型临时补给潜艇U-117号，因此被迫对作战计划和战略进行调整。作为紧急措施的第一步，召回了8月1日从法国出航的U-68号、U-437号、U-448号和U-505号。从8月1日到16日，只有U-161号出航，而且这惟一的潜艇也是因为要执行一项特殊的紧急任务才出航的。8月下半月又有8艘潜艇出航。

紧急措施的第二步就是司令部进行了三项重要调整：一、自8月2日起，潜艇不再结群从水面上穿过比斯开湾，不必再一定和敌方飞机决一死战。出航和返航时都单独潜航，只能在夜间浮上水面对电池充电。只有8月22日出航的U-621号是个例外，它要在比斯开湾的水面上行驶，以新装备的大量高炮引诱攻击盟军飞机。二、自8月12日起，所有自德国出航加入大西洋潜艇部队的新潜艇都要在挪威的潜艇基地加满燃料。这一措施可以减小因补给潜艇损失惨重所带来的影响。尽管这一任务看起来比较简单，但实际远非如此。德军必须用油轮把宝贵的燃油从德国运往挪威，途中还得要提供空中和水上护航，潜艇在挪威海港停留时要提供保护以免遭到空袭。此外，挪威已经逐渐成为了潜艇进行最后培训、机械和电子装置改进以及维修的地方，这一来使挪威基地变得异常拥挤，潜艇的出航日期因此被延迟了。从8月12日到31日有9艘潜艇自基尔驶向了挪威，其中有6艘

4—7月潜艇在各海域损失情况表	
4月	15艘（在比斯开湾被击沉2艘）
5月	40艘（在比斯开湾被击沉7艘）
6月	17艘（在比斯开湾被击沉4艘，其中U-119和U-449号被第2支援舰队击沉）
7月	37艘（在比斯开湾被击沉12艘，其中U-504号被第2支援舰队击沉）
总计	109艘（在比斯开湾被击沉25艘）

潜艇在挪威停留了近一个月，9艘潜艇的平均延迟时间是26.4天。司令部由于战略原因延迟了部分潜艇的出航时间，但多数都由于这些新规定而受到了拖延，还有一些在滞留期间出现了损伤。在挪威的滞留当然也大大推迟了对大西洋潜艇部队的补充，尽管这个部队在夏季曾遭受到极大的损失。三、自8月15日起，所有潜艇都要停止使用“墨脱克斯”雷达探测器或FuMB。德军通过实验证实“墨脱克斯”装置还是会发出辐射讯号，尽管这个讯号非常弱，但盟军飞机还是有可能会依据这个微弱讯号对潜艇进行定位。所有出航潜艇都要安装德国汉佳诺公司生产的称为“臭虫”的新型雷达探测器。但是用“臭虫”来取代“墨脱克斯”装置还是有缺陷，这又是一个技术性错误，也是希特勒领导之下的德国科学和技术装备业停滞不前的真实写照。而且“臭虫”也像“墨脱克斯”装置一样只能在“米”级波长段上工作，而不能在“厘米”级波长段上工作。德国科学家和工程师仍然不相信盟军会有微型化的厘米波长雷达，当然他们也不知道盟军已经拥有了高频测向仪这样有效的定位装置。

5月24日德军暂时停止了在北大西洋航线上的潜艇战，8月潜艇司令部在邓尼茨的督促下准备重新在这一海域上发起潜艇战。德军原本希望9月中旬重返大西洋能够给盟军造成心理上的极大恐慌，但很快却是给德军带来了沉重的打击。由21艘潜艇组成的“鲁滕”（Leuthen）艇群将秘密出航，攻击战术也改为先攻击护航舰，再攻击商船。“鲁滕”艇群的所有潜艇都装备了德国所能提供的最好装置：T-5“鹪鹩”鱼雷、“臭虫”雷达探测器、“阿佛洛狄忒”雷达欺骗器、“小鬼”声呐欺骗器、四联20毫米高炮和双联20毫米高炮、更为敏感的声呐探测装置。

为了能够安全穿过比斯开湾，部分潜艇紧紧沿着法国和西班牙北部海岸行驶到菲尼斯泰尔角。盟军通过破译埃尼格码了解到这一航线之后，随即在菲尼斯泰尔角附近海域布置了由约翰·达利森指挥的第40支援舰队和比尔切（J. D. Birch）指挥的加拿大第5支援舰队。德军也迅速作出了响应，8月25日，14架携带HS293无线遥控炸弹的Do217飞机由8架Ju88飞机护航，向第40支援舰队发动了进攻，重伤“朗加德”号炮舰。随即由戈德弗雷·布鲁尔指挥的英国第1支援舰队接替了第40支援舰队。8月28日，18架Do217飞机在Ju88飞机的保护下，又攻击了第1支援舰队，击沉旗舰“白鹭”号炮舰，炸伤了“阿萨巴斯堪”号驱逐舰。

8月上旬惟一出航的U-161号8月20日在亚速尔附近与从法国驶往日本的日军潜艇“I-8”号会合，将一个德国导航器、一个新的“臭虫”雷达探测器、无线电装置、还有到比斯开湾与Ju88飞机和德国驱逐舰会合的

■ 参与击沉U-536号的加拿大皇家海军“悉尼”号驱潜快艇，属于第二次世界大战中被广泛应用的“花”级驱潜快艇。

路线图交给了日军潜艇。此后U-161号在南大西洋中部与返航的U-198号会合，交给U-198号一个“臭虫”装置，从U-198号获得了一些燃料，然后就继续前往巴西海域。抵达巡逻海域后，在9月20日到26日击沉3艘船共10770吨，但在27日就被美军VP-74中队的“水手”飞机击沉（12.30S，35.35W；53名艇员全部阵亡）。

8月16日U-123和U-523号结伴出航，它们都曾参加过“击鼓行动”。8月22日天还没亮，英国179中队1架装有“利光”探照灯的“威灵顿”飞机就发现并攻击了U-523号，潜艇迅速下潜逃脱了攻击，但飞机发出的警报却引来了附近的军舰，24日夜，U-523号刚刚浮出水面，就被驱逐舰“漫步者”（Wanderer）号和驱潜快艇“桂竹香”（Wallflower）号的雷达发现了，2艘军舰全速冲了过来，U-523号紧急下潜，但是“漫步者”号立即获得了潜艇的声呐讯号并投下了深弹，“桂竹香”号也很快加入了攻击行列。U-523号下潜得太深了（部分艇员称潜到了270米），以至于潜艇的耐压外壳都因为不堪承受巨大的压力而嘎嘎作响，最后艇长维尔纳·皮茨什（Werner Pietzsch）见已无希望，便下令浮上水面然后弃艇，潜艇浮出水面立即遭到了军舰的炮火攻击，造成了一些艇员伤亡，其他艇员纷纷跳海逃生（8月25日；42.03N，18.02W；17名艇员阵亡，37名获救）。

在菲尼斯泰尔角附近，盟军军舰也发现并攻击了U-123号，但未击沉。随后U-123号前往特里达以南海域，9月21日在法属圭亚那附近海域发现了一支由油轮和自由轮组成的船队，尽管船队拥有强大的水上和空中护航力量，潜艇还是发起了进攻，不过未有战果。由于缺少补给潜艇的燃料保障，10月11日U-123号只好返航，11月7日在靠近圣纳泽尔时，遭到了英军248中队1架“蚊式”飞机的攻击。这架由加拿大飞行员波奈特（A. J. L. Bonnett）驾驶的“蚊式”飞机上装配了被称为“舌蝇”（Tsetse）的57毫米加农炮，波奈特先用57毫米炮攻击，命中了指挥塔，但却卡壳了，波奈特只好改用机枪扫射，最终还是让U-123号逃过了攻击。

U-518号安全到达目的地，但在106天的巡逻中一无所获。U-214号前往巴拿马科隆港附近布雷，布下的水雷也是毫无收获。U-170号于10月初抵达了巴西海域，直到23日才击沉4663吨巴西船“坎普斯”（Campos）

■ 被用以反潜作用作战的蚊式FB Mk XVIII型，安装有威力强大的57毫米加农炮，是一种极其凶悍的对潜攻击机。

号。11月5日U-170号奉命赶去营救U-848号，当它赶到时，U-848号已经沉没了（11月5日；10.09S，18.00W；63名艇员全部阵亡），U-170号仔细搜寻附近海域没有发现任何幸存者，鉴于燃料将尽，只好返航。

U-669号执行的是一项特殊任务，前往加拿大圣劳伦斯湾接应从盟军战俘营里潜逃的一些潜艇军官。9月7日晚U-669号在比斯开湾里失踪，52名艇员全部阵亡。

U-669号失踪后，接应战俘的任务就交给了U-536号，U-536号于9月24日抵达圣劳伦斯湾之后，就在约定地点傻等，却一直没等到，因为战俘的简易加密信件早就被盟军破译了，逃跑计划自然无法实现。U-536号随后又驶往哈利法克斯海域，在经历了一无所获的巡逻后返航，结果在11月20日被英国巡防舰“夏威夷雁”（HMS Nene）号、加拿大驱潜快艇“卡尔加里”（HMCS Calgary）号和“悉尼”（HMCS Snowberry）号击沉（43.50N，19.39W；38名艇员阵亡，17名获救），颇具讽刺的是艇长萧恩伯格（Rolf Schauenburg）等17名艇员很快也被关进了加拿大的另一个战俘营。

U-515号的艇长维尔纳·汉克（Werner Henke）7月4日刚刚获得橡叶骑士十字勋章，9月5日发现了由OS-54船队和KMS-25船队合并而成的大船队，白天一直追踪船队，晚上赶到了船队尾部，准备借着月光发动水面攻击。但被商船“加斯科尼”（Gascony）号上的船员发现了，“加斯科尼”号一边发出警报，一边用102毫米炮开火，英军巡防舰“塔维”（Tavy）号闻讯赶来，通过声呐探测到了潜艇，随即发起了密集而精准的深弹攻击，爆炸炸裂了潜艇尾部的沉浮箱，炸坏了大部分蓄电池，潜艇被迫浮上水面，但凭借艇长的高超技术逃过了护航舰的攻击，由于潜艇伤势太重只好返航。

8月派往远海的9艘潜艇仅仅击沉了3艘商船10770吨，为此付出的代价是4艘潜艇（U-161号、U-523号、U-536号和U-669号）被击沉，U-515号被重创。

“卡尼”（Cain）与“埃布尔”（Abel）

在美国俄亥俄州代顿市的国家现金出纳机公司、海军计算机实验室（NCML）又完成了2台530型四转子“炸弹”——“卡尼”和“埃布尔”，它们在“亚当”和“夏娃”的基础上又有了一些改进。7月4日完成第一台批量生产的530型“炸弹”，7月23日在实验室进行了第一次测验。根据历史学家柯林·布尔克的回忆，到1943年7月底，他们已经制造了15台530型“炸弹”，“但却都不能正常运转！”主要的技术失误在于使用了一种胶木密码转子，这些转子高速旋转时会变形。7月

26日NCR的总电气工程师乔·戴什、海军实验室负责人拉尔夫·米德尔及其他一些人都“担心这些炸弹不能够再起到什么作用了”。布尔克写道，这些人“几乎都认为他们一年的努力工作就这么白白浪费了，几乎要放弃这些‘炸弹’了”。乔·戴什经过仔细分析，找出问题的症结，转子又开始工作了，而且运行得非常可靠。

1943年夏季NCR每周可以生产4台“炸弹”。9月1日，在严密护卫下4台“炸弹”运往华盛顿。73名男女工作人员前往内布拉斯加大道报到，他们负责操纵和维修机器的任务，这一机关被称为OP20G4E，很快就增长到了上百人。

到1943年9月末，内布拉斯加大道已经拥有17台530型“炸弹”。另外还有11台已经运到，但还没有安装调试。到10月15日，能正常运作的“炸弹”达到了39台，到11月1日达到了44台。到1944年1月，更是达到了84台。

1944年4月，恩斯特罗姆对这段历史进行了概括结论：“从埃尼格码情报的重要性来看，我们取得的成功正逐步对潜艇问题起到决定性作用。但英国在我们取得成功的过程中所提供的帮助也绝不可忽视。他们为我们提供了很多组件，比如转子线路图，这对于刚刚着手处理这个问题的我们是至关重要的。尽管他们在某些方面没有履行好职责，但他们对‘埃尼格码’有着广泛的研究，在交叉破译方面他们占有绝对优势地位，而且他们实实在在的掌握着不少德国的密码机和文件，这都使得我们非常乐意能够把与他们在解决这一问题中结成的关系保持下去。”

历史学家和作家之所以没有提到美军对破译潜艇埃尼格码所做的贡献还有一个原因，那就是他们相信到1943年夏季潜艇部队就已经被打败了，因此美军破译密码者所提供的讯息并没有特别重要的价值。显然事实并非如此。前文已提及，1943年3月，盟军估计到年终德国潜艇总数将达到613艘。此外，他们通过破译埃尼格码得知德军正在或将要对老潜艇进行改进（通气管、微波雷达探测器、更强效的高射炮装置、T-5音响自导鱼雷等），德军正在研制高速的XXI型和XXIII型“电动潜艇”以及航速更快的过氧化氢“瓦尔特”潜艇。因此，从那时起直到战争结束，对所有需要应对潜艇威胁的人来说，这些讯息都是至关重要的。

盟军每天都要面对德军增加海军埃尼格码复杂度的可能性，还担心他们会采用一种全新的密码系统。因此，霍华德·恩斯特罗姆的OP20G部门的研究发展工作直到战争结束也丝毫没有松懈过。恩斯特罗姆和他的同事们制造了许多奇怪的新设施，以保证盟军和德军的步调一致。事实证明其他一些研究方案还对计算机时代的到来做出了重要贡献。

大洋彼岸德国B机关的密码破译者们也

面临着巨大困难。自6月10日盟军将海军3号密码系统改为海军5号密码系统之后，德军就失去了关于盟军航运的大部分情报。但B机关仍然可以通过其他方法获取北大西洋航线的情报，其中包括零星破译的一些低密级英国海军密码——盟军商船的“掉队船只航线”（通过名字我们就会知道，这些航线是引导船队的掉队船只驶往目的地的。后面的船队可能会走这些航线，把掉队船只收编进来）、航线分析以及偶尔会起作用的无线电定向。9月初，B机关非常自豪地报告，自5月25日至9月3日，共有49支满载船队从美国经北大西洋航线驶向英国，而他们获得了其中大部分船队的讯息，仅有5支船队没被发现。这些讯息，加上过去的经验和直觉，B机关推断出了1943年9月和10月北大西洋航线上的船运周期。德军明白这些讯息都是通过“二手密码”得来的，随时都可能会失去作用。不过B机关向邓尼茨和高特保证，他们会在10月中旬之前破译海军5号密码，重显德军在密码破译方面的能力，继续为潜艇提供精确的船队航运情报。但直到战争结束，德军都没能破译海军5号密码。

与此同时，柏林收到了盟军正在读取海军埃尼格码的报告。这一报告是在瑞士的德国海军情报组织发来的。报告的内容非常正确：“数月以来，德国海军用以指挥潜艇行动的密码已被破译。他们可以顺畅读取所有讯息。”报告称讯息来自“在美国海军部任重要职务的瑞士籍美国人”。收到这一报告后，德军再次对埃尼格码的安全性进行了检验。主管海军通讯的埃尔哈德·麦尔顿斯亲自参与了检验。因为自5月24日潜艇撤离北大西洋航线之后这一海域一直没有发生过船队大战，因此他们把目光聚集在了潜艇为添加燃料而会合时的战斗上。他们发现在6月6日到8月1日之间，潜艇一共进行了21次会合，其中有8次遭到了敌方飞机的攻击。麦尔顿斯很轻易地就得出结论：这都是执行侦察任务的岸基飞机和舰载机凭运气发现的。

此时他们之所以对埃尼格码的安全性仍这般有信心还有一个原因，就是他们采用了一种高度机密的程序，据认为已经杜绝了敌方破译的可能性。这是一种关键词（Stichwort）转换，彻底改变了内部和外部的密钥设置。大约两周改变一次转换。

在潜艇司令部的无线电工作站，关键词转换工作只能由同一个军官来做。除他之外没有其他人会知道关键词转换的答案。他会在关键词后面附上一个数字通过讯号发给潜艇。潜艇上的转换工作也只能由同一位军官来做。关键词转换步骤的答案不能记录，只能由专门负责此事的人记在脑子里。潜艇上的无线电室只是知道关键词转换计算的最终结果，并依其对埃尼格码机进行设置。使用关键词转换之后，敌方根本无法通过破译获取讯息。

通讯部通过进一步研究发现了一个问题，8月3日到8月8日期间，7月23日的关键词仍在使用时，潜艇司令部为潜艇补给燃料安排了10次会合，其中9次遭到了盟军飞机，另外一次则遇到了水面舰艇。麦尔顿斯认为这充分说明在使用这一关键词期间，盟军已经预先获得了一些讯息。不管实际情况究竟怎样，他们收到来自瑞士的报告之后的第二天即8月11日，就改变了关键词。此外，麦尔顿斯汇报说自8月16日起，关键词要每周更换一次，而且要采取一种“新方法”。麦尔顿斯认为对密码的安全性不容置疑，盟国持续顺畅地读取己方无线电情报根本不可能。

重返北大西洋

1943年9月，大西洋潜艇部队已经举步维艰了。夏季盟军在比斯开湾展开的反潜行动已经使德军潜艇损失惨重。希特勒下令将8艘VII型新潜艇调往北冰洋，把7艘VII型艇调往地中海，这都进一步削弱了大西洋潜艇部队的力量。算上新近抵达的、扣除已沉没的，加上调入大西洋的、扣除调往北冰洋和地中海的潜艇之后，1943年秋季大西洋潜艇部队的规模几乎没有什么变化。

邓尼茨决定秋季重新在北大西洋上恢复潜艇战后，潜艇司令部把绝大多数的可用潜艇派往了那一海域。

调往北大西洋的潜艇需要面对越来越多装备雷达的岸基和舰载飞机，还要应付由驱逐舰、炮舰、巡防舰和驱潜快艇组成的经验丰富的护卫队和支援舰队。

由于8月德军暂停了潜艇战，盟军则因为飞行员们需要休息，飞机需要保养等原因，比斯开湾反潜空中封锁的密度降低了。从9月

1943年下半年大西洋潜艇舰队规模表

型号/月份	9/1	10/1	11/1	12/1	12/31
VII型艇	93	99	89	90	90
IX型艇	30	34	33	32	34
总计	123	133	122	122	124

注释：资料中不包括XB型布雷潜艇，XIV型补给潜艇或IXD1和IXD2型潜艇，但是包括了正在法国接受战场维修或改造的8艘VII型高炮潜艇和所有其他潜艇。

1943年下半年各海域潜艇数量表

海域/月份	9月	10月	11月	12月	总计
北大西洋	33	28	20	20	101
中大西洋	0	20	9	8	37
南大西洋	3	2	5	1	11
美洲海域	5	7	1	0	13
总计	41	57	35	29	162

1日起，新近抵达的美国海军第7航空联队逐渐承担起了比斯开湾的空中巡逻任务（第7航空联队下辖4个中队，共12架“卡塔林那”和36架B-24）。由于没有安装“利光”探照灯，B-24飞机仍然不适于进行夜间巡逻，必须进行夜间巡逻时就要求助于闪光弹，这是一个难以让人满意的权宜之计。

1943年秋季，美国海军岸基航空部队为比斯开湾的反潜巡逻做出了重大贡献但却很少被提及。9月，第7联队进行了1888小时的反潜巡逻；10月为2109小时；11月为521小时。在此期间，共损失了9架B-24。但美军很少发现潜艇，只攻击过两三艘，与英军飞机联合击沉过1艘。

盟军航空力量的壮大在一定程度上抵消了比斯开湾空中攻势密度减小所带来的影响，这一力量逐渐成为反潜部队的一个重要组成。美军有23艘护航航母在英军中服役。在最初的5艘“射手”级航母中，“复仇者”（HMS Avenger）号已被U艇击沉；“猛冲者”（HMS Dasher）号在克莱德河港湾被炸毁；“射手”（HMS Archer）号由于长期以来存在引擎故障，而改为储藏船；“袭击者”（HMS Charger）号用作训练舰。这样就只剩下“吞噬者”（HMS Biter）号在北大西洋航线上执行船队护航任务了。此后又有8艘“伯格”级（Bogue Class，即“攻击者”级Attacker Class）护航航母抵达英国，“战斗者”（HMS Battler）号进入印度洋；“攻击者”（HMS Attacker）号、“阔步者”（HMS Stalker）号和“猎人”（HMS Hunter）号到了地中海；“击剑者”（HMS Fencer）号正在等待英军占领亚速尔群岛；“追击者”（HMS Chaser）号、“追随者”（HMS Pursuer）号和“打击者”（HMS Striker）号等3艘则在英国船厂进行检修。10艘“长岛”级（英国称为“统治者”级Ruler Class）航母仍在美国海域接受检修。

德军调集21艘VII型潜艇组成“鲁滕”艇群，重新在北大西洋开展潜艇战。从8月23日到9月9日，这21艘潜艇陆续出航，并由XIV型“奶牛”补给潜艇U-460号为该艇群提供支持。

在此前的战斗中，盟军反潜飞机曾多次阻止该艇群集结，为了应付盟军飞机的威胁，“鲁滕”艇群改变了战术，采取水面航行以高炮反击。德军认为这些潜艇都安装了“臭虫”雷达探测器，可以为潜艇提供早期预警，使艇员有足够时间操纵高炮，而且还认为新安装的四联和双联20毫米高炮威力强大，完全可以击败包括B-17、B-24和“哈利法克斯”在内的盟军各种飞机。当受到飞机攻击时，潜艇要向司令部和其他潜艇发送特殊的短讯号（A/A defense），以召唤附近潜艇赶来支援。

首先遭到攻击的是U-386号，9月6日晚遭到飞机攻击时，“臭虫”装置却没有发出警

“阔步者”号

“战斗者”号护航舰母

报。接着U-584号遭到攻击时，“臭虫”装置也没有起作用，全靠着潜艇上的高炮，将飞机击退。

U-666号、U-610号和U-413号都因为机械故障而返航，不过U-666号和U-610号分别于9月6日和12日再次出航。另两艘从挪威出航的U-274号和U-963号都撞上了冰山，被迫返航。因此邓尼茨禁止其他潜艇穿越丹麦海峡，这样所有潜艇都要经过冰岛-法罗群岛之间海域驶入大西洋，但在这一海域盟军空中反潜力量相当密集，因此不管何时潜艇都必须要潜航。

能为潜艇提供帮助的，只有B机关，尽管已经失去了破译盟军船队主要密码的能力，但整个夏季他们都能通过其他一些方法掌握船队情报。而德国空军则几乎完全指望不上，飞行员在搜寻船队方面表现得相当无能，即使偶尔发现了船队，报告的船队位置也常常是错误的。德国统帅部又为潜艇部队派去了一些装有雷达的He177、Ju290和Bv222飞机，但由于机械故障使得许多飞机不能正常工作。

随后邓尼茨又指挥“鲁滕”艇群驶向了格陵兰海域这个老战场，首先要攻击空载的西向船队（ON及ONS船队），从西大西洋的U-460号补充燃料后，再在返航途中攻击东向船队。邓尼茨特意向这个艇群发出激励士气的电报：“元首正密切关注着你们的一举一动。攻击！加油！击沉！”

9月19日，“鲁滕”艇群巡逻线中央的U-270号报告发现了一支西向船队，但潜艇司令部收到这个报告后反应比较保守，高特在战斗日志中写道：“由于缺乏数据，我们的航位推测法已经不甚准确了。”实际上U-270号发现的是两支而非一支船队：ON-202船队和ONS-18船队，刚刚合并成一支船队，总共包括68艘商船，由加拿大C-2护卫队、英国B-3护卫队和新组建的加拿大第9支援舰队护航，总共5艘驱逐舰、3艘巡防舰、11艘驱潜快艇和两艘反潜拖网渔船，此外还有岸基飞机和弹射机母舰（MAC）“迈克阿尔卑斯帝国”号可以提供空中反潜。

潜艇司令部最终认为U-270号发现的可能是ON-202船队，于是命令U-270号发出船队位置报告并授权其可以发起攻击。于是U-270号向英国巡防舰“莱根”（HMS Lagan）号发射了1枚T-5鱼雷，“莱根”号遭到重创，后由拖船“命运”（Destiny）号拖回海港，但已经无法修复了。这是战争中可以确认的T-5鱼雷的第一次命中。

接到U-270号报告后，“鲁滕”艇群其他20艘潜艇陆续赶来，途中U-341号被击沉、U-338号失踪。U-260号发射了4枚鱼雷但均未命中，U-238号则在20日击沉7176吨的美国自由轮“西奥多·德怀特·维尔德”（Theodore Dwight Weld）号，击伤7176吨的“弗雷德里

■ 这些均属“伯格”级的护航航空母舰，改造自商船，建造于美国，但在英国皇家海军服役。这些自1943年下半年起源源而来的护航航空母舰，极大地改变了大西洋上的力量对比，使邓尼茨的狼群作战遭到空前考验。

克·道格拉斯”（Frederick Douglass）号，该船的一些船员惊慌失措，早早地放下了救生艇，使这艘船逐渐掉队，后被U-645号击沉。至9月20日夜，有12艘潜艇赶来，其中8艘向护航舰发射了T-5鱼雷，其中U-305号击沉了1190吨的加拿大驱逐舰“圣科洛瓦”（HMCS St. Croix）号，次日，U-952号击沉925吨的英国驱潜快艇“西洋樱草”（HMS Polyanthus）号。U-386号则被护航舰重创。

9月21日夜，又有几艘潜艇穿越护航舰的警戒圈向船队发动了攻击，U-377号被飞机击伤，U-270号遭到了护航舰猛烈的近距离深弹攻击，耐压外壳严重受损不得不返航。9月22日凌晨，英军驱逐舰“凯珀尔”（HMS Keppel）号发现U-229号后，全速冲向潜艇，撞坏了潜艇后甲板，然后投下10枚深弹，将潜艇击沉（54.36N，36.25W；50名艇员全部阵亡）。

9月23日U-422号被1架“哈利法克斯”飞机击伤，多名艇员受伤，9月29日与补给潜艇U-460号会合让伤员接受医疗救治。

船队虽然逐渐靠近纽芬兰海岸，但却遇到了浓雾天气，这样飞机就无法提供护航。趁着这个机会，几艘潜

■ 当时最典型的U艇，完成改装于1943年6月的U-166号。该艇安装有标准的武器系统，除了甲板炮外还有20毫米高炮。但是实战中发现，20毫米高炮对于四发轰炸机难以发挥作用……

艇继续向船队展开了攻击。其中最为成功的是U-238号，于23日再击沉3艘共15872吨，这使得艇长赫斯特·海普（Horst Hepp）此次出航的总确证战绩达到了4.5艘共26636吨，这是几个月以来北大西洋航线上的最好战绩。

23日，U-666号用T-5鱼雷击沉了1370吨的英国巡防舰“伊琛”（HMS Itchen）号，U-952号击沉6198吨美国船“钢铁航海者”（Steel Voyager）号，U-758号则遭到密集的深弹攻击而严重受损。浓雾、燃料和疲惫阻止了潜艇对船队的进一步进攻。根据艇长们夸大的战绩报告，邓尼茨认为“鲁滕”艇群这次取得了了不起的胜利：击沉12艘护航舰和9艘商船。

邓尼茨总结道：“这次船队大战是数月以来取得的第一次胜利，新式武器在各方面显示出了它们的威力 ……应该给予所有参与这次战争的人以特殊奖赏，因为他们是重新开启船队大战的先驱者。他们在应付各种压力时所作的种种准备和体现出来的冷静，都使得我们的艇员对新式武器充满了信心，而且为我们的潜艇船队大战指明了方向。”

而盟军的实际损失是3艘护航舰和6艘商船，德军付出了3艘潜艇被击沉的代价，还有3艘因伤返航。

因为在此次战斗中暴露的问题，邓尼茨决定：一、“臭虫”雷达探测器“能够经得起实战考验”，并鼓励艇长多使用“阿佛洛狄忒”雷达欺骗器，但德军不知道盟军已经研制出了“臭虫”雷达探测器无法探测到的更先进的厘米波雷达。二、鉴于四联和双联20毫米高炮在实战中的表现，邓尼茨下令大力生产新型37毫米高炮，其射程和威力都是20毫米高炮的两倍。此外，一种威力更强大的双联37毫米高炮正在全力研制。三、潜艇之间尽量不要进行不必要的无线电联系，只有具有重要价值的情报才可以传送。

关于“鲁滕”艇群的分析中的很多数据都可以略去不谈，但有一点不容置疑，即德军大大高估了T-5“鹪鹩”鱼雷攻击护航舰的能力。实际上T-5鱼雷速度太慢、太敏感而且还有许多缺陷。普通的空气动力或电动鱼雷的战绩并不会比T-5鱼雷差多少。此外，盟军通过破译埃尼格码得知德军使用“鹪鹩”鱼雷之后，已经研制出了一种被称为“福克斯”（Foxer）的对抗武器。这种武器虽然很简单，但能非常有效地制造噪音，拖在护航舰后面就可以吸引德军的音响自导鱼雷了。

北大西洋航线上的再次失败

经过ON-202船队和ONS-18船队之战后，“鲁滕”艇群还在大西洋上的12艘潜艇重新组成“罗斯巴赫”（Rossbach）艇群，加上9艘新出航的潜艇，“罗斯巴赫”艇群的潜艇数最后达到21艘。

9月底，“罗斯巴赫”艇群奉命前去截击ON-203船队。盟军通过破译埃尼格码了解到这一情况，岸基飞机紧急赶来提供护航，1架飞机在船队预定位置附近发现两艘潜艇，盟军随即就将船队航线北调以绕过“罗斯巴赫”艇群的巡逻线。船队绕过德军潜艇巡逻线后没有任何损失平安抵达美国。

随后邓尼茨又对“罗斯巴赫”艇群进行重新部署，令其截击ON-204和ONS-19船队，但奇怪的是又命令“罗斯巴赫”艇群的U-631号发送气象报告。盟军通过破译埃尼格码早已完全掌握了“罗斯巴赫”艇群的情况，现在又通过高频测向仪探测到了U-631号，恰好可以以此为契机对“罗斯巴赫”艇群展开攻击而不被怀疑。同时，上述两支船队也像ON-203船队一样，从“罗斯巴赫”艇群北面绕了过去，没有任何损失平安抵达美国。

攻击“罗斯巴赫”艇群的盟军岸基飞机击沉了4艘潜艇：U-221号9月27日傍晚被英军第58中队1架“哈利法克斯”击沉（位置约在47.00N，18.00W；50名艇员全部阵亡），但这架飞机也被潜艇击落，2名飞行员死亡，另6名飞行员经过11天之后才被驱逐舰救起。10月4日是盟军大有斩获的一天，击沉了U-389号（60.51N，28.26W；50名艇员全部阵亡）、U-279号（60.40N，26.30W；48名艇员全部阵亡）和U-336号（5日沉没；62.43N，27.17W；50名艇员全部阵亡）3艘潜艇。此外还有4艘潜艇（U-731号、U-666号、U-305号和U-260号）被击伤后返航。

10月初盟军飞机还重创了3艘潜艇（U-539、U-610和U-275号），但这3艘潜艇都逃脱了攻击。

10月4日早上，美国护航航母“卡德”号及其护卫舰正为UGS-19船队护航时，收到了关于U-460号即将为其他潜艇补充燃料的情报。曾在击沉U-118号和U-527号战斗中发挥重要作用而获得海军十字勋章的罗伯特·史戴恩斯（Robert Stearns）中尉驾驶“复仇者”起飞，发现了U-460号和3艘正在等待获得燃料补给的潜艇，向“卡德”号报告之后，史戴恩斯勇敢地向4艘潜艇发起攻击，但却未获战果。不久“卡德”号上的另外2架“野猫”飞机和1架“复仇者”飞机赶来，2架“野猫”飞机冒着高炮向潜艇俯冲扫射，将3艘VII型潜艇（U-264号、U-422号和U-455号）逼到了水下，只有U-460号仍在水面上坚持以高炮还击，但在2架“野猫”的低空扫射下，多名艇员伤亡，只好下潜。U-460号刚刚下潜，史戴恩斯驾驶的“复仇者”飞机就投下了1枚“费多”音响鱼雷将其击沉（43.18N，28.58W；62名艇员阵亡，2名生还）。当天晚些时候，“卡德”号的舰载机发现了U-264号和U-422号，并对其发起了攻击。U-264号虽然侥幸逃脱，但已受重伤被迫返航。而U-422号则被击沉（45.13N，28.58W；49名艇员全部阵亡）。

■ 过度的期待导致邓茨居然也因为T-5鹪鹩鱼雷和新安装的37毫米高射炮而产生了类似左图中这种目前属于不切实际的幻想，不过，1943年的下半年，U艇是注定要一败涂地的。

U-460号的沉没对北大西洋航线上的潜艇又是一个沉重打击，这样德军就只剩下惟一1艘补给潜艇U-488号，此时正在亚速尔群岛南部海域为往返于远海的潜艇提供补给，但U-460号沉没之后，邓尼茨便命令其火速北上，为“罗斯巴赫”艇群提供支持。不过远水难解近渴，U-758号和U-952号已经等不及补给潜艇而返航。

当U-91号和U-437号出航赶来后，“罗斯巴赫”艇群的潜艇又达到了14艘，10月6日邓尼茨又对“罗斯巴赫”艇群进行了重新部署，以截击HX-259船队和SC-143船队。清醒意识到“罗斯巴赫”艇群威胁的盟军当即将HX-259船队航线大幅度南移从而避开了潜艇。而SC-143船队由39艘商船组成，由加拿大C-2护卫队（1艘驱逐舰、1艘巡防舰、5艘驱潜快艇、1艘扫雷舰和1艘反潜拖网渔轮）护航，此外还有弹射飞机船“拉帕纳”（HMS Rapana）号。在得到英国第10支援舰队（4艘驱逐舰）的支持后，该船队将作为“诱饵”，故意闯入“罗斯巴赫”艇群巡逻线。

受伤返航的U-731号首先发现了SC-143船队，根据它的报告，10月8日夜有7艘潜艇赶来攻击，U-378号击沉1920吨的波兰驱逐舰“奥康”（Orkan）号；10月9日，U-645号击沉5612吨的美国船“约克玛”（Yorkmar）号。但德军的代价十分沉重，U-419号、U-643

号和U-610号被击沉，还有两艘潜艇被击伤。

此外，部分潜艇由于战伤、机械故障或燃料短缺而返回了法国，还有4艘潜艇赶往补给潜艇U-488号处补充燃料，这样“罗斯巴赫”艇群的潜艇减少到了6艘。不过很快就得到了来自法国和挪威的7艘潜艇的支持，以及本来计划从U-460号补充燃料的U-455号。

10月7日下达的新出航潜艇的行动命令（第59号）中，出现了一段被一些人认为是希特勒希望能够杀死尽可能多的盟军商船船员的文字：“救援船：几乎每支船队都有这样的救援船，约为3000吨，主要目的是在船队遭到潜艇攻击之后营救幸存者。大部分这样的船只都配有船载飞机和很大的汽艇，都有深弹投射器而且操纵非常灵活，很多艇长都认为它们是很好的潜艇陷阱。如果考虑到要置沉船船员于死地，这种船只的沉没是有重要意义的。”（纽伦堡审判时，检举人引用这段话并联系前年的《拉克尼亚命令》来指控邓尼茨，称他命令潜艇艇长蓄意杀害沉船船员。邓尼茨则反驳说这些船上都有武装、载有飞机并且通常会是潜艇陷阱，它们完全是合法的攻击目标。此外，德军“置沉船船员于死地”也是“正当的”，因为这些船员对于战争并不是没有什么影响的，相反地，他们都在一定意义上参与了战争。当然，救援船并没有武装，也不像CAM和MAC船只那样载有飞机。但邓尼茨不知道救援船上都装有高频测向仪，可以对潜艇进行定位，因此完全是合法的攻击目标了）。

潜艇司令部对这14艘潜艇进行了重新部署，并改称“施里芬”（Schlieffen）艇群，截击ON-206和ONS-20船队。在这些潜艇重新部署的过程中，盟军飞机又攻击了5艘潜艇（击沉U-402号，击伤U-731号），另外U-455号和U-631号相撞，U-455号严重受损被迫返航，U-631号虽然艇首鱼雷管全被撞坏，但邓尼茨仍拒绝了其返航请求，要求其继续留在巡逻线执行侦察任务。

10月15日U-844号发现了这两支距离很近的船队，ON-206船队由65艘船组成，英国B-6、B-7护卫队（两支护航力量总共4艘驱逐舰、1艘巡防舰、7艘驱潜快艇和1艘反潜拖网渔船）护航。ONS-20船队由52艘船组成，英国SG.4护卫队（6艘巡防舰和2艘拖网渔船）护航。两支船队总共有117艘商船，21艘护航舰。

德军误以为T-5“鹪鹩”鱼雷非常神奇，新装的高炮又非常有效，因此邓尼茨决定对这两支船队展开大屠杀，但只有U-426号在10月15日击沉了掉队的6625吨英国船“埃塞克斯·朗斯”（Essex Lance）号。而在10月16日和17日，护航舰和反潜飞机击沉了6艘潜艇，使这场护航船队之战成为德国潜艇部队的灾难之一。

10月16日，英军第86中队埃里克·布兰德

（Eric A. Bland）驾驶B-24飞机发现了U-844号，飞机没能投下深弹，反被潜艇击伤。但布兰德仍坚持在潜艇高炮射程之外盘旋，召唤其他飞机赶来。很快驻北爱尔兰英军第59中队托马斯（W. J. Thomas）驾驶的B-24赶来了，投下8枚深弹，U-844号的高炮果然厉害，同样击伤了托马斯的B-24。但在托马斯攻击时，布兰德再次勇敢地飞过来，可惜还是没能投下深弹，反而再次被高炮击中，只好在水面迫降。不过U-844号从此再无任何消息，如何沉没也成为永远的谜（58.30N，27.16W；53名艇员全部阵亡）。

同日，英军第86中队乔治·加布勒（George D. Gamble）驾驶B-24飞机发现了U-964号，B-24冒着猛烈的高射炮火发起两次攻击，投下7枚深弹，其中1枚在潜艇边爆炸当即将潜艇炸沉（57.27N，27.17W；47名艇员阵亡，3名生还）。

加拿大第422中队鲍尔·萨金特（Paul T. Sargent）驾驶“桑德兰”飞机发现了两艘在水面航行的潜艇，立即发动了攻击，2枚深弹准确落到了U-470号的中部。不过“桑德兰”也被潜艇高炮击伤，飞行员萨金特在迫降时死去。英军第120中队哈罗德·科里根（Harold F. Kerrigan）和巴利·帕克（Barry E. Peck）驾驶的2架B-24飞机闻讯赶来，科里根向U-470号投下深弹，但自己也被高炮击伤。帕克又冒着密集的高炮投下2枚深弹，这时英军第59中队的韦斯利·罗尼（Wisley G. Loney）驾驶B-24飞机也赶来，投下4枚深弹。这3架飞机协力终将U-470号炸沉（58.20N，29.20W；46名艇员阵亡，2名生还）。

10月17日，刚完成为船队护航正返回冰岛基地的2架B-24发现了U-540号，随即协同发起攻击，总共投下16枚深弹，将潜艇炸成了两半（58.38N，31.56W；55名艇员全部阵亡）。驱潜快艇“向日葵”（HMS Sunflower）号击沉了U-631号（58.13N，32.29W；54名艇员全部阵亡）。巡防舰“比雅得”（HMS Byard）号击沉U-841号（59.57N，31.06W；27名艇员阵亡，27名生还）。在被击沉的潜艇中，U-844号、U-540号和U-841号都是刚刚服役的新潜艇，出海的时间都不超过14天！

这场战斗对德军潜艇来说，完全是一场惨败——潜艇仅仅击沉了1艘掉队的商船，却损失了6艘潜艇。对于德国潜艇来说，这次战斗使他们清醒地认识到如果在北大西洋航线上采取水面航行以高炮抗击反潜飞机，就等于是自杀。

北大西洋航线上的更多失败

9月“鲁滕”艇群所谓的成功影响远远大于10月“罗斯巴赫”和“施里芬”艇群失败的影响，邓尼茨决定继续在北大西洋的破交战。

补给潜艇的沉没，尤其是U-460号的沉没，给潜艇在这一海域的行动产生了很大影响，因此邓尼茨被迫将大西洋潜艇部队剩余的两艘XB型布雷潜艇U-219和U-220号作为临时补给潜艇。这两艘临时补给潜艇出海后不久就奉命与U-488号会合，接过U-488号的剩余燃料，让U-488号返航装满燃料后再迅速返回北大西洋。这次会合意义重大，因此邓尼茨特意派出U-256号和U-271号防空潜艇赶到会合地点提供保护。同时命令所有潜艇在海上补给燃料时都只能在夜间进行，如遭盟军攻击，等待添加燃料的潜艇用高炮还击，掩护补给潜艇下潜。

在破译的埃尼格码情报和高频测向仪的帮助下，盟军继续集中打击补给潜艇。在搜寻U-488号过程中，护航航母"科尔"号上的舰载机在20日顺手击沉了U-378号（47.40N，28.27W；48名艇员全部阵亡），重创U-271号。

10月24日，潜艇司令部部署了新的"赛格弗里德"艇群取代"施里芬"艇群，"赛格弗里德"艇群由18艘潜艇组成，其中11艘艇长是新手。由于缺少补给潜艇，邓尼茨只好将"赛格弗里德"艇群派到距离法国基地较近的海域，但这样距离盟军岸基飞机的航程范围也更近了。

盟军通过破译埃尼格码了解到"赛格弗里德"艇群的情况，因此命令东向的HX和SC船队航线都大幅度南调，同时将由空载船只组成的ON-207船队作为"诱饵船队"，径直闯入"赛格弗里德"艇群的巡逻线，该船队由加拿大C-1护卫队、英国护航航母"吞噬者"号以及1艘MAC护航。另外以英军护航航母"追踪者"（HMS Tracker）号为核心的英军第2支援舰队，也在船队附近；当然还能得到岸防司令部的岸基飞机支援。

10月23日，英军第224中队1架B-24飞机发现了赶赴"赛格弗里德"艇群途中的U-274号，立即发射8枚火箭，并投下了浮式烟幕筒以标识出潜艇所在位置。附近的驱逐舰"邓肯"（HMS Duncan）号和"骑马哨兵"（HMS Vidette）号双双赶来，U-274号见驱逐舰赶来马上就潜到了水下。获得声呐讯号后，"邓肯"号发起了两轮刺猬炮攻击，"骑马哨兵"号也投下了深弹，很快水面上浮起了一些"令人毛骨悚然的物品"，足以证实潜艇被击沉了（57.14N，27.50W；48名艇员全部阵亡）。

这时两个以护航航母"布洛克岛"（CVE-21，Block Island）号和"卡德"号为核心的支援舰队也赶来了，他们的任务就是消灭3艘补给潜艇。10月25日夜，"布洛克岛"号的驱逐舰"帕罗特"（DD-218，Parrott）号和"保罗·琼斯"（DD-230，Paul Jones）号通过高频测向仪发现了U-488号，但

■ 正在进行编队航行训练的新造潜艇。训练时间和战争的延续时间成反比。

U-488号像受惊的兔子一样逃脱了。26日，1架加拿大第10中队的B-24飞机发现并攻击了U-91号，但被潜艇逃脱了。28日早晨，“布洛克岛”号上2架舰载机发现了U-220号及为其护航的U-256号，当即展开了攻击，击沉U-220号（48.53N，33.30W；56名艇员全部阵亡），重创U-256号。29日，B-7护卫队离开ON-207船队，转而为ON-208船队提供护航了。很快护航舰就发现了U-282号，驱潜快艇“向日葵”号仅仅一轮刺猬炮攻击便将其击沉了（55.28N，31.57W；48名艇员全部阵亡）——这是“向日葵”号在六个月内第三次击沉潜艇了！

10月30日，“卡德”号的高频测向仪发现了两个目标，不过这既不是U-488也不是U-219（因为此刻它们已经逃得很远了），而是正在为燃料补给而联系的U-584号和U-91号。31日傍晚，“卡德”号上的1架“复仇者”按照探测到的位置找到了这两艘潜艇，接到警报后，另外2架“复仇者”也火速赶来。在进行了零星的高炮还击后，U-91号下潜并逃脱，U-584号下潜晚了，被“复仇者”投下的“费多”鱼雷击沉（49.14N，31.55W；53名艇员全部阵亡）。“卡德”号舰长阿诺德·伊斯贝尔（Arnold J. Isbell）误以为U-91号是补给潜艇，因此对于它的逃离大为恼火。因此他命令驱逐舰“波利”（DD-215，Borie）号前去追击。11月1日凌晨，“波利”号获得了一个雷达讯号，但这不是U-91号，而是U-405号。接下来的72分钟的战斗是大西洋之战中最为激烈的反潜战之一。“波利”号主炮开火，U-405号选择了下潜。由于“波利”号的深弹架出现故障，意外地投下了大量深弹，这些在近距离爆炸的深弹将U-405号炸到了水面上，随后“波利”号试图撞击，但由于汹涌的海浪，“波利”号只是轻轻地蹭到了潜艇的艇首，于是两艘船以V字形挂在了一起，双方的船员都向对方全力进行攻击，暴露在外的德军伤亡更重，而“波利”号的外壳也出现了裂缝。两艘船分开之后，各自都向对方发射了鱼雷，但均未命中。“波利”号抢得了先机，占据有利位置发射了3枚深弹，深弹的爆炸再加上“波利”号两发102毫米主炮炮弹的命中，潜艇很快下沉（49.00N，31.14W；49名艇员全部阵亡）。“波利”号一方面自己已经受损，一方面担心附近其他潜艇的威胁，舰长哈金斯（Charles Harris Hutchins）任那些跳海逃生的艇员自生自灭就离开了。

6小时后见伤势已难以挽回，哈金斯只好下令弃船。由于浓雾影响，“卡德”号舰队的营救进展缓慢，使“波利”号27名船员在海上丧生。哈金斯、工程师莫里森·布朗（Morrison R. Brown）和机械师小欧文·萨姆（Irving R. Saum）因为战斗中的出色表现获得了海军优异服务十字勋章。

10月B机关和空军都没能提供盟军船队的准确情报，而盟军却能通过破译德军密码掌握潜艇巡逻线的位置并指挥船队绕行，使潜艇的战果不断下降。因此邓尼茨只好进行了几项战略调整：白天尽量潜航，以免被盟军发现；鉴于“臭虫”雷达探测器以及四联和双联20毫米高炮还存在缺陷，因此暂时取消了反击盟军飞机的战术。最重要的是目前形势已不再适合艇群作战了，因此自11月起，潜艇在北大西洋航线上的分布就非常分散了。“赛格弗里德”艇群先被分成了三个小群（“赛格弗里德”1到3号艇群），然后又被分成了两个较大的艇群“雅恩”（Jahn）和“科耐”（Koerner），再又被分成了五个子艇群（“提尔匹茨”1到5号），最后又被分成了10个子艇群（“艾森哈特”1到10号）。通过破译埃尼格码了解到这些艇群的分布情报后，盟军要么指挥船队绕行，要么就在冬季恶劣天气的掩护下，从力量薄弱的艇群中穿过。

11月潜艇在北大西洋航线上的损失骤减。11月6日，钱宁·沃克指挥的包括5艘炮舰和护航航母“追踪者”号在内的英国第2支援舰队击沉了U-226（44.49N，41.13W；51名艇员全部阵亡）和U-842号（43.42N，42.08W；56名艇员全部阵亡），此后第2支援舰队遭遇了猛烈的冬季大风，舰载机无法起飞，护航舰还要保护航母，因此只好返回阿根细亚，所有的炮舰都由于大风浪而出现了破损，尤其是“啄木鸟”（HMS Woodpecker）号损伤最重，只好随一支东向船队返回了英格兰。

11月岸基飞机击沉3艘潜艇：11月10日美军VB-103中队的B-24击沉U-966号（沉没于西班牙奥特加角近海；8名艇员阵亡，42名生还），但42名艇员划着救生艇到达西班牙海岸，西班牙只遣返了9名艇员，其他33人一直扣押到战争结束（在约两个月里，共有4艘潜艇在西班牙海域或沉没或搁浅，面对盟军对葡萄牙属亚速尔群岛的占领、强硬的外交压力以及入侵西班牙的暗示，都使得西班牙不再那么积极遣返德军艇员，因此邓尼茨指示所有在西班牙海域受损的潜艇都可以在海岸附近将潜艇凿沉，这样艇员就可以依据相关国际法而被遣返）；11月12日美军VB-103中队1架B-24击沉U-508号（46.00N，07.30W；57名艇员全部阵亡），但这架飞机也被潜艇击沉，机上10名飞行员全部丧生；11月16日英军第86中队1架B-24击沉了U-280号（49.11N，27.32W；49名艇员全部阵亡）。

12月初，有11艘从德国出航的新潜艇和3艘来自北冰洋的潜艇进入大西洋，邓尼茨以这14艘潜艇，再加上其他5艘潜艇，组成"克罗奈尔"（Coronel）艇群，后来又被分为三个小群（"克罗奈尔"1到3号）。这期间U-269号遭到重创被迫返航。"克罗奈尔"艇群在一定程度上促进了德军在北大西洋上的"第二次革新"。遵照邓尼茨的命令，12月1日后，没有安装37毫米高炮和"纳克索斯"雷达探测器的潜艇都不得从法国出航，12月10日后，没有这两种装备的潜艇也不能从德国出航。另外所有出航的潜艇都载有T-5音响自导鱼雷，但由于这种武器的建造速度非常

■ 正遭到美军VB-103中队的B-24攻击的U-966号，这是这艘潜艇在沉没前的最后留影。

慢，因此每艘潜艇每次出航仅能载有4枚（德军对9月20日至12月1日T-5鱼雷的实战情况进行了研究，共发射71枚，40枚命中目标〔56%〕，22枚没有命中，9枚没有发射出去或发射不久就爆炸了。潜艇宣称击沉30艘驱逐舰，但实际仅击沉4艘驱逐舰、3艘扫雷舰、1艘巡防舰和1艘驱潜快艇，重创驱逐舰、炮舰和驱潜快艇各1艘）。

此时大西洋上只剩下1艘XIV型补给潜艇U-488号了，U-490号虽然早已建成，但在检修过程中曾意外沉没，所以仍在波罗的海维修。加上U-488号已经返航，因此12月上半月，仅有1艘临时补给潜艇即XB型U-219号可以提供燃料补给，而后半个月，则干脆就没有任何补给潜艇了。因此潜艇只能被限制在爱尔兰以西约800公里范围内行动，而这一区域正在盟军岸基反潜飞机的有效航程之内。

“克罗奈尔”艇群冒着冬季的暴风雪占据了预定位置，但盟军通过破译埃尼格码了解到潜艇的位置，成功地指挥船队绕过去了。在海上一无所获地待了15天后，邓尼茨解散了“克罗奈尔”艇群，重新组成了“希尔特”（Sylt）、“阿鲁姆”（Amrum）和“富尔”（Foehr）艇群（各6艘）。由于海上风大浪急，潜艇无法使用高炮，因此邓尼茨命令潜艇白天必须潜航，这样一来潜艇也就无法及时搜寻改变了航线的船队，因此新的艇群依然没有什么战果，12月22日邓尼茨将这些潜艇分散到了更为广阔的海域，重新组成6个艇群，即“芦根”（Ruegen）1到6号艇群（各3艘）。23日U-471号发现了从英国驶往美国的TU-5船队，U-471号单独发起了攻击，结果不但没有取得战果反而被护航的B-24重创。

26日，U-392号发现HX-271船队，该船队有54艘商船，8艘护航舰护航，由于天气恶劣，船队被风浪吹散，这使得U-392号错误地报告只有三、四艘商船和薄弱的护航，然后就发起了攻击但无战果。

30日，U-545号发现了ON-217船队被暴风雪吹散的部分船只，随即展开了攻击，击伤7359吨的英国船“豪斯曼帝国”（Empire Housman）号，U-744号向1艘掉队商船发射了7枚鱼雷却都没能命中，最后在1月3日遇到并击沉了掉队船“豪斯曼帝国”号——这是12月潜艇在北大西洋上击沉的惟一1艘船。

希特勒决定在12月底恢复对伦敦的空袭，因此邓尼茨从“芦根”艇群中调集了3艘潜艇执行气象预报。但随着盟军航母舰载机和岸基飞机的大幅增加，这一任务非常危险。31日邓尼茨发布了第34号命令：鉴于盟军飞机上的雷达、军舰的声呐都大大增加了攻击船队的难度，今后潜艇发现船队之后，要从水下“盲目”（即不依赖潜望镜）向目

■ 完工于1943年6月的U-802号。安装了新式的雷达告警接收装置与37毫米高炮。

标发射FAT和T-5鱼雷，然后迅速潜至40米深处。这一命令实际宣告了艇群攻击的终结，因为如果按照这个命令潜艇盲目射击然后下潜规避的话，势必会与船队失去联系，特别是船队发现鱼雷攻击后改变航向，更是无法再追踪船队。

事实证明，1943年9月到12月，在北大西洋航线恢复潜艇对盟军船运的攻击完全是徒劳的，4个月里在这一海域执行的101次巡逻中，潜艇仅仅击沉了8艘商船和6艘护航舰，相反却有49艘潜艇被击沉，还有22艘潜艇因伤返航。实战中被认为具有决定性意义的新装备——“臭虫”和“纳克索斯”雷达探测器、“阿佛洛狄忒”雷达欺骗器、水上搜索雷达（“伽玛”和“霍恩特维尔”）和定向装置、T-5“鹪鹩”音响自导鱼雷、四联和双联20毫米高炮——都有缺陷，甚至在一定情况下可以说是毫无用处。除U-488号和U-490号外，所有的XIV型补给潜艇都被击沉了。德国空军在搜寻船队方面也非常失败。继续在北大西洋航线上进行潜艇运动的代价实在太高昂了，邓尼茨再次命令取消艇群攻击，而将潜艇分散部署在英国以西海域，从水下进行“盲目”进攻。

1943年，潜艇击沉的商船吨位数还不到1942年的40%。而1943年美国建造的商船吨位数几乎比1942年翻了一番。1943年损失船只吨位中的近一半都是在前三个月，下半年里只损失了26%的吨位。

对直布罗陀船队的徒劳行动

1943年8月18日英葡签订协议后，英国就可以在亚速尔群岛中的法亚尔岛和特尔塞拉岛修建机场了。10月3日，护航航母“击剑者”号、3艘驱逐舰还有满载空军地勤人员的运兵船“法兰克尼亚”（Franconia）号组成的特遣舰队从英国启航，10月8日，到达特尔塞拉岛。本来一切都按计划顺利进行，但恶劣天气阻止了岸基轰炸机进驻亚速尔群岛，只好派出“击剑者”号的舰载机在岛上飞来飞去，以显示英军已经占领了莱根斯机场（Lagens Airport），直到10月18日，第1架英国岸基轰炸机才进驻莱根斯机场。24日“击剑者”号收回全部舰载机返回英国，为KM和MK船队护航。

在随后的10天里，大约50架英军飞机陆续抵达了亚速尔群岛，其中包括此前驻扎在赫布里底群岛的英军第206、220中队的30架B-17飞机和直布罗陀的英军第233中队的10架“哈德逊”、第179中队的6架“威灵顿”。接下来的几个月里，越来越多的盟军飞机进驻莱根斯机场。

亚速尔群岛上的空军基地对大西洋之战的重要性怎么形容都不过分，就如冰岛基地对于北大西洋那样重要，从亚速尔起飞的岸基反潜飞机彻底填补了中大西洋没有空中掩护的真空地带，将对船队的空中保护伞向东延伸到了北非，向西延伸到了阿根细亚和百慕大，向北延伸到了冰岛，向南延伸到了佛得角群岛和达卡，几乎覆盖了整个大西洋。

由于盟军为地中海的KM-MK船队提供了非常严密的空中护航，自1942年6月后，德军就从来没对这些船队发起过艇群攻击。邓尼茨将“希尔1号”（Schill 1）艇群调到了这一海域，由于距离法国基地比较近，因此不需要进行海上燃料补给，还可以得到德国空军的侦察情报。

为了避免在攻击前就被发现，只安排“希尔1号”艇群保持8艘潜艇的小规模。但即便如此，就在艇群刚开始部署时，1架盟军飞机就重创了U-441号迫使其返航。其余7艘潜艇被派到了葡萄牙以西海域，以截击MKS-28船队，此时这支船队已与SL-138船队合并，共60艘商船，由英军第39护卫队（2艘驱逐舰、3艘炮舰、1艘巡防舰、3艘驱潜快艇和“阿林邦克”〔Alynbank〕号反潜舰）护航。10月27日，德军1架Bv222飞机发现了这支大型船队，但在接下来的两天又失去了与船队的接触。好在U-262号很快发现了船队，并引来了其他几艘潜艇，10月31日，U-262号击沉了2968吨挪威船“哈尔弗里德”（Hallfried）号，这是10月德军在大西洋击沉的第三艘货船。

10月31日，英军驱逐舰“怀特霍尔”（HMS Whitehall）号和驱潜快艇“天竺葵”（HMS Geranium）号，发现并击沉了U-306号（46.19N，20.44W；51名艇员全部阵亡）。为了保证“希尔1号”艇群能保持8艘潜艇的规模，邓尼茨命令两艘新近从法国出航的新潜艇加入这个艇群。

11月2日到4日，德军飞机一直在努力搜寻船队，但仍没有任何发现。4日夜，U-333号发现了船队，就在U-333号发送船队位置报告时，1艘驱逐舰突然从浓雾中驶出并发起了攻击，U-333号按照新命令盲目向驱逐舰发射了1枚T-5鱼雷，然后就下潜到了180米深处，驱逐舰显然没被T-5鱼雷命中，反

■ “击剑者”号护航航空母舰（上）与其护送的满载空军地勤人员的运兵船“法兰克尼亚”号（下）。运兵船属于重要目标，一般都会被配属较强的护航力量。

而向潜艇发起了猛烈的深弹攻击，但都未命中。不过U-333号因此被迫一直潜在水下，将没发完的船队位置报告整整延迟了18个小时，由于这个延迟，不再可能向这支船队组织攻击了。

德军飞机在11月7日终于发现了这支船队，邓尼茨赶紧调集“希尔1号”艇群前去截击船队，但飞行员发出的位置讯息是错误的，11月8日夜，船队就从潜艇眼皮底下溜走了。9日，德军飞机的好运气终于来了，很及时地发现了MKS-29船队，“希尔1号”艇群中除去由于燃料短缺而返航的U-953号之外的7艘潜艇都被调集到了理想的位置。天黑后，U-262号攻击了船队，但没有战果。盟军反潜飞机则攻击了两艘潜艇，击沉U-707号（40.31N，20.17W；51名艇员全部阵亡），重创U-466号。同时，B机关发现了MKS-30船队（已与SL-139船队合并）的情报，该船队共66艘商船，护航力量非常强大：第5、第7和第40护卫队的20艘军舰（两艘驱逐舰、5艘炮舰、7艘巡防舰和6艘驱潜快艇），还有英军辅助巡洋舰“兰普拉”号和加拿大防空巡洋舰“罗伯特亲王”（HMCS Prince Robert）号。此外，还有英军岸防司令部第53中队、179中队、206中队、220中队和加拿大第422中队的飞机，提供空中护航。

邓尼茨决心全力攻击，调集了29艘潜艇，组成了三条巡逻线：最南端的“希尔1号”艇群（7艘潜艇）、中间的“希尔2号”艇群（10艘潜艇）和最靠北的“希尔3号”艇群（12艘潜艇）。11月16日德军飞机发现了由MKS-30和SL-139船队合并而成的船队。11月18日中午，邓尼茨将“希尔1号”艇群东调前去截击，U-262号努力搜寻终于发现了船队，U-262号、U-333号和U-515号相继发起了攻击。U-333号被护航舰发现，遭到了密集的深弹攻击，连潜望镜也被巡防舰“伊克斯”号撞毁，但U-333号最后还是奇迹般地逃过了长达八小时的攻击。U-515号发射T-5鱼雷击中了1350吨的英军炮舰“雄鸡”（HMS Chanticleer）号，但自己也被击伤，只好退到偏远的加那利群岛海域修复损伤。当晚英军第179中队的加拿大飞行员唐纳德·麦克雷驾驶的“威灵顿”飞机借助雷达发现了U-211号，然后再借着月光看到了潜艇。麦克雷认为如果不使用探照灯，胜算肯定会更大，因此凭借雷达显示位置突然发起攻击，U-211号果然毫无察觉，当即就被击沉（40.15N，19.18W；54名艇员全部阵亡）。鉴于护航力量比较强大，邓尼茨取消了“希尔1号”艇群的攻击，并对“希尔2号”艇群进行了重组，以期能再次攻击船队。由于船队的空中护航力量非常强大（11月19日夜，7架“威灵顿”飞机；20日，12架B-17和B-24飞机），“希尔2号”艇群的潜艇无法按时集结，从20日到23日，“希尔2号”和“希尔3号”艇群的潜艇都试图向船队发动攻击，但都没有成功。只有德国空军派出了25架He177轰炸机使用Hs293无线电遥控炸弹攻击了船队，击沉“马萨”（Marsa）号，击伤“德里乌斯”（Delius）号。

除了不间断的空中护航外，盟军第4支援舰队也赶来支援，这使船队的护航舰总数达到了25艘，这些军舰击沉了2艘潜艇（U-536号、U-538号），还造成U-648号不明原因失踪（50名艇员全部阵亡）。“希尔”艇群的攻击就此结束，参战的29艘潜艇中仅有U-515号击中炮舰“雄鸡”号（最终因伤重被放弃），却损失了6艘（U-211号、U-306号、U-536号、U-538号、U-648号和U-707号），另有3艘潜艇（U-333号、U-441号和U-466号）因伤返航。

11月23日，邓尼茨对“希尔”艇群进行重新部署，组成“威狄根”（Weddigen）艇群，名义上有17艘潜艇，实际上其中2艘（U-538号和U-648号）已沉没，U-515号在远海修复好损伤后驶向弗里敦海域，U-586号则因燃料短缺而返航，这样实际只有13艘潜艇。

11月26日傍晚，根据德军飞机的报告，U-262号发现了由MKS-31号和SL-140船队组成的船队，召唤来了附近的潜艇。但U-262号、U-764号和U-107号的攻击都未有战果，U-238号救起了两名英军飞行员，结果其发回的对飞行员的审问情况报告被盟军的高频测向仪探测到了。邓尼茨命令U-238号于11月30日和U-764号会合并补充燃料。盟军通过破译密码掌握了这次会合的详细情报，立即派出岸基飞机和“伯格”号护航航母舰队前去捕猎，两艘潜艇虽然都遭到了攻击但都逃脱了。邓尼茨了解到U-262号艇长弗朗克（Heinz Franke）在追踪及攻击船队时的勇敢表现，向其颁发了骑士十字勋章，这是1943年秋惟一获此殊荣的艇长（获得勋章时他的确证战绩是4艘共计13935吨，其中包括“观音兰”号驱潜快艇）。邓尼茨向所有潜艇发送了一封电报：“元首接受我的建议，为海军少尉弗朗克颁发了骑士十字勋章。其中具有决定意义的因素是弗朗克在多次行动中都是惟一1艘勇敢地穿过敌方空中和水面护航、直捣船队核心的潜艇。当前形势下，击沉敌船的难度非常大。在授予奖章时我会充分考虑到行动的艰难性，即使在攻击中没有取得成功也可能会获得奖章。”

盟军击沉了“威狄根”艇群的两艘潜艇：25日，英国第4支援舰队巡防舰“巴则利”（HMS Bazely）号和“布莱克伍德”（HMS Blackwood）号击沉U-600号（40.31N，22.07W；54名艇员全部阵亡）；28日，驻亚速尔群岛的英军第179中队1架“威灵顿”击沉U-542号（39.03N，16.25W；56名艇员全部阵亡），并致使U-86号不明原因失踪（50名艇员全部阵亡）。另外12月13日夜，“威狄根”艇群中返航的U-391号在穿越

■ He177重型轰炸机是德军在第二次世界大战中惟一投入实战的重型轰炸机。

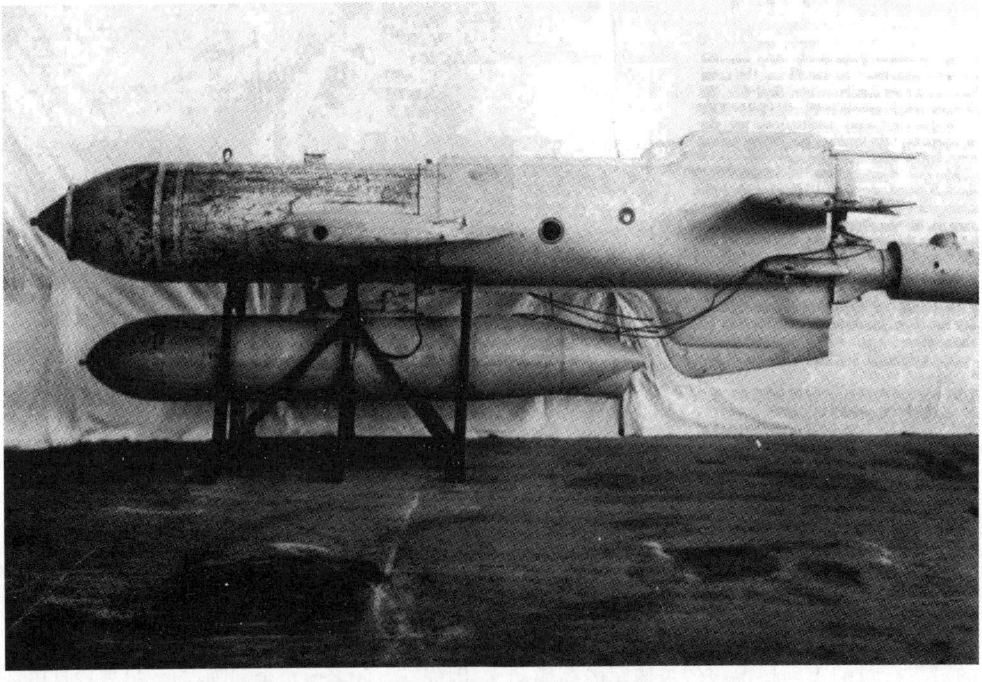

■ Hs293型遥控炸弹具备可制导的特性，是当时纳粹最尖端的武器。

比斯开湾时被英军第53中队1架“威灵顿”飞机击沉（45.45N，09.38W；51名艇员全部阵亡）。

无疑，“威狄根”艇群也完全是个失败，没有任何战果，甚至都没有命中任何1艘船。而盟军OS-59、KMS-33、KMS-34、SL-140和MKS-31船队都顺利通过了“威狄根”艇群的巡逻线。

12月6日邓尼茨解散了“威狄根”艇群，组建“布尔科姆”（Borkum）艇群（13艘潜艇），为了能够得到德国空军尽可能多的支持，同时也为了降低盟军岸基飞机的威胁，邓尼茨将“布尔科姆”艇群派到了比斯开湾以西，截击MKS或KMS船队与SL船队。盟军通过破译埃尼格码了解到“布尔科姆”艇群和附近两艘偷渡船的情况，相应调整了船队航线，并开始实施截击德军“奥索尔诺”号和“阿尔斯特卢佛”号偷渡船的计划。这一任务交给了以护航航母“卡德”号为核心的舰队，途中被1架德军飞机发现了，邓尼茨立即命令“布尔科姆”艇群火速赶去攻击“卡德”号。12月24日午夜，U-305号发现了“卡德”号，但刚刚发出无线电报告，就被盟军高频测向仪探测到了。驱逐舰“申克”（DD-159，Schenck）号立即赶来用炮火和深弹将潜艇逼到了水下。收到U-305号的报告，附近的U-415号赶来并发现了“卡德”号，向“卡德”号发射了3枚FAT鱼雷，均未命中。

“卡德”号在驱逐舰“迪凯特”（DD-341，Decatur）号的掩护下赶紧离开了这个是非之地，留下“申克”号和“勒瑞”号驱逐舰对付“布尔科姆”艇群。“申克”号通过雷达发现了U-645号，潜艇也发现驱逐舰逼近而赶紧下潜，“申克”号通过声呐发现了下潜的潜艇，立即就发起了深弹攻击，U-645号被重伤只得浮上水面，马上又被“申克”号的雷达发现，驱逐舰主炮随即开火，再将其逼到水下，然后投下了更多的深弹终将其击沉（45.20N，21.40W；55名艇员全部阵亡）。“勒瑞”（DD-158，Leary）号驱逐舰也通过雷达发现了1艘潜艇，但舰长克伊斯（James E. Keyes）非常不明智地下令发射照明弹希望能看清目标，结果反而暴露了自己。U-275和U-382都向“勒瑞”号发射了鱼雷，“勒瑞”号当即中雷沉没。

12月24日，U-415号发现了从KMS-36和OS-62船队赶来支援“卡德”号的“飓风”（HMS Hurricane）号驱逐舰，随即发射鱼雷重创了“飓风”号，天亮后“飓风”号终因伤势太重而被放弃。

德军飞机在比斯开湾最西端发现了偷渡船，随即派遣大批飞机、6艘驱逐舰和6艘鱼雷艇前去接应，盟军也赶紧派出飞机、巡洋舰“格拉斯哥”号和“企业”（HMS Enterprise）号前去截击。双方随即展开了一场混战，盟军击沉了德军“阿尔斯特卢佛”

号、驱逐舰Z-27号、鱼雷艇T-25和T-26号。“奥索尔诺”号就快要回到波尔多，但就在进入吉伦德河（Gironde River）时撞上了1艘沉船的残骸，不得不被拖上岸（1944年1月初，在破译埃尼格码情报的帮助下，美军轻巡洋舰“奥马哈”〔CL-4，Omaha〕号、驱逐舰“索默斯”〔DD-381，Somers〕号和“鲁特”〔DD-396，Jouett〕号击沉或迫使自沉了另外3艘返航偷渡船：“里约格兰德”〔Rio Grande〕号、“威悉朗”〔Weserland〕号和“布尔根朗”〔Burgenland〕号。经历了损失这5艘船的灾难后，在远东的轴心国船只再也不敢穿越偷渡封锁线驶往德国）。

从1943年9月1日到12月31日，德军一共组织了“希尔”、“威狄根”和“布尔科姆”四个艇群，先后调集了37艘潜艇，部署在中大西洋比斯开湾、直布罗陀和亚速尔群岛之间的海域。这些潜艇仅击沉了2968吨的挪威船“哈尔弗里德”号和2艘驱逐舰，此外还重伤了炮舰“雄鸡”号（最终因无法修复而放弃）。损失9艘潜艇，另外还有2艘自北大西洋调往中大西洋的潜艇也被击沉（U-648号和U-536号），共11艘潜艇被击沉，另外还有6艘由于战伤而被迫返航。这些行动证明盟军在法属摩洛哥和亚速尔群岛建立空军和海军基地并部署护航航母之后，对潜艇来说，直

■ 轻巡洋舰“企业”号，属于皇家海军1918年建造的E级轻巡洋舰。第二次世界大战中，该舰虽然老旧，但在现代化改装后仍旧活跃于第一线。

布罗陀和亚速尔群岛之间海域与冰岛和英国之间海域的危险性同样严重。

1943年9月到12月，北大西洋上有32艘潜艇被击沉，加上同一时期在中大西洋损失的11艘潜艇，总共43艘潜艇被击沉。另外还有2艘（U-669号和U-760号）在从美洲海域返航时沉没，使得这一时期潜艇的损失总数达到了45艘，艇员损失约2200人。

地中海继续受挫

10月下半月5艘新装配了“纳克索斯”雷达探测器的VII型潜艇驶向地中海，其中U-566号、U-732号和U-340号在途中被击沉，从U-732号和U-340号被俘的艇员嘴里盟军了解到了关于德军新式武器的很多情况。

地中海潜艇部队为意大利战场的贡献很少，其中最重要的是U-453号在意大利东部海岸的布尔迪西（Brindisi）和巴里（Bari）港布设了水雷。这些水雷炸沉了驱逐舰“鹌鹑”（HMS Quail）号和扫雷舰“赫伯”（HMS Hebe）号。其他的战果还有U-407号击伤了英国巡洋舰“伯明翰”（HMS Birmingham）号、U-73号和U-81号各击沉1艘商船。

1943年秋季只有3艘潜艇驶入了地中海，而同一时期在地中海有2艘潜艇（U-617号和U-431号）被击沉，因此实际潜艇数仅仅只增加1艘，达到了14艘。

12月11日在阿尔及利亚附近海域，U-223号用T-5鱼雷重创了英军巡防舰“库克米尔”（HMS Cuckmere）号（后伤重无法修复而放弃），12日在吉杰里（Djidjelli）附近海域，U-593号用T-5鱼雷击沉了英军驱逐舰“泰耐达勒”（HMS Tynedale）号。这两艘军舰被击沉后，盟军迅速在这一海域部署了一个由5艘军舰组成的“猎人-杀手”舰队，12月12日深夜，这个舰队反被U-593号击沉了驱逐舰“霍尔科波”（HMS Holcombe）号。但随后在岸基飞机的协助下，其余4艘军舰对U-593号展开了追击。13日傍晚，美军驱逐舰“温赖特”（DD-419，Wainwright）号最终通过声呐发现了潜艇，和英军驱逐舰“卡培”（HMS Calpe）号联手发动了猛烈的深弹攻击，潜艇被炸伤被迫浮上了水面，在2艘驱逐舰的猛烈炮火下，U-593号艇长凯布灵（Gerd Kelbling）眼看无望只好下令弃艇（37.38N，05.58E；51名艇员全部生还被俘）。

16日下午在奥兰附近海域，U-73号发现了GUS-24船队并击伤7176吨美国自由轮“约翰·科普利”（John S. Copley）号，引来由3艘美国驱逐舰组成的猎潜舰队，经过仔细搜寻后，“沃尔希”（DD-437，Woolsey）号驱逐舰获得了清晰的声呐讯号并依此发起了深弹攻击，U-73号耐压外壳被炸穿，潜艇大量进水无法修复，只好浮出水面，刚浮出水面，就遭到了驱逐舰的猛烈炮击，潜艇再次被击伤，只好弃艇（36.07N，00.50W；16名艇员阵亡，34名获救）。

这2艘潜艇沉没后，地中海就只剩下12艘潜艇了，其中还有3艘在11月24日盟军空袭土伦中受损。12月5日，U-230号驶入了地中海，使地中海潜艇增加到13艘。

远海巡逻

从1943年9月1日到12月31日，邓尼茨一共向远海派遣24次巡逻：13次到美洲、11次到西非海域和印度洋。

9月有5艘潜艇驶往美洲海域：U-220号10月19日在纽芬兰圣约翰布设的水雷区，炸沉了3478吨美国船“德利斯勒”（Delisle）号和3721吨英国船“白诺尔佛”（Penolver）号。后来U-220号被调到北大西洋上充当临时补给潜艇，于10月28日被击沉（48.53N，33.30W；56名艇员全部阵亡）。

U-155号出巡巴西海域，10月24日击沉5393吨挪威船“赛朗格”（Siranger）号。

U-218号于10月27日在特里达海域布设了水雷区，没有任何战果，最后在11月5日用甲板炮击沉了1艘帆船。

U-505号启航后不久，先是柴油机故障，再是主平衡泵故障，只好灰溜溜地返航。

U-537号在拉布拉多（Labrador）东海岸马丁湾（Martin Bay）放置一个自动气象站。这个气象站正常工作了一段时间后出现了故障，但直到1981年才被加拿大政府发现。10月31日加拿大第11中队1架“哈德逊”飞机发现了U-537号，飞行员布尔斯顿（F. L. Burston）发射了8枚火箭，均未命中。11月10日，在瑞斯角附近U-537号又被为HX-265船队护航的加拿大第5中队1架“坎索”飞机发现，飞机投下了数枚深弹给潜艇造成了轻度损伤。驱逐舰“蒙哥马利”号和其他几架“坎索”飞机相继赶来，但还是被U-537号溜走了。9月和10月有4艘潜艇驶向了西非和印度洋海域：11月2日，U-848号击沉了单独航行的4573吨英国船“赛普勒男爵”（Baron Semple）号，这引起了亚森松岛上盟军反潜飞机的警惕，11月5日，美军1架B-24在亚森松岛西南部约500公里处发现了在水面航行的U-848号，随后冒着密集的高炮火力投下12枚深弹，潜艇遭重创。接着又有2架B-24赶来，又是扫射又是深弹，但都没有击中。这批B-24返航后，下一批B-24赶到换班，外加3架B-25从450米高度投下炸弹，还是没对潜艇造成什么影响。最后还是B-24以准确的深弹攻击将潜艇一举炸成两半（10.09S，18.00W；63名艇员全部阵亡）。

U-68号10月22日在几内亚湾用甲板炮击沉了545吨的英国反潜拖轮“奥法赛”（HMS Orfasy）号和5356吨挪威油轮“里提奥帕”（Litiopa）号。10月31日击沉6574吨英国船

“新哥伦比亚”（New Columbia）号，11月30日击沉5186吨自由法国船“弗堡垒”（Fort de Vaux）号。

U-103号先在塔科拉迪（Takoradi，位于迦纳）布设了水雷，但无论是水雷还是巡逻，都没有任何收获。

U-849号11月25日被美军VB-107中队1架B-24击沉（06.30S，05.40W；63名艇员全部阵亡）。

10月有7艘潜艇驶往美洲海域：U-154号三次遭到飞机攻击，虽然逃过攻击，但最终因燃料耗尽而返航。回到法国后艇长库什（Oskar-Heinz Kusch）被以犯有煽动性言论罪和收听国外广播节目的罪名枪决，这一事件在潜艇部队中引起了不小的反感。

U-516号到达加勒比海，在巴拿马科隆附近海域大开杀戒，一连击沉4艘共14511吨，返航时又击沉了1艘10195吨美国油轮“麦克多维尔”（McDowell）号，12月19日在特里达附近遭到了1架盟军飞机的攻击，受伤严重，但总算回到了基地。

U-505号在过去的十个月里多次出航，每次都因这样那样的原因而中途折返，所以被称为“板凳女王”，这次在10月9日出航后，24日被身份不明的盟军军舰击伤，艇长蔡西（Peter Zschech）因压力太大而自杀，大副鲍尔·梅耶（Paul Meyer）接替指挥U-505号返航。

U-129号11月12日从补给潜艇U-488号上得到燃料补给，盟军通过破译密码得知此次会合，立即派出了以护航航母“科尔”号为核心的猎潜舰队于11月15日抵达目的海域。U-129号发现了“科尔”号并向其发射了4枚鱼雷，均未命中，然后赶紧下潜到深处躲过了驱逐舰的猎杀。当得知猎潜舰队在附近海域出现后，邓尼茨立即命令U-488号中止一切

■ U-505号，该艇在U艇部队内非常有名，外号“板凳女王”。因为该艇几乎在其所有的巡逻任务中均毫无斩获，而且，每次还总是挂彩归来，为此还有一位艇长自杀。可以说是1艘很不吉利的船。照片摄于战后，此时U-505号正悬挂着星条旗航行在哈德逊河上，不知道其运数是否改观？

加油行动迅速回国。U-129号在哈特拉斯角并没有发现猎物，12月4日发现了从基韦斯特驶往诺福克的KN-280船队，击沉5441吨古巴船“里伯塔德”（Libertad）号，此后就开始返航。邓尼茨派新出航的U-544号与U-516号和U-129号会合，为后两艘提供燃料补给，盟军通过密码破译了解到这次会合的情况后，派出以护航航母“瓜达尔卡纳尔”（CVE-60，Guadalcanal）号为核心的猎潜舰队赶去截杀。1月16日，“瓜达尔卡纳尔”号的2架舰载机发现了3艘正在进行燃料补给的潜艇，并立即发起了攻击，U-544号被击沉（40.30N，37.20W；57名艇员全部阵亡），而U-129号和U-516号则逃脱了。虽然逃过了攻击，但U-516号已经没有燃料了，邓尼茨只好派U-539号去与其会合提供燃料补给。U-539号是大西洋潜艇部队中第1艘安装通气管出航的潜艇（多数数据显示U-264号被认为是第1艘安装通气管参战的潜艇，但U-264号在试航期间通气管出现故障，因此出航被推迟到了2月2日，整整比U-539号晚了一个月）。1月22日这两艘潜艇已经近到可以互相打招呼了的距离，但是受到冬季暴风雪的影响，直到2月5日才得以完成燃料补给。U-539号的行程也因此大受拖延，无法再驶往遥远的加勒比海，而是驶向了相对较近的加拿大海域。

U-193号12月3日在佛罗里达海峡以西击沉了第一艘也是惟一一艘船，即10172吨美国油轮“塔切特”（Touchet）号。该艇是二战期间最后一艘到墨西哥湾执行巡逻任务的潜艇。很少有资料提及德军潜艇在这一海域取得的战绩——共击沉了56艘（其中24艘油轮），击伤14艘。返航时在菲尼斯泰尔角附近，U-193号被盟军飞机发射的火箭击中，严重受损，但总算跛行回到了西班牙的埃尔费罗（El Ferrol）港，经过简单维修后，才于2月20日从西班牙启航返回洛里昂。

11月12日从U-488号上获得燃料补给后，U-530号抵达了巴拿马海域。12月26日在科隆附近击伤了10195吨美国油轮“查普特比山”（Chapultepec）号。12月29日在攻击美国油轮“埃索·布法罗”（Esso Buffalo）号时却与油轮相撞，修复损伤后返航。

尽管U-190号在出航途中没能获得燃料补给，但还是驶到了巴西北部海域，不过却一无所获，考虑到燃料短缺，只好于12月12日返航。

由于缺乏补给潜艇等原因的影响，1943年11月仅有1艘潜艇到达美洲海域，而12月则没有潜艇前往这一海域。

11月9日U-543号出航后曾在途中与“克罗奈尔”艇群一起参加过攻击船队的行动。12月16日离开“克罗奈尔”艇群后，U-543号继续驶向纽芬兰。盟军通过埃尼格码破译和高频测向仪了解到U-543号的行踪，加拿大空军在纽芬兰海岸以东500公里范围内发起了大规模猎杀行动。尽管天气状况非常不利于飞行，但加拿大飞行员还是出动了21架次B-24飞机和7架次“坎索”飞机，不过这些飞机都没发现潜艇。12月30日和1月3日，U-543号宣称击沉了2艘驱逐舰，尽管这种说法得不到证实，邓尼茨还是向艇长赫利戈尔（Hans-Jurgen Hellriegel）颁发了骑士十字勋章（获得勋章时，赫利戈尔在U-140号、U-96号和U-543号上的总确证战绩是4艘船共11175吨，其中包括苏联潜艇M-94号）。

9月至11月，潜艇在到美洲海域执行的13次巡逻过程中击沉了8艘商船共约45700吨，U-516号的战绩约占总战绩的一半，有7艘没有击沉任何船，但也没损失潜艇。

11月和12月，6艘潜艇驶向了西非和印度洋海域。U-510号忍受着酷热，在阿曼和印度之间的阿拉伯海进行了巡逻。2月22日，攻击了波斯湾驶往亚丁的PA-69船队，击沉7385吨英国油轮“圣阿尔瓦罗”（San Alvaro）号、9181吨美国船“苏伯特”（E. G. Seubert）号。3月又击沉了3艘共计14654吨。4月7日艇长艾克（Alfred Eick）被授予骑士十字勋章（获得勋章时，艾克的确证战绩是击沉8艘商船共50085吨）。

11月27日，U-178号离开槟榔屿返回法国，载有30吨橡胶、121吨锡矿和2吨钨锰铁矿。由于艇长威廉·多姆斯（Wilhelm Dommes）生病，被留在槟榔屿，由大副威廉·史帕尔（Wilhelm Spahr）接替指挥。12月27日，在马尔地夫附近，U-178号击沉7244吨美国自由轮“琼斯·纳法罗”（Jose Navarro）号，然后于1月28日在毛里求斯以南从油轮“夏洛特·施里曼”号上补给燃料，向开普敦驶去。

临时加入“希尔”艇群并在战斗中击伤英军炮舰“雄鸡”号的U-515号本身也遭受了重创。经过维修后，来到弗里敦海域。从12月17日到24日，击沉3艘共20913吨。返航途中，U-515号艇尾浮箱的临时焊接缝被震裂了，只好停在人迹罕至的偏远海岛进行维修，然后再返回。

U-172号按计划在12月10日与U-219号会合，以获取燃料补给。盟军通过密码破译掌握了这次会合的情报，派出以护航航母“伯格”号为核心的舰队迅速赶往会合海域。12月12日“伯格”号的“复仇者”飞机发现了在水面航行的U-172号并将其驱逐到了水下。“伯格”号舰长约瑟夫·杜恩（Joseph B. Dunn）下令“全力猎杀潜艇”。接下来的27个小时里，“伯格”号的舰载机及其护航舰对U-172号进行了连续追击，12月13日上午忍无可忍的U-172号浮上水面，与军舰决一死战。虽然潜艇的甲板炮击中了驱逐舰“奥斯蒙德·英格拉姆”（DD-255，Osmond Ingram）号，但最终还是被4艘驱逐舰的密集炮火击沉（26.29N，29.58W；13名艇员阵亡，46名获救）。

12月20日“伯格”号的“复仇者”飞机发现了水面航行的U-850号，这架“复仇者”的攻击未能奏效，但很快另外4架飞机赶来了，U-850号被迫下潜，但随即就被“费多”鱼雷击沉（32.54N，37.01W；66名艇员全部阵亡）。

1943年最后4个月里，德国潜艇到美洲、西非和印度洋海域执行了23次巡逻任务，总共击沉了24艘商船（包括4艘油轮）约134500吨，另外还击沉了炮舰“雄鸡”号和2艘帆船。这对盟军的海运影响非常小，但牵制了盟军大批飞机和军舰。德军付出的代价非常高昂，4艘潜艇（U-172号、U-848号、U-849号和U-850号）被击沉，其中U-848、U-849号艇长是骑士十字勋章获得者。

第十九章 垂死之争

德国计划和海军资源

由于盟军在卡萨布兰卡会议上宣布了"无条件投降"政策，纳粹德国认为他们除了顽抗到底外，别无选择。希特勒认为一大批新型武器即将投入使用，将会扭转战局。在这些享有最高生产优先权的新式武器中，就有XXIII小型和XXI大型电动潜艇；经过改进具有更大威力的潜艇鱼雷。

德国高层官员中的紧张气氛越来越浓，邓尼茨向希特勒和德国公民许诺说，不管发生什么事情，海军都将坚定不移地为纳粹政府提供支持。1944年1月，希特勒与邓尼茨在东普鲁士"狼巢"进行了两次会晤，作出了几项重要决策。他们认为盟军将会在春季入侵挪威或法国，甚至有可能会同时入侵这两个国家，潜艇部队必须立即集结最大的力量进行对抗。依据1月10日发布的命令，北冰洋潜艇部队的潜艇数将要增加到30艘。大西洋潜艇部队要在布勒斯特和比斯开湾海港组织"地主"（Landwirt）艇群，以阻止盟军入侵法国。

到大西洋上攻击船队的潜艇仍要从法国基地出发，但随着盟军入侵日期的临近，潜艇规模要大幅减小。这些行动的主要目的与其说是击沉敌船，还不如说是为了给艇员累积作战经验。而且潜艇都分布在东大西洋，可以在必要时迅速重组，对抗盟军进攻法国。此外，部分潜艇每天还要播送天气报告，以利于德国空军对英国的空袭。

大西洋潜艇部队仍要为地中海潜艇部队提供12艘潜艇，以牵制这一海域的盟军。骑士十字勋章获得者维尔纳·哈特曼（Werner Hartmann）取代里奥·克莱斯于1944年1月出任地中海潜艇部队司令。

虽然规模不大，但IXC型、IXC40型和IXD2型仍要前往偏远海域执行巡逻任务。佛得角群岛西部海域相对比较安全，因此大西洋潜艇部队剩余的惟一一艘XIV型"奶牛"补给潜艇U-488号被派到这一海域，为IX型潜艇提供补给。新规则规定潜艇必须严格按照规定与补给潜艇进行会合。第十艘也是最后1艘XIV型补给潜艇U-490号由于在波罗的海发生事故而无法尽快投入到大西洋。

XXIII小型艇和XXI大型艇都显示出了极强的攻击能力，而这又可能是具有决定性意义的，因此这些潜艇的建造享有最高优先权。盟军空袭和劳动力短缺使得电动机和柴油机的产量大为减少。邓尼茨紧急要求德国空军为新的“电动潜艇”更好地提供关于盟军船队的情报，希特勒为此向其许诺说将要增加四引擎Ju290飞机的产量。但戈林表示由于其他飞机的优先性和原材料的缺乏等因素影响，要加大Ju290的产量是不可能的。到1944年1月，仅有8架Ju290能够为大西洋潜艇提供支援，这个数目不仅没有增大反而还减少了。

由于偷渡船遭受的严重损失而被取消，所有往来法国和远东的潜艇都要携带货物。其中包括日本潜艇（11月12日，日本潜艇伊-29和伊-34号从远东携带货物驶往法国。英国潜艇“金牛座”（Taurus）号在破译的密码的帮助下，于伊-34号从槟榔屿出航的当天就将其击沉了，伊-29号于1944年3月11日抵达波尔多）。

许多美国和英国海军历史学家，不管是有意还是无意，对1944年初潜艇威胁的夸大无疑是受到了潜艇司令部战争日记的影响。1944年1月1日，它列出了436艘“正在服役的潜艇”，并根据型号、任务和所在地进行了分类（见表一）。

一些历史学家提到，到1944年1月1日，德国潜艇部队的潜艇总数达到了战时的最高纪录，436或456艘（例如，史蒂芬·罗斯基尔〔Stephen W. Roskill〕1960年版的《海上战争》〔The War at Sea〕第三卷第一部分的表格；塔伦特〔V. E. Tarrant〕1989年版的《潜艇攻势》〔The U-boat Offensive〕）。显然，这个数字意味着对盟军船运的极大威胁，但这与事实相去甚远。尽管德国潜艇部队依然强大，但实际上不管是从战略战术还是武器装备上来说，都已经失败了。发生转机的希

表一：1944年1月1日德国现役潜艇简表

型号	学校	检修	战争前线
II型（独木舟）	33	0	6①
VII型	3	0	0
VIIB和C型	48	140	120
VIIF型（补给）	0	2	2
VIID型	0	0	2
IXB和C型	3	27	31
IXD2型	0	8	5
XB型（布雷）	0	1	1
XIV型（补给）	0	1	1
XVII型	0	2②	0
总计	87	181	168

注：①在黑海由旧型“独木舟”组成的一支小型部队。
②两艘实验性“瓦尔特”过氧化氢“独木舟”U-792和U-794号，自1943年11月中旬开始服役。

表二：1944年服役潜艇简表

月份/型号	VII型	IX型	IXD2型	其他	XXI型	XXIII型	总计
1月	16	3	1	—	—	—	20
2月	15	3	1	—	—	—	19
3月	18	3	1	XB	—	—	23
4月	15	4	2	—	—	—	21
5月	15	3	1	—	—	—	19
6月	9	—	—	—	1	1	11
7月	10	—	—	—	3	3	16
8月	3	1	—	—	6	4	14
9月	6	—	—	—	9	6	21
10月	1	—	—	—	13	4	18
11月	3	—	—	—	12	7	21
12月	2	—	—	1	17	6	26
总计	112	17	6	2	61	31	229

注：XVIIB型U-1405号是一艘高速的独木舟大小的（312吨）“瓦尔特”型潜艇，利用过氧化氢提供能量。另外两艘这种类型的潜艇，U-1406号和U-1407号，分别在1945年2月和3月投入使用。实践证明，这种潜艇并不实用。

表三：1944年1月1日潜艇分布区域情况表

型号/海域	大西洋	挪威	地中海	统计
VIIB和C型	88	19	13	120
VIID型（布雷）	2	0	0	2
IXB和C型	31	0	0	31
IXD2型	5	0	0	5
XB型（布雷）	1	0	0	1
XIV型（补给）	1	0	0	1
总计	128	19	13	160

望就在于尽早获得有效的搜寻雷达和雷达探测器、改进的声呐装置、更先进的鱼雷和电动潜艇、“瓦尔特”型潜艇。

181艘“检修”潜艇中包括一些用于研究与发展，还有一些正在进行指挥塔改造以安装新型高射炮，还有一些正在安装通气管和新的电子装置（具有可收缩天线的“伽玛”和“霍恩特维尔”搜寻雷达）、新的雷达探测器（“苍蝇”〔Fliege〕使用的是10厘米波长，“蚊子”〔Muecke〕使用的是3厘米波长）及其他一些装置。因此到1944年1月1日，真正能够对盟军构成威胁的就是在前线的168艘潜艇。除去黑海的6艘II型和大西洋或挪威的2艘VIIF型之外，其余的160艘前线潜艇分布如表三。

三个主战场上120艘VII型艇中有一部分正在接受战伤维修、改进或升级。例如，这个数字包括了大西洋部队中将要被改装为普通攻击型潜艇的7艘VII型高射炮潜艇，还有正在安装通气管的潜艇。

由于希特勒下令大大增加北冰洋、挪威和地中海潜艇部队的潜艇数，加上严重的战争损失，从1月1日到5月1日，大西洋潜艇部队的潜艇数大幅减少。其间，仅有25艘新潜艇加入了大西洋部队，但有49艘被击沉，还有8艘被调到了地中海。大西洋潜艇部队的潜艇数逐月减少（见表四）。

潜艇数目不断减少，还要保留大量潜艇以用于抗击未来盟军对法国的进攻，于是大西洋潜艇部队只好减少了巡逻任务。

通过上述分析，显然表中所列的1944年1月1日大量的“服役潜艇”有点危言耸听，是夸大德国潜艇对盟军威胁的一个例证。由于这种夸张的说法，盟军继续将大量海军力量部署在了北大西洋上（护航航母、驱逐舰、护卫舰、巡防舰、炮舰、驱潜快艇、岸基飞机等），如果将这些力量派到其他战场，则可能会带来更大的影响。

历史学家们通常对这段时期的潜艇战争一笔带过或避而不谈。但实际上我们应该给予这段时间的历史以更大的重视，因为它生动地凸显了在盟军反潜部队走向壮大和成熟的同时，曾经不可一世的德国海军不断走向瓦解的过程。

一月北大西洋的潜艇行动

1944年1月中旬，潜艇司令部向所有潜艇发送了一道鼓舞士气的消息：到1943年12月31日，德国潜艇已经击沉了约1900万吨的盟军船只，其中包括184艘军舰。而轴心国潜艇所取得的实际战绩是1400万吨，包括78艘军舰。因此德军将实际战绩夸大了25%以上，击沉的军舰数更是夸大了100%以上。

1月驶往北大西洋和中大西洋海域的28艘潜艇中的绝大部分都将加入业已形成的“芦根”和“布尔科姆”艇群。由于补给潜艇的缺乏以及盟军即将入侵等因素影响，它们都

表四：1944年1月至5月各海域潜艇情况表

海域/月份	1月	2月	3月	4月	5月
北大西洋和中大西洋	28	21	18①	9②	9③
南大西洋和印度洋	8	11	9	5	2
美洲海域	5	5	3	1	6
总计	41④	37	30	15	10

注：①其中7艘被召回了法国基地。

②4艘潜艇执行气象报告任务。

③不包括Dragoner小组。

④包括潜艇巡洋舰、补给潜艇、临时补给潜艇、运输潜艇和布雷潜艇，但不包括正驶往地中海的潜艇。

要待在东大西洋。冬季的天气非常可怕。英国驱逐舰“沃里克”（HMS Warwick）号被派往执行船队护航任务，舰长丹尼斯·阿瑟·雷纳（Denys Arthur Rayner）写道，他遇到了“战争期间最恶劣的天气”，海面上汹涌着“惊人的海浪”，在他看来，潜艇根本无法在这种情况下执行任务（雷纳在他1955年出版的战争回忆录《护卫舰》〔Escort〕中写道，“沃里克”号和英国B-5护卫队的另外3艘驱逐舰“哈夫洛克”号、“维米”号、“志愿者”号都由于海浪造成的损伤而中途返航了。雷纳还解释说，B-5护卫队护送的船队无法继续保持队形了。船队中的五十多艘商船被拆散开很远）。

在所有地区，盟军都享有着绝对的讯息和海空优势。美国海军四转子“炸弹”仍然能够及时顺畅地读取埃尼格码讯息，因此盟军当局可以指挥船队避开潜艇，军舰可以追踪并攻击潜艇。岸防司令部可以向大部分受威胁海域派遣大量岸基飞机。此外，英国海军还拥有足够多的护航航母和“猎人杀手”小组，能够为绝大多数船队提供护航。

1月驶往北大西洋的28艘潜艇中，有相当大一部分执行了特殊任务：遵照希特勒的命令，12月出航的VII型艇U-343号和U-952号在1月初驶入了地中海，1月还有另外3艘VII型艇驶入地中海。

为了协助对出航船队进行定位，邓尼茨派遣3艘作战经验丰富的VII型艇到船队出发海港进行侦察。U-260号在冰岛雷克雅未克附近海域没有发现任何目标，便去执行气象预报任务。U-386号和U-621号都驶到了北海入海口附近海域。1月13日早上，英国第59中队1架B-24飞机向U-621号发起了攻击，澳大利亚飞行员韦斯利·隆尼（Wesley G. Loney）投下了深弹并向潜艇进行了扫射，U-621号被击伤后被迫返回布勒斯特。

除了U-260号之外，还有6艘潜艇执行了气象预报任务，这些潜艇在冰岛和格陵兰岛之间海域每天发送两次气象预报，这对于驻法国的德军反击盟军进攻至关重要。

U-257号从圣纳泽尔出发到比斯开湾布置新的“塞蒂斯”雷达欺骗器。执行完这项任务之后，奉命与返航的偷渡船“里约格兰德”号会面，并为其提供最新海图（实际上这艘船已经沉没了）。1月27日邓尼茨意识到“里约格兰德”号已经沉没后，他又改派U-257号执行气象预报任务。2月24日在返航途中，U-257号发现了SC-153船队，加拿大C-5护卫队、英国第3和第6护卫队为其护航。16艘护航舰中加拿大巡防舰“瓦斯科修”（HMCS Waskesiu）号和英国巡防舰“夏威夷雁”（HMS Nene）号发现了U-257号，先用深弹将潜艇逼上水面，再用火炮将其击沉（大约位置在47.19N，26.00W；30人阵亡，19人生还）。

尽管冬季的天气状况非常恶劣，英军岸防司令部仍然坚持派飞机在比斯开湾以及东大西洋的其他地方执行巡逻任务。其中包括美国海军第7航空联队第103、105和110中队的36架B-24飞机（1943年12月14日，美国海军VP-63巡逻中队装配有机载磁力探测器〔MAD〕的“卡塔林那”飞机从韦尔斯转场到了摩洛哥，以取代VP-73和VP-92巡逻中队调回美国的“卡塔林那”飞机。VP-63中队每天都有2架飞机从摩洛哥出发，飞行10小时，在直布罗陀海峡上空建起一道反潜屏障）。

尽管关于这段时期的历史记录中很少提及，实际上1月第一周里盟军收获颇丰，比斯开湾上空的盟军飞机击中了很多潜艇：U-625号于1月2日遭到英军第224中队的B-24飞机的攻击，潜艇在下潜时居然忘记了把“纳克索斯”天线上的电线取下来，因此使舱口盖不能闭合，艇长本克（Hans Benker）下令停止下潜，他和另一名艇员冲到指挥塔上解开电线，但很多人并没有听到停止下潜命令，潜艇继续下潜，结果本克和另外一名艇员被留在了水面上，再也没有找到他们。潜艇随后在大副库尔特·苏莱特（Kurt Sureth）的指挥下，于1月6日驶回布勒斯特。U-445号1月2日凌晨，被英军第58中队的“哈利法克斯”击伤而被迫返航。U-373号1月3日凌晨，被英军第612中队1架装配有“利光”探照灯的“威灵顿”飞机重创，被迫返回。1月4日抵达布勒斯特，发现有2枚没有爆炸的深弹还挂在潜艇顶部。U-629号在1月4日凌晨遭到波兰第304中队1架装配有“利光”探照灯的“威灵顿”飞机的攻击，潜艇严重受损，在U-426号和U-539号潜艇及2艘扫雷船的救援下总算返回了布勒斯特。U-426号则在1月8日早晨被英军第10中队的“桑德兰”飞机击沉（46.47N，10.42W；51名艇员全部阵亡）。U-415号在圣诞节前夜将驱逐舰“飓风”（HMS Hurricane）号击沉，但在1月5日晚被英军第58中队1架“哈利法克斯”击伤，只好返回布勒斯特。U-107号1月5日晚上在比斯开湾，被1架身份不明的飞机击伤。U-364号于1月29日被英军第502中队1架装配有“利光”探照灯的飞机击沉（45.33N，05.55W；49名艇员全部阵亡）。

1944年1月第一周里，北大西洋海域惟一的艇群是18艘潜艇（实际仅17艘）组成的“芦根”小组，其中12艘艇长是毫无经验的新手，U-283号新艇长君特·奈（Gunter Ney）当时仅21岁，是所有艇长中最年轻的。为了提高“芦根”艇群发现船队的几率，邓尼茨于1月7日下令对艇群进行调整，潜艇要在西北大道上沿冰岛和苏格兰海岸自北向南分散开，形成一条大约320公里的巡逻线。盟军破译了这一命令，并将船队转移到了西南大道和通往爱尔兰海（Irish Sea）的圣乔治海峡（St. George’s Channel）。这时（1月16日），

■ 被U-960号击沉的美国自由轮“萨姆纳·金巴尔”号。

位在西南大道上不属于“芦根”艇群的U-960号击沉了ON-219 船队7176吨的美国自由轮“萨姆纳·金巴尔”（Sumner I. Kimball）号。

德国空军为“芦根”艇群提供的支援，结果非常令人失望。恶劣的天气迫使许多飞机停止飞行，勉强出动的飞机进行的搜寻也很不彻底，它们发出的讯息报告要么太不及时要么根本就是错误的。

忍受着寒冷天气的折磨，“芦根”艇群有5艘潜艇在1月14日到23日之间攻击过盟军护航舰和商船，但没有任何收获。除了U-757号（1月8日被击沉）和U-972号（失踪）之外，1月“芦根”艇群还有3艘潜艇被击沉，使“芦根”艇群损失的潜艇数达到了5艘，接近三分之一。

1月28日下午，澳大利亚第461中队1架正为SC-151船队和ON-221船队护航的“桑德兰”飞机发现了U-571号，飞行员理查德·德·卢卡斯（Richard D. Lucas）发起了两轮深弹攻击，飞行员拍摄下了潜艇被深弹命中并剧烈爆炸的照片（潜艇沉没于52.41N，14.27W；52名艇员全部阵亡）。

同一天，美国海军VB-103中队1架B-24飞机发现U-271号，飞行员乔治·恩隆（George A. Enloe）投下了6枚深弹一举将潜艇击沉（53.15N，15.52W；51名艇员全部阵亡）。

1月29日下午，美国海军VB-110中队1架B-24发现了U-592号，却被潜艇高炮击伤，但还是坚持到另外2架B-24飞机赶来。U-592号虽然逃脱了，但伤势非常严重被迫返航。钱宁·沃克指挥的由5艘炮舰组成的第2支援舰队闻讯赶来，在埃尼格码和高频测向仪讯息的帮助下，于1月31日发现并击沉了返航的U-592号（50.20N，17.29W；49名艇员全部阵亡）。

“芦根”艇群没有击沉1艘船只，却损失了6艘潜艇。德军一直对T-5鱼雷大吹大擂，但真正使用这种鱼雷时，要么没有爆炸要么就是没有命中目标。邓尼茨解散了“芦根”艇群，在新部署到位之前，大西洋上的潜艇行动一直非常混乱。1月28日，比斯开湾上空的1架德国空军飞机报告“200到300艘登陆艇”向东朝波尔多驶去。尽管德军正确地判断盟军不大可能在这一时间地点发动进攻，但不敢忽视这份报告。加上“芦根”艇群中返航的U-302号也“证实”了这个报告，邓尼茨立刻调集了5艘潜艇前往可能的进攻地点，并命令“芦根”艇群停止攻击船队，“不管敌方飞机存在与否”，从水上全速驶往可能的进攻地点。在德国空军发送报告8小时之后，各项行动已付诸实行时，U-302号才确认发现的这些“敌船”实际上只是渔船，邓尼茨因此解除了入侵警报，潜艇恢复执行攻击船队的任务。

中大西洋的潜艇行动

1月“芦根”艇群在北大西洋巡逻的同时，“布尔科姆”艇群正在直布罗陀和亚速尔之间的中大西洋巡逻。邓尼茨认为1月3日“布尔科姆”艇群还有11艘潜艇，但实际上U-645号已被击沉，只剩下10艘，其中还有2艘因伤中途返航。邓尼茨将“布尔科姆”艇群分成了三个小群，每个小群由3艘潜艇组成，负责截击地中海和英国之间的MKS-35船队，还会得到德国空军Ju290飞机的侦察支持。不过邓尼茨不知道MKS-35船队提前两天出航，它在海上与SL-144船队合并，提供护航的不仅有岸基飞机还有以护航航母“布洛克岛”（CVE-21，Block Island）号为核心的“猎人-杀手”小组。

“布尔科姆”艇群所有潜艇上都安装了新型的37毫米高炮，德军坚信这是对付盟军飞机的有效武器，而即将发生的船队大战将是对这种新武器的实战检验。1月5日邓尼茨告诉“布尔科姆”艇群“37毫米自动高炮的研制时间非常短，为了能够让潜艇可以尽早使用这种武器，没有对其进行彻底的检验就将其装到了潜艇上。因此迫切需要你们从前线发回的关于这种武器的讯息报告。在天空晴朗的情况下，潜艇要在白天充电，用37毫米炮对抗盟军飞机”。

就像其他在危险的中大西洋海域作战的艇群一样，“布尔科姆”艇群的经历也非常悲惨，这充分说明1944年初盟军空军和海军反潜部队已经走向了成熟。在到达新的作战区域前，“布尔科姆”艇群就有2艘潜艇与盟军交上了手：U-305号于1月6日晚，向正在为

■ 标准化的U艇防空武器——1到2门37毫米高炮，1座双联装或者四联装20毫米高炮。

OS-64船队和KMS-38船队护航的英国第6护卫队发起攻击，发射3枚鱼雷，击沉英国巡防舰“特威德”（HMS Tweed）号。当晚，U-270号与英军第206中队1架B-17交火，潜艇遭到重创，而B-17也被潜艇击落。

邓尼茨两次将“布尔科姆”艇群南移，于1月9日将这8艘潜艇（实际上是7艘）组成一条巡逻线。1月11日傍晚，巡逻线最西端的U-305号发现了一支船队，但试图对其追踪时被护航舰击退而与船队失去了联系。

收到U-305号的报告，“布尔科姆”艇群另外3艘潜艇试图在当晚发起攻击。但U-641号柴油机出现了故障，只好下潜维修。U-382号也发起攻击，但遭到了猛烈的深弹反击，重伤被迫返航。U-953号攻击1艘驱潜快艇未果，却遭到了护航舰长达13小时的残酷猎杀，但未被击沉。

1月11日，“布洛克岛”号上的2架“复仇者”飞机发现了“布尔科姆”艇群的U-758号，2架“复仇者”冒着潜艇的高射炮火发起了攻击，使用了新式武器反潜火箭，U-758号重伤返航。这样一来，“布尔科姆”艇群就只剩下5艘潜艇了。

考虑到损失潜艇如此之多，邓尼茨遂解散了“布尔科姆”艇群，剩下的5艘潜艇中有4艘向北方驶去，准备加入“芦根”艇群。U-953号则独自向南，到卡萨布兰卡附近海域巡逻，并于2月20日返回法国拉帕利斯（La Pallice）。加入“芦根”艇群的4艘潜艇中3艘被击沉，还有1艘则因不明原因而失踪。

2月北大西洋的潜艇行动

希特勒下令将北冰洋潜艇部队的潜艇数增加到30艘，因此1944年2月只有1艘VII型新潜艇加入了大西洋潜艇部队。2月大西洋潜艇部队还有5艘VII型艇被调到了地中海，再加上作战损失，大西洋潜艇部队的潜艇越来越少。

被派往地中海的5艘潜艇中只有U-421号和U-586号驶入了地中海；U-761号2月24日被迫凿沉（35.55N，05.45W；9人阵亡，48人获救），U-392号3月16日被击沉（35.55N，05.41W；52名艇员全部阵亡），U-618号因伤返航。

除去临时执行气象预报任务的潜艇外，还有6艘2月自法国出航的潜艇驶往冰岛海域，侦察摩尔曼斯克船队及其盟军护航舰队的活动，但这2艘都被击沉（U-448号，4月14日沉没于46.22N，19.35W；9人阵亡，42人获救。U-744号，3月6日沉没于52.01N，22.37W；12人阵亡，40人获救）。

还有3艘潜艇在英国附近海域巡逻，盟军破译了发给这3艘潜艇的密码命令，因此，英国空军和“猎人-杀手”小组前往搜索。2月10日，U-413号与英军驱逐舰“沃里克”号和“塞米塔”号展开了激战，潜艇发射1枚FAT曲线鱼雷将“沃里克”号击伤。U-621号则因电池和37毫米高射炮故障而被迫返航。U-333号则遭到英军第2支援舰队的无情猎杀，潜艇在约40米深处的海底一动不动地待了近十个小时才躲过了攻击。

U-214号3月下旬在卡萨布兰卡附近布置了SMA水雷，但盟军船只两次触雷都没有重大损伤。随后U-214号赶去和U-68号会合以获得新的埃尼格码密钥，然后返航（这是一次非常糟糕的会合，我们将会在后文详细描述）。

2月出航潜艇的主要任务是在距英国西海岸约320公里远的大西洋海域组成一个松散的艇群。1月下旬“芦根”艇群被分成了两个小艇群，“海南”（Hinein）和“斯特姆”（Stuermer）艇群，没过几天，邓尼茨又把这两个小艇群合并成“刺猬”（Hedgehog）艇群。

“刺猬”艇群组建几个小时后，U-764号就遇到了ON-222船队，该船队由51艘商船组成，由2艘驱逐舰、3艘巡防舰、5艘驱潜快艇和1艘弹射起飞航母（MAC）护航。U-764号发出船队讯息后就赶紧下潜，此后陆续赶来的6艘潜艇和U-764号一起向船队发起攻击，但都没能取得战果。

2月初，一些燃料短缺的潜艇返回了法国，其中1艘是新潜艇U-763号，这是大西洋潜艇部队中第1艘安装“霍恩特维尔”搜索雷达的潜艇（直到1944年1月德国潜艇上还没有安装“霍恩特维尔”搜索雷达，这是纳粹德国在电子技术方面落后的又一个例证。早在18个月前的1942年夏天，美国潜艇就已经普遍安装了搜索雷达）。由于担心盟军飞机会探测到雷达波，因此在驶过冰岛-法罗群岛之间和比斯开湾这两个最危险的海域时，U-763号没有启动雷达，结果就在通过比斯开湾途中两次遭到了盟军飞机的攻击，尽管潜艇击落了2架飞机，但由于艇长恩斯特·考戴斯（Ernst Cordes）没有使用“霍恩特维尔”雷达，使邓尼茨感到非常气愤，邓尼茨在向所有潜艇发送的一份电报中严厉批评了考戴斯，并特意指出，敌方飞机上并没有安装FuMB（雷达探测器），因此根本无法探测到“霍恩特维尔”的雷达波，潜艇完全可以放心大胆地利用“霍恩特维尔”装置探测到10公里外的飞机，并在飞机依靠其雷达发现潜艇前，安全下潜。

通过破译埃尼格码盟军了解到“刺猬”艇群的讯息后，盟军将大批军舰和飞机派到了英国西部海域，还为每支船队增派护航航母（2月驶往这一海域的英国护航航母包括“奈拉那”〔HMS Nairana〕号、“积极”〔HMS Activity〕号、“击剑者”号、“追随者”号和“打击者”号）和“猎人-杀手”小组以提供护航。

2月英军第2支援舰队也在这一海域执行反潜任务，该舰队曾在1月31日到2月19日击沉6艘潜艇，分别是：

1月31日，炮舰“八哥”（HMS Starling）号、“喜鹊”（HMS Magpie）号和“野鹅”（HMS Wild Goose）号将U-592号击沉（50.20N，17.29W；49名艇员全部阵亡）；2月8日，炮舰“啄木鸟”（HMS Woodpecker）号和“野鹅”号将U-762号击沉（49.02N，

■ 皇家海军护航航空母舰“积极”号（左图）与“奈拉那”号（右图）是皇家海军为了对付“刺猬”艇群而特别组建的猎杀小组的核心舰艇。这个猎杀舰队将和著名的英国第2支援舰队一起在英国西部海域展开“扫荡”。

16.58W；51名艇员全部阵亡）；2月9日，炮舰“八哥”号、“喜鹊”号和“鸢鹞鹰”（HMS Kite）号将U-238号击沉（49.45N，16.07W；50名艇员全部阵亡）；2月9日，炮舰“八哥”号和“野鹅”号将U-734号击沉（49.43N，16.23W；49名艇员全部阵亡）；2月11日，炮舰“野鹅”号和“啄木鸟”号将U-424号击沉（50.00N，18.14W；50名艇员全部阵亡）；2月19日，炮舰“八哥”号和“啄木鸟”号将U-264号击沉（48.31N，22.05W；52名艇员全部获救），U-264号是第1艘安装了通气管装置的VII型艇。“八哥”号救起全部52名艇员，其中有些人透露了关于通气管的许多讯息。

2月7日，从加勒比海返航的U-516号在中大西洋遇到了HX-277船队。由于这艘潜艇的损伤非常严重，邓尼茨建议艇长汉斯-鲁特格·提勒森（Hans-Rutger Tillessen）既不要攻击也不要追踪。同时命令“刺猬”艇群做好准备在2月10日前后截击这支船队。为了有效攻击这个价值不菲的目标，邓尼茨将“刺猬”艇群分成了“刺猬”1号和“刺猬”2号艇群，前者在罗卡尔浅滩附近，后者在较远的南方，并指挥德国空军“积极”组织侦察飞行。

此时，返航的MKS-38和SL-147船队合并而成的大船队离HX-277船队并不远。“刺猬”艇群南端的一些潜艇误以为这支大型船

■ 被重创的U-744号上的艇员正在弃艇，指挥塔上布满了弹孔。

队就是他们的目标，于是便发起了攻击，结果如前文所述，已经加入这支大船队的第2支援舰队就在2月8日到11日击沉了4艘潜艇（U-762号、U-238号、U-734号和U-424号）。

2月8日，U-985号在冰岛附近击沉了1735吨英国船“玛吉特”（Margit）号，这艘船属于返回洛可艾维的UR-108船队，是1944年2月德军北大西洋潜艇部队击沉的惟一1艘盟军商船。

这段时期，岸防司令部为所有受到“刺猬”艇群威胁的船队提供了密集的空中护航。其中一些飞机曾协助第2支援舰队击沉U-238号和U-762号。2月10日，另外一些飞机向多艘潜艇发起了攻击，英军第612中队1架装有“利光”探照灯的“威灵顿”飞机通过雷达发现了U-545号，澳大利亚飞行员马克思·派恩特（Max H. Painter）借着月光发起了深弹攻击，近距离的猛烈爆炸给潜艇造成了严重损伤，迫使其弃艇（凿沉于58.17N，13.22W；1人阵亡，56人获救）。

2月11日，加拿大第407中队1架装有“利光”探照灯的“威灵顿”飞机发现了U-283号，飞行员赫伦（P. W. Heron）发起了突然攻击，6枚深弹全部命中，将潜艇击沉（60.45N，12.50W；49名艇员全部阵亡）。

2月14日，“刺猬”艇群的U-445号向英军第3支援舰队的1艘巡防舰发射了T-5鱼雷，鱼雷没有命中，反而把第3支援舰队的军舰都给吸引了过来，结果潜艇遭到了重创。

尽管北大西洋潜艇部队付出了惨重的代价却收效甚微，邓尼茨还是要把这种徒劳的行动继续下去。2月15日1架德军飞机报告发现有一支大型船队自北海峡出航后，邓尼茨立即指挥“刺猬”艇群组成了两条巡逻线，“海1”（Hai 1）号和“海2”（Hai 2）号，准备发动一次集群攻击。这支ONS-29慢速船队拥有强大的反潜护航力量。

这两条巡逻带由26艘潜艇组成，邓尼茨激励他们全力以赴争取“胜利”。由于这一海域的盟军飞机尤其是航母舰载机非常多，这次又是个彻底的失败。在这次护航船队大战中，英军第2支援舰队击沉了通气管潜艇U-264号，但U-256号也还以颜色，重创了炮舰“啄木鸟”号。这次战斗中，为船队护航的英国第10护卫队的巡防舰“斯佩”（HMS Spey）号在24小时内击沉了2艘潜艇，创造了英军的一个记录。

2月18日下午，“斯佩”号和巡防舰“罗斯”（HMS Lossie）号发现了U-406号，用深弹将其逼上了水面。艇长迪特里希斯（Horst Dieterichs）刚到指挥塔上，就被“斯佩”号的炮火击毙。随后“斯佩”号的一个跳帮组登上了潜艇，缴获了一大批秘密文件，但刚将文件搬出去，潜艇就沉没了（48.32N，23.36W；12人阵亡，45人获救），好在跳帮组成员及时撤出。

2月19日下午，“斯佩”号发现了U-386号并立即发起了攻击，先是用深弹将潜艇逼上了水面，然后所有武器开火，终将潜艇击沉（48.51N，22.44W；33人阵亡，16人获救）。

邓尼茨将两个“海”艇群解散，并在2月19日重新组建了由17艘潜艇组成的“普鲁森”（Preussen）艇群，其中13艘来自“海”艇群，另外4艘则是从法国出航的新潜艇。不过U-264号被击沉，U-281号正在返航途中，“普鲁森”艇群实际只有15艘潜艇，这是战争期间最后一个攻击船队的艇群。

在重新部署过程中，“普鲁森”艇群的U-91号于2月25日晚上被英军第1支援舰队击沉（49.45N，26.20W；36人阵亡，16人获救）。

“普鲁森”艇群期望攻击ON-225船队，邓尼茨认为它可能会像ON-223和ON-224船队那样沿西南航线前进，因此对“普鲁森”艇群进行了相应部署，准备在2月28日发动攻击。盟军通过破译密码掌握了潜艇的分布状况，因而指挥ON-225船队改走西部航线，顺利地绕过了潜艇巡逻线。

3月1日对于“普鲁森”艇群来说，简直就是个黑色的日子，一天内有3艘潜艇被击沉：U-358号从2月29日起在遭到了“加利斯”（HMS Garlies）号、“阿弗莱克”（HMS Affleck）号、“戈尔”（HMS Gore）号和“古尔德”（HMS Gould）号长达30多个小时的无情攻击后，潜艇里的空气已经非常污浊，艇员呼吸都十分困难，最后只好在3月1日天黑后浮上水面，这时“加利斯”号和“戈尔”号已经离开，只有“阿弗莱克”号和“古尔德”号仍在追击。潜艇升到潜望镜高度时，就先向“古尔德”号发射了1枚T-5鱼雷，在鱼雷命中“古尔德”号并将其炸沉的同时，潜艇浮上水面全速航行，不过“阿弗莱克”号随即开火，将其击沉（45.46N，23.16W；50人阵亡，1人生还）。

美国护航航母“布洛克岛”号于2月29日抵达了“普鲁森”艇群所在海域，傍晚2架“复仇者”飞机发现水面上有潜望镜引起的鳞波，便投下声呐浮标。“伯斯特威克”（DE-103，Bostwick）号、“布伦斯坦”（DE-189，Bronstein）号和“托马斯”（DE-102，Thomas）号3艘护卫舰迅速赶来，用雷达发现了U-709号，“布伦斯坦”号首先发射了闪光弹照亮了附近海域，并用76毫米主炮和40毫米副炮将潜艇赶到水下，然后就是两轮刺猬炮攻击。“伯斯特威克”号和“托马斯”号接着对潜艇进行了约5小时的攻击，最终在3月1日凌晨将U-709号击沉，这是美国护卫舰单独击沉的第1艘潜艇（49.10N，26.00W；52名艇员全部阵亡）。

3月1日午夜，“布伦斯坦”号又发现了U-603号，立即用深弹和刺猬炮发起攻击并最终将其击沉（48.55N，26.10W；51名艇员全部阵亡）。

“普鲁森”艇群的U-441号在3月2日遭到1架身份不明的飞机攻击，被击成重伤后被迫返航。

3月北大西洋的潜艇行动

如果潜艇仍然要到英国附近海域巡逻，根本就没有希望取得战绩。但是尽管潜艇损失惨重，邓尼茨还是坚持要求在3月继续进行这种巡逻。毕竟，希特勒曾宣称潜艇部队是在大西洋阻止盟军登陆的第一道防线。此外，通过这些巡逻，可以决定应该在电动潜艇上装配什么武器。

3月7日，“普鲁森”艇群仍然在海上，邓尼茨认为这个艇群还有15艘潜艇，但实际上已经有4艘被击沉，只剩下11艘了，这个艇群松散地分布在英国附近，形成了一条自北

■ 美国海军护航航空母舰“布洛克岛”号（上图及下图），围剿“普鲁森”艇群的主力。它所在的舰队总共击沉3艘U艇。

■ 美国海军护航驱逐舰“里奥普尔德”号，该舰是1943年10月服役的新舰（图为其下水时的照片），1944年1月底才完成水兵的训练工作。

向南从罗卡尔大浅滩到西部大道再到英吉利海峡的巡逻线，跟战争之初的潜艇分布状况有点类似。不过，由于已经有4艘潜艇沉没，巡逻线有几个缺口。盟军早已通过破译密码和其他渠道了解了这一状况。

3月9日，“普鲁森”艇群的U-255号遭到了护航驱逐舰“里奥普尔德”（DE-319，Leopold）号的主炮攻击，但潜艇下潜后发射了1枚T-5鱼雷，命中“里奥普尔德”号的舰尾。护航驱逐舰“乔伊斯”（DE-317，Joyce）号赶来，利用声呐发现了U-255号，对其进行了3小时的追踪，但还是被潜艇逃脱了。黎明时分“乔伊斯”号返回到了“里奥普尔德”号所在海域，救起了28名水兵，再用深弹和火炮将这个已断成两半的躯壳击沉。

邓尼茨又调集另外5艘潜艇加入“普鲁森”艇群，盟军掌握了这些增援潜艇的情报，并采取相应措施。U-575号于3月10日向英国驱潜快艇“水仙”（HMS Asphodel）号发射了1枚T-5鱼雷，将其击沉。虽然通气管装置在这次战斗中并没有起到什么直接作用，但这毕竟是第1艘被通气管潜艇击沉的盟军军舰。其他为护航航母“打击者”号护航的英国护卫舰，立即对U-575号进行了长达18小时的猎杀，但还是被潜艇逃脱了。艇长沃尔夫冈·博姆（Wolfgang Boehmer）在脱险后发出了报告，他认为在盟军军舰附近使用通气管的做法并不可取，因为一方面柴油机产生的噪音会妨碍水下测声仪正常工作，另一方面，尽管作了许多预防措施，但通气管装置排出的废气还是有可能会被敌舰发现。

3月13日凌晨，U-575号被英军第172中队1架“威灵顿”飞机发现，飞行员约翰·菲尼斯（John P. Finnessey）的攻击程序非常规范，先是投下漂浮闪光弹，再发出警报，最后投下深弹。黎明时分，英军第206中队1架B-17赶来，冒着密集的高射炮火投下了4枚深弹。U-575号37毫米高炮自动供弹系统出现了故障，只能依靠人力供弹，这样火力明显薄弱，于是只好下潜。B-17继续在空中盘旋，并不断发出无线电报告，不久英军第220中队1架B-17赶来了，飞行员特拉维尔发现水面上有一大滩油迹，便投下了2枚深弹。随后护航航母“伯格”号的1架“复仇者”赶来，也发现了油迹并投下了声呐浮标。驱逐舰“霍布森”（DD-464，Hobson）号到来后进行了搜寻，但没有任何发现。当天晚些时候，护航驱逐舰“哈弗菲尔德”（DE-393，Haverfield）号通过声呐探测到了一个目标，于是立即发起深弹和刺猬炮攻击。正巧路过的加拿大巡防舰“鲁珀特亲王”（HMCS Prince Rupert）号也一起发起了进攻。还有驱逐舰“霍布森”号也赶来增援，并很快通过声呐发现了目标，发起了两轮深弹攻击。在密集的深弹攻击下，U-575号只好上浮，3艘军舰都用主炮猛烈开火，空中的“复仇者”飞机也用火箭和炸弹发动了攻击，终于将U-575号击沉（46.18N，27.34W；18人阵亡，37人获救）。

盟军军舰总共救出了包括艇长在内的37名艇员，这是盟军第二次从通气管潜艇上抓到俘虏，从中了解到更多关于通气管及其操作的技术情报，其中有个情况是潜艇并不是一直在使用通气管，而只是在夜里充电时才会用上三四个小时。基于这些情报，一位美国情报官员写道：“战俘们对于通气管的反应比较一致：都反对使用这种装置，希望能够将其拆除。一些人担心如果一个海浪将潜艇进气口淹没潜艇里就会出现真空；还有一些人抱怨排气装置不足会使柴油机室产生烟雾；他们都担心海上出现磷光时很容易被敌方飞机发现，他们宁愿潜在水下……在一条反对安装通气管的无线电讯息中，有人提到，通气管会影响到水下测声仪的正常工作，船尾部分尤甚。除非是距离非常近的巨大声响，否则它根本接收不到其他声音。”

U-575号安装通气管后仅仅在海上活动了两星期就被击沉了，2艘通气管潜艇被击沉的消息（当时一共只有3艘通气管潜艇）在大西洋潜艇部队传开之后，艇员对于这种笨拙而又讨厌的装置的信心进一步降低了。

2月29日2艘加强给“普鲁森”艇群的潜艇从布勒斯特出发了，第八天U-625号的“臭虫”和“纳克索斯”雷达探测器还有柴油机都出现了故障。邓尼茨一边通过无线电指导潜艇修复损伤，一面指挥U-963号赶来提供支持。3月10日下午，加拿大第422中队1架“桑德兰”飞机发现了水面上航行的U-625号，冒着密集的高射炮火投下了6枚深弹。U-625号潜到水下，但几乎马上就因为伤势太重而

■ 美军护航航空母舰“伯格”号——著名的“伯格”级首舰（上图及下图）。

■ 从那架重创U-625的“桑德兰”水上飞机上拍摄的德国潜艇弃艇逃生的景象。通海闸已经被炸开，船尾正在缓缓翘起，水上漂浮着德国潜艇艇员……

号通过声呐探测到了目标，沃克的“八哥”号率先攻击居然一举奏效（沉没于53.46N，24.35W；51名艇员全部阵亡）——沃克本来是准备先将潜艇逼到合适深度，然后由“野鹅”号主攻，因为第2支援舰队有个不成文的规定，一般是由先发现潜艇的

赶紧上浮，艇长史特劳博（Siegfried Straub）见伤势太重无法挽救便决定弃艇。在弃艇前，他向邓尼茨发出了SOS讯号，结果附近的U-256号和U-741号火速赶来营救，但这两艘潜艇在驰援途中都遇到了麻烦。3月11日，U-256号被加拿大第407中队1架“威灵顿”飞机发现并遭攻击，受重伤而返航。U-741号则遭到了多架飞机和军舰的攻击，不过只受到轻微损伤。

U-629号3月2日从布勒斯特出航，第二天就被英军第304中队1架飞机击伤而返航。3月9日修复好损伤后再次出航，但在3月12日又遭英军第612中队1架“威灵顿”飞机攻击，严重受损再次返航。

U-653号于3月15日被英军护航航母“温铎克斯”（HMS Vindex）号的1架“剑鱼”飞机发现，第2支援舰队迅速赶来，“野鹅”军舰来主攻，于是沃克向“野鹅”号舰长威姆斯致意：“我为我的公然偷猎感到非常抱歉。”

U-311号3月19日发现了CU-17油轮船队，U-311号向1艘驱逐舰发射了5枚鱼雷，但没有命中，反而遭到了护航舰长达4小时的猎杀，但U-311号不仅躲过了攻击还向船队发射了2枚FAT曲线鱼雷，击沉了10342吨美国油轮“思凯”（Seakay）号。这是五个月以来，北大西洋海域的潜艇击沉的第四艘盟军商船。在这次船队之战中，护航舰还将U-415号击成重伤。

潜艇司令部在3月中旬的记录中写道，由于要将潜艇集中用于保卫挪威（“中心”艇群）和法国（“地主”艇群），因此停止向大西洋部队调派新潜艇。加上空中支持不力、潜艇的严重损失，北大西洋的潜艇就连假装

向船队发动攻击的样子也做不出了。因此邓尼茨3月22日解散了“普鲁森”艇群，将本来打算派往“普鲁森”艇群的11艘潜艇召回了法国，其中的U-976号于3月25日遭到英军第248中队6架“蚊式”飞机的攻击，其中两架“蚊式”上装有实验性的57毫米加农炮（代号“舌蝇”），“舌蝇”炮威力果然惊人，一举将U-976号击沉（46.48N，02.43W；4人阵亡，49人获救）。

4月6日U-302号发现SC-156船队，该艇取得了近来难得一见的“胜利”，击沉2艘商船共9777吨，但护航的英国巡防舰“沼泽”（HMS Swale）号用深弹和刺猬炮将U-302号击沉（45.05N，35.11W；51名艇员全部阵亡）。

4月8日，英军第7支援舰队的炮舰“鹤”（HMS Crane）号和“小天鹅”（HMS Cygnet）号发现并击沉了U-962号（45.43N，19.57W；50名艇员全部阵亡）。

4月17日，为一支小型海岸船队护航的英国驱逐舰“史威夫特”（HMS Swift）号和加拿大猎潜舰PC-619将U-986号击沉（50.09N，12.51W；50名艇员全部阵亡）。这艘潜艇上装有火箭炮，但因为被击沉了，所以德军没能获得关于使用火箭炮的详细报告。

■ 皇家海军护航航母“温铎克斯”号，其搭载的“剑鱼”飞机发现了U-653号，随后这艘不走运的潜艇被赶来的“八哥”号炮舰干掉。

4月22日，加拿大第9支援舰队将U-311号击沉（52.09N，19.07W；51名艇员全部阵亡）。

另有两艘潜艇被击伤：3月26日U-963号被1架飞机击伤；同一天U-255号在直布罗陀附近被1架飞机击伤而返航。4月11日就在快抵达圣纳泽尔时，遭到15架“蚊式”飞机的攻击，德军出动10架Ju88向“蚊式”飞机反击，以付出3架飞机的代价击落5架“蚊式”，U-255号则平安抵达了圣纳泽尔。

大西洋船队大战结束

1944年4月初，潜艇司令部的首要任务就是要组建三支潜艇部队以阻止盟军对西欧的进攻，三支潜艇部队分别是北冰洋部队（30艘）、挪威南部部队（“中心”艇群，30艘）和大西洋部队（“地主”艇群，50艘）。

实际上，这些潜艇主要执行防御性任务。尽管战争已经充分证明潜艇与高度戒备的两栖部队作战无异于以卵击石，但潜艇部队别无选择，装备通气管和T-5鱼雷的潜艇是希特勒在大西洋的“第一道防线”。

4月仅有11艘潜艇驶入大西洋，其中2艘被派到了地中海，剩下的9艘潜艇中，有6艘从挪威出航执行气象预报任务然后再驶往法国，其中5艘加入“地主”艇群。另外3艘从法国出航的潜艇则要执行气象预报和无线电诱饵，以掩饰潜艇部队主力撤出北大西洋。此时，大约仍有10艘来自“普鲁森”艇群的潜艇在执行巡逻任务。

4月所有在北大西洋巡逻的潜艇都要面对大批反潜飞机的威胁，既有岸基飞机也有航母舰载机。潜艇司令部记录在4月约有20艘潜艇报告遭到了飞机攻击，有2艘被击沉，一些潜艇安装了“苍蝇”雷达探测器，可以提前获得预警，从而避开了一些飞机的攻击。另一方面，潜艇发送的关于37毫米高炮的消息多是负面的。到4月，最高统帅部才证实应该在高炮供弹设备上采用一些耐腐蚀不锈钢的配件。在不锈钢配件生产出来之前，这种炮根本就只能依靠手工供弹，这在面对飞机攻击时就是致命缺陷。

由于能够连续不断地破译埃尼格码，盟军情报机构对于4月的潜艇行动了如指掌。具有讽刺意义的是，德军给盟军密码破译者帮了一个大忙，他们新增了一个词目转换步骤，为了能够让新近出航的潜艇把此次要求转交给早已在海上的潜艇，就用埃尼格码安排了十二次甚至更多次的会合。但有一次会合由于恶劣的天气而告吹，潜艇司令部只好通过埃尼格码将新步骤发给了那艘潜艇，这对于盟军密码破译者来说简直就是送上门的大礼。

4月驶往地中海的2艘潜艇是U-731和U-960号，5月15日下午美军VP-63中队2架“卡塔林那”飞机发现了U-731号，随即用火箭发动了攻击，还召唤来了英军巡逻艇“基尔马诺克”（HMS Kilmarnock）号、驱潜快艇“奥布里提亚”号和反潜拖轮“黑苍蝇”（HMS Blackfly）号，“基尔马诺克”号向潜艇实施了深弹和刺猬炮攻击，将其炸沉（35.54N，05.45W；54名艇员全部阵亡）。

除去前面提到过的U-302号和U-621号曾攻击过船队外，还有3艘在北大西洋东部的潜艇曾与船队或军舰进行过正面交锋。

U-385号4月15日在冰岛附近向“玛丽皇后”号远洋客轮发射了3枚鱼雷，艇长瓦伦蒂纳（Hans-Guido Valentiner）声称2枚鱼雷命中，但“玛丽皇后”号毫发无损。

U-667号在4月16日攻击了一个“猎人杀手”小组的1艘驱逐舰，鱼雷没有命中目标，反而遭到了护航舰长达12小时的反击，最终逃脱了。回到法国后，艇长施洛特勒（Heinrich-Andreas Schroeteler）高度评价了通气管装置，但同时又说，要彻底掌握通气管装置需要很高的技艺。

U-473号5月3日发现CU-22油轮船队，立即勇敢地发起进攻，击伤美军护航驱逐舰“多尼尔”（DE-56，Donnell）号。

4月有9艘潜艇驶往北大西洋，其中5艘（U-342号、U-193号、U-846号、U-473号和U-765号）被击沉。

5月仅有两艘潜艇驶往北大西洋，这两艘潜艇都要去执行气象预报，都没有取得任何战果。

1944年1月1日到6月1日，邓尼茨一共派遣潜艇到北大西洋和中大西洋执行了78次巡逻，这些潜艇一共击沉11艘商船共21854吨和7艘军舰。这段期间驶往北大西洋和中大西洋的德国潜艇（包括3艘进入地中海的潜艇）中一共有37艘被击沉，艇员损失多达1900人，其中332人被俘。

北冰洋

遵照希特勒的命令，1944年1月和2月，邓尼茨把北冰洋的潜艇部队增加到了30艘，主要基地在特隆赫姆和纳尔维克，由鲁道夫·皮特斯指挥，分为第11和第13舰队（分别由汉斯·库海茨和罗尔夫·吕格堡指挥）。

“沙恩霍斯特”号被击沉后，盟国认为北冰洋相对安全一些了。JW-56A船队于1月12日从苏格兰洛可艾维（Loch Ewe）出发，而且英国海军并没有出动本土舰队提供护航，但船队遇到了猛烈的冬季暴风雪，被迫返回冰岛阿库雷（Akurey）。除去5艘在暴风雪中受损的商船，船队其余船只于1月21日再次出航，由11艘护航舰护航。JW-56B船队由16艘商船组成，13艘护卫舰护航，于1月22日从洛可艾维出航。本土舰队3艘巡洋舰“贝尔法斯特”号、“肯特”号、“诺福克”号提供远程护航。

■ 停泊在基地内的U艇，艇员们正在享受巡航任务归来后宝贵的假期。

德军调集15艘潜艇前去截击JW-56A船队，对潜艇行动了如指掌的盟军迅速命令JW-56A船队航线改向北调整，但还是被潜艇巡逻线最北端的U-956号发现，于是其他潜艇都闻讯赶来，于1月25和26日发动了攻击。在这次攻击中，有8艘潜艇共发射了10枚鱼雷，击沉3艘共21530吨，还击伤英国驱逐舰“顽固”（HMS Obdurate）号。

随后潜艇又于1月29日和30日向JW-56B船队发动了攻击，9艘潜艇一共发射了12枚鱼雷，却仅有U-278号重创了英国驱逐舰“哈迪”（HMS Hardy）号，该舰后被英军自己击沉。

攻击JW-56船队的许多艇长都宣称用T-5鱼雷击中了敌方驱逐舰，但这些说法没有被确认。邓尼茨仍然认为T-5鱼雷对战争有着决定性意义，因此还是接受了这些战绩。2月1日，邓尼茨向参战潜艇发出了无线电讯息：“非常不错，继续保持！”

潜艇部队惟一的损失是U-314号在1月30日被英国驱逐舰“流星”（HMS Meteor）号和“怀特霍尔”（HMS Whitehall）号击沉（73.41N，24.30E；49名艇员全部阵亡）。JW-56船队的护航大战再次惊动了盟军，使得他们对于摩尔曼斯克船队的安全问题再度重视了起来。把从克拉港（Kola Inlet）返航的RA-56船队出航时间延迟了，要等JW-56A船队的护航舰都完成返航准备后再一起出航。由37艘商船和26艘护航舰组成的RA-56号船队于2月2日从克拉港出航，于2月11日平安抵达了洛可艾维。

应本土舰队司令布鲁斯·弗雷泽的强烈要求，英国海军部同意不再将JW-57船队分成两部分，而且要为其提供异常强大的护航。由42艘商船组成的JW-57船队于2月23日从洛可艾维出发，护航力量是护航航母“追击者”号、轻巡洋舰“黑太子”（HMS Black Prince）号和17艘驱逐舰。英军通过破译埃尼格码获知有14艘潜艇正在等待攻击JW-57船队，2月24日

■ 两年来，蛰伏在挪威沿海峡湾内的“提尔匹茨”号战列舰一直是盟军北方航线上的心腹大患，英国人一直欲除之而后快。

潜艇发起了集群攻击，6艘潜艇发射了鱼雷，但只有U-990号击沉了英国驱逐舰“马拉他”（HMS Mahratta）号。这次护航大战中有两艘潜艇（U-713号和U-601号）被击沉。

由31艘商船组成的RA-57返航船队于3月2日从克拉港起航，护航航母“追击者”号及其他一些护航舰为其护航。英军通过破译埃尼格码知道有15艘潜艇正准备截击RA-57船队。从3月4日起持续48小时里，5艘潜艇发射了5枚鱼雷，仅有1枚鱼雷命中目标，U-703号击沉了7062吨英国船“游客帝国”（Empire Tourist）号。而护航航母“追击者”号的舰载机和护航舰一共击沉了3艘潜艇（U-472号、U-366号和U-973号），还重创了U-737号。

3月中旬，盟军通过破译密码得知，德军战列舰“提尔匹茨”号修复后要在挪威北部海域进行试航。尽管“提尔匹茨”号可能尚未做好战斗准备，但英军还是采取措施加强JW-58船队的护航力量。这支由49艘商船组成的船队于3月27日从洛可艾维出航，护航力量非常强大：护航航母“积极”号（舰载机10架）、护航航母“追踪者”号（舰载机19架）、英国轻巡洋舰“王冠”（HMS Diadem）号、美国轻巡洋舰“密尔瓦基”（CL-5，Milwaukee）号（准备赠送给苏联）、20艘驱逐舰和4艘驱潜快艇，还有被紧急调来的英军第2支援舰队（5艘炮舰），总计有33艘军舰。

盟军通过破译埃尼格码了解到北冰洋潜艇部队仍然拥有29艘潜艇。其中16艘潜艇正在海上，还有13艘正在港内接受维修、改装。

3月29日夜，U-961号在前往大西洋途中，遇到了第2支援舰队，高度警惕的“八哥”号炮舰立刻发起攻击，当即将其击沉（64.31N，03.19W；49名艇员全部阵亡）。

参加截击的德军12艘潜艇分成了三个艇群（“闪电”、“锤子”和“雷鸣”），在德国空军的支持下，于4月11日发现了JW-58船队。在得到5艘潜艇的增援后，在接下来的48小时里发起了18次进攻，但没有取得任何成功。反而被护航舰击沉2艘潜艇（U-360号和U-288号），及造成U-355号不明原因失踪。

就在JW-58船队航行中的4月3日，英国海军由战列舰“安德逊”号和“约克公爵”号、舰队航母“暴怒”号（舰载机21架“梭鱼”〔Barracuda〕飞机）和“胜利”号（舰载机21架“梭鱼”飞机）、4艘护航航母（“君主”〔HMS Emperor〕号、“击剑者”号、“追随者”号、“搜寻者”号）、4艘巡洋舰（“贝尔法斯特”号、“牙买加”号、“保皇”〔HMS Royalist〕号、“谢菲尔德”号）和14艘驱逐舰组成的特遣舰队向锚泊在阿尔屯峡湾的“提尔匹茨”号发动了攻击（代号“钨”作战），“暴怒”号和“胜利”号的“梭鱼”舰载机投下的炸弹有14枚命中，给“提尔匹茨”号的上层结构造成了严重损伤，只好又进行了三个月的维修。

自4月初起，北冰洋海域进入了极昼时期，再加上要为“霸王行动”（Operation Overlord，即诺曼底登陆）做准备，英国海军延迟了摩尔曼斯克船队的出航时间。护航严密的RA-58返航船队（36艘商船）和RA-59返航船队（45艘商船）分别于4月7日和28日从克拉港出航。潜艇截击了这两支船队，发射了许多鱼雷，但只有U-711号于4月30日击沉了RA-59船队7176吨的美国自由轮“威廉·泰耶”（William S. Thayer）号。

RA-59船队的护航航母“击剑者”号上的第842中队舰载机击沉了3艘潜艇（U-277、U-674和U-959号）。

按照英国的承诺，1943年冬季要向苏联运送140艘船的物资。实际上英国一共派出188艘船，其中被潜艇击沉5艘（3艘满载货船和两艘空载返航船）。1944年前五个月里，北冰洋潜艇部队最多拥有过30艘潜艇，在这些行动中，盟军击沉了12艘潜艇及1艘从挪威驶往法国的潜艇。在这13艘潜艇上的约650名艇员中，311人生还，但都被俘了。

战争期间，邓尼茨一直认为将潜艇派往北冰洋是一种浪费。1943年冬季潜艇在该海域的战绩充分证实了他的看法。

地中海

1944年1月维尔纳·哈特曼担任地中海潜艇部队司令，将总部设在距法国土伦约22公里的科斯达拜勒城堡（Chateau Costabelle）。在地中海的潜艇行动都不啻于碰运气。盟军的空袭迫使德军建造潜艇洞库来保护潜艇。

1944年1月，地中海潜艇部队毫无收获。1月9日盟军空袭普拉（Pula）时击沉了U-81号（44.52N，13.51E；2名艇员阵亡，生还人数不详）。1月有3艘潜艇抵达地中海，2月又有另外3艘抵达，这样地中海部队的潜艇数增加到了19艘。但在盟军2月4日对土伦的空袭中，有3艘潜艇被击伤。

1944年1月22日盟军在意大利安齐奥（Anzio）登陆，于是所有潜艇都被派往意大利执行几乎不可能取得成功的抗登陆行动。

2月15日U-410号击沉7154吨英国自由轮“圣尼古拉斯要塞”（Fort St. Nicolas）号，18日击沉5270吨英军轻巡洋舰“珀涅罗珀”（HMS Penelope）号，20日击沉1625吨美军坦克登陆舰USS LST-348号。U-230号在16日及20日各击沉了1艘英军坦克登陆舰HMS LST-418和HMS LST-305。U-969号在22日重创了GUS-31船队7176吨美国自由轮“乔治·克莱夫”（George Cleeve）号和同船队同吨位的美国自由轮“皮特·史基耐·奥格登”（Peter Skene Ogden）号，这两艘船虽然都开到港口，但都因伤重而报废。

难以相信的是，1944年1月和2月，盟军在地中海没有击沉1艘潜艇。3月又有3艘潜艇从大西洋调到地中海，使潜艇总数达到了22艘。

■ 由于从1944年初起，盟军对位于地中海沿岸原法国港口的U艇基地与比斯开湾U艇基地展开大规模轰炸，迫使德军开始修建封闭式洞库来保护到港停泊的U艇。

■ 在海上"恭候"U-371的6艘军舰之一的美国护航驱逐舰"普莱德"号。

3月10日，U-952号击沉了7176吨美国自由轮"威廉·伍兹"（William B. Woods）号。17日，U-371号重创SNF-17船队6165吨美国船"处女溪"（Maiden Creek）号（拖回港口后报废），并击沉同船队17024吨荷兰运兵船"邓普"（Dempo）号，由于这些战绩，艇长瓦尔德马·梅尔（Waldemar Mehl）获得了骑士十字勋章（获得勋章时，确证战绩为击沉9艘共计42451吨）。30日，U-223号击沉1935吨英国驱逐舰"拉佛利"（HMS Laforey）号。

3月盟军在地中海击沉了5艘潜艇（U-343号、U-450号、U-380号、U-410号和U-223号）。

4月地中海潜艇部队得到了1艘潜艇的支援，但又损失了2艘（U-421号和U-455号）。而4月中只有U-407号击沉了UGS-37船队的2艘美国自由轮共14386吨。

5月起由于要在挪威和法国集结最大规模的潜艇以对抗盟军的登陆，将不再向地中海增派潜艇，而盟军的反潜力量却越来越强。5月3日，U-371号在贝贾亚（Bejaia，阿尔及利亚港口）附近发现了由14艘军舰护航的GUS-38船队（107艘空载商船）。潜艇随即向美国护航驱逐舰"门格斯"（DE-320，Menges）号发

■ 被“普莱德”号救起的U-371上的德国伤员，正被美军水兵用担架抬下码头。对于这些德国人来说，他们在战争中侥幸保住了性命，但是U艇部队中类似的幸运儿并不多。

射了1枚T-5鱼雷，命中船尾，英国拖船“热望者”（HMS Aspirant）号和自由法国拖船“投弹手”（Bombardier）号将“门格斯”号拖到了贝贾亚，后来又被拖回了纽约（护航驱逐舰“所有者”〔DE-401，Holder〕号的船头部分在战斗中被德国空军击毁了，美国造船厂就把“所有者”号的船尾部分卸下接到“门格斯”号上重新拼成了新的“门格斯”号，并于1944年11月重返大西洋）。

U-371号一击得手就下潜并悄悄向海岸方向驶去，但还是被其他护航舰发现了，并遭到了密集的深弹攻击，潜艇受损进水。由于潜艇攻击前尚未完成充电，很快就没电了，最后只好坐沉到231米海底，在那里一动不动地待了一整天，直到5月4日凌晨，潜艇里的水已经到膝盖深了，艇长赫斯特-阿诺·范斯基（Horst-Arno Fenski，4月5日上任）这才下令上浮，刚浮出水面就陷入了6艘盟军军舰——美军护航驱逐舰“约瑟夫·坎贝尔”（DE-70，Joseph E. Campbell）号和“普莱德”（DE-323，Pride）号、美军扫雷舰“苏斯坦”（AM-119，Sustain）号、英军护航驱逐舰“布兰克尼”（HMS Blankney）号、自由法国护航驱逐舰“拉·阿克用”（L'Alcyon）号和“塞内加尔”（Senegalais）号的包围，这些军舰一起向潜艇猛烈开火，绝望的范斯基下令发射1枚T-5鱼雷，击伤“塞内加尔”号，随后命令弃艇，盟军救起了49名艇员（37.49N，05.39E；3人阵亡，49人获救）。

5月5日，U-967号击沉了为GUS-38船队护航的美军护航驱逐舰“费奇特勒”（DE-157，Fechteler）号后于17日结束巡逻任务返回土伦，艇长阿布莱希特·布兰迪（Albrecht Brandi）获得了宝剑橡叶骑士十字勋章，这使布兰迪得以和奥托·克雷齐默尔、沃尔夫冈·卢瑟、莱茵哈德·苏伦和埃里希·托普一起跻身超级王牌艇长之列（德国潜艇部队只有上述5人荣获宝剑橡叶骑士十字勋章）。获得勋章时，布兰迪宣称的战绩达到了26艘（其中军舰10艘）共计约10万吨，按照德军规定，在地中海的击沉吨位于计功时要翻一番，击沉了军舰还有加分，因此布兰迪很轻易地就符合了获得宝剑橡叶骑士十字勋章的标准。不过，他的确证战绩却少得令人吃惊：总共击沉了12艘共计31689吨，其中军舰4艘。

5月14日凌晨，U-616号在阿尔及尔和奥兰之间的泰尼兹角（Cape Tenez）附近发现了GUS-39船队，击伤了10627吨的英国油轮“瓦尔登”（GS Walden）号和7127吨英国自由轮“费德勒要塞”（Fort Fidler）号，美军驱逐舰“希拉里·琼斯”（DD-427，Hilary P. Jones）号及护航驱逐舰“伯斯特威克”（DE-103，Bostwick）号、“布伦斯坦”（DE-189，Bronstein）号和“万斯”（DE-387，Vance）号迅速赶来，但长达8小时的反潜猎杀却毫无收获。

当天下午，英国海军发起了“沉船行动”（Operation Swamp）集中力量对U-616号展开猎杀。有两个美军“猎人杀手”小组共7艘军舰赶来支持，英军第36中队许多反潜飞机也陆续赶来。23时许，U-616号浮上水面充电，随即被飞机发现，尽管潜艇迅速下潜，逃过了飞机的深弹攻击，但已惊动了周围的水面舰艇，距离最近的“艾利森”（DD-454，Ellyson）号首先赶到，并很快获得了稳定的声呐讯号，立即投下了深弹。U-616号一个燃油箱被击毁，因此航行时在海面上留下了油迹。

5月15日一整天盟军反潜部队仍在继续着猎杀行动，U-616号潜到深海一动不动。但到夜幕降临时，电池几乎完全没有电了，潜艇里的空气也非常污浊，只好在午夜浮上了水面，又被飞机发现了，并被逼到水下。但后来还是偷偷浮上水面完成了充电。

5月16日白天，U-616号故伎重施，再次潜到深海一动也不动，因此盟军猎杀者彻底失去了目标。21时许浮上水面为电池充电，但很快又被飞机发现，飞机的深弹攻击刚结束，驱逐舰就赶到了。午夜过后，潜艇再次

德军潜艇在地中海击沉的军舰

战列舰“巴哈姆”号

航母“皇家方舟”号和“飞鹰”号

巡洋舰“加提亚”号、“赫尔达厄尼”号、“那伊阿德”号和“泊涅罗伯”号

大型布雷舰“威尔士人”号

16艘驱逐舰（12艘英军：“布利恩”号，“廓尔喀II”号、“小树林”号、“海索普”号、“霍尔科波”号、“美洲虎”号、“拉弗利”号、“马丁”号、“山鹑”号、“普克利奇”号、“鹌鹑”号和“廷代尔”号。3艘美军：“布利斯托”号、“雄鹿”号、“费奇特勒”号。1艘荷兰：“伊萨克·史韦尔斯”号）

1艘巡防舰“库克米兰”号

1艘炮舰“帕拉马塔”号

1艘驱潜快艇“西尔维亚”号

3艘布雷舰（2艘英军：“赫伯”号和“海则”号；1艘美军：“斯基尔”号）

5艘LST坦克登陆舰（4艘英军，1艘美军）

2艘反潜拖网渔船“维斯里基”号和“尤拉”号

上浮为电池充电，这次被驱逐舰“马克姆”（DD-458，Macomb）号发现，驱逐舰用探照灯罩住目标后，主炮就开火了。潜艇紧急下潜，但驱逐舰继续展开深弹攻击。17日早晨，U-616号被迫浮出水面，面对7艘驱逐舰的猛烈炮火，艇长考伊茨卡（Siegfried Koitschka）下令弃艇（36.46N，00.52E；53名艇员全部获救被俘），二战中持续时间最长也最为残酷的潜艇猎杀就此画上了句号。骑士十字勋章获得者考伊茨卡的战绩也是虚夸惊人：6艘军舰、7艘货船。但其确认战绩只有1艘驱逐舰（1570吨）、1艘坦克登陆艇（611吨）以及击伤2艘货船，但也就是因为击伤两艘商船而导致了潜艇遭到围攻直至沉没。

完成猎潜行动的7艘驱逐舰向墨尔卡贝尔港（位于阿尔及尔附近）返航，但在5月17日下午遭到U-960号的偷袭，于是盟军又发起了猎潜行动，5艘美军驱逐舰“本生”（DD-421，Benson）号、“勒德洛”（DD-438，Ludlow）号、“麦迪逊”（DD-425，Madison）号、“尼布莱克”（DD 424，Niblack）号、“沃尔希”（DD-437，Woolsey）号从墨尔卡贝尔港紧急出动，岸防司令部也派出英军第36和500中队的反潜飞机助战。天黑后，U-960号以水面航行状态驶向土伦。在5月18日凌晨被飞机发现，盟军军舰闻讯都火速赶来，但5月18日一整天的猎杀都没有收获。5月19日凌晨潜艇再次浮上水面充电，又被飞机发现，飞机投下了闪光浮标，以指引水面舰艇。赶来的“勒德洛”号和“尼布莱克”号发起了持续的深弹攻击，潜艇被炸伤，只好浮上海面后自沉（37.20N，01.35E；31人阵亡，20人获救）。

5月19日中午U-453号向HA-43船队发射了3枚鱼雷，击沉了7147吨英国自由轮“米萨纳比要塞”（Fort Missanabie）号。3艘英国驱逐舰立即用深弹和刺猬炮反击，潜艇潜坐180米的海底，一直静静等到20日凌晨，但是当潜艇在黎明时分准备离开时，被一直耐心等待的军舰发现，随即展开了持续12小时的攻击，潜艇被炸伤，只好浮出水面后自沉（38.13N，16.30E；1人阵亡，51人获救）。

击沉“米萨纳比要塞”号是德军地中海潜艇部队取得的最后一次战果。从6月1日起，余下的11艘潜艇都返回船厂准备接受战伤维修并安装通气管。在美军7月5日和8月6日空袭土伦的行动中，5艘潜艇（U-471号、U-586号、U-642号、U-952号和U-969号）被炸沉。8月15日盟军在法国南部登陆后，3艘潜艇（U-230号、U-466号和U-967号）在土伦自沉。9月，最后3艘潜艇（U-407号、U-565号和U-596号）也都在萨拉米斯（Salamis，位于雅典附近）岛基地被击沉。

二战期间，一共有62艘潜艇通过直布罗陀海峡进入地中海，这些潜艇在极其危险的条件下，确证击沉37艘军舰和137艘商船，共计约50.3万吨。

出巡远东

1944年1月1日到6月1日，邓尼茨向远东派出了16艘潜艇，另有8艘潜艇从远东返回法国（包括1943年11月27日从槟榔屿驶往法国的U-178号）。这些潜艇将补给物资运往槟榔屿的基地，然后将包括橡胶、锡、钨、奎宁和鸦片等紧缺物资运回法国。但这24艘潜艇中仅有8艘完成了任务，5艘中途返航，损失了11艘。

为了给这些潜艇提供海上补给，邓尼茨将“夏洛特·施里曼”（Charlotte Schliemann）号油轮派到印度洋。盟军通过破译埃尼格码了解到这一计划，于是派遣轻巡洋舰“纽卡斯尔”（HMS Newcastle）号和驱逐舰“无情”（HMS Relentless）号赶往这一海域，在毛里求斯起飞的7架英军“卡塔林娜”飞机协助下，2月11日夜“无情”号截住了“夏洛特·施里曼”号，迫使其自沉。这艘油轮的沉没严重妨碍了德军潜艇在远东的行动，第1艘受影响的潜艇是U-532号——于1月4日从槟榔屿驶往法国，载有锡、橡胶、钨、奎宁和鸦片等物资。1月26日，返航途中在印度洋击沉了7176吨美国自由轮“瓦尔特·坎普”（Walter Camp）号。要能回到法国，中途必须进行燃料补给。2月12日抵达了与“夏洛特·施里曼”号约定的会合地点，等了足足四天仍没发现油轮，于是判断油轮可能已被击沉，2月19日邓尼茨只好为U-532号安排了紧急燃料补给计划，命令同样驶往法国的U-178号将部分燃料分给U-532号，以解其燃眉之急。2月22日邓尼茨派遣印度洋上的最后1艘德国油轮“凤尾蕨”（Brake）号前去与潜艇会合。除了U-532号以外，还有要返回法国的U-168号、U-183号和U-188号也需要从“凤尾蕨”号上获得补给。

起初U-168号于1月28日从槟榔屿启航，但五天后就因大副汉斯-乔治·斯登格（Hans-Georg Stenger）得了急性阑尾炎而被迫返回槟榔屿。2月7日再次出航；14日，返航途中在印度洋击沉了1440吨英国维修船“萨尔维金”（HMS Salviking）号；15日再击沉1艘4385吨希腊货船。

U-188号于1月9日从槟榔屿出航，返航途中在阿拉伯海击沉7艘货船共42549吨，此外还击沉7艘帆船。在这一时期取得这种战绩非常难得，因此邓尼茨立即授予艇长赛格弗里德·卢登（Siegfried Ludden）骑士十字勋章，获得勋章时，卢登确证战绩是击沉8艘商船共计49725吨和驱逐舰“比佛利”（HMS Beverley）号（1190吨），以及7艘帆船。

2月10日，U-183号从槟榔屿出航；29日，返航途中在马尔地夫海域击沉了5419吨的英国船“帕尔马”（Palma）号；3月9日，重创6993吨英国油轮“英国忠诚”（British Loyalty）号（后报废）。

第1艘与“凤尾蕨”号会面的潜艇是U-188号，3月12日获得了补给就立即向法国波尔多驶去。第二个赶到的是U-532号，该艇已经在附近滞留了整整一个月。最后一个赶来的是U-168号。U-168号艇长皮希（Helmuth Pich）回忆说，“‘凤尾蕨’号的船长非常紧张，在我们没有添加完燃料之前，就中断了行动，并要求我们到另一个地方与他会合。”皮希和他的艇员被搞得很不安。这并不是空穴来风，盟军通过密码破译已经掌握了这次会合的情报，尽管丘吉尔一直警告使用密码破译情报要谨慎，但英国海军还是派出了由护航航母“战斗者”号、重巡洋舰“萨福克”（HMS Suffolk）号、轻巡洋舰“纽卡斯尔”号、驱逐舰“雄獐”（HMS Roebuck）号和“四分仪”（HMS Quadrant）号组成的“猎人-杀手”小组。“战斗者”号的舰载机装作常规巡逻一样“发现”“凤尾蕨”号及3艘潜艇，英军驱逐舰“雄獐”号迅速赶来。看到盟军飞机后，德军就意识到他们已经被发现了，于是“凤尾蕨”号只好自沉，U-168号下潜逃脱，随后再返回救起了“凤尾蕨”号上的船员，再与U-532号结伴返回远东。

■ 派往远东执行特种任务的潜艇之一的U-168号。照片摄于槟榔屿，这是该艇离开该地之前最后的留影。

盟军利用埃尼格码，一个月内在遥远广阔的印度洋上击沉了2艘德国油轮，这种做法是非常鲁莽的。德国潜艇艇长和邓尼茨一致同意埃尼格码系统的“安全性已经受到了危害”。潜艇司令部决定采取紧急措施保障通信安全，从3月13日起，原定密钥将被取消。在获得新的密钥之前，所有在海上的潜艇将密钥设为无线电报务员和三副的姓名和家庭住址的第一个字母——潜艇司令部可以通过艇员档案了解到这些讯息。

这封电报引起了盟军密码破译者的极大关注，盟军高层对于英国海军对德国油轮所采取的轻率行动感到非常愤怒。3月16日，窘迫的海军部通知密码破译机关，在得到指示前，海军以后采取行动时都要有意绕开潜艇会合地点。

U-188号继续向法国驶去，3月22日在开普敦附近遇到了出航的U-1062号，获得了最新的埃尼格码密钥。4月22日在南大西洋又遇到了出航的U-181号，获得了润滑油。4月26日遇到了出航的U-129号获得了“纳克索斯”雷达探测器。4月30日，邓尼茨命令U-188号全速驶向佛得角群岛附近海域，为在那一海域搁浅的U-66号提供帮助。5月2日，U-188号与U-66号会合，向U-66号提供了燃料和食物，但在补给过程中遭到了盟军飞机的攻击，然后U-188号无线电出现故障，无法与潜艇司令部联系，直到6月19日回到波尔多，这令邓尼茨大吃一惊，他还以为U-188号已经沉没了。

“凤尾蕨”号的沉没使另外两艘潜艇陷入了困境，U-183号不仅需要燃料补给，还需要更换电池，由于“凤尾蕨”号沉没，只好返回槟榔屿。正返回法国的U-IT24号（即原意大利的“卡普里尼”号）只好临时从U-532号获取少量燃料，然后返回了槟榔屿。

在槟榔屿，U-183号的电池损毁严重，根本无法返回法国，因此邓尼茨命令其前往日本，在那里更换或维修电池。该艇曾于6月5日在马尔地夫群岛附近击沉5259吨英国货船“海伦·穆勒”（Helen Moller）号，随后根据新的指示，6月24日与从法国驶往槟榔屿的U-843号会合，获得了两套新的埃尼格码密钥和“纳克索斯”装置，其中一套要转给U-1062号，但U-1062号因空气压缩机故障已经返回槟榔屿。于是两艘潜艇都返回了槟榔屿，再分别于7月2日和7日出航。

从1月到5月有16艘潜艇驶往远东，盟军击沉了其中的10艘。其中1艘抵达远东的长途旅行成为战争中最臭名昭著的一次出航，也是惟一能被确定为罪恶和残暴的一次出航。

U-852号于1月18日自基尔出航，艇长海因兹-威廉·艾克（Heinz-Wilhelm Eck）出航前，在潜艇司令部任职的曾获得过橡叶骑士十字勋章的阿达尔伯特·史内（Adalbert Schnee）特意告诉他，盟军很可能在靠近赤道或亚森松岛的南大西洋上建立了空军基地，能够与弗里敦以及非洲西部海岸其他地方的空军互相配合，所以一定要格外小心，在穿越南大西洋时也要非常谨慎。3月13日U-852号抵达了南大西洋，当晚瞭望发现单独航行的4695吨的“珀琉斯”（Peleus）号，这是1艘租给英国的希腊船，船长米纳斯·马弗里斯（Minas Mavris），船员共35人。天黑前U-852号一直在追踪“珀琉斯”号，20时左右发射了2枚鱼雷，“珀琉斯”号被击中，三分钟之内就沉入了海底，有一半船员幸存下来。随后艾克在当时的紧张气氛下失去了理智，他决定销毁所有能够证实击沉事件的证据，包括大块残骸和救生艇。因此他下令艇员携带机枪、冲锋枪和手榴弹到指挥塔集合，同时让20毫米和37毫米炮做好开火准备。在接下来的近5个小时时间里，艾克指挥潜艇在残骸和救生艇之间穿行，不停地射击幸存者，大副盖尔哈德·科尔蒂茨（Gerhard Kolditz）和工程师汉斯·理查德·朗兹（Hans Richard Lenz）都强烈反对这种屠杀，朗兹甚至抓住艇员沃尔夫冈·施温德尔（Wolfgang Schwender）手中的机枪。不过事实证明很难将救生艇击沉，最终艾克下令停止射击并借着黑暗离开了。在感觉到艇员都闷闷不乐后，艾克发表了演讲，他回忆道：“我记得当时潜艇里的气氛非常压抑，我告诉艇员，我怀着沉重的心情决定要彻底把沉船的痕迹销毁。”

“珀琉斯”号上一共有3名船员幸存下来，安东尼奥斯·里奥西斯（Antonios Liossis）、迪米特里奥斯·阿吉奥斯（Dimitrios Argiros）

■ “珀琉斯”号事件的主角，希腊货船“珀琉斯”号。

和洛克·塞德（Rocco Said）。他们在海上漂浮了49天后于4月20日被葡萄牙船“亚历山大森林”（Alexandre Silva）号救起，这3名幸存者都向英国海军当局报告了“珀琉斯”号的遭遇。

“珀琉斯”号在瞬间被击沉，因此根本没有机会发出潜艇警报或求救信号，盟军也对此一无所知，自然也没有对U-852号进行猎杀。艾克继续南驶，4月1日抵达开普敦海域，并在当天击沉了单独航行的5277吨英国船“达荷米安”（Dahomian）号，不过这次没有浮上水面确证这艘船只的船名，也没有杀害幸存者。5月2日凌晨，在索马利兰（Soomaaliland，位于非洲之角索马里的北部）哈丰角（Cape Hafun）附近，英军第621中队由罗伊·米契尔（H. Roy Mitchell）驾驶的“威灵顿”飞机发现了在水面航行的U-852号，米契尔立即发动攻击，虽然潜艇紧急下潜，但主磁感器和电池还是被炸坏了，潜艇也开始进水，被迫浮上水面。在接下来的12小时里，U-852号击退了第621中队和第8中队共6架“威灵顿”飞机的攻击，但潜艇上也有包括大副科尔蒂茨在内7人丧生，15人受伤。接到飞机的报告后，英军驱逐舰“袭击者”（HMS Raider）号、炮舰“法尔茅斯”（HMS Falmouth）号、巡防舰“帕勒特”（HMS Parret）号紧急赶来了。当晚艾克将潜艇驶入了一个偏僻港湾进行维修，结果在距海岸约120米处搁浅。次日艾克估计已经无法继续航行了，于是下令销毁所有秘密文件，弃艇并将其炸毁，艇员游到岸上（09.32N，50.59E；7人阵亡，59人生还被俘）。但3艘英舰上的水兵在索马利兰骆驼骑兵的协助下，抓获了包括艾克在内的所有59名艇员，并于5月6日把他们押送到了亚丁。接受审讯时，忿忿不平的艇员们揭露了对“珀琉斯”号的罪行。战争结束后的1945年10月17日，英军在汉堡进行了军事审判，指控U-852号的5名艇员（艾克、二副奥古斯特·霍夫曼、工程师汉斯·理查德·朗兹、沃尔夫冈·施温德尔和军医瓦尔特·韦斯普弗宁）在击沉“珀琉斯”号时犯了战争罪，判处艾克、霍夫曼和韦斯普弗宁死刑，朗兹终身监禁，施温德尔15年有期徒刑。11月30日一个英国行刑队对被判死刑的三人执行了死刑。后来英国政府将朗兹的终身监禁改为21年有期徒刑，施温德尔的刑期也改为10年。施温德尔于1951年12月21日获释，朗兹于1952年5月27日获释。

“珀琉斯”号事件是在一种心理失常的情况下做出来的，是二战期间德国潜艇艇长惟一的一次明确的犯罪例证。在纽伦堡对邓尼茨的审判中，也引用了审判艾克等人的材料，试图证明邓尼茨发动的是罪恶战争。德国海军的两位军官卡尔-海因兹·穆勒（第5培训舰队司令）和彼得·约瑟夫·海斯西（Peter Josef Heisig）自愿赶到纽伦堡，作证说邓尼茨曾暗示潜艇艇长要对沉船船员进行屠杀，以避免其日后操纵其他船只，因此艾克等人都是按照邓尼茨这种暗示而行动的。

此外，日本潜艇伊-29号（德军代号“U-Kiefer”）于1943年12月17日从日本出航，3月11日抵达波尔多，潜艇上载有橡胶、钨还有2吨纯金和25名日本高级联络官。这艘潜艇于4月6日启程返回日本，潜艇上装有最先进的德国雷达、雷达探测器以及雷达干扰器，还有10台埃尼格码密码机等物资。返航的潜艇上还有12名军官和8名学员。但7月26日在吕宋岛（Luzon）附近，被美国潜艇“锯鳐”（SS-276，Sawfish）号击沉。

尽管对于1944年上半年往返远东海域的

■ 用来维系轴心国之间远洋贸易的大型潜艇之一的U-1062号。属于VIIF型，最初设计被用来充当远洋鱼雷补给艇。

■ 在吕宋岛附近击沉日军伊-29号潜艇的美军“锯鳐”号潜艇。

24艘潜艇来说，更重要的任务是运送物资，但途中还是取得了相当的战果，击沉33艘共计191860吨，其中U-188号击沉了42549吨。

但德军付出的代价非常惨重：除“夏洛特·施里曼”号和“凤尾蕨”号油轮外还有11艘潜艇被击沉（U-177号、U-198号、U-490号、U-851号、U-852号、U-859号、U-860号、U-1059号、“马可波罗II”号〔即U-1224号〕；还有2艘意大利潜艇改装的U-IT22号和U-IT23号）。在这11艘潜艇的艇员中，423人丧生，177人被俘。

24艘往返远东海域的潜艇中，只有8艘完成了任务，U-178号和U-188号一共将约300吨橡胶、锡、钨、奎宁和鸦片等物资运到了法国。6艘潜艇（U-181号、U-196号、U-537号、U-843号、U-861号和U-1062号）抵达了远东，为槟榔屿基地运去所需的补给物资，其中包括60枚鱼雷和3个潜艇螺旋桨。

密码破译者

到1944年4月，华盛顿内布拉斯加大道已经拥有了96台四转子“炸弹”，其中2台已经被合并成了一台“双元#800炸弹”，这是一个庞大的电子机器，约4.9米长，2.1米高，1.2米宽。数百名程序设计员每天三班轮换，昼夜不停地操作机器。

这些美国“炸弹”每个月可以破译约1400道密码（1942年12月至战争结束的28个月里，一共破译了39000封“海神”密码）。4月24日，恩斯特罗姆、米德尔和温格尔写道：“过去的六个月里（1943年11月到1944年4月），我们一直能够非常成功地破译德国海军密码。每天首先要破译出密钥，然后再帮助英国解决一些非海军方面的研究问题。几乎有一半（45%）的时间都花在了帮助英国人上，大多数都与德国陆军和空军讯息有关。”

恩斯特罗姆提到，英军没能研制出性能可靠的四转子“炸弹”。起初在与英国讨论四转子“炸弹”的研制问题时，美国海军只是为布莱奇利庄园做一些辅助性工作，但英国生产的“炸弹”并不令人满意，18台“炸弹”平均只有3台能够正常运转。现在研究德国海军密码的重担主要由美国海军“炸弹”来承担。为了证实这种说法，恩斯特罗姆引用了1944年3月24日布莱奇利庄园发给OP20G的一道讯息：我们的机器表现仍然非常不好，由于你们的四转子“炸弹”完全够用，现在我们就优先生产新型三转子机器了。

1944年2月，负责布莱奇利庄园8号木屋的休·亚历山大来到华盛顿，请求美国援助50台四转子“炸弹”。恩斯特罗姆写道：“这是第一份正式宣告，预示着美国海军将需要继续在这一方面有所贡献。尽管仅大西洋的悲观局势就足以证明海军继续研究机器的重要性了，但扩展工作的原动力无疑是（要在美国的帮助下）找到（德国）陆军和空军的密钥。”

恩斯特罗姆之所以会提到“大西洋的悲观局势”是有原因的，因为德军曾在3月表示要对埃尼格码进行重大调整，但很快就了解到，这种转变包括一个内部反射器，操纵人员可利用其改变线路连接。德军在某些德国空军通讯网络中引用了这种反射器，引起了盟军的高度关注。恩斯特罗姆强调说，如果德国的海军埃尼格码机里也安装了反射器，那么我们将需要研制一种新的译码机器。早在1943年4月，他和同事就预见到德国人可能会安装一个反射器了，国家现金出纳机公司也已基本研制完成了一台可以处理这种讯息的机器。这种机器被称为“保姆”（Duenna）或N-1500，约6米长、2.7米高，1.2米宽，4吨重。在恩斯特罗姆的坚持下，“保姆”的生产优先性比50台N-1530“炸弹”还要高。

温格尔和恩斯特罗姆解释了他们的看法：“我们觉得需要慎重考虑一下建造（50台）额外‘炸弹’的必要性。显然德军正在对‘埃尼格码’密码机进行重大转变，如果转变工作完成，破译工作将需要由OP20G设计的一种完全不同的机器（例如‘保姆’）来完成。如果他们将这种转变在密码机中普及，那么我们现在所用的‘炸弹’究竟还有没有用就很难说了。我们完全是在采取合理的步骤应对可能发生的问题。为了能够在问题出现时有效解决，我们将继续研究并建造10台‘保姆’，建议最多也只能建造英国所要求的50台‘炸弹’中的一部分。当前德军的看法还不甚明了，我们期望能够在‘炸弹’建造完成前澄清这个问题，如果觉得我们的看法有一定合理性的话，我们会建议减少将要建造的机器数目。”

10周后，盟军诺曼底登陆取得了“胜利”，密码破译工作面临的“大西洋悲观局势”的忧虑也一扫而空。柏林的潜艇司令部和法国大西洋海岸五个潜艇基地之间不能再进行电话联系了，被迫使用无线电进行联系。此外，更多的潜艇涌入大海，造成了一定的拥挤。种种情况使得海军埃尼格码讯息突然增多，德国人更频繁的用不同的密码加密同一份讯息的错误也越来越多，这为盟军破译埃尼格码提供了很多快捷方式。盟军登陆后，德军停止了引进反射器的行动。

1944年9月，国家现金出纳机公司建造完成了英国所要求的一半（25台）“炸弹”后，海军上将金就取消了其他“炸弹”的建造计划。这样战争期间美国一共建造了121台“炸弹”，总价值600万美元。到1945年3月，仅仅完成了2台“保姆”，还有2台没有建造完成。

美国陆军计划建造一些快速分析机（Rapid Analytic Machines，RAMs），但遇到了很多阻碍，就像英国建造四转子“炸弹”时那样。贝尔电话实验室仅仅建造了10台，而且与美国海军的“炸弹”相比，速度简直太慢了：每秒钟仅仅可以进行910次运算，而海军“炸弹”可以达到20280次。一台海军“炸弹”一天可以破译4万封，但陆军只能破译1200封。1945年2月16日，约瑟夫·温格尔在比较两种机器时写道：“所有的美国陆军机器加起来才可以顶得上我们一台‘炸弹’。如果要用陆军机器来完成海军‘炸弹’所能完成的任务，那还需要添置非常多的装备……美国陆军和美国海军所有机器的运作能力的比例大约是一比五十。”

出巡西非海域

从1944年1月1日到6月1日，一共有10艘潜艇到弗里敦海域和几内亚湾执行巡逻任务，由U-488号补给潜艇提供支持。

U-123号是当年第1艘前往西非海域的潜艇，在弗里敦海域，没有发现什么目标。返航途中，从U-488号上补充了燃料。U-488号在汇报这次会面时称，U-123号的无线电装置出现故障。随后U-123号又奉命与U-505号会合，获取新的埃尼格码密钥。U-123号在这次107天的巡航中一无所获，回到洛里昂后就退役了。邓尼茨为艇长冯·施略特（Horst von Schroeter）颁发了骑士十字勋章（获得勋章时施略特的总确证战绩是击沉7艘共计32240吨，其中包括683吨的英国潜艇P-615号）；另外该艇的军士瓦尔特·卡丁（Walter Kaeding）从1940年5月就开始在这艘潜艇上服役，曾参加过13次巡逻、近700天的总出巡天数，使他获得了骑士十字勋章，成为二战中德国潜艇部队获得这种勋章的7名普通艇员之一。

U-66号在菲尼斯泰尔角海域发现了1艘航

■ U-123的瓦尔特·卡丁，是第二次世界大战中获颁骑士十字勋章的7名普通艇员之一，他获得此项荣誉完全是因为他的杰出的出巡记录。

母及其护航舰，随即勇敢地发起进攻，但没有命中。在弗里敦附近，又向1艘驱逐舰发射了T-5鱼雷，也没有命中。进入几内亚湾后，2月26日在塔科拉迪（Takoradi，位于迦纳西南沿海）附近发现STL-12船队，击沉了5313吨英国船“银枫”（Silvermaple）号；3月1日，击沉了5202吨法国船“圣路易斯”（Saint Louis）号；3月5日，击沉4964吨英国船“约翰·霍尔特”（Hohn Holt）号；3月21日，又在奈及利亚海湾击沉了4275吨英国油轮“马塔迪安”（Matadian）号。但随即遭到了护航舰的反击，下潜到约120米深的海底，才侥幸逃脱。返航途中，计划与补给潜艇U-488号会合以获取燃料补给。盟军通过破译密码了解到这一情报，便派出了由护航航母“克洛坦”（CVE-14，Croatan）号及5艘护航驱逐舰组成的“猎人-杀手”小组，抵达潜艇会合海域后，美军通过高频测向仪发现了U-66号和U-488号之间的无线电联系，于是“克洛坦”号起飞“复仇者”飞机进行夜间搜索。当然很快就发现了U-488号，4月26日凌晨5艘驱逐舰赶来用深弹和刺猬炮发动了攻击，一举将其击沉（17.54N，38.05W；64名艇员全部阵亡）。

U-66号就在附近，听到了盟军对U-488号的进攻。随后报告邓尼茨：“无法获得补给…… 听到沉没声了…… ”收到这一电报后，潜艇司令部不断呼叫U-488号，始终没有答复，于是判断该艇已经沉没了。然后只好安排U-66号与U-188号及U-68号会合，以获取燃料补给。

U-66号向与U-188号的会合地点驶去，也遭到了美军的无情追击。护航航母“布洛克岛”号和“伯格”号所在的两个“猎人-杀手”小组取代了燃料不足而返航的“克洛坦”号。5月5日夜，“布洛克岛”号上起飞的“复仇者”飞机发现了U-66号，于是指引护航驱逐舰“布克利”（DE-51，Buckley）号前去攻击，“布克利”号借着月光看到U-66号就在约3500米远，于是打算实施撞击。潜艇也发现了驱逐舰，一面发射鱼雷一面用甲板炮开火，驱逐舰随即开炮，摧毁了潜艇甲板炮，然后高速冲了过去，一头撞上了潜艇，结果两艘船缠到了一起，U-66号艇长希豪森（Gerhard Seehausen）担心驱逐舰上的水兵会登上潜艇，只能赶紧将潜艇凿沉，但大多数艇员还在舱里，因此他命令大副克劳斯·赫尔比格带领指挥塔上的艇员先发制人冲到驱逐舰上，以争取时间让艇员撤到甲板上。赫尔比格带着人跳了过去，美舰水兵立即和他们展开了短兵相接的战斗，舰长阿贝尔在报告中这样记述：“潜艇的艇员冲上了‘布克利’号前甲板，我们用机枪、冲锋枪击毙了一些人，副水手长用手枪击毙了一个试图登船的艇员。军舰中部配备有来复枪的损管队控制着右舷侧的救生索，打死好几个艇员，炮手也用冲锋枪从舰楼上

■ 与著名的U-66号发生接舷战的“布克利”号护航驱逐舰。

发动攻击，但弹药很快用完了，只好用空子弹箱甚至咖啡杯扔过去。”在战斗中，德军艇员伤亡很大，还有5人被俘。与此同时，希豪森终于把潜艇与“布克利”号分开了，然后就在夜幕中不顾还有很多艇员尚在海里就迅速逃离，尽管驱逐舰的舰首由于碰撞而出现了损伤，但“布克利”号还是一边追踪一边开炮，很快追上了潜艇，并准备再次撞击，结果潜艇却猛然调转方向撞到了“布克利”号的船尾，“布克利”号右舷侧的螺旋桨轴被撞坏，而潜艇也因为这次撞击而下沉（17.17N，32.29W；24人阵亡，36人获救）。

2月和3月，还有5艘潜艇进入弗里敦海域和几内亚湾，都没有取得任何战绩，反而有3艘被击沉。

U-515号3月30日从法国出航，潜艇上除了“纳克索斯”之外，还装有一个“霍恩特维尔”搜索雷达（安装在指挥塔凹处的“床垫型”天线，可以由液压控制升降）。同一天，丹尼尔·加勒利指挥的护航航母“瓜达尔卡纳尔”号“猎人-杀手”小组也从卡萨布兰卡出航了，要到佛得角群岛以西海域猎杀潜艇油轮。

4月8日日落时1架“复仇者”发现了U-515号，可惜发回的报告护航航母没有收到。直到飞机返回后，加勒利才知道，立即派出4架“复仇者”和“珀普”（DE-134，Pope）号及“城主”（DE-149，Chatelain）号护航驱逐舰前去，护航驱逐舰根据声呐讯号实施了深弹攻击，“复仇者”飞机也投下了深弹，但都没给潜艇造成严重的损伤。

4月9日黎明，U-515号小心地浮出水面，准备充电并更换空气，但马上就被“复仇者”飞机发现，当“复仇者”开始俯冲攻击时，潜艇上的37毫米高炮却卡壳了，潜艇只好赶紧下潜，“弗莱厄蒂”（DE-135，Flaherty）号、“皮尔斯伯利”（DE-133，Pillsbury）号、“珀普”号护航驱逐舰和1架“复仇者”迅速赶来，向潜艇发起了持续7小时的攻击。大量在近距爆炸的深弹使得潜艇后部鱼雷舱进水，由于进水太多，潜艇首部向上成三十度角倾斜。艇长维尔纳·汉克（Werner Henke）是橡叶骑士十字勋章获得者，是当时在海上的艇长中勋章级别最高的，他命令艇员到首部鱼雷舱以减小倾斜，然后向沉浮箱充气，但这些措施都没有奏效，潜艇沉到200米深处时完全失控，只好全力上浮，看到潜艇突然浮出水面，“城主”号和“弗莱厄蒂”号就用所有火炮猛烈开火，“城主”号还发射了7枚深弹，“弗莱厄蒂”号发射了1枚鱼雷，这枚鱼雷没有命中潜艇反而冲向了“皮尔斯伯利”号驱逐舰，好在一名飞行员及时发现赶紧用机枪将鱼雷击毁。在飞机和军舰的协同攻击下，汉克只好下令弃艇（34.35N，19.18W；16人阵亡，44人获救），护航驱逐舰救起了包括汉克在内的44名艇员，并将他们转到了“瓜达尔卡纳尔”号上。

鉴于英国曾明确宣布就击沉运兵船“陶瓷”（Ceramic）号（1942年12月7日）一事对

■ 护航航空母舰并不总是被动担任护航任务，在兵力富裕的时候也主动出击。图为“的黎波里”号护航航母。

汉克及其艇员进行军事审判，所以加勒利以不移交给英国为前提，迫使汉克签署了一份保证提供各种真实情报的协议。4月26日U-515号的被俘艇员被送到了维吉尼亚的诺福克。汉克和18名艇员被送到了亨特堡（Fort Hunt）机密审讯中心（战争结束后亨特堡被拆除）。但在亨特堡，汉克拒不开口。因此美军决定将他转交给英军，尽管汉克击沉“陶瓷”号是完全合理合法的，但汉克始终认为到了英军手里就是判了死刑，所以在6月15日的放风时间里，他突然向安全围墙冲去。亨特堡的报告是这样描述的：约18时55分，看守发现汉克试图爬上围墙的铁丝栅栏，两次命令他停下，但他继续向上爬，当他正要翻过栅栏时，看守只好开枪，汉克中弹后挂在了栅栏最高处，随后被抬下来，并送往医院急救，但在途中就死了（汉克确证战绩是击沉25艘共计157064吨，其中包括炮舰“雄鸡”号，在所有艇长中排名第十五位）。

U-543号于4月9日发现了一支船队，但被护航舰逐走。19日准备从U-488号加油，但盟军已经通过密码破译得知了这一会合，于是派遣以“的黎波里”（CVE-64，Tripoli）号航母为核心的“猎人-杀手”小组赶来截击，“的黎波里”号上的1架“复仇者”飞机发现并攻击了U-543号，迫使其潜入深海。后来，邓尼茨判断U-488号已经沉没，于是命令U-543号中

■ 亨特堡（Fort Hunt）机密审讯中心旧址。

■ 护航航空母舰基本上是反潜舰队，也就是“猎人-杀手”小组的核心。图为“威克岛”号护航航母。

断前往加勒比海，改往佛得角群岛，暂时担任补给油轮为U-188号和U-66号加油。5月14日，邓尼茨认为U-188号和U-66号已经沉没（实际只有U-66号沉没），便解除了U-543号的加油任务，继续前往弗里敦和几内亚湾巡逻。在经过毫无战果的巡逻之后，U-543号开始返回法国，盟军根据密码破译掌握了其返航路线，6月28日以美国航母“威克岛”（CVE-65，Wake Island）号为核心的“猎人-杀手”小组赶来攻击，7月2日1架“复仇者”飞机通过雷达发现了U-543号并冒着高射炮火发起了攻击，当潜艇下潜后，飞机向潜艇留下的漩涡发射了1枚“费多”鱼雷将其击沉（25.34N，21.36W；58名艇员全部阵亡）。

在3月和4月出巡弗里敦和几内亚湾海域的其他3艘潜艇也没什么战绩。从1944年1月到5月，10艘前往弗里敦和几内亚湾的潜艇共击沉了7艘28875吨，U-66号战绩为4艘（19754吨），U-547号为3艘（9121吨）。而德军却损失了5艘潜艇。盟军的密码破译、“猎人-杀手”小组和驻亚森松岛的岸基反潜飞机使得那一海域对潜艇来说和英国附近的西北大道还有比斯开湾一样危险了。

俘获U-505

U-505号可能是大西洋潜艇部队中最可怜的1艘潜艇了，1942年12月以来出航不久就返航的次数达到了12次！艇长彼得·蔡西（Peter Zschech）也因此而自杀，3月16日出航时艇长是40岁的哈罗德·朗格（Harald Lange），是当时现役艇长中年龄最大的。在将新的埃尼格码密钥转交给U-123号之后，U-505号在弗里敦及邻近的利比里亚蒙罗维亚（Monrovia）港之间

■ 会合中的U艇。在海上会合的U艇，通常是为了执行补给任务或者交付新的密钥。

进行了近六个星期的巡逻，但没有击沉船只。由于长期在热带海域，艇员们的心情都非常烦躁，身体越来越虚弱，电池也因海水腐蚀而损毁，燃料也所剩不多，这样便于5月27日踏上了归程。盟军密码破译掌握了U-505号的返航路线，由护航航母“瓜达尔卡纳尔”号和5艘护航驱逐舰组成的“猎人-杀手”小组前去搜寻，但没有发现，后来由于各舰燃料将尽，只好于6月4日返回卡萨布兰卡。

6月4日11时10分，护航驱逐舰“城主”号报告声呐发现了目标，“城主”号的新舰长杜德利·诺克斯（Dudley S. Knox）断定发现的是潜艇，于是立即进行刺猬炮攻击，但没有击中。加勒利调集2架“野猫”飞机和护航驱逐舰“吉克斯”（DE-665，Jenks）号和“皮尔斯伯利”号赶去支援，并将“瓜达尔卡纳尔”号驶到了鱼雷射程外，由护航驱逐舰“珀普”号和“弗莱厄蒂”号提供掩护。然后下令起飞一个“野猫-复仇者”飞机杀手组合。

由小约翰·卡德勒（John W. Cadle,Jr）和沃尔夫·罗伯茨（Wolffe W. Roberts）驾驶的两架“野猫”飞机发现了潜望镜深度的潜艇轮廓之后，就向潜艇进行扫射并引导军舰攻击，加勒利回忆道，卡德勒和罗伯茨机智灵活的处置对后面的行动起了决定性作用，这是“少数几次由飞机引导军舰攻击潜艇的事例之一”。“城主”号向着潜艇驶去，接连投下了14枚深弹。朗格赶紧下令深潜，但深弹的爆炸使潜艇剧烈摇晃并开始进水，潜艇一直下潜到230米深度，眼看就要失去控制，朗格完全绝望了，大声下令：“上浮！快上浮！”

11时22分，U-505号在距离“城主”号约600米远处浮出了水面，“城主”号立即开火，一些炮弹命中了潜艇，这时U-505号向“城主”号转向，舰上瞭望突然大喊“鱼雷！”“城主”号马上向潜艇发射鱼雷，但双方都没有命中。这时“吉克斯”、“皮尔斯伯利”号都赶到了，三舰和“野猫”飞机一齐向潜艇开火，潜艇接连中弹，艇长朗格和大副梅耶都受了伤。“野猫”飞行员报告艇员都涌到了甲板上，有的高举双手乞降，有的准备跳海逃生。加勒利看到有可能捕获潜艇便于11时27分下令所有军舰和飞机停止攻击。

“皮尔斯伯利”号反应非常迅速，一面向潜艇靠过去，一面放下了载有跳帮组的小艇。几乎同时，“城主”号和“吉克斯”号都放下小艇，“珀普”号则在远处警戒，防备附近可能存在的其他潜艇。而“弗莱厄蒂”号一直贴身掩护“瓜达尔卡纳尔”号。

“皮尔斯伯利”号派出由艾伯特·戴维（Albert L. David）中尉率领8名水兵的跳帮组登上潜艇，潜艇正依靠电动机向右转动，戴维和无线电二等兵史坦利·多瓦克（Stanley E. Wdowiak）、鱼雷三等中士阿瑟·柯尼斯佩尔（Arthur W. Knispel），毫不顾忌可能存在的危险，冲入控制舱——潜艇已经被遗弃了——他们看到一个打开的过滤器中不停地有海水涌入（这是一种自沉方法），马上就关闭了附近的一个阀门，潜艇停止了进水，

■ 护航航空母舰“瓜达尔卡纳尔”号。

这是俘获U-505号最重要的一步。但是他们没有关掉电动机，也没有操纵控制舱里的方向舵或者艇尾鱼雷舱的应急方向盘，因为他们认为潜艇马上就要沉没了，而是抓紧时间找到了埃尼格码密钥、密码手册等文件和埃尼格码机。戴维因此获得了国会荣誉勋章，多瓦克和柯尼斯佩尔获得了海军十字勋章。

U-505号已经不构成任何威胁了，因此加勒利指挥航母和“弗莱厄蒂”号向潜艇靠了过去，然后“瓜达尔卡纳尔”号派出了一支10人跳帮组，组长是工程师埃尔·特罗斯诺（Earl Trosino），后来又派出一个17人跳帮组。

3艘驱逐舰也都忙得团团转，“皮尔斯伯利”号正试图将潜艇绑到军舰上，船员好不容易把绳子扔到了潜艇上，没想到潜艇的艇首却把“皮尔斯伯利”号撞出了一个孔（一个轮机舱进水），只好暂时放弃了。

登上潜艇的特罗斯诺说除非得到牵引，否则U-505号肯定会沉没，因此加勒利指挥“瓜达尔卡纳尔”号把一根缆绳系到潜艇上。特罗斯诺和“瓜达尔卡纳尔”号的水兵克服困难把一根3.18厘米粗的钢缆拴到潜艇上。“瓜达尔卡纳尔”号拖带着潜艇在3艘护航驱逐舰的掩护下小心翼翼地上路，“珀普”号照顾受损的“皮尔斯伯利”号就近驶向达卡。

如果德国知道盟军捕获了U-505号，将无疑会实施早已计划的埃尼格码改进，将导致盟军密码破译在“霸王行动”前夕失去作用。海军上将金对于加勒利捕获潜艇可能会危及到破译埃尼格码而勃然大怒，甚至提出要把加勒利送上军事法庭。捕获潜艇的当天即6月4日，英国第一海军大臣坎宁安上将给金发了一份紧急电报：“当前我们非常有必要采取措施防止德军对他们的密码安全性产生怀疑，因此我认为你一定会同意要让所有相关部门对于捕获U-505号一事守口如瓶。我已经把这个意思传达给西非部队司令部和直布罗陀地中海部队司令部了。”

盟军认为达卡和卡萨布兰卡附近肯定有轴心国间谍，于是指示加勒利尽可能向西驶往偏僻的英属百慕大群岛，为此从卡萨布兰卡派出了大型舰队补给船“肯纳贝克河”（AO-36，Kennebec）号（21077吨）、水上飞机补给船“哈姆布尔特”（Humbolt）号，船上有一位经验非常丰富的潜艇艇长科尔比·拉克（Colby G. Rucker），护航驱逐舰“杜利克”（DE-666，Durik）号和远洋拖船“阿布纳基”（AT-96，Abnaki）号前去接应。

6月4日夜，拖缆断了。4艘美国军舰整晚都紧盯着潜艇。在这段停航的时间里，“珀普”号和经过急修的“皮尔斯伯利”号有机会赶上了舰队。天亮后，“瓜达尔卡纳尔”号将一根约5.7厘米粗的钢缆拴到了潜艇上，但潜艇的方向舵还是紧紧地向右偏，拖引前进仍然非常困难。加勒利亲自登上了潜艇，经过一番仔细检查后，他认为艇尾鱼雷舱肯定没进水，而且没有什么机关。于是特罗斯诺打开了舱门——果然没有任何问题，通过艇尾鱼雷舱的应急方向盘纠正了右偏。

6月7日与从卡萨布兰卡赶来的接应舰队会合，“肯纳贝克河”号提供了燃料，“哈姆布尔特”号把科尔比·拉克送上了潜艇，由他来“指挥”潜艇，他首先命令用便携式水泵把潜艇里的水抽干，再清理了一些乱七八糟的装置。接下来由“阿布纳基”号拖带潜艇前进。“吉克斯”号则带着“整整十大麻袋”的秘密文件（重约500公斤）和密码机，以最快速度驶向了百慕大。所有这些材料都在6月12日交给了华盛顿的OP20G小组。与此同时，盟军对这些军舰抵达百慕大严格保密，海军上将金特别要求整个“猎人-杀手”小组的3000名水手和飞行员务必严守机密。

6月19日“瓜达尔卡纳尔”号秘密抵达了百慕大。美国海军跟踪处主任肯内斯·诺雷斯、即将离职的第10舰队参谋长弗朗西斯·洛立即飞往百慕大，检查潜艇状况并对U-505号上捕获的战俘进行审问。

德军认为U-505号被盟军击沉，根本没想到会是被完整俘获，所以没有对海军埃尼格码进行任何更改。除去向金和英格索尔提交的两份完整报告之外，直到战争结束，“瓜达尔卡

■ 兴致勃勃的美国大兵，登上被遗弃的U-505号，升起星条旗。

纳尔”号“猎人-杀手”小组以及支援舰队和百慕大群岛的相关人员一直没有透露过这件事情。U-505号是继U-570号之后，第二艘被盟军捕获的完好潜艇，也是美国海军自1815年以来捕获的第1艘外国军舰（战后在加勒利的努力下，保存完好的U-505号成为芝加哥科学与工业博物馆一件非常受欢迎的展品）。

从U-505号上获得的情报价值大大超过了U-110号和U-559号。在7月13日的备忘录中，OP20G的主管约瑟夫·温格尔列出了从U-505号上获得的部分有价值收获：1944年6月大西洋和印度洋的潜艇密钥；德军正在使用的“极其重要的”方格海图或地理定位密码，这是德军使用近两年的秘密海图，这是首次破解；1944年7月15日开始使用的备用短码手册，“这种密码描述了潜艇和水面军舰该如何对机器内部进行设置”；1944年8月1日开始使用的备用二元编码目录，“这些目录将决定每道讯息的内部设置。因此，就算是当天有一道讯息被破译了，如果没有获得或者重建二元编码目录，那么其他讯息也仍然是不可破译的”；潜艇常用的天气短码，这些编码讯息使得OP20G能够很准确地确定发送天气预报潜艇的位置。在获得这个短码手册之前，OP20G只能部分重建这套编码。

从U-505号上得到的还有一个有价值的发现就是一份描述新版德军电子导航系统“电子太阳”（Elektra-Sonne）的文件，其原理和英国空军Gee系统类似。精明的英国空军科学家琼斯（R. V. Jones）在回忆录中写道，他得知德国为了改进电子太阳系统，在西班牙西北部卢戈（Lugo）建立了一个无线电发射站。岸防司令部决定保留这个无线电发射站给盟军飞机使用。英国给这套系统起的代号是“康索尔”（Consol），而且使用相当成功。这个系统非常简便，远胜过英国Gee系统。战后，“电子太阳”取代了Gee系统，在全世界推广开来。

审问结束后，U-505号上的58名艇员被与其他德国战俘隔离开来，单独关押在路易斯安那州的拉斯顿营（Camp Ruston）。美国陆军助理参谋长克雷顿·比赛尔（Clayton Bissel）下令，“关于这艘潜艇艇员的被俘报告都不可以被保护机构和国际红十字会知道”。

在U-505号的秘密文件里还提到了“信使”（Kurier）通信系统，盟军早在1943年底就曾发现了介绍“信使”的文件。但现在这份新的文件令密码破译者们推断出德国人可能或正在建立一个新的短码程序。所有破译人员都紧张了起来，把注意力集中在寻找“信使”的讯息和程序上。1944年8月26日，盟军的密码破译者已经确定，“一个全新的通讯系统——‘信使’已经被引入到了德国的潜艇行动中”。盟军为此起的代号是“南瓜”（Squash），后来改称“甘蓝”（Trunip）。这是供海上潜艇使用的一种超高

■ 被拖到码头的U-505号，无数军方情报人员、技术专家早已摩拳擦掌……这艘被缴获的U艇最后成为了芝加哥科学与工业博物馆一件非常受欢迎的展品。

速传输装置，能在半秒钟内传输7个单词。在盟军看来不要说破译了，就连对其定向都很难。而且为了加大复杂性，“信使”每天都使用四个波长，在某一个小时内使用其中的两个波长。盟军的破译人员费了很大的工夫才找出并汇总潜艇发出的讯息。直到1944年12月，英国和美国的通讯专家才弄懂了“信使”的本质。美军1945年1月与麻省理工学院和贝尔电话实验室签了合同，让他们研制高科技装置来对“信使”进行截听和定向（直到1945年8月战争结束，盟军还没有解决“信使”问题。美国怕苏联从德国人手中获得“信使”，在战后几年美国研发机构还是将这项研究进行了下去，相关破解装置代号为“菠菜”）。盟军很幸运，还没等“信使”广泛应用，德国已经投降了。

出巡美洲海域

从1944年1月1日到6月1日，潜艇司令部一共派遣潜艇到美洲海域执行了21次巡逻任务；其中安装有通气管的U-539号执行了两次巡逻。

U-68号计划要在4月9日与U-214号会合，转交新的密钥。然后从补给潜艇U-488号获得燃料补给，但4月10日凌晨，“瓜达尔卡纳尔”号护航航母上的“复仇者”飞机发现了U-68号，但U-68号躲过了攻击。接到“复仇者”的报告，“瓜达尔卡纳尔”号的另外3架飞机赶来支持。1架“野猫”发现了再次浮上水面的U-68号并对其进行了扫射，随后另2架“复仇者”用深弹、火箭和鱼雷发起了攻击，海面上随即漂起了残骸、油迹、氧气瓶，还有一些幸存者（33.24N，18.59W；56人阵亡，1人获救）。

U-539号是第1艘装有通气管投入实战的潜艇，于1月3日出航，途中为返航的U-516号提供了燃料，结果自己剩下的燃料无法前往加勒比海，只好转向了加拿大海域。1月U-802和U-845号也驶往了加拿大海域。加拿大反潜部队早已高度戒备，尽管2月天气恶劣，但U-539和U-845号还是遭到了飞机的攻击，U-539号借助通气管躲过了攻击，最后于3月21日返航，结束了79天一无所获的巡逻。

2月1日U-845号试图跟随英国驱潜快艇“哈得利城堡”（HMS Hadleigh Castle）号驶入圣约翰港，但却在长矛角（Cape Spear）触礁，潜艇严重受损。经过简单维修后，又返回了巡逻海域。2月9日，击伤英国船“凯尔姆史考特”（Kelmscott）号。这次攻击随即召来了加拿大飞机的反击。2月14日，第10中队1架B-24飞机发现了U-845号，投下8枚深弹，但被潜艇逃脱。由于潜艇燃料已经不多了，只得于3月1日返航，巧的是其航线几乎与U-539号的返航航线一样。3月10日U-845号发现了SC-154船队，但邓尼茨不希望附近的U-539号卷入战斗，于是指示U-845号除非情况极为有利，否则不要攻击船队。为SC-154船队护航的是加拿大C-1护卫队，包括驱逐舰“弗雷斯特”（HMS Forester）号、“圣劳伦特”（HMCS St. Laurent）号和“阿斯尼伯恩”（HMCS Assiniboine）号，巡防舰“天鹅海”（HMCS Swansea）号和“瓦雷费尔德”（HMCS Valleyfield）号和4艘驱潜快艇。很快“圣劳伦特”号就通过高频测向仪发现了U-845号的位置，于是“圣劳伦特”号、“弗雷斯特”号、“天鹅海”号连手对U-845号进行了近6小时的猎杀，潜艇最终由于电池耗尽而浮出了水面。驱逐舰随即与潜艇进行了猛烈的炮战，结果潜艇多次中弹，艇长、大副等很多艇员伤亡，最后由工程师斯特朗克下令弃艇（48.20N，20.33W；10人阵亡，45人获救）。

U-802号曾暂时执行气象预报任务，因此它到达巡逻海域的时间就推后了。3月22日在哈利法克斯附近，U-802号攻击了SH-125船队，击沉1621吨加拿大船“瓦图卡”（Watuka）号。这次攻击立即引发了加拿大部队的反潜猎杀，但潜艇躲过了攻击。4月9日又攻击了HX-286船队，但没有战果。

2月又有两艘潜艇驶向了加拿大海域，U-550号于2月22日被驻冰岛的加拿大第162中队1架“坎索”飞机击伤。经过简单修理后驶向纽约。4月16日在纽约东部海域发现了CU-21油轮船队，U-550号向11017吨美国油轮“帕恩·宾夕法尼亚”（Pan pennsylvania）号发射3枚鱼雷，将其击沉。护航驱逐舰“乔伊斯”号和“彼得森”（DE-152，Peterson）号迅速赶来，“乔伊斯”号的声呐发现了潜艇，立即投下了11枚深弹，潜艇再度受伤并严重进水，只好冒险浮出水面。这时“甘地”（DE-764，Gandy）号护航驱逐舰也赶到了，3艘护航驱逐舰集中全部炮火对潜艇进行攻击，距离最近的“甘地”号还撞击了潜艇，艇长克劳斯·海奈特（Klaus Hanert）见大势已去便下令弃艇（40.09N，69.44W；44人阵亡，12人获救）。

U-856号也驶向了加拿大海域，加拿大反潜部队对其进行了猎杀，但未能奏效。当U-856号驶到纽约附近后，美军对其全力猎杀，出动了包括护航航母“克洛坦”号及其12艘驱逐舰组成的两个“猎人-杀手”小组。4月7日凌晨，“克洛坦”号上的“复仇者”飞机通过雷达发现了U-856号，不过飞行员却无法看到目标，潜艇高炮开火却暴露了位置。于是“复仇者”立即投下了“费多”鱼雷，但被潜艇逃脱了。随后舰载机和水面舰艇都全力展开了攻击，驱逐舰“波易尔”（DD-600，Boyle）号通过声呐发现了潜艇并投下了13枚深弹，但还是被潜艇逃脱。10小时后，驱逐舰“钱伯林”（DD-601，Champlin）号再次发现了潜艇，随即和护航驱逐舰“胡瑟”（DE-145，Huse）号协同发起了攻击，U-856号被击伤后浮出了水面，就在艇员准备弃艇时，“钱伯林”号和“胡瑟”号又是炮击又是撞击，将潜艇击沉（40.18N，62.22W；27人阵亡，28人获救）。

U-548号于3月21日启航，完成气象预报任务后，驶入加拿大海域。5月3日晚在纽芬兰圣约翰附近遇到了英国巡防舰“哈古德”（HMS Hargood）号，潜艇发射了T-5鱼雷，但没有命中。5月6日晚又向1400米远的C-1护卫队加拿大巡防舰“瓦雷费尔德”号发射了1枚T-5鱼雷——C-1护卫队刚刚完成为ON-234船队护航任务，正以一路纵队前往圣约翰休整补给，由于没有作战任务，又有浮冰，这些军舰既没有沿之字形路线前进，也没有反音响自导鱼雷的CAT装置。23时35分，这枚T-5鱼雷居然奇迹般地击中了“瓦雷费尔德”号，将其炸成两半。其他4艘驱潜快艇一开始甚至都没意识到发生了什么，等反应过来，已经过了相当长的时间，但还是调头展开了反潜猎杀。U-548号一击得手就潜坐在100多米深海底，静静地一动不动，再一次逃过了猎杀。

1944年春最后进入加拿大海域的U-107号和U-1222号都安装了通气管，6月13日，U-107号在塞布尔角（Cape Sable）附近攻击了148吨的美国捕鱼帆船“云雀”（Lark）号，在发射了2枚鱼雷都没有命中后，最后用甲板炮将帆船击伤。以护航航母“威克岛”号为核心的舰队在岸基飞机配合下对U-107号展开了猎杀，但还是被潜艇逃脱了。U-1222号则在7月11日经过比斯开湾时，被英军第201中队1架“桑德兰”飞机发现，这架飞机的飞行员是著名的反潜王牌沃尔特斯（I. F. B.〔Wally〕Walters），他再显雄风，一举将U-1222号击沉（46.31N，05.29W；56名艇员全部阵亡）——这是第一次在白天击沉通气管潜艇（盟军的厘米波雷达可以探测到水面上的通气管，因此德军开始用雷达波吸收材料如厚纸、橡胶和麻布等将通气管包裹起来）。

出巡加拿大海域的9艘潜艇战绩并不令人满意，总共只击沉11017吨美国油轮“帕恩·宾夕法尼亚”号、1621吨加拿大船“瓦图卡”号和1445吨加拿大巡防舰“瓦雷费尔德”号，而付出了4艘潜艇被击沉的代价。

U-170号和U-541号沿美国东海岸从纽约到弗罗里达，这两艘潜艇分别进行了109天和115天的巡逻，无功而返。

U-154号在巴拿马海域进行了89天的巡逻，也是一无所获。

U-518号出航后奉命与日本潜艇伊-29号会合，送去领航员和“纳克索斯”装置及“纳克索斯”操作人员。尽管盟军通过密码破译派出以护航航母“克洛坦”号为核心的“猎人-杀手”小组在会合地点设伏，但还是没能阻止这次会合。此后U-518号经莫纳海峡（Mona Passage）驶入了加勒比海，3月7日在阿鲁巴附近击沉了3401吨巴拿马油轮“瓦勒拉”（Valera）号，这成为106天巡逻中惟一

■ 1944年7月初，返回比斯开湾基地的U-733号潜艇。这一年多的战斗，使邓尼茨的U艇部队遭到了重大失利，占据技术与物力上绝对优势的盟军，已经近乎将猖獗一时的狼群逐出了大西洋。空荡荡的港口归者寥寥，尽管还有很多新艇在船台上赶工建造。

的收获。

U-218号计划前往特里达岛布雷，由于盟军的反潜措施非常密集，被迫更改计划到圣露西亚的卡斯翠（Castries）和波多黎各圣胡安（San Juan）布设雷区，两个雷区都没有任何战果，而潜艇86天的巡逻也是空手而回。

U-539号（5月1日再度出巡）6月11日在库拉索附近攻击了2艘荷兰油轮，鱼雷没有命中后就干脆浮出水面用甲板炮轰击，却被油轮上的自卫炮火击伤。7月4日U-539号在巴拿马附近攻击了一支油轮船队，但只击伤了10195吨美国油轮“基坦宁”（Kittanning）号（6月5日还曾击沉过1517吨巴拿马船“头手枷”〔Pillory〕号）。

U-516号在阿鲁巴和巴拿马之间的加勒比海巡逻，7月7日击沉了9887吨“埃索·哈利斯堡”（Esso Harrisburg）号美国油轮。

1944年7月到加勒比海巡逻的5艘潜艇仅仅击沉了3艘共14805吨，虽然5艘潜艇都安全返回，但如此之低的战绩使邓尼茨最终不再向加勒比海派出潜艇。

U-129号前往巴西海域，击沉2艘共11921吨，成为所有出航美洲潜艇中战果最高的。

U-549号5月28日两次被以“布洛克岛”（CVE-21，Block Island）号护航航母为核心的“猎人-杀手”小组发现，两次都逃脱了。5月29日盟军全力搜索攻击，20时U-549号向“布洛克岛”号发射鱼雷，其中3枚命中。“巴尔”（DE-576，Barr）号护航驱逐舰发现了潜望镜，迅速投下13枚深弹，但都没命中。而潜艇则还以颜色，向“巴尔”号发射了1枚T-5鱼雷，命中船尾。“布洛克岛”号（9393吨）慢慢下沉，航母上6架“野猫”飞机起飞转往加那利群岛，但在迫降时损失了4架。29日，总算“尤金·艾尔默”（DE-686，Eugene E. Elmore）号护航驱逐舰最终发现并击沉了潜艇（31.13N，23.03W；57名艇员全部阵亡）。

“布洛克岛”号是第三艘在大西洋上被潜艇击沉的护航航母，不过“布洛克岛”号及其护航舰总共击沉7艘潜艇，因此1944年12月30日，新服役的护航航母“黄昏海湾”（Sunset Bay）号改名为“布洛克岛”（CVE-106，Block Island）号，而且很多舰员都是原来“布洛克岛”号上的。

U-530号出航后要与返航的日本潜艇伊-52号会合，为其提供“纳克索斯”装置、“纳克索斯”操作人员和领航员。盟军通过密码破译了解到此次会合，随即派出以“伯格”号护航航母为核心的“猎人-杀手”小组对这两艘潜艇实施伏击。但潜艇的会合还是顺利完成，然后U-530号就前往特里达附近海域，最后于10月1日返回挪威，结束了为期133天的白卷巡逻。

“伯格”号是通过高频测向仪发现U-530号和伊-52号之间无线电联系的，6月23日晚，起飞2架“复仇者”飞机前往攻击，都通过雷达发现了目标，先投下声呐浮标，再根据声呐讯号实施攻击，飞行员泰勒听到了“类似锡罐被压碎或细枝猛然折断的声音”，随后又1架“复仇者”也收到了声呐讯号，并发射了“费多”鱼雷，飞行员戈登报告听到了“持续一分钟的连环大爆炸”——这并不是击沉了两艘潜艇，而是泰勒击沉了伊-52号，戈登击中的则是伊-52号的残骸。第二天“伯格”号的驱逐舰发现了海面上有天然橡胶、丝绸和日本木屐，显然是伊-52号被击沉的确凿证据。

5月27日U-233号从基尔出发前往哈利法克斯布设雷区，途中经常遭到盟军反潜飞机的攻击，使得潜艇几乎每天潜航时间高达20小时！盟军通过密码破译掌握了该艇的行动，派出了以“卡德”号护航航母为核心的“猎人-杀手”小组。7月5日晚，护航驱逐舰“贝克尔”（DE-190，Baker）号发现了潜艇的声呐讯号，立即发起了深弹攻击，潜艇尾部被毁，多处进水，而且艇尾失控下沉，于是艇长史蒂恩（Hans Steen）只好下令上浮。潜艇浮出水面时，遭到了驱逐舰的炮火攻击，随后被“托马斯”（DE-102，Thomas）号护航驱逐舰撞沉（42.16N，59.49W；32人阵亡，29人获救）。

德军派往美洲海域的潜艇巡逻，除了牵制盟军部分反潜力量外收效甚微，总共击沉9艘共计约50000吨，7艘潜艇被击沉，损失约350名艇员，其中87人被俘。

第二十章

日暮西山

最后一击

参加诺曼底登陆的盟军舰艇多达1213艘，以及4126艘运输船和登陆艇，其中约有200艘驱逐舰、护航驱逐舰、巡防舰、炮舰和驱潜快艇。为其提供支持的还有5886架飞机（其中美军3612架）。

6月6日凌晨诺曼底登陆开始后，德军西部潜艇总司令汉斯-鲁道夫·罗森（Hans Rudolf Rosing）紧急命令“地主”艇群出动，先后有43艘（其中15艘通气管潜艇）出航。邓尼茨充分意识到此次潜艇反登陆行动是极其危险的，但还是鼓励艇员：“潜艇部队的勇士！德国人民的未来都寄托在你们身上，他们比任何时候都更需要你们。因此我要求你们拿出最出色的行动，不要考虑其他的所谓预防措施。要竭尽全力击毁每1艘对敌军登陆有用的船只，即使是冒着丧失潜艇的危险也在所

■ 集结在英国本土的强大两栖登陆舰队，为了抵御其这支庞大的部队登上法国海岸，邓尼茨试图出动他所钟爱的潜艇舰队。但是，这些U艇所面对的，将是由总数超过200艘反潜军舰所组成的空前强大的护航舰队。

■ 与邓尼茨希望的相反，诺曼底登陆大获成功，U艇在抗登陆战中所起到的作用微乎其微——完全可以忽略不计。

不惜。在登陆之前每击毙一个敌军士兵、每击毁一件敌军武器都会降低敌军获胜的可能性。在这危急时刻，我知道你们这些经过了最严酷的战争考验的潜艇士兵是我惟一可以信赖的人！”

“D”日出航阻止盟军登陆的36艘潜艇必须要面对岸防司令部的密集反潜，就在96小时里，遭到盟军飞机攻击的潜艇就超过12艘，其中5艘（U-970号、U-629号、U-373号、U-740号和U-821号）被击沉，5艘（U-963号、U-256号、U-415号、U-413号和U-989号）因伤被迫返航。

在得知有10艘潜艇被击沉或被迫返航后，邓尼茨下令除非是到最后时刻，否则任何潜艇不能再出航去反击盟军登陆。同时命令其余18艘没装通气管的潜艇在比斯开湾组成一条静态防线。

通过破译密码，盟军了解到德军在比斯开湾建立了没装通气管潜艇的防线，于是派遣反潜飞机实施攻击，击伤了很多潜艇但没能击沉任何1艘。由于盟军飞机的活动相当密集，没装通气管的潜艇几乎根本没有机会为电池充电。因此，6月13日邓尼茨将这些潜艇全部召回。此后，这18艘潜艇一直处于战备状态，随时准备抗击盟军在布列塔尼半岛的登陆。

6月，14艘通气管潜艇从法国出航，这是德军的“最后一击”。尽管期望很高，但这14艘潜艇都度过了一段非常艰难的时光，所获甚微，只击沉2艘军舰（巡防舰“布莱克伍德”〔HMS Blackwood〕号和反潜拖网渔轮“甘尼利”〔HMS Ganilly〕号）和5艘商船共约25000吨。但却损失了3艘（U-269号、U-390号和U-441号），大约150名潜艇艇员丧生或被俘。

驻挪威潜艇支援法国

11艘潜艇躲过了盟军登陆前在挪威海域发起的反潜攻势，于6月出发前去加入大西洋潜艇部队。邓尼茨向这支赶来增援的潜艇部队转达了希特勒的命令：“不顾一切袭击入侵舰队。每1艘支持他们地面部队的敌舰，即使它只载有50名士兵或者1辆坦克，也值得潜艇全力攻击。就算冒着自己潜艇被击沉的危险也要发起攻击。当面对敌军入侵舰队时，不要想这是不是在浅水区，不要想会不会有水雷，不要有任何的顾虑。哪怕杀死一个未登陆的敌人或摧毁一件未登陆的武器，都会削减他们成功的希望。就算潜艇和敌人玉石俱焚，只要它在敌军登陆时给他们造成了损失，那么它也已经完成了它的最高使命，并实现了它存在的价值。”

这11艘潜艇在前往法国的途中就被击沉7艘（U-767号、U-971号、U-988号、U-1191号、U-678号、U-243号和U-719号），4艘最终抵达法国的潜艇也遭遇了重重困难：U-480号6月13日被加拿大第162中队1架“坎索”式飞机击伤，飞机也被潜艇击伤后迫降，而U-480号7月7日抵达布勒斯特后直到一个月后才再次出航。U-671号于6月25日抵达法国塞纳-马恩省河口的塞纳-马恩省湾，在随后的一周里，在盟军舰艇的多次攻击下被重创。U-247号前往苏格兰西北部的北明奇海峡（North Minch）巡逻，但一个星期都毫无收获。U-673号前往冰岛南部进行天气预报，途中没有收到返回挪威的命令，于是在7月21日驶抵了洛里昂。

上述11艘潜艇共7艘被击沉，损失355名艇员（其中90人获救被俘），确证6月15日U-767号击沉1370吨的英国巡防舰“莫恩”（HMS Mourne）号和7月5日U-247号击沉207吨的英国捕鱼拖轮“诺琳·玛丽”（Noreen Mary）号。

6月6日驻扎在挪威南部的“中心”（Mitte）艇群的二十几艘潜艇受命保持高度

■ 一张具有“历史意义”的照片——正在大西洋上与补给船会合的U艇。如今，照片中的主角U-70号早已战沉，而U艇的舞台也不再是大西洋，其任务也不再是破坏同盟国海上交通以争取轴心国的胜利。这一切都已成为过去，现在U艇惟一需要也是能作的——冒险靠近海岸，去攻击那些朝欧洲大陆挺进的船舶，去阻止盟军登陆法国。

戒备，准备反击盟军可能对挪威或丹麦的进攻。6月11日，在海上的潜艇达到16艘，这是“中心”艇群的最高值了。由于盟军并没有进攻挪威或丹麦的迹象，邓尼茨于6月24日指示“中心”艇群在海上的潜艇数减少到6艘，剩下的潜艇转移到北冰洋或波罗的海以阻止苏联从东面的入侵。

诺曼底滩头的战斗正酣时，盟军并没有减弱对挪威潜艇的打击。在6月11日到7月3日，盟军击沉6艘潜艇（U-980号、U-715号、U-987号、U-423号、U-1225号和U-478号），另有7艘被迫返航，其中1艘在返航后因伤势过重而报废。

北冰洋

诺曼底登陆时，北冰洋潜艇部队有32艘潜艇，其中17艘在海上，分为“怒火”艇群（10艘）和“对抗”艇群（7艘）。得知盟军进攻法国后，北部潜艇司令莱茵哈德·苏伦（Reinhard Suhren）立即命令其中7艘潜艇以最快速度赶往纳尔维克，在那里添加燃料补充给养后，进入紧急备战状态。另外10艘则在央棉岛（Jan Mayen Island，位于冰岛北北东方约600公里处）东北部海域组成一道巡逻线。

7月岸防司令部第18大队的反潜行动颇见成效，击沉4艘、重创6艘U艇。7月15日英军第206中队1架B-24击沉U-319号（57.40N，05.00E；51名艇员全部阵亡），但这架B-24也被潜艇击落。7月17日英军第210中队1架“卡塔林那”击沉了U-361号（68.35N，06.00E；52名艇员全部阵亡），但飞机也被潜艇击伤，多名机组人员伤亡，负伤的副驾驶员杰克·加耐特（Jack Garnett）将飞机飞回了基地，着陆时重伤的机长克鲁克祥克（J. A. Cruickshank）坚持躺在驾驶舱指导降落，最后飞机在水面迫降，然后冲到了岸上。由于他的英勇表现，被授予维多利亚十字勋章，这是岸防司令部飞行员获得的两枚这种最高勋章之一。

7月17日英军第86中队1架B-24击沉了U-347号（68.36N，08.33E；49名艇员全部阵亡）。

7月18日英军第210中队1架“卡塔林那”击沉U-742号（68.24N，09.51E；52名艇员全部阵亡），但飞机也被潜艇击伤。

鉴于潜艇遭到如此巨大的损失，邓尼茨取消了“中心”艇群的海上行动，将潜艇全部召回了基地。

岸防司令部完全有理由骄傲，在77天里，他们在挪威海域击沉了17艘、击伤20艘U艇。加上这一期间，英军驱逐舰“米尔恩”（HMS Milne）号和潜艇“萨梯”（HMS Satyr）号击沉的U-289号（5月31日；73.32N，00.28E；51名艇员全部阵亡）和

■ 潜艇在北冰洋的战绩一直不佳，除了PQ-17船队那次大捞一票外，其他时间几乎是处于1艘U艇换1艘商船的境地。邓尼茨干脆将这一海域的战斗形容成“浪费时间”。

U-987号（6月15日；68.01N，05.08E；53名艇员全部阵亡），使得击沉潜艇的总数达到19艘。盟军的这些胜利进一步打乱了潜艇在这一海域的行动，当然也使得许多潜艇无法进入英吉利海峡。

摩尔曼斯克船队恢复船运后，第一支JW-59船队（33艘船）于8月15日从洛可艾维（Loch Ewe）出航。德国空军可能会利用白昼时间长的优势提供支持，因此本土舰队司令亨利·摩尔为船队组织了规模庞大的护航力量：2艘护航航母、1艘巡洋舰、7艘驱逐舰、4艘炮舰、2艘巡防舰和5艘驱潜快艇（还有赠送给苏联的1艘战列舰和8艘驱逐舰同行）。

8月22日，U-354号发现了准备前去攻击“提尔匹兹”号的英军特遣舰队，立即发射4枚FAT鱼雷和1枚T-5鱼雷，击沉1300吨英军巡防舰“毕克顿”（HMS Bickerton）号，重创11420吨英军护航航母“纳博布”（HMS Nabob）号。但随即在护航舰的围攻下被击沉（8月24日；72.49N，30.41E；51名艇员全部阵亡）。同时，6艘潜艇正向JW-59船队靠拢。8月21日U-344号击沉了1350吨英军炮舰“风筝”号（HMS Kite），但随即被1架“剑鱼”飞机击沉（8月22日；74.54N，15.26E；50名艇员全部阵亡）。

在向JW-59船队发射过鱼雷的潜艇中，U-711号宣称的战绩最大，因此艇长汉斯-君特·朗格（Hans-Gunther Lange）获得了骑士十字勋章，不过这些战绩都无法得到确认。

JW-59船队于8月28日抵达克拉港（Kola Inlet），没有损失商船。同一天，RA-59A船队（9艘商船）从克拉港启航，由JW-59船队庞大的护航队护航。北冰洋潜艇也曾对这个船队进行过攻击，但无战果。反而9月2

日，1架“剑鱼”飞机协同驱逐舰“凯珀尔”（HMS Keppel）号、“怀特霍尔”（HMS Whitehall）号以及炮舰“美人鱼”（HMS Mermaid）号、“孔雀”（HMS Peacock）号一起击沉了U-394号（69.47N，04.10E；50名艇员全部阵亡）。

JW-60船队（30艘商船）9月15日从洛可艾维出发，9月23日安全抵达克拉港。9月25日，一些护卫舰伴随RA-60船队一起返航。途中（9月29日）U-310号击沉2艘船共14395吨。

JW-61船队（30艘商船）10月20号离开洛可艾维，护航力量非常强大，包括3艘护航航母。北冰洋潜艇于10月26日攻击了船队，但一无所获，船队于10月28日毫发无损地抵达了克拉港。RA-61船队（33艘商船）于11月2日出发，同日，U-295号击伤了1150吨英国巡防舰“蒙赛”（HMS Mounsey）号，其余船只没有损失安全返回了洛可艾维。

为了保证对北冰洋潜艇的弹药和物资补给，2艘VIIF型U-1060和U-1061号不断往返于德国和挪威之间。10月27日，U-1060号遭到英军航母“无情”（HMS Implacable）号的舰载机攻击被重创，不得不在弗莱纳（Fleina）搁浅。岸防司令部随即派出飞机将这个活靶子击沉（65.24N，11.59,5E；12名艇员阵亡，43人获救）。U-1061号在10月30日晚被加拿大第407中队1架装有“利光”探照灯的“威灵顿”飞机重创，蹒跚地回到马洛（Maloey）。

驻法国潜艇的调动

诺曼底登陆后盟军对法国的铁路、高速公路和桥梁展开了攻击，削弱了从德国到法国大西洋潜艇基地的供给线。因此留在法国的“地主”艇群中幸存下来的潜艇已经不能对英吉利海峡盟军补给线造成什么威胁。

6月的经验表明，潜艇对于高度戒备的登陆部队来说是没什么用的。而且不少艇员认为出击就是自杀行动，根本没有胜利的希望，不管邓尼茨如何鼓舞士气，都无法改变。富有战斗经验的艇员不断遭受损失，新建成的潜艇缺乏艇员，德国人已经无法再承受了。尽管如此，潜艇还是要尽一切可能去支持地面部队。7月西部潜艇部队总司令汉斯-鲁道夫·罗森组织了11次攻击盟军登陆舰队的巡逻，结果又是一次大败：11艘潜艇中有6艘（U-672号、U-212号、U-333号、U-671号、U-984号和U-214号）被击沉，还有2艘被迫中途返航，损失了291名艇员（其中57人获救被俘）。而这些潜艇的战绩却只是击沉4艘军舰、1艘货船（共约14000吨）。

为支持在欧洲进一步的军事行动，北大西洋船队的规模继续扩大，战争期间最大的一支船队，HX-300船队于7月17日从纽约出发，一开始船队包括109艘商船，在途中又有31艘船陆续加入了进来，最终船只总数达到了167艘，不过护航力量只有1艘巡防舰、6艘

■ 损失愈惨重就愈需要补充，图为基尔船厂的潜艇建造台。实际上，到了战争后期，U艇的数量反而大幅度增加起来。

驱潜快艇和3艘弹射飞机航母，即便如此在穿越大西洋的航程中并没有遇到什么麻烦。8月3日，除了1艘船只掉队外，船队全部抵达英国，运来100万吨的物资。

盟军在法国取得的突破

盟军地面部队于8月初抵达布列塔尼，德军退守海港，为了争取时间让潜艇部队和相关设备能够撤离，希特勒命令寸土必争，直至战斗到最后一个人。然而德军的力量实在太薄弱了，8月15日盟军占领德军潜艇部队在法国最南端的基地波尔多，9月19日法国最北端的布勒斯特也被攻占。于是德军加固了剩下的三个基地：洛里昂、圣纳泽尔和拉帕利斯。但盟军为了更迅速地向内陆进军，并没有去进攻这三个港口，直到战争结束这三个港口还在德国人手中。

盟军8月的进展给潜艇基地造成的压力迫使16艘潜艇转移。6艘从布勒斯特撤到拉帕利斯，1艘从布勒斯特撤到了波尔多再撤到拉帕利斯，5艘从洛里昂转移到拉帕利斯，2艘从圣纳泽尔转移到了拉帕利斯，2艘从拉帕利斯转移到洛里昂。盟军击沉击毁了16艘潜艇中的7艘：

8月9日，英军第19大队第53中队1架B-24

■ 德军构筑的U艇洞库，在卑尔根、布勒斯特、汉堡等地都有这类坚固设施。其式样显然参考了古代罗马帝国的海军基地。

发现了U-608号，投下声呐标记和6枚深弹后指引英军第2支援舰队赶来，经过仔细搜索后"鹪鹩"（HMS Wren）号于次日探测到了潜坐海底的U-608号，随即展开猛烈攻击迫使其浮出水面后自沉（46.30N，03.08W；52名艇员全部获救）。

8月12日U-981号触雷受伤后被英军第19大队第502中队1架"哈利法克斯"击沉（45.41N，01.25W；12名艇员阵亡，40人获救）。

U-766号接连遭到6架反潜飞机的攻击而受伤，8月21日到达拉帕利斯后退役，为了不落入盟军之手，德军于9月15日将其炸毁。

8月12日午夜，第19大队第461澳大利亚中队1架装有"利光"探照灯的"桑德兰"飞机发现并攻击了U-270号，潜艇遭到重创后被迫打开舱门自沉（46.19N，02.56W；71名艇员全部获救）。

8月14日，第19大队第53中队1架B-24发现并攻击了U-618号，第3支援舰队两艘英国巡防舰闻讯赶来，最终将潜艇击沉（47.22N，04.39W；61名艇员全部阵亡）。

8月18日，加拿大第11支援舰队4艘驱逐舰发现并攻击了U-621号，艇长是刚刚获得骑士十字勋章的赫尔曼·斯图克曼（Hermann Stuckmann），U-621号仅仅享受8天的荣耀就被击沉了（45.52N，02.36W；56名艇员全部阵亡）。

同一天，第19大队第201中队1架“桑德兰”飞机击沉了U-107号（46.46N，03.49W；58名艇员全部阵亡）。

从法国的撤退

从8月初盟军进攻布列塔尼半岛开始，邓尼茨已经预料到潜艇基地保不住了。8月15日，盟军在法国南部登陆的“龙骑兵”（Dragoon）行动开始后，更是加深了邓尼茨这一想法。因此邓尼茨命令西部潜艇部队总司令汉斯-鲁道夫·罗森准备让所有适合长途转移（大约3500公里）的潜艇带上重要人员、尽可能多的燃料和有价值的装置（如雷达探测器、T-5音响自导鱼雷等）撤至挪威。不适合长途转移的潜艇马上退役，就地拆毁。由于一些潜艇的艇长和艇员已经返回德国休假，所以赶不回法国基地，这些潜艇就只好由临时任命的艇长和拼凑来的艇员驾驶。

8月和9月有30艘VII型潜艇准备从法国撤回挪威（另外，退役的U-255号和U-766号留了下来，U-766号被炸毁）。这30艘潜艇上都装有通气管，其中一些在途中还顺便进行了巡逻；另一些则直接撤回挪威。盟军击沉了其中的10艘，加上还有3艘在抵达挪威后因故损失，使总损失数达到了13艘。

当得知德军潜艇都聚集在挪威卑尔根，而那里的潜艇洞库又不足以容纳这些潜艇

■ 盟军对德国人最新的XXI型电动潜艇充满畏惧，认为其服役将会对海上航运线构成新的重大威胁。但实际上，这种仓促中设计的潜艇尽管具有相当威力，但充满了各种各样会招致大麻烦的小问题。

后，10月4日，盟军对卑尔根实施了大规模空袭，有7枚炸弹直接命中了潜艇洞库，但都没能穿透厚厚的混凝土洞库顶，倒是炸伤了4艘没有来得及进入洞库的潜艇（U-92号、U-228号、U-437号和U-993号），并严重破坏了码头设施，这使得卑尔根对潜艇进行重大维修的能力降到了每次4艘，这对以后的行动是一个非常大的阻碍。

这样，9月和10月从法国撤往挪威的30艘潜艇中只有17艘幸存，这些就是曾经辉煌一时的大西洋潜艇部队的悲惨结局。

1944年夏，英吉利海峡附近的局势相当混乱，不可能确切地计算出从“D”日到潜艇撤离法国这段时间里潜艇部队给予盟军登陆舰队所造成的损失。估计最接近事实的数据是击沉12艘军舰和14艘商船共约60000吨。

从1944年5月16日到11月1日，德军大西洋潜艇部队共损失了72艘潜艇以及约3500名艇员。

潜艇被迫从法国撤退对邓尼茨和德国海军来说是灾难性的打击。但他和大多数艇员仍然保持着高昂的斗志，他们相信XXI型和XXIII型电动潜艇可以带来一个海战的新时代，并最终赢得战争。

具有讽刺意味的是，人们最初发明潜艇的动机是进行“海岸防御”，但在二战中，1940年在挪威、1941在菲律宾、1942年在中途岛、1941年到1944年在地中海和1944年在法国，都证明潜艇最不适合这项任务。潜艇最有效的行动是对商船发动突然攻击，这样才能将潜艇的作用发挥到最大限度。

同时，在法国基地还有37艘IX型潜艇，其中3艘在北大西洋执行天气预报任务，8艘往返于美洲海域，5艘往返于西非海域，6艘在法国基地进行维修。6月6日执行巡逻任务的22艘IX型艇中有14艘返航：3艘回到了挪威，11艘回到了法国。在法国的17艘潜艇中4艘被认为不适合继续参战而在洛里昂和波尔多被拆毁，剩余的13艘都将撤到挪威。这批潜艇撤退的目的是保护潜艇不落入盟军之手，并对艇员进行实战训练以便将来操纵电动潜艇。

在581天的时间里，出巡西非和美洲的6艘潜艇只击沉了两艘船共约9300吨。如此微乎其微的战绩大大讽刺了邓尼茨和潜艇司令部对通气管潜艇的吹嘘。通气管只是提高了潜艇不被盟军飞机发现并幸存下来的能力，但是根本无法帮助潜艇在攻击商船上获得更大的成功。

驻挪威VII型通气管潜艇的出巡

1944年9月4日，芬兰正式投降，使德国丧失了在芬兰湾的潜艇基地。而盟军对汉堡、不来梅和基尔的空袭使得新潜艇的建造大大推迟了。较大的XXI型和较小的XXIII型电动潜艇的生产远远落在了计划之后。XXI型艇可能将会成为对盟军海运的最大威胁，这种潜艇的各部件生产分散在德国国内，然后运往汉堡、不来梅和但泽（即格但斯克）进行组装。从1944年6月到8月，这三个地区总共只建成了10艘XXI型潜艇：其中4艘在汉堡（U-2501–U-2504号），4艘在不来梅（U-3001–U-3004号），2艘在但泽（U-3501号和U-3502号）。

14个月里，德国能够使得分散在各地的工厂连续生产一种新型的远洋潜艇，这令盟军感到非常惊讶。不过有一点很少被提及，即这种新的潜艇不过是在“沃尔特”远洋潜艇基础上进行了一些修改，而不是全新设计的。经过海上试航后，XXI型艇的

■ XXIII型是另一种采用电力作为主要动力来源以水下航行为主的新式潜艇。但是这种潜艇尺寸非常小，而且仅安装两具鱼雷发射管配备两枚鱼雷。德国海军对它的定位类似于II型潜艇，实际上潜艇部队为其制订的战术也更接近于海岸防御和沿海骚扰（以上三图）。

一些缺陷就暴露了出来。由于没有时间建造模型以供检验，瑕疵在所难免，但XXI型艇至少有两个非常严重的缺陷：一是为了节省电池电力，安装了新型的液压动力装置来取代电动机，控制潜望镜升降、甲板、方向舵、鱼雷管信道及其他一些装置。但由于对潜艇液压动力装置缺乏经验，这些装置太过复杂敏感。而且许多液压线路都暴露在耐压壳之外，因此极易遭到损坏。此外由于外部液压管和相应零件不能完全防漏，海水一直侵蚀着整个系统，使其性能不断降低。另一个缺陷是为了减轻潜艇的重量，也为了给巨大的电池组腾出更大的空间，在XXI型安装了两个新研制的六缸轻型柴油机，在由废气推动的增压器协助下，设计功率为1970马力。但是增压器并没能使柴油机达到设计功率。此外，废气温度远超过了安全运行的温度极限（比美国潜艇安全温度高出350度）。为了保证安全运转，增压器必须被移除掉，这样每个柴油机的功率就从2000马力下降到了1200马力。这项必须要做的改装大大降低了XXI型艇的效率，使得充电时间从1小时增加到了4小时。水面最大速度为15.6节（低于驱潜快艇的16.5节），由于设计的原因，这个缺陷是无法改进的。

当1944年7月在法国的潜艇准备撤退时，邓尼茨构思了一场“新潜艇战”，由从挪威出发的通气管潜艇发起。邓尼茨觉得有必要动员海军所有力量发起这场新的战争，因此进行了长篇大论的宣传。一些作者看到了这些表面的宣传文章，就断言在1944年秋德国发起了一场新的潜艇战，并用通气管潜艇重新诠释了潜艇战的本质。通气管潜艇向“真正的潜水”迈出了重要的一步。常规而落后的VII型和IX型艇则被奚落成了只是具备简单下潜能力的水面战舰。但实际情况是，1944年7月到12月从挪威发起的通气管潜艇巡逻不过是媒体宣传和艇员练习的结合体，艇员在通气管潜艇中所受到的锻炼对于他们驾驭XXI型和XXIII型潜艇来说至关重要。

盟军的反潜措施有了很大的加强，德国人已经不可能用VII型潜艇对船队发起集群攻击，也不可能派出IX型潜艇到加勒比海、墨西哥湾、拉丁美洲或弗里敦和几内亚湾巡逻了。由于希特勒要在西线发起阿登反击战，一部分潜艇被派去执行天气预报，此外，VII型潜艇大多像1939、1940年那样在英国附近巡逻，而IX型潜艇则被派到加拿大海域去了。

为了发起这场新潜艇战，潜艇司令部在1944年7月到12月间共发起了68次巡逻，其中16艘被击沉，18艘因故中断巡逻。

VII型艇处境非常艰难。而挪威数量有限的后勤设施还要维护北冰洋部队的潜艇，此外还经常遭到盟军的轰炸。从德国赶来的新潜艇和从法国撤回的老潜艇行动日期经常重迭，时不时地会在进出基地的峡湾里出现堵塞。在夏季和初秋，北方海域的潜艇得不到黑暗的掩护，很难安全充电。潜艇在白天大多数时候都是靠电池以两三节的速度巡航，在一天里能以5节的巡航速度通过通气管为电池充电4小时，然后浮出水面半个小时给潜艇换气。因此，1艘潜艇一天里基本上跑不到100公里。

当通气管保护了潜艇免遭盟军空袭时，从挪威发起新潜艇战的VII型艇却也受到了蜗牛般移动速度的严重困扰。根据新的战术要求，VII型潜艇从卑尔根到英吉利海峡或者返回都需要25天，这样在巡逻海域所待的时间就只剩下10天了。这与VII型潜艇发起远征美国的“击鼓”行动并不一样，通气管的灾难性失败使得艇员更不舒服，甚至难以忍受。

盟军通过破译密码得知这场新潜艇战即将来临，于是采取了几项重要措施。为了在潜艇到达大西洋之前就摧毁他们，盟军增加了在设得兰群岛-法罗群岛和法罗群岛-冰岛之间的反潜巡逻密度，并在那两个海域布下了雷区。派出重型轰炸机对特隆赫姆、卑尔根、斯塔万格（Stavanger）和霍顿（Horten）进行大规模空袭，也对在挪威海域进行训练的潜艇进行了攻击。将进出北明奇海峡和北海峡的船队航线调到了更远的圣乔治海峡，从南面绕过冰岛。

有25艘VII型潜艇从挪威出发向南绕过爱尔兰到英吉利海峡、圣乔治海峡和爱尔兰海巡逻，其中有8艘（U-1006号、U-322号、U-400号、U-772号、U-1209号、U-650号、

■ 从挪威出发的潜艇，需要依靠通气管在水下“蠕动”到巡逻海域。其过程之长几乎将整个巡逻的大半时间消耗殆尽。

U-1172号和U-1051号）被击沉。

3艘VII型艇计划在1944年底从挪威出航，但都没有成行。11月16日U-1276号在克里斯蒂安桑（Kristiansand）港外触雷，被迫返回维修。12月28日夜，盟军200架飞机空袭霍顿，U-682号被重创，后来于次年3月在汉堡被盟军飞机炸沉，U-735号则被炸沉（59.24N，10.28E；39名艇员阵亡，1人获救）。

为了阻止英军航母舰载机对挪威基地发动攻击，同时也可能是为了配合阿登反击战，于是邓尼茨指挥8艘潜艇前去封锁斯卡帕湾的英军基地，结果又是一次惨败，损失3艘（U-297号、U-1020号和U-737号），3艘（U-312号、U-315号和U-739号）因故障中断了巡逻，只有2艘潜艇（U-278号和U-313号）完成了巡逻并安全返回，总共只击伤1艘驱逐舰和2艘商船。

9艘VII型通气管潜艇从挪威出发，除了前面提到的U-772号和U-1009号之外，5艘是执行天气预报的潜艇，其中U-925号失踪，U-248号被击沉。另外，U-722号和U-773号是为圣纳泽尔的德国守军运送弹药，到达圣纳泽尔后卸下弹药装上贵重货物再返回卑尔根。

1944年7月到12月，新潜艇战期间一共有68艘VII型通气管潜艇从挪威出航，总共只击沉20艘商船共约98600吨，却付出了损失16艘潜艇的代价，另有18艘潜艇因伤中途返航，其中37艘潜艇没有击沉船只。可以说VII型艇在新潜艇战中所取得的战绩简直可以忽略不计。然而，潜艇重新在英国海岸附近出现后，让英国人开始感到了不安。这些通气管潜艇引发了过度的恐慌和夸大了的威胁以及对将要到来的XXI和XXIII型电动潜艇作战效率不理智的预测。

驻挪威IX型潜艇的出巡

从1944年7月到12月，17艘IX型艇从德国出发经挪威进入大西洋，另有1艘U-862号直接从挪威出发前往槟榔屿，途中击沉了5艘共28018吨，艇长海因里希·提姆（Heinrich Timm）因此获得了骑士十字勋章。U-871号和U-863号被击沉。由于IX型不适合在英国海岸水域执行任务，又没有补给潜艇支持，邓尼茨将这些潜艇中的大部分派到了加拿大海域，小部分被派到了直布罗陀和亚速尔群岛之间海域。

这些巡逻极度紧张和危险，潜艇必须先从基尔转移到威廉港，然后到挪威，途中要绕过盟军布设的雷区，还要躲避空袭。在前往大西洋的过程中，潜艇先要靠通气管和电池航行大约2400公里，进入冰岛东南海域，才相对稍微安全些。这段航程中，一般来说，一天中20小时都要靠电池进行潜航，其余4小时则在黑夜里靠通气管航行，这样航

■ 发射深水炸弹的加拿大驱潜快艇。

行一天最多也就八九十公里。因此前往大西洋安全海域需要两三个星期甚至更长时间。而前往加拿大海域的潜艇，其安全海域要到纽芬兰大浅滩附近，所以单程就需要六个星期甚至更长。而且前往加拿大海域的潜艇再次领略了北大西洋上的狂暴天气。10月，不光是在甲板上，就连潜艇内部也是冰冷冰冷的，潜艇经常遭遇冰块和暴风雪，通气管经常被严重冻坏，潜艇和司令部之间的通讯量因此大量减少。

U-855号奉命接替U-858号的天气预报任务，并为返航的U-516号和U-539号加油。盟军破译了会合地点、时间的密码，派出了“猎人-杀手”小组前去截杀，但未发现。因为U-858号在9月19日被1架盟军飞机重创，而U-855号9月11日之后即告失踪，可能是触雷沉没，56名艇员全部阵亡。

U-1229号计划将间谍奥斯卡·曼特尔（Oskar Mantel）送到美国海岸，然后在加拿大海域巡逻，7月下旬因通气管故障而返回特隆赫姆维修，月底又重新出航。盟军通过高频测向仪发现了U-1229号的位置，派出以“伯格”号护航航母为核心的“猎人-杀手”小组，8月20日中午，“伯格”号上的1架“复仇者”飞机发现了潜艇并用火箭和深弹发起了攻击，潜艇紧急下潜但电池已经被炸坏，不得不浮出水面。刚浮出水面就遭到6架飞机的攻击，艇长和大副都被打死，工程师威利·布特纳（Willy Buettner）只好下令弃艇（42.20N，51.39W；18名艇员阵亡，41人获救）。奥斯卡·曼特尔得以幸存，但美国海军没将他移交给联邦调查局，而是作为普通战俘来对待，直到1947年遣返回德国。

U-1221号到达加拿大海域后几次攻击都无战果，最后两手空空地结束了99天的巡逻。U-1223号10月14日在蒙特角（Pointe des Monts）向加拿大巡防舰“马格克”（HMCS Magog）号发射2枚T-5鱼雷，将其重创。11月2日击伤了7134吨的英国船“汤普森要塞”（Fort Thompson）号。

U-865号在7月和8月三次出航三次中途折返，9月9日再次出航，之后即告失踪，59名艇员全部阵亡。

U-867号计划前往拉布拉多（Labrador）

放置一个自动天气预报装置，但在途中被盟军飞机重创，艇长冯·穆伦达尔（Arved von Muhlendahl）只好发出求救讯号，于是邓尼茨立即组织救援，但赶去救援的U-1228号被英军第224中队B-24击伤，该艇在返航途中因通气管故障，大多数艇员都被放倒。同时英军第224中队另1架B-24飞机发现并击沉了无助的U-867号（9月19日；62.15N，01.50E；60名艇员全部阵亡）。

U-1227号在前往直布罗陀和亚速尔群岛之间海域的途中，发现了ONS-33船队，该船队由52艘商船和6艘护航舰组成，入夜后U-1227号借着月光发起了水面攻击。如此卤莽的行动随即被护航舰发现并遭到了围攻，U-1227号向加拿大巡防舰“切伯格”（HMCS Chebogue）号发射了T-5鱼雷，将其重伤，乘其他护航舰对其进行救援时逃脱。盟军根据破译密码掌握的情报，又派出第10舰队前去截击。10月12日，第10舰队两艘驱逐舰对U-1227号进行了持续3小时的攻击，不过还是被潜艇逃脱。11月8日，潜艇在攻击另一支船队时被护航舰击伤，三天后又遭另一个“猎人-杀手”小组攻击，再次受伤的U-1227号被迫返回了卑尔根。

■ 被U-1227重创的加拿大巡防舰“切伯格”号，T-5型鱼雷循着船舶噪音而去，于是命中了该舰的船尾，几乎将整个船尾炸烂。

U-1230号计划将两名间谍送至美国，途中通气管故障导致很多艇员中毒，但仍坚持前往美国将两名间谍送上岸——这两名间谍格雷普夫和吉姆拜尔很快就被联邦调查局逮捕，并被判处死刑，不过战后得到了杜鲁门总统的特赦。送走间谍后，U-1230号击沉了5458吨加拿大船“康沃利斯”（Cornwallis）号，包括护航航母“伯格”号在内的反潜部队对缅因湾进行了仔细搜寻，但U-1230号已经到了新斯科舍省附近海域，逃过了追杀，然后于1945年2月23日回到了弗伦斯堡（Flensburg）。

U-1226号在途中因通气管故障而改为前往冰岛南部海域执行气象预报，但却从10月23日起再无消息，可能是因机械故障而沉没，56名艇员全部阵亡。

U-1228号11月25日在圣劳伦斯河口击沉了900吨加拿大驱潜快艇“沙威尼根”（HMCS Shawinigan）号，但此后没有按照预定计划前往哈利法克斯，而是沿原路通过卡伯特海峡进入了大西洋开阔海域，最后以通气管和罗盘故障为由结束了巡逻。

U-231号由于严寒，通气管和鱼雷不断出现故障，在圣劳伦斯河的几次攻击都没有战果，然后由于对燃料库存悲观的估计而返航，结束了108天一无所获的巡逻。

U-806号12月21日击伤HX-327船队7219吨英国船“森塔基”（Samtucky）号，此后72小时里，U-806号连续攻击了两支船队，击沉了672吨加拿大扫雷船“克雷奥阔”（HMCS Clayoquot）号。1月4日，因通气管故障而被迫中断巡逻。

U-1232号是1944年最后1艘抵达加拿大的潜艇，1月4日攻击了SH-194船队，击沉击伤各1艘。盟军反潜部队随即对U-1232号发起了反击，但潜艇深潜逃脱。1月14日又在哈利法克斯东北的谢达布克托湾（Chedabucto Bay）攻击BX-141船队，击沉2艘油轮和1艘自由轮共22940吨。但遭到加拿大巡防舰“埃特里克”（HMCS Ettrick）号的撞击，潜望镜和指挥塔都被撞坏，只好返回。邓尼茨对艇长库尔特·多布拉茨（Kurt Dobratz）的战绩非常满意，于1月23日授予他骑士十字勋章（获得勋章时确证战绩是4艘共24535吨）。

U-870号12月20日在里斯本西部攻击了一支美国登陆艇和护卫舰特遣舰队，击沉1625吨的LST-359号登陆舰，击伤1400吨的护航驱逐舰“弗格”（DE-57，Fogg）号。1月3日攻击了GUS-63船队，击毁7207吨的美国自由轮“亨利·米勒”（Henry Miller）号。从1月8日到10日，还攻击了另外三支船队，击沉GC-10船队335吨的自由法国巡逻艇“朗如”（FFL

■ 美国护航驱逐舰“弗格”号被U-870击伤，也是尾部中弹，整个舰尾被炸掉。“弗格”号属“巴克利”级护航驱逐舰，是美国海军最早建造的一批护航驱逐舰之一，也是大西洋上护航舰队里的一员老兵（以上二图）。

L'Enjoue）号和击毁KMS-76船队4637吨的英国货船“布莱克海斯”（Blackheath）号。邓尼茨于1月21日授予艇长恩斯特·海希勒（Ernst Hechler）骑士十字勋章（获得勋章时，他的确证战绩是13804吨）。U-870号于2月20日回到挪威，3月30日在美军空袭中被炸沉。

U-877号在出航途中遭到英军第489中队1架“英俊战士”的攻击，无线电被炸坏，使潜艇在整个巡逻过程中都大受影响。12月27日，加拿大驱潜快艇“埃德蒙斯通”（HMCS Edmundston）号和“圣托马斯”（HMCS St. Thomas）号发现了U-877号的声呐讯号，尽管不能确定是潜艇的声呐讯号，但“圣托马斯”号还是发射了反潜鱼雷，U-877号被击伤，潜艇大量进水并失去控制，艇首一直下沉到了300米深处，最后只好紧急上浮后自沉（46.25N，36.38W；56名艇员全部获救）。

U-869号出航后连续三个星期都没与潜艇司令部取得联系，使得潜艇司令部以为该艇已经沉没，直到1月6日才接到U-869号的位置报告，但却离预定位置有很大偏差，此后的联系又是时断时继，盟军则根据破译密码的情报派出了反潜部队，但一直都没有发现U-869号。盟军认为最大可能是2月26日U-869号在攻击GUS-74船队时被护航舰击沉。直到1991年9月2日一些潜水爱好者在纽泽西普莱

■ LST-359号坦克登陆舰属于美军在第二次世界大战中大量建造的LST-1型两栖登陆舰。

森特角（Point Pleasant）以东100公里75米深处海底发现了1艘潜艇的残骸，在此后几年里，多次组织了搜寻潜艇的探险，有2名潜水员因此丧生。残骸被确认是U-869号，还被发现左舷侧船体中央有被鱼雷击中的痕迹，最后证实，U-869号是在2月11日被美军护航驱逐舰击沉（39.33N，73.02W；56名艇员全部阵亡）。

1944年最后1艘离开挪威出航的通气管潜艇是U-1233号，经过两次中断巡逻的周折总算在圣诞节前夜第三次启航，但直到3月28日回到挪威，毫无收获。

1944年下半年从德国经挪威出巡的17艘IX型潜艇击沉11艘共45369吨，其中6艘军舰，U-1232号艇长多布拉茨战果最大，击沉4艘共24535吨。另有10艘潜艇（占总数的59%）没有任何战果。尽管通气管使潜艇躲过了许多盟军飞机的攻击，但潜艇损失还是不小，有7艘被击沉，损失率达到了41%，这7艘潜艇402名艇员中有97人被俘。

这就是1944年7月到12月的新潜艇战，邓尼茨从挪威发起了85次巡逻（68艘次是VII型，17艘次是IX型）。其中22次给盟军航运造成了损失：14艘次是VII型，8艘次是IX型艇，这22艘潜艇的战绩是击沉46艘共205893吨（其中13艘军舰），同时，有22艘潜艇被击沉（16艘VII型和6艘IX型）。交换率大约是1艘潜艇换2艘船，总共损失了大约1000名艇员，其中169人被俘。

除了给盟国造成一些恐慌并牵制了一部分反潜部队外，这些潜艇并没有给盟军迅猛

■ 由于种种问题，XXI型直到1945年初才开始少量下水，但是新完工的潜艇，要到形成战斗力还有相当的距离。紧缺的人力资源和盟军的疲劳轰炸也对少数XXI型战斗力的形成造成了相当的阻碍。

■ 潜艇的建造工作从来没有停止过，相反，在战争后期，由于施佩尔的有力协调反而越发迅速而有效。但德国人力资源的缺陷开始暴露。年轻人在三年战争中的死亡和损失使潜艇部队所能招募到的人员素质每况愈下。

增长的海上航运造成多大冲击。同一时期，1944年7月到12月，单单美国船厂就制造了867艘新船，约600万吨，几乎是潜艇击沉船只数的20倍。在1944年一年中，北大西洋和中大西洋船队中只有16艘船共约18856吨被潜艇击沉。

马耳他会议

1945年2月眼看欧洲大陆的战争就要结束了，因此丘吉尔首相提出再开一次三巨头会议，以商讨最后的战局和战后的各种问题。由于斯大林的坚持，最终决定于2月初在克里米亚濒临黑海的旅游胜地雅尔塔举行会谈。

1月底罗斯福和丘吉尔先在地中海的马耳他岛举行会晤以消除分歧，在雅尔塔会议之前先结成统一战线。美国和英国的代表团在马耳他商议军事行动的议题中，大西洋的潜艇威胁也没有被忽略掉。那是因为1945年1月，盟军非常担心卷土重来的潜艇会威胁到大西洋航线的安全。罗斯福总统1月6日在美国发表讲话时就强调了潜艇战重新开始的可能性。英美新闻媒体发表了大量骇人听闻的故事，悲观地展望了这一可怕的预期（哈德利〔Hadley〕在《对加拿大的潜艇战》〔U-boats Against Canada，1985〕中引用了当时报纸上的文章，说是有两三百艘能够在水下以十节的速度潜行三十天的U艇正蜂拥而

■ 正在船台上进行舣装的XXI型U艇，其部件从全德各地工厂运来，船厂只是其最后组装的地方。因此盟军的轰炸虽然猛烈，但所能取得的实际效果非常之有限。

来）。这种对未来的悲观预期来源于盟军错误的或不全面的预测，是一种夸大的威胁。

引起这个错误预测的因素如下：盟军预测到1945年1月1日，将有87艘XXI大型电动潜艇建成，另有52艘潜艇正在建造中。这个预测大大高估了德国建造XXI型艇的能力，由于盟军不断空袭潜艇船厂和基地，使德国的潜艇修建能力大为下降。此外，盟军情报机构也没能及时发现XXI型引擎增压器设计方案的缺陷和液压系统的问题等。实际上，到3月1日，没有1艘XXI型艇做好战斗准备，只有1艘XXI型艇（U-2511号）在3月离开波罗的海，前往挪威的霍顿。

对XXIII型也出现了类似的错误估计。1945年1月1日，盟军估计德军有43艘XXIII型艇建成，另有18艘正在建造中。实际上，从1944年6月到12月，平均每月服役的XXIII型艇仅有4.4艘。除了1月1日在测试过程中损失的3艘外，共有28艘XXIII型艇开始服役了。直到战争结束，又有20艘服役，总共不过51艘。到5月1日，共有5艘XXIII小型电动潜艇投入巡逻（其中1艘中途返航），总共巡逻时间仅178天，一共击沉5艘8542吨。XXIII型电动潜艇最大的缺点是太小了，艇长34.7米，排水量234吨，甚至比II型“独木舟”还要小。而且只有艇首两个鱼雷发射管，还没有备用鱼雷。因此可以说，XXIII型电动潜艇几乎没什么用。

盟军高估了通气管的价值，而没有看到它剥夺了潜艇的机动性，也低估了通气管在海上发生故障的频率。实际上德军潜艇使用通气管只能以5节的速度航行，每天只能使用4小时，每天的总航程只有80到100公里。因此以这样的速度，花在往返于英吉利海峡和挪威之间的路程就要八个星期，真正进行战争巡逻的时间只有一个星期。

在马耳他英美盟军就预见得到的新潜艇威胁通过了几项重要措施：

英军轰炸机司令部和美军第8航空队将针对德国潜艇建造和组装厂展开更大规模的轰炸。

英军在波罗的海德军潜艇训练区域的布雷数目要翻一倍，迫使德军将潜艇训练海域转移到盟军反潜飞机航程范围内的西波罗的海、亚德湾和挪威。

对挪威的潜艇基地和为基地提供补给的德国船只展开更密集的轰炸。

英国海军本来要调往远东的150艘驱逐舰将继续留在本土海域，这些驱逐舰的大部分将组成“猎人-杀手”舰队在明奇海峡、北海峡、爱尔兰海和英吉利海峡猎杀潜艇。

岸防司令部反潜中队从32个增加到38个，其中一半以上驻扎在北爱尔兰、苏格兰和英格兰，主要在挪威通往英国的各主要航线上和英国附近海域对潜艇进行猎杀。

在盟军各主要航线水下和各个知名的浅

滩（潜艇经常用它们来导航）附近布设17000枚水雷。

盟军公开广播说潜艇战密度将会加大，邓尼茨一开始被搞糊涂了，后来他认为这是盟军玩的一个小把戏，他曾这样通知：“敌军所宣称的那场新的潜艇战将不会发生，因为自从我们装上通气管开始，我们已经开始了一场新的潜艇战了…… 如果新潜艇实现了我们对它们的期望，随着每月派往前线的潜艇数的增加，击沉数目将会逐渐增加。敌人很害怕潜艇战和它的密度。他们还搞了一个战术欺骗，那就是重复宣称潜艇发起了新的攻势，尽管这样的新攻势并不存在，但他们的目的是要让人觉得他们又一次战胜了潜艇。”

1月到4月间119艘出巡北大西洋的潜艇中有113艘是装了通气管的VII型。剩下的6次巡逻是由4艘XXIII型电动潜艇完成的。事实证明，由VII型通气管潜艇发起的巡逻即所谓的新潜艇战是非常艰难而无效的。113艘潜艇中有近一半即56艘被盟军击沉。

1月有19艘VII型艇出航，其中有7艘是具有深潜能力的VIIC/41型艇，这些潜艇共击沉10艘共约30726吨，但损失了10艘潜艇，也就是说每击沉1艘船就要损失1艘潜艇，这是一个灾难性的交换率。

利用通气管从挪威赶往英吉利海峡是一

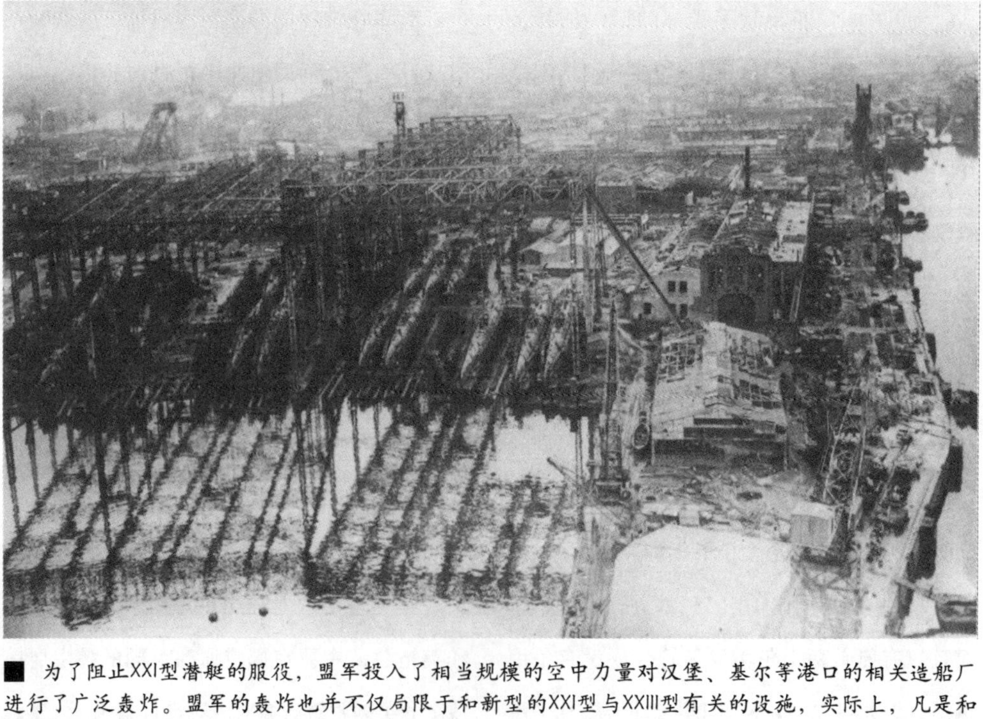

■ 为了阻止XXI型潜艇的服役，盟军投入了相当规模的空中力量对汉堡、基尔等港口的相关造船厂进行了广泛轰炸。盟军的轰炸也并不仅局限于和新型的XXI型与XXIII型有关的设施，实际上，凡是和潜艇沾边的，似乎美国人和英国人都没打算放过。诚然，苦斗3年多才降伏的瘟神，岂能容忍其卷土重来呢！？

段非常长的路，单程需要28天左右，因此在英吉利海峡的巡逻时间是很短的。潜艇每天大约有20小时是在水下航行的，通气管只能使用4小时，在这段时间里给电池充电并更换艇内的空气。这样盟军飞机看到并击沉潜艇的机会大大减小了，从1月到4月只击沉了9艘潜艇。

2月有29艘VII型从挪威出发，其中12艘是可以深潜的VIIC/41型。这些潜艇击沉16艘共约50000吨，有16艘潜艇被击沉，交换率依然还保持着噩梦般的1:1。

3月，29艘VII型艇从挪威出航，击沉9艘商船共约20000吨，有17艘潜艇被击沉，交换率甚至达到了1:2!

3月中出航的部分潜艇简况如下：U-1202号宣称击沉2艘货船和两艘驱潜快艇，因此艇长罗尔夫·汤姆森（Rolf Thomsen）获得了橡叶骑士十字勋章，这是继两年前U-515号艇长维尔纳·汉克（Werner Henke）后，第一位获此殊荣的大西洋潜艇艇长（获得勋章时，汤姆森的确证战绩只有1艘7176吨）。U-1202号5月10日在卑尔根自沉，后来被挪威海军打捞了上来，重新命名为“吉恩”（Kynn）号。

U-1023号艇长海因里希-安德烈斯·施略特勒（Heinrich-Andreas Schroeteler）曾是第1艘VII型通气管潜艇U-667号的艇长，几乎是惟一夸赞通气管的人，他就如何用通气管发给邓尼茨的电报被邓尼茨转发给了所有潜艇，以增强艇长对通气管的信心。在这次巡逻中，该艇攻击了三支船队，宣称击沉2艘共约18000吨（其实仅击伤7345吨英国船“里沃顿”〔Riverton〕号和击沉1艘335吨挪威船），因此获得了骑士十字勋章，这是战争中最后一位获得骑士十字勋章的艇长。

U-1107号4月18日在布勒斯特西部遇到了HX-348船队，击沉8028吨英国油轮“帝国黄金”（Empire Gold）号和7181吨美国自由轮“麦克柯米克”（Cyrus H. McCormick）号。4月30日，美国海军VP-63中队1架“卡塔林娜”飞机在英吉利海峡西部海口发现了U-1107号的通气管。飞行员雷克（Frederick G. Lake）发起了堪称经典的火箭攻击，从30米高度发射了24枚火箭，随即就看到残骸和碎片浮出了水面（48.00N，06.30W；37名艇员阵亡，生还人员数目不详）。这是美国海军第7联队击沉的最后1艘潜艇。从1943年夏进驻英格兰西南部开始，这个联队单独击沉4艘潜艇，协同其他部队击沉2艘。从1945年1月1

潜艇从挪威或德国出巡状况表（1945年1月1日到4月30日）：

海域	1月	2月	3月	4月	合计
北大西洋	21	30	30	38	119
亚洲	3	1	0	2	6
美洲	0	5	8	5	18
总计	24	36	38	45	143

日到4月30日，该联队共执行了1549次反潜任务，总飞行时间达14513小时，这些行动不仅给德军潜艇造成很大威胁，并多次阻止了潜艇对船队的进攻。5月17日，海军上将金命令第7联队返回美国。

到1945年4月，英美盟军突破莱茵河，继续深入德国本土，苏军则在朱可夫的指挥下包围了柏林，战斗已经在柏林郊区打响。但潜艇部队还是继续保持着忠诚和热情。4月有28艘VII型艇从挪威出发，共击沉了4艘商船约20000吨，有10艘潜艇被击沉。

4月出航的潜艇中U-977号名声最大，新任艇长是海因兹·沙佛尔（Heinz Schaffer），其主要任务是“摆脱”盟军，而不是战斗。德国投降时U-977号正行驶在挪威海域，沙佛尔决定将潜艇驶到阿根廷海域，后来他在递交给盟军的报告中称，“我之所以选择驶往阿根廷的主要原因之一要归结于德军宣传机构，他们宣称美国和英国的报纸鼓吹……将要奴役所有的德国人并给他们做绝育手术……　我的打算是要将潜艇完好无损的转移到盟军手中，同时要为艇员争取最大的利益。我觉得潜艇的引擎或许对于重建欧洲有所帮助（意思是为在轰炸中遭到严重破坏的城市提供电力）。”在前往阿根廷之前，沙佛尔让艇员自己选择是上岸还是前往阿根廷，有16人选择上岸。5月10日，沙佛尔在挪威赫森诺（Holsenoey）岛海岸附近将这16名艇员放到橡皮艇上后起航，这16名艇员随后被盟军拘捕。

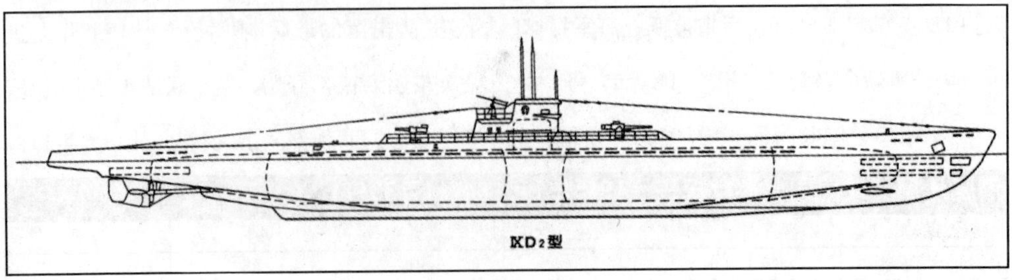

■ IXD2型是第二次世界大战中纳粹德国建造的最大型的潜艇，其水面排水量高达1616吨，全长87.58米，内部空间较宽敞。很明显，纳粹高官如果要选择乘坐潜艇出逃，也必然是这种大型潜艇。难以想象养尊处优惯了的高官们会和几十个臭烘烘的水手去挤在VII型这种狭小的“铁皮罐头”里。

这次阿根廷之旅非常危险，潜航时间长达66天——从5月10日到7月14日，每天只通过通气管航行4小时，创造了潜航纪录。潜艇越往南，天气越热，沙佛尔回忆说许多艇员都快要精神崩溃了。直到8月17日，在经过108天的长途航行，历程7444海里后，U-977号驶入了马德普拉塔（Mar del Plata）。各种小道消息迅速流传开来，甚至说U-977号秘密带着希特勒来到了拉丁美洲。实际上任何一位纳粹高官都不会选择乘坐潜艇逃走，因为在1945年春潜艇的损失率高达50%，利用潜艇逃跑的希望是很小的。就算希特勒或其他纳粹高官选择了潜艇，那么也会选择更大的IX型或者IXD2型，而不会选择内部拥挤的VIIC型。就算选择了VII型，也不会选择U-977号，因为该艇在波罗的海曾被撞过三次，耐压外壳有问题，已经被降格为训练艇。何况该艇艇长沙佛尔年仅24岁，从来没有指挥潜艇执行过巡逻任务，1943年10月后再没有进入过大西洋。再者该艇的通气管是刚刚安装的，艇员都没有使用通气管的经验，所以U-977号根本就不是最合适的选择。U-977号上的32名艇员也都从没站出来承认希特勒或其他纳粹高官乘坐U-977号抵达阿根廷。要知道在20世纪，以当时的媒体营造出的氛围，如果承认这点足可以获得百万美元的报酬。被美国和英国人详加审问后，沙佛尔于1950年被送回了阿根廷并定居在那里。

到4月，一些XXI大型电动潜艇开始从基尔赶往挪威。盟军飞机在通往挪威的斯卡格拉克海峡和卡特加特海峡击伤了U-2502号、U-2503号和U-3030号，击沉了U-3032号（5月3日；54.26,5N，11.32,2E；36名艇员阵亡，24人获救）。

北冰洋

1944年冬天，尽管暴风雪相当猛烈，但盟军依然组织摩尔曼斯克船队驶往苏联。驻挪威潜艇部队司令莱茵哈德·苏伦（Reinhard Suhren）主张让驻扎在纳尔维克的第14舰队去攻击这些船队。正如邓尼茨所预料的那样，这些北冰洋潜艇取得的战绩实在是太少了，1944年盟军一共有243艘满载物资的商船驶向苏联，潜艇仅仅击沉了其中的3艘，还击沉4艘从苏联返回英国的空载船。但希特勒仍坚持要求在北冰洋保持20艘潜艇的规模。

JW-62船队（30艘船）虽然被德军侦察机发现，但没有遭到潜艇攻击。12月11日，返航的RA-62船队被U-365号重创了英国驱逐舰“卡桑德拉”（HMS Cassandra）号，但该艇随后被护航航母“坎帕尼亚”（HMS Campania）号的2架“剑鱼”飞机击沉（12月13日；70.43N，08.07E；50名艇员全部阵亡）。

JW-64船队（26艘船）遭到德国空军两

■ 皇家海军CA级驱逐舰“卡桑德拉”号，是英国在战争后期建造的新锐战舰之一。该舰于1944年末在北冰洋被U-365号重创，但是凶手很快遭到“坎帕尼亚”号舰载机的攻击，被就地“正法”。

次大规模的空袭，没有损失。U-995号大胆潜入希尔克内斯（Kirkenes）港，攻击了停靠在码头的挪威船“埃德湾”（Idefjord）号，虽然没有命中，但为了表彰艇长汉斯-乔治·海斯（Hans-Georg Hess）的勇敢进攻精神，邓尼茨向他颁发了骑士十字勋章。

此后德军在熊岛（Bear Island）附近部署了由8艘潜艇组成的“拉斯穆斯”（Rasmus）艇群，但JW-64船队安全通过，这些潜艇迅速向东追击，与另外4艘潜艇在克拉港会合。2月13日，U-992号向英国驱潜快艇“邓比夫城堡”（HMS Denbigh Castle）号发射T-5鱼雷，将其击伤，“邓比夫城堡”号虽然被拖到了克拉港，但还是因伤势太重而被废弃。随后14艘潜艇在克拉港附近等待RA-64船队。期间4艘潜艇攻击了一支当地船队BK-3，2月14日，U-711号击毁7200吨美国自由轮“霍瑞斯·格雷”（Horace Gray）号；同日，U-968号击沉8129吨挪威油轮“诺夫耶尔”（Norfjell）号。

RA-64船队（34艘船）出航后，盟军在克拉港进行预先反潜搜索，2月17日，英国炮舰“拉克”（HMS Lark）号和驱潜快艇“阿伦维克城堡”（HMS Alnwick Castle）号发现并攻击了U-425号，潜艇遭到重创，被迫浮上水面，随即就被击沉了（69.39N，35.50E；52名艇员阵亡，1人获救）。不过“拉克”号于同日被U-968号重创，拖到了克拉港被苏军修好，重新命名为“海王星”（HMS Neptune）号。2月17日，U-711号击沉了英国驱潜快艇“蓝玲花”（HMS Bluebell）号。在随后的航程中，RA-64船队遭遇了摩尔曼斯克船队所

■ 从空中俯瞰基尔郊外的拉伯德国海军纪念馆，目前世界上仅存的1艘VIIC型艇U-995号就保存在这里。

遇到的最恶劣的天气。尽管天气状况极其恶劣，护航航母“坎帕尼亚”号和“奈拉那”（HMS Nairana）号还是各起飞了10架“野猫”飞机迎击德军飞机。1架德机投下鱼雷击沉了美国自由轮“亨利·贝肯”号。船队于3月1日抵达克莱德湾后，12艘驱逐舰进船坞维修因海浪造成的损伤。

3月20日，JW-65船队（24艘船）在快接近克拉港时，遭到了5艘潜艇的攻击，U-968号击沉1350吨英国炮舰“田凫”（HMS Lapwing）号和7210吨美国自由轮“托马斯·唐纳德森”（Thomas Donaldson）号，艇长奥托·威斯特法伦（Otto Westphalen）因此获得了骑士十字勋章（获得勋章时，确证战绩是2艘炮舰、1艘挪威油轮和2艘美国自由轮，共25215吨）。U-995号重创7176吨美国自由轮“赫拉斯·布什内尔”（Horace Bushnell）号，这艘船紧急抢滩搁浅，所载货物没有损失，但船最后因伤重被废弃了。战后盟军将U-995号送给挪威海军，被重新命名为“库拉”（Kaura）号。由于该艇最后一任艇长汉斯-乔治·海斯的不懈努力，该艇最终于1972年3月13日返回了德国，被保存在基尔郊外的拉伯（Laboe）德国海军纪念馆，是现在世界上仅存的1艘VIIC型艇。

JW-66船队（26艘船）是最后一支驶向摩尔曼斯克的船队，“浮士德”（Faust）艇群的6艘潜艇在熊岛组成了一条巡逻线，但却没发现JW-66船队。知道船队安全通过后德军只好让“浮士德”艇群赶到克拉港外面守株待兔，连同已经在那里的10潜艇，共有16艘潜艇等候在克拉港外。这些潜艇中的U-997号在4月22日攻击了苏联PK-9船队，击沉1603吨的苏联船“翁尼迦”（Onega）号。

返航的RA-66船队出发时，等候在克拉港的潜艇还有14艘，U-286号击沉了英国驱逐护卫舰“古达尔”（HMS Goodall）号，U-427号也发射了鱼雷，但没有战果。在这次战争最后一次的船队大战中，英军护航舰击沉了U-307号和U-286号。

在几次北冰洋的战斗中，U-711号宣称击沉两艘驱逐舰（实际击沉英国驱潜快艇“蓝玲花”号），艇长汉斯-君特·朗格（Hans-Gunther Lange）因此获得了橡叶骑士十字勋章。5月4日，英军特遣舰队袭击了哈斯塔德（Harstad）潜艇基地，“复仇者”飞机击沉了1艘潜艇补给船、1艘货船和U-711号（68.43,717N，16.34,600E；40名艇员阵亡，12人获救）。

1945年，有四支摩尔曼斯克船队共110艘满载货船驶向克拉港，潜艇击沉两艘美国自由轮，但损失4艘潜艇。

从1941年到1945年，盟军总共有40支船队811艘商船驶向苏联，33艘船由于各种原因

■ 1945年2至3月，最早建造的一批XXI型潜艇开始陆续服役，比如照片中的U-3034。该艇于3月完成准备工作正式加入现役海军舰艇序列。不久之后的4月，这些新锐U艇奉命开往挪威……

中途返航了，58艘沉没，720艘安全抵达目的地。根据罗沃教授的数据，北冰洋潜艇部队击沉了20艘满载商船。同时共有37支返航船队的715艘船从苏联返回英国或冰岛，其中29艘沉没（被潜艇击沉21艘）。综上所述，北冰洋潜艇部队总共击沉41艘商船和13艘军舰，付出43艘潜艇被击沉的代价，损失艇员约2000人，其中99人被俘。包括通过波斯湾的巴士拉和海参崴，美英援助苏联的物资，具体如下：

376000辆卡车

131633挺冲锋枪

51500辆吉普车

35000辆摩托车

22206架飞机

12755辆坦克

8218门高射炮

5000门反坦克炮

4.73亿枚炮弹

35万吨炸药

摩尔曼斯克船队的运输量占这些总量的22.7%。然而北冰洋的大海和潜艇给船队造成的威胁占据了人们过多的想象，实际上北大西洋航线远比北冰洋危险得多。此外，为了缓和斯大林的情绪，盟军一直宣传摩尔曼斯克船队的精神不能单看结果。这就在一定程

■ 战争末期返回港口的U艇。鲜花和军乐队已经不见，迎接他们的是残垣断壁和被掀掉屋顶的住宅，以及因为粮食配给不足而形容枯槁的亲人们。狼群没有能扼杀英国人，被扼杀的是他们自己……

度上给人们留下了错误印象，认为摩尔曼斯克船队在战争中是遭遇最多危险的船队、蒙受了大量船只和人员损失、运往克拉港的物资还挽救了苏联。

到美洲海域的最后巡逻

1945年，邓尼茨共派出了19艘通气管潜艇出巡美洲海域：2月5艘，3月8艘，4月5艘，5月1艘。这些潜艇都没有取得什么战绩，总共击沉6艘约23000吨，有10艘潜艇被击沉，另外8艘向美国或加拿大投降，1艘逃到了阿根廷。

这些潜艇面临着战争期间最不利的条件：飓风、暴雪还有波涛汹涌的大海。英国官方历史学家写道："对于美国东部地区来说，1944年冬季的气候是四十年来最为恶劣的，极大地降低了通过陆路运输的石油量。一些铁路编组和连轨点都几乎不能正常运转了…… 恶劣天气对于铁路和公路运输产生的影响无疑导致了近海石油运输量的增加。所有的战场，甚至包括太平洋在内，都被催促使用'灰狗'（大型快速油轮）运送燃料至美国东北部。通往地中海的船运被禁止了，更多船只从CU油轮编队撤出了。"

这些驶往美国海域的潜艇几乎都是徒劳的，更有意思的是盟军情报部门出现了一个失误，他们很荒谬地认为这些潜艇要用V-1、V-2导弹攻击纽约和华盛顿。美国海军历史学家菲利浦·路德伯格（Philip K. Lundeberg）也提到，从U-1229号和U-1230号抓获的德国间谍也曾透露说潜艇要对纽约发动导弹攻击。在回复来自OP20G的伯恩哈德·罗德尔（Bernhard F. Roeder）的询问时，布莱奇利庄园在1944年11月29日写道："你提到说德军计划利用潜艇向美国东海岸发射导弹，当然我们也听到了这种传言，你也知道，这件事情值得我们高度关注，所以我们与海军部紧密合作以查找关于这些传言的证据。到此为止，海军部和GC&CS都很高兴地发现，这只不过是用来宣传的传言而已，并没有什么可靠的确凿证据 ……"

潜艇到美国海域进行的最后几次巡逻简述如下：从2月6日到11日，U-866号、U-879号和U-857号驶向加拿大海域。这3艘潜艇依靠通气管和电池缓缓航行时，邓尼茨要求他们每天发送气象讯息。因此盟军情报部门能够通过这些电报确定潜艇的准确位置。盟军第10舰队派出了3个护航驱逐舰编队前去攻击。由4艘护航驱逐舰组成的编队在哈利法克斯以东约160公里处巡逻，其中"罗威"（DE-325， Lowe）号在3月18日获得了一个清晰的声呐讯号，4艘军舰一起展开攻击，将U-866号击沉（43.18N，61.08W；55名艇员全部阵亡）。

第10舰队向大西洋西北部派出了更多的

反潜部队，猎杀另外两艘潜艇。4月5日U-879号在科德角附近击伤了8537吨美国油轮“亚特兰提克州”（Atlantic States）号，随即遭到了由两艘巡防舰和两艘驱逐舰组成的“猎人-杀手”小组的长时间猎杀。4月29日夜至次日凌晨，在攻击KN-382船队时，被由3艘美国护航驱逐舰组成的“猎人-杀手”小组击沉（36.34N，74.00W；52名艇员全部阵亡）。4月14日在诺福克附近，U-857号击沉6959吨“比利时空军”（Belgian Airman）号商船；4月18日击沉了没有护航的8300吨美国油轮“史威夫特斯科特”（Swiftscout）号；4月23日击伤6825吨挪威油轮“卡提”（Katy）号。之后U-857号即告失踪，59名艇员全部丧生。

U-190号4月16日在哈利法克斯用T-5鱼雷击沉了加拿大扫雷舰“埃斯奎穆尔特”（HMCS Esquimalt）号。U-190号返航时德国已战败，于是U-190号折返加拿大海域，并扔掉了所有的鱼雷、弹药和秘密文件。5月12日向加拿大巡防舰“维多利亚城”（HMCS Victoriaville）号和驱潜快艇“托洛克”（HMCS Thorlock）号投降。

U-853号5月5日在布洛克岛（Block Island）附近击沉5353吨美国货船“布莱克角”（Black Point）号，4艘驻扎在波士顿的美国军舰紧急出动，护航驱逐舰“阿瑟顿”（DE-169，Atherton）号得到了声呐讯号并投下13枚深弹，这时又有3艘驱逐舰、1艘巡防舰和两艘驱潜快艇组成的舰队赶来支援。猎杀行动持续了一个晚上，在巡逻艇“莫布里”（PF-63，Moberly）号的刺猬炮攻击后海面上浮起了呼吸器、救生衣还有其他一些物品。黎明时分，两艘美国飞艇K-16和K-58飞来，K-16得到了精确的声呐讯号后，多艘军舰继续用刺猬炮和深弹发起了攻击——很可能只是潜艇残骸，更多的碎片浮上了水面。美国潜艇救援船“企鹅”（ASR-12，Penguin）号的潜水员潜到了海底，发现了已经损伤严重且满是尸体的U-853号潜艇，这是二战中美军击沉的最后1艘潜艇（41.13N，71.27W；55名艇员全部阵亡）。

3月有8艘潜艇前往美洲海域，其中6艘组成“海狼”（Seewolf）艇群在美国东海岸纽约以南活动，2艘则在加拿大海域和美国东北部沿岸海域巡逻。盟军通过密码破译掌握了这个情况，认为“海狼”艇群就是V-1导弹攻击者，因此派出了大量的反潜部队对该艇群进行截击。盟军击沉其中的4艘（U-1235号、U-880号、U-518号和U-546号），另外两艘U-805号和U-858号没有任何战果，最后向美军投降。“海狼”艇群总共只击沉1艘船，却损失4艘潜艇，221名艇员除33人被俘外全部死亡。

单独活动的两艘潜艇中，U-548号在4月19日被以护航驱逐舰“布克利”（DE-51，

■ 向美国海军投降的U-858号，1艘美军飞艇警惕地在潜艇上空监视着，时间是1945年5月14日。

Buckley）号为核心的“猎人-杀手”小组击沉（42.19N，61.45W；58名艇员全部阵亡）。U-530号多次攻击都毫无战果，当得知德国投降后，艇长奥托·维尔穆特（Otto Wermuth）下令销毁剩余鱼雷和秘密文件逃往阿根廷。7月10日，潜艇抵达马德普拉塔并向阿根廷投降。同样拉丁美洲的报纸也传言U-530号带着希特勒逃到阿根廷。

4月有5艘潜艇前往美国海域：U-881号5月6日在纽芬兰东南海域被美军护航驱逐舰“法奎哈”（DE-139，Farquhar）号击沉（43.18N，47.44W；53名艇员全部阵亡）。

U-873号曾在佩内明德（Peenemuende）导弹基地试验水下发射V-1和V-2导弹，德国投降后，艇长弗雷德里希·施泰因豪夫（Friedrich Steinhoff）想逃往南美洲，但遭到艇员的反对，最后只好销毁鱼雷、秘密文件还有“突尼西亚”雷达监测器以及“信使”无线电传输器后，向盟军投降。5月17日在美国护航驱逐舰“万斯”（DE-387，Vance）号的监控下到达美国朴次茅斯港。在波士顿查尔斯街监狱（Charles Street Prison）施泰因豪夫割腕自杀。

U-889号、U-1228号和U-1231号都无战果，在德国战败后，向盟国投降。

5月只有U-802号前往美国，但才出航，德国就战败了，便向英军投降。

远东海域的最后巡逻

1945年共有6艘潜艇往返于挪威和远东之间：4艘从远东返回，2艘前往远东。其中3艘在远东的潜艇于1月出发，由于德国在海上已经没有油轮和补给潜艇，只好派U-195号前往印度洋充当临时补给潜艇，该艇于3月4日到达日本，在德国战败后日本接管了U-195号，并将其重新命名为伊-506号。

U-510号1月11日从雅加达出发，装有150吨钨、锡、橡胶、钼等战略物资。根据计划将在印度洋从U-195号上补充燃料。2月23日绕过好望角后，U-510号击沉了7136吨加拿大船“普莱桑公园角”（Point Pleasant Park）号。艇长艾克（Alfred Eick）认为没有通气管的话无法通过盟军的反潜封锁返回德国，因此于4月23日驶入圣纳泽尔去安装通气管，在那里一直到战争结束。

U-532号1月13日从巴达维亚（Batavia，即雅加达）出发，和U-510号一样带着150吨战略物资。从U-195号上补充燃料后，在大西洋击沉3656吨英国船“巴伦·杰德堡”（Baron Jedburgh）号和9298吨美国油轮“俄克拉荷马”（Oklahoma）号。德国投降时，U-532号正在冰岛附近海域，随即根据盟军指示于5月10日抵达英国投降。

U-861号1月15日从爪哇岛苏腊巴亚（Surabaya，即泗水）出发，同样带着150吨战略物资。在海上获得燃料补给后，于4月19日抵达特隆赫姆。

U-183号4月21日从苏腊巴亚启航，当时美军潜艇“赤鲷”（SS-321，Besugo）号正在苏腊巴亚外海恭候U-183号。4月23日“赤鲷”号发现了在水面航行的U-183号，立即发射了6枚鱼雷，有2枚鱼雷命中，U-183号迅速沉没，只有在指挥塔上的卡尔·韦斯尼夫斯基（Karl Wisniewski）一人幸存（04.50S，112.52E；54名艇员阵亡，1人生还）。

U-864号于2月7日离开了卑尔根前往日本，潜艇带着包括“梅塞施密特”式（Messerschmitt）ME-163“科美特”（Komet）火箭拦截机和ME-262喷气战斗机的设计图纸及部分零配件、潜艇设计图纸、西门子公司雷达设计图纸以及水银。乘客包括德国和日本飞机工程师。由于通气管故障，不得不返回卑尔根。2月9日，一直在卑尔根外面守候伏击的英军潜艇“冒险者”（HMS Venturer）号声呐探测到了很大的噪音，不久通过潜望镜发现了德军潜艇的潜望镜和通气管。“冒险者”号艇长詹姆斯·朗道斯（James

■ 击毁U-864号的英军“冒险者”号潜艇。

S. Launders）曾于1944年11月在挪威北部击沉U-771号，这次再次表现了朗道斯高超的技巧——先通过被动声呐测定潜艇的位置，然后从1000米外发射4枚鱼雷，其中2枚鱼雷命中，U-864号当即被击沉（60.46N，04.35E；73名艇员及乘员全部罹难）。朗道斯是惟一一位在战争中击沉了两艘潜艇的潜艇艇长。

U-234号（XB布雷型）在基尔日耳曼尼亚造船厂建造时就被盟军飞机炸成重伤，所以直到1944年3月才服役。潜艇司令部决定将其改装成运输潜艇，取消布雷装置、鱼雷储物柜等获得的空间使U-234号可以装载250吨的货物。此次U-234号上共装有74吨铅、26吨水银、12吨钢、7吨光学玻璃、43吨飞机零部件及仪器和医疗用品、5吨20毫米和37毫米炮弹、6吨潜艇基地设备、1吨邮件和胶卷、1232磅氧化铀矿石和1架拆散了的ME-262战斗机。潜艇上除了正常艇员外还有12名乘客，包括2名日本军官、3名德国空军军官、4名德国海军军官、2名工程师和德国空军上将乌尔里希·凯斯勒（Ulrich Kessler）。

U-234号于3月24日从基尔启航，三天后到达霍顿对通气管作进一步测试，结果和U-1301号相撞，一个燃料压载箱破损，16吨燃油泄漏。由于在卑尔根无法进行维修，只好前往克里斯蒂安桑附近一个偏僻峡湾，然后向艇首舱注水使艇尾升起，再开始修理。

4月15日U-234号从克里斯蒂安桑启航，艇长费勒（Johann-Heinrich Fehler）使用通气管航行了16天，直到5月1日由于暴风雨而浮出了水面。此后继续潜行，只在每天夜里上浮2小时对电池充电并换气。

当德国投降时，U-234号还在中大西洋，费勒选择了向美国投降，所以浮出水面向西航行，同时销毁了秘密文件和重要仪器，但艇上2名日本军官不愿投降而服安眠药自杀。随后潜艇在美军“萨顿”（DE-771，Sutton）号护航驱逐舰监视下驶入朴次茅斯港。

艇员随即被关押在朴次茅斯，而潜艇上的乘客和军官则被带到了华盛顿特区郊外的亨特堡（Fort Hunt）进行审问。二副卡尔·普法夫建议美军卸下潜艇上运载的氧化铀矿石。从这些铀矿石中可以提炼出3.5公斤的铀235，相当于制造1枚原子弹所需的20%。此后这批铀矿石就“消失了”，直到1998年仍没找到这些铀矿石的去向。许多人认为这批铀矿石被送到田纳西州奥克里奇（Oak Ridge）的曼哈顿计划工厂，在战后极有可能被提炼出来制造原子弹了。

德国投降后，德国海军在远东还有4艘潜艇U-195、U-181、U-862和U-219号，随即被日本海军接管，并重新更名为伊-506、伊-501、伊-502和伊-505号。

大审判

1943年10月30日，美国、英国和苏联共同发表了《莫斯科宣言》（Moscow Declaration），声明将要抓获所有施行暴行和发动战争的纳粹分子并对其进行审判。1945

■ U-234号，这艘满载特殊货物的U艇向美军投降——带着两具日本军官的尸体——这两人因为拒绝投降，选择了服用安眠药自杀。

年7月的波茨坦会议上，英美苏再次重申了《莫斯科宣言》。

当时许多人都怀疑一个或数个国家是否有合法权利来处置发动战争的纳粹首领。还有一些人怀疑在当时的氛围下究竟能否给纳粹分子一个公正的审判。这次审判可能将会被历史牢记，后人会认为是胜利方为了报复和惩罚另一方而进行的荒唐的不公正审判。还有另外一些人对于搜集并提供确凿证据所面临的困难和花费的高昂代价表示感叹，这可能会涉及千千万万名德国士兵。

随着对纳粹分子更多恐怖罪行的揭露，公众对于他们的厌恶情绪激增，关于审判合法性的争论也被搁置到一边了。华盛顿、伦敦和莫斯科政府派出法官和诉讼人员于1945年11月在纽伦堡组成了国际军事法庭，之所以选择纽伦堡是因为这里对于纳粹分子来说是非常具有象征意义的。

英国海军坚决反对起诉和审判雷德尔和邓尼茨，根据纽伦堡审判历史学家安（Ann）和约翰·图萨斯（John Tusas）的报告，“英国海军部认为德国海军进行的是一场合法公正的战争……他们明白关于海军战争的法律是非常不严谨的，执行起来会有机可乘……”1945年10月，后来成为了海牙军事法庭大法官的海军部权威法律专家汉弗莱·瓦尔多克

■ 雷德尔（左）与邓尼茨（右）。对于后者，虽然对他的有关下令杀害同盟国商船船员的指控并不能成立，但他本人是一个坚定的纳粹党徒这点并没有什么可以质疑之处。在后来的服刑期间，他是公认的最危险的囚犯。

（Humphrey Waldock）警告审判德国海军会面临法律难题。图萨斯总结道，指控德国海军的证据是“不可靠的和虚弱的”。

美国高层也有同样的想法。还没有任何证据显示雷德尔和邓尼茨发起了一场不干净的战争。大西洋之战很残酷、很艰苦，但却是干净的。此外，从1941年12月7日开始，美国也针对日本发动了“无限制潜艇战”，这场潜艇战有时比德国人的潜艇战还要残忍。为了报珍珠港之仇，美国潜艇经常不发出警告就攻击日本商船，而且基本上不会营救落水船员，甚至有时候还会攻击救生艇以及水中的船员。

但无论怎样，华盛顿、莫斯科和伦敦的高级官员都坚持要审判雷德尔和邓尼茨。如果不审判的话，政治上和道义上都是不可接受的。毕竟盟军的商船舰队蒙受了巨大的损失，而且邓尼茨确实在纳粹第三帝国有着很高的地位。具有讽刺意味的是，英国检举人承担起了指控邓尼茨和雷德尔的任务。英国代表团团长是知名律师和下院议员戴维·麦克斯威尔·法尔夫（David Maxwell Fyfe）。他们手中掌握着几万页的德国海军文件，这些文件是美军第3集团军（总司令乔治·巴顿）在科伯（Coburg）附近的坦巴赫城堡（Tambach Castle）中找到的（这些文件包括从1850年开始的所有德国海军档案，为了安全，德国人将它们从柏林转移到了坦巴赫城堡，在邓尼茨的坚持下，德国人没有销毁它们。这些文件包括大量详细的最高统帅部和潜艇司令部战争日志以及所有的潜艇巡逻报告）。此外，英国海军情报部门也提供了破译的埃尼格码

■ 1945年5月初，于冰岛沿岸向美国海军投降的U-190号。投降和当俘虏并不是什么令人愉快的事情。不过，能回家和亲人团圆则例外。

情报作为支持，包括一些给潜艇的政治和战术命令。

不过英国检举人只找到了一份可以指控邓尼茨的文件，那就是1942年12月17日发布的“拉克尼亚命令”，这个命令是U-156号击沉英国运兵船“拉克尼亚”号之后邓尼茨向潜艇部队发布的。前面曾说过，鉴于U-156号在营救“拉克尼亚”号幸存者时所遭遇的危险，邓尼茨让潜艇艇长不要去救援被击沉的对方船员。值得争论的就是这个命令的言辞，从本质上说，这些话是违反德国于1936年签订的潜艇协议的。

由于“拉克尼亚命令”的意思很含糊，英国检举人需要德国艇员站出来签字证明邓尼茨命令的实质就是杀死沉船的幸存者。而他们也确实得到了这样的证明，那是U-123号艇长、骑士十字勋章获得者卡尔-海因茨·穆勒（Karl-Heinz Moehle），他在波罗的海指挥第5舰队长达4年——1945年7月21日，他在一份证词中说，他不但传达了“拉克尼亚命令”，而且还把这个命令理解为邓尼茨暗示艇员杀掉幸存者，此外，他在新艇长出航前都会把他的理解告诉他们。穆勒并同意如果对邓尼茨进行审判的话，他愿意站出来证明这一点。还有一位潜艇人员在这件事上指控邓尼茨，他是彼得·约瑟夫·海斯西少尉，1944年12月27日在U-877号上被俘，海斯西是奥古斯特·霍夫曼的好朋友，而霍夫曼是U-852号的大副，因为向幸存者射击而被英国判处死刑。为了让好朋友霍夫曼免于死刑，海斯西于1945年11月27日作证说1942年10月，“拉克尼亚事件”过后不久，邓尼茨在一次给潜艇部队所做的演讲中暗示他们杀死沉船上的船员。

1945年11月1日，国际军事法庭检举人指控邓尼茨和雷德尔三项罪名：

1. 策划发起侵略战争

2. 发动了侵略战争

3. 犯有战争罪行

1946年5月7日，法庭首先对邓尼茨开始审判。为邓尼茨辩护的是一位优秀的海军军官奥拓·克朗茨布勒（Otto Kranzbuehler），他曾在德国海军担任军法检察官。他面对穆勒和海斯西的指证应对自如。此外最重要的是，在美国法官弗朗西斯·彼德勒（Francis Biddle）的帮助下，他获准通过致信美国太平洋舰队总司令切斯特·尼米兹，取得了美国对日本发动潜艇战的证据。

英国主检举人法尔夫在法庭面前列举邓尼茨的罪证。由于在1939年9月战争开始时，邓尼茨的地位还相对较低，法尔夫没法在第一条“策划发动战争”的罪名上说服法官，所以最后法官宣判邓尼茨在这一条上无罪。在第二条罪名上，邓尼茨作为海军军官来说，遵守来自柏林——希特勒和雷德尔的命令发动战争是他的职责，所以法尔夫也很难说服法官宣判邓尼茨发动了侵略战争。但陪审团宣判邓尼茨在这一条上有罪。

在第三条罪名上，法尔夫对邓尼茨发起了最猛烈的攻势。他举出了“拉克尼亚事件”，说邓尼茨暗示潜艇部队杀死落水的幸存者，并让穆勒和海斯西到法庭上作证。此外，他还拿出“珀琉斯”号事件来佐证，说艇员是按照邓尼茨的命令行事的。

辩护律师克朗茨布勒从三个方面进行了反驳：首先在法庭上证明，“拉克尼亚命令”之所以禁止援救落水船员，其直接原因就是U-156号和其他潜艇在试图援救幸存者时遭到了盟军的空袭，而这些潜艇已经以人道主义的名义要求暂时在那一海域停火。此外他还力争，禁止营救幸存者绝不是暗示杀死幸存者。他举了一个反例，1943年5月20日，邓尼茨又发布了一道命令，他让艇长尽可能俘获沉船船长和工程师，并强调说如果邓尼茨已经暗示了要杀死幸存者，怎么可能再下达这道命令来尽量俘虏船长和工程师？因为俘虏一部分船员而杀死另一部分是根本做不到的，更何况活下来的船员还可以指控他。

其次他抨击了穆勒和海斯西的指证，他指出这两个人的证言都有另外目的：穆勒是为了开脱自己的罪名，他不但转达了“拉克尼亚命令”，而且还把他个人对命令的理解灌输给了艇长；海斯西则是为了救他的朋友免于被枪决而举证。经过反复盘诘，他确证穆勒完全误解了邓尼茨的另外一道重要命令，因为没有任何一位军官曾经看到过邓尼茨或潜艇司令部发布过特殊的模棱两可的命令让他们去射杀幸存者，而且穆勒本人在指挥U-123号时击沉了20艘船，也没有伤害过一个幸存者。此外克朗茨布勒还拿出了U-852号艇长海因茨·艾克（Heinz-Wilhelm Eck）在1945年11月21日被枪决之前签下的宣誓书，宣誓书中说他自己从没得到过命令射杀“珀琉斯”号幸存者，之所以那样做，完全是出于私利。

最后他让邓尼茨和主要参谋人员埃伯哈德·高特（Eberhard Godt）和骑士十字勋章获得者、邓尼茨的女婿君特·海斯勒（Gunter Hessler）出庭作证，他们坚决否认“拉克尼亚命令”就是暗示艇长射杀幸存者。克朗茨布勒还拿出了由67名艇长签字的宣誓书（那时他们还都在英国第10战俘营），说他们并不认为“拉克尼亚命令”就是暗示他们杀死幸存者。宣誓书最后写道：“德国海军的领导人教育他们要尊重所有成文的和不成文的海上法律，我们一直认为遵守这些法律并以侠义方式进行海上战争是我们的荣誉。”

另外克朗茨布勒拿出了他与尼米兹的通信，在信中尼米兹写道，除了医院船和其他一些特殊船只享受安全通行之外，美国潜艇在攻击日本商船时一般都不事先警告，此外，“美国潜艇原则上不去营救敌国幸存者”。

图萨斯写道，尼米兹的这份文件对法庭审判造成了极大的冲击。为克朗茨布勒获得这份文件打开大门的美国法官弗朗西斯·彼德勒宣称，“德国人发起的潜艇战争比美国所发动的还要公正”，而且他不支持邓尼茨在第三条战争罪行上有罪，然而其他法官反对邓尼茨不受任何处罚，所以他们都同意邓尼茨在这条上有罪。结果1946年10月1日，邓尼茨被判处10年监禁，这是在纽伦堡被判有罪的人中判得最轻的。邓尼茨在史潘道监狱（Spandau Prison）服完了刑期，于1956年10月获释（邓尼茨的审判过程非常复杂，这里只摘录了“拉克尼亚命令”和“珀琉斯事件”。实际上在整个审判过程中，检举人列出了无数其他证据来指证邓尼茨，但是都没有像这两条有说服力）。

接下来是审判雷德尔。由于他在第三帝国建立之初就已经有了很高的地位，他被判在这三条上都有罪，法庭判处雷德尔终身监禁，但是由于他的健康状况恶劣于1955年9月被释放，当时他已80岁高龄，服了9年刑。

1945年5月5日，投降前夕的汉堡，组装中的XXI型潜艇的船体正塞满了船台……

附录一：二战盟军护航体制

二战爆发至1941年底

引言：第二次世界大战中的大西洋之战是一场围绕着英国海上航运这一至关重要的生命线在诸多方面展开的角逐，从战略战术的层面上讲，德军为了破坏英国在大西洋、北冰洋乃至地中海的海上交通线而采取的以“狼群战术”为基础的潜艇战以及战争初期以袭击舰为代表的海上游猎作战与英、美、加等盟军力量为了保护英国的海上交通线而采用的护航体制构成了矛与盾的关系，因此在全面介绍二战德军潜艇战的同时，了解盟军方面的应对之举——护航体制是很有必要的。

护航体制的缘起

护航船队这一海上航运的组织形式在英国水域使用的历史可追溯至1900余年前恺撒大帝征服不列颠的战争中，他在一份政治文献中记述了为运载罗马军团而建造宽敞的运输船并为它们配备了小型、快速的船只进行护航。对英格兰来说，护航船队作为一种被广泛接受的海上贸易保护形式则始于中世纪。在其后的数百年时间里，护航船队尽管逐步发展为一种体制，但却一直十分松散。首先，护航船队的形式对水手这一极端独立的群体造成了约束；其次，统治者也一直未能严格地加强护航体制的实施，使这一体制得以维持数百年很大程度上反倒是出自船主们的私利：由于在护航船队中的船只遭受攻击和损失的风险较小，船主的自身利益也更能得到保障。这一原因随着海上保险的发展变得尤为突出：单独航行的船只无论是船体和货物的保险率要比有护航的船只高昂得多；而一位船主若不服从护航船队的命令将使其为船只和货物所投的全部保险失效。这位船主可能因此而失业，继而变得穷困，被征兵队所觊觎；而即使他能继续其海上生涯也无法再获得保险，即使是最乐观的情况他也将很难再获得船货。因此船主们尽管并不乐意，但不得不广泛地接受护航体制。到1815年拿破仑战争结束时，护航体制已成为了海上贸易袭击战自然而然的应对措施。

第一次世界大战中英国短暂的护航体制成为了下一次大战盟军护航体制的真正鼻

■ 英国在两次世界大战间建造的一系列轻型护卫舰具有比驱逐舰更远的续航力，因此可不需中转直接将船队护送至直布罗陀或塞拉利昂，这是1941年隶属第43护航组的“城”级轻型护卫舰“黑斯廷斯”（Hastings）号。

祖，因为一战开启了潜艇战的先河，并且很快得出了一个潜艇战的代名词，那就是“饥饿”。英国首次面临国内资源无法维持民生的窘况，德国敏锐地察觉到了这点，对大西洋的商船航运尝试了两次无限制潜艇战，直到1915年因担心美国的介入而暂时停止。1917年，在法国战场面临僵局并且国内供应开始短缺的德国孤注一掷地再次发动无限制潜艇战，使英国几乎面临谈判求和的绝境。当时的英国海军部以及英国舰队的高级军官因始终坚信护航船队只是一种防御性措施，故而反对用护航体制来抵御无限制潜艇战，然而英国国内的食品危机导致政府不得不迫使海军部很不情愿地于1917年2月局部性地试用护航体制。由于一开始成效并不明显，这一举措依然受到诸多海军权威的反对，然而在3个月后，商船损失戏剧性地减少了。到当年10月，从加拿大、美国、直布罗陀和地中海展开了有规律的护航船队往返航线；护航船队规模的提高也有助于有效使用护航舰艇；“快速”和“慢速”护航也被提出。在此之前，四分之三的商船沉没是由潜艇炮火造成的，到1917年末英国的损失减少至不到值得作出重大决定所需的三分之一，德国的潜艇威胁最终因护航体制的实施而被大大削弱。

两次大战之间的准备

第一次世界大战结束后，对战时海上贸易的保护自然变得无人问津：英国整个战时护航体制被解散；海军与商船航运之间也几乎脱离了关系；更重要的是，政治家们不断使海军确信战争已成为历史，不论发生什么情况，均不可能在至少10年之内再次爆发战争。对英国海军部的高级官员来说，德国潜艇不再是最严重的威胁。其一，《凡尔赛和约》使德国不再拥有得以威胁英国在北大西洋的重要航线的潜艇武备；其二，1930年的《伦敦潜艇协议》使主要海军国家在取消无限制潜艇战的做法上取得一致；其三，从1920年起迅速发展出的水下潜艇探测器ASDIC（即后来所称的声呐）被英国海军部认为是摧毁潜航潜艇的有效措施。因此，尽管英国海军部确信在下一次战争爆发时仍将控制所有商船航运并实行护航体制，但是他们认为将来所面临的威胁更多地来自水面袭击舰而非潜艇。

这一观点甚至到1935年德国开始重建他们的潜艇力量时都没有发生很大的改变，这是因为当时德国的潜艇力量被限制在英国潜艇的45%之内，而英国本身潜艇力量就不大；关键的是，德国也是《伦敦潜艇协议》的签约国之一。不过，当英国海军部与空军部还在就皇家空军岸防司令部的部署以及是否会因大量商船集结而更易遭受空袭使护航体制变得毫无价值等问题争论不休时，英国海军部已开始逐渐重新筹划护航体制，并于1937年12月2日成功说服帝国国防委员会在今后“并非十分可能出现的”无限制潜艇战中，护航体制的重要性将使其会导致商船更易遭受空袭这一缺陷变得不值一提。当时，德国已经钻了条文的空子，使其潜艇武备可能恢复到至少与英国相当的规模。

曾参与组织一战中英国的护航体制、时任军需官员的英国海军少将埃尔登·马尼斯蒂爵士（Rear-Adm. Sir H.W. Eldon Manisty）被海军部选派负责重建护航体制，他的首要任务是在海军部中成立新的海上贸易处（Trade Division）以及海军控制机构（Naval Control Service，简称NCS）。1938年秋的慕尼黑危机（1938年9月30日英国首相张伯伦在慕尼黑与希特勒、墨索里尼及法国总理达拉第签订《慕尼黑协定》，德国正式吞并捷克）导致欧洲再次爆发战争的危险日益迫近，英国海军部派遣马尼斯蒂少将巡游世界各地对英国具有重要意义的航运中心，协助当地英国驻军建立相应的NCS并选拔合适的退役军官和预备役人员使他们可在战争爆发的紧急情况下迅速到任。

1939年5月，海上贸易处正式重新组建完毕，当时仅有10名工作人员：1名上校任处长，外加5名海军军官和4名海军部的民间雇员。海上贸易处的职责有四：其一，控制所有商船及护航船队的活动；其二，为商船安装防御武器并为其提供从来自海军和陆军的训练有素的炮手，并同时训练商船队的船员使用防御武器；其三，负责组织各地的NCS并在各港口管理由民间船员操纵的救援拖船；其四，负责与海军部的相关部门——尤其是作战情报中心——以及海运部（Ministry of Shipping，简称MOS）等政府机构联络。当年8月26日，海上贸易处获得了所有英国商船航运的控制权，除了在远东等最遥远的驻地外，英国大部分自治领地和殖民地的港口均完成了NCS的组织工作，准备在战争一爆发即控制港内商船，并启动护航体制。

护航开始

实际上，第二次世界大战爆发时德国潜艇部队接到的命令是在国际法的限制内实施潜艇战，然而，1939年9月3日，由于U-30号潜艇将客轮“雅典娜”（SS Athenia）号错误地判断为1艘辅助巡洋舰而在没有任何警告的情况下将其击沉，使英国海军部认为德国已开始实施无限制潜艇战，尽管次日的海军部会议指出护航舰艇严重缺乏，但还是下令立即启动护航体制。9月6日，英国沿岸护航体制（coastal convoys）首先开始运作，FN（泰晤士河至福斯湾）和FS（福斯湾至泰晤士河）船队系列始发。次日（9月7日），首批离英远洋护航船队（outbound convoys）也开始启动：OA系列从泰晤士河启航经英吉利海峡西行；OB系列从利物浦起航经圣乔治海峡（St. George’s Channel）西行。这两个系列最初每两天就发出一班新的船队，由驻扎在普利茅斯的西部海口司令部（C-in-C Western Approa- ches，简称CINCWA）指挥并提供护航舰艇护送至既定的海域，之后护航舰艇折回，船队解散，各艘商船单独航行至目的地。10月1日起，OA和OB系列中的一些目的地为直布罗陀的商船在海上组合成OG船队南行，之后每五班OA和OB船队就组合一次OG船队，由护航舰艇进行全程护航。

海外归程船队（homebound convoys）一般先在一个适宜的港口集结，使每艘商船的船长在获得相关的指令后方可启航。从北美洲东海岸驶往英国的船只在哈利法克斯集结，9月16日，从北美驶往英国的第一支船队HX-1启航，开启了对英国来说最至关重要的北大西洋航线，该系列船队由位于渥太华的加拿大海军参谋部（Naval Staff Headquarters，简称NSHQ）指挥。

■ 战争初期离开利物浦港不久的一支OB护航船队。

从地中海（以及苏伊士以东）出发的船只最初定在塞得港（Said，位于苏伊士运河北端）、后改为在直布罗陀集结，9月26日第一支从直布罗陀始发的船队HG-1起航，由英国北大西洋司令部指挥实施。

从非洲出发的船只是在塞拉利昂（狮子山）的弗里敦集结的SL系列船队，由英国南大西洋司令部指挥，其第一班船队SL-1于9月9日起航。

另有一个仅维持了很短时间的KJ系列，从牙买加的京士敦（Kingston）至英国，由英国的美洲及西印度群岛司令部指挥，第一班船队KJ-1于9月15日起航，但这个系列在1939年底被取消。

上述归程船队中除HG系列有全程护航外，其余3个系列均由1艘巡洋舰或辅助巡洋舰护送至德国潜艇可能活动范围的西限，随后由西部海口司令部的反潜舰艇（往往是刚完成为离英远洋船队的护航）接替。即将抵英的船队在地端岬（Land's End，或称兰兹角，位于英国西南端）附近海域分离出一部分船只驶往英吉利海峡的各港口或通过英吉利海峡驶往伦敦，其余船只通过圣乔治海峡进入爱尔兰海，然后在利物浦港外解散驶往各自的目的港。

所有护航船队系列中的船队均按既定的

时间间隔（即“护航船队周期”）起航，不管始发港中商船的数量，不会因为要凑齐一定数量的商船而推迟起航，这一原则贯彻于整个大战期间。当然，护航船队可以因为港中没有准备出发的船只或因天气因素而被取消。

监督与管理

在战争最初一段时间中，控制各航线的相应司令部的主要任务是提供护航舰艇确保船队在其管辖区域内的安全，但是为所有护航船队系列准备时间表以及指导大致的航行线路等宏观控制则由海上贸易处负责，该处

基本定义

护航船队（convoy）——又可译作护航运输队，在英国海军部的定义为“在1艘或多艘海军作战舰艇的护卫下航行的1艘或多艘商船或海军辅助舰船”。二战中每一班护航船队的名称都由2–3个字母组成的船队系列代号（代表一条航线）和序号（代表该航线上的第几班船队）组成，有时可在序号后加以后缀，如字母F和S分别代表快速船队和慢速船队，也有用A、B这样的后缀来区分一班船队中的两个分支。有时护航船队的界定并非十分严格，比如SL-64S是塞拉利昂至英国的SL系列中的一班慢速护航船队，然而它在被德国重巡洋舰“希佩尔海军上将”号发现并攻击时并无任何护航舰艇，因此其损失一般被计入独行商船的损失而非护航船队的损失。

掉队船（straggler）——英国海军部对其的定义为“因失去联系或无法跟上护航船队速度而完全与护航船队脱离、并且从船队和护航舰艇的视线中消失了的商船”。但在实际操作中，不论是护航指挥官还是船队队长都习惯于将任何与船队主体脱离的商船或海军舰艇称作“掉队船”。

离队船（romper）——指未经许可故意脱离护航船队并以其最高航速独自前往目的地的商船。商船擅自离队行为时常发生在护航船队遭到攻击时或之后，因恐惧自身被击中而企图放弃护航以摆脱束缚和压力。这些商船航速显然要高于船队的航速，但又肯定达不到15节，因为航速15节以上的商船不会被编入船队而是作为独行船处理。因此这些擅自离队的商船很容易因失去护航军舰保护而被击沉造成不必要的损失。

还制订“海上贸易处图表”（Trade Plot），以记录所有英国及盟国护航船队及独行船只（同时在海上的船只总数大约在2500艘左右）每日8时（格林威治标准时间）在海上的位置，参与这项繁重工作的是8名海上贸易处军官和65名民间雇员（其中包括数名经验丰富的商船船长）。该图表最初采用航位推算法计算各艘商船位置的变化，仅起到记录的作用，但该图表室与英国海军部情报处作战情报中心下属的敌潜艇跟踪图表室仅一墙之隔，两者间的密切合作加上之后记录英国及盟国海军舰艇的图表被并入海上贸易处图表，使该图表室在与西部海口司令部协商后得以成为了制订大西洋船队航线以及发出航线变更命令的权威机构。

分布在英国各港口及各自治领地和殖民地港口的NCS是代表海上贸易处的权威地方机构，各地的NCS长官一般为上校或中校军衔，大都来自退役皇家海军军官或年迈的皇家海军预备队（RNR）军官，他们的日常职责是控制进出所管辖港口的所有航运活动，监视船只装卸货、修理和补给的进程。当港内商船即将起航，NCS长官负责召集护航会议、安排所有商船船长的出席、保证所有护航船队文件送交各船长手中，但其最重要的任务是准备船队的队形表（sailing order），即根据船只的目的地、防御武备、船货价值、动力方式、航速等决定每艘船在护航船

■ 护航船队起航前一天按惯例都要举行一个护航会议，由所在港的NCS人员召集所有商船的船长到会，图中右侧站立讲话者为船队队长。

队中的位置。船队起航后，NCS长官将通过电报向海上贸易处与西部海口司令部通报实际起航的商船情况；在海外的NCS则直接向管辖当地的司令部通报，该司令部随后会将信息转交海上贸易处。由此可见，作为现场调度的NCS长官的任务繁重，因此在较大的港口均配备大量NCS工作人员，其中包括登船检验人员、操纵港内交通小艇的人员、负责制订港内锚泊地状态图表的人员以及负责通讯网路的人员等，他们基本是来自皇家海军志愿预备队（RNVR）的有在商船队服务经历的老资格人员或是来自皇家海军妇女勤务队（WRNS）的成员。

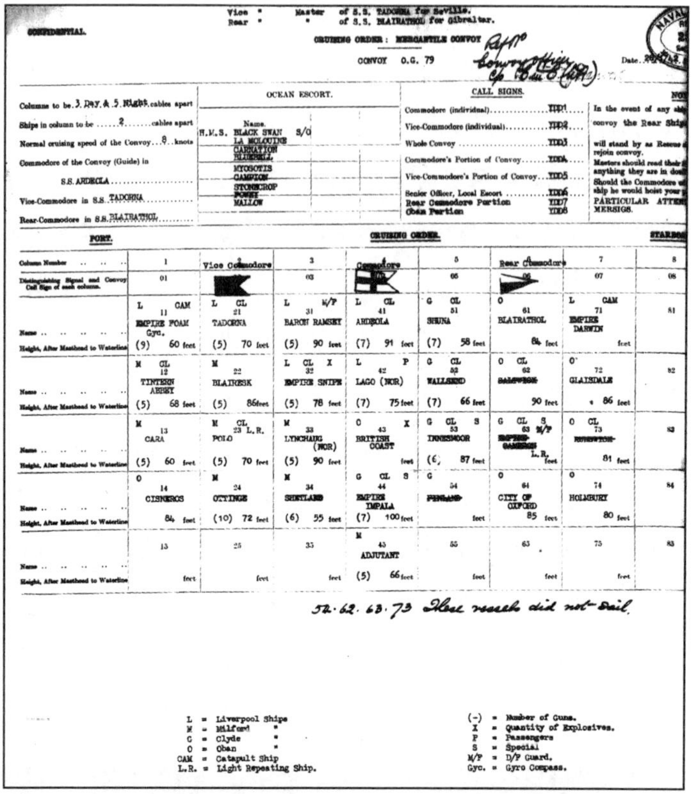

CONFIDENTIAL.

Vice " Master of S.S. TADORNA for Seville.
Rear " " of S.S. BLAIRATHOL for Gibraltar.

CRUISING ORDER : MERCANTILE CONVOY

CONVOY O.G. 79

Date. 29/1/42

Columns to be 3 Day & 5 Night cables apart
Ships in column to be 2 cables apart
Normal cruising speed of the Convoy 8 knots
Commodore of the Convoy (Guide) in S.S. ARDEOLA
Vice-Commodore in S.S. TADORNA
Rear-Commodore in S.S. BLAIRATHOL

OCEAN ESCORT.

H.M.S. Name. BLACK SWAN S/O
LA MALOUINE
CARNATION
BLUEBELL
MYOSOTIS
CAMPION
STONECROP
POWSY
MALLOW

CALL SIGNS.

Commodore (individual) YDD1
Vice-Commodore (individual) YDD2
Whole Convoy YDD3
Commodore's Portion of Convoy YDD4
Vice-Commodore's Portion of Convoy YDD5
Senior Officer, Local Escort YDD6
Rear Commodore Portion YDD7
Oban Portion YDD8

In the event of any ship ... convoy the Rear Ship ... will stand by as Rescue ... rejoin convoy.
Masters should read their ... anything they are in doubt ...
Should the Commodore ... ship he would hoist your ...
PARTICULAR ATTENTION ... MERSIGS.

PORT. CRUISING ORDER. STARBOARD

Column Number	1	2 Vice Commodore	3	4 Commodore	5	6 Rear Commodore	7	8
Distinguishing Signal and Convoy Call Sign of each column.	01	02	03	04	05	06	07	08
Name / Height, After Masthead to Waterline	L CAM 11 EMPIRE FOAM Gyc. (9) 60 feet	L CL 21 TADORNA (5) 70 feet	L W/P 31 BARON RAMSEY (5) 90 feet	L CL 41 ARDEOLA (7) 91 feet	G CL 51 SHUNA (7) 58 feet	O 61 BLAIRATHOL 84 feet	L CAM 71 EMPIRE DARWIN feet	81
Name / Height, After Masthead to Waterline	M CL 12 TINTERN ABBEY (5) 68 feet	M 22 BLAIRESK (5) 86 feet	L CL X 32 EMPIRE SNIPE (5) 78 feet	L P 42 LAGO (NOR) (7) 75 feet	G CL 52 WALLSEND (7) 66 feet	O CL 62 [illegible] 90 feet	O 72 GLAISDALE 86 feet	82
Name / Height, After Masthead to Waterline	M 13 CARA (5) 60 feet	M CL 23 L.R. POLO (5) 70 feet	M 33 LYNGHAUG (NOR) (5) 90 feet	O X 43 BRITISH COAST feet	G CL S 53 INNESMOOR (6) 87 feet	G CL S 63 M/F [illegible] L.R. feet	O CL 73 [illegible] 81 feet	83
Name / Height, After Masthead to Waterline	O 14 CISNEROS 84 feet	M 24 OTTINGE (10) 72 feet	M 34 SHETLAND (6) 55 feet	G CL S 44 EMPIRE IMPALA (7) 100 feet	G 54 [illegible] feet	O 64 CITY OF OXFORD 85 feet	O 74 HOLMBURY 80 feet	84
Name / Height, After Masthead to Waterline	15 feet	25 feet	35 feet	M 45 ADJUTANT (5) 66 feet	55 feet	65 feet	75 feet	85

52·62·63·73 These vessels did not sail.

L = Liverpool Ship
M = Milford "
C = Clyde "
O = Oban "
CAM = Catapult Ship
L.R. = Light Repeating Ship.

(-) = Number of Guns.
X = Quantity of Explosives.
P = Passengers
S = Special
W/P = D/F Guard.
Gyc. = Gyro Compass.

■ 一份典型的由NCS官员准备的护航船队队形表，表中每一单元列有位于相应位置的商船讯息，包括船名、类型、目的港、防御武备等。

指挥体系

护航船队的指挥体系体现了典型的英国式的“双重性”。首先，任何护航船队都接受直接和间接两方面的指挥控制：直接指挥来自于船队现场；间接指挥则来自于岸上机构。其中直接指挥又可分为两部分：负责船队本体的船队队长的指挥和负责护航舰艇的护航指挥官的指挥。

护航船队队长（Convoy Commodore）均为一些志愿重新服役的退役皇家海军军官，年龄一般均超过60岁，有的更加年迈，他们先前退役时的军衔从上将至少校不等。远洋护航船队队长多由退役皇家海军将官或上校担任，重新服役时被授予皇家海军预备队准将的军衔；沿岸护航船队队长则采用年纪稍大的皇家海军预备队中校或少校，他们也都是经验丰富的海员，但年龄使他们无法更长期的服役和晋升。在每一支护航船队中，还会任命一名副队长（Vice-Commodore），有时外加一名或数名候补队长（Rear-Commodore）。船队副队长也可以由正式资格的船队队长担任，这在两支护航船队于海上合并形成一支新的船队的情况下十分常见，于是先前两支船队的队长一位任新船队的队长，另一位任副队长。其余情况下的船队副队长以及所有候补队长均为临时任命的船队中某艘或某几艘商船的船长。船队副队长和候补队长的职责均为协助船队队长的工作并在万一船队队长在攻击中丧生的情况下继任其职务。

护航指挥官（Senior Officer of Escort，简称SOE）是现役皇家海军军官，多数为驱逐舰或其他护航舰艇的舰长，军衔以中校和上校居多。与护航船队队长相比，护航指挥官要年轻得多，经验和资历明显不足，加上军衔不可避免地要低一级，两者之间的成功合作就需要双方的忍让和理解。既定的模式是船队队长无权干涉护航舰艇的行动，而护航指挥官在其认为必要的情况下可以向船队队长发出强制性的指令，以施行他们的职责，即确保“护航船队安全而准时地到达”。战争最初的经验证明，事实上护航指挥官和船队队长间的摩擦是很小的，即便是有两位指挥官性格冲突的情况发生，海军部也有特权将船队队长调离海上职务。

■ 一位护航船队队长（右）和他座船的船长（左）在船队起航前的合影。

对护航船队的间接指挥同样需要两方面的协调，即一支船队的始发地和目的地各自所属的司令部。以北大西洋航线为例，两者分别为英国西部海口司令部和负责北美洲东海岸的司令部，后者的具体机构随着大战的进程而变化，战争开始至1941年秋由加拿大海军参谋部负责。离英的西行船队首先在西部海口司令部的指挥下航行至大西洋中部的某个位置，然后由加拿大海军参谋部接替负责下半段航程的指挥工作；从北美起航的归程船队则采用正好相反的模式。这一在大洋中转交作战指挥权的位置便称为作战控制变更（Change of Operational Control）线，简称CHOP线，然而这并非是一条固定的经线或纬线，每支护航船队启航前均会根据具体的航行路线决定其CHOP线的位置。

在对护航体制的运作理论进行了简要的介绍之后，接下来将对从二战爆发至1941年末各条航线上重要护航船队系列的沿革进行一番系统的回顾。

OA和OB船队

1939年9月7日始发的OA和OB船队是二战中英国最早启动的离英远洋船队系列，但从严格意义上讲，它们不能算作真正意义上的远洋船队。

OA（Outward A之缩写）系列最初从泰晤士河口的绍森德（Southend）起航，船队的主体部分在唐斯（Downs）的锚泊地集结编成队形。这一系列的独特之处在于直到1940年中期为止它一直具有双重性质，即同时作为远洋护航船队和沿岸护航船队。当该系列的每一班船队从绍森德出发时，其中均包含驶往海外的远洋船和通过英吉利海峡驶往英国南部和西部海岸港口的近岸船只，这两部分有各自的船队队长。当船队经过英吉利海峡时前往海峡内的南安普顿、普利茅斯、法尔茅斯（Falmouth）等各港口的船只会脱离船队，或有从这些港口出发的船只加入船队。OA船队的远洋和沿岸两部分在到达地端岬附近海域时分离，其中前者驶入大西洋，后者则北上前往布里斯托尔湾（Bristol Channel）和爱尔兰海。OA船队的航程一般为4天左右，由于有大量小型近岸船只的活动，航速相当缓慢，往往只能达到6节。

OB（Outward B之缩写）系列则从利物浦起航南下，经圣乔治海峡后向西进入大西洋，其各班船队的派发同OA系列保持同步。和OA系列一样，OB船队中也包含大量近岸船只，其中主要是前往韦尔斯的一些运煤港口，也有前往英吉利海峡港口和伦敦的，但OB船队并没有为其沿岸部分配备船队队长，这些船只在地端岬附近脱离船队主体后作为独行船前往各自的目的港。其后，OB船队的远洋部分同相同序号的OA船队的远洋部分在西南海口合并，新形成的船队代号仍然沿用OB系列，其队长由原OB船队的队长担任。西行的远洋商船多为空载，前往北美洲装运船货。

负责所有离英船队护航任务的是当时驻扎在普利茅斯的西部海口司令部，由海军上将马丁·邓巴-奈史密斯爵士（Adm. Sir Martin Dunbar-Naismith）任司令并兼任普利茅斯基地司令。战争伊始，分配到这个司令部的护航舰艇主要来自普利茅斯、朴次茅斯和诺尔（Nore）三大本土舰队基地内的驱逐舰队，其中旧式和新式驱逐舰混杂，运用起来缺乏效率。1940年初开始，随着新式舰队驱逐舰被逐渐转调至更需要的战场，由此而造成的空缺只能通过重新启用少得可怜的先前编入预备役的旧式驱逐舰来弥补。另外，当时大量征用的拖网渔船则被用于英吉利海峡内的反潜和扫雷任务，OA船队通过海峡时常由1–2艘这样的拖网渔船进行护航。而OB船队在与OA船队内的远洋船只会合后则在旧式驱逐舰的护卫下航行至预估的德国潜艇活动范围以外的海域，之后船队解散，各艘商船独自前往目的地。西部海口驱逐舰提供护航的范围最初仅到西经12度30分，后来略微西移至西经15度。

1940年6月法国的陷落使英国护航体制面临着重大的挑战：德国迅速占领法国在英吉利海峡的港口，并利用它们作为德国海军轻型舰艇的基地；德国空军的飞机从法国的基地起飞可抵达大西洋东部并控制整条英国

■ 1940年6月法国陷落后，德国飞机直接从法国机场起飞猛烈袭击航行在英吉利海峡中的OA船队时的情景。

南部海岸线；而德国潜艇基地迁移至比斯开湾（Bay of Biscay）沿岸更使德国在大西洋施行潜艇战的范围大大扩展。1940年7月3日启航的OA-178船队在英吉利海峡中遭到德军岸炮、飞机和摩托鱼雷快艇的联合进攻损失5艘商船、伤11艘。之后OA和OB船队的航线进行了重大调整：OA系列从OA-179起改由福斯湾（Firth of Forth）中的梅西尔（Methil）启航，随后北上向西绕过苏格兰；OB系列从OB-179起自利物浦启航后也改北上，穿过苏格兰和北爱尔兰间的北海峡（North Channel），在苏格兰西北海域与相同序号的OA船队合并后驶往大西洋的解散地点，OA船队中的沿岸部分则南下驶至克莱德湾（Firth of Clyde）。相应地，随着德国潜艇的威胁加剧，OA和OB系列均提高到9节的最低航速。

航运焦点的北移还导致了指挥层上的重大变化。由于位于英吉利海峡的普利茅斯已不再适于指挥护航船队的行动，西部海口司令部也必须相应地北移，因此普利茅斯基地司令和西部海口司令的职务被分离。经过1940年下半年的筹划和组织，新的西部海口司令部于1941年2月7日在利物浦的德比大厦（Derby House）正式启用，新一任司令海军上将珀西·诺布尔爵士（Adm. Sir Percy Noble）于当月17日就职。与此同时，护航舰艇在组织上也有了一定的进展。1941年初，几支连续编号的护航组（Escort Group）开始投入使用，得以组建这样的编队主要是由于1940年9月2日年根据美英两国签署的《驱逐舰换基地协议》接收的50艘美国旧式（“威克斯”级或“克莱姆森”级，英国接收后称“城”级）驱逐舰和英国各地小船厂大量建成的“花级”驱潜快艇（Flower class corvettes）暂时弥补了先前护航舰艇的极端短缺。每支这样的护航组一般包括1–3艘“V/W”级、“A-I”级或“城”级驱逐舰、1艘“城”级轻型护卫舰（Town class sloops）、数艘“花级”驱潜快艇和反潜拖网渔船。不过尽管理论上这样的组织有利于提高效率，但是这些没有经过足够磨合的不同舰艇间的合作显然

■ 英国皇家海军上将诺布尔爵士，1941年2月17日至1942年11月18日任西部海口司令部司令。

是不甚理想的。

1940年10月24日OA-234船队起航之后，OA系列被取消，其任务由相关的沿岸护航船队替代。OB系列则继续进行，为了尽量避开德国飞机的袭扰，到1941年其航线不可避免地越来越向北移，这导致了独立的南行OS船队系列的诞生。德国潜艇活动范围的扩大使OB船队需要更远程护航的问题也因皇家海军在冰岛的基地的启用而得到解决，OB系列的后期船队在西部海口司令部的护航组折回后由从冰岛出发的护航组接替继续护航至加拿大水域。1941年6月23日，OB-332成为首支有全程护航的OB船队抵达哈利法克斯。不过，OB船队系列最终在1941年7月21日OB-349起航后终止，由新的ON船队系列替代。

北大西洋航线

英国与北美洲之间的海上交通线无疑是英国海上航运的关键所在，1939年9月16日始发HX系列归程船队开启了这条重要的运输线。HX系列的始发港为加拿大新斯科舍省的哈利法克斯（Halifax, Nova Scotia，简称Halifax NS），HX这一代号即源于此，该系列每班船队间的间隔大致为7－8天。从HX-41至HX-137，还有一个代号为BHX的分支船队系列从百慕大起航，在海上与相同序号的HX船队会合，其中仅有BHX-104未能遇到主体船队HX-104，而作为一支单独的船队驶抵英国。起初，HX船队从哈利法克斯起航后能获得加拿大皇家海军的一些小型反潜舰艇为时24小时的局域护航，之后驻扎在哈利法克斯的英第3战列舰队接替加拿大舰艇为船队提供远洋护航，第3战列舰队分派的护航舰艇最初为巡洋舰，1940年开始广泛使用由商船改装的辅助巡洋舰，一般1－2艘辅助巡洋舰是HX船队所能获得的所有远洋护航舰艇，有时也有皇家“君主”级战列舰加入，这显然是战前英国对德国水面袭击舰的担忧之体现，实际上德国袭击舰到当年11月初才首次出现在北大西洋航线上。当船队到达西经12度左右即预估的德国潜艇活动范围的外限时，辅助巡洋舰折回，护航任务由刚完成对西行OB船队护航的西部海口司令部的反潜舰艇接替，这两者交接之间往往有一定的时间间隔，这段间隔内船队没有任何护航。到1940年夏末，OB船队的护航范围外限西移至西经15度，HX船队的护航舰艇交接线也随之移动。法国的陷落以及德国潜艇在比斯开湾基地的使用使HX船队的航线不得不越来越向北移，而西部海口司令部的反潜舰艇也必须在更西的位置接替远洋护航舰艇，到10月护航舰艇交接线已移至西经19度。

根据惯例，航速15节以上的快速商船不被编入护航船队而作为独行船对待，因为尽

■ 二战初期许多护航船队是由巡洋舰护航的，这张照片展示了1939年底英国轻巡洋舰“企业”号为一支HX船队护航时的情景。

管德国潜艇的水面航速可达到16－17节，气候因素往往使它们无法达到这个速度，因此这些快速商船能以持续的高航速摆脱德国潜艇的追踪。HX船队的标准航速为9节，不少航速高于此值却又低于15节的商船既不适于编入HX船队，也不适合作为独行船，从而专门组织了一个快速护航船队系列——HXF，一般比同编号的HX船队早几天起航。由于快速船到1940年减少到不至于另辟一个系列，HXF系列船队到1940年2月便终止，仅有HXF-1、HXF-2以及HXF-6至HXF-20共计17班起航。

慢速船同样是一个问题，它们无法编入HX船队，只能作为独行船而损失惨重。因此诞生了第二个北大西洋归程船队系列，即慢速船队系列。这一新的系列采用新斯科舍省的悉尼（Sydney NS）作为夏季始发港，以避免哈利法克斯港的拥塞。为不至于在通讯中与澳大利亚新南威尔士的悉尼（Sydney NSW）混淆，这个加拿大的悉尼常被称作布雷顿角的悉尼（Sydney, Cape Breton，简称Sydney CB），因此新的船队系列代号为SC，标准航速为7.5节，每隔7－10天发出一班。1940年8月15日，SC-1从悉尼起航，但从当年12月15日起航的SC-16开始，该系列还是改由更靠南的哈利法克斯始发，因为虽然悉尼在冬季并不完全冰封，但导航已经很成问题。直到1941年6月1日SC-33起航时悉尼才被重新起用直到SC-64为止，之后再次转移至哈利法克斯。

1941年4月，英国的部分护航组改以冰岛的赫瓦尔峡湾（Hvalfjorld）作为基地，从而大大扩展了向西护航的范围。因此西行的OB船队在西经19度西部海口护航组折回后由冰岛出发的护航组接替继续护航，这一海上交接点称作东部海上会合点（Eastern Ocean Meeting Point，简称EOMP）。冰岛护航组则向西护航至位于西经35度左右的中部海上会合点（Mid-Ocean Meeting Point，简称MOMP），在那里OB船队解散，而冰岛护航组则等待接纳东行的HX或SC船队，换下第3战列舰队的辅助巡洋舰。之后冰岛护航组再向东护航至EOMP，将HX或SC船队转交给刚完成为下一班OB船队护航的西部海口护航组。这一海上大接力体系开始成形后，德国潜艇的活动区域继续向西拓展，这使第3战列舰队的辅助巡洋舰失去作用，该舰队遂被废止。

取而代之的是加拿大皇家海军舰艇，当时加拿大自行建造的“花级”驱潜快艇的大量服役使组建纽芬兰护航舰队（Newfoundland Escort Force，简称NEF）成为可能。该舰队于1941年5月组建，由加拿大皇家海军准将伦纳德·穆雷（Commodore Leonard W. Murray）指挥，下辖第14至第25共12个护航组（见表一），护航舰艇除大量“花级”驱潜快艇和

表一：纽芬兰护航舰队的编成（1941年8月）

第14护航组：驱逐舰“阿西尼博因”号（HMCS Assiniboine I.18）、“哈夫洛克”号（HMS Havelock H.88）、“圣劳伦特”号（HMCS St. Laurent H.83）

第15护航组：驱逐舰“伯韦尔”号（HMS Burwell H.94）、“萨格内”号（HMCS Saguenay I.79）；驱潜快艇“美国石竹”号（HMS Dianthus K.95）、“金银花”号（HMS Honeysuckle K.27）、“雪果”号（HMCS Snowberry K.166）

第16护航组：驱逐舰“布罗德瓦特”号（HMS Broadwater H.81）；驱潜快艇“奇利瓦克”号（HMCS Chilliwack K.131）、“黎穆斯基”号（HMCS Rimouski K.121）、“甘松”号（HMCS Spikenard K.198）

第17护航组：驱逐舰“百老汇”号（HMS Broadway H.90）；驱潜快艇“多花水仙”号（HMS Polyanthus K.47）、“科鲍尔特”号（HMCS Cobalt K.124）、“特雷尔”号（HMCS Trail K.174）

第18护航组：驱逐舰“丘吉尔”号（HMS Churchill I.45）；驱潜快艇“山茶花”号（HMS Camellia K.31）、“慈菇”号（HMCS Arrowhead K.145）、“小米草”号

(HMCS Eyebright K.150)

第19护航组：驱逐舰“伯纳姆”号（HMS Burnham H.82）；驱潜快艇“五月花”号（HMCS Mayflower K.191）、“阿加西”号（HMCS Agassiz K.129）、“莱维斯”号（HMCS Levis K.115）

第20护航组：驱逐舰“哥伦比亚”号（HMCS Columbia I.49）；驱潜快艇“唐菖蒲”号（HMS Gladiolus K.34）、“含羞草”号（FFL Mimose K.11）、“韦塔斯基温”号（HMCS Wetaskiwin K.175）

第21护航组：驱逐舰“圣克鲁瓦”号（HMCS St. Croix I.81）；驱潜快艇“钱布雷”号（HMCS Chambly K.116）、“皮克图”号（HMCS Pictou K.146）、“比克图什”号（HMCS Buctouche K.179）、“高尔特”号（HMCS Galt K.163）

第22护航组：驱逐舰“拉姆齐”号（HMS Ramsey G.60）；驱潜快艇“屈曲花”号（HMS Candytuft K.09）、“南蛇藤”号（HMCS Bittersweet K.182）、“茴香”号（HMCS Fennel K.194）

第23护航组：驱逐舰“切斯特菲尔德”号（HMS Chesterfield I.28）、“里丁”号（HMS Reading G.71）；驱潜快艇“地钱”号（HMCS Hepatica K.159）、“普雷史考特”号（HMCS Prescott K.161）

第24护航组：驱逐舰“史基纳”号（HMCS Skeena I.59）；驱潜快艇“阿尔伯尼”号（HMCS Alberni K.103）、“奥瑞利亚”号（HMCS Orillia K.119）、“凯诺加米”号（HMCS Kenogami K.125）

第25护航组：驱逐舰“尼亚加拉”号（HMCS Niagara I.57）；驱潜快艇“香雪球”号（FFL Alysse K.100）、“白屈菜”号（HMS Celandine K.75）、“科林伍德”号（HMCS Collingwood K.180）

注：本表中以HMS、HMCS和FFL区分英国、加拿大和自由法国海军舰艇。

分配或租借给加拿大的“城级”驱逐舰外，还从英国本土水域召回了所有其他加拿大驱逐舰，也有部分英国舰艇加入NEF以填补空缺。NEF的基地位于圣约翰斯（St. John’s），并在该港外海域形成了一个新的护航舰艇交接点——西部海上会合点（Western Ocean Meeting Point，简称WOMP），NEF的护航组将在WOMP加入HX或SC船队并将它们护航至MOMP，随后前往冰岛加油并返回MOMP以接纳西行的OB船队。1941年5月27日起航的HX-129成为了首班运用这一完整护航体系的北大西洋船队。 1941年7月，西行的OB船队被新的ON系列所替代，ON（Outward to North America之缩写）系列沿用后期OB船队的基本模式，即先后通过EOMP、MOMP和WOMP最后到达哈利法克斯，不过由于加拿大局域护航舰艇的短缺，一般ON船队在经过WOMP后便解散，商船独自前往目的港。为了与东行归程船队保持一致，有必要为ON船队配备相应的慢速船队，但实际并未引入一个新的系列，而是通过在ON系列中以一班快速（偶数序号）一班慢速（奇数序号）交替派发的形式得到解决。慢速的ON船队有时被称作ONS船队，但为了避免与1943年启动的独立的ONS系列混淆，本文中将其称作ON(S)船队。

此时，大西洋的护航体制即将发生又一次重大变化。罗斯福和丘吉尔在1941年8月9日至12日于纽芬兰的阿根细亚（Argentia）湾进行的大西洋会议上表示，美国护航舰艇将全面参加北大西洋的护航行动。当时仍处在中立地位的美国自1940年9月美英《驱逐舰换基地协议》和1941年3月的《租借法案》之后一直以“除战争外的”（short of war）各种间接方式协助英国在大西洋的行动，这些举措之一便是将美国所控制的西半球的东界限从

■ 1941年开始在北大西洋加入护航行动的美国舰队驱逐舰之一“尼布拉克”号。

1941年3月时的西经60度东移至6月时的西经26度，其作用无疑是扩大了美国海军舰艇在大西洋的合理活动范围，从而对德国潜艇造成战略威慑。其实早在3月1日，美国就组建了一支“大西洋支援舰队”（Support Force, Atlantic Fleet），由海军少将小阿瑟·布里斯托尔指挥（Rear-Adm. Arthur L. Bristol，Jr.），下辖3个驱逐舰中队（见表二），主要用于在北大西洋护送美国运输船。该舰队后改称第4特混舰队（TF4），并且在当年7月美军进驻冰岛的行动中为运载补给品的船队护航。在这些活动中，美国舰艇不可避免地与德国潜艇产生了摩擦。

9月15日，即在著名的“格利尔”号事件发生的10天之后，驻扎在阿根细亚的美国TF4正式加入北大西洋护航体制，其下属驱逐舰被编成7个特混小队（10月起增至8个特混小队TU 4.1.1–TU 4.1.8，见表三），它们的任务是从WOMP将东行的HX船队护航至MOMP，将之转交英国护航组，然后前往冰岛加油并回到MOMP，再将西行的ON船队带回WOMP。与此同时，华盛顿的美国海军司令部（C-in-C US Navy，简称COMINCH）接替加拿大海军参谋部担任从北美洲东海岸到大西洋中部所有护航船队的指挥任务，它与英国海军部所管辖范围随即以西经26度为界，此界线也遂被应用作各班北大西洋护航船队的MOMP和CHOP线的大致位置。慢速的SC和ON(S)船队在WOMP和MOMP之间的护航任务则继续由NEF担任，但由于NEF的作战区域已属美国海军管辖范围，其下辖的12个护航组被改编为6个美国式的特混小队TU 4.1.11–TU4.1.16（见表三）。TF4和NEF的总共14个特混小队加上7个西部海口司令部所辖的英国护航组（见表三）在1941年最后3个半月中作为北大西洋护航船队的全部远洋防御力量开始运作，这标志着二战中英、美、加三国合力组建的盟军护航体制的成形。

表二：美国大西洋支援舰队的编成（1941年3月1日）

第7驱逐舰中队：驱逐舰“普龙克特”号（USS Plunkett DD-431）、“尼布拉克”号（USS Niblack DD–424）、“班森”号（USS Benson DD-421）、“格利夫斯”号（USS Gleaves DD–423）、“梅奥”号（USS Mayo DD-422）、“麦迪逊”号（USS Madison DD–425）、“兰斯代尔”号（USS Lansdale DD-426）、“希拉里·琼斯”号（USS Hilary P. Jones DD-427）、“查尔斯·休斯”号（USS Charles F. Hughes DD-428）

第30驱逐舰中队：驱逐舰“达拉斯”号（USS Dallas DD-199）、“埃利斯”号（USS Ellis DD-154）、“科尔”号（USS Cole DD-155）、“伯纳度”号（USS Bernadou DD-153）、“杜邦”号（USS Dupont DD-152）、“格利尔”号（USS Greer DD-145）、“塔伯尔”号（USS Tarbell DD-142）、“阿普歇”号（USS Upshur DD-144）、“利”号（USS Lea DD-118）

第31驱逐舰中队：驱逐舰“麦克利什”号（USS Macleish DD-220）、“班布里奇”号（USS Bainbridge DD-246）、“奥弗顿”号（USS Overton DD-239）、“斯特蒂文特”号（USS Sturtevant DD-240）、“鲁宾·詹姆士”号（USS Reuben James DD-245）、“麦考密克”号（USS McCormick DD-223）、“布鲁姆”号（USS Broome DD-210）、“辛普森”号（USS Simpson DD-221）、“特拉克斯顿”号（USS Truxton DD-229）

表三：北大西洋远洋护航力量的编成（1941年10至11月）

美国第4特混舰队（TF4）——负责在WOMP和MOMP之间为HX和ON船队护航

TU 4.1.1：驱逐舰“埃利克森”号（USS Ericsson DD-440）、“埃伯尔”号（USS Eberle DD-430）、“阿普歇”号、“埃利斯”号、“达拉斯”号

TU 4.1.2：驱逐舰“查尔斯·休斯”号、“麦迪逊”号、“格利夫斯”号、“兰斯代尔”号、“辛普森”号

TU 4.1.3：驱逐舰“班森”号、“希拉里·琼斯”号、“尼布拉克”号、“鲁宾·詹姆士”号、“塔伯尔”号

TU 4.1.4：驱逐舰“普龙克特”号、“利弗莫尔”号（USS Livermore DD-429）、“奇尔尼”号（USS Kearny DD-432）、“德凯特”号（USS Decatur DD-341）、“科尔”号

TU 4.1.5：驱逐舰“梅奥”号、“斯肯克”号（USS Schenck DD-159）、“利里”号（USS Leary DD-158）、“巴比特”号（USS Babbitt DD-128）、“布鲁姆”号

TU 4.1.6：驱逐舰“桑普森”号（USS Sampson DD-394）、“利”号、“伯纳度”号、“杜邦”号、“麦克利什”号

TU 4.1.7：驱逐舰“罗”号（USS Roe DD-418）、“班布里奇”号、“斯特蒂文特”号、“奥弗顿”号、“特拉克斯顿”号

TU 4.1.8 ：驱逐舰“巴克”号（USS Buck DD-420）、“格利尔”号、“勒德洛”号（USS Ludlow DD-438）、“麦考密克”号、“史旺森”号（USS Swanson DD-443）

加拿大纽芬兰护航舰队（NEF）——负责在WOMP和MOMP之间为SC和ON(S)船队护航

TU 4.1.11 ：驱逐舰“圣劳伦特”号；驱潜快艇“慈菇”号、“奇利瓦克”号、“雪果”号、“特雷尔”号、“多花水仙”号、“报春花”号（HMS Primrose K.91）

TU 4.1.12 ：驱逐舰“百老汇”号、“伯韦尔”号；驱潜快艇“比克图什”号、“科鲍尔特”号、“高尔特”号、“白头翁”号（HMCS Windflower K.155）、“旱金莲”号（HMS Nasturtium K.107）、“乌头”号（FFL Aconit K.58）

TU 4.1.13 ：驱逐舰“雷斯蒂古什”号（HMCS Restigouche H.00）、“圣克鲁瓦”号；驱潜快艇“阿尔伯尼”号、“南蛇藤”号、“科林伍德”号、“五月花”号、“香雪球”号

TU 4.1.14 ：驱逐舰“里奇蒙”号（HMS Richmond G.88）、“拉姆齐”号、“舍伍德”号（HMS Sherwood I.80）；驱潜快艇“奇库蒂米”号（HMCS Chicoutimi K.156）、“钱布雷”号、“马塔佩迪亚”号（HMCS Matapedia K.112）、“纳帕尼”号（HMCS Nepanee K.118）

TU 4.1.15 ：驱逐舰“哥伦比亚”号、“史基纳”号；驱潜快艇”布兰登”号（HMCS Brandon K.149）、“坎姆罗斯”号（HMCS Camrose K.154）、“谢迪亚克”号（HMCS Shediac K.110）、“韦塔斯基温”号、“含羞草”号

TU 4.1.16：驱逐舰“圣弗朗西斯”号（HMCS St. Francis I.93）；驱潜快艇“凯诺加米”号、“阿默斯特”号（HMCS Amherst K.148）、“小米草”号、“纳奈莫”号（HMCS Nanaimo K.101）、“普雷史考特”号、“雷斯布里奇”号（HMCS Lethbridge K.160）

英国北大西洋护航组——负责在MOMP和EOMP之间为HX、SC、ON和ON(S)船队护航

第1护航组：驱逐舰“凯普尔”号（HMS Keppel I.84）、“恶毒”号（HMS Venemous I.75）、“军刀”号（HMS Sabre H.18）；驱潜快艇“向日葵”号（HMS Sunflower K.41）、“亚麻百合”号（HMS Dianella K.07）；反潜拖网渔船“爱尔莎女士”号（HMS Lady Elsa FY.124）、“战舰”号（HMS Man O'War FY.104）、“北方黎明”号（HMS Northern Dawn FY.146）

第2护航组：驱逐舰“道格拉斯”号（HMS Douglas I.90）、“李明顿”号（HMS Leamington G.19）、“鳐鱼”号（HMS Skate H.39）、“萨拉丁”号（HMS Saladin H.54）、“老兵”号（HMS Veteran I.72）；驱潜快艇“六道木”号（HMS Abelia K.184）、“银莲花”号（HMS Anemone K.48）

第3护航组：驱逐舰“大斗犬”号（HMS Bulldog H.91）、“女将”号（HMS Amazon I.39）、“乔治敦”号（HMS Georgetown I.40）、“贝尔蒙特”号（HMS Belmont H.46）；驱潜快艇“三色堇”号（HMS Heartsease K.15）；反潜拖网渔船“盎格鲁人”号（HMS Angle FY.201）、“圣阿波罗”号（HMS St. Apollo）、“沃里克角”号（HMS Cape Warwick FY.167）

第4护航组：驱逐舰“小猎犬”号（HMS Beagle H.30）、“索尔兹伯里”号（HMS Salisbury I.52）、“罗克斯堡”号（HMS Roxborough I.07）、“蒙哥马利”号（HMS Montgomery G.95）；驱潜快艇“祛痰菜” 号（FFL Lobelia K.05）、“窄叶越桔”号（HMS Heather K.69）、“水仙”号（HMS Narcissus K.74）；反潜拖网渔船“马德琳女士”号（HMS Lady Madelaine FY.283）、“诺里奇城”号（HMS Norwich City FY.229）、“阿拉伯”号（HMS Arab FY.202）

第5护航组：驱逐舰“步行者”号（HMS Walker I.27）、“范诺克”号（HMS Vanoc H.33）、“志愿者”号（HMS Volunteer I.71）、“考德威尔”号（HMS Caldwell I.20）；驱潜快艇“八仙花”号（HMS Hydrangea K.39）；反潜拖网渔船“圣卡赞”号（HMS St. Cathan FY.234）

第6护航组：驱逐舰“布罗克”号（HMS Broke I.83）、“曼斯菲尔德”号（HMS Mansfield G.76）、“切尔西”号（HMS Chelsea I.35）、“黑獾”号（HMS Wolverine I.78）；驱潜快艇“金凤花”号（HMS Kingcup K.33）、“犬蔷薇”号（HMNoS Eglantine K.197）

第8护航组：驱逐舰“麦尔科姆”号（HMS Malcolm I.19）、“萨尔多尼克斯”号（HMS Sardonyx H.26）、“更夫”号（HMS Watchman I.26）；驱潜快艇“筷子芥”号（HMS Arabis K.73）、“大理花”号（HMS Dahlia K.59）、“舟形乌头”号（HMS Monkshood K.207）、“矮牵牛花”号（HMS Petunia K.79）、“紫罗兰”号（HMS Violet K.35）、“马鞭草”号（HMS Verbena K.85）

注：1.本表仅起示例作用。实战中护航舰艇借调情况十分频繁，因此每支护航编队的成员流动性很大，而本表中不同编队的状况可能取自不同的时间点。

2.本表中以USS、HMS、HMCS、FFL和HMNoS区分美国、英国、加拿大、自由法国和挪威流亡政府海军舰艇。

塞拉利昂航线

英国海军部海上贸易处在制订最初的护航船队航线计划时就考虑到必须设置一条与北大西洋航线相对应的南大西洋航线，使从西非运载铁矿石和其他物资的船队得以安全返回英国。因此英国南大西洋分舰队司令以英国当时的殖民地塞拉利昂首府弗里敦（Freetown）为始发港开启了归程的SL（Sierra Leone之缩写）船队系列，首班船队SL-1于1939年9月9日起航，先于北大西洋的相应航线。

弗里敦拥有一个适于护航船队集结的宽阔的天然锚地，然而那里没有任何港口设备，货物的装卸必须通过驳船在船与岸之间进行。由于弗里敦地形崎岖，沿岸空间十分有限，且已经被殖民当局和少数欧洲人所占，几乎没有住宿的空间。同时岸上通讯、卫生、供水等设施极其落后，也很难有条件扩建任何设施。加之当地气候湿热，热带疾病流行，在此组织护航船队的工作无疑是十分困难的。英国南大西洋司令部通过努力总算得到1艘1910年造的联盟城堡公司班轮“爱丁堡城堡”（SS Edinburgh Castle）号，将之作为住宿船停泊在近岸锚地，另外在较远处布置了1艘医院船以解决所有人员的卫生问题。尽管如此，通讯仍然很成问题，当地没有无线电设备，与英国间唯一可靠的通讯手段是通过当地殖民地秘书处的有线电报设备，而从该秘书处大楼到舰队司令部大楼之间必须靠一位信差步行传递信息，南大西洋分舰队司令在其作战日志中记述道：“这一延误信息的窘况从战争开始维持了足有一年的时间，直到殖民当局拨款为这位信差购置了一辆自行车后才有所缓解。”海上的组织工作同样困难重重，南大西洋船队所依靠的护航舰艇只有辅助巡洋舰，即使这些舰艇一开始也很短缺。最后从英国本土调来一些拖网渔船担任局域巡逻任务，而南大西洋分舰队下属的几艘巡洋舰也能起到一定的作用。

由于从当地出发的商船种类繁杂，航速差异很大，因此SL系列在同一序号下可同时派发一班慢速和一班快速船队，其中快速船队比慢速船队晚起航1天左右，其序号后加字母F以示区别（如SL-14和SL-14F分别为慢速和快速船队）。后来习惯快速船队不作标示而对慢速船队标以字母S（如SL-51S和SL-51分别为慢速和快速船队）。最初，每班SL船队从弗里敦起航时均有1艘辅助巡洋舰护航至英国西南海口，然后由西部海口司令部的旧式驱逐舰接替，并护航至目的地，辅助巡洋舰则返回弗里敦。这一模式到1940年1月1日SL-15起航时发生改变，由于西部海口司令部舰艇的紧缺，同一序号下的快速和慢速船队必须在英国西南海口会合后由同一组反潜舰艇护航至目的地。这在实际操作上十分困难，因为慢速和快速船队间往往相距甚远，这一不完善的体制直到1941年3月快速和慢速船队交替的形式被废除后才终止，这期间很大一部分SL船队从弗里敦出发后一直到西南海口之间是没有任何护航的，尤其是1940年下半年开始驻扎在法国的德国飞机和潜艇对途经法国以西洋面的SL船队的威胁日益增加。

OA和OB船队系列中原先有大量驶往加勒比海、南美洲和弗里敦的船只，它们常加入由这两个船队系列组合而成的OG系列南下，但在1940年7月随着OG系列改由利物浦直接出发后，这些船只只能在OB船队驶入北大西洋后作为独行船分离，蒙受较大的损失，加之到1941年初为了规避德国飞机和潜艇，OB船队的航线越来越向北移，开设一个独立的南行至弗里敦的船队系列即SL船队的反向系列成为了刻不容缓的任务。这个新的船队系列称OS（Outward South之缩写）系列，首班船队OS-1于1941年7月24日从利物浦起航，之后船队北上穿过北海峡、向西绕过爱尔兰后南行。该系列很快获得了西部海口司令部几个新组建的远洋护航组的全程护航，这几个护航组（第36至第44）主要由续航力高的轻型护卫舰（sloop）组成，并同时运作在塞拉利昂和直布罗陀航线上（见表四），另外还临时从北大西洋航线上抽调了第7护航组用于这两条航线的护航任务。相比北大西洋航线，1941年下半年塞拉利昂航线上的护航模式要简单得多：一支护航组从伦敦德里基地出发加入南行的OS船队，到达弗里敦后再将下一班北行的SL船队带回英国，中途不需任何周转。

直布罗陀航线

英国在直布罗陀的殖民地和英国本土间的航运历来十分频繁，加之直布罗陀是从地中海进入大西洋的要隘，大量地中海的商船航运必须经由直布罗陀返回英国，因此直布罗陀航线也在海上贸易处最初制订的计划之列。从直布罗陀起航的返程船队系列HG（Homeward from Gibraltar之缩写）于1939年9月26日开始启动，该系列最初与地中海的船队有密切联系。由于担心意大利会紧跟德国而迅速宣战，英国地中海舰队司令下令在塞得港至直布罗陀的航线上采用护航体制，这些船队代号“绿色”，并加以编号。1939年11月，从塞得港起航的船队被直接纳入HG系列，不过这一做法仅维持了HG-7至HG-9三班船队，之后因意大利并未宣战而取消了地中海的护航体制。从HG-10开始，船队继续以直布罗陀为始发港，并且在同一序号派发快速和慢速两班船队，快速船队比慢速船队早起航2–3天，其序号后加字母F以示区别。

HG的反向系列也几乎在同时开始启动。1939年10月1日，西行离英船队OA-12和OB-12在地端岬西南组合成OG-1船队，南行OG（Outward to Gibraltar之缩写）系列由此开启，之后每5班OA和OB船队就组合成一班OG船队南行至直布罗陀。最初，OG船队包含不少前往地中海、伊比利半岛和苏伊士运河的船只，加上OA和OB船队中前往加勒比海和南美洲的船只也改经OG船队航行至纬度较低的海域分离独行，各式商船繁杂，因此OG船队也不得不采用快速和慢速船队交替的形式，一般快速船队（加后缀F）在同序号的慢速船队前由形成该慢速船队的前两班OA和OB船队组合而成。例如OA-60和OB-60组合成OG-12，OA-65和OB-65组合成OG-13，而OG-13F则在两者之间由OA-63和OB-63组合而成。

OG船队在地端岬西南海域形成后，分别为原先OA和OB船队护航的两组西部海口司令部舰艇将有一组继续护航OG船队，另一组则返航或等待接纳北大西洋的返英船队。西部海口的护航舰艇在阿申特（Ushant）岛以南将OG船队的护航任务转交法国海军舰艇，然后由其一直护航至直布罗陀附近海域，再由驻扎在那里的英国第13驱逐舰队接替。法国海军舰艇则等待直布罗陀始发的HG船队，并将其带回阿申特岛附近，之后HG船队分解为两部分：一部分穿过英吉利海峡前往泰晤士河和英国东海岸，另一部分则在西部海口舰艇的护航下穿过圣乔治海峡进入爱尔兰海。

1940年6月至7月，由于法国的陷落和意大利的参战使直布罗陀航线发生了巨大的变化。首先，在法国沿岸附近形成OG船队的做法变得极为危险，因此从1940年7月的OG-38起，该系列同OA和OB系列脱离关系，所有OG船队直接从利物浦起航，然后北上经由北

■ 北大西洋的恶劣气候是护航船队尤其是西行的空载船队面临的另一个敌手，这是在常见的风浪中艰难前进的一支西行的ON船队。

海峡向西绕过爱尔兰再继续南行，返程的HG船队也改由此北航线进入爱尔兰海，须前往东海岸的船只在船队本体抵达利物浦前分离驶往奥班（Oban，位于苏格兰西部海岸），然后加入从那里始发的沿岸护航船队系列。其次，意大利的宣战使英国中止了所有在地中海的商船贸易，加上伊比利半岛的贸易减少而导致慢速船的销声匿迹，快速和慢速船队交替派发的形式随即被废除。最后，由于法国不再是英国的盟国，英国必须自己提供所有护航舰艇为直布罗陀进行全程护航。起初每班HG或OG船队只能获得1艘轻型护卫舰用以反潜，这一情况到1941年中期有所改善，西部海口司令部新成立的几个以轻型护卫舰为骨干的护航组开始在直布罗陀和塞拉利昂航线上正式运作（见表四），同时几支本土舰队的驱逐舰队也时常在阿申特至直布罗陀一段为HG和OG船队提供支援。另外，英国在极其有限的资源下特地开发了弹射飞机商船（Catapult Aircraft Merchantman，简称CAM船）和海军的战斗机弹射船（Fighter Catapult Ship，简称FCS船），以它们所携载的在一般

表四：塞拉利昂、直布罗陀航线远洋护航力量的编成（1941年10月10日）

第7护航组：驱逐舰“坎贝尔敦”号（HMS Campbeltown I.42）、“圣奥尔本斯”号（HMS St. Albans I.15）、“徘徊者”号（HMS Wanderer I.74）、“威斯特科特”号（HMS Westcott I.47）；驱潜快艇“老鼠勒”号（HMS Acanthus K.01）、“栀子花”号（HMS Gardenia K.99）、“木槿”号（HMS Hibiscus K.24）、“长春花”号（HMS Periwinkle K.55）、“观音兰”号（HMNoS Montbretia K.208）

第36护航组：轻型护卫舰“德普特福”号（HMS Deptford U.53）、“鹳鸟”号（HMS Stork U.81）；驱潜快艇“野草莓”号（HMS Arbutus K.86）、“野樱草”号（HMS Cowslip K.196）、“牵牛花”号（HMS Convolvulus K.45）、“万寿菊”号（HMS Marigold K.87）、“钓钟柳”号（HMS Pentsemon K.61）、“杜鹃花”号（HMS Rhododendron K.78）、“圣彼得草”号（HMS Samphire K.128）、“巢菜”号（HMS Vetch K.132）

第37护航组：轻型护卫舰“黑天鹅”号（HMS Black Swan U.57）、“福韦”号（HMS Fowey U.15）；驱潜快艇“野风信子”号（HMS Bluebell K.80）、“麦瓶草”号（HMS Campion K.108）、“康乃馨”号（HMS Carnation K.00）、“天芥菜”号（HMS Heliotrope K.03）、“圣马洛人”号（HMS La Malouine K.46）、“锦葵”号（HMS Mallow K.81）、“勿忘我”号（HMS Myosotis K.65）、“景天”号（HMS Stonecrop K.142）

第40护航组：驱逐舰“史坦利”号（HMS Stanley I.73）；轻型护卫舰“拜德福德”号（HMS Bideford U.43）；轻型护卫舰（原美国海岸警卫队快艇）“兰德加德”号（HMS Landguard Y.56）、“卡尔弗”号（HMS Culver Y.87）、“高尔斯顿”号（HMS Gorlestone Y.92）

第42护航组：轻型护卫舰“福尔克斯通”号（HMS Folkestone U.22）、“伦敦德里”号（HMS Londonderry U.76）、“惠灵顿”号（HMS Wellington U.65）、“韦斯顿”号（HMS Weston U.72）；轻型护卫舰（原美国海岸警卫队快艇）“森南”号（HMS Sennen Y.21）、“托特兰”号（HMS Totland Y.88）

第43护航组：驱逐舰“纽波特”号（HMS Newport G.54）；轻型护卫舰“黑斯廷斯”号（HMS Hastings U.27）、“利思”号（HMS Leith U.36）、“罗切斯特”号（HMS Rochester U.50）、“桑威治”号（HMS Sandwich U.12）

第44护航组：驱逐舰“布拉德福”号（HMS Bradford H.72）；轻型护卫舰“白鹭”号（HMS Egret U.75）、“弗利特伍德”号（HMS Fleetwood U.47）、“斯卡巴勒”号（HMS Scarborough U.25）；轻型护卫舰（原美国海岸警卫队快艇）“班夫”号（HMS Banff Y.43）、“费希加德”号（HMS Fishguard Y.59）

■ 一支直布罗陀航线上的护航船队，最近处为“花”级驱潜快艇“木槿”号。

情况下均无法回收的海飓风和管鼻燕战斗机来对抗从法国沿岸机场起飞的德国Fw 200秃鹰巡逻机。从1941年9月起，直布罗陀航线和塞拉利昂航线上的船队均能获得1艘CAM船或/和1艘FCS船的防空掩护。

其他航线

战争爆发后的两年内在各地启动的护航船队系列多达几十个，因篇幅所限无法一一详细介绍。但除了上述几条最重要的航线外，还有几条航线也是有必要提及的。

首先就是英国沿岸护航体系，就其本身而言，它解决了所有英国本地的航运问题；同时它又是远洋护航船队的延伸，因为很多返英船队中商船的目的地分布在英国各港口，除了直接前往利物浦的船只外，其他船只必须在到达利物浦或中途脱离后加入沿岸护航船队方可抵达各自的港口，而离英船队同样是通过沿岸护航船队使来自各港口的船只集结后才起航的。英国沿岸护航体系的启动先于所有远洋船队，1939年9月6日始发的往返于泰晤士河和福斯湾间的FN（Forth North之缩写）和FS（Forth South之缩写）一直担负着英国东海岸的航运重任。英吉利海峡中的沿岸船队于1940年初启动，一开始仅局限于泰晤士河口的绍森德和怀特岛（Isle of Wight，位于英国南部海岸）的圣海伦斯（St. Helens）之间的CE（Channel Eastward之缩写）和CW（Channel Westward之缩写）系列，在怀特岛以西商船以独行的形式前往西海岸，直到1941年朴次茅斯和米尔福德港（Milford Haven，位于韦尔斯西南角）间的PW（Portsmouth - Wales）和WP（Wales - Portsmouth）系列的始发。西海岸也因1940年下半年开始德国飞机和潜艇的频繁活动而在1941年开启了米尔福德港至荷利赫德（Holyhead，位于韦尔斯西北角）的MH（Milford Haven - Holyhead）系列及其反向的BB（Belfast - Bristol Channel）系列。在北方，当1940年8月航运焦点北移后，远洋归程船队中需前往东海岸的船只一般在苏格兰西海岸分离然后向东穿越彭特兰湾（Pentland Firth，位于苏格兰北端）绕过苏格兰抵达福斯湾中的梅西尔。1940年10月OA船队系列终止后，相应从梅西尔驶往西海岸克莱德湾的航运由一个新的沿岸船队系列WN（Westward North之缩写）所承担，其反向船队EN（Eastward North）系列则可接纳所有远洋归程船队中需前往东海岸的船只。因此到1941年初，以顺时针和逆时针方向环绕整个不列颠岛的沿岸护航体系完整形成，尽管最初所有沿岸护航船队所能获得的护航舰艇仅有一些征用的拖网渔船和诸如“翠鸟”级（Kingfisher class）这样的很少数的专用近岸护航舰艇，但这一情形到1941年下半年有所改善，尤其是东海岸船队开始由驻扎在诺尔和罗赛思（Rosita）的新建成的“狩猎”级（Hunt class）护航驱逐舰护航，其作战使用独立于西部海口司令部。

还有一个鲜为人知的昙花一现的挪威航线也是值得一提的。由于担心德国会和在第一次世界大战中一样利用轻型舰艇攻击从挪威返回英国的船只，从卑尔根（Bergen）至福斯湾的归程船队系列HN（Homeward from Norway之简称）于1939年10月14日开启，而其反向系列ON（Outward to Norway之简称，请勿与后来前往北美的ON系列船队混淆）则

护航船队名称

二战中每一班护航船队的名称都由2-3个字母组成的船队系列代号（代表航线）和序号（代表该航线上的第几班船队）组成，有时还在序号后加以后缀，如字母F和S分别代表快速船队和慢速船队，也有用A、B这样的后缀来区分一班船队中的两个分支，如SC-64A船队就表示从北美洲加拿大悉尼至英国的第64班船队的A分支船队。

护航船队共分为三大类：英国沿岸护航船队、离英远洋护航船队和海外归程护航船队。各船队字母代号所表示的航线情况如下：

一、沿岸护航船队（coastal convoys）

FN：泰晤士河至福斯湾

FS：福斯湾至泰晤士河

CE：泰晤士河口绍森德至怀特岛圣海伦斯

CW：怀特岛至泰晤士河口绍森德

PW：朴次茅斯至米尔福德港

WP：米尔福德港至朴次茅斯

MH：米尔福德港至荷利赫德

BB：贝尔发斯特至布里斯托尔湾

WN：福斯湾至西海岸克莱德湾

EN：西海岸克莱德湾至福斯湾

二、离英远洋护航船队（outbound convoys）

OA：泰晤士河起航经英吉利海峡西行

OB：利物浦起航经圣乔治海峡（后北海峡）西行

OS：英国至塞拉利昂弗里敦

OG：英国至直布罗陀

ON：（前期）英国福斯湾至挪威卑尔根

ON：（后期）英国至北美（1941年7月底以后）

三、海外归程船队（homebound convoys）

HX：北美洲东海岸（始发港多为加拿大哈利法克斯）至英国（分支系列船队有：百慕大起航的BHX船队和快速船队HXF船队）

SL：从非洲出发的船只（始发港多为塞拉利昂弗里敦）至英国

KJ：牙买加京士敦至英国（1939年底取消）

SC：北美洲东海岸慢速船队（始发港为加拿大悉尼或哈利法克斯）至英国

HG：直布罗陀至英国

HN：挪威卑尔根至英国福斯湾

英国对商船航运的控制

人们对于英国在二战中对商船的控制以及所使用的相应术语“征用”（requisition）存在着广泛的误解：许多人认为是英国海军部征用了所有商船，并接管了所有商业航运；一些陆军人员也时常描绘他们乘坐的“由皇家海军运作的”运兵船。这些印象并不正确。

1939年8月末英国海军部海上贸易处的确获得了全部商船航运的控制权，但这里的“控制”一词仅包括决定1艘商船是否应加入护航船队以及在商船独行的情况下决定其最适宜的航线和航速的职权，海军部无权干涉商船的目的地和所载货物。真正获得征用商船用于军事目的的职权的是英国的海上航运部（Ministry of Shipping，简称MOS），这是一个民事机构，其职权也包括通过商业协议将盟国和中立国船只包租给英国政府。1941年5月9日，通过一道枢密院令，海上航运部与管理所有港口的英国运输部（Ministry of Transport）合并，改称战争运输部（Ministry of War Transport，简称MOWT）。

在11月4日启动。由于该航线正好穿过当时德国潜艇进入大西洋作战的路径，这些船队成为了德国潜艇最早的攻击目标之一。英国为这两个系列配备了强大的护航舰艇，时常一班船队可获得1–2艘轻巡洋舰、1艘防空巡洋舰和4–8艘驱逐舰的近距护航以及部分战列舰的远程掩护。尽管这条航线被很多人认为是一条铁矿石运输线，但实际上其中大部分商船都是1500吨以下的斯堪地纳维亚半岛及波罗的海国家的船只，许多都建于19世纪末，其用途是往英国输送木材。1940年4月德国入侵挪威后，HN和ON系列均立即终止，最后一班归程船队HN-25于1940年4月9日起航。

最后需要注意的是地中海战场的护航船队，由于在1942年北非登陆以前英国在地中海实施护航的唯一目的就是为了增援马耳他，而主要的威胁则来自于意大利水面舰艇部队和德意空中力量，因此每班马耳他护航船队可能只有4–5艘商船组成，有时仅有1艘，但为其护航的则是整个英国地中海舰队或H舰队的大部分舰艇。在组织形式上，马耳他护航船队也与普遍的护航体制有很大差异，如马耳他船队不设船队队长之职，由近距护航编队指挥官统一指挥，并在每艘商船上分派一名海军军官进行途中的指导。从这点上来讲，马耳他船队不属本文所记述的范围。而援助苏联的北极航线虽然从1941年9月开启，但到当年底仅有少数几班起航，且未受损失；这条航线上的争夺到1942年才进入高潮，将成为本系列文章下一单元记述的重点之一。

北美洲东海岸的形势

1941年12月10日随着德国向美国正式宣战，德国潜艇的作战范围大大向西扩展，直达北美洲东海岸。德国潜艇司令部实行这一方案的战略是要以最小的代价在最短的时间里击沉尽量多的吨位，美国东海岸无疑是一个最好的选择，因为那里的航运依然以战争爆发前的形式组织着。英国情报部门对德国潜艇的活动趋势了如指掌，但美国舰队总司令金上将不仅忽略了英方的警告，还执意不肯在美国东海岸实行护航体制。这一决定被证明为是灾难性的，德国潜艇在美国东海岸的行动取得了巨大的战果，其中包括不少英国的船只，因此在英国的压力下，美国勉强于1942年4月底在北美洲东海岸启动护航体制，继而延伸到加勒比海。5月初，这一措施的效果很快就显示出来了，商船损失顿时下降。

美国的这套护航船队体制和以一定时间间隔进行循环派发的英国体系不同，它为其下的所有船队系列制订了一周时刻表（见表五），从而形成了这一特殊的“连锁体系”（interlocking system）。从纽约出发的船只可通过NG船队系列南行抵达古巴的关塔那摩，反向系列为GN。从关塔那摩出发，船只或

表五：北美洲东岸及加勒比海域护航船队时刻表

启航日	北行船队	南行船队
周日	KP	GZ、NG
周一	GK、ZG	GAT
周二	GN、KN、TAG	KG、PK
周三	无	无
周四	GK、KH	GAT、NG
周五	无	HK、KG、NK
周六	GN、TAG	无

加入东行的GAT船队系列经阿鲁巴抵达特里达，或加入西行的GZ船队驶向巴拿马运河，它们的反向系列分别为TAG和ZG。由于GN/NG系列不可避免地要远离美国海岸航行，因此为美国国内沿岸航运特别设置了NK/KN系列，即从纽约至佛罗里达最南端的基韦斯特（西岛）及其反向航线。为了解决墨西哥湾沿岸港口的航运，这一对船队系列又向西延伸至休斯敦的加尔维斯顿（Galveston），形成KH/HK系列。密西西比河的油船航运则由基韦斯特和密西西比河口的派洛敦（Pilot town）之间的KP/PK系列解决。从基韦斯特出发的还有一个驶往关塔那摩的KG系列及其反向GK系列，以分流GN/NG航线上的压力。最后，从特里达向南的航运可通过TB/BT船队系列往返于巴西的巴伊亚（Bhatia）州，但随着德国潜艇作战区域的扩大不可避免地向南扩展，这两个系列被特里达和里约热内卢（Rio de Janeiro）之间的TJ/JT系列所替代。

从纽约出发的北行航运同样需要护航，因此加拿大很快启动了哈利法克斯和悉尼（Sydney）之间的SH/HS系列、悉尼和圣劳伦斯湾港口之间的SG/GS系列以及悉尼（后改为圣约翰斯）和格陵兰之间的SG/GS系列。从纽约至哈利法克斯的航运则可利用波士顿和哈利法克斯间的BX/XB系列，这条航线虽然在美国人的控制范围下，但护航舰艇由加拿大提供。随着1942年下半年北大西洋西行远洋船队的终点南移至纽约，BX/XB系列被撤销。

上述的所有船队系列是一步步逐渐启用的，因此每当一个海域出现了护航，邓尼茨就放弃对这一区域的攻击，而将它们转移至尚未施行护航的海域。但这样的结果是，到6月初无法获得战果的德国潜艇已完全从美国东海岸撤出并转移至加勒比海。但到7月，加勒比海的护航体系也开始运作，德国潜艇开始往南美洲北部海岸转移，他们最后的活动区域是在里约热内卢航线上。当8月整个美洲沿岸护航“连锁体系”完全形成后，尽管零星的德国潜艇依然在此区域活动，但德国对美洲沿岸的攻势彻底结束了，护航体制的有效性再一次被展现了出来。

■ 1942年3月26日在哈特拉斯角附近海域被德国潜艇U-71号击沉的油船“迪克西之箭”（Dixie Arrow）号。

另一个结果是，众多护航船队系列的连接使各地出发前往英国的航运接受全程护航的可能性大大增加。比如从里约热内卢出发的货船要前往伦敦卸货就可以先加入一班JT船队到达特里达，然后经由一班TAG船队抵达关塔那摩，从关塔那摩可以加入GN船队至纽约，随后加入东行的远洋HX或SC船队跨越大西洋到克莱德（Clyde）河口脱离主船队，加入前往东海岸福斯湾中梅西尔的EN船队，最后在梅西尔换前往泰晤士河的FS船队抵达伦敦，由于各船队系列的周期是基本固定的，因此船只抵达目的地的日期也是可以准确预估的。这样，整个盟军的护航体制彷佛成为了陆上铁路网的海洋版，而分派到各港口的海军控制官员（NCSO）则是为船主们设计路线的“售票员”。

北大西洋航线

1942年上半年德国潜艇在北美洲东海岸和加勒比海的集中作战使北大西洋的HX、SC和ON系列船队相对来说平静无事，只有西行的慢速ON系列有两班船队——ON(S)-67和ON(S)-92——遭受比较严重的损失。这一方面是由于德国潜艇攻击重心的暂时转移，同时北大西洋护航船队开始改走“大圆弧航线”（great circle route），在这条航线上不仅碰上德国潜艇的危险并不比北大西洋其他海域大，而且该航线距离最短，可以节省许多时间。当然另一个重要因素是北大西洋护航体制上的一些改进。

1942年1月，HX、SC和ON系列船队的护航工作依然以1941年下半年的形式运作着，即东行船队相继经过西部海上会合点（Western Ocean Meeting Point，简称WOMP）、中部海上会合点（Mid-Ocean Meeting Point，简称MOMP）和东部海上会合点（Eastern Ocean Meeting Point，简称EOMP），在各会合点更换护卫队，并且在MOMP附近的作战控制变更线（Change of Operational Control，简称CHOP线）完成美英之间的指挥权转交；西行航线以上述顺序逆向进行。加拿大的“花”级驱潜快艇等护航舰艇的大量服役使西行船队在抵达WOMP后可获得充足的护航舰艇接替远洋护卫队，因此西部局域护航舰队（Western Local Escort Force，简称WLEF）于1941年12月正式成立，负责WOMP和西部目的/始发港之间的全部护航任务，依然由加拿大皇家海军准将伦纳德·穆雷（Commodore Leonard W. Murray）指挥。1942年伊始的远洋护卫队包括第4特混舰队（TF4）的8个美国特混小队（TU4.1.1–TU4.1.8）、纽芬兰护航舰队（Newfoundland Escort Force，简称NEF）的7个加拿大特混小队（TU4.1.11–TU4.1.17），英国的远洋护卫队则增至8个，并且在数字序号前加字母B代表国籍，即B1至B8护卫队（见表六）。

表六：北大西洋远洋护航力量的编成（1942年2月）

美国第4特混舰队（TF4）——负责在WOMP和MOMP之间为HX和ON船队护航

TU4.1.1——驱逐舰“格利夫斯”号（USS Gleaves DD-423）、“达拉斯”号（USS Dallas DD-199）、“阿普歇”号（USS Upshur DD-144）；海岸警卫队快艇“英厄姆”号（USCGC Ingham WPG-35）

TU4.1.2——驱逐舰“艾利斯”号（USS Ellis DD-154）、“麦迪逊”号（USS Madison DD-425）、“罗珀”号（USS Roper DD-147）、“史特蒂文特”号（USS Sturtevant DD-240）、“雅可布·琼斯”号（USS Jacob Jones DD-130）

TU4.1.3——驱逐舰“尼布拉克”号（USS Niblack DD-424）、“奥弗顿”号（USS Overton DD-239）、“塔伯尔”号（USS Tarbell DD-142）；海岸警卫队快艇“亚历山大·汉米尔顿”号（USCGC Alexander Hamilton WPG-34）

TU4.1.4——驱逐舰“普龙克特”号（USS Plunkett DD-431）、“巴杰尔”号（USS Badger DD-126）、“德凯特”号（USS Decatur DD-341）、“科尔”号（USS Cole DD-155）；海岸警卫队快艇“坎贝尔”号（USCGC Campbell WPG-32）

TU4.1.5——驱逐舰“爱迪生”号（USS Edison DD-439）、“尼科尔森”号（USS Nicholson DD-442）、“麦克利什”号（USS Macleish DD-220）、“伯纳度”号（USS Bernadou DD-153）

TU4.1.6——驱逐舰“伍尔西”号（USS Woolsey DD-437）、“班布里奇”号（USS Bainbridge DD-246）、“特拉克斯顿”号（USS Truxtun DD-229）、“布鲁姆”号（USS Broome DD-210）、“迪克森”号（USS Dickerson DD-157）

TU4.1.7——驱逐舰“梅奥”号（USS Mayo DD-422）、“辛普森”号（USS Simpson DD-221）、“巴比特”号（USS Babbitt DD-128）“斯肯克”号（USS Schenck DD-159）、“利里”号（USS Leary DD-158）

TU4.1.8——驱逐舰“史旺森”号（USS Swanson DD-443）、“巴克”号（USS Buck DD-420）、“麦考密克”号（USS McCormick DD-223）、“格里尔”号（USS Greer DD-145）、“赫伯特”号（USS Herbert DD-160）

加拿大纽芬兰护航舰队（NEF）——负责在WOMP和MOMP之间为SC和ON(S)船队护航

TU4.1.11——驱逐舰“渥太华”号（HMCS Ottawa H.60）；驱潜快艇“多花水仙”号（HMS Polyanthus K.47）、“白屈菜”号（HMS Celandine K.75）、“阿默斯特”号（HMCS Amherst K.148）、“茴香”号（HMCS Fennel K.194）

TU4.1.12——驱逐舰“圣劳伦特”号（HMCS St. Laurent H.83）；驱潜快艇“地钱”号（HMCS Hepatica K.159）、“皮克图”号（HMCS Pictou K.146）、“比克图什”号（HMCS Buctouche K.179）、“穆斯乔”号（HMCS Moosejaw K.164）、“巴特尔福德”号（HMCS Battleford K.165）

TU4.1.13——驱逐舰“雷斯蒂古什”号（HMCS Restigouche H.00）；驱潜快艇“南蛇藤”号（HMCS Bittersweet K.182）、“奇库蒂米”号（HMCS Chicoutimi K.156）、“奥瑞利亚”号（HMCS Orillia K.119）、“阿加西”号（HMCS Agassiz K.129）

TU4.1.14——驱逐舰“伯纳姆”号（HMS Burnham H.82）；驱潜快艇“奇利瓦克”号（HMCS Chilliwack K.131）、“纳帕尼”号（HMCS Nepanee K.118）、“延龄草”号（HMCS Trillium K.172）、“萨默赛德”号（HMCS Summerside K.141）、“阿尔戈马”号（HMCS Algoma K.127）、“德拉姆黑勒”号（HMCS Drumheller K.167）

TU4.1.15——驱逐舰“萨格内”号（HMCS Saguenay I.79）；驱潜快艇“坎姆罗斯”号（HMCS Camrose K.154）、“谢迪亚克”号（HMCS Shediac K.110）、“甘松”号（HMCS Spikenard K.198）、“韦塔斯基温”号（HMCS Wetaskiwin K.175）、“道芬”号（HMCS Dauphin K.157）

TU4.1.16——驱逐舰“尼亚加拉”号（HMCS Niagara I.57）；驱潜快艇“纳奈莫”号（HMCS Nanaimo K.101）、“莱思布里奇”号（HMCS Lethbridge K.160）、“美国石竹”号（HMS Dianthus K.95）、“高尔特”号（HMCS Galt K.163）、“马塔佩迪亚”号（HMCS Matapedia K.112）

TU4.1.17——驱逐舰“阿西尼博因”号（HMCS Assiniboine I.18）；驱潜快艇“凯诺加米”号（HMCS Kenogami K.125）、“索雷尔”号（HMCS Sorel K.153）、“乌头”号（FFL Aconit K.58）、“香雪球”号（FFL Alysse K.100）；扫雷舰“科

维吕”号（HMCS Cowichan J.146）

英国北大西洋护卫队——负责在MOMP和EOMP之间为HX、SC、ON和ON(S)船队护航

B1护卫队——驱逐舰“凯普尔”号（HMS Keppel I.84）、“希卡里”号（HMS Shikari I.85）、“圣奥尔本斯”号（HMNoS St. Albans I.15）；驱潜快艇“老鼠勒”号（HMNoS Acanthus K.01）、“玫瑰”号（HMNoS Rose K.102）

B2护卫队——驱逐舰“道格拉斯”号（HMS Douglas I.90）、“利明顿”号（HMS Leamington G.19）；驱潜快艇“向日葵”号（HMS Sunflower K.41）、“金凤花”号（HMS Kingcup K.33）、“泽泻”号（HMS Alisma K.185）、“珍珠菜”号（HMS Loosestrife K.105）

B3护卫队——驱逐舰“徘徊者”号（HMS Wanderer I.74）、“大弯刀”号（HMS Scimitar H.21）；驱潜快艇“毛茛”号（FFL Renouncule K.117）、“罗塞利斯”号（FFL Roselys K.57）、“马鞭草”号（HMS Vervain K.190）、“南庭荠”号（HMS Aubretia K.96）、“亚麻百合”号（HMS Dianella K.07）、“日光兰”号（HMS Asphodel K.56）

B4护卫队——驱逐舰“博迪恰”号（HMS Boadicea H.65）；驱潜快艇“祛痰菜” 号（FFL Lobelia K.05）、“德特罗扬司令官”号（FFL Commandant Detroyant K.183）、“窄叶越桔”号（HMS Heather K.69）、“水仙”号（HMS Narcissus K.74）

B5护卫队——驱逐舰“考德威尔”号（HMS Caldwell I.20）；驱潜快艇“金银花”号（HMS Honeysuckle K.27）、“龙胆”号（HMS Gentian K.90）、“麝香草”号（HMS Thyme K.210）

B6护卫队——驱逐舰“布罗克”号（HMS Broke I.83）、“切尔西”号（HMS Chelsea I.35）；驱潜快艇“山茶花”号（HMS Camellia K.31）、“海绿”号（HMS Pimpernel K.71）、“耧斗菜”号（HMS Columbine K.94）、“犬蔷薇”号（HMNoS Eglantine K.197）、“木犀草”号（HMS Mignonette K.38）、“雪花莲”号（HMS Snowdrop K.67）、“野草莓”号（HMS Arbutus K.86）

B7护卫队——驱逐舰“纽波特”号（HMNoS Newport G.54）；驱潜快艇“木

槿”号（HMS Hibiscus K.24）、“观音兰”号（HMNoS Montbretia K.208）、“基维”号（HMNZS Kiwi T.102）

B8护卫队——驱逐舰“更夫”号（HMS Watchman I.26）；驱潜快艇“筷子芥”号（HMS Arabis K.73）、“舟形乌头”号（HMS Monkshood K.207）、“雪花”号（HMS Snowflake K.211）

注：本表中以USS、USCGC、HMS、HMCS、FFL、HMNoS和HMNZS分别表示美国海军、美国海岸警卫队、英国、加拿大、自由法国、挪威流亡政府和纽西兰海军舰艇。

由于太平洋战争的需要，美国不得不一步步地把8个特混小队中的美国驱逐舰抽调走，为了填补空缺，一方面美国用海岸警卫队快艇来替代驱逐舰，另一方面加拿大也指派了大量新服役的“花”级驱潜快艇加入美国特混小队。这在指挥上无疑造成了一些混乱，因此美国提议对护航工作进行改组，新的体系于1942年3月13日生效。西经26度即CHOP线以西的控制权全部转交驻扎在阿根细亚的TF4司令——美国海军中将布里斯托尔（Vice-Dam. Arthur L. Bristol, Jr.），TF4改番号为第24特混舰队（TF24），下辖所有在西经26度以西活动的护航舰艇。已晋升少将的穆雷任大西洋海岸加拿大舰艇总司令（Canadian Commanding Officer, Atlantic Coast，简称COAC），其指挥的驻扎在哈利法克斯的WLEF当时已包含13艘英国和25艘加拿大驱逐舰和驱潜快艇，该舰队被授予美军番号——特混大队TG24.18。同样属穆雷少将管辖的原NEF的7个特混小队被改编为4个护卫队，即代表加拿大的C1至C4护卫队，它们与当时已减少到5个的美国特混小队（改称A1至A5护卫队）和预留的5个英国护卫队（B1至B5）共同组成了大洋中部护航舰队（Mid-Ocean Escort Force，简称MOEF）最初的实力（见表七）。随着WOMP和EOMP的位置分别改为西经45度和西经22度，护航舰艇得以在有海上补给的条件下全程跨越大西洋而不需换班，因此在CHOP线同时更换护卫队的方式不再使用，MOMP也被撤销。换言之，一支西行ON船队从EOMP可由任一支MOEF的护卫队直接护航至WOMP，若这支护卫队是以伦敦德里或利物浦为基地的英国护卫队，它向西越过CHOP线后改由美国海军司令部（C-in-C US Navy，简称COMINCH）和TF24司令（CTF24）指挥，该护卫队在抵达WOMP后便前往圣约翰斯休整和补给，然后再从WOMP将一支东行的HX或SC船队带回英国以完成一轮任务。这一过程对以圣约翰斯为基地的美国和加拿大护卫队来说也一样，只不过把顺序颠倒一

表七：大洋中部护航舰队（MOEF）初创时的编成（1942年3月15日）

A1护卫队（TU24.1.1）——驱逐舰“班森”号（USS Benson DD-421）、“布鲁姆”号、“麦克利什”号、“麦考密克”号；驱潜快艇“阿尔伯尼”号（HMCS Alberni K.103）、“科林伍德”号（HMCS Collingwood K.180）、“地钱”号

A2护卫队（TU24.1.2）——驱逐舰“尼布拉克”号；海岸警卫队快艇“英厄姆”号；驱潜快艇“五月花”号（HMCS Mayflower K.191）、“罗斯瑟恩”号（HMCS Rosthern K.169）、“阿加西”号、“巴里”号（HMCS Barrie K.138）、“乌头”号

A3护卫队（TU24.1.3）——驱逐舰“格利夫斯”号；海岸警卫队快艇“史宾塞”号（USCGC Spencer WPG-36）；驱潜快艇“南蛇藤”号、“奇利瓦克”号、“谢迪亚克”号、“阿尔戈马”号

A4护卫队（TU24.1.4）——驱逐舰“梅奥”号、“辛普森”号；驱潜快艇“冲击”号（USS Impulse PG-68）、“准备”号（USS Ready PG-67）、“老鼠勒”号、“玫瑰”号、“犬蔷薇”号、“木犀草”号、“委陵菜”号（HMNoS Potentilla K.214）

A5护卫队（TU24.1.5）——驱逐舰“巴克”号、“布里斯托尔”号（USS Bristol DD-453）；驱潜快艇“金凤花”号、“珍珠菜”号、“亚麻百合”号、“罗塞利斯”号

C1护卫队（TU24.1.11）——驱逐舰“阿西尼博因”号、“圣克鲁瓦”号（HMCS St. Croix I.81）；驱潜快艇“钱布利”号（HMCS Chambly K.116）、“比克图什”号、“美国石竹”号、“旱金莲”号（HMS Nasturtium K.107）

C2护卫队（TU24.1.12）——驱逐舰“圣劳伦特”号、“百老汇”号（HMS Broadway H.90）；驱潜快艇“布兰登”号（HMCS Brandon K.149）、“德拉姆黑勒”号、“摩登”号（HMCS Morden K.170）、“多花水仙”号

C3护卫队（TU24.1.13）——驱逐舰“萨格内”号、“史基纳”号（HMCS

Skeena I.59）；驱潜快艇“韦塔斯基温”号、“萨克维尔”号（HMCS Sackville K.181）、“高尔特”号、“坎姆罗斯”号

C4护卫队（TU24.1.14）——驱逐舰“渥太华”号、“雷斯蒂古什”号、“圣弗朗西斯”号（HMCS St. Francis I.93）；驱潜快艇“莱思布里奇”号、“普莱史考特”号（HMCS Prescott K.161）、“小米草”号（HMCS Eyebright K.150）、“阿尔维达”号（HMCS Arvida K.113）

B1护卫队（TU24.1.15）——驱逐舰“飓风”号（HMS Hurricane H.06）、“罗金汉”号（HMS Rockingham G.58）、“恶毒”（HMS Venomous I.75）；驱潜快艇“牛舌草”号（HMS Anchusa K.186）、“大丽花”号（HMS Dahlia K.59）、“舟形乌头”号

B2护卫队（TU24.1.16）——驱逐舰“赫斯佩鲁斯”号（HMS Hesperus H.57）、“利明顿”号、“老兵”号（HMS Veteran I.72）；驱潜快艇“铁线莲”号（HMS Clematis K.36）、“龙胆”号、“野蔷薇”号（HMS Sweetbriar K.209）、“马鞭草”号

B3护卫队（TU24.1.17）——驱逐舰“收割机”号（HMS Harvester H.19）、“乔治敦”号（HMS Georgetown I.40）、“大斗犬”号（HMS Bulldog H.91）；驱潜快艇“三色堇”号（HMS Heartsease K.15）、“水仙”号、“祛痰菜”号、“毛茛”号

B4护卫队（TU24.1.18）——驱逐舰“海兰德”号（HMS Highlander H.44）、“罗克斯堡”号（HMS Roxborough I.07）、“温切尔西”号（HMS Winchelsea I.46）；驱潜快艇“银莲花”号（HMS Anemone K.48）、“石莲花”号（HMS Pennywort K.111）、“日光兰”号

B5护卫队（TU24.1.19）——驱逐舰“哈夫洛克”号（HMS Havelock H.88）、“考德威尔”号（HMS Caldwell I.20）、“范诺克”号（HMS Vanoc H.33）、“步行者”号（HMS Walker I.27）；驱潜快艇“海绿”号、“高代花”号（HMS Godetia K.226）、“虎耳草”号（HMS Saxifrage K.04）

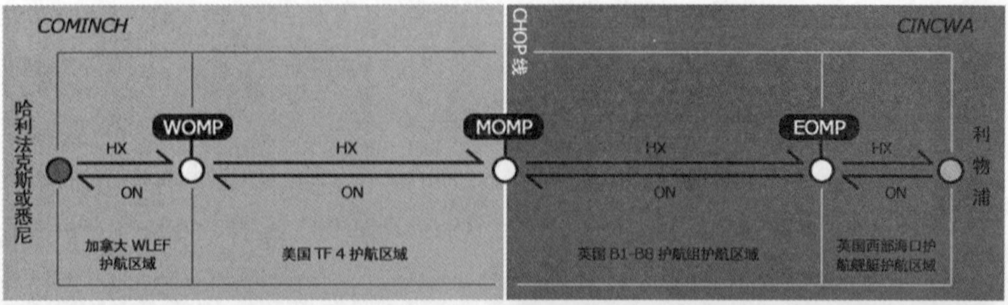

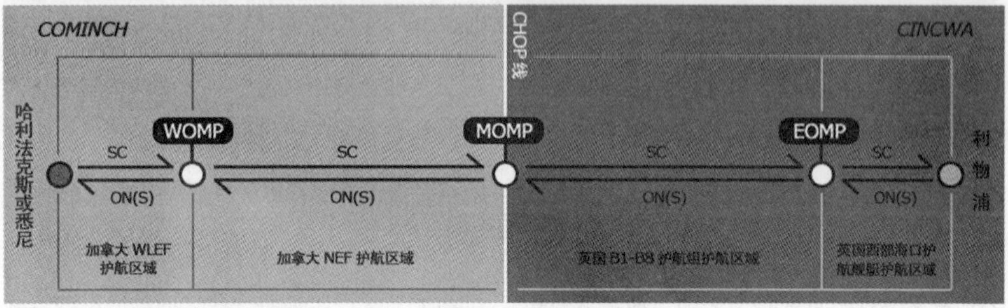

■（上）北大西洋快速护航船队流程图（1942年1—3月）。

■（中）北大西洋慢速护航船队流程图（1942年1—3月）。

■ 隶属B3护卫队的自由法国“花”级驱潜快艇“毛莨”号正从1艘油船上获得深水炸弹补给，注意该舰烟囱上代表B3护卫队的格子色环。

下罢了。由于英国护卫队开始在CHOP线以西执行任务，而美国和加拿大的护卫队也在CHOP线以东护航，因此MOEF既属于英国西部海口司令部（C-in-C Western Approaches，简称CINCWA）管辖，也隶属美国TF24，且被授予美方番号为特混大队TG24.1——其下的护卫队既有冠以字母A、B、C以区分国籍的英式护卫队编号，也被授予美方特混小队的番号，其中A1–A5护卫队为TU24.1.1–TU24.1.5，C1–C4护卫队和B1–B5护卫队则依次为TU24.1.11–TU24.1.19。由于MOEF需要远程驱逐舰，英国将原来为巴西建造但在二战爆发时被英国要回的几艘H级驱逐舰作为其护卫队的旗舰，加拿大护卫队的旗舰则基本上以“江河”级为主，航程较短的驱逐舰——尤其是老旧的“城”级——越来越多地被转调至WLEF的局域护卫队中。为了与WLEF相对应，英国西部海口方面也组建了东部局域护航舰队（Eastern Local Escort Force，简称ELEF），但由于英国要将部分护航舰艇转派到德国潜艇活动开始频繁的加勒比海，驻扎在伦敦德里的ELEF的实力时常仅是一些反潜拖网渔船和扫雷舰，EOMP越来越向英国沿岸靠近，到1942年夏EOMP的位置已在西经20度之内。

东行船队中有部分前往冰岛的船只原先须先抵达英国，然后再加入那里去冰岛的船队，而从冰岛前往北美的船只也必须经由英国。为了节省时间，在北大西洋航线上西经25度处设置了另一个海上会合点——冰岛海上会合点（Iceland Ocean Meeting Point，简称ICOMP），冰岛和该点之间的护航力量由美国驻扎在冰岛的特混大队TG24.6担纲，该编队下辖两个主要由美国海岸警卫队快艇组成的特混小队。因此从1942年上半年开始，从冰岛出发前往北美的船只可在这两个特混小队之一的护航下抵达ICOMP然后加入西行的ON系列船队，这个特混小队则在ICOMP等待与东行的HX或SC船队会合后将需要驶往冰岛的船只带回冰岛。除了在冰岛，美国还将一些老旧的海岸警卫队快艇组织为特混大队TG24.9，布置在悉尼至格陵兰这段路程上。另外，大西洋西部一些零星的美国老旧驱逐舰则编为TG24.12，在必要的时候可执行支援任务。

MOEF成立后各支护卫队的成员流动性依然很大，到1942年4月底所有美国驱逐舰被抽调走，仅有以两艘美国海岸警卫队快艇为主力的A3护卫队被保留下来。加拿大的C1至C4护卫队没有发生变化，英国则又增加了2个护卫队B6和B7，它们在TF24的番号分别为TU24.1.4和TU24.1.5，但B5护卫队此时被转调至加勒比海活动并且直到1943年初才回到北大西洋的任务中。MOEF的这11个远洋护卫队（见表八）从1942年5月初开始趋于稳定，并且到1942年底未再发生变动，其中英国的6个护卫队以伦敦德里或利物浦为永久基地，而

表八：大洋中部护航舰队（MOEF）稳定后的编成（1942年4月底至5月初）

A3护卫队（TU24.1.3）——海岸警卫队快艇“英厄姆”号、“坎贝尔”号；驱潜快艇“五月花”号、“罗斯瑟恩”号、“阿加西”号、“科林伍德”号

C1护卫队（TU24.1.11）——驱逐舰“阿西尼博因”号、“圣克鲁瓦”号；驱潜快艇“钱布利”号、“比克图什”号、“美国石竹”号、“旱金莲”号、“乌头”号、“含羞草”号（FFL Mimose K.11）

C2护卫队（TU24.1.12）——驱逐舰“百老汇”号；驱潜快艇“布兰登”号、“德拉姆黑勒”号、“莫登”号、“邓维甘”号（HMCS Dunvegan K.177）、“多花水仙”号

C3护卫队（TU24.1.13）——驱逐舰“萨格内”号、“史基纳”号；驱潜快艇“韦塔斯基温”号、“萨克维尔”号、“高尔特”号、“坎姆罗斯”号

C4护卫队（TU24.1.14）——驱逐舰“渥太华”号、“圣弗朗西斯”号；驱潜快艇“莱思布里奇”号、“普莱史考特”号、“小米草”号、“阿尔维达”号

B1护卫队（TU24.1.15）——驱逐舰“飓风”号、“罗金汉”号；“牛舌草”号、“大丽花”号、“舟形乌头”号

B2护卫队（TU24.1.16）——驱逐舰“赫斯佩鲁斯”号、“皮奥朗”号（ORP Piorun G.65）；驱潜快艇“铁线莲”号、“龙胆”号、“野蔷薇”号、“马鞭草”号

B3护卫队（TU24.1.17）——驱逐舰“收割机”号；驱潜快艇“木犀草”号、“水仙”号、“祛痰菜” 号、“毛茛”号

B4护卫队（TU24.1.18）——驱逐舰“海兰德”号、“温切尔西”号；驱潜快艇“银莲花”号、“石莲花”号、“日光兰”号

B6护卫队（TU24.1.4）——驱逐舰“子爵”号（HMS Viscount I.92）；驱潜快艇“老鼠勒”号、“玫瑰”号、“犬蔷薇”号、“委陵菜”号

B7护卫队（TU24.1.5）——驱逐舰“丘吉尔”号（HMS Churchill I.45）、“火龙”号（HMS Firedrake H.79）；驱潜快艇“金凤花”号、“珍珠菜”号、“亚麻百合”号、“罗塞利斯”号

注：本表中以HMS、HMCS、FFL和ORP分别表示英国、加拿大、自由法国和波兰流亡政府海军舰艇。

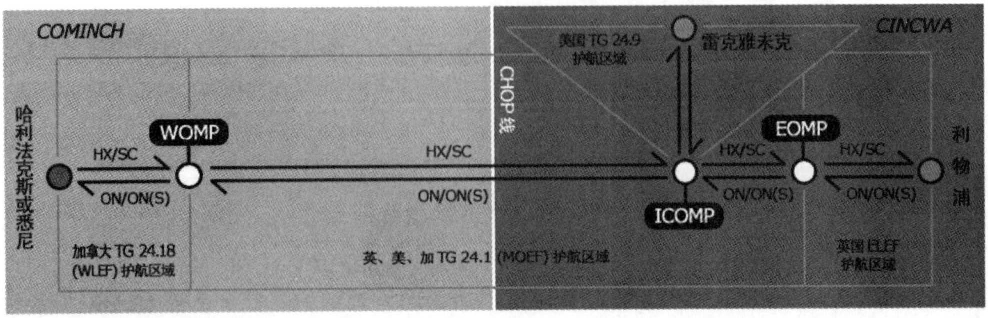

■ 北大西洋护航流程图（1942年3—9月）

美国和加拿大护卫队则驻扎在圣约翰斯。它们作为北大西洋航线护航的中坚力量终于开始持续地发挥出作用来。

1942年北大西洋航线上的另一个重大变化是北美洲终点港的南移。为了更好地和美洲东海岸的护航“连锁体系”挂钩，8月28日ON-125成为了第一班以纽约为永久性终点的西行船队抵达该港。在此之前，ON船队或是以波士顿为终点，或是抵达哈利法克斯——要前往纽约的船只加入哈利法克斯至波士顿的XB沿岸船队，也有驶到鳕鱼角（Cape Cod）后船队解散，商船各自驶往目的港的。相应地，9月17日和9月19日分别起航的HX-208和SC-102标志着东行远洋船队也开始以纽约作为始发港，波士顿和哈利法克斯间BX/XB系列遂被停止。改以纽约作为目的/始发港意味着WLEF的护航区域要大大拓展，而从哈利法克斯启航或以哈利法克斯作为终点的船只数量依然相当可观，解决的办法是设置分支船队，并在哈利法克斯港外即西经61度的位置设置一个新的会合点——哈利法克斯海上会合点（Halifax Ocean Meeting Point，简称HOMP），此点既是从哈利法克斯始发或驶往哈利法克斯的分支船队加入或脱离主船队的位置，也是驻扎在哈利法克斯的局域护卫队接替从纽约出发的局域护卫队或驶往纽约的局域护卫队接替驻扎在哈利法克斯的局域护卫队的接力点。WLEF中负责纽约至HOMP这一段的护卫队被称作南区局域护卫队（Western Local Escort South，简称WLS）；而负责HOMP至WOMP这段的则称作北区局域护卫队（Western Local Escort North，简称WLN），为了维持这样繁忙的任务，WLEF即TG24.18下属的特混小队增至12个，即TU24.18.1—TU24.18.12，有时它们也被称作W1—W12护卫队。因此1942年下半年一支东行的归程船队从纽约起航后要经历这样的过程：先由WLS护航至HOMP，与由WLN护航的从哈利法克斯启航的分支船队（HX和SC的哈利法克斯分支系列分别为HHX和HSC，序号与主队相同）会合，WLS随后驶往哈利法克斯加油等待接纳西行的ON船队回

■ 加拿大建造的“花”级驱潜快艇一直是大西洋护航力量的中坚，1942年它们的大量服役使加拿大在北大西洋航线上担负起越来越重要的作用，图为临时配属美国A3护卫队的“花”级“科林伍德”号。

■ 随着美国驱逐舰从北大西洋的大量撤出，其空缺由美国海岸警卫队快艇来填补，其中排水量达2750吨的“财政部长”级快艇无疑是最适合北大西洋护航任务的，图为隶属A3护卫队的该级“坎贝尔”号。

■ 1942年春开始，英国北大西洋远洋护卫队的旗舰往往由原来为巴西建造但在二战爆发后被英国留为已用的H级驱逐舰担任，图为B4护卫队的旗舰“海兰德”号。

■ B6护卫队的旗舰“子爵”号是第1艘完成远程护航舰改装后参加作战的旧式V和W级驱逐舰，前烟囱和它下面的锅炉被拆除用以增加燃油储备，图中可见另一个烟囱侧面涂有B6护卫队番号。

■ 加拿大远洋护航兵力的主力一直是“江河”级驱逐舰，图为“江河”级最早的1艘“萨格内”号，1942年中期是C3护卫队旗舰，注意后烟囱上代表该护卫队的色环。

■ 当英国的“城”级驱逐舰开始渐渐从远洋护卫队中退出到局域护卫队中，加拿大的“城”级依然担负着远洋护航任务，图为C1护卫队的“圣克鲁瓦”号，它曾先后击沉德国潜艇U-90号（1942年7月24日）和U-87号（1943年3月4日）。

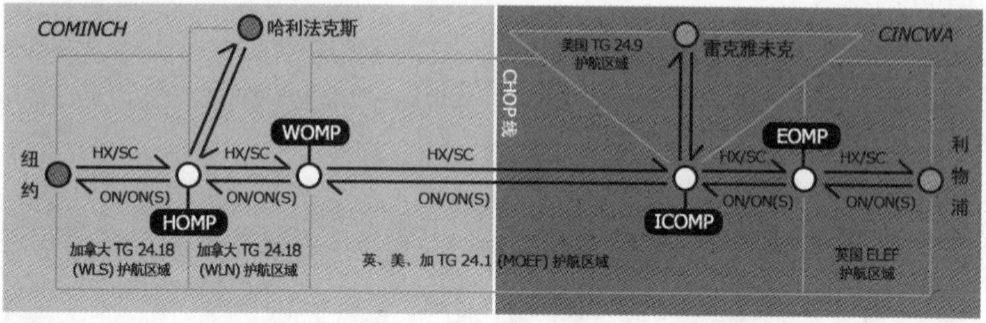

■ 北大西洋护航流程图（1942年9—12月）

纽约。而前述东行船队则在WLN的护航下抵达WOMP，等待被从圣约翰斯起航的MOEF护卫队接纳，有时也有从圣约翰斯出发的分支船队（分别为WHX和WSC系列，序号与主队相同）在WOMP加入主队。MOEF接替WLN后带领船队跨越大西洋向英国进发，WLN则在圣约翰斯接受补给后等待接纳ON船队并将其护送至HOMP再由WLS接替。这样，北大西洋航线护航程序的终极体系基本形成了。

直布罗陀与塞拉利昂航线

英国来往于直布罗陀的OG和HG系列船队与英国来往于塞拉利昂（Sierra Leone，即狮子山）的OS和SL系列船队在1942年上半年未有大的变动，并且由于德国潜艇活动重心暂时向北美洲东岸转移，这些船队在1942年最初几个月几乎没有受到过攻击。该年下半年由于盟军准备进行北非登陆行动，为了给预计的登陆护航船队以及运送后续兵力和物资的护航船队航线让路，上述4个船队系列均暂时停运，它们在1942年的最后一班船队分别为8月31日从利物浦起航的OG-89、9月19日从直布罗陀起航的HG-89、9月29日从利物浦起航的OS-42以及10月16日从弗里敦（Freetown，亦称自由城，塞拉利昂首都）起航的SL-125，其中SL-125遭受了严重的损失，而HG系列此后未再恢复，其余系列则在1943年春恢复运行。

取代HG船队从英国驶往直布罗陀的是两个新的系列KMS（UK to Mediterranean Slow之缩写）和KMF系列（UK to Mediterranean Fast之缩写），它们构成了北非登陆的输送主力，其中快速的KMF系列负责运送登陆部队，而慢速的KMS则负责运送补给品。1942年10月22日，KMS-1作为这条新航线上的首班船队从克莱德河起航；运载首批北非登陆部队的KMF-1在10月26日起航。两支船队均在抵达直布罗陀后进入地中海，其后各分为两队于11月8日抵达英国负责的两块登陆地点——阿尔及尔（Alger）和奥兰（Oran），各自的分支船队分别称KMS-1A、KMS-1O和KMF-1A、KMF-1O。

KMS和KMF的反向系列分别是MKS（Mediterranean to UK Slow之缩写）和MKF（Mediterranean to UK Fast之缩写），完成登陆输送任务的船只通过这两个船队系列返回英

■ 从空中俯瞰北非登陆的主运兵船队KMF-1，该船队共包括38艘运兵船，以护航航母“欺骗者”号和轻巡洋舰“谢菲尔德”号为中心分成10列、4行的队形排布。

■ KMF-1船队中的一景，由左至右分别是英国步兵登陆舰“索比斯基”号、“温切斯特城堡”号、美国运输舰“利兹敦”号、英国巡洋舰“谢菲尔德”号和步兵登陆舰“巴托里”号。

■ 航行中的KMF-1护航船队——北非登陆行动中的主运兵船队，图中最近的两艘船由近至远分别是两栖指挥舰“拉格斯”号和步兵登陆舰“葛伦盖尔”号。

国。这两个系列的首班船队分为数个分支。11月12日MKF-1主队从阿尔及尔起航，但它仅包含前往直布罗陀的船只，而当时也有部分已在直布罗陀的船只组成MKF-1X船队返回英国。次日，从阿尔及尔和奥兰分别发出分支船队MKF-1A和MKF-1O前往直布罗陀，它们于11月14日会合后从直布罗陀以MKF-1Y为代号返回英国。慢速的MKS-1X同样于11月12日从阿尔及尔起航，它在中途不中转直接返回英国，13日和14日分别从布尔日伊和奥兰起航的分支船队MKS-1A和MKS-1O则先在直布罗陀会合后以MKS-1Y为代号于11月21日向英国返航。

盟军在北非登陆后，需要源源不断的后续物资支援，因此这条新航线将持续担负这一任务，每个系列其组织形式与首班船队类似，到1942年底也开始利用彭城（Bone，阿尔及利亚）和菲利浦维尔（Philippe Ville，阿尔及利亚东北部港市，今称斯基克达Skid）作为目的/始发港的。这条航线上的护航任务由原先直布罗陀与塞拉利昂航线上的护卫队担任，从北大西洋航线上也抽调了不少舰艇——其直接的结果是1942年末北大西洋的护航力量出现暂时的紧张局面，加之气候异常恶劣，使这段时间北大西洋航线遭受的损失再一次达到高峰。原来往来于直布罗陀和英国间的船只可利用KMS/MKS船队，但塞拉利昂航线上的船只被分流了，一般从弗里敦启航的船只须先跨越南大西洋到里约热内卢，然后经由美洲东海岸的护航“连锁体系”和北大西洋航线最后返回英国。

北冰洋航线

随着援助苏联的北方航线在1941年下半年开启，盟军的护航体系向北延伸到了北冰洋海域，但在1941年之内船队规模小，也未遭受损失，直到1942年这条航线才成为盟军和德国争夺的焦点。开启北冰洋航线的目的与之前在任何海域实行的护航体制都不同，这纯粹是一个政治上的决策。尽管在所有运送到苏联的援助物资中，通过北冰洋护航船队运送的仅占1/4左右——这些物资中的70%是从美国航运至波斯湾的港口再通过铁路运达的；另有小部分通过中立的苏联船只从美国西海岸运至海参崴——但可以肯定的是虽然北冰洋航线不一定能直接影响战局，但若这条航线被搁置必将引起苏联和英美盟军领导人之间的不和，这点在战时无疑会产生重大后果。

驶往苏联的第一支护航船队未被赋予编号，行动代号“苦行僧”（Operation Dervish），该船队1941年8月12日从利物浦起航途径冰岛前往阿尔汉格尔斯克，途中未遇攻击。该行动中的商船在卸货后返英时开起了北冰洋航线的归程船队系列QP，第一班船队QP-1于9月28日从阿尔汉格尔斯克起航。次日从冰岛赫瓦尔峡湾启航的PQ-1船队开启了正式的北行援苏船队系列，它与反向的QP系列并不保持派发时间间隔的一致性，在1941年最后几个月一般每两班PQ船队到达苏联后才有一班QP船队驶回英国。由于阿尔汉格尔斯克在冬季冰封，北冰洋航线的冬季目的港改为摩尔曼斯克，而在1941年内由于没有受到攻击，返航的QP船队往往在途中解散，船只自行返回。

1942年的第一班PQ船队PQ-8首次遭到了德国潜艇的攻击，1艘商船被击伤，护航的“部族”级驱逐舰“马塔贝尔人”号被击沉，预示着1942年对北冰洋航线来说将是灾难性的一年。和大西洋上的护航船队不同，北冰洋护航船队要面临德国潜艇、水面舰艇和飞机的三重威胁，北极圈中恶劣的气候则是另一大敌。因此1942年随着援苏船队规模的扩大，护航的兵力也大大增加，往往牵涉到数层防御。为了防御德国潜艇，近距离护航采取与北大西洋护卫队类似的一组舰艇——由驱逐舰、驱潜快艇和反潜拖网渔船组成，护航指挥官（SOE）和船队队长之间的关系以及他们对护航船队的控制完全与北大西洋的体系相同。部署在挪威的德国重型水面舰艇无疑是更严重的威胁，英国本土舰队因此担负起了中距和远距护航的任务，并且是所有北冰洋行动的直接指挥者，相当于北大西洋护航船队中CINCWA（英国西部海口司令部）的作用。一般由一名将官指挥一支巡洋舰队在中等距离上实行掩护并由这名将官负责定夺所有战术上的决策，英国本土舰队司令则率领其战列舰队在远距离上提供支援。防空是另一个问题，本土舰队并非每次都能派出航空母舰，因此在船队中布置1艘弹射飞机商船（CAM船）为权宜之策，并且还可在近距离护航编队中配备1至两艘商船改装的辅助防空舰（Backpack Ship）。另外，扫雷舰是北冰洋护航船队中常见的护航舰艇，这是因为驶往摩尔曼斯克的船队进入科拉湾（Kola Inlet）后需要扫清可能出现的雷障，但苏联方面无法提供足够的扫雷力量，英国遂决定将一些“翠鸟”级扫雷舰长期性地驻扎于摩尔曼斯克。一般1艘扫雷舰先加入一支北行PQ船队的近距护航编队作为普通护航舰艇，在抵达摩尔曼斯克后在当地度过冬季，然后在来年春夏季随一支QP船队返回，并由新的舰接替它的任务。驻扎在摩尔曼斯克期间，英国扫雷舰和苏联的驱逐舰一起担负局域护航任务，它们一般将QP船队护送至科拉湾入口的波里扬诺（Polypro）并在那里等待接纳即将进入科拉湾的PQ船队。

1942年上半年北冰洋航线行动相当频繁，集结起航的地点各不相同，除了冰岛的

■ 美国海军舰艇自1942年5月起加入北冰洋航线的护航任务，图为美国战列舰“华盛顿”号正在与英国战列舰“约克公爵”号一起担任船队的远距支援任务。

■ 1942年初作为局域护航舰艇部署在摩尔曼斯克的英国“翠鸟”级扫雷舰正在护送一支返英船队驶出科拉湾。

■ 英国共改装了7艘辅助防空舰，图为由近岸客轮改装的“北爱尔兰女王”号，该舰参加了PQ-18护航船队的行动。

■ 作为远程护航编队一员的英国本土舰队重巡洋舰“伦敦”号驶过正在冰岛附近集结的PQ-16船队的锚地。

赫瓦尔峡湾，也有船队从冰岛雷克雅未克以及苏格兰的奥班（Oban）和埃韦湖（Loch Ewe）起航的，从苏格兰起航的船队一般也会在雷克雅未克停靠并与驻扎在那里的英国本土舰队护航舰艇会合后再进入北冰洋。随着美国商船越来越多地参与北冰洋航线的行动，从PQ-15开始，几艘美国战列舰艇和附属的驱逐舰队被临时配属英国本土舰队用于对船队的中距和远距支援。但PQ-16之后夏季来临，极昼使船队的通行变得更加危险，尤其是本土舰队最后1艘航母此时也被调至地中海以解马耳他的燃眉之急，从而使北冰洋航线得不到有效的空中掩护。而在此之前PQ和QP系列船队因德国水面舰艇、潜艇、飞机和水雷等各方面因素总计已有28艘商船损失，在交战中也有数艘英国大型水面舰艇被击沉，最大的两艘是轻巡洋舰“爱丁堡”号和“特里达”号，因此英国一度决定将这条航线搁置直至极昼结束，但苏联和美国方面的一再要求使丘吉尔勉强同意在1942年夏季再派出一班船队。6月27日，PQ-17从赫瓦尔峡湾启航，没有人能预料它将驶入的浩劫——一个因英国海军部失误判断而造成的灾难。然而，从统计资料上来讲，PQ-17应该算是一个成功的船队，因为作为一支护航船队，它仅损失了39艘商船（包括救助船和护航舰艇给油舰）中的3艘，其余损失的21艘商船都是在船队解散后被击沉的，它们严格地说应该被计入单独行船的损失而非护航船队中的损失。但不论怎么说，英方的失误不可避免地使美国商船蒙受了不必要的损失，其直接结果是美国立刻撤走了为这条航线护航的所有美国海军舰艇。

尽管英国海军部希望通过当年9月的PQ-18这支再一次受斯大林催促而冒险派出的夏季船队来弥补前一次行动中的失误，这支船队依然蒙受了相当可观的损失，但“复仇者”号这艘首次在PQ船队中配属的护航航空母舰在防空和反潜方面发挥的重要作用使英国看到了北冰洋航线的希望。不过由于1942年下半年大量本土舰队舰艇转调支援北非登陆，计划中的PQ-19船队未能起航，取而代之

护航船队救助船

二战初期的英国护航船队并不设专门的救助船，而由位于船队后方的商船担任救助被击沉商船幸存者的任务，这对那些殿后的商船来说无疑是巨大的考验。1940年，英国海军部征用了30艘具有宽敞客舱的小型商船，并将它们改装成专用的救助船（Convoy Rescue Ship）。这30艘救助船是："阿博因"号（RS Aboyne）、"阿克林顿"号（RS Accrington）、"比奇"号（RS Beachy）、"地窖"号（RS Bury）、"科普兰"号（RS Copeland）、"杜斯布里"号（RS Dewsbury）、"邓迪"号（RS Dundee）、"艾迪史东"号（RS Eddystone）、"安乐帝国"号（RS Empire Comfort）、"卫兵帝国"号（RS Empire Lifeguard）、"调解者帝国"号（RS Empire Peacemaker）、"休止帝国"号（RS Empire Rest）、"庇护帝国"号（RS Empire Shelter）、"法斯特内特"号（RS Fastnet）、"古德温"号（RS Goodwin）、"哥特兰"号（RS Gothland）、"洪特斯特鲁姆"号（RS Hontestroom）、"梅尔罗斯·艾比"号（RS Melrose Abbey）、"珀斯"号（RS Perth）、"平托"号（RS Pinto）、"拉思林"号（RS Rathlin）、"圣克莱尔"号（RS St. Clair）、"圣桑尼瓦"号（RS St. Sunniva）、"史塔克波特"号（RS Stockport）、"叙利亚王子"号（RS Syrian Prince）、"特亚尔杜尔"号（RS Tjaldur）、"托沃德"号（RS

■ 1艘典型的护航船队救助船——"邓迪"号。

Toward）、“沃尔默城堡”号（RS Walmer Castle）、“扎法兰”号（RS Zaafaran）、“扎马雷克”号（RS Zamalek）。

这些救助船不是护航舰艇的一部分，它们不挂英海军旗（White Ensign），也不挂英商船旗（Red Ensign），而是挂英海军预备队旗（Blue Ensign）。除了执行救助商船幸存者的任务外，这些救助船还装备有高频侧向仪（HF/DF），协助护航舰艇搜寻德国潜艇。它们做出的贡献是不能被忽视的，从1940年开始到战争结束，这些救助船共参加了797次护航船队的行动，营救了119艘船上的4194人，包括2296个英国人、951个美国人、369个挪威人、141个希腊人、104个苏联人、75个荷兰人、81个巴拿马人、56个法国人、34个瑞典人、20个菲律宾人、21个南斯拉夫人、4个德国人、40个拉脱维亚人和2个捷克人。而30艘救助船也有6艘在行动中沉没，它们是：“比奇”号、“平托”号、“史塔克波特”号、“托沃德”号、“沃尔默城堡”号和“扎法兰”号。

的是10月29日至11月2日间的一次无护航的商船行动，代号FB，13艘商船中再次有5艘被击沉。最后，11月17日从科拉湾启航的归程船队QP-15终结了PQ/QP系列船队命运多舛的一年，此后这两个系列分别改称JW和RA系列，PQ-18所展现出来的希望这才渐渐地得以实现。

运兵护航船队

在德国潜艇威胁下的另一类特殊的护航船队是运兵护航船队，由于战争中人力资源的特殊重要性，这些船队由英国海军部的作战部门作为海军行动直接指挥，而海上贸易处没有指挥权。运兵护航船队的派发贯穿大战始终，只是相比北大西洋商业航线上的船队它们很少被提及。

从加拿大往英国运送部队从1940年开始一直通过TC系列船队完成，空载运兵船返航时则加入反向的CT船队，TC系列后来由NA系列取代，但后者也仅维持了很短的一段时间。随着美国的参战，1942年的北大西洋上的海上运兵行动变得异常活跃起来，在此之前运兵护航船队只有在需要时才派发并且有重型舰艇进行护航，但1942年开始北美洲到英国的运兵船队变得像战前跨大西洋的定期邮船航班一样频繁，尤其使用的运兵船是清一色的在这条航线上服务过的豪华邮轮——“玛丽女王”（Queen Mary）号、“阿奎塔尼亚”（Aquitaine）号、“毛里塔尼亚”（Mauritania）号、“伊丽莎白女王”

■ 1942年9月14日，PQ-18护航船队中的油船“阿塞尔坦普拉”号被德国潜艇U-457号击中时的情景，该船损伤严重，后被护航舰艇凿沉。

（Queen Elizabeth）号、荷兰的“新阿姆斯特丹”（New Amsterdam）号、法国的“巴黎大区”（Ilea de France）号、“巴斯德”（Pasteur）号以及英国皇家邮政的“安第斯”（Andes）号和其他一些大型客轮，能够用作运兵船的必要条件是足够大的住宿空间并且能以20节航速持续航行。

从美国至英国的运兵航线东行的船队系列代号为AT，反向为TA系列，它们严格来说不能算是护航船队，因为时常每班船队仅包含1艘大型运兵船，并且由于这些前豪华邮轮的航速远高于德国潜艇的水面航速，它们在北大西洋中部航行是没有护航的，仅有在离开始发港后和抵达目的港前各能获得24小时的护航——在航线西端终点，即纽约或哈利法克斯，一支驱逐舰部队负责这一任务；航线东端在大多数情况下以克莱德河为终点，1942年时的护航兵力包括1艘由旧式巡洋舰改装的防空巡洋舰和数艘驱逐舰。值得庆幸的是，AT/TA航线上每个方向的船队班次虽然各达300余班，但从未遭受损失，仅有3次被德国潜艇发现的记录，其中1942年内有两次。这条航线上惟一发生过的重大事件是1942年10月2日英国防空巡洋舰“库拉科”号在为“玛丽女王”号护航时被这艘巨轮撞为两截而沉没，舰员死伤惨重。

除了北大西洋的航线，从英国驶往中东和远东的运兵船同样具有不可替代的重要性，尤其是在意大利参战之后，英国开启了一个从英国向苏伊士运河和印度输送部队的特殊的护航船队系列——WS系列，这被认为是“温斯顿特快”（Winston’s Special）的缩写，该系列每班之间的间隔大致为1个月左右，每次行动均有海军战列舰艇护航。WS船队最初是纯粹的运兵护航船队，后来也有快速货船加入，为同行的部队运送装备，因此该系列船队在海上贸易处的管辖范围内。WS船队每次行动都有很大差异，但标准航线是从克莱德河出发至弗里敦，经加油和加水后前往开普敦和德班，最后抵达苏伊士。从1941年起，WS船队往往在开普敦和德班之间的东非海岸分为两个分支船队，其中一支驶往苏伊士，一支驶往孟买。1941年11月的WS-12船队和12月的WS-14船队还在南非分离出第三个分支船队驶往新加坡，这一分支船队被冠以新的系列代号DM，即WS-12和WS-14分别分离出DM-1和DM-2船队，但由于新加坡的陷落这个系列仅维持到DM-3就被撤销，幸运的是DM-3被适时地转移到印度，而实际上DM-2抵达新加坡时离这个远东重镇的陷落只剩5天时间。

■ 从一架桑德兰式水上飞机上拍摄的一支典型的运兵护航船队，这是1940年7月从加拿大驶往英国的TC-6船队，由7艘客轮组成，图中可见护航的舰艇的核心护航舰母“复仇者”号。

小结

1942年是盟军的护航体制迅速发展的一年，随着作战形式的多样化，护航体制所扩展到的航线也越来越多，而且除了起到纯粹的贸易保护作用外，护航还融入到海军一线作战和后勤补给之中，从而使护航船队分化为两种独立的类型，即“贸易护航船队”（trade convoy）和“军事护航船队”（operational convoy）：前者即英国启动护航体制时护航船队的概念，而后者则指为了达到特殊的军事目的而派发的护航船队，如援苏的PQ/QP船队、支援北非登陆的KMS/MKS/KMF/MKF船队、所有运兵护航船队以及本文未叙述到的支援马耳他的护航船队均属此类。然而1942年盟军的护航舰艇依然处在短缺的情况下，尽管不少新型舰艇如“花”级驱潜快艇一直在源源不断地建造着，但它们依然无法有效填补因其他战场需要而时常被抽调走的驱逐舰的空缺，因此盟军在护航作战上的战略战术依然处在防御阶段。只有等盟军护航舰艇充足之后，防御性护航才有可能转变为进攻性护航，获得护航作战的主动性，这将发生在1943年。

1943年至二战结束

第二次世界大战进行到1943年初，盟军在大部分海上战场均取得了主动权，甚至是1942年受尽蹂躏的马耳他航线和北冰洋航线也开始摆脱重负，唯有始于大战伊始的整个大西洋护航作战依然处于完全的被动防御局面。1943年春这一战场的作战达到戏剧性的高潮，从盟军因遭遇规模最大的“狼群”集群攻击而几乎考虑放弃护航体制到确立进攻性护航从而掌握大西洋战场的主动仅两个月之遥。

北大西洋的形势

1943年开始，来往于北美洲和英国之间的HX、SC及ON船队系列沿用1942年下半年确立下来的护航体系未有多大改变，仅作战控制变更线（Change of Operational Control，简称CHOP线）在1942年11月向西移至西经35度左右，即大约从冰岛至格陵兰路程的三分之二处。CHOP线以西，美国海军分派海军作战部下属的护航船队与航线制订科（Convoy and Routing Section）负责所有控制工作，该科位于华盛顿，科长梅特卡夫少将（Rear-Dam. Martin K. Metcalf）于1942年7月1日任职。一般在一支东行船队启航之前8天，英国海军部中当时由斯科菲尔德上校（Capt. B.B. Schofield）任处长的海上贸易处会根据已掌握的德国潜艇情报向美国海军护航船队与航线制订科发出关于船队航线的计划。英国获取德国潜艇情报的机构是海军部情报处作战情报中心下属的由温中校（Cmdr. Rodger Winn）负责的敌潜艇跟踪图表室（Submarine Tracking Plot），与由霍尔中校（Cmdr. Richard Hall）主持的海上贸易处图表室（Trade Plot）仅一墙之隔，此二人的通力合作保证了海上贸易处向美方发出计划的严谨性。同样，美国海军在护航船队与航线制订科的隔壁也有一个潜艇跟踪室，由诺尔斯上校（Capt. Kenneth Knowles）指挥，另外在渥太华还有加拿大海军设立的一个潜艇跟踪室，通过综合这三个潜艇跟踪机构所提供的信息，美方和英方可就船队航线做出最后的决定。例如一支从纽约启航的东行船队的航线包括4个或以上以字母表示的基准点，以指示船队将通过的位置，由此可大致计算出船队依次通过4个海上会合点——哈利法克斯海上会合点（Halifax Ocean Meeting Point，简称HOMP）、西部海上会合点（Western Ocean Meeting Point，简称WOMP）、冰岛海上会合点（Iceland Ocean Meeting Point，简称ICOMP）和东部海上会合点（Eastern Ocean

■ 旧式的城级驱逐舰在1943年逐步转向局域护航任务，这是隶属西部局域护航编队的“利明顿”号（HMS Leamington G.19）。

Meeting Point，简称EOMP）——的日期和时间。

北大西洋东行SC和HX护航船队各自的派发周期在1942年中因单支船队的规模越来越大而延长至7天、8天最后至10天，其中HX船队一般比SC船队晚两天起航；西行的ON及ON(S)系列则基本保持一周的派发周期，ON(S)船队比ON船队早起航一天。美英双方指挥机构的一个最重要的任务是保证分支船队（如SC船队的哈利法克斯分支HSC和圣约翰斯分支WSC）能准时加入主船队，从而尽量减少船只在港口中逗留的时间，这一点对纽约尤为重要，因为自1942年下半年开始纽约成为了整个北大西洋航线西端的集结地，港口的拥塞成为了不可避免的现象，因此1943年3月8日HX-229船队启航后一天不得不再增派一班HX船队以分流部分纽约港内的快速船只，这支增派的船队称为HX-229A，与HX-229作为两支单独的船队前往英国。该做法并未继续下去，解决的办法是将SC船队的西端启点从3月31日起航的SC-125开始移回哈利法克斯，这一变化保持到战争结束。

每当美国海军护航船队与航线制订科和英国海军部海上贸易处达成船队行动的最终意见——包括船队航线、掉队船的临时航线和各海上会合点的位置——之后，美国海军司令部（简称COMINCH）和英国海军部会将所有信息通报以下机构和负责人：

1.美国大西洋舰队司令（简称CINCLANT）；

2.驻扎在纽约的美国东部海疆指挥官（简称COMESF）；

3.驻扎在阿根细亚的美国第24特混舰队（TF 24）指挥官（简称CTF 24）；

4.驻扎在渥太华的加拿大海军参谋部（简称NSHQ）；

5.驻扎在哈利法克斯的大西洋海岸加拿大舰艇司令（简称COAC）；

6.驻扎在圣约翰斯的纽芬兰部队长官（简称FONF）；

7.驻扎在纽芬兰的美国海军航空兵和加拿大皇家空军总部；

8.驻扎在利物浦的英国西部海口司令部（简称CINCWA）和英国皇家空军岸防司令部第15大队；

9.相应启航港口和分支船队启航港口的港口主任。

分别负责CHOP线东西两边护航力量的CINCWA和CTF 24根据现有护航兵力的情况为船队配备护航组，并通过他们的上级机构向护航舰艇指挥官发出预备命令。1943年初大洋中部护航舰队（Mid-Ocean Escort Force，简称MOEF）依然由A3、C1-C4、B1-B4、B6和B7共11个远洋护航组组成，1942年下半年被转调至加勒比航线的B5护航组也在1943年2月底调回MOEF，当时一支远洋护航组的标准编制是3艘驱逐舰、1艘护卫舰和6艘驱潜

■ 一个典型的护航船队会议，中间站立讲话者为船队队长。

快艇，但实际出击的护航组总有1艘或多艘舰艇在港口修理因而无法达到这个标准（见表九）。在纽约至WOMP之间的护航任务依然由南区局域护航组（简称WLS）和北区局域护航组（简称WLN）交替进行，W1-W12共计12支局域护航组均由西部局域护航舰队（Western Local Escort Force，简称WLEF）即特混大队TG 24.18以及由部分旧式城级驱逐舰组成的西部支援舰队（Western Support Force，简称WSF）即TG 24.12中的舰艇临时搭配而成（见表十）。

在船队起航日的早晨或前一日晚上，船队队长都要召集所有商船船长以及一起出航的局域护航指挥官在始发港岸上举行护航会议，会上所有船长会被告知具体航线以及航行中的规则，诸如严格保持船队队形、船只夜间灯火管制、船只掉队后的处理方式以及保持无线电静默等问题。局域护航指挥官则会通告护航舰艇在遇到德国潜艇攻击时所进行的步骤包括警告信号等。一般东行船队均在中午时分起航，这样可以有充足的时间在当日日落之前使船队队形组成完毕。在东行船队队形中，将要在HOMP、WOMP和ICOMP离开船队的船只均被安排在左翼，以方便它们的脱离，之后所留下的队形空缺由在相应海上会合点加入主船队的分支船队船只填补。西行船队的队形按相反方向来安排。

1943年北大西洋航线的体系发生了最后

■ ①英国皇家海军上将霍顿，1942年11月17日至二战结束任西部海口总司令；②美国海军护航船队与航线制订科科长梅特卡夫少将；③英国海军部敌潜艇跟踪图表室负责人温中校；④英国海军部海上贸易处图表室负责人霍尔中校。

表九：大洋中部护航舰队（MOEF）的编成（1943年1月至3月）

A3护航组（TU 24.1.3）——驱逐舰“格里尔”号（USS Greer DD145）；海岸警卫队快艇“史宾塞”号（USCGC Spencer WPG36）、“坎贝尔”号（USCGC Campbell WPG32）；驱潜快艇“美国石竹”号（HMS Dianthus K.95）、“罗斯瑟恩”号（HMCS Rosthern K.169）、“延龄草”号（HMCS Trillium K.172）、“道芬”号（HMCS Dauphin K.157）、“奇利瓦克”号（HMCS Chilliwack K.131）、“阿尔维达”号（HMCS Arvida K.113）、“韦塔斯基温”号（HMCS Wetaskiwin K.175）

C1护航组（TU 24.1.11）——驱逐舰“圣劳伦特”号（HMCS St. Laurent H.83）、“圣克鲁瓦”号（HMCS St. Croix I.81）、“伯韦尔”号（HMS Burwell H.94）；护卫舰“伊钦”号（HMS Itchen K.227）；驱潜快艇“谢迪亚克”号（HMCS Shediac K.110）、“巴特尔福德”号（HMCS Battleford K.165）、“凯诺加米”号（HMCS Kenogami K.125）、“纳帕尼”号（HMCS Napanee K.118）、“皮克图”号（HMCS Pictou K.146）、“阿加西”号（HMCS Agassiz K.129）

C2护航组（TU 24.1.12）——驱逐舰“百老汇”号（HMS Broadway H.90）、“舍伍德”号（HMS Sherwood I.80）、“萨格内”号（HMCS Saguenay I.79）；护卫舰“拉根”号（HMS Lagan K.259）；驱潜快艇“莫登”号（HMCS Morden K.170）、“钱布利”号（HMCS Chambly K.116）、“德拉姆黑勒”号（HMCS Drumheller K.167）、“报春花”号（HMS Primrose K.91）、“奥瑞利亚”号（HMCS Orillia K.119）、“多花水仙”号（HMS Polyanthus K.47）

C3护航组（TU 24.1.13）——驱逐舰“伯纳姆”号（HMS Burnham H.82）、“斯基纳”号（HMCS Skeena I.59）、“阿西尼博因”号（HMCS Assiniboine I.18）；驱潜快艇“南蛇藤”号（HMCS Bittersweet K.182）、“小米草”号（HMCS Eyebright K.150）、“五月花”号（HMCS Mayflower K.191）、“拉马尔巴耶”号（HMCS La Malbaie K.273）、“萨克维尔”号（HMCS Sackville K.181）、“高尔特”号（HMCS Galt K.163）

C4护航组（TU 24.1.14）——驱逐舰“丘吉尔”号（HMS Churchill I.45）、

"雷斯蒂古什"号（HMCS Restigouche H.00）；驱潜快艇"阿默斯特"号（HMCS Amherst K.148）、"布兰登"号（HMCS Brandon K.149）、"科林伍德"号（HMCS Collingwood K.180）、"白屈菜"号（HMS Celandine K.75）、"舍布鲁克"号（HMCS Sherbrooke K.152）、"巴戴克"号（HMCS Baddeck K.147）

B1护航组（TU 24.1.15）——驱逐舰"飓风"号（HMS Hurricane H.06）、"罗金汉"号（HMS Rockingham G.58）、"更夫"号（HMS Watchman I.26）；护卫舰"凯尔"号（HMS Kale K.241）；驱潜快艇"大丽花"号（HMS Dahlia K.59）、"宽叶绣线菊"号（HMS Meadowsweet K.144）、"桂竹香"号（HMS Wallflower K.44）、"舟形乌头"号（HMS Monkshood K.207）、"琉璃苣"号（HMS Borage K.120）

B2护航组（TU 24.1.16）——驱逐舰"赫斯佩鲁斯"号（HMS Hesperus H.57）、"怀特霍尔"号（HMS Whitehall I.94）、"范内萨"号（HMS Vanessa I.29）；驱潜快艇"铁线莲"号（HMS Clematis K.36）、"龙胆"号（HMS Gentian K.90）、"野蔷薇"号（HMS Sweetbriar K.209）、"窄叶越桔"号（HMS Heather K.69）、"风铃草"号（HMS Campanula K.18）

B3护航组（TU 24.1.17）——驱逐舰"收割机"号（HMS Harvester H.19）、"埃斯卡佩德"号（HMS Escapade H.17）、"花冠"号（ORP Garland H.37）、"暴风"号（ORP Burza H.73）；驱潜快艇"水仙"号（HMS Narcissus K.74）、"红门兰"号（HMS Orchis K.76）、"罗塞利斯"号（FFL Roselys K.57）、"乌头"号（FFL Aconit K.58）、"毛茛"号（FFL Renoncule K.117）、"祛痰菜"号（FFL Lobelia K.05）

B4护航组（TU 24.1.18）——驱逐舰"海兰德"号（HMS Highlander H.44）、"温切尔西"号（HMS Winchelsea I.46）、"贝弗利"号（HMS Beverley H.64）；驱潜快艇"六道木"号（HMS Abelia K.184）、"银莲花"号（HMS Anemone K.48）、"石莲花"号（HMS Pennywort K.111）、"日光兰"号（HMS Asphodel K.56）、"三叶草"号（HMS Clover K.134）

B5护航组（TU 24.1.19）——驱逐舰"哈夫洛克"号（HMS Havelock

H.88）、“志愿者”号（HMS Volunteer I.71）、“沃里克”号（HMS Warwick I.25）；护卫舰“斯韦尔”号（HMS Swale K.217）；驱潜快艇“高代花”号（HMS Godetia K.226）、“虎耳草”号（HMS Saxifrage K.04）、“海绿”号（HMS Pimpernel K.71）、“毛茛”号（HMS Buttercup K.193）、“熏衣草”号（HMS Lavender K.60）、“耧斗菜”号（HMS Columbine K.94）

B6护航组（TU 24.1.4）——驱逐舰“子爵”号（HMS Viscount I.92）、“费姆”号（HMS Fame H.78）、“拉姆齐”号（HMS Ramsey G.60）；护卫舰“德弗隆”号（HMS Deveron K.265）；驱潜快艇“老鼠勒”号（HMNoS Acanthus K.01）、“玫瑰”号（HMNoS Rose K.102）、“犬蔷薇”号（HMNoS Eglantine K.197）、“委陵菜”号（HMNoS Potentilla K.214）、“马鞭草”号（HMS Vervain K.190）、“金凤花”号（HMS Kingcup K.33）

B7护航组（TU 24.1.5）——驱逐舰“邓肯”号（HMS Duncan I.99）、“里普利”号（HMS Ripley G.79）、“维德特”号（HMS Vidette I.48）；护卫舰“泰”号（HMS Tay K.232）；驱潜快艇“泽泻”号（HMS Alisma K.185）、“石竹”号（HMS Pink K.137）、“珍珠菜”号（HMS Loosestrife K.105）、“雪花”号（HMS Snowflake K.211）、“向日葵”号（HMS Sunflower K.41）

注：

1.本表为名义编成，实际作战中总有1艘至多艘舰艇在维修而未出航；

2.本表中以HMS、HMCS、FFL、HNoMS和ORP区分英国、加拿大、自由法国、挪威和波兰流亡政府海军舰艇。

一次重大变化，即以一班快速船队一班慢速船队交替派发的ON系列改为纯快速船队，而慢速商船则组成新的序号即从1开始的ONS系列慢速船队独立运作，该系列的平均航速为7.5节。3月15日，ONS-1船队从利物浦起航，东行的HX、SC系列同西行的ON、ONS系列的对称体系最终成形。为了避免纽约港的拥塞，ONS系列船队全部以哈利法克斯为终点，与东行SC船队起点改回该港同步。由于依然存在往来与纽约和英国间的慢速船只，盟军重新启用了波士顿和哈利法克斯间的BX/XB系列，西行的慢速商船在抵达哈利法克斯后可加入XB系列船队在鳕鱼角湾（Cape Cod Bay）进入鳕鱼角运河并经由东河（East

表十：西部局域护航兵力的编成（1943年1月至3月）

西部支援舰队（WSF）即TG 24.12

特混小队TU 24.12.1—TU 24.12.4临时组织自以下英国舰艇——驱逐舰“惠瑟林顿”号（HMS Witherington I.76）、“切尔西”号（HMS Chelsea I.35）、“利明顿”号（HMS Leamington G.19）、“曼斯菲尔德”号（HMS Mansfield G.76）、“蒙哥马利”号（HMS Montgomery G.95）、“索尔兹伯里”号（HMS Salisbury I.52）、“巴克斯顿”号（HMS Buxton H.96）、“考德威尔”号（HMS Caldwell I.20）、“乔治敦”号（HMS Georgetown I.40）、“罗克斯堡”号（HMS Roxborough I.07）、“林肯”号（HMS Lincoln G.42）

西部局域护航舰队（WLEF）即TG 24.18

WLS和WLN护航组W1—W12（特混小队TU 24.18.1—24.18.12）临时组织自以下加拿大舰艇——驱逐舰“安纳波利斯”号（HMCS Annapolis I.04）、“汉米尔顿”号（HMCS Hamilton I.24）、“尼亚加拉”号（HMCS Niagara I.57）、“圣克莱尔”号（HMCS St. Clair I.65）、“哥伦比亚”号（HMCS Columbia I.49）、“圣弗朗西斯”号（HMCS St. Francis I.93）；驱潜快艇“巴里”号（HMCS Barrie K.138）、“布兰特福德”号（HMCS Brantford K.218）、“比克图什”号（HMCS Buctouche K.179）、“奇库蒂米”号（HMCS Chicoutimi K.156）、“科鲍尔特”号（HMCS Cobalt K.124）、“邓达斯”号（HMCS Dundas K.229）、“邓维甘”号（HMCS Dunvegan K.177）、“茴香”号（HMCS Fennel K.194）、“卡姆萨克”号（HMCS Kamsack K.171）、“马塔佩迪亚”号（HMCS Matapedia K.112）、“蒙克顿”号（HMCS Moncton K.139）、“纳奈莫”号（HMCS Nanaimo K.101）、“新威斯敏斯特”号（HMCS New Westminster K.228）、“凯斯内尔”号（HMCS Quesnel K.133）、“黎穆斯基”号（HMCS Rimouski K.121）、“萨斯卡通”号（HMCS Saskatoon K.158）、“帕斯”号（HMCS The Pas K.168）、“特雷尔”号（HMCS Trail K.174）、“蒂明斯”号（HMCS Timmins K.223）、“慈菇”号（HMCS Arrowhead K.145）、“地钱”号（HMCS Hepatica K.159）、“米德兰”号（HMCS Midland K.220）、“沙威

尼甘”号（HMCS Shawinigan K.136）；扫雷舰“布莱尔默尔”号（HMCS Blairmore J.314）、“科维昌”号（HMCS Cowichan J.146）、“德拉蒙德维尔”号（HMCS Drummondville J.253）、“加纳诺克”号（HMCS Gananoque J.259）、“格兰德米尔”号（HMCS Grandmere J.258）、“凯诺拉”号（HMCS Kenora J.281）、“梅迪辛哈特”号（HMCS Medicine Hat J.256）、“尼皮冈”号（HMCS Nipigon J.154）、“红鹿”号（HMCS Red Deer J.255）、“伯林顿”号（HMCS Burlington J.250）、“切达布克托”号（HMCS Chedabucto J.168）、“米纳斯”号（HMCS Minas J.165）、“迪格比”号（HMCS Digby J.267）、“格兰比”号（HMCS Granby J.264）、“拉辛”号（HMCS Lachine J.266）、“特拉罗”号（HMCS Truro J.268）、“梅尔维尔”号（HMCS Melville J.263）、“诺兰达”号（HMCS Noranda J.265）

River）抵达纽约。

进攻性护航的确立

到1943年初，北大西洋的护航模式尽管趋于稳定并能源源不断地运作，但其中的缺陷也通过1942年下半年的几场较大规模的护航作战——尤其是损失较重的慢速SC-94、SC-104、SC-107和ON(S)-154——暴露出来，即护航毫无灵活性可言，无法应对德国潜艇从多个方向上的集中攻击。这主要突出表现在两个问题上：其一，以护航组为单位的护航舰艇必须时刻保持在商船队周围，一旦发现德国潜艇，只能与其进行短时间的交战，因为若追随德国潜艇，商船就会失去保护，这样势必影响了护航舰艇作战效能的发挥。其二，派来的增援舰艇往往是远水解不了近渴，等到达时已为时过晚，而且这些舰艇也大多是从其他护航船队抽调的，往往无法备有足够的燃料，因此只能保护一时就得撤离。

在这种护航力量完全处在被动防御的状况下，组建不受制于任何一支护航船队而是像“战地救护车”一样在任何船队遭到攻击时都能随叫随到的舰艇编队——即纯粹负责“支援”任务的舰艇编队——就成为了当务之急，它们惟一的任务是在增援任一支受攻击的护航船队时保证能集中精力追击德国潜艇，直至将其摧毁。其实这种作战思想早在一年多前就已产生，1941年12月的HG-76护航船队之战中，为该船队护航的第36护航组指挥官沃克上校（Capt. Frederick “Johnny” Walker）将护航舰艇分成两道警戒圈：内圈负责保护商船，外圈则全力负责摧毁德国潜艇，这是护航作战史上第一次打破防御性护航的尝试。HG-76船队虽然损失了两艘商船和两艘护航舰艇，但在航行过程中连续击沉4艘德国潜艇，这样高的战果从二战爆发至此还是头一次，这证明沃克上校倡导的在护航作战中主动进攻的重要性。但当时护航组的编制使这样的战术并非适用于每一位护航指挥官，这就要求建立独立于远洋护航组的专门支援编队。1942年10月，英国西部海口司令部司令诺布尔上将（Adm. Sir Percy Noble）和沃克上校将第20护航组改编成一支类似概念的舰艇编队。但遗憾的是，该编队在第一次支援了ON(S)-132护航船队之后，便于次月宣布解散，因为其舰艇受命前往支援北非登陆作战。

由于无法获得足够的舰艇，建立支援编队的计划不断推迟。到1943年初，英海军部将加拿大的几个护航组调离北大西洋的护航任务，并重新分配给英国到直布罗陀的航线，以换下几艘轻型护卫舰用以组成最初的一支编队，后续编队则计划由当时新近完工的黑天鹅级轻型护卫舰和江河级护卫舰组成，然而这些舰艇尚在试航中，因此在1943年头两个月将计划中的5个支援舰队投入使用依然难以实现。1943年3月1日，美国海军上将金组织召开了大西洋护航会议，会上重新分配了英、美、加三国在大西洋护航的职责范围，其中加拿大的护航范围较以前大为增加，而美国则在会议结束后组建了他们第一个支援编队，以1艘护航航空母舰为核心，配以数艘老式驱逐舰，美国人称这样的编队为“猎杀组”（或称为“猎人-杀手”组，Hunter-Killer Group），并为日后将日益增多的这样的编队设立第21特混舰队（TF 21）。

■ 沃克上校指挥第2护航组的旗舰——“燕八哥”号轻型护卫舰（HMS Starling U.66）。

■第2护航组的重要一员——“野鹅”号（HMS Wild Goose U.45），该舰舰长惠米斯中校在沃克上校去世后接任该护航组指挥官。

■ 进攻性护航的确立者沃克上校（图中圆圈者）正在“燕八哥”号轻型护卫舰的舰桥上指挥第2护航组（支援舰队）作战。

英国此时海上局势也有所缓解，由于为了防止重蹈1942年在夏季派出援苏船队而损失惨重的覆辙，北冰洋航线在3月之后暂时停运，从该航线上撤下来的两支本土舰队的驱逐舰队被海军部拨给了西部海口司令部，解了当时已接替诺布尔上将任西部海口司令部司令的霍顿上将（Adm. Sir Max Horton）的燃眉之急。3月中旬至4月初，英国的5个支援编队也均成立，它们依然被称作“护航组”（EG也有称为“护卫队”），但为了区别于MOEF的远洋护航组而取消代表国籍的字母前缀，即称作第1至第5护航组，但它们在更多时候被非正式地称作第1至第5“支援舰队”（Support Group，简称SG），其中第2护航组由为成立这些编队做出突出贡献的沃克上校亲自指挥，而美国的第一支“猎杀组”则被临时编为第6护航组（见表十一）。

然而这些支援舰队的正式建立还是晚了一步，它们未来得及支援在3月中遭受二战最大“狼群”集群攻击的SC-122和HX-229船队，这两支船队的惨重损失加上之前的SC-121和HX-228的遭遇，使盟军质疑护航体制的效用，甚至有放弃护航体制的打算。幸运的是支援舰队使盟军很快走出困厄，就在3月底，全部由刚从北冰洋航线撤下的新型O级驱逐舰组成的第3护航组在SC-123护航船队之战中崭露头角，盟军舰艇从消极防御到主动攻击的巨大转变使德国潜艇艇员大感惊诧。而在1个月后被称作“大西洋之战转折点”的著名的ONS-5护航船队之战中，该支援舰队和第1护航组更是与该船队的远洋护航组——B7护航组连手，一举击沉7艘德国潜艇，显示出令人震撼的威力，盟军终于在北大西洋航线上掌握了获胜的砝码。

1943年中期开始美国不再负责北大西洋的护航任务，而是把全部护航兵力集中到美国自行开启的中大西洋航线上，因此MOEF的最后一支美国护航组——A3护航组被撤销。但由于1943年上半年加拿大从英国获取了4艘舰队驱逐舰，从而得以增加一个新的加拿大护航组——C5护航组。支援舰队的数量也在稳步增加，到1943年底共有10个支援舰队投入使用，其中临时作为第6护航组的美国伯格号护航航母猎杀组被调往中大西洋，新组建的支援舰队中第9护航组由加拿大舰艇组成，该舰队支援了1943年9月的ONS-18船队，在这场作战中德国潜艇企图利用音响鱼雷重新占有主动权，但尽管第9护航组遭受严重损失，但商船的损失很小，这是北大西洋航线最后一场重大的破交/护航作战，而且这支护航船队也标志着商船航空母舰（Merchant Aircraft Carrier，简称MAC船）首次投入使用，此后几乎每班北大西洋护航船队均配备有1艘MAC船。最初组建的5个支援舰队除沃克上校的第2护航组之外在1943年下半年均开始接收英国通过《租借法案》从美国获得的埃瓦茨级和

表十一：第一批建立的6个支援舰队编成（1943年4月）

第1护航组 —— 轻型护卫舰“塘鹅”号（HMS Pelican U.86）；轻型护卫舰（原美国海岸警卫队快艇）“森南”号（HMS Sennen Y.21）；护卫舰“罗瑟”号（HMS Rother K.224）、“韦尔”号（HMS Wear K.230）、“斯佩”号（HMS Spey K.246）、“杰德”号（HMS Jed K.235）

第2护航组 —— 轻型护卫舰“燕八哥”号（HMS Starling U.66）、“小天鹅”号（HMS Cygnet U.38）、“鹪鹩”号（HMS Wren U.28）、“鸢”号（HMS Kite U.87）、“榴鹬”号（HMS Woodcock U.90）、“野鹅”号（HMS Wild Goose U.45）、“啄木鸟”号（HMS Woodpecker U.08）

第3护航组 —— 驱逐舰“奥法”号（HMS Offa G.29）、“忠顺”号（HMS Obedient G.48）、“奥里比”号（HMS Oribi G.66）、“奥韦尔”号（HMS Orwell G.98）、“突击”号（HMS Onslaught G.04）

第4护航组 —— 驱逐舰“米尔恩”号（HMS Milne G.14）、“无比”号（HMS Matchless G.52）、“蚀”号（HMS Eclipse H.08）、“冲击”号（HMS Impulsive I.11）、“伊卡洛斯”号（HMS Icarus I.03）、“愤怒”号（HMS Fury H.76）

第5护航组 —— 护航航母“骗子”号（HMS Biter D.97）；驱逐舰“英格尔菲尔德”号（HMS Inglefield I.02）、“冷酷”号（HMS Obdurate G.39）、“凑巧”号（HMS Opportune G.80）、“导航者”号（HMS Pathfinder G.10）

第6护航组 —— 护航航母“伯格”号（USS Bogue CVE9）、驱逐舰“利”号（USS Lea DD118）、“格林”号（USS Greene DD266）、“贝尔纳普”号（USS Belknap DD251）、“奥斯蒙德·英格拉姆”号（USS Osmond Ingram DD255）、“乔治·巴杰尔”号（USS George E. Badger DD196）

注：本表中以HMS和USS区分英国和美国海军舰艇。

■ 美国的护航驱逐舰通过《租借法案》在英国服役时称舰长级护卫舰，它们组成了1944年支援舰队的主力，这是该年隶属第4护航组的“考尔德”号（HMS Calder K.349），原为巴克利级护航驱逐舰。

■ 在ONS-5护航船队之战中击沉德国潜艇U-531和U-630的隶属B7护航组的英国驱逐舰“维德特”号（HMS Vidette I.48），该舰为改装成远程护航舰的旧式V级驱逐舰。

■ ONS-5战役中由彼得·格雷顿中校指挥的B7护航组旗舰“邓肯”号（HMS Duncan I.99）驱逐舰。

■ B7护航组中的花级驱潜快艇“雪花”号（HMS Snowflake K.211），在ONS-5之战中击沉德国潜艇U-125。

巴克利级护航驱逐舰——英国称之为舰长级护卫舰——从而使部分舰队驱逐舰得以回到北冰洋航线（见表十二）。舰长级以及英、加其他新型护航舰艇源源不断的服役使得在1944年成立了更多的支援舰队，到诺曼底登陆战役时，支援舰队的编号已超过25。

中大西洋、南大西洋和地中海

由于盟军展开北非攻势而开启的慢速MKS/KMS和快速MKF/KMF系列在1943年稳定地持续着，并且随着北非海岸进一步被盟军所占领，这些护航船队开始向地中海内延伸，先是以亚历山大港为目的港和始发港，最后延伸到塞得港，因此往返于印度洋和英国间的重要运兵船只就可以利用MKF/KMF这条地中海快速航线，从而使主要担任运兵任务的WS船队系列停止运作，最后一班WS船队WS-33于1943年8月17日启航。

尽管塞拉利昂航线在1942年下半年停运，但1943年2月14日从利物浦起航的OS-43船队和3月12日从弗里敦起航的SL-126恢复了这条航线的运作。由于塞拉利昂航线和地中海航线在利物浦至直布罗陀这一段路线是

表十二：盟军支援舰队兵力编成（1943年9月至1944年1月）

第1护航组 —— 护卫舰“阿弗莱克”号（HMS Affleck K.362）、“高尔”号（HMS Gore K.481）、“古尔德”号（HMS Gould K.476）、“加利斯”号（HMS Garlies K.475）、“鲍尔弗”号（HMS Balfour K.464）、“卡佩尔”号（HMS Capel K.470）

第2护航组 —— 轻型护卫舰“燕八哥”号（HMS Starling U.66）、“喜鹊”号（HMS Magpie U.82）、“鹪鹩”号（HMS Wren U.28）、“鸢”号（HMS Kite U.87）、“榴鹬”号（HMS Woodcock U.90）、“野鹅”号（HMS Wild Goose U.45）、“啄木鸟”号（HMS Woodpecker U.08）

第3护航组 —— 护卫舰“达克沃思”号（HMS Duckworth K.351）、“埃辛顿”号（HMS Essington K.353）、“劳利”号（HMS Rowley K.560）、“贝里”号（HMS Berry K.312）、“库克”号（HMS Cooke K.471）、“多米特”号（HMS Domett K.473）

第4护航组 —— 护卫舰“拜尔德”号（HMS Byard K.315）、“贝兹利”号（HMS Bazely K.311）、“布莱克伍德”号（HMS Blackwood K.313）、“德拉里”号（HMS Drury K.316）、“本丁克”号（HMS Bentinck K.314）、“伯吉斯”号（HMS Burges K.347）

第5护航组 —— 护卫舰“尼恩”号（HMS Nene K.270）、“特威德”号（HMS Tweed K.250）；驱潜快艇“卡尔加里”号（HMCS Calgary K.231）、“坎姆罗斯”号（HMCS Camrose K.154）、“雪果”号（HMCS Snowberry K.166）、“埃德蒙斯顿”号（HMCS Edmundston K.106）

第7护航组 —— 轻型护卫舰“雄鸡”号（HMS Chanticleer U.05）、“鹤”号（HMS Crane U.23）、“野鸡”号（HMS Pheasant U.49）

第8护航组 —— 护航航母“击剑者”号（HMS Fencer D.64）；驱逐舰“无常”号（HMS Inconstant H.49）、“花冠”号、“暴风”号、“怀特霍尔”号、“子爵”号、“搏斗者”号（HMS Wrestler I.35）

第9护航组 —— 驱逐舰“圣克鲁瓦”号；护卫舰“伊钦”号；驱潜快艇“莫登”号、“钱布利”号、“萨克维尔”号

第10护航组 —— 护卫舰“斯佩”号、“罗瑟”号、“芬德霍恩”号（HMS Findhorn K.301）、“洛西”号（HMS Lossie K.303）

注：

1.本成表仅起示例作用，不同编队的状况可能取自不同的时间点；

2.本表中以HMS和HMCS区分英国和加拿大舰艇。

重叠的，英国考虑在这一段路程合并两条航线从而节省护航兵力，因此从1943年4月的OS-46和SL-128开始，塞拉利昂航线上的船队在利物浦至直布罗陀一段与相应同时出航的KMS和MKS船队合并航行。此后这一航线的护航模式如下：OS船队同相应的KMS船队合并同时从利物浦启航，采用混合船队编号，如第一班这样的船队称“OS-46/KMS-13”，这两个船队中各自的队长中有一位担任合并船队的队长，另一位担任副队长。船队离开

■ 英国二战前建造的城级轻型护卫舰依然是直布罗陀和塞拉利昂航线上的护航主力，这是1943年时第40护航组的“阿伯丁”号（HMS Aberdeen U.57），图中该舰的舷号L.57令人不解，有可能是战时的审查部门对照片动过了手脚。

利物浦之后由西部海口司令部的护航组——第37至第44护航组（见表十三）担任护航，1943年开始MOEF中的几个加拿大护航组也被临时转调至这一航线。这一合并船队在抵达直布罗陀以西后分离，其中KMS船队在西部海口护航组的护航下前往直布罗陀，然后在那里改由地中海舰队的护航舰艇护航进入地中海，西部海口护航组则在直布罗陀休整后等待接纳归航的MKS船队；合并船队分离后OS船队的护航任务则交给刚完成护航SL船队任务并在直布罗陀休整后出航的弗里敦护航舰队直到抵达弗里敦，由于弗里敦护航舰队的护航区域比之前大大扩展，它的编制也不再是以前仅有的几艘拖网渔船，而是由旧式驱逐舰和驱潜快艇组成。塞拉利昂航线的归航船队模式相同，只是颠倒一下：SL船队先由弗里敦护航舰队护航至直布罗陀以西与从直布罗陀驶出的由西部海口护航组护航的MKS船队会合合并，弗里敦护航舰队则前往直布罗陀等待接纳OS船队。合并后的归航船队编号如“SL-128/MKS-12”，在西部海口护航组的护航下最后抵达利物浦。

盟军原来往返于直布罗陀和英国间的HG/OG船队中HG系列已在1942年下半年撤销，但OG系列在1943年曾短暂恢复，OG-90于1943年5月20日从利物浦起航。从7月28日启航的OG-91开始，该系列和OS系列一样也和南下的KMS系列合并航行，其中OS系列同单数序号的KMS船队合并，OG系列同双数序号的KMS船队合并。与此同时，反向船队也

表十三：塞拉利昂、直布罗陀航线远洋护航力量的编成（1943年1月至3月）

第37护航组 —— 轻型护卫舰“黑天鹅”号（HMS Black Swan U.57）、“福韦”号（HMS Fowey U.15）；驱潜快艇“麦瓶草”号（HMS Campion K.108）、“康乃馨”号（HMS Carnation K.00）、“圣马洛人”号（HMS La Malouine K.46）、“锦葵”号（HMS Mallow K.81）、“勿忘我”号（HMS Myosotis K.65）、“景天”号（HMS Stonecrop K.142）

第38护航组 —— 轻型护卫舰“女巫”号（HMS Enchantress U.56）、“利思”号（HMS Leith U.36）、“桑威治”号（HMS Sandwich U.12）；驱潜快艇“牛舌草”号（HMS Anchusa K.186）、“耧斗菜”号（HMS Columbine K.94）、“金鸡菊”号（HMS Coreopsis K.32）、“长寿花”号（HMS Jonquil K.68）、“南庭荠”号（HMS

Aubretia K.96）、“紫罗兰”号（HMS Violet K.35）

第39护航组——轻型护卫舰“罗切斯特”号（HMS Rochester U.50）、“弗利特伍德”号（HMS Fleetwood U.47）、“斯卡巴勒”号（HMS Scarborough U.25）；驱潜快艇“凤仙花”号（HMS Balsam K.72）、“款冬”号（HMS Coltsfoot K.140）、“绣线菊”号（HMS Spiraea K.08）、“木犀草”号（HMS Mignonette K.38）、“杜鹃花”号（HMS Azalea K.25）、“天竺葵”号（HMS Geranium K.16）

第40护航组——轻型护卫舰“阿伯丁”号（HMS Aberdeen U.97）、“黑斯廷斯”号（HMS Hastings U.27）、“伦敦德里”号（HMS Londonderry U.76）、“拜德福德”号（HMS Bideford U.43）；轻型护卫舰（原美国海岸警卫队快艇）“兰德加德”号（HMS Landguard Y.56）、“拉尔沃思”号（HMS Lulworth Y.60）；护卫舰“尼思”号（HMS Nith K.215）、“莫约拉”号（HMS Moyola K.260）、“韦弗内”号（HMS Waveney K.248）

第42护航组——驱逐舰“布拉德福”号（HMS Bradford H.72）；轻型护卫舰“韦斯顿”号（HMS Weston U.72）、“福尔克斯通”号（HMS Folkestone U.22）、“惠灵顿”号（HMS Wellington U.65）、“洛斯托夫特”号（HMS Lowestoft U.59）；轻型护卫舰（原美国海岸警卫队快艇）“高尔斯顿”号（HMS Gorlestone Y.92）、“托特兰”号（HMS Totland Y.88）；护卫舰“伊克斯”号（HMS Exe K.92）、“尼斯”号（HMS Ness K.219）

第44护航组——驱逐舰“克莱尔”号（HMS Clare I.14）；轻型护卫舰“白鹭”号（HMS Egret U.75）、“白尾鹫”号（HMS Erne U.03）；轻型护卫舰（原美国海岸警卫队快艇）“班夫”号（HMS Banff Y.43）、“费希加德”号（HMS Fishguard Y.59）；护卫舰“泰斯特”号（HMS Test K.239）、“泰维奥特”号（HMS Teviot K.222）、“特伦特”号（HMS Trent K.243）、“贝恩屯”号（HMS Bayntun K.310）

采用了类似的模式，从7月13日起航的SL-133开始，该系列只同双数序号的MKS船队合并，单数序号的MKS船队单独航行至利物浦。然而这样的组织方式仅持续了很短的时间，由于OG系列的任务完全可由KMS系列替代，前者在派发5班——即从OG-91/KMS-22至OG-95/KMS-30——之后便被撤销。OS系列同KMS系列的组合及SL系列同MKS系列的组合恢复了一对一的关系。

和英国一样，美国也为北非登陆及后续的行动开辟了专门的护航航线，并且形成了与英国相同的体系：从美国前往地中海的快速UGF（US to Gibraltar, Fast）系列和慢速UGS（US to Gibraltar, Slow）系列以及它们相应的反向系列GUF和GUS，这一中大西洋航线开启时两端终点分别是纽约以南的汉普顿罗兹和北非的卡萨布兰卡。和KMF/KMS系列一样，快速的UGF系列负责输送美国士兵前

■ 加拿大江河级护卫舰“斯旺西”号（HMCS Swansea K.328），1944年上半年隶属第9护航组（支援舰队），参加了诺曼底行动中的反潜作战。

■ 1945年，当德国潜艇不再是主要威胁后，气候成为护航船队的第一大敌，这是从苏联归航的RA.64船队中的1艘美国自由轮在风暴中艰难航行。

往北非战场，而慢速UGS系列则负责输送补给品，但1942年10月24日起航的第一班UG船队UGF-1包含了所有运兵船只和物资输送船只，因而没有相应的UGS船队，第一班慢速UGS船队从序号2开始，其反向GUS系列也相应从序号2开始。美国这条中大西洋航线的护航任务全部由美国海军舰艇负责，第32至第39特混舰队（TF 32至TF 39）主要由驱逐舰组成，并各自配备有1艘给油舰，它们以类似于英、加MOEF护航组的形式对这一航线进行远洋护航（见表十四）。1943年3月15日启，TF 32至TF 39改称TF 62至TF 69。

尽管UGF/UGS航线的东端终点名义上一直是卡萨布兰卡，但随着陆上部队的推进，UGF/UGS船队也开始进入地中海（有时甚至与KMS船队合并航行），在整个1943年上半年一度以奥兰为终点，此时美国护航舰艇在直布罗陀以西将船队交由英国地中海舰队的护航舰艇护航至目的地。由于北非战事接近尾声，输送部队的UGF系列及其反向GUF系列在1943年8月至9月的UGF-10和GUF-10之后暂时停航，而UGS/GUS系列则继续运作，但东

表十四：中大西洋航线远洋护航兵力编成（1943年1月至3月）

TF 32 —— 驱逐舰“赫伯特”号（USS Herbert DD160）、“伯纳度”号（USS Bernadou DD153）、“科尔”号（USS Cole DD155）、“达拉斯”号（USS Dallas DD199）；扫雷舰“山雀”号（USS Chickadee AM59）；给油舰“马托尔”号（USS Mattole A017）；拖船“莫雷诺”号（USS Moreno AT87）

TF 33 —— 驱逐舰“温赖特”号（USS Wainright DD419）、“梅兰特”号（USS Mayrant DD402）、“罗温”号（USS Rowan DD405）、“林德”号（USS Rhind DD404）、“特里普”号（USS Trippe DD403）、“钱普林”号（USS Champlin DD601）、“霍比”号（USS Hobby DD610）、“杜邦”号（USS Du Pont DD152）；给油舰“契瓦瓦”号（USS Chiwawa A068）

TF 34 —— 战列舰“纽约”号（USS New York BB34）；轻巡洋舰“布鲁克林”号（USS Brooklyn CL40）；驱逐舰“巴克”号（USS Buck DD420）、“伍尔西”号（USS Woolsey DD437）、“勒德洛”号（USS Ludlow DD438）、“爱迪生”号（USS Edison DD439）、“威尔克斯”号（USS Wilkes DD441）、“斯旺森”号（USS Swanson DD443）、“罗”号（USS Roe DD418）、“布里斯托尔”号（USS Bristol DD453）、“尼科尔森”号（USS Nicholson DD442）；给油舰“马塔波尼”号（USS Mattaponi A041）

TF 35 —— 驱逐舰“帕克”号（USS Parker DD604）、“博伊尔”号（USS Boyle DD600）、“劳布”号（USS Laub DD613）、“麦克利什”号（USS Macleish DD220）、“麦考密克”号（USS McCormick DD223）、“奥弗顿”号（USS Overton DD239）；给油舰“梅里马克”号（USS Merrimack A037）

TF 36 —— 战列舰“阿肯色”号（USS Arkansas BB33）；轻巡洋舰“费城”号（USS Philadelphia CL41）；驱逐舰“梅尔文”号（USS Mervine DD489）、“奎克”号（USS Quick DD490）、“比蒂”号（USS Beatty DD640）、“埃蒙斯”号（USS Emmons DD457）、“奈特”号（USS Knight DD633）、“厄尔”号（USS Earle DD635）、“梅科姆”号（USS Macomb DD458）；给油舰“维努斯基”号（USS

Winooski AO38）

TF 37 —— 驱逐舰“吉拉迪”号（USS Gherardi DD637）、“杰弗斯”号（USS Jeffers DD621）、“莫菲”号（USS Murphy DD603）、“班布里奇”号（USS Bainbridge DD246）、“布鲁姆”号（USS Broome DD210）、“辛普森”号（USS Simpson DD221）；给油舰“舍蒙”号（USS Chemung AO30）

TF 38 —— 驱逐舰“普龙克特”号（USS Plunkett DD431）、“本森”号（USS Benson DD421）、“格利夫斯”号（USS Gleaves DD423）、“梅奥”号（USS Mayo DD422）；扫雷舰“渡鸦”号（USS Raven AM55）、“鱼鹰”号（USS Osprey AM56）；给油舰“豪萨托尼克”号（USS Housatonic AO35）、“卡威阿”号（USS Kaweah AO15）

TF 39 —— 驱逐舰“卡米克”号（USS Carmick DD493）、“麦肯齐”号（USS MacKenzie DD614）、“麦克拉纳罕”号（USS McLanahan DD615）

注：1943年3月15日起，TF 32至TF 39改称TF 62至TF 69。

端终点更向东延伸，达到塞得港，美国护航舰艇的护航东限也延伸至奥兰继而至邦角。

由于北非作战消耗了大量英国的燃料储备，英国要求从美洲输入额外燃料，美国勉强地答应了这一要求，并缓慢启动了从库拉索岛前往利物浦的燃料输送护航船队CU（Curacao to UK）系列及其反向UC（UK to Curacao）系列。CU-1船队于1943年3月20日起航，但在10月的CU-6之后该系列的始发港改为纽约。CU/UC船队中的大部分商船是油船，船队标准航速为14节，因此许多航速高于HX船队标准航速的客轮和货轮转而被编入CU/UC系列，这导致1944年这条航线中非油船的比例大大增加，这样的混合船队有时系列代号改称TCU/TUC，但序号保持连续。CU/UC航线上的护航任务完全由美国海军承担。

和北大西洋航线一样，美国海军从1943年中期开始在中大西洋也部署了数支支援编队，即前面所提及过的由1艘护航航母和数艘驱逐舰组成的“猎杀组”，它们各自作为一个特混大队被编在TF 21下，1943年7月参战的有TG 21.11–21.17（见表十五），其中TG 21.12即从北大西洋调来原第6护航组——盟军第一个支援舰队。1944年，这些猎杀组中的旧式驱逐舰逐步退出一线作战，而由新建成的大量护航驱逐舰替代，每支猎杀组中的舰只流动性也非常频繁，该年5月，所有猎杀组

表十五：美国海军猎杀组兵力编成（1943年7月）

TG 21.11 —— 护航航母“桑提”号（USS Santee CVE29）；驱逐舰“奥弗顿”号、“麦克利什”号、“班布里奇”号

TG 21.12 —— 护航航母“伯格”号；驱逐舰“奥斯蒙德·英格拉姆”号、“乔治·巴杰尔”号、“杜邦”号、“克莱姆森”号（USS Clemson DD186）

TG 21.14 —— 护航航母“卡德”号（USS Card CVE11）；驱逐舰“巴里”号（USS Barry DD248）、“博里”号（USS Borie DD215）、“戈夫”号（USS Goff DD247）

TG 21.15 —— 护航航母“克罗坦”号（USS Croatan CVE25）；驱逐舰“保罗·琼斯”号（USS Paul Jones DD230）、“帕罗特”号（USS Parrott DD218）、“贝尔纳普”号（USS Belknap DD251）

TG 21.16 —— 护航航母“科尔”号（USS Core CVE13）；驱逐舰“巴克”号（USS Barker DD213）、“巴尔末”号（USS Bulmer DD222）、“巴杰尔”号（USS Badger DD126）

TG 21.17 —— 护航航母“布洛克岛”号（USS Block Island CVE21）；驱逐舰组成中

被改编到第22特混舰队（TF 22）下，当时共计6个特混大队（见表十六），它们在大西洋反潜作战中起到了不可估量的作用。

护航体制的终止

1942年12月30日，作为北冰洋航线更改系列代号后首班援苏船队分支之一的JW-51B在航行过程中遭到德国重巡洋舰“希佩尔”号、“吕佐夫”号及6艘驱逐舰的拦截，但英国护航舰艇成功地挫败了德国重型舰艇的攻击，未有1艘商船受损。这场巴伦支海海战更重要的后果是德国海军总司令雷德尔离职，大大削弱了水面舰艇对北冰洋航线的威胁。此后，援苏JW船队系列和反向船队RA系列在各派出两班后暂时搁置，以度过不适合航行的极昼期，这是吸取了1942年北冰洋航线的教训。JW/RA系列在1943年11月恢复，并且在一个月后的JW-55B船队行动中英国得以击沉德国战列巡洋舰“沙恩霍斯特”号，德国

表十六：美国海军猎杀组兵力编成（1944年5月）

TG 22.1 —— 护航航母“布洛克岛”号；护航驱逐舰“阿伦斯”号（USS Ahrens DE575）、“尤金·埃尔穆尔”号（USS Eugene E. Elmore DE686）、“巴尔”号（USS Barr DE576）、“巴克利”号（USS Buckley DE51）、“罗伯特·佩恩”号（USS Robert I. Paine DE578）

TG 22.2 —— 护航航母“伯格”号；护航驱逐舰“哈弗菲尔德”号（USS Haverfield DE393）、“约翰逊”号（USS Janssen DE396）、“威利斯”号（USS Willis DE395）、“弗朗西斯·罗宾逊”号（USS Francis M. Robinson DE220）、“威尔霍伊特”号（USS Wilhoite DE397）

TG 22.3 —— 护航航母“瓜达尔卡纳尔”号（USS Guadalcanal CVE60）；护航驱逐舰“查特林”号（USS Chatelain DE149）、“皮尔斯伯里”号（USS Pillsbury DE133）、“波普”号（USS Pope DE134）、“弗莱厄蒂”号（USS Flaherty DE135）、“詹克斯”号（USS Jenks DE665）

TG 22.4 —— 护航航母“威克岛”号（USS Wake Island CVE65）；护航驱逐舰“道格拉斯·霍华德”号（USS Douglas L. Howard DE138）、“菲斯克”号（USS Fiske DE143）、“法夸尔”号（USS Farquhar DE139）、“J.布莱克利”号（USS J.R.Y. Blakely DE140）、“希尔”号（USS Hill DE141）

TG 22.5 —— 护航航母“克罗坦”号；护航驱逐舰“巴伯”号（USS Barber DE161）、“斯韦齐”号（USS Swasey DE248）、“斯诺登”号（USS Snowden DE246）、“弗罗斯特”号（USS Frost DE144）、“休兹”号（USS Huse DE145）、“英奇”号（USS Inch DE146）

TG 22.10 —— 护航航母“卡德”号；护航驱逐舰“托马斯”号（USS Thomas DE102）、“布里曼”号（USS Breeman DE104）、“布朗斯坦”号（USS Bronstein DE189）、“博斯特威克”号（USS Bostwick DE103）、“贝克”号（USS Baker DE190）

水面舰艇的威胁被进一步解除。1944年，每支北冰洋船队除了大量英国本土舰队的战列舰艇提供护航外均配备有护航航母提供空中掩护，还有新组建的支援舰队进行增援，在这样强大的防御下，许多船队至多仅受到德国潜艇和飞机的零星攻击，损失也很小，北冰洋航线上更多的是与气候的较量了。

在北大西洋，护航船队的运作从1944年上半年开始逐渐受到即将进行的诺曼底登陆战役的影响，大量护航舰艇被调离北大西洋航线而参加诺曼底战役，因此在1944年3月至4月的ONS-32和SC-157船队起航之后ONS和SC这两条慢速航线暂时停航，所有快速和慢速商船均被编入ON和HX船队临时以航速区分的不同班次，因此产生了几班规模极其庞大的船队，如1944年7月17日从纽约起航的HX-300包含166艘商船，成为进入蒸汽时代后最庞大的一支护航船队。部分护航舰艇被抽调后使MOEF仅剩C1-C5和B2-B5这样9个护航组，其中5个加拿大护航组负责北大西洋航线，4个英国护航组则转为直布罗陀航线护航（见表十七）。被抽调走的护航舰艇组成新的支援舰队，并和大部分已有的支援舰队在诺曼底战役中驻守在英吉利海峡西侧和比斯开湾，担任反潜警戒圈，共计10个支援舰队（见表十八），由第2护航组指挥官沃克上校统一指挥（沃克本人在诺曼底的行动结束后由于过度疲劳去世）。

在地中海，一度停航的UGF/GUF系列在1944年5月重新开始运作，UGF-11于5月17

■ 1944年5月隶属TG 22.10的美国护航航母“卡德”号。

表十七：大洋中部护航舰队（MOEF）的编成（1944年6月）

C1护航组 —— 护卫舰“新格拉斯哥”号（HMCS New Glasgow K.320）、“谢伯格”号（HMCS Chebogue K.317）；驱潜快艇“钱布利”号、“弗里德里克顿”号（HMCS Fredericton K.245）、“哈利法克斯”号（HMS Halifax K.237）、“弗朗蒂纳克”号（HMCS Frontenac K.335）、“吉法尔”号（HMCS Giffard K.402）、“奥伦治维尔”号（HMCS Orangeville K.491）、“埃德蒙斯顿”号

C2护航组 —— 护卫舰“莫诺”号（HMCS Monnow K.441）、“圣凯瑟林斯”号（HMCS St. Catherine's K.325）；驱潜快艇“奇利瓦克”号、“茴香”号、“莫登”号、“欧文海峡”号（HMCS Owen Sound K.340）、“坎姆卢普斯”号（HMCS Kamloops K.176）、“萨克维尔”号

C3护航组 —— 护卫舰“鲁珀特亲王”号（HMCS Prince Rupert K.324）、“埃特里克”号（HMCS Ettrick K.254）；驱潜快艇“南蛇藤”号、“纳帕尼”号、“小米草”号、“福雷斯特·希尔”号（HMCS Forrest Hill K.486）、“延龄草”号、“拉马尔巴耶”号

C4护航组 —— 护卫舰“蒙特利尔”号（HMCS Montreal K.319）、“温特沃思”号（HMCS Wentworth K.331）；驱潜快艇“布兰登”号、“科林伍德”号、“北湾”号（HMCS North Bay K.339）、“阿默斯特”号、“魁北克镇”号（HMCS Ville de Quebec K.242）

C5护航组 —— 护卫舰“邓弗”号（HMCS Dunver K.03）、“尼恩”号；驱潜快艇“道芬”号、“新威斯敏斯特”号、“罗斯瑟恩”号、“朗布兰奇”号（HMCS Longbranch K.487）、“赫斯佩勒”号（HMCS Hespeler K.489）、“阿尔戈马”号（HMCS Algoma K.127）

B2护航组 —— 驱逐舰“赫斯佩鲁斯”号；护卫舰“科顿”（HMS Cotton K.510）、“加迪纳”号（HMS Gardiner K.478）、“穆尼”号（HMS Mourne K.261）；驱潜快艇“弗林特堡”号（HMS Flint Castle K.383）、“拉申堡”号（HMS Rushen Castle K.372）、“汤士伯格堡”号（HNoMS Tunsberg Castle K.374）、

“牛津堡”号（HMS Oxford Castle K.692）

B3护航组 —— 护卫舰“安圭拉”号（HMS Anguilla K.500）、“安提瓜”号（HMS Antigua K.501）、“陶伊”号（HMS Towy K.294）；驱潜快艇“奈尔斯伯勒堡”号（HMS Knaresborough Castle K.389）、“利兹堡”号（HMS Leeds Castle K.384）、“廷塔基尔堡”号（HMS Tintagel Castle K.399）、“阿灵顿堡”号（HMS Allington Castle K.689）、“赫斯特堡”号（HMS Hurst Castle K.416）

B4护航组 —— 驱逐舰“海兰德”号；护卫舰“贝恩屯”号、“福利”号（HMS Foley K.474）、“赫尔姆斯代尔”号（HMS Helmsdale K.253）；驱潜快艇“肯尼尔沃思堡”号（HMS Kenilworth Castle K.420）、“佩文西堡”号（HMS Pevensey Castle K.449）、“波特切斯特堡”号（HMS Portchester Castle K.362）、“朗瑟斯顿堡”号（HMS Launceston Castle K.397）、“莫佩思堡”号（HMS Morpeth Castle K.693）

B5护航组 —— 护卫舰“亚森松”号（HMS Ascension K.502）、“伊克斯”号、“莫约拉”号；驱潜快艇“伯克利堡”号（HMS Berkeley Castle K.387）、“卡里斯布鲁克堡”号（HMS Carisbrooke Castle K.379）、“敦巴顿堡”号（HMS Dumbarton Castle K.388）、“哈德利堡”号（HMS Hadleigh Castle K.355）、“班伯勒堡”号（HMS Bamborough Castle K.412）

注：

1.本表为名义编成，实际作战中总有1艘至多艘舰艇在维修而未出航；

2.本表中以HMS、HMCS和HNoMS区分英国、加拿大和挪威流亡政府海军舰艇。

日从汉普顿罗兹启航驶往那不勒斯，其后这两个系列主要负责为在法国南部登陆的行动运送人员和物资。1944年10月以后，所有UG和GU船队中除UGS系列外均以奥兰作为航线东端的终点，UGS系列以直布罗陀为终点。1944年8月以后盟军在法国取得的胜利直逼在法国比斯开湾沿岸的德国潜艇基地和空军基地，从1940年下半年起开始困扰盟军多条护航航线的威胁终于被解除，这使二战爆发时最初的西部海口水域航线重新被启用，即归航船队在地端岬（Land’s End）附近分离出前往利物浦和前往东海岸的两部分，其中前者继续北上经过圣乔治海峡抵达目的地，后者则通过英吉利海峡到达伦敦等港口；而离

表十八：诺曼底战役中组成反潜警戒圈的盟军支援舰队（1944年6月）

第1护航组 —— 护卫舰“阿弗莱克”号、“高尔”号、“加利斯”号、“鲍尔弗”号、“卡佩尔”号、“本特利”号（HMS Bentley K.465）

第2护航组 —— 轻型护卫舰“燕八哥”号、“鹪鹩”号、“啄木鸟”号；护卫舰“基林湖”号（HMS Loch Killin K.391）、“法达湖”号（HMS Loch Fada K.390）、“多米尼加”号（HMS Dominica K.507）

第3护航组 —— 护卫舰“达克沃思”号、“埃辛顿”号、“布雷思韦特”号（HMS Braithwaite K.468）、“贝里”号、“库克”号、“多米特”号

第5护航组 —— 护卫舰“比克顿”号（HMS Bickerton K.466）、“艾尔末”号（HMS Aylmer K.463）、“布赖”号（HMS Bligh K.467）、“基茨”号（HMS Keats K.482）、“古德森”号（HMS Goodson K.480）

第6护航组 —— 护卫舰“瓦斯凯休”号（HMCS Waskesiu K.330）、“乌特蒙”号（HMCS Outremont K.322）、“布列顿角”号（HMCS Breton K.350）、“格鲁”号（HMCS Grou K.518）、“提姆”号（HMCS Teme K.458）

第9护航组 —— 护卫舰“马塔内”号（HMCS Matane K.444）、“斯旺西”号（HMCS Swansea K.328）、“斯托蒙特”号（HMCS Stormont K.327）、“科尔伯恩港”号（HMCS Port Colborne K.326）、“圣约翰”号（HMCS St. John K.456）、“米恩”号（HMCS Meon K.269）

第11护航组 —— 驱逐舰“渥太华”号（HMCS Ottawa H.31）、“库特奈”号（HMCS Kootenay H.75）、“首迪埃尔”号（HMCS Chaudiere H.99）、“圣劳伦特”号、“加蒂诺”号（HMCS Gatineau H.61）

第12护航组 —— 驱逐舰“夸佩尔”号（HMCS Qu'Appelle H.69）、“萨斯喀彻温”号（HMCS Saskatchewan H.70）、“斯基纳”号、“雷斯蒂古什”号

第14护航组 —— 驱逐舰“赫斯佩鲁斯”号、“哈夫洛克”号、“费姆”号、“无常”号、“伊卡洛斯”号

第15护航组 —— 驱逐舰“英格利斯”号（HMS Inglis K.570）、“罗森”号（HMS Lawson K.516）、“路易斯”号（HMS Louis K.515）、“穆尔瑟恩”号（HMS Moorsom K.567）、“穆恩西”号（HMS Mounsey K.569）、“卡姆”号（HMS Cam K.264）

注：本表中以HMS和HMCS区分英国和加拿大舰艇。

■ 二战末期的一支由MAC船护航的北大西洋HX船队，最近处为MAC船“帝国麦凯”号（Empire MacKay），其船尾左舷后方可见1艘堡级驱潜快艇。

■ 这张1945年9月摄于哈利法克斯的照片展现了两艘投降的德国潜艇停泊在3艘加拿大江河级护卫舰旁的情形，注意画面最右边的1艘江河级的雷达装备全部被改装为美国雷达，很明显是为了前往太平洋战场作战。

英船队中北大西洋航线的ON系列则得以再度利用东海岸的绍森德（South end）作为始发港。德国潜艇无法再以法国为基地也使南大西洋不再遭受威胁，因此从弗里敦起航的SL系列在1944年11月25日启航的SL-178之后永久终止，须从塞拉利昂前往英国的船只可先单独前往直布罗陀，然后加入那里的MKS船队。反向的OS/KMS船队也不再需要全程护航，一般一个护航组在葡萄牙海岸就离开南行船队并在那里等待北行的MKS船队，OS/KMS船队在接近直布罗陀时有少量驻扎在那里的局域护航舰艇护航并且在两个系列分离后，OS船队再航行不长的距离后便解散，船只单独前往目的地。因诺曼底的行动而暂时停运的北大西洋慢速船队SC和ONS系列也在1944年10月恢复，并且维持到大战结束。1945年5月随着德国的投降，盟军各条护航航线依次停止运作，恢复了和平时期的航运。以下按时间顺序记录了每条重要航线上最后一班船队的起航：

1945年3月28日，UGF系列（汉普顿罗兹至奥兰）的UGF-22从汉普顿罗兹起航。

4月16日，GUF系列（奥兰至汉普顿罗兹）的GUF.22从奥兰起航。

5月12日，JW系列（克莱德河至科拉湾）的JW-67从克莱德河起航。

5月21日，ONS系列（利物浦至哈利法克斯）的ONS-51从利物浦起航。

5月23日，HX系列（纽约至利物浦）的HX-358从纽约起航。同日，KMF系列（克莱德河至直布罗陀）的KMF-45从克莱德河启航，船队航行1天后解散。同日，RA系列（科拉湾至克莱德河）的RA-67从科拉湾起航。

5月25日，MKS系列（直布罗陀至利物浦）的MKS.103从直布罗陀起航。

5月26日，SC系列（哈利法克斯至利物浦）的SC-177从哈利法克斯起航。

5月27日，ON系列（利物浦或绍森德至纽约）的ON-305从绍森德起航，船队在途中解散，船只独自驶往目的港。同日，OS和KMS系列（利物浦至弗里敦和利物浦至直布罗陀）的OS-131/KMS-105从利物浦起航，合并船队在抵达直布罗陀前解散，未形成相应单独的KMS和OS船队。同日，GUS系列（奥兰至汉普顿罗兹）的GUS-92从奥兰起航。

5月28日，UGS系列（汉普顿罗兹至直布罗陀）的UGS-95从汉普顿罗兹起航，船队航行1天后解散。

5月30日，CU系列（纽约至利物浦）的CU-73从纽约起航。

6月3日，UC系列（利物浦至纽约）的UC-71从利物浦起航，船队航行1天后解散。

6月4日，MKF系列（直布罗陀至利物浦）的MKF-45从直布罗陀起航。

盟军重要护航船队商船被德国潜艇击沉一览（1942年）

说明：

1. 本表所列仅为远洋护航船队中遭德国潜艇攻击造成的损失，并未列出任何单独航行船只、护航船队中的掉队船只及近岸护航船队中的损失，因此本表远非盟军商船被德国潜艇击沉的全记录。

2. 由两艘德国潜艇共同击沉的，在“攻击者”一栏中以诸如“U-99/47”这样的方式记录。

3. 所有商船的吨位均为GRT（总登记吨）。

4. 被击沉商船船员死亡数后加“全”字表示全体船员遇难。

HX系列船队：加拿大哈利法克斯至英国利物浦，从HX-208起改为美国纽约至利物浦						
损失日期	攻击者	船名及译名	吨位	船籍	船员死亡数	货物
HX-209：1942.9.24起航，共35艘商船，1942.10.9抵达。						
1942.10.4	U-254	Robert H. Colley罗伯特·考利	11651	美国	不详	154000桶锅炉重油
HX-212：1942.10.18起航，共43艘商船，1942.11.2抵达。						
1942.10.27	U-436/606	Gurney E.Newlin古尔尼·纽林	8225	美国	60	12000吨汽油和石蜡
1942.10.27	U-436	Sourabaya苏腊巴亚	10107	英国	77	7800吨重油
1942.10.28	U-606/624	Kosmos Ⅱ科斯莫斯Ⅱ	16966	挪威	40	21000吨原油
1942.10.29	U-436	Barrwhin巴尔温	4998	英国	24	8200吨粮食和补给品
1942.10.29	U-624	Pan-New York泛纽约	7701	美国	42	12500吨轻质油
HX-217：1942.11.27起航，共26艘商船，1942.12.14抵达。						
1942.12.8	U-524	Empire Spenser帝国史宾塞	8194	英国	1	10000吨苯
1942.12.9	U-553	Charles LD查尔斯LD	5273	英国	36	6517吨杂货

SL系列船队：塞拉利昂弗里敦至英国利物浦，从SL-a128起与MKS船队在直布罗陀以西海上合并						
损失日期	攻击者	船名及译名	吨位	船籍	船员死亡数	货物
SL-109：1942.5.4起航，共34艘商船，1942.5.28抵达。						
1942.5.12	U-128	Denpark·丹帕克	11651	美国	不详	5000吨锰矿石
SL-118：1942.8.4起航，共34艘商船，1942.8.26抵达。						
1942.8.17	U-566	Triton 特里顿	6607	挪威	无	羊毛、小麦和杂货
1942.8.18	U-214	Balingkar 巴林卡尔	6318	荷兰	2	杂货
1942.8.18	U-214	Hatarana 哈塔拉纳	7522	英国	无	8300吨杂货
1942.8.19	U-406	City of Manila 马尼拉城	7452	英国	1	10000吨西非特产
SL-119：1942.8.14起航，共29艘商船，1942.9.4抵达。						
1942.8.28	U-566	City of Cardiff 加的夫城	5661	英国	21	7500吨杂货
1942.8.28	U-566	Zuiderkerk 崔德科克	8424	荷兰	无	8045吨杂货

SL-125：1942.10.16起航，共42艘商船，1942.11.9抵达。

1942.10.27	U-509	Pacific Star 太平洋之星	7591	英国	无	5037吨冻肉和杂货
1942.10.27	U-509	Stentor 斯坦托尔	6148	英国	44	6000吨西非特产
1942.10.28	U-509	Brittany 不列塔尼	4772	英国	14	7132吨杂货
1942.10.28	U-509	Nagpore 纳格坡	5283	英国	19	5500吨杂货、1500吨铜
1942.10.29	U-509/203	Hopecastle 希望城堡	5178	英国	5	5500吨杂货
1942.10.30	U-604	Baron Vernon 弗农男爵	3642	英国	无	5500吨铁矿石
1942.10.30	U-409/659	Bullmouth 布尔茅斯	7519	英国	50	空载
1942.10.30	U-409/659/203	Corinaldo 科林纳尔多	7131	英国	8	5141吨冻肉
1942.10.30	U-604	President Doumer 杜梅总统	11898	英国	260	杂货、63名乘客
1942.10.30	U-659/103	Silverwillow 银柳	6373	英国	5	9000吨杂货
1942.10.31	U—409	Tasmania 塔斯马尼亚	6405	英国	2	8500吨食品和铁

MKS系列船队：地中海经直布罗陀至英国利物浦，从MKS-12起与SL船队在直布罗陀以西海上合并

损失日期	攻击者	船名及译名	吨位	船籍	船员死亡数	货物
MKS-1X：1942.11.12启航（阿尔及尔），共28艘商船，1942.11.23抵达（克莱德河）。						
1942.11.16	U-92	Clan MacTarggart克兰·麦克塔加	7622	英国	3	空载

SC系列船队：加拿大悉尼或哈利法克斯（冬季）至英国利物浦，从SC-102起改为美国纽约至利物浦，从SC-125起又改回哈利法克斯至利物浦

损失日期	攻击者	船名及译名	吨位	船籍	船员死亡数	货物
SC-67：1942.1.30起航（哈利法克斯），共22艘商船，1942.2.15抵达。						
1942.5.12	U-128	Heina 海纳	4028	挪威	无	6695吨杂货
SC-94：1942.7.31起航（悉尼），共30艘商船，1942.8.13抵达。						
1942.8.5	U-593	Spar 斯巴	3616	荷兰	3	4900吨杂货
1942.8.8	U-379	Anneberg 安妮堡	2537	英国	无	3200吨纸浆
1942.8.8	U-379	Kaimoku 凯莫库	6367	美国	4	美国陆军补给品
1942.8.8	U-176	Kelso 凯尔索	3956	英国	3	2618吨杂货、2000吨军火
1942.8.8	U-176	Mount Kassion 卡逊山	7914	希腊	无	9700吨杂货
1942.8.8	U-176	Trehata 特雷哈塔	4817	英国	31	3000吨钢、3000吨食品
1942.8.9	U-176	Radchurch 拉德彻奇	3701	英国	无	铁矿石
1942.8.10	U-660	Cape Race 雷斯角	3807	英国	无	3979吨木材、1040吨钢
1942.8.10	U-660/438	Condylis 孔代利斯	4439	希腊	9	6924吨粮食和卡车
1942.8.10	U-660	Empire Reindeer 帝国驯鹿	6259	英国	无	5950吨杂货
1942.8.10	U-660/438	Oregon 俄勒冈	6008	英国	11	8107吨杂货
SC-95：1942.8.4起航（哈利法克斯），共41艘商船，1942.8.19抵达。						
1942.8.15	U-705	Balladier 巴拉迪尔	3279	美国	11	杂货
SC-97：1942.8.22起航（哈利法克斯），共59艘商船1942.9.7抵达。						
1942.8.31	U-609	Bronxville 布朗克斯韦尔	4663	挪威	无	杂货及530吨炸药
1942.8.31	U-609	Capira 卡皮拉	5265	巴拿马	5	不详
SC-100：1942.9.12起航（哈利法克斯），共20艘商船，1942.9.28抵达。						
1942.9.20	U-596	Empire Hartebeeste 帝国大羚羊	5676	英国	5	7000吨钢、食品及汽车
1942.9.22	U-617	Athelsultan 阿塞尔苏丹	8882	英国	50	13000吨磨拉石
1942.9.22	U-617	Tennessee 田纳西	2342	英国	15	3438吨小麦

SC-104：1942.10.3起航，共47艘商船，1942.10.21抵达。						
1942.10.13	U-221	Ashworth 阿什沃思	5277	英国	49	7300吨矾土
1942.10.13	U-221	Fagersten 法格尔斯滕	2342	挪威	19	钢及木材
1942.10.13	U-221	Southern Empress 南方皇后	12398	英国	48	重油
1942.10.13	U-221	Susana 苏萨纳	5929	美国	38	杂货及邮件
1942.10.13	U-607	Nellie 内利	4826	希腊	32	1783吨钢、木材
1942.10.13	U-661	Nikolina Matkovic 马特科维奇	3672	南斯拉夫	14	木材与糖
1942.10.14	U-618	Empire Mersey 帝国默西	5791	英国	16	8400吨政府补给品
SC-107：1942.10.24起航，共41艘商船，1942.11.10抵达。						
1942.11.2	U-402	Dalcroy 达尔克罗伊	4558	英国	无	1809吨钢及木材
1942.11.2	U-402	Rinos 里诺斯	4649	希腊	8	6151吨杂货和汽车
1942.11.2	U-402/84	Empire Sunrise 帝国日出	7459	英国	无	10000吨钢及木材
1942.11.2	U-522	Maritima 马里提马	5804	英国	32	7167吨杂货和炸药
1942.11.2	U-522	Mount Pelion 佩利翁山	5655	希腊	7	7452吨杂货和汽车
1942.11.2	U-522	Parthenon 帕特农	3198	希腊	6	杂货
1942.11.2	U-522/521/438	Hartington 哈廷顿	5496	英国	24	8000吨小麦和坦克
1942.11.2	U-402	Empire Antelope 帝国羚羊	4945	英国	无	5560吨杂货
1942.11.2	U-402	Empire Leopard 帝国豹	5676	英国	37	7410吨精炼锌
1942.11.3	U-132	Empire Lynx 帝国山猫	6379	英国	无	7850吨杂货
1942.11.3	U-132	Hatimura 哈提穆拉	6690	英国	4	杂货、军火
1942.11.3	U-132	Hobbema 霍贝玛	5507	荷兰	28	7000吨杂货和炸药
1942.11.3	U-89	Jeypore 杰伊普尔	5318	英国	1	6200吨杂货和炸药
1942.11.3	U-521	Hahira 哈希拉	6855	美国	3	8985吨重油
1942.11.4	U-89	Daleby 戴尔比	4640	英国	无	8500吨粮食
SC-109：1942.11.9起航，共45艘商船，1942.11.30抵达。						
1942.11.18	U-43	Brilliant 华美	9132	美国	不详	13500吨燃料

MKF系列船队：地中海经直布罗陀至英国利物浦或克莱德河，部分只航行至直布罗陀						
损失日期	攻击者	船名及译名	吨位	船籍	船员死亡数	货物
MKF-1X：1942.11.12起航（直布罗陀），共11艘商船，1942.11.19抵达（克莱德河）						
1942.11.14	U-413	Warwick Castle 沃里克城堡	20107	英国	62	空载登陆艇
MKF-1Y：1942.11.14起航（直布罗陀），共8艘商船，1942.11.20抵达（克莱德河）						
1942.11.15	U-155	Ettrick 埃特里克	11279	英国	24	空载登陆艇

ON系列船队：由利物浦起航，在加拿大水域解散，从ON-23起部分船队可被护航至哈利法克斯或波士顿，从ON-119起目的地改为纽约						
损失日期	攻击者	船名及译名	吨位	船籍	船员死亡数	货物
ON-55：1942.1.8起航，共28艘商船，1942.1.26在海上解散						
1942.1.14	U-43	Chepo 切波	5582	巴拿马	17	1750吨杂货
1942.1.14	U-43	Empire Surf 帝国冲浪	6641	英国	47	空载
ON-60：1942.1.26起航，共45艘商船，1942.2.15抵达（哈利法克斯）						
1942.2.9	U-85	Empire Fusilier 帝国火枪手	5408	英国	9	空载
ON-67：1942.2.14起航，共37艘商船，1942.3.1抵达（哈利法克斯）						
1942.2.22	U-155	Adellen 阿德伦	7984	英国	36	空载
1942.2.22	U-155	Sama 萨马	1799	挪威	20	1000吨瓷土
1942.2.24	U-558/587	Anadara 阿纳达拉	8009	英国	62	空载

1942.2.24	U-158	Finnanger 芬南格	9551	挪威	39	空载
1942.2.24	U-558/158	Eidanger 埃丹格	9432	挪威	无	空载
1942.2.24	U-558	Empire Celt 帝国凯尔特人	8032	英国	6	空载
1942.2.24	U-558	Inverarder 因弗拉德	5578	英国	无	空载
ON-92：1942.5.6起航，共42艘商船，1942.5.21抵达（哈利法克斯）						
1942.5.12	U-94	Cocle 科克尔	5630	巴拿马	4	杂货
1942.5.12	U-124	Cristales 克里斯泰尔斯	5389	英国	无	杂货、瓷土
1942.5.12	U-124	Empire Dell 帝国溪谷	7065	英国	2	空载
1942.5.12	U-124	Llanover 兰诺威	4959	英国	无	空载
1942.5.12	U-124	Mount Parnes 帕恩斯山	4371	希腊	无	煤
1942.5.13	U-94	Batna 巴特纳	4399	英国	1	4988吨煤
1942.5.13	U-94	Tolken 托尔肯	4471	瑞典	无	空载
ON-100：1942.6.2起航，共39艘商船，1942.6.19抵达（科德角）						
1942.6.10	U-94	Empire Clough 帝国克拉夫	6147	英国	5	空载
1942.6.10	U-94	Ramsay 拉姆齐	4855	英国	40	空载
1942.6.11	U-124	Dartford 达特福德	4093	英国	30	空载
ON-102：1942.6.9起航，共47艘商船，1942.6.25抵达（哈利法克斯）						
1942.6.18	U-124	Seattle Spirit 西雅图精神	5627	美国	4	空载
ON-113：1942.7.17起航，共35艘商船，1942.7.31抵达（哈利法克斯）						
1942.7.25	U-552	Broompark 布鲁姆帕克	5136	英国	4	空载
1942.7.26	U-607	Empire Rainbow 帝国彩虹	6942	英国	无	空载
1942.7.29	U-132	Pacific Pioneer 太平洋先锋	6734	英国	无	空载
ON-115：1942.7.24起航，共41艘商船，1942.8.8抵达（波士顿）						
1942.8.3	U-553/607	Belgian Soldier 比利时士兵	7167	比利时	21	空载
1942.8.3	U-553	Loch Katrine 卡特林湖	9419	英国	9	空载
ON-122：1942.8.15起航，共36艘商船，1942.9.3在海上解散						
1942.8.25	U-176或438	Empire Breeze 帝国微风	7457	英国	1	空载
1942.8.25	U-605	Katvaldis 卡特瓦尔迪斯	3163	英国	3	空载
1942.8.25	U-605	Sheaf Mount 希夫峰	5017	英国	31	空载
1942.8.25	U-438	Trolla 特罗拉	1598	挪威	5	空载
ON-127：1942.9.4起航，共34艘商船，1942.9.20抵达						
1942.9.10	U-96	Elisabeth van Belgie 范比利时	4241	比利时	1	空载
1942.9.10	U-96	Steve 史蒂夫	6313	挪威	无	空载
1942.9.11	U-659/584	Empire Oil 帝国石油	8029	英国	18	空载
1942.9.11	U-583	Hindanger 欣丹格	4884	挪威	1	空载
1942.9.12	U-211/608	Empire Moonbeam 帝国月光	6849	英国	3	空载
1942.9.12	U-211/608	Hektoria 赫克托里亚	13797	英国	1	空载
ON-139：1942.10.16起航，共38艘商船，1942.11.1抵达						
1942.10.22	U-443	Donax 多纳克斯	8036	英国	无	空载
1942.10.22	U-443	Winnipeg II 温尼伯II	8379	英国	误	3000吨杂货、68名乘客
ON-144：1942.11.7起航，共28艘商船，1942.11.27抵达						
1942.11.17	U-264	Mount Taurus 金牛山	6696	希腊	2	空载
1942.11.17	U-184	Widestone 怀德斯通	3192	英国	42	3400吨煤
1942.11.18	U-624	Parismina 帕里斯敏纳	4732	美国	22	空载

1942.11.18	U-624	President Sergent 沙坚特总统	5344	英国	20	空载
1942.11.18	U-624/522	Yaka 雅卡	5432	美国	无	空载
ON-145：1942.11.9起航，共35艘商船，1942.11.25抵达						
1942.11.21	U-518	Empire Sailor 帝国水手	6140	英国	22	2500吨杂货、军火

ON系列船队：由利物浦起航，在加拿大水域解散，从ON-23起部分船队可被护航至哈利法克斯或波士顿，从ON-119起目的地改为纽约

损失日期	攻击者	船名及译名	吨位	船籍	船员死亡数	货物
ON-153：1942.12.11起航，共43艘商船，1942.12.31抵达						
1942.12.16	U-664	Emile Francqui 埃米尔·弗兰基	5859	比利时	46	634吨补给品
1942.12.16	U-610	Bello 贝洛	6125	挪威	33	空载
ON-154：1942.12.18起航，共46艘商船，1943.1.12抵达						
1942.12.27	U-356	Empire Union 帝国联盟	5952	英国	6	940吨杂货
1942.12.27	U-356	King Edward 爱德华国王	5224	英国	23	空载
1942.12.27	U-441	Soekaboemi 索卡鲍米	7051	荷兰	1	5000吨杂货
1942.12.27	U-356	Melrose Abbey 梅尔罗斯·艾比	2473	英国	7	3403吨煤
1942.12.28	U-260	Empire Wagtail 帝国鹡鸰	4893	英国	43全	不详
1942.12.28	U-225	Melmore Head 梅尔穆尔角	5273	英国	14	空载
1942.12.28	U-225/591	Ville de Rouen 鲁昂镇	5083	英国	无	5500吨杂货
1942.12.28	U-406/123	Baron Cochrane 科克兰男爵	3385	英国	2	4376吨煤
1942.12.29	U-406/123/435	Empire Shackleton 帝国沙克尔顿	7068	英国	37	2000吨杂货、军火和飞机
1942.12.29	U-406/225	Lynton Grange 林顿·格兰杰	5029	英国	无	5997吨杂货
1942.12.29	U-225/435	Norse King 挪威王	5701	挪威	35	5453吨煤
1942.12.29	U-406/225	Zarian 扎瑞安	4871	英国	4	7500吨杂货
1942.12.29	U-496/225/336	President Francqui 弗兰基总统	4919	比利时	5	空载

OS系列船队：英国 利物浦至塞拉利昂弗里敦，从OS-46起与KMS船队合并航行至直布罗陀后分离单独继续航行

损失日期	攻击者	船名及译名	吨位	船籍	船员死亡数	货物
OS-28：1942.5.12起航，共37艘商船，1942.5.30抵达						
1942.5.21	U-159	Montenol 蒙特诺尔	2646	英国	3	空载
1942.5.21	U-159	New Brunswick 新布伦瑞克	6529	英国	3	5895吨补给品和杂货、20架飞机
OS-34：1942.7.11起航，共35艘商船，1942.7.30抵达						
1942.7.19	U-564	Empire Hawksbill 帝国玳瑁	5724	英国	46全	不详
1942.7.19	U-564	Lavington Court 拉文顿官	5372	英国	6	6000吨军事物资

KMS系列船队：由英国克莱德河或利物浦启航经直布罗陀至地中海，从KMS-20起与OS船队合并航行至直布罗陀后分离单独继续航行

损失日期	攻击者	船名及译名	吨位	船籍	船员死亡数	货物
KMS-2：1942.10.25起航（埃韦湖），共51艘商船，1942.11.12抵达（阿尔及尔）						
1942.11.11	U-593	Browning 布朗宁	5332	英国	1	美国陆军补给品

KMS-3：1942.11.7起航（利物浦），共56艘商船，1942.11.26抵达（彭城）						
1942.11.20	U-263	Grangepark 格兰杰帕克	5132	英国	3	2000吨补给品
1942.11.20	U-263	Prins Harald 哈拉尔德王子	7244	挪威	3	军事补给品
KMF系列船队：由英国克莱德河或利物浦启航经直布罗陀至地中海，部分只航行至直布罗陀						
损失日期	攻击者	船名及译名	吨位	船籍	船员死亡数	货物
KMF-5A：1942.12.20起航（直布罗陀），共12艘商船，1942.12.22抵达（阿尔及尔）						
1942.12.22	U-562	Strathallan 斯特拉瑟兰	23722	英国	6	4691名士兵

HG系列船队：直布罗陀至利物浦，HG-7—9为塞得港始发						
损失日期	攻击者	船名及译名	吨位	船籍	船员死亡数	货物
HG-84：1942.6.10起航，共23艘商船，1942.6.20抵达						
1942.6.15	U-552	City of Oxford 牛津城	2759	英国	1	2000吨矿石、300吨软木
1942.6.15	U-552	Etrib 埃特里布	1943	英国	4	2014吨果酱、260吨杂货
1942.6.15	U-552	Pelayo 佩拉约	1345	英国	16	755吨补给品、废铁
1942.6.15	U-552	Slemdal 斯莱姆达尔	7374	挪威	无	重油
1942.6.15	U-552	Thurso 瑟索	2436	英国	13	850吨杂货、邮件

PQ系列船队：英国或冰岛至苏联摩尔曼斯克或阿尔汉格尔斯克，1942年12月系列代号改为JW，序号从51开始，起始地改为埃韦湖至科拉湾						
损失日期	攻击者	船名及译名	吨位	船籍	船员死亡数	货物
PQ-7A：1941.12.26起航（赫瓦尔峡湾），共2艘商船，1942.1.12抵达（摩尔曼斯克）						
1942.1.2	U-134	Waziristan 瓦齐里斯坦	5135	英国	47	杂货
PQ-13：1943.3.10起航（埃韦湖），共19艘商船，1942.3.31抵达（摩尔曼斯克）						
1942.3.30	U-435	Effingham 埃芬厄姆	6421	美国	无	杂货和军事物资
1942.3.30	U-376	Induna 印度纳	5086	英国	31	2700吨补给品和桶装汽油
PQ-14：1942.3.26起航（奥班），共8艘商船，1942.4.19抵达（摩尔曼斯克）						
1942.4.16	U-403	Empire Howard 帝国霍华德	6985	英国	25	2000吨军事物资
PQ-16：1942.5.21起航（雷克雅未克），共36艘商船，1942.5.30抵达（摩尔曼斯克）						
1942.5.26	U-703	Syros 塞罗斯	6191	美国	12	军事物资
PQ-17：1942.6.27起航（雷克雅未克），共39艘商船，1942.7.4在海上解散						
1942.7.5	U-88	Carlton 卡尔顿	5127	美国	3	5000吨杂货
1942.7.5	U-88	Daniel Morgan 丹尼尔·摩根	7177	美国	3	8539吨军事补给品
1942.7.5	U-703	River Afton 阿夫顿河	5479	英国	22	3479吨补给品
1942.7.5	U-703	Empire Byron 帝国拜伦	6645	英国	7	3500吨军事补给品
1942.7.5	U-334	Earlston 厄尔斯顿	7195	英国	不详	3000吨军事补给品
1942.7.5	U-456	Honomu 霍诺穆	6977	英国	无	7704吨军事补给品
1942.7.6	U-255	John Witherspoon 约·惠瑟斯普恩	7191	英国	1	8555吨军事补给品
1942.7.7	U-457	Aldersdale 奥德斯代尔	8402	英国	不详	补给油输
1942.7.7	U-355	Hartlebury 哈特尔布里	5082	英国	38	3200吨军事补给品
1942.7.7	U-255	Alcoa Ranger 阿尔科亚突击者	5116	美国	无	5093吨补给品
1942.7.8	U-255	Olopana 奥洛帕纳	6069	美国	6	6532吨军事补给品
1942.7.10	U-376	Hoosier 胡西埃	5060	美国	无	军事补给品
1942.7.10	U-251	El Capitan 队长	5255	巴拿马	无	军事补给品

PQ-18：1942.9.2起航（埃韦湖），共44艘商船，1942.9.21抵达（阿尔汉格尔斯克）						
1942.9.13	U-408	Stalingrad 斯大林格勒	3559	苏联	不详	不详
1942.9.13	U-408	Oliver Ellsworth 奥·埃尔斯沃思	7191	美国	1	7447吨杂货
1942.9.14	U-457	Atheltemplar 阿塞尔圣殿骑士	8992	英国	3	9400吨锅炉重油

QP系列船队：苏联摩尔曼斯克或阿尔汉格尔斯克至英国或冰岛，1942年12月系列代号改为RA，序号从51开始，起始地改为科拉湾至埃韦湖						
损失日期	攻击者	船名及译名	吨位	船籍	船员死亡数	货物
QP-10：1942.4.10起航（科拉湾），共15艘商船，1942.4.21抵达（雷克雅未克）						
1942.4.13	U-435	El Occidente 西部	6008	巴拿马	20	210吨铬矿石
1942.4.13	U-435	Kiev 基辅	5823	苏联	不详	不详
QP-14：1942.9.13起航（阿尔汉格尔斯克），共20艘商船，1942.9.26抵达（埃韦湖）						
1942.9.22	U-255	Silver Sword 银剑	4937	美国	1	铬矿石、石棉等
1942.9.22	U-435	Bellingham 贝林汉	5345	美国	无	铬矿石及杂货
1942.9.22	U-435	Ocean Voice 大洋呼声	7174	英国	无	木材
1942.9.22	U-435	Gray Ranger 灰色突击者	3313	英国	不详	护航舰艇给油船
QP-15：1942.11.17起航（柯拉湾），共44艘商船，1942.11.30抵达（埃韦湖）						
1942.11.23	U-625	Goolistan 古利斯坦	5851	英国	全	不详
1942.11.23	U-601	Kuznetz Lesov 库兹涅兹·列佐夫	3974	苏联	不详	不详

附录二：布莱奇利庄园

会下金蛋的天鹅从来不呱呱叫

——英国首相丘吉尔

毫无疑问，英国在密码破译方面从一开始就走在各国的前面，早在1914年11月，英国海军情报处处长金纳德·霍尔就在海军部大楼第40号房间成立专门截听破译德国无线电密码的机构，成员多是业余无线电和密码爱好者，他们在第一次世界大战中成功破译了大量德国无线电密码，而40号房间也因此成为英国无线电密码破译机构的非正式代号——1917年1月，正是40号房间破译的德国外长齐默曼发给德国驻墨西哥大使的电报，促使美国参战。

一战结束后的1919年11月，英国政府批准由40号房间和陆军负责密码破译的情报部第一处C科合并建立英国政府代码及加密学校（Government Code and Cipher School，字母缩写GC＆CS，简称密码学校）继续负责密码破译工作。密码学校最初成立时只有25人，归海军部领导。1923年转归秘密情报局领导，办公地点就在秘密情报局伦敦总部大楼，并由情报局局长兼任密码学校校长。二战爆发时其工作人员已经达到200人，并迁往白金汉郡的布莱奇利庄园（Bletchley Park），布莱奇利庄园是属于英国政府所有的地产，占地约580亩，主建筑是19世纪金融家赫伯特·莱昂（Herbert Leon）爵士建造的一幢哥

■ 俯瞰布莱奇利庄园。

■ 布莱奇利庄园内的办公楼。

■ 英国秘密情报局与密码中心在伦敦合用的办公大楼。

德式城堡，密码学校的办公室就在这幢大楼的图书馆、餐厅以及舞厅里。随着战争的进行，密码学校也越来越受到重视，人员和资金不断增加，原来的大楼很快容纳不了更多的人员，于是密码学校在庄园的宽阔草坪上搭起了临时屋棚，每间临时屋都以数字来作代号，不同的临时屋从事不同的工作，如3号屋把破译出来的德国电报翻译成英文，并进行综合分析；6号屋则是破译埃尼格码；而8号屋是专门负责破译难度最大的德国海军埃尼格码…… 至1943年，在布莱奇利庄园工作的人员已经超过了6000人，草坪上已经布满了连片的临时屋，俨然成为一个小城镇。密码学校也在1943年更名为英国政府通讯总部（GCHO）并转归外交部领导。

在波兰沦陷后，英国自然接过了继续破译埃尼格码的重任，波兰密码专家的成功经验对英国而言，不啻是上帝的恩赐，英国的密码破译人员很快就掌握了波兰人的破译技巧和方法，而布莱奇利庄园拥有比波兰密码处多得多的人员和资金，足以对付由于增加密码机转子而带来的相当于原来十倍的破译工作量。在掌握了波兰人的方法基础上，英国密码破译专家也开始摸索自己的方法。在正式使用“炸弹”搜索当日密钥前，他们总要试一下“投机取巧”的门道。因为他们知道，根据德军通讯的规定，每一封电报都要先随机选择三个不同的字母作为密钥，但在实际中，操作人员往往就在键盘上敲上三个相邻的字母了事，比如说ASD或者FGH，有时甚至重复使用昨天的三个字母。英国密码破译专家把这样的密钥称为“西尔丝”（Cillies），“西尔丝”并非是密码机本身的问题，而是使用者的弱点。后来，德军通讯部门对密钥使用进行了更为严格的规定，为了强调密钥的不可预见性，规定每天选用的三个转子（五个转子中任选），不得和昨天相同位置。也就是说，在五个编号分别为1、2、3、4、5的转子中，如果昨天使用的转子顺序为1、3、4，那么今天可以使用诸如3、2、5这样的转子顺序，但是不允许3、2、4这样的顺序，因为在第三个位置上都是4号转

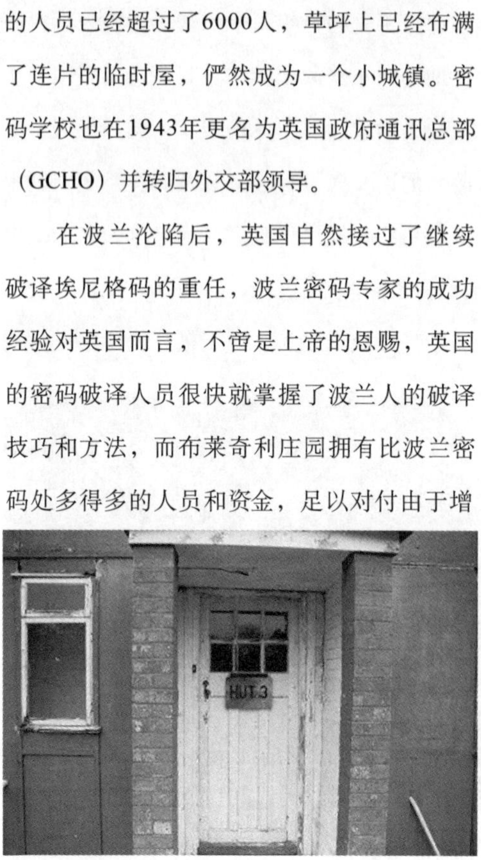

■ 布莱奇利庄园的3号木屋。

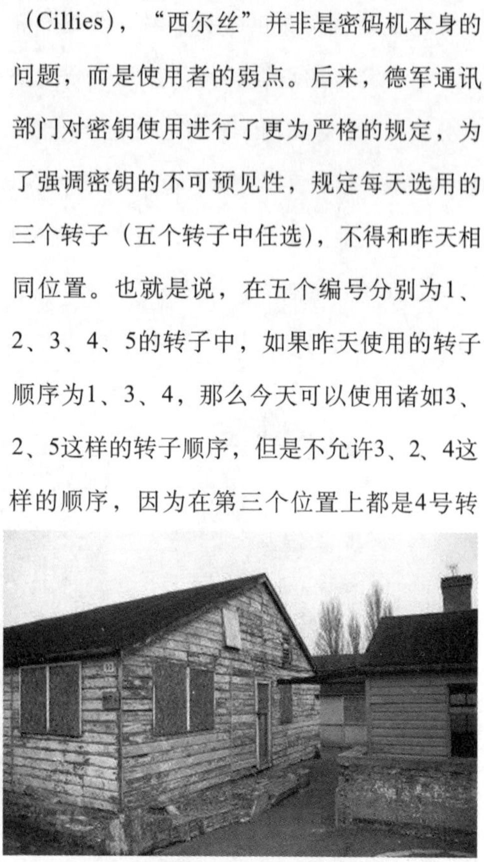

■ 布莱奇利庄园的6号木屋。

子。看起来这样的使用方法加强了安全性，但是过分强调这点，却反而大大简化了英国密码破译专家的工作量，因为在分析当日密钥前，他们就可以把昨天位置上的那些转子排除在外了。德军密钥编制的另一条呆板规定是，在连接板上不允许将两个相邻的字母连接起来，这又帮了英国人的忙，因为可以直接排除这样的可能性了。

而密码学校在人员招募上也是不拘一格，任何能在密码破译方面帮上忙的人才都被网罗进来，不仅有各类科学家、语言学家，还有国际象棋高手、填字游戏发烧友——事实上填字游戏的玩家往往会成为密码分析的高手，密码学校甚至在报纸上刊登填字游戏来招聘密码分析人员——一个难题经常从一只手传到另一只手，直到最终得到解决；或者可能是一个人解决一部分，再由另一个人解决另一部分，用6号临时屋的负责人戈尔登·魏齐曼（Gordon Welchman）的话来说，密码破译专家是“一群想方设法嗅出一条线索的猎犬”。而在所有的密码破译人员中，艾伦·麦希森·图灵（Alan Mathison Turing），是不能不提的。图灵1912年6月23日出生在伦敦，其父亲是英国在殖民地印度的行政官员，图灵出生后不久父母就回到印度，他是由保姆和父母在伦敦的朋友抚养长大的，孩提时代性格活泼好动。1931年考入剑桥大学国王学院，毕业后留校任教，随后发表了几篇很有分量的数学论文。1934年他被评为罕见的青年人才，获得剑桥大学科研资助，同年获硕士学位。其后进入美国普林斯顿大学攻读博士。1937年，图灵发表了最著名的论文《论可计算数及其在判定问题中的应用》，提出了日后以他名字命名的虚拟计算机器——图灵机，这是20世纪最重要的科学理论成果之一，今天被广泛应用并影响

■ 最杰出的密码破译人员、数学家图灵（左)和他在布莱奇利庄园的工作室“智慧水箱”（右）。

我们生活的计算机的基础理论。1938年图灵回到伦敦，在国王学院任研究员。1939年9月4日，也就是英国对德宣战的第二天，就被密码学校特聘，参与密码破译。年薪只有微薄的600英镑，而且还得先签署保密协议，宣誓保密。图灵住在离布莱奇利庄园五公里的雪纳利布鲁克恩德（Shenley Brook End），每天骑自行车到庄园上班——图灵骑自行车上班有两大特点，一是因为对花粉过敏，而沿途又多是花园，所以图灵就戴着防毒面具骑车，很是招摇。二是他的自行车是辆掉链子的老爷车，而图灵从不愿意花时间去修，只是利用其卓越的数学头脑记下踏板的有效转数在踏空时及时调整。

在庄园，他经常呆在被称为“智慧水箱”（Think Tank）的放水果的储藏室里思考问题，图灵的工作就是寻找一种不必利用重复密钥的破译方法。在分析了大量德国电报后，图灵发现德国电报有相当固定的格式，时间、发信人、收信人这些信息几乎是一成不变的。例如德国人每天的天气预报总在早上六点左右发出，在此时间里截获的电报，八成有“Wetter”（就是德文的“天气”）这个词，根据此前掌握的德国人天气预报电文的死板格式，图灵甚至能相当准确地知道这个词在电报中的具体位置。——这就使图灵想到了使用“候选单词”来破译埃尼格码。继续用天气预报的电文来举例，如果图灵知道在电报中“Wetter”被加密成ASDFGH，那么剩下的就是要找到将“Wetter”加密成ASDFGH的初始设置。如果采用一个一个尝试的暴力破解法，那就会碰到1590亿种可能。但是只要正确地猜到“Wetter”被加密的位置，那么就能发现这里存在着一个字母循环圈，而且在这个字母循环圈里有3个字母“W、E、T”，所以他就采用3台埃尼格码连接起来同时加密“Wetter”，之所以需要3台机器，是因为考虑到连接板。如果只用1台来试所有的密码，那么不仅仅要试所有的转子方向，还要考虑所有的连接板上的联机方向，那就需要试验1590亿种。图灵的绝妙之处就在于用3台机器把连接板上联机的效应抵消掉！这样他就只要考虑1054560种转子方向就可以了。

把候选单词、字母循环圈和用线路连接起来的多台埃尼格码机器组成了密码破译的强大武器，这种天才设想也只有图灵这个智慧虚拟机器的发明人才能想得出。图灵对埃尼格码的破译完全是纯数学和理论性的，他还为此写过一篇论文，根据这篇论文的理论就可以造出一台破译机器了。布莱奇利庄园花费10万英镑来研制这种机器，绰号仍沿用波兰破译机的“炸弹”。1940年初英国塔布拉丁机械厂（British Tabulating Machinery）制造出了第一台英国“炸弹”。每台“炸弹”里都有12组转子（因为根据图灵的理论，显示器和连接板都不需要了。根据上面的例子

■ 布莱奇利庄园绰号“炸弹”的破译机器。

里只要3台埃尼格码的原因是字母循环圈的长度是3，而使用12组转子的目的就是要对付更长的字母循环圈），高2米，长2米，宽1米。

1940年3月14日第一台“炸弹”运抵布莱奇利庄园。可是它运行得太慢，有时甚至要花一个星期才找得到一个密钥。于是密码专家和工程师们以最大的努力来改进“炸弹”。5月8日，布莱奇利庄园终于破译出第一份埃尼格码密码电报，内容是有关德国空军人员的调动和驻丹麦德军的补给分配情况。情报价值并不大，但其意义却非同寻常。5月10日，德国改变了密码传递规则，密钥不再重复，这使得布莱奇利庄园刚刚有所成就而能破译出的电文量又急剧下降。幸运的是，改进以后的“炸弹”在8月8日到达，而且不负期望，效率相当高，一般只要一小时就能找到密钥。在接下来的8个月里，15台新的“炸弹”陆续送到庄园。到1942年，庄园里的“炸弹”已经达到了49台之多。

但是并非有了“炸弹”就万事大吉了，在“炸弹”轰然作响前还有许多工作要做，首先要找到一个候选单词。但是密码破译人员不能保证候选单词一定在电报中；就算猜对了，要把候选单词所在的位置正确地找出来也不是一件容易的事情。只有找到了候选单词及其准确位置，“炸弹”才能发挥作用。为了帮助布莱奇利庄园获得破译密钥所需的“候选单词”，英国皇家空军有时会采取代号“播种”的特种作战，比如在某个特定的海区布雷，迫使附近的德国舰艇向其他舰艇发送有关雷区的情报，那么在这个情报里必定包含着雷区所在方位的信息，而这是英国早已知道的，于是从中就可以确定“候选单词”。但是这样的花招可不能一直使用，所以还需要许多其他的方式来配合。在“炸弹”的帮助下，英国顺利破译出了德国空军、陆军的埃尼格码密码，但是面对德国海军的密码系统，却相当棘手，因为德国海军的保密性最强，海军所使用的埃尼格码机是特制的，有8个转子可供选择，这样转子的初始位置数就几乎是5个转子的6倍，于是布莱奇利庄园破译海军密码所需要花费的时间也几乎是其他密码的6倍。另外德国海军用的埃尼格码反射器是可以转动的，于是密钥的可能性就是原来的26倍。而且德国海军为了加强通讯安全性，下令取消固定的电报格式，这就使图灵的“候选单词”法很难派上用处。而大西洋上的惨烈角逐又要求布莱奇利庄园必须要尽快破译出德国海军的埃尼格码，因为德国潜艇分散在广阔的大海上，有一艘潜艇发现目标，就会通过无线电通知其他潜艇赶来一起攻击，这种需要高度协同的作战，无线电通讯发挥着决定性的作用，如果英国不能及时破译这些无线电通讯，所遭受的打击必然是毁灭性的。

要想破译德国海军埃尼格码密码系统，除了要获得密码本外，了解德国海军特制的埃尼格码密码机，尤其是知道它的转子线路，无疑也是破译密码所必需的。德国海军单独活动的船只都携带可供一个月联络用的埃尼格码的密钥表，因此在布莱奇利庄园的强烈要求下，英国海军特意下令在击沉或俘获德国船只时，务必注意对有关密码设备和数据的搜集。1940年2月德国潜艇U-33号在苏格兰附近海面被击沉，英国海军俘虏了17名幸存艇员，并在俘虏手上缴获了德国海军所使用的埃尼格码机上的转子，从而使得密码破译人员对这种德国海军的特制密码机有所了解。1940年4月英国海军又在挪威海域俘获了一艘德国拖网渔船，得到一些关于埃尼格码的使用数据并送交布莱奇利庄园。但是庄园还没有能利用这些数据，德国海军就改变了转子结构。

密码破译人员哈里·辛斯利（Harry Hinsley）发现德军的气象船、补给船和德国海军作战舰艇使用的是同一套埃尼格码密码系统。根据这一发现，英国海军加强了对德国气象船和补给船的袭击。5月初，英国无线电测向站发现了在北极地区活动的德军气象船“慕尼黑”号的无线电方位，英国海军立即派出3艘巡洋舰和4艘驱逐舰前往搜捕，5月7日英舰发现并俘获“慕尼黑”号，虽然该船在被俘获前炸毁了密码机，但是跳帮登船小组还是缴获了德国海军的6月份密钥表。

5月9日，U-110号潜艇（艇长弗里茨·尤里乌斯·伦普（Fritz Julius Lemp，正是击沉“雅典娜”号的U-30号艇长）在苏格兰西部的赫布里底群岛发现了从北美开往利物浦的OB-318护航船队，随即与U-201号潜艇艇长阿达尔伯特·史内（Adalbert Schnee）协同发起攻击，先后击沉3艘运输船。但U-110也被英军“奥布雷提”（Aubretia）号驱潜快艇的声呐发现，遭到了猛烈的深水炸弹攻击，潜艇严重受创被迫浮出水面，附近的英军“大斗犬”（Bulldog）号和“布罗德威”（Broadway）号驱逐舰立即加速驶来，“大斗犬”号舰长贝克·克莱斯维尔少校意识到有俘获这艘潜艇的可能，便当机立断取消了刚刚发出的攻击命令。直到潜艇上的艇员进入甲板炮位准备负隅顽抗时，才下令开炮，驱逐舰炮火密集而猛烈，顿时将潜艇甲板炮火压制下去。“大斗犬”号一边开火，一边以15节航速逼近潜艇，在距潜艇约200米处驱逐舰派出了由戴维·巴尔姆中尉率领的跳帮登艇小组，跳帮组登上潜艇时，德军潜艇艇员已经仓皇弃艇，跳帮组在潜艇上缴获了大量德军还来不及销毁的绝密档案和一整套带埃尼格码密码机的无线电收发报机。“大斗犬”号在救起了德军落水艇员后开始拖带U-110号潜艇返航，虽然U-110号后来在拖带途中沉没于冰岛南部海域，但缴获的密码机给布莱奇利庄园破译德军密码带来了巨大收益。而德军完全不知道U-110号被俘以及密码机落入英军之手，从此直至战争结束，英军对德军潜艇部队的通信机密，甚至每艘潜艇的具体位置、艇长姓名等情况都了如指掌，为大西洋反潜战的最终胜利创造了极其有利的条件。由于在俘获U-110号战斗中的出色表现，“大斗犬”号舰长克莱斯维尔和跳帮组长巴尔姆都获得了勋章。英国将此次作战情况列为高度机密，直到战争结束后的1959年才首次解密，英国政府官方第一次公开承认曾经俘获U-110号则是在更晚的1979年！

6月下旬，英国无线电测向站发现了在北极地区活动的德军气象船“劳恩布格”号无线电方位，立即派出1艘巡洋舰和3艘驱逐舰。6月28日，发现并击沉“劳恩布格”号，在该船沉没前，跳帮登船小组登上该船缴获到了德军7月份密钥表。

由于英国海军的这些丰富收获为破译工作提供了巨大的帮助，到了8月中旬，8号临时屋已经能够在50小时之内破译德国海军的当月密码了。9月这一时间缩短为40小时，10月更缩短为26小时。英国每天都能准确破译德国海军密码，然后通过安全线路将破译出的电文传送给海军作战情报中心，作战情报中心再从中汇总出基本情报，发给海军部、各基地和舰队司令。而所有从破译埃尼格码获得的情报都被冠以来源“超级机密”（The Ultra Secret）的代号，按照其内容和重要性的不同发给不同级别的人员。在大西洋上，英国破译出德国海军密码的最直接影响就是1941年8月以后运输船的损失急剧下降。

1942年2月1日，德军海军开始使用四个转子的埃尼格码密码机，同时启用全新的“海神”（Shark and Triton）密码系统，使布莱奇利庄园的破译顿时陷入空白。随之而来的是在大西洋上盟军运输船队的损失迅速增加。万幸的是，由于同时期美国刚开始参战，在美国海域缺乏反潜护航经验，导致德军潜艇在美国东海岸频频得手，美国海岸的战果在一定程度上掩盖了大西洋上急剧变化的战果，使德军海军没能把近期的巨大胜利与使用新的密码机转及密码体系联系起来。

1942年10月30日，英军驱逐舰“帕肯汉姆”号（Pakenham）、“爆竹”号（Petard）、“杜威顿”号（Dulverton）、“胡沃斯”号（Hurworth）和“英雄”号以及反潜飞机在地中海塞得港东北海域攻击了德军潜艇U-559号，由于潜艇遭到重创，艇员纷纷弃艇。“爆竹”号舰长马克·桑顿（Mark Thornton）看到有机会俘获U-559号，就迅速指挥驱逐舰靠向U-559号右舷，“爆竹”号的海军上尉斯宾斯-布莱克（Spens-Black）、少尉弗朗西斯·安东尼·布莱尔·法松（Francis Anthony Blair Fasson）、二等兵拉克洛瓦（K.Lacroix）、麦克法伦（G.W.MacFarlane）、科林·格拉兹尔（Colin Grazier），还有勤务兵托马斯·布朗（Thomas Brown）登上了潜艇。其中法松、格拉兹尔和布朗进入了潜艇舱内，法松打着手电筒进入了艇长舱和通讯室，发现了大量机密资料，然后传给布朗，再由布朗传给在甲板上的斯宾斯-布莱克、拉克洛瓦和麦克发伦，他们再将这些文件传给了救生艇里的人员。由于潜艇突然开始下沉，法松和格拉兹尔没能及时撤出而牺牲，被追授乔治十字勋章（George Cross），布朗则获得了乔治奖章（George Medal）。他们不顾危险甚至以生命的代价抢出的宝贵资料中就有天气预报短码手册，这些数据很快被送到布莱奇利庄园，为能够破译天气预报的英国破译专家提供了宝贵的数据，12月13日解码专家们惊讶的发现德国人在密码安全问题上犯了一个可怕的错误。在天气预报时，潜艇空出了第四个转子，把四转子埃尼格码机当作三个转子来用。他们从这里可以获得四个转子中三个转子的设置，接下来要用“炸弹”搞清楚第四个转子的设置就不难了，这个突破使得布莱奇利庄园立即破译出了11月里8天的通讯，并随后破译出了12月最初几天的通讯。从U-559号上获得的档案的重要性可以和1941年5月从U-110号上

■ 美军俘获了德军U-505号潜艇，这是美军正在拖曳潜艇返回基地。

得到的档案相媲美。天气预报的短码手册一直到1943年3月还能用，到那时英国已经完善了从其他短码手册获得副本的方法，尽管如此，英国解码专家又花了六个月的时间才完全破译了“海神密码”。

1944年6月4日，正在非洲西海岸活动的美国海军第22特混舰队第3大队的“查特林”号（Chatelain，DE-149）驱逐舰声呐发现了德军U-505号潜艇，第3大队司令加勒里海军上校立即命令两艘驱逐舰前去支持，而“瓜达尔卡纳尔”号航母则转向西行，紧急起飞两架“野猫”战斗机，“野猫”战斗机赶到发现潜艇海域，很快清楚地看到潜艇在水中的轮廓，战斗机立即向潜艇扫射，“查特林”号冲过来投下12枚深弹，使潜艇遭到重创，艇长哈兰德·兰格（Harald Lange）只好下令上浮，浮出水面后立即遭到美舰的猛烈轰击，多名艇员伤亡，其他人纷纷跳海逃生。加勒里上校意识到有俘获潜艇的可能，连忙命令不准随意开火，争取俘获这艘潜艇。“皮尔斯伯里”号（Pillsbury，DE-133）驱逐舰舰长弗雷德里克·S.霍尔（Frederick S. Hall）中校立即派出了跳帮组，艾伯特·戴维中尉带领着8人小组乘着摩托艇冲向潜艇，当跳帮组登上潜艇时，艇上的德军官兵已经几乎全部弃艇，跳帮组顺利进入潜艇，迅速关闭刚刚打开的通海阀门，而事先准备炸艇的14包炸药根本没有点燃引信！就这样，U-505号和没有来得及破坏的密码机、密码本、航海日志和其他秘密文件一起成为美国海军的战利品。这是美国海军1812年以来第一艘俘获的敌方潜艇，也是在二战中俘获的惟一一艘德军潜艇。

戴维中尉由于率领跳帮组俘获潜艇而获得国会荣誉勋章，跳帮组成员三等兵A.尼斯佩尔（A. Knispel）和二等兵S.E.弗多瓦克（S. E. Wdowiak）获得海军十字勋章。

从U-505上获得的埃尼格码密码机以及密码数据，使盟军的密码破译专家能够全面破译德国密码体系，从而提供了更多潜艇活动区域的情报，有效地阻止了德国潜艇对盟军舰队的攻击，成为大西洋之战胜利的关键原因之一。

毫无疑问，布莱奇利庄园在大西洋之战中的作用极其重要，没有布莱奇利庄园的破译情报，盟军在大西洋上必须投入更多的人力、物力，大西洋之战的胜负也更难预料，至少将大大推延盟军赢得大西洋之战的时间，那么就将影响整个战争的进程。著名历史学家戴维·凯恩（David Kahn）评价布莱奇利庄园的作用时说："这拯救了很多生命，不仅仅是俄国人和盟军的生命，也拯救了德国人、意大利人和日本人的生命。对许多在二次大战后幸存下来的人来说，没有这个（庄园），他们将已不在人世。这就是这个世界欠这些密码破译者的债务：他们的胜利折

■ 挂着美国星条旗在海面上航行的U-505号潜艇。

U-505号潜艇指挥塔上高高飘扬的星条旗。

换成人类生命的价值。”

丘吉尔在战后回顾说：“如果没有这个庄园，没有那段时间里一直在这儿默默工作的人们，那位不可一视的德国北非远征军元帅隆美尔，也许早在1942年的夏天就会攻陷开罗，马耳他也会落入敌手。地中海将成为德国控制的水域，进而遏制盟军的海上物资供应，德国的潜艇就将成功地阻击美军对我国的支持，1944年6月6日那场漂亮的对德反攻大战可能会推迟到1946年，第二次世界大战的胜利日也将推迟到不知何年何月。但是，幸运的是，这一切都没发生，因为我们的科学怪才们破译了希特勒的‘谜’码，使我们赢得了主动，打败了这个战争狂人。我们不应该忘记发生在这个庄园里的故事。”

但直到战争结束后，布莱奇利庄园的秘密仍不能被公之于众，英国想继续利用他们在这一领域的优势。布莱奇利庄园的密码学校被关闭了，“炸弹”被拆毁，和战时密码分析和破译工作有关的档案资料或销毁或封存。在几千名工作人员中，有一些人得以继续为军方新的密码分析机构工作，但大多数人都被遣散，转回了原来的平民身份，他们都宣誓对战争中在布莱奇利庄园的经历保守秘密。

从战场上回来的老兵们可以自豪地谈论他们在二战中的战斗经历，但是在布莱奇利庄园工作过的人们却不得不隐瞒自己在战争中为国家作出的贡献。一位曾在6号小木屋中工作过的年轻密码分析专家甚至收到了一封他的中学老师的来信，责骂他在战争中逃避参军的懦夫行为。

经过长期的沉默后，直到1967年，波兰出版了第一本关于波兰在破译埃尼格码方面的书；1970年原德军海军情报人员贝特朗上校出版了关于波兰和法国在二战初期破译埃尼格码的书。原来布莱奇利庄园里负责情报分配工作的温特伯坦姆（F.W.Winterbotham）上校要求英国政府将布莱奇利庄园公之于众，因为此时世界上已经没有哪一个政府在使用埃尼格码密码机了，所以也已经完全没有必要再对破译埃尼格码一事保密，在战争中为国家作出贡献的人们应该受到应有的承认和褒奖。英国政府终于同意了他的请求，1974年夏，温特伯坦姆的《超级机密》（The Ultra Secret）一书出版，使外界广泛了解了在二战中默默工作的密码分析专家的丰功伟绩。

图灵的最后人生路

破译埃尼格码最大的功臣，甚至可以说是灵魂人物艾伦·图灵没有能看到自己所作的巨大贡献被广为人知的这一天，更可悲的是在他生命的最后时光，他并没有得到一个为国效力的英雄的应有待遇，反而因为他的性取向而饱受骚扰纠缠。

■ 破译埃尼格码最大的功臣，甚至可以说是灵魂人物艾伦·图灵。

战争一结束，图灵就带着大英帝国授予的最高荣誉勋章，回到泰丁顿国家物理研究所担任高级研究员。凭借在布莱奇利庄园的实践经验，他很快提交了“自动计算机”的设计方案，1947年提出了“自动程序”概念，并领导一批优秀的电子工程师，着手制造一种名叫ACE的计算机。1950年，ACE计算机样机进行公开表演，被认为是当时世界上最快最强有力的电子计算器之一。1950年，图灵来到曼彻斯特大学任教，担任自动计算机项目的负责人。同年10月，他发表了一篇划时代的论文《计算机与智能》，给人工智能下了一个定义，而且论证了人工智能的可能性，并提出如果人在不知情的条件下，通过特殊的方式和机器进行问答，如果在相当长时间内，分辨不出与他交流的对象是人还是机器，那么机器就可以被认为是能思维的，这就是著名的“图灵测试”。图灵预言道，在20世纪末，一定会有计算机通过“图灵测试”，计算机能做我们想象不到的事情。这篇论文所引发的震撼，至今还在回响。图灵的天才预言终于在与人对弈的“深蓝”计算机上得以实现。图灵的成就，使他成为计算机理论和人工智能的主要奠基人，为他赢得了“人工智能之父”的美誉。

1951年，他被选为英国皇家学会会员。

1952年因有小偷入室行窃，他向警方报

■“巨人”——布莱奇利庄园的计算机鼻祖。这台机器独创的电子线路使它比“炸弹”的运算速度快许多，直到战争结束还在使用。

了案，但是不通世事的他坦陈自己和另一位男士同居的事实。当时英国仍采用1885年制定的法律，同性恋属于严重猥亵罪，可以被判处两年监禁。1952年3月31日图灵被以“有伤风化”罪的罪名起诉，在法庭上，图灵既不否认自己同性恋的性取向，也不为自己辩解，最终被判定有罪。在同事们的大力斡旋下，图灵免于牢狱之灾，获得假释。但假释期间他被强迫接受了一年所谓的治疗，即大剂量的雌激素治疗，这种被称作“化学阉割”的残酷治疗，使图灵的性功能丧失，中枢神经系统也受到严重损害。但图灵一直认为，发生错误的并非是部分人类的不同性取向，而是陈朽落后且缺乏人性的法律。

这一期间，由于他的隐私被大肆报道，图灵饱受骚扰和纠缠，在民众压力下政府取消了图灵在情报部门的工作，也不允许他继续进行可编程计算的研究。但他一如既往地专注于科学研究，只不过将研究的方向改到了生物学、化学。1952年图灵发表对形态发生学理论研究的第一部著作，讨论有生命的生物体性状的演变。他认为各种生物学的差异，乃是一系列理化因素变化的结果。图灵还创立了数学上的“非线性系统”理论，为后来兴起的“混沌学”提供了最初的理论根据。

但是长期非人的“治疗”使图灵精神抑郁，脾气躁怒，性格阴沉怪僻，特别是1952年开始英国对同性恋者进行大肆清洗和追究，仅英格兰和韦尔斯两地即有2000多位同性恋者被捕判刑。1953年英国政府以“安全原因”为由，禁止图灵与国外朋友的正当交往，指责图灵“同性恋恶习不改”，是“不可信任”的“危险”人物。对图灵的假释也被取消，图灵再次面临入狱。恶劣的社会环境使图灵感到了彻底的绝望。1954年夏天，他在一项电解实验期间有机会接触到氰化钾。1954年6月8日，图灵在寓所身亡，床头有一个咬了一半的苹果，经过检验那个苹果是在氰化物溶液中浸泡过的，而图灵死因正是氰化物中毒。起初人们普遍认为图灵是意外事故中毒身死，但最终调查表明，图灵是服毒自杀。

好在历史是公正的，图灵在计算机和人工智能方面的开拓性创造，对人类文明的发展做出了卓越贡献，因此今天信息技术领域的最高学术奖（相当于该领域的诺贝尔奖）就是以他的名字来命名——“图灵奖”。而他的故居也于1998年被英国政府列为“英国文化遗产”。

美国破译埃尼格码的努力

根据计划，美国应该于1941年4月开始在北大西洋上为加拿大-冰岛之间的运输船队提供护航，但是美国又提出了一个新的要求，希望双方能够交换情报信息。尤其是美国迫切希望能够获得大西洋上德国和意大利的海军行动的所有情报。两国政府的高级官员都同意互换共享破解轴心国密码的数据信息，并于1940年12月达成了书面协定。那时美国所迫切需要的就是英国破解德国和意大利海军密码的成果。作为回报，美国必须与英国共享破解日本密码的成果。然而并不是两国所有破译人员都热衷于交换破密信息，密码破译人员的特殊性决定了他们都是些对这种保密性工作着迷的人，都不愿意向圈外人士透露他们的技术。英美双方也都对对方的可信赖性有所怀疑。

美国认为英伦三岛的局势依然非常危险，德国可能会于1941年春天全面进攻英国，英国的破密装置可能会在战火中遭到破坏。另外鉴于美国已经在“紫码”密码机研究方面取得了成功，因此能够比英国更有效地利用已掌握的德国海军密码埃尼格码的情报。

1941年1月25日，美国陆军密码专家亚伯拉罕·森考夫（Abraham Sinkov）、里奥·罗森（Leo Rosen）和海军密码专家普雷斯科特H.科里尔（Prescott H.Currier）、罗伯特·H.威克斯（Robert H.Weeks）（原本著名的陆军密码破译专家威廉·F.弗里德曼（William F.Friedman）也要参与，但他在研制出紫码密码机后，患上了严重的精神分裂症）在切萨皮克湾登上了英国战列舰乔治五世（King George V）号，这些美国人带了一台“紫码”

密码机（也可能是两台，各种数据说法不一），还有一些关于破译日本外交和海军通讯密码的重要数据。

2月6日乔治五世号抵达斯卡帕湾，英国准将（brigadier）约翰·H.提尔特曼（John H.Tiltman）在码头迎接，这位准将也是一个密码高手，随后将这些美国人护送到了泰晤士河河口处（Thames Estuary），再由密码学校的副校长爱德华·W.特拉维斯（Edward W.Travis）护送他们前往英国的密码破译机关布莱奇利庄园，庄园负责人阿拉斯泰尔·丹尼斯通（Alastair Denniston）非常诚挚热情地欢迎美国人。

这个美国小组在英国待了五个星期，对于他们究竟向英国人透露了什么至今历史学家仍有争议，但确定无疑的是美国人把“紫码”密码机交给了英国并且教会了英国人如何使用。一些历史学家认为英国人毫无保留地把他们所获得的关于埃尼格码和意大利密码的信息都告诉了美国，另一些历史学家则认为英国人保留了大多数消息，仅仅把一小部分信息告诉给了美国人并且刻意与美国人保持距离。其中目光最敏锐的历史学家布拉德利·史密斯（Bradley Smith）更倾向于认为英国保留了太多的消息。不过有一点是肯定的，美国人没能得到埃尼格码密码机或者其复制品。

“紫码”密码机帮了英国人的大忙。到战争结束，英国人一直能利用“紫码”密码机获取日本外交部的高级信息。其中对英国（当然还有美国）帮助最大的是柏林的日本大使巴龙·希洛实·奥士马（Baron Hiroshi Oshima）和东京之间通过“紫码”机进行联系。先前奥士马到柏林访问时，就得到了希特勒、戈林及其他一些第三帝国首领的信赖。驻柏林期间，德国人又毫无顾忌地同他谈起他们的军事计划和军备状况。奥士马也经常用“紫码”密码机将他们谈话的主要信息告知东京，当然这也为英国和美国创造了机会，使得他们可以了解希特勒的想法并可以获得德国武器装备的特殊信息。

这时英国人还没有完整的埃尼格码情报

■ 布莱奇利庄园3号房的分析人员负责翻译6号房破解出来的电文，并分析确定破译出来的情报的重要性以确定哪一篇应该优先上报。

■ 这是工作人员在6号房接收和记录所截获的密码电文，然后交给译码专家进行破译，所有的接收和破译工作都分成三班昼夜工作。

可与美国人共享，尤其是德国海军密码，更是知之甚少。在美国人携带“紫码”密码机抵达英国时，英国人刚刚制订出一个可以获取埃尼格码材料的大胆计划。只是这个计划风险太高，因而几乎遭到所有人的反对，但是德国海军的巨大威胁以及来自华盛顿的压力最终使英国开始实施这个计划。这就是1941年3月4日偷袭挪威罗弗敦群岛（Lofoten）的“克莱默行动”（Claymore），英国突击队在突袭行动中，俘获克雷布斯号拖网渔船，尽管克雷布斯号的水手在被俘获前炸毁了船上的埃尼格码密码机，但是事先经过专门培训的登船检查小组还是在船舱里发现了一套备用密钥转子和一个月的密钥表。借助这些收获，布莱奇利庄园的8号临时屋在4月破译出德国海军的全部无线电通讯。

与此同时，英国人破译德国手写密码的“船厂密钥”（Werftshluessel，德语意思就是船厂密钥）的工作取得了重大突破。这是德国一些次要船只和港口设施所使用的低级密码。布莱奇利庄园中一个被称作“灰姑娘”的小部门负责对这些手写密码进行破译，从1941年3月到战争结束，英国人都可以“像家常便饭”一样轻松地读取德国的“船厂密码”。在总共47个月多一点的时间里，“灰姑娘”工作组共破译了33000条“船厂密码”，平均每天破译23条。由于许多海军情报都需要分别通过埃尼格码和“船厂密码”进行传输，才能够将信息也传达给那些次要船只和海岸工作站，因此这两个密码系统经常提供一些对照翻译。当埃尼格码和“船厂密码”的对照翻译内容不多时，英国人就会采取一种布雷策略，在已知的德国进行扫雷的海峡的特殊区域布置一些水雷。这总是会使德国人发送大量埃尼格码和“船厂密码”警报信息，有时还要以此指挥扫雷艇扫雷，其中有许多信息是在两个密码系统下转译的，可以进行对照。这使得对照译本有了新来源，英国人将此策略称为“吻合”（Kisses）。

当1941年3月底，4个美国人离开布莱奇利庄园时，英国人给了他们一份埃尼格码密码机的构造图，但是却没有告诉他们究竟是怎样破解埃尼格码的，英国人只把破解的大体步骤告诉了美国人，也没让美国人参观“炸弹”，甚至都没把“炸弹”的存在告诉美国人。因此美国海军高级破译专家劳伦斯·萨佛德（Laurence Safford）认为英国人背叛了美国。

英美这次“破译密码交易”，并没有给美国的埃尼格码破译带来多大的帮助，而萨佛德的破译工作虽然已经取得了一定的成绩，但面对埃尼格码还是困难重重，当时美国的全部通讯情报机关，包括大西洋和太平洋上的无线电信息监听站在内，总共只有550人，其中军官仅44人。因此萨佛德开始向一些圈外人士寻求帮助。其中，他最倚重的是38岁的预备役军人，霍华德·西奥多·恩格斯特洛姆（Howard Theodore Engstrom）。尽管研究密码破译的历史学家们大都忽略了恩格斯特洛姆，而且人们在将所有的荣誉都归于英国人和波兰人的热潮中也忽略了他的作用，但他在美国破解德国海军埃尼格码的过程中发挥了至关重要的作用。

恩格斯特洛姆非常擅长研究外国语言和数学，获得过缅因州立大学数学硕士学位、耶鲁大学数学博士学位，1936年5月起他断断续续为萨佛德工作。1941年初根据萨佛德的要求，恩格斯特洛姆为研究海军埃尼格码做了一些理论准备工作。1941年7月，被调往萨佛德的研究小组，担任全职现役工作，海军上尉军衔。此后他承担的责任越来越大，他在破译工作中所取得的成就甚至都可以与英国的图灵相媲美，英国和美国政府也都为此对他进行了表彰：美国总统为他颁发了杰出贡献奖（Distinguished Service Medal），英国大使哈利法克斯代表国王乔治六世向他颁发了帝国勋章。

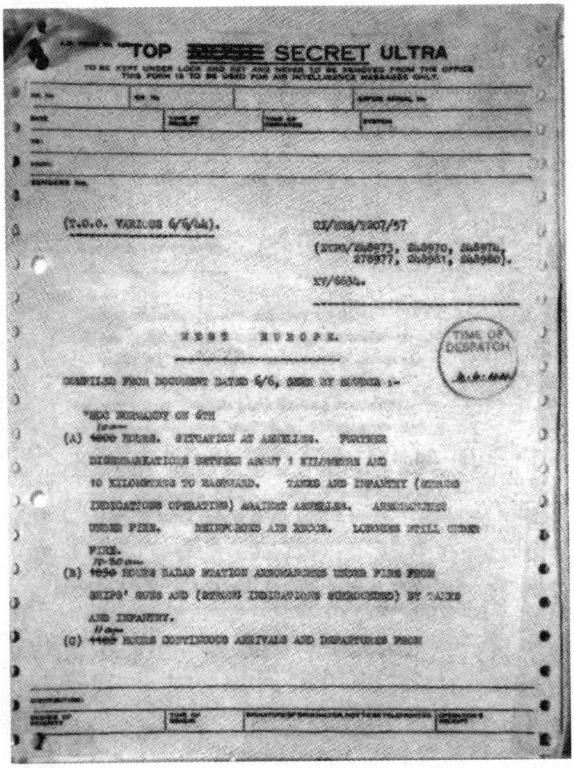
TOP SECRET ULTRA

TIME OF DESPATCH

WEST EUROPE.

■ 这是布莱奇利庄园上报的破译德军密码情报，是关于1944年6月6日诺曼底登陆日的绝密情报。

附录三：埃尼格码密码机

■ 阿瑟·谢尔比乌斯。

自从美国大片《U-571》放映后，就连对军事不甚了解的人都知道了埃尼格码密码机是战争中同盟国费尽心机想要获得的尖端秘密，是战胜德国海军潜艇的关键所在。历史也确实如此，对于潜艇作战尤其是德国海军的“狼群”战术来说，无线电通讯是潜艇在海上活动获取信息通报情况的最重要的手段，而埃尼格码密码机则是关乎整个无线电通讯安全的设备，其重要性可想而知。那么埃尼格码密码机到底是怎样一个东西呢？

自从无线电和摩斯电码问世后，军事通讯进入了一个崭新的时代，但是无线电通讯完全是一个开放的系统，在己方接受电文的同时，对方也可“一览无遗”，因此人类历史上早就伴随战争出现的密码也就立即与无线电结合，出现了无线电密码。直到第一次世界大战结束，所有无线电密码都是使用手工编码，毫无疑问，手工编码效率极其低下，同时由于受到手工编码与译码效率的限

■ 打开盖子的埃尼格码密码机。

制，使得许多复杂的保密性强的加密方法无法在实际中应用，而简单的加密方法又很容易被破译，因此在军事通讯领域，急需一种安全可靠而又简便有效的方法。

1918年德国发明家阿瑟·谢尔比乌斯（Arthur Scherbius）和理查德·里特（Richard Ritter）创办了一家新技术应用公司，曾经学习过电气应用的谢尔比乌斯想利用现代化的电气技术来取代手工编码加密方法，发明一种能够自动编码的机器。

谢尔比乌斯给自己所发明的电气编码机械取名埃尼格码（ENIGMA，意为哑谜），乍看是个放满了复杂而精致的组件的盒子，粗看和打字机有几分相似。可以将其简单分为三个部分：键盘、转子和显示器。

键盘一共有26个键，键盘排列和现在广为使用的计算机键盘基本一样，只不过为了使通讯尽量地短和难以破译，空格、数字和标点符号都被取消，而只有字母键。键盘上方就是显示器，这可不是现在意义上的屏幕显示器，只不过是标示了同样字母的26个小灯泡，当键盘上的某个键被按下时，和这个字母被加密后的密文字母所对应的小灯泡就亮了起来，就是这样一种近乎原始的“显示”。在显示器的上方是3个直径6厘米的转子，它们的主要部分隐藏在面板下，转子才是埃尼格码密码机最核心关键的部分。如果转子的作用仅仅是把一个字母换成另一个字母，那就是密码学中所说的“简单替换密码”，而在公元9世纪，阿拉伯的密码破译专家就已经能够娴熟地运用统计字母出现频率的方法来破译简单替换密码，柯南·道尔（Cohan Doyle）在他著名的福尔摩斯探案《跳舞的小人》里就非常详细地叙述了福尔摩斯（Holwes）使用频率统计法破译跳舞人形密码（也就是简单替换密码）的过

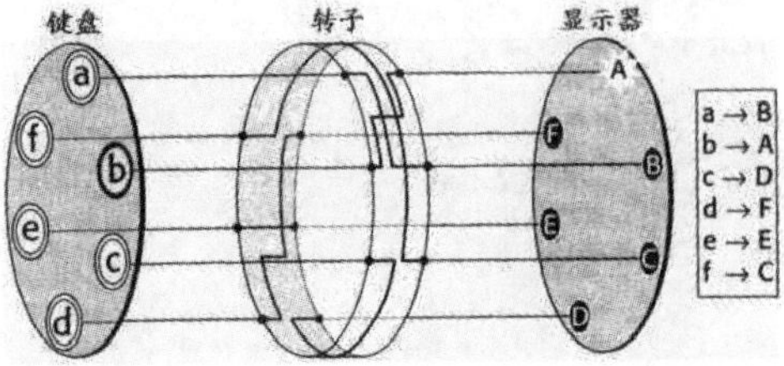

■ 埃尼格码密码机转子结构。

■ 埃尼格码密码机。

■ 埃尼格码密码机的转子。

程。——之所以叫“转子”，因为它会转！这就是关键！当按下键盘上的一个字母键，相应加密后的字母在显示器上通过灯泡闪亮来显示，而转子就自动地转动一个字母的位置。举例来说，当第一次键入A，灯泡B亮，转子转动一格，各字母所对应的密码就改变了。第二次再键入A时，它所对应的字母就可能变成了C；同样地，第三次键入A时，又可能是灯泡D亮了。——这就是埃尼格码难以被破译的关键所在，这不是一种简单替换密码。同一个字母在明文的不同位置时，可以被不同的字母替换，而密文中不同位置的同一个字母，又可以代表明文中的不同字母，字母频率分析法在这里无丝毫用武之地。这种加密方式在密码学上被称为“复式替换密码”。

但是如果连续键入26个字母，转子就会整整转一圈，回到原始的方向上，这时编码就和最初重复了。而在加密过程中，重复的现象就是最大的破绽，因为这可以使破译密码的人从中发现规律。于是埃尼格码又增加了一个转子，当第一个转子转动整整一圈以后，它上面有一个齿轮拨动第二个转子，使得它的方向转动一个字母的位置。假设第一个转子已经整整转了一圈，按A键时显示器上D灯泡亮；当放开A键时第一个转子上的齿轮也带动第二个转子同时转动一格，于是第二次键入A时，加密的字母可能为E；再次放开键A时，就只有第一个转子转动了，于是第三次键入A时，与之相对应的就是字母就可能是F了。

因此只有在26×26＝676个字母后才会重复原来的编码。而事实上埃尼格码有三个转子（二战后期德国海军使用的埃尼格码甚至有四个转子！），那么重复的概率就达到26×26×26＝17576个字母之后。在此基础上谢尔比乌斯十分巧妙地在三个转子的一端加上了一个反射器，把键盘和显示器中的相同字母用电线连在一起。反射器和转子一样，把某一个字母连在另一个字母上，但是它并

■ 埃尼格码密码机的反射器。

不转动。乍一看这么一个固定的反射器好像没什么用处，它并不增加可以使用的编码数目，但是把它和译码联系起来就会看出这种设计的别具匠心了。当一个键被按下时，讯号不是直接从键盘传到显示器，而是首先通过三个转子连成的一条线路，然后经过反射器再回到三个转子，通过另一条线路再到达显示器上，比如说上图中A键被按下时，亮的是D灯炮。如果这时按的不是A键而是D键，那么讯号恰好按照上面A键被按下时的相反方向通行，最后到达A灯泡。换句话说，在这种设计下，反射器虽然没有像转子那样增加不重复的方向，但是它可以使译码过程完全重现编码过程。

使用埃尼格码通讯时，发信人首先要调节三个转子的方向（而这个转子的初始方向就是密钥，是收发双方必须预先约定好的），然后依次键入明文，并把显示器上灯泡闪亮的字母依次记下来，最后把记录下的闪亮字母按照顺序用正常的电报方式发送出去。收信方收到电文后，只要也使用一台埃尼格码，按照原来的约定，把转子的方向调整到和发信方相同的初始方向上，然后依次键入收到的密文，显示器上自动闪亮的字母就是明文了。加密和解密的过程完全一样，这就是反射器的作用，同时反射器的一个副作用

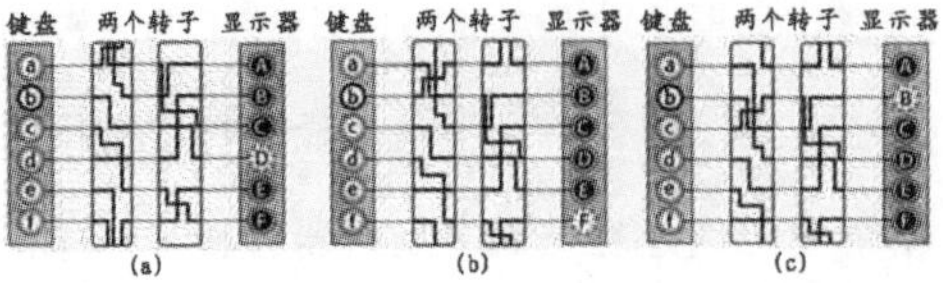

■ 埃尼格码密码机的系统示意图。

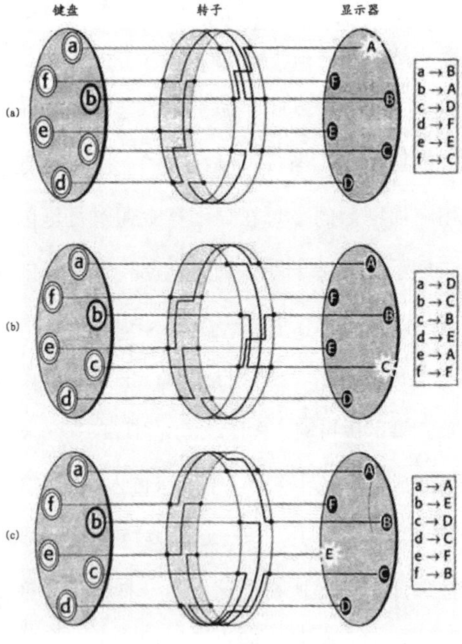

■ 埃尼格码密码机的三个转子结构示意图。

就是一个字母永远也不会被加密成它自己，因为反射器中一个字母总是被连接到另一个不同的字母。

埃尼格码加密的关键就在于转子的初始方向。当然如果敌人收到了完整的密文，还是可以通过不断试验转动转子方向来找到这个密钥，特别是如果破译者同时使用许多台机器同时进行这项工作，那么所需要的时间就会大大缩短。对付这样“暴力破译法”（即一个一个尝试所有可能性的方法），可以通过增加转子的数量来对付，因为只要每增加一个转子，就能使试验的数量乘上26倍！不过由于增加转子就会增加机器的体积和成本，而密码机又是需要能够便于携带的，而不是一个带有几十个甚至上百个转子的庞然大物。那么方法也很简单，埃尼格码密码机的三个转子是可以拆卸下来并互相交换位置的，这样一来初始方向的可能性一下就增加了六倍。假设三个转子的编号为1、2、3，那么它们可以被放成123-132-213-231-312-321这六种不同位置，当然现在收发密文的双方除了要约定转子自身的初始方向，还要约好这六种排列中的一种。

■ 埃尼格码密码机在德军各部队中被广泛使用。

而除了转子方向和排列位置，埃尼格码还有一道保障安全的关卡，在键盘和第一个转子之间有块连接板。通过这块连接板可以用一根联机把某个字母和另一个字母连接起来，这样这个字母的信号在进入转子之前就会转变为另一个字母的信号。这种联机最多可以有6根（后期的埃尼格码甚至达到10根联机），这样就可以使6对字母的信号两两互换，其他没有插上联机的字母则保持不变。——当然连接板上的联机状况也是收发双方预先约定好的。

就这样转子的初始方向、转子之间的相互位置以及连接板的联机状况就组成了埃尼格码三道牢不可破的保密防线，其中连接板是一个简单替换密码系统，而不停转动的转子，虽然数量不多，但却是点睛之笔，使整个系统变成了复式替换系统。连接板虽然只是简单替换却能使可能性数目大大增加，在转子的复式作用下进一步加强了保密性。让我们来算一算经过这样处理，要想通过“暴力破译法”还原明文，需要试验多少种可能性：

三个转子不同的方向组成了26×26×26＝17576种可能性；

三个转子间不同的相对位置为6种可能性；

连接板上两两交换6对字母的可能性则是异常庞大，有100391791500种；于是一共有17576×6×100391791500，其结果大约为10000000000000000！即一亿亿种可能性！这样庞大的可能性，换言之，即便能动员大量的人力、物力，要想靠“暴力破译法”来逐一试验可能性，那几乎是不可能的。而收发双方，则只要按照约定的转子方向、位置和连接板联机状况，就可以非常轻松简单地进行通讯了。

这就是埃尼格码密码机的保密原理。

1918年谢尔比乌斯为埃尼格码密码机申请了专利，并于1920年开发出了商用的基本型和带打印机的豪华型，但是高昂的价格（折算成今天的货币，约相当于3万美元）却使埃尼格码密码机少人问津。就在谢尔比乌斯研制埃尼格码密码机的同时，还有三个人也有了类似的发明。1919年荷兰人亚历山大·科赫（Alexander Koch）也注册了相似的发明专利“秘密写作机器”，但最终因无法商业化而于1927年转让了这个专利（因此也有说法称谢尔比乌斯是根据科赫的专利研制出了埃尼格码密码机）。瑞典人阿维德·达姆（Arvid Damm）也获得了一个同样原理的专利，但是直到1927年他去世时还只是停留在纸面上。第三个人是美国人爱德华·赫本（Edward Hebern），而他的遭遇最为悲惨，他发明“狮身人面”密码机，并集资38万美元开办工厂进行生产销售，结果却只卖出十来台，收入还不到2000美元，1926年遭到股东起诉，被判有罪而入狱。

在1923年国际邮政协会大会上，公开亮相的埃尼格码密码机仍旧是购者寥寥。眼看埃尼格码也要无疾而终，却突然柳暗花明——1923年英国政府公布了一战的官方报告，谈到了一战期间英国通过破译德国无线电密码而取得了决定性的优势，这引起了德国的高度重视。随即德国开始大力加强无线电通讯安全性工作，并对埃尼格码密码机进行了严格的安全性和可靠性试验，认为德国军队必须装备这种密码机来保证通讯安全——接到德国政府和军队的订单，谢尔比乌斯的工厂得以从1925年开始批量生产埃尼格码密码机，1926年德军海军开始正式装备，两年后德国陆军也开始装备。当然这些军用型埃尼格码密码机与原来已经卖出的少量商用型在最核心的转子结构上有所不同，因此即使拥有商用型也并不能知道军用型的具体情况。纳粹党掌握德国政权后也对埃尼格码密码机的使用进行了评估，认为该密码机便于携带，使用简便，更重要的是安全性极高。对于敌方而言，即使拥有了密码机，如果不能同时掌握三道防线所组成的密钥，一样无法破译。德国最高统帅部通信总长埃里希·弗尔吉贝尔上校认为埃尼格码将是为德国国防军闪击战服务的最完美的通讯装置。因此上至德军统帅部，下至陆海空三军，都把埃尼格码密码机作为标准的制式密码机广为使用。——德国人完全有理由认为，他们已经掌握了当时世界最先进最安全的通讯加密系统，那是无法破译的密码系统。然而如此愚蠢地寄信心于机器，最终只会饱尝机器所带来的苦果。

■ 埃尼格码密码机。

而埃尼格码之父谢尔比乌斯却未能看到埃尼格码密码机被广泛使用并对第二次世界大战所产生的重大影响，他于1929年5月因骑马时发生意外伤重而死。

揭开埃尼格码的神秘面纱

自从德国开始全面装备埃尼格码密码机后，从第一次世界大战以来一直保持着对德国无线电通讯很高破译效率的英国、法国等国家立即陷入了束手无策的地步，在几番努力都告失败之后，英、法随即选择了放弃，因为既看不到破译成功的任何希望，又考虑到在凡尔赛条约的重重约束下，国疲民穷的德国想来也成不了什么危害。但是德国的弱邻波兰可没有英法这样宽心，毕竟失去了但泽走廊（Danzig Corridor）而一直耿耿于怀的德国，对于波兰而言，总是最危险的敌人。因此通过破译无线电密码来掌握德国有关情报，是波兰情报机构始终不会放弃的努力。波兰很早就建立了专门的密码破译机构——总参谋部第二局密码处（Biuro Szyfrow），该处主要破译德国和苏联的无线电通讯，在1919–1920年的波苏战争中就曾成功地破译大量苏军电报。对德国无线电破译方面该处也

■ 波兰密码三杰。

■ 马里安·雷耶夫斯基。

一直保持着很高的效率，直到埃尼格码密码机出现。

密码处设法弄到一台谢尔比乌斯公司早期生产销售的埃尼格码商用型，大致掌握了其工作原理。但是军用型与商用型在最关键的地方——转子的结构和连接板的联机完全不同，这可是差之毫厘失之千里啊！密码处使出浑身解数依旧毫无进展，据说，密码处情急之下居然曾请过一位号称有“天眼通”功能的特异大师来遥感埃尼格码密码机的转子和连接板结构，结果当然是一场空。最后，密码处又想到，既然埃尼格码是机械，那么是否可以通过科学的办法来尝试破译呢？以往的密码破译人员基本都是语言专家，于是密码处开始吸收数学家参与破译工作。1929年1月，波兹南大学（Poznan University）数学系主任兹德齐斯拉夫·克里格罗夫斯基（Zdzislaw Kryglowski）教授向密码处开列了数学系里最优秀的数学家名单，密码处根据这份名单招募了三名数学家，这就是后来被称为“波兰密码研究三杰”的马里安·雷耶夫斯基（Marian Rejewski）、杰尔兹·罗佐基（Jerzy Rozycki）和亨里克·佐加尔斯基（Henryk Zygalski）。密码处之所以选择在数学研究领域还算不上顶级的波兹南大学，是因为该校地处波兰南部，直到1918年以前还属于德国，几乎所有的人都能讲一口流利的德语，这对于破译德国电报自然是得

■ 波兰密码三杰在紧张的工作之余散步放松。

天独厚的有利条件。在被招募的数学家中，雷耶夫斯基的表现最为出色。当时他还只有23岁，在大学里的专业是统计学，原本打算毕业后投身保险业当个精算师，但在经过密码处举办的短期密码分析训练后，就迅速成为密码破译的顶尖专家。

然而，波兰的一切努力还是和英法一样，都毫无所获。眼看就要到了山穷水尽之时，却终于有了一线转机。

1931年夏，法国军事情报机构密码处处长古斯塔夫·伯特兰（Guistav Bertrand）上尉收到一个名叫汉斯·提罗·施密特（Hans Thilo Schimdt）的德国人的来信，此人声称愿意出卖德国军队所使用的埃尼格码密码机的情报。伯特兰立即派人对施密特进行了调查，发现此人出身很不错，父亲是著名的大学教授，母亲是女男爵，曾入伍参加过一战，战后退役开办了肥皂厂，结果在战后的大萧条中破了产，穷困潦倒之后通过担任德国国防军密码办公室主任的大哥鲁道夫（Rudolph）的关系，在密码处谋到了一个低薪职位，勉强可以糊口。他的工作虽然薪水低，但却可以接触到德国军队通讯系统中最核心机密的东西，于是出卖国家机密，就成为施密特增加收入报复社会不公的自然之举。10月，伯特兰安排代号“雷克斯”的特工到比利时韦尔维埃与其接头，考察所提供情报的价值。雷克斯随后报告，施密特提供的情报是货真价实的。11月8日，伯特兰和助手赶到韦尔维埃，在旅馆里与施密特进行了第一次交易，拍下了施密特所带来的有关埃尼格码转子结构、连接板联机和使用手册等数据——根据这些数据，就可以复制出埃尼格码军用型密码机——施密特则得到了一万马克的报酬。不过法国密码破译人员看到这些资料，却认为还是无法破译出埃尼格码。根据与英国、波兰的军事合作协议，伯特兰又将这些数据提供给了英国与波兰。英国方面和法国人一样，认为没有多大价值。而波兰人则完全不同，以雷耶夫斯基为首的密码破译人员可以根据这些数据，取得第一步也是最关键的突破！

在施密特提供的情报中，有埃尼格码密码机的使用手册，其中规定使用几号转子和连接板的联机顺序是根据下发的每月密钥表，而转子初始方向则是由发信时，任选三个随机字母连打两次（以免错打或接收时遗漏）来通知收信方。例如，发信方先连续输入两遍随机选择字母ADH-ADH，密码机会自动加密为SEV-BYI（两次加密为不同字母），然后把SEV-BYI作为电文的第一部分发出，再把转子初始方向转到ADH，这才开始正式发报。收信方在按当日密钥调整好机器，先输入收到的最开头六个字母SEV-BYI，解密为ADH-ADH，确认无误后把转子初始方向调整到ADH，就可以开始解密正文了。——德国人是这样考虑的，如果使用统一的密钥，那么每天就可能会有几千封甚至几万封电报用同一个密钥加密，同一个密钥加密的数量太大，危险性也较大。而每封电文都用各自密钥，每个密钥所加密的数量就不多，况且这些字母都是随机选取，和有意义的电文性质不同，不可能用统计概率的方法来破译。粗看这种方法很是安全，但是“重复乃密码大忌”！在获悉了使用手册后，雷耶夫斯基就可以知道每封电文最开始的那6个字母就是由

■ （左）法国军事情报机构密码处处长古斯塔夫·伯特兰 （右）出卖密码机秘密的汉斯·提罗·施密特。

3个字母的密钥重复两次加密而成，这就成为雷耶夫斯基的突破口！

对于这6字母密钥来说，第一个字母和第四个字母是由同一个字母加密而来，同样地第二个和第五个字母以及第三个和第六个字母也是分别由同一个字母加密而来。根据每天截获的大量电文能够掌握大量的这样字母加密之间的联系，从而使雷耶夫斯基能够判断出转子的初始位置。作为数学家的雷耶夫斯基对埃尼格码的分析都是严格数学化了，再利用施密特提供的情报，波兰复制出了埃尼格码密码机，雷耶夫斯基和同事们一个接一个地试验转子的不同位置和初始方向，然后产生相应的字母对应表并记录下相应的字母循环，最后通过这些字母加密关系得出了关于置换矩阵的方程式，终于从埃尼格码那看似固若金汤的防线上打开了缺口！

三杰中的另两位罗佐基和佐加尔斯基在破译工作中也做出了重要的贡献，佐加尔斯基想出了用在纸上钻孔的方法来迅速查询对应于某类字母循环圈的转子状态。在雷耶夫斯基和同事们的努力下，波兰在后来的几年里成功地破译了大量德国电报，仅1933年1月到1939年9月，波兰就破译出了近十万封德国电报，其中甚至有德国在苏台德地区兵力重新部署的情报。而对埃尼格码的破译在波兰总参谋部也是最高机密，军官们会收到标有“维奇尔”（Wicher，破译埃尼格码的代号）的情报，他们被告知这些情报绝对可靠，但来源绝密。

当然，德国在此期间，对埃尼格码也不是一成变的，只要对转子联机作出一点改动，那么雷耶夫斯基花费大量心血所归纳的密钥档案就毫无用处了。但是雷耶夫斯基已经有了对付的办法，在埃尼格码的基础上设计了一台能自动验证三个转于的所有变化即26×26×26＝17576个方向的机器，这是由6台埃尼格码机以及其他辅助器材组成的机器，能在两小时内找出当日密钥。罗佐基把它取名为“炸弹”（La Bomba），因为它运转起来震耳欲聋的声响就像是炸弹的爆炸。“炸弹”实现了密码分析的机械化，这是对埃尼格码机械加密的很自然的应对手段。

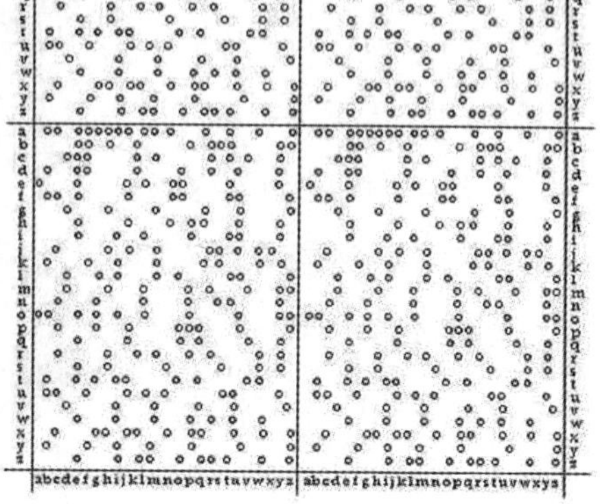

■ 佐加尔斯基设计的用来查询密码的钻孔表格。

在雷耶夫斯基进行破译的同时，施密特还在继续向法国情报机关提供有关情报，在1931年以后7年中，他和法国情报人员接头不下20次，先后提供了38个月的密钥。1938年6月，英国秘密情报局（即军事情报六处，MI6）接到报告，一名拒绝说出真实姓名的波兰犹太人（后查明是理查德·莱温斯基），称其曾在德国制造埃尼格码密码机的工厂里当过技术员和工程师，因为是犹太人而遭到驱逐。他愿意凭记忆为英国制造"埃尼格码"密码机，条件是一万英镑以及给他和家人英国护照和法国居住权。军情六处经过数周的调查，认定此人所说属实，随即派出密码专家赶到华沙，对其进行考察，然后按计划将他及家人护送到法国，根据他的回忆复制出一台埃尼格码密码机。——巴黎沦陷前，英国用专机将莱温斯基等有关人员转移到了英国——然而这种埃尼格码密码机很快过时了，1938年12月德国强化了埃尼格码加密能力，给每台埃尼格码增加了两个转子，从原来的3个转子6种排列方式一下增加到现在从5个转子中任意选取3个装入密码机，这样一来转子排列方式达到了5×4×3＝60种。对波兰密码破译人员来说就意味着，"炸弹"的机器数量也必须相应增加到60台机器同时运转，而1台"炸弹"的价格是密码处总预算的15倍！1939年1月，德国在埃尼格码连接板上的联机又从6根增加到10根，密钥的总数达到了一万五千九百亿亿个，是原来的一万五千九百倍！雪上加霜的是施密特也停止了和法国情报部门的接头。有关密钥的所有来源都断了！

1939年4月德国撕毁和波兰签订的互不侵

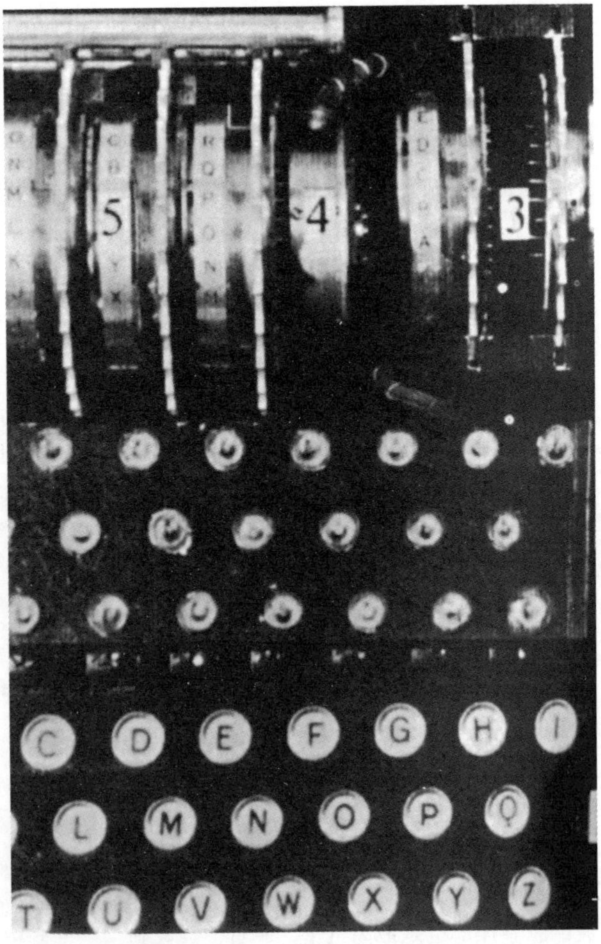

■ 波兰情报机关研制的用于破译埃尼格码密码机的"炸弹"。

犯条约，侵占了苏台德地区，而且德国国内对波兰的仇视日益高涨，战争一触即发。波兰人清楚地意识到，他们将是纳粹德国实现其建立日耳曼帝国的第一个牺牲品。波兰总参谋部的情报部商定，并经波兰总参谋长批准，一旦战争临近，即把破译德国“埃尼格码”密码的成果向英法盟国公布，以便在波兰遭到入侵后，拥有更大人力、物力、财力的英法还可以继续破译工作。

6月30日，波兰密码处处长格维多·兰格尔（Gwido Langer）少校致电英法同行，邀请他们来华沙讨论有关埃尼格码事宜。7月25日英法专家到达波兰，代表英国的是政府代码及加密学校（Government Code and Cipher School，简称为GC&CS）负责人阿拉斯泰尔·丹尼斯顿，代表法国的就是伯特兰。在华沙以南约10公里卡巴齐森林深处的一处偏僻小院里，英法波三国的密码专家开始了会谈，谁能想到这次会谈用来交流的语言居然是德语——因为那是三国密码专家都懂得而不需要翻译的语言！兰格尔向英法同行展示了“炸弹”，并介绍了雷耶夫斯基的破译方法，最后慷慨地向英法赠送了复制的埃尼格码机以及“炸弹”的图纸。伯特兰通过外交邮包把这份“大礼”寄回巴黎，而英国则是由两名特工伪装游客，把复制的埃尼格码乔装成行李带回英国。

1939年9月1日德军入侵波兰，在伯特兰的帮助下，雷耶夫斯基、罗佐基和佐加尔斯基带着他们的部分机器（密码处其他的机器和数据则被全部销毁）逃往罗马尼亚，从那里穿越南斯拉夫和意大利的边界到达法国。他们在巴黎成立了Z小组，后来转移到法国维希继续进行埃尼格码的破译和“炸弹”的改进工作。在那里他们独立工作了2年之久，破译了9000条以上的德军电报，这些破译的电报有力支持了盟军在南斯拉夫、希腊、苏联以及北非的作战。

1942年1月，罗佐基在从法属阿尔及利亚一个监听站返回法国途中，因乘坐的客轮触礁沉没而遇难。而在维希坚持工作的Z小组处

■ 英国政府代码及加密学校负责人阿拉斯泰尔·丹尼斯顿。

境也日益艰难，1942年11月9日，雷耶夫斯基和佐加尔斯基被迫撤离，在穿越法国西班牙边境时被西班牙警察逮捕，投入了难民营。不过他们始终没有透露自己的真实身份。1943年5月获释后就取道直布罗陀到达英国，随后参加了对德国另一种密码SS密码的破译工作。

战后，佐加尔斯基留在了英国，在巴特尔西（Battersea）技术学院任教，1978年在普利茅斯去世。雷耶夫斯基则回到了波兰，在波兹南大学担任行政工作，1967年退休，1980年去世，享年75岁。

由于种种原因，他们的功绩很长时间里不为人们所知。甚至在1974年弗雷德里克·温特伯坦姆（F.W.Winterbotham）所著的介绍密码破译专家丰功伟绩的《超级机密》（The Ultra Secret）一书中，也没提及。但是历史是不会忘却他们的卓著功勋的，2000年7月17日，波兰政府向雷耶夫斯基、罗佐基和佐加尔斯基追授波兰最高勋章。2000年9月英国安德鲁王子访问波兰时，代表英国政府将一台二战中从德国潜艇上缴获的埃尼格码机复制品赠送给波兰，以感谢波兰在破译埃尼格码密码中所做出的巨大贡献。在赠送仪式上，安德鲁王子说：“如果没有波兰数学家的发现，埃尼格码密码就有可能无法破译。”在英国代码及加密学校战时旧址布莱奇利公园，1999年、2000年和2001年都举行“波兰日”纪念活动以纪念波兰数学家的贡献。

2001年4月21日，雷耶夫斯基、罗佐基和佐加尔斯基纪念基金在波兰华沙设立，基金会在华沙和伦敦设置了纪念波兰数学家的铭牌，并于7月在布莱奇利公园安放了一块基石，上面刻着丘吉尔的名言：“在人类历史上，从未有如此多的人对如此少的人欠如此多。”这当然不只是对波兰数学家，而是对所有在破译埃尼格码密码工作做出贡献的人们的最高褒奖。

■ 2000年英国安德鲁王子访问波兰向波兰布泽克总理赠送埃尼格码密码机复制品。

附录四：二战德国参战潜艇性能参数对比总结

艇型	艇长（米）	排水量（吨）	最大航速（节）	最大航程（英里/节）	动力（马力）	最大潜深	武备	乘员	服役数量	舷号	建造时间	备注
IA	72.39	862（水面）983（水下）	18.6（水面）8.3（水下）	7900/10（水面）78/4（水下）	3080（水面）1000（水下）	200米	6具鱼雷发射管(4/2),14枚鱼雷;28枚水雷;1门105毫米甲板炮,备弹150发;1挺20毫米机枪	44—46人	2艘	U-25—U-26	1934—1936年	攻击型艇
IIA	40.9	254（水面）303（水下）	13.0（水面）6.9（水下）	1600/8（水面）35/4（水下）	700（水面）360（水下）	150米	3具鱼雷发射管（3/0），5枚鱼雷；12枚水雷；1挺双联20毫米机枪	22—24人	6艘	U-1—U-6	1935年	近岸潜艇
IIB	42.7	279（水面）328（水下）	13（水面）7（水下）	3100/8（水面）35/4（水下）	700（水面）360（水下）	150米	3具鱼雷发射管（3/0），5枚鱼雷；12枚水雷；1挺双联20毫米机枪	22—24人	20艘	U-7—U-24、U-120—U-121	1934—1940年	近岸潜艇
IIC	43.9	291（水面）341（水下）	12（水面）7（水下）	3800/8（水面）35/4（水下）	700（水面）410（水下）	150米	3具鱼雷发射管（3/0），5枚鱼雷；12枚水雷；1挺双联20毫米机枪	22—24人	8艘	U-56—U-63	1937—1940年	近岸潜艇
IID	43.97	314（水面）364（水下）	12.7（水面）7.4（水下）	5650/8（水面）56/4（水下）	700（水面）410（水下）	150米	3具鱼雷发射管（3/0），5枚鱼雷；12枚水雷；1挺双联20毫米机枪	22—24人	16艘	U-137—U-152	1939—1941年	近岸潜艇

艇型	艇长（米）	排水量（吨）	最大航速（节）	最大航程（英里/节）	动力（马力）	最大潜深	武备	乘员	服役数量	舷号	建造时间	备注
VIIA	64.51	626（水面）745（水下）	17（水面）8（水下）	6200/10（水面）94/4（水下）	2310（水面）750（水下）	220米	5具鱼雷发射管（4/1），11枚鱼雷；22枚水雷；1门88毫米甲板炮，备弹220发；1挺20毫米机枪	42—46人	10艘	U-27—U-36	1936—1941年	远洋攻击型
VIIB	66.5	753（水面）857（水下）	17.9（水面）8（水下）	8700/10（水面）90/4（水下）	3200（水面）750（水下）	220米	5具鱼雷发射管（4/1），14枚鱼雷；1门88毫米甲板炮，备弹220发；1挺20毫米机枪	44—48人	24艘	U-45—U-55、U-73—U-76、U-83—U-87、U-99—U-102	1934—1940年	远洋攻击型
VIIC	67.1	769（水面）871（水下）	17.7（水面）7.6（水下）	8500/10（水面）80/4（水下）	3200（水面）750（水下）	220米	5具鱼雷发射管（4/1），14枚鱼雷；26枚水雷；1门88毫米甲板炮，备弹220发；1挺双联20毫米机枪，1门37毫米防空炮	44—52人	568艘	U-69—U-72、U-77—U-82、U-88—U-98、U-132—U-136、U-201—U-212、U-221—U-232、U-235—U-291、U-301—U-316、U-331—U-394、U-396—U-458、U-465—U-473、U-475—U-486、U-551—U-683、U-701—U-722、U-731—U-768、U-771—U-779、U-821—U-822、U-825—U-826、U-901、U-903—U-905、U-907、U-921—U-928、U-951—U-994、U-1051—U-1058、U-1101—U-1102、U-1131—U-1132、U-1161—U-1162、U-1191—U-1210	1935—1937年	远洋攻击型

艇型	艇长（米）	排水量（吨）	最大航速（节）	最大航程（英里/节）	动力（马力）	最大潜深	武备	乘员	服役数量	舷号	建造时间	备注
VIIC/41	67.1	769（水面）871（水下）	17.7（水面）7.6（水下）	8500/10（水面）80/4（水下）	3200（水面）750（水下）	220米	5具鱼雷发射管(4/1),14枚鱼雷;22枚水雷;1门88毫米甲板炮,备弹220发;1挺双联20毫米机枪,1门37毫米防空炮	44—52人	91艘	U-292—U-300、U-317—U-328、U-827—U-828、U-929—U-930、U-995、U-997—U-1010、U-1013—U-1025、U-1063—U-1065、U-1103—U-1110、U-1163—U-1172、U-1271—U-1279、U-1301—U-1308	1941—1945年	远洋攻击型
VIID	76.9	965（水面）1080（水下）	16.7（水面）7.3（水下）	11200/10（水面）69/4（水下）	3200（水面）750（水下）	220米	5具鱼雷发射管（4/1），14枚鱼雷；15枚水雷；1门88毫米甲板炮,备弹220发；1挺双联20毫米机枪，1门37毫米防空炮	46—52人	6艘	U-213—U-218	1940—1942年	布雷艇
VIIF	77.63	1084（水面）1181（水下）	17.6（水面）7.9（水下）	14700/10（水面）75/4（水下）	3200（水面）750（水下）	200米	5具鱼雷发射管（4/1），14枚鱼雷；1挺双联20毫米机枪,1门37毫米防空炮	46—52人	4艘	U-1059—J-1062	1941—1943年	运输艇

艇型	艇长（米）	排水量（吨）	最大航速（节）	最大航程（英里/节）	动力（马力）	最大潜深	武备	乘员	服役数量	舷号	建造时间	备注
VIIC Flak	67.1	769（水面）871（水下）	17.7（水面）7.6（水下）	8500/10（水面）80/4（水下）	3200（水面）750（水下）	220米	5具鱼雷发射管(4/1)，14枚鱼雷；1门88毫米甲板炮，备弹220发；2挺双联20毫米机枪，1门37毫米防空炮	44—52人	7艘	U-211、U-256、U-263、U-271、U-411、U-621、U-953、	1943年	防空艇
IX	76.6	1032（水面）1152（水下）	18.2（水面）7.7（水下）	10500/10（水面）78/4（水下）	4400（水面）1000（水下）	230米	6具鱼雷发射管(4/2)，22枚鱼雷；44枚水雷；1门105毫米甲板炮，备弹110发；1挺20毫米机枪，1门37毫米防空炮	48—56人	8艘	U-37—U-44	1936—1939年	远洋攻击型
IXB	76.5	1051（水面）1178（水下）	18.2（水面）7.3（水下）	12000/10（水面）64/4（水下）	4400（水面）1000（水下）	230米	6具鱼雷发射管(4/2)，22枚鱼雷；44枚水雷；1门105毫米甲板炮，备弹110发；1挺20毫米机枪，1门37毫米防空炮	48—56人	14艘	U-64—U-65、U-103—U-111、U-122—U-124、	1937—1940年	远洋攻击型
IXC	76.76	1120（水面）1232（水下）	18.3（水面）7.3（水下）	13450/10（水面）63/4（水下）	4400（水面）1000（水下）	230米	6具鱼雷发射管(4/2)，22枚鱼雷；44枚水雷；1门105毫米甲板炮，备弹110发；1挺20毫米机枪，1门37毫米防空炮	48—56人	54艘	U-66—U-68、U-125—U-131、U-153—U-166、U-171—U-176、U-501—U-524	1939—1942年	远洋攻击型

艇型	艇长（米）	排水量（吨）	最大航速（节）	最大航程（英里/节）	动力（马力）	最大潜深	武备	乘员	服役数量	舷号	建造时间	备注
IXC/40	76.76	1120（水面）1232（水下）	19（水面）7.3（水下）	13850/10（水面）63/4（水下）	4400（水面）1000（水下）	230米	6具鱼雷发射管(4/2)，22枚鱼雷；44枚水雷；1门105毫米甲板炮，备弹110发；1挺20毫米机枪，1门37毫米防空炮	48—56人	87艘	U-167—U-170、U-183—U-194、U-525—U-550、U-801—U-806、U-841—U-846、U-853—U-858、U-865—U-870、U-877—U-881、U-889、U-1221—U-1235	1940—1944年	远洋攻击型
IXD1	87.6	1616（水面）1804（水下）	19.2（水面）6.9（水下）	23700/12（水面）57/4（水下）	4400（水面）1000（水下）	230米	6具鱼雷发射管（4/2），24枚鱼雷，48枚水雷；1门105毫米甲板炮，备弹150发；1挺20毫米机枪，1门37毫米防空炮；1架Fa-330旋翼观测机	55—63人	2艘	U-180、U-195	1940—1942年	远洋攻击型
IXD2	87.6	1616（水面）1804（水下）	19.2（水面）6.9（水下）	23700/12（水面）57/4（水下）	4400（水面）1000（水下）	230米	6具鱼雷发射管（4/2），24枚鱼雷，48枚水雷；1门105毫米甲板炮，备弹150发；1挺20毫米机枪，1门37毫米防空炮；1架Fa-330旋翼观测机	55—63人	28艘	U-177—U-179、U-181—U-182、U-196—U-200、U-847—U-852、U-859—U-864、U-871—U-876	1940—1944年	远洋攻击型

艇型	艇长（米）	排水量（吨）	最大航速（节）	最大航程（英里/节）	动力（马力）	最大潜深	武备	乘员	服役数量	舷号	建造时间	备注
XB	89.8	1963（水面）2177（水下）	17.0（水面）7.0（水下）	18450/10（水面）93/4（水下）	4800（水面）1100（水下）	220米	2具鱼雷发射管(0/2)，15枚鱼雷；66枚水雷；1门105毫米甲板炮，备弹150发；1挺20毫米机枪，1门37毫米防空炮；1架Fa—330旋翼观测机	48—60人	8艘	U-116—U-119、U-219—U-220、U-233—U-234	1939—1944年	布雷艇
XIV	67.1	1688（水面）1932（水下）	14.9（水面）6.2（水下）	12350/10（水面）55/4（水下）	3200（水面）750（水下）	240米	1挺20毫米机枪，1门37毫米防空炮	53—60人	10艘	U-459—U-464、U-487—U-490	1940—1943年	补给艇
XXI	76.7	1621（水面）1819（水下）	15.6（水面）17.2（水下）	15500/10（水面）340/5（水下）	4000（水面）4400（水下）	280米	6具鱼雷发射管(6/0)，123枚鱼雷；12枚水雷；4挺20毫米机枪	57—60人	118艘	U-2501—U-2531、U-2533—U-2536、U-2538—U-2546、U-2548、U-2551—U-2552、U-3001—U-3035、U-3037—U-3041、U-3044、U-3501—U-3530	1943—1945年	远洋攻击型
XXIII	34.68	234（水面）258（水下）	9.7（水面）12.5（水下）	2600/8（水面）194/4（水下）	630（水面）580（水下）	180米	2具鱼雷发射管(2/0)，12枚鱼雷	14—18人	61艘	U-2321—U-2369、U-2371、U-4701—U-4707、U-4709—U-4712、	1943—1945年	攻击型艇（电动）

附录五：德军潜艇艇员的招募与训练

尽管德国海军潜艇部队的实质并不是义务兵部队，但邓尼茨的手下从来不缺满怀热情想要成为海狼一员的人。20世纪20年代的大萧条造成的高失业率造就了大批失业者，德国海军从而有机会招募到大批志愿者，海军方面尤其注意招募那些有技术背景的新兵，譬如机械师或者冶金工人。

二战爆发前，海军征兵标准的年龄限制是17到23岁。应征者们必须在登记表上详细填写个人情况，如身高、体重、年龄、种族、政治信仰以及包括教育程度、技术能力、外语能力、运动素质在内的其他情况。除了登记表外，还必须提供两张照片及由警方提供的无犯罪前科证明。不久，德国海军的征兵标准还加上了必须是纯正雅利安血统和德国国籍的限制。如果上述审查得到通过，应征者还必须填写一份问卷并接受当地医疗机构的身体检查，尤其是对牙齿的检查，因为在海军生涯里是很少有机会接触到牙医的。

这一切都顺利通过后，应征者还必须到当地的军事管理区登记处进行更严格的身体检查和书面审查。这种严格的征兵制度直到1941年才得到一定程度的放宽，许多并不具备一定技术背景的应征者也得以批准入伍。

在顺利通过资格审查后，训练才正式开始。在纳粹德国，完成基本教育的适龄年轻人都将在德国劳工局接受为期6个月的工程建设科目实习，这个机构实质上是一个准军事化组织。完成实习的人就意味着随时准备被应征入伍了。接到入伍通知的新兵将会得到一个印有个人编号的军事通行证以证明军人的身份，这个证明除非战死或退伍一直有效。

德国人向来懂得宣传工作的重要性，建立战功的潜艇及其艇长都被大肆宣扬，王牌艇长的照片甚至被制成了明信片。战争初期堂堂的大英帝国皇家海军在德国潜艇面前丢尽颜面，这也使得德国百姓们深受潜艇部队官兵的鼓舞。德国最有影响力的军事杂志《信号》和《德国海军》经常将潜艇官兵的照片刊登出来，新闻影片里也常有报道。直到战争临近结束，还有人愿意加入潜艇部队，其感召力可见一斑。

通常人们认为，德国海军的兵源多半来自德国北部沿海城市，如汉堡和基尔。但实际上多半新兵来自德国中部，如萨克森地区。一个典型的新兵来自工人阶级，接受过基本教育。很多潜艇部队官兵甚至出身于中产阶级家庭，只有少数来自军人世家。

被征召进海军后，得到的最高军衔是高级军士长，为此必须签订最少12年的服役合同，这比较适合那些志愿长期效力德国海军并希望有所作为的新兵们。随着战斗经历的不断增长，军衔会不断提高，这也取决于个人的表现和能力。

那些希望晋升军官的人必须面临更严格的训练，服役合同长达25年，所需具备的身体素质、智力和心理素质也是相当高的。基本军事训练结束后，候补军官将陆续接受3个半月的初级航海训练、14个月的巡洋舰航海训练、1年的海军学院学习、6个月的专业技能训练以及1年的艇上实战训练以获取必要的作战经验和能力。未来的艇长要学习鱼雷射击课程，而对技术军官则按照对潜艇机电长的要求进行全面系统的培训。在军官训练

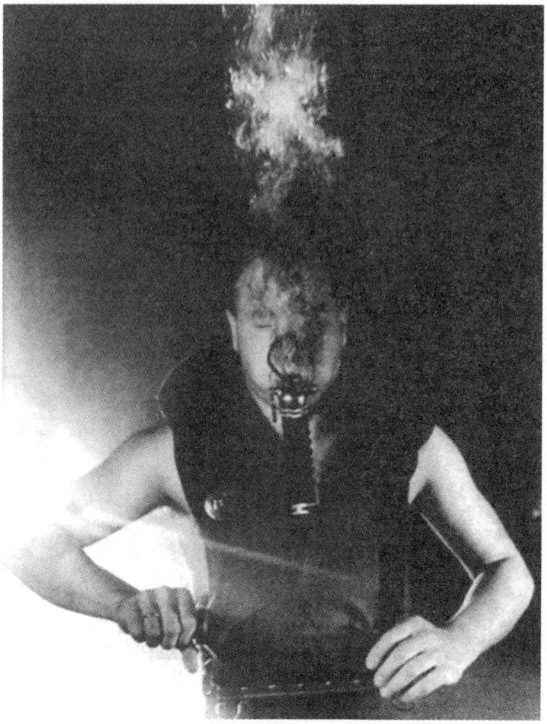

■ 练习使用水下呼吸器。

■ 根据教官的命令开动船模。

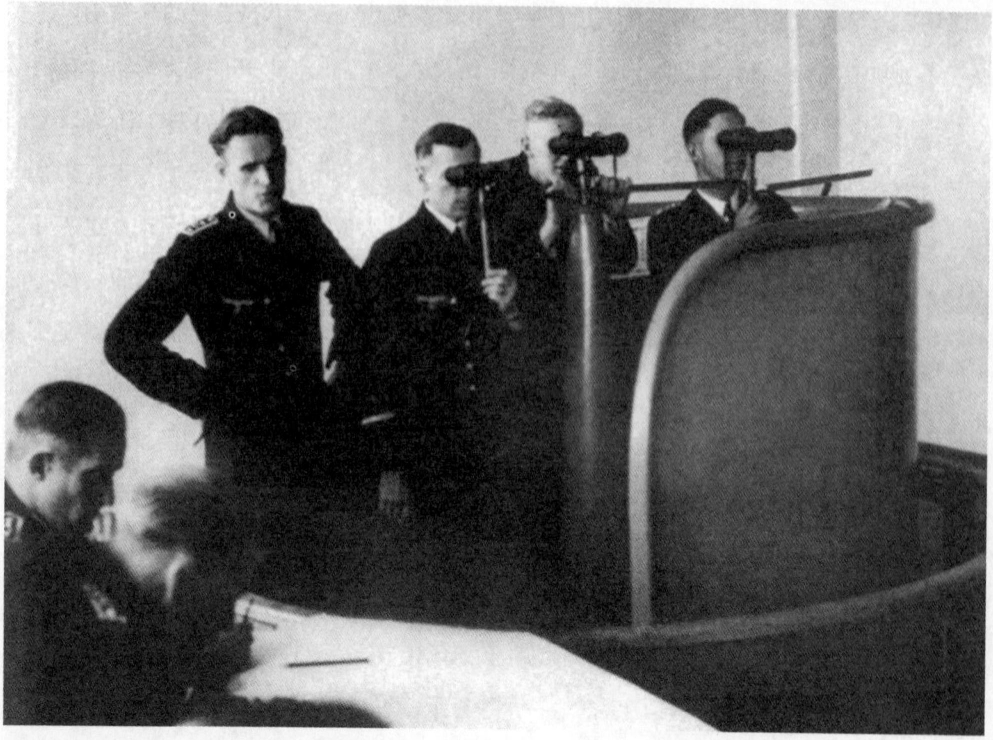

■ 受训艇员通过望远镜来估算船模的角度和距离。

结束后，还得到潜艇上进行一次彻底的试验性训练。在训练中，都是以狼群战术打击尽可能近似真实的有强大兵力护航的敌运输船队作为训练的高潮而结束的。军官训练相当艰苦，尤其是大量的体能训练。这也使得德国海军潜艇部队军官的年龄结构呈现出年轻化的特点。在大战爆发初期，潜艇军官的平均年龄是27岁，随着战争进程的推进不断降低，到了大战后期，其平均年龄甚至降到了24岁。

战前，德国海军每年征召13000人入伍，其中只有33%的人能够通过潜艇部队的资格审查，这其中又只有60%的人最终被潜艇部队接受。到了1942年，海军每年征召42000人，但是潜艇部队的人员缺额却一直得不到真正补充，所以到了战争中期，真正的潜艇义务兵越来越少。不过，尽管盟军反潜能力逐步提高，潜艇作战损失巨大，部队减员严重，但潜艇部队官兵的素质却并没有因此下降。1944年底，潜艇部队对新兵的审核通过率仍只有37%，充分说明潜艇部队一直坚持人员素质要求的高标准。

德国海军对潜艇部队的建设和训练工作始于1933年，当时的训练机构是位于基尔的反潜技术学院。表面上来看，这个机构像是为培养反潜防御专业人才而设，但实际上这就是德国最早的潜艇学院。学员在这里将接受一系列包括潜艇的设计与建造、潜艇作战专业理论、潜艇武器系统、柴/电推进系统理论以及逃生训练等科目学习。1935年，第1潜艇舰队成立，舰队中拥有U-7号到U-12号潜艇（U-1号到U-6号则作为训练艇隶属位于诺伊斯市的潜艇学院），这些潜艇全部是II型近岸潜艇，也就是著名的“独木舟”。这样潜艇学员拥有了更多机会来对潜艇专业理论知识进行实践。1935年到1937年间，潜艇学院的规模几乎扩大了一倍。到了1939年大战爆发时则干脆成立了德国海军潜艇训练舰队。1940年4月，德国海军潜艇训练舰队改编为第1潜艇训练舰队并在波罗的海建立了基地。7个月以后又成立了第2潜艇训练舰队。到大战结束时，德国海军共拥有4支潜艇训练舰队。在训练中，对潜艇尽量进行类似实战的各种训练，如深水炸弹和航空炸弹的攻击，直到主机和升降舵在水下航行中完全失去作用为止。

战争初期，潜艇部队的艇员都接受过长达6个月的潜艇作战训练，这比一般海军士兵基本训练要长得多。但由于此后作战部队迫切需要快速补充人员损失，训练时间被大大缩短，有时甚至减至2个月，但这只是平均数。有时因为紧急需要，有的新兵甚至未经必要训练就被临时抽调到潜艇上，而有的新兵却经过了更长时间的训练，直到战争结束前夕也是如此。艇员的训练时间往往是由实际需要决定的。

数据显示，直到1941年，潜艇部队的艇员还能称得上是义务兵，但随着战争的发展而有所改变。德国海军的人员损失必须得到及时补充，陆军和空军的情况同样如此。潜艇部队的情况尤为严重，许多海军其他部门的新兵未经必要训练就被抽调到潜艇部队。到大战将近结束的时候，36%的潜艇艇长都未经过必要训练，人员的提拔、任命和调动往往都是权宜之计。许多新兵进入潜艇部队并

①

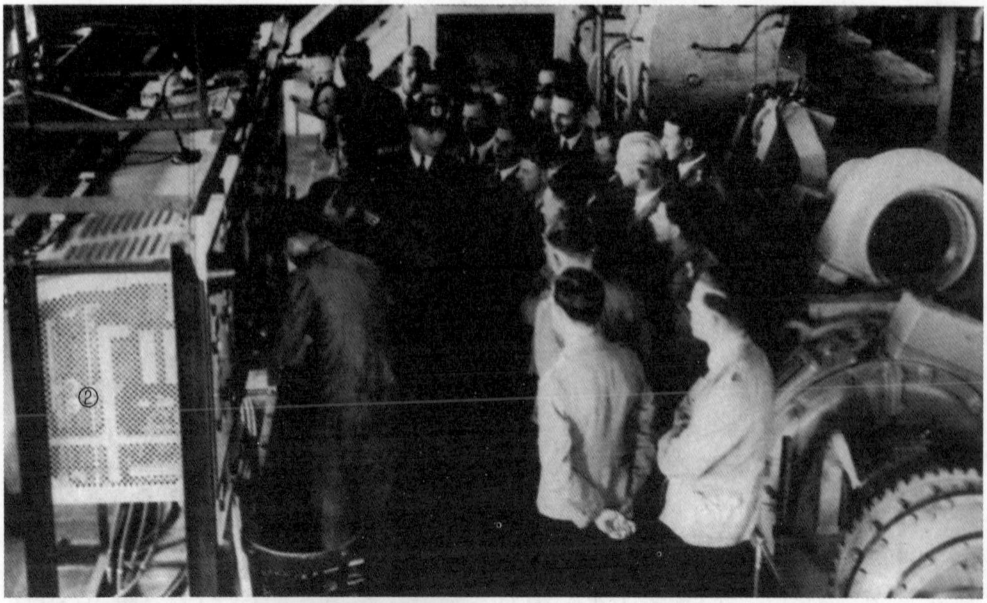

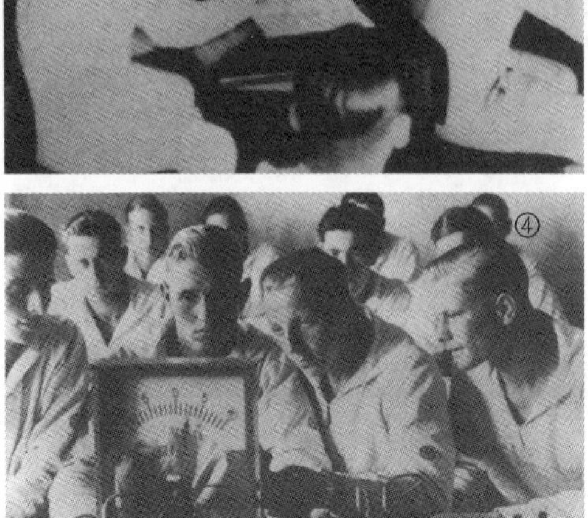

■ ①②③④图组为受训艇员接受各种训练的情景。

非真正出于本人的意愿，惟一可以选择的是在哪种潜艇上服役——VII型还是IX型潜艇。我们知道，VII型艇排水量小，艇内生活不太舒适；而IX型排水量大，艇内空间更为宽敞。但在紧急下潜的时候，VII型艇比IX型艇要快10秒钟，这就大大增加了遭受攻击时生还的机会。所以在选择服役的潜艇型号时也是难以抉择的。

值得指出的是，潜艇部队的官兵们在战斗中必须形成一个高效协作的团体，彼此充分信任。就像一台高速运转的机器，任何一个部件的故障都可能造成毁灭性的后果；任何与其他人无法充分融合的艇员都可能在战斗中造成整艘潜艇的灾难。

附录六：

二战德国潜艇的艇上人员构成

二战期间德国海军潜艇艇上人员的数量根据艇型的不同而各不相同，所承担的职责也有所不同。以II型潜艇为例，艇上艇员共25人，而VII型艇的艇员总数共为45人。IX型艇的艇员总数约为50人，而XXI型艇则多达57人。为了执行某些特殊任务，德军潜艇有时还会搭载一些专业人士，如科学家、间谍以及突击队员等。但无论艇员人数有多少，艇上人员总会分为军官、高级军士长、军士长和水手四个阶层。

军官

德军潜艇上的军官通常由4人组成，负责潜艇日常运行、维护和作战指挥。具体如下：

军官		
职务	军阶	职责
艇长	海军上尉或中尉	潜艇的总指挥官。制订作战计划、下达操作命令以及所有事关潜艇存亡的命令，是全艇的核心
副艇长（首席值勤官）	海军中尉或少尉	辅助艇长的执行军官。以及在艇长生病或者死亡时接替指挥权。武器与观测系统的操作通常也是副艇长的职责
次席值勤官	海军少尉	值勤军官。主要负责指挥塔或甲板上艇员的海空观测、防空炮和甲板炮的指挥操作，同时也负责无线电通讯设备的操作与维护
轮机长	总工程师	艇上的总工程师。通常是经验丰富的海军工程师，负责艇上机械设备的运转维护和检修，包括发动机、电机、蓄电池组等，甚至包括潜艇在紧急状态下的自毁操作

高级军士长

高级军士长通常由4人构成。具体如下：

高级军士长		
职务	军阶	职责
导航官	海军军士长	导航与物资供应
高级水手长	海军一级中士	艇上纪律执行、维持与监督
柴油机军士长	高级工程师	辅助轮机长，负责柴油机的运转和维护
电机军士长	高级工程师	辅助轮机长，负责电机和蓄电池组的运转和维护

军士长

艇上军士长的数量并不固定，但一般每个职位由2到3人组成，而且多由具备特殊技能的专业人员组成，有时也轮流担任指挥塔或甲板上的警戒　望任务。具体如下：

军士长		
职务	军阶	职责
操舵手	海军中士或下士	掌舵
鱼雷机械师	海军中士或下士	鱼雷操作、维护和保养
电机机械师	海军中士或下士	发动机运转和操作
无线电操作员	海军中士或下士	通讯与声呐设备的操作
水手长	海军二级中士	艇员监督和管理

水手

水手对于任何一艘潜艇的正常运行来说都是至关重要的，不但需要在指挥塔或甲板上警戒　望，还要操作火炮射击、装填和发射鱼雷、处理饮用水和食物这类艇上日常工作。

附录七：二战德军潜艇艇员的作战与生活

饮食条件

关于德国海军潜艇部队官兵艇上生活的话题，人们主要关心的是艇员的生活环境和物质待遇这两方面。因为潜艇的一次出航作战可能的持续时间将长达12周，在作战斗巡逻前的出发准备时，潜艇通常要携带约14吨的各类给养品、燃料和鱼雷武器弹药。艇上的每一个角落都被尽可能的利用来存放新鲜食品，如：鸡蛋、马铃薯、水果、蔬菜、面包和肉类等，因为这些都将是首先被消耗的。无论是训练还是战时，艇上均可保证潜艇官兵们的一日三餐。除了主食以外，还有咖啡、茶、牛奶、果汁和可可饮料提供。一旦新鲜食品耗尽，那么只能由罐装食品接济，此外还需补充一些必要的维生素。有趣的是，部分被德国潜艇击沉的商船上还携带了一些禽类和畜类，如：鸡和猪。1942年5月1日被德国海军U-162号潜艇击沉的“帕恩奈巴”（Parnahyba）号货轮即是如此。如果这些动物在潜艇攻

■ 一张令人印象深刻的照片：启航前，在堆满食物的船舱内写信的艇员，其身边可以看见各种各样的食品，特别是悬挂在舱顶上的香肠。

击之后能侥幸存活，那么毫无疑问，它们将成为最受德国潜艇官兵欢迎的客人。值得一提的是，潜艇在一段时间内将处于水面航行状态，一方面是为蓄电池充电，一方面也为获得足够的航速。但水面的海况较水下差，在这种情况下艇上的电炉无法使用。也就是说，这种情况下艇上是没有热食供应的。艇内的厨房空间十分狭小，仅能容下两台电炉和一个清洗餐具的水池，这里还保存着剩余的和废弃的食物原料，这里要负责艇上所有人（约50人）左右的饮食。

德国潜艇内部的生活环境是非常封闭潮湿的。当潜艇在海况恶劣的水面航行时，海水会从未关闭的舱门大量涌进舱内；而当潜艇在热带海域水下航行时，由于通风装置工作吃力、艇上的动力和机械设备运转产生的高温将在潜艇内部积聚至摄氏50度。这样的高温夹杂着高湿度，使得艇员们的衣物很难晾干，新鲜食品也很容易腐烂发霉。但总的来说，德国海军潜艇部队的伙食标准较其他德军作战部队还是要高出一些。

居住环境

艇上的空间是非常宝贵的。拿典型的VII型潜艇和IX型潜艇来说，潜艇本身排水量虽然较大，但那只是外部艇壳给人造成的印象。而内部的耐压壳最大直径只有5米，艇首和艇尾的空间更小。绝大部分艇内空间用于安置柴油机和电动机、蓄电池和其他必要的机械设备，用来供艇员生活和休息的空间所剩无几，甚至连睡觉的位置都很有限，一些特定的隔间仅能容纳一个铺位的宽度。艇长的起居室较大，门口安装了布帘以保证较为私密的空间，但艇长室往往位于潜艇内部的中心位置，因为平时的大小事务艇员都会向艇长汇报，这样安置较为方便，所以，艇长也很难安静下来休息。军官的舱室空间也较大，里面安装有固定的小桌而非其他地方的折叠桌。高级军官有固定的铺位，中级军官

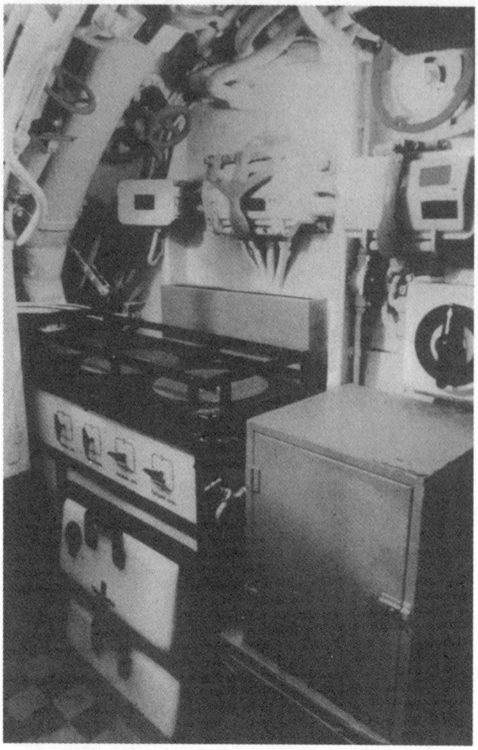

■ 潜艇上的厨房虽然空间比较狭小，但设施也还算齐全。

则只有吊床。艇上部分岗位的艇员由两个人共用一个铺位，这是因为二人轮岗的缘故。还有部分艇员只能在艇首和艇尾的鱼雷舱里休息，那里终日被噪音困扰，几乎永无宁日。

德国海军潜艇部队艇员的作战着装原本是传统的海军蓝色制服，但在潜艇这样狭小的空间内穿着并不舒适。所以，在多数德国艇长看来，只要艇员能有效执行作战使命和高度称职，那么可以由其任意选择自己的穿着。

众所周知，潜艇上的淡水储备是极其有限的，所以洗澡是件奢侈的事，绝大多数潜艇官兵返航后都是一副穿着破旧的制服、蓬头垢面、满脸胡须的样子。不过上岸后他们会很快收拾干净，不修边幅的样子多半用来拍照留念。

一艘德国潜艇上通常有两个厕所。在战斗巡逻过程中的前半段时期，其中一个将被用来存放新鲜食品，另一个较小的则为艇上的50人服务。可以想象，这对于潜艇内部本来就污浊不堪的气味而言又是个不小的负担，而冲洗马桶的工作更是困难和有一定的危险性，处置不当的话可能会引起海水倒灌的严重后果。根据现有的资料，大战中至少有一艘德国潜艇（U-1206号）是因为冲洗马桶时的失误而最终导致沉没。当时潜艇因为大量进水被迫上浮，在海面又突然遭遇盟军飞机攻击而被击沉（57.21N，01.39W）。不过由于当时事发地点离苏格兰的彼得黑

■ 潜艇内的机舱一景（图为空气压缩机），在夏季不仅要忍受噪音，还必须克服机器发热带来的高温，是艇上公认最艰苦的岗位。

德（Peterhead）海岸很近，艇上人员迅速撤离，所以只有4人死亡，其余46人获救。可以想象也有其他潜艇有类似的遭遇。在较为平静的海面上航行时，艇员还可使用外部的马桶。对于德国潜艇而言，最恶劣的工作环境就是主柴油机舱。二战期间的德国潜艇普遍装有两台长达6米的柴油机引擎，柴油机工作时的噪音往往令人无法忍受。很多长期在引擎室工作的艇员都患有严重的听力损伤、失眠和厌食症。

由以上的描述人们可以想象，一艘经历了数星期海上航行的潜艇，其内部的气味会

有多难闻：柴油机产生的烟气、腐烂变质的食物产生的气味、厕所里的臭味和艇员身上的汗臭，这就不难理解古龙水为什么在德国潜艇上大受欢迎的原因了。

待遇情况

薪水对于艇员们的士气而言非常重要。实际上，潜艇部队官兵的薪水与其他军种同军阶的的官兵基本一致，区别在于一些特殊的补助。德国海军潜艇部队官兵可以领取的补助包括“封闭环境服役补助”（Raumbeschrunkungszulage）和“潜水补助”（Tauchzulage）等与特殊技能有关的补助项目，所有这些补助加起来几乎等于基本薪水的两倍。

除了薪水以外，还有一个重要的因素。那就是高质量的特殊训练使得有才能的艇员可以很快得到提升，战时的人员损失也可很快得到补充。而军衔的提升也带来更丰厚的薪水，所以那一时期休假中的德国海军潜艇部队官兵多半出手阔绰。

艇员的休假管理也是德国海军潜艇部队值得称道的地方。在结束为期12周的战斗巡逻后，潜艇会返回港口进行检修和维护。艇员中除一小部分留在艇上值守外，其余人会得到一次为期12天的假期，而最终所有人都会被轮流安排值守。一辆专用的列车（BdU Zug）会带各港口的休假艇员返回他们在德国本土的家乡，这样就能保证艇员们在旅途中耗费的时间尽可能地少。据统计，平均每个艇员在半年内得到的休假时间可达2周左右。这样，潜艇部队的官兵就比在东线作战的德军幸运得多，后者一般要连续作战达一年甚至18个月。

休闲娱乐生活

总的来说，德国海军潜艇部队官兵高度的信念和斗志是维系其高水准的自律和相互信任关系的基础，在这种情况下，军纪本身往往就没那么重要了。一些以纪律严格著称的德国艇长也对艇上纪律的执行有着较为宽松的尺度。艇上的休闲和娱乐活动也值得一提。战斗巡逻期间潜艇官兵绝大多数时间都是用在搜寻盟军护航船队和发动攻击这种高度紧张和枯燥的工作上，在其余时间，艇员的最大敌人就是单调和枯燥。除了打牌和看书，几乎没有其他的事可做。当潜艇处于水下航行状态时，为了节省电源，舱内的照明灯光被尽可能地关闭，所以连这些活动都无法进行。许多艇员都会在出发前挑选一些唱片带到艇上，通过潜艇内部的广播系统为大家播放。在战时，收听敌国的广播是被禁止的，但潜艇官兵被特许可以收听美国和英国的广播电台的音乐和新闻节目。许多艇长还会安排一些比赛，并给予获胜者一定的奖品，这在艇上也是十分受欢迎的。最高奖励有时会是艇长亲自代替获胜者执行一段时间的岗位工作，在气候恶劣的北大西洋，这实在是无上的奖励。

只要有可能，许多艇长都会在海面绝对安全的情况下（随着战争历程的不断推进也越来越少见）允许艇员们到甲板上活动，呼吸新鲜空气、享受日光浴或下海游泳（但得提防鲨鱼）。在潜艇穿越赤道线时，艇员们都会在甲板上举行一个传统仪式。发起者会装扮成海神，在第一次穿越赤道的新人身上做些恶作剧，如逼迫他们喝海水或剃光头发等。但新人们也会因此得到一个手绘的卷轴和一个自制的勋章，这种勋章通常由废弃的马口铁罐头盒做成。

一名出色的潜艇指挥官将使艇员们受益无穷，而许多功勋卓著的德国潜艇王牌也都认为他们的铁十字和橡叶勋章的获得都是艇员们一致努力的结果。艇长们和艇员们的关系在潜艇这个狭小的空间内显得如此密不可分，他们之间往往融合着深厚的战斗情谊。

战斗生活

潜艇出海后，绝大多数艇员在一天的时间里都必须以轮换值班的方式花8小时时间来值勤、8小时来睡觉休息和8小时执行各种杂务。其中包括例行检查、日常设备维护、进餐、娱乐休闲等。潜艇的作战行动是在出发前就制订完成的，赶赴作战海域的过程将会持续至少数天以上。在相对较安全的海域，潜艇会尽量采用水面航行方式航行，一艘典型的VII型艇水面最大航速可达17节，通常水面巡航速度保持在10节左右。但在水下采用电动机航行时，最大航速也不过7节，一般在4节左右。在海况恶劣的情况下，为了保持航行的稳定和潜艇的安全，潜艇也会采用一定深度的水下航行方式。但因为水下航行非常耗电，所以潜艇必须尽快上浮使用柴油机进行充电，只是在战争后期使用水下通气管后潜艇方可在潜望镜深度充电而不必完全上浮，但也必须在海况理想的情况下使用，而且露出海面的通气管顶部管口也很容易被盟军反潜力量发现。在引擎室里，艇员的生活通常由6小时的工作时间与6小时休息时间组成。由于引擎室的工作强度很大，所以引擎室的艇员有时可免除指挥塔上的警戒瞭望职责。

厨师是艇上惟一可完全免除警戒瞭望职责的艇员，他的职责就是保证艇上所有人员的正常餐饮供应。不过，厨师的工作也并不轻松，只有好的厨师才会受到全体艇员尊敬。

指挥塔上的警戒瞭望任务将通常持续4小时。在指挥塔上，警戒小组通常由值勤官和4名瞭望组成，每人负责使用高倍望远镜观望一定扇面角度的海平面与天空，一来可尽早发现敌情，二来也可发现稍纵即逝的攻击机会。在海况恶劣的情况下，每人都必须在身上系上与指挥塔连接的安全带以防跌落海中。如果航行的过程中一直没有敌对力量的出现，潜艇赶赴作战海域的过程将会是相对枯燥的。而在天气无常的海面上，警戒瞭望是非常艰苦的工作，特别是在这种情况下瞭望手还必须精力高度集中。如果在值勤过程中因为自己的疏忽和瞌睡而未能及时发现目标，后果可能会是相当严重的。

当确认目标并准备发起攻击时，艇长会发出“进入战斗位置！”（Gefechtstationen!）的命令，此时所有位于指挥塔上的艇员必须迅速进入潜艇内部并关闭所有出口和舱盖。随后，压载水舱会立即注水，柴油机会立即关闭并启动电动机，艇首的舵会作出调整，潜艇会立即加速以尽快下潜。在这一过程中，所有不在战斗岗位的艇员会迅速向艇首方向集中，这样可以增加艇首的重量，紧急下潜的时间可以进一步缩短。当潜艇处于危险境地时，整个紧急下潜过程会进一步缩短，由于盟军飞机会在不到10秒内的时间内出现在潜艇上空，甚至不会等到指挥塔上的人员全部撤离以及舱口全部关闭，潜艇就会立即下潜。在到达安全深度时，舵会放平，潜艇可保持水平航行。但如果要让潜艇保持一定的深度，就必须做一定程度的前进运动，这需要非常复杂的发动机和舵的协调操作，还得加上使用压缩空气平衡潜艇前后部分水舱之间的重力以保持潜艇在水下的水平姿态。为此，艇员们也常常奉命在潜艇内部前后移动以起到配平的作用。

艇内的无线电通信室空间非常狭小，这里还安装有水声监听设备，这是根据敌舰螺旋桨的噪音特征判断目标位置、性质和距离的有效设备，不过复杂的海洋水声环境有时会影响水声监听器的效果。一般认为，德军装备的水声监听器性能非常不错，声呐兵的素质也相对较高。如果从水声监听器中发现了疑似攻击目标，艇长通常会命令潜艇运动到潜望镜深度并升起潜望镜确认四周海域和空中的情况。

如果可以上浮至水面实施攻击时，潜艇会将柴油机产生的废气排入主压载水舱以便上浮，这样也可节省宝贵的压缩空气。潜艇有时也会在夜间实施水面攻击，此时潜艇的轮廓很难被敌水面舰艇发现。副艇长会在这一过程中检查鱼雷发射装置和使用指挥塔上的双目望远镜跟踪目标，而艇长则指挥潜艇运动至最佳攻击位置。指挥塔上的双目望远镜是一种放大倍率高而且成像稳定的望远镜，安装在指挥塔上的鱼雷瞄准基座上，并与艇长所在的控制室里的攻击主机相连。主机会自动调整潜艇的运动方位和速度，并将数据传送至鱼雷舱，后者可加以利用。鱼雷

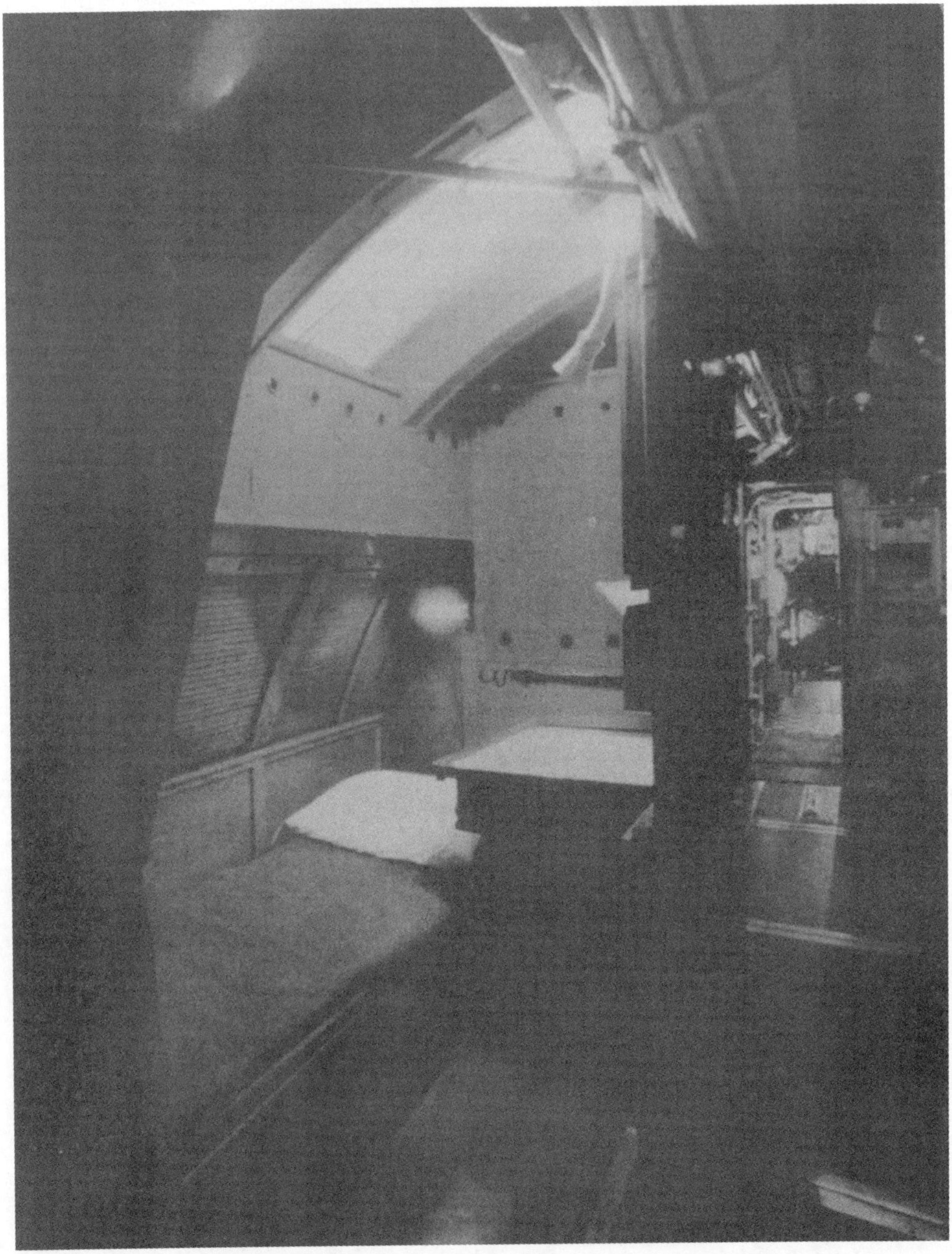

■ 艇长室，艇长是艇上惟一拥有独立房间的人——通过帘子隔开——不过艇长一般不拉起隔帘，因为艇员需要时刻看到他镇定自若的神情。

■ 德国海军U-377号潜艇指挥塔上的艇员们，摄于挪威海岸附近。

■ 指挥塔上的警戒瞭望任务将通常持续4小时。

发射命令通常由副艇长向控制室下达，并由鱼雷舱的鱼雷兵操作发射鱼雷，鱼雷机械师会对鱼雷的深度、速度诸元进行设定。

如果不适合作水面攻击，潜艇会在潜望镜深度发起水下攻击。此时艇长会在控制室指挥攻击，这里是指挥塔下方的位置，也是艇内人员出入指挥塔必经之地。带有一个小座椅的攻击潜望镜和鱼雷计算器就安装在这里，副艇长负责向鱼雷计算器内输入艇长下达的数据指令。在艇内，不同岗位之间的作战指令一般通过传声筒喊话进行，有时也通过打开的舱门直接传递。舵手则直接根据艇长下达的命令对潜艇的运动进行操纵。而在无线电室内，信号兵和声呐兵会仔细通过声呐设备和水声监听器进行操作辨认。为了避免潜艇被发现，潜艇会尽量保持无线电静默。高速螺旋桨的噪音讯号是最敏感的，因为这预示着敌水面作战舰艇正在附近。一旦艇长下令发射鱼雷而此时正好使用艇首鱼雷实施扇面发射，艇首的压载水舱会立即注水以补偿鱼雷发射后艇首重量的减轻。而鱼雷命中目标所需的时间是根据双方速度和射击距离事先计算出来的，并由计时表倒数指示。如果在计时终点仍未监听到爆炸声，可能是鱼雷发生了故障或是错失目标，而这样的后果是很可能遭到敌舰的反击，情况就会变得危急起来。

鱼雷发射后，声呐兵若是监听到敌舰

■ U艇上的无线电接收员，他也负责声呐监听的工作。

的高速螺旋桨声，潜艇会尽快下潜到一定深度以躲避可能的深弹攻击，深弹攻击的过程往往伴随着盟军反潜力量指挥官们与德国艇长之间猫捉老鼠游戏的激烈上演。盟军的ASDIC探测器的一个显著特点就是发出类似“砰”的声响，这是声波以高速在水下传播时遇到障碍物表面反射的声响，但这种探测器只能大概指示目标的方位而不能指示目标所在的深度。由于深弹一般被设定在特定深度才会爆炸，过深和过浅都无法对潜艇造成有效的毁伤，而只能对水下的潜艇造成一定程度的震动和摇晃，或至将潜艇内部的物品摔落在地。不过，即便是对于经验最丰富的潜艇艇员而言，不断逼近的敌舰螺旋桨噪音、声呐波的撞击声和近在咫尺的深弹爆炸声都会让人的神经高度紧张。24小时内遭受至少300枚深弹攻击的德国潜艇并不在少数。

在可能持续数小时的德国潜艇与盟军反潜舰艇的周旋过程中，艇长将起到至关重要的作用。此时艇上的电动机将以静音方式运行以尽量减少噪音，连艇上传达命令的口令都以小声喊话的方式进行以免盟军舰艇上的声呐兵捕捉到哪怕一点点潜艇的特征噪音。艇上的蓄电池组在电动机的缓慢运行中会被不断的消耗，不久就不得不要求潜艇上浮至水面再次充电。盟军的反潜舰艇也会利用这一点，尝试关闭发动机以造成自己已经远去的假象，引诱德国潜艇上浮充电。

如果潜艇在深弹攻击中受损，逃避攻击将变得更加困难，对于潜艇自身的安危更是巨大的考验。在潜艇严重受损并大量进水的情况下，重新浮起就变得几乎不可能，艇内的全体官兵几乎只能坐等溺毙。一旦潜艇得以成功浮出水面，逃生的机会就大得多了，当然前提是敌舰并不打算将其立即击沉。在严寒的冬季或是北部水域，冰冷的海水对于弃艇逃生的潜艇艇员也是巨大的考验。如果潜艇下沉速度过快，那么位于潜艇底层发动机舱的轮机兵就很难逃生。海军传统中常有船长应与船只共存亡的惯例，但德国潜艇艇长在即将弃艇时通常都会在指挥塔上安排所有艇员们依次离开潜艇并尽可能自己也设法逃生。此时艇长还有一项重要的任务，那就是趁盟军的水面舰艇尚未到达之前设法将潜艇自沉，以确保包括著名的埃尼格码密码机等重要设备和文件资料不落入盟军手中。即便如此，大战中仍有数艘德国潜艇在来不及自沉的情况下被盟军俘获，如：U-110号、U-570号、U-505号和U-1024号等。

当然以上只是最坏的情况，如果潜艇侥幸躲过了盟军反潜力量的攻击，就可以在后者放弃攻击离开附近海域后立即上浮至海面，打开舱盖释放艇内污浊的空气，筋疲力尽的艇员们也可借机来到甲板上呼吸新鲜的空气。

在战争的早期阶段，盟军的反潜力量还

很薄弱，部分商船甚至毫无护航舰艇伴随，在这种情况下潜艇会尽量上浮到海面使用甲板炮攻击目标。最初的德国潜艇是严格按照“捕获法则”进行作战的，即首先逼停目标船只，然后进行搜查，如果该船只是敌船或者其目标是敌国港口的中立国船只，那么在安全转移所有船员后即可将该船用甲板炮予以击沉而不必浪费艇上宝贵的鱼雷。当然也有鱼雷攻击未果而使用甲板炮最后解决问题的。以大战期间德国海军潜艇部队主力艇型——VII型艇为例，该艇在指挥塔前方的甲板上安装有88毫米炮，该炮由3人操作（1名炮手、1名瞄准手和1名装填手），此外还根据情况再安排3人负责输送弹药。弹药被储存在甲板下方的密封弹药箱内，需要人工搬运出来并经过指挥塔搬到后甲板，再运到前甲板进行装填。火炮上的瞄准器也是事先保存在潜艇内部的，需要使用时才搬运出来安装使用。由于操作相对复杂，所以甲板炮的使用必须在附近海域没有盟军海空反潜力量的情况下进行。

在“捕获法则”里，由于德国潜艇必须先向目标船只发送无线电讯号，这就增加了被附近盟军截获的可能，而目标船只也可能伺机撞击潜艇，所以德国潜艇很快改变了战术，争取在第一时间内击沉敌船。这样，甲

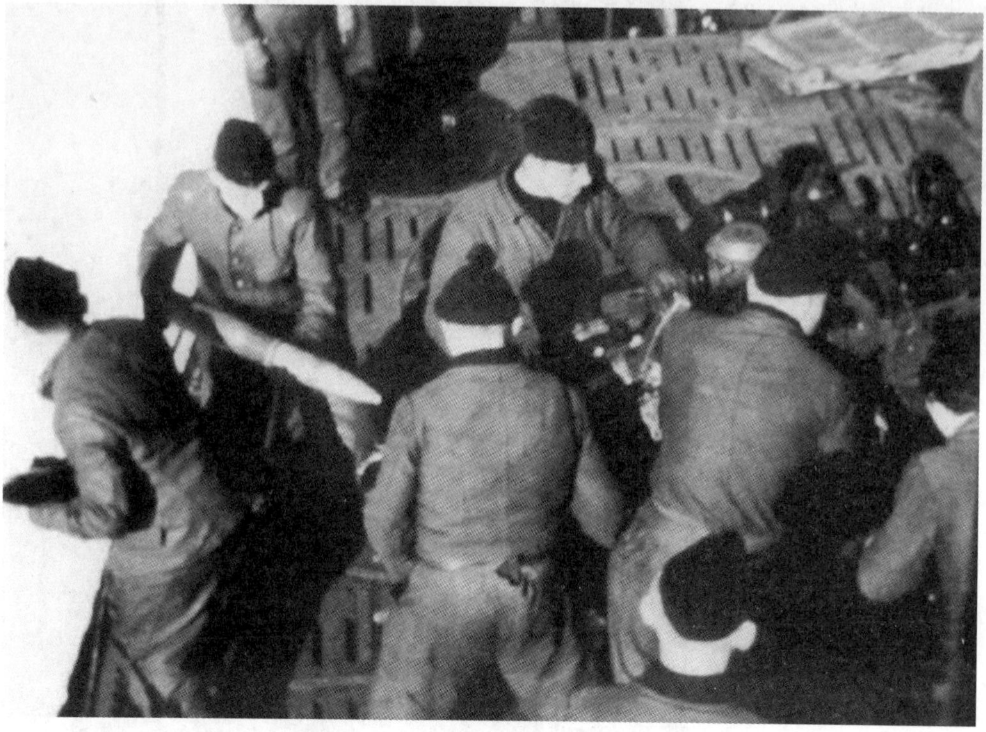

■ 一群正在执行训练任务的艇员们操作一门甲板炮。

板炮使用的场合就越来越少，直至最终从多数潜艇的甲板上拆除。与此同时，德国潜艇的防御火力其实并没有衰减，而是得到了一定程度的增强。战争初期，VII型艇上只在指挥塔后部安装有20毫米机关炮，这起初是用来对海射击，后来则用来防空。不久，艇上开始安装威力更大的双联20毫米机关炮，甚至设计了更多的附加炮台以安装更多的防空炮，包括37毫米高射炮和4联装20毫米机关炮。尽管大战中的确有几次成功的德国潜艇击落盟军飞机的战例，但德国潜艇与盟军飞机遭遇时德国潜艇的损失更大。由于执行防空作战任务的德国潜艇高射炮手作战勇敢，又缺乏有效的防护，作战中伤亡很大。1943年“反击作战”命令下达不久，德国海军潜艇部队就因为损失居高不下而被迫放弃与盟军飞机遭遇时顽固抵抗的方式，而是尽可能的紧急下潜躲避攻击。

如果艇员们从一艘受损严重的潜艇中成功弃艇逃生后被盟军俘获，通常受到的待遇相对较好。在盟军看来，多数德国潜艇的官兵都是不折不扣的纳粹分子，他们通常士气高昂，深信自己将对盟军造成沉重打击并最终引领纳粹德国走向胜利。在为数不多的几个例子里，也有被俘的德国潜艇官兵被俘后下场悲惨的事例，甚至有被俘艇员自杀的情况。即便是在大战结束后，一些被俘的德国潜艇艇员还迟迟不能获释返回祖国。在第二次世界大战中，德国海军潜艇部队的伤亡率高达70%到80%，是各国参战部队各兵种中损失率最为惨重的。

■ 经过防空强化的VII型，照片摄于德国投降后。

附录八：二战德国潜艇损失明细表

时间	损失数	军船击沉	飞机击沉	水雷击沉	军船飞机共同击沉	潜艇击沉	自沉	意外事故	被俘	不明原因	空战
1939.9	2	2									
1939.1	5	3		2							
1939.11	1	1									
1939.12	1					1					
1940.1	2						1	1		1	
1940.2	5									1	
1940.3	3	4									
1940.4	4	1	1								
1940.5	1	1	1	2						1	
1940.6	1	1					1				
1940.7	2					1					
1940.8	2	1		1				1			
1940.9	1										
1940.1	1										
1940.11	2	1								1	
1940.12	0	1									
1941.1	0										
1941.2	0										
1941.3	5						1			1	
1941.4	2	3									
1941.5	1	2									
1941.6	4										
1941.7	0	4									
1941.8	4		1		1	1					
1941.9	2	1									
1941.1	2	2									
1941.11	5	2				1		2		1	
1941.12	10	1	1		1	1		1			
1942.1	3	6	1			1					
1942.2	2	1		3							
1942.3	6	2	2								
1942.4	3	1								1	
1942.5	4	2			1				1		
1942.6	3	1	1				1				
1942.7	12	7	4		1						
1942.8	9	2	2		2	1		1		1	1
1942.9	10	4	3	1	1			1			

时间	损失数	军船击沉	飞机击沉	水雷击沉	军船飞机共同击沉	潜艇击沉	自沉	意外事故	被俘	不明原因	空战
1942.1	16	3	9	1	1					1	
1942.11	13	2	7				1	1		2	
1942.12	5	3	1					1			
1943.1	7	1	2			1				3	
1943.2	18	7	7		2			1		1	
1943.3	16	6	8	1				1			
1943.4	16	3	5	1	1	1	1			2	2
1943.5	41	13	16		5	1	1	2		2	1
1943.6	17	6	10			1					
1943.7	38	5	28		2		1			1	1
1943.8	24	4	17			1	1	1			
1943.9	11	1	4		1			2	1	2	
1943.1	28	4	18		1	1	3			1	
1943.11	18	6	8		1			2		1	
1943.12	9	3	2	1	1		1			1	
1944.1	15	6	5					2		1	
1944.2	20	10	3	1		1	2	2		1	
1944.3	25	8	7	1	5			1		3	
1944.4	21	10	3	1	1	1					
1944.5	23	7	8		3		3	1		1	1
1944.6	25	4	15		2	1			1	2	
1944.7	20	9	8	2							1
1944.8	32	9	6	1	3		9			1	2
1944.9	21	4	3	2	1	1	5	1		4	
1944.1	11	1	3			1		3		2	1
1944.11	8	2		1		2		1		2	
1944.12	15	4	2	2			2	1		2	2
1945.1	8	4		2		1					1
1945.2	23	11	1	5		1		2		2	1
1945.3	23	7	2	4						2	8
1945.4	48	18	12	1		1		1		6	10
1945.5	18	5	10				1				2

说明：

1. U-612于1942年8月6日和U-444号潜艇相撞沉没，打捞修复后当成训练艇继续服役，于1945年5月2日凿沉。
2. U-31号于1940年3月11日被击沉随即打捞修复继续服役，后于同年11月2日再次被击沉。
3. 1944年7月另有1艘潜艇退役。
4. 1944年8月另有10艘潜艇退役。
5. 1944年9月另有2艘潜艇退役。
6. 1944年10月另有3艘潜艇退役。
7. 1945年3月另有1艘潜艇退役。
8. 1945年4月另有4艘潜艇退役。
9. 1945年5月另有2艘潜艇退役。

附录九： 二战德国海军潜艇部队王牌艇长（前十名）

姓名	出生时间	死亡时间	指挥经验	荣誉经历	战绩	结局
奥托·克雷齐默尔(Otto Kretschmer)	1912.5.1	1998.8.5	U-35号潜艇(1937.7.31—1937.8.15) U-23号潜艇(1937.10.1—1940.4.1) U-99号潜艇(1940.4.18—1941.3.17)	二级铁十字勋章（1939.10.17） 潜艇作战勋章（1939.11.9） 一级铁十字勋章（1939.12.17） 骑士十字勋章（1940.8.4） 橡叶骑士十字勋章（1940.11.4） 橡叶双剑骑士十字勋章（1941.12.26）	击沉各类敌船46艘，总吨位273043吨 击伤各类敌船5艘，总吨位37965吨	1998年夏外出度假期间因意外受伤死于巴伐利亚的一家医院
沃尔夫冈·卢瑟(Wolfgang Luth)	1913.10.15	1945.5.13	U-13号潜艇(1939.12.16—1939.12.28) U-9号潜艇(1939.12.30—1940.6.10) U-138号潜艇(1940.6.27—1940.10.20) U-43号潜艇(1940.10.21—1942.4.11) U-181号潜艇(1942.5.9—1943.10.31)	二级铁十字勋章（1940.1.25） 一级铁十字勋章（1940.5.15） 骑士十字勋章（1940.10.24） 橡叶骑士十字勋章（1942.11.13） 橡叶双剑骑士十字勋章（1943.4.15） 钻石橡叶双剑骑士十字勋章（1943.8.9）	击沉各类敌船46艘，总吨位225204吨； 击伤各类敌船两艘，总吨位17343吨	1945年5月13日被哨兵误杀
埃里希·托普（Erich Topp）	1914.7.2	2005.12.26	U-57号潜艇(1940.6.5—1940.9.15) U-552号潜艇(1940.12.4—1942.9.8) U-3010号潜艇(1945.3.23—1945.4.26)	潜艇作战勋章（1939.11.7） 骑士十字勋章（1941.6.20） 橡叶骑士十字勋章（1942.4.11） 钻石潜艇作战勋章（1942.4.11） 橡叶双剑骑士十字勋章（1942.8.17）	击沉各类敌船35艘，	2005年12月26日病逝
海因里希·里伯(Heinrich Liebe)	1908.1.29	1997.7.27	U-2号潜艇(1936.10.1—1938.1.31) U-38号潜艇(1938.10.24—1941.7.22)	二级铁十字勋章（1939.10.8） 潜艇作战勋章（1939.12.16） 一级铁十字勋章（1940.4.6） 骑士十字勋章（1940.8.14） 橡叶骑士十字勋章（1941.6.10）	击沉各类敌船34艘，总吨位187267吨； 击伤敌船1艘，总吨位3670吨	1997年7月27日病逝
维克多·舒茨(Viktor Schutze)	1906.2.16	1950.9.23	U-19号潜艇(1936.1.16—1937.9.30) U-11号潜艇(1938.8.13—1939.9.4) U-25号潜艇(1939.9.5—1940.5.19) U-103号潜艇(1940.7.5—1941.8.12)	二级铁十字勋章（1939.11.13） 一级铁十字勋章（1940.2.21） 骑士十字勋章（1940.12.11） 橡叶骑士十字勋章（1941.7.14）	击沉各类敌船35艘，总吨位180073吨； 击伤敌船两艘，总吨位14213吨	1950年9月23日病逝

姓名	出生时间	死亡时间	指挥经验	荣誉经历	战绩	结局
海因里希·莱曼-威伦布洛克（Heinrich Lehmann-Willenbrock）	1911.12.11	1986.4.18	U-8号潜艇（1939.10.14—1939.11.30） U-5号潜艇（1939.12.5—1940.8.11） U-96号潜艇（1940.9.14—1942.4.1） U-256号潜艇（1944.9.2—1944.10.18）	二级铁十字勋章（1940.4.20） 一级铁十字勋章（1940.12.31） 潜艇作战奖章（1941.1.2） 骑士十字勋章（1941.2.26） 橡叶骑士十字勋章（1941.12.31）	击沉各类敌船25艘，总吨位179125吨；击伤敌船两艘，总吨位15864吨	1986年4月18日病逝于不来梅
卡尔-弗雷德里希·迈尔顿（Karl—Friedrich Merten）	1905.8.15	1993.5.2	U-68号潜艇（1941.2.11—1943.1.21）	二级铁十字勋章（1939.10.2） 潜艇作战勋章（1941.8.2） 一级铁十字勋章（1941.12.31） 骑士十字勋章（1942.6.13） 橡叶骑士十字勋章（1942.11.16） 钻石潜艇作战勋章（1943.1.30）	击沉各类敌船27艘，总吨位170151吨	1993年5月2日病逝
哈伯特·舒尔兹（Herbert Schultze）	1909.7.24	1987.6.3	U-2号潜艇（1938.1.31—1939.3.16） U-48号潜艇（1939.4.22—1940.5.20） U-48号潜艇（1940.12.17—1941.7.27）	二级铁十字勋章（1939.9.25） 潜艇作战勋章（1939.10.25） 一级铁十字勋章（1939.10.27） 骑士十字勋章（1940.3.1） 橡叶骑士十字勋章（1941.6.12）	击沉各类敌船26艘，总吨位169709吨；击伤敌船1艘，总吨位9456吨	1987年6月3日病逝于伦敦
君特·普里恩（Gunther Prien）	1908.1.16	1941.3.7	U-47号潜艇（1938.12.17—1941.3.7）	二级铁十字勋章（1939.9.25） 一级铁十字勋章（1939.10.17） 骑士十字勋章（1939.10.18） 橡叶骑士十字勋章（1940.10.20）	击沉各类敌船30艘，总吨位162769吨；击伤敌船8艘，总吨位62751吨	1941年3月7日在北大西洋因潜艇沉没而丧生
乔治·拉森（Georg Lassen）	1915.5.12	仍在世	U-29号潜艇（1941.1.3—1941.9.14） U-160号潜艇（1941.10.16—1943.6.14）	二级铁十字勋章（1939.9.26） 一级铁十字勋章（1940.7.18） 潜艇作战奖章（1940.7.18） 骑士十字勋章（1942.8.10） 橡叶骑士十字勋章（1943.3.7） 钻石潜艇作战勋章（1944.10.22）	击沉各类敌船26艘，总吨位156082吨；击伤敌船5艘，总吨位34419吨	

附录十：二战德国海军潜艇部队三大王牌艇长

奥托·克雷齐默尔（Otto Kretschmer）

奥托·克雷齐默尔是二战期间德国海军潜艇部队第一号王牌，共取得击沉了各类船只46艘，总吨位共计273043吨的战绩，在所有德国海军潜艇艇长中名列第一。

克雷齐默尔的海军生涯始于1930年4月，当时作为见习舰长在航海学校的训练舰“尼奥比”（Niobe）号上进行训练航行，为期3个月。后随德国海军轻型巡洋舰“埃姆登”（Emden）号进行航行训练。1934年12月转到轻巡洋舰“科恩”（Koln）号上实习。1936年1月，克雷齐默尔加入德国海军潜艇部队。1936年西班牙内战爆发，德国派出部队进行武装干涉。1937年他作为U-35号潜艇的首任艇长参加了在西班牙海域的巡逻任务。1937年9月，克雷齐默尔被调离U-35号潜艇，转而担任新的II型潜艇U-23号潜艇艇长。不久第二次世界大战爆发，克雷齐默尔指挥U-23号潜艇在苏格兰海岸海域取得了第一个战果。后来他又成功地在戒备森严的苏格兰海鳗湾实施了布雷行动。1940年1月12日，克雷齐默尔指挥U-23号潜艇击沉了排水量10517吨的丹麦油轮“丹麦”号，这是他取得的第一个重大战果。1个月后他击沉了英国皇家海军“大胆”号（HMS Daring）驱逐舰。1940年4月，克雷齐默尔离开U-23号潜艇，出任U-99号潜艇艇长。两个月后U-99号离开位于德国

■ 二战德国头号潜艇王牌奥托·克雷齐默尔。

基尔的基地，开始了他一生中最著名的一次战斗巡逻任务。在这次出击中他9次对盟军的护航船队实施水面攻击，击沉多艘盟军舰船。特别值得一提的是，他击沉了3艘万吨级的英国皇家海军辅助巡洋舰："劳伦蒂克"（Laurentic）号（18724吨），"普特洛克勒斯"（Patroclus）号（11314吨）和"佛法"（Forfar）号（16402吨）。从这时起，克雷齐默尔由于惊人的战绩获得了"吨位之王"的称号，而且一直也没有人超过他，同时还成就了一句名言——"一枚鱼雷 一艘船"。

1941年3月17日，克雷齐默尔在自己的最后一次战斗巡逻任务中成功击沉10艘商船后，在英国东南海域遭遇英国皇家海军驱逐舰"漫步者"号（HMS Walker）。"漫步者"号发现U-99号潜艇后，马上发起深弹攻击。U-99号艇体严重损坏后被迫浮出水面，克雷齐默尔率领艇员弃艇后被俘，U-99号潜艇也随即沉没。被俘后，克雷齐默尔先在英国的战俘营关押了一年半，后被转到加拿大的第30号战俘营继续关押，1947年12月获释返回德国。1955年加入新成立的联邦德国海军，1957年成为第一护航舰队指挥官，1958年担任两栖部队指挥官。1962年进入参谋部门工作，1965年担任北约海军部首席参谋，1970年退役。1998年奥托在巴伐利亚度假时由于意外事故受伤，送进医院后不久死亡。

沃尔夫冈·卢瑟(Wolfgang Luth)

1933年4月，沃尔夫冈·卢瑟在航海学校的训练舰"高奇·福克"（Gorch Fock）号上开始了他的海军生涯。3个月实习期结束后，卢瑟随轻巡洋舰"卡尔斯鲁厄"（Karlsruhe）号作环球航行，途经印度、印尼、澳洲、北美和南美等地，一年后换防到"科尼格斯堡"（Konigsberg）号轻巡洋舰。1937年2月，卢瑟加入德国海军潜艇部队。1937年7月，卢瑟担任U-27号潜艇二副，西班牙内战期间在西班牙海域执行战斗巡逻任务。同年10月，卢瑟升任U-38号潜艇大副。

1939年9月，二战爆发，卢瑟开始接管一艘IIB型潜艇——U-9号，并在该艇的前6次战斗巡逻任务中取得了一定战绩，最著名的莫过于1940年5月击沉了法国海军潜艇"桃瑞丝"（Doris）号。6月，卢瑟转到IID型艇U-138号上担任艇长。在9月20日深夜和21日凌晨，卢瑟指挥潜艇击沉了4艘商船，总吨位共计34633吨。10月又取得了击沉击伤各1艘的战绩，此次战果让他获得了骑士勋章。当月，他又担任排水量更大的U-43号潜艇艇长，在该艇的5次战斗巡逻任务中共击沉12艘商船，总吨位共计68077吨。1942年4月，卢瑟离开U-43号，一个月后任IXD2型艇U-181号艇长。1942年9月，卢瑟首次指挥U-181号艇执行战斗巡逻任务。这次航行远达南非开

■ 二战德国第二号潜艇王牌沃尔夫冈·卢瑟。

普敦以及印度洋，在接下来的两个星期里再次击沉4艘商船，总吨位共计21987吨，11月16日返航前夕，卢瑟在无线电中得悉自己被授予橡叶骑士勋章。接下来的两周，备受鼓舞的他又击沉了8艘商船，总吨位共计36394吨。1943年1月，U-181号抵达法国基地。短暂的休整后，U-181号又于3月重新开赴非洲和印度洋海域。在执行任务期间，卢瑟为了丰富生活提高士气实施了许多创意，如刊发潜艇的通讯小报、举行各种比赛等。卢瑟指挥潜艇在此次战斗巡逻任务中击沉10艘商船，总吨位共计45331吨。此时卢瑟成为第一个获得钻石橡叶双剑骑士勋章的潜艇指挥官。这次战斗巡逻任务也是有史以来德国海军潜艇出航时间最长的一次（1942年9月至次年3月共205天，此记录后为U-196号艇长Friedrich Kentrat在1943年3月13日到1943年10月23日的225天所破）。1944年1月，在德国海军潜艇部队服役了5年之久的卢瑟被任命为第22潜艇分队司令，7月被调往弗兰斯堡海军学校。9月，他成为德国海军军校历史上最年轻的校长。

然而，就在大战结束几天后的1945年5月12日深夜，卢瑟竟然死于一次意外事故。当时，一名哨兵在向卢瑟喝问口令的时候，竟然没有得到回答，卢瑟立即被警惕的哨兵开枪击中头部倒地身亡。迄今仍然有人对此作出各种猜测，最为合理的推断是：卢瑟当时想抄近路穿过军校的操场，但由于酒醉后反应迟钝未能及时回答哨兵的询问。

卢瑟一生饱受争议，他曾宣称自己是一个坚定的纳粹主义信仰者，他的性格和成就也使他树敌众多。不少人认为，虽然卢瑟战绩显赫，但大部分是在相对容易作战的非洲海域和印度洋取得的。人们还认为他的军事管理方法无聊可笑。卢瑟对手下家长式的作风也众所周知，他相信作为指挥官应该关心部下的表现。在艇上，所有的技术结果都必须经过他的认可，连在墙上张贴画报也遭禁止。他积极推广他的保持航行中生理健康的理论，规范着装，控制食品、饮料和香烟。当然，卢瑟严父般的作风使大多的手下直至今天还都崇敬他。当他离开了U-181号潜艇后，仍然从军校教务的百忙之中抽出时间来帮助原来的手下艇员处理其私事。卢瑟死后，德国为他举行了国葬，六名德国海军潜艇部队的骑士勋章获得者为他守灵，邓尼茨也亲致悼词。直至今天，一块大理石的纪念碑还镌刻着这位杰出的德国海军潜艇部队王牌艇长的传奇故事。

艾里希·托普(Erich Topp)

艾里希·托普于1934年4月加入德国海军，1937年10月，在德国海军“卡尔斯鲁厄”号轻巡洋舰上服役4个月后，托普加入德国海军潜艇部队。一年后，他成为U-46号潜艇上的值勤官。在U-46号上完成了了四次战斗巡逻任务后，托普转而担任U-57号潜艇艇长，在此期间，托普指挥潜艇共击沉6艘各类商船，总吨位共计36862吨。但在1940年9月3日，U-57号因为与挪威货轮“露娜”（Rona）号发生意外相撞事故沉没。随后，托普又任VIIC型艇U-552号艇长，该艇即著名的“红魔艇”。托普指挥U-552号艇在北大西洋和北美沿岸海域的攻击行动中战绩卓著。1942年的三四月间，U-552号潜艇共击沉8艘商船，总吨位共计45731吨。1942年9月，托普就任德国海军潜艇部队第27分队司令。1944年，托普为新服役的XXI型艇编写了一本《战斗指导》，二战结束前夕，托普时任XXI型艇U-2513号艇长，1945年5月在挪威向盟军投降。

战后，托普过了几个月的渔民生活，后来成为一名成功的建筑师。1958年，托普加入当时的联邦德国海军，随后前往美国，任北约军事委员会委员，为期四年。托普于1969年退休，获得大联邦功勋章（GroBe Bundes-Verdienst-kreuz），并于1970年到1984年间担任了14年的工业顾问。2005年12月26日在德国绪森病逝。

■ 二战德国第三号潜艇王牌艾里希·托普。

附录十一：U艇奖章

由于比利时、荷兰、法国的迅速战败，英国必须独立面对拥有优良装备的德国军队。战争需要大量的粮食、装备等军事物质，最佳运输方案是通过海运。

近六年的战争中，德军有1155艘潜艇参加战斗，其中725艘被击沉或失踪。35000名官兵参战，28744人死亡，死亡率高达82%，共击沉盟国和中立国船只达1400万吨。德国潜艇艇长既是恶魔也是勇士，成为海战勇士最完美的典范，他们的战绩为他们赢得了巨大的荣誉：144人获骑士铁十字勋章，29人获橡叶骑士铁十字勋章，5人获橡叶宝剑骑士铁十字勋章，2人获钻石橡叶宝剑骑士铁十字勋章。他们的成功归功于娴熟的技艺、良好的运气和全体艇员的密切配合。获得钻石橡叶宝剑骑士铁十字勋章的阿尔伯瑞希特·布赖蒂（Albrecht Brandi）曾经说：“艇长是替官兵佩带勋章的人。”在这里给大家详细介绍一下德国潜水艇官兵勇气和无畏的象征：U艇奖章（U-Boat Badge）。

1939年10月13日德国海军总司令埃里克·雷德尔（Erich Raeder）海军上将设立了U艇奖章（也称潜艇作战徽章），奖章基本设计延续了一战德皇海军的潜艇徽章（Submarine Badge WWI）的式样。章体中心是一艘潜

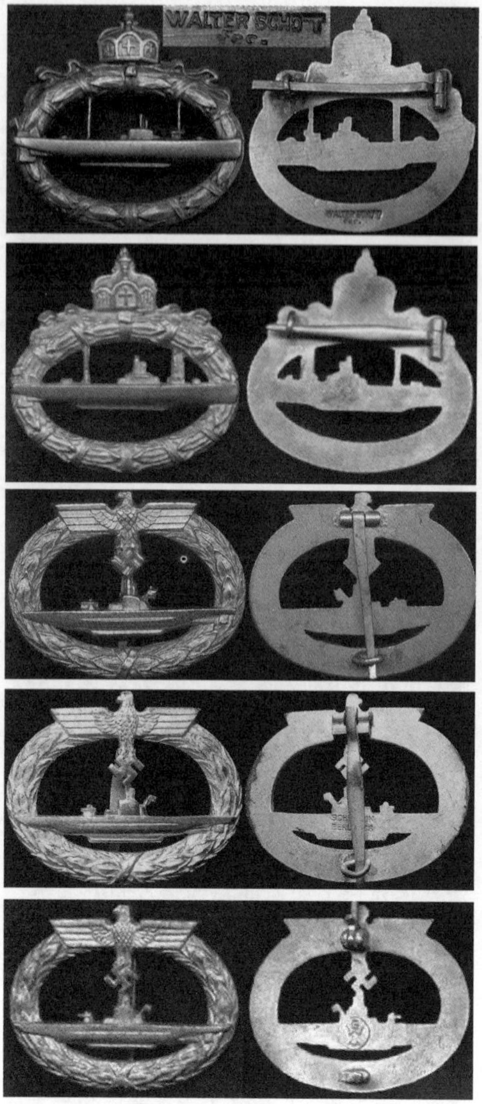

■ 从上到下依次是：前两个是一战德皇海军的潜艇徽章，顶上是帝国王冠。1939年10月13日德国海军总司令雷德尔海军上将设立的U艇奖章（U—Boat Badge，也称潜艇作战徽章）。Schwerin公司出产的U艇奖章因为品质优异，极少有剥漆或褪色现象。最后是其他公司商生产的U艇奖章，因为摩擦和保存年限久远而产生了金漆褪色或剥落。

艇，外框是椭圆形的月桂树叶环。U艇奖章用第二次世界大战德国海军潜艇力量的支柱VII型潜艇，替换了一战德皇海军潜艇徽章中的老式潜艇。徽章顶上的帝国王冠被新的标志——“第三帝国的海军鹰饰紧抓着卐饰”替换。最大的变化是潜艇从右到左方向而不是左到右。

柏林艺术家保罗·卡斯伯格（Paul Casberg）设计了这个奖章，最初由非常有声望的柏林Schwerin公司生产。1939年11月开始生产，据说直到1941年早期Schwerin公司是这个徽章的惟一制造商。最初的材质是用“Tombak”合金制成并镀金抛光。后来，许多其他制造商也生产这个徽章。其中有一些公司商也具有像Schwerin一样好的品质。随着战事的不断发展，物资短缺，原先的贵重材质最终由锌完全替代，镀金工艺也变成亮漆。由于佩带摩擦和保存年限的影响，金漆褪色或剥落后章体金色变成灰色。附图更清楚的对比了即使磨损的情况更严重些，Schwerin公司出产的奖章因为品质优异极少有剥漆或褪色现象。

U艇奖章的标准版本：宽48毫米，高39毫米。由于出产厂家的不同，背面焊接有水平或垂直的别针，别针也有圆形或宽扁不同的区别。用保护棉纸包裹，放在书写有奖章名称的一个棕色或蓝色纸信封里面；也有用保护棉纸包裹放在小的包装纸盒里的，但非常罕见。

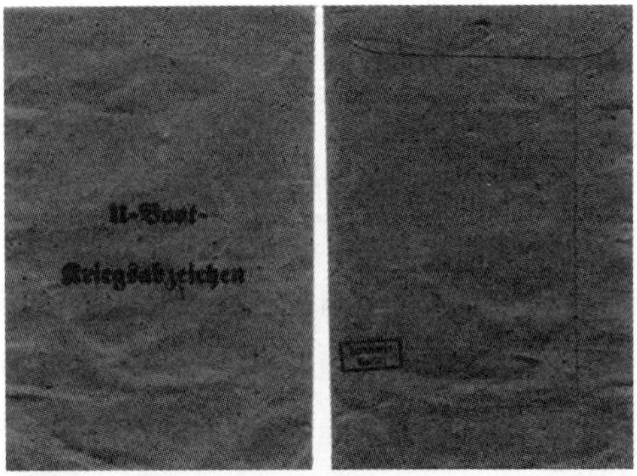

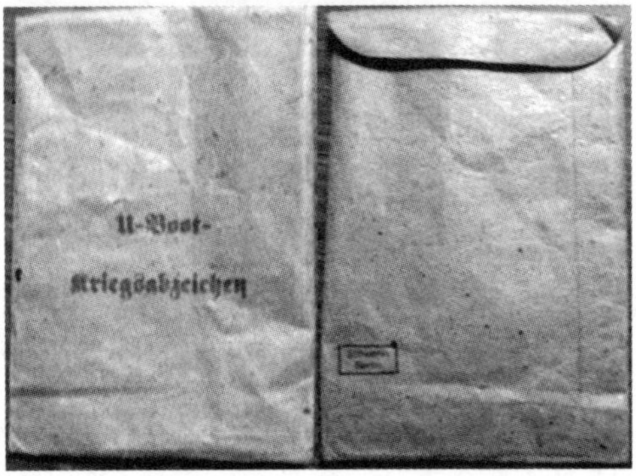

■ （上及下）U艇奖章的标准版本，用保护棉纸包裹，放在书写有奖章名称的蓝色纸信封里面。

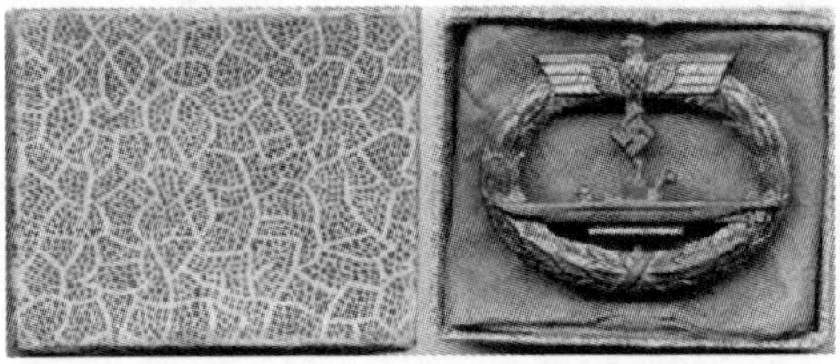

■ U艇奖章的标准版本，用保护棉纸包裹，放在小的包装纸盒里，但非常罕见。

U艇奖章布制版本是在一块蓝色羊毛基础布上用金黄色棉线（士官为机器棉线刺绣）或金属丝（军官为金属丝手工刺绣）缝制，连同基础布缝钉在各式作训军服/衬衫的相同位置。根据当时照片判断，这是一种非

■ U艇奖章布制版本——士官。

■ U艇奖章布制版本——军官。

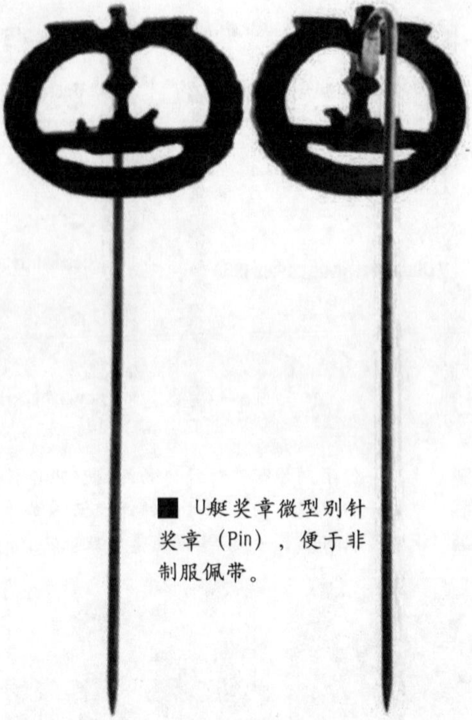

■ U艇奖章微型别针奖章（Pin），便于非制服佩带。

常受欢迎的选择。

此外，U艇奖章制造厂家还生产一种小尺寸的微型别针奖章（Pin），便于非制服佩带。微型别针奖章有16毫米、9毫米等不同尺寸。

授予条件

虽然获授资格在各个时期根据实际情况略微有所变动，但一般为：一、已经完成至少两次作战巡航的潜艇人员；二、在一次作战巡航曾出色完成指挥官下达的任务或为排除潜艇故障而受伤，获得很高评价的潜艇人员。补充的是：作战巡航任务中牺牲的潜艇人员偶尔也有追授，这些获授者都会有他们自己非常详实的事迹报告和获授证明资料。

授予资料

资料显示各型潜艇都参与评授U艇奖章，获授证明文件在白色信纸上列印。会因颁授而登记注册并保存，且有一份证明档交付给获授者。早期尺寸为A4（210毫米×298毫米）大小，晚期为150毫米×210毫米。

值得一提的是U-1202号艇长罗尔夫·汤姆森（Rolf Thomsen），汤姆森1943 年4月刚由空军转过来接受训练并成为一名优秀的U艇指挥官。1944 年1月27日作为U-1202号艇长，在北大西洋执行巡航任务两次，多次在巡航任务中攻击盟军船队，但报告中击沉和击伤

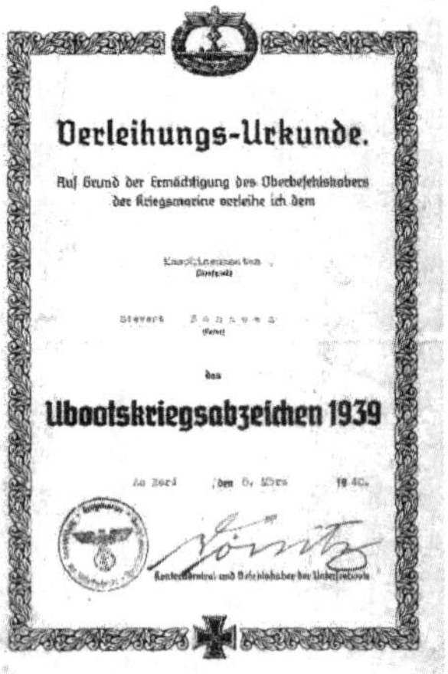
Verleihungs-Urkunde.

Auf Grund der Ermächtigung des Oberbefehlshabers der Kriegsmarine verleihe ich dem

das

Ubootskriegsabzeichen 1939

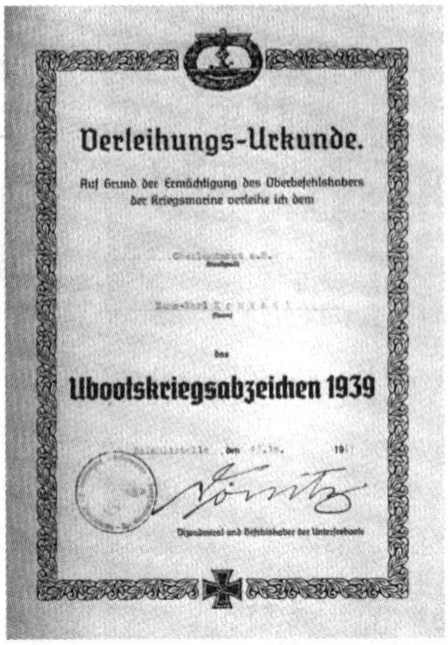
Verleihungs-Urkunde.

Auf Grund der Ermächtigung des Oberbefehlshabers der Kriegsmarine verleihe ich dem

das

Ubootskriegsabzeichen 1939

Verleihungs-Urkunde

Auf Grund der Ermächtigung des Oberbefehlshabers der Kriegsmarine verleihe ich dem

das

Ubootskriegsabzeichen 1939

■（左）一份早期并有装饰叶边的评授证明资料，1940年3月5日发授，A4 尺寸。

■（中）一份早期并有装饰叶边的评授证明资料，1941年10月15日发授，A4 尺寸。

■（下）有几何型装饰边的U艇奖章评授证明资料，1944年2月22日发授，A4 尺寸。

■ U-1202号艇长罗尔夫·汤姆森（右）于1945年4月29日获得橡叶骑士铁十字勋章荣誉的发授仪式照片，上面有该艇16名集体获得U艇奖章人员的亲笔签名，是个人荣誉更是集体荣誉。

船只由于已经是战争末期，无法给予准确证明。他于1945年1月3日获得U艇奖章，1945年1月4日获得骑士铁十字勋章。1945年5月德国投降后，在英国被囚禁八个月。

各种版本

关于不同厂家的各种版本，在这里把它分细：一、以材质区分：早期“Tombak”

■ U-1202号艇长汤姆森获得骑士铁十字勋章时的照片，注意他左胸上方还佩带有空军服役期间获得的气象、侦察勋条，和左臂上参加纳尔维克战役获得的纳尔维克战役盾章。

Verleihungs-Urkunde

Auf Grund der Ermächtigung des Oberbefehlshabers der Kriegsmarine verleihe ich dem

das

U-Boots-Kriegsabzeichen 1939

Verleihungs-Urkunde

Auf Grund der Ermächtigung des Oberbefehlshabers der Kriegsmarine verleihe ich dem für das Vaterland gefallenen

als Ehrung für seinen Einsatz

Ubootskriegsabzeichen 1939

Verleihungs-Urkunde

Auf Grund der Ermächtigung des Oberbefehlshabers der Kriegsmarine verleihe ich dem

das

U-Boots-Kriegsabzeichen 1939

CERTIFICATE OF AUTHENTICITY
FOR THE MULTISIGNED PRINT „ROLF THOMSEN“

EACH PRINT IS INDIVIDUALLY HAND SIGNED BY ROLF THOMSEN AND 16 MEMBERS OF HIS CREW.

■（上）有几何型装饰边的U艇奖章评授证明资料，1944年3月3日发授，A4 尺寸。

■（中）晚期的U艇奖章评授证明资料，1944年12月20日发授，A5 尺寸。

■（右）晚期的U艇奖章评授证明资料，1945年2月24日发授，A5 尺寸。

■（左）罕见的U艇奖章集体评授证明资料，1945年4月30日战争末期发授U-1202号16名船员U艇奖章的集体评授证明资料，A5 尺寸。

材质和晚期锌材质；二、以卐饰区分：实心万饰和镂空万饰；三、以鹰饰区分：狭长鹰胸和盾型鹰胸。

厂家标识别及厂家编号、LDO代码区别：Schwerin；“3”；“53”；“65”；“100”；L / 13；L / 18；L / 21；L / 52；L / 53；L / 56；F.o.；GWL；RK；R.S.； W等。以下依顺序逐一介绍：

SCHWERIN BERLIN 68 (Schwerin, Berlin)

Schwerin公司生产高品质的U艇奖章，是最主要的奖章制造公司商。背后垂直牢固焊接、中间宽大两端尖窄的扁平别杆（宽叶型）的别扣组合，挂钩牢固焊接在预留的凹槽内。通常，U艇奖章用保护棉纸包裹放在一个棕色或蓝色并列印有黑色奖章名称的纸信封里面发授。

3 (Wilhelm Deumer, Ludenscheid)

Deumer公司尽管因出产品质优良的奖章而获好名声，但该公司U艇奖章并不是质地最好的一个。

53 (Glaser & Söhne, Dresden)

■ U艇奖章获授人员佩带在各式作训军服左胸袋一级铁十字勋章位置的下方（无胸袋佩带在相同位置）。

■ （上及下）早期“Tombak”铜锌合金材质，厂家标识“Schwerin Berlin 68”清晰轧印在U艇背面。

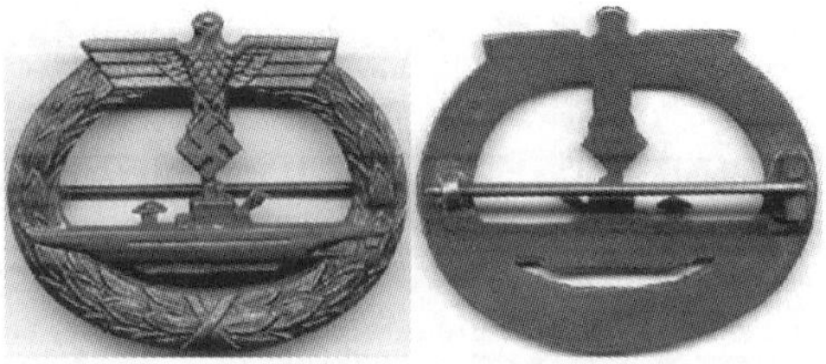

■ 锌材质，正面更宽的盾型鹰胸和实心卐饰，背面水平的圆形别针。在方框内厂家编码“3”被轻轻轧印在潜艇的反面中心，图中章体背面虽摩擦受损严重仍勉强可见。

■ 比标准版本尺寸小得多的两种微型别针奖章也由Schwerin公司大量生产。

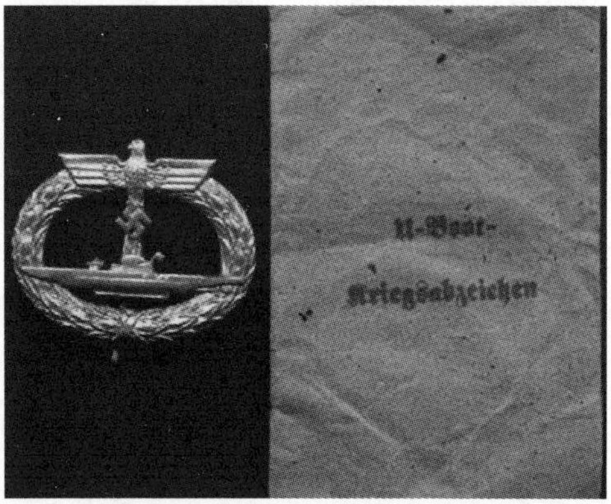

■ 一个原Schwerin公司信封，上面还列印有公司名称。

■ 与Wilhelm Deumer 公司生产的非常相像。惟一区别是背后水平使用的品质良好的别针。在方框内公司家编码“53”轧印在潜艇的反面中心。

■ 非常有声望的锌材质U艇奖章，狭长鹰胸但鹰羽不同于其他狭长鹰胸的鹰饰，实心卐饰。背面是品质极好的垂直焊接中间宽大两端尖窄的扁平别杆（宽叶型）的别扣组合，厂家编码“65”清晰轧印在别扣别条上。

与Wilhelm Deumer 公司生产的类型非常相像。锌材质，正面更宽的盾型鹰胸和实心卐饰，惟一明显的是背后水平使用的品质良好的别针。在方框内厂家编码“53”轧印在潜艇的反面中心。

65 (Klein & Quenzer, Idar-Oberstein)

非常有声望的锌材质U艇奖章，狭长鹰胸但鹰羽不同于其他狭长鹰胸的鹰饰，实心卐饰。背面是品质极好的垂直焊接中间宽大两端尖窄的扁平别杆（宽叶型）的别扣组合，厂家编码“65”清晰轧印在别扣别条上。

100 (Rudolf Wächtler & Lange, Mittweida)

拥有典型U艇奖章外观，正面盾型鹰胸和实心卐饰。背面使用最好品质的中间宽大两端尖窄的扁平别杆（宽叶型）的别扣组合，厂家编码“100”独特轧印在别扣别条内面。

L/13 (Paul Meybauer of Berlin)

公认品质非常好的U艇奖章之一，正面为盾型鹰胸和镂空卐饰，背面采用空军奖章常用的桶式别扣。

■ 典型U艇奖章外观，正面盾型鹰胸和实心卐饰。背面使用宽叶型的别扣组合，厂家编码“100”轧印在别扣别条内面。

■ 公认品质非常好的L/13奖章，虽轧印有公司商的LDO代码“L/13”（在艇体建筑背面中心），但由于拍摄时光线反射很难看清楚。

■ 早期“Tombak”材质，轧印有公司商的LDO代码“L/13”（在艇体建筑背面中心）依稀可见，但别杆已经丢失。

■ 晚期锌材质版本，公司商的LDO代码“L/13”轧印在艇体建筑背面中心。

L/18　(B.H. Mayer, Pforzheim)

这种小的凹模模子铸造的章体很有特性，与它类似的还有Friedrich Orth生产的U艇奖章。Mayer公司的U艇 奖章，正面为盾型鹰胸和实心卐饰，背面常以一套品质非常好的别扣为特色。Mayer公司的U艇奖章一般没有公司戳，如果有，公司商的LDO代码“L/18”可能会轧印在奖章的背表面上或者在别针上。补充：与“Tombak”材质的不同，锌版本更多的是在LDO代码“L/18”加有外框。

L/21 (Foerster & Barth of Ludenscheid)

这个制造公司家的U艇奖章正面非常典型，盾型鹰胸和实心卐饰，扁平但棱角分明的潜艇艇体。背面是这家制造商独特的别条，一个扁平的别条伸出章体，在别条中心两侧内弧度凹入变窄，公司商的LDO代码“L/21”轧印在扁平的位置。

L/52 (C.F. Zimmermann, Pforzheim)

Zimmermann公司生产的U艇奖章在所有U艇奖章中是最有吸引力的奖章之一。早期“Tombak”材质，正面是近乎完美的盾型鹰胸的鹰饰（该公司特色）和镂空卐饰。背面通常是一个宽而平的别针，圆形别针较少见。大多数没有任何厂家标识，偶尔会遇到公司商LDO代码“L/52”轧印在章体背面的。

L/53 (Hymmen & Co., Ludenscheid)

Hymmen制造公司商生产的U艇奖章采用不平常的设计，鹰饰脖子处没有凹陷切除而是与伸展鹰翼平齐。这种设计在其他制造公司的U艇奖章中没有发现，但这种设计在战时是完全合法并被接受的。正面艇上建筑也极为简约，狭长鹰胸和实心卐饰。要注意的是：由于章体设计简约，很多仿造者喜欢沿用这种设计，但仅仅是该公司商使用了这种章体设计。

L/56 (Funcke & Bruninghaus,

■ 没有公司戳的Mayer公司生产的锌材质U艇奖章。

■ L/21的独特别条，一个扁平的别条伸出章体，在别条中心两侧内弧度凹入变窄，公司商的代码“L/21”轧印在扁平的位置。

■ Zimmermann公司生产的圆形别针的别扣，相比普通宽而平的别针非常稀少。

■ L/53早期“Tombak”材质，没有轧印公司商的LDO代码，品质非常出色。

■ L/53晚期锌材质，为圆形别针，在章体3点钟位置轧印有公司商代码“L/53”。这种章体组合非常罕见。

Ludenscheid）

F&BL公司的U艇奖章，虽然由战争晚期的锌材料制成，但却是最好的奖章之一。正面盾型鹰胸和实心万饰，公司商的LDO代码“L/56”凸起铸模在潜艇的背面中心。图中背面是个宽平的别条，但是可能也会看到用圆形别针的“L/56”U艇奖章。

f.o.（Friedrich Orth，Wien）

Friedrich Orth公司的U艇奖章，正面是盾型鹰胸和实心卐饰，背后采用水平圆形别针，公司家标识“f.o.”凸起铸模在潜艇的背面中心。

GWL（Gebruder Wegerhoff, Ludenscheid）

GWL公司的U艇奖章被认为是最好的锌材质奖章之一。镂空卐饰和更狭长的鹰胸为其特色。背后别针的基座和挂钩是和章体整

■ L/56的U艇奖章，公司商代码“L/56”凸起铸模在潜艇的背面中心。

■ L/56的U艇奖章，虽然由战争晚期的锌材料制成，但却是最好的奖章之一。图为圆形别针的“L/56”U艇奖章。

■ Friedrich Orth公司早期“Tombak”铜锌合金材质，保存非常完美。

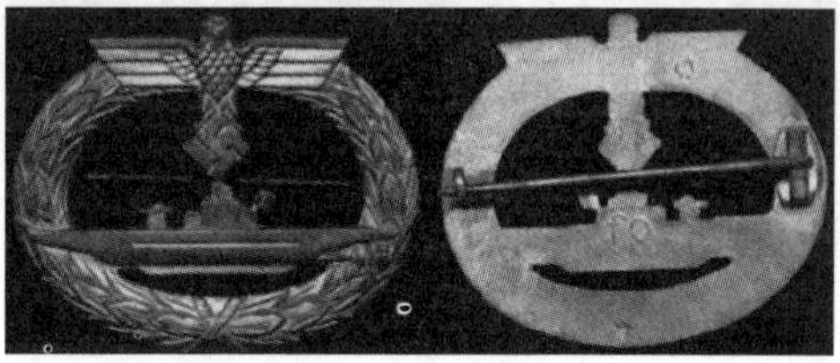

■ Friedrich Orth公司晚期锌材质。

■ Friedrich Orth公司生产可供获授者私人认购的“额外替代品”，与正规标准版本的区别是镂空卐饰。

体铸模而成。制造厂家的LDO代码、厂家标识“GWL”加圆框轧印在潜艇的背面。

RK (Rudolf A. Karneth & Söhne, Gablonz)

早期“Tombak”铜锌合金材质，正面狭

■ GWL公司的U艇奖章背后别针的基座和挂钩是和章体整体铸模而成。

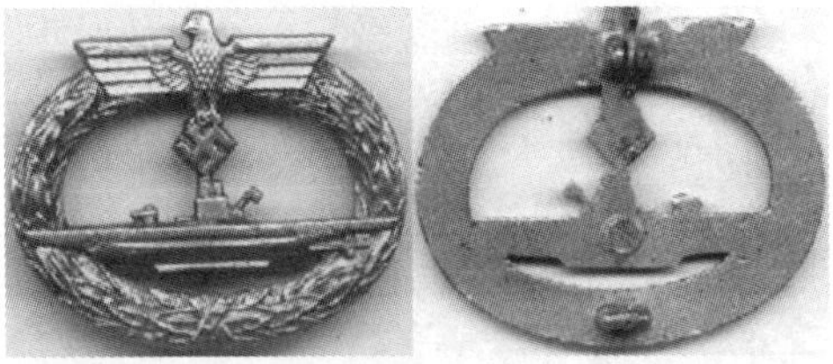

■ RK早期“Tombak”铜锌合金材质，背后别针的基座和挂钩也是和章体整体铸模而成。

■ R.S.厂家标识清晰明显凸起铸模在潜艇的背面中心是 Rudolf Souval的特色。

■ Wernstein公司的U艇奖章非常有特色的是挂钩基座焊接在潜艇的背面中心。

■ Wernstein公司商代码“W”浅浅轧印在挂钩基座的正下方。

■ 法国公司生产的U艇奖章，质地也非常好。

■ 法国公司生产的晚期锌材质，整个章体显现出单调枯燥的锌材质本色，但高品质、极具厂家特色的别扣组合清晰可见。

■ “Baqueville”公司的U艇奖章通常用保护棉纸包裹放在小的包装纸盒里，这种出厂包装非常罕见。

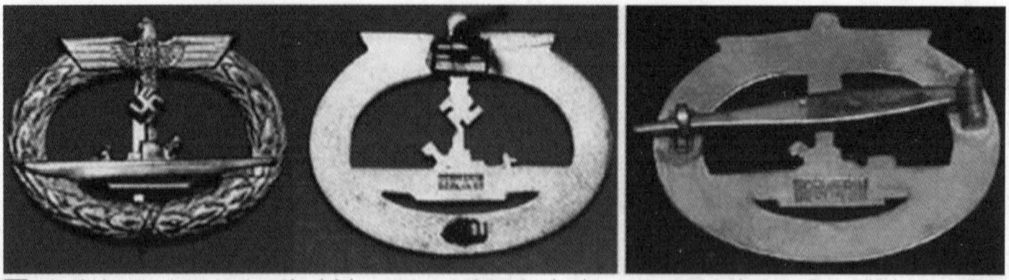

■ 典型的仿L / 53公司设计（左）。Schwerin的仿品（右），背面水平挂钩与原品（中）垂直挂钩不同。

■ 没有厂家标识，但近乎完美的品相、文饰，高品质别扣组合，明显薄的章体更现精细。

■ f.o.的仿品，注意正面叶环束结的差别、艇体建筑的细节差异以及背后原品根本没有采用的垂直宽阔别扣。

长鹰胸和实心卐饰，背后别针的基座和挂钩是和章体整体铸模而成但不僵硬、明显，厂家标识“RK”在一个圆圈内略微凸起铸模在潜艇的背面中心。

R.S. (Rudolf Souval, Wien)

锌材质的U艇奖章，正面盾型鹰胸和实心卐饰，背面焊接有垂直圆形别扣，以制造商名的大写首字母为厂家标识的“R.S.”清晰明显凸起铸模在潜艇的背面中心是 Rudolf Souval的特色。

W (Hermann Wernstein, Jena-Löbstedt)

Wernstein公司的U艇奖章，正面盾型鹰胸和实心卐饰，背面垂直焊接圆形别针，但为大基座的别扣。非常有特色的是Wernstein公司的挂钩基座焊接在潜水艇的背面中心，公司商的LDO代码“W”则浅浅轧印在章体饰环背面挂钩基座的正下方。

Fa. Bacqueville/Paris, Buntmetall

两家很知名的法国公司，Baqueville 和Morgeon由于共同制造德国海军战章而连结在一起。很奇怪的是德国海军怎么会允许一家“外国”公司击败那么多德国公司而生产U艇奖章，但它确实是战时生产的标准U艇奖章之一。晚期锌材质奖章，精确的凹模和背后垂直焊接、极具厂家特色的别扣组合，奖章质地也非常好。

Unmarked

存在很多无任何厂家标识的U艇奖章。虽然多数收藏家喜欢带有厂家标识的，但是在流通过程中发现了其中一些最好的U艇奖章是没有任何厂家标识的，制造商无法考证。

关于仿品的介绍：

一种新的仿章，背面轧印有“Frank and Reif, Stuttgart.”的制造厂家标识，实际上战争期间这家公司没有制造这个奖章。还有的仿章轧印有“JMME”的厂家标识，但“JMME”是空军奖章著名的制造厂家。关于Schwerin公司的仿品，文章提到一个最常见的仿制者名称“ Schwerin Berlin SW”，该仿品在仿制过程中没有注意到细节，即章体正面右侧漏掉了螺旋桨。

钻石U艇奖章U-Boat Badge with Diamonds

钻石U艇奖章授予有突出成绩的U艇指挥官，佩带方法相同于普通U艇奖章。钻石U艇奖章很少被获授者正式佩带，通常只是作为荣誉和成绩的表彰评定发授。这种现象也可以被认为是U艇指挥官更愿意与艇上官兵融合在一起。

钻石U艇奖章由柏林Schwerin 公司生产。钻石U艇奖章基于标准版本的 U艇奖章而制，但中心卐饰是纯银材质，镶有9颗小的钻石——卐饰中心一颗和每个旋臂各两颗。Schwerin公司的厂家标识“Schwerin Berlin 68”轧印在潜艇的背面。还有一种更小的卐饰版本被称做钻石U艇奖章的第2 种版本（大的卐饰版本也可以称为早期版本）。

■ 柏林Schwerin 公司生产的钻石U艇奖章。

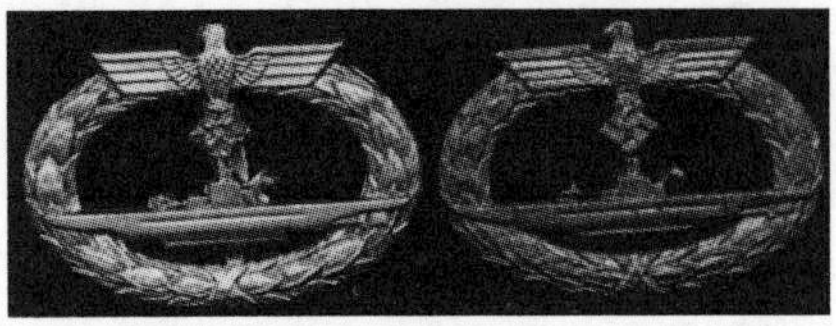

■ 第2种版本的钻石U艇奖章。

钻石U艇奖章的包装

奖章在一个深蓝色皮革小方盒子里，盒盖内部包衬龙蓝色（或紫色）天鹅绒或绸布，并有蓝色羊呢绒基座用以固定徽章，盒子表面书写有奖章名称。

符合获得钻石U艇奖章资格的U艇指挥官共有28位，下列是他们的名单，但没有资料证明

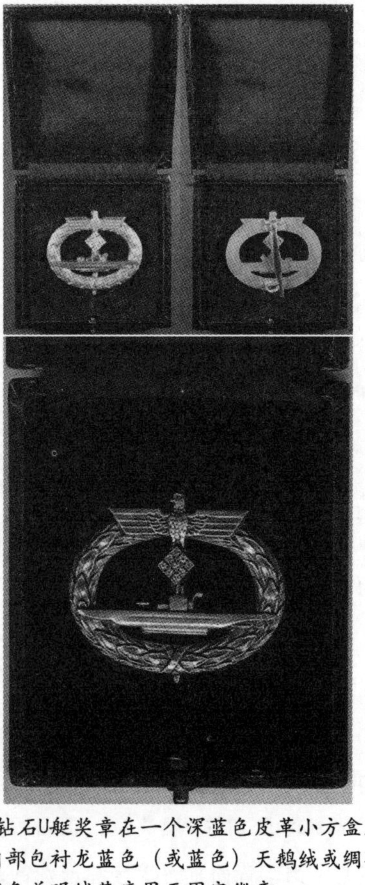

■ 钻石U艇奖章在一个深蓝色皮革小方盒里，盒盖内部包衬龙蓝色（或蓝色）天鹅绒或绸布，并有蓝色羊呢绒基底用于固定徽章。

下列的每一位指挥官都确定获得钻石U艇奖章。

补充资料

卡尔·艾默曼（Carl Emmermann）和其获得的奖章照片：（图中佩带的是钻石U艇奖章）。艾默曼指挥U-172号于1941年10月5日–1943年10月31日间，执行巡航任务5次，共计 368天，击沉盟军船只25艘，共计152778吨。获得荣誉：

1941年3月19日，获得二级铁十字勋章；

1941年8月2日，获得一级铁十字勋章；

1941年8月2日，获得U艇奖章；

1942年11月27日，获得骑士铁十字勋章；

1943年7月4日，获得橡叶骑士铁十字勋章；

1943年10月1 日，获得钻石U艇奖章；

1944年10月1日，获得U艇战斗勋饰。

文章最后引用1945年5月5日，海军元帅邓尼茨在向仍巡航战斗于大洋深处的所有潜艇最后一次下达停火命令中的一段话结束：“你们一直非常勇敢。尽管你们投降了，但是在这场战争中你们是最优秀的，从未被打垮过，你们是当今世界上无以伦比的勇士！”

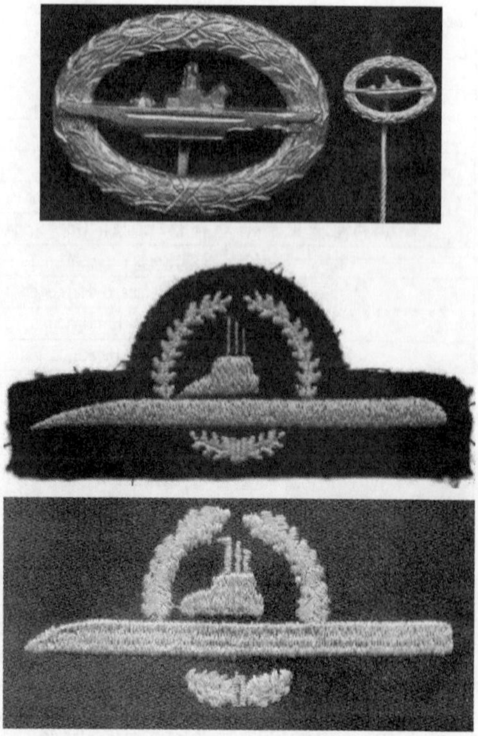

■ 和大多数德国勋章一样，U艇奖章也有57年版本，大体设计保持不变，仍旧是椭圆形的月桂树叶环，环绕着和二战时期U艇奖章一样的从右到左方向的潜艇，只是把象征第三帝国的海军鹰饰和卐饰去掉了，图为57年版本和相应的PIN，以及两种略有差异的布制版本。

钻石U艇奖章获得者姓名	服役U艇
阿尔伯瑞希特·布莱蒂Albrecht Brandi	U-617/U-967
沃尔夫冈·卢瑟Wolfgang Luth	U-138/U-181
奥托·克雷齐默尔Otto Kretschmer	U-99
莱因哈德·苏伦Reinhard Suhren	U-564
艾里希·托普Erich Topp	U-552
海因里希·布莱克罗德Heinrich Bleichrodt	U-48/U-109
奥托·冯·布劳Otto von Bulow	U-404
卡尔·艾默曼Carl Emmermann	U-172
恩格尔伯特·恩德拉斯Engelbert Endrass	U-46/U-567
弗里德里希·古根伯格Friedrich Guggenberger	U-81
罗伯特·基塞Robert Gysae	U-98/U-177
莱因哈特·哈迪根Reinhard Hardegen	U-123
维纳·哈特曼Werner Hartmann	U-37/U-198
维纳·汉克Werner Henke	U-515
汉斯一京特尔·兰格Hans-Gunther Lange	U-711
乔治·拉森Georg Lassen	U-160
海因里希·莱曼-威伦布洛克Heinrich Lehmann-Willenbrock	U-96
海因里希·里伯Heinrich Liebe	U-38
约翰尼斯·莫赫尔Johann Mohr	U-124
罗尔夫·穆策尔堡Rolf Mutzelburg	U-203
卡尔-弗里德雷希·迈尔顿Karl-Friedrich Merten	U-68
约阿希姆·斯基克Joachim Schepke	U-100
阿尔伯瑞希特·史内Adalbert Schnee	U-201
克劳斯·舒尔茨Klaus Scholtz	U-108
维克多·舒茨Viktor Schutze	U-103
哈伯特·舒尔兹Herbert Schultze	U-48
罗尔夫·汤姆森Rolf Thomsen	U-1202
君特·普里恩Gunther Prien	U-47